Die Rechtsgrundsätze

des

Königlich Preußischen

Oberverwaltungsgerichts.

Begründet von K. Parey.

Vierte, gänzlich neu bearbeitete und bis zur Gegenwart ergänzte Auflage,

herausgegeben

von

Fr. Kunze, weil. Wirkl. Geheimer Ober-Regierungsrat

und

Dr. G. Kautz, Präsident des Kaiserlichen Kanalamts.

Ergänzungsband 1912/14 zum dritten Band.

(Steuersachen.)

Berlin 1914.

J. Guttentag, Verlagsbuchhandlung,

G. m. b. H.

Die Entscheidungen

in

Reichszuwachs-, Provinzial-, Kreis-, Kommunal- und Staatssteuerangelegenheiten.

Bearbeitet

von

Dr. G. Kautz,

Präsident des Kaiserlichen Kanalamts.

Ergänzungsband 1912/14.

Berlin 1914.

J. Guttentag, Verlagsbuchhandlung,

G. m. b. H.

Vorwort.

Der vorliegende Ergänzungsband ist gegenüber den früheren Ergänzungsbänden nicht unwesentlich erweitert. Zunächst hat die Abteilung „Reichszuwachssteuer" eingefügt werden müssen. Sodann erschien es ratsam, die Rechtsprechung über Kreis- und Provinzialabgaben dem Steuerergänzungsbande zuzuweisen, um das Kommunalsteuerrecht geschlossen beisammen zu haben. Endlich sind infolge mehrfach hervorgetretener Wünsche auch die Zeitschriften „Das Recht" und „Steuerarchiv" berücksichtigt worden. Eine sorgsame Bearbeitung der Entscheidungen hat es dennoch verhindern können, daß der Ergänzungsband einen zu großen Umfang annahm.

Demgemäß sind in dem vorliegenden Bande verarbeitet: die Entscheidungen des Oberverwaltungsgerichts in Kommunalsteuer- und in Staatssteuerangelegenheiten aus Band 58—60 (Band 61 enthielt keine Steuerentscheidungen), 62 (aus diesem Bande auch die Entscheidungen über Reichszuwachssteuerangelegenheiten, Provinzial- und Kreisabgaben) und Band 15 (Staatssteuern) der offiziellen Sammlungen, aus dem Preußischen Verwaltungsblatt, der Deutschen Juristenzeitung, dem Recht und dem Steuerarchiv bis zum 1. Januar 1914, aus den drei letztgenannten Zeitschriften, soweit die Entscheidungen nicht bereits in den anderen Quellen enthalten waren.

Damit ist Band III des Hauptwerks, der ein selbständiges, allein käufliches Werk bildet und als unentbehrliches Handbuch für Kommunal- und Staatssteuerrecht in der Praxis viele Freunde gefunden hat, wieder bis zur neuesten Zeit fortgeführt. Gleichzeitig ist eine Vollständigkeit des Steuerrechts erreicht, wie sie keine andere Sammlung oder Zusammenstellung bietet.

Auf klare und scharfe Systematisierung, leichtverständliche Darstellung und, wo erforderlich, ausgiebige Beifügung von Tatbeständen und Gründen zu den Rechtsgrundsätzen ist auch in diesem Ergänzungsbande besonderer Wert gelegt worden. Möge er der Praxis den erstrebten Nutzen bringen.

Kiel, im Mai 1914.

Dr. jur. Georg Kautz.

Inhaltsverzeichnis.

Sechste Abteilung.

Entscheidungen in Reichszuwachs-, Provinzial-, Kreis- und Kommunalsteuersachen.

Erster Abschnitt.

Entscheidungen in Reichszuwachssteuersachen.

Seite

I. Steuerpflicht 2
II. Berechnung des Wertzuwachses 9
III. Verhältnis zum früheren Recht 15
IV. Veranlagungsverfahren 17
V. Rechtsmittelverfahren 18

Zweiter Abschnitt.

Entscheidungen in Provinzialabgabensachen 19

Dritter Abschnitt.

Entscheidungen in Kreisabgabensachen.

I. Allgemeines. Mehr- und Minderbelastung 20
II. Gebühren und Beiträge 22
III. Indirekte Kreissteuern.
A. Umsatz- und Wertzuwachssteuer 24
B. Schankerlaubnissteuer 27
IV. Direkte Kreissteuern 30
V. Rechtsmittel 32

Vierter Abschnitt.

Entscheidungen über Abgaben der Amtsverbände . . 34

Fünfter Abschnitt.

Entscheidungen über Gemeindeabgaben.

I. Allgemeines.
A. Zum Begriffe der Gemeindelasten im Sinne des Kommunalabgabengesetzes 34
B. Die Verpflichtung zu Gemeindelasten 35
C. Mehr- oder Minderbelastung gemäß § 20 des Kommunalabgabengesetzes . . . . . —

Seite
D. Auf besonderem Rechtstitel beruhende Befreiungen; Auseinandersetzungsrezesse; Schlesische Urbarien 35
E. Abgabepflicht der „wüsten Hufen" . . . . —
F. Die Unterhaltung der Bürgersteige . . . . —
II. **Gebühren und Beiträge.**
A. Gebühren.
1. Allgemeines; Begriff der Gebühren 38
2. Gebühren bei Wasserleitungen und Entwässerungsanlagen 40
3. Gebühren für die Abfuhr von Abfallstoffen 51
4. Schlachthausgebühren . . . . —
5. Baupolizeigebühren 53
6. Gebühren für Benutzung eines Gemeindebackhauses . . . . —
B. Beiträge nach § 9 des Kommunalabgabengesetzes 55
C. Anliegerbeiträge.
1. Entstehung und Umfang der Beitragspflicht 72
2. Begriff und Berechnung der Anliegerbeiträge (Freilegung, erste Einrichtung, Entwässerung) 84
3. Begriff der Straßenanlage im Sinne des § 15 des Fluchtliniengesetzes 91
4. Begriff des „Gebäudes" an der Straße 95
D. Kurtaxen . . . . —
III. **Indirekte Gemeindesteuern.**
A. Verbrauchssteuern 99
B. Lustbarkeitssteuern 101
C. Umsatzsteuern.
1. Zustandekommen und rechtliche Wirksamkeit der Steuerordnungen . . 107
2. Entstehung der Umsatzsteuerpflicht 109
3. Umsatzsteuerpflicht bei Zwangsversteigerungen 120
4. Steuerpflicht beim Erwerbe von Grundstücken aus einem gemeinsamen Nachlaß und durch Auseinandersetzung zwischen Miteigentümern . . . 122
5. Umsatzsteuerpflicht beim Tauschvertrage . . . . —
6. Solidarische Haftung 123
7. Befreiungen 123
8. Wertermittelung 125
D. Wertzuwachssteuer und Währschaftsabgabe für Frankfurt a. M. 127
E. Hundesteuer 140
IV. **Direkte Gemeindesteuern.**
A. Realsteuern.
1. Vom Grundbesitze.
a) Allgemeines 141
b) Die Kabinettsorder vom 8. Juni 1834 (GS. 87) . . . . —
c) Befreiungen.
α) Nach Buchst. c und d des § 24 KommAbgG. 142
β) Nach Buchst. e des § 24 KommAbgG. . . . . —
γ) Nach Buchst. f—i des § 24 KommAbgG. 149
δ) Nach Buchst. k des § 24 KommAbgG. 158
d) Besondere direkte Steuern vom Grundbesitz; Bestimmung des gemeinen Wertes 159
e) Bauplatzsteuer . . . . —
2. Vom Gewerbebetriebe.
a) Zuschläge zu den staatlich veranlagten Gewerbesteuern 173
b) Besondere Gemeindegewerbesteuern 174
B. Wohnungssteuern . . . . —
C. Gemeindeeinkommensteuern.
1. Steuerpflicht.
a) Allgemeines; Wohnsitz und Aufenthalt 190
b) Einkommen aus Kapitalvermögen 196
c) Einkommen aus Grundvermögen 197
d) Einkommen aus Handel und Gewerbe.
α) Begriff der Gewerbetreibenden im Sinne des KommAbgG. . . . —
β) Begriff der Betriebs-, Verkaufsstätte, Zweigniederlassung usw. im Sinne des § 35 KommAbgG. 198

Seite
γ) Berechnung des Einkommens 200
δ) Die Gesellschaften mit beschränkter Haftung . . . . —
e) Einkommen aus Bergbau und Privateisenbahnunternehmungen . . —
f) Aktiengesellschaften und Kommanditgesellschaften auf Aktien 202
g) Die eingetragenen Genossenschaften . . . . —
h) Die juristischen Personen 207
i) Steuerpflichtiges Einkommen des Fiskus aus Domänen, Eisenbahnen usw. 213
k) Die Steuerpflicht der Forensen . . . . —
l) Die Steuerpflicht der Beamten.
α) Zugehörigkeit zu den unmittelbaren Staatsdienern 213
β) Zugehörigkeit zu den mittelbaren Staatsdienern 218
γ) Berechnung des gemeindesteuerpflichtigen Einkommens 221
m) Die Steuerpflicht der Geistlichen und Kirchendiener 225
n) Die Steuerpflicht der Elementarschullehrer 229
o) Die Steuerpflicht der Militärpersonen 230
2. Vermeidung von Doppelbesteuerung.
a) Allgemeines . . . . —
b) Verteilung des steuerpflichtigen Einkommens aus einer über mehrere preußische Gemeinden sich erstreckenden Gewerbe- oder Bergbauunternehmung 233
c) Verteilung des steuerpflichtigen Einkommens zwischen Wohnsitzgemeinden und Forensalgemeinden und zwischen mehreren Wohnsitzgemeinden 237
d) Das Verteilungsverfahren gemäß §§ 71ff. KommAbgG. 239
D) Verpflichtung der Betriebsgemeinden zur Leistung von Zuschüssen 244
E. Verteilung des Steuerbedarfs auf die verschiedenen Steuerarten . . . . —
F. Zeitliche Begrenzung der Steuerpflicht 255
G. Veranlagung und Erhebung 256
V. **Naturaldienste** 259
VI. **Aufsichtsbefugnisse gemäß §§ 77ff. KommAbgG.** . . . . —
VII. **Nachforderungen** 259
VIII. **Rechtsmittel.**
A. Allgemeines 269
B. Rechtsmittelfristen 271
C. Einspruchsverfahren 272
D. Verwaltungsstreitverfahren 275

Siebente Abteilung.

Entscheidungen in Staatssteuersachen.

Erster Abschnitt.

Einkommensteuer.

I. **Steuerpflicht der physischen Personen.**
A. Unbeschränkte subjektive Steuerpflicht 279
B. Beschränkte subjektive Steuerpflicht 282
II. **Einkommen der physischen Personen.**
A. Allgemeine Grundsätze.
1. Das steuerpflichtige Einkommen 284
2. Berechnungsart.
a) Allgemeine Grundsätze 286
b) Berechnung des Einkommens aus Kapitalvermögen 287
c) Berechnung des Einkommens aus Grundvermögen 291

Seite
d) Berechnung des Einkommens aus Handel und Gewerbe 293
e) Berechnung des Einkommens aus gewinnbringender Beschäftigung . 294
3. Einkommen der Haushaltungsangehörigen.
a) Kinder und Enkel . . . . —
b) Ehefrauen 301
c) Sonstige Familienangehörige . . . . —
B. Arten des Einkommens.
1. Einkommen aus Kapitalvermögen.
a) Im allgemeinen 301
b) Gewinn aus Spekulationsgeschäften 304
2. Einkommen aus Grundvermögen.
a) Aus nicht verpachteten landwirtschaftlich benutzten Besitzungen . . 305
b) Aus verpachteten Liegenschaften 307
c) Aus landwirtschaftlichen Nebenbetrieben. . . . . —
d) Aus Holzungen 307
e) Aus Weinbau . . . . —
f) Aus Gebäuden 308
3. Einkommen aus Handel und Gewerbe einschließlich des Bergbaus.
a) Gegenstand des Einkommens aus Handel und Gewerbe 310
b) Berechnung des steuerpflichtigen Einkommens aus Handel und Gewerbe. 311
c) Einkommen aus Bergbau . . . . —
4. Einkommen aus gewinnbringender Beschäftigung und aus Rechten auf periodische Hebungen und Vorteile irgendwelcher Art.
a) Aus gewinnbringender Beschäftigung.
α) Bei öffentlichen Beamten, Militärpersonen, Geistlichen und Lehrern 315
β) Bei anderen Berufen 322
γ) Dienstaufwand 325
b) Aus Rechten auf periodische Hebungen und Vorteile irgendwelcher Art 327
C. Abzüge vom Gesamteinkommen.
1. Schuldenzinsen und dauernde Lasten 328
2. Beiträge zu Kranken-, Unfallversicherungs-, Pensions- und ähnlichen Kassen; Lebensversicherungsprämien 333
3. Steuern und andere öffentliche Abgaben sowie sonstige Abzüge . . . —
III. **Steuerpflicht der nichtphysischen Personen.**
A. Steuerpflichtige Unternehmungen.
1. Der Aktiengesellschaften und Kommanditgesellschaften auf Aktien . . . 335
2. Der Berggewerkschaften 339
3. Der eingetragenen Genossenschaften (einschl. der Konsumvereine) . . . 339
4. Der Gesellschaften m. b. H. 342
B. Steuerpflichtiges Einkommen.
1. Der Aktiengesellschaften und Kommanditgesellschaften auf Aktien.
a) Für die Besteuerung maßgebende Geschäftsjahre 343
b) Begriff der Überschüsse und deren Berechnung 343
c) Gewinnanteile und Bezüge der persönlich haftenden Gesellschafter bei Kommanditgesellschaften auf Aktien . . . . —
d) Aktiengesellschaften und Kommanditgesellschaften auf Aktien in Liquidation . . . . —
e) Der Abzug der $3^1/_2$ % des Aktienkapitals usw. . . . . —
f) Außerhalb Preußens domizilierte Aktiengesellschaften und Kommanditgesellschaften auf Aktien 357
2. Der Berggewerkschaften 359
3. Der eingetragenen Genossenschaften 363
4. Der Gesellschaften m. b. H. 364
IV. **Steuererklärung.**
A. Verpflichtung zur Abgabe . . . . —
B. Wahrung der Frist und Folgen der Fristversäumung . . . . . —
V. **Veranlagungsverfahren.**
A. Allgemeine Grundsätze 373
B. Berücksichtigung und Beanstandung der Steuererklärung . . . 375
C. Beweiskraft der Buchführung 375

Seite

D. Ermäßigung wegen unterhaltsberechtigter Familienglieder; Begriff der Unterhaltsberechtigung 377
E. Berücksichtigung der persönlichen Leistungsfähigkeit. 379
F. Veränderungen der veranlagten Steuer im Laufe des Jahres 379
G. Nachbesteuerung 380

VI. **Rechtsmittel.**
A. Allgemeine Bestimmungen.
1. Allgemeine Grundsätze 383
2. Wiedereinsetzung in den vorigen Stand 385
3. Erstattung von Kosten des Verfahrens durch den Steuerpflichtigen . . 385
B. Besondere Bestimmungen.
1. Für die Berufungsinstanz.
a) Begründung der Berufung . . . . —
b) Grundsätze für das Verfahren 386
2. Für die Beschwerdeinstanz 387

Zweiter Abschnitt

Ergänzungssteuer.

I. **Steuerpflicht** 389
II. **Maßstab der Besteuerung.**
A. Steuerbares Grundvermögen.
1. Zugehörigkeit zum Grundvermögen . . . . —
2. Wertbestimmung 389
B. Selbständige Rechte und Gerechtigkeiten 394
C. Steuerbares Anlage- und Betriebskapital.
1. In der Land- und Forstwirtschaft . . . . —
2. In Bergbau, Handel und Gewerbe . . . . —
D. Das sonstige Kapitalvermögen 395
E. Anrechnung fremden Vermögens 395
F. Schuldenabzug . . . . —
III. **Vermögensanzeige** . . . . —
IV. **Veranlagungsverfahren.**
A. Allgemeine Grundsätze . . . . —
B. Besteuerungsgrenze . . . . —
C. Berücksichtigung besonderer Verhältnisse. . . . . —
D. Veränderung der veranlagten Steuer im Laufe der Veranlagungsperiode . . . . —
E. Nachbesteuerung. 396
V. **Rechtsmittel.**
A. Verfahren in der Berufungsinstanz 396
B. Beschwerdeverfahren . . . . —

Dritter Abschnitt.

Gewerbesteuer.

I. **Gegenstand der Besteuerung und subjektive Steuerpflicht.**
A. Allgemeine Grundsätze 397
B. Insbesondere bei offenen Handelsgesellschaften, Aktiengesellschaften und Kommanditgesellschaften auf Aktien und Gesellschaften mit beschränkter Haftung 399
C. Nur zum Teil in Preußen betriebene Gewerbe . . . . —
II. **Die Steuerbefreiungen; Vorliegen oder Nichtvorliegen ihrer Voraussetzungen.**
A. Nach § 3 des Gewerbesteuergesetzes. 400
B. Nach § 4 Ziff. 1 des Gewerbesteuergesetzes 402
C. Nach § 4 Ziff. 7 des Gewerbesteuergesetzes 402
D. Nach § 5 des Gewerbesteuergesetzes 402

Seite

III. **Maßstab der Besteuerung.**
A. Allgemeines 403
B. Ertrag.
1. Begriff des Ertrages 403
2. Betriebskosten 403
3. Abschreibungen 405
C. Anlage- und Betriebskapital 407
D. Besteuerung der nur zum Teil in Preußen steuerpflichtigen Gewerbe 408
IV. **Veranlagungsverfahren.**
A. Veranlagungsgrundsätze 409
B. Zu- und Abgänge 410
C. Umschreibung der veranlagten Steuer . . . . . —
D. Nachbesteuerung 410
V. **Rechtsmittel.**
A. Allgemeines 410
B. Einspruchs- und Berufungsverfahren . . . . . —
VI. **Verteilung des Steuersatzes auf mehrere Kommunalbezirke.**
A. Allgemeine Grundsätze 410
B. Berechtigte Gemeinden; Begriff des Betriebsortes 411
C. Maßstab und Ausführung der Verteilung . . . . . —
D. Rechtsmittel 413

Vierter Abschnitt.

Warenhaussteuer.

I. **Warenhaussteuerpflicht** 414
II. **Veranlagungsverfahren** 415
III. **Rechtsmittelverfahren** . . . . . —

Zeitfolgeverzeichnis der Entscheidungen 416
Sachverzeichnis 429

Berichtigungen.

(Die richtigen Ziffern und Buchstaben sind, soweit darstellbar, durch **Fettdruck** hervorgehoben.)

S. 133, Zeile 1: . . . **Deckung des Verlustes** . . .
S. 253, Entsch. Nr. 11, Zeile 3: Antrag **bei** der Betriebsgemeinde . . .
S. 263, Zeile 15 von oben: . . . Gemeindesteuerveranlagung . . .
S. 414, Entsch. Nr. 1 Zeile 6 . . . in **jeder** Ver- . . .

Sechste Abteilung.

Entscheidungen in Reichszuwachs-, Provinzial-, Kreis- und Kommunalsteuersachen.

Literatur: Bredt: Die Besteuerung nach der Leistungsfähigkeit (Leipzig 1912). — v. Eheberg: Finanzwissenschaft[12] (Leipzig 1912). — v. Heckel: Lehrbuch der Finanzwissenschaft, Bd. 2 (Leipzig 1912). — Theisen: Die Reichs-, Staats- und Kommunalabgaben (Berlin 1913).

Erster Abschnitt.

Reichszuwachssteuer.

Gesetzliche Grundlagen (nebst Materialien): Zuwachssteuergesetz v. 14. II. 1911 (RGBl. 33) StenBRT.: Bd. **261** 2381 ff. (1. Beratung); Bd. **263** 108.—114. Sitzg. (2. Beratung); Bd. **263** 4286 C, 4302 C, 4316 D, 4322 D (3. Beratung); Drucks. Bd. **275** Nr. 374 (Entwurf); Bd. **276** Nr. 515 (Bericht I. u. II. Lesung); Bd. **277** Nr. 596 (Bericht III. Lesung); Bd. **278** Nr. 678 (Zusammenstellung d. Beschlüsse). Abänderungsanträge: Bd. **277**: Nr. 603, 605—613, 615—619, 621—630, 632—637. Bd. **278**: Nr. 639, 641—645, 646, 648, 649, 650—652, 663, 664, 666—669, 671—676 (2. Lesung); 678—684, 685, 686, 688—693, 695, 670 (3. Lesung). — Wegen Abänderung des Zuwachssteuergesetzes nach dem Gesetz über Änderungen im Finanzwesen 3. VII. 1913 (RGBl. 521) vgl. DrucksRT. 1913: Nr. 1111, 1149, 1164. — BesitzsteuerG. 3. VII. 1913 (RGBl. 524). — G. über einen einmaligen außerordentlichen Wehrbeitrag v. 3. VII. 1913 (RGBl. 505). — Abänderung des ReichsstempelG. v. 3. VII. 1913 (RGBl. 544). — Preuß. Verordnung, betr. die für die Veranlagung des Wehrbeitrags zuständigen Behörden v. 7. VIII. 1913 (GS. 371).

Literatur: Becher und Henneberg: ZuwachssteuerG.[3] (Berlin 1912). — Boldt: ReichszuwachssteuerG.[2] (Berlin 1911). — Brachvogel: Die Stempelsteuerpflicht bei Grundstücksübertragungen (Berlin 1912). — Cuno: ZuwachssteuerG. (München 1911). — Derselbe: ZuwachssteuerG. (Berlin 1912). — Derselbe: Erläuterungsbuch zum ZuwachssteuerG. (Berlin 1913). — Fernow: Gesetz über einen einmaligen außerordentlichen Wehrbeitrag (Berlin 1913). — Fuchs: ZuwachssteuerG.[3] (Berlin 1912). — Hammer und Sterner: Das ZuwachssteuerG. (München 1911). — Herold: ZuwachssteuerG. (Münster i. W. 1911). — Hoffmann: Kommentar zum WehrbeitragsG. (Berlin 1913). — Huma: Wehrbeitrags-, Reichsbesitzsteuer-, ReichsstempelsteuerG. (München 1913). — Jäger: ZuwachssteuerG. (M.-Gladbach 1913). — Koch: Zuwachssteuersammelwerk (Cöln 1912). — Lachmund: Wehrbeitrag und Vermögenserklärung (Breslau 1913). — Lion: ReichszuwachssteuerG. (Berlin 1912). — Löck: ReichsstempelG[11] (Berlin 1912). — Matschullat: ZuwachssteuerG. (Liebenwerda 1913). — Mösle: Wehrbeitrags-, Besitzsteuer-, ReichsstempelG. u. Nebengesetze (Mannheim 1913). — Peisker: Reichswertzuwachssteuer (Berlin 1912). — Rheinstrom: Gesetz über einen einmaligen außerordentlichen Wehrbeitrag (München 1913). — Rieß: Die neuen Steuer- u. StempelG. (Berlin 1913). — Rosenthal: ReichsstempelG.[2] (Leipzig 1913). — Stier-Somlo: Wehrbeitrag u. Besitzsteuer (Stuttgart 1913). — Strutz:

Reichs- und Landessteuern im Hinblick auf die Deckung der Wehrvorlagen (Stuttgart 1913). — Weinbach: ReichsstempelG. (Berlin 1912). — Zimmermann: Vermögens-ZuwachssteuerG. u. Wehrbeitrag (Stuttgart 1913). — Amtliche Nachrichten über die Zuwachssteuer. Herausgegeben im Reichsschatzamt. 3. Jahrgang. (Berlin 1913.)

I.

Steuerpflicht.

Nr. 1. Entsch. v. 23. Mai 1912 (OVG. 62 19) VII C 99/12.

ReichsZuwStG. § 20.

1. Die vertragsmäßige Übernahme der Zuwachssteuer durch den Erwerber begründet nur Rechtsbeziehungen zwischen diesem und dem Veräußerer, berechtigt den Erwerber aber nicht, gegen die Heranziehung des Veräußerers zur Zuwachssteuer Klage zu erheben.

Dementsprechend richtete sich auch der Steuerbescheid iS. des § 43 des G. lediglich an den Veräußerer, der somit als einzig Steuerpflichtiger und allein zur Steuer Herangezogener allein auch die Rechtsmittel gegen die Veranlagung hatte (§ 2 AG., §§ 69, 70 KommAbgG.).

2. Unter Grundstück und Gesamtgrundstück versteht das ZuwStG., wie an anderer Stelle (§ 1), so auch im § 20 die wirtschaftliche Einheit des Grundbesitzes. Zur Anwendung des § 20 Abs. 1 ZuwStG. genügt jedoch keineswegs, daß zur Zeit des die Steuerpflicht begründenden Rechtsvorganges — regelmäßig also, und so auch hier, zur Zeit der Wiederveräußerung des Eigentums (§§ 1, 4, 5 des G.) — zwischen der veräußerten Grundfläche und anderen Grundflächen eine wirtschaftliche Einheit bestand; vielmehr müssen die verschiedenen Grundflächen von dem jetzigen Veräußerer bereits als wirtschaftliche Einheit seinerzeit erworben worden sein, und entscheidend für dies letztere Erfordernis ist nicht, ob etwa die verschiedenen Grundflächen seinerzeit gleichzeitig an ihn als den Erwerber aufgelassen und für ihn im Grundbuch eingetragen worden sind, sondern lediglich, ob er sie zu einem einheitlichen Preise erworben hat.

Dem Sinne und der Absicht des G. würde es widersprechen, wollte man den § 20 auch in einem Falle für anwendbar erachten, in dem die den Gegenstand der Weiterveräußerung bildende Grundfläche, mag sie auch im übrigen, sei es vor, sei es nach ihrem Erwerbe durch den Veräußerer, in enger wirtschaftlicher Verbindung mit anderen Grundflächen gestanden haben und nur im Hinblick auf anderweitigen Grundstückserwerb von dem Veräußerer erstanden worden sein, von diesem seinerzeit zu einem für sie besonders vereinbarten Preise erworben war, also zu einem von dem Preise für anderweitige erworbene Grundflächen unabhängigen Preise. Da alsdann ein sich auf die weiterveräußerte Parzelle und nur auf diese beziehender Erwerbspreis gegeben ist, hat der letztere ohne weiteres der Steuerberechnung zur Grundlage zu dienen, gemäß dem in § 8 ZuwStG. niedergelegten leitenden Grundsatze des G., daß als steuerpflichtiger Wertzuwachs der Unterschied zwischen dem Erwerbspreis und dem Veräußerungspreise gilt; der Erwerbspreis braucht in solchem Falle nicht erst noch „berechnet" zu werden, geschweige denn, daß es der Aufstellung eines besonderen Berechnungsmaßstabs alsdann bedürfte, wie des in § 20 des G. angegebenen. Dagegen erweist sich allerdings eine besondere Berechnung des Erwerbspreises dann als notwendig — und auf diesen Fall allein zielt darum auch der § 20 des G. ab —, wenn einerseits Grundbesitz für einen vereinbarten einheitlichen Gesamtpreis erworben war, der auf einen bloßen Ausschnitt aus diesem Grundbesitz entfallende Preis also nicht bei Erwerb besonders berechnet war und infolgedessen nicht feststand, Gegenstand der Weiterveräußerung aber anderseits nur ein solcher Ausschnitt ist.

Nr. 2. Entsch. v. 1. Juni 1912 (OVG. **62** 32) VII C 152/12.

ReichsZuwStG. § 1.

1. Eine „Teilveräußerung" setzt voraus, daß jemand einen Teil seines Eigentums veräußert, so daß ihm noch ein anderer Teil hiervon verbleibt, nicht aber liegt sie vor, wenn sich die Eigentümer, wie hier, ihres ganzen Besitztums entledigen. Allerdings bestand das Grundeigentum der Klägerinnen je in einem Bruchteil, also in einem ideellen Teile eines Grundstücks. Gleichwohl ist die Veräußerung keine Teilveräußerung iS. des ReichsG. Dies ergibt sich schon daraus, daß nach dem BGB., dessen Vorschriften im allgemeinen auch dem ReichsZuwStG. zugrunde liegen, das Bruchteilseigentum rechtlich dem Alleineigentume gleichsteht. Der Unterschied liegt nicht in der Art, sondern in dem Umfange des Eigentumsrechts. Das Recht des einzelnen Miteigentümers ist nicht etwa ein neben das Eigentum sich stellendes und dieses belastendes Bruchteilsrecht, sondern es ist Eigentum. Es liegt deshalb kein Anlaß zu der Annahme vor, daß der Gesetzgeber die Bruchteile anders habe behandeln wollen als das Alleineigentum am Grundstücke.

2. Die im Eigentume verschiedener Personen stehenden Bruchteile sind rechtlich verschiedene Gegenstände (§ 747 BGB.). Schon bei Gesamtheiten von Sachen kennt das BGB. keine einheitliche dingliche Verfügung, vielmehr läßt es nur Einzelverfügungen zu. Dies gilt in erhöhtem Maße von Gegenständen, die verschiedenen Personen zustehen. Daran würde sich im vorliegenden Falle auch dann nichts ändern, wenn die Klägerinnen die Auflassung in einer Verhandlung erklärt haben, und wenn der Eigentumsvermerk im Grundbuch einheitlich gefaßt sein sollte.

Nr. 3. Entsch. v. 11. Juli 1912 (OVG. **62** 43) VII C 193/12.

ReichsZuwStG. § 1.

1. Nach der Bedeutung, die das ReichsZuwStG. mit den Begriffen: Grundstück, Gesamtgrundstück, Teilveräußerung verbindet ist der in § 1 Abs. 2 aaO. erwähnte Fall einer Teilveräußerung in bezug auf ein Gesamtgrundstück dann gegeben, wenn von einem zu einer wirtschaftlichen Einheit verbundenen Grundbesitz ein Stück durch rechtsgeschäftliche Übertragung ausgelöst wird; nicht entscheidend ist also, ob der Gegenstand der Veräußerung iS. des bürgerlichen Rechtes ein selbständiges Grundstück darstellt, und anderseits ebensowenig die Tatsache als solche, daß der Veräußerer neben dem veräußerten Grundstück auch noch andere Grundstücke zu Eigentum besaß.

2. Ob verschiedene Grundstücke wirtschaftlich verbunden sind und daher ein Gesamtgrundstück iS. des § 1 Abs. 2 ZuwStG. bilden, kann nur nach den Verhältnissen des Einzelfalles beurteilt werden. Bei Anwendung des § 1 Abs. 2 aaO. ist davon auszugehen, daß die Eigenschaft eines Gesamtgrundstücks zur Zeit des Rechtsvorganges, der die Steuerpflicht gegebenenfalls begründen würde, vorhanden sein muß. Darauf, ob die verschiedenen Grundstücke etwa auch als wirtschaftliche Einheit, gleichzeitig und zu einem Einheitspreise, seinerzeit von dem Veräußerer erworben worden sind oder nicht, kommt es also für die Befreiungsvorschrift des § 1 Abs. 2 aaO. nicht an. Nach den jetzigen Angaben des Klägers zieht er aus jedem der beiden, an derselben Straße gelegenen Häuser Mieten. Weder die räumliche Nähe der verschiedenen Grundstücke noch die etwaige Gleichartigkeit — ihre Benutzungsart — als Wohn- und Miethäuser schließt die wirtschaftliche Selbständigkeit des einzelnen Grundstücks aus. Vielmehr können mehrere Hausgrundstücke desselben Eigentümers, auch wenn sie von ihm auf die nämliche Weise, insbesondere also gleichermaßen durch Vermietung, genutzt werden, als wirtschaftlich zusammengehörig nur unter der Voraussetzung gelten, daß sie zu einem einheitlichen wirtschaftlichen Zwecke verwertet werden. Beispielsweise würde dies der

Fall sein bei solchen Häusern, die zu ein und demselben wirtschaftlichen Unternehmen, sei es des Hauseigentümers, sei es eines anderen, dem er zu dem Ende die Häuser gemeinsam vermietet hat, bestimmt sind. Der Regel nach aber, d. i. wenn nicht aus besonderen Umständen die Bestimmung der verschiedenen Hausgrundstücke zu einem einheitlichen Ganzen zu entnehmen ist, sind sie ungeachtet der gleichen Wirtschaftsform, in der der Eigentümer sie sich nutzbar macht, in Übereinstimmung mit der Verkehrsanschauung, als voneinander wirtschaftlich unabhängige Grundstücke zu erachten.

Nr. 4. Entsch. v. 26. Sept. 1912 (OVG. **62** 34) VII C 210/12.

ReichsZuwStG. § 1.

Nach § 1 Abs. 2 ZuwStG. bleibt der Eigentumsübergang von der Steuer frei, wenn der Veräußerungspreis und iF. einer Teilveräußerung der Wert des Gesamtgrundstücks bei unbebauten Grundstücken nicht mehr als 5000 ℳ beträgt. Daß im vorliegenden Falle ein unbebautes Grundstück den Gegenstand des Eigentumswechsels gebildet hat, ist unstreitig, ebenso auch, daß der Veräußerungspreis für das ganze Grundstück 5400 ℳ betragen hat. Eine Teilveräußerung hat nicht stattgefunden, der Wert des Gesamtgrundstücks ist also nicht entscheidend, vielmehr nur der erzielte Veräußerungspreis. Die Klägerin, deren Heranziehung zur Steuer allein streitig ist, hat aber für die Veräußerung ihres Miteigentums zu $^{33}/_{64}$ an der übereigneten Parzelle nicht einen Preis von 5400 ℳ, sondern ihrem Miteigentum entsprechend nur von etwas über 2784 ℳ erhalten. Der Eigentumsübergang ihres Miteigentums bleibt also nach § 1 Abs. 2 des G. von der Steuer frei. Eine andere Beurteilung und zwar dahin, daß auch bei Veräußerung von Miteigentum stets der für das ganze Grundstück erzielte Preis oder der Wert des ganzen Grundstücks entscheidend sei, würde nur dann geboten sein, wenn hierüber das G. besondere Bestimmungen getroffen hätte, oder wenn nach dem G. die Veräußerung von bloßem ideellen Miteigentum an Grundstücken der Zuwachssteuer nicht unterworfen worden wäre. Beides ist nicht der Fall, aus § 25 des G. ergibt sich vielmehr im Gegenteil, daß das G. auch den auf den Anteil eines Miteigentümers entfallenden Wertzuwachs mit der Steuer erfassen will. Aus dem Wesen des Miteigentums an Grundstücken nach Bruchteilen selbst läßt sich aber auch nicht folgern, daß die Besteuerung des Wertzuwachses bei Veräußerung des Miteigentums nach Bruchteilen an einem Grundstück ausgeschlossen sein müsse; denn ein solches Miteigentum wird grundsätzlich hinsichtlich des Erwerbes, Verlustes und der Belastung ebenso wie Alleineigentum behandelt (vgl. §§ 1008ff. BGB.). Der Umstand, daß gleichzeitig mit der Klägerin auch die Miteigentümerin ihren Anteil an dem Grundstücke veräußert, daß also im Ergebnisse der Erwerber Alleineigentümer des Grundstücks geworden ist, ist unerheblich, weil das Alleineigentum nur dadurch erworben worden ist, daß jede Miteigentümerin ihren Anteil veräußert hat.

Nr. 5. Entsch. v. 21. Okt. 1912 (OVG. **62** 53) VII C 287/12.

ReichsZuwStG. §§ 1, 30.

Die Befreiungsvorschrift im § 1 Abs. 2 ZuwStG. bezieht sich nicht auf juristische, sondern nur auf physische Personen. Es würde eine unterschiedliche Behandlung juristischer und physischer Personen zuungunsten der letzteren bedeuten, wenn juristische Personen bei der Veräußerung kleinerer Grundstücke durchweg, also auch dann steuerfrei blieben, falls sie über ein großes Einkommen verfügten, während physische Personen, die nicht zu den wenig- oder unbemittelten Kreisen zählten, steuerpflichtig wären. Eine solche Scheidung ist unannehmbar. Vielmehr ist davon auszugehen, daß die persönlichen Befreiungen für juristische Personen ausschließlich und erschöpfend in § 30 ZuwStG. geregelt sind und im § 1 überhaupt nicht behandelt werden.

Nr. 6. Entsch. v. 2. Dez. 1912 (DJZ. **18** 870) VII C 334/12.

Nach der Entstehungsgeschichte des ZuwStG. bedeutet Gesamtgrundstück im § 1 Abs. 2 ZuwStG. nichts anderes als Grundstück und ist nicht etwa gleichbedeutend mit dem gesamten Grundeigentum einer Person, und unter einem Grundstück ist der zu einer wirtschaftlichen Einheit zusammengefaßte Grundbesitz zu verstehen, wobei für den Begriff der wirtschaftlichen Einheit die Verkehrsauffassung von wesentlicher Bedeutung ist. Hiernach kommt den Aufzeichnungen in den Grund- und Steuerbüchern ein entscheidendes Gewicht nicht zu, nach § 20 Abs. 3 ZuwStG. auch nicht der Lage, da dort der örtliche Zusammenhang neben dem wirtschaftlichen genannt wird, also nicht in ihm enthalten sein kann. Ob und inwieweit diese Momente als mitbestimmend zu berücksichtigen sind, richtet sich nach der Beschaffenheit des einzelnen Falles, dessen konkrete Umstände auch im übrigen bestimmend sind. Denn es ist davon auszugehen, daß innerhalb der bezeichneten Grenzlinie die Begriffsbestimmung von Fall zu Fall zu finden ist. Sie bewegt sich also mit dieser Maßgabe auf tatsächlichem Gebiet, das insoweit der Nachprüfung in der Revisionsinstanz verschlossen ist, als nicht bei der Gewinnung und Verwertung der tatsächlichen Feststellungen ein Rechtsirrtum unterlaufen ist.

Nr. 7. Entsch. v. 2. Jan. 1913 (DJZ. **18** 983) VII C 455/12.

Der Inhalt des ReichsZuwStG. und die aus der Entstehungsgeschichte deutlich hervorgehende Absicht des Gesetzgebers schließen die Anwendung des § 1 Abs. 2 auf Gerechtigkeiten aus.

Nr. 8. Entsch. v. 16. Jan. 1913 (OVG. **62** 82) VII C 437/12.

ReichsZuwStG. § 1.

Bei der Frage nach der Bedeutung des Begriffs: letztes Jahr iS. des § 1 Abs. 2 Satz 3 ZuwStG. könnte an sich an vier verschiedene Zeiträume gedacht werden: das letzte Einkommensteuerjahr, das letzte vom Steuerpflichtigen angenommene Wirtschaftsjahr, das letzte Kalenderjahr und das letzte natürliche oder Zeitjahr, abschließend mit dem Zeitpunkte des steuerpflichtigen Rechtsvorganges, der Regel nach (§ 1 Abs. 1, § 4 ZuwStG.) also mit dem Eigentumsübergange. Gegen die Maßgeblichkeit des Einkommensteuerjahrs sprechen jedoch überzeugend die Erwägungen, daß es sich hier um ein ReichsG. handelt, während die Einkommenbesteuerung der Landesgesetzgebung unterliegt und sich in den Einzelstaaten wesentlich verschieden gestaltet, ja in einzelnen Staatsgebieten überhaupt nicht besteht. Die gebotene gleichmäßige Anwendung jener Befreiungsvorschrift im Reiche schließt mangels einer ausdrücklichen Bestimmung im ReichsG. die Berücksichtigung der Verschiedenheit in der landesrechtlichen Regelung der Einkommensteuerverhältnisse aus. Unter Einkommen iS. des § 1 Abs. 2 aaO. ist dasjenige, was sich dem wirtschaftlichen Begriffe nach als Einkommen darstellt, zu verstehen; dies aber deckt sich keineswegs immer mit dem steuerpflichtigen Einkommen. Es sei in dieser Hinsicht beispielsweise auf die Steuerpflicht des Gewinns aus sogenannten Gelegenheitsspekulationen, anderseits auf die Abzugsfähigkeit gewisser Verwendungen zur Verbesserung und Vermehrung des Vermögens nach dem preuß. EinkStG. (§ 7, § 8 I 1, II 4, 5) hingewiesen.

Auch das letzte Wirtschaftsjahr muß ausscheiden; denn der Begriff: Wirtschaftsjahr knüpft nicht an das Einkommen an, sondern an die einzelne Einkommensquelle, so daß beim Vorhandensein mehrerer Einkommensquellen, z. B. sowohl aus Landwirtschaft, als auch aus Gewerbe, der Steuerpflichtige verschiedene Wirtschaftsjahre haben kann. Die Heranziehung des Wirtschaftsjahrs wäre daher nur möglich, wenn der Steuerpflichtige nur Einkommen aus einer einzigen Quelle bezöge. Die Zahl der Einnahmequellen aber ist für die Anwendung des § 1 Abs. 2

Satz 3 bedeutungslos, da er nur das Erfordernis aufstellt, daß das Einkommen nicht mehr als 2000 ℳ betrage. Die Vorschrift spricht nicht, wie anderweitige Bestimmungen des G. — § 14 Ziff. 4, § 16 Abs. 3 —, vom Kalenderjahre. Gleichwohl könnten gewisse Gesichtspunkte sich für das Kalenderjahr als den maßgebenden Zeitraum verwerten lassen. Überwiegende Gründe müssen jedoch für das Zeitjahr von 365 Tagen, zurückgerechnet vom steuerpflichtigen Rechtsvorgang an, den Ausschlag geben. Entscheidend ist vor allem der Zweck der Bestimmung. Sie will die Vergünstigung der Steuerfreiheit demjenigen Veräußerer zuteil werden lassen, der wirtschaftlich wenig leistungsfähig und daher einer besonderen Schonung bedürftig ist. Als Maßstab der Leistungsfähigkeit, die sich nur nach einem längeren Zeitraume beurteilen läßt, wählt das G. das Einkommen eines Jahres; dieses soll zum Anhalte dafür genommen werden, ob dem Veräußerer nach seinen wirtschaftlichen Verhältnissen die besondere Schonung zuteil werden soll. Hierfür aber kann nicht entscheidend sein, wie in einer früheren Zeit sich die Lage des jetzigen Veräußerers gestaltet hatte, sondern wie sie zu dem Zeitpunkte beschaffen ist, in dem der steuerlich bedeutsame Rechtsvorgang eingetreten und damit die Frage der steuerlichen Schonungsbedürftigkeit aufgetaucht ist. Innerhalb des von diesem Zeitpunkt ab rückwärts berechneten Jahres können sich seit Ablauf des letzten Kalenderjahrs die wirtschaftlichen Verhältnisse des Veräußerers sowohl zu seinen Gunsten, durch Erschließung neuer Einkommensquellen (insbesondere z. B. infolge Erbfalls, größerer Ergiebigkeit schon vorher vorhandener Einkommensquellen, Wegfalls von Verpflichtungen u. a.), als auch durch wirtschaftliche Vorgänge entgegengesetzter Art zu seinem Nachteile wesentlich verändert haben. Gleichwohl jene früheren, nicht die jetzigen Verhältnisse zum Maßstabe zu nehmen, würde dem Grundgedanken des § 1 Abs. 2 ZuwStG. nicht entsprechen.

Nr. 9. Entsch. v. 18. März 1913 (DIZ. 18 1271) VII C 651/12.

Zunächst kann man dem Wortlaute entnehmen, daß bei Anwendung des § 1 Abs. 2 ReichsZuwStG. von dem Preise des veräußerten Grundstücks auszugehen ist, und daß die Beschaffenheit dieses Grundstücks dafür maßgebend ist, ob ein Preis von 20000 ℳ oder 5000 ℳ die Grenze für die Bewilligung der Steuerfreiheit bildet. Im Falle einer Teilveräußerung muß außerdem noch das Gesamtgrundstück betrachtet werden, und nur wenn auch dieses die Wertgrenze übersteigt, kann der Eigentumsübergang steuerfrei bleiben. Hieraus folgt, daß bei Teilveräußerungen Steuerfreiheit nicht eintritt, wenn ein unbebauter Teil für mehr als 5000 ℳ veräußert wird, und daß, selbst wenn der Preis weniger beträgt, die Steuerfreiheit versagt werden muß, wenn das Gesamtgrundstück bebaut war und einen Wert von mehr als 20000 ℳ gehabt hat. Die Entstehungsgeschichte des G. bestätigt diese Auffassung.

Nr. 10. Entsch. v. 4. Juli 1913 (PrVerwBl. 35 44) VII C 59/13.

ReichsZuwStG. §§ 1, 2, 11.

1. Zu den im § 2 ZuwStG. v. 14. II. 11 bezeichneten Berechtigungen gehören auch die selbständigen Kohlenabbaugerechtigkeiten nach dem G., betr. die Rechtsverhältnisse des Stein- und Braunkohlenbergbaues in den Landesteilen, in denen das Kurfürstlich Sächsische Mandat 19. VIII. 1743 Gesetzeskraft hat, v. 22. II. 69 (GS. 401).

Das Abbaurecht auf Kohlen steht zwar von vornherein dem Grundstückseigentümer ohne besondere grundbuchliche Eintragung zu, da im Geltungsbereiche des G. v. 1869 — soweit nicht bereits zur Zeit des Erlasses dieses G. besondere Berechtigungen bestanden — die Stein- und Braunkohlen lediglich dem Verfügungsrechte des Grundeigentümers unterliegen (§ 1 des G.). Indessen besteht jenes Abbaurecht des Eigentümers, solange nicht die Erfordernisse der §§ 2, 3 Art. 38 AGBGB. erfüllt sind, nur als Ausfluß des Eigentums am Grundstück, als ein in dem Grundeigentum mitenthaltenes Recht, nicht als selbständiges Vermögensrecht, insbesondere als selbständige Gerechtigkeit. Diese letztere Eigenschaft erlangt es vielmehr erst durch den besonderen Akt der Abtrennung und Eintragung nach § 3 aaO., die in zweifacher Weise, entweder für den Grundeigentümer selbst oder für einen Dritten, erfolgen kann. Wenn der Beklagte in Anlehnung an eine ihm zugegangene Äußerung des Reichsschatzamts 8. III. 12 darauf hinweist, daß die Übertragung des Abbaurechts auf einen Nichteigentümer in Fällen der vorliegenden Art schon deshalb als Veräußerung der Berechtigung gelten müsse, weil das Abbaurecht dem Grundstückseigentümer als solchem ohne Rücksicht auf die besondere grundbuchliche Eintragung zustehe, so wird hierbei übersehen, daß zu unterscheiden ist zwischen dem Abbaurecht, das in dem Eigentum am Grundstück mitenthalten ist, und der selbständigen Gerechtigkeit, die erst durch die Abtrennung und Eintragung gemäß § 3 Art. 38 aaO. zur Entstehung gelangt und daher erst in der Folgezeit auf Grund eines anderweitigen besonderen Rechtsaktes auf einen anderen übergehen kann. Ohne solche Abtrennung und Eintragung besteht für den Eigentümer ein Abbaurecht als solches begrifflich überhaupt nicht, und es ist daher unrichtig, daß das nicht abgetrennte Abbaurecht ein „rechtlich gesonderter Teil" der vom Eigentum umfaßten Gesamtbefugnisse sei. Diese Annahme eines schon vorher bestehenden Sonderrechts verkennt das Wesen des Eigentums und des — durch Art. 38 AGBGB. unberührt gebliebenen — § 1 G. 22. II. 69. In der Bestimmung des Abs. 1 des § 1, wonach in den dort aufgeführten Gebieten „die Stein- und Braunkohlen fernerhin lediglich dem Verfügungsrechte des Grundstückseigentümers unterliegen", kommt nichts weiter als der allgemeine Rechtsgrundsatz zum Ausdruck, daß — vorbehaltlich abweichender gesetzlicher Sondervorschriften — das Eigentum am Grundstück unbeschränkt ist, die Befugnis zur Aneignung jener Bodenschätze also in dem Grundstückseigentum als solchem enthalten ist, also kein besonderes Recht darstellt. Wenn es sodann im Abs. 2 des § 1 heißt: „Die bestehenden Berechtigungen zum Betriebe des Stein- und Braunkohlenbergbaues bleiben jedoch aufrecht erhalten" — auf welche „bestehenden" Gerechtigkeiten, zufolge § 5 Art. 38 AGBGB., § 2 ZuwStG. ebenfalls Anwendung findet —, so sind darunter (wie schon das Wort „jedoch" erkennen läßt) nur das vorerwähnte Verfügungsrecht des Grundeigentümers einschränkende Berechtigungen, also Rechte Dritter, gemeint, die bereits bei Erlaß des G. v. 1869 bestanden.

2. Aus dieser Rechtslage in Verbindung mit dem an einen Rechtsvorgang die Steuerpflicht anknüpfenden § 1 ZuwStG. folgt mit Notwendigkeit, daß nicht schon derjenige Vorgang, durch den die selbständige Kohlenabbaugerechtigkeit als solche erst entsteht, der Zuwachssteuer unterliegen kann, sondern daß die Steuerpflicht erst eintreten kann, wenn die bereits entstandene, also durch Eintragung für den Grundstückseigentümer oder für einen Dritten schon begründete Kohlenabbaugerechtigkeit auf einen anderen weiter übertragen wird. Für die Richtigkeit dieser Auffassung spricht auch die Bestimmung in § 11 Abs. 2 Satz 1 ZuwStG., wonach der Wert des Grundstücks an Stelle eines Preises tritt, wenn auf dem Grundstück eine der im § 2 bezeichneten Berechtigungen oder ein Nießbrauch lastet, zu deren Beseitigung der Veräußerer nicht verpflichtet ist, und der Wert des Grundstücks den Betrag der Gegenleistung übersteigt. Beim Vorliegen der Voraussetzungen des § 11 Abs. 2 Satz 1 soll gemäß dieser positiven Vorschrift bei der Erhebung der Zuwachssteuer aus Anlaß der Grundstücksveräußerung trotz der schon vor der Grundstücksveräußerung erfolgten Bestellung einer Berechtigung nach § 2 ZuwStG., also insbesondere auch trotz der vorherigen Schaffung einer selbständigen Kohlenabbaugerechtigkeit, der Wert des ganzen Grundstücks, unter Einrechnung des Wertes der Berechtigung, zur Grundlage der Besteuerung gemacht werden, so daß der Grundstückseigentümer auch hinsichtlich des Wertes der bereits abgetrennten

Berechtigung steuerlich herangezogen wird. Würde auch schon die mit der Abtrennung verknüpfte Schaffung der selbständigen Kohlenabbaugerechtigkeit als selbständiger steuerpflichtiger Rechtsvorgang anzusehen sein, so würde also das Gesetz hinsichtlich der Berechtigung eine Doppelbesteuerung des Grundstückseigentümers eingeführt haben. Dies aber war sicher nicht seine Absicht, wenn es auch vielleicht dem Gesetzgeber nicht gelungen ist, in allen Fällen eine Doppelbesteuerung zu vermeiden.

Nr. 11. Entsch. v. 31. Okt. 1912 (**OVG. 62** 68) VII C 292/12.

ReichsZuwStG. § 28.

Bei der Veräußerung mehrerer Grundstücke an verschiedene Erwerber kommt für die Befreiungsvorschrift des § 28 Abs. 3 ZuwStG. jeder einzelne Erwerb (Steuerfall) in Betracht. Es ist daher rechtsirrig anzunehmen, daß § 28 Abs. 3 nur dann zur Steuerfreiheit führen könne, wenn die sich aus den einzelnen Steuerfällen ergebenden Steuerbeträge zusammengerechnet 20 *M* nicht erreichen.

Nr. 12. Entsch. v. 11. Juli 1912 (**OVG. 62** 37) VII C 222/12.

ReichsZuwStG. §§ 5, 63.

Nach § 63 ZuwStG. unterbleibt die Besteuerung, wenn die Urkunde über das Veräußerungsgeschäft, das zu dem Eigentumsübergange führte, vor dem 1. I. 11 in öffentlich beglaubigter Form errichtet oder bei einer Behörde eingereicht war. Ein bloßer Verkaufsantrag ist von den unter Nr. 1—5 des Abs. 3 des § 5 ZuwStG. behandelten Rechtsgeschäften grundverschieden, hat insbesondere auch nichts gemein mit der unter Nr. 5 behandelten Erteilung der Ermächtigung an einen anderen, ein Grundstück ganz oder teilweise auf eigene Rechnung zu veräußern. Ebensowenig aber stellt ein, sei es auch mit längerer Bindung des Antragenden verknüpfter, Verkaufsantrag ein zur Übertragung des Eigentums verpflichtendes Veräußerungsgeschäft dar (§ 5 Abs. 1, § 63 ZuwStG.), da rechtlich diese Verpflichtung einzig durch den Vertragsschluß begründet wird, der Vertrag erst durch die Annahmeerklärung zustande kommt (§§ 145 ff., 433 BGB.) und, solange diese aussteht, ein wesentliches Begriffsmerkmal eines „Veräußerungsgeschäfts“ fehlt.

Nr. 13. Entsch. v. 21. Okt. 1912 (**OVG. 62** 55) VII C 265/12.

ReichsZuwStG. § 14.

1. Baugewerbetreibender iS. des § 14 Ziff. 3 Satz 2 ZuwStG. ist der, der durch Errichtung von Bauten eine selbständige, fortgesetzte, auf Erzielung von Gewinn gerichtete, in der Beteiligung am allgemeinen wirtschaftlichen Verkehre bestehende Tätigkeit ausübt. Ob er die Bautätigkeit für fremde Rechnung auf fremden Grundstücken oder für eigene Rechnung in der Art ausübt, daß er die Bauten auf eigenen Grundstücken mit der Absicht gewinnbringender Verwertung durch demnächstigen Verkauf errichtet, ist für die Anwendung jener Bestimmung gleichgültig.

Das G. kann nur an einen solchen Baugewerbetreibenden gedacht haben, dessen Bautätigkeit in dem betreffenden einzelnen Steuerfalle sich auf ein seiner eigenen rechtlichen Verfügungsgewalt unterliegendes Grundstück erstreckte, also für eigene Rechnung vorgenommen wurde, da die Zuwachssteuerpflicht an den Eigentumsübergang des Grundstücks anknüpft, der Steuerpflichtige also, wie auch § 14³ besagt, der Veräußerer des Grundstücks sein muß. Warum gleichwohl der gesetzliche Vorteil einer erhöhten Hinzurechnung zu dem Erwerbspreise nicht dem ganzen Kreise derjenigen Personen, die sich ständig und in Gewinnabsicht, und insofern gewerbsmäßig, mit Bauunternehmungen befassen, zugute kommen sollte, sondern nur denjenigen, die sonst für fremde Rechnung zu arbeiten pflegen, nicht aber auch denen, die auch sonst nur für eigene Rechnung tätig werden, ist nicht abzusehen. Sowohl in dem einen wie in dem anderen Falle greift uneingeschränkt der gesetzgeberische Gesichtspunkt durch, wonach der Veräußerer vor anderen Veräußerern im Hinblick auf seine bauliche Berufstätigkeit bevorzugt werden soll, wenn das betreffende Grundstück den den Wertzuwachs bedingenden Bau dieser seiner Berufstätigkeit verdankt. Dieses letztere Erfordernis bringen die Worte des G. zum Ausdrucke, daß der Baugewerbetreibende „selbst der Bauunternehmer ist". Damit ist gesagt, daß er den Bau nicht anderweitig vergeben haben darf, daß mit anderen Worten zu seiner Eigenschaft eines berufsmäßig — sei es für fremde, sei es für eigene Rechnung — in Gewinnabsicht Bauten Ausführenden die Tatsache hinzukommen muß, daß er diese Eigenschaft auch gerade an dem veräußerten Grundstücke, durch dortige eigene Arbeitsleistung betätigt haben muß.

Nr. 14. Entsch. v. 18. März 1913 (DJZ. 18 1271) VII C 622/12.

Die Rechtsprechung des OVG. geht dahin, daß das fiduziarische Eigentum wahres Eigentum ist, und daß dies auch für das Steuerrecht gilt, wenn nichts Abweichendes vorgeschrieben ist.

II.

Berechnung des Wertzuwachses.

Nr. 1. Entsch. v. 1. April 1912 (OVG. 62 1) VII C 17/12.

ReichsZuwStG. § 22.

1. Der im § 22 Ziff. 2 ZuwStG. vorgesehene Abzug vom Veräußerungspreise setzt voraus, daß der für die Steuerberechnung maßgebende Zeitraum mindestens ein Jahr beträgt.

Ertrag einer dauernden Quelle der Gütererzeugung ist nicht der Überschuß der Einnahmen über die Ausgaben eines beliebig kurzen Zeitraums, sondern das Ergebnis der wirtschaftlichen Nutzung innerhalb einer Wirtschaftsperiode in dem engeren Sinne der durch die Art der Nutzung gegebenen eigentlichen Wirtschaftsperiode oder in dem weiteren eines Zeitraumes, der zwar mit der gegebenen individuellen Wirtschaftsperiode hinsichtlich seines Anfangs- und Endtermins nicht zusammenfällt, sondern Teile zweier solcher Wirtschaftsperioden im engeren Sinne umfaßt, die indes zusammen von solcher Dauer sind, daß sich in ihnen nach der Art der Nutzung alle ihr dienenden, regelmäßig wiederkehrenden Vorgänge normalerweise mindestens einmal vollziehen. Ein solches Ergebnis liegt aber erst vor, wenn diese Periode abgelaufen ist. Vorher kann sich wohl für den abgelaufenen Teil derselben ein Überschuß der bisher erzielten Einnahmen über die bisher geleisteten Ausgaben ergeben, aber dieser Überschuß ist noch nicht Ertrag. Neben diesem Überschusse gibt es wohl einen nach Verhältnis der Zeit auf den Teil der Wirtschaftsperiode entfallenden Teil des Ertrags der letzteren, aber keinen selbständigen Ertrag des Teiles der Wirtschaftsperiode. Dieser Anteil an dem Ertrage der Wirtschaftsperiode ist auch dem Umfange nach nicht gleichbedeutend mit dem innerhalb jenes Teiles der Wirtschaftsperiode entstandenen Überschusse der Einnahmen über die Ausgaben, sondern er besteht in dem Anteil an dem Gesamtergebnisse der ganzen Wirtschaftsperiode.

Von der Anrechnung eines Anteils an dem geschätzten Ertrag einer noch nicht abgelaufenen Wirtschaftsperiode als „Ertrag" des abgelaufenen Teiles kann aber nach § 22 Ziff. 2 nicht die Rede sein; denn namentlich das Wort

„nachweislich" ergibt, daß nur wirkliche, nicht geschätzte, und zwar teilweise auf Grund von Vermutungen über die Gestaltung in einem noch nicht abgelaufenen Teile einer Wirtschaftsperiode geschätzte Ergebnisse in Betracht kommen. Als normale — kürzeste — Periode, innerhalb deren sich alle ein Wirtschaftsergebnis beeinflussenden Vorgänge mindestens einmal zu vollziehen pflegen, gilt, zumal beim Grundbesitze, das Jahr, d. h. ein Zeitraum von zwölf Monaten. Ohne weiteren Zusatz versteht man daher unter „Ertrag" überall den Jahresertrag. Wenn nun gar im § 22 ausdrücklich noch das Wort „Jahresertrag" gebraucht wird, so kann man unmöglich annehmen, unter einem „Jahresertrage", der „nachweislich" hinter einer ebenfalls in dem Jahreszinssatz ausgedrückten Verzinsung des Erwerbspreises „zurückbleibt", seien auch Einnahmeüberschüsse des Bruchteils eines Jahres zu verstehen, die überhaupt noch nicht „Ertrag" sind, wenn, wie das G. es durchgängig annimmt, das Jahr die kürzeste Wirtschaftsperiode ist.

2. Es kann auch nichts zuungunsten der hier vertretenen Auffassung daraus hergeleitet werden, daß in § 22 Ziff. 2 die Worte „während des für die Steuerberechnung maßgebenden Zeitraums" den übrigen Zeitbestimmungen vorangestellt sind. Es wäre unrichtig, wollte man hieraus folgern, daß grundsätzlich die Anrechnung der Zinsen auf den ganzen für die Steuerberechnung maßgebenden Zeitraum erfolgen sollte. Vielmehr ist nur gemeint, daß die in Betracht kommenden Jahre innerhalb dieses Zeitraums liegen müssen.

Allerdings könnten sich Bedenken daraus ergeben, daß § 22 nicht ausdrücklich bestimmt, ob die einzelnen Jahre wie in §§ 14 und 16 als Kalenderjahre gedacht sind oder ob der Anfangszeitpunkt ein anderer als der 1. Januar sein sollte. In Ermangelung einer besonderen Bestimmung muß man aber annehmen, daß das Jahr vom Anfangspunkte des für die Steuerberechnung maßgebenden Zeitraums ab zu rechnen ist. Dem entsprechen auch die Worte „nicht länger als für fünfzehn zusammenhängende Jahre". Diese Fassung deutet darauf hin, daß man nicht an Kalenderjahre gedacht hat. Der so in Ansatz zu bringende Jahreszeitraum wird zwar idReg. mit dem Wirtschaftsjahre nicht zusammenfallen, das trifft aber auch für das Kalenderjahr in vielen — und gerade in den schwierigsten — Fällen nicht zu. Jedenfalls kann der Jahresertrag unter Gegenüberstellung der tatsächlich erzielten Einnahmen und Ausgaben durch Berechnung auch dann festgestellt werden, wenn das für die Steuerberechnung maßgebende Jahr nicht mit dem Wirtschaftsjahre zusammenfällt. Da sich innerhalb eines Jahres idReg. alle das Wirtschaftsergebnis beeinflussenden Vorgänge vollziehen, so ist mit einer derartigen rechnungsmäßigen Feststellung ein wahrer Jahresertrag ermittelt.

Nr. 2. Entsch. v. 17. Juni 1912 (OVG. **62** 28) VII C 131/12.

ReichsZuwStG. § 22.

Nach § 22 Ziff. 2 ZuwStG. sind die dort vorgesehenen drei vom Hundert nur von dem Erwerbspreis und nicht von dem Grundstückswerte zu berechnen. Ist ein früherer Erwerbspreis nicht zu ermitteln, so entfällt damit die Möglichkeit des Abzugs der drei vom Hundert.

Nr. 3. Entsch. v. 21. Okt. 1912 (OVG. **62** 59) C VII 305/12.

ReichsZuwStG. § 22.

1. Unter den im § 22 Ziff. 1 ZuwStG. vorgesehenen, vom Veräußerungspreis in Abzug zu bringenden Kosten sind die durch die Veräußerungs- und Übertragungsverhandlungen selbst erwachsenden Kosten zu verstehen, und zwar idReg. solche, die an Dritte und nicht an eigene Angestellte des Veräußerers zu zahlen sind. Dahin gehören: notarielle und gerichtliche Kosten, Umsatzsteuern, Vermittelungsgebühren.

2. Sind hiernach die Kosten der Vorbereitung des Verkaufs nicht anrechnungsfähig, so trifft das noch weniger zu für die Kosten, die ihren Grund in den der Veräußerung nachfolgenden Vorgängen haben, wie das der Fall ist bei der Tätigkeit, die K. aus Anlaß der späteren Bebauung entfaltet. Dieses Ergebnis ist auch nicht unbillig; denn das G. berücksichtigt den Wert der auf das Grundstück und die Bauten aufgewendeten Arbeit in angemessener Weise schon in den §§ 16 und 14 Abs. 3.

Nr. 4. Entsch. v. 21. Okt. 1912 (OVG. **62** 63) VII C 300/12.

ReichsZuwStG. §§ 14, 22.

1. Der Ansicht, daß der in § 22 Ziff. 2 ZuwStG. vorgeschriebene Antrag vor der Veranlagung gestellt werden müsse, kann nicht beigetreten werden. Da das G. über den Zeitpunkt der Antragstellung nichts enthält, so muß angenommen werden, daß eine zeitliche Schranke nicht aufgerichtet werden sollte. In Preußen ist es demgemäß zulässig, daß der Steuerpflichtige innerhalb des Rahmens der durch den Einspruch festgelegten Steuersumme diejenigen Umstände auch nachträglich anführt, die die Herabsetzung der Steuer auf diesen Betrag herbeizuführen geeignet sind. Daß dabei die Vorschriften des Prozeßrechts über die Klage- und Rechtsmittelfristen sowie über die Erweiterungen der Anträge zu Beschränkungen führen können, bedarf als selbstverständlich keiner näheren Ausführung.

2. Bei Teilveräußerungen sind Aufwendungen (§ 14 Ziff. 3, 4 aaO.), die auf das ganze Grundstück gemacht worden sind, nur insoweit anzurechnen, als sie auf das veräußerte Teilgrundstück zur Zeit der Veräußerung noch eine werterhöhende Wirkung ausüben.

Nr. 5. Entsch. v. 17. Juni 1912 (OVG. **62** 25) VII C 111/12.

ReichsZuwStG. §§ 1, 8, 24.

Bei Feststellung des Veräußerungspreises (§ 1 Abs. 2 ZuwStG.) ist die nach § 24 aaO. von dem Erwerber übernommene Zuwachssteuer dem vereinbarten Preise nicht hinzuzurechnen.

Nach § 8 Abs. 2 bestimmt sich der Preis nach dem Gesamtbetrage der Gegenleistung einschließlich der vom Erwerber übernommenen oder ihm sonst infolge der Veräußerung obliegenden Leistungen und der vorbehaltenen oder auf dem Grundstücke lastenden Nutzungen . . § 24, der den Fall im Auge hat, daß die nach § 29 gesetzlich den Veräußerer treffende Verpflichtung zur Zahlung der Zuwachssteuer durch den Vertrag, d. i. im Innenverhältnisse zwischen Veräußerer und Erwerber auf den letzteren abgewälzt wird, regelt die steuerrechtliche Bedeutung der Übernahme der Zuwachssteuer durch den Erwerber in selbständiger Weise und hat zur Voraussetzung, daß zunächst der Steuerbetrag nach den sonstigen Vorschriften des G. berechnet wird, also ohne Rücksicht auf die in § 24 erwähnte Übernahme der Steuer durch den Erwerber, sonach auch ohne daß diese übernommene Steuer als Teil des Preises zu behandeln wäre. Folglich ist der Regel nach unter Preis iS. jener „sonstigen Vorschriften", und daher auch des § 8, nur derjenige zu verstehen, der sich ohne Einschluß der übernommenen Steuer ergibt.

Nr. 6. Entsch. v. 18. April 1912 (OVG. **62** 8) VII C 42/12.

ReichsZuwStG. §§ 4, 5, 8.

1. Nach § 8 ReichsZuwStG. 14. II. 11 gilt als steuerpflichtiger Wertzuwachs der Unterschied zwischen dem Erwerbspreis und dem Veräußerungspreise. Der für die Steuerberechnung maßgebende Zeitraum ist hiernach und nach § 4 regelmäßig die Zeit zwischen Erwerb und Veräußerung. Bei Grundstücksübertragungen (§§ 873, 925 BGB.) vollziehen sich aber Erwerb und Veräuße-

rung durch Auflassung in Verbindung mit der grundbuchmäßigen Eintragung der Rechtsänderung. Deshalb ist der Steuerberechnung die Zeit von Eintragung zu Eintragung zugrunde zu legen. Irrtümlich ist das Zuwachssteueramt davon ausgegangen, daß die Zeitpunkte der Auflassungen maßgebend seien.

2. Die Ausnahmevorschrift des § 5 aaO. findet auf einen vor dem Inkrafttreten des G. liegenden Grundstückserwerb keine Anwendung; für die vor dem 1. I. 11 liegenden Erwerbsfälle kommen demnach die obligatorischen Veräußerungsgeschäfte bei der Berechnung der Steuer nicht in Betracht.

Nr. 7. Entsch. v. 31. Okt. 1912 (OVG. **62** 72) VII C 323/12.

ReichsZuwStG. § 8.

Unter Leistungen iS. des § 8 Abs. 2 ZuwStG. sind nur solche zu verstehen, die bereits bei Abschluß des Vertrags bestehen, nicht aber auch solche, von denen bei Abschluß des Vertrags nicht abzusehen ist, ob jemals, und gegebenenfalls in welchem Betrage, sie zu bewirken sein werden; letztere sind danach vielmehr Leistungen von solch unbestimmter Art, daß sie steuerrechtlich für die Preisbestimmung nicht in Betracht kommen. Als von der Berücksichtigung ausgeschlossen ist demgemäß insbesondere erachtet worden eine von dem Erwerber übernommene, auf ganz ungewisse künftige Verhältnisse abgestellte Verpflichtung, den Veräußerer bei einem etwaigen späteren Verkauf an einem etwaigen Überschusse teilnehmen zu lassen, und zwar gleichviel, ob später ein gewinnbringender Verkauf — durch den erst der bisherige Mangel der Bestimmtheit beseitigt wird — stattgefunden hat, da es lediglich auf den Zeitpunkt des Erwerbes des späteren Veräußerers ankomme, damals aber eine Schätzung so gut wie unmöglich gewesen sei. An dem Grundsatze, daß zu der entscheidenden Zeit des Erwerbes ganz unbestimmbare Leistungen nicht als Teil des Erwerbspreises gelten können, ist auch für das Gebiet des ZuwStG. festzuhalten. Hätte es derartige Leistungen, die neben einer Preiszahlung übernommen werden — Erwerbspreis und Veräußerungspreis sind in dieser Hinsicht nach demselben Maßstabe zu bestimmen — mitberücksichtigt wissen wollen, so hätte es Grundlagen für ihre Schätzung schaffen müssen. Daran fehlt es völlig.

Nr. 8. Entsch. v. 31. Okt. 1912 (OVG. **62** 70) VII C 198/12.

ReichsZuwStG. § 8.

Für die Höhe des bei der Ermittelung des Wertzuwachses in Ansatz zu bringenden Veräußerungspreises ist die hierüber ziffermäßig getroffene Vereinbarung der Vertragschließenden entscheidend. Welche Bedeutung diese Vereinbarung auf wirtschaftlichem Gebiete hat, ob insbesondere dem für die Übereignung des Grundstücks ziffermäßig vereinbarten Preise ein seinem Nennwert entsprechender wirklicher Wert nicht beizumessen ist, ob die für die Klägerin eingetragene Restkaufgeldforderung nach der Person des Verpflichteten oder den sonstigen Umständen schwer oder leicht veräußerlich ist, und ob der Verkehr sie hiernach höher oder geringer bewertet, ist weder Gegenstand des Veranlagungsverfahrens noch der richterlichen Nachprüfung.

Nr. 9. Entsch. v. 11. Juli 1912 (OVG. **62** 39) VII C 189/12.

ReichsZuwStG. §§ 8, 11, 14.

1. Nach § 8 Abs. 2 ReichsZuwStG. bestimmt sich der — der Zuwachssteuerberechnung zugrunde zu legende — Preis nach dem Gesamtbetrage der Gegenleistung einschließlich der vom Erwerber übernommenen oder ihm sonst infolge der Veräußerung obliegenden Leistungen und der vorbehaltenen oder auf dem Grundstücke lastenden Nutzungen. Gegenstand des Streits ist, ob demgemäß die Sicherungshypotheken, die auf den veräußerten

Grundstücken für die Stadt S. wegen Straßenbau- und Kanalisationskosten eingetragen waren und zufolge vertraglicher Befreiung des Veräußerers von seiner gesetzlichen Verpflichtung zu ihrer Beseitigung (§ 439 Abs. 2 BGB.) eingetragen blieben, als von den Erwerbern übernommene Leistungen anzusehen sind. Dies ist zu verneinen. Übernommene Leistungen sind solche, die der Erwerber nicht schon nach G., sondern nur auf Grund besonderer Vertragsbestimmung zu tragen hat. Die Sicherungshypotheken bezogen sich unstreitig auf Anliegerbeiträge nach §15 BauflG. Eine dem § 14⁴ ReichsZuwStG. entsprechende gesetzliche Sonderbestimmung über die etwaige Hinzurechnung solcher Beiträge zum Veräußerungspreise besteht nicht. Nach ständiger Rechtsprechung des Gerichtshofs hat die Verpflichtung zur Leistung der Beiträge zu den Straßenherstellungskosten einen dinglichen Charakter, d. h. sie trifft den jeweiligen Eigentümer des Grundstücks und gelangt erst zur Entstehung, wenn zwei Voraussetzungen erfüllt sind: erstens, daß die Straße ausgebaut ist und die Kosten, die von der Gemeinde aufgewendet sind und erstattet werden sollen, festgestellt werden können, und zweitens, daß ein Gebäude an der Straße errichtet wird. An der ersteren Voraussetzung fehlt es hier. Die Kläger waren also rechtlich gar nicht in der Lage, eine ihnen obliegende Verpflichtung zur Zahlung von Straßenbaukosten vertraglich auf die Erwerber abzuwälzen, weil ihnen eine solche Verpflichtung weder damals oblag, noch nach der Veräußerung jemals obliegen konnte, und eine etwaige Vereinbarung, daß im Falle späteren Ausbaues der Straße die alsdann entstehende Verpflichtung zur Zahlung der Straßenbaukosten von den Erwerbern zu erfüllen sei, war bedeutungslos, da hierzu die Erwerber schon kraft Gesetzes als Anlieger — und daher alleinige Schuldner — verpflichtet sein würden.

Auf der anderen Seite hatte die Bestellung der Hypotheken als bloßer Sicherungshypotheken gemäß § 1184 BGB. die Wirkung, daß das Recht des Gläubigers — (der Stadt S.) — aus der Hypothek sich nur nach der Forderung bestimmte und der Gläubiger sich zum Beweise der Forderung nicht auf die Eintragung berufen konnte. Für den Gläubiger ist also stets die Sicherungshypothek von dem wirklichen und von ihm nachzuweisenden Bestehen seiner Forderung abhängig; gelangt letztere nicht zur Entstehung, so steht die Sicherungshypothek (als Eigentümergrundschuld) dem Eigentümer selbst zu (§§ 1163 Abs. 1, 1177 BGB.). Wenn oder solange es an der Forderung selbst fehlt, hat demnach die Eintragung der Sicherungshypothek nur eine formell grundbuchmäßige, nicht aber auch irgendeine tatsächliche Belastung des Grundstücks und Grundstückseigentümers im Gefolge.

2. Bei dieser Rechtslage handelte es sich im vertraglichen Verhältnisse zwischen den Veräußerern und den Erwerbern der Grundstücke nicht um den Übergang einer Hypothekenschuld der Veräußerer auf die Erwerber, sondern nur um die Beibehaltung eines Rechtszustandes, wonach für den Fall, daß künftig zu Lasten des jeweiligen Grundstückseigentümers — nach erfolgter Veräußerung also zu Lasten der Erwerber — eine bestimmte Leistungspflicht begründet werden sollte, der betreffende künftige Gläubiger von vornherein hypothekarisch gesichert war. Gesetzt selbst, daß unter Umständen auch in dem Eingehen eines Erwerbers auf die Beibehaltung jenes dinglichen Rechtszustandes, also in seinem Verzicht auf sein gesetzliches Recht, Beseitigung der Sicherheitshypothek zu verlangen, eine Art Gegenleistung an den Veräußerer erblickt werden könnte, so wäre doch ein unerläßliches Erfordernis hierfür die Feststellung, daß die Forderung, an welche die Sicherungshypothek gebunden ist, voraussichtlich entstehen werde; denn andernfalls muß davon ausgegangen werden, daß die Hypothek dem Eigentümer, dem Grundstückserwerber, verbleiben werde und es für ihn daher in vermögensrechtlicher Hinsicht gleichgültig war, ob die Sicherheitshypothek gemäß der gesetzlichen Verpflichtung des Veräußerers von diesem beseitigt wurde oder aber auch nach der Veräußerung noch fortbestand. Insofern gilt auch für das Gebiet des ReichsZuwStG. der von

dem Gerichtshofe wiederholt anderweitig ausgesprochene Grundsatz, daß ganz unbestimmte, nur möglicherweise einmal entstehende und wegen dieser Ungewißheit ihrem Werte nach nicht abschätzbare Leistungen bei der Preisbemessung auszuscheiden haben. Daß aber der Ausbau der Straße, an der die Grundstücke liegen, tatsächlich zu erwarten und daher mit der demnächstigen Erfüllung derjenigen Voraussetzung zu rechnen sei, von der die Entstehung des Anspruchs des Beklagten auf Zahlung der Anliegerbeiträge abhängt, hat der Beklagte nicht behauptet. Ebensowenig ist von ihm behauptet, daß und inwiefern etwa die Vertragschließenden den Mitübergang der Sicherheitshypotheken auf die Erwerber unter dem Gesichtspunkt einer von diesen gemachten Gegenleistung bei der Preisbestimmung bewertet hätten (§§ 8 Abs. 2, 11 Abs. 2 Satz 2 des G.).

Damit erweist sich das Verlangen des Beklagten auf Hinzurechnung der Beträge der Sicherheitshypotheken zum Veräußerungspreise als rechtlich unbegründet.

Nr. 10. Entsch. v. 19. Sept. 1912 (OVG. **62** 46) VII C 209/12.

ReichsZuwStG. §§ 1, 8, 11, 58, 59, 63.

1. Die Umschreibung im § 1 ZuwStG., Wertzuwachs, „der ohne Zutun des Eigentümers entstanden ist", hat keine selbständige Bedeutung. Sie ist eingefügt worden, um den gesetzgeberischen Grundgedanken hervortreten zu lassen, daß nicht auch der vom Eigentümer geschaffene Wertzuwachs steuerlich erfaßt werden soll. Die Begriffsumgrenzung in § 1 soll aber nicht etwa dazu führen, in jedem Falle zu untersuchen, welcher Teil der Wertsteigerung auf der Tätigkeit des Eigentümers beruht, um dann diesen Teil der Wertsteigerung von der Besteuerung auszuschließen. Für die Ermittelung des Wertzuwachses überhaupt und für die Ausscheidung des steuerpflichtigen Teiles der Wertsteigerung sind die Einzelvorschriften des Gesetzes maßgebend. Die bezeichneten Worte in § 1 haben im wesentlichen programmatische Bedeutung und sollen bei Auslegung zweifelhafter Fälle eine Richtlinie bilden.

2. Nach § 8 aaO. sind der Erwerbs- und Veräußerungspreis selbst dann maßgebend, wenn sie lange vor oder lange nach dem Erwerbs- oder Veräußerungsvorgange gezahlt werden, und die Steuerpflicht wird auch nicht dadurch ausgeschlossen, daß der Veräußerer keinen Wertzuwachs bezogen hat. Zweifelhaft kann nur sein, ob hier überhaupt ein Veräußerungspreis angesetzt werden kann, wenn man nämlich annähme, daß die Klägerin kein Entgelt für die Eigentumsübertragung erhalten hat. Würde man diese Frage verneinen, so wäre nach § 11 der Wert zur Zeit der Veräußerung einzusetzen.

Das ReichsZuwStG. ist überhaupt nicht anwendbar.

3. Die Anwendung des § 63 ReichsZuwStG. ist nicht dadurch ausgeschlossen, daß die Urkunde bei einer am Vertragsschlusse selbst beteiligten Behörde „eingereicht" worden ist; denn die Vorschrift ist ein Ausfluß des Grundsatzes, daß die Vergünstigung dann eintreten soll, wenn einwandfrei festgestellt werden kann, daß das Veräußerungsgeschäft tatsächlich vor dem Jahre 1911 geschlossen ist[1]). Ob die Behörde unbeteiligt ist oder nicht, ist für die Feststellung des Eingangszeitpunkts gleichgültig, da in dieser Hinsicht die Zuverlässigkeit der Aktenangaben regelmäßig

---

[1]) Über die Pflicht zu prüfen, ob die Voraussetzungen des § 63 vorliegen, ist in Entsch. v. 3. III. 12 (OVG. **62** 49 i. d. Anm.) folgendes ausgeführt: „Die Zuwachssteuererklärung des Klägers enthält die Bemerkung, daß der Veräußerung ein Kaufvertrag v. 22. III. 10 zugrunde gelegen habe. Es hätte deshalb untersucht werden müssen, ob dieser Vertrag ein öffentlich beglaubigter war, und, wenn dies nicht zutrifft, ob der zweite Fall des § 63 gegeben ist, ob es insbesondere im Sinne des § 63 genügt, wenn der Vertrag bei einer der vertragschließenden Parteien selbst vor dem Jahre 1911 eingegangen ist. Darin, daß der Bezirksausschuß auf diesen Punkt, obwohl Veranlassung dazu vorlag, nicht eingegangen ist, liegt ein wesentlicher Mangel des Verfahrens."

trotz der Beteiligung der Behörde außer allem Zweifel steht. An der Anwendbarkeit des § 63 kann auch der Umstand nichts ändern, daß das Veräußerungsgeschäft zwischen S. und der Gemeinde, die Auflassung aber zwischen der Klägerin und der Gemeinde stattgefunden hat; denn den vermittelnden Vorgang zwischen diesen beiden Rechtsgeschäften bildete die Auflassung des ganzen Gutes von S. an die Klägerin.

4. Die Zuwachssteuer ist eine Reichssteuer (ReichsG. § 59 Abs. 3); sie fließt indessen nur zur Hälfte der Reichskasse zu, während sie zur anderen Hälfte den Bundesstaaten sowie den Gemeinden und Gemeindeverbänden zugute kommt (§ 58). Die Verwaltung und Erhebung der Steuer liegt nicht dem Reiche ob, sondern den Bundesstaaten, die ihrerseits wieder Gemeinde- und Gemeindeverbandsbehörden mit der Verwaltung und Erhebung betrauen können (§ 35). Nach dem preuß. AG. v. 14. VII. 11 wird die Steuer durch den Gemeindevorstand oder den Kreisausschuß veranlagt (§ 1), und die Steuer ist an die Gemeinde- oder die Kreiskommunalkasse zu zahlen (§ 3). Diese Kassen haben den dem Reiche zustehenden Anteil an das Reich und den dem Staate verbleibenden Betrag an die Staatskasse abzuführen (§ 3 AG., § 58 ReichsG., § 45 ABest. des Bundesrats; AAnw. der Fachminister v. 19. V. 11 zu 4).

Hiernach wird die Zuwachssteuer zwar teilweise für Rechnung des Reichs und allerdings nicht vollständig für Rechnung der Gemeinden oder Kreise erhoben; sie wird aber von den Gemeindevorständen und Kreisausschüssen veranlagt und im Namen der Gemeinden und Kreise erhoben und verwaltet. Nach außen hin treten nur die Gemeinde- und Kreisbehörden in die Erscheinung, die Abrechnung mit Staat und Reich ist Sache des inneren Dienstbetriebs. Das Verwaltungsstreitverfahren richtet sich auch ausschließlich gegen den Beschluß der Veranlagungsbehörde (§ 2 preuß. AG., § 70 Abs. 2 KommAbgG., § 11 Abs. 4, § 16 Abs. 1 KrProvAbgG.) v. 23. IV. 06). Beklagter ist also der Gemeindevorstand oder der Kreisausschuß, und diese Behörden treten im Verwaltungsstreitverfahren für die von ihnen verwalteten öffentlich-rechtlichen Körperschaften auf.

Aus dieser Grundanschauung heraus sind auch die Rechtsmittel im wesentlichen wie bei den eigentlichen indirekten Kommunalsteuern geregelt worden. Man hat insbesondere den Gemeinden und Kreisen Parteistellung im Verwaltungsstreitverfahren zugewiesen und war darüber einig, daß sie auch die Kosten wie bei den anderen Kommunalsteuern zu tragen haben würden. Ist aber die Zuwachssteuer, soweit nicht besondere gesetzliche Bestimmungen entgegenstehen, nach dem Willen und dem Ausdrucke des G. in jeder Hinsicht wie eine Kommunalsteuer zu behandeln, so muß dies auch im Streitverfahren und namentlich bei Regelung der Prozeßkosten geschehen. Bei Kommunalsteuern kann das Pauschquantum nicht auf Grund des § 107 Ziff. 1 LVG. außer Ansatz gelassen werden, und deshalb darf dies auch bei der Zuwachssteuer nicht geschehen.

Nr. 11. Entsch. v. 19. Sept. 1912 (DJZ. 18 471) VII C 232/12.

Im Falle der Zwangsversteigerung können Vereinbarungen, die sich außerhalb des gerichtlichen Verfahrens vollzogen haben, nicht berücksichtigt werden.

III.

Verhältnis zum früheren Recht.

Nr. 1. Entsch. v. 22. April 1912 (OVG. 62 12) VII C 514/11.

ReichsZuwStG. §§ 60, 72.

1. Der § 60 Abs. 2 ZuwStG. schafft gegenüber der allgemeinen Vorschrift des § 72 aaO. die Möglichkeit, eine bestehende Steuer bis zum 1. IV. 15

aufrecht zu erhalten. Ob von dieser Möglichkeit Gebrauch zu machen ist, bestimmt der Reichskanzler. In diesem Bestimmungsrecht ist der Reichskanzler nur insoweit beschränkt, als er den Fortbestand einer SteuerO. nur auf Antrag der Gemeinde anordnen darf.

Der Gedanke des § 60 ist nämlich der, daß die Gemeinden, die schon eine Zuwachssteuer hatten, möglichst wenig durch das ReichsG. verkürzt werden sollen. Dies ist in der Weise verwirklicht, daß entweder der Gemeinde aus der Reichssteuer der bisherige Durchschnittsertrag zugewiesen wird (Abs. 1), oder daß die Gemeinde ihre SteuerO. behält und den überschießenden Betrag an das Reich abführen muß (Abs. 2). Auf der anderen Seite sollen aber auch die Interessen des Reichs gewahrt werden. Deshalb soll das Reich im ersten Falle nicht mehr zahlen, als es selbst an Zuwachssteuer aus der Gemeinde für sich erhebt. Im zweiten Falle muß dem Reiche die Möglichkeit zustehen, die Beibehaltung der SteuerO. zu verhindern, wenn einerseits die Reichssteuer zur Entschädigung der Gemeinden ausreicht, anderseits die SteuerO. so wenig einbringen würde, daß das Reich schlechter dastände, als bei Anwendung des ReichsG. Von diesen Gesichtspunkten aus wird das gegebene Verfahren das sein, daß der Reichskanzler der Gemeinde auf Antrag die SteuerO. beläßt, wenn diese dem Reiche mehr einbringt, als nach dem ReichsG. der Fall sein würde, dagegen den Antrag ablehnt, wenn einerseits die Erträge der Reichssteuer ausreichen, um die Gemeinde voll zu entschädigen, anderseits für das Reich mehr übrig bleibt, als nach der SteuerO. zutreffen würde. Es ist deshalb durchaus folgerichtig, wenn der Reichskanzler den Gemeinden mit einträglicher SteuerO. diese belassen, sie im übrigen aber auf das ReichsG. verwiesen hat.

2. Es kommt aber weiter noch in Betracht, daß das Reich ein Interesse daran hat, das Fortbestehen von GemeindesteuerO., die unzweckmäßige Bestimmungen enthalten, zu verhindern, und schließlich stellt sich die Vergünstigung des § 60 Abs. 2 als eine Ausnahmevorschrift dar, über deren Anwendung die Entscheidung unmöglich vom Gesetzgeber in die Hände der Gemeinden gegeben werden konnte. Es hat also einen guten Sinn, daß der Reichskanzler nicht gebunden ist. Im übrigen würde nach der Fassung des G. die Entscheidung des Reichskanzlers schon deshalb nötig sein, um festzustellen, ob überhaupt die Voraussetzungen des § 60 Abs. 2 vorliegen.

3. Unter den vom Ersteher nach § 9 ZuwStG. übernommenen Leistungen sind nur solche zu verstehen, die im Zwangsversteigerungsverfahren mit als Gegenleistung für den Zuschlag übernommen worden sind.

Nr. 2. Entsch. v. 2. Dez. 1912 (OVG. **62** 76) VII C 327/12.

ReichsZuwStG. §§ 63, 72.

Nach § 72 Abs. 2 Satz 2 ReichsZuwStG. sollen, trotzdem das ReichsG. am 1. IV. 11 in Kraft getreten ist — und damit auch die Bestimmung des § 62 über die materielle Rückwirkung des G. auf seit dem 1. I. 11 eingetretene Rechtsvorgänge sowie die des § 63 über die reichsrechtliche Steuerfreiheit der dortigen Fälle eines Eigentumsüberganges — und trotz der deshalb grundsätzlich ausgesprochenen Aufhebung der örtlichen SteuerO. mit Wirkung vom 1. I. 11 ab, nach wie vor gemäß den örtlichen ZuwachssteuerO. zur Steuer herangezogen werden können: die vor dem 1. I. 11 liegenden Rechtsvorgänge sowie die unter der Voraussetzung des § 63 des G. erfolgenden Eigentumsübertragungen. Der § 63 bezieht sich auf jeden sich unter der dort angegebenen Voraussetzung vollziehenden Eigentumsübergang, auch denjenigen, der sich erst nach dem Inkrafttreten des Gesetzes, also in der Zeit seit dem 1. IV. 11 ereignet. Dadurch aber, daß der § 72 Abs. 2 des G. ganz allgemein auf ihn verweist, indem er schlechtweg für „die in § 63 bezeichneten Fälle" des Eigentumsüberganges noch die bisherigen örtlichen Satzungen gelten läßt, bringt auch § 72 Abs. 2 deutlich zum Ausdrucke, daß ein zeitlicher Unterschied im Eigentumsübergange die Anwendung der örtlichen Satzungen nicht berühren kann, es also gleichgültig ist, ob der Eigentumsübergang in die Zeit der materiellen Rückwirkung des G., 1. Jan. bis Ende März 1911, oder in die spätere Zeit nach dem Inkrafttreten des G. fällt. Ein Rückschluß im entgegengesetzten Sinne kann auch nicht etwa aus dem hinzugefügten, sich auf das Veranlagungsverfahren beziehenden Nachsatz („auch dann . . ., wenn . . ." usw.) abgeleitet werden. Damit werden keineswegs Eigentumsübergang und Veranlagungsverfahren einander gegensätzlich gegenübergestellt, als ob etwa zwar das Veranlagungsverfahren, nicht aber auch der Eigentumsübergang in die Zeit nach dem Inkrafttreten des G. fallen dürfe. Ebensowenig sollen die Schlußworte („zum Abschluß kommt") besagen, eingeleitet müsse das Veranlagungsverfahren schon vor dem Inkrafttreten des G. sein, eine Maßnahme, die übrigens auch in bezug auf erst kurze Zeit vor dem 1. IV. 11 vollzogene Eigentumsübertragungen völlig unausführbar wäre. Die ganze Bestimmung des Nachsatzes soll lediglich klarstellen, daß die der örtlichen Besteuerung vorbehaltenen Fälle uneingeschränkt nach der örtlichen Satzung zu beurteilen seien und daher lediglich aus dem Zeitpunkte der Veranlagung und der Dauer des Veranlagungsverfahrens kein Einwand gegen die Maßgeblichkeit der örtlichen SteuerO. unter Berufung auf das inzwischen in Kraft getretene ReichsG. hergeleitet werden könne.

Die Vorschrift des § 72 Abs. 2 Satz 2 aaO. will gerade auch Fälle der vorliegenden Art treffen. Ihr innerer Grund ist, zu verhüten, daß Rechtsvorgänge, die nach der örtlichen Satzung die Zuwachssteuerpflicht begründeten und in Übereinstimmung damit grundsätzlich (§ 1) auch vom ReichsZuwStG. als steuerpflichtig erachtet werden, gleichwohl infolge des Inkrafttretens des ZuwStG. überhaupt steuerfrei bleiben, was insbesondere der Fall wäre, wenn einerseits — wie hier — die Berufung auf den Ausnahmefall des § 63 ZuwStG. angängig ist, anderseits aber auch die Berufung auf die Beseitigung der bisherigen örtlichen SteuerO. durch das ReichsG. möglich wäre.

Nr. 3. Entsch. v. 30. Jan. 1913 (DJZ. **18** 1080) VII C 514/12.

Für den zweiten Fall des § 63 ReichsZuwStG. genügt es, daß ein schriftlicher Vertrag vor 1911 bei einer Behörde eingereicht war oder der Vertrag sich vor 1911 bei einer Behörde befunden hat, die den Vertrag im Namen einer Vertragspartei unterschrieben hat. Der Umstand, daß diese Behörde bei der Angelegenheit beteiligt ist, schließt die Anwendbarkeit des § 63 nicht aus.

IV.

Veranlagungsverfahren.

Nr. 1. Entsch. v. 2. Jan. 1913 (OVG. **62** 81) VII C 414/12.

Eine gesetzliche Bestimmung ist nicht vorhanden, wonach es dem Gemeindevorstande verwehrt ist, eine Veranlagung zu einer indirekten Steuer, selbst wenn bereits ein Einspruchsbescheid ergangen ist, zurückzuziehen. Das ZuwStG. gibt keinen Anlaß, diesen Standpunkt zu verlassen; es enthält keine ausdrückliche Bestimmung, wonach es der Veranlagungsbehörde untersagt ist, einen von ihr erlassenen Zuwachssteuerbescheid zurückzunehmen, und es kann auch aus den über das Veranlagungsverfahren und über die Verjährung des Anspruchs auf die Zuwachssteuer getroffenen Bestimmungen nicht gefolgert werden, daß hiernach die Zurücknahme des Zuwachssteuerbescheids als unzulässig erachtet werden muß. Auch die materiellen Rechte der Steuerpflichtigen selbst werden durch eine solche Zurücknahme nicht verletzt, weil hierdurch lediglich ein Zustand herbeigeführt wird, welcher vor der Heranziehung bestand, dem Steuerpflichtigen also im vollen Umfange sein Recht verbleibt, sich gegen jedwede Heranziehung zu verteidigen.

V.

Rechtsmittelverfahren.

Nr. 1. Entsch. v. 27. Febr. 1913 (DJZ. 18 1207) VII C 640/12.

Die Veranlagung zur Reichszuwachssteuer und ihre Erhebung ist den Gemeinden und Kreisen als eine eigene Angelegenheit und nicht als eine des Staates übertragen worden. Hieraus folgt, daß als Beklagter nicht der preuß. Staat, vertreten durch das Zuwachssteueramt der Stadt S., sondern der Magistrat der Stadt S., der die Tätigkeit eines Zuwachssteueramts ausübt, zu bezeichnen ist.

Nr. 2. Entsch. v. 15. April 1913 (DJZ. 18 1326) VII C 658/12.

Nach § 2 des zum ReichsZuwStG. erlassenen preuß. AG. v. 14. VII. 11 in Verbindung mit § 11 Abs. 4, 5, § 14 Abs. 2 und § 16 KrProvAbgG. v. 23. IV. 06 ist gegen den Zuwachssteuerbescheid der Einspruch zulässig, und über diesen entscheidet in einem Falle wie dem vorliegenden der Kreisausschuß. Erst gegen den Beschluß des Kreisausschusses ist die Klage gegeben. Ein Beschluß des Kreisausschusses ist aber hier nicht ergangen; vielmehr hat nur der Vorsitzende dieser Körperschaft entschieden. Dies Verfahren beruht offenbar auf § 117 LVG., der sich aber nur auf die Geschäfte der allgemeinen Landesverwaltung bezieht. Hier aber handelt es sich, da für die Behandlung der Zuwachssteuer die Vorschriften über die Rechtsbehelfe gegen Kreissteuerveranlagung maßgebend sind, um die Bestimmungen der §§ 11, 14 und 16 KrProvAbgG. und des § 137 KrO. Letztere gibt dem Vorsitzenden des Kreisausschusses eine Befugnis, namens des Kreisausschusses Verfügungen zu erlassen, nur hinsichtlich der laufenden Geschäfte der dem Ausschuß übertragenen Verwaltung, insbesondere hinsichtlich der Vorbereitung und der Ausführung der Kreisausschußbeschlüsse. Hierzu kann die Entscheidung über Einsprüche gegen die Veranlagung zur Zuwachssteuer nicht gerechnet werden, und zwar um so weniger, als das Regulativ für die Kreisausschüsse v. 28. II. 84, welches für Landesverwaltungs- wie für Kommunalsachen gilt, in § 8 Abs. 1 die Entscheidung über Einsprüche der Beschlußfassung des Kollegiums vorbehalten hat. Diese Auffassung entspricht der ständigen Rechtsprechung des OVG. in Kreissteuersachen, und es liegt kein Anlaß vor, von dieser Rechtsprechung bei Reichszuwachssteuern abzugehen, die hinsichtlich der Rechtsbehelfe den Kommunalsteuern vollständig gleichstehen.

Nr. 3. Entsch. v. 9. Mai 1913 (DJZ. 18 1502) VII C 275/12.

ReichsZuwStG. §§ 43, 44.

§ 44 ZuwStG. schreibt vor, daß im Steuerbescheide die zulässigen Rechtsmittel, die für diese festgesetzten Fristen sowie die Behörden, bei denen sie anzubringen sind, angegeben werden müssen. Allein es ist nicht anzunehmen, daß der Gebrauch des Plurals hier bezwecken sollte, die Angabe der sukzessiv aufeinander folgenden Rechtsmittel zu verlangen, sondern nur die der etwa nach § 44 ZuwStG. kumulativ nebeneinander bestehenden. Für Preußen bestehen aber nicht mehrere Rechtsmittel nebeneinander, da die Beschwerde zugunsten des Verwaltungsstreitverfahrens (einschl. des vorgängigen Einspruchverfahrens) ausgeschlossen ist. Die Bestimmung des § 43 ZuwStG. konnte sich daher nur auf den gegen den Zuwachssteuerbescheid zunächst zulässigen Rechtsbehelf, den Einspruch, beziehen. Daß aus dem Gebrauche des Plurals eine andere Folgerung gezogen werden sollte, ist weder aus der Begründung des ZuwStG. noch aus den Kommissionsverhandlungen oder Verhandlungen im Plenum des Reichstags ersichtlich. Es ist daher anzunehmen, daß hier nicht etwa durch Reichsrecht eine die landesrechtlichen Bestimmungen abändernde Vorschrift hat eingeführt werden sollen. Das preuß. Landesrecht schreibt aber für den Einspruchbescheid eine Rechtsmittelbelehrung nicht vor. Ebensowenig enthält das preuß. Landesrecht eine dem § 2 Abs. 4 ZuwStABest. entsprechende Vorschrift.

Zweiter Abschnitt.

Provinzialabgaben.

Nr. 1. Entsch. v. 17. Mai 1912 (OVG. 62 86) II A 2/11.

KrProvAbgG. § 24.

1. In §24 KrProvAbgG. ist den Provinzialverbänden das Recht zur Erhebung von Gebühren, d. h. von besonderen öffentlich-rechtlichen Vergütungen für die Benutzung der von ihnen im öffentlichen Interesse unterhaltenen Veranstaltungen (Anlagen, Anstalten und Einrichtungen) verliehen worden. Der Anspruch auf die Gebühr setzt aber eine dem Provinzialverbande gegenüber freiwillige Benutzung der Anstalt durch den in Anspruch Genommenen voraus. Diese Voraussetzung ist hier als vorhanden anzunehmen. Zunächst steht fest, daß J. bei seiner Aufnahme in die Anstalt nicht im armenrechtlichen Sinne hilfsbedürftig war und deswegen Aufnahme gefunden hat. J. ist also als ein Geisteskranker anzusehen, der nicht, weil er im armenrechtlichen Sinne hilfsbedürftig ist, Unterhalt und Verpflegung in der Anstalt genießt. J. war vielmehr, weil er für gemeingefährlich erachtet wurde, in seinem eigenen und im öffentlichen Interesse auf Veranlassung der Polizei (des Landrats) in der Anstalt untergebracht worden. Ob für die damalige Zeit mit Rücksicht darauf, daß J. selbst willensunfähig und ein Vormund für ihn noch nicht bestellt war, von einer freiwilligen Benutzung der Anstalt die Rede sein kann, mag dahingestellt bleiben. Jedenfalls liegt eine solche freiwillige Benutzung vor, nachdem für J. ein Vormund bestellt war und dieser niemals auch nur einen Versuch gemacht hat, für sein Mündel in anderer Weise als durch Verpflegung in der Anstalt zu N. die von der Polizei wegen seiner Gemeingefährlichkeit verlangte Anstaltsfürsorge zu bewerkstelligen, ihn vielmehr in dieser Anstalt weiterhin belassen hat. Damit war der Vormund, wenn er sich auch gegen die Zahlung der Verpflegungskosten gesträubt hat, doch tatsächlich mit dem weiteren Aufenthalt und der Verpflegung seines Mündels in der Anstalt zu N. einverstanden, und deshalb liegt eine freiwillige Benutzung der Anstalt gegenüber dem Kommunalverbande vor in ähnlicher Weise, wie z. B. eine freiwillige Benutzung einer städtischen Kanalisationsanlage stets auch dann angenommen worden ist, wenn ein polizeilicher Anschlußzwang besteht, und infolge des polizeilichen Zwanges der Anschluß an die Kanalanlage genommen ist.

2. Abzulehnen ist es auch, daß eine Benutzung der Anstalt durch J. bzw. dessen Vormund etwa um deswillen nicht vorliegt, weil der Provinzialverband durch die Unterbringung und Verpflegung des J. nur eine eigene ihm gesetzlich obliegende Verpflichtung erfüllt. Allerdings besteht auf Grund der Dotationsgesetze eine nicht armenrechtliche, auch auf bemittelte Personen sich erstreckende Verpflichtung der dotierten Kommunalverbände, das Unterkommen in Anstalten für gemeingefährliche Geisteskranke auf Verlangen der zuständigen Behörden zu ermöglichen. Sie haben aber danach nur die Verpflichtung, für das Vorhandensein geeigneter Anstalten zu sorgen. Ihre gesetzliche Verpflichtung erfüllen sie durch das Bereitstellen solcher Anstalten, ohne daß sie gehindert sind, von den aufgenommenen Personen Erstattung der Verpflegungskosten zu beanspruchen.

3. Endlich ist es abwegig, wenn der Kläger meint, daß es sich um Kosten handle, die der Polizei zur Last fielen, und für die er deshalb nicht in Anspruch genommen werden dürfe.

Nr. 2. Entsch. v. 28. Jan. 1913 (PrVerwBl. **34** 806) II A 14/12.

KrProvAbgG. § 25.

Von dem der Verteilung der Provinzialsteuern als Maßstab dienenden Soll der Einkommensteuer hat nicht deshalb ein Abzug stattzufinden, weil nach den §§ 1, 2 G. v. 16 VI. 09 das dienstliche Einkommen derjenigen Beamten, die nach dem 31. III. 09 in das Amtsverhältnis eingetreten sind, nur mit höchstens 125 % der Staatseinkommensteuer herangezogen werden darf.

Nach § 25 Abs. 2 KrProvAbgG. dient als Maßstab der Verteilung der Provinzialsteuern auf die Land- und Stadtkreise das Soll der Einkommensteuer usw., wie es in Stadtkreisen nach dem KommAbgG. usw. der Gemeindebesteuerung zugrunde zu legen ist. In dem der Gemeindebesteuerung zugrunde zu legenden Soll der Einkommensteuer ist aber der dem gesamten — das volle Diensteinkommen mit umfassenden — Einkommen der gedachten Beamten entsprechende Steuersatz enthalten, und für die Verteilung der Provinzialsteuern ist es danach ohne Belang, daß das G. v. 16. VI. 09 eine Grenze festgesetzt hat, bis zu welcher der auf das Diensteinkommen jener Beamten entfallende Teil des Gemeindeeinkommensteuerprinzipalsatzes mit Zuschlägen belastet werden darf.

Dritter Abschnitt.

Kreisabgaben.

I.

Allgemeines. Mehr- oder Minderbelastung.

Nr. 1. Entsch. v. 31. Mai 1912 (OVG. **62** 95) II C 190/11.

1. Der Entscheidung einer früher zuständig gewesenen Verwaltungsbehörde in einem Streite über die bestehenden Grenzen eines Stadtbezirkes oder über die Eigenschaft eines Gutes als Gutsbezirk kommt bis zur Abänderung durch die Verwaltungsbehörde oder nach dem Inkrafttreten des Zuständigkeitsgesetzes durch rechtskräftige Entscheidung im Verwaltungsstreitverfahren die gleiche Bedeutung und Wirkung zu, wie den auf Grund der §§ 9 Abs. 2 und 26 Abs. 2 ZustG. getroffenen vorläufigen Beschlüssen der Bezirks- oder Kreisausschüsse.

2. Während des Bestehens der vorläufigen Festsetzung ist sie für das gesamte öffentliche Rechtsgebiet, insbesondere auch auf dem Gebiete der Kommunalbesteuerung maßgebend. Das folgt aus dem Zwecke, zu dem die vorläufigen Festsetzungen zugelassen sind und der dahin geht, in einfacher und schleuniger Weise die aus der Ungewißheit der kommunalen Zugehörigkeit von Bezirken sich ergebende Verwirrung der öffentlich-rechtlichen Verhältnisse zu beseitigen und für jeden Beteiligten die öffentlich-rechtlichen Pflichten und Rechte, soweit sie von der kommunalen Zugehörigkeit des Bezirkes abhängen, einstweilen zu regeln. Es ergibt sich aber auch aus dem Wortlaute der betreffenden Bestimmungen, wonach die vorläufige Festsetzung nicht etwa vorbehaltlich anderweiter Entscheidung im Verwaltungsstreitverfahren ergeht, sondern wonach es bei ihr bis zur rechtskräftigen Entscheidung im Verwaltungsstreitverfahren sein Bewenden behält, daß die vorläufige Festsetzung einen bis zu dieser Entscheidung formell rechtsgültigen und für alle öffentlich-rechtlichen Rechtsverhältnisse wirksamen Zustand über die kommunale Zugehörigkeit des Bezirkes dahin schafft, daß während des Bestehens der vorläufigen Festsetzung die darin dem Bezirke beigelegte kommunale Eigenschaft

für alle Beteiligten rechtswirksam feststeht. Daraus folgt, daß, wenn ein Kreis der vorläufigen Festsetzung entsprechend einen Steuerpflichtigen heranzieht, er nur von dem ihm während des Bestehens der vorläufigen Festsetzung rechtlich zustehenden Besteuerungsrechte Gebrauch macht, und daß anderseits der Steuerpflichtige, der dem Besteuerungsrechte des Kreises unterworfen ist, durch die Entrichtung der Steuer nur der ihm gesetzlich obliegenden öffentlich-rechtlichen Verpflichtung genügt. In Frage könnte nur kommen, ob etwa in dem Falle, daß durch spätere abweichende rechtskräftige Entscheidung im Verwaltungsstreitverfahren die vorläufige Festsetzung in Wegfall kommt, daraus dem Steuerpflichtigen ein Recht auf Erstattung entrichteter Steuerbeträge erwächst. Die Frage ist aber jedenfalls, so wie sie hier gestellt ist, zu verneinen; denn einmal würde sonst die vorläufige Festsetzung in ihrer dargelegten Bedeutung und Wirkung nicht voll zur Geltung kommen und ihren Zweck nur unvollkommen erfüllen. Es würde aber auch, wenn man einen solchen Erstattungsanspruch für zulässig halten wollte, dies damit nicht zu vereinigen sein, daß die Steuerleistungspflicht nur dem Steuerforderungsrecht entspricht und daß sie nicht losgelöst werden kann von den sonstigen öffentlich-rechtlichen Rechten (z. B. Teilnahme an den öffentlich-rechtlichen Einrichtungen und Veranstaltungen des Kommunalverbandes, Wahlberechtigung und anderes), welche der Steuerpflichtige während des Bestehens der vorläufigen Festsetzung genossen hat.

Nr. 2. Entsch. v. 16. Jan. 1912 (OVG. **62** 90) II C 443/10.

KrO. § 13. KrProvAbgG. §§ 7, 9, 13.

1. Wenn auch die frühere Vorschrift (§ 13 KrO.), daß die Mehrbelastung nach Quoten der Kreisabgaben zu bemessen sei, fortgefallen ist und einer größeren Freiheit des Kreistags in der Bestimmung des Maßstabs Platz gemacht hat, so behalten doch die Vorausleistungen die rechtliche Natur der direkten Kreissteuern. Sie vermehren das Steuersoll einzelner Kreisteile (Gemeinden oder Gutsbezirke) für ein oder mehrere bestimmte Jahre, bilden einen Teil des Kreisabgabensolls und sind von dem betroffenen Kreisteile gleichzeitig und als ein Teil des auf ihn entfallenden Kreissteuerkontingents einzufordern. Deshalb hätte der Kreisausschuß bei Heranziehung des Gutsbezirkes zu der Vorausleistung ihren Betrag in Prozente der den direkten Kreissteuern zugrunde liegenden einzelnen Steuerarten umrechnen sollen nach Maßgabe des vom Kreistage beschlossenen Verteilungsmaßstabs (§§ 7, 9 KrProvAbgG.). Dies muß für Gutsbezirke schon um deswillen geschehen, weil hier gegebenenfalls eine Unterverteilung (§ 13) erforderlich wird.

2. Abgesehen von diesem Mangel genügt der Kreistagsbeschluß den obenerwähnten Erfordernissen deshalb nicht, weil er es unterlassen hat, die Mehrbelastung für ein bestimmtes Jahr vorzuschreiben. Er enthält keinen Anhalt dafür, daß er sich auf ein bestimmtes Jahr beziehen soll, geht vielmehr offensichtlich von der irrigen Meinung aus, daß dies nicht nötig sei. Der Beschluß bildet demnach keine geeignete Grundlage für die streitige Heranziehung.

Nr. 3. Entsch. v. 18. März 1913 (PrVerwBl. **35** 42) II C 67/12.

KrProvAbgG. § 10.

Das G., betr. die Landwege im Regierungsbezirke Cassel, v. 25. VIII. 09 (GS. 741) schließt die Anwendbarkeit des § 10 KrProvAbgG. v. 23. IV. 06 nicht aus. Das G. v. 25. VIII. 09 legt im § 2 Abs. 1 die Wegebaulast an den Landwegen, soweit nicht nach den Bestimmungen des G. oder zufolge besonderer gesetzlicher Vorschriften ein anderer verpflichtet ist, demjenigen Kreise auf, durch dessen Bezirk sie führen. Wie der Kreis die ihm aus der Wegebaulast erwachsenden Kosten aufzubringen und umzulegen hat, darüber brauchte das G. keine besonderen Bestimmungen zu enthalten; denn die Befugnis der Kreise zur Deckung ihrer Ausgaben war bereits in dem KrProv-

AbgG. v 23. IV. 06 im Abschnitt 1 geregelt. Nur soweit dessen Bestimmungen etwa ausgeschlossen oder eine abweichende Regelung erfolgen sollte, hätte es besonderer Vorschriften in dem WegeG. bedurft; soweit dies nicht geschehen ist, bewendet es bei den im KrProvAbgG. den Kreisen gegebenen Befugnissen zur Deckung ihrer Ausgaben. Dazu gehört auch die Befugnis des Kreistags, gemäß § 10 eine ausschließliche oder eine Mehr- oder Minderbelastung einzelner Kreisteile (Gemeinden oder Gutsbezirke) zu beschließen, sofern die dort bestimmten Voraussetzungen vorliegen. Diese sind, daß es sich um eine Veranstaltung des Kreises handelt, und daß sie einzelnen Kreisteilen ausschließlich oder in besonders hervorragendem oder geringem Maße zustatten kommt. Daß der den Kreisen obliegende Landwegebau, das heißt sowohl der Bau neuer Landwege wie auch die Ausbesserung und sonstige Unterhaltung schon vorhandener Landwege, eine Veranstaltung des Kreises ist, kann füglich nicht bezweifelt werden. Auch wird in der Regel die Unterhaltung von Landwegen denjenigen Kreisteilen, in deren Gebiete die zu unterhaltenden Landwege liegen, in besonders hervorragendem Maße gegenüber anderen Kreisteilen, deren Gebiet diese Landwege nicht berühren, und die daher an ihrem Zustand in geringerem Grade interessiert sind, zustatten kommen. Damit sind die allgemeinen Voraussetzungen für einen Beschluß des Kreistags gemäß § 10 KrProvAbgG. zur Deckung von Ausgaben für die Unterhaltung von Landwegen gegeben. Die Prüfung darüber, ob im einzelnen Falle gemäß dem Beschlusse des Kreistags die mehr belasteten Kreisteile tatsächlich einen besonderen Vorteil haben, und ob die Mehrbelastung diesem Vorteil entspricht, liegt dem Kreistag und der Aufsichtsbehörde, die die Genehmigung zu erteilen hat (§ 19 Ziffer 4 aaO.), ob, unterliegt aber nicht der Nachprüfung durch den Verwaltungsrichter. Dieser muß sich, sofern die erörterten Voraussetzungen vorliegen, daran genügen lassen, daß der Kreistag und die genehmigende Aufsichtsbehörde die Mehrbelastung beschlossen bzw. genehmigt haben, weil sie von der Annahme ausgegangen sind, daß die Veranstaltung den mehrbelasteten Kreisteilen in besonders hervorragendem Maße zustatten kommt, und daß die Mehrbelastung diesem Maße entspricht.

II.

Gebühren und Beiträge.

Literatur: Stockem: Das Recht der Gebühren nach dem KommAbgG. (Berlin-Wilmersdorf 1913).

Nr. 1. Entsch. v. 25. April 1913 (PrVerwBl. 35 211) II C 146/12.

1. Die Rechtmäßigkeit der GebührenO. für die Benutzung einer Kreisabdeckerei hängt nicht von der Rechtsgültigkeit der den Zwang zur Benutzung der Abdeckerei einführenden PolVd. ab.

PolVd. und GebührenO. stehen nicht in einem solchen Verhältnis zueinander, daß die GebührenO. auch unter allen Umständen mit der PolVd. fallen müßte. Der polizeiliche Zwang zur Benutzung ist keine rechtliche Voraussetzung für die Gebührenerhebung. Die Rechtmäßigkeit der Gebührenerhebung hängt nur davon ab, daß sie unter Beachtung der dafür bestehenden gesetzlichen Grundsätze erfolgt, also namentlich davon, daß die Abdeckerei eine vom Kreis im öffentlichen Interesse unterhaltene Veranstaltung darstellt und daß sie vom Kläger kraft öffentlichen Rechts und freiwillig benutzt worden ist. Der Kläger bestreitet auch nicht, daß er kraft öffentlichen Rechts benutzt habe. Nur freiwillig will er nicht benutzt haben. Er hätte, wollte er sich nicht strafbar machen, den vom Tierarzte beanstandeten und beschlagnahmten Kadaver abliefern müssen. Seine Handlungsweise werde nicht dadurch zu einer freiwilligen, daß er nicht abwartete, bis die Polizei mit Strafandrohungen und Strafen gegen ihn vorging. Die unter Androhung von Strafen allgemein getroffene Anordnung der Ablieferung der Kadaver an die Abdeckerei hätte seine Handlung zu einer erzwungenen gemacht. Auch damit kann der Kläger nicht durchdringen. Dem Kreise gegenüber hört die Benutzung der Abdeckerei nicht dadurch auf, eine freiwillige zu sein, daß die Polizei wegen von ihr wahrzunehmender Interessen die Benutzung befiehlt und nötigenfalls erzwingt.

2. Der Entschluß der Polizeibehörde, den Kadaver der Kuh durch die Kreisabdeckerei beseitigen zu lassen, stützt sich auf § 9 ReichsG., betr. die Schlachtvieh- und Fleischbeschau, v. 3. VI. 00, der vorschreibt, daß das zum Genusse für Menschen untaugliche Fleisch von der Polizeibehörde in unschädlicher Weise zu beseitigen ist, soweit seine Verwendung zu anderen Zwecken nicht zugelassen wird. Ob die Polizeibehörde dabei im vorliegenden Falle die gesetzlichen Grenzen überschritten hat, ist hier nicht zu untersuchen. Darüber können nur die zur Entscheidung über Angriffe gegen diese polizeiliche Maßnahme berufenen Behörden befinden. Für die jetzige Entscheidung kam es nur darauf an, ob der Kläger dem Kreise gegenüber gebührenpflichtig geworden ist, und diese Frage war zu bejahen, weil der Kläger die nur gegen Gebühr zur Verfügung stehende öffentliche Kreisanstalt benutzt hat. Dabei ist es ohne Belang, ob die geforderte Gebühr diejenigen Kosten übersteigt, die nach den Gesamtkosten für den Fall des Klägers zu berechnen wären.

Nr. 2. Entsch. v. 21. Mai 1912 (PrVerwBl. 34 224) II C 308/11.

KrProvAbgG. § 5.

1. Die Vorschriften des § 5 KrProvAbgG. sind denjenigen des § 9 KommAbgG. fast wörtlich nachgebildet. Es müssen deshalb die vom OVG. für die Auslegung der letzteren aufgestellten Grundsätze auch hier Anwendung finden. Danach hat das G. die Trennung der Regelung der Beitragserhebung in eine generelle und spezielle und in Verbindung damit die Zerlegung des Plans und des Kostennachweises in einzelne Teile — unter nach und nach zu bewirkender Auslegung — zwar nicht ausschließen wollen. Wird aus besonderen Gründen örtlicher Natur dieser Weg gewählt, der freilich eine Ausnahme von der Regel bildet, so genügt ein allgemeiner Beschluß des Inhalts, daß die Interessenten, soweit ihnen gegenüber § 5 KrProvAbgG. zur Anwendung gelangen könne, verpflichtet seien, Beiträge zu den Kosten der Veranstaltung nach den ihnen erwachsenden besonderen wirtschaftlichen Vorteilen aufzubringen. Werden aber in einem die Beitragspflicht im allgemeinen begründenden Beschluß schon Normen für die Bemessung der Beiträge aufgestellt, so können sie doch nur die Bedeutung von Regeln haben, von denen im Einzelfalle Abweichungen je nach den besonderen Umständen, insbesondere im Hinblick auf die besonderen wirtschaftlichen Vorteile, stattfinden können und gegebenenfalls stattfinden müssen. Jedenfalls kann die Höhe der Beiträge bindend nur in den Formen des § 5 festgesetzt werden, und das gilt auch für die Bestimmung von Grundsätzen, durch deren Anwendung die Höhe der Beiträge unmittelbar bestimmt werden soll. Denn der Beitragsmaßstab hat sich nach den Vorteilen zu richten, die die Grundstückseigentümer von den jeweiligen Veranstaltungen der Gemeinde haben. Diese Vorteile können aber nach Zeit und Umständen sehr verschieden sein, weshalb sich auch das Maß der Vorteile nicht für alle einzelnen Fälle im voraus bestimmen läßt.

2. Wesentlich für das Zustandekommen eines gültigen Ortsrechts war es also, daß in dem besonderen Beschluß- und Auslegungsverfahren über die Pflasterung der Kreisstraße geprüft wurde, ob die Sätze der Ordnung über die Erhebung von Beiträgen auch in den vorliegenden Einzelfällen den Vorteilen der Beitragspflichtigen entsprachen. Daß in dieser Richtung eine genügende Prüfung seitens des Kreistags vorgenommen worden, kann vielleicht noch angenommen

werden, wenn es auch zweifelhaft erscheint, ob sich der Kreistag nicht bei seiner Entschließung an die als feste Regeln formulierten Sätze der allgemeinen Ordnung in gewissem Maße für gebunden erachtet hat. Dieselbe Prüfung seitens des Bezirksausschusses im Beschlußverfahren kann jedoch nicht als genügend angesehen werden. Denn aus seinem Beschluß geht hervor, daß er sich zwar mit der Frage beschäftigt hat, ob die Interessenten Vorteil von dem Unternehmen haben werden, jedoch nicht mit der Frage, ob die Vorteile der einzelnen auch den Sätzen entsprechen, die die allgemeine Ordnung als Maßstab vorsieht. Er stellt vielmehr in dieser Hinsicht lediglich fest, „daß die Erhebung der Beiträge . . . . . . in den ausgeworfenen Prozentsätzen der oben erwähnten BeitragsO. entspricht", hat also diese Ordnung anscheinend als bindend angesehen und eine der wesentlichsten Aufgaben der Beschlußbehörde verabsäumt, die darin besteht, festzustellen, daß die Vorteile der einzelnen bei der Bemessung der Beiträge berücksichtigt sind.

3. Dazu kommt aber noch ein weiterer Mangel des Verfahrens. Es handelt sich im vorliegenden Fall um eine gemeinsame Veranstaltung des Kreises, der die Straße pflastern soll, und der Gemeinde bzw. der Straßenbahnverwaltung, die die Bordsteine setzen und die Bürgersteige herstellen sowie kanalisieren sollen. Dies von drei Beteiligten ausgehende Unternehmen ist ein einheitliches, dessen Vorteile und Nachteile auch nur einheitlich betrachtet werden können. Der ausgelegte Plan sowie der veröffentlichte Beschluß des Kreistages enthalten aber nichts, woraus die Interessenten entnehmen konnten, daß es sich um weiteres als um die Pflasterung durch den Kreis handelte. Ebensowenig lassen diese Unterlagen erkennen, daß eine Erhöhung des Straßenplanums beabsichtigt sei, und es ist deshalb verständlich, daß die Beteiligten es unterlassen haben, innerhalb der Auslegungsfrist die jetzt geltend gemachten Einwendungen gegen den Plan zu erheben, weil sie nicht erkennen konnten, daß sie durch die Höherlegung der Straße geschädigt werden würden. Ein Hinweis auf die in Verbindung mit der Straßenpflasterung beabsichtigte Veränderung der Bürgersteige und Anbringung von Bordsteinen sowie auf die Erhöhung der Straße, sofern diese von Anfang an vorgesehen war, durfte in dem ausgelegten Plane nicht fehlen, um den Interessenten Gelegenheit zu der Prüfung zu geben, welchen Einfluß diese Veränderungen des bestehenden Zustandes etwa auf ihr Besitztum haben könnten. Das Auslegungsverfahren muß hiernach als ungenügend angesehen werden, weil die Mängel der ausgelegten Unterlagen verhinderten, daß die Interessenten über die Tragweite des Unternehmens sich ein klares Urteil bilden konnten. Diese Mängel des Auslegungsverfahrens machen aber das Ortsrecht jedenfalls ungültig. Dasselbe muß gelten, wenn etwa die Erhöhung des Straßenplanums, über welche Kläger nachträglich Beschwerde führen, nicht von vornherein beabsichtigt gewesen, sondern sich erst bei der Ausführung als erforderlich herausgestellt haben sollte. Denn alsdann würde die Auslegung in einem wesentlichen Punkte dem ausgelegten Plane nicht entsprechen und der Unternehmer nicht berechtigt sein, Beiträge zu erheben, weil ein dem ausgeführten Projekt entsprechender Plan nicht ausgelegen hat.

III.

Indirekte Kreissteuern.

A. Umsatz- und Wertzuwachssteuer.

Nr. 1. Entsch. v. 22. Jan. 1912 (**OVG. 62** 109) VII C 398/11.

Die Vorschrift einer SteuerO., wonach die Steuer nicht zu erheben ist, wenn ein Grundstück auf Grund eines lästigen Vertrags von einem Veräußerer auf einen Abkömmling übertragen wird, steht der Adoptivtochter des Veräußerers nicht zur Seite.

Selbst wenn man annehmen will, daß für die SteuerO., die erst nach dem BGB. in Kraft getreten ist, dessen Sprachgebrauch zur Anwendung zu kommen habe, und wenn man weiter annimmt, daß durch die Bestimmung des BGB., nach der das an Kindes Statt angenommene Kind die rechtliche Stellung eines ehelichen Kindes des Annehmenden erlangt (§ 1757 Abs. 1 BGB.), im Sinne des BGB. das angenommene Kind ein „Abkömmling" ist, so würde dieser Sprachgebrauch nicht ohne weiteres auf die Steuerordnung übertragen werden können. Der Begriff „Abkömmling" ist kein Rechtsbegriff, sondern ein Begriff des täglichen Lebens, wie Eltern, Vater und Mutter und ähnliches. Der allgemeine Sprachgebrauch versteht aber unter Abkömmlingen nur die leiblichen Kinder.

Nr. 2. Entsch. v. 9. Dez. 1912 (PrVerwBl. 35 26) VII C 332/12.

1. Die Kommunalverbände sind befugt, in ihren SteuerO. zu bestimmen, daß volle Umsatzsteuerpflicht eintritt, wenn Eltern ein Grundstück im Wege der Schenkung unter Lebenden auf Abkömmlinge übertragen. Denn den Bundesstaaten steht es kraft ihrer Souveränität an und für sich frei, ihre Rechtsangelegenheiten nach Belieben selbständig zu ordnen. Insbesondere sind sie an sich berechtigt, Steuern auf den Umsatz zu legen, selbst wenn dieser auf Erbgang oder Schenkung beruht. Sie können auch ihre Rechte auf Selbstverwaltungskörper wie Gemeinden und Kreise übertragen. Eine Beschränkung tritt nur insoweit ein, als das Reich die Gesetzgebung auf Grund der Reichsverfassung, namentlich des Art. 4, ausschließlich an sich gezogen hat. Das ist zwar an sich für das Gebiet der Erbschafts- und Schenkungssteuer durch das Reichs-ErbschaftssteuerG. v. 3. VI. 06 geschehen. Dabei hat aber das Reich von der Möglichkeit, Erbfälle und Schenkungen an Abkömmlinge zu besteuern, keinen Gebrauch gemacht. Wenn es mit Rücksicht hierauf in § 59 heißt: „Den Bundesstaaten bleibt überlassen", so ist das gleichbedeutend damit, daß die Steuererhebung in dem dort bezeichneten Umfange den Bundesstaaten belassen werden soll, und zwar in der Art, wie wenn das Reich die Erbschafts- und Schenkungssteuergesetzgebung überhaupt nicht an sich gezogen hätte. Schon hieraus folgt, daß SteuerO. von der Art der hier vorliegenden der Reichsgesetzgebung nicht zuwiderlaufen. Dies ergibt sich aber auch daraus, daß es dem Reichsgesetzgeber fern gelegen hat, die Bundesstaaten in ihren inneren Angelegenheiten zu beschränken. Soweit den Bundesstaaten das Recht eingeräumt ist, Abgaben von Schenkungen zu erheben, dürfen dies deshalb nach Maßgabe der landesgesetzlichen Bestimmungen auch die öffentlich-rechtlichen Körperschaften tun, also z. B. gemäß § 6[1] KrProvAbgG. die Kreise.

2. Der Kläger nimmt ferner die Anw. der Minister der Finanzen und des Innern v. 29. IX. 06 zur Ausführung des KrProvAbgG. Ziff. C 2c für sich in Anspruch.

Es bedarf keines Eingehens darauf, welche Bedeutung diese Vorschrift hat. Denn der Verwaltungsrichter ist an die AAnw. der Minister nicht gebunden, wenn sie nach seiner eigenen Überzeugung der richtigen Auslegung des G. nicht entsprechen. Dies trifft insbesondere auch für die hier in Rede stehende Anweisung zu. Diese ist eine sogenannte VerwaltungsVd., weil sie sich nur an die Behörden, nicht aber auch an die Steuerpflichtigen wendet. Für den Verwaltungsrichter würde sie nur dann maßgebend sein, wenn sie auf Grund gesetzlicher Ermächtigung als RechtsVd. erlassen worden wäre.

Nr. 3. Entsch. v. 22. April 1912 (PrVerwBl. 34 148) VII C 472/11.

Der § 1 Abs. 5 der für den Kreis Habelschwerdt erlassenen KreisumsatzsteuerO. v. 15. XII. 06 versteht unter den dort angezogenen „landesstempelgesetzlichen Vorschriften" auch die über diese Vorschriften hinausgehenden Befreiungen, wie sie in § 6 unter Ziff. 1 bis 3 aaO. geregelt sind. Es fallen unter den § 1 Abs. 5 mithin auch die §§ 4 und 5 StempStG. mit den daselbst beigefügten Maßgaben.

Nr. 4. Entsch. v. 3. Okt. 1912 (OVG. **62** 114) VII C 175/12.

Es fragt sich lediglich, ob die Voraussetzungen des § 5 f StempStG. vorliegen, wonach Gemeinden in Schulangelegenheiten von der Steuer befreit sind. Der Bezirksausschuß hat diese Frage bejaht, indem er angenommen hat, daß eine Schulangelegenheit vorliege mit folgender Begründung:

„Der Begriff der Schulangelegenheit ist kein fest begrenzter, sondern ändert sich mit den fortschreitenden Zielen und Zwecken der Schule. Nach den heutigen Anschauungen ist es nicht lediglich Aufgabe der Schule, die Jugend rein geistig zu fördern und ihr positives Wissen zu übermitteln, sondern auch für ihre körperliche Entwickelung zu sorgen, zumal nur bei körperlich frischen und gesunden Schülern eine befriedigende und ausreichende Bewältigung des Lernstoffs zu erwarten ist. Es wird somit durch die Sorge für die körperliche Gesundheit der Schüler mittelbar auch die Erreichung der Schulzwecke im engeren Sinne, also der wissenschaftlichen Ausbildung der Schüler, gefördert, und alle Bestrebungen, welche diesem Zwecke dienen, können als in den Rahmen der Schulangelegenheiten fallend angesehen werden."

Die Richtigkeit dieser Ausführung kann dahingestellt bleiben, weil es für die Frage, ob eine Schulangelegenheit vorliegt, allein entscheidend ist, was die Schule in den Kreis ihrer Tätigkeit einbezogen hat. Daß dies im vorliegenden Falle hinsichtlich des Schülerruderns geschehen ist, und daß die Klägerin das Grundstück angekauft hat, um der Schule die Möglichkeit zu geben, die in den Kreis ihrer Tätigkeit aufgenommenen Zwecke, hier der körperlichen Ausbildung der Schüler durch Rudern, zu verwirklichen, ist unstreitig.

Nr. 5. Entsch. v. 22. Febr. 1912 (OVG. **62** 117) VII C 503/11.

1. Der § 3 der KreisumsatzsteuerO., der erschöpfend die bei Berechnung der Wertzuwachssteuer anzurechnenden Beträge aufzählt, begreift darunter außer den Erwerbskosten nur solche Aufwendungen zur Verbesserung des Grundstücks, die eine zur Zeit der Veräußerung noch fortbestehende Werterhöhung des Grundstücks zur Folge haben. Darunter fallen unter Umständen Aufwendungen, die zum Zwecke der Dränierung gemacht sind; unter keinen Umständen aber Leistungen, die auf Grund eines auf dem Grundstücke haftenden Altenteilsrechts bewirkt sind. Für die einzelnen fälligen Altenteilsleistungen ist der Eigentümer des Grundstücks als solcher dinglich und außerdem persönlich verhaftet (vgl. Art. 15 AGBGB., §§ 1105, 1108 BGB.). Der hier allein in Betracht kommende objektive Wert des Grundstücks wird durch Erfüllung einzelner Altenteilsleistungen ebensowenig berührt, wie durch die Abtragung einer sonstigen Belastung des Grundstücks.

2. Nach § 2 der SteuerO. ist der zu besteuernde Wertzuwachs der Betrag, um den der Wert zur Zeit der steuerpflichtigen Veräußerung den Wert des Grundstücks zur Zeit der letzten voraufgegangenen Veräußerung übersteigt. § 3 bestimmt als den der Steuerberechnung zugrunde zu legenden Betrag den Betrag, um den der erzielte Veräußerungserlös oder der Wert einer „sonstigen Gegenleistung . . ." den Anschaffungspreis übersteigt. Danach ist also der erzielte Veräußerungserlös gedacht als die bei der Veräußerung zu entrichtende Gegenleistung des Erwerbers, d. h. es ist unter Erlös dasselbe zu verstehen, wie unter Preis. Die Zugrundelegung des Erwerbs- und Veräußerungspreises nach § 3 steht aber nicht im Widerspruche zu dem in § 2 ausgesprochenen Grundsatze, daß eine Wertzuwachssteuer dann erhoben wird, wenn der Wert zur Zeit der Veräußerung den Wert zur Zeit des Erwerbes übersteigt. Wenn nämlich ein Preis über-

haupt vereinbart ist, so findet in ihm der Wert in der Regel seinen zutreffenden Ausdruck. § 2 in Verbindung mit § 3 ist demnach dahin auszulegen, daß zugrunde zu legen sind in erster Linie die Preise bei Erwerb und Veräußerung, nötigenfalls — nämlich, wenn kein Preis vereinbart oder der vereinbarte dem Werte nicht entspricht — der Wert. Die mit dieser Auslegung im Einklange stehende, für Umsatz- und Wertzuwachssteuer gleichmäßig geltende Vorschrift des § 13 der SteuerO. gibt dann in ihrem Abs. 2 eine Erläuterung des als Preis zugrunde zu legenden Betrags, indem sie bestimmt, daß der Berechnung in keinem Falle ein geringerer Wert zugrunde gelegt werden darf „als der zwischen dem Veräußerer und Erwerber bedungene Preis mit Einschluß der vom Erwerber übernommenen Lasten und Leistungen und unter Zurechnung der vorbehaltenen Nutzungen". Aus dieser Bestimmung folgt aber, daß dem bei Erwerb oder Veräußerung bedungenen Preise der Wert eines vom Erwerber ohne Anrechnung auf diesen Preis übernommenen Altenteils hinzuzurechnen ist. Denn § 13 Abs. 2 der SteuerO. versteht unter übernommenen Lasten und Leistungen alle Lasten und Leistungen, die auf den Erwerber übergehen, nicht nur die kraft ausdrücklicher Vereinbarung, sondern auch die kraft Gesetzes übergehenden. Dies ergibt sich daraus, daß Abs. 2 aaO. bestimmt, daß bei Berechnung des Preises die auf dem Grundstücke haftenden gemeinen Lasten nicht mitgerechnet werden sollen. An sich sind also nach der SteuerO. auch auf den Erwerber übergehende gemeine Lasten „übernommene" Lasten, obgleich bei ihnen den Übergang nicht vertragliche Übernahme, sondern das Gesetz bewirkt. Daß ein Altenteil zu den gemeinen Lasten (vgl. Art. 1 Nr. 2, Art. 2 AGZwVstG. v 23. IX. 99) nicht gehört, bedarf keiner weiteren Ausführung.

Nr. 6. Entsch. v. 20. Mai 1912 (PrVerwBl. **34** 207) VII C 98/12.

Eine WertzuwachssteuerO. ist rechtsungültig, wenn sie für die Mehrzahl der Fälle, an die der Steuergesetzgeber gedacht hat, widerspruchsvolle Bestimmungen trifft, und sie kann auch nicht für die Fälle gültig bleiben, in denen an sich eine Steuerfestsetzung möglich wäre.

B. Schankerlaubnissteuer.

Nr. 1. Entsch. v. 26. Juni 1911 (PrVerwBl. **34** 401) VII C 456/10 und **v. 27. Juni 1912** (PrVerwBl. **34** 402) VII C 130/12.

Nach § 1 der Ordnung für die Erhebung einer Kreissteuer von der Erlangung der Erlaubnis zum ständigen Betriebe der Gastwirtschaft, Schankwirtschaft oder des Kleinhandels mit Branntwein oder Spiritus im Kreise Saatzig v. 30. III. 07 unterliegt die Erlangung der Erlaubnis zum ständigen Betriebe einer Gastwirtschaft usw. einer Steuer, die nach § 2 aaO. 900 ℳ beträgt, wenn es sich um eine neue Wirtschaft handelt und der Gewerbetreibende in der dritten Gewerbesteuerklasse veranlagt ist, und nach § 4 aaO. 33 1/3 % dieses Satzes, wenn die Erlaubnis zur Erweiterung einer Gastwirtschaft usw. erlangt ist. Aus der bloßen Verlegung einer Wirtschaft folgt noch nicht, daß der Kläger die Erlaubnis zum Betriebe einer neuen Wirtschaft im Sinne der maßgebenden SteuerO. erlangt hat, sondern für die Beantwortung der Frage, ob der Fall einer Erlaubnis zur Errichtung einer neuen Wirtschaft vorliegt, kommen neben dem Inhalt der Erlaubnis die begleitenden Umstände in Betracht. Allerdings wird die zum Betriebe einer Gastwirtschaft nach § 33 GewO. erforderliche Erlaubnis immer nur für ein bestimmtes Lokal erteilt. Soll der Betrieb in einem anderen Lokal ausgeübt werden, so bedarf es dazu einer neuen Erlaubnis. Danach handelt es sich in einem solchen Fall im Sinne der GewO. stets um die Erlaubnis zu einem neuen Betriebe. Anders ist aber die Rechtslage nach der hier in Betracht kommenden SteuerO. Danach unterliegt die Erlaubnis zum ständigen Betriebe einer Gastwirtschaft einer Steuer nur nach näherer Vorschrift der §§ 2—4, und in den §§ 2—4 wird für steuerpflichtig erklärt die Erlaubnis

1. zur Errichtung einer neuen Gastwirtschaft,
2. zur Übernahme einer bestehenden Wirtschaft,
3. zur Erweiterung eines solchen Betriebes.

Aus dieser Zusammenstellung ergibt sich, daß iS. der SteuerO. nicht immer schon dann die Errichtung einer neuen Wirtschaft genehmigt ist, wenn dies iS. der GewO. der Fall ist. Vielmehr versteht danach die SteuerO. unter einem neuen Betriebe nur einen solchen, der bisher wirtschaftlich noch nicht bestanden hat, einen Betrieb also, der tatsächlich überhaupt bisher noch nicht oder doch nicht als ein erlaubter ausgeübt worden ist, oder der doch von dem bisher ausgeübten so wesentlich verschieden ist, daß er diesem gegenüber als ein anderer, als ein „neuer" erscheint. Ob letzteres zutrifft, muß nach Lage des einzelnen Falles entschieden werden. Somit ist die Verlegung eines Wirtschaftsbetriebes aus einem Lokal in ein anderes keineswegs ohne weiteres identisch mit der Begründung einer neuen Wirtschaft iS. der SteuerO.

Nr. 2. Entsch. v. 10. Juni 1912 (PrVerwBl. **34** 278) VII C 532/11.

Liegt eine Sonderveranlagung zur Gewerbesteuer für die einzelnen in einer Hand vereinigten Wirtschaftsbetriebe vor, so ist bei der Heranziehung zur Erlaubnissteuer diejenige zugrunde zu legen, die für den Betrieb erfolgt ist, zu dem die den Anlaß der Erlaubnissteuer bildende Erlaubnis erteilt ist.

Nr. 3. Entsch. v. 20. Jan. 1913 (DJZ. **18** 1080) VII C 226/12.

Wer Schankwirtschaft mit Getränken betreiben will, hinsichtlich deren er die Erlaubnis noch nicht besitzt, bedarf hierzu einer neuen Erlaubnis. Eine solche Erlaubnis ist als Erlaubnis zur Erweiterung des Betriebes zu versteuern, wenn die örtliche SteuerO. für die Erteilung einer derartigen Erlaubnis nach dem Vorbilde der sog. MustersteuerO. (§ 4) einen besonderen Steuersatz vorschreibt. Es liegt kein Grund vor, den Fall anders zu behandeln, in welchem es sich nicht um eine Vermehrung der auszuschänkenden Getränkarten, sondern um eine Erweiterung in bezug auf die Form des Ausschanks, insbesondere, wie hier, um die Gestattung des Ausschanks von Flaschenbier handelt. Auch hier wird die Erlaubnis zu einer Erweiterung des Betriebes erteilt, und die Art dieser Erweiterung ist eine solche, die sich als Ausdehnung des Betriebes auf eine bisher nicht erlaubte Betriebsart darstellt. Es handelt sich bei dem Übergange von Flaschenbier zum Faßbier auch keineswegs um eine bloße Betriebserleichterung oder um eine nur unerhebliche Änderung des Betriebes, sondern um eine wesentliche Erweiterung der Art und Weise des Betriebes.

Nr. 4. Entsch. v. 21. Okt. 1913 (PrVerwBl. **35** 212) II C 97/13.

1. Nach § 2 SteuerO. ist die Höhe der Schankerlaubnissteuer danach abgestuft, in welcher Gewerbesteuerklasse der Gewerbetreibende veranlagt ist, und dieser Steuerbetrag soll nach § 3 auf 50% herabgesetzt werden, wenn es sich um Übernahme einer bestehenden Wirtschaft handelt. Unter dem Gewerbetreibenden kann in diesen Vorschriften nur derjenige verstanden werden, der für die Erlaubnissteuer pflichtig werden soll. Das muß schon deshalb angenommen werden, weil es den elementarsten steuerlichen Grundsätzen widersprechen würde, wenn die Höhe des Steuersatzes von den noch dazu vielfach auf ganz anderem Gebiet als dem des

Schankgewerbes liegenden wirtschaftlichen Verhältnissen einer anderen Person als des Steuerpflichtigen abhängig sein sollte. Abgesehen hiervon ist in dem im § 2 behandelten Falle der Neuerrichtung einer Wirtschaft überhaupt kein Geschäftsvorgänger des Steuerpflichtigen, dessen Veranlagung zur Gewerbesteuer der Steuerberechnung zugrunde gelegt werden könnte, vorhanden.

2. Hiernach war die Heranziehung des Klägers zu 250 M. Schankerlaubnissteuer dann gerechtfertigt, wenn er in der vierten Gewerbesteuerklasse veranlagt war. Nun ist allerdings der Kläger jetzt in dieser Klasse veranlagt. Seine Veranlagung hat aber erst nach seiner Heranziehung stattgefunden. Das war rechtswidrig. Denn die rechtlichen und tatsächlichen Voraussetzungen der Steuerpflicht müssen zur Zeit der Heranziehung zur Steuer vorhanden sein, und nach § 2 SteuerO. gehört zu den Voraussetzungen der Steuerpflicht, daß eine Entscheidung über die Gewerbesteuerveranlagung des Steuerpflichtigen besteht, aus welcher hervorgeht, in welcher der vier Gewerbesteuerklassen er veranlagt ist oder ob er von der Gewerbesteuer frei bleiben soll. Der Gerichtshof hat zwar in früheren Entscheidungen angenommen, daß dieser Mangel der gesetzlichen Voraussetzungen der Heranziehung geheilt werde, wenn, wie im vorliegenden Falle, im Laufe des Streitverfahrens vor der Entscheidung des Bezirksausschusses die Veranlagung zur Gewerbesteuer erfolge. Aber diese Auffassung hat bei nochmaliger Erwägung nicht aufrecht erhalten werden können. Die SteuerO. macht ausdrücklich die Höhe der Steuerforderung davon abhängig, wie der Steuerpflichtige zur Gewerbesteuer veranlagt ist. Die oben erwähnte, den Umfang der Steuerpflicht bestimmende Voraussetzung tritt also erst durch die Veranlagung zur Staatssteuer ein. Erst dann ist auch der Steuerpflichtige in der Lage, seinerseits die Rechtmäßigkeit der Steuerforderung nachzuprüfen und sich darüber schlüssig zu machen, ob er die Heranziehung anfechten soll oder nicht. Er hat das Recht zu verlangen, daß er bis dahin mit der Heranziehung verschont wird, und daß diese, wenn sie trotzdem erfolgt, auf Kosten des voreiligen Steuergläubigers beseitigt wird. Der von ihm vor den Verwaltungsgerichten verfolgte Streit dreht sich nicht darum, ob der Herangezogene nach Eintritt aller Voraussetzungen die Steuer zu entrichten hat, sondern darum, ob die Heranziehungsverfügung so, wie sie ergangen ist, und zu der Zeit, wo sie ergangen ist, gerechtfertigt war; nicht die Forderung, sondern die Verfügung bildet also den Streitgegenstand. Wenn auch die Anforderung nach Freistellung von der vorzeitigen Heranziehung sofort erneuert werden kann, so ist doch die Freistellung nicht, wie ein früheres Urteil des OVG. meint, ein bloßes Formale; denn einmal hat sie zur Folge, daß der vorzeitig in Anspruch Genommene wenigstens vor den Kosten des Prozesses bewahrt bleibt, sodann aber stellt sie das Unrecht des Steuergläubigers fest und bietet so, wenn auch nicht unmittelbar, einen gewissen Schutz gegen ein Verfahren, durch das dem Betroffenen mindestens ungerechtfertigte Zinsverluste erwachsen.

War somit die Heranziehung des Klägers, wie sie der Beurteilung unterliegt, ungerechtfertigt, so mußte unter Aufhebung des angefochtenen Urteils auf Freistellung von der geforderten Schankerlaubnissteuer, soweit dieselbe vom Kläger beantragt war, erkannt und der Beklagte mit den Kosten belastet werden.

Nr. 5. Entsch. v. 20. Febr. 1913 (DJZ. 18 1206) VII C 628/12.

Ist in der SteuerO. nur die Befugnis eingeräumt, die Steuer zu ermäßigen, so handelt es sich nicht um einen Rechtsanspruch des Steuerschuldners, sondern eine Ermäßigung der Steuer auf Grund einer derartigen Bestimmung enthält nur einen für den einzelnen Fall vorgesehenen teilweisen Verzicht des Steuergläubigers auf die Steuerforderung, so daß die Ausübung der Befugnis durch den Steuergläubiger nur eine Verwaltungsmaßnahme darstellt, die von dem Steuerschuldner nicht erzwungen und im Verwaltungsstreitverfahren nicht nachgeprüft werden kann.

IV.

Direkte Kreissteuern.

Nr. 1. Entsch. v. 8. Nov. 1912 (**OVG. 62** 104) VIII C 193/12.

1. Nach § 63 LVG. ist in der Klage ein bestimmter Antrag zu stellen und es sind die Person des Beklagten, der Gegenstand des Anspruches sowie die den Antrag begründenden Tatsachen genau zu bezeichnen. Das Erfordernis der Begründung würde als erfüllt angesehen werden können, wenn ein bestimmter Antrag gestellt wäre, der Gegenstand und Ziel der Klage erkennbar machte. Da es aber an jedem Antrag in der Klage fehlt, liegt eine zur Wahrung der Klagefrist ausreichende Klage nicht vor. Die Bewilligung der Nachfrist zur Begründung der Klage durch den Bezirksausschuß konnte diesen Mangel nicht heilen. Sie war unstatthaft und deshalb wirkungslos; denn es handelte sich um eine befristete Klage. Es mußten daher die gesetzlichen Voraussetzungen einer zulässigen Klage innerhalb der gesetzlichen Ausschlußfrist von zwei Wochen erfüllt sein. Andernfalls trat die Unanfechtbarkeit der Veranlagung ein. Es ist im vorliegenden Falle nicht möglich, das Klagebegehren ergänzend aus dem Einspruche zu entnehmen; denn auch der Einspruch enthält keinen hinreichend bestimmten Antrag und ist deshalb gleichfalls rechtsunwirksam. Es fehlt in ihm die unerläßliche Angabe, für welche Dienstgehöfte und Dienstgrundstücke und mit welchen Beträgen im einzelnen Kreisabgabenfreiheit beansprucht werde. Da die Dienstgehöfte und Dienstländereien als solche nicht kreisabgabenfrei sind, es vielmehr Tatfrage ist, ob sie im Einzelfalle zum öffentlichen Dienste bestimmt sind, war der Kreisausschuß ohne Angabe der einzelnen Dienstwohnungen und Dienstgrundstücke, für welche Steuerfreiheit in Anspruch genommen wird, zu einer sachlichen Prüfung des Einspruchs nicht in der Lage.

2. Der Kläger wirft dem Vorderrichter vor, er habe angenommen, die Dienstwohnungen und Dienstgrundstücke der Forstbeamten seien nur dann kreissteuerfrei, wenn ohne deren Überweisung den Beamten die Ausübung des Dienstes absolut unmöglich sei. Eine solche Auffassung würde auf einem Mißverständnisse von OVG. **55** 17 beruhen und rechtsirrtümlich sein. Das OVG. hatte sich nur mit der Ansicht des Vorderrichters auseinanderzusetzen, daß eine unmittelbare Bestimmung der Dienstgehöfte und Dienstländereien zu einem öffentlichen Dienste auch dann nicht anzuerkennen sein würde, wenn den betreffenden Forstbeamten durch die Überweisung der Wohnungen und Ländereien die Ausübung ihres Dienstes überhaupt erst ermöglicht würde, was der Kläger damals behauptet hatte. Mit Bezug auf diese Behauptung des Klägers und ihre Würdigung durch den damaligen Vorderrichter hatte der Gerichtshof ausgeführt, daß jedenfalls dann, wenn den Forstbeamten ohne die Überweisung von Dienstgrundstücken und Dienstwohnungen die Ausübung ihres Dienstes unmöglich wäre, deren unmittelbare Bestimmung zu einem öffentlichen Dienste nicht in Zweifel gezogen werden könnte. Keineswegs ist aber in jenem Urteil ausgesprochen worden, daß nur dann, wenn ohne die Überweisung der Dienstwohnungen und Dienstgrundstücke den Forstbeamten die Ausübung ihres Dienstes völlig unmöglich sein würde, deren unmittelbare Bestimmung zu einem öffentlichen Dienste als vorliegend anzunehmen sei. Im Gegenteile hat der Gerichtshof in seiner Rechtsprechung keinen Zweifel darüber gelassen, daß eine unmittelbare Bestimmung von Dienstwohnungen und Dienstgrundstücken zum öffentlichen Dienste schon dann gegeben sei, wenn ohne deren Überweisung die betreffenden Beamten ihren Dienst so wie er im Einzelfalle von der vorgesetzten Behörde tatsächlich geregelt worden ist, nicht ordnungsmäßig ausüben könnten.

3. Im vorliegenden Falle geht der Vorderrichter zutreffend davon aus, daß die Dienstwohnungen und Dienstgrundstücke der Forstbeamten dann zum öffentlichen Dienste bestimmt seien, wenn ohne ihre Überweisung die ordnungsmäßige Ausübung des Dienstes nicht möglich sein würde. Was zur ordnungsmäßigen Dienstausübung gehört, bestimmt sich nach der von der vorgesetzten Behörde getroffenen Regelung der Dienstobliegenheiten der betreffenden Beamten. Bei Beamten, denen, wie im vorliegenden Falle, der Außendienst innerhalb eines bestimmten örtlich abgegrenzten Amtsbezirkes obliegt, kann es die Regelung des Dienstes im Einzelfalle, nach der Eigenart der dem Beamten anvertrauten dienstlichen Interessen, mit sich bringen, daß dieser zur Wahrnehmung seiner dienstlichen Verrichtungen nur an einer bestimmten örtlich festgelegten Stelle und nirgend wo anders wohnen kann und darf. In einem solchen Falle würde für eine Nachprüfung des Verwaltungsrichters, ob in der Nähe dieser zur Wohnung angewiesenen Stelle geeignete andere Wohnungen für den Beamten vorhanden sind, kein Raum sein. Die Regelung des Dienstes für jene im Außendienste tätigen Beamten kann aber auch in der Weise erfolgt sein, daß sie nur innerhalb einer bestimmten Ortschaft oder in unmittelbarer Nähe ihres Dienstbezirkes wohnen müssen und daß ihnen deshalb innerhalb der betreffenden Ortschaft oder in unmittelbarer Nähe ihres Amtsbezirkes eine Dienstwohnung zugewiesen worden ist. In solchen Fällen steht dem Verwaltungsrichter die Prüfung zu, ob innerhalb der betreffenden Ortschaft bzw. in einer Entfernung, die noch als unmittelbare Nähe zum Amtsbezirke gelten kann, den Beamten dauernd andere geeignete Wohnungen zur Verfügung stehen; denn wenn dies der Fall ist, würde die Überweisung von Dienstwohnungen an die Beamten zur ordnungsmäßigen Ausübung ihres Dienstes nicht notwendig sein.

Nr. 2. Entsch. v. 4. Juni 1912 (PrVerwBl. **34** 206) II C 186/11.

KrProvAbgG. §§ 7, 13, 15.

1. Der Kläger, Eigentümer des einen selbständigen Gutsbezirk bildenden Ritterguts W., ist von der staatlichen Einkommensteuer für das Rechnungsjahr 1909 frei gestellt worden und betreibt infolgedessen die Zurückerstattung der nach seiner Ansicht in diesem Jahr zu viel gezahlten Kreisabgaben. Er hat nicht bestimmt zum Ausdruck gebracht, ob er die Oberverteilung oder die Unterverteilung der Kreisabgaben anficht. Er durfte die Oberverteilung als Gutsbesitzer und Vertreter des Gutsbezirks, die Unterverteilung als Steuerpflichtiger anfechten. Es war anzunehmen, daß er beides hat tun wollen.

2. Soweit es sich um die Oberverteilung handelt, konnte das Rechtsmittel keinen Erfolg haben. Denn für die Oberverteilung des Rechnungsjahres 1909 war das Einkommensteuersoll des Gutsbezirkes im Rechnungsjahr 1908 nach dem Stande des 1. I. 09 maßgebend. Auch auf § 15 Abs. 1 KrProvAbgG. kann ein gegen den Kreis gerichteter Anspruch auf Rückerstattung für den Gutsbezirk — abgesehen von der Frage, ob ein solcher Anspruch im Verwaltungsstreitverfahren verfolgt werden kann — nicht gestützt werden, weil die Freistellung des Klägers keinen „Abgang" im Sinne dieser Vorschrift darstellt. Dagegen war die Klage insoweit begründet, als sie auf die Abänderung der durch den Beklagten vorgenommenen Unterverteilung, d. h. der Veranlagung des Klägers als steuerpflichtigen Insassen des Gutsbezirkes für 1909 ausgeht. Die in den Gutsbezirken unterverteilte Kreissteuer ist gemäß § 13 KrProvAbgG. als Gemeindesteuer zu behandeln. Dem Kläger war daher zur Anfechtung der Unterverteilung die in dem Einspruch des § 69 KommAbgG. mitenthaltene fristenlose Beschwerde des § 18 Ziff. 2 ZustG. gegeben, die in dem Antrag des Klägers auf Zurückerstattung der überzahlten Kreisabgaben zu erblicken ist. Die Beschwerde mußte auch Erfolg haben, weil die Freistellung von der staatlichen Einkommensteuer die Abänderung des Zuschlags nach sich zieht (§ 36 Abs. 3, § 51 KommAbgG.).

Nr. 3. Entsch. v. 19. Dez. 1912 (OVG. **62** 98) II C 66/12.

KommAbgG. § 44. KrProvAbgG. § 13.

1. Gehört eine fiskalische Liegenschaft in wirtschaftlicher Beziehung zu einer in einer anderen Provinz belegenen Oberförsterei, so ist in die nach § 44 KommAbgG. vorzunehmende Verhältnisberechnung der Überschuß einzustellen, der in derjenigen Provinz erzielt ist, zu deren räumlichem Gebiete die betreffende Liegenschaft gehört.

2. Dadurch, daß im § 13 G. v. 23. IV. 06 bestimmt ist, in den Gutsbezirken werde der auf sie entfallende Teil des Kreissteuersolls durch Veranlagung der Steuerpflichtigen unterverteilt, hat Vorsorge dafür getroffen werden sollen, daß durch die Veranlagung der volle Betrag des Kreissteuerkontingents aufgebracht wird. Daher müssen die Zuschläge zu den einzelnen Steuerarten so bemessen werden, daß das Kreissteuerkontingent durch die Steuerbeträge gedeckt wird. Sind aber diese Zuschläge einmal festgesetzt, so bleiben sie für das ganze Steuerjahr maßgebend. Demgemäß sind auch Zugangsveranlagungen, die im Laufe des Rechnungsjahrs der Unterverteilung erfolgen, zu dem dieser Unterverteilung zugrunde gelegten Prozentsatz auszuführen; das beruht auf der — nach § 13 aaO. hier maßgebenden — Vorschrift des § 20 Abs. 1 KommAbgG., wonach die direkten Gemeindesteuern auf alle der Besteuerung unterworfenen Pflichtigen nach festen und gleichmäßigen Grundsätzen zu verteilen sind. Ebenso muß auch bei erfolgreichen Reklamationen von Steuerpflichtigen der anderweitigen Berechnung des Steuerbetrags derselbe Prozentsatz zugrunde gelegt werden, wie bei der ersten Veranlagung. Müßte der Prozentsatz in diesem Falle jedesmal so erhöht werden, daß das volle Kreissteuerkontingent aufgebracht wird, so würde das dann, wenn in einem Gutsbezirke nur ein Steuerpflichtiger vorhanden ist, zu dem eigentümlichen Ergebnisse führen, daß der Steuerpflichtige, auch wenn er nachweist, daß bei Beginn des Steuerjahrs sein Einkommen geringer war, als von der veranlagenden Behörde angenommen worden ist, niemals eine Herabsetzung der Steuer erreichen könnte, weil die Zuschlagsprozente immer so erhöht werden müßten, daß das Kontingent gedeckt würde. Ein solches Ergebnis aber kann vom Gesetzgeber nicht gewollt sein.

V.

Rechtsmittel.

Nr. 1. Entsch. v. 21. Sept. 1911 (OVG. **60** 111) IV C 6/11.

Teilurteile dürfen im Verwaltungsstreitverfahren überhaupt nicht und Zwischenurteile nur in einigen gesetzlich ausdrücklich zugelassenen Fällen erlassen werden. Hiervon abgesehen muß das Verwaltungsstreitverfahren durch eine Entscheidung zu einem vollständig den Streit erschöpfenden Abschlusse gelangen. Dies gilt auch für eine Streitigkeit über Straßenherstellungskosten. Es war daher entweder auf eine gänzliche Freistellung des Klägers oder auf Abweisung der Klage oder unter ziffernmäßig ausgedrückter Bestimmung des zu Recht geforderten und deshalb zu entrichtenden Teiles des geforderten Beitrags auf die Abweisung der Klage insoweit und die Freistellung im übrigen zu erkennen; dagegen war es unzulässig, der Freistellung (Aufhebung der angefochtenen Heranziehung) in der Urteilsformel, also mit den Wirkungen des Inhalts einer solchen, die Grundsätze hinzuzufügen, nach denen der Beklagte nur berechtigt, damit anderseits aber doch auch berechtigt sei, den Kläger anderweit heranzuziehen[1]).

[1]) Ebenso Entsch. v. 16. Okt. 1911 (OVG. **60** 113) IV C 147/10.

Nr. 2. Entsch. v. 22. Jan. 1912 (OVG. 62 112) VII C 423/11.

1. Der erkennende Senat des OVG. hatte sich in einem früheren Urteile mit dem auf den Einspruch gegen die Heranziehung ergangenen Bescheid überhaupt nicht befaßt, sondern hatte, da irgendwelche Bedenken gegen das ordnungsmäßige Zustandekommen dieses Bescheids nicht vorgebracht worden waren und seine äußere Form zu solchem auch keine Veranlassung gab, angenommen, der Bescheid sei von dem Kreisausschusse selbst gefaßt worden. Ein über den Bescheid hinsichtlich seiner formellen Rechtsgültigkeit vom OVG. aufgestellter Grundsatz, an den der Bezirksausschuß gebunden gewesen wäre, war hiernach nicht vorhanden. Die Entscheidung des OVG. war vielmehr auf Grund der tatsächlichen Annahme ergangen, daß ein Beschluß des Kreisausschusses vorliege. Ergab sich in dem weiteren Verfahren, daß eine tatsächliche Annahme, die im ersten Rechtsgange weder streitig noch überhaupt zum Gegenstande der Erörterung und Feststellung gemacht worden war, nicht zutreffend war, so war der Bezirksausschuß durch die vom OVG. erteilte Weisung nicht gehindert, diese Tatsache richtig zu stellen. Der § 101 LVG. steht dem nicht entgegen.

2. Ist aber für den Steuerpflichtigen aus der Fassung des Einspruchsbescheids nicht ohne weiteres ersichtlich, daß ein Beschluß des Kollegiums nicht zugrunde liegt, so kann ihm auch das Mittel, sich gegen einen für ihn als Beschluß des Kollegiums erscheinenden Bescheid zu wehren, die Klage im Verwaltungsstreitverfahren nicht versagt werden. Eine solche Klage, und zwar gegen den Kreisausschuß, ist vielmehr als zulässig zu betrachten. Sie kann aber, da es an einem gesetzlichen Erfordernisse des Einspruchsbescheids, dem Beschlusse des Kreisausschusses tatsächlich fehlt, nicht zu einer Entscheiduna des Verwaltungsgerichts in der Sache selbst führen.

Nr. 3. Entsch. v. 22. Febr. 1912 (OVG. 62 111 i. d. Anm.) VII C 493/11.

Der auf den Einspruch der Klägerin gegen ihre Heranziehung zur Steuer ergangene Bescheid ist nicht vom Kreisausschusse, sondern von dessen Vorsitzenden erlassen worden. In Übereinstimmung mit § 16 und § 14 Abs. 2 KrProvAbgG. bestimmt der § 12 Abs. 2 UmsatzStO. im Landkreise O.:

„Über den Einspruch beschließt der Kreisausschuß. Gegen dessen Beschluß steht dem Steuerpflichtigen binnen einer mit dem ersten Tage nach erfolgter Zustellung beginnenden Frist von zwei Wochen die Klage im Verwaltungsstreitverfahren an den Bezirksausschuß offen."

Der Vorsitzende des Kreisausschusses war hiernach, und da ihm durch § 137 KrO. eine Vertretung des Kreisausschusses nach der Richtung, daß er für diesen vorläufige Beschlüsse über Einsprüche gegen Heranziehung zu Steuern fassen dürfte, nicht gegeben worden ist, nicht zuständig, über den Einspruch allein Beschluß zu fassen. Da nach § 16 in Verbindung mit § 11 Abs. 4 KrProvAbgG. die Klage nur gegen einen Beschluß des Kreisausschusses gegeben worden ist, ein solcher Beschluß aber nicht vorliegt, hätte der Bezirksausschuß die Klage als verfrüht abweisen müssen.

Vierter Abschnitt.

Abgaben der Amtsverbände.

Nr. 1. Entsch. v. 4. Juni 1912 (**OVG. 62** 121) II C 336/11.

KommAbgG. § 6.

1. In der Provinz Westfalen ist zur Erhebung der im § 6 KommAbgG. für die polizeiliche Genehmigung und Beaufsichtigung von Bauten usw. zugelassenen Gebühren nur das Amt berechtigt, weil die Verwaltung der Polizei in den im Abs. 1 aaO. bezeichneten Fällen in dessen Hand liegt. Ob das Amt aus mehreren oder nur aus einer Gemeinde besteht, kann keinen Unterschied machen. Ob nach anderen Richtungen hin in einem solchen Falle ein selbständiger Amtskommunalverband besteht, mag zweifelhaft sein, jedenfalls besteht das Amt als selbständiger Verwaltungsbezirk neben der Gemeinde und ist als solcher Träger der gesetzlichen Rechte und Pflichten des Amtes, insofern diese durch die Polizeiverwaltung bedingt werden. Eine Heranziehung zu der Gebühr hätte also nur von dem Amte und für das Amt erfolgen können und bei Widerspruch nur von dem Organe des Amtes vertreten werden müssen, d. h. nur der Amtmann wäre berufen gewesen, über einen Einspruch, der sich gegen eine von dem Amte ausgehende Heranziehung richtete, zu befinden und weiter die Rolle des Beklagten im Verwaltungsstreitverfahren zu übernehmen. Wenn demgegenüber der Revisionskläger hervorhebt, daß nach § 70 Abs. 1 KommAbgG. der „Gemeindevorstand" über den Einspruch beschließt, so ist zuzugeben, daß diese Bezeichnung bei Gebührenforderungen westfälischer Ämter nicht paßt, wie sie auch für diejenigen Fälle nicht anwendbar ist, in denen im Geltungsgebiete der KrO. Amtsbezirke Gebühren nach § 6 KommAbgG. erheben. So wenig aber im letzteren Falle die Gemeindevorsteher der einzelnen den Amtsbezirk bildenden Gemeinden über Einsprüche gegen solche Gebühren zu entscheiden haben, ebensowenig kann hier durch die Bestimmung im § 70 KommAbgG. eine Zuständigkeit des Gemeindevorstehers wegen der dem Amte zustehenden Gebühren begründet werden.

2. Ist aber die Gebühr vom Kläger für die Gemeinde gefordert, so mußte er bei dem Gemeindevorsteher Einspruch erheben, und dieser war zur Erteilung des Bescheids zuständig.

Fünfter Abschnitt.

Gemeindeabgaben.

Literatur: Adickes: KommAbgG.⁵ (Berlin 1912). — Lohmann: Die besonderen direkten Gemeindesteuern in Preußen (Jena 1913). — Saß: KommAbgG. (Berlin 1912). — Schwarz: Das Gemeindeabgabenwesen Deutschlands (Jena 1913).

I.

Allgemeines.

A. Zum Begriffe der Gemeindelasten iS. des KommAbgG.

Nr. 1. Entsch. v. 6. Jan. 1911 (**PrVerwBl. 32** 632) II C 435/09.

Mit den Vorschriften des KommAbgG. ist es unvereinbar, daß eine vor dessen Inkrafttreten zu Recht bestehende Zwecksteuer unter der Herrschaft des gedachten G. auf einen neuen Ortsteil, für den sie nicht galt, ausgedehnt wird.

B. Die Verpflichtung zu Gemeindelasten.

Nr. 1. Entsch. v. 22. Jan. 1912 (OVG. 62 385) II C 135/11.

KommAbgG. § 33.

Wenn bei der Eingemeindung einer Landgemeinde in eine Stadt durch Vertrag dem neuen Stadtteile für eine mehrjährige Übergangszeit das Vorrecht geringerer Gemeindeeinkommensteuer bewilligt ist, so sind damit nur die jeweiligen Einwohner des neuen Stadtteils, die die gesetzten Bedingungen erfüllen, bevorrechtigt, nicht auch die dortigen Forensen. Wer im neuen Stadtteile wohnt und im alten Stadtteile Gewerbe betreibt, zahlt als Einwohner des neuen Stadtteils vom ganzen Einkommen den geringeren Satz, ebenso wie ein Bewohner der Altstadt, der im neuen Stadtteil ein Einkommen aus Grundbesitz oder aus Gewerbebetrieb bezieht, seit der Eingemeindung auch für dieses Einkommen die höheren, in der Altstadt geforderten Steuerzuschläge zu zahlen hat. Auch ein doppelter Wohnsitz im steuerrechtlichen Sinne ist innerhalb der neuen, erweiterten Stadtgrenze nicht denkbar: Wer etwa zwei Wohnungen hat, die eine im neuen bevorrechtigten Stadtteile, die andere in der Altstadt, wird einheitlich besteuert, und zwar, wenn in seiner Person auch nur hinsichtlich der einen Wohnung die Voraussetzungen des Vorrechts vorhanden sind, ganz nach den bevorrechtigten Sätzen. Niemals kann der Magistrat eine Person nach verschiedenen Sätzen, teils mit, teils ohne Zubilligung des Vorrechts, veranlagen.

Nr. 2. Entsch. v. 5. Mai 1913 (DJZ. 18 1446) II C 255/12.

Den Ausführungen des bekl. Gemeindevorstehers gegenüber, durch die er nachzuweisen sucht, daß der in dem Urt. des VIII. Sen. v. 22. II. 10 für die Heranziehung zur Kirchensteuer aufgestellte Grundsatz, wonach es auf das Fortbestehen des die Steuerpflicht begründenden Verhältnisses für die Gültigkeit einer Heranziehung nicht ankommt, auch für die Gemeindebesteuerung Anwendung finden müsse, ist auf OVG. 55 161ff. hinzuweisen. Dort ist unter eingehender Begründung dargelegt, daß nach Aufhören der durch Wohnsitz, Aufenthalt, Grundbesitz oder Gewerbebetrieb begründeten Gemeindezugehörigkeit der Gemeindevorstand eine Heranziehung zu Gemeindeabgaben nicht mehr vornehmen kann. An diesem Grundsatz ist auf dem Gebiete der Gemeindebesteuerung von dem OVG. auch festgehalten worden, nachdem das erwähnte Urt. des VIII. Sen. ergangen war, und die Ausführungen der Revisionsschrift bieten keinen hinreichenden Anlaß, diesen Standpunkt zu verlassen.

D. Auf besonderem Rechtstitel beruhende Befreiungen; Auseinandersetzungsrezesse; Schlesische Urbarien.

Nr. 1. Entsch. v. 10. Jan. 1911 (OVG. 59 136) VIII C 135/10.

Es bedarf keiner Prüfung der Frage, ob sich nicht der Anspruch des Klägers (des Forstfiskus) die anteiligen Wegekosten aus den von ihm erforderten Gemeindeabgaben auszusondern, als ein unzulässiger Angriff auf das Etatsrecht der Gemeinde darstellt; denn keinenfalls kann im vorliegenden Falle das Regulativ v. 17. XI. 41 (GS. 405) wegen Unterhaltung der durch die Staatswaldungen in der Prov. Westfalen und in der Rheinprovinz führenden Wege dem erhobenen Anspruch als Stütze dienen. Es ist in dem Regulative nicht schlechthin bestimmt, daß der Forstfiskus in der Rheinprovinz zu den Unterhaltungskosten der innerhalb eines Gemeindebezirkes, aber außerhalb der Forsten belegenen Wege nicht beitragspflichtig sein solle. Nur gegen den Erlaß der bisherigen verfassungsmäßigen (d. h. gesetzlichen) oder herkömmlichen Verpflichtung der Gemeinden zur Unterhaltung der in ihren Gemeindebezirken befindlichen Forstwege hört die Beteiligung der Forstverwaltung an der Unterhaltung der außerhalb der Forsten belegenen öffentlichen Wege des betreffenden Gemeindebezirkes auf (§§ 1 und 3 des Regulativs). Voraussetzung für die Freiheit des Fiskus von der Beitragspflicht zur Unterhaltung der außerhalb der Forsten belegenen Gemeindewege ist demnach eine zur Zeit des Erlasses des Regulativs bestehende Verpflichtung der Gemeinde zur Unterhaltung der Forstwege. Für diese Auslegung, daß die Freiheit des Fiskus von der Unterhaltung der Gemeindewege nicht schlechthin, sondern nur als Ausgleich gegen den Fortfall bestehender Verpflichtungen der Gemeinden bezüglich der Forstwege eintreten sollte, spricht auch die Bestimmung im § 3 Abs. 2 des Regulativs. Wie der Vorderrichter aber zutreffend ausgeführt hat, bestand in dem ehemaligen Herzogtume Berg, zu welchem der jetzige Stadtkreis D. früher gehörte, keine gesetzliche Verpflichtung der Gemeinden zur Unterhaltung der Forstwege. Vielmehr waren nach der dort geltenden PolizeiVd. v. 10. X. 1554 grundsätzlich die Anlieger wegeunterhaltungspflichtig. Eine herkömmliche Verpflichtung der Gemeinde ist nicht einmal behauptet worden.

Nr. 2. Entsch. v. 20. Jan. 1911 (OVG. **59** 153) II C 287/09.

KommAbgG. §§ 21, 96.

Ein gemäß § 5 Abs. 4 und 3 KurhGemO. v. 23. X. 34 rechtsgültig zustande gekommenes Statut, welches das Verhältnis eines eingemeindeten Hofes zu der Gemeinde hinsichtlich der Teilnahme an den Vorteilen und Lasten des Gemeindeverbandes regelt, hat die Bedeutung eines besonderen Rechtstitels iS. des § 21 KommAbgG. Die durch ein solches Statut begründete persönliche Steuerbefreiung bleibt bestehen, bis sie gemäß § 96 aaO. durch rechtsgültigen Gemeindebeschluß oder Anordnung der Aufsichtsbehörde beseitigt ist.

Nr. 3. Entsch. v. 5. Jan. 1912 (OVG. **62** 164) II C 535/10.

Die Parteien streiten darüber, ob die Kreisstraßen des Kreises S. zu den „öffentlichen Wegen des betreffenden Gemeindebezirkes" gehören, zu deren Unterhaltung der Forstfiskus nach § 3 Regul. v. 17. XI. 41 wegen Unterhaltung der durch die Staatswaldungen in der Provinz Westfalen und der Rheinprovinz führenden öffentlichen Wege keine Kommunalbeiträge zu zahlen hat. Die Entscheidung dieser Frage hängt zunächst von der Auslegung des Regulativs ab. Dieses bezweckt, die Übelstände zu beseitigen, die sich aus der Verpflichtung der Gemeinden zur Unterhaltung der öffentlichen Wege in den in ihren Bezirken belegenen Kgl. Waldungen ergeben hatten. Um dies zu erreichen, hat das Regulativ einen Teil der Wegebaulast, welche die Gemeinden früher allein zu tragen hatten, dem Forstfiskus auferlegt. Als Entschädigung für die neue Last gewährt es dem Forstfiskus die Befreiung von den Kommunalbeiträgen zu der Unterhaltung der außerhalb der Kgl. Forsten belegenen „öffentlichen Wege des betreffenden Gemeindebezirkes". Das Regulativ regelt also nur die Beziehungen zwischen dem Forstfiskus und den Gemeinden und erschöpft darin seinen Zweck. Auf andere Verbände erstreckt es sich nicht. Das Regulativ hat dem Fiskus jene Gemeindesteuerfreiheit als Entschädigung dafür gewährt, daß er den Gemeinden einen Teil ihrer Wegebaulast abnahm. Es erscheint daher auch einleuchtend, daß der Fiskus von denjenigen Abgaben befreit worden ist, die die Gemeinden zur Erfüllung der ihnen verbliebenen Wegebaulast erheben; denn diese Abgaben kommen dem Fiskus nicht zugute, weil er die im Gemeindebezirke belegenen Forstwege selbst unterhalten muß. Auf die Abgaben, die die Gemeinden zur Deckung der Wegebaukosten anderer Verbände erheben müssen, trifft diese Voraussetzung nicht zu. So dienen namentlich auch die Kreiswegebauabgaben dazu, die Kosten zu decken, die dem Kreise durch Ausführung von Wegebauten in den Kgl. Forsten erwachsen. Die Kreiswegebauabgaben können also auch die Wegebaulast des Fiskus vermindern, und es würde daher für die Befreiung des Fiskus von diesen Abgaben an einem erklärlichen Grunde fehlen. Nach alledem können unter den „öffentlichen Wegen des betreffenden Gemeindebezirkes", hinsichtlich deren das Regulativ dem Fiskus das Sonderrecht einräumt, nur solche öffentlichen Wege verstanden werden, die zu den Gemeinden in unmittelbarer Beziehung stehen, von den Gemeinden unterhalten werden und diesen Kosten verursachen.

Zu den Gemeindewegen in dem oben dargelegten Sinne können die Wege, die ein Kreis als Kreisstraßen neu ausgebaut oder von den Gemeinden übernommen hat, nicht gerechnet werden. Die Unterhaltung dieser Wege liegt den Gemeinden nicht oder nicht mehr ob; die Kosten, die durch ihren Ausbau und ihre Unterhaltung entstehen, erwachsen nicht den Gemeinden, sondern dem Kreise. Daran ändert auch nichts der Umstand, daß der Kreis zur Deckung der Kosten, die ihm die Kreisstraßen verursachen, von den Gemeinden Kreissteuern einzieht. Kreissteuern werden dadurch, daß der Kreis sie teilweise zur Deckung seiner Wegebaukosten verwendet, nicht insoweit zu Kosten der einzelnen Gemeinden für die Wege ihres Bezirkes.

Nr. 4. Entsch. v. 7. Nov. 1912 (PrVerwBl. **34** 297) H C 270/12.

Der Preuß. Forstfiskus ist von der Gemeinde Wichlinghausen wegen der Forstgrundstücke zur Grund- und zur Einkommensteuer herangezogen worden. Er glaubt, auf Grund des § 3 Regul. v. 17. XI. 41 wegen Unterhaltung der durch die Staatswaldungen in der Provinz Westfalen und der Rheinprovinz führenden öffentlichen Wege usw. (GS. 405) verlangen zu können, daß er von den Gemeindesteuern insoweit befreit werde, als sie zur Deckung der Gemeindewegebaukosten erhoben werden. Das Regulativ hat für seinen Geltungsbereich das öffentliche Wegerecht und das Gemeindeabgabenrecht in folgender Weise geändert: Es hat die Gemeinden von ihrer bisherigen Verpflichtung befreit, die in ihrem Bezirke durch Königliche Forsten führenden öffentlichen Wege zu unterhalten (§ 1). Die Unterhaltungslast ist auf den Fiskus übertragen (§ 1), und als Entschädigung dafür ist der Fiskus von der Teilnahme an den Lasten befreit worden, die der Gemeinde aus der ihr verbliebenen Wegeunterhaltungspflicht erwachsen (§ 3). Hiernach ist der Fiskus nur in denjenigen Gemeinden durch § 3 von den Wegelasten befreit worden, in denen er durch § 1 mit einer neuen Wegepflicht belastet ist. Dies ist aber nach einer weiteren Bestimmung des § 1 ausnahmsweise nicht der Fall zunächst bei ausgebauten Staats- und Bezirksstraßen und sodann bei Wegen, deren Unterhaltung bisher vermöge spezieller Rechtstitel der Gemeinde, einer sonstigen Körperschaft oder einer Privatperson oblag; auf beide Arten soll sich das Regulativ überhaupt nicht beziehen. Zu der zweiten Art der ausgenommenen Wege will der Gemeindevorsteher in W. den Waldweg von H. nach W. rechnen, den unstreitig einzigen Weg, der für Anwendung des Regulativs (§ 1) auf die Gemeinde Wichlinghausen in Frage gekommen ist. Der erforderliche „spezielle Rechtstitel" soll in einem Erl. des Min. des Kgl. Hauses liegen, worin ein Gesuch um Beihilfe zur Verbreiterung und Herstellung des erwähnten Weges abschlägig beantwortet ist. Durch diesen Erlaß aber wird der Weg nicht zu einem solchen Wege, den die Gemeinde beim Inkrafttreten jenes Regulativs vermöge eines speziellen Rechtstitels zu unterhalten verpflichtet war. Jedenfalls ist der Erl. seinem Inhalte nach kein spezieller Rechtstitel für die Wegeunterhaltungspflicht der Gemeinde. Der Minister wollte offenbar an dem bestehenden Rechte durch den Erlaß nichts ändern, wäre dazu auch nicht befugt gewesen. Er tritt vielmehr der Behauptung der Bittsteller entgegen, der Fiskus sei zur Herstellung des Weges gesetzlich verpflichtet, und verweist auf die §§ 13ff., Tit. 15 T. II ALR., nach denen im allgemeinen die Gemeinden unterhaltungspflichtig sind. Damit sollte nur die gesetzliche Rechtslage, wie sie vor dem Regul. v. 17. XI. 41 für W. galt, gekennzeichnet sein.

II.

Gebühren und Beiträge.

Literatur: Stockem: Das Recht der Gebühren nach dem KommAbgG. (Berlin-Wilmersdorf 1913).

A. Gebühren.

1. Allgemeines; Begriff der Gebühren.

Nr. 1. Entsch. v. 7. April 1911 (OVG. 59 114) II C 303/10.

KommAbgG. § 5.

Das KommAbgG. hat die vor seinem Erlasse bestehenden Vorschriften über die Verleihung des Rechtes auf Erhebung von Hafengeld und die Feststellung der Tarife in § 5 ausdrücklich aufrecht erhalten. Danach haben die zuständigen Minister nach wie vor die Tarife für die von den Gemeinden zu erhebenden Hafengelder festzusetzen, und, wenn sie das getan haben, so ist damit der Staat bzw. die Gemeinde als hoheitliche Macht in ein Rechtsverhältnis zu den Verpflichteten getreten, so daß es sich auch hierbei lediglich um öffentliches, jederzeit abänderliches Recht handelt. Waren hiernach die Minister nicht behindert, den alten Tarif durch einen neuen zu ersetzen, so hatte die Änderung die unmittelbare Folge, daß die Gebührenpflicht sich fortan lediglich nach den Bestimmungen des neuen Tarifs regelte, diejenigen des alten also völlig außer Kraft gesetzt waren. Das Recht statt der Einzelgebühren eine jährliche Abfindungssumme zu zahlen, hat der neue Tarif nicht übernommen. Deshalb ist auch für die bisher zur Entrichtung einer Abfindungssumme berechtigten Personen vom Inkrafttreten des neuen Tarifs ab die Verpflichtung entstanden, für jeden Fall der Benutzung die festgesetzte Einzelgebühr zu entrichten. Hat der Verpflichtete schon auf Grund des alten Tarifs eine Jahresgebühr entrichtet und tritt der neue Tarif noch im Laufe des betreffenden Jahres in Kraft, so verbleibt der Gemeinde derjenige Teilbetrag der Jahresgebühr, der auf die Zeit vor dem Inkrafttreten des neuen Tarifs entfällt, während der Mehrbetrag dem Gebührenpflichtigen zu erstatten ist. Dagegen ist für die mit dem Inkrafttreten des neuen Tarifs beginnende Zeit und die in ihr stattfindende Benutzung der alte Tarif ohne jede Bedeutung und die auf seiner Grundlage erfolgte Festsetzung einer Jahresgebühr ohne Wirkung. Die unter der Geltung des neuen Tarifs erfolgte Benutzung unterliegt vielmehr lediglich den Bestimmungen dieses Tarifs und verpflichtet zur Entrichtung der darin festgesetzten Abgabe.

Nr. 2. Entsch. v. 26. März 1912 (OVG. 62 243) II C 72/11

KommAbgG. §§ 4, 6.

Für die Erteilung einer Auskunft aus den polizeilichen Melderegistern kann eine „Gebühr" als Kommunalabgabe nicht gefordert werden.

Die Befugnis der Gemeinden zur Gebührenerhebung (abgesehen von Sondervorschriften) findet nur im KommAbgG. ihre Grundlage. Von diesem kommt zunächst § 4 in Betracht, wonach die Gemeinden für die Benutzung der von ihnen im öffentlichen Interesse unterhaltenen Veranstaltungen (Anlagen, Anstalten und Einrichtungen) besondere Vergütungen (Gebühren) erheben können. Allein zu derartigen Veranstaltungen gehört ein Einwohnermeldeamt auch dann nicht, wenn es durch die GebührenO. damit befaßt ist, an Privatpersonen Auskunft zu erteilen. Es kann sich deshalb nur noch fragen, ob § 6 aaO. eine geeignete Grundlage für die GebührenO. bildet. Auf Abs. 1 kann sie nicht gestützt werden, weil es sich nicht um einen der hier genannten Verwaltungsakte handelt. Ebensowenig aber auf Abs. 2 in Verbindung mit Art. 6² AAnwKommAbgG. Aus diesen Vorschriften ergibt sich, daß Gebühren für Verwaltungsakte nicht neu eingeführt werden können, wenn nicht ein G. es gestattet. Auf ein solches G. vermag sich die Gemeinde nicht zu stützen.

Nr. 3. Entsch. v. 20. Dez. 1912 (OVG. **62** 241) II C 18/12.

KommAbgG. § 4.

Wenn die Gemeinde ein städtisches Wasserwerk als privatwirtschaftliches Unternehmen betreibt, so erlangen die für die Entnahme von Wasser aus diesem Werke erhobenen privatrechtlichen Vergütungen die rechtliche Eigenschaft einer öffentlich-rechtlichen Gebühr auch nicht dadurch, daß durch die Polizeibehörde Anschlußzwang an das Wasserwerk verordnet ist. Vielmehr ist die PolVd., die den Anschlußzwang einführt, ungültig. Will die Gemeinde ihr Wasserwerk als Privatunternehmen betreiben und das Wassergeld als privatrechtliche Vergütung nach ihrem freien Belieben gestalten, so darf die Polizeibehörde nicht in diese rein privatrechtlichen Verhältnisse eingreifen, indem sie die Grundstückseigentümer zum Anschlusse zwingt. Das darf sie selbst dann nicht, wenn das Unternehmen zugleich einem öffentlichen Interesse dient. Die Gemeinde hat nur die Wahl: Entweder bleibt die Wasserleitung ein Privatunternehmen, dann fällt der Anschlußzwang, oder dieser Zwang soll bestehen, dann muß die Gemeinde das Wassergeld als öffentlich-rechtliche Gebühr gestalten und sich damit den Vorschriften des KommAbgG. hierüber und der Kontrolle des Verwaltungsstreitverfahrens unterwerfen. Solange nicht das Wasserwerk zur Benutzung kraft öffentlichen Rechtes zur Verfügung gestellt und demgemäß das Wassergeld zu einer „Gebühr" umgestaltet wird, ist der Anschlußzwang ungültig. Das OVG. hat in ständiger Rechtsprechung an dem Grundsatze festgehalten, daß der Anschlußzwang nur zulässig ist, wenn ihm das öffentlich-rechtliche Anschlußrecht entspricht.

Nr. 4. Entsch. v. 6. Mai 1913 (PrVerwBl. **35** 142) II C 203/12.

Wenn in einem Ortsstatute, betr. die Reinigung der Straßen, die Stadtgemeinde nur für die an sich der Polizei gegenüber bisher Verpflichteten und ihr auch verpflichtet Bleibenden die Ausführung der Straßenreinigung übernommen hat, so ist die Erhebung von Gebühren von denjenigen, die sich der städtischen Veranstaltung zur Straßenreinigung bedienen, zulässig; Voraussetzung der Gebührenpflicht ist aber, daß der Stadtgemeinde gegenüber eine Inanspruchnahme (Benutzung) der städtischen Veranstaltung, sei es aus eigenem freien Willen oder infolge eines polizeilich ausgeübten Zwanges, seitens des Pflichtigen stattfindet. Von einer solchen Benutzung kann aber da keine Rede sein, wo ohne oder gar gegen den Willen desjenigen, von dem die Gebühr gefordert wird, die Reinigung vorgenommen ist.

Nr. 5. Entsch. v. 22. Febr. 1913 (Recht **17** 314) VIII C.

KommAbgG. §§ 4, 69.

Das Schulgeld für den Besuch einer von der Gemeinde unterhaltenen höheren Lehranstalt ist eine Gebühr iS. der §§ 4, 69 KommAbgG.

Nr. 6. Entsch. v. 20. Mai 1913 (PrVerwBl. **35** 28) VIII C 165/11.

KommAbgG. §§ 4, 69.

1. Unter Schulgeld ist ein Entgelt, eine Gegenleistung für die Darbietung des Unterrichts zu verstehen. Dafür, daß nach dem in Betracht kommenden

Gemeindebeschlusse ein Schulgeld im Rechtssinne, d. h. ein Entgelt für die Gewährung des Fortbildungsschulunterrichts, erhoben werden soll, spricht, außer der Wahl des technischen Ausdrucks „Schulgeld", die Bestimmung in dem Beschlusse, daß für Schüler, die nur teilweise an dem Unterricht teilnehmen, ein ermäßigtes Schulgeld zu zahlen ist. Es fragt sich nun weiter, ob über die Verpflichtung zur Zahlung von Schulgeld für den Besuch einer von der Gemeinde unterhaltenen, öffentlichen gewerblichen Fortbildungsschule das Verwaltungsstreitverfahren gesetzlich zugelassen ist. Spezialgesetze, die die Verwaltungsgerichte zur Entscheidung von Streitigkeiten über die Heranziehung zu dieser Art von Schulgeld für zuständig erklärten, sind nicht vorhanden. Das Verwaltungsstreitverfahren hierüber ist mithin nur dann zulässig, wenn das bezeichnete Schulgeld sich als eine Gemeindeabgabe iS. des KommAbgG. und zwar, was allein in Frage kommen kann, als eine Gebühr iS. der §§ 4, 69 aaO. darstellt.

2. Bevor in eine Prüfung darüber, ob die Voraussetzungen der §§ 4, 69 aaO. auf dieses Schulgeld zutreffen, eingetreten wird, ist von vornherein die Annahme auszuschließen, daß die etwa nach dem KommAbgG. bestehende Befugnis der Gemeinden für die Benutzung der von ihnen unterhaltenen öffentlichen gewerblichen Fortbildungsschulen ein Schulgeld als Gebühr zu erheben, durch das G. v. 1. VIII. 09 (GS. 733), betr. die Erhebung von Beiträgen für Fortbildungsschulen, beseitigt worden sei. Dieses G. ordnet keineswegs erschöpfend sämtliche für die Zwecke der gewerblichen und kaufmännischen Fortbildungsschulen aufzubringenden Leistungen. Es regelt vielmehr nur die Erhebung von „Beiträgen" zur Unterhaltung der gemäß § 120 GewO. errichteten Fortbildungsschulen. Die „Beiträge" unterscheiden sich wesentlich vom „Schulgeld". Dieses bildet ein Entgelt für die Darbietung des Unterrichts, während jene Beiträge Leistungen gewisser Unterhaltungspflichtiger für die Unterhaltung der Schule darstellen. Die Frage der Berechtigung der Gemeinden zur Erhebung von Schulgeld für den Besuch der Fortbildungsschulen wird durch das G. v. 1. VIII. 09 nicht berührt.

3. Die Entscheidung der Frage, ob das Verwaltungsstreitverfahren im vorliegenden Falle zulässig sei, ist daher allein aus den §§ 4 und 69 KommAbgG. zu entnehmen. Der jetzt erkennende VIII. Senat war zu einer Bejahung dieser Frage gelangt, war aber an einem Ausspruche dieser Rechtsansicht durch die Rechtsprechung eines anderen Senats, des II. Senats, behindert. Dieser hatte im OVG. v. 16. V. 11 (HMBl. 332) einen entgegengesetzten Standpunkt eingenommen.

(Folgt eine Gegenüberstellung der Ansichten beider Senate.)

Das Plenum des OVG. entschied in seiner Sitzung v. 22. II. 13: „Das Schulgeld für den Besuch der von einer Gemeinde unterhaltenen Fortbildungsschule ist eine Gebühr iS. der §§ 4, 69 KommAbgG." Danach ist also das Verwaltungsstreitverfahren gegen die Heranziehung zu derartigem Schulgelde zulässig.

2. Gebühren bei Wasserleitungen und Entwässerungsanlagen.

Nr. 1. Entsch. v. 14. Nov. 1911 (OVG. 62 124) II C 334/10.

KommAbgG. §§ 4, 6, 7.

1. Eine Bestimmung in einer Wasser- und KanalisationsGebO., durch die der Magistrat sich besondere Vereinbarungen mit gewissen Benutzern über die Höhe der von ihnen zu entrichtenden öffentlich-rechtlichen Gebühr vorbehält, macht die ganze GebO. ungültig. Denn sie verstößt gegen § 7 KommAbgG., wonach öffentlich-rechtliche Gebühren im voraus nach festen Normen und Sätzen zu bestimmen sind. Dies trifft aber nicht zu, wenn der für die Entnahme von Wasser zu den genannten Zwecken zu erhebende Wasserzins überhaupt nicht die

Eigenschaft einer öffentlich-rechtlichen Gebühr, sondern die einer privatrechtlichen Vergütung haben soll. Daß es zulässig ist, eine Wasserleitung teilweise der Benutzung kraft öffentlichen Rechtes freizugeben und für diese Benutzung Gebühren zu erheben, teilweise ihre Benutzung privater Abmachung vorzubehalten, ist schon früher vom OVG. ausgesprochen worden. Die Zulässigkeit ihrer Bemessung nach der Anzahl der auf dem Grundstücke vorhandenen heiz- und bewohnbaren Räume unterliegt keinem Bedenken.

2. Sind in einer GebO. die Gebühren nur der Höchstgrenze nach festgesetzt, so bedarf der Gemeindebeschluß, durch den der Satz der zu erhebenden Gebühren demnächst fest bestimmt wird, in den Fällen des § 4 Abs. 3 und 5 und des § 6 KommAbgG. auch dann der Genehmigung, wenn er sich innerhalb der Höchstgrenze hält.

Nr. 2. Entsch. v. 30. April 1912 (PrVerwBl. **34** 116) II C 322/11.

Eine Benutzung der Wasserleitung kann auch schon in dem Besitz eines Anschlusses gefunden werden. Das Ortsrecht kann deshalb rechtsgültig bestimmen, daß, während die Festsetzung der Gebühren im übrigen nach Maßgabe des wirklichen Verbrauchs erfolgt, eine Mindestgebühr zu entrichten ist, gleichviel ob die ihr entsprechende Wassermenge verbraucht worden ist oder nicht.

Nr. 3. Entsch. v. 2. Juli 1912 (OVG. **62** 137) II C 5/12.

1. Es kann eine Gemeindeveranstaltung für die gleichen Zwecke (unbeschränkte Entnahme von Wasser zu hauswirtschaftlichen und gewerblichen Zwecken) einerseits auf Grund privatrechtlichen Vertrags und anderseits auf Grund öffentlichen Rechtes wenn überhaupt, so doch jedenfalls nicht in der Weise zur Benutzung gestellt werden, daß der kraft öffentlichen Rechtes zur Benutzung Berechtigte mit seinem Rechte von demjenigen abhängt, der die gleiche Veranstaltung nur auf Grund privatrechtlichen Vertrags benutzt und zu benutzen berechtigt ist. Das würde hier der Fall sein, da der Inhaber von angeschlossenen Wohnungen oder Geschäftsräumen die Wasserleitung kraft öffentlichen Rechtes nur durch Vermittelung des Grundstückseigentümers und solange würde benutzen können, als diesem die Benutzung der Gemeindeveranstaltung auf Grund privatrechtlichen Vertrags gewährt wird. Das würde z. B. dann nicht mehr der Fall sein, wenn der Grundstückseigentümer die Rechnung über das entnommene Wasser nicht rechtzeitig begleicht, da ihm dann statutenmäßig die Wasserleitung abgesperrt werden darf.

Aber auch wenn angenommen werden könnte, daß es sich nach dem Statute v. 12/26. IV. 87 ebenfalls um eine Benutzung der Wasserleitung kraft öffentlichen Rechtes und demgemäß um eine öffentlich-rechtliche Gebühr handelte, würde eine Regelung der Gebührenerhebung, wie sie neben diesem Statut in der GebO. v. 23. III. 10/3. I. 11 getroffen ist, unzulässig bleiben. Dabei mag bemerkt werden, daß in diesem Falle die anderweite Festsetzung des auf Grund des früheren Statuts zu erhebenden Gebührensatzes auf 12 bzw. 22 Pf. für das Kubikmeter Wasser zur Wirksamkeit der Genehmigung des Bezirksausschusses bedürfen würde, wenn auch das Statut vor der Herrschaft des KommAbgG. erlassen ist. Dies hat der Gerichtshof schon wiederholt ausgesprochen.

2. Die Regelung öffentlich-rechtlicher Gebühren durch Verbindung des Maßstabs nach dem wirklichen Verbrauche für die Entnahme von Wasser durch die Grundstückseigentümer und des sogenannten Wahrscheinlichkeitsmaßstabs (nach dem Mietwerte) für die Benutzung der Wasserleitung durch die Inhaber angeschlossener Räume ist unzulässig. Allerdings ist in OVG. **51** 59 eine Verbindung des sogenannten Wahrscheinlichkeitsmaßstabs mit dem Maßstabe des wirklichen Verbrauchs in Fällen für zulässig erklärt, in denen nach der Gestaltung des Ortsrechts die Abgabe nicht lediglich wegen des Verbrauchs von Wasser, sondern

ganz oder teilweise wegen des (gleichfalls eine Benutzung der Wasserleitung darstellenden) Habens eines Anschlusses zu entrichten ist. Dabei ist davon ausgegangen, daß das Haben des Anschlusses nicht lediglich um seiner selbst willen, sondern zu dem Zwecke und mit der Ermächtigung zur Wasserentnahme (ohne deren Zulässigkeit der Anschluß keine Benutzung darstellen würde) besteht, und deshalb wird bei Bemessung der Gebühr für das Haben des Anschlusses die Rücksicht auf die wirkliche Benutzung — die Wahrscheinlichkeit — eine gewisse Rolle spielen müssen. So ist denn auch vielfach der Ausdruck „Wahrscheinlichkeitsmaßstab" bei der Anschlußgebühr beibehalten worden. Von diesem Gesichtspunkte aus erscheinen dann die Gewährung des Anschlusses und die Lieferung von Wasser als gleichartige und, soweit es sich um denselben Benutzer handelt, als einheitliche Leistungen. Die Fälle, in denen bisher der Gerichtshof die Verbindung des sog. Wahrscheinlichkeitsmaßstabs mit dem Wirklichkeitsmaßstab zugelassen hat, lagen so, daß derselbe Benutzer wegen des Anschlusses eine — auch die Entnahme einer beschränkten Wassermenge gestattende — Grund- oder Mindestgebühr nach dem sog. Wahrscheinlichkeitsmaßstab und für die in der Mehrentnahme von Wasser liegende weitere Benutzung eine Zusatzgebühr nach dem wirklichen (durch Wassermesser ermittelten) Verbrauche zu entrichten hatte. Zu einem Ortsrechte, das zugleich den Eigentümer eines Hauses und die Inhaber von angeschlossenen Räumen in ihm als Benutzer behandelte und beide unter Verbindung der mehrfach erwähnten Maßstäbe gebührenpflichtig machte, hat der Gerichtshof bisher noch nicht Stellung genommen. Ob in einem solchen Falle die Benutzung des Hausbesitzers und diejenige der Mieter usw. als zusammenhängend oder gar als Einheit zu betrachten sind, und ob und in welcher Weise eine Verbindung der verschiedenen Maßstäbe zugelassen werden kann, das braucht für jetzt nicht erörtert zu werden; denn unter keinen Umständen ist die Gestaltung angängig, die in K. versucht worden ist. Wenn zwischen der Benutzung durch Anschluß und derjenigen durch Verbrauch unterschieden wird, so kann bei dem Hauseigentümer — soweit vermietete Räume in Betracht kommen —, nur von einer Benutzung durch Anschluß, bei den Mietern nur von einer Benutzung durch Verbrauch die Rede sein, und dann widerspricht es der Natur der Dinge, den Eigentümer mit einer Verbrauchsgebühr, den Mieter mit einer Anschlußgebühr zu belasten. Dies führt auch zu einer Verletzung des Grundsatzes, daß die Gebühr dem Umfange der Benutzung entsprechen muß; denn der Grundstückseigentümer soll die Leistung der Gemeinde vergüten nicht nach dem Umfange seiner Benutzung, sondern nach dem Umfange der von den Wohnungsinhabern geübten Benutzung, — auf die er keinerlei Einfluß hat —, und die Wohnungsinhaber wiederum könnten viel oder wenig Wasser entnehmen, ohne daß dieser Umstand für die Höhe ihrer Gebühr von Bedeutung wäre, so daß auf das einzelne wirklich verbrauchte Kubikmeter Wasser bei den einzelnen Wohnungsinhabern ganz verschiedene Beträge entfallen würden. Dies trifft zwar überall da zu, wo die Gebühr lediglich nach dem Wahrscheinlichkeitsmaßstab erhoben wird, aber der Unterschied ist hier der, daß nicht der Wahrscheinlichkeitsmaßstab allein, sondern auch der Verbrauch für die der Stadt zukommende Gegenleistung maßgebend sein soll, und, wo das der Fall ist, muß derjenige, der die stärkere Benutzung vornimmt, auch die höhere Abgabe zahlen.

3. Wenn eine GebO. über die Benutzung der Kanalisation für solche Fälle, in denen ein Mietwert für angeschlossene Räume auf Grund der Bestimmungen der Ordnung nicht ermittelt werden kann, den 25. Teil des gemeinen Wertes des Grundstücks und Gebäudes bzw. des gemeinen Wertes von Gebäuden gleicher oder ähnlicher Größe, Lage und Benutzungsart an Stelle des Mietwerts als Maßstab für die Berechnung der Gebühr festsetzt, so ist sie rechtsunwirksam. Wenn hier der Maßstab des gemeinen Wertes auch nur als Hilfsmaßstab für solche Fälle vorgesehen ist, in denen ein Mietwert nicht festgestellt werden kann, so hat dies doch die Ungültigkeit der gesamten GebO. zur Folge; denn das KommAbgG. verlangt, daß die für die Benutzung einer Gemeindeanstalt zu entrichtenden Gebühren

gleichmäßig (nach dem Verhältnisse des Umfangs der Benutzung) auferlegt werden, und deshalb ist eine GebO., die gewisse Benutzer dadurch freiläßt, daß sie bei ihnen rechtlich unhaltbare Sätze festsetzt, in ihrer Gesamtheit rechtswidrig.

Nr. 4. Entsch. v. 4. März 1913 (PrVerwBl. 34 914).

KommAbgG. § 7.

Eine GebO. kann rechtsgültig bestimmen, daß allgemein die Höhe der Gebühr bei einem vierteljährlichen Verbrauche von über 250 cbm durch die städtischen Behörden festgesetzt werden soll, dieser Satz aber allgemein durch sie jederzeit abgeändert werden darf. Wenn allerdings mit dieser Bestimmung gemeint wäre, daß die städtischen Behörden die Höhe der Gebühr für jeden einzelnen Fall beliebig festsetzen könnten, so wäre sie ungültig und würde die ganze GebO. hinfällig machen, da Gebühren im voraus nach festen Sätzen und — abgesehen von der Berücksichtigung Unbemittelter — für alle Benutzer bei gleicher Benutzung gleichmäßig zu bestimmen sind.

Nr. 5. Entsch. v. 6. Jan. 1911 (OVG. 58 108) II C 61/10.

1. Die Verwendung der staatlich veranlagten Gewerbesteuer desjenigen, der für die Entwässerung seiner gewerblichen Anlage eine Kanalisationsanlage benutzt, als Maßstab für die Bemessung der Kanalisationsgebühr erweckt schon an und für sich erhebliche Bedenken, weil das Maß der in die Entwässerungsanlage abzuführenden Wassermenge vorzugsweise durch die Art des Gewerbebetriebs und erst an zweiter Stelle durch seinen Umfang bedingt ist, während es Gewerbe gibt, die bei kleinem Betriebe viel mehr Wasser verbrauchen, als andere bei sehr großem Betriebe. Ferner wird häufig der Ertrag oder das Anlage- und Betriebskapital und demgemäß (nach § 6 GewStG.) die Steuer eines Unternehmens, das große Wassermengen in die Entwässerungsanlage entsendet, nur gering sein, und umgekehrt ein Unternehmen mit einem hohen Ertrag und großem Kapital mit nur kleinen Wassermengen arbeiten. Die Vorschrift des Ortsstatuts ist daher, weil die dort angeführte Gebühr ausschließlich nach der Gewerbesteuer bemessen wird, mit dem G. nicht vereinbar; denn die Gebühren haben an sich dem Umfange der Leistung zu folgen und das ist bei einer Gebühr nicht der Fall, die sich nach der staatlich veranlagten Gewerbesteuer bestimmt.

2. Wenn im Ortsstatut der Magistrat für befugt erklärt wird, zu der Gebühr auch andere als die im Ortsstatut besonders bezeichneten gewerblichen Anlagen heranzuziehen, sofern nach seinem Ermessen die Voraussetzungen für die Heranziehung zu dieser Gebühr vorliegen, so widerstreitet dies dem § 7 KommAbgG. insofern, als es für die Bestimmung der Gebührenpflicht an einer festen Norm fehlt.

Nr. 6. Entsch. v. 29. Sept. 1911 (PrVerwBl. 33 469) II C 319/10.

1. Von der Gemeinde H. waren das „Ortsgesetz über den Anschluß der bebauten Grundstücke an die öffentlichen Straßenkanäle in H." und die „Ordnung, betr. die Einschätzung und Erhebung einer Gebühr für Benutzung der öffentlichen Entwässerungsanlagen der Gemeinde H.", erlassen worden. Auf Grund dieser Vorschriften sind die Kläger zu einer Anschlußgebühr und zu Kanalgebühren herangezogen worden.

2. Die Ortssatzungen erwiesen sich sowohl unter dem Gesichtspunkte des Gebührenrechts wie unter dem des Beitragsrechts als ungültig Das „OrtsG." überläßt es im § 3 Abs. 4 der Gemeindevertretung, die vorher unter a und b normierten Gebührensätze anderweit festzusetzen, wenn die Material-

preise und Arbeitslöhne sich ändern. Diese Bestimmung, die offenbar annimmt, daß zu einer solchen Abänderung der Gebührensätze die Genehmigung des Kreisausschusses nicht eingeholt zu werden braucht, verstößt gegen den Grundsatz des § 7 KommAbgG., daß die Gebühren im voraus nach festen Normen und Sätzen zu bestimmen sind. Über dieses Bedenken könnte allerdings im vorliegenden Falle mit der Erwägung hinweggegangen werden, daß die Gültigkeit der Ordnung durch diese Bestimmung solange nicht berührt wird, als die Gemeindevertretung von der ihr darin eingeräumten Befugnis keinen Gebrauch gemacht hat und daher die in § 3 Abs. 3 fest bestimmten Sätze ohnehin maßgebend sind. — Dagegen ist § 4 nicht zu halten. Er bestimmt: Bei gewerblichen Anlagen werden die Anschlußgebühren für jeden Fall und entsprechend der Menge der abzuleitenden gewerblichen Abwässer durch die Gemeindevertretung festgesetzt. Als Maßstab dient nur die „Menge der abzuleitenden gewerblichen Abwässer". Abgesehen davon, daß nicht ersichtlich ist, wie diese Menge schon bei Festsetzung der Anschlußgebühr bestimmt werden soll, ist die Höhe des Gebührensatzes ausschließlich in das freie Ermessen der Gemeindevertretung gestellt. Durch eine solche, diesem Gemeindeorgan den breitesten Spielraum lassende Bestimmung wird das Erfordernis der festen Normen nicht erfüllt. Sie ist daher als das Gesetz verletzend ungültig und macht die ganze Ordnung ungültig; denn die für die Benutzung einer Gemeindeanstalt zu entrichtenden Gebühren müssen allen Benutzern gleichmäßig (nach Verhältnis des Umfanges der Benutzung) auferlegt werden. Das ist nicht mehr der Fall, wenn die die Gebührenbemessung für gewisse Benutzer regelnde Bestimmung, weil sie rechtlich unhaltbar ist, in Fortfall kommt.

3. Ebenso ungültig ist die Ordnung über die Benutzungsgebühren. — Gebühren (als öffentliche Abgaben im Gegensatze zu privatrechtlichen Vergütungen) dürfen nur für eine Benutzung erhoben werden, die auf Grund einer kraft öffentlichen Rechts zustehenden Befugnis erfolgt. Das OrtsG. räumt aber in § 1 nur die Berechtigung ein, die „Wirtschafts-, Keller-, Regen- und sonstigen Abwässer, ausschließlich der menschlichen und tierischen Abgänge" in die öffentlichen Straßenkanäle abzuführen. Wenn gleichwohl die Ordnung über die Benutzungsgebühren in § 2 III eine besondere Gebühr für Abwässer aus Abortgruben vorsieht, so ist diese Vorschrift ungültig, sofern dabei daran gedacht ist, daß jene Abgänge mit den Abwässern in die Kanäle eingeführt werden.

Sodann kombiniert die GebO. mit anderen Maßstäben auch den der Gewerbesteuer. Dies ist unzulässig; denn die Höhe der Gebühren soll grundsätzlich sich richten nach dem Umfange der Benutzung der städtischen Anstalt, also bei Kanalgebühren hauptsächlich nach der Menge oder der Beschaffenheit der Abwässer oder der Art und Weise ihrer Zuführung. Diese Dinge aber sind vorzugsweise durch die Art des Gewerbebetriebes und erst an zweiter Stelle durch seinen Umfang bedingt. Die Gewerbesteuer berücksichtigt die Art des Betriebes gar nicht; und selbst für seine Größe gibt sie keinen sicheren Anhalt, da sie nach dem Ertrag (iVerb. mit dem Anlage- und Betriebskapital) veranlagt wird und deshalb auch bei Betrieben kleineren Umfangs mit geringen und leicht zu beseitigenden Abwässern sehr hoch sein kann. Die Gewerbesteuer ist daher kein geeigneter Maßstab für die Bemessung der Kanalisationsgebühren.

Nr. 7. Entsch. v. 10. Okt. 1911 (PrVerwBl. 33 403) II C 381/10.

KommAbgG. §§ 4, 7.

Wenn nach der maßgebenden Kanalisations- und MüllabfuhrGebO. alljährlich durch Gemeindebeschluß festzusetzen ist, welcher Prozentsatz des Gebäudenutzungswertes für das betreffende Rechnungsjahr als Gebühr zu erheben ist, und dieser Beschluß nach § 4 Abs. 3 KommAbgG. der Genehmigung bedarf, weil die Verpflichtung zur Benutzung der Kanalisation und der Müllabfuhranstalt besteht, so kann die Gebühr nur für eine Benutzung erhoben werden, die nach Genehmigung des Gemeindebeschlusses stattgefunden hat.

Nr. 8. Entsch. v. 7. Jan. 1913 (PrVerwBl 34 650) II C 27/12.

KommAbgG. §§ 4, 8.

1. Der in einer KanalisationsGebO. für die Bemessung der Gebühr bestimmte Maßstab der staatlichen Grund- und Gebäudesteuer ist zulässig. Ebenso ist es auch nicht unzulässig, für Grundstücke, die staatlich zur Grund- und Gebäudesteuer nicht oder nur teilweise veranlagt sind, eine sog. fingierte Veranlagung hierzu dem Magistrate zu übertragen und zu bestimmen, daß diese Veranlagung nach den Vorschriften des GebStG., also nach den für die staatliche Veranlagung maßgebenden Grundsätzen zu erfolgen habe.

2. Dagegen steht die Bestimmung, daß der Gemeindebeschluß über die Höhe der Gebühr (über den Prozentsatz für den Zuschlag zur Grund- und Gebäudesteuer) der Genehmigung des Bezirksausschusses insoweit bedarf, als eine Abweichung von den Regeln des § 4 KommAbgG. in Betracht kommt, nicht im Einklange mit den Vorschriften des KommAbgG.; denn da nach der PolVd. für die Stadt Marienburg, betr. die Entwässerung der Grundstücke v. 29. VIII. 06 Anschlußzwang besteht, bedarf der Gemeindebeschluß über die Höhe der Gebühr, durch den erst ein fester Satz der Gebühr bestimmt wird, nach § 8 KommAbgG. in jedem Falle der Genehmigung des Bezirksausschusses. Diese gesetzwidrige Bestimmung würde jedoch dann außer Betracht zu lassen sein, wenn tatsächlich zu einem derartigen Gemeindebeschlusse die Genehmigung des Bezirksausschusses ordnungsmäßig erteilt worden ist. Die Bestimmung beeinträchtigt deshalb nicht die Rechtsgültigkeit der ganzen Ordnung.

3. Wohl aber ist dies bei der im § 6 der Ordnung getroffenen Bestimmung der Fall. Nach dieser Bestimmung beginnt die Gebührenpflicht neu erbauter oder in ihrer Substanz verbesserter Gebäude erst nach Ablauf des Rechnungsjahres, in dem der Neubau bewohnbar oder benutzbar geworden ist, während nach § 2 die Gebührenpflicht mit dem ersten Tage des auf die betriebsfähige Herstellung eines jeden Anschlusses folgenden Monats eintritt. Hierin liegt eine Ungleichheit in der Gebührenbemessung hinsichtlich älterer und neu erbauter oder in ihrer Substanz verbesserter Gebäude, die dem G. widerstreitet. Nach § 4 Abs. 2 KommAbgG. hat die Erhebung von Gebühren zu erfolgen, wenn die Veranstaltung einzelnen Gemeindeangehörigen oder einzelnen Klassen von solchen vorzugsweise zum Vorteile gereicht, und das trifft bei Entwässerungsanlagen zu, weil hiervon die Grundstückseigentümer vorzugsweise Vorteil haben. Es wird aber dieser Gesetzesvorschrift zuwidergehandelt, wenn einzelne Pflichtige — hier die Eigentümer von Grundstücken mit neuen oder in ihrer Substanz verbesserten Gebäuden — für einen längeren Zeitraum — es kann sich nach § 6 der Ordnung um elf Monate handeln — von der Gebühr freigelassen werden, obwohl sie die städtische Einrichtung ebenso benutzen wie die übrigen Pflichtigen. Da durch die Bestimmung des § 6 die Eigentümer neu erbauter oder in ihrer Substanz verbesserter Gebäude in einer vom G. nicht gewollten Weise begünstigt werden, macht sie die ganze GebO. ungültig.

Nr. 9. Entsch. v. 20. Mai 1913 (PrVerwBl. 35 142) II C 18/13.

Nach einem Ortsstatut sollen die von den Grundstücksbesitzern für die Benutzung des Kanals zu entrichtenden Gebühren bemessen werden nach der Zahl der auf dem Grundstücke vorhandenen, zum Aufenthalte von Menschen geeigneten Räume. Die Höhe des auf die einzelnen Räume fallenden Betrages ist jedoch hiernach nicht angegeben. Er soll vielmehr alljährlich in der Weise bestimmt werden, daß zunächst die städtischen Körperschaften bei Aufstellung der Einnahmen und Ausgaben der Kanalisation die Summe festsetzen, die in dem Rechnungsjahre durch Kanalgebühren aufzubringen ist. Der Magistrat ermittelt dann die Zahl der abgabepflichtigen Räume und berechnet hiernach den Betrag der auf jeden Raum entfallenden Gebühr. Dies Verfahren ist unzulässig. Die Stadtverordneten dürfen sich nicht darauf beschränken, nur eine Größe für die Gebührenerhebung festzustellen, und dann dem Magistrat überlassen, aus ihr und anderen, den Stadtverordneten unbekannten Größen den Gebührenbetrag zu berechnen. Vielmehr muß dieser Betrag selbst — mindestens hinsichtlich seiner sämtlichen Faktoren — zum Gegenstande der Beschlußfassung beider städtischen Behörden gemacht werden. Nur ein derartiger Beschluß ist auch geeignet, der Prüfung der Aufsichtsbehörde unterworfen zu werden, deren Genehmigung nach § 8 KommAbgG. erforderlich ist, wenn die Grundstücksbesitzer zum Anschluß ihrer Grundstücke an die Kanalisation gezwungen werden.

Nr. 10. Entsch. v. 18. März 1913 (PrVerwBl. 35 10) II C 17/12.

Unter dem Stadtbezirke Bockenheim iS. des § 1 der Bockenheimer KanalisationsGebO. v. 23. IV. 09 darf nur das Gebiet verstanden werden, das zur Zeit des Abschlusses des Eingemeindungsvertrages von 1895 den Stadtbezirk bildete. Denn nur auf Grund dieses Eingemeindungsvertrages besteht für Bockenheim eine eigene Kanalisation und die besondere GebO. Die Grenze dieses Bezirks gegen die Stadt Frankfurt a. M. verlief unbestritten so, daß das Grundstück der Klägerin von ihr durchschnitten wurde. Der größere Teil lag in Frankfurt, der kleinere in Bockenheim. Eine Änderung der Gemeindegrenzen hat nicht stattgefunden, nachdem diese Grenze durch die Eingemeindung beseitigt war. Tatsächlich ist nur die Flurbuchsgrenze verlegt worden, und die Verlegung der Flurbuchsgrenze ist etwas anderes als die Änderung einer Gemeindegrenze. Hiernach kann unter dem Stadtbezirke Bockenheim auch iS. der GebO. tatsächlich nichts anderes verstanden werden als dieser Stadtbezirk in seinen alten Grenzen. Der Geltungsbereich der Bockenheimer GebO. erstreckt sich somit nur über den kleineren Teil des Grundstücks der Klägerin, während der größere Teil im Gebiete der ehemaligen Stadtgemeinde Frankfurt a. M. liegt, für das eine andere GebO. besteht. Der Beklagte aber hat das ganze Grundstück der Klägerin ungeteilt nach der Bockenheimer GebO. veranlagt. Dafür bietet diese GebO. keine rechtliche Grundlage. Aber auch die weitere Frage, ob die Veranlagung nicht insoweit aufrecht zu erhalten war, als sie den in Bockenheim gelegenen Grundstücksteil betrifft, ist von dem Bezirksausschusse mit Recht verneint worden. Die Bockenheimer GebO. schreibt im § 2 als Maßstab für die Veranlagung den der Veranlagung zur Haussteuer gemäß der SteuerO. v. 30. IV. 95 zugrunde liegenden Rohertrag der entwässerten Grundstücke und die Frontlänge, mit welcher die entwässerten Grundstücke an kanalisierte Straßen und Plätze grenzen, vor. Sie rechnet danach nur mit wirtschaftlich selbständigen Grundstücken und nicht mit unselbständigen Grundstücksteilen, wie der in Bockenheim gelegene Teil des Grundstücks der Klägerin einer ist, für welche ein besonderer Rohertrag nicht besteht. Für solche Grundstücksteile enthält die GebO. keinen Maßstab.

Nr. 11. Entsch. v. 19. März 1912 (PrVerwBl. 33 802) II C 114/11.

Die Heranziehung soll eine konkrete Forderung der Gemeinde auf eine öffentlich-rechtliche Abgabe begründen, sie muß also Grund und Betrag der Forderung enthalten; den Betrag der Forderung muß sie schon deswegen ersichtlich machen, um, wenn die Heranziehung unangefochten bleibt, einen zur Zwangsbeitreibung geeigneten Titel bilden zu können. Enthält eine Verfügung nur die Mitteilung von der Festsetzung eines für die Erhebung der Kanalgebühr wesentlichen Merkmals (der Höhe des Mietwerts) und die Angabe, daß dieser Mietwert demnächst der Kanalgebühr werde zugrunde gelegt werden, so ist sie unzureichend (rechtsunförmlich) und unterliegt auf Einspruch und Klage der Aufhebung. Abgesehen davon, daß die letztere Angabe auf eine erst noch erfolgende Heranziehung zu der Kanalgebühr hindeutet, ist die Verfügung als Heranziehung jedenfalls deshalb unzureichend, weil es an der Angabe des Betrages der zur Hebung gestellten Abgabenforderung fehlt. Eine von der Heranziehung getrennte Veranlagung findet aber nur bei besonderen Realsteuern für mehrere aufeinander folgende Jahre (§ 64 KommAbgG.) statt. Dagegen ist die Zulässigkeit der Trennung der Veranlagung eines Besteuerungsmerkmals (des Nutzungswertes oder Mietwertes eines Gebäudes) und der Heranziehung zu der konkreten Abgabenforderung auf andere Fälle, insbesondere auch auf den hier vorliegenden nicht auszudehnen.

Nr. 12. Entsch. v. 19. Nov. 1912 (OVG. **62** 160) II C 19/12.

KommAbgG. §§ 4, 7.

Im vorliegenden Falle ist in der KanalisationsGebO. kein fester Satz der nach dem Ertragswerte zu berechnenden Gebühr für die Zuführung von Schmutzwasser bestimmt. Es soll vielmehr durch den Haushaltsetat der in jedem Etatsjahre durch Gebühren aufzubringende Betrag bestimmt und die Höhe der in Prozenten von dem Ertragswerte zu berechnenden Gebühr jährlich von dem Magistrate festgesetzt werden. Erst durch die alljährlichen Festsetzungen wird der feste Satz für diese Gebühr bestimmt, also erst dadurch der Vorschrift des KommAbgG. (§ 7), wonach Gebühren im voraus nach festen Normen und Sätzen zu bestimmen sind, genügt. Über die Erhebung von Gebühren hat aber nach § 4 KommAbgG. die Gemeinde zu beschließen, d. h. im Gebiete der StO. die Stadtverordnetenversammlung unter Zustimmung des Magistrats (§§ 10, 11, 35, 36, 53). Deshalb kann auch die Festsetzung der Höhe zu erhebender Gebühren nicht dem Magistrat allein übertragen werden; eine statutarische Bestimmung, die dies tut, verstößt gegen das G. und ist sonach rechtsunwirksam. Im vorliegenden Falle wird nun allerdings der durch Gebühren aufzubringende Betrag alljährlich durch den städtischen Haushaltsetat festgesetzt, also durch die Stadtverordnetenversammlung beschlossen. Diese Festsetzung allein genügt aber nicht, weil durch sie noch kein fester Satz für die Gebühr bestimmt wird. Hierzu bedarf es noch einer weiteren Festsetzung des als Zuschlag zur Gemeindegrundsteuer zu erhebenden Prozentsatzes bzw. des zur Hebung gelangenden Prozentsatzes des Ertragswerts der Grundstücke. Dem hat die GebO. auch selbst dadurch Rechnung getragen, daß sie noch die Festsetzung der Höhe der Gebühr vorsieht und sie in allerdings gesetzwidriger Weise dem Magistrat allein überträgt. Der hier etwa zu machende Einwand, daß die Tätigkeit des Magistrats lediglich in einer Berechnung bestehe, für welche die Größen durch die Stadtverordnetenversammlung festgesetzt seien, schlägt nicht durch. Die Stadtverordneten müssen mit dem Magistrate gerade darüber befinden, ob der aus der Berechnung sich ergebende Satz der Leistungsfähigkeit der Betroffenen und den sonstigen Verhältnissen entspricht, und ob er deshalb zur Hebung gelangen soll.

Erst nachdem ein solcher Beschluß zustande gekommen ist und die etwa erforderliche Genehmigung der Aufsichtsbehörde erhalten hat, dürfen Gebühren von dem Beginne der für ihre Erhebung maßgebenden Zeiteinheit an erfordert werden.

Nr. 13. Entsch. v. 28. Jan. 1913 (PrVerwBl. **34** 771) II C 188/12.

KommAbgG. §§ 4, 7, 8.

Der Gerichtshof hat in ständiger Rechtsprechung daran festgehalten, daß die im § 8 KommAbgG. für den Tatbestand des § 4 Abs 3 aaO. vorgeschriebene Genehmigung in jedem Falle gefordert werden muß, wenn in der örtlichen Ordnung die Höhe der Gebühren nicht ein für allemal festgesetzt ist, sondern erst durch besonderen Beschluß der Gemeindebehörden bestimmt wird. Der Gerichtshof hat keinen Anlaß, von dieser Rechtsprechung abzugehen, denn mit dem Beschlusse der Gemeindebehörden wird erst der in § 7 KommAbgG. verlangte feste Satz der Gebühr geschaffen, ohne welchen ein rechtsgültiges Ortsrecht nicht vorhanden ist.

Nr. 14. Entsch. v. 18. Juni 1912 (OVG. **62** 135) II C 201/11.

Eine der Gemeinde gegenüber freiwillige Benutzung einer Kanalisationsanlage und damit die Voraussetzung für die Gebührenpflicht liegt nicht mehr vor, sobald der Grundstückseigentümer die Aufhebung des Kanalanschlusses verlangt hat, sie selbst vorzunehmen jedoch dadurch behindert ist, daß die Gemeinde sie sich durch Ortssatzung vorbehalten hat.

Nr. 15. Entsch. v. 2. Juli 1912 (PrVerwBl. **34** 349) II C 65/12.

KommAbgG. § 7.

1. Wenn der Vertrag den Verzicht der städtischen Behörden auf das Recht enthielte, Gebühren für eine auf dem öffentlichen Rechte beruhende Benutzung der Kanalisation zu erheben, so würde er unwirksam sein. Denn nach feststehender Rechtsprechung des OVG. kann die Gemeinde nicht mit öffentlich-rechtlicher Wirkung auf die Regelung und Handhabung ihrer Gemeindeabgabenverfassung verzichten. Es wäre im vorliegenden Falle auch nicht möglich, den Vertrag dahin auszulegen, daß er die Entstehung der Abgabenforderung unberührt lasse, daß aber die Abgabe, sobald sie fällig geworden sein würde, als getilgt gelten solle. Eine solche Auslegung ist nur möglich, wo es sich um ganz bestimmte Abgabenforderungen handelt, dagegen im vorliegenden Falle ausgeschlossen, weil das Ortsstatut eine fortlaufende jährliche Gebühr vorsieht, so daß eine unbestimmte Anzahl einzelner Jahresforderungen von möglicherweise verschiedener, zunächst jedenfalls unbestimmter Höhe in Betracht kommt.

2. Durch die Benutzung einer Gemeindeanstalt kann eine Gebührenpflicht nur dann begründet werden, wenn die Benutzung erfolgt kraft öffentlichen Rechts. Die Klägerin hat bei der Ableitung der streitigen Grubenwässer den nach dem Vertrag angelegten neuen städtischen Kanal zunächst lediglich auf Grund eines ihr durch den Vertrag eingeräumten privaten Rechts in Benutzung genommen und will ihn nur auf Grund dieses Rechts weiter benutzen. Sie tut das auch tatsächlich, da sie sich zum mindesten im Besitze des privaten Benutzungsrechts befindet. Mag ihr daneben auch das Recht zur Benutzung der städtischen Kanalisation wie jedem zur Gemeinde gehörigen Grundbesitzer infolge ortsstatutarischer Bestimmungen öffentlich-rechtlich zustehen, so fehlt es doch jedenfalls an einem Anhalte dafür, daß sie auf Grund dieser öffentlich-rechtlichen, nicht aber von der ihr nach ihrer Anschauung durch den Vertrag eingeräumten privatrechtlichen Benutzungsbefugnis Gebrauch machen will und bisher Gebrauch gemacht hat. Deshalb ist diese Benutzung nicht gebührenpflichtig.

3 Ein Streit darüber, ob der Vertrag dem Dritten eine privatrechtliche Befugnis zur dauernden unentgeltlichen Benutzung des städtischen Kanals einräumt, ist vor dem Zivilgericht auszutragen.

Nr. 16. Entsch. v. 5. Nov. 1912 (DJZ. **18** 815) II C 405/11.

Die Benutzung einer Kanalisation seitens eines Mieters liegt schon dann vor, wenn die gemietete Wohnung an den Kanal angeschlossen ist. Die Ausführung in der Revisionsschrift, daß dann auch der Grundstückseigentümer für leerstehende Wohnungen die Gebühren zahlen müsse, ist nicht durchschlagend, da der Hauseigentümer nicht ohne weiteres als „Inhaber" einer leerstehenden Wohnung seines Hauses iS. der GebO. betrachtet werden kann. Dagegen erfolgt eine Benutzung der Müllabfuhranstalt nur dadurch, daß ihr Müll (durch Bereitstellung in Behältern oder auf sonst geeignete Weise) zugeführt wird, und eine derartige Benutzung hat in der fraglichen Zeit seitens des Kl. in keiner Weise stattgefunden. Der Bezirksausschuß geht von einer unrichtigen Auffassung aus, wenn er eine Benutzung der Abfuhranstalt darin finden will, daß die Anstalt dem Kl. zur Verfügung gestanden hätte.

Nr. 17. Entsch. v. 25. Okt. 1912 (PrVerwBl. **34** 469) II C 407/11.

1. Der § 9 des der Heranziehung zugrunde liegenden Ortsstatuts der Stadt Schöneberg v. 23. III. 09 bestimmt, „die einmalige Gebühr beträgt 70 M. für das laufende Meter derjenigen Linie, mit welcher das Grundstück an die Straße grenzt; liegt ein Grundstück an mehreren Straßen, so wird die Gebühr nach der Grundstücksstraßengrenze für sämtliche Straßen berechnet". Nach § 10 wird die einmalige Gebühr fällig, sobald der Anschluß des Grundstücks an die Kanalisation bewirkt ist. Im Hinblick auf die letztere Bestimmung haben die Kläger in der mündlichen Verhandlung vor dem Gerichtshofe Zweifel darüber angeregt, ob die einmalige Gebühr überhaupt gefordert werden dürfe, weil der Anschluß des Grundstücks schon vor dem Inkrafttreten der GebO., nämlich am 21. VIII. 08, bewirkt sei. Die Zweifel sind unberechtigt. Allerdings ist nach dem Wortlaute des § 10 anzunehmen, daß die einmalige Gebühr nur für einen Anschluß gefordert werden soll, der nach dem Inkrafttreten des Statuts bewirkt ist. Die Bestimmungen über die einmalige Gebühr in dem Statute v. 23. III. 09 (§§ 9 bis 13) sind aber aus dem Ortsstatute v. 18. II. 07/8. II. 08 (§§ 10 bis 14) wörtlich übernommen. Von diesem Statute sind in OVG. **54** 79 die Bestimmungen über die laufende Gebühr (§§ 15 ff.), weil für sie der Maßstab des gemeinen Wertes der Grundstücke eingeführt war, für rechtsungültig erachtet, dagegen hat der Gerichtshof in OVG. v. 11. VII. 09, II. C. 393. 08 die Bestimmungen über die einmalige Gebühr ausdrücklich als gültig anerkannt. Der § 28 des Statuts v. 23. III. 09 bestimmt nun, dae das Statut mit dem Tage seiner Genehmigung in Kraft tritt, und daß zugleich alle entgegenstehenden Bestimmungen außer Kraft treten, soweit sich nicht aus dem Statut selber das Gegenteil ergibt. Danach sind also die Bestimmungen über die einmalige Gebühr des Statuts v. 18. II. 07/8. II. 08 nicht ausdrücklich aufgehoben; sie sind allerdings in das neue Statut v. 23. III. 09 übernommen, müssen aber hinsichtlich ihres Inhalts als seit dem Inkrafttreten des früheren Statuts in Geltung befindlich angesehen werden. Die Voraussetzung, unter der nach dem Statute die einmalige Gebühr gefordert werden darf, liegt also vor.

2. Unter Straßenbaukosten kann begrifflich eine einmalige Kanalisationsgebühr für das Nehmen des Anschlusses eines Grundstücks an die Kanalisation nicht verstanden werden. Ein etwaiger Irrtum über solche durch Vereinbarung erlassene Straßenbaukosten mag die Kläger zur Anfechtung der Vereinbarung im Wege des Zivilprozesses berechtigen, kann aber nicht die Wirkung haben, daß etwas anderes als rechtswirksam vereinbart zu gelten habe, als tatsächlich vereinbart ist. Auch mögen den Klägern bei einem arglistigen Verhalten der anderen Vertragspartei Schadensersatzansprüche zustehen. Sie könnten aber auch nur im Wege des Zivilprozesses verfolgt werden. Im Verwaltungsstreitverfahren können sie gegenüber einer öffentlich-rechtlichen Forderung keine Berücksichtigung finden und würden, auch wenn sie im Zivilprozesse bereits festgestellt wären, nicht einmal der öffentlich-rechtlichen Forderung gegenüber aufrechnungsweise geltend gemacht werden dürfen.

3. Dem Bezirksausschuß ist ferner darin beizutreten, daß die wirtschaftliche Einheit des gesamten Grundstücks, sofern sie sonst anzunehmen ist, nicht dadurch berührt wird, daß nach der Heranziehung der Teil, auf dem das angeschlossene Kontorgebäude stand, von dem übrigen Grundstück abgezweigt und auf ein besonderes Grundbuchblatt übertragen ist. Die grundbuchliche Eintragung und die Bezeichnung eines Grundstücks im Kataster ist für die Frage, ob es durch den Anschluß der Kanalisationsanlage gegenüber als ein einheitliches anzusehen ist, ohne entscheidende Bedeutung.

4. Der Gerichtshof hat in OVG. **53** 99 ausgesprochen, daß ein unbebauter Grundstücksteil, der durch die Offenlegung eines Fluchtlinienplans der Bebauung entzogen ist, gegenüber einer Kanalisationsanlage keine Einheit mit den übrigen (durch Bebauung nutzbaren) Teilen desselben Grundstücks bilde, weil es hinsichtlich dieses Teils an einem dauernden Vorteile fehle. Dieses Urteil bezog sich auf einen einmaligen Beitrag zu den Kosten einer Kanalisationsanlage. Hier handelt es sich um eine einmalige Gebühr. Nun dürfen zwar wegen der rechtlichen Verschiedenheit des Wesens und der Voraussetzungen für die Erhebung von Beiträgen und Gebühren Rechtsgrundsätze, die für die eine Art dieser Abgaben gelten, nicht ohne weiteres auf die andere Art übertragen werden; gleichwohl führen ähnliche Erwägungen, wie die in dem bezeichneten Urteil angestellten, hier, wo es sich um eine einmalige Gebühr handelt, zu dem gleichen Ergebnisse. Die einmalige Gebühr wird nach dem Ortsstatute für das Nehmen des Anschlusses eines Grundstücks an die Kanalisation erhoben, und zwar nach dem Maßstabe der Frontlänge mit dem Betrage von 70 ℳ für 1 m. Sie ist im wesentlichen zur teilweisen Deckung (bzw. Tilgung) der durch die Anlage der Kanalisation der Gemeinde erwachsenden Kosten bestimmt. Sie findet deshalb ihre Berechtigung darin, daß durch das Nehmen des Anschlusses das Grundstück in ein dauerndes, die fortlaufende Benutzung für seine Wirtschaft ermöglichendes Verhältnis zur Kanalisationsanlage gebracht wird. Sie setzt sonach eine wenigstens von anderen Umständen als dem Willen des Eigentümers unabhängige Dauer des Bestandes des Grundstücks in seiner wirtschaftlichen Einheit voraus. Infolge der förmlichen Festsetzung von Fluchtlinien durch eine Grundstück hindurch wird aber dessen Bebaubarkeit für die davon betroffenen Teile idR. ausgeschlossen. Diese Teile unterliegen der Enteignung, und es wird die Bewirtschaftung des Grundstücks als Einheit, sobald die Straße zur Ausführung gelangt, aufgehoben. Es fehlt in solchen Fällen, wenn schon bei dem Nehmen des Anschlusses das Grundstück durch die förmliche Festsetzung von Fluchtlinien in Teile zerlegt ist, an der nur von dem Willen des Eigentümers abhängigen Dauer der wirtschaftlichen Einheit des Grundstücks, die die Voraussetzung für die Erhebung einer einmaligen Gebühr wie der hier geforderten von dem Grundstück als einer wirtschaftlichen Einheit ist. Deshalb kann hinsichtlich der hier geforderten einmaligen Gebühr eine wirtschaftliche Einheit des Grundstücks nur bis zu derjenigen Grenze angenommen werden, die den angeschlossenen Teil des Grundstücks durch die projektierte Straße d von dem übrigen Grundstücke trennt.

Nr. 18. Entsch. v. 24. Jan. 1913 (PrVerwBl. **34** 741) II C 2/12.

1. Die hier geforderte Abgabe ist im Ortsstatute v. 12. VII. 94 und auch bei der Heranziehung als einmaliger Beitrag bezeichnet worden. Diese Bezeichnung entspricht nicht der Terminologie des nach Erlaß des Ortsstatuts in Kraft getretenen KommAbgG. Nach der Gestaltung, die die Abgabe in dem Statute gefunden hat, handelt es sich bei ihr um eine einmalige Gebühr für den Anschluß des Grundstücks an die öffentliche Kanalanlage; denn sie soll eine Leistung des Grundstücksbesitzers für die in dem Nehmen des Anschlusses liegende Benutzung der öffentlichen Kanalisation bilden, hinsichtlich deren nicht nur ein Angewiesensein

der Benutzer, sondern auch ein polizeilicher Zwang zur Benutzung besteht. Die Erhebung von Gebühren war nach dem Rechte der westf. LGemO. v. 19. III. 56 zulässig, obwohl diese Abgabenart in ihr keine ausdrückliche Erwähnung findet. Hiernach bestehen gegen die Gültigkeit des Ortsstatuts v. 12. VII. 94 als GebO. älteren Rechts, die nach § 96 Abs. 4 KommAbgG. aufrecht erhalten geblieben sein würde, keine Bedenken. Sollte indessen die GebO. — was hier nicht festgestellt werden kann — in Ausführung des KommAbgG. auf Grund des § 96 Abs. 3 mit der Bestimmung, hinsichtlich der Abgabenerhebung erst am 1. IV. 95 in Kraft zu treten, erlassen sein, so würde es sich um eine GebO. neueren Rechts handeln, deren Bestimmungen nach den Vorschriften des KommAbgG. zu beurteilen wären. Auch nach diesen Vorschriften würden aber Bedenken gegen die Gültigkeit des Ortsstatuts nicht zu erheben sein.

2. Handelt es sich nun nach dem Ortsstatute v. 12. VII. 94 um die Erhebung einer öffentlich-rechtlichen Gebühr, so ist die Heranziehung des Klägers im vorliegenden Falle aus folgenden Gründen nicht haltbar. Gebühren können nur erhoben werden für die Benutzung von Veranstaltungen der Gemeinden, die diese im öffentlichen Interesse unterhalten und deren Benutzung kraft öffentlichen Rechts erfolgt. Kläger benutzt indessen die städtische Kanalisation nicht kraft öffentlichen, sondern kraft eines ihm angeblich zustehenden privaten Rechts.

Wenn auch die Stadtgemeinde inzwischen den Kanal mit der allgemeinen städtischen Kanalisation verbunden und ihn als städtischen Kanal übernommen hat, so hat doch der Kläger bisher das private Recht zur weiteren Benutzung des Kanals, der sonst unverändert geblieben ist, behauptet und in Besitz gehabt. Ob der Kläger wirklich jenes private Benutzungsrecht hat, oder ob die Stadt als Rechtsnachfolgerin der Gewerkschaft oder sonstwie ihm solches mit Erfolg bestreiten und die Kanalanlage nur der öffentlichen Benutzung vorbehalten könnte, darauf kommt es hier nicht an. Es genügt festzustellen, daß jedenfalls die Stadt das Privatrecht nicht einfach durch die Erklärung, sie wolle die Benutzung seitens des Klägers als öffentlich-rechtliche ansehen und behandeln, beseitigen, den Rechtstitel für die Benutzung einseitig ändern konnte, und daß eine Gebührenpflicht des Klägers nicht besteht, so lange er die Benutzung nicht auf Grund öffentlichen Rechts, sondern auf Grund des behaupteten Privatrechts vornimmt.

3. Gebühren für die Abfuhr von Abfallstoffen.

Nr. 1. Entsch. v. 28. Nov. 1911 (PrVerwBl. 33 551) II C 400/10.

Wenn ein städtisches Ortsstatut über Abfuhr die Höhe der Gebühren einem besonderen Beschlusse vorbehält, so kann dieser Beschluß nur von beiden städtischen Körperschaften gefaßt werden und bedarf unter der Herrschaft des KommAbgG. der Genehmigung des Bezirksausschusses. Ohne den in rechtsgültiger Weise gefaßten ergänzenden Beschluß bildet das Ortsstatut keine ausreichende Grundlage für die Erhebung von Gebühren.

Nr. 2. Entsch. v. 8. April 1913 (PrVerwBl. 35 57) II C 220/12.

Die Ordnung der Stadtgemeinde Charlottenburg, betr. die Erhebung von Gebühren für die Wegschaffung des Hausmülls v. 2. VII. 06, bringt in Gegensatz einerseits „Hausmüll", das ist der in bewohnten Grundstücken sich ansammelnde Unrat, also doch wohl der durch das Wohnen erzeugte, wozu nur noch die aus in Wohnhäusern ausgeübten gewerblichen Betrieben stammende Asche und Schlacken hinzutreten, und anderseits Bau- und Gewerbeabfälle, Schlacken und Asche aus nicht in Wohnhäusern ausgeübten gewerblichen Betrieben, Erde, Gartenabfälle, Pferde- und Viehdünger. Für ersteres ist die Abfuhranstalt bestimmt, für das zweite nicht. Es fragt sich nun, was unter einem bewohnten Grundstücke zu verstehen ist, ob nur ein hauptsächlich zum Wohnen bestimmtes und tatsächlich nicht völlig leerstehendes Grundstück oder auch ein Grundstück, das zwar in der Hauptsache nicht zum Wohnen, sondern z. B. zu Bureauzwecken öffentlicher oder privater Betriebe, oder gar auch ein Grundstück, das nur für Fabrik- und sonstige Betriebe mit Gewerbeabfällen im engeren Sinne bestimmt und benutzt ist, sofern sich nur in ihnen eine kleine, z. B. von einem Pförtner bewohnte Wohnung befindet. Je nachdem man diese Fragen beantwortet, deren Beantwortung bei manchen Grundstücken, nämlich solchen, die in ziemlich gleichem Umfange für verschiedene Zwecke (Wohn-, Bureauzwecke und Fabrikbetriebe) bestimmt sind, kaum möglich wäre, würde der Umfang der Leistung der Gemeinde (die Wegschaffung von Müll) verschieden sein. Man könnte z. B., wenn man den Begriff des Wohnens weit faßte, die zweite Frage selbst dann mit ja beantworten, wenn sich in dem Gebäude nur Läden oder Bureaus, dagegen eine eigentliche Wohnung überhaupt nicht befände; dann würde in diesem Falle das Müll aus sämtlichen Räumen des Gebäudes wegzuschaffen sein, die Leistung der Gemeinde also eine sehr umfangreiche sein. Bei Bejahung der dritten Frage dagegen, ebenso wie bei der der zweiten, wenn man Müll aus Bureaus nicht zum Hausmüll, sondern zu den Gewerbeabfällen rechnet, würde die Leistung der Gemeinde eine recht geringe sein, nämlich im wesentlichen sich auf die Wegschaffung des Hausmülls aus der Pförtnerwohnung beschränken. In allen Fällen aber müßte trotz des verschiedenen Umfanges der Leistung der Gemeinde, wenn man die Bestimmung im § 5 der Ordnung iS. des Beklagten und des Bezirksausschusses auslegen wollte, die Gebühr nach dem Nutzungswerte des ganzen Gebäudes, weil es ein „bewohntes" ist, berechnet und entrichtet werden. Das würde dazu führen, daß bei einem Fabrikgebäude mit einer kleinen bewohnten Pförtnerwohnung im Nutzungswerte von vielleicht 100 *M* die Gebühr für die Wegschaffung des Hausmülls aus dieser Wohnung nach dem Nutzungswerte des ganzen Grundstücks im Betrage von vielen tausend Mark, also etwa ebenso hoch zu entrichten wäre, wie für die Wegschaffung des gesamten Mülls aus einer sogenannten Mietskaserne, die den gleichen Nutzungswert wie das Fabrikgebäude hätte. Eine derartige Ungleichmäßigkeit in der Bemessung der Gebühren, die nicht nur vereinzelt, sondern bei ganzen Gruppen von Grundstücken eintreten müßte, steht mit dem Grundsatze, daß die Gebühr dem Umfange der Leistung entsprechen, nach ihr abgestuft sein soll, im Widerspruch, und wenn dies der Sinn der GebO. sein sollte, so würde ihr die Gültigkeit abzusprechen sein. Der Gerichtshof hat aber der GebO. schon früher Gültigkeit zuerkannt. Er hält dafür, daß ihr jener Sinn nicht beigelegt zu werden braucht. Allerdings wird unter einem bewohnten Grundstücke jedes Grundstück zu verstehen sein, das, welchen Zwecken es sonst noch dienen mag, auch für Wohnzwecke bestimmt ist und nicht unbewohnt ist. Dann aber kann, wenn anders die GebO. dem gesetzlichen Erfordernisse, daß die Gebühr dem Umfange der Leistung zu entsprechen hat, Rechnung tragen soll, die Bestimmung in § 5 nicht dahin verstanden werden, daß die Gebühr ohne Rücksicht auf die Leistung der Gemeinde, die in der Wegschaffung des „Hausmülls" besteht und sich darin erschöpft, in allen Fällen nach dem Nutzungswerte des ganzen Gebäudes zu berechnen ist, vielmehr ist sie iVerb. mit § 2 dahin aufzufassen, daß der Nutzungswert solcher Teile des Grundstücks außer Betracht bleiben muß, aus denen eine Wegschaffung von „Hausmüll" iS. des § 2 der Ordnung, nämlich von Unrat, wie Asche, Haus- und Hofkehricht, Haus- und Küchenabfälle usw., der sich in bewohnten Grundstücken ansammelt, dh. von Unrat, der durch Bewohnen entsteht, nicht in Frage kommen kann.

5. Baupolizeigebühren.

Nr. 1. Entsch. v. 7. März 1911 (OVG. 58 149) II C 150/10.

KommAbgG. § 6.

Fordert das Ortsrecht bei Bauten für Rechnung des Reichs oder des Staates keine förmliche Bauerlaubnis, sondern nur die Erklärung der Ortspolizeibehörde über etwaige Erinnerungen gegen den geplanten Bau, so kann für die Abgabe dieser Erklärung und die ihr voraufgegangene Prüfung eine Gebühr gemäß § 6 KommAbgG. nicht gefordert werden. Denn es ist unzulässig, die den Gemeinden gewährte Befugnis zur Gebührenerhebung auf solche Fälle einer baupolizeilichen Tätigkeit zu übertragen, in denen der Genehmigung nicht eine Prüfung vorausgeht, die zugleich dem Bauenden einen Schutz gegen technische Fehler des Projekts bietet und deshalb wesentlich auch im Interesse des Bauenden liegt. Durch das Erfordernis der voraufgegangenen Prüfung hat die vom G verlangte Genehmigung im allgemeinen gekennzeichnet werden sollen. Wo die sog. Genehmigung erfolgt ohne eine Prüfung, die zwar nicht den Zweck, wohl aber bei ihrer Art und ihrem Umfange die Folge einer Wahrnehmung der persönlichen Interessen des Bauenden hat, da fehlt es an derjenigen Genehmigung, die nach dem G. (neben der Beaufsichtigung) die Voraussetzung der Gebührenerhebung bildet. Im vorliegenden Falle besteht nach der BauO. der Stadt C. zwischen privaten und fiskalischen Bauten ein Unterschied insofern nicht, als bei beiden in gleicher Weise eine Prüfung des Bauvorhabens durch die Baupolizeibehörde nach baupolizeilichen Gesichtspunkten und unter Berücksichtigung der Unterlagen, insbesondere der Baubeschreibungen und Festigkeitsberechnungen, stattfindet; es mag daher, soweit die Prüfung des Bauvorhabens in Betracht kommt, bei fiskalischen Bauten an der einen Voraussetzung für die Gebührenerhebung, der gleichzeitigen Wahrnehmung der Interessen des Bauenden, nicht fehlen. Aber der Charakter einer die Gebührenerhebung gestattenden Genehmigung muß der „Erklärung" iS. des Ortsrechts um deswillen abgesprochen werden, weil sie vom Gesichtspunkte der rechtlichen Wirkung aus sich nicht als Baugenehmigung darstellt.

Nr. 2. Entsch. v. 12. März 1912 (PrVerwBl. 34 9) II C 295/11.

KommAbgG. § 6.

Das im Abs. 1 des § 6 KommAbgG. den Gemeinden verliehene Recht, für die Genehmigung und Beaufsichtigung von Bauten Gebühren zu erheben, ist etwas Ungewöhnliches, nämlich eine Ausnahmebestimmung von der Regel, daß von Behörden im allgemeinen „Verwaltungsgebühren" nicht erhoben werden dürfen. Durchbrechungen dieser Regel sind von den G. nur aus besonderen Gründen eingeführt, und bei Verabschiedung des KommAbgG. ist die Rechtfertigung für die Ausnahme, die als solche wohl erkannt wurde, in dem Umstande gefunden worden, daß die Genehmigung der Bauten mit ihrer umfassenden Prüfung auch im Interesse des Bauenden liege. Als Vorteil für den Bauenden kann nun nicht der Umstand in Betracht kommen, daß die Prüfung ihn vor Verstößen gegen polizeiliche Vorschriften und den sich aus solchen Verstößen ergebenden Unannehmlichkeiten und Nachteilen bewahrt, vielmehr ist offenbar mit einem positiven Nutzen gerechnet worden, und ein solcher kann nur in dem Falle anerkannt werden, wenn eine Prüfung des Baugesuchs auch hinsichtlich derjenigen Vorschriften der BauO. stattfindet, deren Beobachtung auch im besonderen Interesse des Bauenden liegt, indem sie namentlich Schutz gegen technische Fehler bietet. Demnach versteht § 6 KommAbgG. unter Genehmigung nur eine solche Bauerlaubnis, die auf Grund einer auch jene Dinge umfassenden Prüfung erfolgt. Findet keine solche (bautechnische)

Prüfung, insbesondere nicht einmal eine Prüfung der Standfestigkeit (etwaiger statischer Berechnungen) statt, so ist die „Genehmigung" keine solche, die der § 6 im Auge hat. Daß nach der BauO. für Stettin eine bautechnische Prüfung der Staatsbauten erfolge, kann nicht angenommen werden, da nach § 4 der BauO. bei jenen Bauten keine statischen Berechnungen oder sonstige Entwürfe, sondern nur die Bauzeichnungen und Lagepläne einzureichen sind und sich die Fundamentrevision nur auf die Innehaltung der Baufluchtlinie beschränkt.

Nr. 3. Entsch. v. 3. Mai 1912 (PrVerwBl. **34** 116) II C 334/11.

1. Da nach den Bestimmungen der BauPolO. auch bei denjenigen Bauten, die von staatlichen Baubeamten projektiert und ausgeführt werden, eine vollständige Prüfung in bautechnischer Beziehung, insbesondere auch der statischen Berechnungen vorgeschrieben ist, unterliegt es keinem Bedenken, daß in der GebO. für die Genehmigung dieser Bauten in gleicher Weise Gebühren wie bei anderen Bauten erhoben werden sollen. Ob vor der Erteilung der Genehmigung eine ordnungsmäßige Prüfung der vorgelegten Projektstücke seitens der Baupolizei stattgefunden hat oder von der Baupolizeibehörde unterlassen worden ist, ist ohne Belang. Die Baugebühr wird fällig mit Erteilung der Genehmigung, auch wenn die Baupolizeibehörde bei Erteilung der Genehmigung nicht in allen Stücken ordnungsmäßig verfahren ist.

2. Die volle Gebühr kann auch dann gefordert werden, wenn die GebO. eine einheitliche Gebühr für Genehmigung und Beaufsichtigung festsetzt und nur eine Genehmigung und keine Beaufsichtigung stattfindet.

Nr. 4. Entsch. v. 17. Dez. 1912 (PrVerwBl. **34** 621) II C 50/12.

KommAbgG. § 6.

Der Gerichtshof hat wiederholt ausgesprochen, daß das im § 6 KommAbgG. den Gemeinden verliehene Recht der Gebührenerhebung nur dann anzuerkennen ist, wenn eine umfassende Prüfung des Bauprojekts, namentlich auch in bautechnischer Beziehung, stattfindet. Denn die Vorschrift des § 6 charakterisiert sich als eine Ausnahmebestimmung von der Regel, daß im allgemeinen Verwaltungsgebühren nicht erhoben werden dürfen, und bei Verabschiedung des KommAbgG. wurde die Rechtfertigung für die Ausnahme darin gefunden, daß die auf einer solchen Prüfung beruhende Genehmigung auch im Interesse des Bauenden liege. Weiter ist in OVG. **58** 149 ausgesprochen, daß eine Gebührenpflicht für Staatsbauten dann nicht vorliegt, wenn die BauO. keine wirkliche Bauerlaubnis, sondern nur die Erklärung der Polizeibehörde über etwaige Erinnerungen gegen den geplanten Bau verlangt.

Im vorliegenden Falle sind die Bauvorlagen in einfacher Ausfertigung der Polizeibehörde zur Erklärung darüber vorzulegen, ob in baupolizeilicher Beziehung Ausstellungen zu erheben sind. Vor Abgabe der verneinenden Erklärung, die die Stelle der Bauerlaubnis vertritt, darf mit der Bauausführung nicht begonnen werden. — Es mag sein, daß in dieser „Erklärung" eine wirkliche Bauerlaubnis erblickt werden kann, und wenn das geschieht, so hängt die Gebührenpflicht davon ab, ob jener Erklärung nach den Vorschriften der BauO. eine umfassende, auch bautechnische Prüfung vorherzugehen hat. Der Gerichtshof mußte Bedenken hegen, die BauO. in diesem Sinne auszulegen, weil ihm aus mehreren Streitsachen bekannt ist, daß bei der ortspolizeilichen Prüfung der staatlichen Bauprojekte scharf zwischen der baupolizeilichen und der bautechnischen Seite unterschieden wird (obwohl an sich auch die bautechnische Prüfung eine baupolizeiliche ist). In manchen BauO. sind für Staatsbauten gar keine Ausnahmen vorgesehen. Sie unterliegen an sich der gleichen Prüfung, Genehmigung und Beaufsichtigung wie Privatbauten. Indessen werden auch im Bereiche derartiger BauO. vielfach infolge einer allgemeinen Anordnung der zuständigen Regierungspräsidenten hinsichtlich der reichsfiskalischen und der für Rechnung des Preußischen Staates unter Leitung von Staatsbaubeamten aufzuführenden Bauten die Bauprojekte nicht mehr in bautechnischer, sondern nur noch in baupolizeilicher Beziehung geprüft. Dabei ist auch die Beaufsichtigung dieser Bauten wesentlich eingeschränkt. In solchen Fällen hat der Gerichtshof angenommen, daß eine Gebührenpflicht nicht vorliegt. Das gleiche, was in anderen Bezirken durch bloße Anweisungen der Regierungspräsidenten angeordnet wird, ist hier bereits durch die BauPolVd. des Regierungspräsidenten vorgeschrieben. Die Polizeibehörde hat nur eine Erklärung darüber abzugeben, ob in baupolizeilicher Beziehung Ausstellungen zu erheben sind. In ihrer Erklärung kann also nicht eine Bauerlaubnis erblickt werden, welcher eine umfassende, auch im Interesse des Bauenden liegende, insbesondere auch bautechnische Prüfung vorherzugehen hat. Dann aber liegt ein gebührenpflichtiger Verwaltungsakt iS. des § 6 KommAbgG. nicht vor.

B. Beiträge nach § 9 KommAbgG.

Literatur: (wie zu A).

Nr. 1. Entsch. v. 9. Mai 1911 (PrVerwBl. 33 164) II C 209/10.

KommAbgG. § 9.

1. Daraus, daß der Bezirksausschuß ein Ortsstatut vorbehaltlich des Verfahrens gemäß § 9 Abs. 3 KommAbgG. genehmigt hat, geht hervor, daß dieses Ortsstatut nicht unter Beachtung der Vorschriften des § 9 aaO. zustande gekommen ist. Es bedurfte daher zur Erhebung von Beiträgen in jedem Falle eines gemäß § 9 aaO. genehmigten Beschlusses der städtischen Behörden. Ein solcher Beschluß ist auch für die hier in Betracht kommende Straße von den städtischen Behörden gefaßt worden, dieser Beschluß entbehrt aber der Gültigkeit, weil er nicht unter Beachtung der Vorschriften des § 9 zustande gekommen ist. Im Abs. 5 dieses § 9 ist vorgeschrieben, daß der Beschluß der zuständigen Behörde in gleicher Weise zur Kenntnis der Beteiligten zu bringen ist, wie der Beschluß der Gemeinde bekanntgemacht worden ist. Der Gemeindebeschluß ist in den vier in J. erscheinenden Blättern bekannt gemacht worden, in diesen Blättern ist aber nach den Magistratsakten eine Bekanntmachung des Beschlusses des Bezirksausschusses nicht erfolgt, dieser Beschluß ist vielmehr lediglich denjenigen zugestellt worden, die Einwendungen gegen den Gemeindebeschluß erhoben hatten. Das widerspricht dem G. Nicht nur diejenigen, die Einwendungen erhoben haben, haben ein Interesse daran, ob der Beschluß wegen Erhebung der Beiträge genehmigt wird, sondern alle Beteiligten. Der Beschluß der Genehmigungsbehörde ist zur Kenntnis der Beteiligten zu bringen. Von den Beteiligten haben aber hier die, welche keine Einwendungen erhoben hatten, nicht Kenntnis von der Genehmigung des Beschlusses erhalten.

2. Abgesehen hiervon ist der Gemeindebeschluß deshalb nicht gültig, weil ihm die Genehmigung der zuständigen Behörde fehlt. Den Beschluß des Bezirksausschusses, durch den die Genehmigung zu dem Gemeindebeschlusse erteilt worden war, hat der Provinzialrat unter Zurückverweisung der Sache an den Bezirksausschuß insoweit, als er die hier in Betracht kommende Straße betrifft, aufgehoben. Ob die Trennung des — einheitlich gefaßten — Gemeindebeschlusses in zwei Teile überhaupt mit dem G. vereinbar ist, mag dahingestellt bleiben. Jedenfalls war durch den Beschluß des Provinzialrats der die Genehmigung des Gemeinde

beschlusses aussprechende Beschluß des Bezirksausschusses in Ansehung der hier in Betracht kommenden Straßen außer Kraft gesetzt, und er konnte auch dadurch nicht wieder aufleben, daß die gegen ihn erhobene Beschwerde nachträglich von den Beschwerdeführern zurückgezogen wurde. Eine solche Zurücknahme der Beschwerde konnte wirksam nur solange erfolgen, als noch nicht über die Beschwerde entschieden war. Nachdem der Provinzialrat über die Beschwerde entschieden hatte, war sie erledigt, eine Beschwerde also nicht mehr vorhanden und demgemäß eine Zurücknahme der Beschwerde unmöglich.

3. Endlich ist der Gemeindebeschluß deshalb ungültig, weil die fraglichen Kosten bereits etatsmäßig endgültig gedeckt waren, als die Erhebung der Beiträge beschlossen wurde.

Nr. 2. Entsch. v. 16. Febr. 1912 (PrVerwBl. **33** 767) II C 459/10.

KommAbgG. § 9.

Das Ortsstatut der Stadt Cassel, betr. die Kanalbaukostenbeiträge, v. 22. II. 02, bietet keine gesetzliche Handhabe, die Einwohner der erst im Jahre 1906 mit der Stadt Cassel vereinigten Landgemeinde Rothenditmold zu Beiträgen heranzuziehen. Zwar sollen nach § 2 des Einverleibungsvertrages die für den bisherigen Stadtbezirk Cassel geltenden Ortsstatute, Gemeindebeschlüsse usw. mit dem Zeitpunkte der Vereinigung auch in dem einverleibten Bezirk in Kraft treten. Sie können jedoch in dem einverleibten Bezirke nur soweit Geltung erlangen, als ihr Inhalt auf diesen Bezirk ohne weiteres anwendbar ist. Ortsrechtliche Bestimmungen über Erhebung von Beiträgen zu den Kosten der Herstellung und Unterhaltung von Veranstaltungen iS. des § 9 KommAbgG. können sich aber nur auf die im Gemeindebeschlusse bezeichnete Veranstaltung und auch nur in dem Umfang erstrecken, auf den diese durch den Plan der Veranstaltung nebst Kostennachweis beschränkt ist. Sollen sie ausgedehnt werden auf andere gleichartige Veranstaltungen, die daneben vorhanden sind oder später eingerichtet werden, so bedarf es hierzu eines neuen besonderen, den Vorschriften des § 9 aaO. genügenden Gemeindebeschlusses. Das Ortsstatut v. 22. II. 02 bezog sich nur auf die zur Zeit seines Erlasses in dem damaligen Stadtbezirke Cassel vorhandene oder geplante städtische Kanalisation und konnte sich lediglich auf diese beziehen. Sofern in dem Statut überhaupt ein den Vorschriften des § 9 genügendes Ortsrecht zu erblicken ist, kann es daher auf den vormaligen Gemeindebezirk Rothenditmold nicht ohne weiteres, sondern nur dann angewendet werden, wenn ein neuer dahin gehender Gemeindebeschluß gemäß § 9 aaO. erlassen wird.

Nr. 3. Entsch. v. 17. Mai 1912 (PrVerwBl. **34** 186) II C 115/11.

KommAbgG. § 9. LVG. § 117.

Das Eintreten des Vorsitzenden des Bezirksausschusses an Stelle des Kollegiums bei der Genehmigung von Beitragsbeschlüssen — das übrigens in § 19 KrProvAbgG. bei Kreistagsbeschlüssen ausdrücklich ausgeschlossen ist — erscheint schon an sich nicht bedenkenfrei. Es ist mindestens unzweckmäßig, weil zwei verschiedene Rechtsbehelfe in Frage kommen und unter Umständen eine nochmalige Bekanntmachung erforderlich wird, bevor die Sache im Beschwerdeweg an den Provinzialrat gelangt. Ein derartiges Verfahren gemäß § 117 LVG. paßt aber auch anscheinend überhaupt kaum in den Rahmen des § 9 KommAbgG., weil alle diejenigen, die beitragspflichtig werden sollen, zu den Beteiligten gehören und deshalb befugt sind, das Rechtsmittel — als welches § 9 letzter Absatz nur die Beschwerde angibt — gegen den Genehmigungsbeschluß einzulegen, gleichviel ob sie im Offenlegungsverfahren Einwendungen erhoben haben oder nicht. Will man aber auch bei Beitragsbeschlüssen gemäß § 9 die Genehmigung durch den Vorsitzenden des Bezirksausschusses allein auf Grund des § 117 LVG. für nicht durchaus unzulässig erachten, so müssen doch jedenfalls die Bescheide an die Beteiligten und demgemäß auch die nach Abs. 5 des § 9 vorgeschriebene Bekanntmachung der Genehmigung die in § 117 Abs. 3 bestimmte Eröffnung über die zulässigen Rechtsbehelfe enthalten. Denn diese Vorschrift ist eine zwingende und ihre Außerachtlassung nimmt der Genehmigung die Rechtswirksamkeit. Daran vermag auch der Umstand nichts zu ändern, daß kein Beteiligter gegen den Genehmigungsbeschluß ein Rechtsmittel eingelegt hat.

Nr. 4. Entsch. v. 18. Juni 1912 (PrVerwBl. **34** 257) II C 196/11.

KommAbgG. § 9.

Der Bezirksausschuß darf durch den im § 9 Abs. 3 KommAbgG. vorgeschriebenen Genehmigungsbeschluß dem Ortsrechte nicht einen anderen, erweiterten Inhalt geben. Dies tut er beispielsweise, wenn er das Ortsgesetz mit der „Maßgabe" genehmigt, daß in ihm der Satz: „Bei Grundstücken, die an mehr als zwei Straßen liegen, wird die vor der kürzesten Frontseite liegende Reinigungsfläche nicht berechnet" fortfalle. Das dadurch geänderte Ortsrecht wird auch nicht durch die nachträgliche Zustimmung der städtischen Behörden rechtswirksam; denn nach § 9 aaO. muß vor der Genehmigung des Beitragsbeschlusses den zu Beiträgen Heranzuziehenden in dem Verfahren gemäß Abs. 3 daselbst Gelegenheit gegeben werden, Einsprüche gegen den Beschluß zu erheben.

Nr. 5. Entsch. v. 8. Okt. 1912 (PrVerwBl. **34** 484) II C 292/11.

KommAbgG. § 9.

1. Der Kläger irrt darin, daß der Beschluß über die Erhebung der Beiträge ungültig sei, weil nicht auch ein Verteilungsplan oder „Veranlagungsplan", aus dem der auf jeden einzelnen Verpflichteten entfallende Betrag hervorgeht, mit ausgelegt ist. § 9 Abs. 3 KommAbgG. schreibt nur vor, daß der Plan der Veranstaltung nebst einem Nachweise der Kosten offenzulegen sei. Unter Nachweis der Kosten ist entweder, sofern es sich um eine noch auszuführende Veranstaltung handelt, ein Kostenanschlag oder bei fertigen Veranstaltungen eine Abrechnung zu verstehen. Im vorliegenden Falle ist ein ausführlicher Kostenanschlag offengelegt und damit der Formvorschrift in § 9 Abs. 3 aaO. genügt. Richtig ist, daß sich aus dem Beschluß ergeben muß, nach welchem Maßstab und in welcher Höhe die Verpflichteten herangezogen werden sollen, damit beurteilt werden kann, ob die Heranziehung dem Vorteile des einzelnen entspricht. Diesem Erfordernis ist aber genügt, wenn die Faktoren der Berechnung, im vorliegenden Falle also die Gesamtsumme der Beiträge und die gesamte als Maßstab dienende Frontlänge ersichtlich waren.

2. Beiträge zu Arbeiten, die zur allgemeinen Straßenunterhaltung gehören, dürfen nur erhoben werden, wenn die gleichmäßige Behandlung aller Straßen durch ein allgemeines Statut grundsätzlich sichergestellt ist. Sollte das Statut in einzelnen Fällen zu Unrecht nicht angewandt werden, so würde lediglich die Aufsichtsbehörde Abhilfe zu schaffen haben. Dagegen würde durch solche Unterlassungen seine Anwendung in anderen Fällen, auf die es zutrifft, nicht unrechtmäßig geworden sein.

3. Mit den ferner erhobenen Einwendungen, daß Höhe und Maßstab der Beiträge den Vorteilen der einzelnen nicht entspreche, daß insbesondere die Reichsbankhauptstelle einen höheren Beitrag zu zahlen habe, weil sie die Befestigung des Bürgersteigs beantragt und wegen ihres größeren Verkehrs auch einen größeren Vorteil habe, würde der Kläger im Verwaltungsstreitverfahren nicht mehr gehört werden können, wenn ein ordnungsmäßig gefaßter Beitragsbeschluß vorläge,

bei dessen Erlaß und Genehmigung die Frage der Vorteile der einzelnen Anlieger in ausreichender Weise geprüft worden wäre. Indessen kann der Beitragsbeschluß, auf dem die Heranziehung beruht, nicht als ordnungsmäßig gefaßt anerkannt werden.

In formeller Beziehung erregt es zunächst Bedenken, daß in der Bekanntmachung, durch welche die Beschlüsse der städtischen Behörden zur öffentlichen Kenntnis gebracht worden sind, die vierwöchige Frist, während welcher die Einwendungen angebracht werden konnten, nicht bestimmt genug bezeichnet worden ist. Als Anfangstermin der Frist ist der „Tag des Erscheinens dieser Bekanntmachung" angegeben. Da die Veröffentlichung der Bekanntmachung in zwei Zeitungen erfolgte und da auch unter Umständen das Datum einer Zeitungsnummer nicht mit dem Tage zusammenfällt, an dem sie den Lesern zugestellt wird, so können bei dieser Art der Fristbestimmung Zweifel über den Beginn und Ablauf der Frist entstehen. Wenn man aber auch über dieses Bedenken hinweggehen wollte, weil im vorliegenden Falle die beiden Zeitungsnummern dasselbe Datum tragen, so ist das Ortsrecht jedenfalls deshalb formell ungültig, weil der Genehmigungsbeschluß des Bezirksausschusses nicht in der gesetzlich vorgeschriebenen Weise veröffentlicht worden ist. Er hätte nach § 9 Abs. 5 KommAbgG. in gleicher Weise wie der Gemeindebeschluß, das heißt also im vorliegenden Falle durch Veröffentlichung in den beiden Zeitungen, zur Kenntnis der Beteiligten gebracht werden müssen. Nun kann vielleicht eine Abweichung von dieser Vorschrift dann als unbedenklich angesehen werden, wenn eine Ausfertigung des Genehmigungsbeschlusses allen Beteiligten zugestellt wird, weil eine solche Zustellung noch mehr als die Veröffentlichung in Zeitungen die Kenntnisnahme durch alle Beteiligten sicherstellt. Im vorliegenden Falle ist die Veröffentlichung durch die Zeitungen unterblieben; eine Ausfertigung des Genehmigungsbeschlusses ist nur denjenigen Beteiligten zugestellt worden, die Einwendungen gegen den Gemeindebeschluß erhoben hatten. Da zwei Beteiligte keine Einwendungen erhoben hatten und ihnen der Genehmigungsbeschluß deshalb nicht zugestellt worden ist, so war die gewählte Form der Zustellung nach § 9 Abs. 5 aaO. nicht ausreichend. Die formellen Vorschriften des § 9 sind zwingender Natur, und daraus folgt die Ungültigkeit des Beitragsbeschlusses der Gemeinde.

4. Indessen ist das Ortsrecht auch aus einem anderen Grunde ungültig. Bedenklich ist schon, daß das allgemeine Ortsstatut in § 3 bindende Bestimmungen über den Beitragsmaßstab und die Höhe der Beiträge trifft. Dies ist ohne Verletzung der Absichten des § 9 KommAbgG. nur da möglich, wo die Verhältnisse sehr einfach liegen und sich auch in ihrer zukünftigen Entwickelung für längere Zeit übersehen lassen. Denn die Beiträge sollen sich nach den Vorteilen der einzelnen richten und die Vorteile lassen sich bei nicht ganz einfachen Verhältnissen nicht so erkennen, wie es für eine gerechte Bemessung der Beiträge erforderlich ist. Aber selbst wenn in dieser Beziehung nichts einzuwenden sein sollte, so können Maßstab und Höhe der Beiträge auch in einer allgemeinen Satzung bindend nur unter Beobachtung der in § 9 Abs. 3 ff. aaO. vorgeschriebenen Förmlichkeiten, d. h. insbesondere unter Offenlegung des Planes der Veranstaltung und des Kostennachweises, festgesetzt werden. Diese Bedingung ist hier nicht erfüllt, und deshalb kommt den Vorschriften des allgemeinen Ortsstatuts über den Maßstab und die Höhe der Beiträge keine unbedingt maßgebende Bedeutung zu. Der besondere Beitragsbeschluß kann deshalb nur dann als gültig angesehen werden, wenn die Behörden bei der Beschlußfassung und Genehmigung nicht von der Voraussetzung ausgegangen sind, daß sie hinsichtlich der Höhe und des Maßstabes der Beiträge an die Vorschriften des allgemeinen Ortsstatuts unbedingt gebunden seien, lediglich dieses zur Ausführung zu bringen hätten, sondern wenn sie die Beiträge in selbständiger Prüfung nach den Vorteilen bemessen haben. Die Akten ergeben nicht, daß dies in ausreichender Weise geschehen ist.

Nr. 6. Entsch. v. 8. Okt. 1912 (OVG. 62 153) II C 188/11.

1. In E. war am 7. X. 04 ein Ortsstatut, betr. die Erhebung von Beiträgen und Gebühren für die Grundstücksentwässerungen, erlassen worden, das unter der Überschrift: A, Beiträge zu den Herstellungskosten" in den §§ 1 bis 5 die Erhebung von Beiträgen, unter: „B, Gebühren für die Benutzung" in den §§ 6 bis 8 die Erhebung von Gebühren und unter: „C, Veranlagung und Hebung der Beiträge und Gebühren" in den §§ 9 bis 14 gemeinsame Vorschriften für beide Abgabenarten enthielt. Das OVG. hatte in einer dieses Ortsrecht betreffenden Entsch. v. 26. XI. 09 den auf die Gebühren bezüglichen Teil für ungültig erklärt, weil die Gebühren nach dem gemeinen Werte der angeschlossenen Grundstücke erhoben werden sollten. Hieraus war in jener Entsch. gefolgert worden, daß das Ortsstatut seinem ganzen Inhalte nach *nicht als eine für die Erhebung von Beiträgen rechtsbeständige Norm* erachtet werden könne.

Bereits vor Erlaß dieser Entsch. hatten die städtischen Behörden Nachträge zu dem Ortsstatute beschlossen, die die Mängel beseitigten.

2. Der Gerichtshof legt, was zunächst den auf die Gebühren bezüglichen Teil des Statuts betrifft, dem Erlaß und der Veröffentlichung der Nachträge die Bedeutung bei, daß dadurch das *ganze Statut in der durch die Nachträge abgeänderten Fassung von neuem erlassen, genehmigt und veröffentlicht* worden ist. Indem die neuen Bestimmungen als „Nachträge" zu dem Statute bezeichnet wurden, kam zum Ausdrucke, daß dies die Absicht der Behörden war. Diese Form genügte jedenfalls hinsichtlich der Gebühren, weil für die Beschlußfassung und Veröffentlichung von GebO. besondere Formvorschriften nicht gegeben sind.

Es ist also nunmehr damit zu rechnen, daß in dem abgeänderten Ortsstatute *für die Gebührenerhebung formell und materiell gültige Vorschriften vorhanden sind.*

3. Es fragt sich aber weiter, ob das Gleiche für die Erhebung der Beiträge gilt, oder ob nicht die Vorschriften über die Erhebung der Beiträge von neuem zum Gegenstand eines Beschluß-, Auslegungs- und Genehmigungsverfahrens gemäß § 9 KommAbgG. hätten gemacht werden müssen. Dies ist zu verneinen. Allerdings sind Fälle denkbar, in denen Gebühren und Beiträge durch einen vollkommen einheitlichen Beschluß eingeführt werden. Dann müßte zur Gültigkeit eines solchen Beschlusses verlangt werden, daß er von vornherein seinem ganzen Inhalte nach — also auch soweit er sich auf die Gebühren bezieht — unter Beachtung der Vorschriften in § 9 KommAbgG. erlassen, genehmigt und veröffentlicht wird. Indessen ist schon in der Entsch. v. 26. XI. 09 die Auffassung, daß das Ortsstatut in diesem Sinne einheitlich sei, nicht zum Ausdrucke gekommen. Vielmehr ist der Gerichtshof in jener Entscheidung lediglich davon ausgegangen, daß nach Absicht der Beschluß- und Genehmigungsbehörden *der auf die Beiträge bezügliche Teil des Ortsstatuts so lange nicht zur Anwendung* kommen solle und könne, als nicht auch der *auf die Gebühren bezügliche Teil wirksam* sei, daß also das Statut *zwei hinsichtlich ihrer Wirksamkeit voneinander abhängige Teile* enthalte. Bezüglich der formellen und materiellen Voraussetzungen ihrer Gültigkeit sind aber die beiden Teile des Statuts als *selbständige ortsrechtliche Bestimmungen* aufzufassen. Dafür ist, abgesehen von anderen Gründen, der Umstand entscheidend, daß der Bedarf, den die Beiträge decken sollen, von dem durch die Gebühren aufzubringenden Bedarfe vollkommen gesondert ist; denn die *Beiträge* werden nach der Überschrift der auf sie bezüglichen §§ 1 bis 5 als Beiträge *„zu den Herstellungskosten"* bezeichnet und sind, wie sich aus den Vorverhandlungen ergibt, lediglich eingeführt, um einen Teil des Anlagekapitals zu decken. Die *Gebühren* dagegen dienen nach ausdrücklicher Vorschrift in §§ 6 und 7 des Statuts *zur Deckung der laufenden Kosten des Kanalbetriebs* und außerdem *zur Verzinsung und Tilgung lediglich des für die Kläranlagen aufgewendeten Kapitals*, nicht aber des sonstigen Anlagekapitals. Die Verbindung mit dem Beschluß über die Gebühren mit demjenigen über die Beiträge ist also im vorliegenden Falle,

wie sich schon aus der Verschiedenheit der Zweckbestimmung beider Abgaben ergibt, nicht eine so enge, daß auch der auf die Gebühren bezügliche Teil in dem gleichen Verfahren wie der Beitragsbeschluß hätte erlassen werden müssen.

Nr. 7. Entsch. v. 11. Okt. 1912 (OVG. **62** 234) II C 298/11.

KommAbgG. §§ 7, 9.

1. Bei Wasserleitungen und Kanalisationen, die systematisch in einem Zuge ausgeführt werden, ist es möglich, die Beiträge, auch wenn sie als laufende Beiträge jährlich erhoben werden sollen, ein für allemal durch einen einheitlichen Beschluß festzusetzen, und die Gültigkeit eines solchen Beschlusses wird auch dadurch nicht berührt, daß er als Ortsstatut bezeichnet wird. Nur müssen die formellen und materiellen Voraussetzungen des § 9 KommAbgG. bei dieser Beschlußfassung beobachtet sein.

2. In formeller Beziehung stützt der Bezirksausschuß seine Feststellung, daß das Ortsstatut ungültig sei, darauf, daß der Kostennachweis und Plan nicht gemäß der Vorschrift des § 9 KommAbgG. ausgelegt worden sei; zum mindesten habe der Beklagte die Offenlegung nicht nachgewiesen. Wenn der Bezirksausschuß dabei anscheinend von der Auffassung ausgegangen ist, daß dem Beklagten in dieser Beziehung eine Beweislast mit der Wirkung obliege, daß die Feststellung des Sachverhalts von seinen Anführungen abhängig wäre, so ist das rechtsirrtümlich. Der Verwaltungsrichter hat die Gültigkeit des Ortsrechts von Amtswegen zu prüfen und ist dabei an Beweisanträge der Parteien nicht gebunden. Es wäre also Aufgabe des Bezirksausschusses gewesen, die Akten über die Entstehung des Ortsrechts einzufordern. Das ist in der Revisionsinstanz nachgeholt worden, und aus den Akten ergibt sich, daß tatsächlich entgegen der Ansicht des Bezirksausschusses der Plan der Veranstaltung nebst einem Kostennachweis in ausreichender Weise nach vorheriger ortsüblicher Bekanntmachung ausgelegt worden ist.

3. Das Ortsrecht ist aber aus anderen Gründen ungültig. Zunächst ergeben die Akten, daß der Beschluß des Kreisausschusses, durch welchen er den Beitragsbeschluß genehmigt hat, nicht gemäß § 9 Abs. 5 KommAbgG. öffentlich bekannt gemacht worden ist; denn es ist nur eine öffentliche Bek. des Inhalts erlassen, daß „das Statut v. 26. IV. bis zum 15. VII. 09 zur Einsicht der Gemeindeeingesessenen im Rathaus ausliege". Die so ausgelegte Ausfertigung des Statuts war allerdings mit dem Genehmigungsvermerke des Kreisausschusses versehen. Das genügte aber nicht, um der Vorschrift in § 9 Abs. 5 aaO. entsprechend die Frist für die Beschwerde gegen den Beschluß des Kreisausschusses zu eröffnen. Zu diesem Zwecke hätte vielmehr die Bekanntmachung selbst ersehen lassen müssen, daß der Beitragsbeschluß vom Kreisausschuß genehmigt war.

4. Des weiteren kommt in Betracht, daß der ausgelegte Kostennachweis den Anforderungen des Gesetzes nicht entspricht. Er enthält, soweit die Herstellungskosten des Wasserwerkes in Frage kommen, nur die Beträge der dafür aufgenommenen Anleihen, während es erforderlich gewesen wäre, mindestens durch Anführung der Abrechnungsergebnisse einen Überblick über die im einzelnen aufgewendeten Kosten zu geben.

5. Indessen würde eine nachträgliche Abstellung dieser formellen Mängel noch nicht genügen, um ein gültiges Ortsrecht zu schaffen. Vielmehr ist dem Bezirksausschusse darin beizutreten, daß der Beitragsbeschluß auch in materieller Beziehung unhaltbar ist. Das Statut hat die Beitragspflicht nicht nur auf solche Grundstücke ausgedehnt, die der Eigentümer aus freiem Willen nicht an die Wasserleitung angeschlossen hat, sondern es hat auch ausdrücklich diejenigen Grundstücke treffen wollen, denen die Möglichkeit eines Anschlusses nicht oder noch nicht offen steht. Diese letztgedachte Ausdehnung zeigt, daß die Gemeindebehörden bei der Beantwortung der Frage, welchen Grundstücken aus der Veranstaltung der

Wasserleitung besondere wirtschaftliche Vorteile erwachsen, von einer unrichtigen Auffassung ausgegangen sind. Sie haben dabei angenommen, daß in J. durch die Herstellung der Wasserleitung der Fremdenverkehr und die allgemeinen wirtschaftlichen Verhältnisse sich heben würden, daß dadurch der Wert aller Grundstücke — auch derjenigen, die nicht angeschlossen sind und die nicht angeschlossen werden können — erhöht würde, und daß der hieraus erwachsende Vorteil genüge, um alle Grundstücke der Beitragspflicht zu unterwerfen. Dabei ist einmal verkannt, daß der gemeinte Vorteil in gleichem Maße nicht nur den Grundbesitzern, sondern unter anderen auch denjenigen Gewerbetreibenden, die kein eigenes Grundstück haben, deren Heranziehung das Statut aber nicht vorsieht, zugute kommen muß. Außerdem aber reicht ein derartiger in der Hebung der allgemeinen wirtschaftlichen Verhältnisse allein begründeter Vorteil nicht aus, um die Beitragspflicht zu begründen. Indem die Bestimmung des § 9 KommAbgG. nur solche Grundeigentümer und Gewerbetreibende, welchen aus der Veranstaltung „besondere wirtschaftliche Vorteile erwachsen", der Beitragspflicht unterwirft, weist sie darauf hin, daß die Vorteile zu der Veranstaltung, zu deren Kosten Beiträge erhoben werden sollen, in einer engeren ursächlichen Beziehung stehen müssen. Eine solche Beziehung kann bei einer Wasserleitung unter Umständen wohl noch bei solchen Grundstücken anerkannt werden, die zwar nicht angeschlossen sind, deren Anschluß aber dem Eigentümer ohne weiteres freisteht; denn wenn in diesen Fällen die Anschlußmöglichkeit den Wert des Grundstücks erhöht, so ist es die Beziehung des Grundstücks zu der Wasserleitung, welche den Vorteil herbeiführt. Ist aber, wie im vorliegenden Falle, die Möglichkeit des Anschlusses dem Eigentümer ausdrücklich vorenthalten, besteht also für diesen keine Möglichkeit, die Leitung seinem Grundstücke nutzbar zu machen, so kann auch keine Rede von Vorteilen sein, die das Grundstück von der Wasserleitung hätte. Bei den dem Grundstück etwa aus der allgemeinen Hebung des Ortes erwachsenden Vorteilen fehlt es an der erforderlichen engeren Beziehung zwischen der Veranstaltung und dem Grundstücke. Nun hat zwar nach feststehender Rechtsprechung der Verwaltungsrichter nicht zu prüfen, ob die Gemeinde in dem Beitragsbeschlusse die Frage nach dem Vorhandensein von Vorteilen für die einzelnen Grundstücke in allen Beziehungen zutreffend entschieden hat. Die Prüfung des Verwaltungsrichters hat sich aber darauf zu erstrecken, ob die Gemeindebehörden bei Beantwortung der Frage nach den Vorteilen von zutreffenden rechtlichen Gesichtspunkten ausgegangen sind, und diese Frage war nach dem Gesagten hier zu verneinen, weil das Statut die Beitragspflicht der nicht anschließbaren Grundstücke auf Vorteile gegründet hat, die nach § 9 KommAbgG. nicht in Betracht kommen dürfen.

6. Ferner ist zu beachten, daß die in dem Statut enthaltenen Bestimmungen über die Erhebung von Beiträgen nur dann als rechtswirksam anerkannt werden können, wenn auch die in dem gleichen Statute getroffenen Bestimmungen über die Erhebung von Gebühren gültig sind; denn sie stehen mit diesen nach der Fassung des Statuts und auch deshalb, weil beide Abgabenarten zur gemeinsamen Deckung eines einheitlich berechneten Bedarfes bestimmt sind, in so engem Zusammenhange, daß die Anwendung des einen Teiles des Statuts ohne den anderen nicht zulässig erscheint. Es ergeben sich aber auch gegen die Gültigkeit des auf die Gebühren bezüglichen Teiles des Statuts Bedenken. So ist es nicht zulässig, daß § 7 Abs. 5 des Statuts vorschreibt, der Magistrat solle zur Schließung der Privatleitung befugt sein, wenn der Grundstückseigentümer länger als vier Wochen mit einer Schuld im Verzuge bleibt. Der Wortlaut dieser Bestimmung entbehrt der nötigen Klarheit. Sollte damit gemeint sein, daß der Magistrat die Benutzung der Wasserleitung demjenigen verbieten könne, der mit den Beiträgen oder Gebühren im Rückstande bleibt, so würde dem entgegenstehen, daß Gebühren nach § 4 KommAbgG. nur für solche Veranstaltungen erhoben werden dürfen, deren Benutzung einem jeden kraft öffentlichen Rechtes freisteht. Mit einem derartigen

öffentlichen Benutzungsrecht ist die Ausschließung wegen verzögerter Gebührenzahlung unvereinbar. Benutzungsrecht und Gebühr stehen nicht in solchen Wechselbeziehungen wie Leistung und Gegenleistung in bürgerlichen Rechtsverhältnissen. Hier liegt die Sache so, daß durch die Benutzung kraft öffentlichen Rechtes der Tatbestand geschaffen wird, bei dessen Vorhandensein die Gemeinde das Recht zur Erhebung der Abgabe erhält.

7. Ungültig ist auch die Vorschrift im § 15 II des Statuts, wonach die Festsetzung des in den einzelnen Jahren zu erhebenden Einheitspreises für das verbrauchte Kubikmeter Wasser „durch die Wasserwerkverwaltung" zu erfolgen habe. Die Festsetzung muß durch einen Beschluß der beiden städtischen Körperschaften vorgenommen werden, und dieser Beschluß bedarf jedesmal der Genehmigung durch die Aufsichtsbehörde, insofern Anschlußzwang besteht oder doch wenigstens die Beteiligten auf den Anschluß angewiesen sind.

8. Endlich widersprechen die Tarifbestimmungen in § 15 II Abs. 2 dem Grundsatze, daß die nach § 7 KommAbgG. im voraus nach festen Normen und Sätzen zu bestimmenden Gebühren auch gleichmäßig festzusetzen sind. Die Gewährung sogenannter Rabatte für die Entnahme größerer Wassermengen darf unter keinen Umständen dahin führen, daß für eine kleinere Wassermenge eine höhere Gebühr zu entrichten ist, als für eine größere Menge.

Nr. 8. Entsch. v. 11. April 1913 (PrVerwBl. 35 178) II C 74/12.

KommAbgG. § 9.

Einem Ortsstatute, das nicht unter Beobachtung der im § 9 Abs. 3 KommAbgG. vorgeschriebenen Formen zustande gekommen ist, kommt nur die Bedeutung einer ortsstatutarischen Regelung dahin zu, daß für die in ihm bezeichneten Veranstaltungen Beiträge erhoben werden sollen. Dagegen sind die in ihm über die Beitragserhebung, den Kreis der Beteiligten, Umfang und Maßstab enthaltenen Vorschriften nicht bindend.

Solche Bestimmungen können überhaupt nur da erlassen werden, wo sich die Veranstaltung in ihren Einzelheiten, nach Umfang und sonstiger Beschaffenheit, ihrem Kostenbedarf übersehen und wo sich der aus ihr jedem einzelnen erwachsende Vorteil erkennen läßt; sie müssen dann aber, um eine rechtswirksame Grundlage für die Beitragserhebung zu bilden, in einem Gemeindebeschlusse getroffen werden, der gemäß den Vorschriften des § 9 KommAbgG. zustande gekommen und durchgeführt worden ist. Es müssen also in dem Gemeindebeschluß über die geplante oder schon ausgeführte Veranstaltung die Beiträge auf Grund selbständiger Prüfung nach den besonderen wirtschaftlichen Vorteilen, die den Grundeigentümern (und Gewerbetreibenden) durch die Veranstaltung erwachsen, bemessen und danach der Kreis der Beitragspflichtigen und die Höhe des Beitrags nach Umfang und Maßstab festgesetzt werden. Sodann ist dieser Beschluß, wenn auch nicht wörtlich, so doch jedenfalls seinem wesentlichen Inhalte nach in ortsüblicher Weise bekanntzumachen, d. h. so, daß jedermann ersehen kann, ob er an der ihrem Gegenstande nach zu bezeichnenden Veranstaltung beteiligt ist, und in welcher Art und Höhe er beitragspflichtig werden soll; zugleich muß die Bekanntmachung die im § 9 Abs. 3 Satz 2 vorgeschriebenen Hinweise enthalten. Während der in der Bekanntmachung angegebenen Zeit sind der Plan der Veranstaltung, aus dem sich Unfang und Art der Ausführung erkennen lassen müssen, und der Kostennachweis, d. h. eine Zusammenstellung über die für eine bereits ausgeführte Veranstaltung aufgewendeten Kosten für Arbeiten und Materialien oder über die für eine erst geplante Veranstaltung zu veranschlagenden Kosten, offenzulegen. Selbstverständlich müssen der offengelegte Plan und Kostennachweis die gleichen sein wie diejenigen, die dem Gemeindebeschlusse zugrunde gelegen haben. Nach dem Ablaufe der mindestens vierwöchigen Frist für die Erhebung von Einwendungen ist der Gemeindebeschluß nebst den Vorverhandlungen und der Anzeige, ob und welche Einwendungen erhoben sind, der zuständigen Behörde einzureichen. Diese hat dann unter Berücksichtigung der etwa erhobenen Einwendungen über die Genehmigung zu befinden, wobei insbesondere auch zu prüfen ist, ob die Beiträge nach den besonderen wirtschaftlichen Vorteilen der Beitragspflichtigen bemessen sind. Wird die Genehmigung erteilt, so ist sie gemäß § 9 Abs. 5 bekanntzumachen. Erst nachdem der Genehmigungsbeschluß unangefochten geblieben ist, oder etwaige Beschwerden zurückgewiesen worden sind, kann die Heranziehung zu Beiträgen erfolgen.

Nr. 9. Entsch. v. 21. Febr. 1911 (OVG. 59 117) II C 114/10.

KommAbgG. § 9.

1. § 9 KommAbgG. enthält die anderswo, z. B. im § 19 EnteignG. gegebene Vorschrift, daß die Offenlegung des Planes mit der Frist zur Erhebung der Einwendungen zeitlich zusammenfallen muß, nicht.

2. Die Klägerin rügt einmal, daß als Maßstab für die Bemessung der Kanalisationsbeiträge die Größe der Grundstücke genommen sei (§ 3); das hält sie im vorliegenden Falle deshalb für unzulässig, weil die betroffenen Grundstücke ihrer Bebauung und ihrer wirtschaftlichen Ausnutzung nach ganz verschieden seien. Für gesetzwidrig aber erachtet sie namentlich den § 4 der Ordnung, wonach auf Antrag der Beitrag vom Gemeindevorsteher entsprechend ermäßigt werden kann. Durch diese Vorschrift werde der Grundsatz des § 3, wonach die Beiträge allgemein nach der Grundstücksfläche erhoben werden sollen, insofern beseitigt, als die Festsetzung der Höhe der Beiträge in das Ermessen des Gemeindevorstehers gelegt worden sei. Diese Ausführungen sind nicht geeignet, die BeitragsO. gesetzwidrig erscheinen zu lassen.

3. Ob der im § 3 gewählte Maßstab angemessen und zweckentsprechend ist, hat der Verwaltungsrichter nicht zu prüfen; nur wenn er findet, daß der Maßstab völlig ungeeignet oder willkürlich ist, darf er seine Anwendung für unzulässig erklären. Die Berechnung der Beiträge nach der Grundstücksfläche ist aber — mit der Beschränkung, wie sie der § 3 bis zur Tiefe von 40 m von der Straßenbaufluchtlinie gibt — ebensowenig ungeeignet, wie die Bemessung nach der Frontlänge der Grundstücke. Von einer Willkür kann bei dieser Art der Berechnung keine Rede sein.

4. Dagegen würde § 4 der Gültigkeit entbehren und die ganze Ordnung ungültig machen, wenn er die Bedeutung hätte, daß in allen den Fällen, wo die bauliche Ausnutzung der ganzen Fläche eines Grundstücks nicht möglich ist, der Gemeindevorsteher den Beitrag von vornherein — also schon bei der Heranziehung der Pflichtigen — auf einen geringeren Betrag als den, der sich bei der Anwendung der Vorschrift des § 3 ergeben würde, herabsetzen dürfte. Soll dagegen die Heranziehung zu den Beiträgen für alle pflichtigen Grundstücke ohne jede Ausnahme nach dem Maßstabe des § 3 erfolgen, und hat der § 4 nur den Zweck, dem Gemeindevorsteher die Befugnis zu erteilen, seinerseits — ohne Anhörung der Gemeindevertretung — in den Fällen, wo die Einziehung des nach der Bestimmung des § 3 berechneten Beitrags zu ungerechtfertigten Härten führen würde, den veranlagten Beitrag nachträglich herabzusetzen, sofern ein Beteiligter darauf anträgt, so ist gegen die Gültigkeit des § 4 kein Bedenken zu erheben. Alsdann handelt es sich nicht mehr um die Frage, in welcher Höhe die einzelnen Beteiligten zu Beiträgen herangezogen werden sollen, sondern nur darum, ob nach erfolgter Heranziehung der Pflichtigen die Abgabe in voller Höhe entrichtet oder aus Billigkeitsgründen ermäßigt werden soll; der § 4 äußert dann also auf die Beitragspflicht überhaupt keine Wirkung. Dafür, daß der § 4 in dieser Weise aufzufassen ist, spricht der Wortlaut der Bestimmung. Wenn der Gemeindevorsteher für befugt erklärt wird, den Beitrag zu ermäßigen, so nötigt das zu der Annahme, daß vorher schon ein

Beitrag festgesetzt sein muß; denn ermäßigt werden kann nur ein bestimmter Betrag. Die Ermäßigung soll ferner nur auf Antrag erfolgen dürfen; einen solchen Antrag zu stellen wird aber regelmäßig nur der in der Lage sein, der Kenntnis davon erhalten hat, ein wie hoher Beitrag von ihm verlangt wird.

Nr. 10. Entsch. v. 20. Juni 1911 (PrVerwBl. **33** 234) II C 78/10.

KommAbgG. § 9.

Ein Ortsstatut, das vorschreibt, daß von jedem an die städtische Kanalanlage anschließenden Grundstücke für die Benutzung der Kanäle eine Abgabe zu entrichten ist, trifft lediglich die Grundstücksentwässerung. Es verstößt deshalb gegen die Vorschrift im § 9 KommAbgG., wonach die Beiträge nach Maßgabe der Vorteile verteilt sein müssen, wenn es von der zu leistenden Abgabe die Eigentümer der Grundstücke befreit, die nach einem gemäß § 15 BauflG. erlassenen Ortsstatut Beiträge lediglich zur Straßenentwässerung geleistet haben.

Nr. 11. Entsch. v. 27. Juni 1911 (PrVerwBl. **33** 247).

KommAbgG. § 9.

1. Der Kläger betreibt mit Recht seine Freistellung von Beiträgen auf Grund des § 9 KommAbgG. Zunächst gibt der Verteilungsmaßstab, nach dem auf Grund des hier fraglichen Gemeindebeschlusses die Beiträge bemessen werden sollen, zu erheblichen Bedenken Anlaß. Es werden nämlich sämtliche heranzuziehenden Grundstücke je nach ihrer Lage zur Kaiserbrücke in vier Beitragszonen eingeteilt, und für das einzelne Grundstück wird der Beitrag unter Zugrundelegung bestimmter Einheitssätze für das laufende Meter Front und das Quadratmeter Bauland aus der Summe des Beitrags nach Maßgabe der Frontlänge und eines Zuschlagsbeitrags nach der Größe der Baulandfläche gebildet. Darin liegt insofern eine Unklarheit, als der Begriff der Baulandfläche der erforderlichen Bestimmtheit entbehrt.

2. Zweifel an der Gültigkeit des Ortsrechts erheben sich ferner insofern, als nicht mit Sicherheit erhellt, ob das in § 9 Abs. 3 KommAbgG. vorgeschriebene Verfahren der Offenlegung des Planes der Veranstaltung ordnungsmäßig stattgefunden hat. Es haben Pläne vor- und offengelegen, die die Lage und die Ansicht der neuen Brücke und die Lage derjenigen Grundstücke verzeichneten, deren Eigentümer von der Beitragserhebung betroffen worden sind. Dagegen läßt sich aus den Akten nicht feststellen, ob in gleicher Weise auch eine Veröffentlichung derjenigen Zeichnungen stattgefunden hat, die erkennen lassen, ob und inwieweit aus Anlaß des Brückenbaues eine Veränderung der Höhenlage einzelner Straßen ins Auge gefaßt war, insbesondere inwieweit die Grundfläche gewisser, der Beitragspflicht unterworfenen Grundstücke durch Heben der Straßenhöhe unter das Niveau der Straße zu liegen kommen sollten. Auch hierauf hätte sich die Auslegung erstrecken müssen. Wenn die Ausführungen des Magistrats darauf abzielen, daß in dem auf Grund des § 9 durchgeführten Verfahren bei der Erörterung der Vorteilsfrage etwaige Nachteile, die einzelnen Anliegern infolge Höherlegung der angrenzenden Straße entstehen, außer Berücksichtigung hätten bleiben müssen, so gehen sie fehl. Als Veranstaltung, durch die einzelnen Grundeigentümern besondere wirtschaftliche Vorteile erwachsen, kann hier nicht das Projekt des Brückenbaues allein losgelöst von den damit in untrennbarem Zusammenhange stehenden Straßenanlagen und Veränderungen angesehen werden. Denn sollten durch die infolge der Höhenlage der Brücke erforderlich gewordene Hebung des Niveaus einer Straße den Besitzern daran belegener Grundstücke besondere Nachteile zugefügt werden, so würde der für die Beitragserhebung maßgebende Vorteil nicht schon in der Zuwendung

von Vermögenswerten bestehen, die der Brückenbau selbst, etwa durch die damit verbundene Erschließung anliegender Stadtteile mit sich bringt, vielmehr wird er gebildet durch den etwaigen Überschuß dieser Vorteile über jene infolge der Veränderung des Straßenniveaus eintretenden besonderen Schädigungen. Solche Nachteile einzelner Grundstücke können mit Erfolg nur in dem in § 9 vorgesehenen Einwendungsverfahren geltend gemacht werden. Es muß deshalb aus dem offenzulegenden Plane deutlich erkennbar sein, ob und in welchem Umfange derartige Eingriffe in die Besitzverhältnisse der Anlieger durch die Veranstaltung hervorgerufen werden, damit einerseits die beteiligten Grundbesitzer durch Erhebung von Einwendungen die Mitberücksichtigung dieser Umstände bei der Beitragsbemessung herbeiführen, anderseits die zur Prüfung der Vorteilsfrage berufenen Organe hinreichend die Tragweite der Veranstaltung für die zur Entrichtung von Beiträgen in Aussicht genommenen Grundstücksbesitzer ermessen können.

3. Eine Untersuchung darüber, ob jeder einzelne von dem Beitragsbeschlusse betroffene Grundbesitzer von der Veranstaltung einen besonderen Vorteil hat, und ob der Vorteil im genauen Verhältnisse zu der Höhe des erforderten Beitrags steht, ist in OVG. **32** 109 für das Verwaltungsstreitverfahren abgelehnt worden. Aber gleichzeitig ist ausgesprochen worden, daß die Erörterungen hierüber in das vorgängige Beschlußverfahren, durch welches das Ortsrecht geschaffen wird, gehörten, in dem die zuständige Behörde die Genehmigung des Gemeindebeschlusses so lange nicht erteilen könne, als sie nicht die in Betracht kommenden Verhältnisse von allen Seiten geprüft und die Überzeugung von der Zweckmäßigkeit und Angemessenheit des von der Gemeinde Beschlossenen gewonnen habe. Daraus folgt, daß, wenn offensichtlich die Beschlußbehörde eine solche Prüfung der individuellen Verhältnisse unterlassen hat, und also nicht ihre Überzeugung von der zutreffenden Bewertung der Vorteile der einzelnen Grundbesitzer die Grundlage des Genehmigungsbeschlusses war, ihr Verfahren mit einem diese Genehmigung hinfällig machenden Mangel behaftet ist. So liegt der Fall hier. Der Bezirksausschuß hat geglaubt, daß für eine Nachprüfung der von der Gemeinde behaupteten Vorteile im einzelnen kein Raum sei, und sich deshalb auf Erwägungen allgemeiner Natur beschränkt. Allerdings heißt es in dem genehmigenden Beschlusse weiter: „Ferner bietet die Art der Zusammensetzung der Kommission, die die Auswahl der heranzuziehenden Grundstücke vorgenommen sowie den der Berechnung der Beiträge zugrunde zu legenden Maßstab festgesetzt hat, ausreichende Gewähr für eine zweckentsprechende, gerechte Verteilung." Dadurch ist aber der bezeichnete Mangel nicht beseitigt. Denn dem Bezirksausschusse lag die selbständige Prüfung der Vorteilsfrage ob. Er konnte seine Obliegenheit nicht dadurch erfüllen, daß er erklärte, sich auf die städtischen Organe verlassen zu dürfen. Nun ist allerdings das Verfahren durch diesen Beschluß des Bezirksausschusses nicht beendet worden, sondern es hat auf Beschwerde noch der Provinzialrat die beschlossene Beitragserhebung nachgeprüft. Es wäre deshalb möglich gewesen, daß der Provinzialrat den Fehler des erstinstanzlichen Verfahrens wieder gut gemacht hätte, indem er die darin unterlassene Untersuchung, ob den einzelnen für beitragspflichtig erklärten Grundbesitzern die Beitragserhebung rechtfertigende Vorteile erwüchsen, nachholte. Dies ist aber nicht geschehen.

Nr. 12. Entsch. v. 19. Sept. 1911 (PrVerwBl. **33** 332) II C 75/10.

KommAbgG. § 9.

1. Handelt es sich um die systematische Kanalisation einer Stadt und ist die Kanalisation mithin eine einheitliche, so darf das Ortsrecht nicht die Höhe der Beiträge von der Höhe der Kanalisationskosten der einzelnen Straße abhängig machen. Die Kosten in den einzelnen Straßen sind verschieden, ohne daß diese höheren oder geringeren Beiträge durch die Straßen- und Grund-

stücksentwässerung gerade dieser Straße bedingt sind und den größeren oder geringeren Vorteil gerade dieser Grundstückseigentümer anzeigen. Die Beiträge aber müssen nach den Kosten des ganzen Unternehmens und nach den Vorteilen der einzelnen bemessen und verteilt werden. Die richtige Bemessung der Beiträge kann vielmehr anscheinend kaum anders als dadurch gewährleistet werden, daß bei Festsetzung der Beiträge der Beteiligten die Kosten der Gesamtanlage berücksichtigt werden. So ist auch bei systematischen Kanalisationen in allen dem Gerichtshofe bekannt gewordenen Fällen verfahren worden. Bei einer derartigen Verteilung ist es natürlich nicht ausgeschlossen, vielleicht sogar geboten, die Anlieger der schon früher kanalisierten Straßen mit geringeren Beiträgen heranzuziehen, da sie von der Neukanalisation geringere Vorteile haben als die Anlieger anderer Straßen.

2. Der Beitragsbeschluß ist rechtsungültig, wenn die im § 9 Abs. 3 KommAbgG. für die Anbringung von Einwendungen vorgeschriebene Mindestfrist von vier Wochen nicht gewahrt ist.

Nr. 13. Entsch. v. 23. Jan. 1912 (OVG. 62 128) II C 243/10.

KommAbgG. § 9.

1. Ob bei der Erhebung laufender jährlicher Kanalisationsbeiträge der gemeine Wert noch als ein geeigneter Maßstab würde anerkannt werden können, ist nicht ohne Bedenken. Beiträge sind nach den wirtschaftlichen Vorteilen zu bemessen. Der gemeine Wert eines Grundstücks erhöht oder vermindert sich durch Veränderungen, die mit dem Grundstücke vorgenommen werden (z. B. durch Abbruch, Umbau oder Neuerrichtung von Gebäuden); dadurch verändert sich die Höhe des Beitrags, ohne daß dadurch der wirtschaftliche Vorteil, den das Grundstück durch das Vorhandensein des Kanals und die Möglichkeit des Anschlusses an ihn hat, beeinflußt zu werden braucht. Wenn durch laufende Beiträge ein bestimmter Teil der Kosten allmählich aufgebracht werden soll, tragen auch Grundstücke, die von Anfang an bebaut sind, verhältnismäßig mehr bei, als später bebaute, und solche, die bis zum Ablaufe der Beitragsfrist überhaupt unbebaut geblieben sind, würden völlig frei bleiben können, obwohl auch bei diesen schon durch das Vorhandensein des Kanals und durch die Anschlußmöglichkeit (z. B. durch Steigerung des Wertes des Grund und Bodens infolge besserer Bebaubarkeit) ein wirtschaftlicher Vorteil erwächst, und bei von Anfang an bebauten Grundstücken der Vorteil nicht größer ist als bei Grundstücken, deren gemeiner Wert durch spätere Bebauung demjenigen der ersten gleichkommt. Ob bei diesen nach der Gestaltung des Ortsrechts hier sich ergebenden Bedenken gegen den Maßstab des gemeinen Wertes dieser als völlig ungeeignet erachtet werden müßte, mag dahingestellt bleiben, da jedenfalls aus anderen Gründen das Ortsrecht keine rechtswirksame Grundlage für die Heranziehung bildet.

2. Der Zwang zum Anschlusse kann nicht durch Beschlüsse der städtischen Körperschaften, sondern nur durch PolVd. festgesetzt werden. Diesen Mangel erachtet der Bezirksausschuß dadurch für geheilt, daß im § 1 PolVd., betr. die Entwässerung der Stadt L., verordnet ist: „Die Bestimmungen des Ortsstatuts, betr. die Entwässerung der Stadt L., v. 2. VI. 03, soweit sie Anordnungen polizeilichen Charakters enthalten, gelten auch als Teil dieser PolVd.", und daß diese Bestimmung durch PolVd. v. 18. II. 07 auf das an Stelle des Ortsstatuts v. 2. VI. 03 getretene Ortsstatut v. 27. IX. 05 ausgedehnt worden ist. Die Rechtsgültigkeit einer PolVd. dieses Inhalts unterliegt jedoch erheblichen Bedenken, einmal, weil sie durch die bloße Bezugnahme auf „Anordnungen polizeilichen Charakters" in einem Ortsstatut ohne nähere Angabe, welche Anordnungen hierunter verstanden sein sollen, zu unbestimmt erscheint, und sodann weil eine Bezugnahme auf an anderer Stelle veröffentlichte Anordnungen nicht oder doch nur unter besonderen Voraussetzungen ausreichend ist.

3. Nach § 9 Abs. 2 KommAbgG. ist der Plan der Veranstaltung nebst einem

Nachweise der Kosten offen zu legen und in der Bekanntmachung des Beschlusses anzugeben, wo und während welcher Zeit Plan nebst Kostennachweis zur Einsicht offen liegen. Der Kostennachweis muß, soweit die Kosten bereits aufgewendet sind, erkennen lassen, für welche Leistungen und in welcher Höhe für sie Kosten aufgewendet sind. Die Offenlegung eines Kostennachweises ist vom G. vorgeschrieben, um den Beteiligten eine Nachprüfung darüber zu ermöglichen, ob die Kosten sich in dem Rahmen der geplanten oder nach dem Plane bereits ausgeführten Veranstaltung halten. Eine solche Nachprüfung und die Erhebung sachgemäßer Einwendungen gegen den Kostennachweis ist aber unmöglich, wenn lediglich die Gesamtsumme der aufgewendeten Kosten unter Bezeichnung der Leistungen im allgemeinen angegeben ist.

4. Wird die Festsetzung der Höhe der Beiträge (z. B. durch Bestimmung eines Einheits- oder Prozentsatzes) späteren Gemeindebeschlüssen vorbehalten, so bedarf es zu deren Wirksamkeit wiederholter Offenlegung des Planes und Kostennachweises.

Nr. 14. Entsch. v. 29. März 1912 (PrVerwBl. **34** 61) II B 4/11.

KommAbgG. § 9.]

1. Zu einem Bestandteile der durch das öffentliche Interesse erforderten Kanalisationsveranstaltung können durch das Ortsrecht außer den eigentlichen Kanalrohren auch solche Vorrichtungen (Seitenrohre usw.) gemacht werden, die den Anschluß ermöglichen sollen und in diesem Sinne wohl selbst als Anschlüsse bezeichnet werden. Demgemäß können alsdann auch die durch diese Vorrichtungen entstehenden Kosten den sonstigen Kosten der öffentlichen Veranstaltung hinzugerechnet und mit diesen in der Form von Beiträgen den bevorteilten Grundeigentümern auferlegt werden.

2. Wenn aber eine Gemeinde nur die Ausführung der Hausanschlüsse an Stelle des Grundstückseigentümers sich vorbehalten hat und die hierzu erforderlichen Arbeiten und Materialien lediglich für den Grundstückseigentümer liefert, der an sich die Herstellung des Kanalanschlusses zu bewirken haben würde, so sind die aus diesem Verhältnisse sich ergebenden Ansprüche der Gemeinde privatrechtliche und es findet über sie das Verwaltungsstreitverfahren nicht statt.

Nr. 15. Entsch. v. 17. Sept. 1912 (OVG. **62** 147) II C 283/11.

1. Wenn ein Gemeindebeschluß jeden Eigentümer eines Grundstücks, das durch den Anschluß an die Kanalisation entwässert werden kann, für verpflichtet erklärt, zu den Kosten der Kanalisation einen einmaligen Beitrag zu leisten, und die Höhe des Beitrags auf einen bestimmten Geldbetrag für jedes Meter Frontlänge, das ein Grundstück an einer kanalisierten Straße hat, festsetzt, darf ein Beitrag nur gefordert werden, falls ein Grundstück an einer kanalisierten Straße liegt und die Entwässerung des Grundstücks in einen vor seiner Front liegenden Straßenkanal möglich ist. Die Höhe des Beitrags richtet sich dann nach der Länge des vor der Grundstücksfront bzw. den Grundstücksfronten liegenden Straßenkanals.

2. Unter der Möglichkeit der Entwässerung des Grundstücks in einen solchen Kanal kann aber nur die gemeingewöhnliche verstanden werden. Wenn jede Möglichkeit der Entwässerung, auch eine solche, die in einer für das Grundstück ausreichenden Weise nur unter Anwendung besonderer Einrichtungen (wie z. B. Pump- oder Hebewerke) und demgemäß mit Aufwendung außergewöhnlich großer Kosten stattfinden kann, gemeint wäre, so würde darin ein Verstoß gegen den Grundsatz des § 9 KommAbgG. liegen; denn das Ortsstatut hätte dann die Beiträge nicht grundsätzlich nach den den einzelnen Grundstücken erwachsenden

Vorteilen verteilt, sondern alle Grundstücke ohne Rücksicht darauf, ob sie gleich hohe Vorteile durch die Anschlußmöglichkeit haben oder nicht, nach dem gleichen Maßstabe beitragspflichtig gemacht.

Nr. 16. Entsch. v. 11. Okt. 1912 (OVG. **62** 157) II C 300/11.

KommAbgG. § 9.

Nach § 9 KommAbgG. müssen die Veranstaltungen, zu welchen Beiträge erhoben werden sollen, in einem Plane und Kostennachweis, in dem die Kosten zu veranschlagen oder rechnungsmäßig festzustellen sind, dargestellt sein. Dieser Plan und Kostennachweis müssen dem ganzen Verfahren gleichmäßig zugrunde gelegt werden; es muß also derselbe Plan und Kostennachweis Gegenstand des Beschlusses der städtischen Behörden, des Offenlegungs- und Einwendungs-Verfahrens und der Genehmigung sein, und nachdem dies geschehen ist, dürfen auch die Beiträge nur zu der so beschlossenen und genehmigten Veranstaltung erhoben werden. Ein Wechsel des Planes und Kostennachweises während des Verfahrens oder nach seinem Abschlusse würde die Beitragserhebung unzulässig machen. Im vorliegenden Falle haben die Pläne und Kostennachweise, die zur Grundlage und zum Gegenstande dieses Beschlusses gemacht und ausgelegt worden sind, wie die Einsicht der Akten ergeben hat, nur die Kanalisation des damaligen Stadtbezirkes vorgesehen. Da also der Plan und Kostennachweis der Veranstaltung sich nicht auf den Bezirk erstreckt hat, der zwar jetzt zur Stadt D. gehört, damals aber die Gemeinde R. bildete, so kann er schon deshalb nicht die Grundlage für eine Heranziehung von Grundstücken dieses Bezirkes abgeben.

Nr. 17. Entsch. v. 20. Dez. 1912 (PrVerwBl. **34** 634) II C 55/12.

KommAbgG. § 9.

1. Die Gemeinden sind, soweit es sich um Anleihen handelt, die besonders für die Zwecke einer unter § 9 KommAbgG. fallenden Veranstaltung aufgenommen sind, befugt, unter Änderung ihrer ursprünglichen Absichten Beiträge zur Verzinsung und Tilgung der Anleihe zu beschließen, solange und soweit diese noch nicht endgültig getilgt ist. Wenn also die Gemeinde zuerst lediglich beschlossen hat, die Kanalisationsanleihen durch Gebühren zu tilgen, so würde das gleichwohl nicht verhindert haben, daß sie noch Beiträge zur Verzinsung und Tilgung des damals noch bestehenden Anleiherestes beschließen konnte.

2. Dagegen ist das Ortsrecht aus anderen Gründen ungültig. Bereits die Zerlegung der Beitragsregelung in eine allgemeine und in eine besondere ist bei Kanalisationskosten bedenklich und führt zu Zweifeln hinsichtlich des Verhältnisses einzelner Bestimmungen zueinander. Am Platze ist solche Regelung bei der Erhebung von Beiträgen zu den Kosten der Straßenunterhaltung. Da soll sie verhüten, daß ohne Rücksicht auf die in der Regel vorhandene Einheitlichkeit des ganzen Straßennetzes Beiträge zu den Kosten einer einzelnen Straße ausgeschrieben werden auf Grund einer Regelung, die die einzelne Straße als eine selbständige Veranstaltung behandelt und demgemäß nur die Grundeigentümer an dieser einen Straße trifft, während es an einer ortsrechtlichen Gewähr dafür fehlt, daß auch die übrigen Grundstücksanlieger des Straßennetzes, sobald ihnen besondere Vorteile erwachsen, dementsprechend herangezogen werden. Bei einer Kanalisation einer ganzen Stadt, die als einheitliche Veranstaltung durchgeführt wird, bedarf es einer solchen Gewähr nicht. Wird in solchen Fällen für den Beitragsbeschluß die Form des Statuts gewählt, so ist es möglich und ratsam, gleich dieses in den Formen des § 9 KommAbgG. zu erlassen. In der KanalisationsO. (§ 2) kann nun die Beitragsforderung ihre ortsrechtliche Grundlage schon deshalb nicht finden, weil diese Ordnung nicht in den im § 9 KommAbgG. vorgeschriebenen Formen zustande gekommen ist. Aber auch der besondere Gemeindebeschluß vermag nicht die

nötige Stütze zu bieten. Einmal leidet er selbst an Unvollständigkeit, indem er nicht alle diejenigen Bestimmungen enthält, deren es zur Erhebung von Beiträgen gemäß § 9 aaO. bedarf. Sodann genügt aber auch die dem Beschlusse zugrunde liegende veröffentlichte „Berechnung des Beitrags zu den Kosten der Herstellung der Schwemmkanalisation für das laufende Meter Straßenfront" nicht den Anforderungen, die ein Kostennachweis iS. des § 9 KommAbgG. erfüllen muß. Sie gibt die gesamten Kosten der Kanalisation nur in einer Summe an, während es bei fertiggestellten Anlagen des Nachweises der im einzelnen wirklich entstandenen Kosten durch die schließliche Abrechnung bedarf. Ferner bezeichnete die Bekanntmachung, durch die der Beschluß zur öffentlichen Kenntnis gebracht worden ist, die vierwöchige Frist, während welcher die Einwendungen angebracht werden konnten, nicht bestimmt genug. Als Anfangstermin der Frist ist der „Tag des Erscheinens dieser Bekanntmachung" angegeben. Da die Veröffentlichung der Bekanntmachung in zwei Zeitungen erfolgte und unter Umständen auch das Datum einer Zeitungsnummer nicht mit dem Tage zusammenfällt, an dem sie den Lesern zugestellt wird, so können bei dieser Art der Fristbestimmung Zweifel über den Beginn und Ablauf der Frist entstehen. Es hätte deshalb der Angabe eines bestimmten Tages dafür bedurft. Ganz besonders aber fällt ins Gewicht, daß der Genehmigungsbeschluß des Bezirksausschusses nicht in der gleichen Weise wie der Gemeindebeschluß durch die in St. erscheinenden Zeitungen bekanntgemacht worden ist. Die Zustellung des Beschlusses nur an die Einsprechenden genügte nicht der Vorschrift des Abs. 5 im § 9 aaO., die zwingender Art ist, deren Nichterfüllung daher die Rechtsunwirksamkeit des Ortsrechts zur Folge haben muß. Der Mangel ist auch nicht dadurch behoben, daß der auf Beschwerde ergangene Beschluß des Provinzialrats durch die St.er Zeitungen veröffentlicht worden ist. Denn die Veröffentlichung des Beschlusses des Bezirksausschusses verfolgt den Zweck, die Frist für Beschwerden zu eröffnen. Nach Abs. 6 aaO. steht aber die Beschwerde allen Beteiligten ohne Rücksicht darauf offen, ob sie Einwendungen erhoben haben oder nicht.

Nr. 18. Entsch. v. 6. Febr. 1912 (PrVerwBl. **33** 714) II C 268/11.

KommAbgG. § 9.

Ein Ortsstatut, in dem die Stadtgemeinde die Reinigungspflicht als eigene nicht übernommen hat, sondern unter Aufrechterhaltung der Verpflichtung der Grundeigentümer während der Geltungsdauer des Statuts sich das Recht vorbehält, die Satzung aufzuheben und die Verpflichtung der Anlieger zur Straßenreinigung wieder aufleben zu lassen, entbehrt der Rechtsgültigkeit.

Hierin liegt ein Eindrängen der Gemeinde zwischen die etwa reinigungspflichtigen Grundeigentümer und die zur Forderung der Reinigung berechtigte Polizeibehörde. Das aber ist unzulässig. Hieran vermag auch eine Bestimmung des Statuts nichts zu ändern, wonach die Stadt während der Geltungsdauer der Ortssatzung der Polizeibehörde gegenüber die Verantwortung für polizeimäßige Ausführung übernimmt. Auch hier übernimmt die Stadt nur die „Verantwortung", nicht die Reinigungspflicht selbst. Es liegt mithin eine ordnungsmäßige und endgültige Übernahme der Straßenreinigungspflicht durch die Stadtgemeinde nicht vor, und damit ist das ganze Ortsstatut ungültig.

Nr. 19. Entsch. v. 22. Nov. 1912 (PrVerwBl. **34** 545) II C 216/11.

KommAbgG. § 9.

1. Bei Prüfung der Frage, ob die Kosten einer Pflasterung zur Zeit des Beitragsbeschlusses bereits endgültig gedeckt worden sind, müssen, weil es sich dabei um die Gültigkeit des Ortsrechts handelt, auch die in der Revisionsinstanz neu vorgebrachten Tatsachen berücksichtigt werden.

2. Es steht fest, daß die Kosten der Pflasterung aus einer Anleihe gezahlt werden, die speziell für diese Arbeiten bestimmt war. Die Bezahlung der Kosten einer Veranstaltung aus einer derartigen Spezialanleihe bedeutet zwar zunächst eine Deckung dieser Kosten. Die Gemeinde ist aber, selbst wenn sie sich die Erhebung von Beiträgen für die Verzinsung und Tilgung dieser Anleihe nicht von vornherein ausdrücklich vorbehalten hat, dennoch berechtigt, solange und soweit die Anleihe nicht vollständig getilgt ist, unter Änderung ihrer etwaigen ursprünglichen Absicht zur einmaligen Abstoßung oder zur weiteren Verzinsung und Tilgung der Anleihe Beiträge zu erheben. Das folgt daraus, daß § 9 KommAbgG. die Beitragserhebung nicht bloß für geplante, sondern auch für fertige Veranstaltungen gestattet und in seinem zweiten Absatz ausdrücklich die Deckung der Ausgaben für Verzinsung und Tilgung des aufgewendeten Kapitals durch Beiträge für den Fall vorschreibt, daß sonst Steuern dazu verwendet werden müßten.

3. In dem Etat und der Rechnung erscheint die Anleihe nicht als eine ausschließlich für die Pflasterung bestimmte Spezialanleihe. Vielmehr ist sie so behandelt, als sollte sie dazu dienen, den Etat im allgemeinen zu balancieren, also den Fehlbetrag zu decken, der bei Vergleichung aller Einnahmen mit den Ausgaben sich ergab. Wäre letzteres tatsächlich der Fall, so würde allerdings die Bezahlung aus der Anleihe eine endgültige Deckung bedeuten. Aber auf den Etat allein kann es im vorliegenden Falle nicht ankommen. Denn wenn der Etat und seine Genehmigung auch nicht zum Ausdruck bringen, daß die Pflasterungskosten allein aus der Anleihe zu decken sind, und daß die Anleihemittel nur zu denjenigen Zwecken verwendet werden dürfen, zu denen sie aufgenommen sind, so schließen sie doch diese Art der Regelung auch nicht aus. Indem er die Anleihemittel mit den Straßenpflasterungskosten in sich auf je 170 000 ℳ balanciert, bewirkt er, daß beide Positionen auf die Höhe der aufzubringenden Steuern keinen Einfluß haben. Man kann daher auch nicht annehmen, daß durch die Festsetzung und Genehmigung des Etats die Zweckbestimmung der Anleihe aufgehoben worden wäre, vielmehr blieb die Gemeinde verpflichtet, nach den Festsetzungen des Anleihebeschlusses zu handeln. Der Umstand, daß das nach der Rechnung von 1903 noch nicht geschehen war, ist gleichfalls nicht entscheidend. Es kann sehr wohl später nachgeholt sein, und schließlich kommt es hier nur darauf an, welche Bestimmungen bei Aufnahme der Anleihe getroffen worden sind. Sollte die Gemeinde diese Bestimmungen später nicht beachtet haben, so wäre es Sache der Aufsichtsbehörde, die Beachtung herbeizuführen. Hier ist der Wille der Gemeinde, die Beiträge zur Verzinsung und Tilgung der für die Pflasterung bestimmten Spezialanleihe zu verwenden, in dem Anleihebeschlusse der städtischen Körperschaften in Verbindung mit dem Beitragsbeschlusse klar zum Ausdruck gekommen, und infolge der Fassung und Genehmigung dieser Beschlüsse ist die Gemeinde verpflichtet, dauernd die Beiträge zu diesen Zwecken zu verwenden. Sie wäre also z. B. nicht befugt, die Beiträge für andere Pflasterungszwecke oder sonstige Bedürfnisse zurückzulegen. Sollte sie sich im Laufe der Zeit an den vorgeschriebenen Verwendungszweck nicht mehr halten, so würde es auch hier Sache der Aufsichtsbehörde sein, sie dazu anzuhalten. Der einmal gültig gefaßte Beitragsbeschluß wird aber, solange er zu Recht besteht, nicht dadurch ungültig, oder unwirksam, daß in unrechtmäßiger Weise nach seinen Festsetzungen nicht mehr verfahren wird.

4. Der Einwand, daß jedenfalls der besondere Beitragsbeschluß innerhalb der dreijährigen Frist nach Herstellung der Pflasterung hätte gefaßt werden müssen, trifft gleichfalls nicht zu.

Die Vorschr. in § 87 KommAbgG. bezieht sich ausdrücklich nur auf die Geltendmachung entstandener Forderungen, dagegen nicht auf den Erlaß der Beitragsbeschlüsse. Die Zulässigkeit der letzteren ist auch in keiner anderen Best., besonders nicht in § 9 KommAbgG., zeitlich begrenzt worden. Die Einwendung des Klägers, daß es praktisch zu unhaltbaren Folgen führe, wenn man den Gemeinden gestatten wollte, noch nach 30 oder 100 Jahren Beiträge zu beschließen, kann gegenüber den klaren Best. des G. nicht durchgreifen.

5. Nach § 9 KommAbgG. können die Beiträge von denjenigen Grundeigentümern und Gewerbetreibenden erhoben werden, „denen durch die Veranstaltung besondere wirtschaftliche Vorteile erwachsen". Wird nun durch eine Veranstaltung, zum Beispiel die Pflasterung der Straße, die Benutzbarkeit und der Gebrauchs- oder Verkaufswert eines anliegenden Grundstücks erhöht, so kommt der hieraus erwachsende Vorteil, solange er besteht, dem jeweiligen Eigentümer des Grundstücks zugute. Dabei kann es nicht darauf ankommen, auf welche Weise der Eigentümer sich in den Genuß dieses Vorteils gesetzt hat, insbesondere also auch nicht darauf, ob und wann er das Grundstück gekauft hat, und ob er etwa in dem Kaufpreis auch einen Entgelt für den durch die Veranstaltung hervorgerufenen Vorteil entrichtet hat. Vielmehr ist die Voraussetzung des § 9 ohne Rücksicht auf die privaten Erwerbsverhältnisse lediglich durch das Eigentum des bevorteilten Grundstücks erfüllt.

Nr. 20. Entsch. v. 4. April 1913 (PrVerwBl. **34** 892) II C 227/12.

KommAbgG. § 9. BauflG. § 15.

Eine Erhebung von Beiträgen zu Pflasterungskosten nach § 9 KommAbgG. ist nur insoweit zulässig, als die Bestimmungen des § 15 BauflG. nicht Anwendung finden, d. h. entweder wenn es sich um die Pflasterung einer bereits zur Zeit des Inkrafttretens des BauflG., also im September 1875, vorhandenen und bebauten Ortsstraße handelt, oder wenn die Pflasterung sich zwar auf eine neue Straße erstreckt, aber nicht die erste Einrichtung der Straße und nicht ihre Unterhaltung innerhalb der ersten fünf Jahre nach der ersten Einrichtung darstellt. Nur dann, wenn eine dieser beiden Voraussetzungen vorliegt, ist die Gemeinde zur Erhebung von Beiträgen nach § 9 KommAbgG. berechtigt. Der Vorderrichter hat angenommen, daß eine Gemeinde Beiträge nach § 9 auch für die Kosten des Ausbaues solcher Straßen, die unter § 15 BauflG. fallen, fordern dürfe, wenn sie von der ihr durch § 15 gegebenen Befugnis zur Beitragserhebung keinen Gebrauch mache. Diese Ansicht ist rechtsirrtümlich.

Nr. 21. Entsch. v. 10. Jan. 1913 (PrVerwBl. **34** 688) II C 151/12.

KommAbgG. § 9.

1. Die Heranziehung des Klägers beruht auf der Satzung betr. die Regelung der Abfuhr des Mülls und des Straßenkehrichts in dem Gemeindebezirke Homberg a. Rh., v. 16. VI. 10, die im § 10 auf eine besondere unter demselben Tage erlassene PolVd., betr. die Müll- und Kehrichtabfuhr in der Gemeinde Homberg a. Rh., verweist. In dieser PolVd. wird zwar nicht die Benutzung der Abfuhranstalt befohlen, aber es ist mehrfach von einem „Abfuhrzwange" die Rede, offenbar idS., daß mit einer Verpflichtung der Hausbesitzer gerechnet wird, in den Straßen, auf die das Abfuhrwesen der Gemeinde erstreckt ist, dieser die Abfuhr zu überlassen. Nach § 1 der Satzung übernimmt die Gemeinde die regelmäßige Abfuhr des Haushaltungsmülls von den im Gemeindebezirke Homberg belegenen Hausgrundstücken sowie die regelmäßige Abfuhr des Straßenkehrichts; nach § 5 sollen zu den durch die Abfuhr erwachsenden Kosten die Eigentümer der betroffenen Grundstücke Beiträge nach § 9 KommAbgG. entrichten. Hiernach muß angenommen werden, daß gegenwärtig mindestens in einem Teile der Gemeinde Homberg die Reinigung der Straßen und auch die Beseitigung des Straßenkehrichts den Eigentümern der angrenzenden Grundstücke obliegt, und daß letztere gemeint sind, wenn die PolVd. von den zur Reinigung Verpflichteten spricht. Ferner ist davon auszugehen, daß ihnen (nach allgemeinen Grundsätzen) die Wegschaffung des auf ihren Grundstücken

entstehenden Hausmülls obliegt, da sie zur Erhaltung des polizeimäßigen Zustandes ihrer Grundstücke verpflichtet sind. Wenn unter derartigen Umständen eine Gemeinde das Abfuhrwesen selbst in die Hand nehmen will, so gibt es dazu zwei Wege. Der eine ist der, daß die Gemeinde den Grundbesitzern die Verpflichtung zur Wegschaffung des Straßen- und Hauskehrichts beläßt und ihnen nur die städtische Abfuhranstalt zur Benutzung kraft öffentlichen Rechts zur Verfügung stellt, wobei durch PolVd. auch ein Zwang zur Benutzung der Gemeindeanstalt eingeführt werden kann. Für diese Benutzung kann dann die Gemeinde Gebühren nach § 4 KommAbgG. erheben. Oder — und das ist der zweite Weg — die Gemeinde befreit die Grundbesitzer von ihrer Verpflichtung in der Weise, daß sie selbst als Verpflichtete der Polizei gegenüber mit Zustimmung der letzteren eintritt. Dann kann die Gemeinde von denjenigen Grundbesitzern und Gewerbetreibenden, die von der Verbesserung des Abfuhrwesens Vorteil haben (und das wird regelmäßig bei den Anliegern der betroffenen Straßen der Fall sein), Beiträge auf Grund des § 9 KommAbgG. erheben. Dagegen ist es unzulässig, daß die Gemeinde sich zwischen die Verpflichteten und die Polizeibehörde eindrängt, d. h. daß sie, ohne in die öffentlich-rechtliche Verpflichtung selbst einzutreten, nur die Ausführung der Arbeit unter Ausschluß der Pflichtigen übernimmt. Das OVG. hat vielfach Ordnungen für ungültig erklärt, nach denen auf Grund eines derartigen Eindrängens Beiträge erhoben werden sollten.

2. In den im § 9 KommAbgG. erforderten Kostennachweis dürfen Ausgaben für Besoldung von Beamten der allgemeinen Gemeindeverwaltung und allgemeine sachliche Verwaltungskosten für Beleuchtung, Beschaffung von Diensträumen usw. nicht aufgenommen werden.

C. Anliegerbeiträge.

1. Entstehung und Umfang der Beitragspflicht.

Nr. 1. Entsch. v. 24. Nov. 1910 (OVG. **58** 112) IV C 172/09.

BauflG. § 15.

Der Verzicht auf die Erstattung der in Zukunft bei der Fertigstellung einer Straße noch entstehenden Kosten durch die hierzu gemäß § 15 BauflG. verpflichteten Anlieger kann auch im Geltungsbereiche der RhStO. v. 15. V. 56 nur unter Mitwirkung der Stadtverordnetenversammlung rechtswirksam ausgesprochen werden. Die Berechtigung des Oberbürgermeisters oder des ihn vertretenden Beigeordneten, die Gemeinde nach außen zu vertreten und in ihrem Namen mit Behörden und Privatpersonen zu verhandeln, auch die Gemeinde in Prozessen zu vertreten, berechtigt ihn ohne besondere Vollmacht nur zu Prozeßhandlungen im engeren Sinne, nicht aber auch zur Aufgabe von Rechten der Gemeinde, worüber ihr wie über das Recht auf Anliegerbeiträge verfassungsmäßig allein das Verfügungsrecht zusteht.

Nr. 2. Entsch. v. 20. Juni 1912 (OVG. **62** 196) IV C 36/12.

BauflG. § 15.

1. Ein Beschluß, durch den eine Gemeinde von vornherein einen bestimmten Teil der durch eine Straßenanlage entstehenden Kosten übernimmt und insoweit die Entstehung der Beitragspflicht für die Anlieger ausschließt, stellt keinen Verzicht dar. Ein solcher ist nur dann vorhanden, wenn die Gemeinde nachträglich den Umfang der Beitragspflicht mit der Wirkung einschränkt, daß die pflichtigen Anlieger von einer bereits entstandenen oder noch entstehenden Beitragspflicht frei werden.

2. Beschlüsse, durch die eine Stadtverordnetenversammlung auf die Erstattung

von Straßenbaukosten verzichtet, bedürfen innerhalb des Geltungsbereichs der RhStO. v. 15. V. 56 gemäß § 46 Ziff. 6 der Genehmigung des Bezirksausschusses.

Nr. 3. Entsch. v. 19. Nov. 1912 (PrVerwBl. **34** 504) II C 347/11.

BauflG. § 15.

1. Beläßt es ein Ortsstatut hinsichtlich der erstmaligen Herstellung oder Erneuerung, für die allein Beiträge erhoben werden sollen, bei der observanzmäßigen Verpflichtung der Anlieger und überträgt auf die Stadt nur die Ausführung der Herstellungs- und Erneuerungsarbeiten, so liegt darin ein unzulässiges Eindrängen der Gemeinde zwischen die zur Herstellung und Erneuerung verpflichteten Anlieger und die zur Forderung dieser Arbeiten berechtigte Polizeibehörde. Deshalb überschreitet das Statut in seinen auf die Herstellung der Bürgersteige bezüglichen Bestimmungen die Grenzen der städtischen Autonomie, ist somit in diesen Bestimmungen ungültig und deshalb auch nicht geeignet, die erforderliche Grundlage für besondere Beitragsbeschlüsse hinsichtlich der Bürgersteigbeiträge zu bieten.

2. Nach feststehender Rechtsprechung kann Verträgen, die von den städtischen Behörden über die Verpflichtung zur Zahlung öffentlich-rechtlicher Abgaben geschlossen werden, eine öffentlich-rechtliche, im Verwaltungsstreitverfahren zu berücksichtigende Wirkung nur dann beigelegt werden, wenn die Auslegung möglich ist, daß durch den Vertrag die Entstehung der öffentlich-rechtlichen Abgabe an sich nicht berührt, die Abgabe aber, nachdem sie entstanden ist, als getilgt oder abgegolten angesehen werden soll. Der Gerichtshof hat aber diese Auslegung stets dann als unmöglich angesehen und in dem Vertrag einen unzulässigen Verzicht der Gemeinde auf ihr öffentlich-rechtlich begründetes Recht der Regelung und Handhabung der Abgabenverfassung erblickt, wenn es sich um den Erlaß einer Abgabe handelte, deren Forderung zur Zeit des Vertragsabschlusses in dem Ortsrechte der Gemeinde noch gar nicht begründet war. Voraussetzung für die öffentlich-rechtliche Wirkung des Erlasses einer Abgabe ist nicht schon die Identität derjenigen Veranstaltung, für die eine Abgabe erhoben werden soll, sondern die Identität der als getilgt erlassenen mit der später zur Entstehung gelangten Abgabe selbst; und diese Identität kann als vorliegend nicht anerkannt werden, wenn zur Zeit des Erlasses das Ortsrecht noch gar nicht besteht, auf Grund dessen die Abgabe zur Entstehung gelangen soll. Endlich kann auch ein vertragswidriges oder zivilrechtlich unerlaubtes Handeln der Gemeinde keinesfalls den Erfolg haben, daß die Gemeinde dadurch ihre öffentlich-rechtliche Befugnis zur Regelung und Handhabung ihrer Abgabenverfassung mit öffentlich-rechtlicher Wirkung verlieren könnte.

Nr. 4. Entsch. v. 27. Juni 1912 (OVG. **62** 200) IV C 62/12.

BauflG. § 15.

1. Eine Gemeinde ist nicht verpflichtet, sich vor der Ausführung einer Straßenanlage darüber schlüssig zu machen, ob sie einen Teil der Kosten endgültig auf ihre Kasse übernehmen will.

2. Die Best. darüber, ob und wann eine Gemeinde ihr Recht auf Erstattung eines Teiles der Herstellungskosten einer Straße durch Verzicht aufgeben will, unterliegt allein ihrem freien Ermessen. Solange eine Straße noch unfertig ist, und die Gemeinde auf die noch erwachsenden Kosten nicht rechtsgültig verzichtet hat, ist die Anliegerbeitragsforderung nicht entstanden und ihre Verjährung nicht in Lauf gesetzt.

3. Das maßgebende Ortsstatut überträgt die Festsetzung des Wertes der zu einem geringeren Preise oder unentgeltlich abgetretenen Flächen in § 5 dem

Magistrate nach Anhörung der Baukommission. Allerdings darf der Magistrat nicht willkürlich schätzen, er darf bei seiner Schätzung nicht unbeachtet lassen, daß sie unter Berücksichtigung der für das entgeltlich erworbene Straßenland gezahlten Preise vorzunehmen ist. Der Vorderrichter hat festgestellt, daß der Magistrat dementsprechend nach Anhörung der Grunderwerbskommission verfahren sei, und daß ein Vergleich der Preise untereinander die Bewertung als angemessen und einwandfrei erscheinen lasse; er hat deshalb die Anhörung von Sachverständigen abgelehnt. Vom Revisionsstandpunkt aus ist dies nicht zu beanstanden.

4. Endlich haben die Kläger geltend gemacht, die Abrechnung der Straßenbaukosten weise einen Überschuß auf, der an verschiedene Anlieger herausgezahlt werden solle. Die Unzulässigkeit dieses Verfahrens ergebe sich aus dem Umstande, daß diejenigen Grundbesitzer, die freiwillig ohne Entgelt Grund und Boden zur Straße abtreten, von vornherein auf jeden Ersatz seitens der Stadt verzichteten. Der § 5 Abs. 2 des Ortsstatuts lasse zugleich erkennen, daß die Auskehrung eines Überschusses ausgeschlossen sein solle. Die in der Abrechnung zur Auskehrung vorgesehenen Beträge müßten daher von der Gesamtrechnung in Abzug gebracht und insoweit die Anliegerbeiträge der übrigen Grundbesitzer gekürzt werden. Ohne Rechtsirrtum hat der Vorderrichter auch diesen Einwand als unbegründet zurückgewiesen. Es ist eine selbstverständliche Folge der nach dem Ortsstatute von D. zugelassenen Spaltung der Grunderwerbskosten, daß, falls die Abrechnung dieser Kosten für sich erfolgt, Überschüsse sich ergeben können. Wenn beispielsweise angrenzende Grundbesitzer Straßengelände bis über die Mitte der Straße hinaus unentgeltlich abgetreten haben und ihnen der Wert auf die Straßenbaukosten in Anrechnung gebracht werden soll, so muß ihnen bei alleiniger Verteilung der Grunderwerbskosten ein Überschuß zugute kommen, der möglicherweise nicht in Erscheinung treten würde, wenn die Straßenbaukosten im ganzen von den Anliegern eingezogen werden. Das kann aber keinen Grund abgeben, Überschüsse solcher Art als unzulässig zu behandeln und die übrigen Grundbesitzer anteilig entsprechend zu entlasten.

Nr. 5. Entsch. v. 30. Okt. 1911 (OVG. 62 167) IV C 31/11.

BauflG. § 15.

Von der Haftung für Anliegerbeiträge wird der Grundstückseigentümer erst frei, wenn die geschuldeten Beträge gezahlt oder sonst getilgt worden sind. Ob dies auf Grund eines privatrechtlichen oder eines öffentlich-rechtlichen Geschäfts geschieht, ist gleichgültig. Nur darauf kommt es an, ob eine Zahlung oder Tilgung erfolgt ist oder nicht. Die Hinterlegung einer Kaution allein hat noch nicht die Wirkung einer Zahlung oder sonstigen Tilgung der geschuldeten Leistung. Auch nach den eigenen Anführungen des Klägers in der Revisionsinstanz, die dahin gehen, daß die hinterlegten Werte in das Eigentum der Stadtgemeinde übergehen sollten, diese aber bei eintretender Fälligkeit der Anliegerbeiträge die empfangenen Beträge zu verrechnen habe, ist anzunehmen, daß nur eine Sicherheitsleistung erfolgt ist, aus der der Beklagte sich zu befriedigen unter Umständen bloß berechtigt sei.

Nr. 6. Entsch. v. 9. Febr. 1911 (OVG. 58 114) IV C 27/10.

BauflG. § 15.

Es ist unzulässig, einen Anlieger gemäß § 15 BauflG. zu einem geringeren Anliegerbeitrag unter dem Vorbehalte heranzuziehen, daß unter gewissen Voraussetzungen die Anforderung eines höheren Beitrags erfolgen soll. Denn dies verstößt gegen den Grundsatz, daß der Anlieger, abgesehen von dem Falle einer sog. Kostenspaltung, der hier nicht in Betracht kommt, nur einmal zu den Straßenbaukosten herangezogen werden darf und verlangen kann, vor Nachforderungen geschützt zu sein.

Nr. 7. Entsch. v. 23. Nov. 1911 (PrVerwBl. **33** 486) IV C 52/11.

BauflG. § 15.

Eine gesetzliche Bestimmung, innerhalb welcher Frist die Abrechnung von Straßenbaukosten vorgenommen sein muß, ist nicht gegeben. Maßgebend sind dafür die Verhältnisse des Einzelfalles, die eine sachgemäße Ermittelung des Zeitpunkts, in dem die Möglichkeit der Berechnung angemessenerweise als vorhanden zu erachten ist, erheischen. Keinesfalls darf die Gemeinde den Beginn der Kostenfeststellung und Verteilung der Beiträge bei dem Vorliegen aller erforderlichen Voraussetzungen beliebig hinausschieben. Es soll nicht in der Hand der Gemeinde liegen, die im Interesse der Beitragspflichtigen getroffene Bestimmung über die Verjährung wesentlich abzuschwächen. Anderseits kann der Gemeinde nicht verwehrt sein, bei Prüfung der Rechnungen und Beläge, bevor sie zur Feststellung und Verteilung der Anliegerbeiträge schreitet, alle ihr erforderlich scheinende Vorsorge zu üben, die Vorprüfung durch Fach- und Revisionskommissionen anzuordnen und dann erst die Abrechnung endgültig zum Abschluß zu bringen. Das liegt ebensowohl im Interesse der Gemeinde wie der Anlieger.

Nr. 8. Entsch. v. 8. Febr. 1912 (PrVerwBl. **33** 861) IV C 14/11.

BauflG. § 15.

1. Nach der ständigen Rechtsprechung des Gerichtshofs kann die Gemeindebehörde den an sich begründeten Anspruch auf Erstattung von Straßenausbaukosten gemäß § 15 BauflG. und den ortsstatutarischen Bestimmungen dem jeweiligen Grundstückseigentümer gegenüber solange geltend machen, bis die Forderung gezahlt oder in sonstiger Weise getilgt ist. Das Vorhandensein einer Sicherheit, gleichviel von wem sie bestellt worden ist, kommt hierbei nicht in Betracht. Dagegen hört der Erstattungsanspruch zu bestehen auf, sobald die Gemeinde in vollem Umfange befriedigt worden ist, ohne Rücksicht darauf, von wem und in welcher Weise sie die Befriedigung erlangt hat. Der Erstattungsanspruch erlischt, sobald seine Tilgung stattgefunden hat.

2. Wenn auch der Regel nach der Einwand der Tilgung nicht von Amtswegen, sondern nur, wenn er von dem Schuldner geltend gemacht wird, zu berücksichtigen sein wird, so durfte der Vorderrichter doch nicht eine Erklärung des Beklagten unbeachtet lassen, die zum mindesten den Schluß zuläßt, daß die Tilgung der Forderung durch Einziehung und Verrechnung aus einer von dem Vorbesitzer gestellten Kaution stattgefunden und der Anspruch damit zu bestehen aufgehört habe.

Nr. 9. Entsch. v. 24. Okt. 1912 (OVG. **62** 211) IV C 97/12.

BauflG. § 15.

Von einer Verjährung von Anliegerbeiträgen kann erst die Rede sein, wenn die Beitragsforderung in vollem Umfang entstanden ist. Die in dem Ortsstatute für G. vorgesehene Spaltungsvorschrift hat nicht die Wirkung, daß für jede Straßeneinrichtung, deren Kosten von den Anliegern besonders eingezogen werden können, nach deren Fertigstellung eine Verjährung beginnt. Dem steht entgegen, daß die Stadt durch diese Vorschrift nur die Befugnis erhält, die Kosten vorzeitig einzuziehen. Sie kann damit warten, bis die ganze Straße fertig ist.

Nr. 10. Entsch. v. 20. April 1911 (OVG. **59** 99) IV C 144/10.

BauflG. § 15.

1. Der Grundsatz, wonach der Regel nach in der Festsetzung der Fluchtlinien für eine Straße der Beginn der Anlegung gefunden werden kann, ist nur für die Festsetzung von Fluchtlinien gemäß den Vorschriften des BauflG. ausgesprochen worden. Da bei einer solchen Festsetzung die Mitwirkung der Gemeinde

gesetzlich vorgeschrieben, kann unbedenklich angenommen werden, daß die Absicht der Gemeinde, eine städtische Straße anzulegen, auch nach außen kundgegeben worden ist. Handelt es sich dagegen um ältere, vor dem Erlasse jenes G. festgesetzte Fluchtlinien, so muß jedesmal besonders geprüft werden, ob bei der Festsetzung die Gemeinde in dem Sinne beteiligt war, daß daraus auf ihren Willen, die Straße anzulegen, geschlossen werden konnte, und ob die Anlieger mit dieser Anlegung rechnen mußten.

2. Im vorliegenden Falle ist bei der erforderlichen Prüfung vom französischen Rechte auszugehen. Nach diesem wird die Festsetzung von Bebauungsplänen zurückgeführt einmal auf Art. 3 G. v. 16./24. VIII. 1790 und zum anderen auf Art. 52 des loi relative aux dessèchements des marais v. 16. IX. 1807 (v. Daniels, Handbuch **5** 288). Danach waren die aufgestellten Bebauungspläne mit dem Gutachten des Präfekten dem MdJ. behufs Feststellung im Staatsrat einzureichen; außerdem war durch Verf. v. 17. VIII. 1813 vorgeschrieben, daß jede Stadt und jede Gemeinde über 2000 Einwohner einen Bebauungsplan erhalten solle. Daß von vornherein die Gemeinden selbst über diese Pläne zu hören waren und zu beschließen hatten, geht aus den im Laufe der Jahre erteilten Instr. mit Bestimmtheit hervor. Mit völliger Klarheit ergibt sich aus der zu dem nachmaligen Dezentralisationsdekr. v. 25. III. 52 erlassenen Verf. v. 5. V. 52 an die Präfekten, auf die die Feststellung der Bebauungspläne fortan überging, daß in erster Linie stets die Gemeinden über die Pläne zu beschließen haben (vgl. G. Dufour, Droit administratif, III. Aufl., **8** 413 und **1** 279). Ferner war aber auch in Frankreich durch eine Ordonnanz v. 23. VIII. 35 vorgeschrieben, daß mit der Aufstellung der Pläne nach Beschlußfassung der Gemeinde eine Enquete (Offenlegung des Planes) zu verbinden sei und daß die Beteiligten mit ihren Einwendungen gehört werden mußten (vgl. Dufour aaO. **1** 279 und 280). Hierdurch erhielten somit zugleich die Anlieger Kenntnis von dem Willen der Gemeinde, die Straße anzulegen. Nicht ersichtlich ist indessen, wie Art. 52 franz. G. v. 16. IX. 1807 im linksrheinischen Teile der Rheinprovinz vor dem Erl. des BauflG. gehandhabt, und wie insbesondere bei der Aufstellung des B.er Bebauungsplans verfahren worden ist. Letzteres wird demnach der Bezirksausschuß festzustellen haben. Ergibt sich, daß seinerzeit die Gemeinde über den Bebauungsplan Beschluß gefaßt hat, und ist ferner der Plan zur Einsicht der Beteiligten offengelegt worden, so bestehen keine Bedenken, in der Festsetzung des Bebauungsplans den Beginn der Anlegung der D.straße zu erblicken und anzunehmen, daß die Anlieger, die nach Inkrafttreten des Ortsstatuts an der Straße bauten, trotz der weit zurückliegenden Zeit der Fluchtlinienfestsetzung wissen mußten, daß sie an einer in der Anlegung begriffenen Straße bauten.

Nr. 11. Entsch. v. 26. Sept. 1912 (OVG. 62 205) IV C 114/12.

BauflG. § 15.

Der Satz, daß die Gemeinden durch die Feststellung von Fluchtlinienplänen nicht genötigt werden, die in diese aufgenommenen Straßen binnen einer bestimmten Frist herzustellen, gilt auch für den linksrheinischen Teil der Rheinprovinz.

Nr. 12. Entsch. v. 25. März 1912 (OVG. 62 185) IV C 147/11.

BauflG. § 15.

1. Wenn eine Gemeinde beschließt, eine Straße anzulegen, die durch einen Damm geschnitten wird, und die Durchbrechung des Dammes außergewöhnliche Kosten verursacht, so ist nicht abzusehen, weshalb die dadurch entstehenden Kosten anders behandelt werden sollten als die Kosten, die beispielsweise infolge Niederlegung von Gebäuden entstehen, die im Zuge der Straße liegen.

2. Richtig ist es ferner, daß für die Anlegung einer städtischen Straße die Festsetzung von Fluchtlinien nicht als Vorbedingung anzusehen ist. Wenn aber der Vorderrichter weiter ausführt, die Gemeinde sei, solange die Straße noch nicht fertig war, befugt gewesen, ihr Bauprogramm zu ändern, und sei deshalb auch berechtigt gewesen, den Durchbruch und sonach zugleich eine Verlängerung der Straße zu beschließen, die noch als Teil des Bauprogramms anzusehen sei, so verkennt er die Bedeutung dieses Programms. Ein solches umfaßt nur die Art des Ausbaues der Straße (Pflasterung, Bürgersteige, Kanalisation, Beleuchtung u. dgl.). Mit einer Verlängerung der Straße dagegen hat das Bauprogramm nichts zu tun. Beschließt die Gemeinde die Verlängerung einer in der Anlegung begriffenen Straße, so entsteht regelmäßig eine neue Straße, zu deren Kosten nur die Anlieger dieser neuen Straße herangezogen werden können.

Nr. 13. Entsch. v. 11. Dez. 1911 (OVG. **60** 121) IV C 17/11.

BauflG. § 15.

1. Nach feststehenden Rechtsgrundsätzen ist dasjenige Ortsstatut maßgebend, das im Zeitpunkt der Entstehung der Forderung in Geltung ist, also dann, wann die Errichtung des Gebäudes und die Fertigstellung der Straße mit der Möglichkeit, die Straßenbaukosten zu berechnen und auf die Anlieger zu verteilen, zusammentreffen.

2. Daß es sich um vorläufige Bauten, um Schuppen, Stallungen, Werkstätten handelt, die alle aus Holz errichtet und nicht für die Dauer berechnet waren. nimmt ihnen nicht die Eigenschaft von Gebäuden iS. des § 15 BauflG, Ebensowenig ist es von Bedeutung, daß die Bauten noch auf zukünftigem Straßenlande stehen. Auch solche Gebäude begründen die Beitragspflicht, so gut wie bei Berechnung der Frontlängen der beitragspflichtigen Grundstücke die Frontlängen der innerhalb der Fluchtlinien nur projektierter, gleichsam bloß auf dem Papiere stehender Querstraßen liegenden Grundstücke mit berechnet werden müssen, weil eben diese Grundstücke, solange die Straße noch nicht besteht, zu den beitragspflichtigen Grundstücken gehören.

3. Grundsatz ist, daß der Eigentümer, sofern ein Dritter auf seinem Grundstücke Gebäude errichtet, sich von der Beitragspflicht nur befreien kann, wenn die Gebäude ohne sein Wissen und seinen Willen errichtet worden sind. Hat er ausdrücklich die Erlaubnis zum Baue gegeben oder stillschweigend die Errichtung zugelassen, oder auch nur den Fortbestand des ohne sein Wissen errichteten Gebäudes geduldet, so wird er beitragspflichtig. Er muß sich also gegen den Bau wehren. Hat er dies nicht getan, so kann er die Folgen, die der § 15 an die Errichtung des Gebäudes durch den Eigentümer knüpft, nicht mehr abwenden.

4. Das Gebäude, das die Beitragspflicht begründen soll, muß im Zeitpunkte der Entstehung der Forderung, also bei der späteren Fertigstellung der Straße und der Möglichkeit, die Straßenbaukosten zu berechnen und auf die Anlieger zu verteilen, noch vorhanden sein. Das ergibt sich zwar nicht unmittelbar aus § 15 BauflG., der von dem gewöhnlichen Falle seinen Ausgang nimmt, daß zuerst die Straße fertiggestellt und dann erst das Gebäude errichtet wird. Aber Zweck und Absicht des G. kann es nicht gewesen sein, eine Forderung dann noch entstehen zu lassen, wenn in dem Zeitpunkte, wo die Straße fertiggestellt ist und die Kosten berechnet sowie auf die Anlieger verteilt werden, das die Beitragspflicht begründende Gebäude gar nicht mehr besteht. Ebenso wie dieser Zeitpunkt für den Umfang der Forderung entscheidend ist, so daß von dem Baugrundstück inzwischen abgezweigte Grundstücke für die Beitragsberechnung ausscheiden, ebenso muß es als ausgeschlossen gelten, daß ein Grundstück, auf dem kein Gebäude mehr errichtet ist, für die Beitragsberechnung noch in Betracht kommt. Daß die Anlieger durch den Abbruch von Gebäuden nach dem Zeitpunkte der Ent-

stehung der Anliegerbeitragspflicht von dieser Pflicht nicht befreit werden, ist feststehendes Recht.

Nr. 14. Entsch. v. 1. Febr. 1912 (OVG. 62 177) IV C 150/11.

BauflG. § 15.

1. Die Pflicht zur Entrichtung eines Anliegerbeitrags entsteht, sobald ihre beiden Voraussetzungen, der programmäßige Ausbau der Straße mit der Möglichkeit der Berechnung und der Verteilung der Kosten auf die Anlieger und die Errichtung eines Gebäudes an der Straße, vorliegen. Unter der Errichtung ist die Tatsache der Errichtung zu verstehen und es ist ohne Bedeutung, ob dazu eine baupolizeiliche Genehmigung erteilt worden ist. Der § 15 BauflG. erwähnt eine solche Genehmigung nicht, und es ist nicht angängig, etwas in das G. hineinzutragen, wenn kein Anhalt dafür gegeben ist, daß der Gesetzgeber daran gedacht, geschweige denn es gewollt hat.

2. Kommt es aber für die Entstehung der Pflicht lediglich auf die Tatsache der Errichtung des Gebäudes ohne Rücksicht auf die baupolizeiliche Genehmigung an, so muß diese Tatsache folgerichtig auch für andere mit der Anliegerbeitragspflicht in Beziehung stehende Rechtsverhältnisse, insbesondere für die Verjährung und deren Beginn ausschlaggebend sein. Fraglich könnte nur sein, ob durch den Mangel der baupolizeilichen Genehmigung etwa eine Hemmung der Verjährung bis dahin bewirkt wird, wo die Genehmigung erteilt oder infolge Änderung der baupolizeilichen Vorschriften oder aus sonstigen Gründen nicht mehr erforderlich ist. Das ist jedoch zu verneinen. Weder § 15 BauflG. noch § 87 KommAbgG. erwähnen eine Hemmung der Verjährung. Ob die Vorschriften des BGB. über Hemmung der Verjährung (§§ 202ff.) in gewissen Beziehungen entsprechend auf öffentlich-rechtliche Ansprüche Anwendung finden, kann dahingestellt bleiben; denn die dort gedachten Hemmungsgründe treffen hier in keiner Weise zu. Aus dem Wesen der Verjährung oder aus dem der baupolizeilichen Genehmigung, ihrer Notwendigkeit und ihres Mangels und aus den Folgen des Bauens ohne sie ist gleichfalls nichts dafür zu entnehmen, daß die Verjährung durch den Mangel der Genehmigung gehemmt werden könne.

Nr. 15. Entsch. v. 7. Nov. 1912 (PrVerwBl. 35 142) IV C 57/12.

BauflG. §§ 8, 15. KommAbgG. § 87.

1. Der Wille der städtischen Behörden, eine Straße anzulegen, braucht nicht durch einen auf die Feststellung der Fluchtlinien gerichteten förmlichen Beschluß der Gemeindekörperschaften zum Ausdruck zu kommen; er kann auch aus tatsächlichen Vorgängen entnommen werden, sofern nur die schließlich der neuen Straße gewiesene Richtung den Erbauer nicht unvorbereitet trifft, vielmehr auf Grund einer Willensäußerung der Gemeinde, mit der er schon bei der Bebauung rechnen konnte und mußte, zur Durchführung gelangt. Unerheblich ist deshalb, ob zur Zeit der Erbauung der Fluchtlinienplan iS. des § 8 BauflG. förmlich festgestellt war.

2. Der Einwand der Verjährung darf nicht erst in der Revisionsinstanz erhoben werden. Die Frist des § 87 KommAbgG. ist nicht eine von Amtswegen in allen Instanzen zu prüfende und zu beachtende Ausschlußfrist, sondern eine Verjährungsfrist.

Nr. 16. Entsch. v. 28. März 1912 (PrVerwBl. 34 317) IV C 73/11.

BauflG. §§ 12, 15.

1. Die Klägerin rügt Verletzung des § 15 BauflG. durch Anwendung dieser Bestimmung für den vorliegenden Fall, indem sie ausführt, ihr Grundstück liege in seiner ganzen Ausdehnung am Kottbuser Damm, einer historischen — und

deshalb auch als vorhanden anzusehenden — Straße und sei vor Anlegung der Hobrechtstraße sowie vor Befestigung der Friedelstraße in gleicher Ausdehnung bebaut gewesen, habe auch sowohl nach dem Kottbuser Damm wie nach der Friedelstraße Ausgänge gehabt. Es sei sonach in allen seinen Teilen „baureif“ gewesen; an jeder beliebigen Stelle hätten Wohnhäuser mit einem Ausgange nach der Straße ohne obrigkeitliche Genehmigung errichtet werden können. Dadurch, daß hinterher gewaltsam und unter Verhältnissen, gegen welche sie kein Recht zu erfolgreichem Widerspruche gehabt habe, die Hobrechtstraße durch das Grundstück hindurch gelegt worden sei, habe ihre Rechtslage niemals verschlechtert werden können. Wo nach § 12 BauflG. das Bauen nicht verboten werden könne, sei auch nach § 15 nicht die Möglichkeit gegeben, Anliegerbeiträge zu verlangen.

2. Die Einwendungen gehen fehl. Ob der Kottbuser Damm eine historische Straße ist oder die Eigenschaft einer vorhandenen Straße hat, ist im vorliegenden Falle unerheblich. Wenn die Klägerin dort Wohngebäude mit einem Ausgange nach dieser Straße errichten darf und — weil es sich hier um eine vorhandene Straße handeln sollte — nicht zu den Herstellungskosten dieser Straße beizutragen hat, so fällt damit ihre Beitragspflicht für Gebäude, die an anderen Straßen errichtet sind, keineswegs weg. Beziehungen zwischen dem § 12 und dem § 15 aaO. sind zwar vorhanden. Sie gehen aber nicht dahin, daß, falls ein Grundstück an einer gemäß den baupolizeilichen Bestimmungen des Orts für den öffentlichen Verkehr und den Anbau fertig hergestellten oder an einer sogenannten historischen Straße liegt und deshalb Wohnhäuser mit Ausgängen an ihr errichtet werden dürfen, sein Eigentümer auch von Straßenbaukosten frei bleibt, wenn das Grundstück durch Anlegung einer neuen hindurchgelegten Straße auch an die neue Straße zu liegen kommt und Gebäude an dieser Straße errichtet werden. Zu den Ausbaukosten einer solchen Straße haben vielmehr die Anlieger beizutragen, sobald die Voraussetzungen des § 15 aaO. erfüllt sind, wie es hier der Fall ist.

Nr. 17. Entsch. v. 4. März 1912 (PrVerwBl. **34** 46) IV C 143/11.

BauflG. § 15. KommAbgG. §§ 9, 10.

1. Die Veranlagung und Verteilung der Beiträge auf Grund der Vorschriften des § 15 BauflG. und des hierzu erlassenen Ortsstatuts ist nicht Sache der Gemeindevertretung, sondern gehört zu den Aufgaben des Gemeindevorstandes. Die Berufung auf § 9 KommAbgG. ist verfehlt. Die dort erlassenen Bestimmungen über die Erhebung von Beiträgen sind dem BauflG. unbekannt und können auch keine entsprechende Anwendung finden. Vielmehr bestimmt § 10 KommAbgG., daß die Vorschriften des ersteren G., von einer hier nicht in Betracht kommenden Ergänzung abgesehen, unberührt bleiben sollen. Ebensowenig kann aus § 10 des Zehlendorfer Ortsstatuts, der der Gemeinde die Befugnis zur Spaltung der Straßenbaukosten zuerkennt, hergeleitet werden, daß der Veranlagung der Anlieger zu diesen Kosten ein besonderer Beschluß der Gemeindevertretung vorausgehen müsse. Daß der Gemeindevorstand zur Mitwirkung bei der Veranlagung die Wegekommission herangezogen hat, war unbedenklich. Hierzu war er befugt und den Anliegern erwächst daraus kein Recht, die Veranlagung zu beanstanden.

2. Der Kläger meint, die Gemeinde habe die Bogenstraße im Auftrag und für Rechnung der Anlieger hergestellt. Eine Beitragspflicht der Anlieger sei deshalb gar nicht entstanden. Diese hätten durch Leistung ihrer Zuschüsse ihren vertragsmäßig übernommenen Verpflichtungen genügt, sie könnten daher zur Zahlung ortsstatutarischer Beiträge nicht mehr angehalten werden. Alles dies soll hervorgehen aus einer Vereinbarung, die die Gemeinde verpflichtete, die über die gewährten Zuschüsse hinaus entstehenden Kosten aus eigenen Mitteln zu decken, ohne jedoch das Recht zu erhalten, deren Rückerstattung von den Anliegern zu fordern. Die Vorderrichter haben jedoch die Vereinbarung anders ausgelegt. Sie haben angenommen

und festgestellt, daß die Gemeinde die Bogenstraße für eigene Rechnung und nicht für Rechnung der Anlieger hergestellt und nur von den sechs Anliegern hierzu Vorschüsse erhalten habe, die sie bei Erhebung der Anliegerbeiträge habe zurückzahlen müssen. Das ist eine tatsächliche Feststellung, die Revisionsgründe nicht erkennen läßt und daher für den Revisionsrichter bindend ist, auch mit den klaren Bestimmungen der mit den Anliegern getroffenen Vereinbarung nicht in Widerspruch steht. Darin ist ausdrücklich von der zukünftigen Erhebung der Anliegerbeiträge die Rede, und die Anlieger haben in bestimmter Weise die Rückerstattung des über ihren Beitrag hinaus Gezahlten sich vorbehalten. Unter solcher Voraussetzung konnte es daher keinem Zweifel unterliegen, daß es sich um Aufwendungen der Gemeinde selbst handelte, die von den Anliegern nach Ortsstatut zu erstatten waren. Die Heranziehung des Klägers zu dem von ihm erforderten Anliegerbeitrage war somit berechtigt.

Nr. 18. Entsch. v. 21. März 1912 (PrVerwBl. **34** 242) IV C 187/11.

BauflG. § 15.

1. In gleichbleibender Rechtsprechung hat der Gerichtshof daran festgehalten, daß zwar ein privatrechtlicher Verzicht auf die Regelung und Handhabung der städtischen Abgabenverfassung keine rechtliche Wirkung habe, daß indessen sehr wohl die Gemeinde auf eine bestimmte, in Zukunft zur Hebung zu stellende Abgabenforderung durch Privatabkommen verzichten könne. Es liegt in einem solchen Falle eine vorzeitige Tilgung eines einzelnen Anliegerbeitrags vor, und dazu kann sich die Gemeinde dem Beitragspflichtigen gegenüber mit Rücksicht auf ihr zugestandene Leistungen verstehen. Sie erklärt damit den ihr in der Zukunft zufallenden Beitrag für abgegolten, und hierdurch erwirbt auch der Rechtsnachfolger des betreffenden Grundstücks den Einwand der bereits erfolgten Tilgung.

2. Auf den Einwand der Klägerin, daß die Forderung des Beklagten verfrüht sei, weil die Stadtgemeinde noch nicht eingetragene Eigentümerin eines Teiles des Straßengeländes sei, mithin Nachforderungen für den Grunderwerb nicht ausgeschlossen seien, hatte der Vorderrichter unter Hinweis darauf, daß tatsächlich die Freilegung erfolgt und das Straßengelände dem öffentlichen Verkehr gewidmet sei, überdem für Übereignung des Geländes von der Stadt vertragsmäßig nichts mehr verlangt werden konnte, die streitige Forderung daher eine endgültige sei und außerdem der Magistrat als gesetzlicher Vertreter der Stadtgemeinde auf die Erstattung etwa noch entstehender Mehrkosten verzichtet habe, den Einwand für unbegründet erklärt. Diese Ausführungen sind nicht vollständig zutreffend. Denn die vollzogene Widmung des Geländes für den öffentlichen Verkehr genügt allein nicht, auch nicht die bloße Annahme, daß nichts mehr zu erstatten sei. Die Anlieger können verlangen, daß sie gegen Nachforderungen sichergestellt werden, und das ist nur durch einen rechtswirksam zustande gekommenen Verzicht auf Nachforderungen erreichbar. Diesen auszusprechen, ist aber der Magistrat nicht zuständig, sondern dazu bedarf es, wie der Gerichtshof bereits wiederholt entschieden hat, eines Beschlusses der Stadtverordneten.

3. Der Unternehmer einer Straße iS. des § 15 BauflG. ist öffentlichrechtlich verpflichtet, die ganze Straße in allen ihren Einrichtungen in dem von der Gemeinde festgestellten Bedürfnisse herzustellen. Kommt er dieser Verpflichtung nicht nach, so soll entweder die Gemeinde berechtigt sein, den Unternehmer im Wege des Verwaltungszwangsverfahrens zur Herstellung des Fehlenden anzuhalten oder die Gemeinde läßt die fehlenden Arbeiten auf seine Kosten zur Ausführung bringen. Daraus ergibt sich, daß die Klägerin die Stellung eines Unternehmers der Straße zur Gemeinde verkannt hat. Die abgeschlossenen Verträge wissen von einer Unternehmerstraße nichts, vielmehr ist danach das Verhältnis zwischen dem Reichsfiskus und der Stadt dahin zu beurteilen, daß ersterer die Straße für die Stadt

gemäß besonderem Übereinkommen zum Teil auf eigene, zum Teil auf städtische Kosten hergestellt hat. Unternehmerin der Straße in diesem Sinne ist daher die Stadt; sie ist es, welche die Straße durch einen Dritten herstellen läßt, und die von ihr hierfür aufgewendeten Kosten bilden nicht einen Beitrag an diesen Dritten, sondern sie stehen den Aufwendungen gleich, die der Stadt bei eigener Ausführung der Straße erwachsen und auf deren Erstattung von den Anliegern sie dann im Rahmen der gesetzlichen und ortsstatutarischen Bestimmungen Anspruch hat.

Nr. 19. Entsch. v. 6. Jan. 1913 (OVG. 62 233) IV B 49/12.

BauflG. § 15.

Für die Geltendmachung von Ansprüchen desjenigen, der eine Unternehmerstraße iS. des § 15 BauflG. angelegt hat, wegen ungerechtfertigter Bereicherung der Gemeinde aus dem Unternehmerverhältnis ist das Verwaltungsstreitverfahren nicht zugelassen.

Nr. 20. Bescheid v. 6. Juli 1911 (DJZ. 17 350) IV C 187/10.

BauflG. § 15.

Nach § 15 BauflG. können nur die Eigentümer der an die Straße grenzenden Grundstücke zu Beiträgen herangezogen werden, sobald sie Gebäude an der Straße errichten. Liegt zwischen dem Grundstück und der Straße ein anderes, einem verschiedenen Eigentümer gehöriges Grundstück, so fällt nur dieses unter die Bestimmungen des § 15, und es ist gleichgültig, welche Vereinbarungen die verschiedenen Eigentümer über eine gemeinschaftliche Benutzung ihrer Grundstücke getroffen haben, insbesondere kann von einem Miteigentumsverhältnisse keine Rede sein. Dem Vorderrichter fällt daher kein Rechtsirrtum zur Last, wenn er die Entstehung der Beitragspflicht in Ansehung des Grundstücks der Kläger verneint hat. Ebensowenig war es rechtsirrig, wenn der Vorderrichter dem Umstande, daß die Kläger mit den Gesellschaftern der Grundbesitz-Gesellschaft m. b. H. ein und dieselben Personen sind, keine Bedeutung beigemessen hat. Die Gesellschaft m. b. H. ist ein von ihren einzelnen Mitgliedern wie von deren Gesamtheit ganz verschiedenes selbständiges Rechtssubjekt. Sie hat ihre eigenen Rechte und Pflichten, und für ihre Verbindlichkeiten haftet den Gläubigern der Gesellschaft nur das Gesellschaftsvermögen, während die Gesellschafter selbst von jeder persönlichen Haftung befreit sind (§§ 13ff. ReichsG. v. 20. IV. 92/20. V. 98). Daraus ergibt sich, daß die Gesellschafter nicht mehr Eigentümer der in die Gesellschaft eingebrachten Grundstücke sind und daher auch das Verhältnis der Kläger zur Gesellschaft ihre Heranziehung zu den Straßenbaukosten nicht rechtfertigen kann.

Nr. 21. Entsch. v. 18. Sept. 1911 (PrVerwBl. 33 404) IV C 204/10.

BauflG. § 15.

1. Wenn ein an eine Straße grenzendes selbständiges Grundstück einem anderen die Straße nicht berührenden selbständigen Grundstück vorgelagert ist, so liegt das letztere Grundstück nicht an der Straße und es können daher auch die auf ihm erbauten Gebäude nicht als an der Straße errichtet gelten, und zwar selbst dann nicht, wenn eine Verbindung zur Straße über das vorgelagerte Grundstück führt.

2. Es handelt sich hier um ein umfangreiches in einzelne Bauplätze eingeteiltes Baugelände zwischen vier Straßen. Davon ist das Villengrundstück des Klägers, das die ganze Frontlänge des Gesamtgrundstücks an der Kaiser-Wilhelm-Straße einnimmt, durch einen Zaun abgetrennt und ein selbständiges Grundstück geworden. Nur wenn mit diesem Grundstück das streitige Grundstück, auf dem das Gewächshaus errichtet ist, zu einer wirtschaftlichen Einheit

auch äußerlich erkennbar verbunden worden wäre, würde in Frage kommen, ob Gebäude, die auf dem neuen Teile errichtet worden, noch als an der Straße belegen angesehen werden könnten. Von einer solchen wirtschaftlichen Verbindung ist jedoch nichts zu ersehen. Schon das ist nicht erkennbar, daß jenes Grundstück einen abgetrennten Teil des Gesamtgrundstücks bildet. Aber wäre dies auch der Fall, so fehlt es an jedem Anhalt für einen wirtschaftlichen Zusammenhang. Die Umzäunung des Villengrundstücks besteht nach wie vor. Der Umstand, daß aus dieser ein Feld entfernt worden ist, damit die Bewohner der Villa zum Gewächshaus gelangen können, ist bedeutungslos, ebenso daß man durch diese Lücke auf die Kaiser-Wilhelm-Straße gelangen kann. Desgleichen läßt sich daraus, daß die Bewohner der Villa das Grundstück oder Teile davon zur Blumenzucht oder zum Gemüsebau benutzen, für die wirtschaftliche Einheit nichts herleiten. Endlich ist auch die Tatsache, daß es zurzeit noch an einem Ausgang nach der Sorauer Straße fehlt, für die Entscheidung ohne Bedeutung. Liegt hiernach das Grundstück, auf dem das Gewächshaus errichtet ist und damit zugleich dieses Gebäude selbst nicht an der Kaiser-Wilhelm-Straße, so war die Heranziehung des Klägers zu den Straßenbaukosten dieser Straße nicht gerechtfertigt.

Nr. 22. Entsch. v. 30. Okt. 1911 (OVG. **60** 114) IV C 190/10.

BauflG. § 15.

Die Höhe des Anliegerbeitrags richtet sich danach, inwieweit das Gebäude mit den übrigen Teilen des Grundstücks ein einheitliches wirtschaftliches Ganzes ist. Zutreffend ist daher der Vorderrichter von der Erwägung ausgegangen, daß es darauf ankomme, ob der an den Verschönerungsverein verpachtete Rasenfleck mit dem Stellwerksgebäude eine wirtschaftliche Einheit bildet. Die Feststellung einer solchen wirtschaftlichen Einheit enthält keinen Rechtsirrtum. Wenn auch das Rasenstück an den Verschönerungsverein verpachtet ist, so lassen doch die näheren Umstände, unter denen die Verpachtung erfolgt ist, erkennen, daß dadurch lediglich dem Verschönerungsvereine die Genehmigung erteilt werden sollte, für eine der Eisenbahn zurzeit entbehrliche Fläche, solange deren Entbehrlichkeit dauert, Aufwendungen behufs der Verschönerung des Straßenbildes zu machen, daß es bei der Verpachtung aber nicht auf eine wirtschaftlich selbständige Verwertung und Nutzung der Fläche abgesehen war, sondern daß diese auch weiterhin der Eisenbahn zur Verfügung bleiben sollte. Allerdings ist eine äußerliche Abgrenzung der Rasenfläche von dem Grundstücksteil, auf dem das Stellwerk errichtet ist, erfolgt. Es bewirkt indessen nicht jede äußerliche Abgrenzung zweier Grundstücksflächen gegeneinander ihre wirtschaftliche Trennung und Unabhängigkeit voneinander. Nicht schon die Tatsache der äußerlichen Abgrenzung allein ist für sich maßgebend, sondern es sind auch der Grund und der Zweck zu berücksichtigen, aus welchem und zu welchem die Abgrenzung erfolgt ist.

Nr. 23. Entsch. v. 21. Dez. 1911 (OVG. **60** 126) IV C 207/10.

BauflG. § 15.

1. Nach Lage der Sache kann es nicht zweifelhaft sein, daß das in Rede stehende Grundstück als ein wirtschaftlich einheitliches Grundstück anzusehen ist. Dafür ist freilich nicht maßgebend, daß es zur Zeit der Errichtung des Wohngebäudes auf einem Grundbuchblatte stand und tatsächlich ein ungetrenntes einheitliches Grundstück bildete; denn es kommt nicht auf den Zeitpunkt der Errichtung des Gebäudes, sondern auf den Zeitpunkt der Entstehung der Forderung an. Indessen auch in diesem Zeitpunkte konnte ausweislich des vorgelegten Lageplans von einer Trennung in ein Wohnhausgrundstück und in ein dem Gewerbebetriebe des Klägers dienendes Grundstück nicht die Rede sein. Der inzwischen errichtete trennende Zaun ist nicht durchgeführt, weist vielmehr eine weite Lücke auf, und außerdem steht das zum

Wohnhause gehörige Stallgebäude auf beiden Grundstücken, woraus sich die einheitliche Benutzung der Grundstücke, die im übrigen auch sonst noch bezeugt ist, von selbst ergibt.

2. Auch dem Einwande, das Grundstück liege nicht an dem R.er Teile der O.-Chaussee, sondern an der W.er Straßenstrecke, kann nicht beigetreten werden. Das Grundstück, soweit dessen Frontlänge (36,24 m) mit zur Berechnung gezogen ist, liegt im Gemeindebezirke R. Die erste Bedingung für die Heranziehung, wonach das Grundstück des Pflichtigen im kommunalen Bezirke der heranziehenden Gemeinde liegen muß, ist damit erfüllt. Weiter bestimmt § 15 Abs. 2 BauflG.: „Bei Berechnung der Kosten sind die Kosten der gesamten Straßenanlage . . . den Eigentümern nach Verhältnis der Länge ihrer, die Straße berührenden Grenze zur Last zu legen", auch ist in Abs. 1 aaO. von den angrenzenden Eigentümern die Rede. Es kommt also für die Entscheidung darauf an, ob aus der Tatsache, daß das fragliche Grundstück nur einen Bruchteil der Straße, nämlich einen Teil des Bürgersteigs, berührt, ein Befreiungsgrund des Pflichtigen von der Beitragspflicht hergeleitet werden kann. Das muß nach der Fassung der GBest. verneint werden.

Nr. 24. Entsch. v. 7. März 1912 (OVG. 62 179) IV C 9/11.

BauflG. § 15.

Es besteht kein allgemeiner Grundsatz, daß durch die Bebauung eines Teiles eines Grundstücks aus diesem zwei Grundstücke werden. Eine solche Annahme ist nur zulässig, wenn bestimmte Tatsachen für die Abtrennung eines Grundstücksteils von dem Restgrundstück sprechen.

Nr. 25. Entsch. v. 13. Mai 1912 (OVG. 62 195) IV C 31/12.

BauflG. § 15.

Nach § 15 BauflG. kann nur der Eigentümer zu den Straßenbaukosten herangezogen werden. Es ist richtig, daß, wenn der angrenzende Grundstücksbesitzer auf seinem Grundstück an der neuen Straße ein Gebäude errichtet und nachträglich vor Entstehung der Beitragsforderung mit seinem Grundstück ein anderes Grundstück zu einer wirtschaftlichen Einheit verbindet, dann auch dieses Grundstück beitragspflichtig wird. Allein das setzt voraus, daß er Eigentümer des Grundstücks geworden ist. Die wirtschaftliche Einheit darf nicht nur eine tatsächliche, sie muß auch eine rechtlich mögliche Einheit darstellen. Fehlt es daran, so ist die Heranziehung unberechtigt.

Nr. 26. Entsch. v. 19. Dez. 1912 (OVG. 62 226) IV C 161/12.

BauflG. § 15.

Der Vorderrichter hat ohne Rechtsirrtum die Heranziehung des Klägers nach der ganzen Frontlänge seines Grundstücks für berechtigt erklärt. In Frage ist ein einheitliches Grundstück. Diese Einheit hat auch der Kläger an sich nicht bestritten. Wenn er aber meint, es müsse geschieden werden zwischen den Betriebsgebäuden seiner Brennerei und dem Haupthaus an der S.straße, in welchem sich die Kontorräume befinden, die Betriebsgebäude bildeten ein selbständiges Ganzes für sich und hätten ebensogut auf eine außerhalb der Stadt belegene Stelle verlegt werden können, der Beitrag dürfe daher nur nach der Frontlänge des Grundstücks berechnet werden, auf dem die Betriebsgebäude ständen, so verkennt der Kläger den Begriff eines einheitlichen Grundstücks in dem hier in Betracht kommenden Sinne. Dieser Begriff setzt nur voraus, daß die miteinander verbundenen Grundstücke eine ungetrennte wirtschaftliche Einheit bilden und sich in der Hand desselben Eigentümers befinden, von dem sie gemeinschaftlich bewirtschaftet werden, wobei es aber darauf, welchen besonderen Betriebszwecken die einzelnen Gebäude dienen, nicht ankommt.

Nr. 27. Entsch. v. 1. Juli 1912 (DJZ. 18 415) IV C 136/11.

Es fragt sich, ob seine Heranziehung der Kläger zu Anliegerbeiträgen zulässig war, trotzdem sie zur Zeit, als die Heranziehung erfolgte, nicht mehr Eigentümer der bebauten Grundstücke waren. Die Frage ist zu bejahen.

Nr. 28. Entsch. v. 28. Nov. 1912 (OVG. 62 220) IV C 118/12.

BauflG. § 15.

1. Es besteht keine gesetzliche Vorschrift, nach der Kirchhöfe von Anliegerbeiträgen gemäß § 15 BauflG. frei bleiben müssen.

2. Die Errichtung eines Gebäudes auf dem Grundstück einer Kirchengemeinde macht diese pflichtig, wenn der Bau mit ihrem Willen, wenn auch ohne die erforderliche Genehmigung der Aufsichtsbehörde ausgeführt worden ist.

2. Begriff und Berechnung der Anliegerbeiträge (Freilegung, erste Einrichtung, Entwässerung).

Nr. 1. Entsch. v. 2. Okt. 1911 (PrVerwBl. 33 420) IV C 142/10.

BauflG. § 15.

1. Zinsen der Anliegerbeiträge können nicht gefordert oder beigetrieben werden, denn bei Steuern und anderen öffentlich-rechtlichen Abgaben, zu denen jene gehören, sind Verzugszinsen allgemein ausgeschlossen. Zwar bilden die Zinsen für Anleihen, die die Gemeinde zur Herstellung der Straße aufgenommen hat, einen Teil der von den anliegenden Eigentümern zu erstattenden Kosten. Aber sie können nicht als Zinsbetrag des ohne ihre Berücksichtigung berechneten Anliegerbeitrags gefordert werden, sondern sind bis zur Fertigstellung der Straße, d. h. bis zu dem Zeitpunkt, wo die Gemeinde in der Lage ist, die gesamten Herstellungskosten zu berechnen und zu ihnen die Anlieger heranzuziehen, zu berechnen und mit den übrigen Herstellungskosten zu verteilen.

2. Bei der eintretenden freien Beurteilung ist die Zurückverweisung in die Vorinstanz geboten. Die letztere wird von dem Beklagten eine richtige, d. h. die Anleihebeträge und die davon zu entrichten gewesenen Zinsen ergebende Berechnung zu erfordern und zu prüfen haben, inwieweit die jetzt geforderten Beträge sich innerhalb der Grenzen der richtiggestellten Beiträge halten.

Bei der demnächstigen Entscheidung wird der Vorderrichter noch zu beachten haben, daß er eine irrige Entscheidung über die Kosten getroffen hat, insofern er den Wert des Streitgegenstandes für jeden der Kläger besonders festsetzte. Denn es liegt dem Rechtsstreit nur eine Klage der drei Kläger zugrunde, und daraus folgt, daß der Wert des Streitgegenstandes für ihn nur einheitlich durch Zusammenrechnung der auf die einzelnen Kläger fallenden Beträge gefunden werden kann und ferner dieser Gesamtbetrag auch der Kostenverteilung zugrunde zu legen ist.

Nr. 2. Entsch. v. 21. Dez. 1911 (OVG. 60 126) IV C 207/10.

BauflG. § 15.

Wenn eine Gemeinde sich die Mittel zum Ausbau einer Straße durch Aufnahme eines Darlehns beschafft, so bilden Anleihezinsen einen Teil der von den Anliegern zu erstattenden Kosten, und zwar von dem Zeitpunkt an, mit welchem Mittel der Anleihe zur Deckung der Straßenbaukosten zur Verfügung gestellt wurden. Anders verhält es sich jedoch mit den Kursverlusten, die eine Gemeinde dadurch erlitten hat, daß sie als Darlehn empfangene Wertpapiere veräußert, um sich die Mittel für den Ausbau zu beschaffen. Der in der Zwischenzeit bewirkte Ankauf von Wertpapieren stellt eine Finanzmaßregel der

Gemeinde dar, deren Gefahr auch die Gemeinde allein tragen muß. Es fehlt an jedem Rechtsgrunde dafür, die dadurch entstehenden Verluste den Anliegern zur Last zu legen, die etwaigen Vorteile einer solchen Maßregel würden den Anliegern ebenfalls nicht zugute gekommen sein. Die Verpflichtung der Anlieger kann sich nicht weiter erstrecken, als daß sie die Anleihezinsen der aus der Anleihe zum Straßenbaue zur Verfügung gestellten Summen bis zur Entstehung des Anspruchs auf die Anliegerbeiträge, also in einem Falle der vorliegenden Art bis zur Fertigstellung der Straße und dem Zeitpunkt, in dem die Gemeinde in die Lage kommt, die Kosten der gesamten Straßenanlage zu berechnen und auf die Anlieger zu verteilen, tragen müssen.

Nr. 3. Entsch. v. 8. Jan. 1912 (DJZ. **17** 1190) IV B 69/10.

Der § 812 BGB. findet in allen Fällen Anwendung, in denen durch den Übergang aus dem Vermögen des einen in das Vermögen eines anderen eine Verbesserung der Vermögenslage des letzteren eingetreten ist. Die Vermögensvermehrung kann dabei insbesondere auch in der Ersparung von Aufwendungen oder Kosten bestehen.

Nr. 4. Entsch. v. 27. Nov. 1911 (OVG. **62** 172) IV C 208/10.

BauflG. § 15.

1. Wenn eine PolVd. vorschreibt, daß durch öffentliche Bekanntmachung die Anlieger in Kenntnis gesetzt werden sollen, sobald eine Straße für den öffentlichen Verkehr und den Ausbau als fertiggestellt anzusehen ist, so hat das mit dem Ausbaue der Straßen an sich nichts zu tun. Die dadurch entstandenen Auslagen können daher den Anliegern nicht in Rechnung gestellt werden.

2. Ob bei der ersten Heranziehung aus Irrtum oder Versehen erstattungsfähige Kosten unberücksichtigt geblieben sind, oder ob durch andere Gründe die teilweise Heranziehung veranlaßt worden ist, ist gleichgültig. Der herangezogene Pflichtige hätte in solchem Falle die Teilforderung als verfrüht ablehnen können. Danach durfte der Gemeindevorstand auch eine irrtümliche Berechnung der Kosten berichtigen und einen neuen Verteilungsplan aufstellen. Nur mußte die gesetzliche Frist von drei Jahren gewahrt werden.

3. Die Kosten einer vorläufigen Einrichtung der Straße können nicht neben den Kosten der vollendeten Anlage in deren gesamten Umfange von den Anliegern gefordert werden. Ergibt sich, daß an Stelle der vorläufig hergestellten Bordsteine neue verlegt worden sind, so können die Kosten der ersteren den Anliegern nicht zur Last gelegt werden, während die bloßen Anpassungskosten des älteren Straßenteils an den neuen zweifellos zu den Kosten der ersten Einrichtung gehören würden.

4. Schließlich mag noch darauf hingewiesen werden, daß von einer verfrühten Heranziehung nicht die Rede sein kann, nachdem die Gemeinde rechtsgültig auf die Erstattung ihr etwa noch in Zukunft erwachsender und zu den Kosten der ersten Einrichtung gehörender Ausgaben verzichtet hat.

Nr. 5. Entsch. v. 18. März 1912 (PrVerwBl. **34** 207) IV C 69/11.

BauflG. § 15.

Eine Unvollständigkeit der Rechnung über die entstandenen Kosten des Straßenausbaues zur Zeit der Heranziehung zu den Anliegerbeiträgen ist etwas von einer verfrühten Heranziehung Verschiedenes. Der der unvollständigen Berechnung anhaftende Mangel wird durch einen Beschluß der Stadtverordnetenversammlung, die in der Rechnung fortgelassenen Kosten nicht von den Anliegern einzuziehen, geheilt.

Nr. 6. Entsch. v. 22. Jan. 1912 (PrVerwBl. **33** 822) IV C 61/11.

Grundsätzlich dürfen Anliegerbeiträge erst nach vollständiger Fertigstellung der Straße in allen ihren Teilen, also auch des Bürgersteiges, angefordert werden. Eine Ausnahme ist nur dann zulässig, wenn im Ortsstatute die sogenannte Spaltung der Kosten in rechtsgültiger Weise vorgesehen ist. Von der fünfjährigen Unterhaltung abgesehen, darf eine Spaltung höchstens nach den in § 15 BauflG. aufgeführten vier Gruppen (Kosten der Freilegung, ersten Einrichtung, Entwässerung und Beleuchtungsvorrichtung) stattfinden; außerdem dürfen nur noch die Bürgersteigkosten (erste Einrichtung) abgespalten werden. Mit dieser Fünfteilung ist die äußerste Grenze der Spaltungsmöglichkeit erreicht. Wenn ein Ortsstatut bestimmt: „Sind vorab nur einzelne Arten der zu einer vollendeten Straßenanlage gehörenden Arbeiten bzw. Anlagen, wie Freilegung der Straße, Pflasterung des Fahrdammes, Setzung der Bordsteine, Befestigung der Bürgersteige, Anpflasterung der Straßenrinne, Herstellung der Böschungen und Schutzmauern, der Anschlüsse an die Nebenstraßen, der Überfahrts- und Übertrittsbrücken, der Baumpflanzungen, der Beleuchtungsvorrichtungen, sowie der Unter- und Überführungen zur Durchführung gebracht, so können die Kosten für die einzelnen Arten gesondert zusammengerechnet, verteilt und eingezogen werden," so verletzt es die vorerwähnten Grundsätze, indem es in unzulässiger Weise eine noch mehr ins einzelne gehende Spaltung der Straßenkosten einführt. Es verstößt aber auch gegen den Grundsatz, daß in dem Ortsstatut bestimmt abgegrenzt werden muß, wieweit eine Kostenspaltung erfolgen darf. Es ist stets daran festgehalten worden, daß die Rechtsgültigkeit einer derartigen statutarischen Anordnung notwendig dadurch bedingt ist, daß im Statute bestimmt vorgeschrieben wird, für welche einzelnen Leistungen die besondere Beitragsforderung zulässig sein soll. Das Statut darf die Spaltung nicht dem Belieben der städtischen Behörden überlassen, sondern muß feste, für die Behörden wie für die Anlieger maßgebende Normen aufstellen, nach denen die Spaltung bewirkt werden soll. Diesem Grundsatz entspricht das vorliegende Ortsstatut nicht, insofern es nicht bestimmt festsetzt, für welche einzelnen Teile des Ausbaues einer Straße die Kosten für sich besonders gefordert werden können, sondern eine Anzahl von Beispielen aufführt für Fälle, wo die Spaltung soll erfolgen dürfen, daneben aber offenbar der Gemeindebehörde das Recht verleihen will, eine noch weitergehende Spaltung nach Bedürfnis vorzunehmen.

Nr. 7. Entsch. v. 10. Juni 1912 (PrVerwBl. **34** 668) IV C 12/12.

BauflG. § 15.

1. Das Harburger Ortsstatut über die Erhebung von Anliegerbeiträgen von 1893 enthält zwar im § 5 die Bestimmung, daß die Kosten nicht erst nach vollständiger Fertigstellung der Straße in allen ihren Teilen, sondern schon nach Herstellung einzelner Arten der zur gesamten Straßenanlage gehörigen Arbeiten und Anlagen für diese Teile eingezogen werden dürfen. Es verstößt hierbei aber gegen den Grundsatz, daß in dem Ortsstatut bestimmt abgegrenzt werden muß, inwieweit diese sogenannte Kostenspaltung erfolgen darf. Stets ist daran festgehalten worden, daß die Rechtsgültigkeit einer derartigen statutarischen Anordnung notwendig dadurch bedingt ist, daß im Statute bestimmt vorgeschrieben wird, für welche einzelnen Leistungen die besondere Beitragsforderung zulässig sein soll. Das Statut darf die Spaltung nicht dem Belieben der städtischen Behörden überlassen, sondern muß feste, für die Behörden wie für die Anlieger maßgebende Normen aufstellen, nach denen die Spaltung bewirkt werden soll. Diesem Grundsatz entspricht das vorliegende Ortsstatut nicht, indem es nicht bestimmt festsetzt, für welche einzelnen Teile des Ausbaues einer Straße die Kosten für sich besonders gefordert werden können, sondern eine Anzahl von Beispielen aufführt, für Fälle, wo die Spaltung soll erfolgen dürfen, daneben

aber offenbar der Gemeindebehörde das Recht verleihen will, eine noch weitergehende Spaltung nach Bedürfnis vorzunehmen. Das Statut hat also eine bestimmte Abgrenzung gar nicht vornehmen, sondern den Gemeindebehörden lediglich die Ermächtigung geben wollen, ihrerseits in jedem einzelnen Falle nach freiem Belieben eine Kostenspaltung vorzunehmen. Die Erteilung einer derartigen allgemeinen Ermächtigung ist aber mit dem § 15 BauflG. nicht vereinbar. Ist hiernach der § 5 des Ortsstatuts rechtsungültig, so besteht für die Gemeinde Harburg eine Spaltungsvorschrift nicht, und der Beklagte ist zur Anforderung der Anliegerbeiträge erst nach der Fertigstellung der Straße in allen ihren Teilen befugt.

2. Kosten der Bauleitung und Verwaltung dürfen nur berechnet werden, wenn und soweit sie gerade durch den Bau der neuen Straße entstanden sind, insbesondere also durch die Dienstbezüge der für den Bau dieser Straße angestellten und dabei beschäftigten Personen. Die Gemeinde hat nicht das Recht, auch für die Tätigkeit ihrer sonstigen städtischen Beamten, die ohne Beziehung auf bestimmte Straßenbauten für die Erledigung der in der städtischen Verwaltung überhaupt vorkommenden bautechnischen Arbeiten angestellt sind, Kosten zu berechnen. Es können deshalb nicht zur Anrechnung kommen — auch nicht anteilig — die Gehälter der etatsmäßigen oder dauernd beschäftigten Beamten, wohl aber die Besoldung der gerade und nur für die betreffende Straßenanlage eingestellten Personen.

3. Ebensowenig ist die Gemeinde berechtigt, auf Grund der Beitragspflicht aus § 15 aaO. den Ersatz des Zinsverlustes zu fordern, den sie durch sofortige Verausgabung der Straßenherstellungskosten und durch deren erst spätere Erstattung seitens der Anlieger erleidet, sofern sie nicht die Mittel zur Herstellung der Straße sich leihweise beschafft hat.

Nr. 8. Entsch. v. 13. Nov. 1911 (OVG. **60** 117) IV C 94/11.

BauflG. § 15.

Das erste Ortsstatut von 1897 hat nur eine Verpflichtung der Anlieger festgesetzt, der Gemeinde die Kosten der Freilegung der Straße zu ersetzen. Die Anlieger, die unter der Herrschaft dieses Statuts bauten, hatten also keine Pflicht, weitere Kosten außer denen der Freilegung der Straße zu erstatten. Wenn dann das zweite Ortsstatut von 1905 die Pflicht der Anlieger im vollen Umfange des § 15 BauflG. festgesetzt hat, so ist es nur in Ansehung der Freilegungskosten ein zweites Ortsstatut, im übrigen, also soweit es sich um die nur von ihm begründete Pflicht, die Kosten der ersten Einrichtung usw. zu erstatten, handelt, ist es das erste Ortsstatut, und das Verhältnis eines späteren zu dem früheren Ortsstatut kommt insoweit gar nicht in Frage. Da nun ein erstes Ortsstatut nicht rückwirkend eine Pflicht denjenigen Anliegern auferlegen kann, die schon vor einem solchen ersten Statut Gebäude errichtet haben, so scheidet, abgesehen von der Pflicht zur Erstattung von Freilegungskosten, das Statut von 1905 ganz aus.

Nr. 9. Entsch. v. 27. Nov. 1911 (PrVerwBl. **33** 536) IV C 138/10.

BauflG. § 15.

1. Der Beklagte (Gemeindevorstand) greift die Feststellung des Vorderrichters an, daß das Grundstück der Klägerin an einer 15 m breiten Straße liege. Es ginge nicht an, aus der Gesamtfläche einer Anlage, die als eine Platzanlage erkannt werde, willkürlich nur einen 3 m breiten Streifen herauszugreifen und diesen der am Platze entlang gehenden Straße hinzuzurechnen. Wenn er auf die Vorteile hinweist, die durch eine solche Platzanlage den die Straßen begrenzenden Baugrundstücken erwachsen, und es als unbillig empfindet, daß hierauf bei Berechnung der Anliegerbeiträge nicht gerücksichtigt werden dürfe, so kann dem nur entgegengehalten werden, daß das G. die Anliegerbeitragspflicht bloß bei öffentlichen

Straßen kennt und damit die öffentlichen Plätze bei der Verpflichtung der Anlieger zur Erstattung der Kosten ausgeschlossen hat. Auch daß für die umgebenden Straßen nur auf einer Seite Fluchtlinien festgesetzt sind, ist für die Beurteilung der Sachlage belanglos; dies kann nur zur Folge haben, daß die Grenzen der Straßen gegenüber der Platzanlage aus der Fluchtlinienfestsetzung nicht bestimmbar sind, vielmehr nach Lage der tatsächlichen Verhältnisse anderweitig ermittelt werden mußten. Dies ist dann eine tatsächliche Frage, für die selbstverständlich nicht Billigkeitsrücksichten maßgebend sein können. Wenn der Vorderrichter im Einklang mit den örtlichen Verhältnissen, die längs des Platzes sich hinziehende 3 m breite Gehbahn als Zubehör zur Straße gerechnet hat, so ist das eine einwandfreie Feststellung.

2. Ist beim Erwerbe des von der Gemeinde angekauften Straßengeländes im Vertrage ein einheitlicher Preis für das ganze Gelände vereinbart worden, so liegt rechtlich eine Nötigung nicht vor, bei der Berechnung der Anliegerbeiträge den Einheitspreis je nach den verschiedenen Werten zu zerlegen, die die angekauften Teile zur Zeit des Ankaufs gehabt haben.

3. Es ist feststehender Grundsatz, daß, wenn ein Straßenkanal gleichzeitig der Entwässerung der Straße, wie der Abführung der Abwässer der Grundstücke dient, ausschließlich diejenigen Kanalkosten den Anliegern als Straßenbaukosten in Rechnung gestellt werden können, die durch die Straßenentwässerung veranlaßt sind. Aus ihm folgt ohne weiteres, daß eine Scheidung dieser Kosten vorgenommen werden muß und erforderlichenfalls durch Gutachten von Sachverständigen der Anteil, der auf die Straßenentwässerung fällt, festzustellen ist. Es trifft auch zu, daß die Kosten, die dadurch entstehen, daß dem Kanal ein größeres Profil gegeben werden muß, weil er die Abwässer der Grundstücke anderer Straßen aufzunehmen hat, den Anliegern nicht in Anrechnung gebracht werden dürfen.

Nr. 10. Entsch. v. 25. März 1912 (OVG. 62 189) IV C 171/11.

Die Kosten für entgeltlich erworbenes Straßenland können nur in der Höhe der tatsächlich gezahlten Erwerbspreise in die Kostenberechnung eingestellt werden. Der Wert des angekauften Straßenlandes zur Zeit seiner Verwendung muß dabei außer Betracht bleiben, da eine in der Zwischenzeit eingetretene Werterhöhung der Gemeinde keine Ausgaben verursacht, ebenso wie es auch der Gemeinde versagt ist, von Anleihen abgesehen, Zinsen von den auf den Grunderwerb oder auf den Straßenausbau selbst verwendeten Summen zu berechnen.

Nr. 11. Entsch. v. 24. Okt. 1912 (OVG. 62 211) IV C 97/12.

BauflG. § 15.

Wird eine Straße iS. des § 15 BauflG. über einen Platz gelegt, so kann eine Erstattung von Grunderwerbskosten nur insoweit nicht verlangt werden, als das Straßenland bereits öffentlicher Platz oder öffentliche Straße war. Wenn der Platz zum Kämmereigute der Stadt gehörte, und die Stadt in Beziehung auf die Verwendung freies Verfügungsrecht hatte, so konnte von einer Ausscheidung eines Teiles des Platzes und seiner Umwandlung in einen öffentlichen Platz oder in eine öffentliche Straße nur dann die Rede sein, wenn dieser Teil ausdrücklich oder stillschweigend von allen Rechtsbeteiligten für den öffentlichen Verkehr gewidmet wurde. Dazu genügt es aber nicht, daß die Polizeibehörde jetzt erklärt, es habe sich in dem Jahre 1907 zwischen der O.straße und dem Platze der P.kirche unter Duldung der Eigentümerin und der Wegepolizeibehörde ein öffentlicher Verkehr derart herausgebildet, daß eine völlige Sperrung des Platzteils für den öffentlichen Verkehr unzulässig gewesen wäre. Eine solche Erklärung ist niemals eine Widmung.

Nr. 12. Entsch. v. 21. Dez. 1911 (PrVerwBl. **33** 769) IV C 192/10.

BauflG. § 15.

1. Bearbeitungs- und Bauleitungskosten können bei der Heranziehung zu Anliegerbeiträgen nur dann berechnet werden, wenn und soweit sie gerade durch den in Rede stehenden Straßenbau entstanden sind.

2. Eine Änderung des Bauprogramms und eine Erweiterung ist während der Herstellung der Straße zulässig, so lange das ursprüngliche Bauprogramm auch hinsichtlich der Nebenanlagen noch nicht vollständig zur Durchführung gelangt ist.

Diese Änderung und Erweiterung ist auch bezüglich solcher Teile der Straße und solcher Herstellungen zulässig, die bereits dem bisherigen Programm entsprechend ausgeführt waren. Demnach gehören im vorliegenden Falle die Kosten des Reihenpflasters zur ersten Einrichtung der Straße. Da das Haus des Klägers im Jahre 1886, also während des Anlegungszeitraums gebaut worden ist, so ist der Kläger an sich beitragspflichtig, und nicht schlechthin beitragsfrei.

3. Damit entfällt auch der vom Kläger erhobene Einwand, daß der jetzt geltend gemachte Anspruch infolge der Nichtanmeldung im Zwangsversteigerungsverfahren im Jahre 1905 verlorengegangen sei. Allerdings haftet der Ersteher nicht für rückständige und laufende Lasten und Abgaben, die im Versteigerungsverfahren hätten geltend gemacht werden können, aber nicht angemeldet worden sind. Dies trifft aber auf die geforderten Straßenbaukosten nicht zu. Denn die Beitragsforderung gehört selbstverständlich nicht zu den laufenden Abgaben und war damals noch nicht rückständig, sondern ist erst, da der Bau im Jahre 1886 errichtet worden war, mit dem Eintritt der zweiten Voraussetzung für ihre Entstehung, als die Straße fertiggestellt war und die Kosten berechnet werden konnten, was nicht vor 1907 eingetreten ist, entstanden.

4. Für Kanalisation, Beleuchtungsanlagen, Baumpflanzungen, Straßenkreuzungen und für Bearbeitung, Bauleitung, Vermessung und Absteckung hat der Beklagte Einheitssätze in Ansatz gebracht. Wie allgemein anerkannt wird, ist der Anspruch der Gemeinde auf Anliegerbeiträge ein Erstattungsanspruch; die Gemeinde kann daher Beiträge nur für den Fall, daß, und nur in dem Umfang, wie sie selbst Aufwendungen für die Straße gemacht hat, erheben. Daraus folgt, daß Einheitssätze, die die Aufwendungen übersteigen, unstatthaft, und daß sie nur, soweit sie sich innerhalb ihrer Grenzen halten, zuzulassen sind.

Nr. 13. Entsch. v. 5. Dez. 1912 (OVG. **62** 222) IV C 158/12.

BauflG. § 15.

Sofern der Unternehmer sich entweder zur Straßenanlage gemäß der erteilten Genehmigung bereit erklärt oder die Ausführung tatsächlich in Angriff nimmt, muß er innerhalb der bei der Genehmigung gestellten Frist die Straße nach den getroffenen Vereinbarungen fertigstellen. Dazu ist er öffentlichrechtlich verpflichtet. Geschieht dies nicht, so ist die Gemeinde berechtigt, die erforderlichen Arbeiten für Rechnung des Unternehmers auszuführen. Sie kann aber nicht statt des Unternehmers die Anlieger in Anspruch nehmen. Auf diesen Standpunkt hat sich der Vorderrichter gestellt; er hat festgestellt, daß es sich bei der U.straße um eine von dem Unternehmer nach den getroffenen Vereinbarungen vollkommen fertiggestellte Unternehmerstraße gehandelt und daß zur Fertigstellung der Straße durch den Unternehmer die Pflasterung nicht mehr gehört hat, wegen dieser vielmehr mit dem Unternehmer nur eine private Vereinbarung getroffen worden ist, deren Geltendmachung der Gemeinde unverwehrt bleibt. Die Gemeinde hat unter Zustimmung der Ortspolizeibehörde sich bei der Genehmigung des Straßenprojekts mit einer geringeren Ausstattung der Straße begnügt. Dem widerspricht nicht, daß die Gemeinde sich die Erstattung der später entstehenden

Pflasterkosten durch die Forderung der Eintragung der Verpflichtung zur Erstattung in das Grundbuch vorbehalten hat; diese auf Privatrecht beruhende Verpflichtung bleibt bestehen. Er folgert hieraus, daß die jetzt erfolgte Pflasterung iS. des § 15 BauflG. nicht als Fertigstellung einer durch die Gemeinde angelegten Straße, sondern lediglich als eine Verbesserung der Straße anzusehen sei, die die Beitragspflicht der Anlieger nicht habe begründen können. Hier ist weder ein Rechtsirrtum, noch ein Verfahrensmangel ersichtlich.

Nr. 14. Entsch. v. 17. März 1913 (DIZ. **18** 1270) IV C 171/12.

Wenn das G. die Anlieger an einer vorhandenen, bisher unbebauten Straße, sobald sie an ihr Gebäude errichten, beitragspflichtig macht, so ergibt sich aus dem Begriffe der vorhandenen Straße, daß die Gemeinde nur das erstattet verlangen kann, was sie aufgewendet hat, um die Straße zu einer vorhandenen zu machen. Nur dies gehört zu ihrer ersten Einrichtung. Was später zum weiteren Ausbau aufgewendet wird, ist nicht mehr erste Einrichtung. Wäre es noch erste Einrichtung und könnte die Gemeinde es fordern, so wäre die Straße eben nicht eine vorhandene gewesen. Weil sie aber nach dem Willen der Gemeinde zur Zeit des Inkrafttretens des ersten Ortsstatuts eine vorhandene war, so ist eine Forderung für einen späteren Ausbau nicht gerechtfertigt. Die D.straße ist 1877 als vorhandene Ortsstraße von der Gemeinde übernommen worden und war eine solche zur Zeit des Inkrafttretens des ersten Ortsstatuts von 1880. Bis dahin hatte die Gemeinde für sie keinerlei Aufwendungen gemacht. Vielmehr sind die Kosten, die jetzt gefordert sind, erst später entstanden. Die Heranziehung des Klägers zu diesen ist also ungerechtfertigt.

Nr. 15. Entsch. v. 28. März 1912 (DIZ. **17** 1534) IV C 176/11.

BauflG. § 15.

Den Ausführungen liegt die irrige Rechtsauffassung zugrunde, daß die der Wegepolizeibehörde gegenüber bestehende, auf Observanz beruhende Pflicht der Anlieger zur Bürgersteiganlegung und Unterhaltung die Entschließung der Gemeinde beeinflusse, eine Straße auszubauen. Die Gemeinde ist auch in einem Falle dieser Art durch nichts gehindert, ihrerseits die Herstellung der Bürgersteige an Stelle der Anlieger zu bewirken, und die Anlieger sind, falls sie in dieser Weise verfährt, verpflichtet, die Bürgersteigkosten in derselben Weise zu erstatten, wie die übrigen Ausbaukosten. Die Straße ist erst fertig, wenn auch die Bürgersteige fertiggestellt worden sind. Die Gemeinde ist aber, falls sie hierfür Kosten aufwendet, berechtigt, die Anlieger in dem Umfange zu ihrer Erstattung heranzuziehen, als das maßgebende, auf Grund des § 15 BauflG. erlassene Ortsstatut dem nicht etwa entgegensteht.

Nr. 16. Entsch. v. 26. Sept. 1912 (PrVerwBl. **34** 742) IV C 93/12.

BauflG. § 15.

Der § 6 eines Ortsstatuts bestimmt, daß die Berechnung und Verteilung der zu erstattenden Kosten auch schon nach Fertigstellung einzelner selbständiger Kostengruppen erfolgen darf. Zu diesen Gruppen rechnet die Vorschrift die Kosten der Befestigung der Bürgersteige. Mit Beziehung hierauf heißt es dann in Abs. 4:

Werden die Bürgersteige zunächst nur auf einer Seite der Straße ausgebaut oder wird die Bordkante zunächst nur auf einer Seite der Straße gelegt, so können die dadurch entstandenen Kosten von den Anliegern dieser Seite eingefordert werden. Stellt es sich hierbei heraus, daß gegenüber einer Berechnung der Gesamtkosten auf den Anlieger ein Mehrbetrag oder ein Minderbetrag fällt, so ist dieser bei den folgenden Ersatzforderungen zum Ausgleich zu bringen.

Die ganze Bestimmung in Abs. 4 ist rechtsunwirksam und steht im Widerspruch mit der Rechtsprechung des Gerichtshofs, daß, wo die Spaltung zugelassen wird, sie, abgesehen von den Kosten der Unterhaltung, doch höchstens nach den in § 15 BauflG. aufgeführten vier Gruppen (Kosten der Freilegung, ersten Einrichtung, Entwässerung und Beleuchtungsvorrichtung) stattfinden darf, und außerdem nur noch die Bürgersteigkosten (erste Einrichtung) abgespalten werden dürfen. Nicht zulässig danach ist es, die Bürgersteigkosten nochmals zu spalten und, wie dies in Abs. 4 nachgelassen ist, die Kosten eines nur auf einer Seite der Straße ausgebauten Bürgersteigs, noch dazu bloß von den Anliegern dieser Straßenseite, einzuziehen. Ein solches Verfahren ist rechtswidrig.

3. Begriff der Straßenanlage iS. des § 15 BauflG.

Nr. 1. Entsch. v. 10. März 1911 (PrVerwBl. 33 46) IV C 37/10.

BauflG. § 15.

1. Eine Gemeinde kann in Ansehung einer Straße, für die einheitliche Fluchtlinien festgesetzt sind, sehr wohl beschließen, eine solche Straße nicht als eine Einheit auszubauen, sondern sie in Teile, Abschnitte, mit der Wirkung zu zerlegen, daß schon die Fertigstellung des Straßenteils den Anspruch auf Anliegerbeiträge rücksichtlich dieses Teiles in derselben Weise wie für eine fertige Straße zur Entstehung bringt. Darüber entscheidet der freie Wille der Gemeinde, und wenn Streit entsteht, in welcher Ausdehnung ein Straßenteil anzunehmen ist, so hat der Verwaltungsrichter den Willen der Gemeinde zu erforschen und klarzustellen, dann aber auch, nachdem dies geschehen, mit diesem Straßenteil allein zu rechnen und unter Beschränkung auf ihn die entstandenen Zweifel aufzuklären und zu entscheiden.

2. Nicht jeder Weg, den eine Stadt dazu bestimmt, eine städtische Straße zu werden, wird dadurch sogleich eine vorhandene Straße. Eine solche Straße braucht zwar noch nicht in allen Einzelheiten fertiggestellt zu sein, aber sie muß doch schon einen gewissen Abschluß gefunden und den Charakter einer noch in der Anlegung begriffenen Straße abgestreift haben. Sie darf daher auch wesentlicher Einrichtungen einer städtischen Straße nicht entbehren.

3. Der Begriff einer programmäßig ausgebauten Straße ist ein anderer als der der vorhandenen Straße. Von einer programmäßig ausgebauten Straße kann erst dann die Rede sein, wenn sie in allen ihren Teilen nach dem ausdrücklich oder stillschweigend beschlossenen Programm der Gemeinde fertiggestellt ist. So lange dies nicht der Fall ist, ist die Gemeinde befugt, ihr Programm abzuändern und zu erweitern.

Nr. 2. Entsch. v. 27. Nov. 1911 (PrVerwBl. 33 372) IV C 216/10.

BauflG. § 15.

1. Zunächst war der Einwand gegen die Rechtmäßigkeit des Einspruchs, weil er zu unbestimmt sei, zurückzuweisen. Es ist richtig, daß darin nur um eine andere Aufstellung der Kosten gebeten wird. Das genügte aber auch, nachdem vorher die Klägerin ihre Beschwerde, daß sie nicht für 13 m, sondern nur für die halbe Straßenbreite beitragspflichtig sei, näher begründet hatte.

2. In der Sache kommt es darauf an, ob die beiden nebeneinander herlaufenden Straßen zwei für sich bestehende Straßen sind. Nach der Feststellung des Vorderrichters handelt es sich um zwei Straßen, die gar keine Verbindung miteinander haben, sie gehen beide nach verschiedenen Richtungen und Endpunkten, die eine Straße fällt ab, die andere geht bergan. Zwischen ihnen liegt auf der hier in Betracht kommenden Strecke eine Böschung, die von einem halben bis zu 6 m ansteigt. Unter

solchen Umständen ist nicht ersichtlich, wie der Vorderrichter zu einem anderen Ergebnis, als daß hier zwei getrennte Straßen in Frage sind, hätte gelangen können. Daß zwei nebeneinander laufende Straßen denselben Namen führen, ist kein Beweis dafür, daß es sich um eine einheitliche Straße handelt, wie es kein Beweis ist, daß, wenn eine entlang einem öffentlichen Platze führende Straße den Namen des Platzes trägt, der Platz als ein Teil der Straße zu erachten ist. Auch die Fluchtlinienfestsetzung nötigte den Vorderrichter nicht zu einer abweichenden Auffassung. Der Beklagte meint, daß darüber, was als eine Straße iS. des § 15 BauflG. anzusprechen sei, der Fluchtlinienplan entscheide, und alles, was zwischen zwei festgesetzten Fluchtlinien liege, Straße sei. Dies ist aber Sache der tatsächlichen Beurteilung. Im übrigen gibt es Straßen, für die Fluchtlinien nicht bestehen, und ebenso gibt es Straßen, für die nur eine Fluchtlinie besteht und die nur einseitig bebauungsfähig sind. Daraus ergibt sich, daß zwei nebeneinander herlaufende Straßen, die nur je eine Fluchtlinie haben, nicht notwendig eine einheitliche Straße bilden müssen, und daß demnach der Vorderrichter sich keines Rechtsirrtums schuldig machte, wenn er dem Umstande, daß die Mariabrunnstraße und die Weberstraße auf der hier in Betracht kommenden Strecke nur mit einer Fluchtlinie versehen und einseitig bebauungsfähig sind, für die Bejahung der Einheit der Straße keine Bedeutung beigemessen hat. Auf die früheren Fluchtlinienpläne kommt es nicht mehr an. Entscheidend war nur, wie nach den neuen Fluchtlinienplänen die Straße tatsächlich sich ausgestaltet hatte.

Nr. 3. Entsch. v. 11. Jan. 1912 (PrVerwBl. 34 523) IV C 88/11.

BauflG. § 15.

1. Bei den Ausführungen, wie eine öffentliche Straße entsteht, hat sich der Vorderrichter von Unklarheiten und auch Rechtsverstößen nicht freigehalten. Er meint, wenn zwei öffentliche Behörden, hier das Kgl. Talamt und der Magistrat von Halle, sich seit jeher ohne Widerspruch des Privateigentümers mit der Unterhaltung einer Straße befaßt und damit eine ordnungsmäßige Wegepolizei eingerichtet hätten, dadurch die Straßenunterhaltungspflege dem Privateigentümer genommen und auf die Wegepolizei übergegangen sei. Daraus folgert er weiter, daß die Straße „an der Halle" von beiden Faktoren, dem wegebaupflichtigen Eigentümer und der Polizei, dem öffentlichen Gebrauche stillschweigend gewidmet worden sei. Ganz unklar bleibt, ob der Vorderrichter hierbei mit einer ursprünglich öffentlich-rechtlichen Wegebaupflicht der als Eigentümer in Betracht kommenden Pfännerschaft gerechnet hat, und worauf er diese gründete, sowie wen er nunmehr als den öffentlich-rechtlichen Wegebaupflichtigen ansah, unklar auch, wen er als die zuständige Wegepolizeibehörde betrachtete. Das konnten doch nicht das Talamt und die Polizeibehörde von Halle zugleich sein. Verfehlt war es ferner, wenn der Vorderrichter der Gutjahrstraße, weil sie oder die vormalige Straße „an der Halle" ein öffentlicher Weg gewesen sei, und weil dessen Beschaffenheit im Jahre 1877, zur Zeit des Inkrafttretens des ersten für Halle erlassenen Ortsstatuts den Anforderungen an eine für den inneren Verkehr und Anbau bestimmte Straße entsprochen habe, die Straße von alters her gepflastert und auch bebaut gewesen sei, ohne weiteres die Eigenschaft einer vorhandenen Straße zuerkannt hat. Hier entstehen die Zweifel, ob der Vorderrichter die Straße als eine vorhandene Straße der Pfännerschaft oder der Stadtgemeinde ansah. Wenn ersteres, so hätte er noch prüfen müssen, ob denn innerhalb des Pfännerschaftsgebiets von einer vorhandenen Straße die Rede sein konnte. Hielt er die Straße für eine vorhandene Straße der Stadtgemeinde, so mußte er feststellen, daß sie dies mit dem Willen der letzteren geworden sei. Denn eine vorhandene städtische Straße setzt immer den auf deren Anlegung gerichteten Willen der betreffenden Stadtgemeinde voraus.

2. Bei der eintretenden freien Beurteilung war zunächst im Ergebnis dem Vorderrichter darin beizupflichten, daß die Straße „an der Halle“ im Jahre 1877 ein öffentlicher Weg gewesen ist. Daß er in seinen Grenzen nicht festgelegt war, mag zutreffen. Jedenfalls ist er von alters her als öffentlicher Weg behandelt und für den Verkehr benutzt worden. Wegepolizeibehörde im Pfännerschaftsgebiet war ausschließlich das Kgl. Talamt, das in dieser Beziehung der Regierung in Merseburg unterstand. Das Talamt war demnach die für die Widmung eines Weges für den öffentlichen Verkehr zuständige Behörde.

3. § 15 BauflG. setzt eine Gemeinde, eine Korporation voraus, die ein Ortsstatut erlassen kann und iF. des Ausbaues einer Straße danach die Berechtigung erhält, die Herstellungskosten von den Anliegern wieder einzuziehen. Das war die Pfännerschaft nicht. Es kann dahingestellt bleiben, ob die Pfännerschaft in Halle jemals ein selbständiges kommunales Gemeinwesen gewesen ist. Nach Ansicht des Gerichtshofes war dies auch in ältester Zeit nicht der Fall. Eine städtische Straße iS. des § 15 BauflG. hätte daher im Pfännerschaftsgebiet bei dieser Rechtslage nur die Stadt Halle anlegen und ausbauen können, wozu selbstverständlich gehört hätte, daß sie dies mit Zustimmung des Talamts tat und die Straße vorher von der Pfännerschaft in Unterhaltung übernahm. Daraus folgt dann aber weiter, daß bei der Frage, ob die Straße im Jahre 1877 eine vorhandene Straße war, zu prüfen ist, ob sie eine vorhandene Straße der Stadt Halle gewesen ist.

Nr. 4. Entsch. v. 8. Febr. 1912 (PrVerwBl. **33** 860) IV C 50/11.

BauflG. § 15.

Die Aufnahme eines Wegezuges in einen Bebauungsplan läßt nur die Absicht der Gemeinde erkennen, ihn als Ortsstraße herzustellen, und es kann daraus nur entnommen werden, daß der in den Bebauungsplan aufgenommene Wegezug später einmal eine Ortsstraße werden sollte; nicht aber kann daraus hergeleitet werden, daß der nur in den Plan aufgenommene Wegezug schon eine vorhandene Ortsstraße geworden ist. Decken sich außerdem die in den Plan aufgenommenen Fluchtlinien nicht mit den tatsächlich vorhandenen Verhältnissen, was hier, wie der Plan ergibt, in weitestem Umfange der Fall ist, so kann hieraus lediglich geschlossen werden, daß die Gemeinde den Straßenzug nicht als einen im wesentlichen fertigen ansah.

Nr. 5. Entsch. v. 21. März 1912 (PrVerwBl. **34** 242) IV C 187/11.

BauflG. § 15.

Zu einer „vorhandenen“ Straße gehört, daß ihre Bestimmung für den öffentlichen Verkehr und Anbau von der Gemeinde ausgeht.

Nr. 6. Entsch. v. 20. Juni 1912 (OVG. **62** 196) IV C 36/12.

BauflG. § 15.

Für die Eigenschaft einer Straße als einer vorhandenen kommt es darauf an, ob die Straße, wenngleich sie nicht schon in allen Einzelheiten fertiggestellt war, doch nach dem Willen der Gemeinde dem inneren öffentlichen Verkehr und Anbaue gedient hat und hierzu bestimmt gewesen ist derart, daß sie die Eigenschaft einer erst in der Anlegung begriffenen Straße abgestreift hatte, also wesentlicher Einrichtungen einer städtischen Straße nicht mehr entbehrte. Eine Straße, die verschieden breit und nicht gepflastert war, nur in dürftigster Weise unterhalten wurde, auch nur wenige Häuser aufwies, und bei der die Gärten zum Teil in den Weg hineinsprangen, die zugleich der ordnungsmäßigen Entwässerung entbehrte, war keine vorhandene, sondern eine neue, unter § 15 BauflG. fallende Straße.

Nr. 7. Entsch. v. 26. Sept. 1912 (OVG. **62** 203) IV C 92/12.

BauflG. § 15.

Bei der Feststellung des Beginns der Anlegung einer Straße handelt es sich nicht vornehmlich um die Vornahme von Arbeiten, wenngleich auch hieraus unter Umständen auf die Absicht des Ausbaues der Straße geschlossen werden kann, vielmehr der Hauptsache nach um die Feststellung des Willens der Gemeinde, die Straße auszubauen, und darum, daß sie diesen Willen in zweifelsfreier Weise den Anliegern zu erkennen gibt. Die letzteren müssen bereits, wenn sie ein Gebäude an der Straße errichten, wissen, daß sie an einer zum Ausbaue bestimmten Straße bauen und mit der Entrichtung von Anliegerbeiträgen zu rechnen haben. Die Entschließung darüber, ob die Straße tatsächlich ausgebaut und, wann mit dem Ausbaue begonnen werden soll, hat das BauflG. im wesentlichen in das freie Ermessen der Gemeinde gestellt; es hat die Gemeinden in dieser Beziehung an Fristen nicht gebunden. Auch die vor dem Erl. des G. v. 2. VII. 75 im linksrheinischen Gebiete der Rheinprovinz in Gemäßheit des Art. 52 franz. G. v. 16. IX. 1807 (v. Daniels, Handbuch 5 298) zustande gekommene Fluchtlinienfestsetzung auf Grund eines vom Könige genehmigten Bebauungsplanes kannte keine Fristen, und der Anlieger mußte, solange die Fluchtlinien nicht abgeändert waren (vgl. auch Art. 53 aaO.), erwarten, daß die Straße ausgebaut wurde. Es konnte also auch nach der franz. GBest. Jahrzehnte dauern, bis es zu diesem Ausbaue kam.

Nr. 8. Entsch. v. 19. Dez. 1912 (OVG. **62** 228) IV C 153/12.

BauflG. § 15.

Für die Frage, ob eine Straße iS. des § 15 BauflG. als eine vorhandene anzusehen ist, kommt es nicht bloß auf den tatsächlichen Zustand und die Beschaffenheit der Straße im Zeitpunkte des Inkrafttretens des ersten für die betreffende Gemeinde erlassenen Ortsstatuts, sondern auch darauf an, ob die Straße, wenn sie gleich noch nicht völlig fertiggestellt gewesen, dennoch mit dem Willen der maßgebenden Gemeinde als eine dem inneren Verkehr und Anbaue dienende Straße bereits bestanden habe, das heißt, die Straße muß, um als vorhandene zu gelten, in ihren Einrichtungen soweit vorgeschritten sein, daß es ausgeschlossen ist, sie noch als eine in der Anlegung begriffene Straße anzusehen, und es müssen jene Einrichtungen auf den — ausdrücklich oder stillschweigend zum Ausdruck gelangten — Willen der Gemeinde zurückgeführt werden können. Der Vorderrichter versteht hierbei aber unter der maßgebenden Gemeinde die kommunalrechtlich nicht zuständige Stadt B., weil diese im Jahre 1865 die Chaussee in dem in Betracht kommenden Teile eigentümlich übernommen und seitdem unterhalten habe. Die Unterhaltungspflicht und das Eigentum der Straße sind indessen nicht entscheidend. Es ist zwar richtig, daß eine in fremdem Eigentum und in fremder Verwaltung stehende Chaussee auch während der Zeit, in der sie von dem Dritten unterhalten wird, dadurch eine Ortsstraße werden kann, daß sie zu einer städtischen Straße mit städtischen Straßeneinrichtungen umgewandelt wird. Eine solche Umwandlung hat sich namentlich bei zahlreichen durch die Städte führenden Provinzialstraßen vollzogen. Immer muß jedoch die Umwandlung den mitwirkenden Willen der kommunalrechtlich zuständigen Gemeinde erkennen lassen. Diese hat zu bestimmen, ob und wie eine städtische Straße hergestellt werden soll. Ihr Wille kann nicht durch den Willen einer fremden Gemeinde, der zufällig die Unterhaltungspflicht obliegt, ersetzt werden.

Nr. 9. Entsch. v. 13. März 1911 (OVG. 58 118) IV C 91/10.

BauflG. § 15.

1. Eine Straße ist nicht als fertiggestellt anzusehen, solange das Straßengelände noch für einen nicht im Zusammenhange mit dem straßen-

mäßigen Ausbaue stehenden Zweck genutzt wird oder mit Zäunen oder sonstigen Anlagen besetzt ist, die die Benutzung der Straße als solcher ausschließen oder beschränken. Ist eine Straße einmal fertig hergestellt worden, so wird durch spätere Sperrungen und ähnliche Maßnahmen die Geltendmachung der für die Gemeinde bereits bestehenden Beitragsforderung nicht ausgeschlossen.

2. Die Kosten einer Stützmauer gehören zu den Straßenbaukosten. Darüber, wie und in welcher Stärke sie herzustellen ist, haben als über eine reine Gemeindeangelegenheit lediglich die Gemeindebehörde und die städtische Vertretung zu entscheiden.

Nr. 10. Entsch. v. 3. Okt. 1912 (OVG. 52 209) IV C 79/11.

BauflG. § 15.

Was die Zugehörigkeit einer Schienenfläche zur Straße betrifft, so ist zu beachten, daß Straße iS. des BauflG. ein öffentlicher Weg ist, der in einem Orte als ein Glied des Ortsstraßennetzes nach seiner Lage und Beschaffenheit dazu dienen soll und dient, für die Gebäude, die auf den angrenzenden Grundstücken bereits errichtet sind oder noch errichtet werden, den Verkehr mit dem Orte und untereinander zu vermitteln und zur Befriedigung des Bedürfnisses ihrer Bewohner an Licht und Luft den nötigen Raum zu schaffen. Diesem Begriff entspricht das streitige Straßenstück. Die Einlegung von Schienen, selbst unter Veränderung der Höhenlage dieser Fläche, ändert an dem Wesen der ganzen Fläche als Straße nichts. Die Abtrennung der Schienengleise berührt lediglich die Einteilung der Straßenfläche, die dem freien, nur durch Anordnung der Wegepolizeibehörden beschränkten Ermessen der Gemeinde unterliegt.

Nr. 11. Entsch. v. 14. Nov. 1912 (OVG. 62 215) IV C 123/12.

BauflG. § 15.

1. Für die Frage, ob eine Straße als vorhanden anzusehen ist, ist der Zeitpunkt maßgebend, in dem ein gemäß § 15 BauflG. erlassenes Ortsstatut in Kraft getreten ist. Der Erlaß eines nur auf § 12 aaO. beruhenden Ortsstatuts ist dabei belanglos. Erst wenn ein Ortsstatut auf Grund des § 15 erlassen ist und damit die Gemeinde das Recht erhält, die Anlieger im Falle der Errichtung von Gebäuden zu den Straßenbaukosten heranzuziehen, entscheidet es sich, welche Straßen unter dieses Ortsstatut fallen, und deshalb ist der Zeitpunkt seines Inkrafttretens auch allein maßgebend für die Beurteilung, ob eine Straße bis dahin die Eigenschaft einer vorhandenen Straße erlangt hat, oder ob sie als eine neue Straße anzusehen ist.

2. Die Gemeinde ist nicht genötigt, die Beitragspflicht ortsstatutarisch auf alle Straßen auszudehnen, die iS. des § 25 aaO. neue sind.

4. Begriff des „Gebäudes“ an der Straße.

Nr. 1. Entsch. v. 14. Nov. 1910 (OVG. 58 111) IV C 190/09.

BauflG. § 15.

Der Vorderrichter geht von der Tatsache aus, daß die erbauten Empfangshallen für den Aufenthalt des Publikums und zu dessen Schutze bei ungünstiger Witterung bestimmt seien. Damit fielen sie unter die zum Aufenthalte von Menschen dienenden Baulichkeiten. Daß sie nicht mit Umfassungswänden oder Mauern versehen seien, sei nicht ausschlaggebend; ihre Eigenschaft als Gebäude iS. des § 15 BauflG. werde dadurch nicht beeinträchtigt. Ebenso lägen die Empfangshallen an der neuen Straße. Durch die Einfriedigung des Bahnhofsgeländes werde die Verbindung mit der Straße nicht aufgehoben, dazu komme, daß die Hallen einen Zugang zu dem neuen Straßenteile besäßen. Wenn dieser Zugang auch nur für die Bediensteten der Eisenbahnverwaltung bestimmt sei, so erwüchsen dem Grundstücke des Klägers doch auch hieraus wirtschaftliche Vorteile. Ein Rechtsirrtum ist in diesen Feststellungen überall nicht ersichtlich, im übrigen sind sie tatsächlicher Natur und binden den Revisionsrichter.

Nr. 2. Entsch. v. 1. Juni 1911 (OVG. **59** 103) IV C 119/10.

BauflG. § 15.

Hinsichtlich des Gebäudes hat der Vorderrichter folgendes festgestellt: Das Gebäude sei über einem Teile eines den ganzen Hofraum einnehmenden Kellers erbaut. Die Hofkellermauern seien dazu als Fundamentmauern benutzt und zu diesem Behufe verstärkt worden, aber es sei ein von dem Hofkeller baulich ganz unabhängiger Bau entstanden, dessen nunmehr über der Erde hervorragender Keller in der Frontwand Fenster und Lichtschächte erhalten habe und von dem übrigen Teile des Hofkellers völlig geschieden worden sei. Weiter hat der Vorderrichter festgestellt, daß dieses Quergebäude nebst einem außerdem errichteten Schuppen und Abort im Jahre 1894 oder 1895 abgerissen und beseitigt worden sei. Nur der Keller des Gebäudes sei bestehen geblieben. Er sei zwar umgebaut worden, möge auch die vor der Errichtung des Quergebäudes ihm eigene Gestalt wieder erhalten haben, werde aber noch heut als Kellerraum wirtschaftlich, wenn auch nicht mehr als Werkstätte, wie vor dem Abbruche, benutzt. Im Anschluß an diese Feststellungen führt der Vorderrichter aus, es habe sich bei der Errichtung des Quergebäudes im Jahre 1881 einschließlich des Kellers um einen vollständigen Neubau gehandelt; dieser Neubau sei jedoch nicht ganz bis auf die Mauerreste abgebrochen worden, sondern infolge der Erhaltung des Kellers in einem nutzbaren Teile zur Zeit der Entstehung der Forderung im Jahre 1904 noch vorhanden gewesen, und das genüge, um die Beitragspflicht der Klägerin in derselben Weise zu begründen, wie wenn von vornherein im Jahre 1881 nur ein Keller errichtet worden wäre. Alles dies sind Feststellungen auf tatsächlichem Gebiete, die einen Rechtsirrtum nicht erkennen lassen. Ein solcher würde nur dann vorliegen, wenn man einer Kelleranlage die Eigenschaft eines Gebäudes absprechen müßte. Das würde der ständigen Rechtsprechung des OVG. widersprechen.

Nr. 3. Entsch. v. 27. Nov. 1911 (OVG. **60** 119) IV C 32/11.

BauflG. § 15.

Es ist keine gesetzliche Bestimmung vorhanden und der Gerichtshof hat nirgends den Rechtsgrundsatz aufgestellt, daß ein Gebäude, das auf einem an zwei Straßen angrenzenden Grundstücke liegt, notwendig iS. des § 15 BauflG. an der einen oder der anderen Straße liegen muß. Ebenso wie ein Gebäude auf einem von mehreren Straßen umschlossenen Platze iS. des § 15 aaO. an diesen mehreren Straßen liegen kann, kann es auch an keiner der Straßen liegen.

Der Gerichtshof ist stets davon ausgegangen, daß je nach Lage des Falles zu entscheiden sei, ob ein Gebäude unter Berücksichtigung seiner Zugänglichkeit, seiner Verkehrsbeziehungen und der örtlichen Stelle, die es auf dem Grundstück einnimmt, als an der Straße errichtet, anzusehen ist. Die Zugänglichkeit eines Gebäudes von der Straße ist allerdings ein bedeutsames Merkmal für die Annahme der Lage an der Straße, aber kein ausnahmsloses Merkmal. Es ist in der Rechtsprechung des Gerichtshofs nicht eine allgemeine Regel aufgestellt, daß jedes Gebäude, das einen Zugang zu einer Straße habe, auch an dieser Straße liege.

Nr. 4. Entsch. v. 21. März 1912 (OVG. **62** 182) IV C 190/11.

BauflG. § 15.

Eine der unerläßlichen Voraussetzungen für die Entstehung der Beitragspflicht nach § 15 BauflG. ist, daß der Grundbesitzer, der auf seinem an die neue Straße angrenzenden Grundstück ein Gebäude errichtet, dieses Gebäude an der Straße errichtet. Der Vorderrichter hat festgestellt, daß die Grundstücke zu einem zusammenhängenden Garten verbunden und zu einem einheitlichen Ganzen umgestaltet worden sind, das eine wirtschaftliche Einheit bildet. Er hat ferner festgestellt, daß es sich bei dem Aus- und Umbaue der Villa unter Inanspruchnahme einer bis dahin unbebauten Fläche um einen Erweiterungsbau gehandelt hat, der iS. des § 15 aaO. als Errichtung eines Gebäudes anzusehen ist. Alle diese Feststellungen sind tatsächlicher Natur und lassen auch in ihren weiteren Ausführungen einen Rechtsirrtum nicht erkennen. Bei der Prüfung der Frage, ob die Errichtung des Gebäudes an der S.straße stattgefunden habe, macht aber der Vorderrichter eine Scheidung zwischen mittelbaren und unmittelbaren wirtschaftlichen Beziehungen des Baues zur Straße. Er erkennt an, daß eine unmittelbare wirtschaftliche Beziehung in Anbetracht des großen Abstandes von 97,30 m nicht bestehe. Er verneint auch die Möglichkeit einer Verkehrserleichterung für die Bewohner der Villa durch die in der Umzäunung angebrachte, nach der S.straße führende Tür. Dagegen beständen mittelbare wirtschaftliche Beziehungen zur Straße insofern, als ein zugleich in der Umzäunung angebrachtes, zur S.straße führendes Tor die Gelegenheit biete, Kies, Dünger usw. auf einem breiten Mittelweg in den Garten zu fahren. Da der Garten eine selbständige Bedeutung nicht habe, den wirtschaftlichen Bedürfnissen des Hauses diene und das Hausgrundstück von der Straße nicht trenne, sei der Schluß gerechtfertigt, daß durch das Tor in dem Zaune eine wirtschaftliche Beziehung der S.straße nicht nur zu dem Garten, sondern auch zu dem Gebäude des Klägers hergestellt werde. Daß das Gebäude an der S.straße liege, müsse daher bejaht werden. Diese Ausführungen sind nicht nur tatsächlicher Art. Sie lassen vielmehr außer Betracht, daß, wenn der § 15 aaO. in erster Linie verlangt, das Gebäude müsse, um die Beitragspflicht zur Entstehung zu bringen, an der Straße errichtet sein, hierbei keine Scheidung zwischen mittelbaren und unmittelbaren wirtschaftlichen Beziehungen zu einer Straße zu machen ist. Es ist sehr wohl möglich, daß im Zweifel die Anbringung eines Tores in einer Einfriedigung mit zur Unterstützung bei der Feststellung, ob ein Gebäude an der Straße errichtet ist, herangezogen werden kann. Die erste Frage bleibt jedoch immer die, ob das Gebäude selbst noch als an der Straße errichtet angesehen werden kann, und dabei mußte der Vorderrichter vor allem prüfen, ob die Entfernung von der Straße dies nach Lage der Umstände nicht ohne weiteres ausschließe.

Nr. 5. Entsch. v. 18. April 1912 (OVG. **62** 191) IV C 7/12.

BauflG. § 15.

Liegt ein wirtschaftlich einheitliches Grundstück teils an einer ausgebauten Straße, teils an ihrer nicht ausgebauten Verlängerung, so kommt es auf die tatsächlichen Verhältnisse des Einzelfalls an, ob Gebäude, die auf der an der Verlängerung liegenden Fläche errichtet werden, auch als an der ausgebauten Straße errichtet anzusehen sind.

Der Beklagte irrt, wenn er meint, daß jedes Gebäude auf dem Gesamtgrundstücke, gleichviel wo es liegt, als an dem ausgebauten Teile errichtet angesehen werden müsse. Das ist insbesondere aus OVG. 43 31 nicht zu entnehmen. Dort handelte es sich um ein einheitliches, zugleich an den ausgebauten und den unausgebauten Teil der Straße grenzendes, eingefriedigtes Fabrikgrundstück, und der Hauptausgang für alle, auch für die seitwärts auf dem Grundstücksteil an der unausgebauten Straße errichteten, Gebäude mündete unmittelbar in den ausgebauten Teil der Straße. Bei dieser Sachlage hatte der Gerichtshof keine Bedenken getragen, die Errichtung auch der zuletzt genannten Gebäude an dem ausgebauten Straßenteile zu bejahen, und er hat nur bei dieser Gelegenheit die irrige Auffassung verworfen, als müsse zum Zwecke der Feststellung, welche Gebäude als an dem ausgebauten und welche als an dem unausgebauten Teile errichtet anzusehen seien, eine senkrechte Linie auf der Grenze beider Straßen errichtet und die Scheidung nach dieser Linie vorgenommen werden. In dem hier zur Entscheidung stehenden Falle liegen die Verhältnisse umgekehrt. Der Hauptausgang aller neu errichteten Gebäude, selbst der am weitesten östlich gelegenen, mündet in den unausgebauten Teil der B.straße; zudem liegen alle diese Gebäude weit ab von dem ausgebauten Straßenteile, so daß, auch wenn die wirtschaftliche Einheit des Grubenhofs und des Holzabladeplatzes anerkannt werden müßte, die Errichtung dieser Gebäude an der ausgebauten Straße nicht bejaht werden könnte. Daran würde auch die Möglichkeit, von diesen Gebäuden auf dem Umweg über den Holzabladeplatz unter Benutzung der in dem Lattenzaun angebrachten Tür zur ausgebauten B.straße zu gelangen, nichts ändern.

Nr. 6. Entsch. v. 26. Sept. 1912 (**OVG. 62** 205) IV C 114/12.

BauflG. § 15.

Die Rechtsprechung ist niemals darüber im Zweifel gewesen, daß die Errichtung eines Gebäudes unmittelbar an der Fluchtlinie der Straße unter allen Umständen der im § 15 BauflG. festgesetzten Voraussetzung der Errichtung eines Gebäudes an der Straße entspricht. Ob das Gebäude in diesem Falle Fenster oder Ausgänge zur Straße oder sonstige Vorteile von der Straße hat, ist gleichgültig. Es ist deshalb auch unwesentlich, ob der Kläger für die Unterhaltung der Giebelwand die Straße benutzen muß, um seine Gerüste aufstellen zu können.

Nr. 7. Entsch. v. 25. März 1912 (**OVG. 62** 187) IV C 171/11.

BauflG. § 15.

Der Vorderrichter hat ausgeführt, daß die Erweiterung von Gebäuden der Errichtung neuer Baulichkeiten gleichkommt, wenn hierzu bisher unbebautes Gelände in Anspruch genommen ist und die Erweiterung überhaupt als Bauwerk gelten kann. Ein gemauerter, durch drei Geschosse gehender Anbau, der von allen Seiten mit Mauern umschlossen ist, sei aber als Bauwerk anzusehen, und die Erweiterung einer Wohnung um deren unentbehrliche Bestandteile, nämlich durch Anbau von Treppe und Abort, komme bei Inanspruchnahme bisher unbebauten Geländes der Errichtung eines neuen Wohngebäudes gleich. Diese Ausführungen sind nicht frei von Rechtsirrtum. Der Vorderrichter hat hierbei verkannt, daß in einem Falle, wie dem vorliegenden, wo die Beitragspflicht nach dem Ortsstatut an die Errichtung eines Wohngebäudes geknüpft ist, schon die Umwandlung eines Geschäftshauses in ein Wohngebäude der Errichtung eines Wohngebäudes gleichkommt und es dann unerheblich ist, ob ein Anbau und eine Erweiterung des Hauses stattgefunden hat oder nicht.

Nr. 8. Entsch. v. 15. April 1911 (**PrVerwBl. 34** 400) IV C 100/11

BauflG. § 15.

Für die Frage, ob ein unter der Geltung eines gemäß § 15 BauflG. bestehenden Ortsstatuts aufgeführter Anbau eine Pflicht zu Anliegerbeiträgen begründet, kommt es darauf an, ob und in welchem Umfange die Bebauung vorgenommen ist. Im allgemeinen gilt hier der Grundsatz, daß bei Veränderungen an bestehenden Gebäuden die „Errichtung eines Gebäudes" nur dann vorliegt, wenn die Bebauung einer bisher unbebauten Fläche stattfindet. Ausnahmen von diesem Grundsatze sind nur unter ganz besonderen Umständen zuzulassen. Der Vorderrichter konnte deshalb nicht darüber hinweggehen, ob hier beim Anbau A die Bebauung einer bis dahin unbebauten Fläche stattgefunden hat oder nicht. Er hat dies dahingestellt gelassen, indem er die Ausnahme des vorstehend bezeichneten Grundsatzes bereits als gegeben ansah und den vorgenommenen Neubau A schon an und für sich, auch bei Beibehaltung der bisherigen bebauten Fläche, für so umfassend und nach Bauart und Zweckbestimmung einem selbständigen Gebäude so gleichartig erachtete, daß er auch ohne Rücksicht auf das Vorhandensein des älteren Gebäudes als die Errichtung eines Gebäudes iS. des § 15 aaO. anzusehen sei. Der Vorderrichter hätte aber zunächst untersuchen und feststellen müssen, ob bei den vorgenommenen Erweiterungen des Wohnhauses auch die Bebauung bisher unbebauter Flächen erfolgt sei. Hätte sich hierbei ergeben, daß dies nicht der Fall sei, so hätte er den ganzen Bau, auch wenn dieser an verschiedenen Stellen aufgeführt war und mehrere Erweiterungen der früheren Hausräume mit sich brachte, einheitlich und in seiner Gesamtheit berücksichtigen und prüfen müssen, ob alle vorgenommenen Erweiterungen eine derartig wesentliche Änderung gegenüber dem älteren Zustande des Hauses darstellten, daß sie der Errichtung eines Gebäudes gleich zu achten waren.

III.

Indirekte Gemeindesteuern.

A. Verbrauchssteuern.

Nr. 1. Entsch. v. 3. April 1911 (OVG. 59 122) VII C 354/10.

KommAbgG. §§ 14, 77. S. Erg.-Bd. 1910/11 47.

Nr. 2. Entsch. v. 8. Juni 1911 (OVG. 59 125) VII C 65/11.

ZolltarifG. v. 25. XII. 02 § 13.

1. Die Parteien und der Vorderrichter gehen mit Recht davon aus, daß die Frage, ob der beklagte Magistrat auf Grund seiner AkziseO. berechtigt ist, trotz des § 13 ZolltarifG. eine Abgabe von Renntierfleisch zu erheben, von der allgemeinen Frage abhängt, ob unter Fleisch iS. des § 13 nur dasjenige zahmer Vierfüßler oder das aller warmblütigen Tiere, insbesondere auch von Wild und Geflügel, zu verstehen ist. Bei Beantwortung dieser Frage kann es dahingestellt bleiben, ob nach dem Sprachgebrauch und der Verkehrsauffassung ein Unterschied gemacht wird zwischen Fleisch von Wild und Geflügel einerseits und Fleisch von anderen Tieren anderseits idS., daß der Sprachgebrauch und der Verkehr unter Fleisch nur das Fleisch von zahmen, zum Schlachten aufgezogenen Säugetieren verstehen, dagegen das Fleisch von Wild und Geflügel mit dieser Bezeichnung nicht belegen. Auch kommt es nicht darauf an, was etwa frühere G. unter „Fleisch" verstanden haben, ob hierin insbesondere Wild und Geflügel nicht inbegriffen worden ist. Diese früheren, etwa in Frage kommenden G. können um so weniger ausschlaggebend für die Auslegung des Begriffs „Fleisch" in dem ZolltarifG. v. 1902 sein, als sie nicht erkennen lassen, daß sie selbst durchgehends damit denselben Begriff verbinden. Entscheidend ist allein, was nach dem ZolltarifG. unter Fleisch verstanden wird. Ergibt sich hieraus, daß dieses G. unter der Bezeichnung „Fleisch" Wild und Geflügel nicht mitumfaßt, so steht den Kommunen eine reichsgesetzliche Vorschrift nicht entgegen, von Wild und Geflügel eine Abgabe zu erheben.

ist im vorliegenden Falle davon auszugehen, daß der Beschenkte die Hälfte der auf dem Grundstücke ruhenden Lasten und Schulden, auch die persönliche Haftung, übernommen hat und übernehmen sollte. Der Gerichtshof verkennt nicht, daß eine Schenkung vorliegen kann, wenn ein Ehegatte dem anderen ein Grundstück gegen Übernahme der Lasten und Schulden übereignet. Läge eine Schenkung vor, so würde es sich um eine Schenkung unter einer Auflage handeln. Das OVG. hat aber dann, wenn die übernommenen Lasten und Schulden iVerh. zum Grundstückswerte sehr erheblich sind oder diesen Wert gar — wie hier — übersteigen, idReg. angenommen, daß die Übernahme als Gegenleistung für die Übereignung anzusehen und der Vertrag deshalb ein entgeltlicher sei, bei dem Leistung und Gegenleistung in einem wechselseitigen Abhängigkeitsverhältnisse zueinander stehen. Das schließt jedoch die Annahme aus, daß Schenkung unter einer Auflage vorliegt, denn bei einer solchen besteht nur ein einseitiges Abhängigkeitsverhältnis, nämlich das der Leistung des Beschenkten von der des Schenkers, nicht umgekehrt.

Unwesentlich ist es, wenn der Kläger infolge des Erwerbes jetzt unter günstigeren Bedingungen wirtschaften kann. Noch weniger wären spätere etwaige erbrechtliche Vorteile des Klägers zu berücksichtigen. Denn für die Beantwortung der zivilrechtlichen Frage, ob eine Schenkung vorliegt, sind die Vorteile, die der Käufer durch den Kauf in Zukunft zu erringen hofft, bedeutungslos. Auch bei entgeltlichen Geschäften glaubt jeder der Beteiligten in eine günstigere wirtschaftliche Lage zu kommen als bisher. Für die Frage, ob Bereicherung vorliegt, kommt es nur auf den durch den Vertrag unmittelbar bezweckten rechtlichen Erfolg an.

Nr. 5. Entsch. v. 9. Nov. 1911 (PrVerwBl. **33** 503) VI C 186/11.

Folgender Rechtsgrundsatz wird zur Auslegung der Vorschrift einer SteuerO., nach welcher der Eigentumserwerb von unbebauten Grundstücken unter 300 ℳ Wert von der Steuer befreit bleibt, aufgestellt: Bilden zwei Grundstücke im Werte von 251,60 ℳ und von 261,70 ℳ zwei selbständige Vertragsobjekte, so kann die Umsatzsteuer nicht erhoben werden. Denn die Grundstücke sind eben nicht zwei Grundstücke im Werte von mehr, sondern im Werte von weniger als 300 ℳ.

Nr. 6. Entsch. v. 11. Dez. 1911 (OVG. **60** 139) VII C 322/11.

Die fiduziarische Abtretung einer Hypothekenforderung bleibt eine Abtretung und erzeugt einen Wechsel in der Person des Berechtigten. Die rechtliche Eigenart des Geschäfts zeigt sich nur nach innen, ändert aber darin nichts, daß der Erwerber der neue Träger des Rechtes geworden ist.

Nr. 7. Entsch. v. 11. Dez. 1911 (OVG. **62** 247) VII C 147/11.

Die Anfechtung eines Kaufvertrags wegen arglistiger Täuschung ist kein Ereignis, auf das die nach § 18 ZustG. gegebene Beschwerde mit Erfolg gestützt werden kann.

Die Zulassung der Beschwerde aus § 18 ZustG. neben dem Einspruch aus § 69 KommAbgG. beruht auf der Erwägung, daß ein Weg offengehalten werden müsse, auf dem eine Veranlagung auch dann beseitigt werden kann, wenn sie zwar zunächst berechtigt und deshalb mit dem Einspruche nicht anfechtbar war, demnächst aber durch ein später eintretendes Ereignis unberechtigt wurde. Man will dem Steuerpflichtigen die Möglichkeit, zu seinem Rechte zu gelangen, in den Fällen nicht verschränken, wo die objektive Gestaltung der Verhältnisse nach Ablauf der Einspruchsfrist und die Rechtslage sich zu seinen Gunsten verändert haben. Diese Rücksicht aber entfällt, wenn die Herbeiführung einer solchen Veränderung von vornherein lediglich von seinem eigenen Willen abhängig war. Da nun die Anfechtung eines Rechtsgeschäfts wegen Betrugs nur ein Willensakt des Beteiligten ist, so kann das die Nichtigkeit des Rechtsgeschäfts auslösende und damit die Grundlage der Heranziehung zur Umsatzsteuer beseitigende Ereignis, die Vornahme der Anfechtung, nicht zu denjenigen Ereignissen gezählt werden, die zur Unterlage der Beschwerde zu verwenden sind.

Nr. 8. Entsch. v. 16. Dez. 1912 (PrVerwBl. **35** 111) VII C 378/12.

Die Bahneinheit ist rechtlich kein Grundstück, sondern ein selbständiger Vermögensgegenstand besonderer Art, auf den nach der Vorschrift des § 16 G. über die Bahneinheiten v. 11. VI. 02 im allgemeinen die gesetzlichen Vorschriften über Grundstücke Anwendung finden.

Zu einer Bahneinheit gehören nach § 4 aaO.: der Bahnkörper und die übrigen dem Bahnunternehmen gewidmeten Grundstücke mit den darauf errichteten Baulichkeiten, die dem Bahnunternehmen dauernd eingeräumten Rechte an fremden Grundstücken, die Fonds, Kassenbestände und Forderungen der Bahnverwaltung; die beweglichen körperlichen Sachen des Bahnunternehmers, die zur Herstellung, Erhaltung oder Erneuerung der Bahn oder Bahngebäude oder zum Betriebe des Bahnunternehmens dienen. Da die Bahneinheit sonach einen Inbegriff von Gegenständen darstellt, die — in tatsächlicher und rechtlicher Hinsicht —, von der verschiedensten Art sind, sich regelmäßig auf eine Mehrzahl von Gemeinden verteilen, und, wie das rollende Betriebsmaterial, zum Teil ihren Standort häufig wechseln, und da anderseits das Steuerrecht jeder Gemeinde sich auf ihren Bezirk beschränkt, so hätte die örtliche SteuerO. näher regeln müssen, nach welchen Grundsätzen und in welchem Umfange die Bestandteile der Bahneinheit steuerlich erfaßt werden sollten. Da dies nicht geschehen ist, entbehrt sie insoweit der erforderlichen Bestimmtheit. Wegen Fehlens klarer Richtlinien in ihr, nach denen eine Besteuerung des Eigentumsübergangs an einer Bahneinheit stattfinden soll, ist die Besteuerung der Bahneinheit als solcher, hinsichtlich gewisser Bestandteile, nicht angängig.

Nr. 9. Entsch. v. 2. März 1911 (OVG. **58** 132) VII C 293/10.

1. Zwar besteht für die Gemeinden kein gesetzliches Hindernis, auch diejenigen Fälle, in denen ein bisher noch nicht vorhandenes Grund- oder Bergwerkseigentum neu zur Entstehung gelangt, einer Steuer zu unterwerfen. Der § 13 KommAbgG. gibt ihnen ganz allgemein das Recht, soweit nicht reichsgesetzliche Vorschriften entgegenstehen, indirekte Steuern zu erheben, d. h. iF. des Eintritts eines bestimmten Ereignisses eine Abgabe zu fordern. Damit aber, abweichend von den MustersteuerO. für die Erhebung einer Gemeindesteuer bei dem Erwerbe von Grundstücken, die lediglich den „Umsatz" von Grundstücken, also den Eigentumswechsel der Steuer unterwerfen, nicht nur der Eigentumswechsel, sondern auch jeder Eigentumserwerb, bei dem ein früherer Eigentümer nicht in Betracht kommt, wie der Erwerb des Bergwerkseigentums durch staatliche Verleihung, zum Gegenstande der Besteuerung gemacht werden kann, muß in der SteuerO. der dahingehende Wille des Steuergläubigers einen unzweideutigen Ausdruck gefunden haben. Die SteuerO. ist dabei lediglich aus sich selbst auszulegen, und es kommt in Ermangelung eines solchen Ausdrucks des Willens auf das Vorhandensein des Willens bei dem Gesetzgeber nicht an.

2. Der § 1 der hier maßgebenden SteuerO. macht, weitergehend als der § 1 der MustersteuerO. älterer Fassung, der nur jeden auf Grund einer freiwilligen Veräußerung erfolgenden Eigentumserwerb der Steuer unterwarf, jeden nicht unmittelbar auf Grund einer Erbschaft erfolgenden Eigentums-

erwerb zum Gegenstande der Besteuerung. Dieser Wortlaut würde an sich die Deutung zulassen, daß auch jeder Eigentumserwerb, bei dem ein früherer Eigentümer nicht in Betracht kommt, steuerpflichtig sein soll, die SteuerO. also nicht nur den Umsatz von Grund- bzw. Bergwerkseigentum besteuern will. Eine solche Auslegung ist jedoch nicht angängig. (Folgt Begründung.)

Nach alledem muß angenommen werden, daß lediglich die Fälle des Eigentumswechsels zum Gegenstande der Besteuerung gemacht werden sollten. Ein etwa weitergehender Wille des Gesetzgebers hat in der SteuerO. keinen hinreichenden Ausdruck gefunden.

Nr. 10. Entsch. v. 16. Dez. 1912 (PrVerwBl. **35** 197) VII C 134/12.

1. Die Gewerkschaft des neueren Rechts (§§ 94 ff. BergG. v. 24. VI. 65/28. VII. 09) ist eine juristische Person und die Kuxe sind, ähnlich wie die Aktien, Geschäftsanteile, nicht Anteile an dem Bergwerk selbst; der Übergang aller Kuxe in eine Hand hat deshalb nicht ohne weiteres auch den Übergang des Eigentums an dem Bergwerk auf den Alleininhaber der Kuxe zur Folge. Die Gewerkschaft älteren Rechts ist nicht juristische Person. Die einzelnen Gewerken stehen vielmehr in einem eigenartig geregelten Miteigentumsverhältnis, auf das die landrechtlichen Grundsätze vom gemeinschaftlichen Eigentum Anwendung finden. Die Kuxe sind die Bruchteile, zu denen die Gewerken Miteigentümer sind; sie sind ideelle Anteile an dem Bergwerk, nicht an dem gesamten Vermögen der Gewerkschaft, wenn auch mit ihnen ein entsprechender Anteil an dem Gesamtvermögen der Gewerkschaft verbunden ist. Nach der Bestimmung des § 231 BergG. idFass. des Art. 37 XIII AGBGB. gelten ferner für die Kuxe alten Rechts die sich auf Grundstücke beziehenden Vorschriften des BGB., soweit nicht ein anderes bestimmt ist, und es finden die für den Erwerb des Eigentums an Grundstücken geltenden Vorschriften auf diese Kuxe entsprechende Anwendung, so daß jeder einzelne Kux durch Auflassung und Eintragung übertragen wird und zur Übertragung des Eigentums an dem ganzen Bergwerk die Auflassung der sämtlichen einzelnen Kuxe durch die einzelnen Gewerken gehört.

2. Im vorliegenden Falle handelte es sich um eine Gewerkschaft älteren Rechts. Die Klägerin hat durch die Auflassung und Eintragung nur die beiden letzten Kuxe erworben, während sie die übrigen Kuxe schon früher, in der Zeit vor dem Inkrafttreten der SteuerO., erworben hatte. Sie kann deshalb jetzt nur für den Erwerb der beiden letzten Kuxe zur Steuer herangezogen werden.

Nr. 11. Entsch. v. 22. Jan. 1912 (OVG. **62** 259) VII C 330/11.

KommAbgG. § 13.

1. Nach § 13 KommAbgG. sind die Kommunen berechtigt, indirekte Steuern innerhalb der durch die ReichsG. gezogenen Grenzen zu erheben. Sie könnten daher, vorausgesetzt, daß die Genehmigung und Zustimmung durch die berufenen Instanzen erteilt wird, auch den Umsatz von Mobilien, da dem ein ReichsG. nicht entgegensteht, einer Steuer unterwerfen. Daraus ergibt sich ohne weiteres für sie die Berechtigung, auch den anläßlich der Übereignung eines Grundstücks sich vollziehenden Eigentumswechsel an Zubehörstücken mit der Umsatzsteuer zu erfassen. Im vorliegenden Falle steht auch der Einbeziehung der Zubehörstücke in den Kreis der der Steuer unterliegenden Gegenstände nicht etwa die Erwägung entgegen, daß in der Überschrift der SteuerO. von der Umsatzsteuer von Immobilien und ebenso in § 1 in der jetzt gültigen Fassung von einer Umsatzsteuer von Immobilien die Rede ist; denn, wenn auch an sich das Zubehör eine selbständige bewegliche Sache ist, so ist es doch auch sonst in der Gesetzgebung verschiedentlich dem herrschenden Grundstücke gleichgestellt. So erstreckt sich nach § 1120 BGB. die Hypothek auf solches Zubehör, das dem Grundstückseigentümer gehört, und

darüber hinaus die Zwangsversteigerung des Grundstücks unter gewissen Voraussetzungen auch auf solche Zubehörstücke, die dem Schuldner nicht gehören (§ 55 Abs. 2 ZwVstG., vgl. auch § 926 BGB.).

2. Für die Frage, welche Gegenstände als Zubehör anzusehen sind, ist der Rechtsbegriff des BGB. maßgebend.

Nr. 12. Entsch. v. 6. Febr. 1911 (OVG. **59** 105) VII C 405/10.

Wenn eine SteuerO. den Erwerb eines Grundstücks durch Kauf oder ein sonstiges Rechtsgeschäft unter Lebenden einer Steuer unterwirft, so fällt hierunter nicht der Eigentumserwerb eines Grundstücks, der auf Grund eines Vertrags erfolgt, in welchem Eheleute die allgemeine Gütergemeinschaft einführen.

Allerdings ist der Ehevertrag ein Rechtsgeschäft unter Lebenden; aber der Eigentumsübergang ist nicht rechtsgeschäftlich durch ihn erfolgt, sondern als eine gesetzliche Folge seines Abschlusses oder vielmehr der durch ihn geschaffenen Rechtslage eingetreten. Der Ehevertrag bezog sich nicht auf das Grundstück, sondern auf die gesamten ehelichen Güterrechtsverhältnisse der Vertragschließenden in Gegenwart und Zukunft; er befaßte sich somit überhaupt nicht mit den einzelnen Sachen, die das Vermögen der Eheleute bildeten, sondern mit dem Vermögen als einem Ganzen, einer Einheit. Mit Recht weist auch der Kläger darauf hin, daß das G. selbst den Übergang der einzelnen Gegenstände des beiderseitigen Vermögens in das Gesamtgut ausdrücklich als einen nicht rechtsgeschäftlichen Vorgang kennzeichnet.

Nr. 13. Entsch. v. 26. Juni 1911 (DJZ. **17** 286) VII C 53/11.

Der Bezirksausschuß hat die klagende Ehefrau von der erforderten Umsatzsteuer mit der Begründung freigestellt, daß sie das Miteigentum an dem in Rede stehenden Grundbesitze nicht auf Grund des abgeleiteten Eigentumserwerbes, sondern unmittelbar kraft G. infolge der Gütergemeinschaft erworben habe. Diese Begründung ist rechtsirrig. Sie verkennt den Rechtsbegriff des abgeleiteten Eigentumserwerbes. Abgeleitet ist der Eigentumserwerb stets dann, wenn der Erwerber in das Eigentum eines früheren Eigentümers sukzediert. Dies kann auch kraft Gesetzes geschehen.

Nr. 14. Entsch. v. 15. Febr. 1912 (OVG. **62** 268) VII C 476/11.

Ein Vertrag, durch den Eltern ihrem Sohne ein Grundstück gegen dessen Verzicht auf sein gesetzliches Erbteil übereignen, ist ein lästiger Vertrag.

Der Ausdruck „lästiger Vertrag", den das BGB. nicht kennt, ist in die ältere sogenannte MustersteuerO. (MBl. 96 71), die für die hier maßgebende SteuerO. vorbildlich war, aus dem ALR. übernommen worden. § 7 Tit. 5 T. I aaO. bestimmt das Wesen eines solchen lästigen Vertrags dahin, daß „von beiden Teilen gegenseitige Verpflichtungen übernommen" sein müssen, im Gegensatze zum sogenannten wohltätigen Vertrage, durch den nur ein Teil etwas zugunsten des anderen zu geben, zu leisten, zu dulden oder zu unterlassen verpflichtet ist (§ 8 aaO.). Der Begriff des lästigen Vertrags stimmt mit dem des gegenseitigen Vertrags, den das BGB. aufgenommen hat (vgl. §§ 320ff.), nicht überein, aber nur insofern, als zwar jeder gegenseitiger Vertrag notwendig ein lästiger, nicht aber jeder lästige notwendig ein gegenseitiger ist. Der der Übereignung des Grundstücks zugrunde liegende Vertrag ist rechtlich in zwei selbständige Verträge zu zerlegen. Er enthält einmal die hier allein in Betracht kommende vertragliche Bindung der Eltern des Klägers zur Übereignung des Grundstücks und die Verpflichtung des Klägers zur Verzichtleistung auf sein Erbteil, und weiter den eigentlichen

8*

Erbverzichtsvertrag, der als erbrechtlicher Vertrag ein streng einseitiger und dessen Rechtsbestand von dem Bestande des vorerwähnten Vertrags nicht ohne weiteres bedingt ist.

Ein obligatorischer Vertrag über einen Erbverzicht und die zu gewährende Abfindung ist aber ein gegenseitiger Vertrag, da die Abfindung von den Parteien als Gegenleistung für die Verzichtleistung gedacht sein wird und daher notwendig ein lästiger Vertrag.

Nr. 15. Entsch. v. 14. Dez. 1911 (OVG. **62** 249) VII C 313/11.

Eine offene Handelsgesellschaft besteht so lange fort, als ungeteiltes Gesellschaftsvermögen vorhanden ist. Hierunter sind jedoch nur Aktiva, nicht Passiva — Geschäftsschulden privater oder öffentlich-rechtlicher Art — zu verstehen. Sind nur Passiva vorhanden, so konnte die Gesellschaft als solche nicht zur Steuer veranlagt werden; denn zur Zeit der Heranziehung bestand sie nicht mehr. Daraus folgt jedoch nicht, daß eine Veranlagung überhaupt unmöglich war. Zutreffend führt der Bezirksausschuß aus, daß die Steuerforderung mit dem Eigentumsübergang, also noch zur Zeit des Bestehens der Gesellschaft, entstanden, daß demnach an sich die Gesellschaft Steuerschuldnerin geworden sei. Trifft dies aber zu, so haften die beiden ehemaligen Gesellschafter für die Steuer, auch über die Auflösung der Gesellschaft hinaus (§§ 128, 159 HGB.). Beide konnten also in voller Höhe als Gesamtschuldner zur Steuer veranlagt werden.

Nr. 16. Entsch. v. 2. Dez. 1912 (PrVerwBl. **34** 859) VII C 270/12.

Abgeleitet ist ein Eigentumserwerb immer dann, wenn die Sache im Eigentum eines anderen stand und der Erwerber in dieses Eigentum nachfolgt. Ein abgeleiteter Eigentumserwerb liegt daher nicht vor, wenn eine offene Handelsgesellschaft unter Wahrung ihrer Identität zu einer Kommanditgesellschaft gemacht werden kann, d. h. wenn die Umwandlung einer offenen Handelsgesellschaft in eine Kommanditgesellschaft unter Aufrechterhaltung des Bestandes der Gesellschaft rechtlich möglich ist. Dies ist der Fall. Das HGB. enthält über die Umwandlung einer offenen Handelsgesellschaft in eine Kommanditgesellschaft zwar keine allgemeine Bestimmung, wohl aber in den §§ 139, 162 Abs. 3, 173 Abs. 1, 176 Abs. 2 eine Reihe von Einzelvorschriften; durch deren Inhalt erkennt das G. an, daß jene Umwandlung rechtlich möglich ist und sich nicht als Errichtung einer neuen Gesellschaft darstellt, sondern nur als eine den Bestand der bisherigen Gesellschaft als solchen unberührt lassende Veränderung der Gesellschaftsform. Eine Übertragung des Vermögens von einer Gesellschaft auf eine anderweitige, mit ihr nicht zu einer Einheit verbundene Gesellschaft hat hier also nicht stattgefunden.

Nr. 17. Entsch. v. 25. Jan. 1912 (PrVerwBl. **33** 630) VII C 343/11.

Ein umsatzsteuerpflichtiger abgeleiteter Eigentumswechsel liegt nicht vor, wenn eine Kommanditgesellschaft auf Aktien, die ein Grundstück besitzt, in eine Aktiengesellschaft unter Änderung der Firma umgewandelt und die neue Firma im Grundbuche vermerkt wird. Die Kommanditgesellschaft auf Aktien entspricht in gewisser Hinsicht der einfachen Kommanditgesellschaft. Bei dieser haftet ein Gesellschafter persönlich mit seinem ganzen Vermögen (Komplementär), während wenigstens ein anderer Gesellschafter (Kommanditist) nur mit einer bestimmten Vermögenseinlage beteiligt ist, über deren Betrag seine Haftung nicht hinausgeht. Bei der Kommanditgesellschaft auf Aktien ist das Einlagekapital der Kommanditisten in Aktien zerlegt. Die Gesellschaft ist gewissermaßen zusammengesetzt aus einer Aktiengesellschaft und aus einer offenen Handelsgesellschaft, oder — wenn nur ein Komplementär vorhanden ist — aus einer Aktiengesellschaft und einem Einzelkaufmann. Scheiden bei einer einfachen Kommanditgesellschaft die Kommanditisten aus, so kann die Gesellschaft, wenn mehrere Komplementäre vorhanden sind, als offene Handelsgesellschaft fortbestehen bleiben (§§ 138, 161 HGB.). Bei der Kommanditgesellschaft auf Aktien bleibt nach dem Ausscheiden der Komplementäre eine Aktiengesellschaft übrig. Dies gilt auch dann, wenn es im Gesellschaftsvertrage nicht vereinbart ist, und ist in § 333 Abs. 3 HGB. mit den Worten ausgedrückt: „Mit der Eintragung (in das Handelsregister) scheiden die persönlich haftenden Gesellschafter aus der Gesellschaft aus; die Gesellschaft besteht von diesem Zeitpunkt ab als Aktiengesellschaft fort." Hiermit ist klar vorgeschrieben, daß die Gesellschaft, die nach §§ 210, 320 Abs. 3 HGB. juristische Person ist, dieselbe bleibt, daß nur ihr Mitgliederbestand verändert wird.

Hat aber die Umwandlung der Gesellschaft keinen Eigentumswechsel zur Folge gehabt, so fehlt es nach der maßgebenden SteuerO. an der Möglichkeit, die Klägerin zu einer Steuer heranzuziehen.

Nr. 18. Entsch. v. 5. Jan. 1911 (OVG. 58 122) VII C 407/10.

1. § 2 einer UmsatzsteuerO. lautete:

„Beim Wechsel im Personenbestande solcher Gesellschaften, die Grundeigentum in R. besitzen, wird die Steuer auch ohne formellen Eigentumsübergang fällig. Sie wird dann von dem ideellen Anteil am Grundeigentume der Gesellschaft, der auf das ausgeschiedene Mitglied der Gesellschaft entfällt, erhoben."

2. Nach § 2 Satz 1 soll also die Steuer „auch ohne formellen Eigentumsübergang" erhoben werden. Den Gegensatz zu einem „nicht formellen Eigentumsübergange" würde der „formelle" Eigentumsübergang bilden. Einen derartigen Unterschied zwischen formellem und „nicht formellem" Eigentumsübergange kennt das bestehende Recht aber nicht. Soweit der Übergang des Eigentums an Beobachtung bestimmter Formvorschriften geknüpft ist, vgl. z. B. §§ 873, 925 BGB., findet ein Eigentumswechsel nicht statt, wenn die vorgeschriebene Form nicht beachtet worden ist. Aus dieser Erwägung in Verbindung mit dem Umstande, daß nach § 2 Satz 1 die Steuer fällig sein soll „beim Wechsel im Personenbestande" der Gesellschaften, folgt, daß hier eine Steuer auf die Übertragung der Anteilsbeteiligung an der Gesellschaft gelegt ist. Beteiligt an dieser Übertragung sind der ausscheidende und der neu in die Gesellschaft eintretende Gesellschafter. Sie sind der Erwerber und Veräußerer. Sie würden mithin gemäß § 6 Satz 1 der SteuerO. für die Steuer als Gesamtschuldner verhaftet sein. Handelt es sich um eine Gesellschaft m. b. H., wie im vorliegenden Falle, so soll also, wenn zum Gesellschaftsvermögen Grundeigentum gehört, nach § 2 Satz 1 die Übertragung der Geschäftsanteile, §§ 14, 15 G., betr. die Gesellschaften m. b. H. v. 20. IV. 92/20. V. 98 (RGBl. 369, 846ff.), steuerpflichtig sein.

3. Nach § 2 Satz 2 soll aber die Steuer „erhoben" — gemeint ist „berechnet" — werden von dem „ideellen Anteil" am „Grundeigentume der Gesellschaft", der auf das ausscheidende Mitglied der Gesellschaft entfällt. Da jedoch die Gesellschaft m. b. H. eine juristische Person und damit ein selbständiges Rechtssubjekt ist, und da somit die zum Gesellschaftsvermögen gehörigen Sachen im ausschließlichen Eigentume der Gesellschaft stehen, so haben die Gesellschafter keinen ideellen Anteil am Grundeigentume der Gesellschaft. Danach fehlt für den vorliegenden Fall die erste Voraussetzung für die Berechnung der Steuer. Nicht anders würde die Sache liegen, wenn mit dem Ausdruck „ideeller Anteil", soweit es sich um eine Gesellschaft m. b. H. handelt, nicht der — gar nicht bestehende — ideelle Anteil des einzelnen Gesellschafters an dem Grundstücke gemeint sein sollte, sondern eine irgendwie anders geartete Beteiligung des ausgeschiedenen Mitglieds der Gesellschaft an dem Grundeigentume der Gesellschaft, — ein Begriff, den der Beklagte als „wirtschaftlichen Anteil" bezeichnen zu können meint. Zunächst nämlich würde dann das, was hat gesagt werden sollen, tatsächlich nicht gesagt worden sein.

Weiter aber gibt es auch gar nicht eine, mit irgendeinem bestimmten rechtlichen Inhalt erfüllte Beteiligung der Gesellschafter einer Gesellschaft m. b. H. an den einzelnen Bestandteilen des Gesellschaftsvermögens. Solange die Gesellschaft besteht, haben die Gesellschafter, soweit nicht im Gesellschaftsvertrag ein anderes bestimmt ist, nur einen Anspruch auf den nach der jährlichen Bilanz sich ergebenden Reingewinn, § 29 G. v. 20. IV. 92/20. V. 98. Dies ist nichts anderes als ein Gläubigerrecht. Im Falle der Liquidation einer Gesellschaft m. b. H. ferner haben die Liquidatoren das Vermögen der Gesellschaft in Geld umzusetzen und den danach sich ergebenden Betrag — wiederum also einen Geldbetrag — unter die Gesellschafter zu verteilen, §§ 70, 72 G. v. 20. IV. 92/20. V. 98. Der rechtliche Charakter des Anspruchs auf jenen Betrag ist nicht wesentlich verschieden von dem Anspruch auf den Reingewinn. Wie bei dieser Rechtslage die Annahme eines „wirtschaftlichen Anteils" des einzelnen Gesellschafters an den einzelnen zum Vermögen der Gesellschaft gehörigen Sachen gerechtfertigt werden soll, ist nicht einzusehen.

4. Nach § 2 Satz 1 der SteuerO. soll den Gegenstand der Besteuerung nicht der Wechsel von Eigentum an Grundstücken, sondern der Umsatz von Geschäftsanteilen an einer Gesellschaft bilden. Das Besteuerungsrecht einer Gemeinde ist aber räumlich auf den Gemeindebezirk beschränkt. Eine GemeindesteuerO. darf daher nicht Vorgänge für steuerpflichtig erklären, die sich außerhalb ihres Bezirks vollziehen. Insoweit das dennoch geschieht, ist die SteuerO. ungültig.

Nr. 19. Entsch. v. 25. Jan. 1912 (OVG. **62** 262) VII C 268/11.

Nach einer UmsatzsteuerO. ist eine Umsatzsteuer auch bei Veränderungen im Personenbestande oder in der Beteiligung am Vermögen von Gesellschaften mit beschränkter Haftung dann zu erheben, wenn die Gesellschaften m. b. H. Grundeigentum im Stadtbezirke besitzen. Zwar ist dagegen, daß der Wechsel in Gesellschaftsanteilen zum Gegenstand einer indirekten Kommunalsteuer gemacht wird, bei der durch § 13 KommAbgG. den Gemeinden gewährten Freiheit ein grundsätzliches Rechtsbedenken nicht zu erheben. Wohl aber ist zu prüfen, ob bei der Ausgestaltung einer solchen Steuer von der SteuerO. die Schranken innegehalten sind, die jeder KommSteuerO. überhaupt gezogen sind. Keine Gemeinde kann ihre Steuerhoheit über ihr räumliches Gebiet hinaus erstrecken und ihr Rechtsakte unterwerfen, die sich nicht innerhalb desselben vollziehen. Wo sich ein Rechtsakt vollzieht, ist jedoch nicht allgemein zu entscheiden, sondern für jede Art von Rechtsakten nach ihrer Eigenart besonders zu prüfen und zu beurteilen. Für die Übertragung von Gesellschaftsanteilen steht soviel fest, daß es, um einen Vollziehungsort zu begründen, nicht genügt, wenn die Gesellschaft an diesem Orte Grundeigentum hat. Da aber die SteuerO. auch diesen Fall als steuerpflichtig behandelt, muß diese Vorschrift für rechtsungültig erachtet werden; und zwar nicht bloß insoweit, als sie sich auf Vorgänge bezieht, für deren Besteuerung die Stadt nicht zuständig ist, sondern in vollem Umfange; denn da sie unterschiedslos zulässige und unzulässige Bestandteile enthält, entbehrt sie derjenigen Klarheit und Unzweideutigkeit, die im Interesse der Rechtssicherheit geboten ist und insbesondere von dem Steuerpflichtigen beansprucht werden kann.

Nr. 20. Entsch. v. 2. Dez. 1912 (PrVerwBl. **34** 823) VII C 397/12.

1. Aus dem Wesen der Gemeinde als einer Gemeinschaft, die auf einen bestimmten räumlichen Bezirk begrenzt ist, ergibt sich, daß ihr Besteuerungsrecht immer dann seine Schranken an den Grenzen des Gemeindebezirks findet, wenn der Staat nicht Ausnahmen zuläßt. Daher kann eine Gemeinde ihrer Steuerhoheit Rechtsvorgänge nicht unterwerfen, die sich außerhalb des Gemeindebezirks vollziehen. Hiermit wird aber keineswegs gesagt, daß als Vollziehungsort

eines Rechtsvorganges lediglich derjenige Ort in Betracht kommen kann, wo er formell zustande kommt, z. B. der Ort, an dem die Urkunde über das Veräußerungsgeschäft aufgenommen ist. Wo sich ein Rechtsvorgang vollzieht, ist nicht im allgemeinen zu entscheiden, sondern für jede Art von Rechtsvorgängen nach ihrer Eigenart besonders zu prüfen und zu beurteilen. Das Erfordernis, daß der Rechtsvorgang sich innerhalb des Gemeindebezirkes vollzogen haben müsse, ist in einem weiteren Sinne aufzufassen. Es ist auch dann erfüllt, wenn der Rechtsvorgang innerhalb des Gemeindebezirks seine unmittelbare Wirkung ausübt. So ist bei der Auflassung eines Grundstücks Vollziehungsort die Stelle, an der das Grundstück liegt. Handelt es sich ferner um Besteuerung eines obligatorischen Rechtsgeschäfts über ein Grundstück, so kann sich der Vollziehungsort des Rechtsgeschäfts ebenfalls nach der Lage des Grundstücks richten.

2. Im vorliegenden Falle handelt es sich um einen Rechtsvorgang, der sich auf Anteile einer Gesellschaft m. b. H., die Eigentümerin von Grundstücken ist, bezieht. Der Vollziehungsort kann sich hier nicht danach bestimmen, wo sich einzelne Teile des Vermögens der Gesellschaft m. b. H. befinden. Gegenstand des Rechtsvorganges sind nämlich nicht die einzelnen Teile des Gesellschaftsvermögens, insbesondere nicht die Grundstücke, sondern Anteilsrechte an einem Vermögensinbegriffe. Durch eine Änderung in der Beteiligung an dem Gesellschaftsvermögen werden rechtliche Wirkungen auf das Eigentum an den Grundstücken überhaupt nicht ausgeübt. Eigentümerin ist und bleibt vielmehr die Gesellschaft. Deshalb ist es rechtlich unmöglich, zu sagen, daß sich die Abtretung von Geschäftsanteilen einer Gesellschaft m. b. H. da vollziehe, wo der Grundbesitz liegt. Die wirtschaftlichen Wirkungen der Abtretung aber können bei einer auf den Rechtsvorgang der Abtretung gelegten Steuer nicht ausschlaggebend sein.

3. Unter „Steuerquelle" ist diejenige Sachgütermenge zu verstehen, aus der eine Steuer reell entrichtet wird. Das braucht — zum mindesten bei Steuern, die auf Rechtsvorgänge gelegt sind — keineswegs der Gegenstand zu sein, der von dem Vorgang erfaßt wird. Es ist aber auch, abgesehen hiervon, nicht ersichtlich, wie überhaupt aus dem Vermögen einer Gesellschaft m. b. H. die Steuer entrichtet werden kann, wenn ein Gesellschafter seinen Geschäftsanteil einer anderen Person abtritt und aus diesem Anlaß er oder der Erwerber des Geschäftsanteils zu einer Steuer herangezogen wird. Für die Steuer haftet nur das persönliche Vermögen dieser beiden Beteiligten. Das Gesellschaftsvermögen wird in keiner Weise berührt. Allerdings ist es möglich, daß der Steuerbetrag aus dem Geschäftsanteil selbst gewonnen wird, aber doch nur soweit, als sich ein Reingewinn ergibt, der dem Gesellschafter zufällt. Als Steuerquelle kommt also höchstens der dem Gesellschafter zustehende Reingewinn in Betracht, niemals das Vermögen der Gesellschaft selbst.

4. Das Gesellschaftsvermögen kommt auch nicht einmal als Steuergegenstand (Steuerobjekt) in Frage. Darunter versteht man die Sache oder Handlung, wegen deren Vorhandensein die Steuer entrichtet wird, und dies ist bei der Umsatz- und Wertzuwachssteuer idReg. der Rechtsvorgang des Eigentumswechsels oder eines sonstigen Rechtsüberganges. Sie Sache oder das Recht, an dem sich der Rechtsvorgang vollzieht, bildet wohl den Gegenstand des Rechtsvorganges, aber nicht den der Besteuerung. Gegenstand der Besteuerung, Steuerobjekt, ist ein Vermögensinbegriff oder ein einzelner Vermögensgegenstand, z. B. ein Grundstück, wohl bei direkten Steuern, wie bei der Ergänzungssteuer das Vermögen, bei der Grundsteuer das Grundstück, bei der Gewerbesteuer ein Gewerbebetrieb, bei der Einkommensteuer das Einkommen, dagegen bei einer an einen Rechtsvorgang geknüpften indirekten Steuer dieser Rechtsvorgang. Nur als Steuermaßstab kann die Sache oder das Recht in Betracht kommen, woran sich der Rechtsvorgang vollzieht. Das ist aber bei Übertragung von Geschäftsanteilen einer Gesellschaft m. b. H. wiederum nicht das Vermögen der Gesellschaft oder gar

einzelne Teile dieses Vermögens, sondern das Gläubigerrecht des übertragenden Gesellschafters.

Nr. 21. Entsch. v. 5. Febr. 1912 (OVG. **62** 265) VII C 428/11.

Das Eigentum zur gesamten Hand ist im BGB. nur für ganz bestimmte Rechtsverhältnisse eingeführt, z. B. für die offene Handelsgesellschaft und die Gesellschaft des bürgerlichen Rechtes. Besteht zwischen einer Mehrheit von Personen kein solches Verhältnis, so ist auch Eigentum zur gesamten Hand nicht möglich; denn es steht nicht im freien Belieben der Beteiligten, dieses Eigentum einzuführen. Im vorliegenden Falle haben B. und L. gemeinschaftlich ein Grundstück erworben, und sie sind dadurch in ein Miteigentümerverhältnis zueinander getreten. Eigentum zur gesamten Hand würden sie nach Lage der Sache nur dann erlangt haben, wenn sie das Grundstück in eine zwischen ihnen vereinbarte offene Handelsgesellschaft oder Gesellschaft des bürgerlichen Rechts eingebracht hätten. Eine Gesellschaft des bürgerlichen Rechts insbesondere ist zwischen B. und L. nicht etwa schon durch den bloßen gemeinschaftlichen Grundstückserwerb begründet worden. Eine solche Gesellschaft ist nur dann vorhanden, wenn die Gesellschafter sich gegenseitig verpflichten, die Erreichung eines gemeinsamen Zweckes in der durch den Vertrag bestimmten Weise zu fördern (§ 705 BGB.). Andernfalls besteht eine Gemeinschaft nach Bruchteilen gemäß §§ 741ff. aaO. Im Zweifel ist dann anzunehmen, daß den Teilhabern gleiche Bruchteile zustehen.

3. Umsatzsteuerpflicht bei Zwangsversteigerungen.

Nr. 1. Entsch. v. 20. Nov. 1911 (OVG. **60** 137) VII C 262/11.

1. Auf die Befreiungsvorschrift einer SteuerO., wonach die Steuer nicht erhoben wird bei gerichtlichen Zwangsversteigerungen, wenn der Ersteher des Grundstücks am Verfahren als Eigentümer, Hypotheken- oder Grundschuldgläubiger, haftbarer Vorbesitzer oder Bürge nachweislich in der Weise beteiligt ist, daß er nur durch den Ankauf Verluste abwenden kann, kann sich der Hypothekengläubiger nicht berufen, der das Grundstück nach Einleitung des Zwangsversteigerungsverfahrens auf Grund eines Kaufvertrags erworben hat.

2. Die Frage, ob die in einem Kaufvertrag über ein Grundstück getroffene Vereinbarung über den Preis nicht ernstlich gemeint ist, ist nur zu bejahen, wenn zwingende Gründe vorliegen, um die an sich unzweifelhafte Bekundung des Parteiwillens zu entkräften. Allgemeine Wendungen, wie die, daß die Erklärung „nicht ernst" gemeint gewesen sei, daß die Kläger sie nur abgegeben hätten, ohne sich „näher zu überlegen", ob dieser Preis den Verhältnissen entsprach oder nicht, sowie daß sie hierbei „unvorsichtig" gewesen seien und ein „Versehen" gemacht hätten, sind bedeutungslos. Die Behauptung, daß die Kaufsumme den wahren Wert des Grundstücks beträchtlich übersteige, ist um deswillen unbeachtlich, weil sowohl im allgemeinen sehr oft der Preis eines Gegenstandes seinen objektiven Wert übersteigt, als auch im vorliegenden Falle Gründe für eine solche Abmachung recht wohl denkbar sind. Die Anlehnung an die hypothekarische Belastung des Grundstücks und die Berücksichtigung der an das Geschäft, das auf dem Grundstücke betrieben wurde, gewöhnten Kundschaft bieten allein schon hierfür ausreichende Anhaltspunkte.

Nr. 2. Entsch. v. 28. März 1912 (PrVerwBl. **34** 61) VII C 537/11.

Ist nach der örtlichen SteuerO. bei Erwerbungen in der Zwangsversteigerung die Steuer von demjenigen zu entrichten, dem der Zuschlag erteilt wird, so liegt ein originärer, die Steuerpflicht begründender Eigentumserwerb auch dann vor, wenn der bisherige Grundstückseigentümer den Zuschlag erhält.

Zuzugeben ist, daß man von rein wirtschaftlichen Gesichtspunkten aus geneigt sein könnte, in dem Zuschlag an den Subhastaten, der bereits Eigentümer des versteigerten Grundstücks war, einen Eigentumserwerb nicht zu sehen. Es ist aber davon auszugehen, daß, indem die SteuerO. jeden abgeleiteten, und außerdem den originären Eigentumserwerb in der Zwangsversteigerung der Steuer unterwirft, sie Rechtsvorgänge für steuerpflichtig erklärt. Die Frage, ob iS. der SteuerO. ein Eigentumserwerb vorliegt, ist deshalb auch nach rein rechtlichen und nicht nach lediglich wirtschaftlichen Gesichtspunkten zu entscheiden, und zwar im vorliegenden Fall an der Hand des ZwVG. v. 24. III. 97 (zu vgl. §§ 17, 68 Abs. 3, 81, 90, 91, 130 daselbst). In dem Zuschlagsbeschluß ist ein in Ausübung der staatlichen Pflicht, dem Gläubiger bei Durchführung seines Forderungsrechts exekutarischen Rechtsschutz zu gewähren, erfolgender richterlicher Ausspruch zu sehen, der kraft G. das bisherige Eigentum zum Erlöschen bringt, und der im Zuschlagsbeschluß bezeichneten Person das Eigentum am Grundstücke verschafft. Wenn nun, wie dies nach § 68 Abs. 3 des G. als zulässig vorausgesetzt wird, der bisherige Eigentümer mitbietet und Meistbietender bleibt, so ist nicht etwa ein Zuschlagsbeschluß überflüssig. Es gelten vielmehr auch in diesem Falle die Vorschriften der §§ 81¹ und 90¹ aaO., wonach der Zuschlag dem Meistbietenden zu erteilen ist, und dieser Eigentümer des Grundstücks wird. Sodann kommen die weiteren gesetzlichen Folgen des Zuschlags an den bisherigen Eigentümer in Betracht. So erlöschen auch in diesem Falle alle an dem Grundstück bestehenden Rechte, soweit sie nicht nach den Versteigerungsbedingungen bestehen bleiben sollen (§ 91), also auch das bisherige Eigentumsrecht des Erstehers. Auch in diesem Falle hat das Ersuchen an das Grundbuchamt, das der Übereinstimmung des Buchinhalts mit der materiellen Rechtslage dient, dahin zu gehen, den Ersteher als Eigentümer einzutragen, nicht es bei der bisherigen Eintragung zu belassen (§ 130). Wie anerkannten Rechtens ist, kommen etwaige Mängel, mit denen das Eigentumsrecht des Schuldners bisher behaftet war, dann nicht mehr in Frage, wenn dem Schuldner der Zuschlag erteilt ist. War z. B. der frühere Eigentumserwerb anfechtbar, aber infolge noch nicht erklärter Anfechtung rechtsgültig, so ist nach erfolgtem Zuschlag die Anfechtung ausgeschlossen. Auch dies ist rechtlich nur so zu erklären, daß in der Zwangsversteigerung von dem Schuldner ein neues Eigentumsrecht zu erwerben ist, und eine Fortsetzung des ihm bisher zustehenden Eigentums nicht in Frage kommt.

Nr. 3. Entsch. v. 26. Sept. 1912 (PrVerwBl. **34** 524) VII C 194/12.

1. Der Kläger erhob Klage auf Freistellung von Umsatzsteuer, weil nach der SteuerO. die Steuer nicht erhoben wird: „Bei gerichtlichen Zwangsversteigerungen, wenn der Ersteher des Grundstücks am Verfahren als Eigentümer, Hypotheken- oder Grundschuldgläubiger, haftbarer Vorbesitzer, Bürge, oder dadurch, daß ihm eine Hypothek oder Grundschuld verpfändet ist, nachweislich in der Weise beteiligt ist, daß er nur durch den Ankauf Verluste abwenden kann. Diese Steuerfreiheit tritt jedoch nicht ein, wenn die voraufgeführten Rechte oder Verpflichtungen, welche die Beteiligung des Erstehers am Verfahren begründen, erst in den letzten fünf Monaten vor der ersten Beschlagnahme des Grundstücks (§§ 20 und 146 G. über die Zwangsverwaltung v. 24. III. 97) vom Ersteher erworben bzw. gegen ihn entstanden sind."

Der Beklagte machte geltend, daß die Sicherungshypothek erst in den letzten fünf Monaten vor der Beschlagnahme vom Kläger erworben worden sei.

2. Der Bezirksausschuß wies die Klage ab. Er geht zutreffend davon aus, daß die auf Ersuchen des Versteigerungsrichters für den Kläger eingetragene Sicherungshypothek ein von der gleichzeitig gelöschten Verkehrshypothek verschiedenes Recht ist. Die ursprüngliche Hypothek ging durch den im ersten Versteigerungsverfahren

erteilten Zuschlag unter (§ 91) und mußte deshalb gelöscht werden (§ 130). Der Umstand, daß der Ersteher das Bargebot nicht berichtigte, hatte zur Folge, daß die Forderung gegen den Ersteher auf den Kläger vom Gericht übertragen wurde (§ 118). Dieser erlangte dadurch einen persönlichen Anspruch gegen den Ersteher, und dieser Anspruch wurde auf Grund des G. durch Eintragung einer Hypothek gesichert (§ 128). Mit dieser Eintragung entstand ein neues dingliches Recht, während das frühere dingliche Recht schon mit der Verkündung des Zuschlagbeschlusses erloschen war. Die spätere Löschung bedeutete nur eine Berichtigung des Grundbuchs. Die neue Hypothek war also rechtlich von der alten völlig verschieden. Sie wurde unter einer anderen Nummer im Grundbuch eingetragen und hatte überdies einen höheren Nennwert als die frühere. Deshalb steht dem Kläger die Befreiungsvorschrift der SteuerO. nicht zur Seite.

3. Wenn der Kläger der Meinung Ausdruck gibt, daß der örtliche Steuergesetzgeber Fälle, wie den vorliegenden, nicht habe treffen wollen, so ist zu erwidern, daß die SteuerO. die Steuerpflicht von einer genau bestimmten Zeitgrenze abhängig macht und die außerhalb dieser Grenze liegenden Fälle unabhängig davon, ob sie einwandfrei sind oder nicht, der Steuer unterwirft. Der Umstand allein, daß der vorliegende Fall zu den einwandfreien gehört, kann deshalb die Entscheidung nicht beeinflussen.

4. Steuerpflicht beim Erwerbe von Grundstücken aus einem gemeinsamen Nachlaß und durch Auseinandersetzung zwischen Miteigentümern.

Nr. 1. Entsch. v. 22. Febr. 1912 (OVG. **62** 271) VII C 508/11.

Ein nach der SteuerO. für steuerfrei erklärter Umsatz unter Miterben zum Zwecke der Nachlaßteilung findet nicht statt, wenn die eingesetzte Vorerbin mit den Nacherben einen Auseinandersetzungsvertrag schließt, inhalts dessen ein zum Nachlasse gehöriges Grundstück einer offenen, aus einigen der Nacherben bestehenden Handelsgesellschaft übertragen wird.

Nr. 2. Entsch. v. 7. Nov. 1912 (PrVerwBl. **34** 690) VII C 296/12.

1. Wird nach der maßgebenden SteuerO. die Steuer nicht erhoben, wenn einer oder mehrere von den Teilnehmern an einer Erbschaft das Eigentum eines zu dem gemeinsamen Nachlasse gehörigen Grundstücks erwarben, und ist dort des weiteren bestimmt, daß zu den Teilnehmern an einer Erbschaft auch der überlebende Ehegatte gerechnet wird, der mit den Erben des verstorbenen Ehegatten gütergemeinschaftliches Vermögen zu teilen hat, so schließt die Tatsache, daß nach dem Tode des Ehemannes eine Fortsetzung der Gütergemeinschaft zwischen seiner Witwe und seinen Kindern stattfand, die Anwendung dieser Bestimmung nicht aus. Die Teilnahme der Kinder an der fortgesetzten Gütergemeinschaft ist ein Ausfluß ihres gesetzlichen Erbrechts am Nachlaß ihres verstorbenen Elternteils. Daher ist auch eine Auseinandersetzung zwischen dem überlebenden Ehegatten und den Kindern des verstorbenen Ehegatten aus Anlaß der Aufhebung einer fortgesetzten Gütergemeinschaft (sei es des Westf. Rechts, sei es nach BGB. §§ 1483ff.) jener Befreiungsvorschrift unterworfen.

2. Für die Anwendung dieser Vorschrift kann es auch keinen Unterschied machen, ob die Auseinandersetzung mit dem überlebenden Ehegatten selbst oder, wie hier, erst nach dessen Tode mit seinem Erben stattgefunden hat. Das Wesen der Auseinandersetzung zwischen den Teilnehmern an bisher gütergemeinschaftlichem Vermögen wird durch den Tod eines der Teilnehmer und den dadurch bedingten Erbfall nicht berührt. Denn der Erbe hat gesetzlich (§ 1922 BGB.)

die Rechtsstellung eines Gesamtnachfolgers des Erblassers und tritt daher vollständig in des letzteren Rechtsstellung ein, so daß seine Rechte und Pflichten aus der Person des Erblassers heraus zu beurteilen sind.

6. Solidarische Haftung.

Nr. 1. Entsch. v. 23. Mai 1912 (PrVerwBl. **34** 259) VII C 50/12.

1. Sind nach der UmsatzsteuerO. zur Zahlung der Steuer der Veräußerer und Erwerber verpflichtet, so ist der Steuergläubiger berechtigt, gleichzeitig beide Schuldner heranzuziehen; hat aber einer die Steuer gezahlt, so sind alle Maßregeln gegen den anderen einzustellen. Die SteuerO. braucht nicht Rücksicht zu nehmen auf das zwischen den Beteiligten bestehende Innenverhältnis. Dieses richtet sich nach dem Inhalte des Vertrags und nach dem bürgerlichen Recht (z. B. BGB. § 449). Hat die Gemeinde die Steuer von demjenigen eingezogen, der hiernach seinem Vertragsgenossen gegenüber nicht zur Zahlung verpflichtet ist, so bleibt es dem Herangezogenen überlassen, sich die gezahlte Steuer von dem privatrechtlich Pflichtigen erstatten zu lassen.

2. Irrig ist die Auffassung des Klägers, daß schon die Auflassung den Eigentumserwerb bewirkt. Das OVG. hat entsprechend dem BGB. §§ 873, 925 ständig entschieden, daß der Eigentumserwerb sich erst mit der Eintragung vollende und daß der Tag der Eintragung für die Entstehung der Steuerpflicht maßgebend sei. Unberechtigt ist deshalb auch der Angriff, daß die SteuerO. dem Beklagten eine Wahl lasse, welches Ereignis er besteuern will. Da die SteuerO. den Eigentumserwerb erfaßt, so kommt stets nur ein einziger Zeitpunkt in Betracht, und das ist bei der Übertragung die Zeit der Eintragung im Grundbuche.

Der Kläger ist am 5. XI. 10 in das Grundbuch als Eigentümer eingetragen worden. Mit demselben Tage ist die SteuerO. in Kraft getreten, da sie an diesem Tage veröffentlicht worden ist. Eine Veröffentlichung war an sich nicht erforderlich, weil sie im KommAbgG. nicht vorgeschrieben ist. Da jedoch die SteuerO. selbst in § 20 bestimmt: „Diese Ordnung tritt mit dem Tage ihrer Veröffentlichung in Kraft", so war die Veröffentlichung notwendig. Es bedarf keiner Prüfung, zu welcher Tageszeit die Veröffentlichung als bewirkt anzusehen ist, weil nach § 20 der Beginn des 5. XI. der maßgebende Zeitpunkt ist, wie die SteuerO. durch die Worte „mit dem Tage" zum Ausdruck gebracht hat.

7. Befreiungen.

Nr. 1. Entsch. v. 14. Dez. 1911 (OVG. **62** 254) VII C 299/11.

1. Nach § 9 der maßgebenden SteuerO. kommen u. a. wegen der sachlichen und persönlichen Steuerbefreiungen die LandesG. über den Urkundenstempel zu entsprechender Anwendung, auf den zur Steuer herangezogenen Eigentumswechsel beim Vorliegen seiner Voraussetzungen also der § 5 Buchst. g des StempStG. idFass. v. 30. VI. 09. Danach steht Genossenschaften unter bestimmten, hier unstreitig erfüllten sonstigen Voraussetzungen Steuerfreiheit dann zu, wenn ihr durch Statut bestimmter Zweck ausschließlich darauf gerichtet ist, minderbemittelten Familien oder Personen gesunde und zweckmäßig eingerichtete Wohnungen . . . zu billigem Preise zu verschaffen. Wie der Gerichtshof in ständiger Rechtsprechung angenommen hat, kommt es bei Entscheidung der Frage, ob die in § 5 Buchst. g aaO. aufgestellten Voraussetzungen vorliegen, lediglich darauf an, ob der statutarische Zweck der betreffenden Genossenschaft diesen Voraussetzungen genügt. Ist dies der Fall, so kann auch eine etwaige tatsächliche Nichtbeachtung des Zweckes durch die Genossenschaft ihr die Steuerfreiheit nicht entziehen.

2. Der Zweck des Vereins ist im vorliegenden Falle nicht der, allen seinen Mitgliedern, sondern seinen Mitgliedern, soweit sie untere und mittlere Beamte sind, Wohnungen zu verschaffen. Danach geht die Absicht des Statuts offenbar dahin, Wohnungen für die „minderbemittelten" Vereinsmitglieder zu besorgen; denn die Ausscheidung der als Mitglieder in Betracht kommenden höheren Beamten von der Miete der Wohnungen kann ihre Grundlage nur in der vermeintlichen Verschiedenheit der Vermögens- und Einkommensverhältnisse haben. Durch die Hervorhebung der unteren und mittleren Beamten als des allein für Beschaffung von Wohnungen in Betracht kommenden Personenkreises erfüllt demnach das Statut des Klägers die in § 5 Buchst. g aufgestellten Voraussetzungen insofern, als sein Zweck ausschließlich darauf gerichtet ist, minderbemittelten Familien oder Personen Wohnungen zu verschaffen. Daß tatsächlich unter den unteren und mittleren Beamten auch solche Personen sein können, die nicht als minderbemittelt anzusehen sind, ist unerheblich, da idReg. die Angehörigen dieser Beamtenklassen zu den minderbemittelten Personen gehören und dies für die Anwendung des § 5 Buchst. g für ausreichend zu erachten ist.

Nr. 2. Entsch. v. 11. Juli 1912 (PrVerwBl. **34** 318) VII C 62/12.

StempStG. § 5.

Die einem Beamtenwohnungsbauverein, e. G. m. b. H., nach dem örtlichen Umsatzsteuerrecht in Verbindung mit § 5 Buchst. g StempStG. v. 31. VII. 95/30. VI. 09 zustehende Steuerfreiheit kann ihm durch Nichtbeachtung des statutarischen Zwecks nicht entzogen werden.

Richtig ist es allerdings, daß das G. kein Mittel für den Fall vorsieht, daß die in § 5 g bezeichneten Körperschaften ihren Satzungen zuwiderhandeln. Insbesondere gibt es keine Strafvorschrift, die solchem Mißbrauche entgegenwirkt. Auch die Auflösung einer solchen Körperschaft könnte nicht herbeigeführt werden, Art. 4 AGHGB. läßt die Zwangsauflösung einer Aktiengesellschaft nur zu, wenn diese sich rechtswidriger Handlungen oder Unterlassungen schuldig macht, durch die das Gemeinwohl gefährdet wird. Ähnliche Bestimmungen enthalten das GenG. § 81 und das ReichsG. betr. die Gesellschaften m. b. H. § 62. Dadurch aber, daß eine Gesellschaft entgegen der Satzung Wohnungen nicht nur an Minderbemittelte, sondern auch an bemittelte Personen vermietet, wird das Gemeinwohl nicht gefährdet. Nach § 81 GenG. kann eine Genossenschaft auch dann aufgelöst werden, wenn sie andere als die in § 1 bezeichneten geschäftlichen Zwecke verfolgt. Auch diese Vorschrift trifft nicht den hier in Rede stehenden Fall, da die Vermietung an bemittelte Personen dem § 1 GenG. nicht zuwiderläuft. Der sich hieraus ergebende Mangel kann aber nicht dazu führen, den § 5 g StempStG. anders auszulegen, als es in der bisherigen Rechtsprechung geschehen ist. Sollten sich daraus wesentliche Nachteile ergeben, so wäre es Sache des Gesetzgebers, helfend einzugreifen.

Nr. 3. Entsch. v. 18. Mai 1912 (PrVerwBl. **34** 586).

Zum Wesen der Schenkung gehört nach § 516 BGB. neben dem Begriffsmerkmal der Bereicherung dasjenige einer Einigung beider Teile darüber, daß die Zuwendung unentgeltlich erfolge, und in diesem letzteren Punkte kommt es darauf an, „welche Bedeutung die Beteiligten der Zuwendung von ihrem subjektiven Standpunkt aus beilegen wollen". An diesem Merkmal fehlt es schon, wenn auch nur der Wille der Beteiligten oder eines von ihnen auf Erlangung oder Gewährung einer Gegenleistung gerichtet war, also z. B. eine Leistung in der bloßen Erwartung einer Gegenleistung bewirkt wird. Dieser Fall liegt hier vor. Die sog. Schenkung eines Grundstücks durch die Ehefrau an ihren Mann und die Hypothekenbestellung des Mannes zugunsten der Ehefrau in Höhe von 40 000 M. stehen wie in einem zeitlichen Zusammenhang, so auch sicher in einem inneren; in Ermangelung einer erfolgten oder für künftig zu erwartenden größeren Darlehnsgewährung von seiten der Ehefrau an den Ehemann konnten die mit diesem Sachverhalt vertrauten Eheleute die Einräumung einer Hypothek an die Frau nur als Entgelt für die Grundstücksübertragung an den Mann gemeint haben. Daß die Frau jenen Gegenwert rechtlich nach Absicht der Vertragschließenden erhalten sollte, ist schon der Tatsache der Bestellung zu entnehmen. Verneinen könnte man jene Absicht nur bei der Unterstellung, daß die Eheleute sich des Charakters der Hypothek als einer dem Manne zustehenden Eigentümergrundschuld bewußt gewesen wären. Das ist aber nicht anzunehmen, weil es sich um schwierige — dem Laien kaum zugängliche — Rechtsbegriffe handelt. Da die Eheleute hier noch die Absicht hatten, in der Hypothek von 40000 M. eine Gegenleistung zu vereinbaren, so ist das Vorliegen einer Schenkung zu verneinen und es braucht nicht untersucht zu werden, wie das zwischen den Eheleuten zustandegekommene Rechtsgeschäft juristisch zu bezeichnen ist. Beruht aber der Erwerb des Klägers nicht auf Schenkung, so steht ihm auch keine Steuerfreiheit zu.

Nr. 4. Entsch. v. 18. Nov. 1912 (PrVerwBl. **34** 754) VII C 340/12.

Aus § 8 der UmsatzsteuerO. der Stadt Berlin v. 4. III. 10 kann nicht gefolgert werden, daß die Steuer nur zur Hälfte fällig wird, wenn entweder dem Veräußerer oder dem Erwerber persönliche Steuerfreiheit zusteht. Nach § 8 haften für die Umsatzsteuer der Veräußerer und der Erwerber als Gesamtschuldner und es wird weiter nur bestimmt, daß die von der Zahlung der Umsatzsteuer befreiten Personen auch von der Haftung befreit sind. Die SteuerO. unterscheidet sich dadurch von der MustersteuerO., wo es heißt:

„Steht einem der Beteiligten nach den landesstempelgesetzlichen Vorschriften ein Anspruch auf Befreiung von der Abgabe zu, so ist von dem anderen Teile die Hälfte der Steuer zu entrichten."

Wenn also nach § 9 der Fiskus des Deutschen Reiches von der Steuer frei ist, so folgt aus dieser Bestimmung in Verbindung mit § 8 nur, daß der Fiskus unter keiner Bedingung zur Steuer herangezogen werden darf. Eine weitere Folge für den anderen Teil hat diese Befreiungsvorschrift nicht. Es besteht kein Rechtsgrund dafür, denjenigen, der vom Fiskus kauft, anders zu behandeln, als denjenigen, dem das Eigentum von einem Privatmann übertragen wird.

8. Wertermittelung.

Nr. 1. Entsch. v. 19. Jan. 1911 (OVG. **58** 127) VII C 368/10.

Nach § 2 Abs. 1 der UmsatzsteuerO. soll der Festsetzung der Steuer der „bedungene Preis" mit Einschluß der „vom Erwerber übernommenen Lasten und Leistungen" sowie „unter Hinzurechnung des Wertes vorbehaltener Rechte" zugrunde gelegt werden. Danach soll also mit allen denjenigen Leistungen gerechnet werden, die der Erwerber als Gegenleistung dafür übernommen hat, daß ihm das Eigentum an dem Grundstück übertragen wird. Offenbar geht die SteuerO. davon aus, daß die Summe aller jener Leistungen, wie anzunehmen, den gemeinen Wert des Grundstücks darstellt, und daß bei der Besteuerung mit diesem gemeinen Werte gerechnet werden soll.

Wenn nun, wie im vorliegenden Falle, für ein Grundstück bei dessen Verkaufe gewisse Baubeschränkungen vereinbart werden, so handelt es sich hinsichtlich der diesen Beschränkungen entsprechenden Rechte nicht um Rechte, die eine Leistung oder ein Dulden des Verpflichteten zum Gegenstande haben, sondern um Rechte, deren Gegenstand ein Unterlassen des Erwerbers in seiner Eigenschaft als Eigentümer des Grundstücks bildet. Solche Rechte bilden iS. der SteuerO. nicht einen Teil der Gegenleistung für die Übertragung des Grundstücks, so daß deren Wert zusammen mit dem Werte der anderen eingeräumten Rechte vermutlich den gemeinen Wert des Grundstücks darstellt. Vielmehr handelt es sich im gegebenen Falle um eine im Verhältnisse zum Kaufpreis — im weiteren Sinne — selbständige Abmachung, die den Wert des Grundstücks nicht direkt miterkennen läßt, sondern beeinflußt. Durch derartige Abmachungen zwischen den Vertragschließenden wird dem Grundstücke gewissermaßen eine Eigenschaft beigelegt, die den gemeinen Wert des Grundstücks herabdrückt. Solche Abmachungen betreffen daher nicht die Höhe des Kaufpreises, und § 2 Abs. 1 aaO. findet auf sie keine Anwendung. Wollte man ihren Wert bei der Festsetzung der Grunderwerbsteuer mit in Betracht ziehen, so würde nicht mit demjenigen Betrage gerechnet werden, der, bis zum Beweise des Gegenteils, den Wert des Grundstücks, so wie es übertragen ist, darstellt, sondern mit einem höheren Werte, und das würde dem, mit genügender Klarheit zum Ausdrucke gebrachten, bei Erlaß der SteuerO. maßgebend gewesenen Willen des Gesetzgebers nicht entsprechen.

Nr. 2. Entsch. v. 2. Okt. 1911 (PrVerwBl. **33** 218) VII C 85/11.

Zutreffend ist es allerdings, daß für die Findung des gemeinen Werts eines Grundstücks zunächst, wenn das Grundstück in neuerer Zeit den Gegenstand eines Kaufvertrags gebildet hat und der Kauf unter gemeingewöhnlichen Verhältnissen zustande gekommen ist, der vereinbarte Kaufpreis als geeigneter Maßstab in Betracht kommt. Auch hat der Beklagte bis jetzt nichts dafür beigebracht, daß der Kauf nicht unter gemeingewöhnlichen Verhältnissen zustande gekommen sei. Immerhin darf darauf hingewiesen werden, daß die Klägerin und der Verkäufer miteinander verwandt zu sein scheinen. Jene Vermutung greift aber nicht Platz, wenn, wie im vorliegenden Falle, zwei Grundstücke für einen Kaufpreis veräußert worden sind. Denn der Gesamtpreis läßt die wirtschaftlichen Momente, die einen Einzelkaufpreis regelmäßig zum Ausdruck der Durchschnittsschätzung machen, nicht hervortreten, und die von den Vertragschließenden vorgenommene Verteilung des Gesamtpreises auf die einzelnen Grundstücke darf, da sie aus den mannigfachsten Gründen erfolgt sein kann, dem Beklagten nicht den Nachweis abschneiden, daß die Verteilung unzutreffend ist, und daß der gemeine Wert des in Betracht kommenden Grundstücks höher ist als derjenige Teil des gesamten Kaufpreises, der danach auf jenes Grundstück entfallen soll.

Nr. 3. Entsch. v. 5. Okt. 1911 (OVG. **60** 131) VII C 210/11.

Der Wortlaut des § 571 BGB., die offenbar absichtliche Wahl des Wortes Mietverhältnis anstatt Mietvertrag, wie der gesetzgeberische Grund der Vorschrift, den deutsch-rechtlichen Grundsatz: „Kauf bricht nicht Miete" zur Durchführung zu bringen, lassen erkennen, daß unter den sich aus dem Mietverhältnis ergebenden Verpflichtungen nur solche zu verstehen sind, die dem Vermieter als solchem obliegen, die mit dem Wesen eines Mietvertrags zusammenhängen, wie in erster Linie die Verpflichtung zur Überlassung der Mietsache an den Mieter. Eine solche Verpflichtung liegt nicht vor, wenn, wie hier, der Vermieter, der als solcher zur Überlassung der Mietsache an den Mieter während der Mietzeit verpflichtet ist, dem Mieter gegenüber die Verpflichtung übernimmt, nach Ablauf der Mietzeit des Mieters das fragliche Grundstück nicht einer Konkurrenzfirma mietweise zu überlassen und für den Fall der Zuwiderhandlung eine Vertragstrafe zu zahlen. Dabei ist es ohne Bedeutung, daß diese Vereinbarung in dem das Mietverhältnis selbst regelnden Vertrage getroffen ist und mit diesem im engen wirtschaftlichen Zusammenhange steht, ja lediglich mit Rücksicht auf den Mietvertrag abgeschlossen ist. Die Vereinbarung geht vielmehr über den Rahmen eines Mietvertrags hinaus und begründet eine selbständige, von dem Mietverhältnisse rechtlich unabhängige Verpflichtung. Wenn daher der Vermieter bei einem Verkaufe des Grundstücks die Vereinbarung trifft, daß der Käufer des Grundstücks diese Verpflichtung übernimmt, so liegt hierin eine von dem Erwerber des Grundstücks übernommene Leistung, die dem vereinbarten Preise hinzugerechnet werden muß.

Nr. 4. Entsch. v. 2. Nov. 1911 (DJZ. 17 694) VII C 223/11.

Nach der SteuerO. ist der Berechnung der bei einem Wechsel des Eigentums an einem Grundstücke zu entrichtenden Umsatzsteuer der gemeine Wert des Grundstücks zur Zeit des Eigentumswechsels zugrunde zu legen. Bei einer solchen Bestimmung kommt es in Fällen, in denen ein Grundstück zur Zeit des Abschlusses des obligatorischen Vertrags unbebaut, zur Zeit der Übereignung aber bebaut war, für die Entscheidung, ob mit dem Werte des Grundstücks im bebauten oder unbebauten Zustande zu rechnen ist, darauf an, was Gegenstand des Veräußerungsvertrags war. Dieser Grundsatz kommt auch zur Anwendung, wenn der obligatorische Vertrag nur in schriftlicher Form abgeschlossen war und daher der durch § 313 BGB. vorgeschriebenen Form ermangelte und somit nichtig war (§ 125 aaO.). Der ohne Beobachtung der vorgeschriebenen Form abgeschlossene Vertrag wurde durch die Auflassung und Eintragung in das Grundbuch seinem ganzen Inhalte nach gültig (§ 313 Satz 2 ebenda). Die durch Auflassung und Eintragung sich vollziehende Heilung des zunächst nichtigen obligatorischen Veräußerungsgeschäfts hat die Wirkung, daß der Vertrag als im Augenblicke des Abschlusses rechtsgültig zustande gekommen anzusehen ist. Im vorliegenden Falle liegt daher der Übereignung des Grundstücks ein rechtsgültiger obligatorischer Veräußerungsvertrag zugrunde, nach dessen Inhalte die Frage zu entscheiden ist, ob als Gegenstand der Übereignung ein bebautes oder unbebautes Grundstück anzusehen ist.

Nr. 5. Entsch. v. 9. Dez. 1912 (PrVerwBl. **35** 213) VII C 341/12.

Wenn für ein Grundstück mit Gebäuden und mit einer Mineralquelle sowie für den Betrieb des Handelsgeschäfts der Mineralquelle ausschließlich Kundschaft und Firma ein Gesamtkaufpreis vereinbart worden ist, so kann die von den Parteien vorgenommene Verteilung des Gesamtkaufpreises auf die einzelnen verkauften Gegenstände für die Steuerveranlagung nicht ohne weiteres maßgebend sein, da ihr keine rechtsgeschäftliche, sondern nur eine tatsächliche Bedeutung zukommt. Es muß vielmehr der auf das Grundstück nebst Gebäuden und Quelle entfallende Teil des Gesamtpreises selbständig ermittelt werden.

D. Wertzuwachssteuer und Währschaftsabgabe für Frankfurt a. M.

Nr. 1. Entsch. v. 6. April 1911 (PrVerwBl. **33** 281) VII C 468/10.

1. Unter der Überschrift „Voraussetzungen der Fälligkeit“ bestimmt der § 6 der UmsatzsteuerO. für Wilhelmsburg über die Wertzuwachssteuer folgendes:

„Neben der Umsatzsteuer wird unter den Voraussetzungen des § 1 dieser SteuerO. eine Wertzuwachssteuer erhoben, wenn der nach § 2 berechnete gegenwärtige Wert des Grundstücks den Preis, zu dem der Veräußerer das Grundstück erworben hat, oder beim Nichtvorliegen eines solchen Preises den gemeinen Wert des Grundstücks zur Zeit des Erwerbes unter Berücksichtigung der nach § 10 gestatteten Anrechnungen um mehr als 10 % übersteigt. Dabei ist es belanglos, ob der Erwerb durch den Veräußerer vor oder nach dem Inkrafttreten dieser Ordnung stattgefunden hat.

Ist der nach § 2 berechnete Grundstückswert zur Zeit des jetzigen Eigentumswechsels nicht höher als 0,60 M. für das Quadratmeter, so kommt eine Wertzuwachssteuer nicht zur Erhebung.“

Streitig ist zunächst, mit welchem Betrage bei der Berechnung des Wertzuwachses der Preis in Ansatz zu bringen ist, zu dem der Kläger das Grundstück erworben hat. Nach der eigenen Angabe des Klägers ist das Grundstück an der Börse in Hamburg zum öffentlichen Verkaufe gekommen und von ihm für den Preis von 35300 ℳ auf Grund der Auflassung v. 30. IV. 07 erworben. Dieser Preis ist vom Beklagten als Erwerbspreis eingestellt worden, und der Bezirksausschuß hat dies mit Recht gebilligt.

2. Auch die weitere Rüge des Klägers, der gesamte Erwerbspreis sei auf die nach Abtretung von Grundstücksteilen zu Straßen verbleibende Fläche unrichtig berechnet worden, ist unzutreffend. Nach dieser Richtung bestimmt der § 10 Abs. 3 der SteuerO. folgendes:

„Unentgeltliche Landabtretungen zu Straßen und Plätzen sowie der zur Anlage von schiffbaren Kanälen und Eisenbahngleisen verwandte Grund und Boden werden in der Weise berücksichtigt, daß der gesamte Erwerbspreis auf die verbliebene Fläche verrechnet wird."

Es können hiernach nur bereits erfolgte Landabtretungen in Betracht kommen. Etwa in Zukunft noch in Aussicht stehende Landabtretungen dürfen nach dem klaren Wortlaute der O. nicht berücksichtigt werden. Endlich hat der Bezirksausschuß auch mit Recht angenommen, daß nach § 6 aaO. der Preis, zu dem der Veräußerer das Grundstück erworben hat, bei der Berechnung des Wertzuwachses in Ansatz gebracht werden muß, und daß es danach unzulässig ist, den in einem anderen Verfahren ermittelten gemeinen Wert des Grundstücks einzustellen. Es kann demgegenüber nicht in Betracht kommen, wenn es der Kläger als eine Unbilligkeit empfindet, daß die Umsatzsteuer beim Erwerbe des Grundstücks nach einem gemeinen Werte in Ansatz gebracht worden ist, der den Kaufpreis übersteigt.

3. Zutreffend ist, daß der § 6 aaO. die Fälligkeit der Wertzuwachssteuer nur für den Fall vorsieht, wenn der gegenwärtige Wert des Grundstücks den Erwerbspreis um mehr als 10 % übersteigt. Aber abweichend von der OVG. v. 17. I. 10 zugrunde liegenden O. schreibt die örtliche SteuerO. unter Steuertarif im § 9 folgendes vor:

„Für die Höhe des Wertzuwachssteuersatzes ist die ganze Werterhöhung einschließlich der sonst nicht zu versteuernden 10 % maßgebend.

Die Wertzuwachssteuer beträgt

5 % der Wertsteigerung, wenn diese sich auf mehr als 10 bis einschließlich 20 % usw. . . . beläuft."

Mit Unrecht hat der Bezirksausschuß dem hier eingefügten Worte „sonst" keine Bedeutung beigemessen. Die Tragweite des § 9 kann nur in Verbindung mit dem § 6 erkannt werden. Aus dem Zusammenhange dieser beiden Bestimmungen über die Berechnung und Besteuerung des Wertzuwachses ergibt sich, daß nach § 6 der Wertzuwachs in Höhe bis einschließlich 10 % des Erwerbspreises von der Steuer frei bleiben, daß dagegen für die Höhe des Steuersatzes die ganze Werterhöhung maßgebend sein soll. Wenn nun dem hinzugefügt wird „einschließlich der sonst nicht zu versteuernden 10 %", so kann dieser Zusatz nur dahin verstanden werden, daß die sonst, d. h. nach § 6 steuerfrei bleibenden 10 % bei einer Werterhöhung von mehr als 10 % der Steuer nach Maßgabe des dann folgenden Steuertarifs unterworfen werden sollen. Diese aus dem Wortlaut und Zusammenhange der §§ 6 und 9 sich ergebende Auslegung wird auch bestätigt durch die Vorgänge beim Zustandekommen der SteuerO.

Nr. 2. Entsch. v. 9. Nov. 1911 (PrVerwBl. **33** 373) VII C 175/11.

Falls die maßgebende SteuerO. die Erhebung der Wertzuwachssteuer von der Vereinbarung eines Erwerbspreises abhängig macht, so ist die Erhebung dieser Steuer nicht zulässig, wenn die Herangezogenen im Wege der Erbfolge vor dem Inkrafttreten der SteuerO. Eigentümer des Grundstücks geworden sind.

Nr. 3. Entsch. v. 10. April 1911 (PrVerwBl. 33 47) VII C 372/10.

1. Die Anschlußrevision war ohne weiteres zurückzuweisen, weil eine Erweiterung des Klageantrags über den durch das Einspruchsverfahren gezogenen Rahmen überhaupt unstatthaft ist.

2. Die maßgebende WertzuwachsSteuerO. entbehrt der Rechtsgültigkeit. Die Erklärung, durch die der Oberpräsident seine Zustimmung erteilt hat, lautet:

„Zu der von dem Bezirksausschuß ausgesprochenen Genehmigung zu der von den städtischen Körperschaften der Stadt H. beschlossenen Wertzuwachssteuer vom 10. März d. J. erteile ich meine Zustimmung mit der Maßgabe, daß entgegen dem letzten Satze des § 1 Veräußerungen im Enteignungsverfahren von der Steuer frei bleiben, und im § 7 zu den Fällen der Befreiung noch „alle Besitzveränderungen iS. des § 4 Abs. 1 lit. e des StempStG. v. 31. VII. 95" hinzutreten, sowie endlich, daß zwischen der Umsatz- und Wertzuwachssteuerpflicht eine Übereinstimmung dahin herbeigeführt wird, daß die Steuerpflicht nicht mit dem obligatorischen Rechtsgeschäfte, sondern mit dem dinglichen Eigentumserwerb (Auflassung) eintritt."

Nun ist aber nicht etwa die SteuerO. entsprechend diesen Weisungen umgearbeitet, sondern in ihrer ursprünglichen Form belassen und unter Hinzufügung der Erklärung des Oberpräsidenten mit dem Bemerken veröffentlicht worden, daß den in dieser Erklärung enthaltenen Maßgaben die städtischen Körperschaften durch Gemeindebeschluß beigetreten seien. Es kann dahingestellt bleiben, ob es überhaupt zulässig ist, daß ein G. von vornherein nicht aus sich selbst heraus verständlich ist, sondern die Geltung seiner Normen aus anderweiten Angaben, auf die im G. nicht verwiesen ist, erforscht werden muß. Keinesfalls aber ist ein solches Verfahren für statthaft zu erachten, wenn diese anderweiten Angaben nicht ohne weiteres und unzweideutig erkennen lassen, wo und wie sie in den Text das G. eingreifen. Dies ist hier der Fall. Die Erklärung des Oberpräsidenten ist weder ihrer Bedeutung noch ihrer Tragweite nach klar. Sie spricht vom „dinglichen Eigentumserwerb" und fügt in Klammern „Auflassung" hinzu, scheint demnach beides für identisch zu erachten. Aber nach § 873 BGB. vollzieht sich der Eigentumserwerb erst durch die Eintragung im Grundbuch. Indes stellt der Schluß der Erklärung überhaupt nicht eine ohne weiteres anwendbare neue Bestimmung der SteuerO., sondern nur eine Anweisung dafür dar, deren Durchführung sich nicht nur nicht von selbst ergibt, sondern sehr ernste Zweifel und Schwierigkeiten hervorruft. So ist es z. B. durchaus nicht offensichtlich, wie es nunmehr mit der Vorschrift des § 6 Abs. 4 zu halten ist, welche wie folgt lautet:

„Erfolgt die Auflassung eines Grundstücks auf Grund mehrerer, das Recht auf Auflassung begründender lästiger Rechtsgeschäfte unmittelbar von dem ersten Veräußerer an den letzten Erwerber, so gelten die einzelnen Rechtsgeschäfte steuerlich als Veräußerungen;"

ob insbesondere mit der gegebenen Anweisung die steuerliche Berücksichtigung der Zwischengeschäfte einfach ausfallen soll. Unter keinen Umständen kann dem Steuerschuldner zugemutet werden, solche und ähnliche Zweifel zu lösen und gegenüber dem Texte des G. seinen Inhalt durch Vergleichungen und Schlußfolgerungen zu ergründen.

Nr. 4. Entsch. v. 22. Febr. 1912 (PrVerwBl. 33 770) VII C 458/11.

§ 8 Abs. 2f der WertzuwachssteuerO. für Schweidnitz v. 3. VII. 09 sieht unter anderen Steuerbefreiungen eine Steuerbefreiung auch für den Fall des Erwerbes von Todeswegen vor. § 8 Abs. 4 bestimmt dann weiter, daß „soweit nach den obigen Vorschriften eine Wertzuwachssteuer nicht erhoben wird, bei einer späteren Veräußerung der Erwerbspreis und danach die Steuer so berechnet wird, als ob ein Eigentumswechsel gar nicht stattgefunden hätte". Davon, daß nach den obigen Vorschriften eine Wertzuwachssteuer nicht erhoben wird, kann aber nur dann die Rede sein, wenn zu dem Zeitpunkt, wo es sich darum handelte, ob die Wertzuwachssteuer zu erheben sei oder nicht, die „obigen" Vorschriften bereits in Kraft waren.

Die Vorschrift des § 8 Abs. 4 kann daher nur auf die Fälle Anwendung finden, in denen der steuerfreie Eigentumserwerb durch den Veräußerer unter der Herrschaft der SteuerO. stattgefunden hat.

Die Anwendbarkeit des § 8 Abs. 4 auf Fälle wie den vorliegenden zu verneinen, rechtfertigt sich auch aus der Stellung des Abs. 4 im Zusammenhange der Bestimmungen des § 8 überhaupt. Die Nichtbesteuerung von Eigentumswechseln der in Abs. 2 gedachten Art erklärt sich aus dem Gedanken, daß der bis zu den dort erwähnten Erwerbsfällen vorhandene Wertzuwachs mit Rücksicht darauf, daß Gründe vorliegen, die gerade die betreffenden Erwerbsfälle nach Ansicht des Steuergesetzgebers zu privilegierten machen, bei diesen Erwerbsfällen nicht besteuert werden soll. Würde nun bei einer später stattfindenden Weiterveräußerung nicht auf den vorhergehenden Eigentumswechsel steuerpflichtiger Art zurückgegriffen, so würde der bis zu dem an sich der Besteuerung durch die Gemeinde unterliegenden Erwerbsfall, der kraft ausdrücklicher Bestimmung von der Besteuerung ausgenommen war, entstandene Wertzuwachs überhaupt steuerfrei bleiben. Dies würde dem Charakter der Steuer als einer solchen auf die objektive Wertsteigerung des Grundstücks aus dem Gesichtspunkt von Leistung und Gegenleistung widersprechen. Denn dann würde die wertsteigernde Leistung der Allgemeinheit während einer Zeit, in der sie an sich ein Recht auf Besteuerung hatte, überhaupt unabgegolten bleiben. Diese die Bestimmung des Abs. 4 im Zusammenhange mit den Bestimmungen des Abs. 2 des § 8 rechtfertigenden Erwägungen treffen aber dann nicht zu, wenn vor einem steuerpflichtigen Eigentumswechsel ein Eigentumswechsel stattgefunden hat, der nach den Bestimmungen der SteuerO. zwar an sich steuerfrei sein würde, aber nicht auf Grund der Bestimmungen des Abs. 2 steuerfrei blieb, sondern deshalb, weil er vor Inkrafttreten der SteuerO. stattfand. Eine Besteuerung auch des bis zu diesem Eigentumswechsel entstandenen Wertzuwachses anläßlich einer späteren Veräußerung läßt sich aus dem Gedanken, daß die Nichterhebung einer Wertzuwachssteuer in besonderen Fällen nur diese Erwerbsfälle privilegieren, nicht aber eine Befreiung der bis zu diesen Erwerbsfällen entstandenen Wertsteigerung überhaupt zur Folge haben soll, nicht rechtfertigen. Denn zur Zeit dieses Eigentumswechsels bestand ein Recht auf die Besteuerung der Wertsteigerung überhaupt noch nicht. Es würde daher systemwidrig sein, den ersten Fall einer steuerpflichtigen Veräußerung eines Grundstücks nach Inkrafttreten der SteuerO. überhaupt im Anschluß an die, Steuerbefreiungen in besonderen Fällen vorsehenden, Bestimmungen der SteuerO. zu regeln.

Nr. 5. Entsch. v. 4. März 1912 (PrVerwBl. **33** 789) VII C 469/11.

1. Wenn ein Grundstück in ideellen Anteilen zu verschiedenen Zeiten vom Eigentümer erworben worden ist, so müssen bei Berechnung der Wertzuwachssteuer die einzelnen ideellen Bruchteile gesondert behandelt werden. Dies Verfahren ist jedenfalls dann geboten, wenn die Höhe der Steuer von der Dauer des Eigentums beeinflußt wird.

2. Der Kläger begründet die Ungültigkeit der SteuerO. damit, daß sie in § 1 auch Mobilienwerte besteuere und daß dies über den Rahmen des Gemeindesteuerrechts hinausgehe. Er kann nur die Vorschrift des § 1 Satz 2 gemeint haben, wonach die Steuer auch iF. des Wechsels im Personenbestande gewisser Gesellschaften erhoben wird. Wenn diese Bestimmung aber unzulässig ist, so hat das nicht die Ungültigkeit der ganzen SteuerO. zur Folge. Vielmehr würde in diesem Falle nur der ungültige Satz aus der SteuerO. zu streichen sein.

3. Nach den Grundakten ist der Eigentumsübergang auf B. in der Weise vor sich gegangen, daß zunächst der Kläger als Eigentümer der H.schen ideellen Hälfte und dann B. als Eigentümer des ganzen Grundstücks eingetragen worden ist.

Die der Eintragung zugrunde liegenden Auflassungen sind beurkundet in zwei notariellen Protokollen. In dem ersten Protokoll heißt es: „Die Beteiligten (H.

und P.) bewilligen die Eintragung des Herrn P. als nunmehrigen alleinigen Eigentümer der näher bezeichneten Liegenschaften im Grundbuche." Die in demselben Protokoll vorbehaltene Genehmigung des Klägers ist in einem zweiten notariellen Protokoll beurkundet. In diesem Protokoll steht außerdem: „Der Verkäufer (P.) bewilligt die Eintragung des Klägers (B.) als Eigentümer der verkauften Grundstücke in das Grundbuch. Der Käufer beantragt diese Eintragung." In den wiedergegebenen Worten liegen rechtsgültige Auflassungen, es bedurfte auch (in dem ersten Falle) keines besonderen Eintragungsantrags (RGZ. **54** 378). Allerdings schreibt § 925 BGB. vor, daß die Auflassung vor dem Grundbuchamte erklärt werden müsse. Art. 143 Abs. 1 EGBGB. läßt jedoch landesgesetzliche Ausnahmen zu, und eine solche findet sich in Art. 26 § 1 AGBGB., wonach bei Grundstücken, die im Geltungsbereiche des früheren rheinischen Rechtes liegen, die Auflassung auch vor einem preußischen Notar erklärt werden kann. Daß beide Übertragungsfälle in einer Grundbucheintragung zusammengefaßt sind, gibt zu Bedenken keinen Anlaß.

Hiernach ist die Sachlage die, daß zwei Veräußerungen (Eigentumsübertragungen) vorliegen, nämlich:

a) die Veräußerung einer ideellen Hälfte an den Kläger,

b) die Veräußerung des ganzen Grundstücks an B.

Abzulehnen ist also die Auffassung, daß der Fall des § 1 Abs. 2 der SteuerO. (Zwischengeschäfte) vorliegt.

Nr. 6. Entsch. v. 18. März 1912 (PrVerwBl. **34** 11) VII C 496/11.

1. Mit Recht hat der Bezirksausschuß dargelegt, daß für den Eintritt der Steuerpflicht der Tag des Eigentumsüberganges maßgebend ist, also der Tag, an dem die Käufer auf Grund von Auflassungen in das Grundbuch als Eigentümer eingetragen worden sind. In diesem Sinne hat sich bei WertzuwachssteuerO. von der Art der Reinickendorfer das OVG. schon oft ausgesprochen (v. 12. X. 11 — VII. C. 104. 11 —). Hieran ändert sich auch dadurch nichts, daß die SteuerO. wiederholt von „Veräußerung" spricht. Gerade dieser Ausdruck läßt erkennen, daß die SteuerO. den Eigentumsübergang treffen wollte; denn unter „Veräußerung" versteht man in der Gesetzessprache gewöhnlich die dingliche Eigentumsübertragung (§§ 873, 929 ff. BGB.).

2. Irrtümlich leiten die Klägerinnen aus § 5 Abs. 2 der SteuerO. her, daß nicht der Eigentumsübergang, sondern schon der schuldrechtliche Veräußerungsvertrag von der Steuer erfaßt werde. Dort heißt es:

„Erfolgt die Auflassung eines Grundstücks auf Grund mehrerer aufeinanderfolgender Veräußerungsverträge, so geschieht die Veranlagung in der Weise, daß die Berechnung der Steuer für jeden Veräußerungsvertrag gesondert vorgenommen wird, die einzelnen Steuerbeträge zu einer Steuersumme zusammengefaßt werden und die Steuersumme von dem ersten Veräußerer zu tragen ist."

Dieser Wortlaut bedeutet, daß die einzelnen Veräußerungsverträge nur zwecks Berechnung der Steuer als Rechnungsfaktoren in Betracht kommen, während den Gegenstand der Veräußerung selbst nur der Eigentumswechsel bildet.

3. In § 4 der SteuerO. heißt es:

„Vom jetzigen Veräußerungspreis werden abgezogen die dem Veräußerer zur Last fallenden nachgewiesenen Kosten der gegenwärtigen Veräußerung."

Zu den „Kosten der Veräußerung" gehört aber nicht der Arbeitsverdienst und der Anteil am Spekulationsgewinn, die auf Grund eines Gesellschaftsvertrags einzelnen Gesellschaftern bei der Veräußerung zufließen, ebenso wie der Eigentümer, wenn er die zur Veräußerung notwendigen Arbeiten selbst vornimmt, hierfür auf Grund der hier maßgebenden SteuerO. keine Anrechnung bei der Veranlagung zur Wertzuwachssteuer beanspruchen darf.

Nr. 7. Entsch. v. 9. Jan. 1911 (OVG. 58 136) VII C 316/10.

Durch den Erbfall hatte die Klägerin zusammen mit ihren Miterben das Eigentum zur gesamten Hand an dem in Rede stehenden Grundstück erworben, §§ 2032 ff. BGB. Auf Grund der Erbteilung hat die Klägerin sodann das von dem Eigentume zur gesamten Hand völlig verschiedene Alleineigentum an dem Grundstück erlangt. Gemäß § 4 Satz 1 der maßgebenden SteuerO. ist nun behufs Ermittelung der Wertzuwachssteuer zunächst derjenige Betrag zu berechnen, um den der gegenwärtige Veräußerungspreis den bei dem letzten Eigentumswechsel gezahlten Erwerbspreis übersteigt. Ist der frühere Erwerbspreis oder Wert nicht zu ermitteln, so soll die Wertzuwachssteuer „in Form von Zuschlägen des gegenwärtigen Erwerbspreises" erhoben werden, Satz 3 aaO. Der Bezirksausschuß ist bei Freistellung der Klägerin von der veranlagten Steuer davon ausgegangen, daß der § 4 der SteuerO. nur dann Anwendung finden könne, wenn der letzte „Eigentumswechsel" — im Gegensatze zur „gegenwärtigen" Veräußerung — ein entgeltlicher gewesen ist, daß es sich im vorliegenden Falle aber um einen unentgeltlichen Eigentumswechsel, durch Erbschaft, handele. Letztere Annahme beruht indessen auf einem Irrtume. Der „letzte Eigentumswechsel", durch den die Klägerin das Eigentum an dem Grundstück erworben hat, ist nicht durch Erbschaft, sondern durch Auseinandersetzung in Ansehung einer Erbschaft herbeigeführt. Ein solcher Eigentumserwerb aber ist kein unentgeltlicher, sondern beruht auf einem lästigen Vertrage.

Nr. 8. Entsch. v. 11. Mai 1911 (PrVerwBl. 33 113) VII C 73/11.

Unter einem „Erwerbspreise" eines Grundstücks kann begrifflich nur das verstanden werden, was nach der Vereinbarung zwischen dem früheren Eigentümer und dem Erwerber von dem Erwerber an den früheren Eigentümer zu leisten ist, um das Eigentum am Grundstücke zu erlangen. Die Auffassung des von dem Ersteher in der Zwangsversteigerung zu entrichtenden Meistgebots als eines auf Vereinbarung beruhenden Preises lehnt das ZwVstG. v. 24. III. 97 ab, indem es in § 81 bestimmt, daß der Zuschlag dem Meistbietenden erteilt werden muß, ohne daß dem früheren Eigentümer, dem Subhastaten, irgendein Einfluß auf die Gestaltung dieses Meistgebots, von einem etwaigen Mitbieten abgesehen, eingeräumt ist. Soll also, trotzdem begrifflich von einem „Erwerbspreise" in der Zwangsversteigerung nicht die Rede sein kann, nach einer SteuerO. mit einem solchen bei Bemessung der Wertzuwachssteuer gerechnet werden, so muß diese SteuerO. auch bestimmen, was als „Erwerbspreis" in der Zwangsversteigerung zu gelten hat, wie dies z. B. das ReichsZuwStG. v. 14. II. 11 tut, indem es in seinem § 9 vorschreibt, daß beim Übergang im Wege der Zwangsversteigerung als Preis der Betrag des Meistgebots, zu dem der Zuschlag erteilt wird, unter Hinzurechnung der vom Ersteher übernommenen Leistungen gilt.

Nr. 9. Entsch. v. 27. Nov. 1911 (PrVerwBl. 33 519) VII C 260/11.

Für die Wertzuwachssteuer bei Zwangsversteigerungen ist dem Wort „mindestens" im § 6 Abs. 3 der Berliner WertzuwachssteuerO. v. 4. III. 10 nicht die Befugnis zu entnehmen, dem Erwerbspreis nicht bloß das Meistgebot zu dem der Zuschlag erteilt ist, unter Hinzurechnung der übernommenen Leistungen zugrunde zu legen, sondern darüber hinaus alle Aufwendungen zu berücksichtigen, die zum Zwecke des Erwerbs gemacht worden sind.

Nr. 10. Entsch. v. 25. Jan. 1912 (PrVerwBl. 33 663) VII C 447/11.

1. Wenn eine SteuerO. bestimmt:

„Dem Erwerbspreis sind hinzuzurechnen: ... f) der Betrag, mit dem der Veräußerer beim Erwerb im Wege der Zwangsversteigerung als Hypotheken- oder Grundschuldgläubiger ausgefallen ist, es sei denn, daß der Verlust anderweit gedeckt ist," so versteht sie unter Deckung der Verlustes nicht den Gewinn, den der Hypothekengläubiger beim Erwerbe der Hypothek gemacht hat. Bei unbefangener Beurteilung kann man vielmehr nur annehmen, daß eine aus Anlaß des Hypothekenausfalls gewährte Deckung gemeint ist, also z. B. Befriedigung durch einen Bürgen, einen Mitverpflichteten, Ehrenzahlung durch einen Verwandten des Schuldners usw.

2. Der Buchwert ist mit dem in der Steuergesetzgebung meist für maßgebend erklärten gemeinen Werte nicht identisch. Es gibt aber auch keine Vorschrift, daß ein Kaufmann eine gekaufte Hypothek mit dem Kaufpreise als Aktivum buchen muß. Vielmehr ist für die Buchung idReg. der objektive Geschäftswert maßgebend, der sich gegebenenfalls aus einer Schätzung ergibt. Die für Aktiengesellschaften in § 261 HGB. und für andere juristische Personen in SonderG. gegebene Vorschrift, daß alle Vermögensgegenstände höchstens zum Anschaffungs- oder Herstellungspreise angesetzt werden dürfen, gilt für die Einzelkaufleute nicht (HGB. §§ 38 ff.) und es wird danach auch nicht im Verkehre verfahren.

Nr. 11. Entsch. v. 9. Okt. 1911 (PrVerwBl. **33** 218) VII C 58/11.

1. Nach dem § 9 eines Ortsstatuts wird Umsatzsteuer nicht erhoben, wenn das Grundstück im gerichtlichen Zwangsversteigerungsverfahren von dem am Verfahren beteiligten Eigentümer, Hypotheken- oder Grundschuldgläubiger oder haftbaren Vorbesitzer als Meistbietendem auf Grund eines nicht wesentlich höheren Gebots erstanden wird, als zur Wahrung seiner Rechte erforderlich ist. Diese Bestimmung findet ihre Rechtfertigung in der Erwägung, daß ein Hypothekengläubiger usw., der das belastete Grundstück für den Betrag seiner Hypothek oder unter deren Ausfall erwirbt, wirtschaftlich ein Umsatzgeschäft nicht vornimmt, sondern gewissermaßen nur das bereits in seiner Hypothek steckende Verhältnis zum Grundstücke realisiert. Dem entspricht es, wenn unter solchen Umständen eine Umsatzsteuer nicht erhoben werden soll, weil wirtschaftlich ein Umsatz nicht anzuerkennen ist. Aus dieser Auffassung ergibt sich, daß eine Anrechnung der ausgefallenen Hypotheken nicht in Frage kommen kann, weil mangels eines wirklichen Umsatzes Umsatzsteuer nicht erhoben wird und die Wertzuwachssteuer, wenn ihr der gemeine Wert des Grundstücks zugrunde gelegt wird, mit der ausgefallenen Hypothek nichts zu tun hat. Der Satz 3 des § 9 ist also dahin auszulegen, daß bei der Berechnung des Wertzuwachses lediglich der gemeine Wert des Grundstücks dem Veräußerungspreise gegenübergestellt werden soll, daß die Hinzurechnung der ausgefallenen Hypotheken unzulässig ist; wobei es für den vorliegenden Fall dahingestellt bleiben kann, ob eine Vorschrift, wonach bei Berechnung des Wertzuwachses der gemeine Wert des Grundstücks zur Zeit der Einleitung der Zwangsversteigerung zugrunde gelegt werden soll, überhaupt als rechtsgültig erachtet werden kann, weil hier ein Zeitpunkt als maßgebend angenommen wird, zu dem ein Eigentumserwerb noch nicht stattgefunden hatte. Mit dieser Auslegung des § 9 steht jedoch § 3 Abs. 3 c in einem unlöslichen Widerspruche.

2. Hiernach sind die Bestimmungen des Ortsstatuts über die Ermittlung des Wertzuwachses für den Fall, wenn das Grundstück, das im Zwangsversteigerungsverfahren auf Grund des § 9 umsatzsteuerfrei erworben worden ist, wieder veräußert wird, in sich widerspruchsvoll und deshalb nicht geeignet, eine rechtsgültige Norm für die Auferlegung einer Steuer zu bilden. Es hätte demnach eine Wertzuwachssteuer überhaupt nicht erhoben werden dürfen.

Nr. 12. Entsch. v. 9. Okt. 1911 (OVG. 60 141) VII C 87/11.

Wenn nach der SteuerO. für die Berechnung der Wertsteigerung der Veräußerungspreis maßgebend ist, so muß nach den Bestimmungen des BGB. ermittelt werden, welchen Preis die Vertragschließenden für die Übereignung des Grundstücks vereinbart haben, und nach dem BGB. ist weiter festzustellen, aus welchen Bestandteilen das Grundstück besteht, für welchen Gegenstand also der Preis als Gegenleistung vereinbart worden ist. Der lediglich auf dem Gebiete des Privatrechts liegende Eigentumsübergang eines Grundstücks kann nur nach den Bestimmungen des BGB. beurteilt werden; erst wenn es sich darum handelt, ob und inwieweit dieser Vorgang der Steuer unterworfen werden soll, ist das öffentliche Recht maßgebend.

Nr. 13. Entsch. v. 8. Febr. 1912 (PrVerwBl. **34** 362) VII C 417/11.

1. Nach § 5 a der Umsatz- und WertzuwachssteuerO. für Weißenfels v. 19. III. 07 ist die Wertzuwachssteuer von demjenigen Betrage des bei dem steuerpflichtigen Geschäfte erzielten Veräußerungspreises bzw. gemeinen Werts zu berechnen, um den dieser Preis den letzten Erwerbspreis des Grundstücks übersteigt. In erster Linie ist danach maßgebend der Unterschied zwischen Veräußerungs- und Erwerbspreis. An Stelle des Veräußerungs-, nicht des Erwerbspreises, kann unter Umständen auch der gemeine Wert treten. Wann dies zu geschehen hat, ist in den die Wertzuwachssteuer betreffenden Bestimmungen der SteuerO. nicht ausdrücklich gesagt. Zur Auslegung dieser Bestimmung muß vielmehr auf die Bestimmung des § 3 der SteuerO. zurückgegangen werden.

Danach ist maßgebend der Veräußerungspreis und nur, wenn der gemeine Wert zur Zeit der Veräußerung höher ist, dieser gemeine Wert.

2. Im vorliegenden Falle herrscht nun über die Höhe des Erwerbspreises kein Streit; wohl aber über die Höhe des Veräußerungspreises bzw. des gemeinen Werts zur Zeit der Veräußerung. Es fragt sich in erster Linie, ob überhaupt die Voraussetzungen für eine selbständige Ermittelung des gemeinen Werts vorliegen, ob nicht vielmehr der Veräußerungspreis für die Parzelle höher ist als deren gemeiner Wert, so daß für eine Ermittelung des gemeinen Werts kein Raum bleibt. In dem Veräußerungsvertrage ist vereinbart, daß das Grundstück für 2,25 *M* pro Quadratmeter veräußert werde, und daß außerdem für Anlage der Straße, Kanalisation sowie Wasserleitung dem Kläger 2000 *M* zu zahlen seien. Nach dem Wortlaute des Vertrags könnte es so scheinen, als ob solche Kosten erst nach Abschluß des Vertrags entstehen würden. Es würde dann für das Grundstück tatsächlich nur ein Preis von 2,25 *M* pro Quadratmeter vereinbart und die Pauschalsumme eine für die auf Kosten des Klägers gehende zukünftige bauliche Erschließung des Grundstücks dem Kläger zu entrichtende Entschädigung darstellen. Nach dem sonstigen Inhalte der Akten scheint es aber so, als ob die Straße bereits angelegt, die betreffenden Kosten dem Kläger also bereits bei Vertragsabschluß entstanden waren. Ist dies der Fall, dann ist der als Ersatz für die dem Kläger für Erschließung der Parzelle erwachsenen Kosten vereinbarte Betrag ein Teil des Preises für das erschlossene Grundstück.

Nr. 14. Entsch. v. 4. März 1912 (PrVerwBl. **33** 805) VII C 486/11.

Die Vorschrift einer WertzuwachssteuerO.: „Als Wertsteigerung iS. des § 6 gilt derjenige Betrag, um den der gegenwärtige Veräußerungspreis übersteigt, a) den von dem gegenwärtigen Veräußerer angelegten Erwerbspreis oder b) falls ein solcher nicht gezahlt (z. B. Erbgang oder Übergabevertrag) oder nicht mehr zu ermitteln ist, oder falls das Grundstück durch Zuschlagsbescheid im Wege der Zwangsversteigerung erworben wurde, der gemeine Wert des Grundstücks zur Zeit des Erwerbes durch den gegenwärtigen Veräußerer. Als gemeiner Wert gilt derjenige, der bei der dem Zeitpunkte des Erwerbes zunächst folgenden Veranlagung der staatlichen Ergänzungssteuer ermittelt und bei deren Veranlagung zugrunde gelegt wurde," ist in kommunalen WertzuwachssteuerO. nicht selten. Sie sind in ständiger Rechtsprechung dahin ausgelegt worden, daß danach zugrunde gelegt werden soll der gemeine Wert des Grundstücks zur Zeit des Erwerbs (Satz 1), und daß die Bestimmungen der Sätze 2 und 3 nicht in Widerspruch hierzu die Zugrundelegung eines anderen Wertes vorschreiben, sondern den Versuch machen, die Höhe des gemeinen Wertes zur Zeit des Erwerbes in der SteuerO. selbst unanfechtbar festzulegen. Eine derartige Festlegung ist aber nicht zulässig, da durch sie die einen Teil des jedesmaligen Veranlagungsverfahrens bildende Ermittelung des zugrunde zu legenden Erwerbswertes der Nachprüfung des Verwaltungsrichters entzogen würde. Sind daher auch die Bestimmungen der Sätze 2 und 3 aaO. rechtsungültig, so doch nicht die Bestimmung des Satzes 1. Der Rechtszustand ist also der, daß in jedem Falle der gemeine Wert zur Zeit des Erwerbes durch den Steuergläubiger zu ermitteln ist und daß diese Ermittelung der Steuerpflichtige angreifen kann.

Nr. 15. Entsch. v. 14. März 1912 (OVG. **62** 274) VII C 475/11.

Der Wert eines von einer wirtschaftlichen Einheit abveräußerten Grundstücksteils zu einem bestimmten für die Wertsteigerung maßgebenden Zeitpunkt ist nach dem damals tatsächlich vorhandenen Zustande des Grundstücks und nach den für gleichartige Grundstücke im gemeingewöhnlichen Verkehre wirklich gezahlten Kaufpreisen zu ermitteln.

Nr. 16. Entsch. v. 2. Mai 1912 (PrVerwBl. **34** 46) VII C 88/12.

1. Das OVG. hat in ständiger Rechtsprechung angenommen, daß, wenn der gemeine Wert für die Berechnung einer Steuer maßgebend ist, seine Ermittelung als ein Teil des Veranlagungsverfahrens der richterlichen Nachprüfung nicht entzogen werden kann. Hierin ist der allgemeine Grundsatz enthalten, daß bei Ermittelung des Wertes, nach dem die Steuer bemessen werden soll, die SteuerO. nicht Faktoren als maßgebend vorschreiben darf in der Weise, daß sie hinsichtlich ihrer Höhe weder von dem Steuerpflichtigen angefochten, noch von dem Verwaltungsrichter nachgeprüft werden dürfen. Daß der § 2 Nr. 3 der Berliner WertzuwachssteuerO. v. 4. III. 10 eine solche Bestimmung enthalte, hat der Bezirksausschuß aus den in der SteuerO. gebrauchten Ausdrücken und aus dem allgemeinen Sprachgebrauche bei der Anwendung des Wortes „gelten", „gilt" zutreffend dargelegt. Nach dem allgemeinen Sprachgebrauche, dem auch das BGB. folgt, wird „gelten" in dem Sinne als „gleichwertig bedeuten" gebraucht. In voller Übereinstimmung hiermit schreibt die SteuerO. vor: „Als Wertzuwachs gilt der Betrag", d. h. also: der Betrag ist gleichwertig mit dem Wertzuwachs, er bedeutet den Wertzuwachs, und wendet für die Fälle, in denen sie nur den Ermittelungsweg im allgemeinen und weiter den in der UmsatzsteuerO. vorgeschriebenen Weg der Ermittelung für die Wertzuwachssteuer als maßgebend vorschreiben will, andere, dieser Absicht entsprechende Ausdrücke an, wie „wird ermittelt", „bestimmt sich". Wenn die SteuerO. nun in Übereinstimmung mit dem Sprachgebrauch und ihrer eigenen Ausdrucksweise in § 2 Nr. 3 sagt: „Als Veräußerungserlös gilt die Summe, die der Umsatzsteuer zugrunde gelegt wird", so kann dies nicht anders ausgelegt werden, als daß die bei der Veranlagung zur Umsatzsteuer ermittelte Summe gleichgestellt werden soll dem Veräußerungspreise, nicht dagegen, daß diese Summe nach den in der Umsatzsteuer vorgesehenen Bestimmungen ermittelt werden soll.

2. Ist nach den vorstehenden Ausführungen die angezogene Bestimmung des § 2 Nr. 3 als rechtsungültig zu erachten, so folgt jedoch hieraus nicht, daß die ganze SteuerO. rechtsungültig ist, weil die Rechnungsfaktoren des Anschaffungs-

werts und des Veräußerungserlöses in unklarer oder in unzulässiger Weise bestimmt worden seien. Daß die Bestimmungen über den Anschaffungswert zu Bedenken keine Veranlassung geben, ist bereits dargelegt; aus dem Umstand aber, daß die Bestimmung in Nr. 3 des § 2 für rechtsungültig zu erachten ist, folgt nur, daß bei der Ermittelung des Wertzuwachses diese Bestimmung Anwendung nicht finden kann. Hieraus würde sich die Ungültigkeit der ganzen SteuerO. allerdings dann ergeben, wenn nach dem Wegfalle der Nr. 3 des § 2 eine Bestimmung über die Ermittelung des Wertzuwachses in der SteuerO. überhaupt nicht gegeben worden wäre. Dies ist jedoch nicht der Fall; denn nach dem an die Spitze gestellten Satz gilt als Wertzuwachs der Unterschied zwischen Anschaffungswert und Veräußerungserlös. Da über die Ermittelung des Anschaffungswerts nähere Bestimmungen gegeben worden sind, kommt also nur in Frage, ob die Ermittelung des Wertzuwachses ausgeschlossen ist, wenn in der SteuerO. der Begriff des Veräußerungserlöses nicht weiter umschrieben wird. Diese Frage ist zu verneinen. Wenn die SteuerO. den Veräußerungserlös eingestellt wissen will, so kann nicht zugegeben werden, daß hiermit eine unklare Vorschrift gegeben worden ist. Es wird also mangels einer weiteren Umschreibung davon auszugehen sein, daß der Erlös, der bei der Veräußerung erzielt worden ist, als Faktor in die Berechnung eingestellt werden muß . . .

3. Nicht zu billigen sind ferner die Ausführungen des Bezirksausschusses über die Beweggründe des örtlichen Gesetzgebers. Dieser hat, wie man aus der Fassung der SteuerO. entnehmen muß, für den früheren Erwerb absichtlich den Wert als Rechnungsfaktor ausgeschieden und den Preis für maßgebend erklärt. Sollte er sich hierüber wirklich nicht klar geworden sein, so würde das Ergebnis kein anderes sein. Denn maßgebend sind nicht die Beweggründe des Gesetzgebers, sondern das, was er im G. zum Ausdruck gebracht hat. Der Bezirksausschuß unterstellt weiter ohne hinreichenden Grund, daß der Steuergesetzgeber in erster Linie das steuerfiskalische Interesse habe wahren wollen. Das ist keineswegs ohne weiteres anzunehmen, vielmehr muß man davon ausgehen, daß der örtliche Steuergesetzgeber die Interessen seiner Finanzen gegen die der Steuerzahler gerecht abwägen wollte. Einzelbestimmungen der SteuerO. ergeben denn auch, daß so verfahren worden ist. Die Ausführung des Bezirksausschusses, daß bei der vom OVG. vertretenen Auffassung in Einzelfällen der Steuerzahler hart betroffen werden kann, beweist nichts. Die Auffassung des erkennenden Gerichtshofs kann in anderen Fällen auch zu einer dem Steuerzahler günstigen Entscheidung führen. Im übrigen ist es keineswegs nötig, daß ein Spielraum irgendwelcher Art von der SteuerO. gelassen wird. Es genügt vielmehr, daß ein einziger bestimmter Betrag als Erwerbspreis festgelegt wird.

4. Was den Veräußerungserlös betrifft, so hat der Bezirksausschuß verkannt, daß das OVG. den § 2 Ziff. 3 deshalb verworfen hat, weil danach ein Betrag als maßgebend in der Weise vorgeschrieben ist, daß er hinsichtlich der Höhe weder vom Steuerpflichtigen angefochten, noch vom Verwaltungsrichter nachgeprüft werden darf. Es ist also der materielle Begriff „Veräußerungserlös" nicht etwa in Bausch und Bogen verworfen. Vielmehr ist nur gesagt, daß die Unzulässigkeit der vorgeschriebenen Bestimmung des Veräußerungserlöses dazu führt, diesen Teil der SteuerO. auszuschalten. Der Bezirksausschuß scheint auf dem Standpunkte zu stehen, daß die SteuerO. nur dann aufrecht erhalten werden könnte, wenn der vom OVG. für maßgebend erklärte allgemeine Begriff „Veräußerungserlös" mit der in § 2 Ziff. 3 gegebenen Umschreibung sich deckte. Wäre dies richtig, so müßte fast jede SteuerO. bei der eine einzelne Bestimmung gegen das Recht verstößt, für ungültig erklärt werden. Dies würde aber der ständigen Rechtsprechung des OVG. widersprechen. Übrigens deckt sich der allgemeine Begriff „Veräußerungserlös" im wesentlichen mit dem, was die UmsatzsteuerO. in § 6 Abs. 2 und 3 bestimmt. Allerdings scheidet der gemeine Wert (§ 6 Abs. 1) in jedem Falle aus. Dies ist jedoch nicht so wesentlich, daß die SteuerO. dadurch in ihren Grundlagen erschüttert wird.

Nr. 17. Entsch. v. 10. Okt. 1912 (OVG. 62 277) VII C 248/12.

1. Wenn mehrere Miteigentümer als Veräußerer eines Grundstücks zur Steuer herangezogen werden, muß das Veranlagungsschreiben ersichtlich machen, in welcher Weise sie für die Steuer haften sollen, ob als Gesamtschuldner oder zu welchen Teilen. Ein nach dieser Richtung vorhandener Mangel des Veranlagungsschreibens kann durch den auf den Einspruch ergangenen Bescheid geheilt werden.

2. Wird ein einer Erbengemeinschaft gehöriges Grundstück veräußert, so haften die Miterben für die Steuer als Gesamtschuldner. Ihnen steht Eigentum zur gesamten Hand zu. Wie in Rechtslehre und Rechtsprechung feststeht, ist dieses Eigentum dadurch gekennzeichnet, daß keinem der Eigentümer ein irgendwie gearteter bestimmter Anteil an dem Gegenstande zusteht. Im Falle der Erbengemeinschaft ergibt sich vielmehr erst bei der Erbteilung, welche Teile den Erben an den einzelnen Gegenständen zuzuweisen sind. Demnach sind sie auch bei der Veräußerung nicht mit einem bestimmten Grundstücksanteile beteiligt. Diesem Wesen des Eigentums zur gesamten Hand entspricht es, daß jeder Veräußerer nicht mit einem Teile der Steuer, sondern mit der ganzen Steuerschuld belastet wird. Da aber die Steuer nur einmal erhoben werden darf, so ergibt sich hieraus, daß jeder als Gesamtschuldner haftet.

3. Die Bestimmung einer SteuerO.

„Wird ein Grundstück in Trennstücken veräußert, so verteilt sich der Anschaffungswert des Gesamtgrundstücks nach dem Flächenverhältnisse,"

umfaßt hauptsächlich die Fälle, in denen ein Grundstück einheitlich für einen Gesamtpreis erworben worden ist und später in Trennstücken veräußert wird.

Nr. 18. Entsch. v. 9. März 1911 (OVG. 58 143) VII C 342/10.

1. Eine dauernde Verbesserung, deren Kosten dem Erwerbspreis eines Grundstücks bei der Ermittelung der Wertsteigerung hinzuzurechnen sind, ist nicht vorhanden, wenn die Anlage, für die die Kosten aufgewendet worden sind, durch die eigenen Maßnahmen des Grundstückseigentümers wieder beseitigt worden ist.

2. Zwecks Feststellung, ob eine dauernde Verbesserung des Grundstücks stattgefunden hat, hat der Eigentümer des Grundstücks nachzuweisen, wie der frühere Zustand des Grundstücks gewesen und welcher Zustand durch die gemachten Aufwendungen geschaffen worden ist.

Nr. 19. Entsch. v. 20. Nov. 1911 (OVG. 60 148) VII C 278/11.

1. Sind zwecks Ermittelung des Wertzuwachses von dem Veräußerungspreis eines Grundstücks die nachgewiesenen Ausgaben für dauernde Verbesserungen des Grundstücks abzuziehen, so kann der Nachweis der entstandenen Kosten auch in anderer Weise geführt werden, als durch Beibringung von Rechnungsbelägen. Denn das Erfordernis des Nachweises solcher Ausgaben ist dahin zu verstehen, daß zwar nicht jede von dem Steuerpflichtigen ohne weitere Begründung aufgestellte Behauptung, es seien Kosten für dauernde Verbesserungen entstanden, zu berücksichtigen ist. Ist aber ersichtlich, daß solche Kosten entstanden sind, und dies ist der Fall, wenn auf dem in unbebautem Zustand erworbenen Grundstücke während der Besitzzeit des Steuerpflichtigen ein Gebäude aufgeführt ist, so kann der Nachweis beliebig geführt werden.

2. Ebensowenig wie das Gutachten des Stadtbauamts zwecks Feststellung der abzugsfähigen Kosten des Neubaues der Entscheidung zugrunde gelegt werden darf, kann die vom Kläger eingereichte Taxe eine geeignete Grundlage der Entscheidung bilden. Es wird nötig sein, einen Sachverständigen zu hören. Der Be-

zirksausschuß wird bei der dem Sachverständigen zu gebenden Weisung zu beachten haben, daß nicht festzustellen ist, um welchen Betrag das Grundstück durch Bebauung und sonstige Verbesserungen wertvoller geworden ist, sondern welche Beträge der Kläger für die Bebauung hat aufwenden müssen. Weiter ist zu berücksichtigen, daß als solche abzugsfähigen Kosten nicht nur die Kosten für den Rohbau des Hauses in Betracht kommen, sondern auch Kosten für solche Anlagen, die durch Einbauung in das Haus zu dessen Bestandteilen — einerlei ob wesentlichen oder unwesentlichen — geworden sind, und daß zwar nicht als Kosten des Neubaues, wohl aber als Kosten für dauernde Verbesserungen des früheren Bauplatzes auch die Kosten für die Anlage des Gartens und die Einfriedigung des Hausgrundstücks mit zu berücksichtigen sind.

Der Bezirksausschuß wird dann, wenn überhaupt bei Berücksichtigung all dieser Kosten ein steuerpflichtiger Wertzuwachs noch in Frage kommt, weiter davon auszugehen haben, daß alle nachgewiesenen Ausgaben für Verbesserungen des Grundstücks in Betracht zu ziehen sind, also auch alle Ausgaben für die auf dem Grundstück errichteten Gebäude. Es sind daher auch diejenigen Aufwendungen vom Veräußerungspreise mit abzuziehen, die für die Beschaffung des Baugeldes erwachsen sind, und zwar hat ihre Abrechnung auch dann zu erfolgen, wenn der Kläger das Baugeld aus eigenen Mitteln bereitgestellt haben sollte. In diesem Falle sind Zinsen des aufgewendeten Kapitals in Höhe des damaligen Diskonts diesem bis zum Tage der Fertigstellung hinzuzurechnen. Dagegen sind nicht abzugsfähig Beträge für Bauleitung und Anfertigungen von Bauplänen; denn hierfür sind, da der Kläger selbst den Bau ausgeführt hat, anrechnungsfähige Ausgaben nicht entstanden. Abzugsfähig sind auch nicht die gelegentlich der Veräußerung zu zahlenden Provisionen.

Nr. 20. Entsch. v. 7. Nov. 1912 (PrVerwBl. **34** 636) VII C 207/12.

1. Nach der WertzuwachssteuerO. v. 10. IV. 09 unterliegt jeder Wechsel des Eigentums eines im Stadtbezirke Frankfurt a. O. belegenen Grundstücks einer besonderen Abgabe (Wertzuwachssteuer). Der Berechnung dieser Steuer wird die erzielte Wertsteigerung des Grundstücks zugrunde gelegt, und der Unterschied zwischen dem letzten Erwerbspreise des Grundstücks zuzüglich der nach § 4 zulässigen Anrechnungen einerseits und dem jetzigen Übertragungs- (Veräußerungs-) Preis anderseits gilt als Wertsteigerung. Nach § 4 Abs. 1 a sind dem letzten Erwerbspreise hinzuzurechnen, soweit nicht im § 2 anderweite Bestimmung getroffen ist, alle nachgewiesenen Ausgaben für dauernde Verbesserungen des Grundstücks oder Rechtes, insbesondere die Kosten (einschließlich eines angemessenen Betrages für baugewerbliche Tätigkeit im Höchstsatze von 5 % der Bausumme) für Neu- und Umbauten von Gebäuden, soweit sie nicht aus Entschädigungen auf Grund von Versicherungsverträgen bestritten sind.

Der Kläger hatte den im Jahre 1866 für das Grundstück bezahlten Erwerbspreis unter Bezugnahme auf den Kaufvertrag und die Grundakten auf 21000 M angegeben. Der Bezirksausschuß hätte hiernach der Berechnung der Wertsteigerung den „früher sicher nachgewiesenen Erwerbspreis" zugrunde legen und diesem Preise nach § 4 die nachgewiesenen Ausgaben für dauernde, zur Zeit der Veräußerung noch vorhandene Verbesserungen (Neu- und Umbauten von Gebäuden) hinzurechnen müssen. Allerdings hatte der Kläger einen rechnungsmäßigen Nachweis der Ausgaben für die von ihm aufgeführten Bauten usw. nicht geführt, er hatte sich aber zum Nachweise der von ihm angegebenen, für die Ausführung der Bauten erwachsenen Kosten auf die Auskunft des Katasteramts und der Direktion der Städte-Feuersozietät der Provinz Brandenburg sowie auf das Gutachten von Sachverständigen bezogen und außerdem die in der Sachdarstellung bereits angeführten Urkunden vorgelegt. Wenn der Bezirksausschuß demgegenüber ausführt, als einzige Beweisquelle komme nur die

Versicherungspolice in Betracht und diese könne einen gültigen Beweis für den Wert der von dem Kläger aufgeführten Bauten nicht erbringen, so übersieht er, daß der Nachweis der Ausgaben für die Bauten durch Gutachten eines Sachverständigen hätte geführt werden können. Die Bauten, um deren Herstellungskosten es sich handelte, waren vom Kläger bestimmt angegeben, sie waren, wie angenommen werden muß, im wesentlichen noch vorhanden, und die Annahme, daß ein Sachverständiger nicht in der Lage gewesen sei, die Herstellungskosten zu berechnen, ist ausgeschlossen.

2. Der Bezirksausschuß geht auch darin fehl, daß er annimmt, als gemeiner Wert vom 1. IV. 95 könne „mit Recht der der Ergänzungssteuer zugrunde gelegte Wert angenommen werden", weil der Kläger diesen durch Nichteinlegung von Rechtsmitteln als zutreffend anerkannt habe. Aus dem Umstande, daß der Kläger gegen die Veranlagung zur Ergänzungssteuer ein Rechtsmittel nicht eingelegt hat, folgt nur, daß er sich durch die Veranlagung nicht beschwert gefühlt hat. Ein Anerkenntnis, das in einem völlig anders gearteten Verfahren gegen den Kläger verwertet werden könnte, liegt nicht vor.

Nr. 21. Entsch. v. 27. Nov. 1911 (PrVerwBl. **33** 537) VII C 324/11.

Unter Leistungen, deren Wert dem bedungenen Erwerbspreise hinzugerechnet werden soll, sind nur solche zu verstehen, die bereits bei Abschluß des Vertrages bestehen, nicht aber solche, die möglicherweise einmal entstehen können und zu der Zeit, wo die Wertzuwachssteuer fällig ist, noch gar nicht ihrem Betrage nach berechnet werden können.

Nr. 22. Entsch. v. 14. Dez. 1911 (PrVerwBl. **33** 584) VII C 280/11.

ZuwStG. §§ 14, 15.

Der Begriff „Kosten" iS. der SteuerO. über die Wertzuwachssteuer umfaßt regelmäßig nicht auch die Vergütung für eigene Tätigkeit, sondern in der Hauptsache nur die Aufwendungen, die der Eigentümer anderen Personen hat zukommen lassen. Die Beratungen zum ReichsZuwStG. lassen erkennen, daß diese Auffassung die allgemein herrschende ist. Der Entwurf zu diesem G. bezeichnete in § 15 „Aufwendungen für Bauten" usw. als anrechnungsfähig. Obwohl nun der Begriff „Aufwendungen" weiter ist als der Begriff „Kosten", hat man es doch für nötig gehalten, besondere Bestimmungen über die Anrechnung des Werts eigener Arbeit zu beantragen, indem man allgemein von der Ansicht ausging, daß dieser Wert nicht zu den Aufwendungen zu rechnen sei. Auch die jetzige Fassung des § 14 Ziff. 3 kann nur in diesem Sinne aufgefaßt werden.

Nr. 23. Entsch. v. 21. Okt. 1912 (PrVerwBl. **34** 566) VII C 142/12.

Nimmt eine örtliche WertzuwachssteuerO. hinsichtlich der Kapitalisierung einer im Veräußerungsvertrage vom Erwerber übernommenen Rente auf die §§ 17ff. ReichserbschaftssteuerG. Bezug, so ist das Fünfundzwanzigfache des einjährigen Betrages als Wert der Rente anzunehmen. Eine andere Berechnungsart würde nur dann in Frage kommen können, wenn nach den zwischen den Vertragschließenden getroffenen Vereinbarungen der Veräußerer einen Anspruch auf Zahlung eines höheren Betrages haben würde. Dies ist jedoch hier nicht der Fall, weil nach den unstreitigen Vereinbarungen der Veräußerer nur das Recht hat, den Jahresbetrag der festgestellten Rente zu verlangen, dem Erwerber dagegen die Möglichkeit gewährt worden ist, den Jahresbetrag der Rente durch ein Kapital abzulösen, das sich aus einer dreiprozentigen Kapitalisierung der Rente ergibt. Einen Anspruch hierauf hat der Kläger als Veräußerer nicht, wie denn auch unstreitig feststeht, daß die Rente nur von dem Erwerber gekündigt und abgelöst werden kann.

Wenn der Beklagte ausführt, bei privaten Renten könnten zwecks Kapitalisierung derselben die Bestimmungen des ReichserbschaftssteuerG. v. 3. VI. 06 nicht maßgebend sein, so kann dem nicht beigetreten werden.

E. Hundesteuer.

Nr. 1. Entsch. v. 4. Mai 1911 (OVG. **59** 107) VII C 523/10.

KommAbgG. § 16.

1. Die Auslegung einer Hundesteuerliste enthält keine Heranziehung zur Hundesteuer, und eine Erinnerung der Steuerpflichtigen in den Zeitungen, die Hundesteuer zu zahlen, kann die Heranziehung nicht ersetzen.

2. Die Gemeinden sind nicht berechtigt, einen gewissen Tatbestand für das Halten eines Hundes zu erklären, wenn darin nach allgemeinen Rechtsgrundsätzen das Halten eines Hundes nicht erblickt werden kann. Damit würde die Gemeinde ihre gesetzliche Befugnis überschreiten, und die SteuerO. würde insoweit ungültig sein. Daran würde auch dadurch nichts geändert werden, daß die SteuerO. die Genehmigung des Bezirksausschusses und die Zustimmung des Oberpräsidenten erhalten hat. Kann somit auch nach der maßgebenden SteuerO. nur derjenige zur Hundesteuer herangezogen werden, der — nach allgemeinen Rechtsbegriffen — einen Hund hält, so fragt sich weiter, ob danach der Verpfleger eines Hundes schon ohne weiteres als „Hundehalter" angesehen werden kann. Diese Frage muß verneint werden.

3. Für das Gebiet des Steuerrechts rechtfertigt sich die Annahme, daß derjenige den Hund „hält", der ihn in seinen Haushalt oder Wirtschaftsbetrieb (im weitesten Sinne) eingestellt hat, um ihn auf diese Weise seinen Zwecken oder denen seiner Haushaltungsangehörigen oder Wirtschaftsgehilfen während eines Zeitraums von einer gewissen Dauer dienstbar zu machen. Die Einstellung muß also im Interesse des Einstellers oder seiner Haushaltungsangehörigen oder Wirtschaftsgehilfen erfolgen, wobei es dann freilich unerheblich ist, ob es sich um geldwerte Interessen oder nur um Zwecke des Vergnügens und dergleichen handelt. Diese Begriffsbestimmung entspricht insbesondere auch gerade den steuerlichen Gesichtspunkten, und zwar gleichviel, ob diese polizeilicher Natur sind — Einschränkung der Zahl der Hunde —, oder ob im einzelnen Falle mehr der Charakter der Luxussteuer in den Vordergrund tritt; denn danach trifft die Steuer denjenigen, der Veranlassung zum Vorhandensein des Hundes gibt und sich den Luxus eines Hundes leistet. Somit kann derjenige, der nicht im eigenen Interesse, sondern lediglich im Interesse des Eigentümers auf dessen Kosten einen Hund in Pflege genommen hat, nicht als Halter des Hundes angesehen werden.

Die Bestimmung einer SteuerO.

„Wer aber mit einem in einer preußischen Gemeinde bereits versteuerten Hunde neu anzieht, . . . darf für das laufende halbe Rechnungsjahr die gezahlte Hundesteuer auf die hier zu zahlende in Anrechnung bringen"

ist dahin auszulegen, daß für einen in M. eingeführten und dort gehaltenen Hund für das laufende halbe Rechnungsjahr Hundesteuer insoweit nicht zu entrichten ist, als zur Zeit der Heranziehung bereits in einer anderen preußischen Gemeinde für denselben Zeitraum hinsichtlich desselben Hundes eine endgültige Heranziehung — gleichviel wessen — zur Hundesteuer stattgefunden hat, also nur mit dem Betrage, der denjenigen dieser letzteren Steuer übersteigt.

Nr. 2. Entsch. v. 18. Mai 1911 (OVG. **59** 112) VII C 336/10.

KommAbgG. § 16.

Eine SteuerO. darf für die Nichtabmeldung eines Hundes Ordnungsstrafen androhen, sie darf dagegen nicht durch eine Bestimmung, wonach die

Steuerpflicht für einen abgeschafften Hund bis nach dessen Abmeldung fortdauert, das Halten eines Hundes für einen Zeitraum, in dem er nicht gehalten worden ist, fingieren. Eine derartige Bestimmung ist ungültig.

Nr. 3. Entsch. v. 11. Jan. 1912 (DJZ. 17 1190) VII C 305/11.

Unter einem Gehöft ist ein Wohnhaus mit Hof und Garten oder eine Mehrheit von wirtschaftlich zusammenhängenden Gebäuden zu verstehen, von denen mindestens eins ganz oder teilweise zu Wohnzwecken benutzt wird. Daß eine Besitzung vorwiegend der Landwirtschaft dient, ist für die Frage, ob es sich um ein Gehöft handelt, nicht entscheidend. Als einzelne Anlage kann nach dem gewöhnlichen Sprachgebrauche nur das Gehöft angesehen werden, dessen Lage zu anderen Gehöften als eine vereinzelte, von anderen abgesonderte zu bezeichnen ist.

IV.

Direkte Gemeindesteuern.

A. Realsteuern.

1. Vom Grundbesitze.

Literatur: Kaczorek: Das Recht der Grundsteuer vom gemeinen Wert nach den Entsch. des OVG. (Düsseldorf 1912).

a) Allgemeines.

Nr. 1. Entsch. v. 8. Okt. 1912 (OVG. **62** 315) VIII C 4/12.

Gehört ein Grundstück zu einem ungeteilten Nachlasse, so kann ein Miterbe zur Grundsteuer weder wegen ihres ganzen Betrags noch in Höhe eines seinem Erbteil entsprechenden Bruchteils herangezogen werden. Die Heranziehung hat sich gegen alle Miterben gemeinschaftlich wegen der ganzen Grundsteuer zu richten; dies geschieht idReg. so, daß jeder Miterbe eine Heranziehungsverfügung erhält, aus der die Mitheranziehung der übrigen Miterben erkennbar ist. Denn die Heranziehung zur Gemeindegrundsteuer hat sich gegen den Grundstückseigentümer zu richten. Dies ist bei einem Grundstücke, das zu einem ungeteilten Nachlasse gehört, die Gemeinschaft der Miterben, und nicht ein einzelner Miterbe. Der Nachlaß ist, solange die Auseinandersetzung nicht stattgefunden hat, gemeinschaftliches Vermögen der Erben (§ 2032 BGB.). Die Miterben stehen in Gemeinschaft zur gesamten Hand; die Gemeinschaft ergreift den Nachlaß als Ganzes; Anteile der Miterben, über die sie verfügen können, werden vom G. nur an dem Nachlaß als Ganzem, nicht aber an den einzelnen Nachlaßgegenständen anerkannt (§ 2033 Abs. 2, § 2040 BGB.). Daher kann ein einzelner Miterbe zur Grundsteuer auch nicht zu dem seinem Erbteil entsprechenden Bruchteile herangezogen werden. Eine Vorschrift, aus der zu entnehmen wäre, daß die Miterben vor der Auseinandersetzung dem Steuergläubiger gegenüber in einem Gesamtschuldverhältnisse stünden, ist nicht vorhanden. Es kann daher (§ 421 BGB.) die Heranziehung auch nicht gegen einen einzelnen Miterben wegen der ganzen Grundsteuer gerichtet werden. Ob dies geschehen könnte, wenn die streitige Grundsteuer eine „Nachlaßverbindlichkeit" wäre, kann dahingestellt bleiben; denn sie ist keine „Nachlaßverbindlichkeit".

Nr. 2. Entsch. v. 27. Febr. 1912 (PrVerwBl. **33** 790) VIII C 136/11.

Der Nießbrauch gewährt dem Nießbraucher, außer dem Rechte der unbeschränkten Ziehung der Nutzungen, das Recht der Bewirtschaftung und damit der Verwaltung, wobei der Nießbraucher lediglich die bisherige wirtschaftliche Bestimmung der Sache aufrechtzuerhalten, nach den Regeln einer ordnungsmäßigen Wirtschaft zu verfahren hat, und nicht berechtigt ist, die Sache umzugestalten oder wesentlich zu verändern (§ 1036 Abs. 2, § 1037 BGB.). Dieses Recht der Verwaltung schließt aber nicht das Recht in sich, den Eigentümer Dritten gegenüber zu vertreten. Der Nießbraucher ist deshalb nicht berechtigt, in Vertretung des Eigentümers gegen dessen Heranziehung zur Gemeindegrundsteuer Einspruch zu erheben. Dagegen steht nichts im Wege, daß der Eigentümer durch Vertrag dem Nießbraucher über das gesetzliche Nießbrauchsrecht hinausgehende Rechte, namentlich auch hinsichtlich der Verwaltung, gewähren kann. Von diesem Recht hat der Kläger Gebrauch gemacht: er hat sich insbesondere aller Einreden in die Verwaltung begeben und sich verbindlich gemacht, alle Handlungen und Unterlassungen in der Verwaltung der Gesellschaft gelten zu lassen. Sind auch hiernach die Verwaltungsrechte der Gesellschaft über das gesetzliche Maß hinaus erweitert, so bietet doch der Vertrag nicht den geringsten Anhalt dafür, daß der Kläger der Gesellschaft auch das Recht eingeräumt habe, ihn Dritten gegenüber zu vertreten: eine Vollmacht enthält der Vertrag nicht. Als die Gesellschaft Einspruch einlegte, hatte sie daher keine Vertretungsmacht. Daran ändert die Versicherung des Klägers nichts, daß er durch den Vertrag mit der Gesellschaft dieser Vollmacht erteilt habe. Die nach Einlegung des Einspruchs erteilte Vollmacht und die nachträglich ausgesprochene Genehmigung des Klägers sind bedeutungslos. Die Vollmacht wirkt für die Zukunft; mit der Genehmigung soll Handlungen aus der Vergangenheit Rechtswirksamkeit beigelegt werden. In bezug auf Rechtsgeschäfte hat die Genehmigung nach § 184 BGB. rückwirkende Kraft. Inwieweit dies auch in bezug auf prozessuale Handlungen der Fall ist, kann im übrigen dahingestellt bleiben; jedenfalls kann der Mangel der Vertretungsmacht bei Einspruchserhebung nicht durch eine nach Ablauf der Einspruchsfrist erteilte Genehmigung geheilt werden.

Nr. 3. Entsch. v. 28. Febr. 1913 (DJZ. 18 1207) VIII C 269/12.

Die Heranziehung eines der Miterben zur ganzen Grundsteuer ist unwirksam; bei einem in ungeteilter Erbengemeinschaft befindlichen Grundstücke ist die Heranziehung zur Grundsteuer wegen der ganzen Grundsteuer an alle Erben zu richten, indem jeder einzelne Miterbe eine Heranziehungsverfügung erhält, aus der die Heranziehung der übrigen erkennbar ist. Dies folgt daraus, daß zur Grundsteuer der Grundstückseigentümer heranzuziehen, als solcher aber bei ungeteiltem Nachlasse die Erbengemeinschaft und nicht ein einzelner Miterbe anzusehen ist.

c) Befreiungen.

α) Nach Buchstabe c und d des § 24 KommAbgG.

Nr. 1. Entsch. v. 14. Febr. 1911 (OVG. **59** 36) VIII C 151/10.

KommAbgG. § 24 c.

Nach § 24 Abs. 1 c KommAbgG. sind die dem Staate oder kommunalen Verbänden gehörigen Grundstücke und Gebäude von der Steuer vom Grundbesitze befreit, sofern sie zu einem öffentlichen Dienste oder Gebrauche bestimmt sind. Zum öffentlichen Dienste sind solche Gebäude bestimmt, in denen sich ein Teil des öffentlichen Dienstes vollzieht. In den vom Staate oder kommunalen Verbänden an Angestellte der betreffenden Verwaltung überwiesenen Wohnungen vollzieht sich aber ein öffentlicher Dienst nur dann, wenn es zur ordnungsmäßigen Wahrnehmung der dienstlichen Obliegenheiten erforderlich ist, daß die Angestellten an der betreffenden Stelle sich dauernd aufhalten, und wenn ihnen deswegen, um ihre dauernde Anwesenheit zu ermöglichen, die Wohnung überwiesen worden ist. Die Voraussetzung, daß sich in den Wohnungen ein öffentlicher Dienst vollzieht, trifft aber dann nicht zu, wenn deren Überweisung aus sonstigen Rücksichten, z. B. aus sozialer Fürsorge oder aus Gründen der Bequemlichkeit oder zur mittelbaren Förderung dienstlicher Interessen erfolgt ist. Hiernach ist es Tatfrage, ob und eventuell inwieweit im einzelnen Falle ein dem Staate oder kommunalen Verbänden gehöriges Grundstück oder Gebäude im vorstehend dargelegten Sinne zum öffentlichen Dienste bestimmt ist.

Auf welche Weise sich die mit der tatsächlichen Würdigung des Einzelfalls befaßte Verwaltungsgerichtsinstanz die Überzeugung bildet, ob ein Grundstück oder Gebäude unmittelbar zum öffentlichen Dienste bestimmt sei, ist nach §§ 76, 79 LVG. ihrem freien Ermessen überlassen. Es steht ihr frei, nach Lage des Falls eine Erklärung des zuständigen Ministers, oder eine Erläuterung zum Etat der betreffenden Verwaltung oder die Verhandlungen der Budgetkommission als ausreichenden Nachweis der Bestimmung des in Frage kommenden Gebäudes zu einem öffentlichen Dienste anzusehen. Der Verwaltungsrichter ist aber auch anderseits rechtlich nicht behindert, falls es ihm an anderem zureichenden Nachweise zu mangeln scheint, und er einen geeigneten Sachverständigen zur Verfügung zu haben glaubt, diesen über die gedachte Frage zu vernehmen.

Nr. 2. Entsch. v. 3. Okt. 1911 (OVG. 60 154) VIII C 85/11.

KommAbgG. § 24 c.

Es handelt sich um die Zuführung einer bereits zu einem öffentlichen Dienste bestimmten und deshalb steuerfreien fiskalischen Fläche zu einem anderen öffentlichen Dienste. Der Vorderrichter befindet sich insofern mit der Rechtsprechung des OVG. in Übereinstimmung, als er den Eintritt der Steuerfreiheit der im § 24 Abs. 1 c KommAbgG. bevorrechteten Grundstücke erst mit dem Zeitpunkt annimmt, wo diese tatsächlich dem öffentlichen Dienste oder Gebrauche zugeführt werden. Indessen hat diese Rechtsprechung zur Voraussetzung, daß der Staat oder die in der gedachten Gesetzesstelle erwähnten Verbände die in Frage kommenden Grundstücke entweder erst aus privaten Händen zur Benutzung für öffentliche Zwecke erworben oder doch bisher nicht in den öffentlichen Dienst oder Gebrauch gestellt, vielmehr privatwirtschaftlich genutzt hatten. Liegt, wie hier, keiner dieser beiden Fälle vor, sondern handelt es sich nur darum, ein bereits bisher dem öffentlichen Dienste gewidmetes Grundstück einem anderen Zweige des öffentlichen Dienstes zuzuführen, so kann der Umstand, daß die zu diesem Zwecke erforderlichen Vorbereitungen auf dem Grundstücke sich über eine gewisse Zeit hinziehen, dessen Steuerpflichtigkeit für die Dauer dieser Zwischenzeit nicht begründen; denn die Benutzung des Grundstücks zum öffentlichen Dienst oder Gebrauch ist in Fällen dieser Art als ein einheitlicher, durch keine selbständige Zwischennutzung unterbrochen gewesener Vorgang anzusehen.

Nr. 3. Entsch. v. 1. Dez. 1911 (OVG. 62 296) VIII C 316/10.

KommAbgG. § 24 c.

1. Unter dem Meeresufer iS. der §§ 21 ALR. II 14 und 80 ALR. II 15 ist bei einem Meere, das die Erscheinungen der Ebbe und Flut aufweist, derjenige Teil des Strandes zu verstehen, der jenseits der mittleren höchsten Flut, nach dem Lande zu gerechnet, liegt. Derjenige Teil des Strandes dagegen, der von der mittleren höchsten Flut bedeckt wird, ist zum Bette des Meeres zu rechnen. Das „gemeine Eigentum", das dem Staate an den Meeresufern in obigem Sinne zusteht, ist aber ein privatrechtliches Eigentum. Dies ergibt sich schon daraus, daß es nach § 25 Tit. 14 T. II ALR. „den Domänen völlig gleich zu achten ist". Nur ist dieses privatrechtliche Eigentum an den Meeresufern mit dem Gemeingebrauche belastet. Die Meeresufer gehören also zu den res publicae

im engeren Sinne, d. h. zu denjenigen Sachen, die an sich im privatrechtlichen Eigentume stehen, aber dem öffentlichen Gebrauch unterliegen. Soweit ihre Bestimmung zum Gemeingebrauche reicht, ist das privatrechtliche Eigentum an ihnen einer Beschränkung unterworfen. Der von der mittleren höchsten Flut überströmte Teil des Strandes dagegen ist als Bestandteil des Meeres res publica im weiteren Sinne, d. h. res communis omnium und steht als solche in niemandes Eigentum. Für die Steuerpflicht macht es keinen Unterschied, ob das Eigentum ein „gemeines" oder besonderes ist, da beide privatrechtlicher Natur sind.

2. Für die Frage, welche fiskalische Verwaltung zur Steuer herangezogen werden kann, kommt es darauf an, wer das steuerpflichtige Objekt in vermögensrechtlicher Beziehung vertritt. Der Umstand, daß der Strand in wasserbautechnischer Hinsicht der Wasserbauverwaltung „untersteht", würde ihre Legitimation als Vertreterin des Steuerobjekts nicht begründen können. Der Kläger selbst hatte auch nur behauptet, daß das Uferschutzwerk mit den davor liegenden Buhnen auf dem Etat der Wasserbauverwaltung stehe. Diese Bauwerke bilden aber hier nicht den Gegenstand der Besteuerung. Wenn der Strand vom Uferschutzwerke bis zum Meere in vermögensrechtlicher Beziehung der Wasserbauverwaltung unterstehen sollte, war die herangezogene Domänenverwaltung zur Vertretung des veranlagten Steuerobjekts insoweit nicht berufen. Wird dagegen der Strand, soweit er veranlagt worden ist, in vermögensrechtlicher Beziehung von der Domänenverwaltung vertreten, so ist deren Heranziehung formell nicht zu beanstanden. Im letzteren Falle ist festzustellen, ob die veranlagten Teile des Strandes von der mittleren höchsten Flut bedeckt werden oder nicht. Daß die Grenzlinie der mittleren Flut kaum festzulegen sei, wie der Kommissar zur Wahrnehmung des öffentlichen Interesses meint, kann nicht anerkannt werden. Ergibt sich nach dieser Feststellung, daß der veranlagte Strand von der mittleren Flut überströmt wird, so ist der Kläger insoweit von der Steuer freizustellen, da dann der Strand als Meeresboden anzusehen und deshalb kein Objekt der Besteuerung ist.

Andernfalls ist zu prüfen, ob und inwieweit der Strand, der dann die rechtliche Eigenschaft des Meeresufers im gesetzlichen Sinne haben würde, und die sonstigen veranlagten „Kur- und Gartenanlagen" zum öffentlichen Gebrauche bestimmt sind oder nicht und deshalb von der Steuerpflicht befreit sind oder ihr unterliegen. Zum Zwecke dieser Prüfung ist zunächst festzustellen, ob das Seebadunternehmen in Norderney als Ganzes vom Staate vorwiegend in der Absicht der Gewinnerzielung betrieben wird oder nicht. Allerdings würde aus der Feststellung einer vorwiegenden Absicht der Gewinnerzielung noch nicht folgen, daß nun der gesamte Umfang der wirtschaftlichen Einheit des fiskalischen Grundbesitzes in Norderney den Gegenstand dieses gewerblichen Betriebs bildet; denn die Bestimmung des Grundstücks zum öffentlichen Gebrauche wird nur insoweit ausgeschlossen, als die vorwiegende Absicht der Gewinnerzielung reicht. Es besteht die rechtliche Möglichkeit, daß Teile eines mit der Absicht der Gewinnerzielung verwerteten Grundstücks zu einem öffentlichen Gebrauche bestimmt und deshalb steuerfrei zu lassen sind. Und dies behauptet gerade der Kläger hilfsweise bezüglich der Promenaden, Wald- und Gartenanlagen. Umgekehrt ist es, wenn bei dem Betriebe des Seebadunternehmens die vorwiegende Absicht der Gewinnerzielung zu verneinen ist, gleichwohl nicht ausgeschlossen, daß bei einzelnen Teilen des dem Unternehmen dienenden Grundbesitzes diese Absicht überwiegt und daher insoweit eine Bestimmung zum öffentlichen Gebrauche nicht besteht.

3. Ergibt sich, daß das Seebadunternehmen als Ganzes vom Fiskus in der Hauptsache nicht zur Förderung der öffentlichen Gesundheit, sondern in der Absicht der Gewinnerzielung betrieben wird, so wird naturgemäß der Badestrand, d. h. derjenige Teil des Strandes, auf dem der Fiskus die Badekarren zur Benutzung gegen Entgelt aufgestellt hat, als von dieser Gewerbsabsicht erfaßt zu gelten haben; denn er bildet als derjenige Ort, an dem allein die Badegäste die Seebäder

zu nehmen in der Lage sind, den Hauptbestandteil des Seebadunternehmens; in ihm erfüllt sich gerade dessen Zweck. Er würde in diesem Falle der Steuerpflicht unterliegen. Über die Frage, ob der Fiskus berechtigt war, den Gemeingebrauch auf einer bestimmten Strecke des Strandes auszuschalten, ist hier nicht zu entscheiden. Für die Steuerpflicht ist allein entscheidend, ob er den Gemeingebrauch auf der betreffenden Strecke tatsächlich aufgehoben hat. Eine Aufhebung des Gemeingebrauchs, der jedermann zum Gehen, Fahren, Baden, Anlanden usw. am Meeresufer zusteht, hat aber stattgefunden, wenn dieser Gemeingebrauch nicht etwa von der Ortspolizeibehörde aus polizeilichen Rücksichten eingeschränkt, sondern vom Fiskus zu Erwerbszwecken unmöglich gemacht wird; denn es kann auf der betreffenden Strecke nur derjenige baden, der dem Fiskus den Preis für eine Badekarte entrichtet; außerdem ist das freie Gehen, Fahren und Anlanden an dem als Badestrand benutzten Teile des Meeresufers unmöglich gemacht. Derjenige Teil des Strandes, der vom Fiskus zur Aufstellung von Zelten und Strandkörben vermietet wird, wird gleichfalls als von der etwa bei dem ganzen Unternehmen obwaltenden Absicht der Gewinnerzielung miterfaßt erachtet werden müssen. Es wird dabei nicht darauf ankommen, ob gerade durch die Platzmiete ein Gewinn erzielt werden soll, oder ob diese kaum die Kosten des täglichen Transports und der Aufbewahrung der Zelte usw deckt; denn die Platzmiete ist lediglich ein Rechnungsfaktor in dem Etat des ganzen Unternehmens. Von den in den Anlagen befindlichen Tennisplätzen und dem Schießstande, die der Kläger verpachtet hat, wird dasselbe zu gelten haben, wie hinsichtlich der zum Aufstellen von Strandkörben und Zelten vermieteten Strandstrecke. Bezüglich des Marktplatzes, des Georgsgartens und des Kurgartens bedarf der Einwand des Klägers, daß sie Zubehör der Gebäude des Badeetablissements, an denen sie liegen, bildeten und bereits durch die nicht beanstandeten Veranlagungen dieser bebauten Grundstücke miterfaßt seien, der Prüfung und Würdigung. Falls der Einwand des Klägers nicht zutrifft, ist festzustellen, ob diese Plätze ihrer Zweckbestimmung und Benutzung nach vorwiegend den etwaigen gewerblichen Zwecken des Unternehmens unmittelbar dienen und daher zum öffentlichen Gebrauche nicht bestimmt sind. Was endlich die Promenaden, Garten- und Waldanlagen und sonstigen Plätze betrifft, so kommt es zunächst darauf an, ob sie nur denjenigen Badegästen und Eingeborenen, die die Kurtaxe bezahlt haben, zugänglich sind, oder ob sie von jedermann betreten werden können, da die Kurtaxe nur für den Besuch der Lese-, Musik- und Gesellschaftsräume des Konversationshauses, der Konzerte und Tanzgesellschaften usw. erhoben werde. Der Umstand, daß die Promenaden, Garten- und Waldanlagen mittelbar zur Annehmlichkeit für die Badegäste dienen, ist nicht von ausschlaggebender Bedeutung. Falls der öffentliche Gebrauch an ihnen nicht ausgeschlossen ist, müssen sie steuerfrei bleiben. Die Tatsachen, aus denen der Beklagte noch im übrigen eine Ausschließung des Gemeingebrauchs folgert, wird der Vorderrichter im einzelnen zu prüfen und zu würdigen haben. Dahin gehören die Behauptungen, daß die Kinder der Einwohner durch die Badeaufseher von den Spielplätzen in den Waldanlagen fortgewiesen würden, daß auf den Bänken in den Anlagen die Inschrift „Nur für Kurgäste" angebracht sei, daß der Fiskus das Eis von einem in den Anlagen befindlichen Gewässer in seinem Nutzen verkaufe und von den Anwohnern der Marienstraße eine Anerkennungsgebühr für den Ausgang ihrer Hausgrundstücke in die Waldanlagen erhebe. Es wird zu prüfen sein, ob es sich hierbei nur um eine Regelung des Gemeingebrauchs, aber nicht um eine Ausschließung desselben bzw. um außergewöhnliche, nicht im Gemeingebrauch einbegriffene Nutzungen handelt, die der Fiskus zieht oder als solche durch Zahlung einer Gebühr von den Anwohnern anerkennen läßt.

4. Ergibt sich hiernach, daß der veranlagte Grundbesitz ganz oder teilweise der Steuerpflicht unterliegt, so wird der gemeine Wert, d. h. der Verkaufswert, der steuerpflichtigen Liegenschaften zu ermitteln sein. Dabei wird in Betracht kommen, ob nicht diese Liegenschaften im Zusammenhange mit den übrigen,

dem Badebetriebe dienenden, bereits unanfechtbar veranlagten Grundstücken des Klägers eine wirtschaftliche Einheit bilden und daher nur im Zusammenhange mit diesen zu bewerten sind.

Nr. 4. Entsch. v. 17. März 1911 (PrVerwBl. **33** 315) VIII C 195/10.

KommAbgG. § 24 c.

1. Der Vorderrichter irrt rechtlich, wenn er die Dienstwohnungen der Beamten schlechthin und ausnahmslos auf Grund des § 24 Abs. 2 KommAbgG. für steuerpflichtig ansieht, gleichviel ob sich in ihnen ein öffentlicher Dienst vollzieht oder nicht. Zwar steht ihm für diese Ansicht die frühere Rechtsprechung des Gerichtshofs, insbesondere OVG. v. 9. I. 97 (PrVerwBl. **18** 212) und OVG. **36** 82 zur Seite. Allein die in dieser Rechtsprechung gemachte Unterscheidung zwischen den Wohnungen von Beamten und Nichtbeamten in steuerfreien Gebäuden ist nicht aufrechtzuerhalten und in OVG. **48** 84, **55** 17 sowie v. 1. VII. 10 (PrVerwBl. **32** 105) bereits aufgegeben worden.

2. Wenn das ständige Verweilen eines Beamten in einem zum öffentlichen Dienste bestimmten Gebäude behufs ordnungsmäßiger Ausübung des betreffenden Dienstes notwendig ist und dem Beamten die Wohnung von seiner vorgesetzten Behörde in erster Linie zu dem Zweck überwiesen worden ist, um seinen dauernden Aufenthalt im Dienstgebäude zu ermöglichen, so wird diese Wohnung unmittelbar zum öffentlichen Dienste benutzt. Es vollzieht sich dann ein Teil des öffentlichen Dienstes in ihr. Sie muß daher in diesem Falle nach § 24 c des KommAbgG. steuerfrei bleiben.

3. Der Kläger hatte unwidersprochen behauptet, daß dem Kastellan die Bewachung des Verwaltungsgebäudes des Kanalamts und der daselbst verwahrten Akten innerhalb und außerhalb der Dienststunden obliege. Der Geschäftsbetrieb des Kanalamts bringe es ferner mit sich, daß zu jeder Tages- und Nachtzeit Depeschen eingehen. Zu deren Entgegennahme sei es unbedingt erforderlich, daß ein Beamter dauernd im Dienstgebäude angetroffen werde. Außerdem gingen zu allen Zeiten Meldungen durch das Streckentelephon mittels der eigenen Telephonleitung der Kanalverwaltung ein, so daß auch zur Bedienung dieses Apparats die ständige Anwesenheit eines Beamten notwendig sei. Endlich sei dem Kastellan außer den Bureaudienstgeschäften die tägliche Reinigung der Bureauräume, die Bedienung der Warmwasserheizung, die Instandhaltung der zum Verwaltungsgebäude gehörigen Gartenanlagen und Wege, die Entleerung der auf dem Grundstücke befindlichen Schlammkisten und die Beseitigung des Schlammes übertragen. Da diese Geschäfte seine ständige Anwesenheit im Dienstgebäude erforderlich machten, habe ihm notwendigerweise eine Wohnung im Dienstgebäude zugewiesen werden müssen. Ist hiernach davon auszugehen, daß die Wohnung dem Kastellan in erster Linie nicht zur Befriedigung des Wohnungsbedürfnisses, sondern um seine ständige Anwesenheit im Gebäude behufs ordnungsmäßiger Vornahme des ihm obliegenden Dienstes zu ermöglichen, überwiesen worden ist, so sind die Wohnräume als unmittelbar zum öffentlichen Dienste bestimmt und deshalb gemäß § 24 c KommAbgG. als steuerfrei zu erachten.

Nr. 5. Entsch. v. 1. März 1912 (PrVerwBl. **33** 504) VIII C 220/11.

KommAbgG. §§ 24 c, 69.

1. Nach § 69 Abs. 3 KommAbgG. ist die Befugnis der Steuerpflichtigen zur Erhebung des Einspruchs nur insoweit beschränkt, als dieser sich nicht gegen den staatlich veranlagten Steuersatz richten darf. Dagegen ist es dem Kläger durch jene Vorschrift nicht verwehrt, die Gemeindesteuerpflichtigkeit des ganzen veranlagten Grundstücks oder eines Teiles von ihm bei der Heranziehung zur Gemeindesteuer auch dann zu bestreiten, wenn ihre Steuerpflichtigkeit bei der staatlichen Veranlagung vorausgesetzt worden war. Auch der Hinweis des Beklagten

darauf, daß es unbillig sei, wenn die Gemeinde einerseits die direkten Kreissteuern gemäß § 7 KrProvAbgG. v. 23. IV. 06 nach dem Soll der vom Staate veranlagten Realsteuern aufbringen, anderseits aber die etwa betroffenen Grundstücke von der kommunalen Steuer freilassen müsse, kann zu keiner anderen Auffassung führen. Die rechtliche Verpflichtung des Grundstückseigentümers zur Zahlung von Kommunalsteuern ist nicht von Billigkeitsrücksichten abhängig. Überdies steht es der Gemeinde frei, die Berichtigung der staatlichen Gebäudesteuerrolle zu beantragen, falls in diese Grundstücke aufgenommen worden sind, die nicht steuerpflichtig sind. Wenn endlich der Beklagte sich mit seinen Ausführungen über die Steuerpflichtigkeit der Dienstwohnung des Hauswarts auf das Gebiet der Tatsachen begibt, so verkennt er die beschränkte Natur des Rechtsmittels der Revision, das nach § 94 LVG. nur auf die Behauptung einer Verletzung des bestehenden Rechts oder wesentlicher Verfahrensgrundsätze gestützt werden darf. Der Vorderrichter hat in Übereinstimmung mit der Rechtsprechung des OVG. und ohne Verfahrensmangel tatsächlich festgestellt, daß die dauernde Anwesenheit des Hauswarts im Interesse des Dienstes notwendig sei. Hiermit hat er als erwiesen erachtet, daß die Wohnung des Hauswarts unmittelbar zur Erfüllung der diesem obliegenden Dienstpflichten bestimmt ist und benutzt wird. Unter diesen Umständen durfte er ohne Rechtsirrtum die Vorschrift des § 24 Abs. 1 c KommAbgG. auf diese Räume anwenden. Hiernach erweist sich die Revision des Beklagten als verfehlt.

2. Anders verhält es sich mit dem vom Kläger eingelegten Rechtsmittel. Der Kläger stellt sich mit dem Vorderrichter auf dem Boden der vom OVG. vertretenen Rechtsauffassung. Er meint aber, daß nach dieser auch die Dienstwohnungen der beiden Postdirektoren steuerfrei seien. Bei der Prüfung, ob die Entscheidung des Bezirksausschusses in dieser Hinsicht auf einer unrichtigen Rechtsanwendung beruht, und ob sein Verfahren einen wesentlichen Mangel aufweist, müssen zwar die erst in der Revisionsinstanz aufgestellten neuen tatsächlichen Ausführungen nach § 94 LVG. außer Betracht bleiben. Aber auch abgesehen von ihnen ergibt sich, daß das Verfahren des Bezirksausschusses an einem wesentlichen Mangel leidet.

Kläger hatte in der Klage eine Reihe von Tatsachen geltend gemacht, die es seiner Auffassung nach erforderlich machen, daß die beiden Postdirektoren zur ordnungsmäßigen Wahrnehmung ihrer dienstlichen Obliegenheiten sich dauernd in den ihnen überwiesenen Dienstwohnungen aufhalten. Eine Prüfung dieser Tatsachen ist durch den Vorderrichter nicht angestellt worden. Er hat in seinem Urteile lediglich erklärt, der „Beweis", daß die Postdirektoren in dem Postgebäude wohnen müssen, „um die Zwecke der Anstalt in dem nach der Sachlage gebotenen Umfange zu erreichen", sei „nicht als geführt angesehen worden". Einen Beweis hierüber hatte der Bezirksausschuß jedoch gar nicht erhoben, obwohl es ihm obgelegen hätte, über die Art der Dienstobliegenheiten der Postdirektoren und das Erfordernis ihres ständigen Aufenthalts in der Dienstwohnung zur ordnungsmäßigen Erfüllung dieser Dienstobliegenheiten eine amtliche Auskunft des Reichspostamts einzuholen, falls ihm die Anführungen der den Kläger vertretenden Behörde nicht ausreichend erschienen, ihn von der Richtigkeit der Auffassung des Klägers zu überzeugen. Es kann sich hierbei nur darum handeln, ob die Regelung der Dienstobliegenheiten jener Beamten, wie sie durch deren vorgesetzte Behörde tatsächlich erfolgt war, den ständigen Aufenthalt der Beamten in den ihnen überwiesenen Dienstwohnungen behufs ordnungsmäßiger Erfüllung dieser Dienstobliegenheiten erfordert. Dagegen steht eine Prüfung, ob der Dienst notwendiger- oder zweckmäßigerweise in der Art geregelt werden muß, wie es durch die vorgesetzte Dienstbehörde geschehen ist, oder ob etwa eine andere Regelung ausführbar ist, die den ständigen Aufenthalt der erwähnten Beamten in ihren Dienstwohnungen nicht erforderlich macht, weder dem die Steuer veranlagenden Gemeindevorstande, noch in dem Streitverfahren über die Veranlagung dem Verwaltungsrichter zu.

Nr. 6. Entsch. v. 8. März 1912 (PrVerwBl. **33** 805) VIII C 217/11.

KommAbgG. § 24 c.

Nicht jede Förderung „dienstlicher Interessen" schließt eine „Bestimmung zum öffentlichen Dienst" in sich. Vielmehr muß diese Bestimmung, um die Steuerfreiheit zu begründen, eine unmittelbare sein. „Bestimmung" zu einem öffentlichen Dienst bedeutet das gleiche wie „Benutzung" zu einem solchen. Der Inhaber einer Dienstwohnung (Beamter oder Offizier) benutzt sie aber unmittelbar nur dann zum öffentlichen Dienst, wenn es zu seinen dienstlichen Obliegenheiten gehört, dauernd (wenn auch natürlich nicht ununterbrochen) in der Wohnung anwesend zu sein, um ständig zu der, wenn auch außerhalb der Wohnung stattfindenden, Ausübung des Dienstes in Bereitschaft zu sein. Insoweit dieses jederzeitige Bereitstehen zum Dienste in der ihm zu diesem Zweck überwiesenen Wohnung zu seinen Dienstpflichten gehört, nimmt er in der Wohnung unmittelbar dienstliche Obliegenheiten wahr. Wenn die Herstellung und Überweisung der Dienstwohnungen aus dem Grunde geschehen ist, um „die Vorbedingung für die dauernde Belassung der Truppe an jenem Orte zu schaffen", so liegt lediglich eine mittelbare Bestimmung zum öffentlichen Dienste vor. Die Zuweisung der Wohnungen diente in diesem Falle lediglich dazu, die Vorbedingung für die außerhalb ihrer sich vollziehende Ausübung dienstlicher Obliegenheiten zu schaffen. Wenn dagegen der Vorderrichter aus den Angaben des Beklagten, wonach genügende Wohnungen vorhanden waren, die Absicht des Fiskus „dienstliche Interessen (mit den Dienstwohnungen) zu fördern", herleiten will, so übersieht er eben, daß nicht jede Förderung dienstlicher Interessen die Steuerfreiheit des § 24 c aaO. begründet, sondern nur die unmittelbare Benutzung zum öffentlichen Dienste. Allerdings wird in OVG. v. 28. VI. 01 (PrVerwBl. **28** 787) ausgesprochen, daß „ein öffentlicher Dienst in der Dienstwohnung eines Offiziers dann stattfinde, wenn ihre Überweisung in der Absicht, dadurch dienstliche Interessen zu fördern, stattgefunden habe". Diese Fassung ist jedoch zu weitgehend, weil sie auch eine mittelbare Bestimmung zum öffentlichen Dienst mit in sich schließt.

Nr. 7. Entsch. v. 10. Jan. 1913 (PrVerwBl. **34** 525) VIII C 284/12.

KommAbgG. § 24 c. ReichsbesteuerungsG. v. 15. IV. 11 (RGBl. 187) § 3.

Die Frage, ob ein fiskalisches Gebäude, das Mannschaften des aktiven Militärstandes vom Feldwebel abwärts zum Wohnen überwiesen ist, zum öffentlichen Dienst bestimmt sei, ist dann zu bejahen, wenn die räumliche Unterbringung dieser Militärpersonen nach § 2 QuartLeistG. v. 25. VI. 68 (BGBl. 523) sonst im Wege der Quartierleistung hätte beansprucht werden können. Hat daher die Militärverwaltung den in Rede stehenden Personen des aktiven Soldatenstandes das Gebäude zum Wohnen überwiesen, so wird es aus diesem Grunde auch zum öffentlichen Dienst unmittelbar benutzt und es findet darauf die im § 24 Abs. 1 c KommAbgG. in Verbindung mit § 3 ReichsbesteuerungsG. v. 15. IV. 11 vorgesehene Befreiung von der Gemeindebesteuerung des Grundbesitzes Anwendung. Eine andere rechtliche Beurteilung kann aber auch nicht um deswillen eintreten, weil die dem einzelnen Unteroffizier überwiesene Wohnung räumlich derart ausgestattet ist, daß dieser darin auch seine Familie aufnehmen kann, und weil die Militärverwaltung diese Aufnahme der Familie gestattet oder gar gefordert hat. Denn damit wird die Bestimmung der Wohnungen zum öffentlichen Dienst nicht beseitigt. Dies hat der Vorderrichter verkannt. Er hat aber auch in der Annahme rechtlich geirrt, daß hier für die Anwendung der KabO. v. 8. VI. 34 Raum sei. Wie diese Vorschrift einerseits voraussetzt, daß das in Betracht kommende Gebäude an sich wegen seiner Zweckbestimmung steuerfrei ist, so verlangt sie anderseits, daß das Gebäude vor seiner Benutzung zu öffentlichen oder gemeinnützigen Zwecken gegenüber der Gemeinde steuerpflichtig gewesen war. Im vorliegenden Falle hatte aber eine solche Steuerpflicht nicht bestanden, da das Gebäude, bevor es in das Eigentum des Fiskus überging, in dem der Stadtgemeinde gestanden hatte und als städtischer Besitz dem Steuerrecht der Gemeinde nicht unterworfen gewesen war.

Nr. 8. Entsch. v. 9. Juni 1911 (PrVerwBl. 33 200) VIII C 253/10.

KommAbgG. § 24c.

Kommunale Verbände sind öffentliche Körperschaften, die die Bewohner eines bestimmt abgegrenzten Teiles des Staatsgebiets umfassen (Gebietskörperschaften) und für ihr Gebiet sowohl die Wahrnehmung gewisser obrigkeitlicher Angelegenheiten als auch die Wohlfahrtspflege in wirtschaftlicher, geistiger und sittlicher Hinsicht in Form der Selbstverwaltung zur Aufgabe haben. Knappschaftsvereine sind rechtsfähige Vereine, die die Krankenversicherung ihrer Mitglieder sowie die Unterstützung arbeitsunfähig gewordener Mitglieder und der Angehörigen verstorbener Mitglieder zum Zwecke haben (vgl. §§ 165, 166, 168, 169 Abs. 7 G., betr. die Abänderung des siebenten Titels im AllgBergG. v. 24. VI. 65, v. 19. VI. 06, GS. 199). Sie sind daher keine öffentlichen Körperschaften, die alle Bewohner eines bestimmt abgegrenzten Bezirks des Staatsgebiets umfassen oder die Wahrnehmung obrigkeitlicher Obliegenheiten zur Aufgabe haben. Der Umstand, daß sie öffentlich-rechtliche Körperschaften sind und ihre Kassen als öffentliche Kassen iS. von § 53 ALR. I 16 zu gelten haben, macht sie noch nicht zu kommunalen Verbänden.

Nr. 9. Entsch. v. 14. Febr. 1913 (PrVerwBl. 35 77)) VIII C 264/12.

KommAbgG. § 24c.

Die Landwirtschaftskammern sind keine kommunalen Verbände iS. des § 24c KommAbgG. Kommunale Verbände in jenem Sinne sind allein die Gebietskörperschaften, d. h. diejenigen öffentlichen Körperschaften, die alle Bewohner eines räumlich bestimmt abgegrenzten Teiles des Staatsgebiets umfassen und für ihr Gebiet sowohl die Wahrnehmung gewisser obrigkeitlicher Angelegenheiten als auch die Wohlfahrtspflege in wirtschaftlicher, geistiger und sittlicher Hinsicht in Form der Selbstverwaltung zur Aufgabe haben. Die Landwirtschaftskammern sind keine Gebietskörperschaften und folglich auch keine kommunalen Verbände, da sie nicht alle Bewohner des ihnen zugewiesenen Bezirks umfassen, sondern lediglich eine korporative Organisation des landwirtschaftlichen Berufsstandes darstellen. Die Klägerin hatte geltend gemacht, daß nach dem G. über die Landwirtschaftskammern v. 30. VI. 94 und der Auslegung, die dieses G. in der Rechtsprechung des OVG. und des RG. gefunden habe, die Landwirtschaftskammern öffentlich-rechtliche Korporationen seien, denen in gewissem Umfange staatshoheitliche Aufgaben und Rechte übertragen seien, und die in ihrer äußeren Organisation vielfache Berührungspunkte mit den Gemeinden und sonstigen kommunalen Verbänden hätten. Wenn diese Darlegungen auch an sich zutreffend sind, so ergibt sich doch aus ihnen keineswegs die auf Grund des § 24c aaO. beanspruchte Steuerfreiheit; denn nicht jede öffentlich-rechtliche Körperschaft, der staatshoheitliche Aufgaben und Befugnisse in gewissem Umfange zugewiesen worden sind und die in ihrer Organisation den kommunalen Verbänden nachgebildet worden ist, ist nach obigem ein kommunaler Verband iS. des § 24c aaO.

γ) Nach Buchstabe f—i des § 24 KommAbgG.

Nr. 1. Entsch. v. 14. März 1911 (PrVerwBl. 32 844) VIII C 183/10.

KommAbgG. § 24h.

1. Unter den Begriff der Wohltätigkeitsanstalten iS. des § 24h KommAbgG. fallen nicht nur solche Anstalten, die der Armut Wohltaten erweisen oder die ledig-

lich materielle Unterstützungen gewähren. Der Vorderrichter irrte daher rechtlich nicht, wenn er das Gesellenhospitium auf Grund seiner satzungsmäßigen Ziele und der zu ihrer Erreichung getroffenen Einrichtungen für eine Wohltätigkeitsanstalt erachtete, die die Bewahrung vor Schutzlosigkeit und sittlicher Gefahr bezweckt. Verfehlt ist es, wenn der Beklagte aus OVG. v. 13. I. 05 (PrVerwBl. **26** 884) herzuleiten sucht, daß Anstalten, wie dem katholischen Gesellenhospitium, der Charakter von Wohltätigkeitsanstalten dann nicht zuzusprechen sei, wenn Herbergen zur Heimat oder ähnliche Veranstaltungen bereits am Orte vorhanden seien und demgemäß ein dringendes Bedürfnis nach weiteren Veranstaltungen mit gleichen Zielen oder ein Notstand in dieser Hinsicht nicht bestehe. Die angezogene Entscheidung spricht keineswegs aus, daß in jedem einzelnen Falle, in dem an einem Orte sich bereits eine Herberge zur Heimat oder eine ähnliche Wohltätigkeitsanstalt befinde, zu untersuchen sei, ob das Bedürfnis zur Errichtung einer weiteren Wohltätigkeitsanstalt mit den gleichen Zwecken nach den örtlichen Verhältnissen vorgelegen habe. Vielmehr war in dem Urteil nur ausgeführt worden, daß die Voraussetzung des Bedürfnisses für Wohltätigkeitsanstalten zum Zwecke der Beherbergung, wie z. B. für eine in jenem Falle allein in Frage kommende Herberge zur Heimat, gegenüber den auf Erwerb abzielenden Gastwirtschaften idReg. gegeben sei. Die Eigenschaft des katholischen Gesellenhospitiums als einer Wohltätigkeitsanstalt wird daher nicht dadurch ausgeschlossen, daß in Osnabrück noch andere Wohltätigkeitsanstalten mit denselben oder ähnlichen Zielen bestehen.

2. Dagegen fällt dem Vorderrichter bei Prüfung der Frage, ob sämtliche Räume des Gesellenhauses unmittelbar für die Zwecke der Wohltätigkeitsanstalt benutzt werden, hinsichtlich des Restaurationsraumes im Erdgeschoß ein wesentlicher Mangel des Verfahrens zur Last. Nach der Behauptung des Beklagten in der Klagebeantwortung wird dieser Raum überhaupt nicht oder nur sehr selten von den Gesellen, sondern zum größten Teil von Meistern und Bekannten des Kastellans besucht. Dieser habe auch erklärt, daß er von der Einnahme aus dem Verkehr der Gesellen allein nicht existieren könne, sondern nur dadurch, daß er viele Bekannte hätte, die im Restaurationsraum verkehrten. Die Annahme des Vorderrichters, daß die Behauptung des Klägers, der Restaurationsraum werde zwecks Benutzung des Arbeitsnachweises fortgesetzt von Gesellen und Meistern besucht, unwidersprochen geblieben sei, stand also mit der Aktenlage nicht im Einklang. Wenn es richtig wäre, daß der Restaurationsraum in überwiegendem Maße mit Wissen und Willen der Leitung des Gesellenhospitiums von Meistern und dritten Personen, von den Gesellen aber nur in verschwindendem Umfange besucht wird, so könnte nicht angenommen werden, daß er für die Zwecke der Wohltätigkeitsanstalt unmittelbar benutzt wird.

3. Ein fernerer wesentlicher Verstoß gegen die Vorschriften über das Verfahren liegt in folgendem. Das Protokoll über die mündliche Verhandlung vor dem Bezirksausschuß ist entgegen der Vorschrift im § 75 LVG. vom Protokollführer nicht unterzeichnet worden. Die Niederschrift liefert infolgedessen keinen Beweis dafür, daß der in ihr nicht enthaltene und vom Vorderrichter übergangene angebliche Beweisantrag des Beklagten von diesem in der mündlichen Verhandlung nicht gestellt worden ist. Muß also damit gerechnet werden, daß der Beklagte in der Vorinstanz den von ihm angegebenen Beweisantrag gestellt hat, so ist er dadurch beschwert, daß dieser Antrag in der Vorentscheidung ungewürdigt geblieben ist. Denn der Beweisantrag, der darauf abzielte, festzustellen, welche Räume des Gesellenhauses vorwiegend von dritten Personen benutzt werden und deshalb nicht unmittelbar den Zwecken der Wohltätigkeitsanstalt dienen, war rechtlich erheblich.

4. Wenn der ordnungsmäßige Betrieb des Hospitiums das ständige Verweilen des Kastellans im Hause erforderlich macht und ihm zur Ermöglichung dessen die Wohnung dort vom Vorstande der Anstalt zugewiesen worden ist, so wird diese Wohnung unmittelbar zu den Zwecken der Wohltätigkeitsanstalt be-

nutzt. Zu diesen steuerfrei zu lassenden Wohnräumen gehört dann aber auch die ihm überwiesene Schneiderwerkstatt. Nach der unbestrittenen Behauptung des Klägers hat der Kastellan als Hausmeister keine Lebensstellung, die seine Familie ernähren könnte, vielmehr ist er hierzu auf die Ausübung seines Schneiderhandwerks angewiesen. Die Werkstatt ist also ein Teil der Wohnung, der auch dazu dient, das ständige Verweilen des Kastellans im Hause zu gewährleisten. Auf den größeren oder geringeren räumlichen Umfang der Werkstatt, auf den der Beklagte entscheidenden Wert legt, wird es hiernach nicht ankommen.

Nr. 2. Entsch. v. 26. Juni 1911 (DJZ. **17** 286) VII C 57/11.

Wie das RG. in dem U. v. 6. X. 98 (JMBl. 168) zutreffend ausgeführt hat, sind unter Versorgungsanstalten iS. des ErbschaftssteuerG. v. 30. V. 73/19. V. 91 Anstalten zu verstehen, die — neben den Armenhäusern — zu den Anstalten der Armenpflege gehören. Es ergibt sich dies daraus, daß das gedachte G. zur Zeit der Geltung des ALR. erlassen ist, und daß hier die Bestimmungen über die Versorgungsanstalten (vgl. § 32 II 19) in dem von Armenanstalten und anderen milden Stiftungen handelnden Tit. 19 T. II gegeben sind. Es kann ferner nicht zweifelhaft sein, daß auch mit dem Begriffe Versorgungsanstalt im § 5 Abs. 1d StempStG. v. 31. VII. 95, aus dem er in das StempStG. v. 30. VI. 09 übernommen ist, derselbe Sinn zu verbinden ist. Der Zweck der Armenpflege geht aber ausschließlich dahin, der Not zu steuern, der Versorgung der Armen zu dienen (§§ 1 ff. II 19 ALR.). Somit sind unter anderen Versorgungsanstalten in dem hier in Betracht kommenden Sinne Institute der Armenpflege zu verstehen.

Nr. 3. Entsch. v. 21. Mai 1912 (PrVerwBl. **33** 869) VIII C 80/12.

KommAbgG. § 24 b.

1. Ein öffentliches Krankenhaus iS. des § 24h KommAbgG. ist ein solches, das nicht des Erwerbes wegen, sondern zu gemeinnützigen Zwecken betrieben wird. Letzteres kann auch bei einem Krankenhause der Fall sein, das vorzugsweise solchen Personen dienen will, die durch ihre Mittel oder durch ihre Stellung und Bildung zu den besseren Kreisen gehören.

2. Die Klägerin nimmt in erster Linie die Steuerbefreiung für sich in Anspruch, weil das Kloster oder der Orden der Franziskanerinnen der heiligen Familie in Löwen und Eupen eine milde Stiftung sei und das Grundstück unmittelbar für die Zwecke der Stiftung benutzt werde. Ob das Kloster oder der Orden als milde Stiftung anzusehen ist, kann auf sich beruhen bleiben; denn wenn es zu bejahen wäre, erhöbe sich die Frage, ob das Krankenhaus den Zwecken solcher Stiftung unmittelbar dient, und sie beantwortete sich, ebenso wie die Frage der Öffentlichkeit des Krankenhauses, danach, ob die Benutzung des Krankenhauses zur Krankenpflege auf charitative oder auf Erwerbszwecke gerichtet ist. Nur im ersteren Falle, wo überwiegend charitative Zwecke verfolgt werden, könnte das Grundstück als unmittelbar den Zwecken der angeblich vorhandenen milden Stiftung dienend in Betracht kommen. Denn es ist keineswegs ausgeschlossen, daß ein Kloster oder ein Orden neben der Pflege seiner charitativen Hauptaufgaben auch eine auf Erwerb gerichtete Veranstaltung betreibt, die den Kloster- und Ordenszwecken mittelbar, durch Geld- und Vermögenserwerb dient. Hieraus erhellt, wie keineswegs jede Benutzung eines Grundstücks für Ordens- oder Klosterzwecke eine unmittelbare, eine solche ist, für die das G. Steuerfreiheit gewährt. Entscheidend für den vorliegenden Fall bleibt mithin, ob mit dem Krankenhause Erwerbszwecke verfolgt werden oder charitative Zwecke. Ersteres ist aber anzunehmen. Zur Zeit des Beschwerdebescheides diente das Krankenhaus hinsichtlich seines Hauptzweckes der ärztlichen Behandlung und Heilung der Kranken unzweifelhaft dem Betriebe der auf Erwerb gerichteten Privatpraxis der beteiligten Ärzte. Diese waren nicht

von dem Krankenhaus angestellt und besoldet und ihr Gehalt nebst den Verpflegungskosten wurde nicht in einem die gemeinnützige Absicht erkennen lassenden Durchschnittssatze auf die Pfleglinge mitverteilt, sondern die Ärzte bemaßen das Honorar, genau wie in der Privatpraxis selbst. Insofern standen nicht charitative Zwecke des Ordens, sondern pekuniäre Interessen der Ärzte im Vordergrunde. Dem steht entgegen, daß die Ordensschwestern, die den Ökonomiebetrieb und die Krankenpflegehandreichungen für eigene Rechnung übernommen hatten, bei diesem Betrieb eine Erwerbsabsicht nicht verfolgten. Entscheidend ist, ob eine solche bei dem Hauptzwecke des Krankenhauses, der ärztlichen Behandlung, vorlag.

Nr. 4. Entsch. v. 20. Sept. 1912 (PrVerwBl. **34** 188) VIII C 149/12.

KommAbgG. § 24 c, h, i.

1. Der Vorderrichter nimmt an, daß der die Dienstwohnung des Rendanten der Gymnasial- und Stiftungsfonds in Köln enthaltende Gebäudeteil steuerfrei sei, weil nach der Bescheinigung der vorgesetzten Behörde die Wohnung zur Erfüllung von Dienstobliegenheiten gewährt werde. Er geht also offenbar davon aus, daß die Wohnung zu einem öffentlichen Dienste bestimmt und deshalb nach § 24c KommAbgG. der Steuer vom Grundbesitze nicht unterworfen sei. Dies ist rechtsirrtümlich. Der § 24c aaO. bezieht sich nur auf die dem Staate, den Provinzen, den Kreisen, den Gemeinden oder sonstigen kommunalen Verbänden gehörigen Grundstücke. Ein solches Grundstück kommt hier nicht in Frage. Abgesehen hiervon aber fällt dem Vorderrichter auch von seinem Standpunkt aus ein wesentlicher Mangel des Verfahrens zur Last, indem er die Auskunft der vorgesetzten Behörde eines Beamten über die Bestimmung einer Dienstwohnung als für den Verwaltungsrichter unbedingt bindend erachtet. Wie der Gerichtshof wiederholt ausgesprochen hat, liegt es vielmehr dem Verwaltungsrichter ob, im Einzelfalle nach dessen tatsächlichen Umständen selbständig zu prüfen, ob und inwieweit die Voraussetzungen der Steuerfreiheit gegeben sind.

2. Die Gymnasial- und Stiftungsfonds sind als eine milde Stiftung iS. des § 24h KommAbgG. anzusehen; denn der Begriff der milden Stiftungen umfaßt alle Veranstaltungen mit juristischer Persönlichkeit, die wohltätige Zwecke im weitesten Sinne dieses Wortes verfolgen. Die Gymnasial- und Stiftungsfonds setzen sich zusammen aus einem gemeinschaftlichen Fonds der drei katholischen Gymnasien in Köln sowie aus 282 Studienstiftungen. Der gemeinschaftliche Gymnasialfonds stammt im wesentlichen aus dem Vermögen der Jesuiten, der alten Kölner Universität und der drei alten Kölner Gymnasien. Er dient zur Unterhaltung der drei katholischen Gymnasien, während die Studienstiftungsfonds ihrem Ursprunge nach Familienstiftungsfonds sind, deren Zweckbestimmung in erster Linie ist, Familienangehörigen des Stifters durch Gewährung von Stipendien den Besuch höherer Unterrichtsanstalten zu ermöglichen.

3. Bilden die Gymnasial- und Stiftungsfonds somit eine milde Stiftung iS. des § 24, so fragt es sich weiter, ob die Wohnung des Rendanten für deren Zwecke unmittelbar benutzt wird. Diese Frage ist zu bejahen. Eine unmittelbare Benutzung iS. des § 24h, i liegt dann vor, wenn die Zwecke der Stiftung statutengemäß ohne die dauernde Anwesenheit des Rendanten im Kassengebäude nicht in der gebotenen Art erreichbar sind. Die Stiftung bedarf bei ihrem Vermögensumfange zur Erfüllung ihrer satzungsgemäßen Zwecke nach der Natur der Sache einer besonderen Kassenverwaltung, mit der die Aufbewahrung größerer Bestände verbunden ist. Die Verantwortung für die sichere Aufbewahrung dieser Bestände ist durch die Geschäftsanweisung dem Rendanten übertragen. Zur Erfüllung dieser Aufgabe ist ihm die dauernde Anwesenheit im Kassengebäude zur Pflicht gemacht; um sie zu ermöglichen, ist ihm in diesem Gebäude eine Dienstwohnung überwiesen worden. Seine Dienstwohnung wird demnach für die Zwecke der Stiftung unmittelbar benutzt, ist also nach § 24i steuerfrei.

Nr. 5. Entsch. v. 3. Dez. 1912 (PrVerwBl. 34 402) VIII C 201/12.

KommAbgG. § 24 h, i.

1. Eine milde Stiftung ist der Croner Klosterfonds nicht. Der Fonds wird gebildet aus dem Vermögen des aufgehobenen Cisterzienserklosters zu Crone. Nach seiner Entstehungsgeschichte besitzt er keine juristische Persönlichkeit, vielmehr handelt es sich um Klostervermögen, das, wenn es auch für die Verwendung zu gewissen Zwecken bestimmt worden, so doch zum Staatsvermögen eingezogen worden ist. Selbst wenn der Fonds aber eine milde Stiftung wäre, würde das Grundstück für deren Zwecke nicht unmittelbar benutzt werden. Diese Voraussetzung ist nur dann gegeben, wenn die Benutzung des Grundstücks für sich selbst und ohne Hinzutreten weiterer begleitender Momente als eine Erfüllung der Stiftungszwecke erscheint, nicht aber dann, wenn der Grundbesitz, wie hier durch Überlassung der Nutzung an die Strafanstalt gegen Entgelt allein dazu verwendet wird, um Einnahmen für die Stiftung zu erzielen; denn in diesem Falle tritt eine Erfüllung der Stiftungszwecke nicht ohne weiteres, sondern erst dadurch, daß die erzielten Einnahmen für diese Zwecke verwendet werden, also mittelbar, ein.

2. Es kommt demnach nunmehr in Frage, ob die Parzelle als ein Grundstück der Gefängnisanstalt iS. des § 24 h und i aaO. anzusehen ist und für deren Zwecke unmittelbar benutzt wird. Bei den Grundstücken der an jener Gesetzesstelle genannten Anstalten kommt es auf die Eigentumsfrage nicht an, vielmehr wird die Steuerfreiheit lediglich wegen des gemeinnützigen oder wohltätigen Zweckes gewährt, dem die Grundstücke dienen. Dies ergibt sich schon daraus, daß im § 24 h aaO., abgesehen von den milden Stiftungen, eine große Reihe von Anstalten ohne Korporationsrechte aufgeführt ist, die mangels der Rechtspersönlichkeit zum Erwerbe von Eigentum überhaupt nicht fähig sind. Dies trifft auch auf die hier in Frage kommende Strafanstalt zu.

3. Der Vorderrichter verneint nun die Frage, ob das Grundstück, wenngleich es von den Sträflingen der Anstalt bewirtschaftet wird, für deren Zwecke unmittelbar benutzt werde, aus einem doppelten Grunde. Mit den eingeführten Arbeiten, zu denen nach § 15 StGB. die zu Zuchthausstrafe Verurteilten in der Strafanstalt anzuhalten seien, seien „regelmäßig nur Arbeiten innerhalb der Anstalt gemeint, wenngleich gelegentlich und unter gewissen Voraussetzungen auch die Beschäftigung der Gefangenen außerhalb der Anstalt gestattet sei". Zu dem Begriffe der Unmittelbarkeit gehöre ferner aber auch, daß das Grundstück dauernd den Zwecken der betreffenden Anstalt gewidmet sei; diese Voraussetzung treffe bei einem „verpachteten" Grundstücke nicht zu, da es sich bei einem solchen nur um eine vorübergehende Benutzung handle. Nach beiden Richtungen beruht diese Begründung jedoch auf der unrichtigen Anwendung des bestehenden Rechts. Der § 15 StGB. bestimmt in seinem zweiten Absatz, daß die zu Zuchthausstrafen Verurteilten auch zu Arbeiten außerhalb der Anstalt angehalten werden können, unter der Voraussetzung, daß die Gefangenen dabei von anderen freien Arbeitern getrennt gehalten werden. Wenn die Strafvollstreckungsbehörde von dieser gesetzlichen Ermächtigung Gebrauch macht, dient die Außenarbeit genau wie die Arbeit innerhalb der Anstalt den Zwecken des Strafvollzugs. Der Begriff der Unmittelbarkeit der Benutzung für die Zwecke der Anstalt erfordert auch keineswegs eine dauernde Benutzung. Solange die unmittelbare Benutzung eines Grundstücks für die gedachten Zwecke stattfindet, dauert die Steuerfreiheit.

Nr. 6. Entsch. v. 17. Jan. 1913 (PrVerwBl. 34 743) VIII C 38/12.

KommAbgG. § 24 h, i u. Abs. 4. KabO. v. 8. VI. 34.

1. Nach § 24 i KommAbgG. sind von der Gemeindegrundsteuer befreit, die Grundstücke, die für die Zwecke eines öffentlichen Krankenhauses unmittelbar benutzt werden.

Dieser Grundsatz der Steuerfreiheit ist gemäß § 24 Abs. 4 aaO. in Verbindung mit KabO. v. 8. VI. 34 (GS. 87) Satz 1 dahin eingeschränkt, daß in der Provinz Hannover es für diejenigen Grundstücke, die bereits vor dem 1. IV. 95 einem öffentlichen Zwecke gewidmet waren, einstweilen bei dem zu dieser Zeit bestehenden Rechtszustande verbleibt (vgl. AAnwKommAbgG. Art. 16 Ziff. 2). Unerheblich ist hierfür, ob die Grundstücke bebaut waren oder nicht. Nach ständiger Rechtsprechung des OVG. entfällt aber diese Beschränkung der Steuerfreiheit der von der KabO. betroffenen Grundstücke, und es tritt volle Steuerfreiheit ein, sobald die bei der Einführung der KabO. bestehende Grundsteuerverfassung der betreffenden Gemeinde auf eine wesentlich veränderte Grundlage gestellt wird. Das ist u. a. der Fall, wenn an die Stelle von Zuschlägen zur staatlich veranlagten Steuer die Veranlagung nach dem gemeinen Werte der Grundstücke tritt.

2. Nach § 24h sind von der Gemeindegrundsteuer unter anderem befreit Wohltätigkeitsanstalten, die die Bewahrung vor Schutzlosigkeit und sittlicher Gefahr bezwecken (Mägdehäuser u. dgl.), ferner Gebäude, die milden Stiftungen gehören und für deren Zwecke unmittelbar benutzt werden. Gemeinnützige Mägdehäuser und Damenstifte erfüllen den Tatbestand der ersten Gruppe. Soweit sie von rechtsfähigen Personenvereinigungen oder Anstalten (milden Stiftungen) betrieben werden, fallen sie auch unter die zweite. In beiden Fällen ist aber Voraussetzung der Steuerfreiheit nach § 24 Abs. 1 KommAbgG., daß die Gebäude für den Anstaltszweck unmittelbar benutzt werden. Ebenso entsteht in beiden Fällen der Anspruch auf Steuerfreiheit vorbehaltlich der Vorschrift des § 60 KommAbgG. für Grundstücke, die nach dessen Inkrafttreten unbebaut erworben, alsbald bebaut und sogleich nach Fertigstellung des Gebäudes gemeinnützigen Zwecken gewidmet werden, mit dieser Widmung. Nur für bebaut erworbene Grundstücke enthält Abs. 4 des § 24 KommAbgG. in Verbindung mit der KabO. v. 8. VI. 34 Ausnahmen. Dient ein Grundstück unmittelbar nacheinander verschiedenen der in § 24 Abs. 1 genannten steuerbefreienden Zwecke oder fällt es sonst nacheinander unter verschiedene der aaO. aufgeführten Gruppen, so kommt es für die Entstehung des Steuervorrechts der Natur der Sache nach auf die Zeit der ersten Widmung an.

Nr. 7. Entsch. v. 31. Jan. 1913 (PrVerwBl. **34** 787) VIII C 222/12.

KommAbgG. § 24h.

1. Auch eine erst nach Ablauf der Ausschlußfrist von dem Vertretenen erklärte Genehmigung verleiht den vorher ohne Auftrag oder Vollmacht für den Vertretenen abgegebenen Erklärungen und vorgenommenen Prozeßhandlungen des Vertreters Rechtswirksamkeit.

2. Die Hamburger Arbeiterkolonie zu Hamburg ist eine mit Rechtsfähigkeit ausgestattete Stiftung. Gemäß Art. 163 EGBGB. sind die Erfordernisse der Entstehung einer juristischen Person nach den zur Zeit ihrer Begründung geltenden G. zu beurteilen. Die Hamburger Arbeiterkolonie ist anfangs der neunziger Jahre des vorigen Jahrhunderts in Hamburg ins Leben getreten; es ist daher nach damaligem Hamburger Recht zu prüfen, ob sie als juristische Person begründet ist. Bis zum Inkrafttreten des BGB. war in Hamburg zur Bildung einer juristischen Person staatliche Genehmigung nicht erforderlich, für die Entstehung einer juristischen Person war vielmehr nur der Wille entscheidend, ein besonderes Rechtssubjekt ins Leben zu rufen; nur zum Erwerbe von Grundeigentum und von Hypothekenposten bedurfte die juristische Person der Autorisation durch den Hamburger Senat. Aus den Vorgängen geht zweifellos hervor, daß die Hamburger Arbeiterkolonie als selbständiges Rechtssubjekt begründet worden, somit schon zur Zeit ihrer Entstehung eine juristische Person gewesen ist. Nach Art. 163 EGBGB. hat sie diese Rechtspersönlichkeit behalten.

Juristische Persönlichkeit besitzt hiernach jedoch nur die unter dem Namen Hamburger Arbeiterkolonie bestehende Stiftung selbst, aber nicht die von der Stiftung ins Leben gerufene Anstalt Heimatkolonie Schäferhof. Wie in OVG. **53** 154 dargetan worden, ist eine mit Korporationsrechten versehene Anstalt dann als milde Stiftung anzusehen, wenn ihr Hauptzweck auf Unterstützung hilfsbedürftiger Personen durch (ganz oder teilweise) unentgeltliche Zuwendungen an diese gerichtet ist. Hierbei braucht nicht Hilfsbedürftigkeit im armenrechtlichen Sinne oder auch nur Armut vorzuliegen, vielmehr kann die Hilfsbedürftigkeit auch auf anderen Gebieten als denen der materiellen Not hervortreten. Jedenfalls aber muß die Korporation, um als milde Stiftung zu gelten, Zwecke der Wohltätigkeit, wenn auch der Wohltätigkeit im weitesten Sinne, verfolgen. Dies trifft nach den oben mitgeteilten Zwecken der Hamburger Arbeiterkolonie bei ihr zu. Selbst wenn diese aber auch keine juristische Person wäre, so würde doch die von ihr unterhaltene Heimatkolonie Schäferhof mit Rücksicht auf die durch sie verfolgten Zwecke als eine Wohltätigkeitsanstalt anzusehen sein, die die Bewahrung vor Schutzlosigkeit und sittlicher Gefahr bezweckt. Hieran ändert auch der Umstand nichts, daß die Heimatkolonie Schäferhof ihren Satzungen gemäß solchen Männern, denen es trotz Gesundheit und Arbeitsfähigkeit an der Kraft zur selbständigen und geordneten Lebensführung gebricht, gegen Arbeitsleistungen länger dauernde, wenn nötig lebenslängliche Aufnahme gewähren will, da solche Personen trotz ihrer Gesundheit und Arbeitsfähigkeit des Schutzes und der Obhut bedürfen, die ihnen durch die Anstalt gewährt wird. Gleichgültig ist es hierbei, ob die Wohltätigkeit nicht nur Mitgliedern der Gemeinde Appen und ob sie nur preußischen Staatsangehörigen oder auch Angehörigen anderer Bundesstaaten oder Ausländern gewährt wird; ausschlaggebend ist vielmehr nur, daß Wohltätigkeit geübt wird und daß die Grundstücke, auf denen dies geschieht, in Preußen belegen sind. Da nun das Gut Schäferhof dazu bestimmt ist, den in der Anstalt untergebrachten Personen Gelegenheit zur Arbeit, die in der Anstalt als Haupterziehungs- und Bildungsmittel in Betracht kommt, zu gewähren, so wird dieses Grundstück unmittelbar für die Zwecke der Stiftung und der Anstalt benutzt. Ihm steht daher auf Grund des § 24 h KommAbgG. Steuerfreiheit zu. Da es jedoch zur Zeit seiner im Jahre 1898 erfolgten Erwerbung für wohltätige Zwecke unbestritten bebaut (mit Gebäuden besetzt) gewesen ist, so sind von ihm auf Grund der KabO. v. 8. VI. 34 (GS. 87) diejenigen „Realverpflichtungen, die vermöge des Kommunalverbandes vor der Erwerbung geleistet worden sind", als fixierte Abgabe weiter zu entrichten.

Nr. 8. Entsch. v. 7. Febr. 1913 (PrVerwBl. **34** 844) VIII C 312/12.

KommAbgG. § 24 h.

1. Das Johannes-Stift, dessen Anlagen bis zum 1. IV. 10 sich in Plötzensee befanden, wurde an diesem Tage nach Spandau verlegt, wo die Stiftung von der Stadt ein Gelände von etwa 300 Morgen Größe angekauft und hierauf eine Anzahl von Gebäuden errichtet hatte. In diesen befinden sich die Wohnungen für die Hausbrüder und Aspiranten, etwa 60 an der Zahl, ferner eine Erziehungsanstalt mit einer sechsklassigen Volksschule für 180 Kinder beiderlei Geschlechts, ein Pädagogium für etwa 90 Zöglinge, eine landwirtschaftliche Abteilung für 10 konfirmierte Zöglinge, ein Mädchenheim für 20 konfirmierte Mädchen, ein Kinderheim für 30 und eine Krippe für 20 Kinder und für das für einen solchen Gesamtbestand von mehreren hundert Kindern erforderliche Dienst-, Lehr- und Pflegepersonal die notwendigen Wohn- und Diensträume. Die Brüder werden ohne Entgelt aufgenommen und finden in den meisten dieser Einrichtungen Beschäftigung als Hilfspersonen. Die Zöglinge im Pädagogium, die Lehrlinge und auch die Kinder in der Volksschule, bis auf 12 Freischüler, zahlen Pension. Auch erhalten in der Volksschule einige Kinder aus Spandau Unterricht, die mehr Schulgeld zahlen müssen, als die Stadt für ihre Schulen fordert. Soweit das Gelände nicht mit Baulichkeiten besetzt ist, besteht es zum weitaus größten Teil aus Wald, in dem die sämtlichen Insassen des Stiftes Erholung finden sollen, während ein kleinerer Teil als Acker urbar gemacht ist. Das im Walde geschlagene Holz sowie das auf einer im Anstaltsgebiete liegenden Wiese gewonnene Heu werden im Wirtschaftsbetriebe des Stiftes verwendet. Die Mittel zum Ankauf des Stiftgeländes und zur Errichtung der Gebäude sind der Stiftung aus

Vermächtnissen und Schenkungen zugeflossen. Die Unterhaltung des Stiftes erfordert fortlaufend Zuschüsse aus dem Vermögen der Stiftung im jährlichen Betrage von mehreren hunderttausend Mark.

2. Veranlagt ist das gesamte Gelände der Stiftung als eine wirtschaftliche Einheit ohne Rücksicht darauf, daß es zum Teil mit Gebäuden besetzt ist. Der Vorderrichter hat angenommen, daß es im ganzen für die Zwecke der Johannes-Stiftung unmittelbar benutzt werde, und daß diese Stiftung eine milde Stiftung iS. des § 24h KommAbgG. sei. Das ist zutreffend. Das angefochtene Urteil geht hierbei davon aus, daß die Stiftung nach ihren Statuten sich nicht darauf beschränke, in dem Stifte Brüder für jeden Dienst der Armen-, Kranken- Kinder-, Gefangenen-, Diaspora- und verwandter Pflege auszubilden und zu stellen, sondern daß sie auch zur „Abhilfe aller sittlichen und leiblichen Notstände, die in den Kreis der inneren Mission fallen", beitragen und sich demgemäß selbst Einrichtungen zur Erziehung von Kindern, zur Pflege von männlichen Kranken und zur Hilfeleistung bei der Armenpflege beschaffen wolle, und daß hiernach die Stiftung nicht über den Rahmen ihrer Zweckbestimmung hinausgegangen sei, wenn sie auf dem in Rede stehenden Stiftsgelände die oben erwähnten Anstalten eingerichtet habe und diese zu den angegebenen Zwecken benutze. Die Stiftung ist auch mit Recht als eine milde Stiftung iS. der bezeichneten Bestimmung des KommAbgG. angesehen worden, da sie wohltätige Zwecke verfolgt und dabei in der Hauptsache mit schenkungsweise hergegebenen Mitteln wirtschaftet. Der Auffassung des beklagten Magistrats, wonach die Erhebung von Schulgeld in dem Stifte und von Pension im Internate der Annahme entgegenstehe, daß die Stiftung Wohltätigkeit bezwecke, ist von dem Bezirksausschusse zutreffend mit dem Hinweise darauf begegnet worden, daß diese Schuleinrichtungen nur als ein Teil des ganzen Wohltätigkeitsunternehmens angesehen werden dürften, er auch dem Hauptzwecke der Stiftung diene. Nach den Statuten der Stiftung wird eben der einheitliche Zweck verfolgt, den Brüdern Gelegenheit zu geben, in allen Zweigen der inneren Mission Erfahrungen zu sammeln, um danach den selbständigen Betrieb irgendeiner gleichen Zwecken dienenden Anstalt übernehmen zu können. Hierher gehört auch die sittliche Leitung und erzieherische Unterweisung von Kindern beiderlei Geschlechts. Wenn diese Kinder durch die Entrichtung von Pension und Schulgeld den Gesamtetat des Stiftes entlasten, so wird damit doch nicht der Zweck der Stiftung geändert, die trotz jener Zahlungen zur Unterhaltung des Stiftes sehr bedeutende Zuschüsse aus ihren Fonds gewähren muß. Hiernach ist das Grundstück der Klägerin, insoweit es mit Gebäuden besetzt ist, ohne Rechtsirrtum von der Gemeindegrundsteuer freigestellt worden. Dasselbe trifft aber auch auf die Freistellung des Geländes zu, soweit es unbebaut ist. Auch dieses wird in seinem bewaldeten Teile für alle Stiftsinsassen zur Erholung, der Holzschlag und die Erzeugnisse des übrigen Landes aber in der Stiftswirtschaft, also unmittelbar für die Zwecke der Stiftung, benutzt.

Nr. 9. Entsch. v. 5. Mai 1911 (OVG. 59 139) VIII C 174/10.

KommAbgG. § 24 i.

Die Frage, welche Zwecke als religiöse Zwecke einer jüdischen Synagogengemeinde anzusehen sind, muß auf Grund des G. über die Verhältnisse der Juden v. 23. VII. 47 (GS. 263) beantwortet werden. Hiernach ist zu unterscheiden zwischen denjenigen Zwecken, deren Verfolgung das G. den Synagogengemeinden nur gestattet, und solchen, die vom Staate durch das G. als wesentliche religiöse Zwecke in der Weise anerkannt sind, daß ihre Erfüllung den jüdischen Synagogengemeinden ausdrücklich zugewiesen ist. Lediglich gestattet ist den jüdischen Synagogengemeinden nach § 64 des G. die Einrichtung von Unterrichtsanstalten, und es kann daher den Gebäuden, in denen derartige Unterrichtsanstalten untergebracht sind, die Steuerfreiheit auf Grund des § 24 Abs. 1i KommAbgG.

nicht gewährt werden. Dagegen weist das G. v. 23. VII. 47 in den §§ 51, 58, 59 den jüdischen Synagogengemeinden ausdrücklich die Beschaffung der auf den Kultus bezüglichen, inneren Einrichtungen und die Beaufsichtigung und Verwaltung von Fonds und Anstalten zu, die der besonderen Armen- und Krankenpflege der Juden gewidmet sind. Soweit es sich daher um Besorgung von Angelegenheiten dieser Art handelt, verfolgt eine jüdische Synagogengemeinde religiöse Zwecke, um derentwillen sie besteht. Zur Erreichung dieser Zwecke ist aber das Vorhandensein einer geordneten Verwaltung erforderlich, und diejenigen Räume, die für die jenen Zwecken dienende Verwaltung gebraucht werden, werden somit unmittelbar für die Zwecke der jüdischen Religionsgesellschaft benutzt. Liegt danach eine rechtsirrige Auffassung des Vorderrichters insofern vor, als er für ausgeschlossen erklärt, daß die Verwaltungsräume als grundsteuerfrei angesehen werden könnten, so ist es nicht minder rechtsirrtümlich, wenn die Steuerbefreiung wegen des Chorübungszimmers sogar für den Fall abgelehnt ist, daß der begleitende Chor als ein Bestandteil des jüdischen Gottesdienstes zu gelten hätte. Sollte dies der Fall sein, so würde der Chor, der bei dem Gottesdienste Verwendung findet, eine dem Kultus der jüdischen Religionsgesellschaft dienende Einrichtung sein, demnach der für seine Übungen dienende Raum für die Zwecke einer dem Kultus dienenden Einrichtung, also unmittelbar für die Zwecke der jüdischen Religionsgesellschaft benutzt werden.

Nr. 10. Entsch. v. 19. Okt. 1911 (OVG. **60** 134) VII C 214/11.

Die in einer SteuerO. vorgesehene persönliche Steuerfreiheit für deutsche Religionsgesellschaften tritt ein, wenn eine solche Gesellschaft ein ihr testamentarisch vermachtes Grundstück veräußert, bevor die Zuwendung die landesherrliche Genehmigung erhalten hat. Denn das Erfordernis der letzteren wirkt nicht als aufschiebende, sondern als auflösende gesetzliche Bedingung.

Nr. 11. Entsch. v. 3. Mai 1912 (PrVerwBl. **34** 11) VIII C 93/12.
KommAbgG. § **24 f**, i.

1. Nach § 24 Abs. 1f und i sowie Abs. 3 KommAbgG. ist ein Gebäude (oder ein Teil eines solchen) von der Besteuerung vom Grundbesitz dann befreit, wenn es „zum öffentlichen Unterricht bestimmt", d. h. unmittelbar hierzu benutzt wird. Die einem Beamten der Unterrichtsverwaltung von dieser angewiesene Dienstwohnung kann nur dann als zum öffentlichen Unterricht bestimmt angesehen werden, wenn ohne den ständigen Aufenthalt des Beamten in ihr die Erteilung des öffentlichen Unterrichts nicht in der Art und dem Umfange, wie die Dienstanweisung es vorschreibt, gesichert erscheint. Es ist Aufgabe des Verwaltungsrichters, im Streitfalle zu prüfen, ob für die ordnungsmäßige Erfüllung der Dienstobliegenheiten seitens des Beamten dessen ständiger Aufenthalt in der ihm zugewiesenen Dienstwohnung erforderlich ist.

2. Die Dienstpflichten, die den Direktoren höherer Lehranstalten für die männliche Jugend obliegen, sind in der DstAnw. v. 12. XII. 10 (ZBlUV. 887 bis 909) zusammengefaßt. Diese DstAnw. ist, abgesehen von den am Schlusse erwähnten, hier nicht in Frage kommenden Alumnatsanstalten für sämtliche höhere Anstalten eingeführt. Aus keiner der in der DstAnw. enthaltenen Vorschriften läßt sich aber entnehmen, daß den Direktoren Dienstobliegenheiten zufallen, die sie ohne ständigen Aufenthalt auf den Anstaltsgrundstücken oder in deren unmittelbarer Nähe nicht zu erfüllen vermöchten. Danach kann nicht anerkannt werden, daß die Dienstwohnung des Direktors für den öffentlichen Unterricht unmittelbar benutzt wird. Mithin steht ihr Steuerfreiheit gemäß § 24 aaO. nicht zu. Demgegenüber ist die Erklärung des Provinzialschulkollegiums, daß es „kein Bedenken trage, die dauernde Anwesenheit der Anstaltsdirektoren in der Anstalt als ein Bedürfnis zu bezeichnen", ohne entscheidende Bedeutung.

Nr. 12. Entsch. v. 18. März 1913 (PrVerwBl. **35** 161) VIII C 336/12.

KommAbgG. § 24 f, i.

1. Ein Gebäude, dem die Steuerfreiheit nach § 24 KommAbgG. zukommt, weil es eines der dort unter den Buchstaben a bis k angegebenen Merkmale trägt, bleibt von dieser Steuerfreiheit nicht deshalb ausgeschlossen, weil es sich als die Dienstwohnung eines Beamten darstellt. Entscheidend ist im vorliegenden Falle, ob die Wohnungen der Assistenten, also Teile von Grundstücken der Technischen Hochschule, unmittelbar für deren Zwecke benutzt werden. Dies trifft zu, wenn die dauernde Anwesenheit der Assistenten in den für sie in Betracht kommenden Instituten notwendig ist, um die Zwecke der Technischen Hochschule in dem nach der Sachlage gebotenen Umfange zu erreichen und wenn die betreffenden Wohnungen den Assistenten überwiesen worden sind, um deren dauernde Anwesenheit in den Instituten zu ermöglichen. In letzterer Hinsicht bedurfte es der Prüfung, ob der Dienstbetrieb von der den Assistenten vorgesetzten Dienststelle tatsächlich so geregelt ist, daß die Assistenten zur ordnungsmäßigen Erfüllung ihrer Dienstobliegenheiten sich ständig, wenn auch nicht ununterbrochen, in ihren Dienstwohnungen aufhalten müssen. Die Notwendigkeit oder Zweckmäßigkeit der tatsächlich erfolgten Regelung des Dienstbetriebes unterliegt weder der Nachprüfung der Steuerveranlagungsbehörde noch der des Verwaltungsrichters.

2. Daß den Assistenten von ihrer vorgesetzten Behörde die Wohnungen tatsächlich zu dem Zwecke überwiesen worden sind, um ihnen ständigen Aufenthalt im Dienstgebäude zu ermöglichen, ist nicht bestritten worden. Ebenso unbestritten geblieben sind die tatsächlichen Anführungen der Klägerin über die Aufgaben, die in den Dienstbereich der vier Assistenten fallen. Aus diesen Tatsachen ist der Schluß zu ziehen, daß der ständige Aufenthalt der Assistenten in den ihnen überwiesenen Dienstwohnungen behufs Wahrnehmung ihrer Dienstobliegenheiten in der angeordneten Art und Weise zu ihren dienstlichen Verpflichtungen gehört. Auch dient diese dienstliche Tätigkeit der Assistenten unmittelbar den Zwecken der Technischen Hochschule. Nach § 1 ihres Statuts (ZBlUV. **10** 754) hat sie die Aufgabe, für den technischen Beruf im Staats- und Gemeindedienst wie im industriellen Leben die höhere Ausbildung zu gewähren sowie die Wissenschaften und Künste zu pflegen, die zu dem technischen Unterrichtsgebiet gehören. Sie verfolgt daher Zwecke des Unterrichts und der Forschung und beiden Zwecken dient auch die Tätigkeit der Assistenten. Das gilt sowohl für die Vornahme und Überwachung von Versuchen als auch für die Beaufsichtigung und Beschützung der in den Instituten vorhandenen Einrichtungen. Werden hiernach die Wohnungen der Assistenten von ihnen unmittelbar für die Zwecke der Anstalt benutzt, so sind sie nach § 24 Abs. 1 f und i KommAbgG. der Gemeindegrundsteuer nicht unterworfen.

d) Nach Buchstabe k des § 24 KommAbgG.

Nr. 1. Entsch. v. 20. Okt. 1911 (OVG. **62** 291) VIII C 260/10.

KommAbgG. § 24 k.

Die Predigerhäuser der Brüdergemeinden genießen keine Gemeindegebäudesteuerfreiheit.

Die Klägerin nimmt selbst an, als „Geistliche" iS. des § 24 k KommAbgG. seien nur Geistliche der „öffentlich" aufgenommenen Kirchengesellschaften anzusehen. Dies ist zutreffend; denn der in jener Gesetzesvorschrift gebrauchte Ausdruck „Geistliche" kann nur in demselben Sinne aufgefaßt werden wie der gleiche Ausdruck im § 1 Nr. 3 Vd., betr. die Heranziehung der Staatsdiener zu den Kommunalabgaben in den neu erworbenen Landesteilen, v. 23. IX. 67 (GS. 1648). Daß aber die in dieser Vorschrift den „Geistlichen" gewährte Steuerfreiheit nur den Geistlichen der „öffentlich" aufgenommenen Kirchengesellschaften zukommt, ist vom OVG. bereits wiederholt dargelegt worden (vgl. OVG. **33** 29, **36** 21), wobei zu verbleiben war.

Die Entscheidung über den Anspruch der Klägerin auf Freilassung von der Gebäudesteuer hängt somit davon ab, ob die Ansicht der Klägerin, die Brüdergemeinden seien in Preußen „öffentlich" aufgenommen, richtig ist. Dies ist zu verneinen. (Folgt eingehende Begründung.)

Waren die Brüdergemeinden durch die dem ALR. vorhergehende Gesetzgebung den im § 1 ReligionsEd. v. 9. VII. 1788 bezeichneten drei „Hauptkonfessionen der christlichen Religion" nicht gleichgestellt, so konnten sie auch nicht zu den ausdrücklich oder öffentlich aufgenommenen Kirchengesellschaften gehören, denen § 17 Tit. 11 T. II ALR. die Rechte privilegierter Korporationen gewährte; sie gehörten vielmehr iS. des ALR. zu den geduldeten Religionsgesellschaften. Dabei ist freilich nicht zu verkennen, daß die den Brüdergemeinden durch die Generalkonzessionen zugewiesene Rechtsstellung sich von derjenigen solcher Religionsgesellschaften, denen der Staat lediglich gemäß §§ 20ff. Tit. 11 T. II ALR. Duldung gewährte, in weitgehender Weise unterschied. Es ist daher ohne weiteres anzuerkennen, daß die Terminologie des ALR., das den ausdrücklich oder öffentlich aufgenommenen Kirchengesellschaften lediglich die geduldeten Religionsgesellschaften gegenüberstellt, insofern zu Mißverständnissen Anlaß geben kann, als sie die Zuweisung der Brüdergemeinden trotz der ihnen gewährten Sonderrechte zur Klasse der geduldeten Religionsgesellschaften notwendig macht. Genauer ist vielmehr die Rechtsstellung, die die Brüdergemeinden schon zur Zeit des Erlasses des ALR. hatten, dahin zu kennzeichnen, daß sie aufgenommene, konzessionierte, aber nicht privilegierte (öffentlich aufgenommene) Kirchengesellschaften waren, deren Gemeinschaften Korporationsrechte besaßen.

d) Besondere direkte Steuern vom Grundbesitz; Bestimmung des gemeinen Wertes.

Nr. 1. Entsch. v. 2. Juni 1911 (PrVerwBl. **33** 335) VIII C 33/10.

KommAbgG. §§ 25, 62, 63.

1. Jede Veranlagung beruht auf Besteuerungsmerkmalen. Bei der besonderen Steuer vom Grundbesitz nach dem Nutzungswert, wie sie in der Stadt Altona nach § 2 der örtlichen SteuerO. erhoben wird, ist der Nutzungswert das Besteuerungsmerkmal, ebenso wie sonst der Reinertrag oder der gemeine Wert Besteuerungsmerkmale sind. Die Besteuerungsmerkmale erhält der Gemeindevorstand (Steuerausschuß) regelmäßig auf Ersuchen von der zuständigen Staatssteuerbehörde oder den Behörden anderer Gemeinden (§ 62 Abs. 1, 2 aaO.), und wenn er auf diesem Wege nicht zur Kenntnis der maßgebenden Besteuerungsmerkmale gelangt, hat er nach eigener Kenntnis, durch eigene Ermittelung, nach eigenem Ermessen sich die Besteuerungsmerkmale zu beschaffen, und danach die Veranlagung vorzunehmen. In beiden Fällen kann über die Richtigkeit zwischen dem Steuerpflichtigen und der Steuerbehörde eine Auseinandersetzung nur im Einspruchs- und Streitverfahren stattfinden. Das G. gewährt jedoch (§ 63 aaO.) für den Fall, daß der Gemeindevorstand nach der im § 62 angegebenen Weise zur Kenntnis der für die Veranlagung maßgebenden Besteuerungsmerkmale nicht gelangt, noch ein anderes Mittel, indem durch örtliche SteuerO. ein Recht zur Auskunftforderung und eine Pflicht zur Auskunfterteilung begründet werden kann. Alsdann muß in jedem einzelnen Falle die Aufforderung durch eine besondere, dem Steuerpflichtigen zuzustellende Zuschrift mit Setzung einer angemessenen Frist erfolgen. Daß zu den für die Veranlagung maßgebenden Besteuerungsmerkmalen, auf die die Aufforderung sich bezieht, nicht nur bestimmte Tatsachen, sondern auch Schätzungen gehören, geht aus dem G. unmittelbar hervor

indem in ersterer Hinsicht der Steuerpflichtige für verpflichtet zu Angaben, in letzterer nur für hierzu berechtigt, aber nicht für verpflichtet erklärt wird.

2. Das Recht zur Auskunftforderung hat zur Folge, daß die Steuerbehörde auf die Auskunft, die vom Steuerpflichtigen infolge der Aufforderung gegeben wird, Rücksicht zu nehmen hat. Sie darf nicht stillschweigend darüber hinweggehen, und auf Grund anderer Besteuerungsmerkmale ohne weiteres abweichend veranlagen, sondern muß, wofern sie abweichen will, vor der Veranlagung zunächst das Beanstandungsverfahren stattfinden lassen. Dies ergibt sich unmittelbar aus § 63 Abs. 4 aaO. Hier wird vorgeschrieben, daß, wenn die Auskunfterteilung beanstandet wird, dem Steuerpflichtigen vor der Veranlagung die Gründe der Beanstandung mit dem Anheimstellen, hierüber binnen einer angemessenen Frist eine weitere Erklärung abzugeben, mitgeteilt werden müssen. Besteht also für den Steuergläubiger das Recht, den Steuerpflichtigen zu einer Schätzung aufzufordern, so muß, wenn von dieser Berechtigung Gebrauch gemacht und eine Auskunft erteilt ist, entweder die Veranlagung der gegebenen Auskunft entsprechend bewirkt werden oder das Beanstandungsverfahren stattfinden.

3. Wenn im vorliegenden Falle § 4 Abs. 1 der örtlichen SteuerO. bestimmt:

„Die Eigentümer . . . der betreffenden Grundstücke sind verpflichtet, durch Ausfüllung bezüglicher, ihnen zuzustellender Formulare der Kommission gewissenhaft anzugeben, zu welchen Preisen sie die Grundstücke vermietet haben, oder, falls sie dieselben selbst benutzen, zu welchem Nutzungswerte sie dieselben veranschlagen,"

so ist hierin die im § 63 KommAbgG. erwähnte Ermächtigung zu finden.

4. § 6 der örtlichen SteuerO. bestimmt:

„Die Besteuerung neuerbauter oder von Grund aus wieder aufgebauter Gebäude sowie die Steuererhöhung infolge von Verbesserungen der Gebäude beginnt, auch wenn Zugänge oder Veränderungen dieser Art im Laufe der fünfjährigen Steuerperiode eintreten, mit dem Ablaufe des Rechnungsjahrs, in dem die Bewohnbarkeit oder Nutzbarkeit eingetreten oder die Verbesserung vollendet ist (§ 26 Abs. 4 KommAbgG.) . . ."

Prüft man, welche Verbesserungen eines Gebäudes hiernach geeignet sind, eine Nachveranlagung zu rechtfertigen, so ergibt sich sowohl aus allgemein steuerrechtlichen Gründen, als auch aus § 5d der SteuerO., daß nur solche Verbesserungen in Betracht kommen können, durch die das das Steuerobjekt bildende Gebäude derart in seiner Substanz verändert worden ist, daß ein neues Steuerobjekt an die Stelle des bisherigen getreten ist. Dieser Fall liegt hier nicht vor, da die Häuser . . . straße 1 und 3 nur für „Beherbergungszwecke" hergerichtet sind, damit aber keine so wesentliche Veränderung erfahren haben, daß sie als neue Steuerobjekte angesehen werden könnten. Aus diesem Grunde war die Nachveranlagung unzulässig.

5. Ferner kommt in Betracht, daß die hier in Rede stehenden hohen Mietspreise für die erwähnten Häuser nur deshalb vereinbart sind, weil die Häuser zu „Beherbergungszwecken Prostituierter" benutzt werden. Zwecke, deren Verfolgung, wie die hier vorliegenden, entweder unerlaubt ist oder doch mindestens gegen die guten Sitten verstößt, können für die Feststellung des Nutzungswerts eines Gebäudes nicht entscheidend sein. Eine Grundsteuer kann ihrer Natur nach nicht anders als nach objektiven Merkmalen bemessen werden, und es kann daher für den Fall, daß eine GrundsteuerO. die Besteuerung nach dem Nutzungswerte anordnet, unter diesem Nutzungswert nur der objektive, von jedermann durch die unter gemeingewöhnlichen Verhältnissen erfolgende Nutzung eines Grundstücks zu erzielende Wert, nicht aber ein solcher Wert verstanden werden, der mittels einer Benutzung des Grundstücks zu unerlaubten Zwecken erreichbar ist. Auf diesem Standpunkt steht auch die GrundsteuerO. der Stadt Altona, indem sie für Gebäude, die dem Nutzungswerte entsprechend, also in normaler Weise vermietet waren, im § 3 Nr. 1 den vereinbarten Mietspreis als maßgebend für die Feststellung des Nutzungswerts erklärt, während andernfalls nach § 3 Nr. 2 aaO. der Nutzungswert nach dem Mietwert gleicher oder ähnlicher Grundstücke festzustellen

ist, „wobei die Lage und Beschaffenheit des zu besteuernden Grundstücks sowie vorhandene Annehmlichkeiten und Nachteile, die auf den Nutzungswert von Einfluß sein können, angemessen zu berücksichtigen sind". Da es sich im vorliegenden Falle aber um Gebäude handelt, die nicht unter gemeingewöhnlichen Verhältnissen vermietet waren, konnte der Nutzungswert dieser Gebäude nur durch eine gemäß § 3 Nr. 2 aaO. vorzunehmende Vergleichung mit gleichen oder ähnlichen Gebäuden ermittelt werden, während die vom Beklagten vorgenommene, die vereinbarten Mietspreise berücksichtigende Feststellung des Nutzungswerts ausgeschlossen war.

Nr. 2. Entsch. v. 16. Juni 1911 (PrVerwBl. **33** 265) VIII C 157/10.

KommAbgG. § 63.

1. Die örtliche SteuerO. hat zugunsten des Gemeindevorstandes (Steuerausschusses) von der Ermächtigung des § 63 KommAbgG. Gebrauch gemacht, von dem Steuerpflichtigen eine Auskunft über die für die Veranlagung maßgebenden Besteuerungsmerkmale erfordern zu dürfen. Wenn im § 63 Abs. 3 aaO. der Umfang der Auskunftserteilung dahin festgestellt wird, daß der Steuerpflichtige Fragen über „bestimmte Tatsachen" zu beantworten verpflichtet, Fragen über „Schätzungen" aber zu beantworten berechtigt sei, so erhellt daraus, daß, trotz der Beschränkung der Auskunftspflicht zugunsten des Steuerpflichtigen, sowohl die bestimmten Tatsachen wie auch die Schätzungen zu den für die Veranlagung maßgebenden Besteuerungsmerkmalen gehören. Macht der Steuerpflichtige von seiner Befugnis, eine Schätzung vorzunehmen, Gebrauch, so darf die die Auskunft erfordernde Behörde darüber ebensowenig hinweggehen, wie über die Antwort auf bestimmte Tatsachen; sie muß vielmehr, wenn sie von der Schätzung des Steuerpflichtigen abweichen will, das Beanstandungsverfahren gemäß Abs. 4 § 63 KommAbgG. einleiten.

2. Wenn aber das KommAbgG. die veranlagende Behörde nötigt, iF. der Beanstandung der erteilten Auskunft des Steuerpflichtigen, diesem vor weiterem Vorgehen Gelegenheit zur Erklärung zu geben, so kann diese Vorschrift nur auf der Voraussetzung beruhen, daß die Auskunft bis auf weiteres auch die maßgebliche Erklärung des Steuerpflichtigen sein soll, die dieser, wenn sie vorbehaltlos abgegeben ist, nicht nur zu seinen Gunsten, sondern auch gegen sich gelten lassen will. Die Frage, ob die durch die Erklärung bewirkte Bindung des Steuerpflichtigen so lange reicht, bis dieser seine Erklärung aus eigener Entschließung berichtigt, oder ob sie überhaupt nur noch aus Anlaß eines eingeleiteten Beanstandungsverfahrens wieder aufgehoben werden kann, braucht hier nicht entschieden zu werden. Denn tatsächlich ist hier weder das Beanstandungsverfahren eingeleitet worden noch auch hat die Klägerin vor der Veranlagung aus eigenem Antriebe eine anderweite Schätzung dem Beklagten gegenüber geltend gemacht. Erst nach erfolgter Veranlagung hat sie im Einspruchsverfahren eine Ermäßigung in der Schätzung des gemeinen Wertes beansprucht. Sie hat mithin die äußerste Frist, die für ihre Freiheit in der Änderung ihrer Angaben in Frage kommen kann, d. i. die Frist zwischen Erteilung der Auskunft und der Veranlagung, versäumt und sich damit selbst dauernd für diese Periode an ihre Angabe gebunden. War es somit nach Lage der Sache einerseits ausgeschlossen, daß der Beklagte eine höhere Schätzung des gemeinen Wertes als die in der Auskunft gegebene seiner Veranlagung zugrunde legen konnte, so ist anderseits auch ausgeschlossen, daß die Klägerin die Veranlagung eines geringeren Wertes des Grundstücks als den von ihr selbst in der Auskunft angegebenen beanspruchen darf.

Nr. 3. Entsch. v. 11. Juni 1911 (PrVerwBl. **33** 437) VIII C 50/11.

1. Die von einem fiskalischen Grundstücke zu entrichtende Grundsteuer muß auch dann einheitlich für das ganze Rechnungsjahr festgesetzt

werden, wenn die das Grundstück verwaltende Behörde im Rechnungsjahr gewechselt hat. Denn Eigentümer des Grundstücks ist der Fiskus, der als Inbegriff des gesamten Vermögens des Staates nur eine juristische Person bildet.

2. Die Steuer ist von derjenigen Behörde zu fordern, die den Fiskus als Grundstückseigentümer zu vertreten hatte. Da die Behörde, die berufen war, das Grundstück zu verwalten und daher den Fiskus als Grundstückseigentümer zu vertreten, im Laufe des Rechnungsjahrs gewechselt hatte, bevor die Veranlagung erfolgte, war die Veranlagung an diejenige Behörde zu richten, der die Vertretung des Fiskus zur Zeit der Veranlagung zustand. Denn der Grundsatz, daß die zu Beginn des Steuerjahrs bestehenden Verhältnisse für die Veranlagung maßgebend sind, bezieht sich auf die materielle Steuerpflicht, nicht auf die Vertretung des Steuerpflichtigen. Diese richtet sich nach den zur Zeit der Veranlagung vorhandenen Verhältnissen.

3. Ist der Herangezogene eine juristische Person, so ist zur Erhebung des Einspruchs nicht nur ihr gesetzlicher oder verfassungsmäßiger Vertreter, sondern auch jeder Dritte berechtigt, dem als vermeintlichem Vertreter die Heranziehungsverfügung zugestellt worden ist. Nur kann eine sachliche Entscheidung über die Steuerpflicht des Fiskus nicht ergehen, vielmehr muß die Veranlagung im vorliegenden Falle aus formellem Grunde außer Kraft gesetzt werden.

Nr. 4. Entsch. v. 9. Juni 1911 (OVG. **59** 142) VIII C 269/10.

Wie durch das G. zur Deklarierung des KommAbgG. v. 24. VII. 06 (GS. 376) festgestellt worden ist, steht den Gemeinden auf Grund des KommAbgG. das Recht zu, einzelne Grundstücksarten oder Besitzgruppen mit verschiedenen Sätzen zu den Steuern vom Grundbesitze heranzuziehen. Von dieser gesetzlichen Ermächtigung hat die Gemeinde T. Gebrauch gemacht, indem sie in der SteuerO. den Steuersatz für die unbebauten Grundstücke doppelt so hoch bemessen hat wie für die bebauten Grundstücke. Aus ihrer Autonomie auf dem Gebiete des örtlichen Steuerrechts folgt aber weiter ihre Befugnis, den Gattungsbegriff der einzelnen Grundstücksarten, also hier der bebauten und unbebauten Grundstücke, in steuerlichem Sinne rechtlich abzugrenzen, insbesondere zu bestimmen, daß gewisse bauliche Anlagen dem Grundstücke nicht die Eigenschaft eines bebauten im steuerlichen Sinne verleihen. Ob solche Grundstücke in anderem Sinne nach der allgemeinen Rechtsauffassung als bebaute Grundstücke angesprochen werden, kommt hier nicht in Frage.

Nr. 5. Entsch. v. 18. Juni 1912 (OVG. **62** 311) VIII C 109/12.

KommAbgG. § 23.

1. Nach § 23 Abs. 5 KommAbgG. kann die Einführung neuer und die Veränderung bestehender direkter Gemeindesteuern, die nicht in Prozenten der vom Staate veranlagten Steuern erhoben werden, nur durch SteuerO. erfolgen. Danach sollen die Grundsätze, nach denen eine Steuer zu erheben ist, durch verfassungsmäßig zustande gekommene Satzung im voraus allgemein und ein für allemal bis zu deren Abänderung festgelegt werden. Die SteuerO. muß also im voraus allgemein feste Normen über die subjektive und objektive Steuerpflicht und die Höhe der Steuersätze aufstellen. Zu diesen Normen gehört das Abstufungsverhältnis, nach dem die einzelnen Grundstücksarten verschieden zur Grundsteuer herangezogen werden sollen. Die Setzung der Norm hierüber kann nicht den jährlichen Beschlüssen über die Verteilung des Steuerbedarfes überlassen werden. Die jährliche Festsetzung des auf bebaute und unbebaute Grundstücke entfallenden abgestuften Promillesatzes des gemeinen Wertes hat sich lediglich auf die Ausrechnung der auf die einzelnen Grundstücksarten nach dem in der SteuerO. festzusetzenden Abstufungsverhältnis

entfallenden Sätze zu beschränken. Zum rechtsgültigen Zustandekommen einer SteuerO., durch die besondere direkte oder indirekte Gemeindesteuern neu eingeführt oder in ihren Grundsätzen verändert werden, wirken staatliche Aufsichtsinstanzen mit, während unter Umständen bei den Beschlüssen über die Aufbringung des jährlichen Gemeindesteuerbedarfs eine solche Mitwirkung nicht stattfindet; für jene SteuerO. ist außer der Genehmigung des Bezirksausschusses noch die Zustimmung der Minister des Innern und der Finanzen erforderlich (§§ 23 Abs. 6, 77 Abs. 3 KommAbgG.), während die jährliche Verteilung des Steuerbedarfs, wenn von den im § 54 aaO. vorgeschriebenen Verteilungsregeln nicht abgewichen wird, keiner Genehmigung unterliegt.

2. Ist nun mangels einer Norm über das Abstufungsverhältnis in der SteuerO. die Bestimmung über die Zulässigkeit einer Heranziehung der bebauten und unbebauten Grundstücke nach verschiedenen Abstufungen rechtsungültig, so zieht dieser Mangel die Ungültigkeit der ganzen SteuerO., soweit sie die Besteuerung des Grundbesitzes regelt, nach sich, wenn die Abstufung der Grundsteuer ein wesentlicher Bestandteil der SteuerO. ist.

Nr. 6. Entsch. v. 22. Sept. 1911 (PrVerwBl. **33** 570) VIII C 64/11.

Wenn nach der örtlichen GrundsteuerO. die im Gemeindebezirke belegenen bebauten und unbebauten Grundstücke den Gegenstand der Grundsteuer bilden, so ist unter einem Grundstück jeder eine wirtschaftliche Einheit bildende Grundbesitz zu verstehen. JF. der Vereinigung mehrerer wirtschaftlich selbständiger Grundstücke in der Hand eines Eigentümers sind alsdann die einzelnen Grundstücke besonders zu veranlagen und die veranlagten Einzelbeträge dem Steuerpflichtigen in der Heranziehungsverfügung erkennbar zu machen. Ist dies nicht geschehen, so hat der Verwaltungsrichter den gemeinen Wert zu ermitteln und dabei frei zu prüfen, ob der Grundbesitz des Steuerpflichtigen eine wirtschaftliche Einheit oder eine Mehrheit von solchen bildet, gleichviel von welcher Annahme hierbei die Veranlagungsbehörde ausgegangen ist.

Nr. 7. Entsch. v. 24. Okt. 1911 (PrVerwBl. **33** 584) VIII C 307/10.
KommAbgG. §§ 20, 23, 27.

1. Nach dem letzten Satze des Abs. 1 des § 2 der örtlichen SteuerO. kann für unbebaute Grundstücke ein bis zur Hälfte höherer Satz wie für bebaute Grundstücke erhoben werden. Diese Vorschrift widerspricht dem § 20 Abs. 1 KommAbgG., wonach die direkten Gemeindesteuern auf alle der Besteuerung unterworfenen Pflichtigen nach festen Grundsätzen zu verteilen sind. Wenn es auch nach § 27 Abs. 1 KommAbgG. und nach dem DeklG. v. 24. VII. 06 (GS. 376) zulässig ist, die unbebauten Grundstücke mit einem höheren Satze heranzuziehen als die bebauten, so muß doch das Verhältnis, in dem die Erhöhung stattfinden soll, mit Rücksicht auf die Vorschrift im § 23 Abs. 5 KommAbgG. in der SteuerO. selbst festgesetzt werden und darf nicht der jedesmaligen Feststellung durch Gemeindebeschluß überlassen bleiben. Ist hiernach die Vorschrift des § 2 Abs. 1 letzter Satz aaO. rechtsungültig, so kann doch daraus noch nicht die Rechtsungültigkeit der ganzen SteuerO. hergeleitet werden, denn jene Vorschrift ist nicht derart für ihren Bestand wesentlich, daß bei ihrem Ausscheiden die übrigen Bestimmungen der SteuerO. die rechtliche Grundlage verlieren. Sie ist somit lediglich als nicht vorhanden zu betrachten.

2. Der Bezirksausschuß geht zwar von dem richtigen Grundsatz aus, daß sich der gemeine Wert mit dem unter gemeingewöhnlichen Verhältnissen zu erzielenden Kaufpreise decke. Er nimmt an, daß diesem Grundsatze die zur Wertermittelung vom Beklagten angewendete Methode nicht entspreche. Danach bleibt es im ungewissen, ob die vom Beklagten der Besteuerung zugrunde gelegten

gemeinen Werte richtig sind oder nicht etwa nur die vom Kläger zugegebenen Beträge zutreffen. Der Vorderrichter entzieht sich der eigenen Ermittelung des gemeinen Wertes mit der Begründung: auch die vom Kläger aufgestellte Berechnung des Werts sei unzutreffend, und dem Kläger sei es nicht gelungen, durch seine Angaben den Nachweis zu führen, daß er durch die Veranlagung des Beklagten überbürdet sei. Aber weder für das eine, noch für das andere gibt der Bezirksausschuß einen Grund an; seine Entscheidung leidet daher in dieser Hinsicht an dem wesentlichen Verfahrensmangel des Fehlens der Entscheidungsgründe. Anderseits genügte der Kläger schon damit, daß er als gemeinen Wert einen niedrigeren Betrag, als der Beklagte festgesetzt hatte, angab, seiner Darlegungspflicht, sofern nur nicht erkennbar war, daß er mit seiner Angabe einen anderen Wert als den unter gemeingewöhnlichen Verhältnissen zu erzielenden Verkaufspreis meinte. Nach dieser Richtung hat der Vorderrichter das Vorbringen des Klägers nicht geprüft und dadurch sich eines weiteren Verfahrensmangels schuldig gemacht.

Nr. 8. Entsch. v. 24. Nov. 1911 (OVG. **60** 160) VIII C 52/11.

KommAbgG. §§ 24, 25. G. v. 26. V. 09 (GS. 349) Art. II.

1. Das KommAbgG. unterwirft der Steuer vom Grundbesitze „die bebauten und unbebauten Grundstücke" (§ 24 Abs. 1 aaO.). Zwar ist der privatrechtliche Begriff der Grundstücke für deren Begriffsbestimmung im Gebiete des Gemeindegrundsteuerrechts nicht maßgebend; für dieses kommt es vielmehr auf den Sinn an, der auf dem Gebiete der staatlichen Liegenschaftsbesteuerung mit dem Ausdrucke „Grundstück" verbunden ist, oder den der gewöhnliche Sprachgebrauch auf dem Gebiete des wirtschaftlichen Verkehrs ihm beigelegt hat. Aus dem G. betr. die anderweite Regelung der Grundsteuer, v. 21. V. 61 (GS. 253), das eine Besteuerung der ertragfähigen Liegenschaften nach dem Reinertrage vorschreibt, ist für die rechtliche Umgrenzung des Begriffs des „Grundstücks" als des Objekts der besonderen Gemeindegrundsteuer (§ 25 aaO.) nichts zu entnehmen. Daß aber nach der Verkehrsanschauung der aufstehende Holzwuchs Bestandteil des Grundstücks ist, hat der Vorderrichter ohne Rechtsirrtum angenommen. Ob ein gleiches auch bei landwirtschaftlich genutzten Grundstücken für die aufstehende Ernte gilt, bedarf hier keiner Erörterung und Entscheidung. Von der Auffassung, daß der Holzbestand zur Substanz des Grundstücks zu rechnen ist, geht auch das ErgStG. aus. Nach § 4 I Ziff. 1 aaO. gelten als steuerbares Vermögen iS. dieses G. „Grundstücke (Liegenschaften und Gebäude) nebst allem Zubehör". Bei der Auslegung dieses G. hat nie ein Zweifel darüber bestanden, daß der aufstehende Holzwuchs einen Teil des Grundstücks als Steuerobjekts bilde.

Auch die Rechtsprechung hat anerkannt, daß die Holzungen einen Rechnungsfaktor bei der Ermittelung des gemeinen Wertes eines Grundstücks bilden (OVGSt. **5** 112, **8** 311).

Bildet aber nach der Begriffsbestimmung des ErgStG., der allgemeinen Verkehrsauffassung entsprechend, der Holzbestand einen Teil des „Grundstücks" als Steuerobjekt, so muß ein gleiches auch für das Anwendungsgebiet des KommAbgG. gelten; denn es muß davon ausgegangen werden, daß der Gesetzgeber demselben Ausdruck in beiden G., die an demselben Tage erlassen worden sind und als Teile der organischen Steuerreform in innerem Zusammenhange miteinander stehen, dieselbe Bedeutung beigemessen hat. Endlich ist es auch auf dem Gebiete der staatlichen Einkommensbesteuerung anerkannten Rechtes, daß das auf einem Grundstück aufstehende Holz so lange zur Substanz des Grundstücks gehört, bis es durch die Trennung vom Grund und Boden die Eigenschaft von Früchten und damit von Einkommen annimmt.

Der Kläger macht geltend, daß bei Waldverkäufen regelmäßig der Kaufpreis für den Grund und Boden und das Holz getrennt bemessen werde. Wenn er, wie es den Anschein hat, dies als einen Beweis dafür ansieht, daß der Holzaufwuchs keinen Bestandteil des Grundstücks bilde, so würde eine solche Folgerung verfehlt sein. Es ist sehr wohl möglich, daß ein Grundstück nicht als Ganzes bewertet, sondern der Wert seiner einzelnen Bestandteile rechnerisch getrennt ermittelt wird. Die gefundenen Einzelansätze bilden dann nur Rechnungsfaktoren für die Bewertung des Grundstücks als eines einheitlichen Ganzen. Das Grundstück des Klägers unterliegt also einschließlich der Holzungen der Steuer vom Grundbesitze nach dem in der örtlichen SteuerO. vorgesehenen Maßstabe des gemeinen Wertes.

2. Unter dem gemeinen Werte iS. des KommAbgG. ist derselbe Wert zu verstehen, den das ALR. als gemeinen Wert bezeichnet. Nach § 112 Tit. 2 T. I ALR. ist „der Nutzen, den die Sache einem jeden Besitzer gewähren kann", ihr gemeiner Wert. Dieser Wert erschöpft sich aber regelmäßig nicht in den Vorteilen, die aus dem Gebrauch oder Ertrage der Sache fließen, sondern umfaßt auch diejenigen, die die Verwertung der Substanz, d. h. die Veräußerung der Sache verschafft. Der gemeine Wert ist daher der Verkaufswert. Für Waldgrundstücke gilt begrifflich nichts anderes.

An dem dargelegten Rechtszustand ist auf dem Gebiete des Kommunalsteuerrechts hinsichtlich der dauernd zu land- oder forstwirtschaftlichen Zwecken bestimmten Grundstücke durch Art. II G., betr. Abänderung des EinkStG. und ErgStG. v. 26. V. 09 (GS. 349) nichts geändert worden.

Durch diese Bestimmung wird weder für den § 25 KommAbgG. noch für die auf ihm beruhenden örtlichen SteuerO. eine Änderung des Begriffs des gemeinen Wertes hinsichtlich der dauernd zu land- oder forstwirtschaftlichen Zwecken bestimmten Grundstücke herbeigeführt. Anders Kommentar von Noell-Freund zum KommAbgG. (7. Aufl. 1910, Anm. 4 S. 105, 106), dem nicht beigetreten werden kann.

3. Selbst wenn aber im Art. II aaO. ein besonderer Begriff des „gemeinen Wertes" für die land- oder forstwirtschaftlich genutzten Grundstücke aufgestellt worden wäre, was nicht angenommen werden kann, so würde diese besondere gesetzliche Begriffsbestimmung doch nur für die Einschätzung zur Ergänzungssteuer maßgebend sein. Der Begriff des gemeinen Wertes iS. des § 25 KommAbgG. würde durch diese Sonderregelung für das Gebiet des Ergänzungssteuerrechts nicht berührt werden. JS. des § 25 aaO. ist und bleibt als gemeiner Wert eines Grundstückes dessen Verkaufswert maßgebend. Dieser vom Gerichtshof aus § 112 Tit. 2 T. I ALR. hergeleitete Inhalt des gesetzlichen Begriffs könnte für das Kommunalsteuerrecht nur durch einen auch für diese Materie ergehenden gesetzlichen Akt anders gestaltet werden. Wenn nun in GemeindesteuerO. als Veranlagungsmaßstab der „gemeine Wert" gewählt ist oder wird, so ist auch hierunter fernerhin der Verkaufswert zu verstehen. Der Begriff des gemeinen Wertes iS. der SteuerO. wird durch den Erlaß des G. v. 26. V. 09 ebensowenig beeinflußt wie der Begriff dieses Wertes iS. des § 25 KommAbgG.; denn die SteuerO. beruhen auf dem § 25. Der von ihnen gewählte Veranlagungsmaßstab des gemeinen Wertes muß sich also mit dem rechtlich feststehenden Begriffe dieses Wertes iS. des § 25 aaO. decken. Eine Autonomie der Gemeinden in der Bestimmung des Begriffs des „gemeinen Wertes" für das kommunale Grundsteuerrecht besteht hiernach nicht.

Nr. 9. Entsch. v. 8. Nov. 1912 (PrVerwBl. **34** 380) VIII C 204/12.

KommAbgG. § 23.

1. Nach dem letzten Satze des Abs. 1 des § 3 der örtlichen SteuerO. muß für unbebaute Grundstücke ein „um ein Viertel bis zur Hälfte" höherer Satz wie für bebaute Grundstücke erhoben werden. Diese Vorschrift ist des-

halb ungültig, weil sie das Abstufungsverhältnis nicht selbst festsetzt, sondern der jährlichen Beschlußfassung der Gemeindeorgane überläßt. Nach § 23 Abs. 5 KommAbgG. kann die Einführung neuer und die Veränderung bestehender direkter Gemeindesteuern, die nicht in Prozenten der vom Staate veranlagten Steuern erhoben werden, nur durch SteuerO. erfolgen. Danach sollen die Grundsätze, nach denen eine Steuer zu erheben ist, durch eine dem G. gemäß beschlossene und von der Aufsichtsbehörde genehmigte Satzung im voraus allgemein und ein für allemal bis zu deren Abänderung festgelegt werden. Die SteuerO. muß also im voraus feste Normen über die subjektive und objektive Steuerpflicht und die Höhe der Steuersätze aufstellen. Zu diesen Normen gehört auch das Abstufungsverhältnis, nach dem die einzelnen Grundstücksarten verschieden zur Grundsteuer herangezogen werden sollen. Die Setzung der Norm hierüber kann nicht den jährlichen Beschlüssen über die Verteilung des Steuerbedarfs überlassen werden. Die jährliche Festsetzung des auf bebaute und unbebaute Grundstücke entfallenden abgestuften Promillesatzes des gemeinen Werts hat sich lediglich auf die Ausrechnung der Sätze zu beschränken, die auf die einzelnen Grundstücksarten nach dem in der SteuerO. festzusetzenden Abstufungsverhältnisse, dem Steuerbedarf und seiner Verteilung auf die einzelnen Arten der staatlich veranlagten Steuern (KommAbgG. §§ 54—57) entfallen.

2. Ob ein solcher Mangel die Rechtsungültigkeit der ganzen SteuerO. herbeiführt oder ob die an sich rechtsungültige Vorschrift nur als nicht vorhanden zu betrachten ist, dergestalt, daß sie die Rechtsgültigkeit der übrigen Bestimmungen nicht berührt, hängt im einzelnen Falle davon ab, ob jene Vorschrift für den Bestand der SteuerO. derart wesentlich ist, daß bei ihrem Ausscheiden die übrigen Bestimmungen der SteuerO. die rechtliche Grundlage verlieren oder nicht. Dies kann in jedem einzelnen Falle nur nach dem gesamten Inhalte der SteuerO. beurteilt werden. Im vorliegenden Falle kann es keinem Zweifel unterliegen, daß die Ungültigkeit des letzten Satzes des Abs. 1 des § 3 der SteuerO. die Ungültigkeit der ganzen SteuerO. nach sich zieht; denn wie sich aus der oben erwähnten Vorschrift des § 3, wonach die Erhöhung des Satzes für unbebaute Grundstücke um ein Viertel bis zur Hälfte erfolgen muß, und der im Eingange der SteuerO. erfolgten Bezugnahme auf das DeklG. v. 24. VII. 06 ergibt, ist die Abstufung der Grundsteuer ein wesentlicher Bestandteil der SteuerO.

Nr. 10. Entsch. v. 31. Jan. 1913 (PrVerwBl. **34** 566) VIII C 245/12.

1. Die Vorschriften des zur GrundsteuerO. der Stadt Königsberg v. 1. I. 05 ergangenen Nachtrags v. 1. VII. 10 sind rechtsgültig, da die durch ihn angeordnete Abstufung der Steuersätze nach dem DeklG. v. 24. VII. 06 (GS. 376) zulässig ist. Die nach ihm zu erhebende sog. Vorsteuer hat auch nicht die rechtliche Eigenschaft einer Zwecksteuer. Zwecksteuern sind Steuern, die bei ihrer Ausschreibung nur zur Deckung im einzelnen bezeichneter Aufwendungen bestimmt werden. Sie sind nach dem System des KommAbgG. im Bereiche der direkten Steuern unzulässig. Hier handelt es sich zwar um eine direkte Steuer, jedoch nicht um eine Zwecksteuer, da die sogenannte Vorsteuer zur Deckung allgemeiner Gemeindebedürfnisse ausgeschrieben und bestimmt ist. Nach dem KommAbgG. kann derselbe finanzielle Zweck und dasselbe finanzielle Ergebnis, zu denen früher die Zwecksteuern dienten, durch Erhebung von Beiträgen gemäß § 9 aaO., durch eine Mehrbelastung auf Grund des § 20 Abs. 2 und durch Abstufung der Steuersätze (vgl. DeklG. v. 24. VII. 06, GS. 376) erreicht werden. Letzteres ist hier beabsichtigt. Der Nachtrag kennzeichnet sich nach seiner Überschrift und nach den Einleitungsworten als Bestandteil der GrundsteuerO. der Gemeinde. Einen solchen zu schaffen, war auch die Absicht des Magistrats bei Einbringung der Vorlage an die Stadtverordnetenversammlung, wie sich aus der ihr beigegebenen Begründung ergibt. Es wird dort

ausgeführt, daß die außerordentliche Wertsteigerung, die das Vorland einer Festung durch die Aufhebung der Rayonbeschränkungen iF. einer Entfestigung erfahre, an und für sich schon den Gedanken und den Wunsch besonders nahe legen müsse, den von den Rayonbeschränkungen befreiten Grundbesitz zu entsprechenden Gegenleistungen zugunsten der Gemeinde heranzuziehen. Dieser Wunsch sei um so berechtigter und werde geradezu zu einer unabweisbaren Forderung ausgleichender Gerechtigkeit, wenn die Gemeinde die Entfestigung bzw. die Aufhebung der Rayonbeschränkungen erkaufen und zu diesem Zwecke so weitgehende Verpflichtungen und ein so großes Risiko auf Kosten der Allgemeinheit übernehmen solle, wie es in Königsberg der Fall sei. Indem dann die zur Erreichung dieses Zweckes gesetzlich zulässigen Mittel, insbesondere die Beitragserhebung auf Grund des § 9 KommAbgG. und die Mehrbelastung gemäß § 20 Abs. 2 aaO. erwogen und als ungeeignet zurückgewiesen werden, gelangt die Begründung schließlich zu dem Ergebnis, daß es nicht nur billig, sondern auch gesetzlich zulässig sei, die Grundstücke im Festungsrayon mit einer Differenzialsteuer zu belasten, zu welchem Zwecke der Nachtrag zur GrundsteuerO. vorgelegt werde. Diesen hat dann die Stadtverordnetenversammlung unverändert angenommen. Hiernach ist davon auszugehen, daß es sich um eine einheitliche, in den Steuersätzen abgestufte Grundsteuer handelt. Der Nachtrag stuft die Steuersätze zunächst ab nach bebauten und unbebauten Grundstücken, mithin nach Grundstücksarten, sodann danach, ob die Grundstücke bis zur Aufhebung der Rayonbeschränkungen innerhalb des I. oder II. Festungsrayons der inneren Stadtumwallung belegen waren, mithin nach Besitzgruppen. Dies ist nach dem DeklG. v. 24. VII. 06 zulässig. Daß alle wirtschaftlichen Verhältnisse der einzelnen zu derselben Besitzgruppe gehörigen Grundstücke im wesentlichen gleich sein müssen, ist für die Abgrenzung der Besitzgruppen nicht erforderlich; es genügt vielmehr, daß bei den Grundstücken derselben Besitzgruppe ein einzelnes durch die SteuerO. bestimmtes objektives Merkmal zutrifft. Dies ist hier der Fall, da die Zugehörigkeit eines Grundstücks zu dem I. oder II. Festungsrayon ein solches Merkmal darstellt.

2. Die Bemessung der sogenannten „Vorsteuer" erfolgt bei unbebauten Grundstücken in Zuschlägen, die nach dem gemeinen Werte des Grundstücks, bei bebauten durch Zuschläge, die nach dem Werte festgesetzt werden, den das Grundstück ohne Berücksichtigung der darauf stehenden Gebäulichkeiten haben würde, mithin nach einem nur fingierten Werte. Auch dies widerspricht keiner gesetzlichen Vorschrift. Wie das OVG. in ständiger Rechtsprechung angenommen hat, unterliegen der Gemeindebesteuerung vom Grundbesitz nur diejenigen Objekte, die der staatlichen Grundsteuergesetzgebung unterworfen sind; die Gemeinden können daher die Liegenschaftsbesteuerung nicht auf Gegenstände ausdehnen, die nicht Gegenstände der Besteuerung nach dem GrStG. sind. Die Autonomie der Gemeinden ist jedoch nicht in der Bestimmung darüber beschränkt, daß gewisse, an sich der staatlichen Grund- und Gebäudesteuer unterliegende Bestandteile von Grundstücken, insbesondere also auch die auf den Grundstücken befindlichen Baulichkeiten, bei der Veranlagung zur Gemeindegrundsteuer als nicht vorhanden gelten sollen, dergestalt, daß sie von der Besteuerung ausgeschlossen bleiben. Hiernach war die Stadtgemeinde Königsberg i. Pr. rechtlich nicht behindert, im § 2 des Nachtrags zu bestimmen, daß für die Bemessung des Zuschlags, der sog. Vorsteuer, bei bebauten Grundstücken die auf ihnen befindlichen Gebäulichkeiten als nicht vorhanden zu gelten hätten und infolgedessen bei der Bewertung des Grundstücks nicht zu berücksichtigen seien.

3. In den §§ 1 und 2 des Nachtrags sind ferner die ein für allemal festgesetzten Promillesätze, nach denen die Zuschläge berechnet werden sollen, verschieden bemessen, je nachdem es sich um bebaute oder unbebaute Grundstücke handelt. Für letztere betragen sie im I. bzw. II. Rayon 8 bzw. 4 vom Tausend des gemeinen Wertes, für erstere (die bebauten) sollen sie dagegen um 8 bzw. 4 vom

Tausend höher sein als der Promillesatz, der außerhalb der bezeichneten Rayongebiete von dem gemeinen Werte der städtischen Grundstücke erhoben wird. Der Magistrat ist nun der Ansicht, daß bei Erlaß der SteuerO. nicht die Absicht obgewaltet habe, bei den bebauten und unbebauten Grundstücken einen verschiedenen Promillesatz für die Berechnung der Vorsteuer festzusetzen, daß vielmehr der Zuschlag für beide Arten von Grundstücken der gleiche, nämlich 8 bzw. 4 vom Tausend sein sollte und daß eine hiervon abweichende Auslegung lediglich der unklaren Wortfassung des § 2 des Nachtrags, aber nicht der Absicht des Gesetzgebers entsprechen würde. Dieselbe Ansicht hat auch der Bezirksausschuß in seiner Entscheidung ausgesprochen. Dem kann jedoch nicht beigetreten werden. Die Fassung des § 2 aaO. ist durchaus klar und läßt keine andere Auslegung zu als die oben angegebene. Bei einer klaren Wortfassung kommt es nicht darauf an, welche Absichten der Gesetzgeber beim Erlaß einer Vorschrift gehabt hat, sondern darauf, was er tatsächlich ausgesprochen hat. Es ist daher zu prüfen, ob die Bestimmung des § 2 aaO. in der vorliegenden Wortfassung gesetzlich zulässig ist. Dies ist zu bejahen, da die dortige Abstufung der Steuersätze nach Grundstücksarten keiner gesetzlichen Vorschrift widerspricht, sogar durch das DeklG. v. 24. VII. 06 ausdrücklich für zulässig erklärt ist.

4. Auch die in §§ 1 und 2 des Nachtrags erfolgte Normierung ein für allemal feststehender Promillesätze für die Bemessung der „Vorsteuer" ist rechtlich nicht als unzulässig zu erachten. Die Gemeindegrundsteuern sind trotz dieser Normierung derart bewegliche, daß sich ihr Sollaufkommen nach dem jährlich wechselnden Steuerbedarf in Verbindung mit den Gemeindebeschlüssen über dessen Verteilung auf die einzelnen Steuerarten bestimmt. Bei der Verteilung des Steuerbedarfs auf die verschiedenen Steuerarten ist den Aufsichtsbehörden durch die Möglichkeit der Erteilung oder Versagung der Genehmigung ein ausreichendes Mitwirkungsrecht eingeräumt. Dieses Rechtes haben sich die Aufsichtsinstanzen dadurch nicht begeben, daß sie die Erhebung fester Promillesätze für die Vorsteuer genehmigt haben, denn diese Sätze kommen nur bei der Unterverteilung der Geldsumme, deren Aufbringung mittels Grundsteuern von den Aufsichtsbehörden genehmigt worden ist, auf die Steuerpflichtigen zur Geltung. Die Genehmigung muß ebenso wie die Beschlußfassung der städtischen Behörden auch dort, wo besondere Realsteuern erhoben werden, Prozentsätze der staatlich veranlagten Steuern zum Gegenstand haben (§ 57 KommAbgG.); erst der sich hieraus ergebende Gesamtbetrag der betreffenden Realsteuer ist nach Maßgabe der Vorschriften der örtlichen SteuerO. auf die Steuerpflichtigen unterzuverteilen. Hieraus folgt einerseits, daß die Unterverteilung des genehmigten Steuerbetrags auf die Steuerpflichtigen nach Maßgabe des örtlichen Steuerrechts keiner Genehmigung auf Grund der §§ 54ff. aaO. unterliegt, anderseits, daß nur der auf Grund der §§ 54ff. genehmigte Betrag auf die Steuerpflichtigen unterverteilt werden darf, daß somit im vorliegenden Falle auch der auf Grund des Nachtrags aufzubringende Betrag der „Vorsteuer" gemäß § 57 aaO. auf denjenigen Teil des Steuerbedarfs zu verrechnen ist, der durch Prozente der vom Staate veranlagten Grund- und Gebäudesteuer aufzubringen ist. Selbst wenn aber auch einmal in Königsberg der Fall eintreten sollte, daß der ganze vom Grundbesitz aufzubringende Steuerbedarf durch die sogenannten Vorsteuern gedeckt werden könnte, so würden die Aufsichtsbehörden doch in der Lage sein, durch Versagung ihrer Genehmigung bzw. Zustimmung zu den Steuerverteilungsbeschlüssen die Stadtgemeinde zu veranlassen, die Bestimmungen des Nachtrags über die „Vorsteuer" abzuändern.

Nr. 11. Entsch. v. 28. April 1911 (**PrVerwBl. 33** 30) VIII C 202/10.

1. In der Rechtsprechung ist der Begriff des gemeinen Wertes iS. des § 25 KommAbgG. aus den §§ 111ff. Tit. 2 T. I ALR. dargelegt worden. Der gemeine Wert gehört danach dem Wert im objektiven Sinne an und steht im Gegensatz zum Wert im subjektiven Sinne. Während dieser Wert durch den Nutzen

bestimmt wird, den eine Sache ihrem Besitzer leisten kann, ist der gemeine Wert der Nutzen, den die Sache einem jeden Besitzer gewähren kann. Dieser Nutzen aber erschöpft sich der Regel nach nicht in den Vorteilen, die aus dem Gebrauch oder dem Ertrage fließen, sondern umfaßt auch diejenigen, die die Verwertung der Substanz, die Veräußerung bringt. Daher ist denn auch stets anerkannt worden, daß der Verkaufspreis, der unter gewöhnlichen Verhältnissen im Verkehr erzielt werden kann, ein geeigneter Maßstab für die Ermittelung des gemeinen Wertes ist. In erster Reihe wird hiernach der gemeine Wert aus Verkaufspreisen ermittelt werden können, die unter gewöhnlichen Verhältnissen im Verkehr tatsächlich erzielt worden sind. Hier wird namentlich in Betracht kommen, ob für das Grundstück selbst, dessen gemeiner Wert gesucht wird, derartige Verkaufspreise vorliegen; ebenso lassen sich aber Verkaufspreise solcher Art, wenn sie für gleichartige Grundstücke bezahlt sind, zum Anhalte nehmen. Fehlt es an wirklich gezahlten Kaufpreisen, so ist nach dem Verkaufspreise, der unter gewöhnlichen Verhältnissen im Verkehr erzielt werden kann, zu suchen. Das geschieht nach der Lage des Grundstücksmarkts, d. h. es ist der Kreis derjenigen Personen ins Auge zu fassen, die für den Besitz und Erwerb eines Grundstücks dieser Art überhaupt in Frage kommen, und nach einer solchen Weise der Preis zu ermitteln, wie es unter normalen Verhältnissen in dem bezeichneten Kreise zu geschehen pflegt. Dieser Kreis wird um so größer sein, um so mehr ein Grundstück nach Lage, Größe und Einrichtung für viele nutzbar ist; er ist im allgemeinen um so beschränkter, als das Grundstück nach seinen besonderen Eigenschaften und Einrichtungen für wenige nutzbar ist. So pflegt der Grundstücksmarkt für Wohnhausgrundstücke größer als für Fabrikgrundstücke zu sein, weil Angebot und Nachfrage für die ersteren stärker ist, als für die letzteren. Es kann aber vorkommen, daß die Einrichtungen, mit denen ein Grundstück, namentlich für einen Gewerbebetrieb, ausgestattet ist, es in seinem derzeitigen Zustande nur für seinen Besitzer nutzbar erscheinen lassen, und ein Erwerber, um es anderweit nutzbar zu machen, kostspielige Änderungen und Umgestaltungen vornehmen müßte. In einem solchen Falle setzt sich der Kreis der an einem Verkauf Interessierten nur aus solchen Personen zusammen, die die für die Umgestaltungen erforderlichen Aufwendungen machen würden; unter normalen Verhältnissen ziehen die Vertragsteile für die Bildung des Kaufpreises diese Aufwendungen in Betracht.

2. Nun gehen hier der Bezirksausschuß, die Parteien und die Sachverständigen davon aus, daß es sich um ein Grundstück handelt, das mit einem Bankgebäude besetzt und nach den besonderen Zwecken eines solchen baulich besonders eingerichtet ist, daß es sich also um ein sogenanntes Zweckgrundstück handelt. Sie schätzen seinen Wert auch, wie dies bei derartigen Grundstücken nicht selten geschieht, indem sie einzeln den Bodenwert und den Gebäudewert ermitteln und in deren Summe den normalen Kaufpreis finden. Wenn nun die Klägerin vorträgt, daß die für die Bank besonders hergestellten baulichen Einrichtungen des Gebäudes die Nutzbarkeit des Grundstücks für jeden Erwerber ausschlössen, wofern er nicht mit einem Kostenaufwande von 30 000 *M* einen Umbau vornehme, so durfte der Vorderrichter über dieses Vorbringen nicht ohne Begründung hinweggehen; denn, wenn die Angaben tatsächlich zuträfen, würde der der Entscheidung zugrunde liegenden Annahme, daß für ein Bankgebäudegrundstück als solches Käufer am Grundstücksmarkte vorhanden seien, der Boden entzogen werden.

Nr. 12. Entsch. v. 19. Mai 1911 (PrVerwBl. 33 61) VIII C 315/10.

1. Der Vorderrichter geht zwar zutreffend davon aus, daß unter dem gemeinen Wert eines Grundstücks regelmäßig der Kaufpreis zu verstehen ist, der im gewöhnlichen Geschäftsverkehr ohne Rücksicht auf ungewöhnliche oder persönliche Verhältnisse, also von jedermann, zu erzielen ist. Mit dieser Begriffsbestimmung

setzt er sich aber selbst in Widerspruch, wenn er, dem Gutachten des von ihm vernommenen Sachverständigen folgend, annimmt, der Kaufpreis, der für ein Grundstück zu erzielen sei, decke sich regelmäßig nicht mit dessen gemeinem Werte, sondern sei niedriger als dieser, da Grundstücke regelmäßig in der Absicht gekauft würden, an ihnen iF. eines Weiterverkaufs noch einen Gewinn zu erzielen. Der Vorderrichter legt danach der Entscheidung einen anderen Begriff des gemeinen Wertes zugrunde; er versteht nämlich in Wahrheit unter dem gemeinen Wert eines Grundstücks nicht denjenigen, der bei dessen Verkauf unter gemeingewöhnlichen Verhältnissen von jedermann zu erzielen ist, sondern denjenigen, der sich ergibt, wenn man den erzielbaren Kaufpreis um den vom Käufer iF. eines Wiederverkaufs erhofften Gewinn erhöht. Dies ist rechtsirrig. Der gemeine Wert eines Grundstücks als derjenige, den das Grundstück nach seiner objektiven Beschaffenheit unter gemeingewöhnlichen Verhältnissen für jedermann hat, deckt sich mit dem Werte, der beim Verkaufe, wie bei einer Ware, im Gelde meßbar wird, also mit dem Preise, der für das Grundstück auf dem Grundstücksmarkte zu erzielen ist. Der Eigentümer braucht nur denjenigen Grundstückswert zu versteuern, den er in Geld umzusetzen in der Lage ist, nicht denjenigen, den vielleicht später einmal der Käufer bei einem Wiederverkauf erzielen zu können hofft.

2. Wie das OVG. in ständiger Rechtsprechung dargelegt hat, bieten den sichersten Anhalt für die Ermittelung des Verkaufswertes die für das Grundstück in neuester oder neuerer Zeit gezahlten Kaufpreise und, wo es daran fehlt, die für wesentlich gleichartige Grundstücke entrichteten Kaufpreise. Deshalb hat auch der Gerichtshof stets gefordert, daß die Ermittelungen in erster Linie sich in diesen Richtungen bewegten. Nur soweit dabei ein Ergebnis nicht zu erzielen ist, wo es also an Kaufpreisen für das betreffende Grundstück und wesentlich gleichartige Grundstücke fehlt, wird in Frage kommen, ob der gemeine Wert auf andere Weise gefunden werden kann. Nur eine solche andere Methode ist aber brauchbar, die zu demjenigen Werte führt, den das Grundstück nach seiner objektiven Beschaffenheit für jeden Besitzer hat. Dies ist regelmäßig bei der vom Vorderrichter angewendeten Methode zur Auffindung des gemeinen Wertes dadurch, daß er den Gebäudewert, den Bodenwert und den kapitalisierten Ertragswert mechanisch zusammengerechnet und davon die Hälfte genommen hat, nicht der Fall, es sei denn, daß etwa nach den besonderen örtlichen Verhältnissen die Kauflustigen den Kaufpreis auf diese Weise sich zu berechnen pflegen.

Nr. 13. Entsch. v. 8. Dez. 1911 (PrVerwBl. 33 663) VIII C 151/11.

KommAbgG. § 25.

G. v. 26. V. 09 (GS. 349), betr. Abänderung des EinkStG. u. des ErgStG. Art. II.

1. Unter dem gemeinen Wert iS. des KommAbgG. ist derselbe Wert zu verstehen, der das ALR. als gemeinen Wert bezeichnet. Nach § 112 Tit. 2 T. I ALR. ist „der Nutzen, den die Sache einem jeden Besitzer gewähren kann", ihr gemeiner Wert. Dieser Wert erschöpft sich aber regelmäßig nicht in den Vorteilen, die aus dem Gebrauche oder Ertrage der Sache fließen, sondern umfaßt auch diejenigen, die die Verwertung der Substanz, d. h. die Veräußerung der Sache, verschafft. Der gemeine Wert ist daher der Verkaufswert. Für dauernd land- oder forstwirtschaftlich genutzte Grundstücke gilt begrifflich nichts anderes. Aus der Entstehungsgeschichte des KommAbgG. und insbesondere aus dem Umstande, daß bei der Beratung dieses G. in der Kommission des AH. der im Entwurfe gebrauchte Ausdruck „Verkaufswert" durch die Worte „gemeiner Wert" ersetzt worden ist, kann nicht hergeleitet werden, daß der Begriff „des gemeinen Wertes" nach dem KommAbgG. eine andere Bedeutung haben müsse, als „Verkaufswert".

2. An diesem Rechtszustand ist auf dem Gebiete des Kommunalsteuerrechts hinsichtlich der dauernd zu land- oder forstwirtschaftlichen Zwecken bestimmter Grundstücke durch Art. II G., betr. Abänderung des EinkStG.

und des ErgStG., v. 26. V. 09 (GS. 349) nichts geändert worden. Durch letztere Bestimmung wird weder für den § 25 KommAbgG. noch für die auf ihm beruhenden örtlichen SteuerO. eine Änderung des Begriffs des gemeinen Wertes hinsichtlich der dauernd zu land- oder forstwirtschaftlichen Zwecken bestimmten Grundstücke herbeigeführt. In dem Kommentar von Noell-Freund (7. Aufl., 1910, Anm. S. 105/106) zum KommAbgG. wird freilich eine gegenteilige Auffassung vertreten. Die hier zum Ausdruck gebrachte Ansicht geht dahin, daß Art. II eine besondere Begriffsbestimmung des gemeinen Wertes für dauernd land- und forstwirtschaftlich genutzte Grundstücke enthalte, und daß diese Begriffsbestimmung hinsichtlich des gemeinen Wertes der erwähnten Grundstücksarten ohne weiteres für solche bereits bestehende oder künftige SteuerO. maßgebend sei, die lediglich „den gemeinen Wert ohne nähere Begriffsbestimmung" als Veranlagungsmaßstab aufstellen. Dieser Auffassung kann nicht beigetreten werden. Es trifft zunächst nicht zu, daß im Art. II für die betreffenden Grundstücksarten der Ertragswert als besonderer Begriff des gemeinen Wertes aufgestellt oder, richtiger ausgedrückt, die Rechtsfiktion ausgesprochen werde, der Ertragswert sei für jene Grundstücke der gemeine Wert. Einer dahingehenden Auslegung steht in erster Linie die Wortfassung des G. entgegen. Nach der allgemeinen Regel des § 9 ErgStG. wird der Schätzung des steuerbaren Vermögens der gemeine Wert zugrunde gelegt. Wenn dann § 11 Abs. 1 idFass. der Nov. bestimmt, daß bei der Einschätzung der dauernd land- oder forstwirtschaftlich genutzten Grundstücke der Ertragswert zugrunde gelegt wird, so rechtfertigt diese parallele Ausdrucksweise die Annahme, daß es sich hierbei um zwei selbständige, voneinander verschiedene Veranlagungsmaßstäbe handelt. Für die land- und forstwirtschaftlich genutzten Grundstücke soll an die Stelle des gemeinen Wertes ein anderer Maßstab, nämlich der Ertragswert, treten. Für diese Auslegung spricht auch die Entstehungsgeschichte des G. v. 26. V. 09.

Selbst wenn aber im Art. II ein besonderer Begriff des „gemeinen Wertes" für die dauernd land- oder forstwirtschaftlich genutzten Grundstücke aufgestellt worden wäre, was nicht angenommen werden kann, so würde diese besondere gesetzliche Begriffsbestimmung doch nur für die Einschätzung zur Ergänzungssteuer maßgebend sein. Der Begriff des gemeinen Wertes iS. des § 25 KommAbgG. würde durch diese Sonderregelung für die Materie des Ergänzungssteuerrechts nicht berührt werden. JS. des § 25 aaO. ist und bleibt als gemeiner Wert eines Grundstücks dessen Verkaufswert maßgebend. Dieser aus § 112 Tit. 2 T. I ALR. hergeleitete Inhalt des gesetzlichen Begriffs könnte für das Kommunalsteuerrecht nur durch einen auch für diese Materie ergehenden gesetzlichen Akt anders gestaltet werden. Wenn nun in GemeindegrundsteuerO. als Veranlagungsmaßstab der „gemeine Wert" gewählt ist oder wird, so ist hierunter auch fernerhin der Verkaufswert zu verstehen. Die Autonomie der Gemeinden erstreckt sich nicht auf die Bestimmung des Rechtsbegriffs des „gemeinen Wertes" für das kommunale Grundsteuerrecht.

Nr. 14. Entsch. v. 26. Mai 1911 (PrVerwBl. **33** 96) VIII C 288/10.

Die Rohrleitungen einer Gasanstalt, die weder auf noch unter dem Grundstücke, auf dem sich das Reglerhaus der Gesellschaft befindet, liegen, sondern über den ganzen Gemeindebezirk verteilt sind, können nicht als mit dem Grundstück eine Ganzes bildend und demgemäß auch nicht als Bestandteile des Grundstücks angesehen werden. Sie kommen daher für die Bemessung der Gemeindegrundsteuer hinsichtlich des Grundstücks nicht in Betracht. Selbst wenn aber auch anzunehmen wäre, daß die Rohrleitungen Bestandteile des Grundstücks bildeten, so würde doch ihr Wert bei Festsetzung der Gemeindegrundsteuer des Grundstücks nicht in Ansatz zu bringen sein. Gemäß OVG. **34** 39ff. werden Triebwerke und Maschinen, die mit gewerblich benutzten Gebäuden verbunden sind, von der auf

Grundstücke gelegten Realsteuer nicht betroffen. Diese Steuer hat vielmehr nur die gewerblich benutzten Räume ohne alles gewerbliche Zubehör zu erfassen, damit nicht die Besteuerung der bebauten Grundstücke zu einer solchen des Gewerbes und des gewerblichen Anlagekapitals werde. Das Rohrnetz der Klägerin dient der Zuführung des Gases zu den Verbrauchern, also dem gewerblichen Betriebe der Klägerin. Es steht daher den dem Gewerbebetriebe dienenden maschinellen Einrichtungen gleich und kann somit der Besteuerung vom Grundbesitze nicht unterliegen.

Nr. 15. Entsch. v. 2. Juni 1911 (PrVerwBl. **33** 114) VIII C 206/10.

Unzutreffend ist das Verlangen des Beklagten, daß zur Beantwortung der Frage, ob bei der Ermittelung des gemeinen Wertes eines Straßenbahnhofsgrundstücks ein Wert für die auf ihm befindlichen Gebäude in Ansatz zu bringen sei; auch hätte geprüft werden müssen, ob eine Veräußerung des Straßenbahnhofsgrundstücks zugleich mit dem ganzen Straßenbahnunternehmen möglich sei. Es kommt nicht darauf an, welchen Wert das Bahnhofsgrundstück als Bestandteil des gewerblichen Gesamtbetriebs in dessen Zusammenhang besitzt, sondern welchen Wert es, losgelöst aus diesem Zusammenhang, als einzelnes Grundstück, als wirtschaftliche Einheit, hat. Es ist also hier nicht von Belang, welchen Preis jemand, der den ganzen Gewerbebetrieb der Klägerin erwirbt und somit als Straßenbahnunternehmer an deren Stelle tritt, für das Grundstück zahlen würde.

Nr. 16. Entsch. v. 4. Okt. 1912 (PrVerwBl. **34** 295) VIII C 187/12.

1. Wenn auch an sich eine im Laufe des Veranlagungszeitraums eintretende Veränderung im gemeinen Werte der steuerpflichtigen Grundstücke erst bei der nächsten Veranlagung berücksichtigt werden darf, so steht dieser Rechtsgrundsatz doch einer Neuveranlagung des Grundstücks innerhalb der Veranlagungsperiode dann nicht entgegen, wenn dieses eine so wesentliche Veränderung in seinem Bestande erfahren hat, daß dadurch ein neues Steuerobjekt geschaffen worden ist (vgl. OVG. v. 19. XI. 01, PrVerwBl. **23** 711).

2. Sind aber nach dem örtlichen Steuerrechte die Grundstücke Gegenstand der Besteuerung, so bilden die auf einem Grundstücke befindlichen Gebäude nur Rechnungsfaktoren für die Bemessung des gemeinen Wertes des Grundstücks. Es kann daher nur das eine wirtschaftliche Einheit darstellende Grundstück unter Berücksichtigung der durch die Errichtung eines Gebäudes bedingten Erhöhung seines gemeinen Wertes neu veranlagt werden. Eine selbständige Veranlagung von Bestandteilen einer wirtschaftlichen Einheit ist rechtlich ausgeschlossen.

Nr. 17. Entsch. v. 17. Nov. 1911 (OVG. **60** 156) VIII C 59/11.

KommAbgG. §§ 24, 64.

1. Gegen eine nach § 64 KommAbgG. erfolgte Veranlagung des gemeinen Wertes für mehrere aufeinanderfolgende Rechnungsjahre darf der Veranlagte einwenden, daß er gemäß § 24 aaO. von der Steuer befreit ist. Das Unterlassen der Einwendung hindert ihre Geltendmachung gegenüber der Heranziehung für das einzelne Rechnungsjahr des mehrjährigen Veranlagungszeitraums nicht. War dagegen gegenüber der Veranlagung des gemeinen Wertes die Steuerbefreiung geltend gemacht, aber rechtskräftig verworfen worden, so kann gegenüber der Heranziehung für das einzelne Rechnungsjahr des mehrjährigen Veranlagungszeitraums der Einwand nicht wiederholt werden, es sei denn, daß die Steuerbefreiung inzwischen eingetreten ist.

2. Der gemeine Wert eines steuerpflichtigen Grundstücks kann nur einheit-

lich für das ganze Grundstück festgestellt werden. Ist aber das Grundstück gemäß § 24 Abs. 3 KAG. teilweise steuerfrei, so ist der gemeine Wert des steuerpflichtigen Grundstücksteiles festzustellen.

Nr. 18. Entsch. v. 30. April 1912 (PrVerwBl. **34** 30) VIII C 34/12.

Nach § 64 KommAbgG. kann durch SteuerO. bestimmt werden, daß die Veranlagung besonderer Realsteuern für mehrere aufeinanderfolgende Rechnungsjahre zu erfolgen habe. Demgemäß verordnet die GrundsteuerO. für die Gemeinde Altenessen, daß der gemeine Wert für drei Steuerjahre festzusetzen ist. Hat eine solche Festsetzung stattgefunden, und ist sie unanfechtbar geworden, so kann sie bei einem Wechsel im Eigentume weder von dem Pflichtigen angegriffen noch von dem Steuergläubiger abgeändert werden, wofern nicht Veränderungen im Bestande des Grundstücks selbst eintreten, die eine Ermäßigung oder Erhöhung nach dem örtlichen Steuerrechte bedingen.

Daß es bei der Wertfestsetzung nicht verbleiben kann, wenn innerhalb der Rechnungsperiode das Grundstück durch Veränderung der Fläche größer oder kleiner wird, und wenn ein Grundstück in seiner Substanz sich ändert, indem beispielsweise bei einem Gebäude ein Stockwerk aufgesetzt oder abgenommen wird, versteht sich von selbst. Denn im ersten Falle ist an die Stelle des veranlagten Grundstücks ein anderes von größerem oder geringerem Umfang getreten; im zweiten Falle hat sich der tatsächliche Zustand des Grundstücks, auf Grund dessen die Wertfestsetzung erfolgte, geändert. In beiden Fällen kann es bei der früheren Veranlagung des gemeinen Wertes nicht bleiben. Anders ist dies, wenn das Grundstück, das Objekt der Besteuerung ist, keine Änderung in seinem Bestand erfährt, sondern lediglich ein Wechsel im Eigentume desselben unveränderten Grundstücks stattfindet. Denn nach dem KommAbgG. werden die Grundstücke selbst, also ihrer Substanz nach, als pflichtig bezeichnet, nicht aber die physischen oder juristischen Personen, die zu dem Grund und Boden in einem mehr oder weniger umfassenden Rechtsverhältnisse stehen.

Nr. 19. Entsch. v. 25. Juni 1912 (PrVerwBl. **34** 80) VIII C 123/12.

Der Grundsatz, daß eine unanfechtbar gewordene Veranlagung von der Veranlagungsbehörde zuungunsten des Steuerpflichtigen innerhalb der Veranlagungsperiode nicht mehr abgeändert werden kann, gilt auch dann, wenn auf Grund des § 64 KommAbgG. durch SteuerO. vorgeschrieben ist, daß behufs Erhebung einer besonderen Gemeindesteuer von Grundbesitz die Feststellung des gemeinen Wertes der steuerpflichtigen Grundstücke für mehrere aufeinanderfolgende Rechnungsjahre zu erfolgen hat.

2. Vom Gewerbebetriebe.

a) Allgemeines.

Nr. 1. Entsch. v. 28. April 1911 (OVG. **59** 143) VIII C 214/10.

KommAbgG. § 28. GewStG. § 1.

1. Unter dem Gewerbebetriebe, der das Objekt der Gewerbebesteuerung bildet, versteht man eine mit der Absicht auf Gewinnerzielung unternommene selbständige, berufsmäßige und erlaubte Arbeitstätigkeit, die sich als Beteiligung am allgemeinen wirtschaftlichen Verkehre darstellt. Zur Entrichtung der Gewerbesteuer ist danach dem Steuergläubiger gegenüber derjenige verpflichtet, der das Steuerobjekt nach den angeführten Richtungen hin vollständig vertritt, also derjenige, der die vorbezeichnete Arbeitstätigkeit selbständig ausübt. Selbständig wird eine gewerbliche Tätigkeit betrieben, wenn sie auf eigene Rechnung und Gefahr des Betreibenden statt-

findet. Nur derjenige, der auf eigene Rechnung und Gefahr arbeitet, ist daher Gewerbetreibender in steuerlichem Sinne. Die Tatsache, daß jemand die Konzession für ein genehmigungspflichtiges Gewerbe erhalten hat, ist für seine Gewerbesteuerpflicht nicht entscheidend. Wenn der Betreffende auch als Inhaber der Konzession der Polizeibehörde gegenüber für die Befolgung der gewerbepolizeilichen und strafrechtlichen Vorschriften in gewissem Umfange haftbar sein mag, so folgt hieraus noch nicht seine Steuerpflicht. Die im gewerbepolizeilichen Interesse erlassenen Vorschriften der GewO. sind nicht ohne weiteres auf das steuerliche Gebiet übertragbar. Für die Bejahung oder Verneinung der gewerblichen Steuerpflicht ist vielmehr allein die Frage ausschlaggebend, ob der Betreffende ein nach § 28 Ziff. 1 KommAbgG. in Verbindung mit § 1 Abs. 1 GewStG. der Gewerbesteuer unterliegendes stehendes Gewerbe betreibt oder nicht. Betreibt jemand ein solches Gewerbe, ohne die zu seinem Betriebe erforderliche Konzession erhalten zu haben, so ist er gleichwohl steuerpflichtig. Die Polizeibehörde kann zwar in diesem Falle seine Bestrafung herbeiführen oder den gesetzwidrigen Gewerbebetrieb verhindern. Die Mißachtung jener gewerbepolizeilichen Gesetzesvorschrift hat aber keine Befreiung von den Anforderungen der SteuerG. zugunsten des Zuwiderhandelnden zur Folge. Eine objektiv erlaubte gewerbliche Tätigkeit verliert daher ihren rechtlichen Charakter als steuerpflichtiger Gewerbebetrieb nicht dadurch, daß sie subjektiv rechtswidrig ist. Aus denselben Gründen wird auch, wenn ein Gewerbetreibender die zu seinem Gewerbebetrieb erforderliche Konzession für eine andere Person erwirkt hat, dadurch nicht der Konzessionsinhaber gewerbesteuerpflichtig. Auch aus Art. 12 AAnw. v. 4. XI. 95 z. GewStG. ergibt sich nicht, daß die Erteilung der Konzession als für die subjektive Gewerbesteuerpflicht entscheidend anzusehen sei, ganz abgesehen davon, daß die AAnw. dem G. Widersprechendes nicht anordnen könnte. Stets ist nur derjenige steuerpflichtig, der Inhaber des Gewerbebetriebs ist, mag er sich auch in dem Betriebe seines Gewerbes durch einen anderen vertreten lassen.

2. Auch die Betriebsteuer ist keine Konzessionsabgabe in dem Sinne, daß sie ausnahmslos von jedem, der eine Wirtschaftskonzession erhalten hat, mit Rücksicht auf diese Konzessionserteilung zu entrichten wäre. Denn die Betriebsteuer ist gemäß §§ 59, 60 GewStG. eine Abgabe, die bestimmten Gewerbebetrieben mit Rücksicht auf ihre Konzessionspflicht auferlegt wird. Betriebsteuerpflichtig ist daher derjenige, der selbständig eine Gastwirtschaft, Schankwirtschaft usw. betreibt, mag er die Konzession für diesen Betrieb selbst erhalten oder sie auf den Namen eines Dritten erwirkt oder sich der Konzessionspflicht entzogen haben. Nicht betriebsteuerpflichtig ist also, wer die Konzession erhalten oder behalten hat, ohne das betreffende konzessionspflichtige Gewerbe selbständig zu betreiben.

b) Besondere Gemeindegewerbesteuern.

Nr. 1. Entsch. v. 3. Jan. 1911 (OVG. 58 163) VIII C 251/10.

GewStG. § 41.

Aus dem Wesen der Gewerbesteuer als einer reinen Objektsteuer folgt, daß der Gewerbebetrieb als solcher den Gegenstand der Gewerbesteuer bildet. Veranlagt wird der Gewerbebetrieb, zahlungspflichtig für die veranlagte Gewerbesteuer ist der Inhaber des Gewerbebetriebs. Hieraus ergibt sich, daß, wenn ein Gewerbebetrieb im Laufe des Steuerjahrs nach erfolgter Veranlagung von einer anderen Person übernommen und von ihr unverändert fortgeführt wird, nicht eine Neuveranlagung des Gewerbebetriebs, sondern nur eine Heranziehung des neuen Inhabers zu der bereits für den Gewerbebetrieb veranlagten Steuer stattfindet; der Geschäftsnachfolger tritt bis zum Ablaufe des Steuerjahrs in die Steuerpflicht des Abgehenden nach Maßgabe der Veranlagung des letzteren ein. Im § 41 GewStG. wird bei dieser Rechtsnachfolge des neuen Inhabers des Gewerbebetriebs in die Steuerpflicht des ursprünglichen Inhabers von einer Umschreibung gesprochen. Hinsichtlich der Rechtsmittel gegen eine auf Grund des § 41 aaO. erfolgte Umschreibung hat das OVG. angenommen, daß dem Steuerpflichtigen, der die unveränderte Fortsetzung des veranlagten Gewerbebetriebs bestreitet, gegen die Umschreibung der Steuer die allgemein gegebenen Rechtsmittel des Einspruchs, der Berufung und der Beschwerde zustehen, daß er zur Anfechtung der ursprünglichen Veranlagung dann für berechtigt erachtet werden muß, wenn das Rechtsmittel noch dem veranlagten früheren Besitzer zugestanden hätte, daß jedoch nach dem Eintritte der Rechtskraft der Veranlagung der Übernehmer nur noch die Zulässigkeit der Umschreibung, dagegen nicht mehr die Richtigkeit der Veranlagung anfechten kann. Diese für die staatliche Gewerbesteuer aufgestellten Grundsätze gelten in gleicher Weise auch für die Gemeindegewerbesteuer, da sie sich aus dem Wesen der Gewerbesteuer als einer reinen Objektsteuer ergeben.

Nr. 2. Entsch. v. 26. März 1912 (OVG. **62** 331) VIII C 27/12.

1. Das OVG. hat in OVG. **52** 149 eine GewerbesteuerO. nicht aus dem Grunde für rechtsungültig erklärt, weil nur ein Teil der Gewerbetreibenden zu einer besonderen Gewerbesteuer, die übrigen mit Prozenten der staatlich veranlagten Gewerbesteuer herangezogen wurden; dies hat vielmehr das OVG. in ständiger Rechtsprechung für zulässig gehalten, sofern die Scheidung der Betriebe nach objektiven Momenten erfolgt war. Es hat die SteuerO. nur deshalb für ungültig erachtet, weil die Scheidung nicht nach objektiven Momenten, vielmehr nach persönlichen, mit dem Gewerbebetriebe nicht zusammenhängenden Verhältnissen der Gewerbetreibenden erfolgt war.

2. Für die Frage, ob das Unterhalten einer Zweigniederlassung als ein objektives Merkmal anzusehen sei, ist allein entscheidend § 29 Abs. 2 KommAbgG., der die Bemessung einer Gemeindegewerbesteuer nach jedem objektiven Merkmale des Gewerbebetriebs zuläßt, selbst wenn das Merkmal nicht allein dem in der Gemeinde stattfindenden, sondern dem Gesamtbetrieb entnommen ist. Als ein dem Gesamtbetrieb entnommenes objektives Merkmal muß jedoch das Errichten und Halten einer Zweigniederlassung angesehen werden.

Nr. 3. Entsch. v. 16. Juni 1911 (OVG. **59** 148) VIII C 150/10.

GewStG. §§ 24, 44, 45.

1. Nach § 24 Abs. 4 GewStG. sind während des Steuerjahrs eintretende Änderungen erst bei der Besteuerung für das folgende Jahr zu berücksichtigen.

2. Der Bezirksausschuß hat außerdem auf Grund des § 11 Abs. 2 der örtlichen SteuerO. geprüft, ob im vorliegenden Falle die Voraussetzungen vorhanden sind, unter denen nach §§ 44 und 45 GewStG. die Ermäßigung der Steuer erfolgen kann, und dies aus sachlichen Gründen verneint. Hierzu war er nicht zuständig. § 11 Abs. 2 der SteuerO. schreibt die entsprechende Anwendung der §§ 44 und 45 mit der Maßgabe vor, daß über die Ermäßigung oder den Erlaß der Steuer sowie über die Niederschlagung veranlagter Steuerbeträge der Gemeindevorstand zu beschließen hat. § 11 Abs. 2 G. wegen Aufhebung direkter Staatssteuern v. 14. VII. 93 (GS. 119) bestimmt allerdings, daß die Ermächtigung zum Erlaß und zur Ermäßigung veranlagter Steuern (G., betr. den Erlaß oder die Ermäßigung der Grundsteuer infolge von Überschwemmungen, v. 15. IV. 89 § 1 Nr. 1 [GS. 99]; GewStG. §§ 44, 45) auf die Gemeinden übergeht, und das OVG. hat in OVG. **39** 66 das Verwaltungsstreitverfahren für die hiernach bei den Gemeinden zu stellenden Anträge auf Erlaß oder Ermäßigung der Grundsteuer gemäß § 1 Nr. 1 G. v. 15. IV. 89 für statthaft erklärt. Das kann indessen nicht dazu führen, das Verwaltungsstreitverfahren auch für Ermäßigungsanträge auf Grund der §§ 44, 45 GewStG. zuzulassen. Abgesehen davon, daß das G., betr. den Er-

laß oder die Ermäßigung der Grundsteuer infolge von Überschwemmungen, v. 15. IV. 89 ein AusnahmeG. ist, nach dem nur aus den dort angegebenen Gründen der Erlaß oder die Ermäßigung der im übrigen unveränderlich feststehenden Grundsteuer stattfinden darf, so schließt auch die Ermächtigung, den durch Überschwemmungen geschädigten Grundbesitzern Steuernachlässe zu bewilligen, die Pflicht in sich, den Geschädigten die ihnen vom Gesetzgeber zugedachte Wohltat zuteilwerden zu lassen, sobald der dafür vorausgesetzte Tatbestand vorhanden ist (§ 1 Nr. 1 G. v. 15. IV. 89). In den Fällen der §§ 44, 45 GewStG. dagegen handelt es sich um Nachlaß der Steuer lediglich aus Billigkeitsgründen, die die Steuerpflicht nicht berühren. Ob solchen Anträgen stattzugeben sei, ist allein dem Ermessen der Gemeindesteuerbehörde überlassen; eine Rechtskontrolle im Verwaltungsstreitverfahren hierüber findet nicht statt.

Nr. 4. Entsch. v. 24. Okt. 1911 (PrVerwBl. **33** 599) VIII C 97/11.

Wenn der Oberpräsident einer Genehmigung, die der Bezirksausschuß zu einer SteuerO. erteilt hat, mit einer Maßgabe zustimmt, so kann die Zustimmungserklärung des Oberpräsidenten nicht die Genehmigung der Beschlußbehörde mit rechtlicher Wirkung umgestalten und insoweit ersetzen. Der Bezirksausschuß muß vielmehr, damit ein gültiges örtliches Steuerrecht zustande kommt, nachträglich seine Genehmigung zu der Maßgabe erklären.

Nr. 5. Entsch. v. 20. Jan. 1911 (OVG. **58** 165) VIII C 120/10.

KommAbgG. §§ 32, 47, 48, 48a.

1. Der Vorderrichter hat den in N. steuerpflichtigen Ertrag des Gewerbebetriebs der Klägerin in der Weise ermittelt, daß er den in der dortigen Zweigniederlassung unstreitig erzielten Bruttoertrag zugrunde legte und von diesem den Einkaufspreis der dort verkauften Waren, die in N. erwachsenen Betriebsunkosten und die Abschreibung auf die dortigen Außenstände abzog. Diese Ermittelung „des in der Gemeinde belegenen Teiles des Gewerbebetriebs" verstößt gegen die zwingende Vorschrift des § 32 Abs. 2 KommAbgG., die anordnet, daß bei besonderen Gewerbesteuern nach dem Ertrage, denen ein sich über mehrere Gemeinden erstreckender Gewerbebetrieb unterliegt, die Veranlagung unter sinngemäßer Anwendung der in den §§ 47, 48 KommAbgG. getroffenen Bestimmungen zu erfolgen hat. Die örtliche SteuerO. konnte Abweichendes nicht vorschreiben. Nach den sinngemäß anzuwendenden §§ 47, 48 aaO. ist der Verteilung des Ertrags aus dem Gewerbebetriebe das Verhältnis der in den einzelnen Gemeinden erwachsenen Ausgaben an Gehältern und Löhnen in dreijährigem Durchschnitte zugrunde zu legen.

2. Der in N. von der Klägerin erzielte Ertrag ergibt sich bei sinngemäßer Anwendung der §§ 47, 48 aaO. aus der Gleichung: Die Gesamtsumme der Gehälter und Löhne verhält sich zu den in N. erwachsenen Ausgaben an Gehältern und Löhnen wie der Gesamtertrag zu x (d. h. dem in N. erzielten Ertrage). Nach diesem Verhältnis ist der in N. steuerpflichtige Ertrag zu ermitteln. Dabei ist der nach den Grundsätzen des § 22 GewStG. zu berechnende gesamte, in preußischen und außerpreußischen Gemeinden, also auch in Hamburg, von der Klägerin erzielte Ertrag ihres Gewerbebetriebs und die Gesamtsumme der in preußischen und außerpreußischen Gemeinden ihr erwachsenen Ausgaben an Gehältern und Löhnen in Berücksichtigung zu ziehen; denn auch § 48a KommAbgG. findet bei besonderen Gewerbesteuern nach dem Ertrage sinngemäße Anwendung. Durch die Bestimmung des § 32 Abs. 2 sind die einschlägigen Grundsätze der Einkommensteuer auf die nach dem Ertrage bemessenen besonderen Gewerbesteuern sinngemäß für anwendbar erklärt worden. Zu ihnen gehört auch § 48a, dessen Vorschriften bereits befolgt worden sind, ehe er durch die GNov. v. 30. VII. 95 in das KommAbgG. eingefügt wurde (21. IX. 00, OVG. 38 87).

Nun ist allerdings in OVG. 31 72 ausgesprochen, daß für die Verteilung des gemeindesteuerpflichtigen Einkommens einer Aktiengesellschaft aus einem sich über preußische und außerpreußische Gemeinden erstreckenden Gewerbeunternehmen nach dem Verhältnisse der Lohnausgaben unter die berechtigten Gemeinden auf Grund des § 48a aaO. die in außerpreußischen deutschen Gemeinden entstandenen Löhne nicht mitzuberücksichtigen sind. Dieser Rechtssatz ergibt sich als Folge aus der für die Gemeindeeinkommensteuer erlassenen Sonderbestimmung des § 33 Abs. 1 Ziff. 3 Abs. 2 KommAbgG., daß das staatlich veranlagte Einkommen der dort bezeichneten Erwerbsgesellschaften für die Kommunalbesteuerung unbedingt maßgebend ist. Da nun die staatliche Veranlagung die aus deutschen Betriebsorten zufließenden Teile des gewerblichen Gesamteinkommens freizulassen hat (§ 15 Abs. 1 und § 5 Ziff. 1 EinkStG. idFass. v. 19. VI. 06), diese Teile daher auch nicht mehr solche des nach § 47 aaO. zu zerlegenden Objekts der Gemeindebesteuerung sind, so müssen bei der Verteilung des steuerpflichtigen Einkommens aus dem gleichen Grunde auch die an den deutschen Betriebsorten erwachsenen Löhne ausscheiden. Eine Bestimmung, wie die im § 33 Abs. 1 Ziff. 3 aaO. bezüglich der Einkommenbesteuerung getroffene, gibt es aber hinsichtlich der besonderen Gemeindegewerbesteuern nach dem Ertrage nicht. Da nun die §§ 47 bis 48a nur sinngemäß auf die besonderen Gewerbesteuern nach dem Ertrag anzuwenden sind, so greift jener nur für die Besteuerung des Einkommens der staatlich veranlagten Erwerbsgesellschaften geltende Rechtssatz für die Gewerbesteuer nicht Platz.

Nr. 6. Entsch. v. 9. Juli 1912 (OVG. **62** 343) VIII C 134/12.

KommAbgG. § 28. GewStG. § 2. DoppStG. § 3.

1. Das OVG. hat es in ständiger Rechtsprechung für zulässig erachtet, daß durch SteuerO. für die Abstufung der Steuersätze der gesamte Gewerbebetrieb als maßgebend erklärt wird. Dies würde auch dann zulässig sein, wenn nur ein Teil des Gesamtbetriebs in Preußen belegen und steuerpflichtig wäre. Immerhin wird hierbei vorausgesetzt, daß die örtliche SteuerO. hierüber eine ausdrückliche Bestimmung trifft.

2. Gemäß § 28 Abs. 1 Nr. 1 KommAbgG. unterliegen den Gewerbesteuern die nach dem GewStG. zu veranlagenden stehenden Gewerbe in den Gemeinden, in denen der Betrieb stattfindet. Maßgebend sind somit nur diese Bestimmungen und nicht auch § 33 KommAbgG., der nur über die Steuerpflicht hinsichtlich der Gemeindeeinkommensteuer Vorschriften gibt. Der Kläger ist ferner der Ansicht, daß er mit Rücksicht auf die Vorschrift des § 3 DoppStG. v. 22. III. 09 zur Gemeindegewerbesteuer nicht herangezogen werden dürfe, weil er eine Betriebsstätte in Preußen nicht besitze. Das ist verfehlt. Das DoppStG. bezieht sich zunächst unmittelbar nur auf direkte Staatssteuern, nicht aber auf Gemeindesteuern, um die allein es sich in der vorliegenden Streitsache handelt. Dies gilt auch für solche Gemeindesteuern, die wie in Preußen die Gewerbesteuer ‚auf Grund des G. wegen Aufhebung direkter Staatssteuern v. 14. VII. 93 (GS. 119) zwar vom Staate veranlagt werden, aber dem Staate gegenüber außer Hebung gesetzt sind. Das DoppStG. beeinflußt aber selbst nicht mittelbar die Gemeindegewerbesteuern, auch nicht die auf Grund besonderer SteuerO. erhobenen.

3. Nach § 28 Abs. 1 Ziff. 1 KommAbgG. unterliegen der Gemeindesteuer vom Gewerbebetriebe die nach dem GewStG. zu veranlagenden stehenden Gewerbe. Daraus folgt, daß ein Gewerbebetrieb, der der staatlichen Veranlagung zur Gewerbesteuer nicht unterliegt, auch in den Gemeinden nicht, sei es zur besonderen, sei es zur Zuschlagsgewerbesteuer, veranlagt werden kann. Der Verwaltungsrichter hat selbständig zu ermitteln, ob im Einzelfalle das betreffende Gewerbe staatlich zu veranlagen war. Auch wenn der betreffende Betrieb tatsächlich nicht staatlich veranlagt war, ist dessen Besteuerung

mittels besonderer Gemeindegewerbesteuer zulässig, falls er staatlich zu veranlagen war.

4. Nach § 2 GewStG. sind gewerbliche Unternehmen, die außerhalb Preußens ihren Sitz haben, aber in Preußen durch Errichtung einer Zweigniederlassung, Fabrikations-, Ein- oder Verkaufsstätte oder in sonstiger Weise einen oder mehrere stehende Betriebe unterhalten, nach Maßgabe derselben der Gewerbesteuer in Preußen unterworfen. Diese Bestimmung ist in der Rechtsprechung des OVG. dahin aufgefaßt worden, daß außerpreußische gewerbliche Unternehmungen in Preußen staatlich zur Gewerbesteuer zu veranlagen sind, wenn und insoweit sie dort einen Betriebsort haben. Diese Auffassung steht im Einklange mit § 3 des früheren DoppBestG. v. 13. V. 70 (BGBl. 119), nachdem der Betrieb eines Gewerbes nur von demjenigen Bundesstaate besteuert werden darf, in dem das Gewerbe betrieben wird, d. h. sich ein Betriebsort befindet. Nun ist aber § 3 durch ReichsG. v. 22. III. 09 dahin abgeändert worden, daß der Betrieb eines stehenden Gewerbes nur von denjenigen Bundesstaaten anteilig besteuert werden darf, in denen sich Betriebsstätten dieses gewerblichen Unternehmens befinden. Durch diese Bestimmung ist aber nicht etwa der § 2 GewStG. dahin abgeändert worden, daß außerpreußische Unternehmungen in Preußen nur dann und insoweit staatlich zu veranlagen sind, als sie hier Betriebsstätten unterhalten. Das ReichsG. bestimmt, daß der Betrieb nur in demjenigen Bundesstaate „besteuert", „zu den direkten Staatssteuern herangezogen" werden darf, in dessen Gebiete sich Betriebsstätten des Unternehmens befinden. Eine staatliche Veranlagung von Betriebsorten, die nicht zugleich Betriebsstätten sind, würde also nur dann ausgeschlossen sein, wenn sie behufs staatlicher Besteuerung erfolgte. In Preußen wird aber nach § 3 Abs. 2 G. v. 14. VII. 93 die Veranlagung der Gewerbesteuer vom Staate für die Zwecke der kommunalen Besteuerung ausgeführt. Daher steht die Bestimmung des ReichsG., nach der die staatliche Besteuerung von Betriebsorten eines sich über mehrere Bundesstaaten erstreckenden Unternehmens unzulässig ist, der staatlichen Veranlagung solcher Betriebsorte für die Zwecke der kommunalen Besteuerung nicht entgegen. Die staatliche Veranlagung für die Zwecke der kommunalen Besteuerung kann also Betriebe ergreifen, die der staatlichen Besteuerung nicht unterworfen werden dürfen. Demgemäß bestimmt auch § 4 G. v. 14. VII. 93, daß die Veranlagung auf diejenigen Gewerbebetriebe auszudehnen ist, die von der Staatssteuer freigeblieben, aber gemäß den Bestimmungen des KommAbgG. der Kommunalsteuerpflicht unterworfen sind.

5. Zum stehenden Gewerbe gehört in steuerlicher Hinsicht jeder Gewerbebetrieb, der nicht nach den geltenden Bestimmungen in bezug auf die Besteuerung als Gewerbebetrieb im Umherziehen zu behandeln ist. Daß in diesem Sinne das Gewerbe eines Tiefbauunternehmers als ein stehendes anzusehen ist, unterliegt keinem Zweifel. Ebensowenig können Bedenken darüber obwalten, daß W. ein Betriebsort des Klägers ist. Wie das OVG. in ständiger Rechtsprechung angenommen hat, genügt zur Begründung der Gewerbesteuerpflicht eines Betriebs ein Betriebsort; der Begriff des Betriebsorts deckt sich nicht mit dem der Betriebsstätte. Das Vorhandensein eines Betriebsorts des Klägers in W. setzt voraus, daß er dort dauernde, dem Zwecke seines Gewerbebetriebs dienende Veranstaltungen oder Einrichtungen sachlicher oder persönlicher Art getroffen hat. Der Kläger hat in W. ein Baubureau sowie Baubuden und Kantinen für seine Arbeiter errichtet und beschäftigt daselbst einen Oberingenieur, der mit der Leitung der örtlichen Arbeiten betraut ist. Er hat somit dort Veranstaltungen sowohl sachlicher wie persönlicher Art getroffen, die seinem Gewerbebetriebe dienen. Der Einwand des Klägers, daß die für die Arbeiter errichteten Bauhütten und Kantinen weder als dauernde, noch weniger als Geschäftseinrichtungen, die zur Ausübung eines stehenden Gewerbes dienen, anzusehen seien, weil sie nur zum

Schutze der Arbeiter und auf Grund polizeilicher Vorschriften errichtet seien, ist verfehlt. Auch die zum Schutze der Arbeiter auf polizeiliche Anordnung getroffenen Einrichtungen dienen dem Gewerbebetriebe des Klägers und sind in Veranlassung der Ausübung dieses Betriebs hergestellt. Aber selbst wenn sie nicht als dem Gewerbebetriebe dienende Einrichtungen anzusehen wären, würden doch immer als solche das Baubureau und der von dem Kläger in W. beschäftigte Oberingenieur in Betracht kommen. Daß diese Veranstaltungen als dauernde anzusehen sind, muß aus der Natur der von dem Kläger in W. auszuführenden Arbeiten geschlossen werden. Bei dem Merkmale der Dauer kommt es nicht darauf an, daß der Fortbestand der Betriebseinrichtungen im voraus für einen längeren Zeitraum sichergestellt ist, sondern nur darauf, daß diese Einrichtungen nicht lediglich vorübergehend für eine kurze Zeit getroffen worden sind.

Nr. 7. Entsch. v. 17. Mai 1912 (PrVerwBl. 34 62) VIII C 73/12.

1. Auf Grund der SteuerO. v. 28. X. 07/29. V. 08 wird in Bochum eine besondere Gemeindegewerbesteuer erhoben, deren Veranlagung vorbehaltlich der Bestimmungen in den §§ 3 und 4 für jedes Steuerjahr unter Anwendung der für die Veranlagung zur Gewerbesteuer nach den §§ 17 bis 24 GewStG. geltenden Grundsätze erfolgt. Nach § 3 aaO. wird die Gewerbesteuer nach einem für jedes Steuerjahr durch Gemeindebeschluß gemäß § 57 KommAbgG. festzusetzenden und in ortsüblicher Weise bekannt zu machenden Satze von jedem Hundert des Ertrags erhoben. Dieser Satz wird für Betriebe mit einem Ertrage von 20 000 bis ausschließlich 50 000 ℳ oder einem Anlage- und Betriebskapital von 150 000 bis ausschließlich 400 000 ℳ um drei Zehntel, bei höherem Ertrage oder größerem Anlage- und Betriebskapital um fünf Zehntel erhöht. Jedes angefangene Hundert des Ertrags wird für voll gerechnet; § 5 schreibt folgendes vor:

„Betriebe, die sich über mehrere Gemeindebezirke erstrecken, werden nach Maßgabe des in der Stadt Bochum belegenen Teils des Gewerbebetriebs gemäß § 32 Abs. 2 KommAbgG. veranlagt . . .

Ob gemäß §§ 3 und 4 eine erhöhte Besteuerung einzutreten hat, richtet sich jedoch nach dem gesamten Ertrage oder gesamten Anlage- und Betriebskapital innerhalb und außerhalb der Stadt Bochum."

2. Die in den §§ 3, 5 Abs. 2 dieser SteuerO. vorgesehene erhöhte Besteuerung ist nur statthaft, wenn der sich über mehrere Gemeindebezirke erstreckende Gewerbebetrieb ein einheitlicher ist.

3. Für die Einheitlichkeit eines solchen Gewerbebetriebs ist in subjektiver Hinsicht nicht die Identität der Firmen, sondern die des Unternehmers maßgebend.

Nr. 8. Entsch. v. 4. Juni 1912 (PrVerwBl. 34 80) VIII C 82/12.

KommAbgG. § 29.

1. JS. des § 29 KommAbgG. liegt eine besondere Gewerbesteuer stets dann vor, wenn die Abgabe nicht in Form von Zuschlägen zu der vom Staate veranlagten Gewerbesteuer erhoben wird. Das trifft im vorliegenden Falle zu; denn die Gemeindegewerbesteuer wird auf Grund der SteuerO. teils durch Zuschläge zu der staatlich veranlagten Gewerbesteuer unter Abstufung der Sätze für diejenigen Gewerbebetriebe, bei denen das Jahreseinkommen aus Handel und Gewerbe wenigstens 10000 ℳ beträgt, nach Maßgabe des Jahreseinkommens, teils nach der Zahl der in dem Gewerbebetriebe beschäftigten Personen erhoben, und zwar bei den Betrieben, die 20 oder mehr Personen beschäftigen. Es liegt somit eine einheitliche besondere Gemeindegewerbesteuer vor, die nach den in der SteuerO. festgesetzten Merkmalen für den Umfang des Betriebs verschieden bemessen wird.

2. Die Rechtsgültigkeit der SteuerO. unterliegt keinem Bedenken. Sie sieht im § 1 Ziff. 2 eine Abstufung der Steuersätze je nach dem Umfange des Gewerbebetriebs vor; das ist nach § 20 Abs. 1 KommAbgG. zulässig. Indem

der § 3 Abs. 2 aaO. bei Betrieben, die sich über mehrere Gemeindebezirke erstrecken, für die Bestimmung des im einzelnen Falle zur Anwendung zu bringenden Steuersatzes den gesamten Betrieb maßgebend sein läßt, widerspricht er keiner gesetzlichen Vorschrift. Denn nach § 29 Abs. 2 KommAbgG. dürfen die Gemeinden selbständig die Merkmale für den Umfang des Betriebs festsetzen; die Angemessenheit ihrer Bestimmung unterliegt aber ausschließlich der Würdigung der Genehmigungsbehörde, nicht derjenigen des Verwaltungsrichters.

3. Es unterliegt auch keinem rechtlichen Bedenken, wenn die örtliche SteuerO. in § 1 Ziff. 2 die Steuersätze für Gewerbebetriebe, bei denen das Jahreseinkommen aus Handel und Gewerbe wenigstens 10000 ℳ beträgt, je nach der Höhe des Jahreseinkommens, worunter das der Veranlagung zur Staatseinkommensteuer zugrunde gelegte Einkommen zu verstehen ist, abstuft. Denn eine besondere Gemeindegewerbesteuer kann nur nach objektiven Merkmalen des Gewerbebetriebs bemessen werden, das der Veranlagung zur Staatseinkommensteuer zugrunde gelegte Einkommen aus Handel und Gewerbe ist jedoch als ein solches objektives Merkmal zu erachten.

4. Die Möglichkeit, die Klägerin auf Grund des § 3 Abs. 2, § 1 Ziff. 2 der örtlichen SteuerO. zur Gemeindegewerbesteuer zu veranlagen, entfällt hier jedoch deshalb, weil die Reichsbank nach § 21 ReichsbankG. v. 14. III. 75 zur Staatseinkommensteuer nicht veranlagt ist.

Nr. 9. Entsch. v. 25. Juni 1912 (PrVerwBl. 34 99) VIII C 140/12.

KommAbgG. § 28. GewStG. § 3[4].

Das Wasserwerk der Klägerin (Stadtgemeinde Bochum) ist ein einheitliches gewerbliches Unternehmen, das sich über mehrere Gemeindebezirke erstreckt. § 3 Nr. 4b GewStG. in Verbindung mit § 28 Abs. 2 KommAbgG. schreibt lediglich vor, daß die von Kommunalverbänden betriebenen Wasserwerke von der Gemeindegewerbesteuer befreit sind, soweit sich der Betrieb auf den Bezirk der unternehmenden Gemeinde beschränkt. Eine weitergehende Bedeutung hat diese Bestimmung nicht, insbesondere wird durch sie nicht ausgeschlossen, daß für die Bemessung der Gemeindegewerbesteuer in denjenigen Gemeinden, in denen Wasserwerke steuerpflichtig sind, der gesamte Ertrag und das gesamte Anlage- und Betriebskapital, mithin auch der Teil für maßgebend erklärt werden kann, der auf die Gemeinde entfällt, von der das Wasserwerk betrieben wird. Im vorliegenden Falle schreibt nun § 3 Abs. 4 der örtlichen SteuerO. vor, daß bei Betrieben, die sich über mehrere Gemeinden erstrecken, für die Anmeldung der Sätze des Staffeltarifs der gesamte Ertrag und das gesamte Anlage- und Betriebskapital ausschlaggebend sein soll. Den Gegenstand der Veranlagung selbst bildet nach § 3 Abs. 4 der SteuerO. nur das in der Gemeinde St. vorhandene Anlage- und Betriebskapital. Nur dieses ist auch im vorliegenden Falle als Steuerobjekt behandelt worden. Der Vorderrichter hat es daher mit Recht abgelehnt, von dem unstreitig feststehenden Gesamtertrage den Betrag abzusetzen, der auf Bochum als die das Wasserwerk betreibende Gemeinde entfällt, und hiernach den Satz des Staffeltarifs festzusetzen.

Nr. 10. Entsch. v. 20. Dez. 1912 (PrVerwBl. 34 599) VIII C 273/12.

KommAbgG. §§ 32, 47, 48, 48a.

1. Nach der im § 1 HypothekenbankG. v. 13. VII. 99 (RGBl. 375) gegebenen Umschreibung des Begriffs der Hypothekenbanken sind dies Aktiengesellschaften oder Kommanditgesellschaften auf Aktien, bei denen der Gegenstand des Unternehmens in der hypothekarischen Beleihung von Grundstücken und der Ausgabe von Schuldverschreibungen auf Grund der erworbenen Hypotheken besteht. Hiernach ist begrifflich der Betrieb des Gewerbes einer Hypothekenbank

nicht anders zu denken, als daß die Ausgabe der Pfandbriefe die selbstverständliche Folge der hypothekarischen Beleihungen und diese die notwendige Voraussetzung für jene Ausgabe bildet. Unter diesen durch die wirtschaftliche Bedeutung der Hypothekenbanken bedingten Umständen läßt sich deren Gewerbebetrieb nicht als mechanische Aufeinanderfolge von Hypothekenerwerb und Pfandbriefverkauf, sondern nur als eine organische Verschmelzung dieser beiden geschäftlichen Tätigkeiten auffassen. Zwar kann und wird regelmäßig die eine und die andere dieser Tätigkeiten verschiedenen Angestellten der Gesellschaft zur Ausübung übertragen werden, die Gesellschaft selbst aber betreibt ein einheitliches Gewerbe, dessen beide Geschäftszweige in untrennbarem Zusammenhange stehen. Wo ihr Gewerbe betrieben wird, also ein Betriebsort im gewerbesteuerlichen Sinne (§ 38 GewStG.) vorhanden ist, findet ein Gewerbebetrieb der Gesellschaft und nicht nur ein Betrieb eines ihrer Organe statt, dem entweder das Hypotheken- oder das Pfandbriefgeschäft übertragen ist. Hiernach ist eine Scheidung der Betriebsorte einer Hypothekenbank, je nachdem in ihnen nur Hypothekengeschäfte oder nur Pfandbriefgeschäfte betrieben werden, für die Veranlagung der Bank zur Gemeindegewerbesteuer nicht angängig.

2. Die Klägerin kann sich auch nicht mit Erfolg darauf berufen, daß der Gerichtshof gelegentlich einer Veranlagung zur Staatseinkommensteuer bei Ermittelung des Geschäftsgewinns, der von der Gesellschaft aus ihrem Gewerbebetrieb innerhalb und außerhalb des preußischen Staats erzielt worden war, darauf Rücksicht genommen hat, daß in Preußen die Tätigkeit der Gesellschaft sich auf das Hypothekengeschäft beschränkte. Denn für die Veranlagung zur Gemeindegewerbesteuer ist nicht die Höhe des in jeder Gemeinde durch die dortige Tätigkeit der Gesellschaft erzielten Geschäftsgewinns maßgebend, sondern der Anteil an dem Gesamtertrage, der auf jede einzelne Gemeinde nach dem Verhältnisse der in ihr erzielten Bruttoeinnahmen entfällt (KommAbgG. §§ 32, 47, 48 und 48a). Hiernach ist auch bei Bankgeschäften, die ihren Betrieb über preußische und nichtpreußische Gemeinden erstrecken, nach Vorabüberweisung des zehnten Teils des Gesamtertrags der Überrest nach Verhältnis der in den einzelnen Gemeinden erzielten Bruttoeinnahmen zu verteilen.

Nr. 11. Entsch. v. 3. Jan. 1913 (PrVerwBl. **34** 703) VIII C 277/12.

1. Gewerbebetrieb iS. des GewStG. ist jede mit der Absicht auf Gewinnerzielung unternommene selbständige berufsmäßige und erlaubte fortgesetzte Tätigkeit, die sich als Beteiligung am allgemeinen wirtschaftlichen Verkehre darstellt. Demgemäß ist die berufsmäßige Verwertung von Patenten in Form von Lizenzerteilungen als ein steuerpflichtiges Gewerbe anzusprechen und die hieraus erzielten Einnahmen sind gewerblicher Ertrag, woraus sich die Steuerpflicht der Klägerin ergibt, insofern ein solcher Ertrag als von ihr erzielt angegeben ist. Denn an die in der Auskunftserteilung gemachten Angaben bleibt der Steuerpflichtige jedenfalls dann gebunden, wenn er sie nicht spätestens bis zur Veranlagung widerrufen hat.

2. Die unerläßliche Voraussetzung für die Heranziehung zur Gewerbesteuer ist, daß die Gesellschaft das Gewerbe tatsächlich an dem Orte der Heranziehung betreibt. Die Eintragung in das Handelsregister allein ist daher für die Frage, ob die Gesellschaft an dem Orte der Registerführung gewerbesteuerpflichtig ist, ohne Bedeutung.

3. Ist eine solche Gesellschaft zur Gemeindegewerbesteuer veranlagt worden, so vermag die inzwischen rechtskräftig ausgesprochene Nichtigkeit der Gesellschaft weder auf deren subjektive Steuerpflicht noch auf die Bedeutung der bisher in ihrem Namen abgegebenen Auskunftserteilungen einen rechtlichen Einfluß auszuüben. Nach § 77 Abs. 1 G., betr. die Gesellschaften

m. b. H., v. 20. IV. 92 idFass. der Bek. v. 20. V. 98 (RGBl. 816) finden nach Eintragung der Nichtigkeit einer derartigen Gesellschaft in das Handelsregister zum Zwecke der Abwickelung ihrer Geschäfte die für den Fall der Auflösung geltenden Vorschriften entsprechende Anwendung. Für den Fall der Auflösung kommen aber gemäß § 69 desselben G. bis zur Beendigung der Liquidation in bezug auf die Rechtsverhältnisse der Gesellschaft, abgesehen von hier nicht weiter interessierenden Sondervorschriften, die allgemeinen Bestimmungen des zweiten und dritten Abschnitts des G. zur Anwendung. Demgemäß hat die Gesellschaft nach wie vor selbständige Rechte und Pflichten und gilt als Handelsgesellschaft iS. des HGB. (§ 13 Abs. 1 und 3); nur treten an Stelle der sonst die Gesellschaft vertretenden Geschäftsführer (§ 35) die Liquidatoren (§ 71 Abs. 1). Hieraus folgt, daß eine Gesellschaft m. b. H. mit der Auflösung keineswegs ihre Rechtspersönlichkeit verliert, sondern nur ihre bisherigen Existenzzwecke zu verfolgen aufhört und statt dieser nur noch den einen Zweck verfolgt, zu liquidieren. Die Gesellschaft gibt daher durch ihre Auflösung ihre Existenz nicht auf, sondern verändert nur ihre Art; aus der irgendwelche Lebenszwecke verfolgenden Gesellschaft m. b. H. wird eine Liquidationsgesellschaft m. b. H. Demgemäß hat auch die Eintragung dieser Nichtigerklärung in das Handelsregister nicht die Folge, daß in der Rechtspersönlichkeit der Klägerin eine Änderung eingetreten ist.

Nr. 12. Entsch. v. 30. Juni 1911 (OVG. **59** 150) VIII C 309/10.

KommAbgG. § 28. GewStG. § 4.

Nach § 4 Ziff. 1 Abs. 1 GewStG. unterliegt der Gewerbesteuer nicht die Landwirtschaft einschließlich des Absatzes der selbstgewonnenen Erzeugnisse in rohem Zustand oder nach einer Verarbeitung, die in dem Bereiche des Erwerbszweigs liegt. Diese Bestimmung findet jedoch nach § 4 Ziff. 1 Abs. 2 aaO. keine Anwendung auf diejenigen, die gewerbsweise Vieh von erkauftem Futter unterhalten, um es zum Verkaufe zu mästen oder mit der Milch zu handeln. Die Viehhaltung gilt also beim Vorhandensein zweier Merkmale als gewerblicher Betrieb: sie muß, losgelöst aus dem Zusammenhang eines landwirtschaftlichen Gesamtbetriebs, den ausschließlichen Sonderzweck verfolgen, Vieh zu mästen oder mit der Milch zu handeln, und muß zur Erreichung dieses Zweckes mit erkauftem Futter betrieben werden, welchem letzteren begrifflich das auf einer ausschließlich zum vorgedachten Zwecke in Pacht genommenen Wiese oder Weide gewonnene Futter gleich zu achten ist. Wenn eines dieser beiden Merkmale nicht zutrifft, insbesondere wenn die Viehhaltung, mag auch mit ihr Milchhandel verbunden sein, den Bestandteil eines landwirtschaftlichen Gesamtbetriebs bildet, ist sie der — gewerbesteuerfreien — Landwirtschaft zuzurechnen. Daraus ergibt sich, daß, wenn die Gewinnung und der Absatz von Milch sich als Betriebszweig eines landwirtschaftlichen Gesamtbetriebs darstellt, Gewerbesteuerfreiheit selbst dann besteht, wenn die Unterhaltung des Milchviehs ausschließlich oder überwiegend mit Kauffutter erfolgt. Auch OVGSt. 6 394 vertritt keine hiervon abweichende Auffassung.

Nr. 13. Entsch. v. 8. Okt. 1912 (OVG. **62** 356) VIII C 188/12.

Die hier maßgebliche SteuerO. bemißt zwar die Steuer nach der Kopfzahl der Angestellten und Arbeiter, sie schreibt aber vor, daß die Durchschnittszahl der in den Betrieben beschäftigten Personen unter Zugrundelegung des letzten Jahres zu ermitteln sei, wobei das Jahr zu 300 Arbeitstagen gerechnet werde. Die SteuerO. stellt somit eine Fiktion auf, wonach eine Einheit von 300 Arbeitstagen als die Beschäftigung eines Arbeiters zu gelten hat. Hieraus ergibt sich, daß für die Bemessung der Steuer nicht die Zahl der in dem Betriebe tätig gewesenen Arbeiter, sondern die in ihm geleisteten Tagewerke maßgebend sind, die zu einer Einheit von 300 zusammengefaßt als Beschäftigung eines Arbeiters iS.

der SteuerO. anzusehen sind. Hiernach kommt es im vorliegenden Falle nicht darauf an, wieviel Arbeiter in einem vertragsmäßigen Arbeitsverhältnisse zur Klägerin gestanden haben, sondern wieviel Tagewerke im Betriebe der Klägerin geleistet sind.

Nr. 14. Entsch. v. 23. Jan. 1912 (OVG. 62 321) VIII C 163/11.

GewStG. § 23.

1. Zutreffend ist der Vorderrichter bei dem Mangel einer anderweitigen Bestimmung in der SteuerO. davon ausgegangen, daß diese, wenn sie von der Besteuerung des Anlage- und Betriebskapitals spricht, keinen anderen Begriff im Sinne haben könne, als den im § 23 GewStG. gegebenen. Demgemäß hat er die Frage, ob das steuerfreie Notenkontingent der Reichsbank als ein dauernd dem Betriebe dieser gewidmeter Wert anzusehen sei, zusammen mit der weiteren Frage, ob überhaupt der gesamte Notenumlauf einen dauernd dem Betriebe gewidmeten Wert vorstelle, verneint. Dabei ist er ohne Rechtsirrtum zu dem Ergebnisse gelangt, daß der gesamte Notenumlauf der Reichsbank infolge der ihr durch § 18 BankG. auferlegten jederzeitigen Einlösungspflicht zu den täglich fälligen Verbindlichkeiten gehöre, mithin auch kein dem Betriebe dauernd gewidmeter Wert sein könne. Übrigens gelangt man zu dem nämlichen Ergebnisse auch dann, wenn man mit dem Beklagten zunächst davon ausgeht, daß die umlaufende Banknote Geld ist. Sie ist tatsächlich als Geld nicht nur iS. des Verkehrs, sondern auch im Rechtssinne bereits vor ihrer Erklärung als gesetzliches Zahlungsmittel durch Art. 3 G. v. 1. VI. 09, also vor dem 1. I. 10 angesehen worden. Aber mit dieser Eigenschaft der Banknote als Geld ist deren wirtschaftliche Bedeutung und rechtliche Funktion nicht erschöpft, vielmehr nur von ihrer aktiven Seite her beleuchtet; denn gleichzeitig ist jede Banknote unbestritten auch eine auf den Inhaber lautende Schuldverschreibung iS. des § 795 BGB. Diese Schuldverschreibungen müssen aber, weil sie zu den täglich fälligen Verbindlichkeiten gehören und als solche auch ihrem Betrage nach neben den „sonstigen täglich fälligen Verbindlichkeiten" in den Wochenübersichten gemäß § 8 BankG. aufgeführt werden müssen, den laufenden Schulden des Betriebs zugerechnet werden. Da nun bei der Ermittelung des Anlage- und Betriebskapitals die laufenden Schulden in Abzug gebracht werden müssen, so würde selbst bei der dem Beklagten günstigen Annahme, daß die umlaufenden Banknoten zum Anlage- und Betriebskapitale gerechnet werden, von dem diesem hieraus entstehenden Zuwachse der Wert der umlaufenden Noten in voller Höhe als laufende Schuld in Abzug zu bringen sein, eine Rechnungstätigkeit, in deren Folge jener Zuwachs wieder restlos aufgehoben werden würde. Der Umstand, daß der Beklagte seinen Steueranspruch nur auf das vorgesehene steuerfreie Notenkontingent iS. des § 9 BankG. stützen will, kann an diesem bei jedweder Höhe der Notenausgabe stets gleichbleibenden Ergebnisse nichts ändern.

2. Mit der Revision hat aber der Beklagte noch einen anderen Gesichtspunkt in den Vordergrund gerückt, nämlich den, daß es sich nicht sowohl um den tatsächlichen Notenumlauf als vielmehr um das Notenprivileg als solches handele. Aber auch die Frage, ob das Notenprivileg, unabhängig von seiner Ausübung, also gleichviel ob die tatsächliche Notenausgabe das steuerfreie Kontingent erreicht oder übersteigt oder hinter ihm zurückbleibt, einen Bestandteil des Anlage- und Betriebskapitals der Reichsbank iS. des Gewerbesteuerrechts darstellt, ist zu verneinen. Hier ist wiederum von der Bestimmung des § 23 GewStG. auszugehen und festzustellen, welchen Inhalt der Gesetzgeber dem Begriffe der „Werte" hat geben wollen, die „dauernd dem Gewerbebetriebe gewidmet" sein müssen, um als Anlage- und Betriebskapital angesprochen werden zu dürfen. Nach ständiger Rechtsprechung sind unter den in § 23 aaO. genannten „Werten" nur solche Gegenstände und Rechte zu verstehen, die einen in Geld schätzbaren Wert haben. Eine solche Schätzung ist aber begrifflich nur möglich bei Gegenständen und Rechten, die dem privatwirtschaftlichen Verkehre zugänglich sind, ausgeschlossen dagegen

z. B. bei den persönlichen Konzessionen zum Schankgewerbe und zum Betriebe einer Apotheke. Aus dem gleichen Grunde ist aber eine geldwerte Schätzung der Befugnis der Reichsbank ausgeschlossen, nach Bedürfnis ihres Verkehrs Banknoten auszugeben; denn dieses Privileg gilt ausschließlich für die juristische Person der Reichsbank und ist dieser durch einen besonderen Akt der Reichsgesetzgebung verliehen (§§ 12 und 16 BankG. v. 14. III. 75). Es ist unveräußerlich und kann daher niemals Gegenstand des wirtschaftlichen Verkehrs sein. Da es somit ein in Geld schätzbares Recht nicht darstellt, so kann es auch nicht unter das Anlage- und Betriebskapital der Reichsbank fallen.

Nr. 15. Entsch. v. 10. Febr. 1911 (OVG. 58 168) VIII C 204/10.

GewStG. § 23.

1. Nach § 23 GewStG. und Art. 17 AAnw. v. 4. XI. 95 umfaßt das Anlage- und Betriebskapital sämtliche dem betreffenden Gewerbebetriebe dauernd gewidmeten Werte, mithin sämtliche dem betreffenden Gewerbebetriebe dauernd gewidmeten Gegenstände und Rechte, die einen in Geld schätzbaren Wert besitzen. Daß das Bergwerkseigentum ein Recht ist, das einen in Geld schätzbaren Wert besitzt, mithin zum Vermögen gehört, erhellt ohne weiteres, ist jedoch auch noch ausdrücklich im § 4 Nr. I 1 ErgStG. anerkannt. Ebenso ist nicht zweifelhaft, daß das Bergwerkseigentum zur Erzielung des bergbaulichen Ertrags unter Mitwirkung der Arbeit dauernd verwendet wird, daß es mithin dem Bergbaubetriebe dauernd gewidmet ist. Es gehört somit zum Anlage- und Betriebskapitale. Da das Bergwerkseigentum dazu bestimmt ist, dem Betriebe dauernd erhalten zu bleiben, so ist es dem Anlagekapital zuzurechnen. Es fragt sich daher, wie es zu bewerten ist.

2. Der Kläger hält denjenigen Betrag für maßgebend, der tatsächlich für die Anschaffung aufgewendet worden ist. Er führt in dieser Hinsicht aus, daß der Bergfiskus im Handelsregister nicht eingetragen sei, also für ihn die Bestimmungen des HGB. über die Führung von Handelsbüchern nicht Geltung hätten. Auf Grund der oben erwähnten ministeriellen Bestimmungen werde jedoch jährlich eine Vermögens- und Ertragsberechnung aufgestellt, in der das fiskalische Anlage- und Betriebskapital zu verzeichnen sei. Unter Ziff. 4 des Anlagekapitals sei der „Kapitalwert der Gerechtsame" angegeben. Nun habe das OVG. 50 113 für Aktiengesellschaften, die nach § 261 HGB. das Anlage- und Betriebskapital nur höchstens zum Anschaffungswert in die Bilanz einsetzen dürften, den Grundsatz aufgestellt, daß über die Bewertung in der Bilanz auch bei Ermittelung der Gewerbesteuer nicht hinausgegangen werden dürfe, weil es nicht der Wille des G. sein könne, daß außer der Bewertung des Anlage- und Betriebskapitals zu Bilanzzwecken noch eine besondere Bewertung zu steuerlichen Zwecken stattfinde. Derselbe Grundsatz müsse auch für die Bewertung des fiskalischen Anlagekapitals Anwendung finden. Daher könne nicht verlangt werden, daß neben der vorgeschriebenen Vermögens- und Ertragsberechnung noch eine besondere Bewertung des Anlage- und Betriebskapitals zu steuerlichen Zwecken stattfinde. Dem kann nicht beigetreten werden. Die Ausführungen des OVG. gründen sich allein auf die im § 261 HGB. enthaltenen Vorschriften über die Bilanzaufstellung der Aktiengesellschaften; sie beziehen sich daher lediglich auf Aktiengesellschaften und gestatten keine Anwendung auf den vorliegenden Fall. Wenn das fiskalische Bergwerkseigentum zum Anlagekapitale gehört, so muß sein Wert bei der Berechnung in Betracht gezogen werden, gleichgültig ob der Fiskus das Bergwerkseigentum gegen Entgelt oder ohne Entgelt erworben hat.

3. Zutreffend ist aber die Rüge des Klägers, daß der Vorderrichter zu Unrecht unter Zugrundelegung der Vorschriften des ErgStG. den gemeinen Wert der Berggerechtsame bei der Veranlagung in Ansatz gebracht habe. Die Bewertung des Anlagekapitals hat nach dem Gebrauchswerte zu erfolgen.

Nr. 16. Entsch. v. 22. April 1913 (DJZ. 18 1390) VIII C 24/13.

Als dauernd einem Gewerbebetriebe gewidmete Werte iS. des § 23 GewStG. sind nur die im Eigentum des Gewerbetreibenden stehenden, nicht aber auch solche Gegenstände anzusehen, die gepachtet oder gemietet sind.

Nr. 17. Entsch. v. 10. Febr. 1911 (OVG. 58 172) VIII C 178/10.

GewStG. §§ 23, 38. KommAbgG. §§ 32, 47, 48.

1. Depositen im kaufmännischen Sinne sind grundsätzlich nicht dem Anlage- und Betriebskapitale zuzurechnen, weil sie dem Gewerbebetriebe nicht dauernd gewidmet sind.

2. Wie sich aus § 32 Abs. 1 KommAbgG. ergibt, hat die Zerlegung des staatlichen Steuersatzes gemäß § 38 aaO. für die Gemeindebesteuerung nur dann Bedeutung, wenn die Gemeindesteuern als Zuschläge zu den staatlich veranlagten Gewerbesteuern erhoben werden. Das trifft hier nicht zu, da eine besondere Gemeindegewerbesteuer zur Hebung gelangt und zwar nach dem Ertrage. Der Vorderrichter hat daher zu Unrecht die Anwendung des § 32 Abs. 2, §§ 47, 48 KommAbgG. abgelehnt.

3. Da die Klägerin ein Bankgeschäft betreibt, so hat die Ermittelung des auf R. entfallenden Teils des Ertrags nach den Vorschriften des § 47 Abs. 1 a KommAbgG. zu erfolgen. Hiernach ist derjenigen Gemeinde, in der die Leitung des Gesamtbetriebs stattfindet, der zehnte Teil des Gesamteinkommens vorab zu überweisen und der Überrest „nach Verhältnis der in den einzelnen Gemeinden erzielten Bruttoeinnahme" zu verteilen. „Erzielt" sind die Bruttoeinnahmen in derjenigen Gemeinde, in der sich der Geschäftsbetrieb befindet, dem sie entstammen. Maßgebend ist hiernach nicht der Ort, wo die Konten geführt worden sind, oder wo die Zahlung der Gelder erfolgt ist, sondern der Ort, wo der Abschluß der zu den Einnahmen führenden Rechtsgeschäfte stattgefunden hat.

4. Die SteuerO. enthält, ebensowenig wie das KommAbgG. (§ 32 Abs. 2), eine Vorschrift darüber, wie die dem Gewerbebetrieb in der Stadtgemeinde R. gewidmeten Werte zu ermitteln sind. Zwar geschieht nach § 2 der SteuerO. die Veranlagung der Gemeindegewerbesteuer unter Anwendung der für die Veranlagung zur Gewerbesteuer nach den §§ 17 bis 24 GewStG. geltenden Grundsätze, aber auch das hier in Bezug genommene GewStG. trifft keine Bestimmung über die Verteilung des Anlage- und Betriebskapitals eines sich über mehrere Gemeindebezirke erstreckenden Gewerbebetriebs. Dagegen verweist Art. 53 AAnw. v. 4. XI. 95 zum GewStG., der die Verteilung des Steuersatzes auf mehrere Kommunalbezirke zum Gegenstande hat, in Nr. 2 Abs. 2 auf die analoge Anwendung der im Art. 19 aufgestellten Grundsätze für die Besteuerung der nur zum Teil in Preußen steuerpflichtigen Gewerbe. Die Anwendung dieser Vorschriften der AAnw. auf den vorliegenden Fall unterliegt keinen Bedenken.

Nr. 18. Entsch. v. 20. Dez. 1912 (PrVerwBl. 34 486) VIII C 220/12.

GewStG. §§ 23, 24.

In OVGSt. 3 298 ist der Standpunkt eingenommen, daß die Frage, ob Depositen oder Spareinlagen zum Anlage- und Betriebskapital zu rechnen, auf tatsächlichem Gebiete liegt, daß daher die Behauptung, es seien unter der Bezeichnung Depositen oder Spareinlagen Beträge vereinnahmt, die dem Unternehmen zur dauernden Verwendung überwiesen worden seien, eines besonderen Nachweises bedürfe, und daß hierzu die Feststellung, es sei eine längere Kündigungsfrist vereinbart, nicht genüge. An dieser Auffassung war auch bei erneuter Prüfung festzuhalten. Ihr ist auch der Bezirksausschuß gefolgt. Weder beruht daher seine Entscheidung auf einem Rechtsirrtume noch läßt sie einen Mangel im

Verfahren erkennen, wenn er angesichts des Fehlens weiterer Behauptungen als nur der des Vorwaltens der halbjährigen Kündigungsfrist und angesichts der Höhe einzelner Einlagen zu der tatsächlichen Feststellung gelangt ist, daß es sich um echte Spareinlagen handele und nicht um einen unrichtigen Gebrauch dieser Bezeichnung für Gelder, die zu einem anderweiten Zwecke als dem der vorübergehenden verzinslichen Anlage flüssiger Gelder der Bank überwiesen worden sind. Wenn der Vorderrichter sich sodann die Schätzung des Anlage- und Betriebskapitals aneignet, wie sie der Sachverständige vorgenommen hat, so trifft ihn auch hierbei insoweit kein Vorwurf, als er von der ihm nach den Bestimmungen in den §§ 76 und 79 LVG. gewährten Befugnis der freien Beweiswürdigung Gebrauch gemacht hat; allerdings hätte er den dem Reservefonds zugeführten Gewinnanteil aus 1907 und den zur Disposition der Generalversammlung gestellten Teil des Reingewinns aus demselben Jahre von den das Anlage- und Betriebskapital für 1908 bildenden Aktivis absetzen müssen (und ebenso jene Gewinnanteile aus 1909 für die Berechnung des Anlage- und Betriebskapitals für das Jahr 1910); denn die betreffenden Gewinnanteile waren in den Jahren 1907 bzw. 1909 noch nicht Anlage- und Betriebskapital, sondern Reingewinn. Für die Steuerveranlagung ist aber das Anlage- und Betriebskapital nach seinem mittleren Stande im abgelaufenen Jahre maßgebend (§ 24 GewStG.).

Nr. 19. Entsch. v. 17. März 1911 (PrVerwBl. 33 182) VIII C 287/10.

KommAbgG. § 29.

1. Die Klägerin rügt zunächst Rechtsungültigkeit der örtlichen SteuerO., weil die Besteuerung nach den zur Fortführung des Betriebs aufgewendeten Gehältern und Löhnen unzulässig sei, da diese nach dem GewStG. als Betriebskosten von dem Ertrage in Abzug zu bringen seien. Die Klägerin übersieht jedoch, daß es sich nicht um eine Besteuerung nach dem Ertrage handelt, sondern um eine besondere Gewerbesteuer, die nach den §§ 3 und 4 der SteuerO. außer nach dem Anlage- und Betriebskapital auch nach den im Betriebe aufgewendeten Gehältern und Löhnen bemessen wird. Dies widerspricht keiner gesetzlichen Vorschrift; denn nach § 29 Abs. 2 KommAbgG. dürfen die Gemeinden selbständig die Merkmale für den Umfang des Betriebs festsetzen. Die Angemessenheit ihrer Bestimmung unterliegt ausschließlich der Würdigung der Genehmigungsbehörde, nicht derjenigen des Verwaltungsrichters.

2. Die Klägerin fühlt sich ferner dadurch beschwert, daß der Vorderrichter der Besteuerung nicht den bilanzmäßigen Wert des Anlage- und Betriebskapitals zugrunde gelegt habe. Dies ist verfehlt. Nach § 261 Nr. 3 und § 320 Abs. 3 HGB. dürfen Aktiengesellschaften und Kommanditgesellschaften auf Aktien ihre Vermögensgegenstände höchstens zu dem Anschaffungs- und Herstellungspreis in der Bilanz in Ansatz bringen. Diese Vorschriften gelten auch für die Ermittelung des Anlage- und Betriebskapitals in Gewerbesteuersachen dergestalt, daß maßgebend sind die Werte, die in einer richtig aufgestellten Bilanz enthalten sind oder die in der Bilanz enthalten sein würden, wenn sie richtig wäre. Die oben angeführten Vorschriften des HGB. beziehen sich jedoch nur auf Aktiengesellschaften und Kommanditgesellschaften auf Aktien und treffen bezüglich dieser eine Sondervorschrift; sie können daher nicht analog auch auf offene Handelsgesellschaften angewendet werden. Bei letzteren ist vielmehr der bilanzmäßige Wert nur insofern maßgebend, als er nicht von der Steuerbehörde in begründeter Weise bestritten ist. Der Bezirksausschuß geht zutreffend davon aus, daß die im Besitze der Klägerin befindlichen, zur Weiterveräußerung bestimmten Grundstücke das Betriebskapital der Klägerin bilden; letzteres ist nach dem gemeinen Werte zu bewerten. Verfehlt ist es auch, wenn die Klägerin ausführt, daß es unzulässig sei, bei der Veranlagung zur Gemeindegewerbesteuer den Wert zugrunde zu legen, der in dem Verfahren bei der Grundsteuerveranlagung festgestellt

sei. War die Klägerin der Ansicht, daß der von dem Beklagten in Ansatz gebrachte gemeine Wert zu hoch sei, so lag es ihr ob, in dem vorliegenden Verfahren den Nachweis zu erbringen, daß dies der Fall sei.

Nr. 20. Entsch. v. 11. Juni 1912 (OVG. 62 335) VIII C 189/11.

GewStG. §§ 23, 24.

1. Für die Frage, ob und inwieweit die seitens einer Handelsgesellschaft kreditierten Geldbeträge dem Unternehmen der Klägerin dauernd gewidmet und somit gemäß § 23 GewStG. ihrem Betriebskapitale zuzurechnen sind, kommt es darauf an, ob und inwieweit diese Geldbeträge zur Bezahlung der einzelnen Warenposten, für die sie geschuldet wurden, in den geschäftsüblichen kurzen Zahlungsfristen gedient haben oder nicht. Dies ergibt sich aus folgender Darlegung. Auszugehen ist davon, daß der einem Gewerbetreibenden eingeräumte Kredit an sich kein dem Gewerbebetriebe gewidmeter Wert, daher kein Bestandteil des Betriebskapitals ist. Die Einräumung eines Kredits ist lediglich ein Übereinkommen, das dem Gewerbetreibenden die Möglichkeit gewährt, sich Werte zu verschaffen, die er seinem Gewerbebetriebe widmen kann. Erst die Werte, die er auf Grund der Krediteinräumung tatsächlich sich verschafft, treten seinem Betriebskapitale hinzu, sofern er sie dem Gewerbebetriebe dauernd widmet. Macht er von der Krediteinräumung keinen Gebrauch, vergrößert sich sein Betriebskapital nicht. Es ist also zu untersuchen, ob die einzelnen Schuldposten Verbindlichkeiten für Warenentnahmen zum Gegenstande haben, die sich aus der laufenden Geschäftsführung ergeben, auf dem regelmäßigen kurzfristigen Geschäftskredite beruhen und in diesen Fristen auch getilgt worden sind. Soweit diese Behauptung zutrifft, sind die kreditierten Beträge nicht zum Betriebskapitale zu rechnen.

Wenn ein Gewerbetreibender Waren für seinen Gewerbebetrieb gegen Barzahlung einkauft, tritt der Wert der Waren seinem Betriebskapitale hinzu. Gleichzeitig vermindert dieses sich aber um den Wert der zur Bezahlung der Waren verausgabten Geldbeträge. Dasselbe muß gelten, wenn statt der Barzahlung die Begleichung der Warenschuld in den im Geschäftsverkehr üblichen kurzen Zahlungsfristen erfolgt. Dann vermehrt sich zwar auch das Betriebskapital um den Wert der bezogenen Waren, es verringert sich aber zugleich um den Betrag der kurzfristigen Geschäftschulden. Die Ausnutzung dieser im Handelsverkehre zugelassenen kurzen Zahlungsziele ist der Barzahlung insoweit gleich zu behandeln. Daher bestimmt auch die AAnw. v. 4. XI. 95 (Art. 16 Ziff. IV¹ Abs. 2, Art. 17 Abs. 3), daß die sogenannten laufenden Geschäftsschulden, d. h. solche Geschäftsschulden, die sich aus der laufenden Geschäftsführung ergeben und auf dem regelmäßigen Geschäftskredite beruhen, bei der Berechnung des Betriebskapitals in Abzug zu bringen sind. Nach denselben rechtlichen Gesichtspunkten ist endlich der Fall zu beurteilen, wenn ein Gewerbetreibender in der Weise kurzfristigen, sogenannten bankmäßigen Kredit genießt, daß ein Dritter ihm die Mittel zur Bezahlung laufender Geschäftsschulden zur Verfügung stellt oder diese für ihn auf seine Anweisung bezahlt; denn solche Geldbeträge werden nicht dauernd, sondern nur vorübergehend dem Gewerbebetriebe gewidmet. Eine Vermehrung des für die Steuerpflichtigkeit maßgebenden Anlage- und Betriebskapitals wird durch eine solche Krediteröffnung nicht bewirkt, ebensowenig durch die tatsächliche Gewährung derartigen Kredits.

Anders wäre die Rechtslage, wenn dem Gewerbetreibenden nicht die Bezahlung seiner laufenden Geschäftsschulden vom Gläubiger mit den üblichen kurzen Zahlungsfristen kreditiert wäre oder ihm von dritter Seite nicht im Wege des kurzfristigen bankmäßigen Kredits die Mittel zur Begleichung seiner laufenden Geschäftsschulden zur Verfügung gestellt wären, sondern wenn ihm, unabhängig hiervon, ein Darlehn auf längere Zeit zur Verstärkung seiner Betriebsmittel gegeben worden wäre. Der Betrag eines solchen Darlehns würde zu den dauernd dem Gewerbebetriebe gewidmeten Werten zu rechnen sein, mithin das Betriebskapital vermehren.

2. Für die Feststellung der Höhe des Anlage- und Betriebskapitals ist nach § 24 Abs. 2 GewStG. maßgebend das letzte Geschäftsjahr, das zur Zeit der Vornahme der Veranlagung abgelaufen war. Zum Betriebskapital gehören insbesondere die Warenvorräte, der bare Kassenbestand und Außenstände, wie sie am Schlusse des Geschäftsjahres vorhanden waren. Ob und inwieweit die nach der Bilanz dieses Jahres bestehenden Schulden als laufende Geschäftsschulden von dem ermittelten Werte des Betriebskapitals abgezogen werden dürfen, wird von der Feststellung abhängen, wofür diese Schulden eingegangen sind. Abzugsfähig sind sie nach obigem nur, wenn und insoweit es sich um Schulden handelt, die sich aus der laufenden Geschäftsführung ergeben und auf dem regelmäßigen Geschäftskredite beruhen. Wenn in den am Schlusse des Geschäftsjahrs 1909 vorhandenen Verbindlichkeiten noch die für Übernahme des Warenlagers im Jahre 1902 von der Klägerin eingegangene Schuld ganz oder teilweise enthalten sein sollte, würde diese insoweit nicht abzugsfähig sein; denn der dem Steuerpflichtigen bei der kaufweisen Übernahme eines Handelsgeschäfts gestundete Kaufpreis für den Warenvorrat ist bei der Feststellung des Betriebskapitals nicht in Abzug zu bringen.

Nr. 21. Entsch. v. 4. Okt. 1912 (OVG. **62** 350) VIII C 155/12.

GewStG. § 23.

1. Die Gemeinden sind befugt, in den von ihnen erlassenen SteuerO. den Begriff des Anlage- und Betriebskapitals abweichend von den Vorschriften des § 23 GewStG. festzusetzen. Dies ist im vorliegenden Falle geschehen, indem in § 4 der örtlichen SteuerO. bestimmt ist, daß das Anlage- und Betriebskapital sämtliche dem Gewerbebetriebe gewidmeten Werte umfasse. Rechtsirrtümlich ist es jedoch, wenn der Bezirksausschuß annimmt, daß in einem solchen Falle von dem Aktivvermögen nicht nur die laufenden, sondern auch die zur Begründung, Fortsetzung, Verbesserung und Erweiterung des Betriebs aufgenommenen Schulden abzusetzen seien, dergestalt, daß nur der Überschuß der aktiven Werte über diese das Anlage- und Betriebskapital darstelle. Er beruft sich für seine Ansicht auf OVG. **39** 80, in dem dieser Rechtsgrundsatz aufgestellt ist. Der erkennende Senat hat sich indessen dieser Rechtsauffassung nicht anzuschließen vermocht. Der Gerichtshof hat bereits wiederholt aus der Vorschrift des § 23 GewStG., wonach das Anlage- und Betriebskapital nur die dem Gewerbebetriebe dauernd gewidmeten Werte umfaßt, unter Berücksichtigung der Bestimmungen des § 22 aaO. den Schluß gezogen, daß behufs Ermittelung der Höhe des Anlage- und Betriebskapitals die laufenden Schulden von dem Aktivvermögen abzuziehen seien. Der Grund hierfür ist der, daß die im laufenden Geschäftsverkehr ohne sofortige Gegenleistung aus dem Aktivvermögen, also auf Kredit, beschafften Werte den Bestand des Aktivvermögens nur insoweit erhöhen, als sie den Wert der geschuldeten Gegenleistung übersteigen, also auch nur insoweit dauernd dem Betriebe gewidmet sind. Dieser Grund trifft jedoch nicht zu, wenn durch die SteuerO. bestimmt ist, daß sämtliche, d. h. nicht nur die dauernd, sondern auch die nur vorübergehend dem Gewerbebetriebe gewidmeten Werte als Anlage- und Betriebskapital gelten sollen. In diesem Falle erhöhen auch die auf Kredit beschafften Werte das Anlage- und Betriebskapital; mithin dürfen dann Geschäftsschulden keiner Art abgezogen werden, gleichgültig ob es sich um laufende oder um zur Begründung, Fortsetzung, Verbesserung und Erweiterung des Betriebs aufgenommene Schulden handelt.

2. Das „Delkrederekonto", dem im vorliegenden Falle die Rückstellung für Wertpapiere gleichzustellen sein wird, ist nur dann abzugsfähig, wenn es den Zweck hat, unter Berücksichtigung der tatsächlich eingetretenen Wertminderungen den wirklichen zeitigen Wert (§§ 40, 261 HGB.) bilanzmäßig zum Ausdrucke zu bringen, d. h., wenn es sich lediglich als Bewertungskonto darstellt. Dies ist der Fall, wenn die Posten auf der Aktivseite mit dem ursprünglichen Werte angesetzt sind und ihnen auf der Passivseite ein besonderes, die Wertminderung darstellendes Konto gegenübergestellt wird. Da nach § 40 Abs. 3 HGB. (vgl. § 261 das.) zweifelhafte Forderungen nach ihrem wahrscheinlichen Werte anzusetzen, uneinbringliche Forderungen abzuschreiben sind, so darf der Delkrederefonds nur den Betrag aufweisen, um den der Wert der zur Zeit der Bilanzaufstellung bereits zweifelhaften Forderung gemindert war. Soweit der Delkrederefonds diesen Betrag übersteigt, stellt er nicht mehr ein Bewertungskonto dar, sondern ist als eine verschleierte Reserve anzusehen und wie jeder echte Reservefonds dem Anlage- und Betriebskapitale zuzurechnen.

3. Die unter den Passiven der Bilanz aufgeführten Beamten- und Arbeiterpensionskassen werden nur dann nicht als Reservefonds anzusprechen sein, wenn sie eine gewisse Selbständigkeit besitzen, sei es, daß sie juristische Personen sind, sei es, daß sie als Objekt eines Gemeinschaftsverhältnisses unter den Gesellschaftsbeamten und Arbeitern anzusehen sind, namentlich also dann, wenn den Beamten und Arbeitern allein die Verwaltung dieser Fonds zusteht, oder ihnen nach dem über die Kasse aufgestellten Statut Unterstützungsansprüche gegen den Fonds als solchen eingeräumt sind.

4. Nichtabzugsfähig sind das Akzept- und das Kreditorenkonto, da diese zweifellos Schulden der Gesellschaft betreffen. Die Bestimmung des Kontos „Anzahlungen" wird noch aufzuklären sein. Das Avalekonto wird außer Betracht zu lassen sein, wenn es sich hierbei lediglich um einen Durchgangsposten handelt, der in gleicher Höhe auf der Aktiv- und Passivseite ausgeworfen ist.

5. Das Gutachten der Handelskammer darf nur insofern der Entscheidung zugrunde gelegt werden, als es sich um Beantwortung technischer Fragen der kaufmännischen Buchführung handelt, die der Bezirksausschuß aus eigener Sachkunde zu beurteilen nicht vermag; keinesfalls entbindet ein derartiges Gutachten den Verwaltungsrichter von der Pflicht, etwaige Rechtsfragen, von deren Beantwortung die Berechnung des Anlage- und Betriebskapitals abhängt, selbständig zu entscheiden.

Nr. 22. Entsch. v. 3. Dez. 1912 (OVG. 62 361) VIII C 184/12.

GewStG. § 23.

Die sogenannten Spezialreserven sind als Werte, die dauernd dem Gewerbebetriebe gewidmet sind, anzusehen. Reservefonds oder Reserven sind sowohl im handelsrechtlichen als auch im steuerrechtlichen Sinne die nicht zur unmittelbaren Verwendung für gegenwärtige Betriebszwecke bestimmten, sondern für gewisse zukünftige Zwecke zurückbehaltenen Teile des Betriebskapitals. Ob die Mittel aus dem ursprünglichen Betriebskapital entnommen oder aus Jahreserträgen angesammelt oder in irgendeiner anderen Weise beschafft sind, macht begrifflich keinen Unterschied. Um Reservefonds handelt es sich also dann nicht, wenn die Geldmittel lediglich zur Bestreitung einer bereits bestehenden Jahresausgabe zurückgestellt werden. Die Reservefonds können entweder auf dem G. oder auf Bestimmungen des Statuts einer Aktiengesellschaft oder auf Beschlüssen der Generalversammlung beruhen. Ihrem Zwecke nach können sie zur Deckung künftiger außerordentlicher Verluste oder zur Deckung künftiger unvorhergesehener Ausgaben bestimmt sein oder gemischten Charakter tragen. Unter der begrifflichen Voraussetzung also, daß die Verpflichtung zur Verwendung und deren

Notwendigkeit nicht bereits bei der Zurückstellung der Mittel feststeht, gehören außer dem gesetzlichen, sogenannten Zwangsreservefonds (§ 262 HGB.) auch die auf Statut oder Beschluß der Generalversammlung beruhenden sogenannten freiwilligen Reserven als Werte, die nicht nur vorübergehend dem Betriebe gewidmet sind, zum Betriebskapitale, gleichviel ob es sich um Verlustreserven, Ausgabereserven oder solche Spezialreserven, deren Verwendungszweck der Beschlußfassung der Generalversammlung unterliegt, also um sogenannte Dispositionsfonds handelt. Der Umstand, daß die Generalversammlung jederzeit über die Spezialreserve verfügen kann, stellt ihre dauernde Widmung für den Betrieb nicht in Frage. Wenn der Gesetzgeber von einer dauernden Widmung spricht, meint er damit nicht eine solche für alle Zeiten. Vielmehr bildet sie lediglich den Gegensatz zu einer solchen, die von vornherein nur als eine zeitweilige, vorübergehende gedacht ist. Auch der unverteilte und auf neue Rechnung vorgetragene Gewinnrest aus einem Geschäftsjahre bildet rechtlich einen dem Betriebe dauernd gewidmeten Reservefonds, nämlich eine Dividendenreserve auf unbestimmte Zeit.

C. Gemeindeeinkommensteuern.

Literatur: Bauer: Bilanz und Gewinnberechnung[2] (Leipzig 1913). — Bedall: Besteuerung der juristischen Personen im allgemeinen und insbesondere der Stiftungen, Vereine, Gesellschaften usw. (München 1913). — Crüger: Die Gesellschaft m. b. H. (Berlin 1912). — Deumer: Das Recht der eingetragenen Genossenschaften (München 1912). — Merzbacher: Das ReichsG., betr. die Erwerbs- nnd Wirtschaftsgenossenschaften[8] (München 1912). — Parisius u. Crüger: Desgl.[14] (Berlin 1912). — Dieselben: Das ReichsG., betr. die Gesellschaften m. b. H.[12] (Berlin 1912). — Staub-Hachenburg: Kommt. zum G. wie vor[4] (Berlin 1913). — Weill: Die Tantieme des Vorstandes und Aufsichtsrats einer Aktiengesellschaft (Mannheim 1913).

1. Steuerpflicht.

a) Allgemeines, Wohnsitz und Aufenthalt.

Nr. 1. Entsch. v. 21. Dez. 1911 (PrVerwBl. 33 471) HC 7/11.

KommAbgG. §§ 9, 20.

1. Der Vorderrichter geht von der Ansicht aus, daß es den Gemeinden gestattet ist, behufs Deckung der Kosten für Herstellung und Unterhaltung von Veranstaltungen die durch das öffentliche Interesse erfordert werden, Beiträge oder Vorausleistungen von den Interessenten nach Maßgabe der Vorteile zu erheben (§§ 9 und 20 KommAbgG.). Indem er diese Bestimmungen entsprechend der Vorschrift des § 13 EmscherGenG. v. 14. VII. 04 auf die Unterverteilung der die Gemeinden treffenden Genossenschaftsbeiträge überträgt, tritt er in die Prüfung der Frage ein, ob im vorliegenden Falle durch die tatsächlichen Verhältnisse eine Ausnahme von der Regelvorschrift des § 9 KommAbgG., Beiträge zu erheben, geboten war, und gelangt hierbei zu dem Ergebnisse, daß es zurzeit an der Möglichkeit fehlt, die Genossenschaftsbeiträge auf andere Weise als durch Steuern zu decken. Aus dieser Erwägung gelangt er dann zur Abweisung der Klage. Auf diese nachträglichen Erörterungen über die Frage, ob die städtischen Körperschaften von ihrem Rechte, die Genossenschaftsbeiträge der Stadt nach Maßgabe der Vorschrift des § 9 aaO. auf die Interessenten zu verteilen, Gebrauch machen wollten, oder aus tatsächlichen Gründen nicht konnten, kann es aber nicht ankommen. Tatsächlich sind Beiträge nicht erhoben, vielmehr ist der Genossenschaftsbeitrag der Stadt in den städtischen Haushalt als durch Steuern zu decken, eingestellt worden. Entscheidend sind deshalb die von dem Kläger zur Begründung seiner Klage aufgestellten Behauptungen, erstens daß

die städtischen Körperschaften nicht berechtigt wären, den Genossenschaftsbeitrag der Stadt durch Steuern aufzubringen, weil sie verpflichtet waren, ihn durch Beiträge oder Vorausleistungen von den Interessenten einzuziehen, und zweitens, daß er überhaupt nicht mehr, und zwar in keiner Form, zu Genossenschaftsbeiträgen der Stadt herangezogen werden könne, weil er bereits vom Genossenschaftsvorstand unmittelbar veranlagt worden sei. Nach beiden Richtungen erscheinen die rechtlichen Ausführungen des Klägers verfehlt.

2. Die Gründe der angefochtenen Entscheidung decken sich zum Teil mit dem klägerischen Verlangen, das auf eine nachträgliche Anfechtung der den Etat und die Mittel zur Deckung des Fehlbetrags festsetzenden Beschlüsse der städtischen Körperschaften hinausläuft. Es kommt deshalb auf die Entscheidung der Frage an, ob ein Steuerpflichtiger, der zu direkten Gemeindesteuern herangezogen wird, gegen diese Heranziehung den Einwand erheben darf, nach der Vorschrift des § 9 KommAbgG. hätte ein Teil des Steuerbedarfs nicht durch Steuern gedeckt, sondern es hätten Beiträge erhoben werden müssen. Ein Einwand dieses Inhalts richtet sich nicht gegen die Handhabung des Steuerrechts dem einzelnen Abgabepflichtigen gegenüber, sondern gegen die gesamte Wirtschaftsführung der Gemeinde und läuft auf das Verlangen einer Rechtfertigung der Ordnung des Etatswesens hinaus, auf die der einzelne keinen Anspruch hat. Zulässig würde nur ein Einwand z. B. dahin sein, daß der die Zuschlagsprozente feststellende Beschluß mangels Genehmigung der Aufsichtsinstanz rechtsunwirksam sei. Einzelne Ausgabeposten des Etats (wie hier die fraglichen 7000 ℳ Genossenschaftsbeiträge) aber dürfen in einer Steuerklage weder bezüglich ihrer Angemessenheit noch bezüglich ihrer rechtlichen Begründung in Frage und zur Prüfung des Verwaltungsrichters gestellt werden. Glaubt ein Steuerpflichtiger, durch vermeintlich unrichtige Etatsaufstellung in seinen Rechten verletzt zu werden, so bietet das G. ihm eine genügende Handhabe, sich vor Nachteilen zu schützen. Er hat die Möglichkeit, wegen Berichtigung des durch Offenlegung zur allgemeinen Kenntnis gelangenden Etats entweder vor dessen Feststellung bei den städtischen Kollegien oder nachher bei der Aufsichtsbehörde, der die Wege der Beanstandung oder der Zwangsetatisierung offen stehen, mit seinen Erinnerungen und Einwendungen vorstellig zu werden.

3. Ebenso unbegründet sind die Rechtsausführungen des Klägers, mit denen er seine Behauptung zu stützen sucht, daß er zu den Genossenschaftslasten der Gemeinden in keiner Form, auch nicht mit Steuern, herangezogen werden könne. Der § 13 EmscherGenG., auf den er sich für seine Ansicht beruft, enthält seinem Wortlaute nach keine Bestimmung darüber, daß die von dem Genossenschaftsvorstande in dem Kataster unmittelbar veranlagten Beteiligten (§ 6 Abs. 1 Ziff. 1 und 2 aaO.) zu den Genossenschaftslasten, die die Gemeinde treffen, nicht mit Steuern herangezogen werden sollen; ausgesprochen wird dort nur, daß diese Veranlagten wegen des ihnen aus den Genossenschaftslasten erwachsenden mittelbaren und unmittelbaren Vorteils nicht mehr mit kommunalen Beiträgen oder Vorausleistungen belegt werden dürfen.

Nr. 2. Entsch. v. 28. März 1912 (OVG. 62 430) HC 249/11.

KommAbgG. §§ 33, 36.

Ist die Gemeinde zur selbständigen Ermittelung des steuerpflichtigen Einkommens berechtigt, so hat die Herabsetzung der Staatssteuer einen Einfluß auf die Gemeindesteuer selbst dann nicht, wenn die Gemeinde den Staatssteuerbetrag ohne weiteres als Prinzipalsatz übernommen hat. Der § 36 Abs. 3 KommAbgG. findet in solchem Falle keine Anwendung, und eine fristenlose Beschwerde ist nicht gegeben.

Nr. 3. Entsch. v. 26. Okt. 1911 (PrVerwBl. **33** 317) HC 69/11.

Der Rechtsbegriff des Aufenthalts iS. des KommAbgG. stellt einen Zustand dar, in dem sich eine Person an einem Ort unter Umständen befindet, die auf eine gewisse Stetigkeit und Dauer des Verbleibens an diesem Orte schließen lassen. Es genügt nicht die körperliche Anwesenheit einer Person zu bestimmten Tageszeiten oder während des ganzen Tages, sondern die Anwesenheit muß auch durch das Hinzutreten einer näheren Beziehung zu dem Aufenthaltsorte durch ein Niederlassen oder Wohnen ergänzt werden. Wenn sich hiermit auch der Begriff des Aufenthalts dem des Wohnsitzes nähert, so liegt doch anderseits in dieser Beziehung zu dem Orte gerade das trennende Moment. Während der Wohnsitz das Innehaben einer Wohnung voraussetzt, über die dem Steuerpflichtigen die Verfügungsgewalt zusteht und die in ihrer Einrichtung den Lebensgewohnheiten desselben entsprechen muß, so daß daraus auf eine dauernde Beibehaltung dieser Wohnung geschlossen werden kann, verlangt der Begriff des Aufenthalts weit weniger. Es genügt das Wohnen an einem Orte. Nicht erforderlich ist, daß dem Steuerpflichtigen irgendein Verfügungsrecht über seine Wohnung zusteht oder daß diese seinen Verhältnissen entsprechend eingerichtet ist. Wohnen kann deshalb jemand und damit sich an einem Ort aufhalten, wenn er sich in einem Gasthaus einlogiert, der Arbeiter, wenn er in einer Arbeiterbaracke allein oder mit mehreren Arbeitern zusammen wohnt. Entscheidend ist die Tatsache des Wohnens. Liegt einmal ein derartiges Aufenthaltsverhältnis vor, so kann es nicht durch kurze Unterbrechungen aufgehoben werden, wenn aus den Umständen die Absicht des Beibehaltens des Aufenthaltsorts hervorgeht. So wird z. B. im Einzelfalle der einmal begonnene Aufenthalt fortgesetzt, wenn ein Arbeiter die Woche durch außerhalb seiner Wohnsitzgemeinde sich am Arbeitsort aufhält und dort wohnt, jedoch regelmäßig an den Sonnabenden nach seiner Wohnsitzgemeinde zurückkehrt und von dort erst am folgenden Montagmorgen die Arbeitsstätte aufsucht. Man wird auch von einem Aufenthaltsverhältnisse dann sprechen müssen, wenn der Arbeiter in der einen Gemeinde in einem Arbeiterwohnhause wohnt und in einer benachbarten Gemeinde seine Arbeiten verrichtet, jedoch regelmäßig zu den Mahlzeiten und zum Schlafen nach der ersten Gemeinde zurückkehrt. Auf die Ausstattung der Unterkunftsräume und den Umstand, daß der Arbeiter diese Räume mit anderen Arbeitern teilen muß, kommt es nicht an.

Nr. 4. Entsch. v. 5. Febr. 1912 (OVG. **62** 390) HC 109/11.

KommAbgG. § 33.

1. Ein Wohnsitz liegt da vor, wo jemand eine Wohnung unter Umständen inne hat, die auf die Absicht dauernder Beibehaltung einer Wohnung an dem Orte schließen lassen. Hier fehlt zwar dem Steuerpflichtigen nicht die Absicht, sein Landhaus dauernd beizubehalten, und er hat, auch während seiner Abwesenheit im Winter, das Landhaus inne, aber für den Winter ist das Landhaus keine Wohnung iS. des G. Während des Winters ist es nämlich unbewohnbar. Zwar sind die Räume reichlich bemessen und fortdauernd eingerichtet, so daß sie in dieser Hinsicht dem Steuerpflichtigen und seiner Familie einen standesgemäßen Aufenthalt für Tag und Nacht bieten; es finden sich aber nur zwei Öfen im Hause, die für einen winterlichen Aufenthalt um so weniger ausreichen, als das Haus nur leicht aus Holz gebaut, mit einfachen Fenstern versehen und nur teilweise unterkellert ist.

Wer aber dauernd Räume inne hat, die ihm nur zeitweise, während der Sommermonate, zur Wohnung dienen können, dem fehlt auch während des Sommeraufenthalts die Absicht, die Räume als Wohnung dauernd beizubehalten. Er ist sich alsbald dessen bewußt, daß das Innehaben der Wohnung, nämlich einer benutzbaren Wohnung, im Herbste sein Ende erreicht, und ist deshalb mit demjenigen auf gleiche Stufe zu stellen, der eine eingerichtete Wohnung auf längere

Jahre, aber immer nur für das Sommerhalbjahr, gemietet hat. Beide haben in der Gemeinde der Sommerwohnung, solange sie dort sind, nicht Wohnsitz, sondern nur Aufenthalt iS. des § 33 KommAbgG. Insoweit ist dem Vorderrichter beizutreten.

2. Der Steuertitel des Grundvermögens ist, wie der Wortlaut der Ziff. 2 im § 33 Abs. 1 KommAbgG. ergibt, ein anderer als der des Wohnsitzes oder des dem Wohnsitze gleichgestellten Aufenthalts. An die Stelle einer Steuergrundlage kann aber nicht, wenn sie sich als unhaltbar erweist, im Streit- oder Verteilungsverfahren nachträglich eine andere gesetzt werden. Nur der Gemeindevorstand selbst kann, wenn die sonstigen Voraussetzungen dafür vorliegen, eine anderweitige Veranlagung auf der neuen Grundlage vornehmen.

Dieselbe Erwägung würde indessen nicht hindern, den Steuertitel des Aufenthalts an die Stelle des vom Kläger gewählten Steuertitels des Wohnsitzes zu setzen, denn beide sind im G. (§ 33 Abs. 4, § 50 Abs. 2 KommAbgG.) gleichgestellt; aber der Aufenthalt begründet die Steuerpflicht erst, wenn er die Dauer von drei Monaten überstiegen hat (§ 33 Abs. 4, § 60 Abs. 2 Ziff. 1b KommAbgG.). Eine Heranziehung, die vor dem Ablaufe dieser Frist erfolgt, ist vorzeitig und deshalb ohne rechtliche Grundlage.

Nr. 5. Entsch. v. 11. April 1912 (OVG. **62** 444) HC 177/11.

1. Allerdings hat nur derjenige während des ganzen Jahres in seinem Sommerhaus eine Wohnung inne, der während seiner Abwesenheit neben der rechtlichen auch die tatsächliche Möglichkeit hat, die Räume jederzeit, sobald er sich dazu entschließen sollte, zu beziehen, ohne sie noch vorher erheblichen Änderungen unterwerfen zu müssen. Ist die Wohnung also nicht heizbar oder sonst für den Winter nicht benutzbar, so kann sie nicht die Grundlage für einen Wohnsitz bilden. Bei Prüfung dieser Voraussetzung aber muß man die Bedürfnisse eines normal veranlagten Menschen zugrunde legen. Es würde zu weit gehen, wollte man ein Landhaus, das an sich im Winter durchaus bewohnbar ist, deshalb nicht als „Wohnung" gelten lassen, weil der Besitzer mit Rücksicht auf sein Alter, seinen Gesundheitszustand oder seine persönlichen Gewohnheiten das Haus im Winter nicht bewohnen mag. Dann fehlt ihm der Wille, es zu benutzen, was vielleicht durchaus gerechtfertigt und vernünftig sein kann; es fehlt ihm aber nicht die Möglichkeit, die Wohnung zu beziehen, wenn er es trotz der entgegenstehenden Bedenken wollen sollte. Es ist nicht erforderlich, daß die für die Sommerzeit bestimmte Wohnung in denselben Maßen gehalten und mit derselben Einrichtung ausgestattet sei, wie die städtische Hauptwohnung. Dadurch, daß der Steuerpflichtige zusammen mit seiner Familie im eigenen Hause alljährlich nicht bloß einige Wochen, sondern vier Monate zubringt, gibt er zu erkennen, daß ihm die Einrichtung und die Größe der Wohnung zum Leben genügen.

2. Der Begriff des Wohnsitzes ist auf dem Gebiete der Gemeindeeinkommensteuer ein anderer als auf dem der Kirchensteuer, für die § 7 BGB. maßgebend ist, während auf dem Gebiete der Staats- und der Kommunalsteuer der Begriff des Wohnsitzes durch § 1 Abs. 2 DoppStG. v. 22. III. 09 (RGBl. 332) bestimmt wird.

Nr. 6. Entsch. v. 4. Nov. 1912 (PrVerwBl. **34** 243) HC 303/11.

1. Nach § 1 Abs. 2 DoppStG. v. 22. III. 09 (RGBl. 332) hat jemand einen Wohnsitz an dem Orte, wo er eine Wohnung unter Umständen innehat, die auf die Absicht der dauernden Beibehaltung einer solchen schließen lassen. Der Vorderrichter hält sich in Übereinstimmung mit dem geltenden Rechte und der Rechtsprechung des OVG., wenn er einen solchen Wohnsitz der Regel nach denjenigen verheirateten Arbeitern zuweist, die eine Familienwohnung haben an einem

anderen Orte als an dem, wo sie von Montag bis Sonnabend arbeiten und in Schlafhäusern nächtigen. Der Bezirksausschuß irrt aber, indem er das gleiche im vorliegenden Falle bei dem Kläger annimmt.

2. Ob solcher Annahme schon der Umstand entgegensteht, daß der Kläger nicht als Hausherr über die elterliche Wohnung in B. verfügen kann, ja daß er — wie idReg. ein voll- oder minderjähriger Haussohn, der die Wohnung der Eltern teilt — mangels eines Vertrags überhaupt kein (dingliches oder persönliches) Recht auf die Wohnung hat, kann hier unerörtert bleiben. Es mag nur gegenüber den Ausführungen des Bezirksausschusses darauf hingewiesen werden, daß das vom OVG. wiederholt für wesentlich zum Begriffe des Wohnsitzes erklärte „Verfügungsrecht" und „Hausrecht" in zwei Fällen als vorliegend erachtet ist, in denen das Verfügungsrecht nicht vertragsmäßig gesichert, sondern unentgeltlich und widerruflich erteilt war, also nur so lange bestand, als das Recht tatsächlich eingeräumt blieb, und daß in ebendiesen Fällen das Recht zur Mitbenutzung einer Wohnung für ausreichend erklärt ist (OVG. v. 27. III. 06 — II. C. 313. 05 — und 5. IV. 10 — II. C. 411. 09, PrVerwBl. **32** 233). Selbst wenn man mit dem Vorderrichter unter dem Innehaben einer Wohnung nur einen tatsächlichen Zustand ohne eine rechtliche Befugnis verstehen wollte, würde es bei dem Kläger auch hieran fehlen: Während er sich in G. aufhält, also den größten Teil der Woche, hat er in bezug auf die elterliche Wohnung in B. nicht nur kein Verfügungsrecht, sondern auch keine tatsächliche Verfügungsmacht. Kein erkennbares Merkmal zeigt an, daß der abwesende Sohn die Wohnung oder einen Teil von ihr innehabe, es wird kein Raum für ihn freigehalten, und es ist auch nicht ersichtlich, daß ihm eine Mitbenutzung zustände. Nur während seiner Anwesenheit und nur für deren Dauer räumt der Vater ihm die Mitbenutzung der Wohnung ein. Dem kann nicht etwa entgegengehalten werden, der Sohn sei jederzeit seinen Eltern willkommen, z. B. in kranken oder sonst arbeitslosen Tagen. Die Möglichkeit, eine Wohnung als Allein- oder Mitnutzer zu beziehen, genügt dann nicht, wenn ein rechtlich geschütztes Anrecht darauf fehlt. Der Kläger hat zu der elterlichen Wohnung keine nähere Beziehung als der verheiratete oder unverheiratete Sohn, der seine Eltern regelmäßig besucht, aber an einem anderen Orte wohnt.

3. Ein Schlafhaus, in dem 60 Arbeiter nächtigen, bietet den Schlafgängern selbst dann keine Wohnung iS. des G., wenn man die Bedürfnisse eines unverheirateten Arbeiters zugrunde legt. Aber ein Aufenthaltsverhältnis besteht dort, und es hatte hier, als der Kläger veranlagt wurde, schon länger als drei Monate gedauert. Es fehlt auch nicht an einem rechtsgültigen Gemeindebeschlusse, wie ihn die Besteuerung nach § 33 letztem Abs. KommAbgG. voraussetzt. Eine rückwirkende Kraft, die unzulässig wäre, ist dem Gemeindebeschlusse nicht beigelegt. Er konnte nur bei Veranlagungen, die nach seinem Inkrafttreten erfolgten, angewandt werden, dann aber gleichmäßig für das ganze Steuerjahr, das eine Einheit bildet.

Nr. 7. Entsch. v. 10. April 1913 (PrVerwBl. **34** 826) HC 327/12.

Nach § 1 Abs. 2 DoppStG. v. 22. III. 09 hat jemand einen Wohnsitz an dem Orte, wo er eine Wohnung unter Umständen inne hat, die auf die Absicht der dauernden Beibehaltung einer solchen schließen lassen. Die Anwendung dieses Begriffs auf den Einzelfall liegt auf tatsächlichem Gebiet und ist deshalb der Revisionsnachprüfung entzogen, soweit nicht die maßgebenden tatsächlichen Feststellungen auf einem Verfahrensmangel beruhen oder die aus ihnen gezogene Schlußfolgerung von einem Rechtsirrtum beherrscht wird. Im vorliegenden Falle hatte der Kläger während seiner körperlichen Abwesenheit von E. eine Wohnung dort weder tatsächlich, noch rechtlich inne. Es liegt kein Anhaltspunkt dafür vor, daß die Eltern des Klägers ihrem Sohne dauernd ein Zimmer zur Verfügung halten. Das Fremdenschlafzimmer der

Eltern, das allein in Frage kommt, dient auch der Benutzung anderer Verwandten, die zu Besuch kommen. Es ist deshalb mit der Möglichkeit zu rechnen, daß der Kläger, wenn er von seinen Geschäftsreisen gelegentlich nach E. kommt, in dem Fremdenzimmer nicht nächtigen kann. Von einem tatsächlichen Innehaben einer Wohnung kann aber nur gesprochen werden, wenn jemand zu jeder Zeit, wenn er nur will, auch die Möglichkeit hat, die Wohnung zu benutzen. Der Kläger hat aber auch kein Verfügungsrecht über das Fremdenzimmer. Der Umstand, daß er bei seinen gelegentlichen Besuchen in E. von seinen Eltern aufgenommen wird, und sich in deren Wohnräumen bzw. dem Fremdenzimmer einige Tage aufhalten kann, gibt ihm noch kein rechtlich geschütztes Anrecht auf ein Wohnen; denn seine Eltern können ihm jederzeit die Aufnahme aus beliebigen Gründen verweigern. Die von der Revision vertretene Rechtsauffassung, daß es in der Natur der Sache liege, wenn den bei ihren Eltern wohnenden Kindern über die von ihnen benutzten Räume ein Verfügungsrecht nicht zusteht, wird idReg. zutreffen. Rechtsirrig ist jedoch die hieraus gezogene Folgerung, daß die Kinder trotzdem in der Wohngemeinde der Eltern einen Wohnsitz haben. Wer kein Recht auf die von ihm benutzte Wohnung hat, begründet auch keinen Wohnsitz. Während minderjährige Kinder, auch bei körperlicher Abwesenheit, den Wohnsitz der Eltern kraft G. teilen, begründet ein volljähriges Hauskind selbständig und unabhängig von dem Willen der Eltern seinen Wohnsitz. Einen Rechtsanspruch, im Elternhause zu wohnen, hat das ledige Hauskind ebensowenig wie das Kind, das durch Verheiratung einen eigenen Hausstand gegründet hat. Wenn das ledige Kind nicht ein dingliches oder persönliches, auch durch die Klage geschütztes Recht auf ein Wohnen im Elternhause, sei es eine Mitbenutzung der gemeinschaftlichen Wohnräume oder die ausschließliche Benutzung einzelner Zimmer, hat, liegt nur ein Aufenthaltsverhältnis vor, das täglich gelöst werden kann. Der Steueranspruch einer Gemeinde kann hiernach in solchen Fällen nur auf den Titel des Aufenthalts gegen das Hauskind gestützt werden.

Nr. 8. Entsch. v. 19. Febr. 1912 (OVG. **62** 397) HC 185/11.

KommAbgG. § 33.

Allerdings ist der Aufenthalt iS. des § 33 KommAbgG. nichts Augenblickliches; der Begriff hat vielmehr ein Zustandsverhältnis zum Inhalte, das mit leiblicher Anwesenheit nicht unbedingt zusammenfällt und durch vorübergehende Entfernung zwar unterbrochen werden kann, aber nicht notwendig unterbrochen wird. Daher unterliegt die Entscheidung über die Frage, ob eine Entfernung aus dem Aufenthaltsbereiche stattgefunden hat, die sich als eine Unterbrechung des Aufenthaltsverhältnisses darstellt, bei dem Mangel gesetzlich bestimmt bezeichneter Merkmale in jedem Einzelfalle der Beurteilung je nach den obwaltenden Umständen; Voraussetzung für die Annahme, daß eine zeitweilige körperliche Abwesenheit den an dem Orte einmal begründeten Aufenthalt nicht unterbrochen hat, ist aber, daß bei ihr der Wille bestand, der Entfernung ungeachtet dort regelmäßig zu verweilen. Wie der Aufenthaltsbegriff zur Begründung eines Aufenthaltsverhältnisses eine Niederlassung, ein Wohnen, wenn auch nicht unter den für den Wohnsitzbegriff erforderlichen Umständen, verlangt, so muß für die Fortdauer des Aufenthalts bei zeitweiliger Abwesenheit, soll sie nicht zur Unterbrechung des Aufenthalts führen, verlangt werden, daß sich die Entfernung im Verhältnisse zu der Anwesenheit als Ausnahme darstellt. Dabei entscheidet nicht die Zeitdauer derart, daß es darauf ankommt, ob der überwiegende Teil einer Spanne Zeit an dem streitigen Orte verbracht wird, sondern die Absicht des regelmäßigen Verweilens. Wer, wie Kläger in D., an einem Orte, in dem er mit seiner Familie im eigenen Hause dauernd wohnt, einen Wohnsitz hat und sich, wenn auch in Ausübung seines Berufs, iVerh. zu der Dauer seiner Anwesenheit an seinem Wohnsitze so selten und mit solchen Unterbrechungen an einem anderen Orte aufhält, wie der Kläger im Winter in S., der will regelmäßig an dem Orte seines Wohnsitzes verweilen und unterhält ein dauerndes Aufenthaltsverhältnis an dem Orte seines so nur vorübergehenden Erscheinens nicht. Die wiederholten Aufenthalte in D. außerhalb der Badezeit waren nicht bloße Reisen, die der Kläger dorthin von seinem Aufenthaltsorte S. aus zu vorübergehenden Zwecken unternahm, sondern umgekehrt bestand damals ein Aufenthaltsverhältnis des Klägers in D., und die zeitweilige Abwesenheit und Anwesenheit in S. erfolgten in der Absicht, den Aufenthalt in D. beizubehalten. Als Dauer seines Aufenthalts in S. kann nur der Zeitabschnitt in Frage kommen, während dessen infolge des eigentlichen Badebetriebs der Kläger mit nur geringfügigen Unterbrechungen seiner dortigen körperlichen Anwesenheit in S. verweilte.

Nr. 9. Entsch. v. 15. April 1912 (OVG. **62** 446) HC 277/11.

KommAbgG. §§ 20, 33, 50.

Das KommAbgG. geht von dem Grundgedanken der gleichmäßigen Belastung aller Pflichtigen aus (§ 20 Abs. 1 aaO.) und läßt Befreiungen nur in den von ihm selbst gezogenen Grenzen zu. Ob eine Gemeinde Neuanziehende auf Grund eines die Dauer von drei Monaten übersteigenden Aufenthalts heranziehen will oder nicht, unterliegt ihrer freien Entschließung (§ 33 Abs. 4 aaO.); das ist aber nicht dahin zu verstehen, daß sie in dem einen Falle von ihrem Besteuerungsrechte Gebrauch machen, in dem anderen Falle dagegen davon absehen kann. Einer solchen Auslegung widerstreitet schon der Wortlaut des § 33 Abs. 4, wonach die Heranziehung zur Steuer „gleich den übrigen Gemeindeeinwohnern" zu erfolgen hat, das heißt: nach den gleichen Grundsätzen, wie die auf Grund Wohnsitzes Pflichtigen. Dieser Grundsatz der Gleichstellung mit den übrigen Gemeindeeinwohnern findet seinen Ausdruck in der Vorschrift des § 50 Abs. 2 aaO. Ein Gemeindebeschluß, durch den abweichend von den bestehenden gesetzlichen Bestimmungen einzelnen Steuerpflichtigen Steuerbefreiungen zugestanden werden, ist ungültig. Der hier in Frage stehende Gemeindebeschluß läßt aber alle diejenigen an sich Pflichtigen steuerfrei, die eine geringere Einkommensteuer zahlen müßten, als die tatsächlich gezahlte Kurtaxe beträgt. Er kann deshalb die Grundlage eines Steuerrechts nicht abgeben.

b) Einkommen aus Kapitalvermögen.

Nr. 1. Entsch. v. 13. März 1913 (PrVerwBl. **34** 704) HC 239/12.

1. Die Gemeinden können, abgesehen von dem Falle einer strafbaren Steuerhinterziehung, eine einmal ausgesprochene Veranlagung zur Einkommensteuer nicht erhöhen, wenn sich die erste Veranlagung als zu niedrig erweist (§ 84 KommAbgG. verglichen mit § 85 EinkStG.).

2. Der Miteigentümer kann sich Grundschuldzinsen von der Gemeinschaft, zu der er selbst gehört, zahlen lassen. Diese Zinsen haben die Natur von Kapitaleinkommen; es ist rechtlich ohne Belang, daß der Gläubiger teilweise mit dem dinglichen Schuldner zusammenfällt. Allerdings gilt im allgemeinen die Regel, daß man nicht gegen sich selbst eine Forderung begründen kann, und daß die Forderung untergeht, wenn sich die Eigenschaft des Gläubigers und die des Schuldners in einer Person vereinigt. Wenn jemand also zur Verbesserung oder Bebauung seines Grundbesitzes einen Teil seines Kapitalvermögens verwendet, so kann er sich nicht mit rechtlicher Wirkung als Gläubiger des Grundbesitzers ansehen und sich nicht Zinsen der verwandten Summe als Kapitaleinkommen anrechnen, auch dann nicht, wenn er etwa über Einnahmen und Ausgaben des Grundbesitzes gesondert Buch führt und er dabei das verwandte Kapital als Darlehn gebucht hat. Die Rechtslage bleibt auch dieselbe, wenn der Grundeigentümer die verwandte Summe als verzinsliche Grundschuld auf seinem Grundstücke für sich eintragen läßt. Eine persönliche Forderung entsteht dadurch nicht, auch Zinsen gebühren dem Eigentümer idReg. nicht (§§ 1196, 1197 Abs. 2 BGB.). Anders liegt die Sache

aber, wenn, wie hier, das Grundstück mehreren Miteigentümern zu gedachten Anteilen gehört und für einen dieser Miteigentümer eine Grundschuld eingetragen ist. Eine gemeinschaftliche Sache kann zugunsten eines der Miteigentümer belastet werden (§ 1009 BGB.). Das dingliche Recht besteht dann auch hinsichtlich des Anteils des Miteigentümers, nicht bloß bei den Anteilen der übrigen Miteigentümer. Diese Ausnahme von dem Satze, daß das Eigentum begrifflich alle (nicht ausgesonderten) Möglichkeiten der Verfügung über die Sache mit enthält (§ 903 BGB.), daß also der Eigentümer nicht noch ein besonderes, beschränktes Recht an seiner Sache haben kann, ist rechtlich nur so zu denken, daß der eine Miteigentümer, zu dessen Gunsten die Belastung erfolgt, der Gesamtheit der Miteigentümer (ihn selbst nicht ausgenommen) gegenübersteht, als ob er nicht Miteigentümer sei. Der Ausnahmesatz gilt insbesondere auch für Belastung eines Grundstücks mit Hypotheken und Grundschulden zugunsten eines Miteigentümers. Die Beschränkungen, unter denen dem Alleineigentümer die Belastung seines Grundstücks mit einer Grundschuld zu eigenen Gunsten ausnahmsweise gestattet ist, insbesondere § 1197 BGB., gelten für den Miteigentümer nicht, da ein solcher allgemein, für jede Art Belastung von beweglichen und unbeweglichen Sachen, wie ein Fremder gegenüber der Miteigentümergemeinschaft angesehen werden soll.

c) Einkommen aus Grundvermögen.

Nr. 1. Entsch. v. 31. März 1911 (OVG. **59** 162) II C 301/10.

EinkStG. § 8.

1. Hypothekenzinsen gehören nicht zu den Werbungskosten iS. des § 8 zu I EinkStG., denn darunter fallen nur Zinsen von Schulden, die innerhalb einer Quelle entstanden sind, und das trifft auf Hypothekenzinsen überall nicht zu, weil das Einkommen aus dem belasteten Grundstücke ganz unabhängig davon erzielt wird, ob für seinen Erwerb eine zu verzinsende Schuld aufgenommen oder, was dem gleichsteht, bei dem Erwerb eine solche Schuld mit übernommen worden ist oder nicht. Demnach kommen hier aus dem § 8 EinkStG. nicht die Vorschriften unter I, sondern die Bestimmungen zu II zur Anwendung, wonach die von dem Steuerpflichtigen zu zahlenden Schuldenzinsen von dem Gesamteinkommen in Abzug zu bringen sind. Der Ausdruck „Gesamteinkommen" bezeichnet in seiner gewöhnlichen Bedeutung das Einkommen, das dem Steuerpflichtigen aus sämtlichen inländischen wie ausländischen Quellen zufließt, so daß danach zur Deckung der Schuldenzinsen auch dasjenige Einkommen beizutragen hätte, das aus nichtpreußischen Quellen stammt. Aber der zweite Absatz der Vorschrift zu II trifft von dieser Regel zwei Ausnahmen. Sein erster Satz bestimmt, daß die Abrechnung der Schuldenzinsen von dem Gesamteinkommen dann nicht stattzufinden hat, wenn die Verbindlichkeiten wirtschaftlich in Beziehung zu Einnahmequellen stehen, die bei der Veranlagung außer Betracht zu lassen sind. In seinem zweiten Satze ist angeordnet, daß, wenn sich die Besteuerung nur auf das im § 2 bezeichnete Einkommen erstreckt, der Abzug der Zinsen nur insoweit statthaft ist, als sie zu den inländischen Quellen wirtschaftlich in Beziehung stehen. Hier interessiert nur die erstere Ausnahmevorschrift, und zwar deshalb, weil die Vorschrift den Abzug der Schuldenzinsen für den Fall regelt, daß, wie hier, eine in Preußen wohnende Person Einkommen aus nichtpreußischen Quellen bezieht. Es könnte in Frage kommen, ob die Vorschrift auch bei der Gemeindebesteuerung anwendbar ist. Aber das ist zu verneinen, weil das KommAbgG. für die Besteuerung von Personen, die in Preußen einen Wohnsitz haben, kein „außer Betracht zu lassendes" Einkommen in dem Sinne kennt, daß es, wie bei der Veranlagung zur Staatseinkommensteuer das nach § 5 EinkStG. von der Besteuerung ausgeschlossene Einkommen, in jeder Beziehung unberücksichtigt bleibt. Das folgt aus § 49 KommAbgG. idFass. der Nov. v. 30. VII. 95.

2. Demnach hat die Vorschrift des § 8 zu II EinkStG. für die Besteuerung in den Wohnsitz- und Aufenthaltsgemeinden die Bedeutung, daß die Schuldenzinsen von dem Einkommen in allen preußischen und nichtpreußischen Gemeinden verhältnismäßig abzusetzen sind. Das gilt von Schuldenzinsen jeder Art, auch von solchen, die zu einzelnen Einnahmequellen wirtschaftlich in Beziehung stehen. Deshalb müssen auch in dem Falle, für den im ersten Satze des Abs. 2 zu § 8 Nr. II EinkStG. Bestimmung getroffen ist, daß nämlich auf dem außerpreußischen gewerblichen oder Grundeinkommen eines in Preußen wohnhaften Steuerpflichtigen eine Schuld ruht, die zu der außerpreußischen Einkommensquelle wirtschaftlich in Beziehung steht, die Zinsen dieser Schuld von dem gesamten (preußischen wie außerpreußischen) Einkommen abgezogen werden. Das gleiche muß aber erst recht von dem im § 8 nicht berücksichtigten Falle gelten, daß die Schuld, wie hier, zu einer preußischen Einkommensquelle eines in Preußen wohnhaften Steuerpflichtigen wirtschaftlich in Beziehung steht.

Nr. 2. Entsch. v. 13. Mai 1912 (PrVerwBl. **34** 31) HC 356/11.

Nach § 1030 BGB. kann allerdings der Nießbrauch durch den Ausschluß einzelner Nutzungen beschränkt werden. Ist aber eine solche Einschränkung nicht erfolgt, dann gehen kraft G. sämtliche Früchte und Einkünfte der dem Nießbrauch unterworfenen Sache in das Eigentum des Nutznießers über. Sie stellen sich als dessen Einkommen dar und sind von ihm steuerlich zu vertreten. Dieser Grundsatz findet allgemeine Anwendung und erleidet auch keine Ausnahme, wenn zur Sicherheit einer Forderung der Nießbrauch an einem Grundstücke begründet wird und mit der Pflicht zur Rechnungslage für den Nießbraucher bei beendetem Nießbrauche verbunden ist; denn in diesem Falle beschränkt sich das Recht des Nießbrauchers nicht etwa auf eine einfache Verwaltungstätigkeit, sondern auch hier geht das Eigentum an den Einkünften ohne weiteres auf den Nießbraucher über. Die Pflicht zur Abrechnung schließt diesen Eigentumsübergang keineswegs aus, sondern begründet nur einen obligatorischen Anspruch des Eigentümers, mit dem Aufhören des Nießbrauchs, den Nachweis über die Verwendung der Einkünfte und eventuell die Herausgabe der Überschüsse verlangen zu können. Daraus folgt, daß der Eigentümer eines mit einem Nießbrauche belasteten Grundstücks für die Dauer dieses Zustandes Einkommen aus diesem Grundstücke nicht hat. Da nun nach § 9 EinkStG. für die Veranlagung der physischen Personen der Bestand der einzelnen Einkommensquellen bei Beginn des Steuerjahrs, für das die Veranlagung erfolgt, maßgebend ist, so bildet ein zu Beginn des Steuerjahrs mit einem Nießbrauche beschwertes Grundstück für den Eigentümer keine Einkommensquelle, selbst wenn feststeht, daß der Nießbrauch im Laufe des Steuerjahrs wegfällt.

d) Einkommen aus Handel und Gewerbe.

β) Begriff der Betriebs-, Verkaufsstätte, Zweigniederlassung usw. iS. des § 35 KommAbgG.

Nr. 1. Entsch. v. 11. März 1912 (PrVerwBl. **33** 585) HC 242/11.

1. Der Vorderrichter prüft die Fragen, ob die klagende Brauerei-Aktiengesellschaft eine Verkaufsstätte oder wenigstens eine Betriebsstätte auf dem von ihr an den Bierverleger Sch. überlassenen Kellereigrundstück in C. habe. Aus der Vertragsbestimmung, daß Sch. den Verkauf des Bieres für eigene Rechnung besorgt, folgert er, daß Sch. und nicht die Brauerei dort eine Verkaufs- und Betriebsstätte habe. Hierin ist ein Rechtsirrtum nicht erkennbar. Auch die übrigen Sätze des zwischen der Klägerin und Sch. geschlossenen Vertrags lassen sich mit der Auffassung vereinigen, daß Sch. mit Empfang des Bieres dessen

Eigentümer wurde, daß also der Vertrieb an die Kunden im selbständigen Gewerbebetriebe Sch.s geschah, wenn dieser sich auch für seine Betriebsführung nach manchen Richtungen gegenüber der Brauerei vertraglich gebunden hatte, wie in der Bemessung des Verkaufspreises, in der Auswahl der Kunden usw. Durch solche Bindung verlor der Sch.sche Betrieb noch nicht die Eigenschaft eines selbständigen Gewerbes. Daß der erwähnte Vertrag nur zum Schein geschlossen sei, also nach der Absicht beider Teile keinerlei Rechtswirkung erzeugen sollte, hat der Beklagte nicht darzulegen vermocht. Insbesondere folgt die Scheinnatur noch nicht etwa daraus, daß die Klägerin mit dem Vertragsschluß keinen anderen praktischen Erfolg erstrebte, als Betriebskosten zu ersparen.

2. Auch die Eislieferung, die nach den Worten des Vorderrichters auf Rechnung der Klägerin geht, gibt ihm keinen Anlaß, eine Betriebsstätte der Brauerei als vorhanden anzunehmen, denn sie diene — so sagt er — nur dem Betriebe des Kaufmanns Sch. und könne daher als selbständiger Betrieb der Klägerin nicht angesehen werden. Es ist allgemein üblich, daß die Gastwirte bei Bezug ihres Bieres von der Brauerei im Sommer Eis als unentgeltliche Beigabe erhalten, damit das Bier frischer bleibt, und so, zum Vorteil beider Teile, einen vermehrten Absatz findet. Daß diese Übung auch zwischen der Klägerin und ihren Kunden aus der C.er Gegend vor dem Abschluß des Vertrags bestanden hat, ergibt der Vertrag: Sch. verpflichtete sich darin, die Bierkundschaft in der bisherigen üblichen Weise prompt zu bedienen und ihr entsprechend ihren Bierentnahmen Eis zu verabfolgen, die „Eiseinfuhr" (nicht die „Eislieferung" an die Bierkunden) geht, so heißt es weiter, auf Rechnung der Brauerei und wird wie bisher von Sch. für die Pauschalsumme von 810 *M* besorgt. Von einem Preis des Eises wird nichts gesagt, während der Preis des Bieres sowohl für Sch. wie für seine Kunden im einzelnen festgelegt wird. So erscheint es zweifellos, daß das Eis auch für die Zeit des Vertragsverhältnisses nur als unentgeltliche Beigabe zum Bier in Frage kommt. Die Eisabgabe erscheint nur als eine Unterstützung des Biervertriebs, und sie fällt deshalb in den Betrieb dessen, der den Bierhandel betreibt; das ist Sch. So beurteilt der Vorderrichter das Rechtsverhältnis zutreffend, wenn er in dem Eisvertrieb einen selbständigen Betrieb der Klägerin nicht findet.

Nr. 2. Entsch. v. 20. Febr. 1913 (PrVerwBl. **34** 601) HC 159/12.

1. Die Tatsache, daß der Kläger das Grundstück mit dem Kaufmann B. gemeinschaftlich erworben hat und daß seine Nutzung durch Vermietung erhebliche Reinerträge abwirft, steht nicht ohne weiteres der Annahme entgegen, daß der Erwerb vom Kläger im Betriebe seines Handelsgewerbes (der Grundstücksspekulation) getätigt worden und daß die Vermietung nur eine Form der Zwischennutzung ist. Dadurch, daß ein Geschäftsmann einzelne Geschäfte mit anderen für gemeinsame Rechnung abschließt, verlieren diese noch nicht für ihn die Eigenschaft von Handelsgeschäften. Und mit dem gewerbsmäßigen An- und Verkaufe von Grundstücken steht ihre Nutzung durch Vermietung nicht in einem unvereinbaren Widerspruche, die Einnahmen aus dieser gehören vielmehr idReg. zum Gewerbebetriebe des Unternehmers und bilden nur einen Teil seines gewerblichen Einkommens. Ob aber die Dauer der Nutzung durch Vermieten und die Höhe der Mietsüberschüsse geeignet waren, die Annahme einer reinen Zwischennutzung des Grundstücks als Handelsware zu entkräften, ist lediglich eine Frage des tatsächlichen Ermessens.

2. Den Vorderrichter trifft auch nicht der Vorwurf eines Rechtsirrtums, wenn er durch die Tatsache allein, daß der Kläger (zusammen mit B.) für das S.er Grundstück einen Portier (es sei als Hausverwalter oder nur als Hausreiniger) bestellt hatte, das Vorliegen einer Betriebsstätte in S. nicht für gegeben erachtet hat. Allerdings bildet das Vermieten eines nur zum Zwecke der gewerbsmäßigen Weiterveräußerung erworbenen Grundstücks einen Hilfsbetrieb des eigentlichen

gewerblichen Unternehmens, des Grundstückshandels. Alle der Vermietung dienlichen und förderlichen Tätigkeiten, und dazu gehören auch die Verrichtungen eines Hausportiers, selbst wenn sie sich auf die Instandhaltung und Überwachung des Grundstücks beschränken, sind daher Betriebshandlungen; der damit Beauftragte ist als im Betriebe des Unternehmers angestellt anzusehen, er stellt unter Umständen eine Hilfsbetriebseinrichtung dar. Damit ist jedoch nicht ohne weiteres eine Betriebsstätte des Unternehmers am Orte seiner Tätigkeit begründet. Der Pferdehändler, der ein wertvolles Renn- oder Zuchtpferd, durch äußere Umstände (Seuchensperre, Pferdeausfuhrverbot) gezwungen, längere Zeit im Auslande in einem dafür besonders angemieteten Stalle von besonders angenommenen Personen warten und pflegen läßt, begründet dort ebensowenig eine Betriebsstätte, wie etwa der Holzhändler, dessen Flöße, der Kohlenspediteur, dessen Schiffe durch Winterfrost genötigt sind, einen Liegeplatz aufzusuchen, an diesem eine Betriebsstätte errichtet, auch wenn er dort für die ganze Dauer des Verweilens Bewachungspersonal unterhält. Mögen sich auch die Verrichtungen aller dieser Personen während der ganzen Zwischenzeit regelmäßig wiederholen, so dienen sie doch nur der Abwickelung eines einzelnen Geschäfts, der Vorbereitung oder Beförderung eines Grundstücksumsatzes, eines Pferdeverkaufs, der Heranschaffung eines Postens von Handelswaren. Anders wäre es, wenn der Kläger in S. etwa einen Angestellten in einem besonders dafür beschafften Lokale hielte, dessen Aufgabe es wäre, alle im Laufe der Zeit dort zu erwerbenden und später zu veräußernden Grundstücke zu überwachen und instandzuhalten, dessen Tätigkeit also auf die Förderung einer Mehrheit von Grundstücksumsätzen gerichtet wäre. Insofern liegt der Fall hier anders, als z. B. bei dem Erwerb und der Vermietung von Arbeiterwohnhäusern.

γ) Berechnung des Einkommens.

Nr. 1. Entsch. v. 18. März 1912 (OVG. **62** 421) HC 336/11.

Die Begriffe des gewerblichen und des Kapitaleinkommens sind auf den Gebieten der Staats- und der Gemeindeeinkommenbesteuerung — abgesehen von dem Einkommen aus der Beteiligung an einer Gesellschaft m. b. H. — die nämlichen. Hiermit steht es im Einklange, wenn der Vorderrichter aus der Tatsache, daß die von der offenen Handelsgesellschaft bei der Gründung der Aktiengesellschaft eingebrachten industriellen Werke zum Anlagekapital jener Gesellschaft gehörten, den Schluß zieht, daß der Gegenwert dieser Vermögensgegenstände, die Aktien, an die Stelle dieses Anlagekapitals getreten ist und somit die Eigenschaft eines solchen teilt. Die Aktien sind aus dem Gesellschaftsvermögen erworben und Eigentum der offenen Handelsgesellschaft, d. h. Bestandteil des Gesellschaftsvermögens geworden, wie auch jene industriellen Werke nicht Sondervermögen der Gesellschafter gewesen sind. Das Recht auf den Bezug der Dividenden steht nicht den Mitgliedern der Gesellschaft persönlich, sondern der Gesellschaft selbst zu; denn, obwohl die offene Handelsgesellschaft keine juristische Person ist, besitzt doch das Gesellschaftsvermögen gegenüber dem Privatvermögen der einzelnen Gesellschafter Selbständigkeit, und diese Verschiedenheit beider Vermögensarten läßt es nicht zu, Forderungen der Gesellschaft als Forderungen der einzelnen Gesellschafter zu betrachten und steuerlich zu behandeln. Danach kommt es auch nicht darauf an, ob die Aktien gerade augenblicklich im Geschäftsbetriebe Verwendung finden. Als Früchte des Anlage- oder Betriebskapitals haben aber die Dividenden der Aktien die rechtliche Eigenschaft eines Einkommens aus Handel und Gewerbe; denn dieses besteht begrifflich nicht nur aus dem Gewinne, der durch die unmittelbare Ausübung einer gewerblichen Tätigkeit, sondern auch aus dem Ertrage, der in Veranlassung des gewerblichen Betriebs mittelbar durch irgendwelche Zwischennutzungen erzielt wird.

Nach Ansicht des Beklagten bilden aber die Aktien, auch wenn sie zum Anlage- und Betriebskapitale der offenen Handelsgesellschaft gehören, einen für sich zu betrachtenden Teil, der mit dem sonstigen gewerblichen Unternehmen in keinem Zusammenhange stehe, und somit eine besondere Einkommensquelle. Das soll daraus folgen, daß die in die Aktiengesellschaft eingebrachten Werke selbständige, von dem sonstigen Gewerbebetriebe der offenen Handelsgesellschaft unabhängige Unternehmungen gewesen seien. Das war in der Vorinstanz streitig und kann dahingestellt bleiben; denn Teile des Anlage- oder Betriebskapitals eines Gewerbetreibenden können begrifflich niemals selbständige Einkommensquellen sein, sondern gehen, als einem Gewerbe gewidmete Werte, in dem eine einheitliche Quelle bildenden Unternehmen auf, für das sie bestimmungsgemäß verwendet werden. Dieser Grundsatz erleidet auch da keine Einschränkung, wo, wie hier, das Anlagekapital in Aktien besteht, weil eine Aktie, auch die überwiegende Mehrzahl oder die Gesamtheit sämtlicher Aktien einer Aktiengesellschaft, nicht als gewerbliche Unternehmung aufgefaßt werden kann. Hiernach folgt die Richtigkeit der Rechtsauffassung der Kläger schon aus dem Umstande, daß der in Rede stehende Aktienbesitz der offenen Handelsgesellschaft Teil ihres Anlage- oder Betriebskapitals ist, und daher die Dividenden als zu dem Ertrag ihres gewerblichen Unternehmens gehörig in ihren Betriebsgemeinden zu versteuern sind.

Nr. 2. Entsch. v. 3. März 1913 (PrVerwBl. 35 62) HC 147/12.

Allerdings dienen Schulden, die ein Gewerbetreibender aufnimmt, um mit dem Gelde ein Geschäft zu erwerben oder das von ihm betriebene zu vergrößern, zum Erwerbe der Einkommensquelle, die dafür zu entrichtenden Zinsen sind nicht Geschäftsschulden, Werbungskosten, und deshalb vom Gesamteinkommen abzuziehen. Daß derartige Zinsenschulden nicht im kaufmännischen oder sonstigen geschäftlichen Verkehr entstanden sind, kann einem Zweifel nicht unterliegen. Jener Grundsatz läßt aber die Frage unberührt, wie die Veranlagung des Teilhabers einer offenen Handelsgesellschaft zu gestalten ist, wenn die Gesellschaft Schulden aufgenommen hat. Die Zinsen für solche Schuldverbindlichkeiten dürfen, auch wenn die letzteren zur Beschaffung oder Vermehrung gesellschaftlichen Anlage- oder Betriebskapitals eingegangen sind, nicht von dem Gesamteinkommen des Mitglieds der offenen Handelsgesellschaft abgezogen werden. Denn gemäß § 13 Abs. 2 Nr. 2 EinkStG. (Art. 27 II 2 AAnw.) besteht das steuerpflichtige Einkommen eines solchen Gesellschafters aus seinem Anteil am Geschäftsgewinne der Gesellschaft. Dieser Gewinn kann aber nur in der Weise ermittelt werden, daß alle Einnahmen und Ausgaben, die der Gesellschaft erwachsen, einander gegenübergestellt werden. Zu den Ausgaben, die das Sondervermögen der Gesellschaft betreffen, gehören die Zinsen von Schulden, die auf dem Anlage- und Betriebskapitale der offenen Handelsgesellschaft lasten; sie mindern den Geschäftsgewinn der Gesellschaft. Schuldner derartiger Zinsen ist nicht der einzelne Steuerpflichtige, sondern die offene Handelsgesellschaft; wegen der Selbständigkeit, die das Gesellschaftsvermögen gegenüber dem Sondervermögen der einzelnen Teilhaber besitzt, ist es nicht zulässig, bei Ermittelung des Gesellschaftsgewinns Schulden der Gesellschaft als Schulden der Gesellschafter zu betrachten und deshalb unberücksichtigt zu lassen, obwohl die offene Handelsgesellschaft keine juristische Person ist. Was vorstehend für die offene Handelsgesellschaft ausgeführt ist, gilt auch für die Kommanditgesellschaft und andere in § 2 Ziff. 4 bis 6 EinkStG. (Art. 26 AAnw. v. 25. VII. 06) nicht genannte Erwerbsgesellschaften. Dagegen trifft es nicht zu für die stillen Gesellschaften des HGB.; denn bei diesen ist der Inhaber des Handelsgeschäfts der alleinige Eigentümer des Gesellschaftsvermögens, der stille Gesellschafter steht zu ihm nur in einem obligatorischen Rechtsverhältnisse. Die Zinsen von Schulden, die der Geschäftsinhaber eingeht, um sich Anlage- und Betriebskapital zu beschaffen, belasten sein Gesamteinkommen, die Zinsen von Schulden, die der stille Gesellschafter aufnimmt, um seine Geschäftseinlage stellen zu können, das Gesamteinkommen des letzteren.

f) Aktiengesellschaften und Kommanditgesellschaften auf Aktien.

Nr. 1. Entsch. v. 9. Mai 1911 (OVG. 59 166) II C 174/10.

KommAbgG. §§ 33, 36. EinkStG. § 15.

1. Nach § 15 EinkStG. gelten als steuerpflichtiges Einkommen der Aktiengesellschaften diejenigen Überschüsse, die als Aktienzinsen oder Dividenden, gleichviel unter welcher Benennung, unter die Mitglieder verteilt werden, unter Hinzurechnung der zur Tilgung von Schulden oder des Grundkapitals, zur Verbesserung oder Geschäftserweiterung sowie zur Bildung von Reservefonds verwendeten Beträge (bei der Staatsbesteuerung nach Abzug von 3½ % des eingezahlten Aktienkapitals, bei der Gemeindebesteuerung ohne diesen Abzug). Es müssen also, wenn eine Aktiengesellschaft steuerpflichtiges Einkommen haben soll, einmal Überschüsse erzielt und zweitens müssen diese Überschüsse (ganz oder zum Teil) nach der Bestimmung der Gesellschaft für die genannten Zwecke verwendet sein. Das gilt auch für die in den Gesamtüberschüssen steckenden Erträge besonderer Einkommensquellen, wie z. B. Grundbesitz, Beteiligung als stiller Gesellschafter oder Kommanditist und an einer Gesellschaft m. b. H. Danach kann als steuerpflichtiges Einkommen, das einer Aktiengesellschaft aus einer solchen besonderen Quelle zufließt, nicht der Ertrag der Quelle angesetzt werden, vielmehr ist er aus dem gesamten steuerpflichtigen Einkommen nach dem Verhältnis auszuscheiden, in dem dieses zu den gesamten bilanzmäßigen Überschüssen, nötigenfalls nach Richtigstellung der Bilanz steht.

2. Nach der Satzung beträgt das Grundkapital der Klägerin (einer Kohlensyndikats-Aktiengesellschaft) 2 400 000 ℳ und ist eingeteilt in 8000 auf Namen lautende Aktien von je 300 ℳ, deren Übertragung an die Einwilligung der Gesellschaft gebunden ist. Der Gegenstand des Unternehmens ist der An- und Verkauf von Kohlen, Koks und Briketts, die Aufbereitung von Kohlen, der Erwerb von Grubenfeldern und Bergwerksanteilen, der Betrieb von Unternehmungen aller Art, die auf die Lagerung, den Absatz und die Beförderung von Bergwerksprodukten gerichtet sind, sowie die Beteiligung an solchen Unternehmungen. Über die Verteilung des Reingewinns an die Aktionäre enthält die Satzung keine Bestimmung. Nach dem Vertrage zwischen der Aktiengesellschaft und den zum Syndikate gehörigen Zechen sowie zwischen den letzteren untereinander ist die Annahme des Vorderrichters bedenkenfrei, daß die Klägerin nach ihrer Satzung ein auf Gewinnerzielung gerichtetes gewerbliches Unternehmen ist, sowie ferner, daß ihr die Erzielung von Gewinn durch die Bestimmungen des sogenannten SyndikatsVt. v. 15. IX. 01/1. X. 03 — abgesehen von allem anderen — schon deshalb nicht unmöglich sein würde, weil er keine Bestimmungen darüber enthält, daß etwaige Überschüsse über den Verrechnungspreis im bestrittenen Absatzgebiet, aus dem An- und Verkaufe von Kohlen, Koks und Briketts von anderen als den Syndikatszechen, aus dem Erwerbe von Grubenfeldern und Bergwerksanteilen sowie aus der Beteiligung an Kohlenabsatzunternehmungen aller Art, wie z. B. an der Gesellschaft m. b. H. G. ihr nicht verbleiben sollen. Wenn aber diese Einnahmen der Gesellschaft verbleiben, so würde die Möglichkeit, mit ihnen Überschüsse zu erzielen, selbst dann nicht völlig ausgeschlossen sein, wenn die dem Syndikatsvertrage beigetretenen Zechenbesitzer lediglich der Gesellschaft als Dritte gegenüberständen, denen dann auch als solchen die Verpflichtung zur Deckung der Geschäftskosten der Klägerin nach § 6 des Syndikatsvertrags obliegen würde. Es kann jedoch die Annahme des Vorder-

richters nicht als richtig anerkannt werden, daß die Zechenbesitzer der Gesellschaft lediglich als Dritte gegenüberständen. Ob die Aufnahme neuer Mitglieder von dem Erwerbe von Aktien etwa tatsächlich abhängig gemacht wird, mag dahingestellt bleiben. Immerhin lassen die Bestimmungen im § 14 des Syndikatsvertrags und im § 20 der Satzung erkennen, daß der Besitz von Aktien und die Beteiligung als Zechenbesitzer an dem Syndikatsvertrag und umgekehrt in gewissen Beziehungen stehen und jedenfalls solche Beziehungen als selbstverständlich vorausgesetzt werden. Sind aber, vielleicht von einzelnen Ausnahmen abgesehen, die Zechenbesitzer zugleich Aktionäre der Klägerin, so können diese nicht lediglich als dritte der Klägerin gegenüberstehende Personen angesehen werden, weil sie für ihre Lieferungen an die Klägerin, zu denen sie nach dem Syndikatsvertrage verpflichtet sind, keine bestimmte Vergütung erhalten, sondern mit ihr von den Geschäftsergebnissen der Klägerin und deren Vermögenslage abhängig sind. Nach dem Syndikatsvertrage werden den Zechenbesitzern für ihre Lieferungen zunächst sogenannte, von dem Vorstande der Klägerin festgesetzte Verrechnungspreise gutgeschrieben, über die hinaus ihnen auch das verbleibt, was über den Verrechnungspreis im unbestrittenen Absatzgebiete von der Klägerin erzielt wird. Dieser Verrechnungspreis gilt zwar nach dem Vertrag als Kaufpreis, ist es aber in Wirklichkeit nicht; denn nicht er ist die Vergütung, die der Zechenbesitzer von der Klägerin erhält und nach dem Vertrag erhalten soll; der Verrechnungspreis mindert sich vielmehr um die Umlagen, die nach § 6 des Vertrags von den Zechenbesitzern zur Deckung der Geschäftskosten und einer etwaigen Unterbilanz der Klägerin erfordert und von dem Verrechnungspreis abgeschrieben werden. Damit wird der Zechenbesitzer wegen der Vergütung für seine Lieferung unmittelbar auf das Geschäftsergebnis der Klägerin angewiesen, derart, daß er unter Umständen ein dem Werte seiner Leistung entsprechendes Entgelt überhaupt nicht erhalten kann. Dies ist um so mehr der Fall, als der Geschäftsbetrieb der Klägerin nicht auf den Verkauf der von den Syndikatszechen zu liefernden Kohlenprodukte beschränkt ist, sondern sich auch auf den An- und Verkauf von Kohlenprodukten von anderen Zechen und auf die Beteiligung an anderen Unternehmungen erstreckt, deren Kosten ebenfalls den Syndikatszechenbesitzern nach § 6 des Vertrags zur Last fallen und von den Verrechnungspreisen abgehen. Anderseits wieder erhöht sich die Vergütung der Zechenbesitzer für die von ihnen der Klägerin gelieferten Kohlenprodukte dadurch, daß Gewinne, die ihr aus ihren sonstigen Unternehmungen zufließen, sowie Überschüsse, die sie über die Verrechnungspreise hinaus im bestrittenen Absatzgebiet erzielt, zur Verminderung der von den Zechenbesitzern nach § 6 des Vertrags zu erfordernden und von den Verrechnungspreisen in Abzug kommenden Umlagen verwendet werden. Ist aber hiernach das Entgelt, das die Zechenbesitzer für ihre Kohlenlieferungen erhalten und zu erhalten haben, nicht ein für allemal im voraus bestimmt oder auch nur nach anderen Umständen als dem von der Klägerin erzielten Geschäftsergebnisse bestimmbar, so können die Zechenbesitzer, soweit sie Aktionäre der Klägerin sind, nicht lediglich als dritte ihr gegenüberstehende Personen angesehen werden, vielmehr stellt sich jedenfalls wirtschaftlich ihr Rechtsverhältnis zu der Klägerin als ein von dem Gesellschaftsverhältnis untrennbares dar. Eine andere Auffassung würde auch dann nicht geboten sein, wenn etwa Zechenbesitzer, die keine Aktien haben, dem Syndikatsvertrage beigetreten sind und nach ihm über den Marktpreis hinaus dieselben Vergütungen für die Lieferungen erhalten, wie die Aktionäre. Es ist keineswegs ausgeschlossen, daß die einen jene Vergütungen auf Grund des Gesellschaftsvertrags, die anderen auf Grund eines Lieferungsvertrags erhalten. Alles das aber, was ein Aktionär über den wirklichen Wert, den Marktpreis — das ist der Preis, den die Klägerin bezahlen müßte, wenn sie die Kohlenprodukte von anderen als den Syndikatszechen kaufen würde — hinaus erhält, ist als verteilte Dividende anzusehen. Dabei kann dahingestellt bleiben, ob privatrechtlich das Rechtsverhältnis zwischen der Klägerin und den Zechenbesitzern, soweit sie

Aktionäre sind, als ein solches zu erachten sein würde, wie es die §§ 212, 276 HGB. vorsehen, in welchem Falle die Aktionäre nach § 216 aaO. — abgesehen von ihrer Teilnahme am Reingewinne — ebenfalls nur Anspruch auf eine den Wert ihrer Leistungen nicht übersteigende Vergütung haben. Daß die Zechenbesitzer, soweit sie Aktionäre sind, an der Dividende nicht nach Verhältnis ihres Aktienbesitzes beteiligt sind, worauf der Vorderrichter besonderes Gewicht legt, sondern nach Verhältnis ihrer Lieferungen, ist belanglos; denn wenn auch gesetzlich die Anteile am Gewinne sich nach dem Verhältnisse der Aktienbeträge bestimmen, kann doch eine andere Art der Gewinnverteilung im Gesellschaftsvertrage vorgesehen (§ 214 HGB.) oder durch nachträgliche Abänderung des Gesellschaftsvertrags bestimmt werden.

Hiernach ist es rechtsirrtümlich, wenn der Vorderrichter meint, daß in Zuwendungen an die Zechenbesitzer, soweit sie zugleich Aktionäre sind, über den Marktpreis für ihre Lieferungen hinaus keine versteckte Dividendenverteilung liege, die Klägerin sich vielmehr „der Frucht ihrer geschäftlichen Tätigkeit auch insofern zugunsten Dritter — der Zechenbesitzer — entäußere".

Nr. 2. Entsch. v. 8. Jan. 1912 (PrVerwBl. **33** 666) HC 112/11.

KommAbgG. §§ 33, 35, 47.

1. Nach §§ 33, 35 KommAbgG. wird eine Gemeindesteuerpflicht für Aktiengesellschaften nicht durch den statutarischen, oder den sich aus dem Handelsregister ergebenden Sitz der Gesellschaft, sondern durch den wirtschaftlichen Sitz des Unternehmens begründet, und entscheidende Bedeutung kommt in der Beziehung nur der tatsächlichen Gestaltung des Gewerbebetriebs, dem gewerblichen Mittelpunkt der Tätigkeit des Steuerpflichtigen zu.

2. Nach § 33 Abs. 1 Ziff. 3 KommAbgG. begründet nicht nur der gewerbliche Eigenbetrieb, sondern auch das bloße Haben gewerblicher Anlagen eine Steuerpflicht in der Belegenheitsgemeinde. Jede Betriebsstätte, jeder Teil einer solchen ist eine gewerbliche Anlage und ein dem Gewerbebetriebe dienendes Grundstück verliert nicht dadurch den Charakter einer solchen, daß der darauf stattfindende Gewerbebetrieb eine Veränderung erfährt oder das Grundstück zu gewerblichen Zwecken mit anderen Grundstücken vereinigt oder umgekehrt geteilt wird. Insbesondere macht es auch keinen Unterschied, wenn ein Gewerbetreibender sein Unternehmen auf andere Gemeinden ausdehnt, in denen die verpachteten gewerblichen Anlagen nicht belegen sind.

3. Es entsteht aber weiter die Frage, ob die Aufgabe des Eigenbetriebs den Untergang der bisherigen gewerblichen Einkommensquelle zur Folge hatte und von diesem Zeitpunkte mit einer neuen Quelle, dem Besitze gewerblicher Anlagen, gerechnet werden muß, derart, daß die Steuerpflicht, auf Grund deren die Steuerpflichtige veranlagt worden ist, erloschen, und an deren Stelle eine neue, durch andere Verhältnisse gegründete Steuerpflicht getreten ist. Nach § 33 aaO. Abs. 1² sind diejenigen Personen der Gemeindeeinkommensteuer unterworfen, die in der Gemeinde, ohne dort einen Wohnsitz zu haben, Handels- bzw. gewerbliche Anlagen haben oder Handel bzw. Gewerbe betreiben; ein begrifflicher Unterschied besteht danach zwischen dem Besitz und dem Eigenbetrieb einer gewerblichen Anlage nicht, beides gilt als die nämliche, einheitliche Einkommensquelle, die in der angeführten Bestimmung und der folgenden von nicht physischen Personen handelnden Ziffer, wie auch in dem den Beginn und den Verlust der Steuerpflicht regelnden § 60 dem Grundvermögen als Einkommensquelle gegenübergestellt wird. Die Einkommensquelle bleibt daher dieselbe, wenn an Stelle des bisherigen eigenen gewinnbringenden Betriebs eines Gewerbes aus der diesem dienenden gewerblichen Anlage durch eine andere Art der Nutzung (z. B. durch Verpachtung) Einkommen erzielt wird.

4. Der Fortbestand der nämlichen Einkommensquelle über den 1. Juli hinaus hat aber zur Folge, daß die Veränderungen in den Verhältnissen

der Steuerpflichtigen, die sich im Laufe des Steuerjahres zugetragen haben, bei der Beurteilung der streitigen Steuerforderungen außer Betracht bleiben müssen. Nur der Bestand der Quelle am Beginn des Steuerjahres ist maßgebend. Unter Berücksichtigung dessen hat die Bemessung der Höhe des in den einzelnen Gemeinden zu versteuernden Einkommens nach der Vorschrift des § 47 KommAbgG. zu erfolgen. Danach wäre in erster Linie, wenn zwischen den beteiligten Gemeinden und der Steuerpflichtigen ein Verteilungsmaßstab vereinbart wäre, dieser anzuwenden. Eine solche Vereinbarung haben zwar nach der Annahme des Vorderrichters die Gemeinden untereinander getroffen; da ihr aber die Steuerpflichtige (eine Aktiengesellschaft) nicht beigetreten ist, kann darauf nicht gerücksichtigt werden. Es bleibt deshalb nur übrig, nach dem in Ermangelung einer Vereinbarung gemäß Abs. 1 b aaO. zugrunde zu legenden Verhältnis der in den einzelnen Gemeinden erwachsenen, nach näherer Vorschrift des § 48 zu ermittelnden Ausgaben an Gehältern und Löhnen das bei der staatlichen Veranlagung festgestellte Einkommen der Klägerin zuzüglich $3\frac{1}{2}\,\%$ des Aktienkapitals auf die am Rechtsstreite beteiligten steuerberechtigten Gemeinden zu verteilen. Eine Veränderung der Lohnausgaben infolge Übergangs des Betriebs des Gewerbes auf einen anderen Unternehmer würde dabei auf die Entscheidung ohne Einfluß sein. Falls in einer Gemeinde Lohnausgaben überhaupt nicht erwachsen sind, so fehlt es der von ihr geforderten Steuer an der Rechtsgrundlage, vorausgesetzt, daß die in ihrem Bezirke belegene Betriebsstätte darauf beschränkt ist. Dehnt sich die Betriebsstätte auf andere Gemeinden aus, so hat die Verteilung nach Lage der örtlichen Verhältnisse unter Berücksichtigung des Flächenverhältnisses und der Kommunallasten zu erfolgen (§ 47 Abs. 1 b¹ aaO.). Unerheblich ist, ob die Steuerpflichtige die in Rede stehenden Anlagen der anderen Aktiengesellschaft unentgeltlich oder pachtweise hergegeben hat. Denn, wenn auch dadurch eine Verminderung des Einkommens der Steuerpflichtigen eingetreten wäre, so müßte diese doch im Hinblick darauf, daß diese Veränderung im Laufe des Steuerjahres und bei unverändertem Fortbestand der Quelle stattgefunden hat, außer Betracht bleiben.

Nr. 3. Entsch. v. 4. Juli 1912 (OVG. 62 462) HC 182/11.

Nach § 9 ⁶ EinkStG. erfolgt die Veranlagung der Aktiengesellschaften nach dem durchschnittlichen Ergebnisse der drei der Veranlagung vorangegangenen Geschäftsjahre, wenn das Unternehmen solange besteht. Als der Veranlagung unmittelbar vorangegangene Geschäftsjahre sind diejenigen zu verstehen, deren Ergebnis zur Zeit der Veranlagung festgestellt werden konnte. IdReg. wird sich somit das steuerpflichtige Einkommen unmittelbar aus den Bilanzziffern errechnen lassen, da den Bilanzen der Aktiengesellschaften keineswegs nur die beschränkte Bedeutung eines Ausgangspunkts oder einer Erkenntnisquelle für die Ermittelung des steuerpflichtigen Einkommens zukommt, sondern grundsätzlich die Vermutung Platz greift, daß die Bilanz richtig aufgestellt ist. Die steuerberechtigte Behörde kann jedoch die Richtigkeit der Bilanz beanstanden, insbesondere den Einwand erheben, daß durch die Verfügung über den Reingewinn verschleierte Reservestellungen bezweckt werden. Auf diese Weise kann die Bilanz in ihren Einzelposten und Schlußziffern eine Richtigstellung und wesentliche Verschiebungen erleiden. Die Aktiengesellschaft dagegen kann die Unrichtigkeit der von der Generalversammlung der Aktionäre genehmigten Bilanz nicht geltend machen, muß vielmehr die festgestellten Ziffern in ihren Einzelsätzen wie im Schlußergebnisse gegen sich gelten lassen und kann mit der Behauptung, daß die Bilanz nicht den handelsrechtlichen Vorschriften gemäß aufgestellt sei, nicht gehört werden. Wenn daher die Steuerbehörde die Bilanzen nicht bemängelt, müssen diejenigen der drei maßgebenden Jahre die Grundlage der Veranlagung abgeben und zwar bildet dann das steuerpflichtige Einkommen für die Staatsbesteuerung der Durchschnitt des

Geschäftsergebnisses jener drei Jahre nach Abzug von 3½ % des Aktienkapitals, für die Kommunalbesteuerung ohne diesen Abzug. Beanstandet dagegen die Steuerbehörde die Bilanz, behauptet sie insbesondere eine gesetzwidrige Verwendung des Bruttogewinns für unzulässige Abschreibungen, so ist zu prüfen, ob in dem maßgebenden Geschäftsjahr einzelne Aktivposten überhaupt eine Wertminderung erfahren haben, und ob die Abschreibungen sich innerhalb der im Handel und Verkehr üblichen Grenzen halten. Diesen Gepflogenheiten entspricht es nicht, wenn Wertminderungen einzelner Aktivposten, die in früheren Geschäftsjahren entstanden, aber in jenen Jahren nicht durch Abschreibungen auf ihren wirklichen Wert zurückgeführt worden sind, in einem späteren Jahre überhaupt oder durch verstärkte Abschreibungen nachgeholt werden. Ebensowenig ist es gestattet, Bilanzwerte, die im Gründungs- oder einem späteren Jahre zu teuer angeschafft, jahrelang aber zu dem Anschaffungswert in den Bilanzen durchgelaufen sind, in nachfolgenden guten Geschäftsjahren auf ihren wirklichen, gemeinen Wert durch Abschreibungen herunterzusetzen, obschon objektiv eine Wertminderung in diesen Jahren nicht eingetreten ist. Einen Ausweg, wie in solchen Fällen bei Anlagen und sonstigen Gegenständen, die dauernd zum Geschäftsbetrieb einer Aktiengesellschaft bestimmt sind, verfahren werden kann, bietet § 261 Nr. 3 HGB. Hiernach ist es den Aktiengesellschaften bei stabilen Werten zwar gestattet, von der Vorschrift des § 40 aaO. abweichend statt des wirklichen Wertes einen höheren in die Bilanz einzustellen; Voraussetzung ist dann aber, daß ein der Abnutzung gleichkommender Betrag in Abzug gebracht oder ein ihr entsprechender Erneuerungsfonds in Ansatz gebracht wird. Hat aber die Aktiengesellschaft kein Interesse daran, den höheren Wert auf der Aktivseite und einen entsprechenden Ausgleichsposten auf der Passivseite in die Bilanz einzustellen, so wird sie gut tun, von vornherein den Posten zum wirklichen Werte in der Bilanz erscheinen zu lassen.

Nr. 4. Entsch. v. 2. Mai 1912 (PrVerwBl. **33** 840) HC 73/11.

KommAbgG. § 33. EinkStG. §§ 9, 15.

Da bei Aktiengesellschaften die Gemeindeeinkommensteuer das staatlich veranlagte Einkommen erfaßt (§ 33 Abs. 1³ Schlußsatz KommAbgG.), als staatssteuerpflichtiges Einkommen aber nur die als Dividenden verteilten oder sonst nach § 15 EinkStG. verwendeten Überschüsse nach dem Durchschnitte der letzten drei Geschäftsjahre gelten sollen (§ 9⁶, § 15 EinkStG.), so muß entgegen der allgemeinen Regel im § 9¹ EinkStG. eine Einkommensquelle außer Betracht bleiben, die zwar zu Beginn des Steuerjahres, nicht aber in den drei vorhergegangenen Geschäftsjahren bestanden hat.

Nr. 5. Entsch. v. 25. Jan. 1912 (PrVerwBl. **33** 521) HC 133/11.

KommAbgG. § 33. EinkStG. §§ 9, 15.

1. Ist bei der Heranziehung einer Kommanditgesellschaft auf Aktien zur Gemeindeeinkommensteuer nur eine derjenigen Einkommensquellen, deren Erträge das staatlich veranlagte Einkommen der Aktiengesellschaft ausmachen, in Frage (im vorliegenden Falle die Beteiligung an einer Gesellschaft m. b. H.), so ist das Ergebnis dieser Quelle nicht frei zu ermitteln, sondern den Unterlagen der von der Generalversammlung genehmigten und nötigenfalls bei der staatlichen Veranlagung berichtigten Bilanzen der Aktiengesellschaft mittels Durchschnittsberechnung (§ 9 EinkStG.) zu entnehmen.

2. Allerdings hat der Zweite Senat des OVG. für das vor dem 1. IV. 95 in Geltung gewesene Recht in OVG. **28** 54 und im Anschluß daran auch für das Recht des KommAbgG. in Entsch. v. 8. XII. 97 (PrVerwBl. **19** 445), v. 19. II. 98 (das. 446) und OVG. **33** 51 verlangt, daß behufs Aussonderung aus dem bilanzmäßigen Gesamteinkommen der „wirkliche" Ertrag der einzelnen Quelle „selb-

ständig" ermittelt werde. Dies hat aber derselbe Senat in neuerer Zeit wiederholt dahin erläutert oder eingeschränkt, daß die vollen, noch der Kürzung zu unterwerfenden Erträge der einzelnen Quellen (des Grundbesitzes, des selbständigen Gewerbebetriebs) nur als bilanzmäßige Größen zu ermitteln und, ebenso wie das staatlich veranlagte Gesamteinkommen und das bilanzmäßige Gesamteinkommen, aus dem staatlichen Veranlagungsverfahren ohne Nachprüfung zu übernehmen sind: OVG. **46** 33, v. 3. XI. 08 (II C 126 08), **54** 137, **55** 157. Dem ist auch der erkennende Senat beigetreten: Entsch. v. 19. X. 11 (H C. 40. 11). Die Vorschriften, die für die kommunale Besteuerung des Einkommens physischer Personen aus der Beteiligung an einer Gesellschaft m. b. H. gelten (OVG. **33** 63, **50** 120), können auf Aktiengesellschaften nicht uneingeschränkt angewendet werden, weil der Schlußsatz im § 33 Abs. 1³ KommAbgG. eine Ausnahme von allen übrigen Veranlagungsvorschriften, soweit sie entgegenstehen, begründet.

h) Die juristischen Personen.

Nr. 1. Entsch. v. 4. Jan. 1912 (OVG. **60** 185) HC 267/11.

KommAbgG. §§ 28, 33, 36.
EinkStG. §§ 1, 4—16. BankG. v. 14. III. 75/7. VI. 99 §§ 12, 21, 24.

1. Der Gewinnanteil, den die Reichsbank nach § 24 Nr. 3 BankG. v. 14. III. 75/7. VI. 99 an die Reichskasse zu zahlen hat, gehört zu den Werbungskosten, die nach § 8 Nr. I Abs. 1 EinkStG. von dem Rohertrage der Einkommensquelle in Abzug zu bringen sind.

2. Zutreffend hat der Vorderrichter die Reichsbank überhaupt für gemeindesteuerpflichtig erklärt. Sie ist nach § 12 BankG. eine juristische Person, und aus § 28 Abs. 1⁶ KommAbgG. ergibt sich, daß ihr Geschäftsbetrieb, dessen Hauptsitz Berlin ist, für das Kommunalabgabenrecht als ein gewerblicher angesehen werden soll. Hieraus folgt nach § 33 Abs. 1³ᶜ KommAbgG. das Steuerrecht Berlins gegenüber der Reichsbank. Ein solches ist auch reichsgesetzlich nicht ausgeschlossen, da der § 21 BankG. die Reichsbank nur von Staatssteuern frei erklärt.

3. Richtig ist es ferner, wenn der Bezirksausschuß unter den nach § 36 Abs. 2 KommAbgG. hier anzuwendenden Veranlagungsvorschriften nicht den § 15 EinkStG., sondern die ihm vorhergehenden Paragraphen versteht. Zwar ist die Reichsbank in ihrem Wesen einer Aktiengesellschaft ähnlich; sie ist aber keine Aktiengesellschaft iS. der Handels- und Steuergesetzgebung. Wenn man sie, die also weder zu den physischen Personen (§ 1 Abs. 1¹⁻³ EinkStG.) noch zu den im § 1 Abs. 1⁴⁻⁶ EinkStG. behandelten nichtphysischen Personen gehört, in eine dieser beiden Gruppen einreihen müßte, dann käme nur die zweite Gruppe in Frage; aber die §§ 15, 16 EinkStG. stehen nicht den §§ 4—8, 10—14, und die Ziff. 6 des § 9 steht nicht den Ziff. 1—5 daselbst derart gleichgeordnet gegenüber, daß diese etwa nur die physischen, jene nur die bezeichneten nichtphysischen Personen beträfen, sondern die §§ 15, 16 ebenso wie § 9⁶ enthalten Sondervorschriften für den bestimmt abgesteckten Kreis der dort durch Bezugnahme auf § 1⁴·⁵·⁶ bezeichneten nichtphysischen Personen und sind nur auf diese anzuwenden; die §§ 4—8, 10—14 dagegen stellen sich als allgemeine Vorschriften dar, die, soweit nicht die §§ 15, 16, 9⁶ entgegenstehen, immer anzuwenden sind, sowohl bei physischen wie bei nichtphysischen Personen, insbesondere also auch bei den im EinkStG. nicht behandelten staatssteuerfreien juristischen Personen. Bei dieser Rechtslage kann sich die Reichsbank nicht darauf berufen, daß das Reich nicht als eines ihrer „Mitglieder" anzusehen sei, der streitige Gewinnanteil also nicht zu den Überschüssen gehöre, die als Dividenden unter die Mitglieder verteilt würden.

4. Vielmehr hängt die Entscheidung der Streitfrage nur davon ab, ob der Gewinnanteil des Reichs vor Feststellung des Geschäftsgewinns der

Reichsbank (§ 13 EinkStG.) als eine Aufwendung zur Erhaltung des Ertrags, also als zu den Werbungskosten gehörig abzuziehen ist (§ 8 I Abs. 1 EinkStG.). Die Frage ist zu bejahen. (Folgt eingehende Begründung.)

Was zunächst den Wortlaut des § 24 BankG. angeht, so muß man sich gegenwärtig halten, daß nicht alle Beträge, die von dem Jahresergebnis eines Geschäftsbetriebs abhängig sind und deshalb erst nach Feststellung dieses Ergebnisses berechnet und ausbezahlt werden können, die Natur eines an Mitglieder verteilten Gewinns haben. Wenn z. B. nach der Satzung einer Aktiengesellschaft von dem Reingewinne 1. 10 % in den Reservefonds, 2. 5 % des verbleibenden Betrags an den Vorstand, 3. sodann 4 % des eingezahlten Aktienkapitals an die Aktionäre, 4. 8 % des Restes an die Aufsichtsratsmitglieder abzuführen sind und 5. schließlich der Rest an die Aktionäre als weitere Dividende zu verteilen ist, so haben diese Nummern rechtlich verschiedene Bedeutung: Nr. 1 ist Rücklage, Nr. 3 und 5 sind Überschüsse, die als Dividenden verteilt werden, und Nr. 2 und 4 haben die Natur von Gehältern. Die in Form von Gewinnanteilen zugesagten Gehälter der Organe und Angestellten der Gesellschaft, sogenannte Tantiemen, sind Geschäftsunkosten, können auch als solche gebucht werden. Sie setzen die Feststellung eines Reingewinns voraus, beschränken aber auch wieder als Werbungskosten den Reingewinn iS. der nachfolgenden Nummern. Die Tantiemen bilden ein alltägliches Beispiel einer — für die Steuerberechnung abzugsfähigen — Betriebsausgabe, die nur deshalb nicht wie ein festes Gehalt vor Feststellung des Reingewinns angesetzt wird, weil sie in ihrem Betrage von dem Unterschiede zwischen dem Roheinkommen und den übrigen Betriebsausgaben abhängig ist. Die Berechnung nach Feststellung des Reingewinns hat aber auf die Natur und auf die Abzugsfähigkeit der Betriebsausgabe keinen Einfluß. Die Fassung des § 24 kann also nicht gegen die Abzugsfähigkeit des Gewinnanteils des Reichs verwertet werden Auch auf die rechtswissenschaftlichen Schriften kann man sich, wenn man deren Gesamtergebnis betrachtet, nicht zuungunsten der Reichsbank berufen.

5. Aus der geschichtlichen Entwickelung gewinnt man den Eindruck, daß der Gesetzgeber, in bewußtem Gegensatze zu der Preußischen Bank, der Reichsbank eine Stellung einräumen wollte, die das Reich nicht als beteiligt erscheinen läßt, sondern nur als Leiter, Beaufsichtiger und als Verleiher des Rechtes, in erster Linie und in steigendem Maße als Zentralinstitut Noten auszugeben. Für das Notenprivileg und für die Leitungs- und Aufsichtsgeschäfte sollte es ein Entgelt in dem Anteil am Jahresgewinne empfangen.

Ist aber der Gewinnanteil des Reichs als eine Gegenleistung für das Notenprivileg und für die sonstigen der Reichsbank gewährten Vorrechte anzusehen, so ist er vor Feststellung des steuerpflichtigen Geschäftsgewinns der Reichsbank abzuziehen. Der Betrieb der Reichsbank ist ohne das Notenrecht nicht zu denken. Sie ist als das „Zentralnoteninstitut" gegründet worden, die Notenausgabe ist ihr vornehmstes Geschäft. Indem ihr das Notenrecht nur unter Auferlegung einer besonderen Reichsabgabe durch das G. gewährt wurde, ist eine wiederkehrende Ausgabe geschaffen, die mit dem Betrieb in einem notwendigen ursächlichen Zusammenhange steht und so den Betrieb belastet.

Wenn man hiernach den Gewinnanteil als eine besonders geartete, lediglich auf dem BankG. beruhende Abgabe öffentlichen Rechtes ansehen muß, so kann man ihn anderseits nicht geradezu unter die Steuern rechnen, die nach § 8 EinkStG. nur in gewissen Ausnahmefällen abzuziehen wären. Die Abgabe ist nicht jedem auferlegt, in dessen Person sich gewisse Bedingungen erfüllen — wie die Notensteuer in Höhe von 5 % —, sondern nur einer Rechtspersönlichkeit, der Reichsbank; es fehlt also das Merkmal der Allgemeinheit, das zum Begriffe der Steuer gehört. Außerdem ist der Gewinnanteil nicht das allgemeine Entgelt für die Gesamtheit der Leistungen des Reichs, sondern das besondere Entgelt für gewisse, nur der Reichsbank gewährte Vorteile. Auch das steht seiner Natur als Steuer entgegen. Hiernach ist der streitige Gewinnanteil für die Reichsbank eine Aufwendung zur Erhaltung des Ertrags und unter die Werbungskosten zu rechnen (§ 8 I Abs. 1 EinkStG.).

Nr. 2. Entsch. v. 7. März 1912 (OVG. **62** 406) HC 286/11.

Der Grundsatz, wonach die sich nicht als Aufwendungen zur Erwerbung, Sicherung oder Erhaltung des Ertrags der einzelnen Einkommensquelle darstellenden Schuldenzinsen, auch wenn sie im wirtschaftlichen Zusammenhange mit einer einzelnen Einkommensquelle stehen, von dem Gesamteinkommen in Abzug zu bringen sind, ist auch bei der Gemeindebesteuerung der staatlich zu einem Staatssteuersatze nicht veranlagten, aber an sich staatssteuerpflichtigen juristischen Personen anzuwenden. Die Regelvorschrift des § 8 II Nr. 1 EinkStG., die die Absetzung der sämtlichen, nicht unter den Begriff der Werbungskosten fallenden Schuldenzinsen vom Gesamteinkommen anordnet, stellt sich als eine allgemeine, gemäß § 36 Abs. 2 KommAbgG. auch bei der Heranziehung zur Gemeindeeinkommensteuer bindende Veranlagungsvorschrift dar, die für alle steuerpflichtigen Rechtssubjekte, physische wie juristische Personen, gleichmäßig Geltung hat und für die letzteren nur insoweit nicht anzuerkennen ist, als sich die Übertragung auf sie mit Rücksicht auf deren Eigenart und für sie erlassene Sonderbestimmungen verbietet. Eine solche Ausnahme greift Platz bei denjenigen juristischen Personen, die zwar der Gemeinde-, nicht aber der staatlichen Einkommensteuerpflicht unterworfen sind; denn im Gegensatze zu der Forensalbesteuerung physischer Personen, deren Schuldenzinsen lediglich der Bestimmung in § 8 II Nr. 1 aaO. unterliegen und daher stets verhältnismäßig auf das Gesamteinkommen zu verteilen sind, haben diese juristischen Personen kein Gesamteinkommen im steuerlichen Sinne, sondern werden zur Gemeindesteuer nur von ihrem Einkommen aus einzelnen Einkommensquellen veranlagt. Für die Unterscheidung der Abzüge vom Gesamteinkommen und derjenigen vom Quelleneinkommen, die § 8 II EinkStG. zueinander in Gegensatz stellt, ist deshalb bei diesen juristischen Personen kein Raum. Dagegen fehlt es für eine gleichermaßen abweichende Behandlung der gesetzlich der Staats- und der Gemeindeeinkommensteuerpflicht unterworfenen Personen an jedem Anlasse. Soweit bei ihnen eine Veranlagung zu einem Staatssteuersatze stattgefunden hat, mag davon abgesehen werden, daß für diese die Vorschrift des § 33 Abs. 1³ erster Satz KommAbgG., wonach eine Veranlagung nur wegen des Einkommens stattfindet, das aus Grundvermögen usw. in der Gemeinde fließt, eine wesentliche Durchbrechung insofern erfährt, als hier nach dem zweiten Satze das Ergebnis der Staatssteuerveranlagung maßgebend ist ohne Rücksicht auf die Art der Quelle und die Belegenheit des Orts, woher das Einkommen stammt. Jedenfalls ist in allen Fällen, in denen die für die Kommunalbesteuerung maßgebliche staatliche Veranlagung noch andere Quellen erfaßt, als die in der betreffenden Gemeinde belegenen, ein zu berücksichtigendes von dem Quelleneinkommen verschiedenes Gesamteinkommen der juristischen Person vorhanden, und es steht daher nichts im Wege, die Absetzung der das Quelleneinkommen belastenden Schuldenzinsen auch auf anderes Einkommen auszudehnen. Ob hierbei immer das gesamte Einkommen der steuerpflichtigen juristischen Person in Betracht kommt, mag zweifelhaft sein; denn das vom Staate ermittelte Einkommen dieser Personen deckt sich nicht notwendig mit ihrem gesamten Einkommen. Es könnte deshalb die Frage entstehen, ob als das Einkommen, von dem die keine Werbungskosten darstellenden Schuldenzinsen abzuziehen sind, das gesamte oder nur das vom Staate berücksichtigte Einkommen in Betracht kommt; allein diese Frage braucht hier, wo es sich um die Gemeindebesteuerung einer vom Staate nicht veranlagten, wenn auch grundsätzlich steuerpflichtigen juristischen Person handelt, nicht entschieden zu werden. In Ansehung solcher Personen liegt ebensowenig eine Notwendigkeit vor, den Grundsatz des Abzugs derartiger Schuldenzinsen vom Gesamteinkommen aufzugeben; denn auch bei ihrer Gemeindesteuerveranlagung muß auf ihr Gesamteinkommen zurückgegriffen werden.

Nr. 3. Entsch. v. 11. März 1912 (OVG. 62 410) HC 160/11.

KommAbgG. §§ 33, 34.

1. Es erscheint nicht angängig, die von einer juristischen Person an andere Personen, wenn auch unentgeltlich, überlassenen Räume (insbesondere die Dienerwohnungen) als Dienstwohnungen zu bezeichnen und zu behandeln und die von ihr selbst für ihre eigenen Zwecke unmittelbar benutzten Räume als öffentlich-rechtlichen Zwecken gewidmet zu betrachten. Dienstwohnungen sind nur da vorhanden, wo dem Inhaber die Wohnungsnutzung auf Grund seines öffentlich-rechtlichen Dienstverhältnisses als Teil des Diensteinkommens überlassen ist. Die Klägerin ist keine dem öffentlichen Rechte angehörige Korporation. Ihr Personal ist daher nicht auf Grund eines öffentlich-rechtlichen Amtsverhältnisses sondern im Wege rein privatrechtlicher Dienstmiete (§ 611 BGB.) angestellt. Aus demselben Grunde können auch die Zwecke, die die Klägerin verfolgt, selbst wenn sie nicht auf Gewinn gerichtet, sondern nur gemeinnütziger Natur sein sollten, nicht als öffentlich-rechtliche angesehen werden.

2. Als nicht staatssteuerpflichtige nichtphysische Person unterliegt sie der Gemeindebesteuerung nicht mit ihrem Gesamteinkommen, weil für jene juristischen Personen bei der Gemeindebesteuerung nicht von einem persönlichen Gesamteinkommen auszugehen, sondern das objektive Einkommen der einzelnen Quelle, das ihnen in der Gemeinde zufließt (§ 33 Abs. 1[3] KommAbgG.), der Reinertrag dieser Quelle der Besteuerung zugrunde zu legen ist. Abzugsfähig von dem Roheinkommen aus dem Grundbesitze der Klägerin sind daher nur diejenigen Ausgaben, die Werbungskosten darstellen oder zu der Einkommensquelle wirtschaftlich in Beziehung stehen. Ob die sonstigen abzugsfähigen Ausgaben der Klägerin ihre Einnahmen im letztvoraufgegangenen Wirtschafts- oder Kalenderjahr überstiegen haben, ist ohne Belang; der etwaige Fehlbetrag kann keinenfalls auf das steuerpflichtige Einkommen aus diesem Grundvermögen abgerechnet werden.

3. Dagegen erscheint die Revision bei selbständiger Prüfung aus einem anderen, von der Klägerin nicht geltend gemachten Grunde gerechtfertigt.

Der Vorderrichter hat als steuerpflichtiges Einkommen der Klägerin den Mietwert der als „Diener-" oder „Beamtenwohnungen" benutzten Räume angesehen, indem er von der Annahme ausgeht, daß sie den besonderen privatwirtschaftlichen Interessen der Klägerin dienen. Diese Ansicht trifft nicht zu.

Da eine juristische Person nicht gleich der physischen Wohnung und Hausstand hat und insoweit auch nicht ihre Räume zu Wohnungs- und hauswirtschaftlichen Zwecken benutzen kann, ist es nicht angängig, den Mietwert der von ihr für die Erfüllung ihrer korporativen Zwecke und insofern selbst benutzten Räume als steuerpflichtiges Einkommen zu behandeln. Das erscheint auch dann ausgeschlossen, wenn man mit Rücksicht darauf, daß das EinkStG. — abgesehen von den sogenannten Erwerbsgesellschaften — nur physische Personen für steuerpflichtig erklärt, die Bestimmungen des G. über die Steuerpflicht des Mietwertes der zu wohn- und hauswirtschaftlichen Zwecken benutzten Gebäude und Gebäudeteile sinngemäß auf die gedachten Räume der juristischen Personen anwenden wollte. Dem steht einmal entgegen, daß jene Bestimmungen sich als Sondervorschriften darstellen und ihren inneren Grund in einer nur für die physischen Personen zutreffenden Billigkeitserwägung haben. Ferner ist zwar in der Rechtsprechung wiederholt ausgesprochen, daß die Lebensführung (Erhaltung) des Menschen der Zweckerfüllung der juristischen Person gleichstehe. Was dieser zur Erfüllung ihrer Zwecke (Betätigung ihres Lebens) diene, sei gleichzustellen dem wirklichen oder fingierten (Naturalien-) Einkommen, das der Mensch zu seiner Lebenshaltung (Unterhalt, Vergnügen, Vermehrung seiner Macht, seines Besitzes) aufwende. Auch wenn man die Folgerichtigkeit dieses Vergleichs an sich dahingestellt läßt, kann ihm doch für die hier vorliegende Streitfrage eine Bedeutung nicht beigemessen werden. Jene Verwendungen für den eigenen Unterhalt erfolgen aus dem Reineinkommen, sie ruhen auf dem steuerpflichtigen Gesamteinkommen, das alles umfaßt, was nicht zur Erzielung des Ertrags oder zur Erhaltung der Steuerquelle dient oder auf Grund rechtlicher Verpflichtungen abgeht. Bei den juristischen Personen aber, abgesehen von den sogenannten Erwerbsgesellschaften — deren steuerpflichtiges Einkommen nach anderen Grundsätzen zu ermitteln ist —, also bei den nicht staatssteuerpflichtigen juristischen Personen, darf, wie oben ausgeführt ist, für die Gemeindebesteuerung von einem Gesamteinkommen, das zur Erfüllung ihrer Zwecke dienen könnte, nicht ausgegangen werden, sondern nur von den Reinerträgen, die ihnen aus den einzelnen im KommAbgG. (§ 33) besonders aufgeführten Quellen in der Gemeinde zufließen. Hiernach gebricht es für die Anwendbarkeit des Vergleichs bei der Ermittelung des gemeindesteuerpflichtigen Einkommens der bezeichneten juristischen Personen an der erforderlichen Grundlage.

Auch aus dem Begriffe der Bodenrente, die bei einem Gebäudegrundstücke sowohl in der Miete wie in dem Mietwerte der vom Eigentümer selbst benutzten Räume besteht, läßt sich die Übertragung der Steuerpflicht auf die ihren eigenen Zwecken dienstbaren Räume der juristischen Personen nicht herleiten; denn in jenem weitesten Sinne unterwirft das EinkStG. die Bodenrente auch hinsichtlich der physischen Personen nicht der Besteuerung. Nicht jeder Nutzen, den ein Gebäudegrundstück seinem Eigentümer gewährt, soll steuerpflichtig sein, sondern nur die Nutzung als Wohnung, nicht aber auch z. B. der Mietwert einer Poliklinik, die sich ein Arzt, eines Bureaus, das sich ein Anwalt in einem ihm gehörigen Hause einrichtet.

4. An und für sich stellt das hier in Rede stehende Haus eine steuerpflichtige Einkommensquelle der Klägerin dar. Auch kann eine Befreiung des ihr daraus zufließenden Einkommens auf Grund des § 34 KommAbgG. nicht in Frage kommen, weil die Voraussetzungen des § 24 aaO. bei ihr nicht vorliegen. Ein steuerpflichtiges Einkommen erzielt die Klägerin aber nur aus denjenigen Räumen, die sie gegen Entgelt, sei es gegen Geldmiete oder andere geldwerte Gegenleistungen, an Dritte überlassen hat, nicht jedoch aus denjenigen, die sie zur Erfüllung ihrer eigenen Zwecke unmittelbar benutzt. Die Wohnungen der Angestellten können nach Lage der Sache, auch wenn man ihre Dienste als ein in Geld veranschlagbares wirtschaftliches Verkehrsgut und denjenigen Teil des Geldwerts der Dienste, der auf diese Räume entfällt, als nach allgemeinen wirtschaftlichen Anschauungen wohl bestimmbar erachtet, als ebenfalls den Zwecken der Klägerin unmittelbar gewidmet angesehen werden, weil ohne weiteres anzunehmen ist, daß die Benutzung dieser Räume in solcher Art für die Erreichung ihrer Zwecke erforderlich ist. Daß die Klägerin nach ihrer eigenen Angabe aus der Vermietung des Hörsaals an andere ihr in den Zielen nahestehende Vereine jährlich etwa 900 *M* einnimmt, ist ohne Belang. Selbst wenn davon nach Abzug der Unkosten für Heizung, Beleuchtung usw. ein Reinertrag übrig geblieben sein sollte, erscheint doch diese Art der Benutzung als eine nur gelegentliche und nebensächliche gegenüber dem Hauptzwecke, dem der Hörsaal dient, nämlich der Abhaltung der Gesellschaftssitzungen.

Nr. 4. Entsch. v. 19. Sept. 1912 (OVG. **62** 465) HC 340/11.

KommAbgG. §§ 24c, 34.

1. Die Anwendung der Befreiungsvorschrift in § 24c in Verbindung mit § 34 KommAbgG. kann nicht etwa um deswillen schon abgelehnt werden, weil der Dienst nicht von dem Eigentümer des Grundstücks, sondern von einem anderen Rechtssubjekt ausgeübt wird, das nicht zu den durch § 24c aaO. allein bevorrechteten

Korporationen, dem Staate, den Provinzen, den Kreisen, den Gemeinden oder sonstigen kommunalen Verbänden, gehört; denn das G. fordert weder die Identität des Eigentümers und desjenigen, der das Grundstück zum öffentlichen Dienste nutzt, noch erklärt es für erforderlich, daß dieser durch eine der bezeichneten Korporationen ausgeübt wird; es genügt vielmehr, daß der Eigentümer, der allerdings eine solche Korporation sein muß, das Grundstück für den öffentlichen Dienst oder Gebrauch bestimmt hat. Daß hier die Verwendung der Räume für die geschäftlichen Zwecke der Kreisortskrankenkasse auf der Bestimmung des Grundstückseigentümers, des klagenden Kreiskommunalverbandes, beruht, ist unstreitig.

2. Was sodann den Begriff des öffentlichen Dienstes und Gebrauchs iS. des § 24c aaO. betrifft, so fallen nach OVG. **48** 79 unter ihn Grundstücke und Gebäude, die „entweder für den Gebrauch der öffentlichen Behörden (zum öffentlichen Dienst) oder für den Gebrauch des Publikums (zum öffentlichen Gebrauch) unmittelbar bestimmt sind". Geht man von dieser Umgrenzung des Begriffs aus, so sind die Geschäftsräume einer Ortskrankenkasse ohne Zweifel weder zum öffentlichen Dienste noch zum öffentlichen Gebrauche bestimmt. Daß ein öffentlicher Gebrauch in jenem Sinne hier nicht in Frage kommt, erhellt ohne weiteres; denn die Räume dienen bestimmungsgemäß nur dazu, die Geschäfte der Kasse abzuwickeln; sie sind nur dem Gebrauch eines beschränkten Personenkreises, nämlich den Personen gewidmet, die in ihnen als Angestellte oder in sonstiger Eigenschaft (als Mitglieder, Ärzte usw.) beschäftigt sind oder verkehren. Auch die Begriffsmerkmale des öffentlichen Dienstes sind nicht erfüllt, weil weder die Kasse selbst, noch ihr Vorstand, der sie gesetzlich vertritt, eine „Behörde" ist.

3. Freilich kann nicht verkannt werden, daß die in OVG. **48** 79 zugrunde liegende Begriffsbestimmung des öffentlichen Dienstes oder Gebrauchs insofern nicht frei von erheblichen Bedenken ist, als sie zu eng gefaßt erscheinen könnte. Der Wortlaut des § 24 c KommAbgG. ergibt allerdings nichts dafür, daß diese Vorschrift nur die Tätigkeit von „Behörden" in dem obigen strengen Sinne als öffentlichen Dienst, und damit als wesentliche Voraussetzung der Steuerbefreiung angesehen wissen will, auch sind im § 3 Nr. 2 GebStG., auf den für die Auslegung des § 24 c aaO. zurückzugreifen ist, der Vorschrift, wonach die dem Staate usw. gehörigen, zum öffentlichen Dienste oder Gebrauche bestimmten Gebäude befreit sein sollen, die Worte hinzugefügt: „insonderheit also die zum Gebrauch öffentlicher Behörden . . . bestimmten Gebäude". Man könnte hiernach zu der Auffassung gelangen, die Bestimmung zum Gebrauch öffentlicher Behörden sei nur als ein vorwiegend in Betracht kommendes Beispiel angeführt. Man wird deshalb vielleicht die Tätigkeit nicht nur solcher Organe, den die Eigenschaft von „Behörden" im strengen Sinne innewohnt, als „öffentlichen Dienst" ansehen, sondern darüber hinaus einen solchen auch da als gegeben erachten dürfen, wo andere Organe öffentliche Zwecke verfolgen, und in gleicher Weise von einem öffentlichen „Gebrauche" schon sprechen können, wenn ein Grundstück öffentlichen Zwecken dient, ohne doch dabei dem Gebrauche des Publikums ohne Einschränkung freigegeben zu sein. Indes wenn auch eine derartige Ausdehnung des Begriffs mit dem G. vereinbar erscheinen möchte, so müßte doch jedenfalls gefordert werden, daß diese öffentlichen Zwecke solche des Staates oder der ihm untergeordneten Verbände sind, und soweit der Dienst öffentlicher Organe in Betracht kommt, diese derartigen Verbänden angehören oder sonst in den Behördenorganismus des Staates eingegliedert sind. Da die Krankenkassen und ihre Vorstände ungeachtet des öffentlich-rechtlichen und staatlichen Charakters den man ihren Rechten und Pflichten sowie ihren Aufgaben beimessen mag, zweifellos diesen höheren Anforderungen der Zugehörigkeit zu dem Staatsorganismus nicht entsprechen, so erscheint der Dienst, der in den Geschäftsräumen der in Rede stehenden Krankenkasse stattfindet, oder der Gebrauch, dem die Räume dienen, auch nicht als ein öffentlicher in diesem weiteren Sinne.

i) Steuerpflichtiges Einkommen des Fiskus aus Domänen, Eisenbahnen usw.

Nr. 1. Entsch. v. 9. Jan. 1913 (PrVerwBl. **34** 506) HC 361/11.

KommAbgG. § 33.

1. Unter Domänen aber versteht das KommAbgG. nur die hauptsächlich zur Erzielung von Einnahmen für die allgemeine Staatskasse bestimmten fiskalischen Güter und Grundstücke im Gegensatze zu solchen, die dem Bedürfnisse besonderer Zwecke dienen. Bis zum Jahre 1899 war zum Begriffe der Domäne weiterhin erforderlich, daß der Grundbesitz nach den Vd. v. 17. I. 1820 und v. 17. VI. 1826 für die Verzinsung und die Tilgung der Staatsschulden haftete. Wenn auch jetzt nach Tilgung der damaligen Staatsschulden diese Sonderhaftung der Domänen beseitigt ist, so hat sich doch im übrigen der Begriff der Domäne nicht geändert. Der Haus Bürensche Fonds war zwar in der Zeit des Königreichs Westfalen Domäne dieses Staates; bei dem Rückfall an Preußen aber wurde er nicht zur Haftung für die damaligen Staatsschulden bestimmt, sondern — vorbehaltlich anderweiter Anordnung — einem Sonderzweck gewidmet, nämlich frommen und milden Zwecken. Demgemäß fließen die Erträge des Grundbesitzes, der allerdings der Domänenverwaltung untersteht, nicht als Einnahme von Domänen in die allgemeine Staatskasse, sondern sie werden dem Minister der geistlichen und Unterrichtsverwaltung überwiesen, der über sie, abgesehen von den Verwaltungskosten, zugunsten gewisser geistlicher und Unterrichtsinstitute verfügt. Damit ist der Haus Bürensche Fonds außerhalb des Rahmens der Staatsdomänen gestellt, wie das OVG. schon in den Urteilen v. 23. V. 90 u. 16. X. 97 (II. C. 169. 89 und II. C. 150. 97) ausgesprochen hat.

2. Eine Steuerforderung gegenüber einer vom Staate verschiedenen juristischen Person mit dem Namen Haus Bürenscher Fonds ist bisher von den Beklagten im Wege der Veranlagung nicht erhoben. Nach den beiden soeben angeführten Entsch. des OVG. gibt es eine solche juristische Person überhaupt nicht und dieser Auffassung sind der Justizminister und die übrigen beteiligten Mitglieder der Preußischen Staatsregierung beigetreten, wie der alljährliche Staatshaushaltsetat erkennen läßt. Der Haus Bürensche Fonds wird stets als Staatsnebenfonds ohne juristische Persönlichkeit gemäß § 2[4] (und nicht § 3 Abs. 1 oder § 4) G. betr. den Staatshaushalt v. 11. V. 98 (GS. 77) behandelt.

l) Die Steuerpflicht der Beamten.

α) Zugehörigkeit zu den unmittelbaren Staatsdienern.

Nr. 1. Entsch. v. 7. März 1911 (DJZ. **16** 1158) IIC 254/10.

Vd. v. 23. IX. 67 § 2.

Allerdings erhält der Kläger eine fixierte Besoldung nicht, auch ist ihm eine Mindesteinnahme nicht zugesichert worden, er ist vielmehr nur gegen Kopialien angestellt. Das hindert aber nicht, mit einer festen Besoldung zu rechnen, weil in der bogenweisen Bewertung der Arbeitsleistung ein reiner Stücklohn nicht erblickt werden kann. Bei der Entlohnung mittels eigentlichen Stücklohns handelt es sich um die Bezahlung eines Werkes (opus). So ist hier aber die Besoldung des Klägers nicht zu verstehen. Der Kläger hat sich vielmehr mit seiner Person und seiner Arbeitskraft, also seine Dienste (operae) dem Staate zur Verfügung gestellt und ist gehalten, ein bestimmtes Quantum von Schreibarbeit in bestimmter Zeit zu leisten. Vorzugsweise zur Kontrolle der Erfüllung dieser Verpflichtung dient die Bewertung der Arbeit nach der Bogenzahl, die somit die Annahme eines festen Entgelts nicht ausschließt.

Nr. 2. Entsch. v. 4. Juli 1911 (PrVerwBl. **33** 44) IIC 562/10.
Vd. v. 23. IX. 67 § 1.

1. Die für die Besetzung der mittleren, Kanzlei- und Unterbeamtenstellen bei den Reichs- und Staatsbehörden mit Militäranwärtern maßgebenden „Anstellungsgrundsätze" des Bundesrats v. 20. VI. 07 (ZBl. 317 ff.) sehen neben der sog. informatorischen Beschäftigung eine Probebeschäftigung in zwei Formen vor, einmal als „Probedienstleistung", sodann als „Anstellung auf Probe" (§§ 19 ff.). Nur bei letzterer erhält der Militäranwärter schon während der Probezeit Beamteneigenschaft, nicht bei der bloßen Probedienstleistung. Dementsprechend hat der Militäranwärter, der während der Probezeit bereits angestellt ist, das volle Einkommen der Stelle, für die er einberufen ist, zu beziehen, während der zur Probedienstleistung Einberufene sich mit mindestens drei Vierteln dieses Stelleneinkommens begnügen muß (§ 21 der Anstellungsgrundsätze).

Im vorliegenden Falle scheint die dem Kläger zugesicherte Vergütung nur drei Viertel des Stelleneinkommens der Post- und der Telegraphenassistenten zu bedeuten und dies könnte dafür sprechen, daß Kläger während der Probezeit nur eine Probedienstleistung ohne Beamteneigenschaft zurückgelegt hätte. Zweifel in dieser Beziehung lassen auch die Vorschriften über die Annahme von Anwärtern für die mittlere Laufbahn im Reichspost- und -telegraphendienst v. 1. I. 00 (ZBl. 2 ff.) insofern zu, als in der Überschrift zu § 15 die Probezeit als „Probedienstleistung" bezeichnet wird und es in § 16 heißt, daß die Anwärter erst nach bestandener — im letzten Monat der Probezeit abzulegender — Prüfung „in den Post- und Telegraphendienst übernommen" werden. Die sonstigen in Frage kommenden Dienstvorschriften, die sich in Abschnitt X der AllgDstAnw. finden, ergeben jedoch klar, daß die Post- und Telegraphenanwärter Beamteneigenschaft haben sollen. Es kann daher kein Zweifel darüber bestehen, daß die Post- und Telegraphenverwaltung die Post- und Telegraphenanwärter grundsätzlich als Reichsbeamte ansieht. Auch der Kläger war schon während der Probezeit als Anwärter Reichsbeamter, wenn auch nur auf Probe angestellt.

2. Unerheblich ist es, ob er etwa zu dieser Zeit noch Militärperson des aktiven Dienststandes iS. des § 1¹ Vd. v. 23. IX. 67 (GS. 1648) war. Beide Eigenschaften können in einer Person zusammentreffen. Die Bestimmungen des Kriegsministers v. 19. VIII. 07 (MBl. 343 ff.) über die Kommandierung und Beurlaubung der im aktiven Militärdienst befindlichen Militäranwärter stehen im Interesse ihrer Zivilversorgung auf demselben Standpunkt, da sie in §§ 7 ff. die Kommandierung auch für die Anstellung auf Probe (mit Erlangung der Beamteneigenschaft) vorsehen.

Nr. 3. Entsch. v. 18. April 1912 (OVG. **62** 449) HC 47/12.

Die zum Vorbereitungsdienste für die Gerichtsschreibergehilfenprüfung zugelassenen Militäranwärter erhalten mit ihrer Beeidigung und Einstellung in den Dienst Beamteneigenschaft und haben deshalb Anspruch auf das Steuervorrecht nach der Vd. v. 23. IX. 67, falls sie vor dem 1. IV. 09 in das Beamtenverhältnis getreten sind.

Nr. 4. Entsch. v. 13. Febr. 1913 (PrVerwBl. **34** 587) HC 167/12.

Die Dienstverhältnisse der Gerichtsschreibergehilfen werden ebenso wie die der Gerichtsschreiber in dem G. v. 3. III. 79 (GS. 99) und in der mit Gesetzeskraft (§§ 4, 15 das.) vom Justizminister erlassenen GerichtsschreiberO. v. 17. XII. 99 (JMBl. 849) geregelt. Danach werden beide Beamtenklassen, sowohl die Gerichtsschreiber mit dem Amtstitel Sekretär, wie die Gerichtsschreibergehilfen mit dem Amtstitel Assistent, erst angestellt, nachdem sie die Gerichtsschreiber- oder die Gerichtsschreibergehilfenprüfung bestanden haben, der wiederum ein näher geregelter Vorbereitungsdienst vorangehen muß. Über die Zulassung zu den beiden Arten des Vorbereitungsdienstes entscheidet der Oberlandesgerichtspräsident (§§ 3, 22 Schlußsatz der GerichtsschreiberO.) und bei Antritt dieses Dienstes werden die Anwärter beider Art vereidigt (§§ 5, 22 das.). Nachdem sie mindestens drei Monate im Vorbereitungsdienste beschäftigt worden, sind sie fähig, mit Wahrnehmung der Gerichtsschreibergeschäfte beauftragt zu werden. Haben sie die Prüfung bestanden, so werden sie bis zur endgültigen festen Anstellung entweder unentgeltlich beschäftigt oder mit der Stellvertretung erkrankter oder sonst verhinderter Gerichtsschreibereibeamten gegen Tagegelder beauftragt (§ 25 Abs. 1, § 20 Abs. 2, § 26 Abs. 1, § 27 der GerichtsschreiberO.). Hiernach kommt eine Anstellung auf Probe oder die Einberufung zu einer Probedienstleistung bei der Laufbahn eines Gerichtsschreibergehilfen nicht in Frage, und die diätarische vorübergehende Beschäftigung des auf endgültige Anstellung wartenden Anwärters ist kein Zeichen, daß er noch nicht Beamter sei. Vielmehr erhält der Anwärter schon mit dem Antritte des Vorbereitungsdienstes und mit der damit verbundenen Leistung des Staatsdienereides Beamteneigenschaft. Er steht in dieser Hinsicht dem Anwärter für das Richteramt, dem Referendar, gleich. Auch die Gerichtsassessoren werden gegen Diäten mit der vorübergehenden Vertretung erkrankter Richter beauftragt, ohne daß ein Zweifel an einer Beamteneigenschaft bestehen kann. Daß die im Vorbereitungsdienste zur Gerichtsschreibergehilfenprüfung befindlichen Militäranwärter ebenso wie die Justizanwärter, Supernumerare, Referendare mit Beginn des Vorbereitungsdienstes Beamte werden, hat das OVG. schon wiederholt ausgesprochen.

Nr. 5. Entsch. v. 19. Sept. 1911 (PrVerwBl. **33** 60) IIC 581/10.

Wortlaut und Absicht des G. v. 16. VI. 09 (GS. 489) gehen dahin, daß das neue, eingeschränkte Steuerprivileg (Maximum von 125 % Zuschlag) nur für die nach dem 31. III. 09 in das Amtsverhältnis eingetretenen Beamten gilt, daß es dagegen für alle schon vor dem 1. IV. 09 angestellten Beamten bei dem bisherigen Recht (Halbierung des Diensteinkommens usw.) verbleibt, und zwar ohne Rücksicht darauf, ob sie bereits Diensteinkommen bezogen oder nicht. Es kommt daher nicht darauf an, ob jemand vor dem 1. IV. 09 feste Besoldung hatte, sondern nur darauf, ob er vor diesem Zeitpunkt in das Amtsverhältnis eingetreten war, ein öffentliches Amt bekleidet hat, als Beamter angestellt war, d. h. ob er Beamteneigenschaft besessen hat oder nicht. Dabei ist es auch ohne Belang, wenn etwa die früher erlangte Beamteneigenschaft am 1. IV. 09 nicht mehr bestand und erst später, sei es in derselben oder in einer anderen Amtskategorie, wieder erworben sein sollte. Mit dieser aus dem Wortlaute der Vorschriften entnommenen Auslegung stimmt auch die Absicht des Gesetzgebers überein, wie sie aus der Entstehungsgeschichte des G. klar ersichtlich ist.

Nr. 6. Entsch. v. 10. Okt. 1911 (PrVerwBl. **33** 503) IIC 474/10.

Um iS. des G. v. 16. VI. 09 als ein vor dem 1. IV. 09 angestellter Beamter angesehen zu werden, ist es nicht erforderlich, daß der Kläger vor diesem Zeitpunkte ein Beamter in dem begrenzten Sinne der Vd. v. 23. IX. 67 war und sich im Genusse einer Besoldung und des Steuervorrechts dieser Vd. befand. Das G. v. 16. VI. 09 verlangt nur, daß die Beamten, auf die auch nach dem 1. IV. 09 noch die Vd. v. 1867 Anwendung finden soll, schon vor dem 1. IV. 09 angestellt waren (ein öffentliches Amt bekleidet — überhaupt ein Amt innegehabt — haben), also nur Beamteneigenschaft schlechthin. Von dem Beamtenbegriff in diesem allgemeinen Sinne, an dem das G. nichts hat ändern wollen und auch nichts geändert hat, ist daher auszugehen, wenn es sich darum handelt, ob jemand zu der älteren oder zu der jüngeren Klasse von Beamten des § 2 des G. gehört. Auf die älteren Beamten findet die Vd. v. 1867 und auf die jüngeren das G. v. 1909 Anwendung.

Nr. 7. Entsch. v. 17. Okt. 1911 (OVG. **60** 181) IIC 561/10.

Vd. v. 23. IX. 67 §§ 2ff. KommAbgG. § 41.

1. Der von dem lübeckischen Staate für die Verwaltung des Elbe-Trave-Kanals mit Besoldung angestellte Schleusenmeister B. ist gleichzeitig preußischer Staatsbeamter, da ihm durch den Regierungspräsidenten zu S. die Eigenschaft eines solchen mit der Befugnis, im preußischen Staatsgebiete die Kanal-, Schiffahrts- und Hafenpolizei auf dem Elbe-Trave-Kanal auszuüben, beigelegt worden ist. Er beanspruchte, ihm wegen seiner vom lübeckischen Staate bezogenen Besoldung das Steuervorrecht der Vd. v. 23. IX. 67 und des § 41 KommAbG. zuzusprechen, wurde aber abgewiesen.

2. Nach §§ 3 ff. Vd. v. 23. IX. 67 steht das Steuervorrecht den Beamten für ihr Diensteinkommen zu. Aus der geschichtlichen Entwickelung und dem Wortlaute des § 2 der Vd. „in Diensten des Staates angestellte Beamte" ergibt sich zunächst, daß das Steuervorrecht — soweit das Reichsrecht nicht später eine Änderung herbeigeführt hat (vgl. § 19 RBG. v. 31. III. 73/18. V. 07) — nur preußischen (unmittelbaren und mittelbaren) Staatsbeamten zukommt. Außerdem muß aber auch das Diensteinkommen, für das das Steuervorrecht in Anspruch genommen wird, ein preußisches sein, d. h. der Anspruch des Steuerschuldners auf Besoldung muß hervorgehen aus seinem Staatsdienstverhältnisse zum preußischen Staate, wenn es auch nicht nötig ist, daß die Besoldung aus der preußischen Staatskasse gezahlt wird. Im vorliegenden Falle fehlt dieses rechtliche Band zwischen dem Gehaltsbezuge des Klägers, der vom lübeckischen Staate ausgeht, und seinem Staatsdienstverhältnisse zum preußischen Staate; denn nach der amtlichen Auskunft des Regierungspräsidenten hat der Kläger aus seiner Anstellung als preußischer Polizeibeamter Ansprüche wirtschaftlicher Art gegen den preußischen Staat überhaupt nicht erworben.

Nr. 8. Entsch. v. 20. Mai 1912 (DJZ. **18** 238) HC 57/12.

Die Vd. v. 23. IX. 67 bezieht sich nur auf Staatsdiener und Pensionäre des preußischen Staates, nicht aber auch auf die Beamten und Pensionäre anderer Bundesstaaten. Das Diensteinkommen oder die Pension, für die das kommunale Steuerprivileg in Anspruch genommen wird, muß hiernach auf einem Bezugsrechte des Steuerpflichtigen aus seinem Staatsdienstverhältnisse zum preußischen Staate oder, was gemäß § 19 RBG. v. 31. III. 73/18. V. 07 dem gleichsteht, zum Deutschen Reiche beruhen. Den Einwand des Klägers, daß diese Rechtslage durch § 5 Nov. z. EinkStG. v. 26. V. 09 und die dazu erlassene allg. Vf. des FinM. vom gleichen Tage eine Änderung erfahren habe, hat der Vorderrichter mit Recht zurückgewiesen.

Nr. 9. Entsch. v. 17. Okt. 1912 (OVG. **62** 469) HC 112/12.

Den Privatdozenten an den preußischen Landesuniversitäten stehen die Steuervorrechte der preußischen Staatsbeamten nicht zu.

Nach § 73 Tit. 12 T. II ALR. genießen alle ordentlichen und außerordentlichen Professoren, Lehrer und Offizianten auf Universitäten die Rechte der Königlichen Beamten. Daß die Privatdozenten weder den ordentlichen noch den außerordentlichen Professoren zuzurechnen sind, bedarf keiner weiteren Ausführung. Die Privatdozenten werden weder vom Könige noch vom Minister ernannt, sondern sind lediglich mit Genehmigung und unter der Autorität der einzelnen Universitäten oder deren Fakultäten zugelassene Lehrer. Auch der Umstand, daß älteren, verdienten Privatdozenten der Titel „Professor" verliehen werden kann, vermag ihre Gleichstellung mit den wirklichen Professoren nicht zu begründen, da hierdurch den derartig ausgezeichneten Privatdozenten nur das Recht zusteht, sich so lange, als sie in ihrer Stellung an der Universität sind, zum Unterschiede von anderen Professoren, wie z. B. Gymnasialprofessoren, als „Universitätsprofessoren" zu bezeichnen.

Ebensowenig fallen die Privatdozenten unter den Begriff der „Lehrer" iS. des § 73 Tit. 12 T. II ALR.; vielmehr sind hierunter nur diejenigen Personen zu verstehen, die kraft eines Staatsauftrags ihre Lehrtätigkeit ausüben, mithin angestellte Lehrer sind. Als solche kommen vornehmlich die Lektoren und Assistenten in Betracht, deren Beamteneigenschaft, allerdings je nach Lage des Einzelfalls, in der Praxis der letzten Jahrzehnte häufig in Frage gestellt worden ist. Freilich sind die Privatdozenten Universitätslehrer; aber sie nehmen als solche eine besondere Stellung ein. Ihre Tätigkeit ist eine freiwillige, und wenn ihnen auch gewisse statutarisch oder reglementarisch festgesetzte rechtliche Verpflichtungen obliegen, die sich aus ihrer Stellung als an der Lehraufgabe der Universität teilnehmende Personen ergeben, so stehen sie doch in einem durchaus freien, nach ihrem Belieben jederzeit lösbaren Verhältnisse zu der Universität. Sie sind zu keinerlei Lehrtätigkeit verpflichtet und können auf die ihnen durch die Habilitation erteilte venia legendi nach voraufgegangener Anzeige bei der Fakultät ohne weiteres verzichten und damit aus der Fakultät und dem Universitätslehrkörper ausscheiden. Während ihrer Lehrtätigkeit beziehen sie kein Gehalt und sind auf die Vorlesungsgelder angewiesen. Eine derartig freie Stellung ist mit der Eigenschaft eines Beamten, der den Anordnungen der hierzu berufenen Staatsbehörden zu folgen hat, unverträglich und nur bei einem Nichtbeamten möglich.

Immerhin kommt den Privatdozenten mit Rücksicht auf ihre Lehrtätigkeit an einer staatlichen Veranstaltung eine beamtenähnliche Stellung zu. Das ist auch der Grund gewesen, weshalb die statutarischen und reglementarischen Vorschriften über die Aufsichts- und Disziplinarbefugnisse gegenüber den Privatdozenten in Theorie und Praxis lange umstritten waren und schließlich zu einer gesetzlichen Regelung geführt haben. Auch hieraus möchte der Kläger die Beamteneigenschaft der Privatdozenten herleiten. Seine rechtlichen Ausführungen sind aber abwegig. Die preußische Disziplinargesetzgebung hat niemals einen Zweifel darüber gelassen, daß die Privatdozenten nicht zu den Staatsbeamten gehören.

Nr. 10. Entsch. v. 6. Jan. 1913 (PrVerwBl. 34 452) HC 379/11.

Die öffentlichen Schulen sind in Preußen Veranstaltungen des Staates und deshalb auch da, wo sie von den Gemeinden gegründet und von ihnen allein oder mit staatlicher Unterstützung unterhalten werden, mit den eigentlichen Gemeindeanstalten, wie Gasanstalten, Schlachthöfen u. dgl., nicht auf eine Stufe zu stellen. Sie können nur mit Vorwissen und unter Genehmigung der staatlichen Unterrichtsverwaltung errichtet werden und unterstehen dauernd der Aufsicht des Staats (§§ 1, 56 Tit. 12 T. II ALR.). Dies gilt insbesondere auch von der Fortbildungsschule, die zu der Volksschule nicht gehört, weil sie nicht dem ersten Unterricht der Jugend gewidmet ist und nicht der Erfüllung der allgemeinen Schulpflicht dient, vielmehr die der Volksschule entwachsene Jugend dem praktischen Bedürfnis entsprechend weiter ausbildet. Demgemäß sind auch die Personen, die an einer Fortbildungsschule Unterricht erteilen, selbst dann nicht Gemeindebeamte, wenn die Schule von der Gemeinde errichtet ist und unterhalten wird, und wenn die Anstellung der dortigen Lehrer der Gemeindebehörde zusteht. Die Gemeinde übt in solchen Fällen das Anstellungsrecht im Auftrage des Staates als Organ des Staates aus, weil die Schule begrifflich eine Veranstaltung des Staates ist. Ist aber der Fortbildungsschullehrer nicht Gemeindebeamter, sondern Staatsbeamter, so findet auf ihn auch nicht das KommBG. Anwendung, und die Beamteneigenschaft ist vom Empfang einer Anstellungsurkunde nicht abhängig.

Nr. 11. Entsch. v. 5. Juni 1913 (PrVerwBl. **35** 130) HC 444/12.

1. Die Hofbeamten des Königs gehören zu denjenigen öffentlichen Beamten, denen das in der Vd. v. 23. IX. 67 behandelte Steuervorrecht zusteht. Zu diesen im kgl. Hofdienst befindlichen Personen sind auch diejenigen zu rechnen, die, ohne dem Hofstaat oder dem Hofhalte der Person des Königs selbst zu dienen, in der Hofverwaltung eines dem kgl. Hause angehörenden Prinzen angestellt sind. Die Vorstände der prinzlichen Verwaltungen sind zur Anstellung von Hofbeamten innerhalb ihres Geschäftsbereichs berechtigt.

2. Zu den Beamtenstellen, die, sei es stets, sei es unter gewissen Voraussetzungen, mit Militäranwärtern besetzt werden müssen, gehören diejenigen der Hofverwaltung nicht.

β) Zugehörigkeit zu den mittelbaren Staatsdienern.

Nr. 1. Entsch. v. 13. Juni 1912 (PrVerwBl. **34** 49) HC 85/12.

1. Es kann dahingestellt bleiben, ob der Kläger vor dem 1. II. 01 Beamter gewesen ist oder nicht. An diesem Tage, also unter der Herrschaft des KommBG., schloß der Kläger mit den Vertretern der Gemeinde schriftlich einen Vertrag ab, durch den sein „bisheriges Beschäftigungsverhältnis" mit beiderseitiger Zustimmung aufgelöst wurde und zwar mit der Maßgabe, daß der Kläger auf Ansprüche jeglicher Art ausdrücklich verzichtete, die aus diesem bisherigen Beschäftigungsverhältnis eventuell herzuleiten sein dürften (§ 1). Gleichzeitig nahm im § 2 desselben Vertrags der Gemeindevorsteher den Kläger von neuem als Registraturassistenten in Beschäftigung.

Zunächst ist hiermit das bisherige Verhältnis zwischen dem Kläger und der Gemeinde, gleichviel welchen Charakter es trug, mit allen Folgen aufgelöst worden. Das war möglich, auch wenn es als ein öffentlich-rechtliches Amtsverhältnis anzusehen war. Jedenfalls war der Kläger nur auf monatliche Kündigung angestellt; jeder Teil konnte das Verhältnis auch gegen den Willen des andern unter Einhaltung der Frist auflösen. Es stand also auch nichts entgegen, daß die Auflösung unter Zustimmung beider Teile sofort erfolgte. Das neue Verhältnis war aber von den Normen des KommBG. beherrscht, das, um Zweifel zu vermeiden, vorschreibt, daß die Anstellung als Kommunalbeamter nur durch Aushändigung einer Anstellungsurkunde erfolgt. Eine solche hat der Kläger nicht erhalten, er hat sich vielmehr zur Abschließung eines „Vertrags" bereit erklärt, der auch äußerlich ihn und die Gemeinde als gleichstehende Vertragsparteien auf eine Stufe stellt. Mit diesem Vertrage bezweckte die Gemeinde offenbar, den Kläger auf den ihm bisher zustehenden Anspruch auf Ruhegehalt, Witwen- und Waisengeld verzichten zu lassen. Da aber das Ortsrecht allen Beamten, auch den auf Kündigung angestellten, ein Ruhegehalt zusichert, ohne die Möglichkeit einer abweichenden Vereinbarung zu erwähnen, so wählte die Gemeinde, um jenen Zweck zu erreichen, den Weg, dem Kläger auch die Beamteneigenschaft vorzuenthalten. Allerdings ist dem Kreisausschusse zuzugeben, daß die spätere Behandlung, die der Kläger in seinem Dienste bei der Gemeindeverwaltung erfahren hat, den Anschein erwecken konnte, als sei er Gemeindebeamter: Er hat dauernd eine Tätigkeit ausgeübt, die regelmäßig Beamten zugewiesen wird, ist nach der BesoldungsO. wie ein Beamter im Gehalt aufgerückt und hat den Titel Assistent, Oberassistent und Sekretär erhalten. Diese Umstände aber können nicht Ausschlag geben gegenüber der Tatsache, daß der Gemeindevorstand bei der Neuordnung der Verhältnisse der Gemeindebeamten aus Anlaß des KommBG. im Anfang des Jahres 1901 den Kläger erkennbar als Nichtbeamten hat einstellen wollen und auch eingestellt hat, offenbar weil der Kläger, der im Jahre 1848 geboren ist, zu alt erschien.

2. Der Kläger stützt weiter seine Behauptung, Beamter zu sein, darauf, daß er im Jahre 1905 zum zweiten und 1907 zum dritten Stellvertreter des Standes-

beamten für den Bezirk B. ernannt worden ist. Es ist richtig, daß er in dieser Eigenschaft Gemeindebeamter geworden ist, auch ohne eine Anstellungsurkunde erhalten zu haben. Das ergibt sich ohne weiteres aus § 4 Abs. 1 PersonenstandsG. v. 6. II. 75, das als ReichsG. dem preuß. KommBG. (§ 1) vorgeht, soweit es etwa mit ihm in Widerspruch steht. Für den Kläger aber, der das Amt eines stellvertretenden Standesbeamten nur als Nebenamt ausübt, ist ein solcher Widerspruch nicht vorhanden (§ 2 Abs. 2 KommBG.). Insoweit ist also die Revision des Gemeindevorstandes unbegründet: Mit Recht hat der Vorderrichter den Kläger als Gemeindesekretär für einen Nichtbeamten, als stellvertretenden Standesbeamten jedoch für einen Gemeindebeamten erklärt.

Nr. 2. Entsch. v. 2. Dez. 1912 (PrVerwBl. **34** 352) HC 115/12.

1. Aus der bloßen Bezeichnung, wie „Gehilfe", „Assistent" u. dgl. darf nicht ein Beweisgrund gegen die Beamteneigenschaft entnommen werden. Ebensowenig darf die Frage der Beamteneigenschaft auf die Dauer der Dienstleistung allein abgestellt werden.

2. Nach dem vor dem 1. IV. 00 in Geltung gewesenen Rechte konnte man die Eigenschaft eines Gemeindebeamten, wenn man sie nicht ausdrücklich verliehen erhielt, nur dadurch erwerben, daß man Inhaber einer Stelle wurde, die entweder nach dem Ortsrecht als Gemeindeamt geschaffen war oder zu einer obrigkeitlichen Tätigkeit berechtigte und verpflichtete. Unter obrigkeitlicher Tätigkeit aber ist hierbei eine solche Tätigkeit zu verstehen, die nur von einem öffentlichen Beamten ausgeübt werden kann, die also unwirksam wäre, wenn sie von einem Nichtbeamten ausgeübt würde.

Nr. 3. Entsch. v. 6. Jan. 1913 (OVG. **62** 501) HC 117/12.

Bd. v. 23. IX. 67 §§ 1, 2.

1. Wenn es bei der gesamten inneren und äußeren Gestaltung einer Handwerkerschule außer Zweifel steht, daß ihr die Eigenschaft einer vom Staate anerkannten und öffentlichen Unterrichtsanstalt zukommt, so gehört sie zu jener Gattung öffentlicher Fachschulen, die nach Maßgabe der allgemein festgesetzten Bedingungen für jedermann zugänglich sind und den Zweck verfolgen, ihren Schülern diejenige fachliche Ausbildung zu vermitteln, deren sie zur Förderung größerer Leistungsfähigkeit in ihrem zukünftigen Berufe bedürfen. Ob der Schulbesuch ein freiwilliger oder zufolge statutarischer Bestimmung einer Gemeinde oder eines weiteren Kommunalverbandes ein obligatorischer ist, ändert an dem Charakter dieser Schulen als öffentlicher Unterrichtsanstalten nichts. Den an den öffentlichen Fachschulen angestellten Lehrern kommt die Eigenschaft der mittelbaren Staatsbeamten zu; denn sie übernehmen mit dem ihnen von der zuständigen Schulaufsichtsbehörde erteilten Lehrauftrag ein mit Rechten und Pflichten öffentlich-rechtlicher Natur ausgestattetes Amt. Das trifft zunächst für die im Hauptamte tätigen Fachschullehrer zu, die nach den ministeriellen Vorschriften auf Lebenszeit mit Anspruch auf Ruhegehalt und Witwen- und Waisenversorgung anzustellen sind. Aber auch den im Nebenamt angestellten Fachschullehrern muß Beamteneigenschaft zuerkannt werden. Rechtliche Bedenken stehen dem nicht entgegen; insbesondere können solche nicht aus dem Umstande hergeleitet werden, daß die nur nebenamtlich beschäftigten Lehrer den Kreisen der Handwerker entnommen werden. Angehörige anderer Berufe können wegen der Eigenschaft einer Handwerkerschule als einer Schule für die Erteilung des Fachunterrichts, d. h. der praktischen Vervollkommnung der bisher erworbenen Kenntnisse im Handwerk, überhaupt nicht in Betracht kommen. Daraus folgt nun zwar nicht, daß allen an einer Handwerkerschule Unterricht erteilenden Handwerksmeistern die Eigenschaft von Beamten zuerkannt werden muß. Sie kann ihnen aber verliehen werden. Die Schul-

aufsichtsbehörden haben die Wahl, ob sie den Fachunterricht durch haupt- oder nebenamtlich angestellte Lehrer oder durch Meister erteilen lassen wollen. Wählen sie den Weg der Anstellung von Berufshandwerkern als im Nebenamte tätigen Lehrern, so geben sie damit zu erkennen, daß diesen im Gegensatze zu den an der Schule beschäftigten Meistern eine erhöhte Bedeutung beigemessen werden soll. Als nebenamtlich beschäftigte Lehrer gehören sie dem Lehrkörper der Schule an und haben in den Konferenzen, soweit sie von dem Direktor der Schule zugezogen werden, Sitz und Stimme. Sie unterstehen der Disziplinargewalt des letzteren und haben selbst die zur Aufrechterhaltung der Ordnung erforderlichen Disziplinarbefugnisse ihren Schülern gegenüber, denen sie Zurechtweisungen und Rügen erteilen können.

2. Ist hiernach davon auszugehen, daß die nebenamtlich angestellten Lehrer der Handwerkerschule Beamteneigenschaft besitzen, so kann die Form der Anstellung nicht maßgeblich sein. Deshalb kommt es auch nicht darauf an, ob das Kuratorium durch den Abschluß des ausdrücklich als „privatrechtlicher Dienstvertrag" bezeichneten Vertrags festlegen wollte, daß dem Kläger die Rechte eines Beamten nicht verliehen werden sollten. Jedenfalls wollte es den „Dienstverpflichteten" zum „nebenamtlichen Lehrer an der städtischen Handwerkerschule" machen, mithin ihm ein Lehramt an einer öffentlichen Schule übertragen. Dadurch wurde der Kläger ohne weiteres Beamter. Diese Folge konnte auch durch den Privatdienstvertrag nicht verhindert werden; denn die rechtliche Stellung der Lehrer an öffentlichen Unterrichtsanstalten regelt sich nach den Bestimmungen des öffentlichen Rechts, dessen Vorschriften durch private Abmachungen nicht geändert werden können.

Als Beamter kann der Kläger gemäß § 2 Vd. v. 23. IX. 67 das ihm vorenthaltene Steuerprivileg nur dann beanspruchen, wenn er ein mit fester Besoldung angestellter Beamter ist. Diese Voraussetzung trifft bei ihm zu. Zwar erhält er nicht eine ein für allemal festgesetzte Besoldung, auch ist ihm eine Mindesteinnahme aus seiner Lehrtätigkeit nicht zugesichert worden, vielmehr wird seine Vergütung nach Jahresstunden ermittelt. Dabei wird für Unterbrechungen des Unterrichts, die über eine Woche dauern, Zahlung nicht geleistet, auch hat der Kläger keinen Anspruch auf Entschädigung, wenn wegen ungenügender Schülerzahl ein stundenplanmäßiger Kursus ausfällt. Daraus geht hervor, daß die Berechnung der festzustellenden Vergütung nach Jahresstunden den Maßstab für die Höhe der gesamten Dienstbezüge darstellt und diesen nicht eine Berechnung nach Stücklohn zugrunde liegt. Daß die Gesamtsumme der Vergütungen durch Umstände, die außerhalb des Willens des Klägers liegen, beeinflußt werden kann, steht der Annahme einer festen Besoldung nicht entgegen. Auch das seinem Betrage nach schwankende, aber mit Rücksicht auf das gesamte Dienstverhältnis und für dessen Dauer zugesicherte, in diesem Sinne feste Entgelt trägt den Charakter eines festen Gehalts.

Nr. 4. Entsch. v. 30. Jan. 1913 (Recht 17 375).

Die Vd. v. 23. IX. 67 gibt keine Erläuterung des Begriffs der von ihr steuerlich bevorrechtigten öffentlichen Beamten, sie setzt ihn vielmehr als gegeben voraus, es muß also für die einzelnen Kategorien der darin benannten Beamten auf das für sie geltende allgemeine und besondere Beamtenrecht zurückgegangen werden. Die nach dem 1. IV. 00 in den Dienst der im KommBG. genannten Kommunalverbände eingetretenen und gegen Besoldung hauptamtlich beschäftigten Personen haben Beamteneigenschaft iS. der Vd. v. 23. IX. 67 nur dann, wenn sie eine Anstellungsurkunde erhalten haben.

Nr. 5. Entsch. v. 15. Mai 1913 (PrVerwBl. 35 113) HC 277/12.

Für die im § 1 KommBG. genannten Kategorien von Kommunalbeamten bildet der formale Akt der Aushändigung einer Anstellungsurkunde diejenige Tatsache, die die Beamteneigenschaft dieser Personen allein zu begründen vermag. Zuzugeben ist, daß neben der Tatsache der Aushändigung auch der Inhalt der Urkunde für die Zuerkennung der Beamteneigenschaft von wesentlicher Bedeutung ist, insofern es darauf ankommt, ob und wie in ihr der Wille der Anstellungsbehörde, daß der Empfänger als Beamter angestellt werden solle, erkennbar gemacht ist. Im Zweifelsfalle werden daher auch die näheren Umstände, die mit der Ausstellung und der Aushändigung der Urkunde verknüpft waren, zu berücksichtigen sein. Es ist aber nicht ersichtlich, daß der Vorderrichter das im vorliegenden Falle verkannt hat, wenn er der Urkunde v. 2. III. 09 den Charakter einer Anstellungsurkunde beilegte und die Anfechtung ihrer Erteilung wegen Irrtums für unzulässig erklärte. Unstreitig und unzweifelhaft ist in der Urkunde v. 2. III. 09 ausgesprochen, daß der Kläger städtischer Beamter, und zwar Bureauassistent, sein solle, und unbestritten ist sie ihm am 16. III. 09 übergeben worden. Ob die Absicht des Beklagten bei Ausstellung der Urkunde dahin gegangen ist, dem Kläger erst vom 1. IV. 09 ab Beamteneigenschaft zu verleihen, und ob nach dem bei der Anstellung von Beamtenanwärtern seit Jahren angeblich geübten Verfahren angenommen werden konnte, daß dem Kläger diese Absicht bekannt sei, erscheint im Hinblick auf den Inhalt der Urkunde ohne Belang. Wäre in ihr erkennbar zum Ausdruck gebracht, daß die Übertragung des Amtes erst zum 1. IV. 09 wirksam werden solle, so würde ihr allerdings bis zu dem bezeichneten Termin die Eigenschaft einer Anstellungsurkunde nicht innegewohnt haben, denn es wäre dann ausgesprochenermaßen der Wille der Anstellungsbehörde dahin gegangen, daß der Empfänger vor diesem Zeitpunkt nicht bereits Beamteneigenschaft besitzen solle.

Nr. 6. Entsch. v. 21. März 1913 (Recht **17** 375).

Die Angestellten einer Landwirtschaftskammer haben Beamtenqualität nach den Dienstvorschriften für die Beamten der Landwirtschaftskammer erst mit der Aushändigung einer Anstellungsurkunde. Ist letztere erst nach dem 1. IV. 09 erteilt, so steht den Betreffenden das Privileg nicht mehr zu.

γ) Berechnung des steuerpflichtigen Einkommens.

Nr. 1. Entsch. v. 12. Mai 1911 (OVG. **59** 175) II C 326/10.

KommAbgG. § 36.

Bei Beamten, deren dienstliches Einkommen der Gemeindebesteuerung nach § 2 G. v. 16. VI. 09 (GS. 489) und der Vd. v. 23. IX. 67 (GS. 1648) nur zum Teil unterliegt, sind die Gemeinden zur selbständigen Ermittelung des Einkommens berechtigt, jedoch ist der dem Zuschlage zugrunde zu legende Steuersatz nach den für die Veranlagung zur Staatseinkommensteuer geltenden Vorschriften zu ermitteln (§ 36 Abs. 2 KommAbgG.). Zu diesen Vorschriften gehört nicht der Erl. des FinM. v. 19. VII. 09, in dem die nachgezahlten Beträge, weil sie Vergütungen für die von den Empfängern im Kalenderjahre 1908 geleistete Tätigkeit seien, für das Steuerjahr 1910 gemäß § 9 Nr. 2 EinkStG. als nicht einkommensteuerpflichtig erklärt werden; denn unter den Vorschriften iS. des § 36 Abs. 2 KommAbgG. sind die gesetzlichen Vorschriften des EinkStG. und auf Grund dieses G. (§ 88) erlassene allgemeine AAnw. des FinM. zu verstehen, die letzteren, insoweit sie dem Ausbaue des G. und der Ausfüllung von Lücken in einer dem bestehenden Rechte nicht widersprechenden Weise dienen, nicht aber Anweisungen, in denen eine gesetzliche Vorschrift für einzelne Fälle in einem bestimmten Sinne ausgelegt wird. Ebensowenig ist die in dem Erl. den Vorsitzenden der Veranlagungskommissionen für die Staatseinkommenbesteuerung erteilte Anw. als solche für die Kommunalbesteuerung maßgebend. Es ist vielmehr selbständig zu untersuchen, ob nach den gesetzlichen Vorschriften die Gehaltsnachzahlungen Einkommen des Jahres 1909 bilden. Hierfür kommt zunächst in Betracht die Bestimmung im § 9 Nr. 2 EinkStG., wonach die Veranlagung der physischen Personen nach dem Ergebnisse des dem Steuerjahr unmittelbar vorangegangenen Kalenderjahres, und insoweit für eine Einkommensquelle ein Jahresergebnis nicht vorliegt, nach dem mutmaßlichen Jahresertrag erfolgt. Es ist also, soweit nicht die Ausnahme vorliegt, das „Ergebnis" des dem Steuerjahr unmittelbar vorangegangenen Kalenderjahres maßgebend. Nach der Rechtsprechung der Steuersenate des OVG. seit dem Inkrafttreten der Nov. v. 19. VI. 06 sind bei der Quelle der gewinnbringenden Beschäftigung als Ergebnis des vorangegangenen Kalenderjahres die im Laufe dieses Jahres tatsächlich empfangenen Bezüge an Gehalt, Besoldung usw. anzusehen, ohne daß es auf die Zeit der Tätigkeit ankommt, für deren Leistung die Vergütung das Entgelt darstellt. Dieser Ansicht tritt der Gerichtshof bei. Es ist jedoch dabei der rein tatsächliche Empfang nicht in dem Sinne für maßgebend zu erachten, daß es auf ihn ohne jede Rücksicht auf die rechtliche Möglichkeit der Empfangnahme ankommt; denn sonst müßten z. B. die Gehaltszahlungen, die für das erste Vierteljahr des Kalenderjahres den Beamten regelmäßig am 31. XII. (oder, wenn dieser auf einen Sonntag fällt, schon am 30. XII.) des Vorjahres erfolgen, dem Vorjahre zugerechnet werden, und ebenso würde, wenn ein Beamter aus irgendwelchen persönlichen Gründen (z. B. Abwesenheit oder Krankheit) sein am 1. X. fälliges Gehalt erst im Januar des nächsten Jahres abhebt, dieser Betrag als Einkommen des nächsten Kalenderjahres in Ansatz zu bringen sein. Diese Folgerungen aber können nicht gezogen werden und sind auch bisher nie gezogen worden. Nun ist allerdings nicht zweifelhaft, daß die Gehaltsnachzahlungen auf Grund des G. v. 26. V. 09 erst im Jahre 1909 fällig geworden sind, wie überhaupt ein Anspruch auf sie erst durch dieses G. zur rechtlichen Entstehung gelangt ist. Vor dem Erscheinen dieses G. lag also auch die rechtliche Möglichkeit zur Einforderung und Empfangnahme der Nachzahlungen nicht vor. Das G. aber hat, um die den Beamten vom 1. IV. 08 ab in Aussicht gestellte Erhöhung der Gehälter zu verwirklichen, den im § 1 Nr. 1 und im § 2 Abs. 1 enthaltenen Vorschriften rückwirkende Kraft vom 1. IV. 08 ab beigelegt, und dem auch Gültigkeit verliehen zugunsten der seit dem Beginne des Etatsjahres 1908 aus dem Dienste geschiedenen Beamten mit der Wirkung, daß auch die Pensionen der nach dem 1. IV. 08 in den Ruhestand getretenen Personen und die Versorgungsansprüche der Hinterbliebenen der seit dem 1. IV. 08 verstorbenen Beamten anderweitig festgesetzt werden. Danach will das G. es so angesehen wissen, als ob schon vom 1. IV. 08 ab allen Beamten, die sich zu jenem Zeitpunkt im Dienste befanden, ohne Rücksicht auf einen späteren Wegfall des Amtes und damit der Einkommensquelle, das zustand, was ihnen durch die neuen Vorschriften gewährt wurde. Das G. unterstellt, daß die in ihm festgesetzten Gehaltserhöhungen bereits vom 1. IV. 08 zur rechtlichen Entstehung gelangt und fällig geworden sind. Nur die rein tatsächliche Auszahlung einerseits und die Empfangnahme durch die Berechtigten anderseits war durch die Verabschiedung des G. hinausgeschoben. Das ist aber ebenso bedeutungslos wie der oben erwähnte Umstand, daß ein Beamter aus irgendwelchen Gründen das ihm rechtlich zustehende und fällige Gehalt erst im Laufe des folgenden Jahres abhebt.

Hiernach sind die auf Grund des G. v. 26. V. 09 für die Zeit vom 1. IV. bis 31. XII. 08 nachgezahlten Dienstbezüge dem Ergebnisse des Kalenderjahres 1909 nicht zuzurechnen.

Nr. 2. Entsch. v. 12. Mai 1911 (OVG. **59** 180) II C 315/10.

KommAbgG. § 36.

In Übereinstimmung mit der Rechtsprechung der Steuersenate des OVG. sieht der Gerichtshof bei der Quelle der gewinnbringenden Beschäftigung als Ergebnis des vorangegangenen Kalenderjahres iS. des § 9 Nr. 2 EinkStG.

die im Laufe dieses Jahres tatsächlich empfangenen Bezüge an Gehalt, Besoldung usw. an ohne Rücksicht auf die Zeit der Tätigkeit, für deren Leistung die Vergütung das Entgelt darstellt. Dabei ist allerdings der rein tatsächliche Empfang nicht in dem Sinne für maßgebend zu erachten, daß es auf ihn ohne jede Rücksicht auf die rechtliche Möglichkeit der Empfangnahme ankäme, die von der rechtlichen Entstehung des Anspruchs und der Fälligkeit abhängt. Aber der Anspruch des Klägers auf die Gehaltsnachzahlung entstand erst mit der im Jahre 1908 erfolgten anderweitigen Festsetzung seines Besoldungsdienstalters, und erst daraufhin wurde die Forderung fällig. Die Vorschrift des § 9 Nr. 2 aaO. ist nach § 36 Abs. 2 KommAbgG. für die Kommunalbesteuerung maßgebend, da auch bei selbständiger Veranlagung durch die Gemeindebehörde der dem Zuschlage zugrunde zu legende Steuersatz nach den für die Veranlagung zur Staatseinkommensteuer geltenden Vorschriften zu ermitteln ist. Hiernach stellen auch für die Kommunalbesteuerung die dem Kläger im Jahre 1908 nachgezahlten Dienstbezüge Diensteinkommen dieses Jahres dar. Wenn der Gerichtshof Gehaltsnachzahlungen an Beamte, die im Jahre 1909 auf Grund des G. v. 26. V. 09 geleistet worden sind, nicht als Diensteinkommen des Jahres 1909 erachtet hat, so beruht dies auf den besonderen Bestimmungen des bezeichneten G.

Nr. 3. Entsch. v. 27. Juni 1911 (OVG. **59** 178) II C 439/10.

Auch das ReichsbesoldungsG. v. 15. VII. 09 hat sich rückwirkende Kraft beigelegt, indem es in § 47 Abs. 1 bestimmt: „Dieses G. tritt mit Wirkung vom 1. IV. 08 in Kraft." Mithin unterstellt es ebenso wie das preuß. G., daß die in ihm festgesetzten Gehaltserhöhungen bereits am 1. IV. 08 zur rechtlichen Entstehung gelangt und fällig geworden sind. Daraus folgt, daß die Dienstbezüge, die der Kläger im Kalenderjahr 1909 auf Grund jenes G. für die Zeit vor dem 1. I. 09 nachgezahlt erhalten hat, bei seiner Veranlagung zur Gemeindeeinkommensteuer für das Rechnungsjahr 1910 nicht zu berücksichtigen sind.

Nr. 4. Entsch. v. 11. Juli 1911 (DJZ. **17** 407) II C 546/10.

Die Frage, ob die Dienstbezüge, die der Kläger im Kalenderjahre 1909 auf Grund des G. v. 26. V. 09 (GS. 85) für die Zeit vor dem 1. I. 09 (1. IV. bis 31. XII. 08) nachgezahlt erhalten hat, bei der Veranlagung zur Gemeindeeinkommensteuer für das Steuerjahr 1910 zu berücksichtigen sind oder nicht, hat der Vorderrichter im ersten Sinne entschieden. Das OVG. aber hat sie bereits wiederholt im zweiten Sinne beantwortet. In gleicher Weise hat übrigens der Gerichtshof die hier streitige Frage für die Staatseinkommenbesteuerung beantwortet.

Nr. 5. Entsch. v. 1. April 1912 (OVG. **62** 438) HC 38/12.

Nach Inkrafttreten des G. v. 16. VI. 09 steht das unbeschränkte Steuervorrecht nach der Vd. v. 23. IX. 67 jedem Beamten zu, der vor dem 1. IV. 09 einmal Beamteneigenschaft erlangt hat. Ob er vor jenem Tage als Beamter besoldet oder unbesoldet war, welches Amt er bekleidete, ob er unmittelbarer oder mittelbarer Staatsbeamter, Preußischer oder Reichsbeamter war, ist ohne Bedeutung.

Nr. 6. Entsch. v. 26. Sept. 1911 (PrVerwBl. **33** 299) II C 487/10.

Vd. v. 23. IX. 67 §§ 1, 2.

Der Handfertigkeitsunterricht ist zwar kein obligatorischer Lehrgegenstand der Volksschule. In dem den Haushaltungsunterricht für Mädchen betreffenden Erl. v. 9. III. 94 (ZBlUV. 365) ist auch erwähnt, daß der Handfertigkeitsunterricht für Knaben ebenso wie der Haushaltungsunterricht für Mädchen bis auf weiteres eine selbständige Stellung neben der Schule einnehmen müsse.

Aus dem weiteren Inhalt dieses Erlasses geht dann hervor, daß dabei an die unterrichtstechnische Seite der Sache gedacht ist, indem eine Einordnung dieser Unterrichtszweige in den Lehrplan mit der Wirkung einer Verkürzung der schulplanmäßigen Unterrichtszeit bei obligatorischen Lehrgegenständen vermieden werden sollte. Diese Umstände verhindern aber die Schulverbände nicht, den Handfertigkeitsunterricht an der Volksschule seiner äußeren Einrichtung nach, also hinsichtlich der Gewinnung der Lehrkräfte und der Aufbringung der Mittel, organisch in die bestehende Volksschule einzugliedern. Nach Lage der Akten muß angenommen werden, daß im vorliegenden Fall eine derartige Eingliederung des von dem Kläger, der Lehrer an der Volksschule ist, lediglich an Kinder der Volksschule erteilten Handfertigkeitsunterrichts stattgefunden hat Dem steht auch der Umstand nicht entgegen, daß die Mittel dafür in einen besonderen Titel des Etats eingestellt sind. Ist es der Fall, so bildet die Vergütung für den Handfertigkeitsunterricht ein Einkommen des Klägers aus seinem Hauptamt als Volksschullehrer. Ohne Bedeutung ist bei dieser Sachlage auch die Frage, ob die Vergütung eine feste Besoldung iS. des § 2 Vd. v. 23. IX. 67 bildet oder nur wie Stücklohn für die einzelnen Dienstleistungen bezahlt wird. Denn nach § 1 ist das gesamte Diensteinkommen der Volksschullehrer steuerfrei und diese Steuerfreiheit umfaßt zweifellos bei den gegen festes Gehalt angestellten Volksschullehrern auch alle neben diesem Gehalt aus dem Hauptamt bezogenen einmaligen oder schwankenden Diensteinkommensbeträge. Aus dem gleichen Grunde ist die einmalige Teuerungszulage mit Recht als steuerfrei angesehen worden.

Nr. 7. Entsch. v. 1. Febr. 1912 (StArch. **1912** 344).

Bei der Ermittelung des gemeindesteuerpflichtigen Einkommens eines nach einem Orte mit niedrigerer Servisklasse versetzten Beamten ist das Einkommen des zuletzt abgelaufenen Kalenderjahres zugrunde zu legen. Die durch die Versetzung eingetretene Verminderung des Wohnungsgeldzuschusses stellt nur eine Änderung im Ertrage der Einkommensquelle, nicht eine solche Quelle des Amtes selbst dar.

Gemäß § 9² EinkStG. ist die Veranlagung physischer Personen nach dem Ergebnisse des dem Steuerjahr unmittelbar vorangegangenen Kalender- oder Wirtschaftsjahres, und nur sofern für eine Einkommensquelle ein Jahresergebnis nicht vorliegt, nach dem mutmaßlichen Jahresbetrage des Steuerjahres vorzunehmen. Letztere Voraussetzung trifft nur dann zu, wenn die Einkommensquelle erst seit dem Beginn des maßgebenden Kalender- (Wirtschafts-) Jahres neu entstanden ist oder eine wesentliche Veränderung erfahren hat. Für einen Beamten bildet das von ihm bekleidete besondere Amt die Einkommensquelle. Das Amt des Klägers aber besteht darin, Postassistent zu sein, und hat als solches schon vor seiner Versetzung nach B. das ganze Kalenderjahr hindurch bestanden; ob der Kläger seine amtliche Tätigkeit in dem einen oder anderen Orte ausübt, ist für das Wesen und den Inhalt dieses Amtes ohne Bedeutung. Ein Wechsel des Amtes hat daher im vorausgegangenen Jahre nicht stattgefunden. Aber auch eine wesentliche Veränderung des Amtes kann nicht schon darin gefunden werden, daß der Kläger bei seiner Versetzung einen Verlust an Wohnungsgeldzuschuß erlitten hat.

Nr. 8. Entsch. v. 6. Juni 1912 (Recht **17** 346) HC 199/12.

Der Steuerpflichtige war vom Okt. 1910 „bis längstens Ende Mai 1911" zum amtsgerichtlichen Hilfsrichter in S. bestellt worden, nachdem er anderswo die gleiche Stellung zwei Monate bekleidet hatte. Der Auftrag in S. hat demnächst eine Verlängerung vom 1. VI. 11 bis 31. V. 12 erfahren. Das OVG. erkennt auf Veranlagung für das Steuerjahr 1911 gemäß § 9² a. E., da für die am 1. IV. 11 vorhanden gewesene Quelle, das bestimmte einzelne Amt, ein volles Ergebnis des letzten Kalenderjahres nicht vorliege, also auf Veranlagung nach dem mutmaßlichen Ertrage des Steuerjahres, an dessen Stelle inzwischen infolge Zeitablaufs der wirkliche Ertrag zu treten habe. Mit dem Wechsel des Amts, der Tätigkeit als Hilfsrichter, am 1. VI. 11 wäre an sich ein Quellenwechsel eingetreten; aber die „Verlängerung" des Auftrags an diesem Tage sei weder objektiv noch subjektiv ein solcher Wechsel, da das bisherige Amt in der bisherigen Weise dem Steuerpflichtigen belassen, kein neues Amt übertragen worden ist.

m) Die Steuerpflicht der Geistlichen und Kirchendiener.

Nr. 1. Entsch. v. 14. Nov. 1911 (OVG. **62** 376) II C 362/10.

Während die Steuerfreiheit nur Geistlichen zustehen soll, denen die Leitung und Ausübung der Seelsorge in einem bestimmten Sprengel obliegt, hat der Gerichtshof in verschiedenen Entscheidungen den Begriff der Geistlichen nach Möglichkeit weit gefaßt, sofern es sich um die Frage handelt, ob die Funktionen von Leitern und Angestellten gewisser Anstalten als „geistliche" gelten könnten. Dabei ist aber verlangt worden, daß das Amt solcher Personen als ein in den Organismus der Kirche gliedlich eingefügtes anzusehen ist, was schon möglich ist, wenn es sich um die Wahrnehmung von Obliegenheiten handelt, die zu den religiösen Zwecken und Aufgaben der Kirche gehören. Diese Voraussetzungen liegen hier nicht vor. Das collegium Marianum ist eine vom Staate anerkannte und bestätigte Stiftung mit eigenen Korporationsrechten. Es bereitet seine Schüler nach dem Lehrplan eines Progymnasiums vor, und zwar für alle eine wissenschaftliche Vorbildung erfordernden Berufe, nicht nur für den geistlichen Beruf. Die Haupttätigkeit des Klägers besteht in dem Leiten der Anstalt und in dem Lehren an ihr. Die Anstalt soll hauptsächlich den Zielen eines Progymnasiums entsprechend ihren Schülern allgemeine wissenschaftliche Bildung gewähren; bei ihr steht also die Eigenschaft als höhere Schule im Vordergrunde. Die Gründung und Unterhaltung derartiger Anstalten kann aber hier nicht als Zweck der katholischen Kirche in Betracht kommen; denn die katholische Kirche ist neben den beiden anderen Hauptkonfessionen vom Staate öffentlich aufgenommen und mit Vorrechten, insbesondere mit Vorrechten für ihre Geistlichen nur im Hinblick auf die religiösen Zwecke ausgestattet worden, die der Staat als öffentliche — wenn auch nicht als staatliche im engen Sinne — betrachtete. Wie weit jene öffentlichen Zwecke der Kirchen sich nach der positiven Seite hin ausdehnen mögen, bedarf für jetzt keiner Untersuchung, es genügt vielmehr negativ festzustellen, daß jedenfalls das Unterrichtswesen als öffentlicher Zweck nicht zu ihnen gehört; denn das hat der Staat in ALR. II 12 in unzweideutiger Weise sich vorbehalten. Wennschon deshalb die katholische Kirche private Schulen mag errichten können, und wennschon sie das vielleicht vom theologischen Standpunkt aus als eine ihrer Aufgaben ansehen mag, so gehört es doch nicht zu denjenigen staatlich anerkannten Zwecken, die allein bei Betrachtung der staatlichen Privilegien Berücksichtigung finden dürfen, und darum kann, wo es sich um die Anwendung dieser Privilegien handelt, ein derartiges Schulamt niemals als der Kirche zur Erfüllung ihrer (öffentlichen) Aufgaben angegliedert gelten. Daran vermag hinsichtlich des Amtes des Klägers auch der Umstand nichts zu ändern, daß die Schüler des collegium Marianum zu Aushilfen bei Meßverrichtungen und dem Gottesdienste verbunden sind, sowie daß der Kläger nach seiner Angabe zusammen mit den anderen an der Anstalt als Lehrer beschäftigten Geistlichen bei den Schülern der Anstalt auch die seelsorgerische Tätigkeit ausübt; denn jedenfalls ist dies nicht die Haupttätigkeit des Klägers, sondern die als Leiter und Lehrer, und für letztere wird offenbar das Einkommen gewährt.

Nr. 2. Entsch. v. 14. Nov. 1911 (PrVerwBl. **33** 485) II C 4/109/10.

Nach § 61 WestfLGemO. v. 19. III. 56 (GS. 265) bleiben die Kirchendiener von den direkten persönlichen Gemeindeabgaben insoweit befreit, als ihnen diese Befreiung zur Zeit der Verkündung der GemO. v. 11. III. 50 zustand. An dieser gesetzlichen Bestimmung ist durch die Vd. v. 23. IX. 67 — § 2 —, durch das KommAbgG. — § 41 — und hinsichtlich der vor dem 1. IV. 09 in das Amtsverhältnis eingetretenen Kirchendiener auch durch G. v. 16. VI. 09 (GS. 489) — § 2 — nichts geändert worden. Die Beantwortung der hier streitigen Rechtsfrage hängt also davon ab, ob den Kirchendienern in den Landgemeinden Westfalens, insbesondere in H., zur Zeit der Verkündung der GemO. v. 11. III. 50 Befreiung von den direkten persönlichen Gemeindeabgaben zustand. Der Gerichtshof hat nun in OVG. **57** 176 unter ausführlicher Begründung dargelegt, daß den unteren Kirchendienern im Geltungsbereiche der StO. v. 17. III. 31 zu jener Zeit die Befreiung nicht zustand. Dasselbe trifft auch für den Geltungsbereich der WestfLGemO. v. 31. X. 41 (GS. 297), an deren Stelle demnächst die LGemO. v. 19. III. 56 getreten ist, zu. Ihre Bestimmungen decken sich im wesentlichen mit den einschlägigen Bestimmungen der StO. v. 17. III. 31 (§§ 38—44). Es ist also hinsichtlich ihrer dasselbe anzunehmen, was von den Bestimmungen der StO. von 1831 in OVG. **57** 176 ausgeführt ist, nämlich, daß durch sie alle persönlichen Befreiungen mit Ausnahme der ausdrücklich zugelassenen aufgehoben worden sind, so daß auch diejenigen Befreiungen von Kommunalabgaben, die den Kirchendienern im Geltungsbereiche der LGemO. v. 31. X. 41 etwa früher zugestanden hatten, in Wegfall gekommen sind, weil die Kirchendiener in dem G. nirgends als befreit genannt sind, und sie unter den Geistlichen, hinsichtlich derer die bestehenden Vorschriften weiter anzuwenden sind, nicht verstanden werden können.

Nr. 3. Entsch. v. 16. Dez. 1912 (OVG. **62** 492) HC 82/12.

Die Pommersche KirchenO. von 1563 hat, soweit sie den unteren Kirchendienern eine Befreiung von den städtischen Abgaben gewährt, durch die Einführung der StO. v. 19. XI. 08 ihre Gültigkeit verloren. Aus §§ 26, 32, 33, 44 aaO. folgt ohne weiteres, daß nach dem Willen des Gesetzgebers alle entgegenstehenden gesetzlichen Bestimmungen, durch die einzelnen Personen oder Ständen eine Erleichterung oder Befreiung von Kommunalabgaben gewährt worden war, aufgehoben sein sollten. Für das Weiterbestehen eines, abweichende Grundsätze aussprechenden, Spezialgesetzes war neben der StO. kein Raum mehr. Hätte es in der Absicht der StO. gelegen, einzelne Ausnahmevergünstigungen steuerlicher Art fortbestehen zu lassen, dann hätte eine entsprechende Bestimmung in dem G. Aufnahme finden müssen. Das ist nicht geschehen. Durch spätere G. ist den unteren Kirchendienern in der Provinz Pommern jene Steuerfreiheit nicht wieder gewährt worden.

Nr. 4. Entsch. v. 6. Jan. 1913 (PrVerwBl. **34** 489) HC 287/12.

1. Die katholischen Küster in der Stadtgemeinde Berlin-Schöneberg sind von den direkten Kommunalsteuern nicht befreit.

Der Kläger gehört als Küster zu den unteren Kirchendienern iS. der Vd. v. 23. IX. 67, die nach § 1 Nr. 3 das. hinsichtlich ihrer Besoldungen und Emolumente von allen direkten Kommunalauflagen befreit sind, wo und insoweit ihnen eine derartige Befreiung seither rechtsgültig zugestanden hat. Diese Vorschrift hat durch die spätere Gesetzgebung, insbesondere durch das KommAbgG. (§ 41) und das G., betreffend die Heranziehung der Beamten, Elementarlehrer und unteren Kirchendiener zur Gemeindeeinkommensteuer, v. 16. VI. 09 (§§ 1 und 2) eine Änderung nicht erfahren. Maßgebend ist der in der Landgemeinde Schöneberg am 30. IX.

67, dem Tage des Inkrafttretens der Vd. v. 23. IX. 67, bestehende Rechtszustand. Dieser ist durch die LGemO. (§ 29) gleichfalls nicht berührt worden. Vor 1867 gab es aber keine gesetzliche Vorschrift, die den katholischen Küstern Schönebergs Befreiung von den direkten Kommunalsteuern gewährte. Die Märkische Kirchenvisitations- und KonsistorialO. von 1573 (Mylius, Corpus constitutionum Marchicarum, Berlin und Halle, T. I Nr. 7 S. 274), stellt sich als ein SonderG. für die Geistlichen und Küster der evangelischen Konfession dar. Eine Übertragung der dort festgesetzten Privilegien auf die Küster der katholischen Kirche verbietet sich schon nach allgemeinen Rechtsgrundsätzen, da Sonderbestimmungen für einen festumgrenzten Personenkreis strikt auszulegen und im Wege analoger Anwendung auf ähnliche Verhältnisse nicht übertragbar sind. Ein SonderG. (KirchenO.), das in ähnlicher Weise auch den katholischen Küstern Steuerimmunität verleiht, besteht aber für Schöneberg nicht. Aus der Gesetzgebung des 19. Jahrhunderts kann der Kläger für seine Rechtsauffassung gleichfalls nichts herleiten.

2. Ist hiernach die Vorentscheidung ohne Rechtsirrtum davon ausgegangen, daß dem Kläger für seinen Steuerbefreiungsanspruch ein geschriebenes Recht nicht zur Seite steht, so kann er sich ebensowenig auf das Vorhandensein einer Observanz in Groß-Berlin und insbesondere in Berlin-Schöneberg berufen. Ob in einer der übrigen Gemeinden Groß-Berlins sich eine solche Observanz herausgebildet hat oder überhaupt hat entstehen können, braucht nicht erörtert zu werden, da ein durch Observanz gebildetes Ortsrecht einer anderen Gemeinde für Schöneberg unmaßgeblich ist. Für die Gemeinde Schöneberg war jedenfalls die Entstehung einer Observanz schon aus dem Grunde ausgeschlossen, weil dort erst im Jahre 1896 (bzw. 1897) eine katholische Kirche errichtet worden ist, vorher mithin es an der notwendigen Voraussetzung der Entstehung der Observanz, dem Vorhandensein eines Küsters an einer dortigen katholischen Kirche, fehlte.

Nr. 5. Entsch. v. 3. Febr. 1913 (PrVerwBl. **34** 655) HC 80/12.

Vd. v. 23. IX. 67 § 1.

1. Die „unteren Kirchendiener" der Vd. v. 23. IX. 67 decken sich mit den „weltlichen Kirchenbedienten" des ALR. (§ 550 Tit. 11 T. II), die nicht bloß die „niederen" Kirchenbedienten iS. der §§ 556ff. aaO., sondern alle Personen umfassen, die zum Dienste der Kirche in mechanischen Verrichtungen oder weltlichen Angelegenheiten bestimmt sind. Diesen Kirchendienern steht nach § 1^3 Vd. v. 23. IX. 67, in Verbindung mit § 41 KommAbgG. und § 2 Abs. 2 G. v. 16. VI. 09, auch jetzt Gemeindesteuerfreiheit hinsichtlich ihres Diensteinkommens zu, falls sie sich bereits früher in deren Besitze befunden hatten. Maßgebend hierfür ist für die Stadt Hohensalza gemäß § 4 Abs. 12 StO. der Rechtszustand zur Zeit der Verkündung der GemO. v. 11. III. 50. Damals galt in Hohensalza die rev. StO. v. 17. III. 31 (KabO. v. 24. IX 35 — GS. 215 —). Durch die §§ 35 und 42 dieser StO. sind aber alle etwa früher in ihrem Geltungsbereiche den Kirchendienern eingeräumt gewesenen Steuerbefreiungen aufgehoben worden. Nahmen die „weltlichen Kirchenbedienten" schon gemäß §§ 59, 550 Tit. 11 T. II ALR. im allgemeinen an den Rechten der Geistlichen nicht teil, so ist ihnen auch in der nachlandrechtlichen Zeit die Immunität, die den Geistlichen und den Elementarlehrern durch die KabO. v. 15. IX. 1815, 11. III. 1816 und 30. I. 1817 sowie durch § 10f G. v. 11. VII. 1822 — nach kurzer Suspension durch die StO. v. 19. XI. 1808 (§§ 32, 33 und 44) — wieder verliehen und durch die rev. StO. von 1831 belassen wurde, nicht zugebilligt worden. Daß die Kirchendiener nach dem Sprachgebrauche jener gesetzlichen Vorschriften und der rev. StO. nicht etwa unter den durch sie bevorrechtigten „Geistlichen" mitzuverstehen sind, ist schon in OVG. **57** 176 nachgewiesen. Das gleiche muß für den Begriff der ebenfalls bevorrechtigten „Elementarlehrer" gelten. Wie die geschichtliche Entwickelung der preußischen Volksschule zeigt, ist im Laufe des 17. und 18. Jahr-

hunderts die letztere aus einer ursprünglich rein kirchlichen Veranstaltung, die ausschließlich der Verwaltung und Aufsicht der Kirche unterstand, allmählich zu einer selbständigen staatlichen Einrichtung geworden, die, auf dem allgemeinen gesetzlichen Schulzwange beruhend, in Gesetzgebung und Dotierung und zuletzt auch in der Verwaltung von der Kirche getrennt wurde. Dadurch löste sich auch die innere Verbindung des Schulamts mit dem Kirchenamt, und der Lehrer, der zum Staatsbeamten geworden war, erhielt seine Anstellung nicht mehr vom Kirchenpatron, sondern von der Gerichtsobrigkeit, der untersten Trägerin der Staatsgewalt. Das galt selbst dann, wenn der Lehrer zugleich Küster war (§ 22 Tit. 12 T. II ALR. iVerb. mit § 561 Tit. 11 T. II). Diese bereits unter Friedrich Wilhelm I. einsetzende Scheidung von Schule und Kirche fand ihre volle Ausgestaltung in der Fridericianischen Gesetzgebung, insbesondere in den allgemeinen, das Elementarschulwesen betreffenden grundsätzlichen Bestimmungen des Landrechts. Demgemäß unterscheidet auch die Sprache des Landrechts streng zwischen „Kirchenbedienten" und „Schullehrern" (Schulmeistern, Schulhaltern). Auch da, wo die Verbindung des Schulamts mit dem Küsteramte bestehen blieb, trat die selbständige Natur des ersteren, wie sich nicht nur aus der Bestimmung über die Anstellung, sondern auch aus der Vorschrift über die Unterhaltung der Schul- und Küsterhäuser (§§ 37, 38 Tit. 12 T. II ALR.) ergibt, deutlich hervor. An diesen Grundlagen des preußischen Volksschulwesens hat auch die spätere Gesetzgebung festgehalten und sie hat die Unterscheidung zwischen den Schullehrern und den Kirchendienern jederzeit durchgeführt. Es genügt, in dieser Beziehung auf die Vd. v. 2. V. 1811 (GS. 193), wegen allgemeiner Separation der Küstereien an Filialkirchen von den Küstereien an den Mutterkirchen, und auf die Vd. v. 21. VII. 46, betr. den Bau und die Unterhaltung der Schul- und Küsterhäuser, hinzuweisen. Hiernach erscheint es schon aus inneren Gründen der Rechtsentwickelung ausgeschlossen, daß das G. v. 11. VII. 1822 die unteren Kirchendiener unter den bevorrechteten „Geistlichen und Schullehrern" habe mitverstanden wissen wollen. Daß aber etwa den Kirchendienern in der Provinz Posen durch eine legale, noch in Kraft befindliche KirchenO., die den subsidiären Vorschriften des ALR. vorginge, Abgabenfreiheit eingeräumt worden sei, hat der Kläger selbst nicht behauptet. Eine solche KirchenO. besteht auch tatsächlich nicht.

2. Nun hat der Kläger noch behauptet, daß in der Provinz Posen sich eine Observanz gebildet habe, kraft deren die Kirchendiener (Küster) von der Besteuerung ihres dienstlichen Einkommens befreit seien und sich hierfür auf eine Reihe von Auskünften berufen, die ihm von Amtsgenossen aus der Provinz zugegangen sind. Allein, wie er selbst angibt, sind in einzelnen Orten (Posen, Birnbaum, Bromberg) die unteren Kirchendiener auch schon in früheren Jahren ganz oder zum Teil von ihrem Diensteinkommen herangezogen worden; von einer allgemeinen gleichmäßigen Übung in der ganzen Provinz kann daher nicht die Rede sein. Abgesehen hiervon würde die Bildung einer solchen Observanz auch schon aus allgemeinen Rechtsgründen nicht möglich gewesen sein. Die Observanz setzt einen durch Beziehungen lokaler oder korporativer Art in sich geschlossenen Kreis von Beteiligten voraus, deren gegenseitige Verhältnisse durch sie geregelt werden. An einem solchen Bande fehlt es zwischen den politischen Gemeinden einer ganzen Provinz und den Angehörigen einer bestimmten Kategorie ihrer Einwohner auf dem Gebiete der Gemeindebesteuerung, vielmehr stehen hier stets nur die einzelne Gemeinde und die ihrer Steuerhoheit Unterworfenen in gegenseitigen Beziehungen. Soweit der Kläger aber etwa eine auf die Gemeinde Hohensalza beschränkte Observanz behaupten will, hätte er dartun müssen, daß sämtliche Kirchendiener in diesem Orte in der rechtlichen Überzeugung aller Beteiligten von der Notwendigkeit dieses Zustandes vor dem Erlasse der GemO v. 1850 Steuerfreiheit für ihr Diensteinkommen genossen haben.

3. Die Kirchendiener sind auch keine mittelbaren Staatsbeamten. Wenn im § 19 Tit. 11 T. II ALR. den Personen, die bei ausdrücklich vom Staate aufgenommenen Kirchengesellschaften „zur Feier des Gottesdienstes und zum Reli-

gionsunterrichte" bestellt sind, die „gleichen Rechte mit anderen Beamten im Staate" beigelegt werden, so ist diese Vorschrift ausschließlich auf die Geistlichen zu beziehen; die Bezeichnung der dort genannten Personen deckt sich inhaltlich völlig mit der Erläuterung des Begriffs „Geistliche" in § 59 ebenda. Ferner ergibt sich aber auch aus den ausdrücklichen Bestimmungen in §§ 550, 551 aaO., daß die Kirchendiener die Rechte jener Personen nicht besitzen sollten. Daß die Kirchendiener im übrigen vom Landrecht als Beamte der Kirchengemeinden (§ 208 aaO.) angesehen und mit einzelnen, auch im Staatsinteresse liegenden Funktionen (Führung von Duplikaten der Kirchenbücher) betraut worden sind (§ 501 aaO.), mag zutreffen. Wären sie aber auch deswegen früher mittelbare Staatsbeamte gewesen, so würden sie diese Eigenschaft doch durch die Veränderung verloren haben, die sich in der Stellung der evangelischen Kirchengemeinden zum Staate seit Erlaß der Verfassungsurkunden, namentlich aber durch das G. v. 3. VI. 76 vollzogen hat.

n) Die Steuerpflicht der Elementarschullehrer.

Nr. 1. Entsch. v. 24. Okt. 1911 (OVG. **60** 184) II C 511/10.

Ein zum 1. IV. 09 in das Amtsverhältnis berufener und eingetretener Volksschullehrer hat keinen Anspruch auf das Steuervorrecht nach der Vd. v. 23. IX. 67, sondern unterliegt den Bestimmungen des G. v. 16. VI. 09 auch dann, wenn er schon vor dem 1. IV. 09 die Berufungsverfügung ausgehändigt erhalten und den Diensteid geleistet hat.

Nach den für die Unterrichtsverwaltung bestehenden allgemeinen Bestimmungen gilt als Tag des Eintritts in den öffentlichen Schuldienst der Tag, von dem ab die Verwaltung der Lehrerstelle dem Lehrer durch die Schulaufsichtsbehörde übertragen worden ist. Ist in der Übertragungsverfügung ein bestimmter Tag nicht angegeben, so ist der Tag entscheidend, an dem der Lehrer die Verwaltung der Stelle tatsächlich übernommen bzw. sich zum Antritte bei dem Orts- oder Kreisschulinspektor gemeldet hat (MinErl. v. 29. IV. 98, ZBlUV. 468, v. 5. I. u. 23. II. 99, ebenda 321, 385). In den Anstellungsverfügungen und den Verfügungen, durch die einem Lehrer die kommissarische Verwaltung einer Schulstelle übertragen wird, soll aber grundsätzlich ein bestimmter Tag angegeben werden. Dieser Termin soll idReg. auf den 1. oder 15. des Monats festgesetzt werden (AAnw. v. 21. VI. 09 — I. 20). Nach diesen Vorschriften hat die Regierung unzweifelhaft gehandelt, als sie den Kläger zum 1. IV. 09 berief. Demgegenüber kann einer früheren Aushändigung der Berufung oder einer früheren Vereidigung eine Bedeutung nicht beigemessen werden.

Nr. 2. Entsch. v. 21. März 1912 (OVG. **62** 425) II C 10/12.

Vd. v. 23. IX. 67 §§ 1, 2. G. v. 16. VI. 09 (GS. 489).

1. Der § 1 Vd. v. 23. IX. 67 hat neben Militärpersonen, inaktiven und zur Disposition gestellten Offizieren, den verabschiedeten Beamten und hinterbliebenen Witwen und Waisen dieser Kategorien die Geistlichen und Elementarlehrer besonders herausgehoben und ihnen vollständige Befreiung von allen Kommunalauflagen hinsichtlich ihrer Besoldungen und Emolumente verliehen. Sie sind damit in einen Gegensatz zu den in den §§ 2 bis 8 behandelten Beamten gebracht und werden auch in §§ 9, 10, 12 besonders neben anderen Staatsdienern und Militärs erwähnt. Es ist daher unzulässig, die auf jene Beamten bezüglichen Bestimmungen der Vd. ohne weiteres auch auf die Elementarlehrer zu übertragen, insbesondere ist es ausgeschlossen, auf sie den im § 2 statuierten Unterschied zwischen festangestellten Beamten und nur vorübergehend im öffentlichen Dienste beschäftigten außerordentlichen Gehilfen anzuwenden. Nach § 1 Nr. 3 der Vd. kommt es nicht darauf an, ob der Elementarlehrer

auf Zeit, Kündigung oder Widerruf angenommen ist, sein Amt interimistisch oder kommissarisch bekleidet, noch ob seine Bezüge als Gehalt oder Remuneration zu bezeichnen sind, oder ob er pensionsberechtigt ist. Entscheidend ist vielmehr allein, ob er zum Unterricht an einer öffentlichen, der allgemeinen Schulpflicht dienenden, allgemein zugänglichen, mit dem Schulzwang ausgestatteten Volksschule von der zuständigen Behörde berufen worden ist und in diesem Hauptberuf als Lehrer fungiert.

2. Nun wollte das G. v. 16. VI. 09 für alle Personen, die vor seinem Inkrafttreten die Vorrechte der Vd. v. 23. IX. 67 erworben hatten, diese Vd. weiter zur Anwendung bringen, und die neuen Bestimmungen nur für solche Personen in Geltung setzen, die nach seinem Inkrafttreten die Voraussetzungen jener Vd. erfüllten. Es ist deshalb unter den „angestellten" Elementarlehrern iS. des zweiten Absatzes des § 2 des G. v. 1909 dasselbe zu verstehen, wie unter Elementarlehrern, die „in das Amtsverhältnis eingetreten" sind, iS. des ersten Abs., der die neuen Vorschriften nur auf solche Personen bezogen wissen will, bei denen diese Voraussetzungen nach dem 31. III. 09 erfüllt worden sind.

Ist hiernach zwar die Anstellung nicht Voraussetzung für den Genuß des Vorrechts der Elementarlehrer und genügt hierfür die Erteilung eines Auftrags, so wäre es doch anderseits rechtsirrtümlich, wollte man schon die mit Genehmigung der Schulaufsichtsbehörde stattfindende Erteilung jedweden vorübergehenden Unterrichts an einer öffentlichen Volksschule als ausreichend für die Entstehung des Vorrechts ansehen. Die Eigenschaft eines Elementarlehrers ist mit der Versehung eines Amtes untrennbar verknüpft. Nicht jeder, der etwa — wie ein Präparand — zu seiner Vorbereitung für den Lehrerberuf zum Lehren an einer Volksschule zugelassen oder angenommen wird, ist Elementarlehrer iS. des G. v. 1909 und der Vd. v. 1867, sondern, abgesehen von dem Falle der Anstellung, nur derjenige, der von der zuständigen Behörde berufen ist, eine ordnungsmäßig eingerichtete Lehrerstelle auftragsweise zu verwalten. Eine das Vorrecht der Elementarlehrer begründende Beschäftigung einer Lehrperson liegt daher nicht vor in Fällen, die z. B. § 1 Abs. 2 LehrerbesoldungsG. v. 26. V. 09 (GS. 93) im Auge hat, d. h. bei Lehrern und Lehrerinnen, deren Zeit und Kräfte durch die ihnen übertragenen Geschäfte nur nebenbei in Anspruch genommen sind, wohin Hilfslehrer gehören, die nur einzelne Unterrichtsstunden in der Woche zu erteilen haben und nach der Stundenzahl auf Grund besonderen Abkommens entschädigt werden. Dasselbe trifft von auftragsweise nicht angestellten Lehrkräften zu, denen die an einer Schule durch die ordentlichen Lehrkräfte nicht gedeckten Überstunden, deren Zahl die von einer Lehrkraft im allgemeinen zu gebenden Unterrichtsstunden nicht erreicht, übertragen werden.

o) Die Steuerpflicht der Militärpersonen.

Nr. 1. Entsch. v. 26. Sept. 1911 (OVG. 62 363) II C 466/10.

Vd. v. 23. IX. 67 § 1.

Die Betriebsassistenten an den militärischen technischen Instituten gehören zu den servisberechtigten Militärpersonen des aktiven Dienststandes iS. des § 1 Nr. 1 Vd. v. 23. IX. 67. Daß sie nicht in den EtatsG. als unter A 1 bis 8 des Servistarifs aufgeführt sind, steht dem nicht entgegen, weil es für die Steuerfreiheit von den direkten Kommunalauflagen nur auf die grundsätzliche Servisberechtigung ankommt.

Servis für Rechnung des Militäretats erhalten nach § 2 der Servisvorschrift (KabO. v. 9. III. 99) nur die aktiven Militärpersonen, die Gehalt und Löhnung aus dem Militäretat beziehen. Er ist, wie § 4 besagt, entweder Servis der Stelle, der ohne Rücksicht auf den Dienstgrad nach den in den Servistarifen aufgeführten

Etatsstellen gewährt wird, oder Servis des Dienstgrades, den alle in den Tarifen mit ihren Dienststellungen nicht besonders bezeichneten Militärpersonen, zu denen auch die im Fortifikationsdienste befindlichen Ingenieuroffiziere und die Direktionsassistenten bei den technischen Instituten gehören, nach ihrem Dienstgrad erhalten. Danach steht die Servisberechtigung an sich allen aktiven Militärpersonen zu, die Gehalt und Löhnung aus dem Militäretat beziehen, und zwar in gleicher Weise die Berechtigung zum Personalservis wie zum Naturalquartierservis. Zu den Militärpersonen gehören auch, wie bereits ausgeführt, die Militärbeamten im Gegensatze zu den Zivilbeamten der Militärverwaltung; sie sind auch in § 1¹ und § 63 b als servisberechtigt aufgeführt. Daß nur die etatsmäßigen Militärpersonen Anspruch auf Servis haben sollen, ist nirgends bestimmt; das Gegenteil folgt aus der wiedergegebenen Vorschrift in § 4 (vgl. auch §§ 77, 5 b, 64 Abs. 3). Notwendig ist vielmehr nur, daß die Militärpersonen Gehalt oder Löhnung aus dem Militäretat beziehen. Das aber ist hinsichtlich der Betriebsassistenten und als solche beschäftigten Regierungsbaumeister der Fall; denn nach der DiätenO. für die Reichsbeamten v. 28. VII. 09 beziehen sie Diäten, die aus Kap. 37 des Etats gezahlt werden. Hiernach steht an sich den Betriebsassistenten die Servisberechtigung zu. Daß sie nicht in den Tarifen zur Servisvorschrift aufgeführt sind, ist darauf zurückzuführen, daß sie damals als Militärbeamte noch nicht vorhanden waren.

Nr. 2. Entsch. v. 22. Dez. 1911 (PrVerwBl. **33** 649) IIC 450/10.

Nach § 42 Abs. 2 KommAbgG. gelten die Mitglieder der Gendarmerie als Militärpersonen iS. dieses G., womit hat angeordnet werden sollen, daß sie den servisberechtigten Militärpersonen des aktiven Dienststandes iS. des § 1¹ Vd. v. 23. IX. 67 beizuzählen seien. Die Gendarmen sind deshalb iS. der beiden bezeichneten G. nur als Militärpersonen, nicht aber als Beamte anzusehen. Das gleiche muß dann auch hinsichtlich des G. v. 16. VI. 09, betr. die Heranziehung der Beamten, Elementarlehrer und unteren Kirchendiener zur Gemeindeeinkommensteuer, gelten, da es die im § 41 KommAbgG. hinsichtlich der Gemeindeeinkommenbesteuerung der Beamten vorbehaltene gesetzliche Regelung trifft und es hinsichtlich der Militärpersonen bei den früheren Bestimmungen beläßt (§ 2 Abs. 2).

Nr. 3. Entsch. v. 5. Dez. 1912 (OVG. **62** 486) HC 158/12.

1. Die Feldwebel der Schloßgardekompagnie sind servisberechtigte Militärpersonen des aktiven Dienststandes iS. der Vd. v. 23. IX. 67. Die Schloßgardekompagnie ist ein Teil des aktiven Heeres. Die Feldwebel sind als „Unteroffiziere", die das Offizierportepee tragen, Personen des Soldatenstandes und somit Militärpersonen. Auch das Erfordernis der Servisberechtigung ist erfüllt. Sie steht iS. der Vd. v. 1867 allen aktiven Militärpersonen zu, die Gehalt oder Löhnung aus dem Militäretat beziehen.

2. Genießt danach der Kläger als Feldwebel der Schloßgardekompagnie das in § 1 Vd. v. 1867 gewährleistete Steuervorrecht, so hat der Vorderrichter auch darin nicht gefehlt, daß er das den Gegenstand des Streits bildende Einkommen als steuerfrei angesehen hat. Es erwächst dem Kläger weder aus Grundvermögen, noch aus einem Gewerbebetriebe, sondern aus der besonderen, hiervon verschiedenen Quelle der gewinnbringenden Beschäftigung (§ 7⁴ EinkStG.). Insbesondere übt der Kläger in seiner Eigenschaft als Angestellter einer Erwerbsgesellschaft, eines Bankgeschäfts, kein Gewerbe aus, weil es bei ihm an dem Erfordernisse der Selbständigkeit und der Beteiligung am allgemeinen wirtschaftlichen Verkehre fehlt.

Der Kläger gehört auch nicht zu den öffentlichen Beamten, sondern ist Privatbeamter einer Erwerbsgesellschaft, der als solcher kein steuerliches Vorrecht genießt, wie ein öffentlicher Beamter. Ein Nebeneinanderlaufen zweier, ein steuerliches Vorrecht einräumender Bestimmungen, von denen die eine die Militärpersonen, die andere die Beamten betrifft, findet hier nicht statt. Der iF. eines solchen Nebeneinanderlaufens vielleicht mögliche Zweifel, ob die Besteuerung nach dem Rechte der Militärpersonen oder dem der öffentlichen Beamten stattfindet, entsteht daher hier nicht. Vielmehr kommt nur das Vorrecht der Militärpersonen in Frage, das das Einkommen, das dem Kläger außer seinen Dienstbezügen auf Grund einer gewinnbringenden Beschäftigung zufließt, jedenfalls dann steuerfrei sein läßt, wenn es außerhalb eines öffentlichen Beamtenverhältnisses erworben wird.

Nr. 4. Entsch. v. 29. April 1912 (PrVerwBl. **33** 685) H C 28/12.

Vd. v. 23. IX. 67 § 1[1].

1. Weder die Vd. v. 23. IX. 67, die das Einkommen der servisberechtigten Militärpersonen des aktiven Dienststandes (zu denen auch die Angehörigen der Kaiserlichen Marine zu rechnen sind) in Ansehung der ihnen aus Grundbesitz und stehendem Gewerbe erfließenden Erträgnisse der Gemeindebesteuerung unterwirft, noch irgendeine andere Gesetzesvorschrift sieht eine von den üblichen Rechtsbehelfen und Rechtsmitteln des KommAbgG. abweichende Vorschrift für den Fall der Veranlagung von Militärpersonen durch die Gemeindebehörden vor. Es haben deshalb auch für diesen Personenkreis die gewöhnlichen Vorschriften des KommAbgG., die für alle Gemeindeangehörigen bindend sind, Platz zu greifen. Das sind der Einspruch innerhalb vierwöchentlicher Frist gegen die Heranziehung zur Steuer und die Klage gegen den Einspruchsbescheid des Gemeindevorstandes.

2. Die Frage, ob Zinsen von Schulden (Hypotheken), die zu einer Einkommensquelle (Grundbesitz) in wirtschaftlicher Beziehung stehen, von dem Rohertrage der Quelle oder von dem Gesamteinkommen des Steuerpflichtigen in Abzug zu bringen sind, hat der Gerichtshof für das seit dem Inkrafttreten der NovEinkStG. v. 19. VI. 06 geltende Recht in OVG. **53** 163 bei der Gemeindeeinkommenbesteuerung physischer Personen im zweiten Sinne entschieden und sie in OVG. **55** 172 auch in gleicher Weise beantwortet, wenn es sich um die Gemeindeeinkommenbesteuerung einer Person (z. B. eines Beamten oder Elementarlehrers) handelt, deren Einkommen nach § 41 KommAbgG. der Gemeindeeinkommensteuer nur zum Teil unterliegt. Derselbe Rechtsgrundsatz muß auch auf die Gemeindeeinkommenbesteuerung der servisberechtigten Militärpersonen des aktiven Dienststandes (§ 1 Nr. 1 Vd. v. 23. IX. 67) Anwendung finden, deren dienstliches Einkommen (gleich den Elementarlehrern, § 1 Nr. 3 das.) von allen direkten Kommunalauflagen vollständig befreit ist. Das steuerfreie Einkommen wird durch den Abzug der Schuldenzinsen vom Gesamteinkommen mit einer Steuer nicht belegt. Es wird vielmehr nur anteilig zur Deckung der das Gesamteinkommen belastenden Schuldenzinsen in Anspruch genommen. Damit erledigt sich auch das Verlangen des Klägers, daß sein Diensteinkommen für die Dauer seiner achtmonatlichen Zugehörigkeit zur Besatzung eines zum auswärtigen Dienste bestimmten Schiffes (§ 70 EinkStG.) von Steuern frei zu bleiben habe, da dieses Einkommen überhaupt nicht versteuert worden ist.

Nr. 5. Entsch. v. 13. Mai 1912 (PrVerwBl. **33** 841) HC 268/11.

Auch bei der Heranziehung einer Militärperson zur Gemeindeeinkommensteuer kommt der Grundsatz zur Anwendung, daß die von dem Steuerpflichtigen zu entrichtenden Hypothekenzinsen eine auf dem Gesamteinkommen ruhende abzugsfähige Ausgabe bilden. Die Rechtslage ist hier, wie bei der Veranlagung der Geistlichen und Elementarlehrer, die gleiche: Das gesamte Diensteinkommen ist von der Gemeindesteuer freizulassen. Die einzige Abweichung, daß nämlich von dem außerdienstlichen Einkommen der Offiziere des Friedensstandes ebenfalls noch ein Teil, dasjenige aus Kapitalvermögen, Renten usw., der Gemeindeeinkommensteuer nicht unterworfen ist, sondern einer besonderen Gemeindeabgabe unterliegt, kommt für die grundsätzliche Frage, ob für Militärpersonen die nach § 8 II EinkStG. zulässigen Abzüge bei der Veranlagung zur Gemeindeeinkommensteuer ebenfalls vom Gesamteinkommen abzurechnen, also auf dessen kommunalsteuerfreie und -pflichtige Teile verhältnismäßig zu verteilen sind, nicht in Betracht.

2. Vermeidung von Doppelbesteuerung.

b) Verteilung des steuerpflichtigen Einkommens aus einer über mehrere preußische Gemeinden sich erstreckenden Gewerbe- oder Bergbauunternehmung.

Nr. 1. Entsch. v. 30. Juni 1911 (PrVerwBl. 33 386) VIII C 322/10.

1. Das Schiffahrtsgewerbe hat in allen denjenigen Gemeinden, in denen dauernde Einrichtungen für die gewerbliche Schiffahrtstätigkeit getroffen worden sind, einen Betriebsort. Dort findet also der Betrieb des Schiffahrtsgewerbes statt. Diese Voraussetzung trifft auf Duisburg zu, da sich dort unstreitig Verladeeinrichtungen der Klägerin befinden. Darauf wird es aber in dem Falle überhaupt nicht ankommen, wenn der Schiffahrtsbetrieb der Klägerin kein selbständiges Unternehmen, sondern nur ein Bestandteil ihres einheitlichen Gesamtbetriebes ist. Denn ihre Veranlagung in Duisburg erstreckt sich dann nicht auf die Veranlagung des Schiffahrtsbetriebes, sondern hat den in Duisburg „belegenen Teil" ihres einheitlichen Gesamtbetriebes zum Gegenstand.

2. Ebenso verfehlt ist es, wenn der Beklagte unter Berufung auf das G., betr. die privatrechtlichen Verhältnisse der Binnenschiffahrt v. 15. VI. 95 (RGBl. 301) den gesamten Wert des Schiffsparks als auf Duisburg entfallendes Anlagekapital erachtet. Der § 6 dieses G. bestimmt, daß das Gericht des Ortes, von dem aus die Schiffahrt mit dem Schiffe betrieben wird (Heimatsort), für alle gegen den Schiffseigner als solchen zu erhebenden Klagen zuständig ist. Der Beklagte führt nun aus, daß Heimatsort für die Schiffe der Klägerin iS. des BinnenschiffahrtsG. Duisburg sei und deshalb auch der Wert der Schiffe allein dieser Gemeinde als gewerbliches Anlagekapital zugerechnet werden müsse. Diese Ausführung geht fehl. Das genannte G. ist ohne jede Bedeutung für die Frage, für welchen Betriebsort der Wert der Schiffe steuerrechtlich als gewerbliches Anlagekapital zu gelten habe, noch dazu in dem Falle, wenn es sich gar nicht um den selbständigen Betrieb der Binnenschiffahrt handelt, vielmehr der Schiffahrtsbetrieb Teil eines einheitlichen, noch andere Zwecke verfolgenden Gewerbeunternehmens ist.

3. Weder die SteuerO. noch das KommAbgG. noch das GewStG., auf das der § 2 der SteuerO. hinsichtlich der Veranlagungsgrundsätze verweist, enthalten eine Vorschrift darüber, wie der „in der Gemeinde belegene Teil des Gewerbebetriebes", also hier das auf Duisburg anteilig entfallende Anlage- und Betriebskapital, zu ermitteln ist. Dagegen verweist Art. 53 AAnwGewStG. v. 4. XI. 95, der die Verteilung des Staatssteuersatzes auf mehrere Kommunalbezirke zum Gegenstand hat, in Nr. 2 Abs. 2 auf die sinngemäße Anwendung der im Art. 19 II aufgestellten Grundsätze für die Besteuerung der nur zum Teil in Preußen steuerpflichtigen Gewerbe. Die Anwendung der in diesen Vorschriften enthaltenen Grundsätze auf einen Fall, wie den vorliegenden, unterliegt keinen rechtlichen Bedenken. Art. 19 II aaO. bestimmt:

„Als Anlage- und Betriebskapital der in Preußen steuerpflichtigen Betriebsteile sind in Ansatz zu bringen: 1. die denselben speziell gewidmeten Werte und außerdem 2. ein nach den zu I Abs. 2 angegebenen Grundsätzen zu berechnender Anteil an den in keiner besonderen Beziehung zu den einzelnen Betriebsstätten stehenden, dem gesamten Gewerbebetriebe dienenden Anlage- und Betriebskapitalien."

Die letztgedachte Quote soll, wie es im Art. 19 I Abs. 2 heißt, „nach der Billigkeit" bestimmt werden. Der Vorderrichter wird hiernach erneut zu prüfen haben, welche Werte des Anlage- und Betriebskapitals der Klägerin dem Duisburger Teilbetriebe allein speziell gewidmet sind und welche mehreren Betriebsteilen oder dem gesamten Gewerbebetriebe der Klägerin dienen, insbesondere, ob zu letzteren auch der Wert des Schiffsparks zu rechnen ist. Sind Werte vorhanden, die mehreren Betriebsteilen gewidmet sind, so ist ein Verteilungsmaßstab zu wählen, der in objektiven Merkmalen dieser mehreren Betriebsteile besteht. Der auf Duisburg entfallende Anteil an den dem Gesamtbetrieb dienenden Anlage- und Betriebskapitalien ist nach einem auf alle Betriebsorte der Klägerin zutreffenden Verteilungsmaßstab zu bemessen.

Nr. 2. Entsch. v. 5. Dez. 1912 (OVG. **62** 490) HC 253/12.

Der Umstand, daß jemand nicht auf eigene Rechnung verkauft, sondern nur Geschäfte für das Handelsgewerbe eines anderen vermittelt und dabei dessen Weisungen zu folgen hat, steht nicht entgegen, ihn als einen selbständigen Handlungsagenten iS. des § 84 HGB. anzusehen. Der Handlungsagent iS. des G. verkauft nie auf eigene Rechnung; er ist aber, wie der § 1⁷ und der § 84 HGB. erkennen lassen, ein selbständiger Gewerbetreibender, nämlich ein Kaufmann, der ständig damit betraut ist, entweder für das Handelsgewerbe eines anderen Kaufmanns Geschäfte bloß zu vermitteln, oder solche Geschäfte zu vermitteln und sie auch im Namen des anderen abzuschließen.

Nr. 3. Entsch. v. 12. Dez. 1912 (PrVerwBl. **34** 417) HC 151/12.

KommAbgG. §§ 35, 47.

1. Die Klägerin, eine Hamburger Aktiengesellschaft, die Elbschiffahrt treibt, ist in Magdeburg für das Steuerjahr 1911 zur Gemeindeeinkommensteuer herangezogen worden, weil sie, wie der Beklagte meint, dort sowohl in der Schiffsanlegestelle wie auch in dem Geschäftszimmer ihres Agenten Joh. S. eine Betriebsstätte iS. des § 35 KommAbgG. habe. Der Vorderrichter erachtet eine Betriebsstätte der Gesellschaft in Magdeburg als vorhanden und führt dafür drei Gründe an, die indes sämtlich der Nachprüfung nicht standhalten.

2. Er beruft sich zunächst auf den bedeutenden Umfang der von S. vermittelten Fracht- und Schleppverträge. Aber der große Umfang der Geschäfte kann nie für die Annahme einer Betriebsstätte verwertet werden. Eine Betriebsstätte hat vielmehr ein Gewerbetreibender überall da, wo er eine feste örtliche Anlage oder Einrichtung hat, die seinem Gewerbebetriebe dient, gleichviel ob die Tätigkeit, die er (selbst oder durch seine Angestellten) dort mit der jedem Gewerbe innewohnenden Ständigkeit vollzieht, großen oder kleinen Umfang hat, ob sie den Gewerbebetrieb im ganzen oder nur in einem einzelnen Zweige darstellt.

3. Der Bezirksausschuß zieht ferner OVG. v. 6. II. 94 (PrVerwBl. **15** 310) heran, in der ein „Speditionskontor", das ein Fabrikant in einer benachbarten Großstadt zwecks Beförderung der Waren an die dortigen und an sonstige Kunden eingerichtet und mit sechs seiner Angestellten besetzt hatte, als Betriebsstätte des Fabrikanten bezeichnet ist. Wenn hier das S.sche Geschäftszimmer in Magdeburg in Elbschiffahrtskreisen ähnlich „Expeditionskontor" genannt wird, so berechtigt dies nicht, die beiden Fälle gleichzustellen. Die „wesentlichen, mit dem Hauptbetrieb eng zusammenhängenden Hilfshandelsgeschäfte", die in jenem früheren Falle im „Speditionskontor" besorgt wurden, waren die Weiterbeförderung der in der Fabrik hergestellten Waren. Ob man hier S.s Tätigkeit in gleichem Sinne als Hilfshandelsgeschäfte bezeichnen könnte, mag dahingestellt bleiben. Jedenfalls ist damals weiter festgestellt, daß der Fabrikant durch sechs seiner Angestellten in einem zu seinem Gewerbebetriebe gehörigen Kontor die auf Warenbeförderung gerichtete Tätigkeit vornehmen ließ, indem er diesen Teil des Gewerbebetriebs selbst in der

Hand behielt und nicht durch selbständige Gewerbetreibende ausführte. An einer entsprechenden Feststellung aber hat es hier der Bezirksausschuß fehlen lassen.

4. Schließlich führt der Vorderrichter aus, die übrigen beteiligten preußischen Gemeinden hätten einen Teil des Einkommens der Klägerin für Magdeburg freigelassen und es wäre gesetzwidrig, wenn das auf Magdeburg entfallende Einkommen auch dort steuerfrei gelassen werden sollte. Solche Erwägungen aber dürfen den Verwaltungsrichter nicht leiten; er hat jeden Steueranspruch für sich lediglich auf Grund der G. nachzuprüfen.

5. Die Frage, ob der S.sche Geschäftsraum als Betriebsstätte im oben entwickelten Sinne anzusehen ist, kann nur dann bejaht werden, wenn die klagende Gesellschaft es ist, die durch S. als ihren Angestellten (Handlungs- oder Gewerbegehilfen, §§ 59, 83 HGB.) in dem Geschäftsraum ihr Gewerbe treibt. Ist S. eigentlicher Handlungsagent, so ist er nicht Angestellter der Klägerin, sondern er steht ihr als selbständiger Kaufmann gegenüber, der von ihr ständig damit betraut ist, für ihr Handelsgewerbe (§ 1 Abs. 2 ^{5}, § 425 HGB.) Geschäfte zu vermitteln (§ 84 HGB.). Vielfach wird aber als Agent bezeichnet, wer in Wahrheit unselbständiger Angestellter eines anderen ist. Falls S. nicht eigentlicher Agent, sondern nur Angestellter der Klägerin sein sollte, so würde der von ihm beschaffte und benutzte Geschäftsraum nur dann als eine Betriebsstätte der Klägerin gelten können, wenn S. vertraglich der Klägerin gegenüber verpflichtet wäre, ihr zu ihrem Gewerbebetriebe Geschäftsräume vorzuhalten und er in Erfüllung dieser Verpflichtung die Räume für sie inne hätte.

6. Anderseits könnte in der Schiffsanlegestelle in Magdeburg nur dann eine Betriebsstätte der klagenden Gesellschaft gefunden werden, wenn eine fest bestimmte Uferstrecke ihr als Ladeplatz dauernd zur Verfügung stände. Dann übte sie dort durch ihre Leute auf einem örtlich begrenzten Raume ständig, wenn auch vielleicht nicht ununterbrochen, einen Teil ihrer Betriebstätigkeit aus, nämlich das Ein- und Ausladen. Ein äußeres Zeichen solcher ständigen Verfügungsgewalt wäre z. B. die Bezeichnung des Platzes mit ihrer Firma. Nicht gerade erforderlich ist es, daß der Platz der Klägerin ausschließlich zur Verfügung stände, es könnte noch eine andere Firma als Mitbesitzerin (§ 866 BGB.) das gleiche Recht an dem Platze haben. Eine Betriebsstätte hätte die Klägerin aber dann jedenfalls nicht, wenn sie in jedem Falle sich erst einen Platz innerhalb der Hafenanlagen anweisen lassen oder aussuchen müßte, denn dann mangelte es an der festen Stelle für ihre Betriebstätigkeit.

7. Gelangt der Bezirksausschuß wiederum zur Annahme der Steuerpflicht der Klägerin, so wird bei Berechnung der Steuer nicht außer acht zu lassen sein, daß unter den Gehältern und Löhnen iS. des § 47 b das. nur die Dienstvergütung an die Angestellten (§ 611 BGB.), gleichviel ob sie fest bemessen ist oder sich nach dem Arbeitserfolge richtet, zu verstehen ist, nicht aber die Vergütung an einen selbständigen Vermittler. Ist also S. Agent im eigentlichen Sinne, so ist seine Provision außer Betracht zu lassen, sowohl bei der Gesamtsumme der verauslagten Löhne wie bei dem Betrage der Magdeburger Löhne. Soweit der von der Klägerin als Magdeburger Lohnausgabe mitgeteilte Betrag an die Schiffsmannschaft für ihre Tätigkeit auf der Fahrt außerhalb des Stadtgebiets Magdeburg gezahlt sein sollte, ist er gleichfalls außer Ansatz zu lassen. Sind hiernach der Gemeinde Magdeburg keine Gehälter und Löhne anzurechnen, so entfällt die streitige Steuerpflicht, auch wenn die Klägerin an sich nach §§ 33 ^{3}, 35 KommAbgG. steuerpflichtig sein sollte.

Nr. 4. Entsch. v. 25. Sept. 1911 (OVG. 60 177) HC 91/11.

KommAbgG. § 47.

Die Verteilung des steuerpflichtigen Einkommens der Steuerpflichtigen kann nur nach Maßgabe der in den einzelnen Gemeinden erzielten

Bruttoeinnahme vorgenommen werden. Die Steuerpflichtige rechnet hierzu auch die bei ihren verschiedenen Betriebsstätten zur Einzahlung gelangenden Spar- und Depositengelder; dabei verkennt sie aber den Begriff der Bruttoeinnahme iS. des § 47 Abs. 1a KommAbgG. Das G. hat die Bestimmung, daß bei den Versicherungs-, Bank- und Kreditgeschäften die Bruttoeinnahmen als Verteilungsmaßstab dienen sollen, um deswillen getroffen, weil bei diesen Geschäften das Verhältnis der Bruttoeinnahme dem Verhältnisse der Reineinnahme zu entsprechen pflegt. Zu den Bruttoeinnahmen des § 47 KommAbgG. gehören daher nur solche Eingänge, die das Erzeugnis des gewerblichen Betriebs, die darin „erzielt" sind. Diese Voraussetzung trifft bei den Spar- und Depositengeldern der Kreditgeschäfte nicht zu.

Bei dem Warenumsatzgeschäfte setzt sich das Erzeugnis der gewerblichen Tätigkeit aus den beiden Faktoren des Ein- und des Verkaufs der Waren zusammen. Bei der auf die Vermittelung des Kreditverkehrs gerichteten Tätigkeit der Kreditgeschäfte, die auf der einen Seite Kredit nehmen und auf der anderen Seite Kredit geben, ist der Kredit selbst Handelsartikel. Die Annahme der Spar- und Depositeneinlagen ist daher nicht das Erzeugnis des gewerblichen Betriebs, sondern nur ein Mittel, das das Unternehmen in den Stand setzt, aus der Gewährung von Kredit Nutzen zu ziehen. Erst das Nehmen und das Geben des Kredits in ihren Wechselwirkungen stellen das Ergebnis des Gewerbebetriebs dar und nur durch das Zusammenwirken beider Faktoren kann das Ziel der gewerblichen Tätigkeit, die Erlangung eines Gewinns, erreicht werden. Die eingezahlten Spar- und Depositeneinlagen sind danach zwar in Ausübung des Gewerbebetriebs vereinnahmte Gelder, aber gleichwohl keine aus dem Gewerbebetriebe erzielten Einnahmen und geben daher nicht, was bei den Bruttoeinnahmen des § 47 verlangt werden muß, für die Bemessung des Reingewinns einen irgendwie geeigneten Anhalt.

Nr. 5. Entsch. v. 24. Okt. 1912 (OVG. 62 474) HC 259/11.

KommAbgG. § 47.

Die Gewinnanteile, die der Aufsichtsrat einer Aktiengesellschaft für seine Tätigkeit bezieht, sind zu den „Gehältern und Löhnen" iS. des § 47 Abs. 1b KommAbgG. zu rechnen.

Nach §§ 246ff. HGB. ist der Aufsichtsrat ein notwendiges Organ einer jeden Aktiengesellschaft, berufen, die Geschäftsführung der Gesellschaft, insbesondere des Vorstandes zu überwachen. Für die Tätigkeit der Beaufsichtigung und für die Übernahme der Mithaftung (§ 249 aaO.) werden die Mitglieder des Aufsichtsrats gelohnt wie der Vorstand. Aufsichtsrat und Vorstand dienen beide gegen Entgelt den Interessen der Gesellschafter. Die Gesellschafter sind die Geschäftsherren, die Inhaber der Firma, die Personen, für deren Rechnung das Geschäft betrieben wird.

Für die Gesellschafter stehen sich Entgelt des Vorstands und Entgelt des Aufsichtsrats gleich. Es macht für beide auch keinen Unterschied im Wesen des Entgelts, ob der Betrag von vornherein feststeht oder ob er vom Jahresertrag abhängig ist. Das Entgelt ist stets eine abzugsfähige Betriebsausgabe (vgl. §§ 237, 245 aaO.). Es besteht auch kein Grund, sie beide bei Einreihung in den Begriff „Gehälter und Löhne" iS. des § 47 KommAbgG. verschieden zu behandeln. „Gehälter und Löhne" ist der Hauptbegriff, während der Zusatz „des Verwaltungs- und Betriebspersonals" nur zu dem Worte „Tantiemen" gehört. Die eingeschobenen Worte „einschließlich Tantiemen des Verwaltungs- und Betriebspersonals" dienen aber nur zur Klarstellung, daß die in Gestalt von Gewinnanteilen gegebenen Gehälter und Löhne nicht etwa auszuschließen sind. Es wäre also unbedenklich, unter den Gesamtbegriff des § 47 b die Gewinnanteile des Aufsichtsrats selbst dann fallen zu lassen, wenn man den Aufsichtsrat nicht unter das Verwaltungs- und Betriebspersonal rechnen könnte; denn Gehalt und Lohn (iS. von Vergütung für Dienste gemäß einem

Dienstvertrag) ist das Entgelt des Aufsichtsrats zweifellos, und eine Einschränkung auf Verwaltungs- und Betriebspersonal soll in dem Zusatze mit „einschließlich" nicht liegen, sondern der Zusatz will einer zu engen Auffassung des Begriffs Gehalt und Lohn entgegentreten. Außerdem wird aber der Aufsichtsrat auch zu dem Verwaltungspersonal zu rechnen sein. Er wird von der Generalversammlung gewählt, kann auch jederzeit von ihr entlassen werden (§ 243 HGB.); die Wahl und ihre Annahme stellen einen Dienstvertrag dar, die Gesellschafter sind die Dienstherren, das Aufsichtsratsmitglied leistet die Dienste, und zwar gegen Entgelt. Ob die Dienste hoher oder niederer Art sind, macht rechtlich keinen Unterschied; daß dies auch die Meinung des Gesetzgebers bei Erlaß des § 47 KommAbgG. war, ergibt die Wahl der beiden Ausdrücke: Gehalt und Lohn.

c) Verteilung des steuerpflichtigen Einkommens zwischen Wohnsitzgemeinden und Forensalgemeinden und zwischen mehreren Wohnsitzgemeinden.

Nr. 1. Entsch. v. 5. Juli 1910 (OVG. **58** 175) II C 145/10.

KommAbgG. § 51.

Gemäß § 51 KommAbgG. darf das in mehreren preußischen Gemeinden steuerpflichtige Einkommen im ganzen den Höchstbetrag derjenigen Steuerstufe nicht übersteigen, in die der Steuerpflichtige bei der Veranlagung zur Staatseinkommensteuer eingeschätzt worden ist.

Unter „derjenigen Steuerstufe . . . ., in der der Steuerpflichtige bei der Veranlagung der Staatssteuer eingeschätzt worden ist", ist diejenige zu verstehen, in die er dem ermittelten steuerpflichtigen Einkommen entsprechend eingeschätzt, nicht diejenige, zu der er infolge einer auf Sonderbestimmungen beruhenden Ermäßigung dieser Stufe veranlagt worden ist.

Nr. 2. Entsch. v. 3. Okt. 1911 (OVG. **62** 369) II C 461/10.

KommAbgG. § 49. EinkStG. § 19.

1. Bei der Anwendung des § 19 Abs. 1 u. 2 EinkStG. idF. v. 26. V. 09 auf die Gemeindebesteuerung ist nicht die Höhe des gemeindesteuerpflichtigen Einkommens, sondern die des Gesamteinkommens des Steuerpflichtigen maßgebend. Das G. will durch § 19 eine besondere Berücksichtigung der Leistungsfähigkeit des Steuerpflichtigen zur Durchführung bringen und geht dabei von dem Gedanken aus, daß die durch den Unterhalt von Familienangehörigen herbeigeführte Belastung die Leistungsfähigkeit um so mehr in Frage stellt, je niedriger das Einkommen, d. h. also das Gesamteinkommen ist. Deshalb ist es richtig, die gesamte wirtschaftliche Lage des Steuerpflichtigen, wie sie sich im Gesamteinkommen ausspricht, für die Frage entscheidend sein zu lassen, ob und welche Bestimmungen des § 19 zur Anwendung kommen sollen.

2. Wenn hierbei das gemeindesteuerpflichtige Einkommen teils von der Wohnsitz- und teils von der Forensalgemeinde zu besteuern ist, so ist zunächst die Höhe der Belastung aus dem Unterhalte der Familienangehörigen nach dem Verhältnisse des (staatssteuerpflichtigen) Gesamteinkommens zu dem gemeindesteuerpflichtigen Gesamteinkommen und nicht zu dem Einkommen aus der Wohnsitzgemeinde zu berechnen. Nach Ermäßigung des auf das gemeindesteuerpflichtige Gesamteinkommen entfallenden Steuersatzes entsprechend der ermittelten Kinderzahl ist sodann die im § 49 Abs. 1 Satz 2 KommAbgG. vorgeschriebene Verhältnisrechnung vorzunehmen.

Aus § 49 geht hervor, daß der verhältnismäßigen Herabsetzung die „Ermittelung" des Steuersatzes für das gemeindesteuerpflichtige Gesamteinkommen vorausgehen soll, und zu dieser Ermittelung gehört nicht nur die Anwendung des Steuertarifs (§ 17 EinkStG.), sondern auch die Anwendung der Bestimmungen über die Ermäßigung der Steuersätze in § 19. Dabei muß, da es sich um den Steuersatz für das gemeindesteuerpflichtige Gesamteinkommen handelt, auch der ganze auf dieses Einkommen entfallende Anteil an der Belastung durch den Unterhalt der Familienangehörigen berücksichtigt werden. Das Ergebnis einer solchen Berechnung führt nicht etwa dahin, daß dem Wohnsitzeinkommen ein zu großer Anteil an der Kinderlast zugute gerechnet würde; denn indem der gemäß § 19 EinkStG. ermäßigte Steuersatz entsprechend dem Verhältnisse von Wohnsitzeinkommen und Forensaleinkommen herabgesetzt wird, erfährt auch derjenige Betrag, um den der Steuersatz ermäßigt ist, aus rein rechnerischen Gründen ohne weiteres die gleiche Herabsetzung.

Nr. 3. Entsch. v. 20. Jan. 1913 (PrVerwBl. 35 60) HC 351/12.

KommAbgG. §§ 36, 38, 49.

1. Hat eine Gemeinde beschlossen, daß Steuerpflichtige mit einem Einkommen von nicht mehr als 900 ℳ steuerfrei zu lassen seien, so findet der Beschluß auch auf diejenigen Zensiten Anwendung, die zwar ein größeres Gesamteinkommen haben, der Gemeinde gegenüber aber nur mit einem Teileinkommen steuerpflichtig sind, das 900 ℳ nicht übersteigt. Wenn nämlich § 38 Abs. 2 KommAbgG. den Gemeinden das Recht gibt, Steuerpflichtige mit einem Einkommen von nicht mehr als 900 ℳ von der Beitragspflicht zu entbinden, und § 36 Abs. 1 verordnet, daß die Zuschläge zu der (staatlich veranlagten oder gemeindeseitig selbständig festgesetzten) Einkommensteuer gleichmäßige sein müssen, so kann dies nur dahin verstanden werden, daß die Gemeinden lediglich beschließen können, alle Steuerpflichtigen ohne Unterschied, deren niedrigere Einkommen innerhalb derselben Stufe liegen, freizulassen und daß daher ein Gemeindebeschluß gegen das G. verstoßen würde, der einschränkend verfügte, nur ein Teil dieser Steuerpflichtigen solle der Vergünstigung teilhaftig werden, also etwa nur diejenigen, die in der Gemeinde ihr Gesamteinkommen versteuern und deshalb nach einem unmittelbar aus dem Staatssteuertarife zu entnehmenden Steuersatze veranlagt werden.

2. Das Recht der Forensalgemeinde wird durch den Quartbeschluß der Wohnsitzgemeinde (§ 49 Abs. 2 KommAbgG.) objektiv beschränkt und die Forensalgemeinde kann deshalb nichts gewinnen, wenn die Wohnsitzgemeinde von ihrem Rechte auf die Quart im einzelnen Falle, wie z. B. infolge eines Freilassungsbeschlusses, keinen Gebrauch macht.

Da, wo eine Gemeinde, weil es für sie überhaupt an einem Quartbeschlusse fehlt, behindert ist, einen in ihrem Bezirke Steuerpflichtigen heranzuziehen, hat die Forensalgemeinde, in der das gesamte Einkommen erfließt, allerdings das Recht, dieses gesamte Einkommen zu besteuern. Hier ist die Wohnsitzgemeinde durch das die objektive Steuerpflicht bestimmende G. behindert, einen Steueranspruch zu erheben. Ebenso enthält der Quartbeschluß des § 49 eine solche Rechtsnorm, indem er die objektive Steuerpflicht abweichend von der gesetzlichen Regel auf Grund der Gemeindeautonomie dahin regelt, daß er den Kreis der steuerpflichtigen Einkommen erweitert. Wesentlich verschieden hiervon ist die Rechtsnatur des Freilassungsbeschlusses.

Die gemäß § 38 Abs. 2 KommAbgG. ergehenden Freilassungsbeschlüsse lassen die Bestimmungen, nach denen sich die objektive Steuerpflicht richtet, unberührt und begründen im Wege einer allgemeinen Weisung an die Veranlagungsbehörde deren Recht und Pflicht, die auf gewisse an sich steuerpflichtige Einkommensbeträge entfallenden Steuersätze unerhoben zu lassen. Diese Auslegung ergibt sich zunächst aus der gesetzlichen Beschränkung, wonach die Entbindung der in Rede stehenden Einkommen nur dann Platz greift, wenn die Deckung des Gemeindebedarfs ohnehin gesichert ist, so daß also nicht unter allen Umständen die Befreiung jener Einkommen zugelassen wird. Sodann spricht dafür, daß mit der gestatteten gänzlichen Befreiung die unter der nämlichen Bedingung erlaubte Heranziehung mit einem geringeren Prozentsatz auf dieselbe Stufe gestellt wird. Endlich wird die hier vertretene Ansicht durch den Schlußsatz des § 38 Abs. 2 gestützt, wonach die Freilassung jener Einkommen erfolgen muß, sofern die Steuerpflichtigen im Wege der öffentlichen Armenpflege fortlaufende Unterstützung erhalten. Darin kommt der Wille des Gesetzgebers klar dahin zum Ausdruck, daß er die in Rede stehenden Einkommen nicht von der sonst bestehenden objektiven Steuerpflicht entbinden, sondern lediglich bestimmen will, daß die auf Grund des Bestehens dieser Pflicht an sich zu veranlagenden Steuerbeträge nicht zur Einziehung gelangen sollen. Bei den öffentlich unterstützten Steuerpflichtigen soll insbesondere diese Vergünstigung fortfallen, wenn durch Änderung ihrer persönlichen Verhältnisse der Grund hierfür beseitigt ist.

d) Das Verteilungsverfahren gemäß §§ 71 ff. KommAbgG.

Nr. 1. Entsch. v. 18. Sept. 1911 (OVG. **60** 170) HC 48/11.

KommAbgG. § 71.

Der Umstand, daß der Steuerpflichtige infolge einer irreführenden Bemerkung in der Heranziehungsverfügung angenommen hat, das Verteilungsverfahren gemäß § 71 KommAbgG. sei bereits eingeleitet, entbindet ihn nicht von der Verpflichtung, den Verteilungsantrag innerhalb der gesetzlichen Frist von vier Wochen zu stellen.

Nr. 2. Entsch. v. 27. Okt. 1911 (PrVerwBl. **33** 452) II C 345/10.

KommAbgG. § 71.

Ebensowenig wie das ordentliche Rechtsmittelverfahren des KommAbgG. auf die Abgaben des G. v. 29. VI. 86/22. IV. 92 Anwendung findet, kann dafür das Verteilungsverfahren der §§ 71 ff. KommAbgG. dann in Betracht kommen, wenn neben der Gemeinde, die allein die Abgabe nach dem G. v. 29. VI. 86 bezieht, nur noch eine Gemeinde vorhanden ist, die auf Grund des KommAbgG. einen Steueranspruch erhebt. Denn dieses Verteilungsverfahren setzt nach § 71 KommAbgG. voraus, daß auf der Rechtsgrundlage der §§ 47 bis 51 und 33 KommAbgG. mehrere Gemeinden materiell-rechtliche Steueransprüche erheben und Heranziehungen vorgenommen haben.

Nr. 3. Entsch. v. 20. Mai 1912 (OVG. **62** 452) HC 130/11.

LVG. §§ 57, 58. KommAbgG. §§ 71 ff.

Nach § 57² LVG. ist die örtliche Zuständigkeit im Beschlußverfahren derart geregelt, daß grundsätzlich, abgesehen von Angelegenheiten, die sich auf Grundstücke beziehen, die Behörde desjenigen Bezirks zuständig ist, in dem die Person wohnt oder die Korporation bzw. öffentliche Behörde ihren Sitz hat, auf deren Angelegenheit sich die Beschlußfassung bezieht. Wenn die in dieser Weise beteiligten Personen oder Behörden in mehreren Bezirken wohnen oder ihren Sitz haben, so wird nach § 58 dieses G. die zuständige Behörde durch den Regierungspräsidenten, den Oberpräsidenten oder den MdJ. bestimmt, je nachdem die betreffenden Bezirke demselben Regierungsbezirke, derselben Provinz, aber verschiedenen Regierungsbezirken oder verschiedenen Provinzen angehören. Auf Grund dieser Vorschrift hatte der Oberpräsident den Bezirksausschuß zu Breslau als zuständige Beschlußbehörde über die Verteilung des gemeindesteuerpflichtigen Einkommens auf mehrere Gemeinden rechtswirksam bestimmt; denn es kamen mehrere Regierungsbezirke in Betracht, die aber einer Provinz angehörten. Als er aber in Abänderung seiner ersten Anordnung anderweit verfügte, daß der Bezirksausschuß zu Oppeln sich der beantragten Steuerverteilung zu unterziehen habe, war er nicht mehr befugt, eine die Zuständigkeit regelnde Bestimmung zu treffen, und der zweite, den Bezirksausschuß zu Oppeln bestimmende Erlaß hatte daher nicht die Wirkung, daß dadurch die Zuständigkeit dieser Behörde begründet wurde. Die Aufrechterhaltung der zweiten Verfügung hat zum mindesten zur Voraussetzung, daß ihr die Aufhebung der ersten vorausgegangen ist. Eine solche hat aber nicht stattgefunden, auch wenn man in der Bestimmung des Bezirksausschusses zu Oppeln die Aufhebung der vorangegangenen früheren Bestimmung, daß der Bezirksausschuß zu Breslau zu entscheiden habe, finden wollte, weil eine solche Aufhebung gesetzlich ausgeschlossen ist. Das letztere kann nicht wohl bezweifelt werden: Nicht als eine eigentliche und daher unzulässige Zurückziehung einer nach § 58 erlassenen Bestimmung ist es allerdings anzusehen, wenn diese in Ermangelung der gesetzlichen Voraussetzungen ergangen und daher rechtsunwirksam ist und durch eine andere Verfügung derselben Behörde aufgehoben wird. Hier kommt der zweiten Verfügung nur auslegende Wirkung zu. Ebenso wird man es ohne Einschränkung zulassen müssen, daß eine solche Bestimmung rückgängig gemacht wird, solange der Beschluß noch nicht begonnen hat, rechtliche Wirkungen zu äußern. Solange er nicht bekannt gegeben, bildet er einen inneren Vorgang der Behörde und bindet diese nach außen hin nicht. Vielleicht ist es sogar gerechtfertigt, die rechtliche Möglichkeit, den Beschluß aufzuheben, in dem tatsächlich nicht wohl häufig vorkommenden Falle, wo der Antragsteller zunächst die Verleihung der Zuständigkeit gemäß § 58 nachsucht und erst auf Grund der daraufhin getroffenen Bestimmung die Sache bei der bezeichneten Behörde anhängig macht, solange anzuerkennen, als er das letztere nicht getan, also von dem Beschlusse keinen Gebrauch gemacht hat. Jedenfalls ist aber die Widerrufbarkeit der einmal getroffenen Zuständigkeitsbestimmung dann abzulehnen, wenn bereits die bestimmte Behörde und der Antragsteller von der Verfügung benachrichtigt sind und jene das Verfahren durch Anstellung von Ermittelungen eingeleitet hat.

Nr. 4. Entsch. v. 31. Okt. 1912 (OVG. **62** 477) HC 302/11.

KommAbgG. §§ 71 ff.

Ist ein Kreisausschuß in gesetzlicher Weise dazu berufen worden, über die Verteilung des gemeindesteuerpflichtigen Einkommens auf mehrere Landgemeinden gemäß § 71 KommAbgG. zu beschließen, so bleibt seine Zuständigkeit auch dann bestehen, wenn der Steuerpflichtige im Laufe des Verfahrens die Einbeziehung der Steuerforderungen einer Stadtgemeinde beantragt.

An dem Verteilungsverfahren nehmen grundsätzlich nur diejenigen steuerfordernden Gemeinden teil, hinsichtlich deren der Steuerpflichtige einen Verteilungs- oder einen Einbeziehungsantrag gestellt hat. Wenn aber die Tatsache der Veranlagung durch eine Gemeinde, für sich allein ohne den Verteilungs- oder Einbeziehungsantrag, den Kreis der am Verfahren beteiligten Gemeinden nicht erweitert, so kann auch dem Zeitpunkte der Veranlagung keine Bedeutung für die Frage beigemessen werden, welche Gemeinden iS. der Zuständigkeitsregelung des § 71 KommAbgG. „in Betracht kommen". Aus den §§ 73, 74 KommAbgG. ergibt sich, daß, sobald ein Verteilungsverfahren „schwebend" oder „anhängig" geworden ist, eine weitere Steuerforderung einbezogen werden kann und in demselben Verfahren, also auch vor derselben Behörde, erledigt werden muß, gleichviel ob die Behörde auch für diese Steuerforderung zuständig gewesen wäre, wenn schon der Verteilungsantrag sich darauf erstreckt hätte. Das Verfahren „schwebt" schon, sobald es beantragt ist, und nicht erst, nachdem die für zuständig erklärte Behörde die Sache zu bearbeiten angefangen hat. Nähme man das Gegenteil an, so könnten die in der Zwischenzeit erhobenen Steuerforderungen überhaupt nicht zum Gegenstande des Verteilungsverfahrens gemacht werden, durch den Verteilungsantrag nicht, weil er schon vor der Heranziehung des Steuerpflichtigen gestellt war, und durch einen Einbeziehungsantrag nicht, weil das Verteilungsverfahren zur Zeit der Heranziehung noch nicht bearbeitet wurde.

Ein dauernder Fortbestand der einmal gesetzmäßig begründeten Zuständigkeit entspricht aber nicht nur dem G. (§§ 73, 74 KommAbgG., vgl. auch § 263 aE. ZPO.), sondern auch dem Bedürfnisse der Beteiligten. Da ein Einbeziehungsantrag nur wirksam ist, wenn er binnen vier Wochen bei der Behörde gestellt wird, bei der die Sache anhängig ist (§ 73 KommAbgG.), so würde die Lage der in mehreren Gemeinden steuerpflichtigen Personen erheblich gefährdet, wenn die Zuständigkeit im Laufe des Verfahrens wiederholt geprüft und die Sache vielleicht mehrfach von einer Behörde an eine andere abgegeben werden müßte.

Nr. 5. Entsch. v. 6. März 1913 (**PrVerwBl. 34** 860) HC 157/12.

KommAbgG. §§ 71 ff.

Das gesamte sich an den Verteilungsbescheid anschließende Streitverfahren ist ein einheitliches und zerfällt nicht nach der Zahl der Klagen in verschiedene Verfahren. Allerdings mögen durch die Klagen, die sich nur mit der Unterverteilung des Ertrags einer Betriebsstätte auf verschiedene Gemeinden beschäftigen, an sich nur die hierbei beteiligten Gemeinden als Parteien in das Streitverfahren gezogen worden sein. Hier bezog sich jedoch eine Klage, die des Oberbürgermeisters von G., unter anderem auf einen Punkt, der die ganze Verteilung des gewerblichen Einkommens berührte, nämlich auf die Frage, aus welcher Zeit die Ausgaben an Löhnen und Gehältern entnommen werden müßten, die den Verteilungsmaßstab bildeten. Hierdurch wurde das Streitverfahren zwischen allen beteiligten Gemeinden eröffnet (§ 72 KommAbgG. aE.). Der Bezirksausschuß hatte nunmehr die gesamte Verteilung auf ihre Richtigkeit zu prüfen und war dabei nur an die Höhe der einzelnen Veranlagungen, nicht aber an die Anträge der Parteien gebunden. Die anderen Klagen hatten demnach — sofern nicht etwa die Klage von G. sich als unwirksam erwies oder zurückgenommen wurde — nur die Bedeutung von Anregungen, diese oder jene prozessual schon im Streite befangene Frage nach einer bestimmten Richtung hin zu prüfen und zu beantworten, den Streitstoff erweiterten sie nicht. Sie konnten auch nicht den zwischen allen 42 Gemeinden und der Steuerpflichtigen schwebenden und die gesamte Verteilung betreffenden Streit dahin beschränken, daß eine Unterverteilung etwa nur zwischen den nächstbeteiligten Gemeinden erörtert wurde. Es mußte also die Parteibezeichnung im Eingange des Urteils einheitlich gefaßt werden, die Parteien mußten für alle Streitpunkte gleichmäßig beteiligt werden und die Entscheidung über die Kostenpflicht und den Wert des Streitgegenstandes mußte von einer Einheit des Streitverfahrens ausgehen.

(Die Entsch. enthält sodann ausführliche Erörterungen über die Heranziehung einer Bergwerksaktiengesellschaft, die in mehreren Gemeinden Grundbesitz hat oder Gewerbe betreibt, zur Gemeindeeinkommensteuer, namentlich über die Berücksichtigung des Ertrages von Sonderquellen.)

Nr. 6. Entsch. v. 5. Febr. 1912 (**OVG. 62** 390) HC 109/11.

KommAbgG. §§ 38, 71 ff.

1. Ein Beschluß, der die in ihm vorgenommene Verteilung des gemeindesteuerpflichtigen Einkommens auf mehrere Gemeinden von dem Ergebnis einer zukünftigen Feststellung darüber abhängig macht, ob die Gemeinden einen Beschluß gemäß § 38 KommAbgG. gefaßt haben, genügt nicht den Erfordernissen des § 71 Abs. 3 aaO.

2. Der Steueranspruch, den die Aufenthaltsgemeinde nicht geltend gemacht hat, obgleich sie dazu berechtigt war, beschränkt das Steuerrecht der Wohnsitzgemeinde.

3. Der Revisionsrichter kann im Streitverfahren über die Verteilung des gemeindesteuerpflichtigen Einkommens einer Gemeinde auch dann jedes Steuer-

recht absprechen, wenn sie selbst gegen die das Steuerrecht zum Teil anerkennende Vorentscheidung Revision eingelegt hat und die Vorentscheidung wegen eines die Gemeinde belastenden Fehlers aufgehoben worden ist.

Nr. 7. Entsch. v. 8. Febr. 1912 (OVG. **62** 395) HC 250/11.

KommAbgG. §§ 33, 71.

Nach § 33 KommAbgG. sind einer Gemeinde steuerpflichtig diejenigen Personen, die in ihr als Gesellschafter an dem Unternehmen einer Gesellschaft m. b. H. beteiligt sind. Offene Handelsgesellschaften sind nicht juristische Personen, sondern eine Unterart der Gesellschaften iS. des BGB., deren Zweck auf den Betrieb eines Handelsgewerbes unter gemeinschaftlicher Firma gerichtet, und bei denen die Haftung jedes Gesellschafters gegenüber den Gesellschaftsgläubigern unbeschränkt ist (§ 105 HGB.), so daß jene für alle Verbindlichkeiten der Gesellschaft als Gesamtschuldner und mit ihrem ganzen Vermögen haften. Inhaber des Gewerbebetriebs einer offenen Handelsgesellschaft ist daher die Gesamtheit der Gesellschafter, und aus den für die Gesellschaft geschlossenen Rechtsgeschäften werden lediglich die Gesellschafter selbst berechtigt und verpflichtet, während die geschäftsführenden Gesellschafter nicht etwa gesetzliche Vertreter des Zweckvermögens sind, sondern als bevollmächtigte Stellvertreter der einzelnen Gesellschafter handeln. Daraus folgt, daß die Mitglieder einer offenen Handelsgesellschaft, wenn sie unter der gemeinschaftlichen Firma Teilhaber des Unternehmens einer Gesellschaft m. b. H. sind, selbst als Gesellschafter daran teilnehmen.

Die Annahme, daß das Mitglied einer offenen, an dem Unternehmen einer Gesellschaft m. b. H. beteiligten Handelsgesellschaft ebenfalls an diesem Unternehmen als Gewerbetreibender beteiligt ist, beruht deshalb nicht, wie dies bei der Konstruktion des Gewerbebetriebs einer Gesellschaft m. b. H. als eines solchen der Gesellschafter der Fall ist, auf einer eigenartigen, für steuerliche Zwecke bestimmten Abweichung von dem gewöhnlichen Rechtszustande, sondern folgt unmittelbar aus der rechtlichen Natur der offenen Handelsgesellschaft und dem Begriffe des gewerblichen Einkommens. Hiernach sind nicht nur diejenigen als steuerberechtigte Betriebsgemeinden zu behandeln, in denen ein steuerpflichtiges Gewerbebetrieb der offenen Handelsgesellschaft selbst stattfindet, sondern auch diejenigen Gemeinden, in denen sich Betriebsstätten der Gesellschaften m. b. H. befinden.

Nr. 8. Entsch. v. 24. Okt. 1912 (PrVerwBl. **34** 209) HC 314/11.

KommAbgG. § 71.

1. Wenn sich ergibt, daß von zwei steuerfordernden Gemeinden nur die eine steuerberechtigt ist, so wird der Bezirksausschuß dem bei ihm angebrachten Verteilungsantrage nur dadurch gerecht, daß er der einen Gemeinde einen Steueranspruch abspricht und die der anderen Gemeinde zukommende Steuer ziffermäßig festsetzt. Indem der Bezirksausschuß für die erste Hälfte des genannten Steuerjahrs eine Verteilung ablehnt, weil für diese Zeit die ganze Steuer einer Gemeinde zukomme, hat er gegen das G. gefehlt.

2. In der Zeit vom Ende März bis zum 21. IX. 09 war der Steuerpflichtige, der am 8. II. 09 in Konkurs geraten war, nach den Abmachungen mit seinem Bruder nicht mehr Eigentümer der H.schen Buchhandlung in B., sondern nur Beauftragter seines Bruders, der die Büchervorräte vom Konkursverwalter käuflich erworben hatte. Der Gemeinschuldner sollte, so wurde verabredet, den Ertrag der fortgeführten Buchhandlung als „Gehalt" für seine dem Bruder geleisteten Dienste behalten, und am 21. IX. 09, nach Aufhebung des Konkurses, erwarb er den Ladenbestand vom Bruder zur Fortsetzung des Geschäfts auf eigene Rechnung zurück. Diese Gestaltung des Verhältnisses bestreitet auch der Kläger nicht, er meint aber, unter dem „Erwerb

des Lagers" durch den Bruder sei „offenbar nur ein zivilrechtliches Rechtsgeschäft" zu verstehen, das dem Gemeinschuldner den Warenbestand sichern sollte. Daraus will der Kläger folgern, daß der Gemeinschuldner auch in den streitigen sechs Monaten — ebenso wie zweifellos vorher und nachher — derjenige gewesen sei, in dessen Namen und für dessen Rechnung die Buchhandlung betrieben wurde. Dem ist nicht beizutreten. Allerdings war wohl Zweck der getroffenen Maßnahmen, dem Gemeinschuldner während des Konkurses die Buchhandlung zu erhalten. Aber dieser Zweck konnte nur erreicht werden, wenn rechtlich und wirklich (zwischen beiden besteht kein Unterschied) das Eigentum an dem Bücherbestand und der Geschäftsbetrieb auf eine andere Person als den Gemeinschuldner vorübergehend übertragen wurden. Diese Übertragung wurde also nicht nur äußerlich zwischen den Beteiligten vollzogen, sondern sie entsprach auch ihrem wirklichen Willen. Daß der Zustand nur als vorübergehender von vornherein gedacht war und den Zweck verfolgte, den Steuerpflichtigen demnächst wieder in seine frühere Stellung einzusetzen, kann den Verdacht des Scheingeschäfts nicht begründen. In den Monaten April bis September 1909 war also der Bruder Ernst H. Eigentümer der B.er Buchhandlung, und Georg H. bezog nur als sein Vertreter den Ertrag des Geschäfts als zugesagtes Entgelt für seine Geschäftsführung. Demgegenüber hat es keine Bedeutung, daß der Gemeinschuldner fortdauernd im Handelsregister als Firmeninhaber eingetragen blieb.

3. Ebensowenig kann man vom Gemeinschuldner sagen, daß er in jenen sechs Monaten eine Handels- oder gewerbliche Anlage „hatte" iS. des § 33^1 KommAbgG. Das G. denkt hierbei an solche Personen, die eine Handels- oder gewerbliche Anlage besitzen, ohne darin selbst eine Betriebstätigkeit auszuüben, die also aus dem bloßen Besitz Nutzen ziehen, insbesondere durch Verpachtung. Hier aber war der Steuerpflichtige in der umgekehrten Lage: er war nicht Besitzer der Buchhandlung, zog also auch nicht aus dem bloßen Besitz ohne eigene Betriebstätigkeit Nutzen, sondern er verwaltete den einem anderen gehörigen Betrieb gegen Vergütung. Diese Einnahme entstammte also nicht einem Haben der gewerblichen Anlage, auch nicht einem Betrieb auf eigene Rechnung, sondern einer gewinnbringenden Beschäftigung.

Nr. 9. Entsch. v. 19. Dez. 1912 (PrVerwBl. **34** 547) HC 143/12.

1. Ebensowenig wie eine Person selbst, die einen Antrag im rechtlichen Verfahren gestellt hat, verpflichtet ist, auf Befragen den Antrag zu wiederholen oder aufrecht zu erhalten, ebensowenig können ihre Erben dazu genötigt werden. Schweigen sie, so ändert das nichts an der Sachlage; der einmal gestellte Antrag bleibt bestehen. Auch in dem näher geregelten Zivilprozeßverfahren wird nach dem Tode einer Partei der schweigende Erbe als Partei behandelt (§ 239 ZPO.). Hiernach hat die Erblasserin den Verteilungsantrag nicht zurückgenommen, und es kann unerörtert bleiben, ob sie überhaupt als Partei ausgeschieden wäre, wenn sie als Miterbin ausdrücklich erklärt hätte, sie nehme den Verteilungsantrag zurück (vgl. §§ 2038 ff., insbes. § 2040 Abs. 1 BGB.; § 62 ZPO.). Da also der Bezirksausschuß nicht nach Anhörung sämtlicher Beteiligten den Verteilungsbeschluß erlassen hat, wie es § 71 KommAbgG. verlangt, ist der Beschluß zu Unrecht ergangen. Die gegen ihn gerichtete Klage muß insoweit Erfolg haben, als der Beschluß außer Kraft zu setzen ist.

2. Die Absicht, von der das Innehaben einer Wohnung begleitet sein muß, ist nicht die Absicht, sie dauernd zu benutzen, sondern sie dauernd beizubehalten, d. h. die Innehabung fortzusetzen (§ 1 Abs. 2 DoppStG. v. 22. III. 09; § 1 EinkStG.; § 33^1 KommAbgG.). Frau M., die die fraglichen Räume seit Jahren ununterbrochen fest gemietet hatte und sie dauernd mit den nötigen Sachen ausgestattet besaß, hatte die Räume zweifellos unter Umständen inne, die auf die Absicht der dauernden Beibehaltung der Räume schließen ließen. Die weitere Voraussetzung

eines zweiten Wohnsitzes, daß die gemieteten Räume für Frau M. eine „Wohnung" und nicht bloß eine Unterkunftsstätte, ein Absteigequartier darstellten, würde der Senat ebenfalls als gegeben ansehen.

D. Verpflichtung der Betriebsgemeinden zur Leistung von Zuschüssen.

Nr. 1. Entsch. v. 22. Sept. 1910 (PrVerwBl. **33** 76) VII B 48/09.

KommAbgG. § 53.

1. Der im § 53 Abs. 5 Satz 2 KommAbgG. zugelassene Antrag auf mündliche Verhandlung muß alles enthalten, was nach § 63 LVG. für den Klageantrag erfordert wird, soweit es nicht aus den Vorverhandlungen sich ergibt. Ist nur die Höhe des verlangten Zuschusses streitig, so muß der Antrag das Maß der geforderten Ermäßigung und die diese begründenden Tatsachen bezeichnen. Andernfalls hat er nur die Natur einer Klageanmeldung, die zur Wahrung der zweiwöchigen Ausschlußfrist nicht geeignet ist.

2. Der Abs. 5 Satz 3 aaO. ist dahin auszulegen, daß es ausreicht, wenn vor Ablauf des Rechnungsjahrs nicht der genaue Betrag, sondern nur unter Vorbehalt von dessen späterer Bezifferung der eventuelle Höchstbetrag des Anspruchs bei der Betriebsgemeinde angemeldet wird.

Der § 53 ist im Interesse der Wohngemeinden erlassen und durch das G. v. 24. VII. 06 in der ausgesprochenen Absicht umgestaltet worden, ihnen einen wirksameren Schutz als nach der früheren Fassung zu gewähren gegen unbillige Belastungen durch das Vorhandensein in anderen Gemeinden beschäftigter Personen. Der Abs. 5 Satz 3 ist demgegenüber vom Herrenhause eingeschaltet worden offenbar in der Absicht, die Betriebsgemeinden hinwiederum dagegen zu sichern, daß nicht noch nach Jahren an sie von Arbeiterwohngemeinden Zuschußansprüche gestellt werden, die sie nicht voraussehen und auf die sie sich in ihrer Haushaltsführung rechtzeitig nicht einrichten konnten. Es bleibt aber zu berücksichtigen, daß eine ziffermäßig richtige Berechnung des zu erhebenden Anspruchs, die der Wohngemeinde eine Sicherheit dagegen bietet, nicht entweder zu ihrem Schaden zu wenig oder einen dermaßen zu hohen Betrag zu fordern, daß sie demnächst in einem Streitverfahren zum erheblichen Teil unterliegt und mit Kosten des Verfahrens belastet wird, vor Ablauf des Rechnungsjahres in sehr vielen Fällen äußerst schwierig oder kaum möglich sein wird. Zwischen diesen auseinandergehenden Haushaltsinteressen der Wohngemeinde einerseits und der Betriebsgemeinde anderseits bedeutet es einen billigen Ausgleich, wenn der Abs. 5 Satz 3 dahin ausgelegt wird, daß es ausreicht, wenn vor Ablauf des Rechnungsjahres, wie im vorliegenden Falle, nicht der genaue Betrag, sondern nur unter Vorbehalt von dessen späterer Bezifferung der eventuelle Höchstbetrag des Anspruchs bei der Betriebsgemeinde angemeldet wird.

3. Eine weitere Frage ist die, ob die Zustellung eines ablehnenden schriftlichen Bescheids unter allen Umständen der Anhängigmachung bei der Beschlußbehörde vorangehen muß.

Auf den ersten Blick könnte es scheinen, als ob der ablehnende Bescheid die gleiche rechtliche Natur haben könnte wie der Einspruchsbescheid in Kommunalabgabensachen; dann würde man das Verfahren bei der Beschlußbehörde nicht eher für zulässig erachten dürfen, als bis ein ablehnender Bescheid ergangen bzw. zugestellt ist. Allein ein solcher Vergleich mit dem Einspruchsbescheid wäre nicht zutreffend, weil der Zuschuß nicht die rechtliche Natur einer Kommunalabgabe hat. Auch kommt in Betracht, daß man im Herrenhause den bezüglichen Zusatz in den fünften Abs. des § 53 nur zu dem Zweck eingefügt hat, um die Betriebsgemeinden dagegen zu schützen, daß noch nach Jahren dergleichen Ansprüche gegen sie erhoben würden. Hat aber die dreimonatige Ausschlußfrist nur diese Bedeutung, so muß es dem Belieben der Betriebsgemeinden überlassen bleiben, ob und wann ein ablehnender Bescheid zu erlassen bzw. zuzustellen ist; je länger sie damit zögern, um so mehr verlängert sich die Zeit, innerhalb deren Ansprüche gegen sie erhoben werden können. Aber die Wohngemeinde darf dadurch nicht gehindert werden, ihrerseits die frühere Anhängigmachung solcher Ansprüche zu bewirken; denn es liegt im berechtigten Interesse der Wohngemeinden, sobald als möglich in den Besitz des ihnen zukommenden Zuschußbetrags zu gelangen, und hierin sollten sie durch den Zusatz des Herrenhauses nicht beeinträchtigt werden. Hiernach konnte das Fehlen eines ablehnenden Bescheids seitens der Betriebsgemeinden die Wohngemeinde in der Geltendmachung ihrer Ansprüche nicht hindern.

4. Bei den Schulausgaben handelt es sich hier hauptsächlich um die Höhe der Tilgungsbeiträge zu den Schulbaudarlehen. Daß die Betriebsgemeinden auch zur Tragung von Tilgungsbeiträgen für Schulbaudarlehen verpflichtet sind, hat der Gerichtshof bereits in zahlreichen Fällen ausgesprochen, und er hält auch weiter hieran fest. Möglichkeiten, die einer fernen Zukunft angehören, können gegen diese Beitragspflicht nicht geltend gemacht werden, vielmehr sind die gegenwärtigen Verhältnisse entscheidend. Diese lassen keinen Zweifel daran, daß die Schulneubauten zum wesentlichen Teil durch die Betriebsarbeiterkinder veranlaßt worden sind.

5. Bezüglich der Armenausgaben geht die Rüge fehl, daß ihre Verteilung nach Verhältnis der gezahlten Unterstützungen unzulässig sei.

6. Bezüglich der polizeilichen Ausgaben wird grundsätzlich bestritten, daß sie nach der Kopfzahl der Bevölkerung zu verteilen seien, weil die Aufgaben der Polizei nicht von der Bevölkerungszahl abhängig seien, z. B. die Sicherung des Durchgangsverkehrs, die Aufrechterhaltung der öffentlichen Ordnung, die Überwachung der gewerblichen Betriebe, der Verkaufsstätten, der Märkte, Bewachung der Anlagen, Anpflanzungen und Fluren; der tagsüber seiner Wohnstätte fern bleibende Arbeiter habe ein geringeres Interesse an der Polizei und verursache geringere Kosten. Diese Ausführungen gehen jedoch in der Hauptsache fehl. Der Gerichtshof hat schon wiederholt ausgesprochen, daß diejenigen Kreise der Arbeiterbevölkerung, die hier in Betracht kommen, auf polizeilichem Gebiet vielfach verhältnismäßig höhere Kosten zu verursachen pflegen, als der größte Teil der ansässigen Bevölkerung. Die Ordnungs- und Sicherheitspolizei nimmt idReg. die polizeilichen Organe mehr in Anspruch als die Gewerbepolizei, Marktpolizei, Verkehrspolizei u. dgl. Gerade für das Gebiet der Ordnungs- und Sicherheitspolizei ist jedoch das Vorhandensein einer starken Arbeiterbevölkerung von Bedeutung. Wenn also der Vorderrichter die polizeilichen Kosten nach der Kopfzahl verteilt hat, so sind dadurch die Betriebsgemeinden jedenfalls nicht beschwert. Ebensowenig ist dies geschehen dadurch, daß der Vorderrichter die mittelbaren Polizeikosten außer Betracht gelassen hat. Mit Rücksicht hierauf konnten aber auch die den mittelbaren Polizeikosten gegenüberstehenden Einnahmen nicht in Abzug gebracht werden, was andernfalls zur Berechnung der polizeilichen Nettoausgaben notwendig gewesen wäre. Einer gesetzlichen Vorschrift hierüber bedurfte es nicht, da es in der Natur der Sache liegt, daß mit Nettoausgaben zu rechnen ist.

Nr. 2. Entsch. v. 10. Nov. 1910 (PrVerwBl. **33** 131) VII B 6/10.

KommAbgG. § 53.

1. Die Bestimmungen des dritten Satzes im Abs. 5 des § 53 KommAbgG. sollen die Betriebsgemeinden dagegen schützen, daß noch nach Jahren Zuschußansprüche gegen sie erhoben werden. Die Eingangsworte des Satzes: „Der Anspruch erlischt, wenn . . .“ lassen erkennen, daß damit lediglich bezweckt wird, die Stellung von

Anträgen beim Bezirksausschusse nach einer bestimmten Zeit abzuschneiden, nicht aber, ein förmliches Vorverfahren festzusetzen, das unter allen Umständen beobachtet werden muß. Der bei der Betriebsgemeinde zu stellende Antrag hat die Natur einer bloßen vorläufigen Anmeldung, auf die vielfach eine Einigung zu erfolgen pflegt, so daß es zu einem förmlichen Verfahren gar nicht kommt.

2. Der Gerichtshof hat wiederholt ausgesprochen, daß der Antrag auf mündliche Verhandlung iS. des § 53 aaO. die Natur einer Klage habe; aber die Frage, ob er den im § 63 LVG. für die Klage aufgestellten Anforderungen genügen muß, ist nach ähnlichen Erwägungen zu beurteilen, wie bei der Steuerbefreiungsklage. Wie bei dieser das Einspruchsverfahren, so geht iS. des § 53 dem Antrag auf mündliche Verhandlung ein förmliches Beschlußverfahren voraus. Dies hat auch im vorliegenden Falle stattgefunden; hierbei sind vor derselben Behörde — dem Kreisausschuß bzw. Bezirksausschuß — dieselben Fragen schon verhandelt worden. Da hiernach aus diesem Beschlußverfahren die Person des Beklagten, der Gegenstand des Anspruchs, die den Antrag begründenden Tatsachen und der Antrag des Klägers ohne weiteres zu entnehmen sind, so war es nicht erforderlich, daß diese Voraussetzungen im Antrag auf mündliche Verhandlung wiederholt wurden (vgl. § 69 Abs. 2 LVG.).

3. Nach der neuen Fassung des § 53 KommAbgG. ist der Zuschußanspruch an folgende unerläßliche Voraussetzungen geknüpft:

a) Daß in der Gemeinde, die den Zuschuß fordert (Wohngemeinde), Personen — deren Anzahl festzustellen ist — deshalb zugezogen oder verblieben sind, weil sie in einer anderen Gemeinde (Betriebsgemeinde) im Betriebe von Berg-, Hütten- oder Salzwerken, Steinbrüchen, Ziegeleien, Fabriken oder Eisenbahnen beschäftigt werden;

b) daß der Wohngemeinde durch die bezeichneten Personen nachweisbare Mehrausgaben für Zwecke des öffentlichen Volksschulwesens (Armenpflege, polizeiliche Zwecke) erwachsen;

c) daß die Mehrausgaben im Verhältnis zu den ohne diese Personen für die erwähnten Zwecke notwendigen Gemeindeausgaben einen erheblichen Umfang erreichen;

d) daß sie außerdem eine unbillige Mehrbelastung der Steuerpflichtigen herbeiführen.

Diese Voraussetzungen müssen sämtlich vorhanden sein; wenn auch nur eine derselben fehlt, so wird der Zuschußanspruch hinfällig.

4. Was den ursächlichen Zusammenhang zwischen der Beschäftigung der Arbeiter in Magdeburger Fabrikbetrieben und ihrem Wohnen in Beyendorf anlangt, so geht der Gerichtshof von der allgemeinen Vermutung aus, daß der Arbeiter erfahrungsgemäß dort seinen Wohnsitz nimmt oder beibehält, wo nahe gelegene Betriebe ihm Arbeitsgelegenheit bieten, daß also für den Arbeiter bei der Wahl seines Wohnorts die Lage seiner Arbeitsstätte idReg entscheidend ist. Der Betriebsgemeinde muß es überlassen bleiben, diese allgemeine Vermutung gegebenenfalls zu entkräften. Das hat die Betriebsgemeinde Magdeburg aber nicht vermocht. Für eine auf das Rechnungsjahr 1907 bezügliche Zuschußforderung kommt entscheidend in Betracht, wie sich in diesem Jahre das Verhältnis der Betriebsarbeiterkinder zu den sonstigen Schulkindern gestellt hat. Da unstreitig die letzteren nur etwas mehr als die Hälfte ausmachten, so ist es ohne weiteres klar, daß die zweite Schulklasse im Jahre 1907 nicht nötig gewesen sein würde, wenn die Betriebsarbeiterkinder nicht zu beschulen gewesen wären. Bei dem relativ großen Prozentsatz der letzteren kommt es auch auf die ganz genaue Feststellung ihrer Zahl nicht an, so daß etwaige Zweifel über die Qualität einzelner in der Arbeiterliste aufgeführten Betriebe dahingestellt bleiben können.

5. Auch bei der Berechnung der Höhe der Mehrausgaben kann in der Hauptsache dem Vorderrichter gefolgt werden. Unrichtig aber war es, daß er die

Tilgungsbeträge des Schulbaudarlehns nicht voll angerechnet hat. Der Gerichtshof hat wiederholt ausgesprochen, daß die von der Wohngemeinde tatsächlich aufgewendeten Kosten für Schulzwecke maßgebend sind und die Betriebsgemeinde nicht mit dem Einwand gehört werden kann, daß die Wohngemeinde ihren Schulhaushalt hätte billiger einrichten können. Es war daher nicht gerechtfertigt, die Höhe der nachweisbaren Mehrausgaben zu kürzen, weil der Tilgungsbetrag einer Anleihe zu hoch sei.

6. Einer besonderen Prüfung bedarf noch die Frage, ob die Mehrausgaben eine unbillige Mehrbelastung der Steuerpflichtigen in der Gemeinde Beyendorf herbeigeführt haben.

Nach der neuen Fassung des § 53 KommAbgG. ist nicht mehr wie früher zu prüfen, ob diese Steuerlast eine „Überbürdung" bewirkt hat. Die großen Schwierigkeiten, die ein solcher Nachweis der Überbürdung mit sich brachte und die hieraus erwachsende Verzögerung der Entscheidung und Benachteiligung der Wohngemeinden führten dazu, das Wort „Überbürdung" durch die Worte „unbillige Mehrbelastung" zu ersetzen.

Nach Maßgabe der parlamentarischen Verhandlungen kann es keinem Zweifel unterliegen, daß bei der Ersetzung des Wortes „Überbürdung" durch „unbillige Mehrbelastung" die Absicht obgewaltet hat, den Wohngemeinden die Erlangung von Zuschüssen zu erleichtern. In diesem Sinne ist daher die neue Fassung des § 53 aaO. auszulegen. Sie zielt darauf ab, daß die Beschluß- und Verwaltungsstreitbehörden sich schon bei einem geringeren Grade dessen, was früher als „Überbürdung" angesehen wurde, genügen lassen sollen. Es muß also zwar eine Mehrbelastung der Steuerpflichtigen durch die Mehrausgaben der Wohngemeinde herbeigeführt werden, d. h. die Belastung mit Gemeindesteuern muß durch die Mehrausgaben wachsen, aber sie braucht noch nicht eine Überbürdung zu bewirken. Dagegen muß diese Mehrbelastung sich als eine unbillige im oben dargelegten Sinne darstellen; sie muß der Wohngemeinde durch die Betriebsverhältnisse einer anderen nahe gelegenen Gemeinde aufgenötigt werden, ohne daß diese Betriebe zugleich entsprechende Vorteile für die Wohngemeinde mit sich bringen, die deren Mehrbelastung ausgleichen.

Nach dem G. sind zu berücksichtigen „die nachweisbar der Gemeinde erwachsenden Vorteile, soweit sie in der Steuerkraft zum Ausdruck kommen". Es handelt sich also hierbei nur um Vorteile, die

a) der Gemeinde als solcher durch das Wachstum ihrer Steuerkraft zugute kommen,
b) durch die im § 53 genannten Betriebe sowie durch die in ihnen beschäftigten, in der Wohngemeinde wohnenden Personen herbeigeführt werden,
c) auf dasselbe Rechnungsjahr sich beziehen, in dem die Mehrausgaben erwachsen
d) und nachweisbar sind. Die Beweislast liegt, soweit nicht der Verwaltungsrichter ex officio diesen Punkt prüfen muß, der Betriebsgemeinde ob.

7. Nachdem das Vorhandensein aller vier Voraussetzungen des Zuschusses festgestellt worden, gelangt man zur Bemessung der Höhe des Zuschusses. Der Zuschuß soll ein „angemessener" sein, also die Mehrbelastung, soweit sie eine „unbillige" ist, beseitigen. Wenn nun auch die (berechnete) Summe von 2200 ℳ zugrunde gelegt werden muß, so ist hiernach doch zu erwägen, ob nicht hiervon nach billigem Ermessen noch ein Abstrich zu machen ist. Die Zulässigkeit solcher Abstriche ist nach der Absicht der gesetzgebenden Faktoren nicht zu bestreiten, weil die Entscheidung „unter Erwägung aller Umstände nach freiem billigen Ermessen" erfolgen soll. Der Gerichtshof hat diesen Grundsatz stets gebilligt und ihm wiederholt dadurch Folge gegeben, daß er die Kürzung des Zuschusses um so viel beschlossen hat, als die Wohngemeinde bei Heranziehung der kleineren und kleinsten Einkommen noch hätte an Arbeitersteuern gewinnen können. Die Anwendung dieses Grundsatzes führt auch im vorliegenden Falle zu einer Kürzung des Zuschusses.

Dagegen erscheint es nicht gerechtfertigt, wegen der angeblich zu hohen Tilgungsquote des Baudarlehns einen Abzug zu machen. Mußte diese Tilgungsquote bei Berechnung der Mehrausgaben unter allen Umständen voll angesetzt werden, so rechtfertigt sie hier auch nicht einmal eine Kürzung des Zuschusses, da in ihr nichts Abnormes, Regelwidriges erblickt werden kann. Vielmehr sind hohe Tilgungsquoten der Schulbaudarlehen dringend erwünscht, damit nicht die Kosten gegenwärtiger Bedürfnisse auf die Zukunft abgewälzt werden.

8. Was endlich die allgemeinen wirtschaftlichen Vorteile der Nähe von Magdeburg betrifft, insbesondere soweit sie den besseren Absatz landwirtschaftlicher Produkte betreffen, so läßt sich ihre Einwirkung auf die Erhöhung der Steuerkraft höchstens annähernd schätzen. Bei dieser Schätzung würde größte Vorsicht geboten sein.

Nr. 3. Entsch. v. 22. April 1912 (PrVerwBl. **34** 227) VII B 29/11.

KommAbgG. § 53.

1. Die Landgemeinde Dieskau, die als Wohngemeinde von Betriebsarbeitern Zuschüsse verlangt, ist Mitglied eines Gesamtschulverbandes, zu dem auch der Gutsbezirk Dieskau gehört. Nach der ständigen Rechtsprechung des Gerichtshofs steht das durch § 53 KommAbgG. geschaffene Recht, Zuschüsse von Betriebsgemeinden zu verlangen, nur den einzelnen Gemeinden und Gutsbezirken zu, nicht auch Verbänden von solchen. Gesamtschulverbände als solche dürfen daher auf Grund des § 53 Zuschußanträge nicht stellen, wohl aber die einzelnen zu einem Gesamtschulverbande gehörigen Gemeinden oder Gutsbezirke, vorausgesetzt, daß bei ihnen die sämtlichen im § 53 Abs. 1 Satz 1 genannten Voraussetzungen des Zuschußanspruchs vorliegen. Die erste dieser Voraussetzungen ist, daß in der betreffenden Gemeinde oder dem Gutsbezirke Personen wohnen, die in einer anderen Gemeinde im Betriebe von Berg-, Hütten- oder Salzwerken, Steinbrüchen, Ziegeleien, Fabriken oder Eisenbahnen beschäftigt werden und dieser Beschäftigung wegen in der ersteren zugezogen oder verblieben sind. Das ist zwar in der Gemeinde Dieskau der Fall, aber nicht auch im Gutsbezirke Dieskau, so daß dieser nicht berechtigt sein würde, einen Zuschußantrag zu stellen. Die zweite Voraussetzung des Zuschußantrags ist, daß der fordernden Gemeinde durch die in ihr wohnenden Betriebsarbeiter nachweisbar Mehrausgaben für Zwecke des öffentlichen Volksschulwesens erwachsen. Inwieweit diese Voraussetzung bei der Gemeinde Dieskau vorliegt, ist daher zu prüfen. Hierbei liegt es der zuschußfordernden Gemeinde ob, nachzuweisen, wieviel Mehrausgaben ihr im Rechnungsjahre 1909 durch das Vorhandensein der Betriebsarbeiterkinder tatsächlich erwachsen sind.

2. Die Schule zu Dieskau ist unbestritten eine vierklassige mit drei Lehrerstellen; die Errichtung der dritten Lehrerstelle ist auf die Betriebsarbeiterkinder zurückzuführen. Die Kosten dieser von der dritten Lehrkraft zu versehenden Klasse, abzüglich der durch die Betriebsarbeiter erwachsenen Steuervorteile, und zuzüglich der infolge der Errichtung der dritten Klasse erforderlich gewordenen Amtszulage für den ersten Lehrer, stellt Dieskau als die ihr erwachsenen Mehrausgaben in Rechnung. Halle bestreitet jedoch, daß diese Ausgaben als Mehrausgaben der Gemeinde Dieskau gelten dürften, und will sie nur als Ausgaben des Gesamtschulverbandes gelten lassen. Bezüglich der Kosten der dritten Lehrkraft lag ein Beschluß folgenden Inhalts vor:

Die Gemeinde Dieskau trägt die Lasten nur, soweit sie von den Betriebsgemeinden erstattet werden, also tatsächlich nicht von ihr zu tragen sind; soweit die Betriebsgemeinden sie nicht erstatten, trägt die Gemeinde Dieskau mit dem Gutsbezirke Dieskau gemeinsam nach § 9 Abs. 1 VolksschulUG. diese Lasten wie die übrigen Verbandslasten. Ein solcher Beschluß leidet an einem inneren Widerspruch, der ihn ungültig macht; durch ihn können Schulverbandslasten nicht in Gemeindelasten umgewandelt werden, ganz abgesehen davon, daß die Absicht dieses Beschlusses nur darauf abzielt, eine Erweiterung des § 53 KommAbgG. praeter legem zugunsten von solchen Gutsbezirken, in denen Betriebsarbeiter nicht wohnen, herbeizuführen. Die Klägerin will dasselbe erreichen, was ihr zustehen würde, wenn der § 53 eine Bestimmung enthielte, wonach Verbände von Gemeinden, wenn für eine dieser Gemeinden die Voraussetzungen des § 53 vorliegen, Zuschußanträge zu stellen berechtigt wären. An einer solchen Bestimmung fehlt es aber im § 53 KommAbgG. Ebenso kann als „nachweisbare" Mehrausgaben der Gemeinde Dieskau nicht der Anteil an den Schulverbandslasten angesehen werden, der nach der gesetzlichen Vorschrift des § 9 Abs. 1 VolksschulUG. auf die Gemeinde Dieskau entfallen wäre, sondern nur der, der nach der tatsächlichen Verteilung auf die Gemeinde Dieskau entfallen ist. Dieser Anteil ist jedoch aus den von Dieskau beigebrachten Unterlagen ziffernmäßig nicht zu ersehen. Fehlt aber der Nachweis, wie hoch die Mehrausgaben der Gemeinde Dieskau im Rechnungsjahre 1909 tatsächlich gewesen sind, so entfällt damit eine der unerläßlichen Voraussetzungen des Zuschußanspruchs.

Nr. 4. Entsch. v. 19. Dez. 1912 (PrVerwBl. 35 179) VII C 83/12.

KommAbgG. § 53.

1. § 53 Abs. 5 Satz 1 KommAbgG. weist die Beschlußfassung über streitige Zuschußansprüche dem Kreisausschuß zu. Welcher Kreisausschuß örtlich zuständig ist, bestimmt sich nach den §§ 57, 58 LVG. Nach § 57 Abs. 2 Nr. 2 LVG. ist zuständig sowohl der Kreisausschuß, dessen Bezirk die in Anspruch genommene Betriebsgemeinde, als auch der Kreisausschuß, dessen Bezirk die Wohngemeinde angehört, weil die Beschlußfassung sich auch auf deren Angelegenheiten bezieht. Wenn Wohngemeinde und Betriebsgemeinde verschiedenen Kreisen angehören, würden danach zwei Kreisausschüsse zuständig sein. Um die hieraus sich ergebenden Unstimmigkeiten zu beseitigen, hat § 58 Abs. 2 LVG. die Bestimmung der zuständigen Behörde dem Regierungspräsidenten, und wenn — wie im vorliegenden Falle — die beiden Gemeinden in verschiedenen Regierungsbezirken liegen, dem Oberpräsidenten übertragen.

Über die Frage, welchen Einfluß diese Bestimmungen auf die Wahrung der für das bezügliche Rechtsmittel gegebenen Ausschlußfrist haben, finden sich in OVG. **27** 195 ff. maßgebende Ausführungen.

Diese für das forum rei sitae ausgesprochenen Grundsätze sind unbedenklich auch auf die Fälle des § 58 Abs. 2 LVG. anzuwenden. Demnach genügt es zur Wahrung der dreimonatigen Ausschlußfrist, daß der Zuschußantrag bei einem derjenigen Kreisausschüsse aufrechterhalten wurde, die nach § 57 Nr. 2 LVG. zuständig gewesen wären, wenn nicht § 58 Abs. 2 aaO. die Zuständigkeitserklärung einem besonderen Verwaltungsakte vorbehalten hätte. Um diesen Verwaltungsakt herbeizuführen, bedarf es eines Antrags der Parteien nicht; es genügt, wenn eine der nach § 57 Nr. 2 LVG. in Betracht kommenden Behörden ihn von Amtswegen herbeiführt. An die der Partei gesetzte dreimonatige Ausschlußfrist ist die Behörde hierbei nicht gebunden.

2. Das Inkrafttreten des VolksschulUG. hat mit der Frage, ob Mehrausgaben durch die Betriebsarbeiter im Vergleich zu den sonstigen Gemeindeeinwohnern verursacht werden, nichts zu tun. Der Einwand, daß eine Schulgemeinde hätte billiger wirtschaften können, ist unerheblich, da es sich um die tatsächlich geleisteten Ausgaben handelt.

3. Was endlich die Berücksichtigung der „Vorteile" anlangt, muß zunächst geschätzt werden, der wievielste Teil der von den Arbeitern angeblich in der Wohngemeinde ausgegebenen Löhne als Gewinn der Gewerbetreibenden, bei

denen die Arbeiter einkaufen, angesehen werden kann, daß ferner von diesem Gewinn nur derjenige Betrag in Betracht kommt, um den die Steuerleistung dieser Gewerbetreibenden erhöht worden ist, und daß endlich von diesem Plus an Steuer nur der Bruchteil angerechnet werden darf, der dem Verhältnis der Schulausgaben zu den Gesamtausgaben entspricht. Dieses Endergebnis aber würde noch einer eventuellen weiteren Kürzung mit Rücksicht darauf unterliegen, daß die Betriebsarbeiter auf anderen Gebieten des Gemeindehaushalts, z. B. auf dem der Polizei und des Armenwesens, verhältnismäßig mehr Ausgaben verursachen als die übrigen Einwohner.

Nr. 5. Entsch. v. 20. Febr. 1911 (PrVerwBl. **33** 333) VII B 7/10.

KommAbgG. § 53.

1. Für die Prüfung der Frage, ob eine unbillige Mehrbelastung vorliegt, ist es unerheblich, ob die Steuersätze in der Wohnsitzgemeinde früher noch höher gewesen sind, da es sich nicht um eine Mehrbelastung im Vergleich zu den Vorjahren handelt, sondern um eine Mehrbelastung im Vergleich zu derjenigen Steuerlast, die ohne das Vorhandensein der Betriebsarbeiter nötig gewesen wäre.

2. Es fragt sich nun, ob die Mehrbelastung als eine „unbillige" anzusehen ist, d. h. ob sie der Wohngemeinde H. durch die Betriebsverhältnisse der Gemeinde N. aufgenötigt worden ist, ohne daß diese Betriebe für die Wohngemeinde entsprechende Vorteile mit sich bringen, die deren Mehrbelastung ausgleichen.

Nach dem G. sind zu berücksichtigen „die nachweisbar der Gemeinde erwachsenden Vorteile, soweit sie in der Steuerkraft zum Ausdruck kommen". Es handelt sich also hierbei nur um Vorteile, die

a) der Gemeinde als solcher durch das Wachstum ihrer Steuerkraft zugute kommen,
b) durch die im § 53 genannten Betriebe sowie durch die in ihnen beschäftigten, in der Wohngemeinde wohnenden Personen herbeigeführt werden,
c) auf dasselbe Rechnungsjahr sich beziehen, in dem die Mehrausgaben erwachsen
d) und nachweisbar sind. Die Beweislast liegt, soweit nicht der Verwaltungsrichter ex officio diesen Punkt prüfen muß, der Betriebsgemeinde ob.

Nr. 6. Entsch. v. 3. April 1911 (PrVerwBl. **33** 405) VII C 170/10.

KommAbgG. § 53.

1. Für den ursächlichen Zusammenhang zwischen der Beschäftigung der in R.er Betrieben arbeitenden Personen und ihrem Wohnen ist das tatsächliche Arbeitsverhältnis maßgebend dafür, gegenüber welchem der mehreren Orte mit Betriebsstätten der ursächliche Zusammenhang besteht. Vgl. OVG. **53** 184, **56** 206.

2. Nach der Ansicht des Vorderrichters hat die Betriebsgemeinde den ihr offen stehenden Gegenbeweis gegen die Vermutung des ursächlichen Zusammenhangs dadurch geführt, daß sie sich auf das Vorhandensein einer gleichartigen industriellen Anlage derselben Bergbaugesellschaft in der Wohngemeinde berief; auf dieser Anlage würden die auswärts beschäftigten Arbeiter von ihrem jetzigen Arbeitgeber ebenso leicht Beschäftigung erhalten, wie auf den in der Betriebsgemeinde gelegenen Werken. In einem ähnlich liegenden Streit der Stadtgemeinde M. gegen die Landgemeinde R. hat der Gerichtshof in seiner Entsch. v. 4. IV. 10 folgendes ausgeführt: „Bei dieser Sachlage hat der Vorderrichter, ohne die angebotenen Beweise zu erheben, die Klage abgewiesen, weil in der Wohnsitzgemeinde der im Gemeindebezirk von R. beschäftigten Arbeiter die M.-Grube vorhanden sei, die den Arbeitern die gleiche Arbeitsgelegenheit biete wie die R.er Betriebe, und weil hiernach ein ursächlicher Zusammenhang zwischen dem Wohnen

der Arbeiter in M. und ihrer Beschäftigung in R. nicht vorhanden sei. Die Begründung des Vorderrichters vermag jedoch die Vorentscheidung nicht zu tragen. Der Wohngemeinde steht regelmäßig die Vermutung zur Seite, daß der Arbeiter deshalb in der Wohngemeinde wohne, weil er in nahe gelegenen Betrieben lohnende und geeignete Arbeit gefunden habe. Diese durch das tatsächliche Arbeitsverhältnis begründete Vermutung kann jedoch durch die Betriebsgemeinde entkräftet werden, z. B. dadurch, daß sie dartut, der Arbeiter werde in erster Linie durch erheblichen Grund- oder Hausbesitz, aus dem in der Hauptsache sein Einkommen fließe, mit der Wohngemeinde verbunden. Dagegen kann der bloße Hinweis auf die Möglichkeit, auch in der Wohngemeinde Arbeit zu finden, nicht genügen; denn dieser Möglichkeit steht die Tatsache der Aufnahme der Beschäftigung in einer auswärtigen Gemeinde entgegen, eine Tatsache, die den Schluß rechtfertigt, daß der Arbeiter in der Wohngemeinde eine ebenso geeignete Arbeitsstelle nicht gefunden habe. Dieser Schluß kann aber von der Betriebsgemeinde durch den Nachweis widerlegt werden, daß in der Tat eine gleiche geeignete Arbeitsstelle in der Wohngemeinde vorhanden sei."

3. Es fragt sich also, ob der Nachweis, daß eine gleich geeignete Arbeitsstelle in J. vorhanden sei, bereits erbracht ist. Diese Frage ist rein tatsächlicher Natur. Der Vorderrichter hat sie bejaht, und an diese Feststellung ist der Revisionsrichter gebunden, falls sie nicht auf Rechtsirrtum beruht oder in einem mit wesentlichen Mängeln behafteten Verfahren getroffen ist. Das war zu verneinen. Die Ausführungen der Revision vermögen diese Feststellung nicht zu erschüttern; denn die Klägerin nimmt selbst an, daß die Gesellschaft . . . dem Übertritt der J.er Arbeiter von den R.er Arbeitsstätten auf den Kaiser-Wilhelm-Schacht Schwierigkeiten nicht in den Weg legen würde, sie glaubt indes, daß die Arbeiter freiwillig diesen Übertritt nicht vollziehen würden. Es kommt jedoch nicht darauf an, ob die Arbeiter geneigt sein würden, einen Wechsel ihrer Arbeitsstätte freiwillig vorzunehmen, sondern nur darauf, ob sie J. voraussichtlich verlassen würden, wenn sie ihre jetzige Arbeitsstätte verlieren würden. Das ist aber nicht anzunehmen, weil in J. selbst die Möglichkeit, in demselben Betrieb und zwar dicht neben der bisherigen Betriebsstätte Arbeit zu erhalten, gegeben ist.

Nr. 7. Entsch. v. 20. Mai 1912 (PrVerwBl. 34 258) VII B 20/11.

KommAbgG. § 53.

In § 53 KommAbgG. heißt es: „Bei Bemessung (des Zuschusses) sind neben der Höhe der Mehrausgaben auch die nachweisbar der Gemeinde erwachsenden Vorteile, soweit sie in der Steuerkraft zum Ausdruck kommen, zu berücksichtigen." Die Klägerin ist der Ansicht, dies beziehe sich nicht auf den Fall, daß der Betriebsunternehmer selbst in der zuschußberechtigten Gemeinde wohne. Diese Ansicht findet scheinbar eine Stütze darin, daß es im Eingange des § 53 heißt: „Wenn in einer Gemeinde durch Personen, die in einer anderen Gemeinde im Betriebe von . . . beschäftigt werden, ... Mehrausgaben . . . . erwachsen, so ist eine solche Gemeinde berechtigt . . . ." Das OVG. hat aber bereits entschieden, daß diese Worte nicht zu eng auszulegen sind, und daß sie, was Schul- und Armenlasten betrifft, nichts anderes bedeuten, als in der früheren Fassung des G. mit den Worten: „Mehrausgaben, die durch den in einer anderen Gemeinde stattfindenden Betrieb . . . erwachsen" ausgedrückt war (OVG. 57 197). Demgemäß hat das OVG. auch invalide Arbeiter und Hinterbliebene von Arbeitern, die in der Nachbargemeinde beschäftigt waren, unter den § 53 gestellt. Ebenso aber kann es auf der anderen Seite keinem Bedenken unterliegen, bei Anrechnung der Vorteile den § 53 nicht auf die Personen zu beschränken, die im Betriebe (als Angestellte) beschäftigt sind. Vielmehr steht nichts im Wege, auch die Vorteile zu berücksichtigen, die durch den Unternehmer selbst der Arbeiterwohngemeinde erwachsen, zumal da der Wortlaut des § 53 einer solchen Auffassung in keiner Weise entgegensteht.

Allerdings ist es erforderlich, daß der Wohnsitz, den der Betriebsunternehmer in der Arbeiterwohngemeinde genommen hat, in ursächlichem Zusammenhange zu dem Betriebe steht. Es genügt nicht die bloße Tatsache, daß der Unternehmer dort wohnt und Steuern zahlt. Nur soviel kann zugegeben werden, daß für den ursächlichen Zusammenhang die Vermutung streitet.

Nr. 8. Entsch. v. 28. Nov. 1912 (PrVerwBl. **34** 875) VII B 5/12.

KommAbgG. § 53.

Der für die Betriebszuschüsse nach § 53 KommAbgG. erforderliche „ursächliche Zusammenhang" zwischen den zugezogenen Arbeitern und den Mehrausgaben wird mit folgender Begründung verneint: Es ist anzunehmen, daß die in Myslowitz wohnenden Bergarbeiter zur Wohnsitznahme daselbst nicht durch die Arbeitsstätte in Rosdzin veranlaßt worden sind, sondern durch die Erwägung, daß sie, sei es auf der Myslowitzgrube, sei es auf einer der Gruben in der nächsten Umgebung von Myslowitz Arbeit zu erhalten erwarten können. Unter diesen Umständen ist anzunehmen, daß die Vorzüge und Annehmlichkeiten, die das Leben in der Stadt nach der Ansicht der meisten Menschen bietet, für ihre Wohnsitznahme gerade in Myslowitz ausschlaggebend gewesen sind. Hierzu kommt noch für eine erhebliche Anzahl dieser Arbeiter ihr Grund- und Hausbesitz in Myslowitz. Alles in allem trifft auf den vorliegenden Fall die ratio legis des § 53 KommAbgG. nicht zu. Derartige Fälle, wo der Arbeiter in der Stadt wohnt und in einer nahegelegenen Landgemeinde arbeitet, würden den Gesetzgeber zu dem Erlaß einer Ausnahmebestimmung, wie sie der § 53 aaO. darstellt, schwerlich veranlaßt haben; man hat vielmehr im wesentlichen den entgegengesetzten Fall im Auge gehabt. Da die Zuschußstreitigkeiten des § 53 aaO. eine Behandlung nach freiem billigen Ermessen nicht entbehren können, so durfte auch vorstehende Erwägung nicht außer Betracht bleiben.

Nr. 9. Entsch. v. 24. April 1911 (DJZ. **16** 1278) VII C 287/10.

KommAbgG. § 53.

§ 53 KommAbgG. muß lediglich aus sich selbst heraus, und nicht nach Maßgabe der sonstigen Vorschriften des KommAbgG. ausgelegt werden. Die Frage, ob nach Abs. 5 aaO. die ziffermäßige Höhe des verlangten Zuschusses schon bei dessen Anmeldung angegeben werden muß, ist zu verneinen.

Nr. 10. Entsch. v. 22. Mai 1911 (PrVerwBl. **33** 421) VII C 344/10.

KommAbgG. § 53.

Der Vorderrichter hat die Berufung der Klägerin zurückgewiesen, weil die Mehrausgaben einen verhältnismäßig erheblichen Umfang nicht hätten und eine unbillige Mehrbelastung außerdem nicht vorliege. Da sämtliche Voraussetzungen des Zuschußanspruchs vorhanden sein müssen und der Anspruch fällt, wenn auch nur eine fehlt, so war zunächst nur zu prüfen, ob der Vorderrichter, als er den erheblichen Umfang der Mehrausgaben verneinte, das bestehende Recht nicht oder nicht richtig angewendet hat. Das im Rechnungsjahr 1906 bestehende Recht ist bezüglich dieses Punktes durch die Nov. v. 24. VII. 06 nicht abgeändert worden. Eine Vergleichung der alten und der neuen Fassung des bezüglichen Teiles des Abs. 1 des § 53 KommAbgG. ergibt zwar, daß das Wort „Betriebe" durch „Personen" ersetzt worden ist; aber hierdurch hatte eine sachliche Änderung dieses Punktes nicht herbeigeführt werden sollen, wie der Gerichtshof in seinem Erk. v. 3. XI. 10, VII. C. 71. 10 des näheren ausgeführt hat. Demnach kann man nicht sagen, daß der Vorderrichter bezüglich der Frage des erheblichen Umfangs das bestehende Recht nicht angewendet hätte, da sich das im Rechnungsjahre 1906 bestehende Recht in diesem Punkte mit dem seit dem 1. IV. 07 geltenden Rechte der Nov. v. 24. VII. 06 deckte. Ebensowenig hat der Vorderrichter das bestehende Recht unrichtig angewendet; denn seine Annahme, daß selbst in dem für die Klägerin günstigsten Falle der Berechnung nach den Nettoausgaben die Mehrausgaben einen erheblichen Umfang nicht erreicht hätten, entspricht der Auffassung des Gerichtshofs, der wiederholt bei Mehrausgaben von weniger als 10% das Vorhandensein des erheblichen Umfangs verneint hat.

Nr. 11. Entsch. v. 29. Mai 1911 (OVG. **59** 182) VII B 18/10.

KommAbgG. § 53.

1. Nach § 53 Abs. 5 Satz 3 KommAbgG. erlischt der Anspruch, „wenn er nicht vor Ablauf des Rechnungsjahrs, für das er erhoben wird, durch schriftlichen Antrag der Betriebsgemeinde geltend gemacht wird". Hiernach ist die Geltendmachung des Anspruchs, d. h. des Rechtes, einen Zuschußantrag zu stellen, an eine Ausschlußfrist geknüpft.

2. Nach § 122 LGemO. liegen die kommunalen Pflichten und Leistungen des Gutsbezirks dem Gutsbesitzer ob. Als „Gutsbesitzer" iS. des § 122 gilt nicht der privatrechtliche Besitzer des Gutes, sondern der öffentlich-rechtliche „Gutsherr". Träger der kommunalen Lasten ist also der Gutsherr. Die obrigkeitlichen Obliegenheiten dagegen übt der Gutsherr in seiner Eigenschaft als Gutsvorsteher aus (§§ 123, 90, 91 LGemO.). Führt der Gutsherr die Gutsvorstehergeschäfte nicht in eigener Person, sondern bestellt er hierfür einen Stellvertreter, so ist dieser stellvertretende Gutsvorsteher der Träger der obrigkeitlichen Obliegenheiten; er ist aber nicht auch der gesetzliche Vertreter des Gutsherrn bezüglich der vermögensrechtlichen Verhältnisse des Gutsbezirks. Zu den vermögensrechtlichen Pflichten gehört auch die Tragung der Kosten der Polizeiverwaltung, der Armenpflege und der Schullasten, letzterer mit der durch § 8 SchulUG. eingeführten Maßgabe. Da aber der Gutsvorsteher auf dem vermögensrechtlichen Gebiet überhaupt nicht Vertreter des Gutsherrn ist, so kann er auch vermögensrechtliche Ansprüche namens des Gutsbezirkes nicht geltend machen; vielmehr ist hierzu der Gutsherr berufen, der bezüglich der kommunalen Verhältnisse des Gutsbezirks aktiv und passiv legitimiert ist, soweit das G. nicht Ausnahmen ausdrücklich bestimmt.

3. Eine solche Ausnahmebestimmung enthält z. B. der Abs. 2 des § 53 KommAbgG., wonach statt des Gutsherrn der Gewerbetreibende in Anspruch zu nehmen ist, desgleichen die §§ 69, 70 aaO., die dem Gutsvorsteher die Beschlußfassung über Beschwerden und Einsprüche gegen die Heranziehung zu Abgaben zuweisen. Außerdem bestehen Sonderbestimmungen auf armenrechtlichem Gebiete. Diese Ausnahmen berühren aber nicht den vorliegenden Fall, in dem es sich um die Geltendmachung eines auf den Abs. 1 und 3 des § 53 KommAbgG. beruhenden kommunalen Anspruchs handelt, der dem Gutsbezirk als solchem zusteht. Da der auf Grund des § 53 geforderte Zuschuß nicht die Natur einer Gemeindeabgabe hat, war der Anspruch von dem Gutsherrn geltend zu machen.

4. Nach § 53 Abs. 1 KommAbgG. steht das Recht, Zuschußanträge zu stellen, einer Gemeinde zu, d. h. einer bürgerlichen Gemeinde als kommunaler Einheit. Der Gerichtshof hat in ständiger Rechtsprechung angenommen, daß bei dem Ausnahmecharakter dieser Bestimmung das hier gegebene Sonderrecht nicht auch auf Verbände von Gemeinden, z. B. westfälische Ämter, Bürgermeistereien, Schulverbände (§ 1 Abs. 2 SchulUG.) ausgedehnt werden dürfe. Nach Abs. 3 des § 53 KommAbgG. sollen die Bestimmungen des Abs. 1 auf den Zuschußanspruch eines Gutsbezirks gleichmäßige Anwendung finden. Demnach können auch nur Gutsbezirke als Kommunaleinheiten antragsberechtigt sein, also nicht Verbände von Gutsbezirken und auch nicht Teile von Gutsbezirken.

Nr. 12. Entsch. v. 26. Juni 1911 (DJZ. 17 286) VII B 16/10.

KommAbgG. § 53.

Die ausdrückliche Erklärung, daß die Gemeinde D. die vom Bezirksausschuß vorgenommene Berechnung der Mehrausgaben nicht anfechten wolle, macht — da der Gerichtshof bei Zuschußstreitigkeiten die Parteien als Herren des Streites anzusehen pflegt — eine Nachprüfung dieser Berechnung durch den Berufungsrichter entbehrlich. Es ist daher von Amtswegen nur noch zu prüfen, ob die Mehrausgaben einen erheblichen Umfang haben und eine unbillige Mehrbelastung der Steuerpflichtigen in der Gemeinde B. herbeiführen.

Nr. 13. Entsch. v. 25. Sept. 1911 (OVG. **60** 197) VII B 25/10.

KommAbgG. § 53.

1. Der gemäß § 53 KommAbgG. erhobene Anspruch auf Leistung von Zuschüssen kann im Vorverfahren bis zum Beschlusse des Kreisausschusses bzw. des Bezirksausschusses erhöht werden.

2. Über die rechtliche Natur der Anmeldung des Zuschußantrags bei der Betriebsgemeinde hat der Gerichtshof in Entsch. v. 7. IV. 10, VII C. 346/09, folgendes ausgeführt: „Der von der Wohngemeinde bei der Betriebsgemeinde zu stellende Antrag hat die Natur einer bloß vorläufigen Anmeldung, auf die vielfach eine Einigung der beiden beteiligten Gemeinden zu erfolgen pflegt, so daß es zu einem förmlichen Verfahren gar nicht kommt. Das G. hat daher eine Vorschrift, daß diese Anmeldung schon die ziffermäßige Höhe des geforderten Zuschusses enthalten müsse, nicht für erforderlich erachtet. Da der § 53 KommAbgG. aber die Natur einer zugunsten der Wohngemeinde erlassenen Ausnahmebestimmung trägt, kann die Forderung der ziffermäßigen Angabe des Zuschusses nicht ohne gesetzliche Grundlage erhoben werden."

Wenn hiernach die ziffermäßige Angabe des Zuschusses bei jener Anmeldung überhaupt noch nicht erforderlich ist, so kann der Wohngemeinde, falls sie trotzdem den Zuschuß bereits beziffert hatte, jedenfalls die Berichtigung dieser Zahlen nicht verwehrt werden, sofern eine gesetzliche Bestimmung sie nicht verbietet. Das ist nicht der Fall. Das in § 53 vorgesehene Beschlußverfahren hat die rechtliche Natur eines schiedsrichterlichen Verfahrens; es soll dazu dienen, die Sach- und Rechtslage aufzuklären und womöglich eine Einigung der Parteien herbeizuführen. Hieraus folgt, daß es der Wohngemeinde gestattet sein muß, ihre ursprüngliche Forderung zu berichtigen, und zwar sowohl zu ermäßigen als zu erhöhen. Das gilt für den ganzen Verlauf dieses Vorverfahrens, so daß die beschließende Behörde nicht gehindert ist, wiederholten Berichtigungen des Antrags in ihrem Beschlusse Rechnung zu tragen.

Nr. 14. Entsch. v. 20. Nov. 1911 (PrVerwBl. **33** 437) VII B 4/11.

KommAbgG. § 53.

Nur wenn die Ansprüche beider Gemeinden, der Arbeiterwohngemeinde und der Betriebsgemeinde, geprüft und für begründet erachtet, auch in ihrer Höhe festgestellt worden wären, würden sie — am Schluß des Verfahrens — gegeneinander aufgerechnet werden können. Eine Kompensationseinrede, die nicht als selbständiger Antrag geltend zu machen wäre, kennt § 53 KommAbgG. nicht.

Nr. 15. Entsch. v. 21. März 1912 (PrVerwBl. **34** 187) VII B 23/11.

KommAbgG. § 53.

1. Die Behauptung unzweckmäßiger Finanzgebarung kann im Verwaltungsstreitverfahren keine Berücksichtigung finden; sie gehört lediglich zur Zuständigkeit der kommunalen Aufsichtsbehörde, die Klägerin anzurufen nicht gehindert ist. Hinzu kommt im vorliegenden Falle, daß die Gemeindebelastung

der Grund- und Gebäudesteuer bereits bis zu der nach § 54 Abs. 4 KommAbgG. idReg. innezuhaltenden Höchstgrenze geht, so daß, wenn diese innegehalten werden soll, die Erhebung in Form einer Grundwertsteuer nur eine Verschiebung der Steuerlast innerhalb des steuerpflichtigen Grundbesitzes, aber keine Erhöhung des der Gemeinde zufließenden Steueraufkommens herbeiführen würde. Selbstredend könnte aber nicht in Frage kommen, der Gemeinde einen Zuschuß aus § 53 aaO. deshalb zu versagen, weil sie nicht zu einer über die gesetzliche Regel hinausgehenden Belastung des Grundbesitzes gegriffen hat.

2. Unter „Steuerkraft" iS. des § 53 Abs. 1 Satz 2 KommAbgG. ist dasjenige zu verstehen, was für den Gemeindehaushalt als Ausdruck der Steuerkraft in die Erscheinung tritt, also das Steueraufkommen.

F. Zeitliche Begrenzung der Steuerpflicht.

Nr. 1. Entsch. v. 18. Sept. 1911 (OVG. **60** 174) HC 61/11.

KommAbgG. § 60.

Tritt eine Gemeinde im Laufe des Steuerjahres in den Kreis der steuerberechtigten Gemeinden dadurch, daß in ihrem Bezirk eine Ehefrau aus dem vorbehaltenen Vermögen ein Grundstück erwirbt, so ist wegen des aus diesem Grundstücke fließenden Einkommens nur die Ehefrau steuerpflichtig; jedoch sind die Zinsen eines zum Ankaufe des Grundstücks verwendeten Kapitals, die bisher in einer anderen Gemeinde dem Ehemann als Einkommen aus dem vorbehaltenen Vermögen der Ehefrau anzurechnen waren, von jenem Zeitpunkt ab von dem Einkommen des Ehemanns in Abzug zu bringen.

Nr. 2. Bescheid v. 5. Jan. 1912 (PrVerwBl. **33** 666) VIII C 216/11.

Zwar ist die Betriebssteuer nach § 12[3] G. wegen Aufhebung direkter Staatssteuern v. 14. VII. 93 (GS. 119) in einer Jahressumme binnen zwei Wochen nach erfolgter Behändigung der Steuerzuschrift zu entrichten, während für die in Gestalt von Zuschlägen zur Betriebssteuer erhobene Gemeindesteuer nach § 66 KommAbgG. verschiedene Hebeperioden innerhalb des Steuerjahres vorgesehen sind. Allein dieser vom Kläger betonte Unterschied in der Regelung der Hebung des Steuerbetrags berührt die materiell-rechtliche Frage der Dauer der Steuerpflicht nicht. Für die zeitliche Begrenzung der Steuerpflicht ergibt sich vielmehr aus § 64 GewStG. in Verbindung mit § 60 Abs. 1 KommAbgG., daß eine Inabgangstellung der in der Form von Zuschlägen zur staatlich veranlagten Betriebssteuer erhobenen Gemeindesteuer für Teile eines Steuerjahres wegen Einstellung oder Veräußerung des steuerpflichtigen Betriebs ausgeschlossen ist.

Nr. 3. Entsch. v. 27. Febr. 1912 (OVG. **62** 307) VIII C 188/11.

KommAbgG. §§ **60, 84.**

1. Die Zuständigkeit des Königs, durch Vd. die Grenzen der rheinischen Gemeinden zu verändern, beruht auf der gesetzlichen Ermächtigung des § 6 RhGemO. v. 23. VII. 45 (GS. 523) und des § 2 RhStO. v. 15. V. 56 (GS. 406). Da diese G. eine Ermächtigung, den hier vorgesehenen Kgl. Genehmigungen rückwirkende Kraft beizulegen, nicht enthalten, muß angenommen werden, daß deren Wirkung sich nur auf die Zeit nach ihrem Erlaß erstrecken kann, wobei es natürlich statthaft ist, daß die betr. Genehmigung einen in der Zukunft liegenden bestimmten Tag ausdrücklich als Beginn ihrer Geltung bezeichnet. Die Beilegung rückwirkender Kraft entspricht hiernach nicht dem G. Die Unwirksamkeit der KabO.,

soweit sie sich rückwirkende Kraft zuschreibt, festzustellen, ist dem Verwaltungsrichter auch nicht durch Art. 106 Abs. 2 VU. verwehrt; denn es handelt sich hier nicht um einen gemäß dem G. v. 3. IV. 46 (GS. 151) in der Gesetzsammlung veröffentlichten landesherrlichen Erlaß mit Gesetzeskraft, sondern um einen Organisationsakt. Nun enthält allerdings der Eingemeindungsvertrag zwischen der Stadt N. und der Landgemeinde B. v. 1. IV. 10 die Bestimmmung, daß die Vereinigung des Ortsteils W. und der Stadt N. mit Wirkung von diesem Tage ab erfolgen solle. Wenn etwa die KabO. diese Bestimmung des Termins im Eingemeindungsvertrage hat genehmigen wollen, so würde die Bestimmung durch die Allerhöchste Genehmigung nicht gültiges Ortsrecht geworden sein; die Vereinbarung konnte nicht Gegenstand der Genehmigung sein, da das G. nur die Frage, ob die Eingemeindung überhaupt stattfinden soll, nicht aber die Regelung des Besteuerungsrechts mit rückwirkender Kraft der Allerhöchsten Entschließung überträgt. Ist sonach die KabO. für die Frage der Gültigkeit der Vereinbarung als Ortsrecht ohne Bedeutung, so muß der Vereinbarung auch, abgesehen von der KabO., trotz etwaiger ausdrücklicher oder stillschweigender Genehmigung durch die Aufsichtsbehörde die Eigenschaft eines gültigen Ortsrechts abgesprochen werden; denn die Zurückverlegung des Termins der Wirkung der Eingemeindung auf einen vor dem Ausspruche der Eingemeindung durch die KabO. liegenden Zeitpunkt ist, soweit sie das Besteuerungsrecht der Gemeinde betrifft, gesetzlich unstatthaft und deshalb den Steuerpflichtigen gegenüber unwirksam. Nur ein einem EingemeindungsG. als Bestandteil einverleibter Eingemeindungsvertrag würde derartige Bestimmungen mit rechtlicher Wirkung treffen können.

2. Für den Beginn der öffentlich-rechtlichen Wirksamkeit der durch die KabO. angeordneten Bezirksveränderung ist in erster Linie der Tag der Zustellung der KabO. an die letzte der beiden beteiligten Gemeinden in Betracht zu ziehen, sofern diese Zustellung vor der Ausgabe des die Veröffentlichung enthaltenden Amtsblatts erfolgt ist. Andernfalls wird bei dem Mangel sonstiger als Stichtag geeigneter Zeitpunkte auf den Tag der Ausgabe des betr. Amtsblatts zurückzugreifen sein. Es ist nicht möglich, durch Eingemeindungsvertrag den sich aus der Auslegung des G. ergebenden Termin des Inkrafttretens der KabO. hinauszuschieben, sodann würde sich aus einer solchen Bestimmung bis zu der Einführung des neuen Rechtes durch den Bürgermeister eine unterschiedliche Behandlung der alten und der neuen Gebiete derselben Gemeinde ergeben, die jedenfalls für das hier fragliche Recht der Gemeindebesteuerung dem G. widerspricht.

3. Von dem ersten des auf den Tag des Inkrafttretens der KabO. nachfolgenden Monats ab schuldet der Kläger nach dem das Gemeindesteuerrecht beherrschenden allgemeinen Rechtsgrundsatze, der in § 60 KommAbgG. nur einen besonderen Ausdruck gefunden hat, der Stadt die Grundsteuer von seinen eingemeindeten Grundstücken. Unerheblich ist es, ob der Beklagte den Kläger bereits vor der jetzt streitigen Veranlagung für andere Grundstücke zur Grundsteuer herangezogen hatte. Für die Gemeindegrundsteuer bildet jedes einheitliche Grundstück ein besonderes Steuerobjekt. Werden mehrere selbständige, in demselben Gemeindebezirke belegene Grundstücke eines Steuerpflichtigen nacheinander zur Gemeindegrundsteuer herangezogen, so handelt es sich nicht um Nachsteuer iS. des § 84 KommAbgG.

G. Veranlagung und Erhebung.

Nr. 1. Entsch. v. 6. Jan. 1911 (OVG. 58 153) VIII C 197/10.

KommAbgG. §§ 25, 63.

S. die gleiche Entsch. im ErgBd. 1910/11 S. 202 (damals dem PrVerwBl. 32 683 entnommen).

Nr. 2. Entsch. v. 3. März 1911 (OVG. 58 176) II C 189/10.

KommAbgG. § 36 Abs. 3.

Der Beklagte wirft dem Bezirksausschuß unrichtige Rechtsanwendung vor, weil er den Antrag des Steuerpflichtigen auf Steuerermäßigung, wie ihn das G. v. 26. V. 09 im Art. III Abs. 2 vorsieht, für ein „Rechtsmittel" iS. des § 36 Abs. 3 KommAbgG. erachtet hat. Er ist der Meinung, daß unter „Rechtsmitteln" nur diejenigen Rechtsbehelfe zu verstehen seien, die nachteilige Entscheidungen vor ihrer Rechtskraft auf dem Wege der Nachprüfung durch eine höhere Instanz beseitigen sollen. JS. der ZPO. ist das zutreffend. Danach sind Rechtsmittel prozessualische Rechtsbehelfe, wodurch Entscheidungen, die die Rechtskraft noch nicht beschritten haben, vor einem höheren Richter angefochten werden. Aber der Begriff „Rechtsmittel" ist wissenschaftlich ein weiterer: es werden darunter alle prozessualischen Mittel verstanden, die auf erneute Prüfung einer getroffenen richterlichen Entscheidung behufs ihrer Aufhebung oder Abänderung abzielen. Bei Prüfung der Frage, wie das Wort „Rechtsmittel" im § 36 Abs. 3 KommAbgG. aufzufassen ist, ist zunächst festzustellen, daß die Anrufung einer höheren Instanz, wie in der ZPO., hier nicht gefordert wird; denn zu den Rechtsmitteln, auf Grund welcher die veranlagte Einkommensteuer erhöht oder ermäßigt wird, gehört nach den Vorschriften unter III zu Nr. 5 EinkStG. idF. der Bek. v. 19. VI. 06 neben der Berufung und der Beschwerde, über welche beide von höheren Instanzen entschieden wird, auch der Einspruch, über den nach § 45 aaO. die Veranlagungskommission, also dieselbe Behörde zu befinden hat, die nach § 41 aaO. den Steuersatz festsetzt. Der § 36 KommAbgG. bietet in seinem Wortlaut aber auch keinen Anhalt für die Annahme, daß bei den „Rechtsmitteln", von denen im Abs. 3 die Rede ist, nur an Rechtsbehelfe gegen noch nicht rechtskräftige Entscheidungen gedacht worden sei. Mit dem dort angewendeten Wort „Rechtsmittel" sind alle Mittel gemeint, die auf eine erneute Prüfung der getroffenen Entscheidung behufs ihrer Aufhebung oder Abänderung abzielen. Auf den Antrag aus dem Art. III G. v. 26. V. 09 trifft das unbedenklich zu.

Nr. 3. Entsch. v. 14. März 1911 (OVG. 58 158) VIII C 177/10.

KommAbgG. § 59.

1. Aus dem Nichtzustandekommen eines örtlichen Steuerrechts ergibt sich keineswegs, wie der Kläger meint, daß nunmehr seine Veranlagung mangels einer Berechtigung der Gemeindebehörde zur Steuererhebung als unzulässig aufzuheben sei. Es tritt vielmehr bei einem Sachverhalte, wie dem vorliegenden, ohne weiteres die gesetzliche Folge ein, daß behufs Deckung des Steuerbedarfs die Realsteuern mit einem um die Hälfte höheren Prozentsatz als die Einkommensteuer, unter sich nach gleichen Prozentsätzen, heranzuziehen sind. Nun hat zwar im vorliegenden Falle der Magistrat die Veranlagungen nicht auf Grund des § 59 KommAbgG., sondern auf Grund des von ihm für gültig angesehenen Beschlusses der Stadtverordneten vorgenommen. Allein daraus folgt nicht, daß diese Veranlagungen, sofern sie mit den zulässigen Rechtsmitteln angefochten worden sind, für ungültig erklärt werden müssen, sondern, daß sie nur insoweit außer Kraft zu setzen sind, als sie der Höhe nach über denjenigen Betrag hinausgehen, der unter Zugrundelegung des im § 59 vorgeschriebenen Verteilungsmaßstabs sich ergibt. Nur insoweit ist der Steuerpflichtige beschwert. Zu prüfen ist vom Verwaltungsrichter allein, ob und inwieweit die Heranziehung dem objektiven Steuerrecht entspricht. Unerheblich ist dabei für die Frage der Rechtswirksamkeit der Veranlagung, ob der Gemeindevorstand bei ihrer Vornahme irrigerweise von einer anderen als der gültigen Verteilung des Steuerbedarfs ausgegangen ist, sofern und soweit nur die Veranlagung in ihrem Ergebnisse tatsächlich mit dem für die Gemeinde maßgebenden Steuerrecht im Einklange steht.

2. Der Vorderrichter hat daher mit Recht untersucht, ob der Kläger bei Zugrundelegung des nach § 59 Abs. 1 aaO. anzuwendenden Verteilungsmaßstabs durch die Steuerforderung überbürdet ist. Er hat dabei auch zutreffend angenommen, daß der nach diesem Maßstabe sich ergebende prozentuale Zuschlag zur staatlich veranlagten Gebäudesteuer für das hier streitige letzte Vierteljahr des Steuerjahrs 1909 zu erheben ist von dem infolge der Gebäudesteuerrevision seit dem 1. I. 10 veränderten Soll dieser Steuer und nicht von dem bei Beginn des Steuerjahrs staatlich veranlagt gewesenen Soll. Zu Beginn des Steuerjahrs 1909 stand infolge der Besonderheit, daß im Laufe desselben (vom 1. I. 10 ab) die Ergebnisse der Gebäudesteuerrevision in Kraft traten, das veranlagte Soll seinem Betrage nach für das ganze Rechnungsjahr noch nicht fest. Die bisherige staatliche Veranlagung zur Gebäudesteuer galt nur bis zum 31. XII. 09. Die Ergebnisse der Steuerveranlagung infolge der Gebäudesteuerrevision waren zur Zeit der Verteilung des Steuerbedarfs für das Steuerjahr 1909 noch nicht bekannt. Wenn der Magistrat daher bei der Verteilung des Steuerbedarfs das damalige staatlich veranlagte Jahresgebäudesteuersoll zuzüglich 4 % für Zugänge zugrunde legte, so nahm er damit lediglich schätzungsweise eine Summe an, die nicht endgültig an Stelle des wirklich veranlagten Solles trat, sondern nur vorläufig und hilfsweise in Betracht gezogen wurde. Das anschlagsweise angenommene Steuersoll hat nicht die Bedeutung, daß es für die Berechnung des zulässigen Steuerhöchstbetrags endgültig maßgebend ist, so daß, je nachdem es kleiner oder größer ist als das wirklich veranlagte Soll, geringere oder höhere Zuschläge, als die den gültigen Steuerverteilungsbeschlüssen bzw. hier dem § 59 aaO. entsprechenden, zu erheben wären. Vielmehr dient das geschätzte Soll nur zur Ermittelung der prozentualen Belastung, der das wirklich veranlagte Soll, auch wenn dies höher oder niedriger ist, unterliegt.

Nr. 4. Entsch. v. 21. April 1911 (PrVerwBl. 33 8) II C 510/10.

Es ist zwar nach § 9 Abs. 1 EinkStG. für die Veranlagung physischer Personen der Bestand der einzelnen Einkommensquellen bei Beginn des Steuerjahrs maßgebend; hier handelt es sich aber nicht um eine Veränderung des Bestandes der Einkommensquelle. Die Einkommensquelle ist das Amt des Klägers als Oberlehrer. Dieses hat im Kalenderjahr 1909 und bei Beginn des Rechnungsjahrs 1910 unverändert fortbestanden; nur das Einkommen aus dieser Quelle hat eine Vermehrung insofern erfahren, als das Gehalt des Klägers vom 1. IV. 09 ab erhöht worden ist. Für die Ermittelung des Einkommens bei unverändertem Bestande der Quelle ist aber nach § 9 Abs. 2 bei physischen Personen lediglich das Ergebnis des dem Steuerjahr unmittelbar vorangegangenen Kalender- oder Wirtschaftsjahrs maßgebend, sofern für die Einkommensquelle ein Jahresergebnis vorliegt. Dies ist hier der Fall und deshalb hat die Veranlagung des Klägers hinsichtlich seines Einkommens aus Gehalt für das Steuerjahr 1910 lediglich nach dem Ergebnisse des Kalenderjahrs 1909 zu erfolgen.

Nr. 5. Entsch. v. 3. Dez. 1912 (OVG. 62 361) VIII C 184/12.

KommAbgG. § 63.

Eine Beanstandungsverfügung entspricht den gesetzlichen Erfordernissen, wenn in ihr zum Ausdruck gebracht ist, daß den Angaben über die Höhe des Anlage- und Betriebskapitals deshalb nicht gefolgt werden könne, weil es im Vorjahre höher angegeben worden sei, und wenn um Äußerung binnen acht Tagen ersucht wird, wie sich die Unstimmigkeit erkläre.

V.
Naturaldienste.

Nr. 1. Entsch. v. 31. Okt. 1911 (DJZ. 17 638) II C 359/10.

Der Gerichtshof hat wiederholt ausgesprochen, daß eine rechtswirksame Heranziehung (Veranlagung) zu Gemeindediensten nur dort angenommen werden kann, wo die betreffende Verfügung die geforderte Leistung konkret bestimmt, also namentlich die Angabe von Zeit und Ort der Leistung enthält. Es kann dahingestellt bleiben, ob an das Maß dieser Bestimmung in den Fällen, in denen, wie z. B. bei der Brandhilfe, Zeit und Ort der Leistung nicht im voraus feststehen, geringere Anforderungen zu stellen sind als sonst. Die Heranziehungsverfügung muß aber zum mindesten eine Aufforderung enthalten, in vorkommenden Fällen — bei Bränden oder Übungen — in näher zu bezeichnender Weise Dienste zu leisten.

Nr. 2. Entsch. v. 19. März 1912 (OVG. 62 507) II C 75/11.
KommAbgG. § 68.

1. Ein Gemeindebeschluß, der die Zahlung eines Geldbetrags an Stelle des Naturaldienstes zwingend anordnet, verstößt gegen § 68 Abs. 4 KommAbgG. und ist deshalb rechtsunwirksam.

Die Gemeinde kann nur gestatten, daß an Stelle des Naturaldienstes ein angemessener Geldbeitrag geleistet wird. Sie darf es aber nicht fordern und damit dem Pflichtigen das Wahlrecht nehmen, ob er den Dienst in natura leisten oder statt dessen einen angemessenen Geldbeitrag zahlen will. Beschließt die Gemeinde, die Dienste in Geld zu schätzen und leisten zu lassen, so steht überhaupt nicht mehr die Leistung von Naturaldiensten (§ 68), sondern von Gemeindesteuern in Frage. Dann aber würde es sich um eine Zwecksteuer handeln, die dem Systeme der direkten Steuern des KommAbgG. fremd ist, ganz abgesehen davon, daß die für besondere direkte Steuern erforderliche Zustimmung (§ 77) nicht erteilt ist.

2. An diesem Rechtszustande hat das G. v. 21. XII. 04 (GS. 291), betr. die Befugnis der Polizeibehörden zum Erlasse von PolVd. über die Verpflichtung zur Hilfeleistung bei Bränden, nichts geändert.

Nr. 3. Entsch. v. 14. Febr. 1913 (PrVerwBl. 34 874) II C 158/12.
KommAbgG. §§ 41, 68.

JS. des § 68 Abs. 6 KommAbgG. sind von Naturaldiensten nicht die im ersten Satze des § 41 aaO. aufgeführten Personen, sondern nur die im § 41 nach dessen gesamtem Inhalt gemeinten Personen befreit, also Beamte nur insoweit, als sie zu ihnen nach der Vd. v. 23. IX. 67 (§ 2) gehören, mithin mit fester Besoldung angestellt sind. Zu diesen Beamten gehören aber die Notare nicht, weil sie keine feste Besoldung beziehen, sondern für ihre Amtshandlungen von den diese in Anspruch nehmenden Personen entschädigt werden. An diesem Rechtszustande ist durch das neue, das Kommunalsteuerprivileg behandelnde G. v. 16. VI. 09 (GS. 489) nichts geändert.

VII.
Nachforderungen.

Nr. 1. Entsch. v. 15. März 1912 (OVG. 62 326) VIII C 214/11.
KommAbgG. §§ 79, 83, 84.

1. § 83 Abs. 1 KommAbgG. macht die Verpflichtung zur Entrichtung der Nachsteuer nicht von der Tatsache abhängig, daß eine Bestrafung wegen Steuerhinterziehung erfolgt ist; die Einziehung der hinterzogenen Steuern erfolgt vielmehr

„neben und unabhängig von der Strafe“. Wenn § 83 Abs. 1 aaO. ausdrücklich auf § 79 KommAbgG. hinweist, so hat dies lediglich die Bedeutung, daß der in diesem Paragraphen aufgestellte Tatbestand auch für die Verpflichtung zur Zahlung der Nachsteuer maßgebend sein soll. Das KommAbgG. knüpft hiernach an denselben Tatbestand zwei voneinander verschiedene Rechtsfolgen, einmal im § 79 eine strafrechtliche, sodann im § 83 eine steuerrechtliche. In jedem der beiden Fälle ist das Verfahren ein besonderes und von dem anderen unabhängiges. Die Untersuchung und Entscheidung in betreff der im § 79 bezeichneten strafbaren Handlungen steht dem Gerichte zu, wenn nicht der Beschuldigte die von dem Gemeindevorstande vorläufig festgesetzte Geldstrafe nebst den durch das Verfahren gegen ihn entstandenen Kosten binnen einer ihm bekannt gemachten Frist freiwillig an die Gemeindekasse zahlt (§ 81 Abs. 2 aaO.); die Feststellung der Nachsteuer steht dem Gemeindevorstande zu, gegen dessen Beschluß nach Maßgabe der §§ 69, 70 der Einspruch und die Klage im Verwaltungsstreitverfahren zulässig sind (§ 83 Abs. 3 aaO.). Die hiernach zur Entscheidung berufenen Behörden haben selbständig und unabhängig voneinander zu prüfen, ob der Tatbestand des § 79 aaO. gegeben ist. Der Gemeindevorstand kann daher nicht nur in den Fällen eine Nachsteuer festsetzen, in denen die Strafverfolgung wegen Verjährung oder wegen des Todes des Steuerpflichtigen ausgeschlossen ist, sondern auch dann, wenn im Strafverfahren aus anderen Gründen eine Freisprechung erfolgt ist, sofern er bei seiner Prüfung zu einem anderen Ergebnisse gelangt als der Strafrichter.

2. Nach § 83 Abs. 3 KommAbgG. erfolgt die Festsetzung der Nachsteuer durch den Gemeindevorstand; sie darf daher nicht, wie dies bei der regelmäßigen Veranlagung durch § 61 Abs. 1 aaO. für zulässig erklärt ist, durch den Steuerausschuß bewirkt werden.

3. Der § 84 KommAbgG. läßt eine Nachforderung direkter Gemeindeabgaben nach Ablauf des Steuerjahrs nur zu, wenn entgegen den Vorschriften des G. oder der auf Grund desselben erlassenen SteuerO. der Steuerpflichtige a) bei der Veranlagung übergangen oder b) bei der Veranlagung steuerfrei geblieben, d. h. steuerfrei veranlagt ist. Ausgeschlossen ist hiernach eine Nachforderung auf Grund einer zu geringen Veranlagung.

Nr. 2. Entsch. v. 2. Mai 1911 (DJZ. **16** 1450) II C 321/10.

KommAbgG. § 84.

Der Streit der Parteien betrifft die Frage, ob, nachdem die Kläger für das streitige Steuerjahr vom Beklagten zur Gemeindeeinkommensteuer herangezogen waren und nunmehr durch Nachtragsetat der ursprünglich beschlossene Zuschlag von 180% auf 200% erhöht war, eine dieser anderweiten Festsetzung entsprechende weitere Abgabenforderung gegen die Kläger erhoben werden konnte. Nach § 84 KommAbgG. kann allerdings eine Nachforderung von Gemeindeabgaben nur auf eine Übergehung oder steuerfreie Veranlagung, die entgegen den gesetzlichen Vorschriften vorgenommen worden ist, gestützt werden, nicht aber wegen zu geringer Veranlagung stattfinden. Dieser Grundsatz findet aber keine Anwendung auf den Fall, wo die neue Ausschreibung einer Gemeindesteuer (Nachtragsumlage, die zur Deckung eines im Laufe des Steuerjahrs hervorgetretenen neuen Gemeindebedürfnisses bestimmt ist) erfolgt. Eine solche stellt sich nicht als unzulässige Nachforderung wegen zu geringen Ansatzes dar. Der Beklagte war daher berechtigt, in Ausführung des die Erhebung von Zuschlagprozenten anderweit regelnden Gemeindebeschlusses die Kläger nachträglich höher heranzuziehen.

Nr. 3. Entsch. v. 30. Mai 1911 (PrVerwBl. **33** 180) II C 347/10.

KommAbgG. § 84. EinkStG. § 85.

Gemäß § 84 KommAbgG. ist eine Nachforderung nur zulässig, wenn entgegen den Vorschriften des KommAbgG. der Steuerpflichtige übergangen oder steuerfrei geblieben ist. Dagegen vermag im Gemeindeabgabenrecht abweichend von der Regelung auf dem Gebiete der staatlichen Einkommenbesteuerung (§ 85 EinkStG.) die zu geringe Veranlagung eine Nachforderung nicht zu begründen. In diesem Falle liegt eine unzulässige Nachforderung nur dann nicht vor, wenn für die Gemeinde nach der ersten Veranlagung dem Zensiten gegenüber ein neuer Besteuerungstitel entstanden ist. Dies trifft aber hier nicht zu. Bei physischen Personen bilden Wohnsitz, Aufenthalt, Grundbesitz, Gewerbebetrieb die Steuertitel der Gemeinden. Der Titel des Wohnsitzes erfaßt das ganze Einkommen des Pflichtigen, soweit es nicht von der Besteuerung der Wohnsitzgemeinde ausdrücklich durch Gesetzesvorschrift ausgeschlossen ist (vgl. § 49 KommAbgG.). Neben dem Titel des Wohnsitzes kann demnach kein anderer Titel in der Wohnsitzgemeinde wirksam werden. Die Pflichtigkeit des in der Wohnsitzgemeinde erwachsenden Einkommens aus Grundbesitz oder Gewerbebetrieb beruht nicht auf diesem Titel, sondern auf dem Titel des Wohnsitzes. Folglich kann auch im Laufe des Steuerjahrs neben dem Wohnsitze kein neuer Steuertitel entstehen, insbesondere ist das im vorliegenden Falle nicht etwa dadurch geschehen, daß im Laufe des Steuerjahrs infolge Zustellung und Verteilung des Reingewinns der Gesellschaft das Einkommen des Klägers aus seiner Beteiligung an der Gesellschaft ziffermäßig ermittelt wurde.

Nr. 4. Entsch. v. 28. März 1912 (OVG. 62 433) HC 311/11.

KommAbgG. §§ 33, 36, 84.

1. Vorbedingung für die kommunale Nachveranlagung iS. des § 84 KommAbgG. ist nur, daß die Übergehung bzw. steuerfreie Veranlagung „entgegen den Vorschriften" des G. erfolgt, d. h. ohne Rücksicht auf ein subjektives Verschulden objektiv gesetzwidrig ist. Wenn nun auch das Merkmal „entgegen den Vorschriften des G." in Theorie und Praxis manchem Zweifel ausgesetzt ist und häufig Unklarheit darüber besteht, ob im Einzelfall eine Veranlagung dem G. zuwider unterblieben ist, so ist doch als Grundgedanke dieser Bestimmung zu erkennen: Steueransprüche, die erst nach ihrer Fälligkeit oder Entstehung und nicht sofort mit der Fälligkeit oder Entstehung im regelmäßigen Geschäftsgange geltend gemacht werden, sind nur dann berechtigt, wenn der Steuerpflichtige im Laufe des Steuerjahrs entsprechend den Vorschriften des KommAbgG. oder der sich auf dieses aufbauenden SteuerO. veranlagt werden mußte und konnte, jedoch diesen Bestimmungen zuwider nicht besteuert worden ist. Hierunter fallen somit alle Fälle, in denen die Gemeinde im Laufe des Steuerjahrs auf Grund der stattgehabten Veranlagung zur Staatseinkommensteuer ihren Zuschlag erheben (§ 33 Nr. 3 und § 36 Abs. 1 aaO.) oder, falls das gemeindesteuerpflichtige Einkommen sich mit dem staatssteuerpflichtigen nicht deckte, eine selbständige Ermittelung des ihrem Zuschlage zugrunde zu legenden Steuersatzes vornehmen konnte (§ 36 Abs. 2 aaO.) und mußte, in Wirklichkeit aber eine Veranlagung nicht vorgenommen hat. Mit dieser Umgrenzung ist das Gebiet der kommunalen Nachveranlagung aus § 84 aaO. erschöpft. Daraus folgt, daß für den Begriff der Nachbesteuerung iS. dieser Vorschrift alle Fälle ausscheiden, in denen eine Veranlagung innerhalb des Steuerjahrs auf Grund besonderer Vorschriften unterblieben ist; denn dann ist die Übergehung nicht entgegen, sondern gemäß den gesetzlichen Bestimmungen erfolgt. Auf Grund gesetzlicher Bestimmungen kann aber eine Gemeinde mit der Heranziehung zur Einkommensteuer nicht vorgehen und muß die Veranlagung nötigenfalls über das Steuerjahr hinaus aussetzen, wenn ihr Steuerrecht eine Entschließung des Staates zur Voraussetzung hat. Das trifft nicht nur da zu, wo die Gemeinde sich der voraufgegangenen staatlichen Veranlagung ohne weiteres anschließen muß (§ 36 Abs. 1 KommAbgG.), sondern auch in den Fällen, wo die Ausübung des Steuerrechts an eine abschließende Tätigkeit der staatlichen Einkommensteuer-Einschätzungskommission gebunden ist

(§ 33 Nr. 3 aaO.) oder von dem Ausspruch einer Staatsbehörde (§ 46 aaO.) abhängt.

2. Was insbesondere die Besteuerung der Aktiengesellschaften anlangt, so ist die Tatsache, daß eine staatliche Veranlagung erfolgt ist oder daß sie nicht erfolgen wird, für die Gemeinden von maßgeblicher Bedeutung; denn nach § 33 Nr. 3 letzter Satz aaO. ist grundsätzlich dasselbe Einkommen, das der Staatsbesteuerung unterliegt, für kommunalsteuerpflichtig erklärt, so daß — abgesehen von der durch einfache Zurechnung von $3^1/_2$% des Aktienkapitals eintretenden Veränderung — in diesem Sinne stets Übereinstimmung vorliegt. Diese Abhängigkeit von dem Ergebnisse der staatlichen Veranlagung schließt jede selbständige Ermittelung des zu besteuernden Einkommens durch die Gemeinden so lange aus, als mit der Möglichkeit gerechnet werden kann, daß eine Veranlagung zur Staatseinkommensteuer erfolgen wird. Deshalb ist, solange noch die Ermittelungen des staatlichen Veranlagungsverfahrens schweben, für das selbständige Veranlagungsrecht der Gemeinden kein Raum. Erst wenn das Ausbleiben einer staatlichen Veranlagung feststeht, ist die Grundlage für ein selbständiges Vorgehen der Gemeinde gemäß § 36 Abs. 2 aaO. geschaffen. Ob hierbei so weit zu gehen ist, daß einer vor dem Abschlusse der staatlichen Veranlagung vorgenommenen selbständigen Besteuerung durch die Gemeinde in materieller Hinsicht jede rechtliche Wirkung versagt werden muß oder ob der einer solchen Veranlagung anhaftende Mangel durch die später eintretende Feststellung, daß eine Veranlagung von seiten des Staates nicht eintreten wird, geheilt werden kann, braucht hier nicht entschieden zu werden. Jedenfalls gibt eine erst nach Ablauf des Steuerjahrs erfolgte staatliche Veranlagung oder die Feststellung, daß eine Besteuerung nicht erfolgen wird, der Gemeinde ohne weiteres das Recht, nun auch ihrerseits zur Ausübung ihres Steuerrechts zu schreiten. Dem ist gleich zu erachten der Fall, daß die staatliche Veranlagung zwar noch im Steuerjahr erfolgt ist, deren Ergebnis aber im ordentlichen Geschäftsgang erst so spät der Gemeinde zugegangen ist, daß eine Heranziehung durch die Gemeinde im Steuerjahre nicht mehr erfolgen konnte.

Nr. 5. Entsch. v. 7. Nov. 1912 (OVG. 62 481) HC 281/11.

KommAbgG. §§ 79, 83, 85.

1. Das Anwendungsgebiet des § 85 KommAbgG. ist auf diejenigen Fälle beschränkt, in denen staats- und gemeindesteuerpflichtiges Einkommen sich decken.

2. Voraussetzung für die Anwendbarkeit des § 83 aaO. ist, daß der Steuerpflichtige die Gemeinde durch eine der im § 79 das. mit Strafe bedrohten Handlungen in ihrem Steuerrechte verkürzt hat; der Tatbestand dieser Steuervergehen ist aber nur dann gegeben, wenn der Steuerpflichtige „auf die an zuständiger Stelle an ihn gerichteten Fragen oder bei Begründung eines Einspruchs" unrichtige oder unvollständige Angaben gemacht hat. Als eine solche „zuständige Stelle" ist allein die kommunale Veranlagungsbehörde anzusehen. Die im Verteilungsverfahren zuständige staatliche Beschlußbehörde kann daher als eine solche Stelle ebensowenig in Betracht kommen, wie etwa das Verwaltungsgericht im Streitverfahren. Wenn ferner auch nach § 71 Abs. 2 aaO. der Verteilungsantrag an die Stelle des Einspruchs tritt, so erscheint es doch gegenüber dem bestimmten Wortlaute des G. nicht zulässig, den § 79 ebenda deswegen ausdehnend auszulegen und anzunehmen, daß der Gesetzgeber unter dem „Einspruch" an dieser Stelle auch den Verteilungsantrag habe begreifen wollen; denn der § 79 ist eine Strafvorschrift, als solche aber nach allgemeinen Rechtsgrundsätzen einer ausdehnenden Auslegung unzugänglich.

3. Nun vertritt der Beklagte zwar die Ansicht, daß im vorliegenden Falle die Auskünfte, die der Erblasser des Klägers über sein steuerpflichtiges Einkommen dem

Vorsitzenden der staatlichen Veranlagungskommission erteilt habe, deswegen als an zuständiger Stelle abgegebene Erklärungen gelten müßten, weil die Gemeindesteuerveranlagung auf ihnen beruht habe und der Vorsitzende zugleich der zuständige Magistratsdezernent für die Gemeindebesteuerung gewesen sei. Allein diese Auffassung ist nicht haltbar. Daß die Staatsbehörden verpflichtet sind, dem Gemeindevorstand auf Antrag die für die Gemeindesteuerveranlagung erforderlichen, ihnen bekannt gewordenen Besteuerungsmerkmale mitzuteilen, macht sie noch nicht zu kommunalen Veranlagungsbehörden; der Begriff einer „mittelbaren" Gemeindebehörde ist dem Gemeindeverfassungsrechte fremd und keinesfalls könnten die Behörden des Staates, von dessen Hoheit erst diejenige der Gemeinden abgeleitet ist, eine solche darstellen. Die Vereinigung der staatlichen Veranlagungsgeschäfte mit denen der Gemeinde in einer Hand aber ist rein äußerlicher Natur und vermag die rechtliche Verschiedenheit und Selbständigkeit beider Arten von Amtsfunktionen nicht zu verwischen. Es kommt aber nur darauf an, ob der Erblasser des Klägers entweder auf Fragen, die sich auf seine Gemeindesteuerveranlgung bezogen und von einem Organe der Gemeindeverwaltung an ihn gerichtet wurden, oder bei der Begründung eines Einspruchs im strengen Sinne des Worts wider besseres Wissen unrichtige oder unvollständige Angaben gemacht hat, die eine Verkürzung der Gemeindesteuer zur Folge hatten. Dabei war es nicht erforderlich, daß die Fragen in einem Falle, wie dem vorliegenden, zeitlich und äußerlich getrennt von der Vorbereitung der staatlichen Veranlagung gestellt wurden; es genügte vielmehr, daß die Beziehung auf die Gemeindebesteuerung aus ihnen erkennbar war, auch wenn sie von dem für beide Veranlagungen zuständigen Beamten gelegentlich der Verhandlungen über die staatliche Einkommensbesteuerung gestellt wurden.

Nr. 6. Entsch. v. 31. Jan. 1913 (PrVerwBl. **34** 566) VIII C 245/12.

KommAbgG. §§ 83, 84.

Für die Zulässigkeit von Nachforderungen von Gemeindeabgaben sind jetzt nur noch die Bestimmungen des KommAbgG. maßgebend, nicht die Vorschriften des G. v. 18. VI. 40 (GS. 140) über die Verjährungsfristen bei öffentlichen Abgaben. Das KommAbgG. läßt die Nachforderungen nur in den ausdrücklich von ihm bezeichneten Fällen der §§ 83 ff. zu. Es steht somit auf dem Standpunkt, daß eine Veranlagung nach Ablauf des Steuerjahrs, abgesehen von diesen Fällen, unzulässig ist.

Nr. 7. Entsch. v. 15. Mai 1913 (StArch. **16** 292) HC 27/13.

KommAbgG. §§ 79, 83. EinkStG. §§ 73, 85.

Die Gemeinden sind nicht befugt, wenn gegen denselben Steuerpflichtigen und für dasselbe Jahr bereits eine Forderung einer direkten Steuer derselben Art erhoben war, eine Nachveranlagung vorzunehmen, es sei denn, daß der Steuerpflichtige der Gemeindebehörde gegenüber eine Hinterziehung begangen hat (§§ 79, 83 KommAbgG.). Deshalb ist es, wenn der kommunalen Nachveranlagung wegen zu geringen Ansatzes eine staatliche Veranlagung vorangegangen ist, ohne Belang, ob diese sich auf den § 73 oder den § 85 EinkStG. gründet und ob die Gemeinde selbständig veranlagt oder lediglich Zuschläge zu der staatlichen Steuer erhebt. In allen diesen Fällen verstößt die kommunale Nachsteuerforderung gegen das G., das nur bei Steuerhinterziehungen iS. des § 83 KommAbgG. Nachveranlagungen wegen zu geringen Ansatzes gestattet.

Nr. 8. Entsch. v. 27. Okt. 1911 (DJZ. **17** 638) II C 417/10.

Eine Steuernachforderung setzt voraus, daß gegen eine bereits früher herangezogene Person noch eine weitere Steuerforderung erhoben wird.

Daß wegen desselben Einkommens oder des Einkommens aus derselben Quelle eine andere Person zu Recht oder Unrecht bereits herangezogen war, macht die Heranziehung nicht zu einer Nachveranlagung; nicht die Identität des Einkommens oder der Quelle, sondern die der Herangezogenen ist für das Vorliegen einer Nachforderung maßgebend. Nun fließen allerdings bei Eheleuten, sofern nicht in den besonderen Ausnahmefällen die Ehefrau selbständig zu veranlagen ist, die subjektive Steuerpflicht der Ehefrau und des Ehemannes in der Art zusammen (§ 10 EinkStG.), daß dem Steuerberechtigten (Staat oder Gemeinde) gegenüber der Ehemann der alleinige Steuerträger ist, daß der Steuerberechtigte sich nur an diesen halten darf und nicht berechtigt ist, die Ehefrau heranzuziehen. Die subjektive Steuerpflicht der Ehefrau besteht aber auch in diesen Fällen; sie tritt nur nicht selbständig in die Erscheinung. Deshalb ist es nicht unzulässig, nach Heranziehung der Ehefrau den Ehemann unter Aufhebung der Veranlagung der ersteren heranzuziehen, sofern nicht hiermit gegen die Person des Ehemannes eine unzulässige Nachforderung geltend gemacht wird.

Nr. 9. Entsch. v. 13. Nov. 1911 (PrVerwBl. 33 389) HC 1/11.

KommAbgG. § 84.

1. Nach § 84 KommAbgG. sind Steuerpflichtige, die entgegen den Vorschriften dieses G. oder auf Grund desselben erlassener SteuerO. bei der Veranlagung direkter Gemeindesteuern übergangen oder steuerfrei geblieben sind, zur Entrichtung des der Gemeindekasse entzogenen Betrags verpflichtet, und diese Verpflichtung geht mit einer hier nicht interessierenden Beschränkung auf die Erben über. Danach ist also die völlige Übergehung oder steuerfreie Veranlagung die unerläßliche Voraussetzung für die Möglichkeit einer Nachforderung. Gegenstand des Rechtsstreits ist die mit der Veranlagungsverfügung geforderte Nachsteuer. Es bedarf daher der Prüfung, ob der verstorbene S. oder die Klägerin, als seine Erbin, in Ansehung dieser Steuer „gänzlich übergangen oder steuerfrei gebliebene" Pflichtige waren. S. selbst war allerdings noch nicht veranlagt gewesen. Denn die frühere, für ihn bestimmte Heranziehung war gegenüber einem Geschäftsunkundigen (§ 104³ BGB.) geschehen und war deshalb unwirksam (§ 131 BGB.). Auch die Behändigung der Verfügung an den Schwiegersohn J. war ohne rechtliche Bedeutung. Dieser war nur ein Übermittler des geschlossenen Briefes, und der Sterbende war nicht mehr imstande, die Mitteilung entgegenzunehmen. Diese, somit nur scheinbar erfolgte Veranlagung des S. hat aber die Klägerin als Erbin gegen sich gelten lassen, indem sie dagegen Einspruch und Klage erhob, und da der Beklagte diesen Einspruch wegen Fristversäumnis — nicht etwa, weil es an einer Veranlagung fehle — zurückgewiesen hat, so kann man im Zweifel sein, ob nicht in diesem Vorgehen des Beklagten eine Heranziehung der Klägerin zu der streitigen Nachsteuer zu erblicken ist. Allein dies mag dahingestellt bleiben. Denn eine solche Veranlagung der Klägerin liegt jedenfalls darin, daß der Beklagte, nachdem er gleichzeitig mit dem Erlasse des Einspruchsbescheids die Beitreibung der Nachsteuer angeordnet, alsbald aber bis zur Testamentseröffnung ausgesetzt hatte, nach diesem Akte, der die Klägerin als Erbin des Verstorbenen nachwies, die Steuer von der Klägerin in ihrer Eigenschaft als Erbin tatsächlich beigetrieben hat. Nach der Rechtsprechung des OVG. braucht nämlich der Erhebung einer Steuerforderung durch den Gemeindevorstand eine förmliche Veranlagung nicht vorherzugehen. Vielmehr genügt zu einer gültigen Heranziehung, deren rechtliche Wirkungen nur in dem durch die §§ 69 ff. KommAbgG. geregelten Verfahren beseitigt werden können, daß gleichviel in welcher Form, von dem Gemeindevorstand ein bestimmter Steuerbetrag gefordert wird.

2. Das Erfordernis der bisherigen völligen Übergehung der Klägerin läßt sich aber auch nicht etwa daraus ableiten, daß in dem Vorprozesse die gegen S. gerichtete

Veranlagung aufgehoben worden ist, selbst wenn man darin eine Außerkraftsetzung der Heranziehung der Klägerin findet. Denn dieser Aufhebung gegenüber bestand zwar nicht mehr eine entsprechende Steuerschuld der Klägerin, wohl aber das Faktum jener Veranlagung noch unverändert fort. Nach § 84 KommAbgG. ist es gesetzlich ausgeschlossen, das nämliche Einkommen, wie es hier geschehen, auf Grund eines und desselben tatsächlichen Fundaments zum zweiten Male zum Gegenstand einer Veranlagung zu machen. Hat einmal eine Heranziehung stattgefunden, so muß zufolge Einspruchs oder Klage durch Beschluß des Gemeindevorstandes oder durch Entscheidung des Verwaltungsrichters endgültig über die Richtigkeit dieser Veranlagung befunden werden. Der Streit über diese Steuerforderung wird dadurch für die bezeichneten Steuerjahre erledigt, und der Gemeindevorstand befindet sich nicht in der Lage, auf Einspruch die Heranziehung mit dem Vorbehalte zurückzunehmen, demnächst — ohne daß die der Besteuerung zugrunde liegenden Verhältnisse inzwischen wesentlich andere geworden sind — eine zweite Heranziehung eintreten zu lassen.

Nr. 10. Entsch. v. 23. Nov. 1911 (OVG. **62** 381) HC 65/11.

KommAbgG. § 84.

1. Allerdings scheint es dem Wesen des Gemeindesteuerrechts, insbesondere der Lehre vom Bande, als der Voraussetzung für das abstrakte direkte Steuerrecht — Schatzungsrecht — der Gemeinde, zu widersprechen, wenn ein Erbe für die Steuerschuld seines Erblassers „herangezogen" werden darf, und es kann auch gegen die allgemeine Zulässigkeit einer Veranlagung der Erben angeführt werden, daß nach dem ganzen Aufbaue des KommAbgG. die subjektive Steuerpflicht völlig in den §§ 24, 28, 33 ff. habe geregelt werden sollen und daher die Bestimmungen des § 84, soweit sie die Heranziehung betreffen, nur auf die Fälle bezogen werden dürften, in denen die in jenen Paragraphen als Voraussetzung der Steuerpflicht geforderte Gemeindeangehörigkeit noch bestehe. Auf der anderen Seite ist aber grundsätzlich bei der Auslegung des § 84 davon auszugehen, daß im Zweifel alle durch das KommAbgG. begründeten Ansprüche steuerrechtlicher Natur (im weiteren Sinne) sind, da es ja das Steuer- (Abgaben-) Recht regeln will. Wenn daher dieses G. durch eine ausdrückliche, wenn auch mit anderen Grundgedanken schwer vereinbare, Bestimmung den Gemeinden ein Forderungsrecht, wie hier, gegen gewisse Erben einräumt, so spricht die Vermutung dafür, daß es steuerrechtlicher Natur, d. h. in dem Finanzhoheitsrechte der Gemeinde begründet sein soll, aus der die Befugnis zur Geltendmachung im Wege der Veranlagung folgt.

2. Ist hiernach mit der Befugnis der Gemeinden zu rechnen, das ihnen in § 84 eingeräumte Recht gegenüber den Erben eines zu Unrecht steuerfrei veranlagten oder übergangenen Pflichtigen im Wege der Veranlagung zur Geltung zu bringen, so erleidet dieses doch eine wesentliche Einschränkung durch den erwähnten Grundsatz, daß niemand zu einer Steuer von der Gemeinde herangezogen werden kann, der er nicht in einer seine steuerliche Unterwerfung begründenden Weise angehört. Daraus folgt, daß nur, wenn noch zur Zeit seines Todes das den Erblasser mit der Gemeinde verknüpfende Band bestand, die Erben zur Entrichtung der der Gemeinde entgangenen Steuer herangezogen werden können; denn diese sind nicht Träger einer eigenen, von ihren persönlichen Verhältnissen abhängigen Steuerschuld, sondern vertreten nur eine von dem Erblasser, dessen Rechtspersönlichkeit sie fortsetzen, infolge unterbliebener Veranlagung nicht erfüllte Verpflichtung. Die (abstrakte) Steuerschuld der Erben kann daher nicht weiter reichen als die des Erblassers zur Zeit seines Todes.

Die Auffassung der Nachsteuerverpflichtung der Erben als einer auf sie übergegangenen Schuld des Erblassers läßt aber auf der anderen Seite die Haftung der Erben nicht davon abhängig erscheinen, daß sie ihrerseits zur Zeit der Veranlagung ebenfalls mit der Gemeinde durch ein Band des Wohnsitzes oder eines der anderen, die Steuerpflicht nach § 33 KommAbgG. begründenden Verhältnisse verknüpft sind. Die subjektive Verpflichtung, sich von der Gemeinde „schätzen zu lassen", sowohl als auch die objektive Steuerpflicht, wegen eines bestimmten Einkommens Steuern zu zahlen, ist kraft G. von dem Erblasser auf die Erben übertragen worden; bei der Nachbesteuerung wird in ihrer Person der Erblasser veranlagt.

Nr. 11. Entsch. v. 7. März 1912 (OVG. **62** 402) HC 253/11.

KommAbgG. §§ 36, 83 ff.

Die Gemeinden können ein selbständiges Nachbesteuerungsrecht in Erbfällen aus den §§ 83ff. KommAbgG. nicht herleiten.

Nun findet sich im § 36 Abs. 3 aaO. die Vorschrift:

Die auf Grund der Einlegung von Rechtsmitteln sowie die auf Grund der §§ 57, 58 (jetzt 62, 63) EinkStG. erfolgte Erhöhung oder Ermäßigung der veranlagten Staatseinkommensteuer zieht die entsprechende Abänderung des Gemeindezuschlags nach sich.

Hier wird also auf die Folgen, die eine Erhöhung des Einkommens bei Erbanfällen herbeiführen soll, ausdrücklich hingewiesen. Welche Bedeutung dieser Vorschrift beizumessen ist, ergibt sich jedoch erst, wenn man sich die Einwirkung der staatlichen Veranlagung auf die Gemeindeveranlagung vergegenwärtigt. Bei dem Zusammenfallen von Staats- und Gemeindeeinkommensteuer muß jede Erhöhung der ersteren aus Anlaß eines Erbfalls eine entsprechende Erhöhung des Gemeindezuschlags nach sich ziehen. Es ist dies eine notwendige Folge der Unselbständigkeit der Gemeindeveranlagung, die nach keiner Richtung an der Einkommensermittelung beteiligt ist, vielmehr ohne jedes Recht der Nachprüfung das Ergebnis der staatlichen Steuerfestsetzung zu übernehmen und dem Gemeindezuschlage zugrunde zu legen hat. Hiervon ganz verschieden liegt der Fall, wenn das gemeindesteuerpflichtige Einkommen ganz oder zum Teil zur Staatseinkommensteuer nicht veranlagt ist. Dann geht die Gemeindebehörde unabhängig von der staatlichen Veranlagung vor und ermittelt das der Gemeindebesteuerung unterliegende Einkommen selbständig nach den für die Veranlagung der Staatseinkommensteuer geltenden Vorschriften. Tritt nun eine Erhöhung des Einkommens des Steuerpflichtigen wegen Erbanfalls ein, so würde die Gemeindebehörde eine Nachforderung auch nur im Wege der selbständigen Nachveranlagung geltend machen können. Eine „entsprechende Abänderung des Gemeindezuschlags", mit anderen Worten eine „entsprechende" Erhöhung der Gemeindeeinkommensteuer würde aber in vielen Fällen an der tatsächlichen Unausführbarkeit einer zutreffenden Berechnung scheitern müssen. Eine Erhöhung der einzelnen Bestandteile des ermittelten gemeindesteuerpflichtigen Einkommens entsprechend den Bestandteilen, aus denen sich das der Staatsbesteuerung unterliegende erhöhte Einkommen zusammensetzt, wäre nicht angängig, weil in dem einen oder anderen Einkommen häufig ganz verschiedene Bestandteile enthalten sind (wie z. B. bei der Besteuerung der Beamten, des Gesellschafters einer Gesellschaft m. b H.). Bildete den Gegenstand der Erbschaft ein Grundstück, so wäre eine „entsprechende" Erhöhung des gemeindesteuerpflichtigen Einkommens eines Steuerpflichtigen, der in der einen Gemeinde Kapitaleinkommen, in der anderen gewerbliches Einkommen hat, ziffermäßig überhaupt nicht festzustellen. Sprechen somit schon praktische Bedenken gegen die Annahme, daß den Gemeinden im Abs. 3 des § 36 ein selbständiges Recht zur Nachveranlagung gegeben ist, so kann auch etwas anderes nicht aus dem Wortlaute dieser Vorschrift entnommen werden. Es wird dort nicht etwa der Ausdruck „Nachveranlagung" oder „Nachforderung" oder „Nachbesteuerung" gebraucht, womit auf ein selbständiges Recht der Gemeinden geschlossen werden könnte; es heißt vielmehr „die Erhöhung der veranlagten Staatseinkommensteuer zieht nach sich". Dieses „Nachsichziehen" soll die Wechselwirkung der Staatssteuer auf die Gemeindesteuer zum Ausdrucke bringen. Der mehrerwähnte Abs. 3 will deshalb lediglich die Folgen regeln, die eine Abänderung der Staatssteuer da nach sich zieht, wo diese für die Gemeindesteuer nach den Vorschriften des KommAbgG. maßgebend oder von Einfluß ist. Dies ist aber nur da der Fall, wo die veranlagte Staatseinkommensteuer, sei es durch den Steuersatz (§ 36 Abs. 1) oder durch den staatlicherseits festgestellten Einkommensbetrag (§ 33 Nr. 3 Schlußsatz) oder endlich nur durch die Grenze der staatlichen Steuerstufe (§ 51 Abs. 1) die Höhe der Gemeindesteuer beeinflußt.

Daraus ergibt sich einmal, daß den Gemeinden iF. der selbständigen Veranlagung nach § 36 Abs. 2 ein Nachveranlagungsrecht bei Erhöhung des Einkommens aus einem Erbanfalle nicht zusteht; dann aber, daß in jenem Falle die Folgen der staatlichen Erhöhung auf die Gemeindebesteuerung auf die Fälle des § 33 Nr. 3 Schlußsatz und § 51 Abs. 1 beschränkt sind. Ob ein Mangel an Folgerichtigkeit darin liegt, daß beim Zusammenfallen des staatlichen und Gemeindeeinkommens den Gemeinden eine Erhöhung aus dem Erbfalle zufließt, bei der selbständigen Veranlagung aber versagt ist, kann dahingestellt bleiben. Etwaige Unebenheiten des G. können vom Verwaltungsrichter nicht ausgeglichen, sondern müssen einer gesetzlichen Regelung vorbehalten werden.

Nr. 12. Entsch. v. 10. Juni 1912 (PrVerwBl. **33** 870) HC 283/11.

KommAbgG. §§ 33, 84.

1. Allerdings kann eine Gemeinde, da ihr das Besteuerungsrecht nur beim Vorliegen bestimmter, im G. festgelegter Voraussetzungen zugestanden ist, eine Person nicht mehr zur Einkommensteuer heranziehen, wenn jene Voraussetzungen aufgehört haben vorzuliegen, wenn also das Band zwischen Person und Gemeinde, das die Steuerpflicht begründete, gelöst ist. Jedoch steht die bezeichnete Regel der Heranziehung von Erben wegen der Steuerpflicht eines Verstorbenen, wie sie das G. (§ 84 KommAbgG.) ausdrücklich zuläßt, nicht im Wege. Wenn der Steuerpflichtige bis zu seinem Tode mit der Gemeinde durch ein die Steuerpflicht begründetes Band verbunden gewesen ist, so geht die Steuerpflicht in der Gestalt, wie sie am Tage des Todes bestand, auf die Erben über, ohne daß nach dem G. etwa noch in der Person der Erben eine weitere Bedingung erfüllt sein müßte. In der Person der Erben wird der Verstorbene veranlagt, dessen Rechtspersönlichkeit jene fortsetzen; deshalb kommt es nur auf seine, nicht auch auf ihre Beziehungen zu der Gemeinde an.

2. Der Vorderrichter irrt aber auch weiter, indem er die Besteuerung der Erben der Witwe R. deshalb nicht zuläßt, weil es sich hier nicht um eine Nachsteuer iS. des § 84 KommAbgG. handele, und die Verstorbene nicht eine Steuerpflichtige sei, die entgegen den Vorschriften des KommAbgG. bei der Veranlagung zur Gemeindeeinkommensteuer übergangen oder steuerfrei geblieben sei. Allerdings ist nicht eine Nachforderung in dem Sinne in Frage, daß bereits das Steuerjahr abgelaufen sei, für das ein übergangener oder steuerfrei gebliebener Steuerpflichtiger herangezogen worden ist. Auf diesen Fall darf man aber auch den Übergang der Steuerpflicht auf die Erben eines Steuerpflichtigen nicht beschränken. Sonst käme man zu dem unverständlichen Ergebnisse, daß bei dem Tode eines Steuerpflichtigen zu Beginn des Rechnungsjahrs die Gemeinde bis zum Ablauf des ganzen Jahrs warten müßte, um dann eine Nachsteuer von den Erben zu verlangen, weil der Erblasser übergangen oder steuerfrei geblieben sei. Man kann bei einem Erbfall ungezwungen schon dann von einer Nachsteuer sprechen, wenn die Zeit, für die Steuer gefordert wird, durch den Tod des Steuerpflichtigen einen Abschluß gefunden hat. In der Person des Verstorbenen bestand die Steuerpflicht, er konnte noch zu seinen Lebzeiten herangezogen werden, und man kann im Hinblick auf den Grundsatz des § 20 KommAbgG. theoretisch auch sagen,

daß er herangezogen werden mußte, wenn auch vielleicht bei Lage des Todestags der Vorwurf einer Verzögerung die Gemeinde nicht trifft. Von diesem Gesichtspunkt aus kann ein Steuerpflichtiger, der in den ersten Wochen des Rechnungsjahrs verstorben ist, als ein solcher bezeichnet werden, der entgegen dem G. übergangen oder steuerfrei geblieben ist. Jedenfalls erfordert es das praktische Bedürfnis, zu gestatten, daß die Gemeinde die nachträgliche Veranlagung des Steuerpflichtigen gegenüber seinen Erben schon im Laufe desselben Rechnungsjahrs vornimmt.

Nr. 13. Entsch. v. 7. Febr. 1913 (PrVerwBl. **34** 875) VIII C 265/12.

KommAbgG. § 84.

1. Für die Frage, ob eine nach § 84 KommAbgG. unzulässige Nachforderung vorliegt, ist entscheidend, daß von demselben Steuerobjekte dieselbe Steuerart nochmals in erhöhtem Maße verlangt wird.

2. Die Landsteuer in Frankfurt a. M. ist eine besondere Gemeindegrundsteuer. Es ist eine unzulässige Nachforderung, wenn ein Grundbesitzer für dasselbe Grundstück und für dieselben Rechnungsjahre zunächst zur Gemeindegrundsteuer und nachträglich zur Landsteuer herangezogen wird.

Nr. 14. Entsch. v. 20. März 1913 (PrVerwBl. **34** 772) H C 214/12.

KommAbgG. §§ 46, 84.

Die Ansicht des Beklagten, daß eine Veranlagung gemäß § 46 KommAbgG. dann überhaupt nicht Rechtswirkungen erzeugen könne, wenn die ihr zugrunde liegende Feststellung des Kgl. Eisenbahnkommissars irrtümlich (richtiger: gesetzwidrig) gewesen und später durch eine andere richtige ersetzt worden sei, ist unzutreffend. Verfehlt ist daher auch seine Folgerung, daß eine Heranziehung auf Grund einer solchen Veranlagung niemals rechtskräftig werden und jederzeit — auch nach Ablauf der Rechtsmittelfrist — durch eine neue ersetzt werden könne.

Allerdings hat das OVG. mehrfach eine zweite Heranziehung für dasselbe Steuerjahr nicht als eine unzulässige Nachbesteuerung erachtet. In diesen Fällen hat es sich aber entweder darum gehandelt, daß das örtliche Steuerrecht, auf Grund dessen die erste Heranziehung erfolgt war, der Rechtsgültigkeit entbehrte, oder daß die erste Steuerforderung rechtsunförmlich war. In den ersteren Fällen ist die Entsch. damit begründet worden, daß beim Mangel eines gültigen Ortsrechts die vorzeitige Veranlagung nicht rechtswirksam (rechtsbeständig) werde, weil es an einer abstrakten Steuerpflicht des Zensiten fehle, eine solche vielmehr erst durch die Schaffung eines gültigen Ortsrechts entstehe und die spätere Heranziehung deshalb die erste nach der Entstehung der abstrakten Steuerpflicht geltend gemachte konkrete Steuerforderung sei. Die abstrakte Steuerpflicht ist, wie in OVG. **55** 167 ausgeführt ist, die durch die Unterwerfung unter die Steuerhoheit der Gemeinde begründete Verpflichtung der einzelnen Person, sich von ihr schätzen zu lassen. Sie setzt allerdings neben dem Vorliegen derjenigen tatsächlichen und rechtlichen Verhältnisse, an die rechtlich die Unterwerfung unter die Gemeindesteuerhoheit geknüpft ist (Gemeindeangehörigkeit, Steuertitel), voraus, daß dasjenige örtliche Steuerrecht, auf dem das abstrakte (formelle) Besteuerungsrecht der Gemeinde beruht, zu Recht besteht. Zu diesem örtlichen Steuerrechte läßt sich aber nicht die hier in Rede stehende Festsetzung des der Gemeindebesteuerung unterworfenen Einkommens durch die Behörde, die dazu gesetzlich berufen und allein ermächtigt ist, rechnen. Das abstrakte Steuerrecht der Gemeinde — der Steuertitel — ist im vorliegenden Falle rechtlich begründet durch § 33^3 KommAbgG., tatsächlich durch den Eisenbahnbetrieb innerhalb des Gemeindebezirks. Zum gültigen Zustandekommen der konkreten Steuerforderung bedurfte es nur noch des Aktes des Eisenbahnkommissars gemäß § 46 KommAbgG. Wartete die Gemeinde diesen nicht ab, sondern schätzte sie das Einkommen aus dem Betriebe selbständig oder erwies sich die Festsetzung des Einkommens durch den Staatskommissar, auf Grund deren sie heranzog, nachträglich als gesetzwidrig, so litt die konkrete Steuerforderung, die Heranziehung, an einem wesentlichen materiellen, nicht formellen Mangel, der sie zwar anfechtbar machte, ihr aber nicht alle Rechtswirksamkeit nahm. In der anderen Gruppe von Entscheidungen ist die Zulässigkeit einer zweiten Heranziehung anerkannt, wenn die erste eine rechtsunförmliche gewesen war. Diese Annahme beruht auf der Auffassung, daß eine rechtsunförmliche Heranziehung für die Gemeinde keine Forderung und auch für den Herangezogenen keine Verpflichtung zur Leistung schaffen könne, daß sie eine wirksame Heranziehung gar nicht zustande kommen lasse. Das kann aber nicht von einer Steuerforderung gesagt werden, die formell ordnungsmäßig erhoben, nur mit dem inneren rechtlichen Mangel behaftet ist, daß das Einkommen, von dem die Steuer erhoben werden soll, für die Besteuerung durch die Gemeinde noch nicht feststeht, noch nicht existent geworden ist.

Zwar hat das OVG. weitergehend das Steuerforderungsrecht der Gemeinde in OVG. **52** 172 ff. auch dadurch für unberührt erklärt, daß eine erste verfrühte Heranziehung auf Einspruch und Klage durch Richterspruch außer Kraft gesetzt worden ist. Dem dort behandelten Falle kann aber nicht ein solcher gleichgestellt werden, in dem — wie hier — der Gemeindevorstand, ohne daß Einspruch eingelegt ist, die ursprüngliche Steuerforderung durch eine neue ersetzt. Mit dem Einspruche wehrt sich der Steuerpflichtige gegen die Heranziehung; es entspricht seinem Willen, daß seiner Anfechtung stattgegeben und die Heranziehung beseitigt wird. Ist diese aber mit seinem Willen während der Einspruchsfrist bestehen geblieben, so hieße es der Willkür der Gemeinde freie Bahn schaffen, wenn sie die einmal ausgesprochene Steuerforderung nach ihrem Belieben einseitig rückgängig machen dürfte. Die Zurücknahme ändert in diesem Falle nichts an der Tatsache, daß eine Veranlagung stattgefunden hat, der Steuerpflichtige also nicht übergangen oder steuerfrei geblieben ist (§ 84 KommAbgG.); beseitigt wird dadurch vielmehr nur die konkrete Steuerschuld.

VIII.

Rechtsmittel.

A. Allgemeines.

Nr. 1. Entsch. v. 10. Jan. 1911 (OVG. 58 156) VIII C 125/10.

Streitig ist die Frage, ob ein Steuerpflichtiger gegen seine Heranziehung zu einer besonderen Gemeindesteuer auch deshalb Einspruch zu erheben berechtigt ist, weil er zu niedrig veranlagt sei. Der Vorderrichter verneint die Zulässigkeit eines solchen Einspruchs, da der Einspruch und die sich ihm anschließende Klage nur auf Freistellung von der Steuer oder auf deren Ermäßigung gerichtet werden könnten. Diese Ansicht ist rechtsirrtümlich. Für das Gebiet der staatlichen Einkommensbesteuerung hat der Gerichtshof bereits anerkannt, daß der Steuerpflichtige mit dem ihm gesetzlich gegebenen Rechtsmittel auch Erhöhung der auf ihn veranlagten Steuer zu fordern berechtigt ist (OVGSt. **2** 70). Auf demselben Standpunkte steht mit Recht der MinErl. v. 27. V. 92 (Mitt. **25** 71/72) und die AAnwEinkStG. v. 25. VII. 06, T. II, Art. 67 Nr. 2. Es ist nicht ersichtlich, weshalb dieser Rechtsgrundsatz nicht auch auf die Gemeindebesteuerung zutreffen sollte. Das Rechtsmittel des Einspruchs ist dem Steuerpflichtigen gegeben, um darzutun, daß die Veranlagung unrichtig sei. Dieses Rechtsmittel steht ihm gegen jedes Ergebnis der Veranlagung zu, also selbst dann, wenn er steuerfrei veranlagt ist, und kann auch darauf gerichtet werden, die Veranlagung durch Erhöhung richtig zu stellen. Daß der Gesetzgeber die Erhebung des Einspruchs wegen zu niedriger

Veranlagung hat zulassen wollen, ist auch namentlich deshalb anzunehmen, weil politische Rechte der Steuerpflichtigen als Wähler bei den Gemeindewahlen und den Wahlen zum Landtage von ihrer Veranlagung abhängen.

Nr. 2. Entsch. v. 2. Nov. 1911 (OVG. **62** 169) IV C 11/11.

BauflG. § 15.

Die Zustellung einer Rechnung über den Ausbau einer Straße, in der die anteiligen Kosten für Freilegung, erste Einrichtung, Entwässerung und Beleuchtung aufgeführt werden, mag als Heranziehung zu Anliegerbeiträgen genügen. Sie muß aber bei juristischen Personen an den Vertretungsberechtigten gerichtet sein. Beim Reichsfiskus als Eigentümer einer Unteroffizierschule ist das nicht die letztere, sondern die Intendantur.

Nr. 3. Entsch. v. 21. Okt. 1912 (PrVerwBl. **34** 414) VII C 148/12.

In der von dem Rechtsanwalt A. als Konkursverwalter gegen die Entscheidung des Bezirksausschusses eingelegten Revision wird gerügt, es sei unzulässig gewesen, den Rechtsstreit fortzusetzen und eine Entscheidung zu erlassen. Die Revision ist nicht begründet. Über das Vermögen des Heinrich T. ist im Juni 1910 das Konkursverfahren eröffnet worden. Zu dieser Zeit war weder eine Rechtsstreit über eine Forderung des Beklagten (eines Oberbürgermeisters für die Stadt) gegen den T. anhängig, noch konnte der Beklagte eine Forderung gegen die Konkursmasse anmelden, weil er eine solche Forderung nicht hatte; denn die Steuer war bereits bezahlt worden. Die Voraussetzungen für die Anwendung des § 146 Abs. 3 und 5 KonkO. waren also nicht vorhanden. Die Rechtslage war vielmehr so, daß der Konkursverwalter die Wahl hatte, ob er den zur Zeit der Konkurseröffnung schwebenden Rechtsstreit des T. gegen den Beklagten aufnehmen oder ob er dessen Aufnahme ablehnen wollte. Allerdings hat der Konkursverwalter in dem Verfahren I. Instanz nach dieser Richtung eine ausdrückliche Erklärung nicht abgegeben, obwohl er vom Bezirksausschusse sowohl zu den Terminen zur Beweisaufnahme und zur mündlichen Verhandlung geladen und durch eine Vf. aufgefordert worden war:

„anzugeben, ob Sie als Konkursverwalter nach Lage der Verhältnisse in den Rechtsstreit des in Konkurs befindlichen Heinrich T. im Hinblick auf die Möglichkeit einer Steuererstattung eintreten".

Durch die Einlegung der Revision gegen die Entscheidung des Bezirksausschusses, in der die Steuer festgesetzt worden ist, hat der Konkursverwalter aber den bestehenden Rechtsstreit aufgenommen, und es braucht nicht mehr erörtert zu werden, wie die Rechtslage sich gestaltet hätte, wenn der Konkursverwalter den Rechtsstreit nicht aufgenommen haben würde.

Nr. 4. Entsch. v. 3. Jan. 1913 (PrVerwBl. **34** 623) VIII C 234/12.

Allerdings kann ein zu Kommunalsteuern Herangezogener seinen Klageanspruch auf Befreiung oder Ermäßigung der Steuer darauf gründen, daß die veranlagende Behörde unter Verletzung des Ortsrechts einen anderen Pflichtigen zu niedrig herangezogen und infolge dieser Rechtsverletzung den Kläger überbürdet, mithin auch ihm gegenüber das Ortsrecht unrichtig angewendet habe. Die Anführungen des Klägers enthalten aber keine derartige Begründung seines Anspruchs. Er behauptet, daß der Gutsvorsteher den Prinzipalsteuersatz, den er behufs Verteilung der Schulunterhaltungskosten im Gutsbezirk A. gemäß § 36 Abs. 2 KommAbgG. von dem Einkommen der Grafen H. aus ihren in diesem Gutsbezirke belegenen Einkommensquellen zu ermitteln hatte, zu niedrig festgesetzt und darum die anderen Schulabgabenpflichtigen des Gutsbezirks, darunter auch ihn, den Kläger, zu hoch veranlagt hätte. Ein derartiger Angriff betrifft nicht die Anwendung des Ortsrechts gegenüber dem Kläger, sondern die des KommAbgG. und der Vorschriften des EinkStG., auf die § 36 Abs. 2 KommAbgG. Bezug nimmt, gegenüber anderen Steuerpflichtigen. Deswegen kann dieser Angriff dem Steuerermäßigungsanspruche des Klägers nicht als Stütze dienen. Dem Kläger ist es mithin ebenso verwehrt, den für die Grafen H. gemäß § 36 Abs. 2 ermittelten Prinzipalsteuersatz in dem von ihm gegen seine Heranziehung zu den Schulabgaben eingeleiteten Verfahren zu bemängeln, als es ihm nicht gestattet ist, hierbei die der Heranziehung anderer Abgabenpflichtiger zugrunde gelegten, von der Staatsbehörde festgestellten Einkommensteuersätze anzufechten.

Nr. 5. Bescheid. v. 5. Jan. 1912 (PrVerwBl. **33** 666) VIII C 216/11.

KommAbgG. §§ 69, 70.

Der Beschwerdebescheid des § 70 Abs. 2 KommAbgG. bedarf, ebenso wie der Einspruchsbescheid des § 70 Abs. 1 aaO., um als solcher rechtlich gelten zu können, der schriftlichen Form. Dies ergibt sich daraus, daß gegen den Bescheid gemäß § 70 Abs. 2 dem Pflichtigen binnen einer mit dem ersten Tage nach erfolgter Zustellung beginnenden Frist von zwei Wochen die Klage im Verwaltungsstreitverfahren offen steht (vgl. auch Art. 45^2 Abs. 2 AAnw. v. 10. V. 94). Die Klage gegen einen mündlichen Bescheid ist hiernach unzulässig.

B. Rechtsmittelfristen.

Nr. 1. Entsch. v. 21. April 1911 (PrVerwBl. **33** 8) II C 510/10.

KommAbgG. § 70.

Die Klagefrist beginnt nach § 70 Abs. 2 KommAbgG. mit dem ersten Tage nach erfolgter Zustellung des Einspruchsbescheids. Die Formen, in denen die Zustellung zu erfolgen hat, sind in Art. 43 und 45 Nr. 2 AAnw. v. 10. V. 94 vorgeschrieben. Der Vorderrichter hätte also feststellen müssen, ob und wann unter Beobachtung dieser Formen die Zustellung des Einspruchsbescheids stattgefunden hat. Die von ihm unterlassene Feststellung ist von dem Gerichtshofe nachgeholt und hat ergeben, daß keiner der Bescheide dem Kläger in der vorgeschriebenen Weise zugestellt ist; der Beklagte hat nämlich auf Anfrage angezeigt, daß diese Bescheide dem Kläger ohne Behändigungsschein mitgeteilt worden seien. Die Klagefrist ist daher mangels der für ihren Beginn maßgebenden Zustellung des Einspruchsbescheids überhaupt noch nicht in Lauf gesetzt und kann deshalb auch nicht versäumt sein. Die Erhebung der Klage vor erfolgter Zustellung des Einspruchsbescheids ist aber nach der ständigen Rechtsprechung des OVG. zulässig.

Nr. 2. Entsch. v. 18. Sept. 1911 (OVG. **60** 170) HC 48/11.

Hat in einem Verfahren vor den Verwaltungsbehörden eine Wiedereinsetzung in den vorigen Stand einmal stattgefunden, so kann die dadurch in ihren rechtlichen Folgen beseitigte Fristversäumnis in dem sich weiter daran knüpfenden Streitverfahren nicht wieder aufleben. In gleicher Weise ist es aber auch bindend für den Verwaltungsrichter, wenn die Verwaltungsbehörde iF. einer Fristversäumnis, sei es ausdrücklich, sei es stillschweigend, durch Zurückweisung eines verspäteten Rechtsbehelfs es ablehnt, eine solche Wiedereinsetzung zu gewähren. An dieser Rechtslage kann jedenfalls kein Zweifel bestehen, wenn das Streitverfahren und das seine Voraussetzung bildende Vorverfahren sich vor gänzlich verschiedenen Behörden abspielen, wie in den Fällen der Klage gegen die Forderung öffentlich-rechtlicher Leistungen nach zuvorigem Einspruche (vgl. §§46, 56, 66 ZustG., §§ 69, 70 KommAbgG.) oder gegen polizeiliche Verfügungen nach Zurückweisung dagegen erhobener Beschwerden (vgl. § 127 LVG.). Dieselben Grundsätze müssen aber auch da gelten, wo sich, wie hier, an ein Verfahren vor einer Beschlußbehörde ein Verwaltungsstreitverfahren vor einem Verwaltungsgericht anschließt, das nach Namen und Zusammensetzung mit jener Beschlußbehörde identisch ist.

Nr. 3. Entsch. v. 26. Okt. 1911 (PrVerwBl. **33** 630) IV B 29/11.

BauflG. § 15.

1. Ein beim Magistrat eingelegter Rechtsbehelf kann nicht als bei der städtischen Polizeiverwaltung eingelegt gelten.

2. Wiedereinsetzung in den vorigen Stand kann nur dann als gewährt angenommen werden, wenn die Polizeibehörde davon ausgegangen ist, daß die Frist versäumt sei.

Nr. 4. Entsch. v. 16. Okt. 1913 (PrVerwBl. **35** 181) HC 438/12.

KommAbgG. §§ 65, 69.

Für die Anwendung der Vorschrift im § 69 Abs. 2[1] KommAbgG. ist stillschweigende Voraussetzung, daß das G. für die in Betracht kommende Steuerart die Auslegung einer Hebeliste überhaupt vorsieht.

Das erhellt insbesondere daraus, daß von einem „Ablauf der Auslegungsfrist" nur da gesprochen werden kann, wo eine solche Frist für die betreffende Steuerart gesetzlich geregelt ist. Der Umstand, daß in Ziff. 1 aaO. gesagt ist: „soweit die Bekanntmachung durch Auslegung der Hebelisten erfolgt ist", während es zu Ziff. 2 aaO. heißt: „soweit eine besondere Mitteilung vorgeschrieben ist", rechtfertigt nicht etwa die Auffassung, daß es für die Anwendbarkeit der Ziff. 1 lediglich auf die tatsächliche Auslegung einer Hebeliste ankomme. Der Unterschied idFass. der beiden Vorschriften ist darauf zurückzuführen, daß da, wo das G. an und für sich die Auslegung einer Hebeliste vorschreibt (§ 65 Abs. 2), durch Gemeindebeschluß doch an Stelle der Bekanntmachung durch Auslegung eine besondere Mitteilung an jeden Pflichtigen angeordnet werden kann. Der Wahl des Wortes „erfolgt" (statt „vorgeschrieben") in § 69 Abs. 2[1] ist also nur die Bedeutung beizumessen, daß diejenigen Fälle nicht mit einbegriffen sein sollen, für die die Auslegung der Hebeliste durch § 65 Abs. 2 zwar an sich vorgeschrieben, zufolge eines nach § 65 Abs. 4 zulässigen Gemeindebeschlusses aber nicht erfolgt ist. — Für die hier in Betracht kommende Bekanntmachung der Veranlagung zur regulären Gemeindeeinkommensteuer sieht nun das KommAbgG. die Auslegung einer Hebeliste gar nicht vor. In § 65 Abs. 1 aaO. ist für diese Steuerart vorgeschrieben, daß die Bekanntmachung für diejenigen Steuerpflichtigen, bezüglich deren die staatlich veranlagte Steuer die unveränderte Grundlage der Prozente oder Zuschläge bildet, durch eine in ortsüblicher Weise zu bewirkende Veröffentlichung der zu erhebenden Prozentsätze, für andere Steuerpflichtige durch besondere Mitteilung erfolgt. Die hier erwähnte „Veröffentlichung der Prozentsätze" steht der Auslegung einer Hebeliste iS. des § 69 Abs. 2[1] aaO. nicht gleich. Die Auslegung einer Hebeliste ist in § 65 Abs. 2 aaO. nur für die besonderen Gemeindesteuern vorgesehen, um die es sich hier nicht handelt. Der § 69 Abs. 2[1] aaO. ist also auf die Fälle der Heranziehung zur regulären Gemeindeeinkommensteuer nicht anwendbar.

C. Einspruchsverfahren.

Nr. 1. Entsch. v. 29. Febr. 1912 (PrVerwBl. **33** 868) IV C 131/11.

KommAbgG. §§ 69, 70.

1. Als Einspruchsbescheid iS. des § 70 KommAbgG. ist jede Verfügung des Gemeindevorstandes anzusehen, die über den im Einspruch enthaltenen

Angriff gegen die Rechtmäßigkeit der Heranziehung abschließend entscheidet.

2. Wenn der Gemeindevorstand, ohne in eine neue materielle Prüfung der Angelegenheit einzutreten, in einem späteren Schreiben seinen Einspruchsbescheid durch Hinzuziehung einer Rechtsbelehrung erläutert, so stellt dieses Schreiben nicht einen neuen Einspruchsbescheid dar, der eine neue Klagefrist eröffnete.

3. Ein Rechtsirrtum ist nicht geeignet, den Antrag auf Wiedereinsetzung in den vorigen Stand wegen eines unabweisbaren Zufalls zu begründen.

Nr. 2. Entsch. v. 19. März 1912 (OVG. 62 132) II C 79/11.

1. Der Beklagte irrt, wenn er glaubt, daß ein Veranlagungsschreiben für den Herangezogenen die Verbindlichkeit, die Abgabe zu leisten oder Einspruch zu erheben, schon dann bewirke, wenn es nur erkennen lasse, daß eine konkrete Verpflichtung zur Zahlung einer Gemeindeabgabe begründet werden solle. Für diese Wirkung genügt nicht schon die Absicht des Steuergläubigers, eine konkrete Verpflichtung zu begründen. Die Absicht muß auch in einer Weise zum Ausdrucke kommen, daß der Herangezogene zu erkennen vermag, daß und was für eine öffentlich-rechtliche Abgabe von ihm gefordert wird. Das Wesen der Forderung aber wird bestimmt durch ihren Gegenstand und durch die sie begründenden tatsächlichen Umstände. Folglich müssen jener Gegenstand und jene Umstände kenntlich gemacht werden, wenn eine sogenannte konkrete Abgabenforderung entstehen soll. Zu den wesentlichen Merkmalen gehört z. B. bei Grundabgaben die Bezeichnung des pflichtigen Grundstücks, ferner bei allen laufenden Abgaben die Zeit, auf die die Abgabe entfällt. Die Zeitangabe gehört zur Bestimmung des Gegenstands der Forderung. Eine Verfügung, die die Abgabe nicht nach allen wesentlichen Merkmalen fest umgrenzt, kann für die Gemeinde keine Forderung und dementsprechend auch für den Herangezogenen keine Verpflichtung zur Leistung schaffen. Eine derartige Heranziehungsverfügung läßt also eine wirksame, d. h. eine zur Entstehung einer konkreten Forderung führende Heranziehung gar nicht zustande kommen. Folglich kann angesichts einer solchen Verfügung nicht davon die Rede sein, daß infolge Ablaufs der Einspruchsfrist für die Gemeinde eine unanfechtbare konkrete Abgabenforderung und für den Herangezogenen die entsprechende Zahlungspflicht bestände.

2. Demnach braucht auch der Herangezogene nicht gegen eine solche Heranziehungsverfügung Einspruch zu erheben. Eine Notwendigkeit dazu entsteht für ihn unter Umständen allerdings mit dem Zeitpunkte, wo die unzureichende Verfügung ergänzt wird, etwa dadurch, daß der Herangezogene von zuständiger Stelle erfährt, welche genau bezeichnete Abgabe von ihm gefordert werden sollte. Anderseits ist es dem Herangezogenen aber auch nicht verwehrt, eine Verfügung, die eine Heranziehung enthalten, eine Leistungspflicht begründen soll, durch Erhebung des Einspruchs anzufechten, um für alle Fälle sicher zu gehen; denn wenn auch die Verfügung dem Rechte nach unwirksam ist, so stellt sie sich doch formell als eine Heranziehung dar, über deren Tragweite Zweifel möglich sind, und deshalb hat der Betroffene ein Interesse daran, den gegen ihn gerichteten Akt auch formell beseitigt zu sehen. Der Einspruch ist deshalb nicht unzulässig.

Nr. 3. Entsch. v. 25. Juni 1912 (DJZ. 18 414) VIII C 50/12.

Der Vorderrichter hätte der Klage den Erfolg schon aus dem Grunde versagen müssen, weil es an einer unerläßlichen Klagevoraussetzung, nämlich einem zulässigen Einspruche gegen die Veranlagung seiner Grundstücke zur Gemeindegrundsteuer, fehlt. Die Einspruchsschrift ist nur mit: „p. Frau T." unterzeichnet. Der Einspruch ermangelt hiernach der Unterschrift; es ist nicht erkennbar, wer als Vertreter der Frau T. den Einspruch erhoben hat. Solange aber die Unterschrift fehlt, gebricht es an dem deutlichen Ausdruck dafür, daß die betreffende Erklärung dem Willen der Partei oder ihres Vertreters entspricht. Erst die Namensunterschrift macht ersichtlich, daß das Niedergeschriebene die zum Abschlusse gebrachte Willenserklärung darstellt. Die Nachholung der Unterschrift könnte den rechtlichen Mangel nicht beseitigen, da die vierwöchige Einspruchsfrist längst verstrichen ist.

Nr. 4. Entsch. v. 24. Sept. 1912 (OVG. **62** 151) II C 417/11.

Der Gemeindevorstand kann die Beschlußfassung über den Einspruch nicht auf andere Personen übertragen. Stellt sich der dem Abgabepflichtigen auf den Einspruch erteilte Beschluß eines Bureaubeamten äußerlich als Einspruchsbescheid des Gemeindevorstands dar, so ist er auf die Klage außer Kraft zu setzen. Denn das G. will, daß vor der Inanspruchnahme der Verwaltungsgerichte die Beschwerde des zu Gemeindelasten Herangezogenen von dem Gemeindevorstande selbst geprüft werde; auf diese Prüfung hat der Herangezogene ein Recht.

Nr. 5. Entsch. v. 11. Okt. 1912 (OVG. **62** 317) VIII C 189/12.

Ein Einspruch ist als gegen die Veranlagung im ganzen gerichtet anzusehen, wenn er nicht klar erkennen läßt, daß er sich nur gegen einen Teil der Veranlagung richtet. Selbstverständlich ist es dem Herangezogenen unbenommen, sein auf Anfechtung der ganzen Veranlagung gerichtetes Einspruchsbegehren im Laufe des Einspruchs- oder Verwaltungsstreitverfahrens durch Stellung des Antrags auf Herabsetzung des gemeinen Werts und der Steuer nachträglich einzuschränken. Eine solche nachträgliche Einschränkung des Einspruchsbegehrens kann aber keine rückwirkende Bedeutung für die Frage nach dem Inhalte des ursprünglichen Einspruchs haben, falls dessen Tragweite aus ihm selbst dahin auszulegen ist, daß die ganze Veranlagung angefochten werden sollte. Der Vorderrichter irrte also, wenn er annahm, der Gerichtshof habe im Aufhebungsbeschlusse den Inhalt des Einspruchsverlangens nur „nach Lage der Akten zur Zeit der Revisionsentscheidung" rechtlich gewürdigt. Er verkennt hierbei, daß der Inhalt des Einspruchs aus ihm selbst, also nach Lage der Akten zur Zeit der Einspruchserhebung ausgelegt werden muß. Der Rechtsgrundsatz, ein Einspruch sei dann als gegen die Veranlagung im ganzen gerichtet anzusehen, wenn nicht klar aus ihm hervorgehe, daß die Veranlagung nur ihrer Höhe nach angefochten werden solle, bezieht sich mithin auf den Inhalt des Einspruchs, wie er sich aus diesem selbst in dem allein und endgültig maßgebenden Zeitpunkte der Einspruchserhebung ergibt.

Nr. 6. Entsch. v. 7. Jan. 1913 (PrVerwBl. **34** 754) VIII C 260/12.

Ein Einspruch, der ausdrücklich nur gegen die Höhe der festgesetzten Steuer gerichtet ist, muß erkennen lassen, auf welchen Betrag der Steuerpflichtige die Steuer herabgesetzt wissen will, sonst ist der Einspruch rechtlich unwirksam, sofern nicht der Mangel innerhalb der Einspruchsfrist beseitigt wird. Der Gemeindevorstand kann jedoch gegen die Versäumung der Einspruchsfrist ausdrücklich oder stillschweigend durch eine schlüssige Handlung Wiedereinsetzung in den vorigen Stand gewähren. Im vorliegenden Falle bezweckte der Einspruch nur die Ermäßigung der Abgabe, ohne ihren Betrag erkennbar zu machen, und das Schreiben, in dem der Betrag der begehrten Herabsetzung angegeben ist, war erst nach Ablauf der Einspruchsfrist eingegangen. Jedoch hat der Beklagte dadurch, daß er nach Empfang dieses Schreibens mit der Klägerin in sachliche Verhandlungen über den Einspruch eingetreten ist, obwohl er von der Fristversäumnis Kenntnis hatte, der

Klägerin stillschweigend Wiedereinsetzung in den vorigen Stand gewährt. Die einmal gewährte Wiedereinsetzung in den vorigen Stand konnte er nicht mehr widerrufen.

Nr. 7. Entsch. v. 9. Jan. 1913 (PrVerwBl. 34 506) HC 361/11.

Der Bescheid eines Gemeindevorstandes, der einen Einspruch zurückweist, kann nur als eine Bestätigung der vorhergegangenen Heranziehung angesehen werden. Dies muß insbesondere auch hinsichtlich der Person des Herangezogenen gelten.

Nr. 8. Entsch. v. 3. März 1913 (PrVerwBl. 35 62) HC 147/12.

1. Die Zustellung von Einspruchsbescheiden hat nach den Vorschriften der Vd. über das Verwaltungszwangsverfahren v. 15. XI. 99 zu erfolgen. Nach diesen inhaltlich mit den bezüglichen Bestimmungen der ZPO. sich deckenden Vorschriften über Ersatzzustellungen ist die Zustellung an einen Geschäftsteilhaber nicht als eine ordnungsmäßige Ersatzzustellung an einen Gewerbetreibenden anzusehen, auch wenn sie in seinem Geschäftslokale stattfindet.

2. Auch die Bescheide nach § 67 des LVG. müssen die im § 64 Abs. 4 daselbst vorgeschriebene Rechtsmittelbelehrung enthalten.

D. Verwaltungsstreitverfahren.

Nr. 1. Entsch. v. 9. Febr. 1911 (OVG. 58 116) IV C 9/10.

BauflG. § 15. KommAbgG. § 87.

1. Die Nichteinhaltung der im § 87 KommAbgG. gestellten Frist würde allerdings auch in der Revisionsinstanz noch Berücksichtigung finden müssen, wenn diese Frist als eine Ausschlußfrist aufzufassen wäre; denn die Wahrung der Ausschlußfristen ist, wie der Gerichtshof wiederholt entschieden hat, von Amtswegen in allen Instanzen zu prüfen und zu beachten. Aber die Frist des § 87 ist keine Ausschlußfrist, sondern eine Verjährungsfrist.

2. Der Verjährungseinwand aus § 87 KommAbgG. kann nicht neu in der Revisionsinstanz geltend gemacht werden.

3. Der Verwaltungsrichter darf die Frage, ob eine Beitragsforderung aus § 15 BauflG. verjährt ist, nicht von Amtswegen prüfen.

Nr. 2. Entsch. v. 19. Okt. 1911 (OVG. 60 145) VII C 232/11.

Die Auslegung eines Vertrags und die Ermittelung des hierin zum Ausdrucke gebrachten Willens der Vertragschließenden bewegt sich auf tatsächlichem Gebiet und ist einer Nachprüfung im Revisionsverfahren entzogen. Wenn jedoch bestimmte Tatsachen behauptet und unter Beweis gestellt werden, die für die Auslegung des Vertrags erheblich sind, so ist in der Nichterhebung des Beweises ein wesentlicher Mangel des Verfahrens zu finden.

Nr. 3. Entsch. v. 7. März 1912 (PrVerwBl. 34 96) IV C 254/11.

BauflG. § 15.

1. Der Vorderrichter hat angenommen, die Heranziehung des Klägers beruhe auf der Bedingung, die der ausnahmsweisen Bewilligung des Anbaues beigefügt worden sei. Diese Bedingung liege aber auf zivilrechtlichem Gebiet und könne demnach nicht zum Gegenstand eines Verwaltungsstreitverfahrens gemacht werden; ein Einspruchsbescheid iS. des § 70 KommAbgG. sei deshalb überhaupt nicht zu erteilen gewesen, und daraus folge die Unzulässigkeit der Klage.

2. Die Zulässigkeit der Klage hat auch der Revisionsrichter frei zu prüfen. Bei dieser Prüfung ist der Gerichtshof zu einem entgegengesetzten Ergebnisse gelangt wie der Vorderrichter. Der Inhalt der dem Kläger am 11. IV. 10 und auf seinen Einspruch am 17. V. 10 zugegangenen Verfügungen des Beklagten läßt es nicht zweifelhaft erscheinen, daß es sich um eine Heranziehung des Klägers zu Anliegerbeiträgen für die Rotenbergstraße handelt. In der ersteren Verfügung ist mit klaren Worten zum Ausdruck gebracht, der Kläger solle einen solchen Beitrag zahlen, weil sein Grundstück, wenn auch nicht unmittelbar, an der Rotenbergstraße liege. Der Beitrag ist unter Zugrundelegung einer Frontlänge von 25 m berechnet. Den rechtzeitigen Einspruch des Klägers hat der Beklagte nicht als unzulässig, wie hätte geschehen müssen, wenn kein Anliegerbeitrag nach § 15 BauflG. gefordert werden sollte, sondern lediglich mit eingehender sachlicher Begründung zurückgewiesen und hierbei besonders darauf hingewiesen, daß gegen den erteilten Bescheid binnen zwei Wochen die Klage im Verwaltungsstreitverfahren beim Bezirksausschuß in Cassel erhoben werden könne. Aus alledem folgt, daß der Beklagte eine Heranziehung beabsichtigt und vorgenommen hat. Demgegenüber ist es ohne Bedeutung, wenn er später behauptet, die in dem Einspruchsbescheid erteilte Rechtsbelehrung wegen Erhebung der Klage beruhe auf einem Irrtum.

Nr. 4. Entsch. v. 11. April 1912 (PrVerwBl. 34 361) IV C 208/11.

BauflG. § 15.

1. Die Klägerin hat auf Freistellung und Zurückerstattung der bereits gezahlten Beträge Klage erhoben, und der Vorderrichter hat auch die Verurteilung nach dem letzteren Klagebegehren ausgesprochen. Der Gerichtshof ist bei der Zulassung eines Antrags auf Rückzahlung in Verbindung mit einem Antrag auf Freistellung von Anliegerbeiträgen bisher davon ausgegangen, daß jener Antrag an sich überflüssig sei, weil sich die Verpflichtung zur Zurückerstattung ohne weiteres aus der Freistellung ergebe. Demnach kann der Ausspruch der Verpflichtung zur Rückzahlung nach Absicht des Vorderrichters nicht als der Ausspruch einer wirklichen Verurteilung des Beklagten verstanden werden. Der Vorderrichter hat vielmehr die Pflicht zur Zurückzahlung nur als die notwendige Folge seiner Entscheidung, daß eine Beitragspflicht nicht bestehe, angesehen und ausgesprochen; er hätte sich damit begnügen können, diesen Ausspruch lediglich in der Begründung seines Bescheids zum Ausdruck zu bringen. Demgemäß ist gegenwärtig nur über den Anspruch der Klägerin auf Freistellung zu entscheiden.

2. Insoweit ist zu beachten, daß zwei besondere Heranziehungen vorliegen. Gegen beide in einer Klageschrift zu klagen, war statthaft. Tatsächlich und rechtlich liegen aber zwei selbständige Klagen vor; es besteht eine objektive Klagenhäufung. Es ist demnach über jede der beiden Klagen selbständig zu befinden.

Die erste Verfügung ist an den Erblasser der Klägerin Simon C. gerichtet, und dieser hat Einspruch eingelegt. Der Einspruchsbeschluß ist an die Klägerin ergangen, mit Recht, da Simon C. inzwischen verstorben war und die Klägerin unbestritten seine alleinige Erbin ist. Ihre Klage hiergegen ist zulässig und nach den Feststellungen des Vorderrichters auch begründet. Danach ist das Gebäude, wegen dessen Errichtung die Heranziehung erfolgt ist, vor dem Beginne der Anlegung der Sedanstraße erbaut worden. Dies bewegt sich auf tatsächlichem Gebiet und ist daher für den Revisionsrichter bindend, da es ohne Rechtsirrtum und ohne wesentliche Mängel des Verfahrens festgestellt worden ist. Über Inhalt und Tragweite des Einspruchs steht dem Revisionsrichter die freie Beurteilung zu. Darauf, ob die Freistellung aus zutreffenden Gründen beantragt wird, kommt es nicht an, sondern nur darauf, ob sie vollständig oder nur in bestimmter Höhe beantragt worden ist. Ob das danach gestellte Begehren zu Recht oder zu Unrecht erhoben ist, darüber soll erst in dem weiteren Verfahren entschieden werden;

dies ist gerade dessen Zweck. Endlich braucht die Begründung der Klage mit der des Einspruchs nicht übereinzustimmen. Allerdings bilden Heranziehung, Einspruch und Einspruchsbescheid in gewissem Umfange feste Grenzen, innerhalb deren sich demnächst das Streitverfahren zu bewegen hat. Es kann deshalb die Beitragsforderung nicht im Laufe des Streitverfahrens auf eine neue tatsächliche und rechtliche Grundlage gestellt werden, wie auch der Kläger in der Klage seinen Angriff nicht über den Betrag hinaus ausdehnen kann, den der Einspruch angibt. Aber der Beklagte übersieht, daß dem Kläger nur eine Schranke hinsichtlich des Betrags seiner Forderung durch den Einspruch gezogen ist, dagegen eine Beschränkung hinsichtlich der Begründung der Klage nicht besteht. Daß in der Klage nur diejenigen Anfechtungsgründe wiederholt werden dürfen, die schon im Einspruch vorgebracht sind, ist nirgends vorgeschrieben.

3. Zur Zeit der zweiten Heranziehung war Simon C. bereits verstorben. Sie ist der Klägerin zugestellt; Einspruch ist nicht eingelegt, auch ist kein Einspruchsbescheid erlassen. Der Vorderrichter sieht diese Heranziehung als ungültig an, weil der Rentner C. damals gestorben war, also nicht herangezogen werden konnte, und die Klägerin nicht rechtsgültig veranlagt war, und hat deshalb insoweit der Klage stattgegeben. Dies ist rechtsirrig. Es muß dahingestellt bleiben, ob hier eine rechtsgültige Veranlagung stattgefunden hat. Denn es fehlt insoweit an einem Einspruch und einem Bescheid darauf. Den Einspruch des Rentners C. gegen die erste Heranziehung auf die zweite auszudehnen, ist nicht angängig, da zur Zeit der zweiten Heranziehung der Einspruch schon erhoben war und C. nicht mehr lebte. Einspruch und abweisender Bescheid aber sind die unerläßlichen Voraussetzungen der Klage; fehlt es daran, so muß die Klage ohne weiteres abgewiesen werden.

Nr. 5. Entsch. v. 2. Mai 1912 (PrVerwBl. 33 840) HC 73/11.

Der Richter, der in seinem Urteil an Stelle der Gemeinde die Veranlagung ausspricht, hat die Sachlage, wie sie zur Zeit des Urteils besteht, zugrunde zu legen, also i. F. der Maßgeblichkeit der staatlichen Veranlagung diese Veranlagung so, wie sie am Tage des Urteils besteht.

Nr. 6. Entsch. v. 21. Nov. 1912 (OVG. 62 218) IV C 160/12.

LVG. § 63.

Der § 63 LVG. verlangt, daß in der Klage ein bestimmter Antrag gegen eine bestimmte Person als Beklagten gerichtet wird, und daß der Gegenstand des Anspruchs und die den Antrag begründenden Tatsachen genau bezeichnet werden. Diese Erfordernisse liegen zunächst insoweit vor, als Absicht und Ziel der Klage, die Person des Beklagten und der Gegenstand des Anspruchs, der erhoben wird, aus dem eingereichten Schriftsatze schon ohne weiteres erkennbar sind. Einer ausdrücklichen scharfen Fassung des Klageantrags bedarf es nicht, wenn hierüber kein Zweifel bestehen kann. Es fehlt also nur an der näheren Klagebegründung, die in dem Schriftsatz erst in Aussicht gestellt ist. Eine genügende Begründung war indessen in dem der Klage vorausgegangenen Einspruche bereits vorhanden, und es bedurfte nur des Einblicks in diese Vorverhandlungen, um daraus zu entnehmen, aus welchen Gründen der Kläger seine Heranziehung zu den Straßenbaukosten bekämpft. Diese Verhandlungen hätte der Vorderrichter heranziehen müssen; erst dann konnte er beurteilen, ob eine nach dem § 63 genügend begründete Klage vorlag oder nicht. Einspruch und Einspruchsbescheid bilden die notwendigen Voraussetzungen für die Anstellung einer Klage gegen die Heranziehung zu den Gemeindelasten, und daraus folgt, daß diese Vorverhandlungen zur Ergänzung der Klage mit in Betracht zu ziehen sind.

Nr. 7. Beschl. v. 5. Mai 1913 (DJZ. 18 1390) IV ER 50/13.

BauflG. § 15.

Die 21 Kläger beanspruchen mit der Klage ihre Freistellung von den Anliegerbeiträgen, die sie gemäß § 15 BauflG. entrichten sollen. Der Bezirksausschuß hat vor Anberaumung der mündlichen Verhandlung beschlossen, daß vorerst nur die Streitsache des Kl. zu 1 zur Verhandlung und Entscheidung gebracht werde, das Verfahren in den sämtlichen anderen Streitsachen aber bis zur endgültigen Entscheidung in jener Streitsache ruhen soll. Die Kläger zu 2 bis 21 haben hiergegen Beschwerde eingelegt und ausgeführt, die Prozeßlage aller Kläger sei die gleiche und kein Grund für die Trennung vorhanden. Den Beschwerdeführern werde die Geltendmachung ihrer Rechte auf lange Zeit unmöglich gemacht. Die Stadtgemeinde treibe die streitigen Beiträge ein, zahle aber, wenn sie diese infolge einer die Freisprechung aussprechenden Entscheidung zurückerstatten müsse, keine Zinsen. Die Beschwerde ist nach § 110 LVG. zulässig. Ihr mußte indessen als unbegründet der Erfolg versagt werden. Das LVG. enthält *keine Vorschriften* darüber, in *welchen Fällen und unter welchen Voraussetzungen* der Verwaltungsrichter das *Verfahren aussetzen* darf. Die Bestimmungen der §§ 148, 149 ZPO. sind in dieser Beziehung mangels einer ihre Anwendbarkeit im Verwaltungsstreitverfahren aussprechenden Vorschrift nicht maßgebend. Die Aussetzung kann daher stattfinden, wenn sie für die sachgemäße Behandlung und Erledigung des Streitverfahrens *notwendig oder zweckmäßig* erscheint. Daß der Bezirksausschuß durch den angefochtenen Beschluß im vorliegenden Falle, in dem die Kläger nicht in einer notwendigen Streitgenossenschaft stehen, sondern es sich nur um eine subjektive Klagenhäufung handelt, diese Grenze überschritten habe, ist nicht anzuerkennen. Seine Entschließung ist dazu bestimmt, den Klägern zu 2 bis 21 und, soweit deren Klagen nach dem Ausfalle der ersten Streitsache sich als begründet erweisen, dem beklagten Gemeindevorstande Kosten zu ersparen. Sie trägt also gleichmäßig den eigenen Interessen der beiden Streitteile Rechnung. Demgegenüber kann es auf den von den Beschwerdeführern erhobenen Einwand um so weniger ankommen, als nichts dafür beigebracht ist, daß die Beiträge, zu denen sie herangezogen worden, bereits eingefordert sind, oder daß ihre Einforderung in Aussicht steht.

Siebente Abteilung.
Entscheidungen in Staatssteuersachen.

Erster Abschnitt.
Einkommensteuer.

Literatur: Bauer: Bilanz und Gewinnberechnung² (Leipzig 1913). — Bedall: Besteuerung der juristischen Personen im allgemeinen und insbesondere der Stiftungen, Vereine, Gesellschaften usw. (München 1913). — Beck: Bilanz und preußische EinkSt. (Hannover 1912). — Crüger: Die Gesellschaft m. b. H. (Berlin 1912). — Deumer: Das Recht der eingetragenen Genossenschaften (München 1912). — Fernow: EinkStG.⁸ (Berlin 1913). — Flügge: Die Selbsteinschätzung (Kattowitz 1912). — Illing-Kautz: Handbuch für preußische Verwaltungsbeamte, Bd. III (Berlin 1914). — Kleinau: Abzüge bei der EinkSt.² (Berlin 1913). — Laue: AAnw. zum EinkStG. und ErgStG., III. Teil ⁸ (Berlin-Wilmersdorf 1913). — Merzbacher: Das ReichsG., betr. die Erwerbs- und Wirtschaftsgenossenschaften³ (München 1912). — Parisius und Crüger: Dasselbe ⁴ (Berlin 1912). — Dieselben: ReichsG., betr. die Gesellschaften m. b. H.,¹² (Berlin 1912). — Staub-Hachenburg: Komment. zum G., betr. die Gesellschaften m. b. H. ⁴ (Berlin 1913). — Strutz: Die Neuordnung der direkten Staatssteuern in Preußen (Berlin 1912). — Weiland: Richtige Steuereinschätzung (Berlin 1912). — Weill: Die Tantieme des Vorstandes und Aufsichtsrates einer Aktiengesellschaft (Mannheim 1913).

I.
Steuerpflicht der physischen Personen.
A. Unbeschränkte subjektive Steuerpflicht.

Nr. 1. Entsch. v. 24. Juni 1911 (OVGSt. 15 1) X C 3/11.

EinkStG. § 1. DoppStG. v. 22. III. 09 § 2.

Das DoppBestG. v. 13. V. 70 (RGBl. 119) hat keineswegs jede Doppelbesteuerung Deutscher beseitigt, so daß sein Inhalt seiner Überschrift nicht genau entspricht. Es zählt vielmehr nur einzelne bestimmte Fälle auf, in denen eine Doppelbesteuerung nicht gestattet ist, während in den anderen Fällen ein solches Verbot nicht besteht. An dieser Rechtslage hat sich auch mit Inkrafttreten des geltenden DoppStG. v. 22. III. 09 nichts geändert. Insbesondere hat es für den hier vorliegenden Fall, wo ein Deutscher in mehreren Bundesstaaten sowohl die Staatsangehörigkeit als auch einen Wohnsitz besitzt, keinem dieser Staaten — abgesehen vom Einkommen aus Grundbesitz und Gewerbebetrieb — das Besteuerungsrecht entzogen, so daß ein jeder berechtigt ist, einen solchen Deutschen in vollem Umfange zu den direkten Staatssteuern heranzuziehen. Nach dem preuß. EinkStG. ist aber diese Heranziehung begründet, weil der Beschwerdeführer die preußische Staatsangehörigkeit besitzt und keiner der im § 1 Nr. 1 a bis c aufgeführten Ausnahmefälle hier vorliegt. Der Versuch des Beschwerdeführers, B. als seinen Heimatstaat iS. von § 2 Abs. 2 DoppStG. zu behandeln und hieraus für Preußen ein Verbot der Besteuerung abzuleiten, ist verfehlt. Denn der Umstand, daß der Steuerpflichtige „als Staatsangehöriger in B. geboren ist" und die preußische Staatsangehörigkeit erst später erworben hat, kann Preußen die Eigenschaft eines Heimatstaats nicht nehmen, die nach feststehender Rechtsprechung für jeden Bundesstaat anzuerkennen ist, dessen Staatsangehörigkeit ein Steuerpflichtiger besitzt.

Nr. 2. Entsch. v. 27. März 1912 (OVGSt. 15 3) IV A 237/10.

EinkStG. § 1. DoppStG. v. 22. III. 09 § 2.

1. Die Vorschrift im § 1 Nr. 1b EinkStG., wonach preußische Staatsangehörige, die neben einem Wohnsitz in Preußen in einem anderen Bundesstaat oder in einem deutschen Schutzgebiet ihren dienstlichen Wohnsitz haben, in Preußen nicht einkommensteuerpflichtig sind, hat durch § 2 DoppStG. v. 22. III. 09 (RGBl. 332) keine Änderung erfahren.

2. Art. 39 Nr. 2 Abs. 2 und 3 AAnw. v. 25. VII. 06 findet auf Angehörige der südwestafrikanischen Schutztruppe keine Anwendung, da die Servisbestimmungen, die zu den Abs. 2 und 3 des Art. 39 aaO. Anlaß gegeben haben, für die südwestafrikanische Schutztruppe formell nicht eingeführt sind.

Nr. 3. Entsch. v. 2. Nov. 1912 (DJZ. 18 647) IV A 171/12.

Preußische Staatsangehörige bleiben nach ihrem Verzuge ins Ausland noch zwei Jahre steuerpflichtig, auch wenn sie vorher nicht zur Einkommensteuer veranlagt waren.

Nr. 4. Entsch. v. 2. Nov. 1912 (StArch. 13 301).

Die Einkommen- und Ergänzungssteuerpflicht eines nach § 1 Nr. 1c EinkStG. und § 1 Nr. 1 ErgStG. wegen Aufenthalts im Auslande in seinem Heimatstaate nicht steuerpflichtigen preußischen Staatsangehörigen lebt wieder auf, sobald eine der Voraussetzungen für die Steuerfreiheit fortfällt. Sie tritt also wieder ein, wenn entweder von neuem ein Wohnsitz in Preußen begründet oder der dauernde Aufenthalt im Auslande aufgegeben wird.

Nr. 5. Entsch. v. 21. Dez. 1910 (Recht 15 269).

Der Steuerpflichtige, städtischer Armenarzt, hat in Berlin zur Ausübung seines Berufs eine kleine Wohnung, deren Schlafraum nur für ihn selbst ausgestattet ist, außerdem in einem Vororte ein Landhaus, das für Frau und Kinder standesgemäß eingerichtet ist und von diesen ständig bewohnt wird, während es für den Steuerpflichtigen zum dauernden Wohnen — besonders auch hinsichtlich der Schlafgelegenheit — nicht hergerichtet ist. Das OVG. hält einen Doppelwohnsitz für vorliegend, da beide Quartiere steuerrechtlich Wohnungen seien. Unter „Innehaben" einer Wohnung nach § 1 Abs. 2 DoppStG. ist das ausschließliche Verfügungsrecht über die Räume, unter Wohnung im Gegensatz zum Absteigequartier, Räume, die dem Pflichtigen und seinem Hausstande standesgemäßen Unterhalt gewähren, zu verstehen. Die nach § 21 dem Pflichtigen freistehende Wahl des Veranlagungsorts hat bis zum Beginne der Voreinschätzung zu geschehen (Art. 39 Abs. 3 AAnw.) und kann nicht nachgeholt werden.

Nr. 6. Entsch. v. 19. Okt. 1910 (StArch. 11 354).

Zum Begriff des Wohnsitzes ist von Amtswegen festzustellen, ob die Wohnung ihrer Größe und Beschaffenheit nach nicht nur der Ehefrau und den zum Haushalt gehörigen Kindern, sondern nach der ganzen häuslichen Beschaffenheit zugleich dem Beschwerdeführer selbst zur standesgemäßen Unterkunft dienen kann und nicht bloß als Absteigequartier gelten muß.

Nr. 7. Entsch. v. 1. März 1911 (OVGSt. **15** 6) IVb 10/11.

DoppStG. v. 22. III. 09 § 1.

Nach der für das EinkStG. gültigen Begriffsbestimmung im § 1 Abs. 2 DoppStG. v. 22. III. 09 hat ein Deutscher einen Wohnsitz an dem Orte, an dem er eine Wohnung unter Umständen inne hat, die auf die Absicht der dauernden Beibehaltung einer solchen schließen lassen. Die Absicht der dauernden Beibehaltung kann aber nicht allein aus der Länge des Aufenthalts gefolgert werden. Es kommt vielmehr auf die tatsächlichen Umstände an, die für den Aufenthalt und seine Verlängerung maßgebend sind. Eine unfreiwillige Verlängerung eines nur vorübergehenden Aufenthalts ist jedenfalls allein nicht geeignet, dem Aufenthalte den Charakter eines vorübergehenden zu nehmen. Nach der Erklärung des Steuerpflichtigen, die auch durch eine Bescheinigung der Missionsgesellschaft bestätigt wird, handelt es sich nur um einen Urlaubsaufenthalt in Deutschland, der die Absicht eines dauernden Aufenthalts von vornherein ausschließt. Es fehlt daher für die Annahme eines Wohnsitzes in A. an einem wesentlichen Begriffsmerkmale.

Nr. 8. Entsch. v. 25. Jan. 1911 (OVGSt. **15** 8) E IVa 17/10.

EinkStG. § 1². ErgStG. § 2 I.

Die Naturalisation eines Ausländers wird nach § 2 Nr. 5, §§ 6, 8 und 10 G. v. 1. VI. 70 durch die Aushändigung der Naturalisationsurkunde vollzogen. Mit der Naturalisation erwirbt der Ausländer die Staatsangehörigkeit des naturalisierenden Bundesstaats. Die einmal erworbene Staatsangehörigkeit kann nur aus den im § 13 des G. angeführten fünf Gründen wieder verloren gegen. Unter diesen ist die Rechtsungültigkeit der erfolgten Naturalisation nicht aufgeführt. Wie in OVG. **13** 409ff. ausgeführt ist, ist die Nichtigkeitserklärung einer einmal erfolgten Naturalisation ausgeschlossen, auch wenn der Beweis erbracht wird, daß sie der Naturalisierte infolge eines Irrtums oder Mißgriffs in der Prüfung der tatsächlichen Verhältnisse erlangt hat. Die Naturalisation ist ein reiner Formalakt, dessen materielle Voraussetzungen der Nachprüfung entzogen sind. Wohl aber muß es den einzelnen Landesbehörden, für die die Naturalisation rechtliche Wirkungen äußern soll, unbenommen bleiben, nachzuprüfen, ob überhaupt eine Naturalisation erfolgt ist, ob also die formellen Voraussetzungen erfüllt sind, daß von einer zuständigen Behörde eine Naturalisationsurkunde erteilt und dem betreffenden Ausländer ausgehändigt ist. Denn anderenfalls würde eine Naturalisation überhaupt nicht zustande gekommen und die tatsächlich vollzogene als von vornherein nichtig zu behandeln sein.

Eine bestimmte Form für die Naturalisationsurkunde ist in dem G. v. 1. VI. 70 nicht vorgeschrieben. Es muß daher jede Urkunde für genügend angesehen werden, aus der sich ergibt, daß einem Ausländer von der dazu berufenen Behörde die Staatsangehörigkeit eines Bundesstaats übertragen werden sollte. Das ist für den Steuerpflichtigen nach der Urkunde von 1887 der Fall. Denn in dieser bescheinigt das Staatsministerium zu A., daß der bisherige Angehörige eines nichtdeutschen Staates die Staatsangehörigkeit des Staates B. erworben hat. Hierdurch muß die Naturalisation formell als rechtsgültig vollzogen angesehen werden. Der Umstand, daß die Urkunde in der Überschrift nicht als Naturalisationsurkunde, sondern als „Aufnahmeurkunde" bezeichnet ist, und daß in ihr als die maßgebenden Paragraphen nicht die §§ 6 und 8 G. v. 1. VI. 70 angezogen sind, sondern die §§ 6 und 7, die von der Aufnahme eines Deutschen handeln, ist unerheblich. Die Urkunde ist deshalb nicht als irrtümlich erteilt von vornherein als nichtig anzusehen, sondern sie behält trotz dieser Formfehler ihre Rechtsgültigkeit. Der Steuerpflichtige ist demnach als Staatsangehöriger des Staates B. anzusehen.

Nr. 9. Entsch. v. 13. März 1912 (OVGSt. 15 13) XI c 149/11.

Nach Art. 4 der Vereinbarung zwischen Preußen und Luxemburg v. 10. VIII. 09 sind nur die Tantiemen und ähnlichen Bezüge, die in Preußen wohnhafte Mitglieder des Aufsichtsrats von Aktiengesellschaften usw., die in Luxemburg domiziliert sind, in dieser Eigenschaft erhalten, von der vollen Besteuerung in Preußen ausgeschlossen. Die Tantiemen und ähnlichen Bezüge der in Preußen wohnhaften Angestellten derartiger Aktiengesellschaften usw. unterliegen dagegen den allgemeinen Vorschriften des EinkStG.

Nr. 10. Entsch. v. 27. März 1912 (OVGSt. 15 14) E VII a 6/11.
EinkStG. §§ 1, 5, 14.

Nach § 1 Nr. 3 EinkStG. sind in Preußen einkommensteuerpflichtig die Ausländer, die in Preußen einen Wohnsitz haben. Ausgeschlossen von der Besteuerung ist nach § 5 Nr. 2 aaO. das Einkommen der nach § 1 Nr. 3 steuerpflichtigen Ausländer aus ausländischem Gewerbebetriebe, sofern sie nicht des Erwerbes wegen in Preußen einen Wohnsitz haben oder sich aufhalten. Das hier in Frage stehende Einkommen aus ärztlicher Praxis ist jedoch nach § 14 EinkStG., Art. 21 Abs. 1c AAnw. v. 25. VII. 06 nicht Einkommen aus Gewerbe, sondern aus gewinnbringender Beschäftigung und danach in Preußen steuerpflichtig. Nun ist zwar zwischen Preußen und Österreich eine Vereinbarung getroffen worden, daß mit Rücksicht auf Art. 2 des Staatsvertrags zwischen Österreich und Preußen v. 21. VI. 99 zur Vermeidung von Doppelbesteuerungen und auf das Schlußprotokoll vom gleichen Tage unter II der Betrieb der ärztlichen Praxis nur in demjenigen Staate zu den direkten Staatssteuern heranzuziehen ist, in dem dieser Betrieb von einem festen Mittelpunkte (Betriebsstätte) aus ausgeübt wird. Die ausdrückliche Bezugnahme auf den Staatsvertrag ergibt, daß sich die Vereinbarung über die Besteuerung des ärztlichen Einkommens auf jenen Staatsvertrag und das Schlußprotokoll dazu stützt, und daß das Vertragsgebiet dasselbe sein soll wie dort. Dieses aber umfaßt nach der Einleitung des Staatsvertrags einerseits das Königreich Preußen, auf der anderen Seite nur die im Reichsrate vertretenen Königreiche und Länder. Dazu gehört Ungarn nicht.

B. Beschränkte subjektive Steuerpflicht.

Nr. 1. Entsch. v. 24. Jan. 1912 (OVGSt. 15 16) XIII c 106/11.

Die Ermittelung des wegen mehrerer in Preußen befindlicher Filialen in Preußen steuerpflichtigen Einkommens eines einheitlichen, im Auslande domizilierten gewerblichen Unternehmens darf für die einzelnen Filialen nicht nach verschiedenen Zeiträumen erfolgen. Es muß vielmehr zunächst festgestellt werden, welcher Zeitraum für das Gesamtunternehmen maßgebend ist; sodann ist das steuerpflichtige Einkommen des Gesamtunternehmens zu ermitteln und hierauf die Verteilung desselben auf das Ausland und Preußen, erforderlichenfalls im Wege der Schätzung auf Grund amtlicher Ermittelungen bei Nichtvorlegung der notwendigen Unterlagen für die Berechnung, vorzunehmen. Die Berufungskommission wird jedoch zu erwägen haben, ob sie sich in dieser Beziehung nicht mit der Vorlegung von Abschriften der Jahresabschlüsse des Gesamtunternehmens für das letzte Geschäftsjahr begnügen oder zum Zwecke der Gewinnung der nötigen Unterlagen die Originalabschlüsse in London durch einen dortigen Vertrauensmann einsehen lassen will

Nr. 2. Entsch. v. 18. Nov. 1911 (OVGSt. 15 20) E XIII c 3/11.

EinkStG. §§ 2, 8 I, II. ErgStG. §§ 2 II, 8 Abs. 2 u. 3.

1. Ist eine Rentenpflicht mit dem Tode des Erblassers fortgefallen, so kann sie bei Berechnung des Vermögens und Einkommens aus dem Erbanfall, insbesondere des hier allein angerechneten Vermögens und Einkommens, überhaupt nicht in Betracht kommen. Der Wegfall der Rente ist eine Folge des Todes des Erblassers, nicht eine solche des Erbanfalls.

2. Die Beschwerdeführerin hat von dem Bankhause S. für ihre Lebensbedürfnisse Darlehen entnommen und dafür Bankzinsen zu zahlen. Die Berufungskommission hat die Abzugsfähigkeit der Bankschuld und der Bankzinsen von dem in Preußen steuerpflichtigen Vermögen und Einkommen verneint, weil Schuld und Zinsen weder Werbungskosten darstellten, noch zu jenen Vermögens- und Einkommensteilen der Beschwerdeführerin wirtschaftlich in Beziehung ständen. Die Beschwerdeführerin dagegen bejaht diese beiden Voraussetzungen, weil der Erblasser und seine Erben vertragsmäßig bis 1919 nicht befugt gewesen seien, über ihre Kommanditanteile an dem Bankhause zu verfügen, Geldbeträge also bis dahin nur in Form von Darlehen entnehmen könnten, für die ihre Kommanditanteile die natürliche Sicherheit geboten hätten. Die für diese Entnahmen zu entrichtenden Bankzinsen stellten sich aber ferner als durch rechtliche Belastung der Quelle verursachte wiederkehrende Ausgaben dar und hätten danach die Eigenschaft von Werbungskosten.

Diese Ausführungen der Beschwerdeführerin können als zutreffend nicht anerkannt werden. Richtig ist, daß die Kommanditeinlage des Erblassers der Beschwerdeführerin dem Bankhause für die Geldentnahmen der letzteren eine natürliche Sicherheit bot, ohne die sie schwerlich größere Darlehen erhalten hätte. Eine solche Sicherheit aber bietet jedes ausreichende Bankdepot, auf das hin Bankkunden im Bedarfsfalle Geld von der Bank gegen Bankzinsen entleihen. Daß und inwiefern deshalb die für persönliche Schulden der Beschwerdeführerin zu entrichtenden Bankzinsen für das Bankunternehmen, an dem sie einen steuerpflichtigen Kommanditanteil ererbt hat, Werbungskosten, d. h. Aufwendungen zur Erwerbung, Sicherung oder Erhaltung des Ertrags hieraus, darstellen, ist nicht dargetan, ebensowenig, daß die auf jene Kommanditeinlage für Lebensbedürfnisse der Beschwerdeführerin entnommenen Gelder in sonstigem wirtschaftlichen Zusammenhange zu dem Bankunternehmen stehen. Letzteres ist auch nicht etwa schon deshalb zu unterstellen, weil, wie dargelegt, die Einlage die Sicherheit bot für die Darlehen der Beschwerdeführerin. Daß die bloße Verpfändung einer in Preußen steuerpflichtigen Einkommensquelle für irgendeine, wenn auch aus außerpreußischen Beziehungen herrührende Schuld nicht genügt, eine „wirtschaftliche Beziehung" iS. des § 8 II Abs. 2 EinkStG., § 8 Abs. 2, 3 ErgStG. zu der preußischen Einkommensquelle herzustellen, ergibt der letzte Satz jener Vorschriften.

3. Die nach Angabe der Beschwerdeführerin auf die Erbmasse übergegangene Schuld ihres Vaters von 600 000 ℳ an das Bankhaus rührt aus einem Kreditauftrage her, den der Erblasser dem Bankhause zugunsten seiner Tochter N. N. erteilt hat. Aus einem solchen Kreditauftrage haftet der Auftraggeber dem Beauftragten nach der Kreditgewährung gemäß § 778 BGB. als Bürge; er hat also nicht bloß die Pflichten, sondern auch die Rechte eines Bürgen. Soweit der Bürge den Gläubiger befriedigt, geht insbesondere die Forderung des Gläubigers auf den Bürgen nach § 774 aaO. über. Daß eine Forderung gegen die N. N. nicht beitreibbar wäre, ist von der Steuerpflichtigen nicht behauptet, nach den Vermögensverhältnissen der ersteren auch ohne weiteres als ausgeschlossen anzusehen. Demnach liegt keine endgültige Aufwendung aus der Erbmasse vor, die Steuerpflichtige ist daher überhaupt nicht befugt, den auf sie entfallenden Anteil von ihrem steuerpflichtigen Einkommen in Abzug zu bringen.

4. Ruhen die Schulden und Schuldenzinsen, soweit sie nach diesen Ausführungen überhaupt abzugsfähig sind, iS. der angeführten gesetzlichen Vorschriften auf den preußischen Einkommensquellen der Beschwerdeführerin überhaupt nicht, so sind sie danach in Preußen überhaupt nicht abzugsfähig und nach Art. 24 Nr. 5 AAnwEinkStG. und Art. 17 V AAnwErgStG. auch nicht nach Verhältnis der außerpreußischen und preußischen Vermögens- und Einkommensteile zu verteilen und in Abzug zu bringen. Denn nur unter der Voraussetzung der Werbungskosten oder der sonstigen wirtschaftlichen Beziehung sind die Schuldenzinsen und Renten und nur unter der zweiten Voraussetzung sind die Kapitalschulden abzugsfähig.

II.

Einkommen der physischen Personen.

A. Allgemeine Grundsätze.

1. Das steuerpflichtige Einkommen.

Nr. 1. Entsch. v. 8. April 1911 (OVGSt. 15 24) E VII a 4/10.

1. Durch eine Sicherheitszession werden zwar nach der Absicht der Beteiligten die Gläubigerrechte nach außen hin auf den Zessionar übertragen, so daß dieser Dritten, insbesondere dem Schuldner gegenüber die formale Rechtsstellung des Gläubigers erhält. Für die rechtlichen Verhältnisse zwischen dem Zedenten und dem Zessionar ist aber diese dingliche Wirkung der Zession als abstrakten Rechtsgeschäfts nicht maßgebend. Entscheidend dafür sind vielmehr ausschließlich die obligatorischen Vereinbarungen der beiden Beteiligten, die der sogenannten Sicherheitszession einer Forderung zugrunde liegen. Nach Maßgabe dieser Vereinbarungen enthält eine solche Zession begrifflich einen Auftrag des Zedenten an den Zessionar und begründet ein Treuverhältnis zwischen beiden. Nach den Grundsätzen von Treu und Glauben in Verbindung mit den Vorschriften der §§ 662 ff. BGB. ist ein solcher Zessionar verbunden, neben seinem Interesse das des Zedenten wahrzunehmen, hier also die zedierte Forderung zum Zwecke seiner Befriedigung einzuziehen, dadurch den Zedenten von dessen Schuld an ihn zu befreien und die Forderung im übrigen, soweit sie noch fortbesteht, dem Zedenten wieder zur freien Verfügung zu überlassen. Hiernach sind solche Sicherheitszessionen, die nach den Vereinbarungen zwischen dem Zedenten und dem Zessionar lediglich eine Sicherstellung des letzteren wegen einer Forderung an den ersteren und die Ermächtigung des Zessionars zur Einziehung der zedierten Forderung zum Zwecke der Verrechnung des eingezogenen Betrags auf seine Forderung beabsichtigen, sowohl für die Einkommensteuer- als auch für die Ergänzungssteuerveranlagung nur wie eine bloße Verpfändung einer Forderung zu behandeln.

2. Wird seitens des Verpächters einer Brennerei der ihm zustehende Anspruch auf künftig seitens des Pächters zu entrichtende Pachtzinsen einem seiner Gläubiger zum Zwecke der Sicherstellung und demnächstigen Tilgung einer ihm gegen ihn zustehenden Forderung abgetreten, so sind die infolge dieser Zession an den Gläubiger entrichteten Pachtzinsen steuerpflichtige Einnahmen des Zedenten.

Nr. 2. Entsch. v. 21. Dez. 1910 (OVGSt. 15 30) III 49/10.

EinkStG. § 5[4].

Aus der Geschichte der Entstehung des § 5[4] EinkStG. ist zu folgern, daß man nur die nicht pensionsberechtigenden Zulagen von der Besteuerung ausschließen wollte. Daraus ergibt sich, daß der Ausdruck Gehalt iS. der Vorschrift des § 5[4] gleichbedeutend mit Diensteinkommen oder Besoldung sein sollte. Zur Besoldung gehört aber der Wohnungsgeldzuschuß (vgl. §§ 1, 8 G. v. 30. VI. 73 — RGBl. 166 ff. —; § 6 G., betr. die Gewährung von Wohnungsgeldzuschüssen, v. 12. V. 73 — GS. 209 ff.). Dementsprechend ist in OVGSt. 3 101/102 für die Freilassung diätarischer Remunerationen der im Auslande stationierten Beamten lediglich der Umstand als ausschlaggebend erklärt, daß die Bezüge nicht zu dem pensionsberechtigenden Einkommen gehören.

Nr. 3. Entsch. v. 22. März 1911 (OVGSt. 15 32) VI a 122/10.

Als steuerpflichtig sind nur diejenigen Beträge an Gehalt und Militärpension anzusehen, auf die der Steuerpflichtige in dem maßgebenden Zeitraum einen rechtlichen Anspruch hatte. Überhebungen an Militärpension, die zurückgezahlt werden müssen, sind daher nicht anzurechnen.

Nr. 4. Entsch. v. 22. März 1911 (OVGSt. 15 34) III 91/10.

EinkStG. § 8 III [1].

Verwendet der Steuerpflichtige sein Einkommen (z. B. ein Angestellter Teile seines Gehalts durch deren Abtretung) zur Begleichung von Schuldverbindlichkeiten oder zur Befreiung von Ersatzansprüchen, so sind diese Verwendungen gemäß § 8 III Nr. 1 EinkStG. nicht abzugsfähig. Solche abgetretenen Gehaltsteile bilden steuerpflichtige Einnahmen.

Nr. 5. Entsch. v. 14. Juni 1911 (OVGSt. 15 35) II b 95/10.

EinkStG. § 5[5].

Die auf Grund des § 1 UnfallfürsorgeG. für Beamte und für Personen des Soldatenstandes v. 18. VI. 01 (RGBl. 211 ff.) gewährten Pensionserhöhungen sind nach § 5[5] EinkStG. von der Besteuerung ausgeschlossen.

Nr. 6. Entsch. v. 3. Febr. 1912 (StArch. 13 164).

Ist der Gehaltsanspruch des Steuerpflichtigen ein aufschiebend bedingter, so darf mit ihm als Einkommen noch nicht gerechnet werden.

Nr. 7. Entsch. v. 15. Mai 1912 (OVGSt. 15 37) XIII b 3/12.

Der Abzug irgendwelcher Kosten als Werbungskosten ist unzulässig, wenn keine Einkommensquelle vorhanden ist, innerhalb welcher sie entstanden sind. Ein Aktionär darf deshalb ebensowenig wie das Mitglied des Aufsichtsrats einer Aktiengesellschaft die Unkosten, die ihm durch die von ihm der Aktiengesellschaft ohne eine Verpflichtung dazu geleisteten Dienste erwachsen, abziehen. Denn die Besitzer von Aktien einer Aktiengesellschaft, die Aktionäre, haben keine Tätigkeit für die Gesellschaft auszuüben, es sei denn, daß ihnen im Gesellschaftsvertrage die Verpflichtung zu Leistungen auferlegt ist (§ 212 Abs. 1, § 216 HGB.). Die Anteile am Gewinn einer Aktiengesellschaft bestimmen sich lediglich nach dem Verhältnisse der Aktienbeträge (§ 214 Abs. 1 aaO.), sofern im Gesellschaftsvertrage keine andere Art der Gewinnverteilung vorgesehen ist (§ 214 Abs. 3 aaO.). Wenn der Steuerpflichtige also, der nicht Mitglied des Vorstandes der Aktiengesellschaft ist, dem allein nach dem G. die Vertretung und Geschäftsführung der Aktiengesellschaft obliegt (§§ 231 ff. aaO.), aus freien Stücken eine Tätigkeit im Interesse der Aktiengesellschaft ausübt und dafür Kosten hat, so stehen diese mit seinem Einkommen als Aktionär nicht in unmittelbarem Zusammenhange, sondern höchstens mit dem Gesamteinkommen der Aktiengesellschaft, sie sind daher nicht Werbungskosten im Bereiche der Einkommensquelle „Aktien", sondern Ausgaben, die diese Einkommensquelle höchstens mittelbar berühren. Auch von einem etwaigen Einkommen als Mitglied des Aufsichtsrats könnten die Kosten der Unterhaltung des Automobils nicht gekürzt werden; denn der Aufsichtsrat hat nach § 246 HGB. die Geschäftsführung der Gesellschaft nur zu überwachen, nicht selbst die Geschäfte zu führen.

2. Berechnungsart.

a) Allgemeine Grundsätze.

Nr. 1. Entsch. v. 18. Okt. 1911 (OVGSt. 15 61) XI a 53/11.

EinkStG. § 9.

Bankschulden können wie jede andere Schuld eine besondere Passivquelle bilden. Wenn z. B. ein Rentner ein laufendes Konto bei einer Bank hat, so ist das bei Abgabe der Steuererklärung bzw. bei Beginn des Steuerjahrs für ihn bestehende Aktiv- oder Passivsaldo die für die Berechnung der Zinsen nach § 9 Nr. 1 EinkStG. maßgebende Einkommens- oder Passivquelle. Liegt für sie ein Jahresergebnis nicht vor, so ist gemäß § 9 Nr. 2 aaO. mit dem mutmaßlichen Ertrage des Steuerjahrs zu rechnen. Nur wenn der Bankverkehr innerhalb eines Landwirtschafts- oder Gewerbebetriebs erfolgt, wenn also in diesen Betrieben zeitweilig nicht gebrauchte Gelder bei der Bank angelegt oder zum Betriebe notwendige Geldbeträge von der Bank entnommen werden, gehört der Verkehr des Steuerpflichtigen mit der Bank zu seinem Gewerbebetriebe. In diesem Falle sind die Zinsen usw. der Bankforderungen oder Schulden wie alle anderen Einnahmen und Ausgaben im Landwirtschafts- oder Gewerbebetriebe mit dem in dem für die Veranlagung maßgebenden Zeitraume wirklich gezahlten Betrag in Ansatz zu bringen.

Nr. 2. Entsch. v. 9. Dez. 1911 (DJZ. 17 695) VII c 87/11.

Das Vorliegen eines Ergebnisses des nach § 9 Nr. 2 EinkStG. maßgebenden Kalenderjahrs wird dadurch nicht ausgeschlossen, daß der Betrieb des Gewerbes (auch der Landwirtschaft oder der Vermietung von Wohnungen oder der gewinnbringenden Beschäftigung) in diesem Jahre nur vorübergehend überhaupt nicht oder nicht in dem bisherigen Umfange ausgeübt worden ist. Das Jahresergebnis ist auch in einem solchen Falle dasjenige des ganzen Kalenderjahrs einschließlich der Dauer des Ruhens oder der Einschränkung des Betriebs.

Nr. 3. Entsch. v. 21. Dez. 1911 (DJZ. 17 870) XIII b 93/11.

Prozeßkosten sind nur insoweit abzugsfähig, als sie zur Erwerbung, Sicherung oder Erhaltung des Ertrags einer einzelnen bestimmten Einkommensquelle aufgewendet worden sind. In Abrechnung kommen sie in dem Geschäftsjahre, in dem sie fällig geworden sind, wenn und soweit nicht eine Forderung auf ihre Erstattung von der Steuerbehörde wegen unstreitiger Tatsachen und zweifelsfreier Rechtsgrundsätze ohne weiteres festgestellt werden kann. Soweit dies nicht möglich ist, aber demnächst die Erstattung dieser Kosten erfolgt oder die Verpflichtung hierzu rechtskräftig festgestellt wird, bildet der erstattete oder zu erstattende Kostenbetrag einen Einnahmeposten der betreffenden Einkommensquelle in demjenigen Geschäftsjahre, in dem die Erstattung erfolgt oder der Erstattungsanspruch endgültig festgestellt wird.

Nr. 4. Entsch. v. 21. Dez. 1912 (StArch. 13 325).

Werbungskosten nach § 8 I EinkStG. können nur vom Rohertrage der im § 6 aaO. bezeichneten besonderen Einkommensquellen in Abzug gebracht werden.

b) Berechnung des Einkommens aus Kapitalvermögen.

Nr. 1. Entsch. v. 7. Dez. 1910 (OVGSt. 15 55) III 5/10.

EinkStG. §§ 6, 8, 9, 13.

Die singuläre Vorschrift im § 13 Abs. 2 Nr. 3 EinkStG. kann nur eine einschränkende Auslegung erfahren. Nach den Eingangsworten des Abs. 2 des § 13 aaO. sollen die Bestimmungen unter Nr. 1 bis 4 „für die Berechnung und Schätzung des Einkommens aus Handel und Gewerbe" gelten. Dadurch sollte im Anschluß an die Vorschriften im § 6 Nr. 3 und im § 8 aaO. nur der Begriff des steuerpflichtigen Reineinkommens aus Handel und Gewerbe, das sich aus der Gegenüberstellung der Einnahmen und Ausgaben ergibt, auf die Tantiemen und Gewinnanteile der persönlich haftenden Gesellschafter der Kommanditgesellschaften auf Aktien Anwendung finden. Dagegen ist hier nichts darüber bestimmt, welcher Zeitraum für den Ansatz des Einkommens aus Tantiemen und Gewinnanteilen der gedachten Gesellschafter maßgebend sein soll. Dies ist vielmehr im § 9 Nr. 2 bis 5 aaO. erschöpfend geregelt. Es muß deshalb die Vorschrift im § 9 Nr. 2 aaO. auf die Tantiemen und Gewinnanteile der persönlich haftenden Gesellschafter bei Kommanditgesellschaften auf Aktien Anwendung finden, ohne Rücksicht darauf, ob diese Gesellschafter über solche Einkommensbezüge Aufzeichnungen machen, die den Vorschriften der §§ 38ff. HGB. entsprechen oder nicht.

Nr. 2. Entsch. v. 8. April 1911 (OVGSt. 15 39) XIII b 80/10.

1. Maßgebend für die Berechnung des Einkommens an Dividende ist nicht der Zeitraum, für den sie von den Aktionären empfangen werden, sondern allein der Umstand, daß der Steuerpflichtige sie innerhalb des letzten, der Veranlagung vorangegangenen Kalenderjahrs empfangen oder auf ihre Zahlung in bestimmter Höhe ein Recht erlangt hat, vorausgesetzt ein unveränderter Bestand der Einkommensquelle bei Beginn des Steuerjahrs.

2. Hinsichtlich der offenen Handelsgesellschaft ist jetzt nach § 9 Nr. 3 EinkStG. und Art. 5 III Abs. 2 AAnw. v. 25. VII. 06 anerkannt, daß als wesentliche, die Berechnung des Einkommens der einzelnen Mitglieder nach der Vergangenheit ausschließende Umstände anzuerkennen sind solche Änderungen in den bestehenden Verhältnissen des einzelnen Betriebs, die geeignet sind, die Höhe des Ertrags des ganzen Unternehmens oder den Anteil der Mitglieder an diesem Ertrag erheblich zu beeinflussen. Es wird auch jetzt, im Gegensatz zu der früheren Praxis, angenommen, daß derartige wesentliche Änderungen der Einkommensquelle bedingt sein können nicht bloß durch Änderungen in den Betriebseinrichtungen, z. B. Erweiterungen oder Einschränkungen der Fabrikationsanlagen, Errichtung oder Aufgabe von Zweigniederlassungen, sondern auch durch Änderungen in dem persönlichen Beteiligungsverhältnis (Ein- oder Austritt von Geschäftsteilhabern). Immerhin bleibt es eine wesentlich tatsächliche Frage, ob im einzelnen Falle durch Änderungen in den persönlichen Beteiligungsverhältnissen eine wesentliche Änderung der Einkommensquelle der einzelnen Mitglieder herbeigeführt worden ist (OVGSt. **13** 61ff., 65ff., 68).

3. Es läge nahe, diese Grundsätze auf die Aktien einer gewerblichen Aktiengesellschaft als Einkommensquellen anzuwenden, weil hier ebenfalls eine Beteiligung an einem gewerblichen Gesellschaftsunternehmen in Frage kommt. Der Umstand, daß bei der gewerblichen Aktiengesellschaft das Gewerbe nicht von den Mitgliedern, wie bei der offenen Handelsgesellschaft, sondern von der ein besonderes Rechts- und Steuersubjekt bildenden Gesellschaft betrieben wird, würde für sich allein eine abweichende Behandlung nicht rechtfertigen. Wohl aber steht jener Gleichstellung entgegen die Verschiedenheit dessen, was bei beiden Gesellschaftsarten als

Einkommen der Mitglieder zu gelten hat. Bei der offenen Handelsgesellschaft haben auch die Mitglieder ein gewerbliches Einkommen; denn nach § 13 Nr. 2 EinkStG. ist der von der Gesellschaft erzielte Geschäftsgewinn den einzelnen Teilhabern nach Maßgabe ihres Anteils als Einkommen aus Handel und Gewerbe anzurechnen. Danach besteht das steuerpflichtige gewerbliche Einkommen des Gesellschafters nicht nur in dem ihm als Gewinn überwiesenen Betrage, sondern in demjenigen vollen Teile des Verdienstes der Gesellschaft, der nach Maßgabe seines Anteilrechts auf ihn fällt. Insbesondere müssen die Teile des rechnungsmäßig ermittelten Reingewinns der offenen Handelsgesellschaft, die nicht ausgezahlt, sondern im Gesellschaftsvermögen verbleiben, indem sie zur Bildung von offenen oder versteckten Reserven oder zur Verbesserung oder Erweiterung des Betriebs verwendet wurden, behufs Ermittelung des steuerpflichtigen Gewinns der einzelnen Gesellschafter diesen verhältnismäßig wieder zugerechnet werden (OVGSt. **11** 107). Daraus ergibt sich, daß Änderungen in den Betriebseinrichtungen (z. B. Erweiterung oder Einschränkung der Fabrikationsanlagen, Errichtung oder Aufgabe von Zweigniederlassungen), sofern sie den Ertrag des Gesellschaftsunternehmens wesentlich beeinflussen, den gleichen Einfluß unmittelbar auch auf den Ertrag des Anteils der einzelnen Mitglieder ausüben. Es läßt sich danach auch beurteilen, ob und inwieweit Verringerungen in dem Beteiligungsverhältnis einzelner Mitglieder etwa wieder ausgeglichen werden durch Veränderungen in den Betriebseinrichtungen, die einen erheblich höheren Ertrag des Gesellschaftsunternehmens erwarten lassen.

4. Anders verhält es sich mit den Aktien einer gewerblichen Aktiengesellschaft. Das Wesen der Aktie als Einkommensquelle liegt darin, daß die Aktie dem Inhaber als Ertrag einen dem mit ihr verbundenen Bezugsrecht entsprechenden Teil (Quote) derjenigen Summe abwirft, die nach dem Beschlusse der Generalversammlung für ein Geschäftsjahr als Gewinn zur Verteilung unter die Aktionäre gebracht wird. Die Höhe des Jahresertrags einer Aktie hängt demnach ab von zwei Umständen:

a) von der Art und dem Umfange des Gewinnbezugsrechts der einzelnen Aktie;
b) von der Höhe der Summe, die von der Gesellschaft zur Verteilung gebracht wird.

Die Gewinnquote eines Aktionärs bestimmt sich nach der jeweiligen Anzahl der Aktien und wird dargestellt durch einen Bruch, dessen Zähler der Nennbetrag der Aktie und dessen Nenner das an der Gewinnverteilung beteiligte Aktienkapital bildet. Erhöht sich das Aktienkapital durch die Ausgabe neuer Aktien, so verändert sich auch der die Gewinnquote des Aktionärs darstellende Bruch. Wenn z. B. eine Aktie, die ihrem Inhaber $^1/_{100}$ der Verteilungssumme gewährleistete, nur noch das Anrecht auf $^1/_{200}$ jener Summe gibt, so wird ihre Veränderung als Einkommensquelle an sich nicht in Abrede gestellt werden können. Diese würde also eine wesentliche Veränderung der Aktie als Einkommensquelle herbeiführen, wenn sie den Ertrag der Aktie auch im Ergebnis erheblich beeinflussen müßte. Letzteres ließe sich aber nur beurteilen, wenn sich die Höhe der künftigen Verteilungssumme übersehen ließe. Das ist unmöglich. Die Höhe der Verteilungssumme deckt sich nämlich nicht mit dem wirtschaftlichen Erfolge des Aktienunternehmens, vielmehr hängt sie lediglich von dem Beschlusse der Generalversammlung ab, die bei Einstimmigkeit beliebig bestimmen kann, ob überhaupt etwas und wieviel von den verteilungsfähigen Mitteln zur Verteilung gelangen soll. Es kann also auch der ganze Gewinn bei Einstimmigkeit zurückgestellt werden, und umgekehrt kann eine Gewinnverteilung auch iF. eines Verlustes des letztes Geschäftsjahrs stattfinden, sobald nur verfügbare Mittel aus Gewinnen früherer Jahre in freiwilligen Reserven angesammelt sind. Im vorliegenden Falle hat die Generalversammlung vor der Kapitalerhöhung aus dem Reservefonds, also aus zurückgestellten Gewinnen früherer Jahre, 20 % Dividende verteilt, gleichzeitig aber aus dem letzten Jahresgewinne wiederum 3 500 000 *M* jenem Fonds zugeführt. Die Aktiengesellschaft hätte jene Verteilung aus dem Reservefonds ebensogut erst nach der Kapitalerhöhung bei der nächsten Gewinnverteilung vornehmen können, und es hätten dann die Inhaber der alten Aktien trotz der Erhöhung des Aktienkapitals und der dadurch herbeigeführten Verringerung ihres Gewinnbezugsrechts annähernd die gleiche Dividende wie im Vorjahr erhalten. Es kommt dazu, daß die Mitglieder der Generalversammlung ständig wechseln können, daß aber auch, wenn ein solcher Wechsel nicht stattfinden sollte, die Mitglieder sich bei der Bemessung der Verteilungssumme von anderen Absichten und Rücksichten leiten lassen können als bisher. Hieraus ergibt sich, daß es ganz unberechenbar ist, wie die nächsten Generalversammlungen die Verteilungssumme zusammenstellen und bemessen werden, ferner ob und inwieweit insbesondere die durch eine Kapitalerhöhung bewirkte Zuführung neuen Kapitals oder die dauernde Widmung bereits vorhandenen Kapitals sowie die regelmäßig hiermit verbundene Erweiterung oder Verbesserung des Betriebs für die nächste Zeit auf die Höhe der Verteilungssumme einwirken und so für die alten Aktionäre im Ergebnis einen Ausgleich für die Verringerung des Gewinnbezugsrechts bringen werden.

Bei einer gewerblichen Aktiengesellschaft ist es also für die Beschaffenheit der Aktie als Einkommensquelle gerade eine wesentliche Eigentümlichkeit, daß ihr Ertrag überhaupt von unberechenbaren Umständen abhängt und deshalb weder die von der Anzahl der Aktien abhängige Gewinnquote noch die jeweiligen Betriebsverhältnisse des Aktienunternehmens von ausschlaggebender Bedeutung sind. Ist das aber der Fall, so muß auch verneint werden, daß durch eine Veränderung der Gewinnquote des Aktionärs infolge der Erhöhung des Aktienkapitals eine wesentliche Änderung der Aktie als Einkommensquelle eintrete. Der nur sehr lose Zusammenhang zwischen dem wirtschaftlichen Ergebnisse des Gesellschaftsunternehmens in einem bestimmten Jahre und dem Aktienertrage für den gleichen Zeitraum kommt auch im EinkStG. dadurch zum Ausdrucke, daß die Aktien ohne jeden Unterschied, also auch die einer gewerblichen Aktiengesellschaft, als Kapitalvermögen behandelt sind (§ 11 Abs. 2 zu b aaO.). Dem entspricht es ferner, daß als Ertrag der Aktie alles erklärt wird, was innerhalb des für die Besteuerung maßgebenden Jahres tatsächlich als Gewinn auf sie verteilt wird, gleichviel aus welchem Grunde die Verteilung des Gewinns gerade in diesem Jahre erfolgt (OVGSt. **12** 69). Aus diesem letzteren Grunde ist im vorliegenden Falle auch die aus dem Reservefonds verteilte außerordentliche Dividende mit Recht als steuerpflichtiges Einkommen angerechnet worden.

Nr. 3. Entsch. v. 10. Juni 1911 (OVG. 15 45) XIII d 42/10.

Die Berufungskommission ist bei ihrer Entscheidung davon ausgegangen, daß der Zustand, den die Aktien als Einkommensquellen beim Beginne des Steuerjahrs aufwiesen, nicht bereits das ganze letztvergangene Kalenderjahr hindurch bestanden habe, so daß für diese Einkommensquellen in ihrer damaligen Beschaffenheit noch kein Jahresergebnis vorgelegen hatte. Diese Feststellung läßt keinen Rechtsirrtum erkennen. Eine Einkommensquelle bildet die Aktie nur vermöge des mit ihr verbundenen Gewinnbezugsrechts. Letzteres bestand bis zur Generalversammlung im März 1909 für den Steuerpflichtigen nicht unbeschränkt, denn sonst wäre diesem auch die damals verteilte Dividende zugeflossen. Wenn aber die Berufungskommission die Aktien mit unbeschränktem Gewinnbezugsrecht als wesentlich andere Einkommensquellen angesehen hat, als die Aktien mit einem zeitlich beschränkten Gewinnbezugsrechte, so liegt diese Feststellung auf tatsächlichem, mit der Beschwerde nicht angreifbarem Gebiete.

Nr. 4. Entsch. v. 29. Nov. 1911 (OVG. **15** 75) IV a 5/11.

Die steuerpflichtigen Gewinnanteile der Aktionäre, die in den Beträgen bestehen, die eine Aktiengesellschaft bei Gelegenheit einer Erhöhung des Grundkapitals ihren zum Bezuge der neuen Aktien berechtigten Aktionären dadurch gewährt, daß sie einen Teil des von letzteren zu zahlenden Übernahmepreises der neuen Aktien gegen einen entsprechenden Teil der aus ihrem Geschäftsgewinne herrührenden und zu ihrer Verfügung stehenden Beträge verrechnet, sind nur nach derjenigen Höhe, die der erhaltenen oder verrechneten Summe gleichkommt, zu berechnen, dagegen nicht nach dem Kurswerte, den die neuen Aktien bei dem erstmaligen Handel an der Börse haben.

Nr. 5. Entsch. v. 22. Juni 1911 (OVGSt. **15** 196) XII b 60/10.

Die Bestellung eines Nießbrauchs an Inhaberpapieren erfolgt in rechtsgültiger Weise durch Einräumung des Mitbesitzes an den Nießbrauchberechtigten auch dann, wenn sie eine Schenkung enthält. Die Zinsen der dem Nießbrauch unterworfenen Wertpapiere sind danach nicht mehr als steuerpflichtiges Einkommen desjenigen, der den Nießbrauch bestellt hat, in Anrechnung zu bringen.

Nr. 6. Entsch. v. 22. Juni 1911 (OVGSt. **15** 213) XIII b 4/11.

Zubußen und Nachschüsse bei Gesellschaften m. b. H. bilden stets, gleichviel zu welchen Zwecken die Nachschüsse gefordert werden, ebenso wie die Zubußen bei Berggewerkschaften (OVGSt. **14** 81 ff., 330 ff.) Kapitaleinlagen und deshalb Kapitalanlagen. Sie sind daher weder vom Einkommen aus Kapitalvermögen als Werbungskosten (§ 8 I EinkStG.) noch vom Gesamteinkommen (§ 8 II aaO.) abzugsfähig.

Nr. 7. Entsch. v. 8. Nov. 1911 (StArch. **12** 185).

Die Berufungskommission hat in Übereinstimmung mit der Veranlagungskommission ein Einkommen des Steuerpflichtigen aus Gelegenheitsspekulation in Höhe von 15 000 M in Ansatz gebracht, ohne daß der Abschluß eines Spekulationsgeschäfts durch Veräußerung eines bestimmten, mit der Absicht gewinnbringender Wiederveräußerung erworbenen Gegenstandes nachgewiesen worden ist. Auf eine bloße Vermutung hin oder deshalb, weil die Angabe des Steuerpflichtigen, er habe den Betrag in einer Lotterie gewonnen, nicht nachgewiesen sei, kann aber mit einem Einkommen aus der Quelle der Gelegenheitsspekulation ebensowenig wie mit einem Einkommen aus einer anderen Quelle gerechnet werden.

Nr. 8. Entsch. v. 21. Dez. 1910 (StArch. **11** 212).

Mit dem Vorhandensein von Kapitalvermögen und Einkommen daraus darf nur insoweit gerechnet werden, als es entweder vom Steuerpflichtigen selbst zugestanden oder die tatsächlichen Unterlagen für das Vorhandensein beschafft sind[1]).

Nr. 9. Entsch. v. 27. März 1912 (OVGSt. **15** 190) XI c 163/11.

EinkStG. § 8.

Zinsen aus Kapitalvermögen, die in einem bestimmten Jahre fällig waren, aber weder in diesem noch in einem späteren Jahre gezahlt werden, bilden einen nicht abzugsfähigen Kapitalverlust bei der Feststellung des steuerpflichtigen Einkommens späterer Jahre.

---

[1]) Ebenso Entsch. v. 20. V. 11 (StArch. **12** 44).

c) Berechnung des Einkommens aus Grundvermögen.

Nr. 1. Entsch. v. 23. Nov. 1910 (StArch. 11 338).

Durch Errichtung eines neuen Quergebäudes und eines Seitenflügels tritt eine wesentliche Änderung des Hausgrundstücks als Einkommensquelle ein.

Nr. 2. Entsch. v. 1. April 1911 (DJZ. 16 1451) V 103/10.

Eine Änderung in dem Anteilsverhältnisse des Miteigentümers eines Hausgrundstücks, durch die die Höhe des Ertrags oder der Anteil des Steuerpflichtigen am Ertrage erheblich beeinflußt wird, enthält eine wesentliche Änderung der Quelle des Grundvermögens.

Nr. 3. Entsch. v. 28. April 1911 (DJZ. 17 104) VII a 174/10.

Dient ein Hausgrundstück nur dem einzigen wirtschaftlichen Zwecke der Gebäudenutzung, so bildet es nur eine einzige wirtschaftliche und steuerrechtliche Quelle, gleichviel ob es vermietet oder vom Eigentümer ganz oder teilweise selbst bewohnt wird.

Nr. 4. Entsch. v. 31. Mai 1911 (StArch. 12 62).

Nach § 6 EinkStG. gelten als Einkommen die gesamten Jahreseinkünfte der Steuerpflichtigen aus den dort aufgeführten Einkommensquellen. Hiernach kommt es darauf an, welche Einkünfte eine Einkommensquelle für den Steuerpflichtigen und nicht etwa für den Vorbesitzer erbracht hat. Nach § 9, 2 ist ferner, soweit für eine Einkommensquelle ein Jahresergebnis nicht vorliegt, der mutmaßliche Jahresertrag, d. i. der Ertrag für das Steuerjahr, bei der Veranlagung maßgebend. Im Hinblick auf die gedachte Vorschrift im § 6 aaO. kann hier nur das Ergebnis in Betracht kommen, das eine Einkommensquelle, solange sie dem Steuerpflichtigen gehört, gehabt hat.

Nr. 5. Entsch. v. 22. März 1911 (OVGSt. 15 47) E IV a 4/11.

Der Mietwert der eigenen Wohnung ist, falls die in dem Hause bestehende Einkommensquelle während des abgelaufenen Kalenderjahrs ohne wesentliche Änderung bestanden hat und beim Beginne des Steuerjahrs fortbesteht, nach dem Ergebnisse des letzten Kalenderjahrs zu bemessen.

Die Unterscheidung im § 10 des früheren EinkStG. zwischen feststehenden und schwankenden Einnahmen ist durch die Nov. v. 19. VI. 06 beseitigt; es ist jetzt nur für den Bestand der Quelle der Beginn des Steuerjahrs maßgebend (§ 9 Nr. 1 aaO.), während das Einkommen aus der Quelle, soweit es sich nicht um buchführende Gewerbetreibende oder Landwirte handelt, nach dem Ergebnisse des dem Steuerjahr unmittelbar vorangegangenen Kalender- oder Wirtschaftsjahrs zu ermitteln ist (§ 9 Nr. 2 aaO.). Die Vorschrift im Art. 16 I 2 Abs. 4, daß die Schätzung des Mietwerts der eigenen Wohnung den gegenwärtigen Mietwert treffen soll, steht auch nicht im Widerspruche mit § 9 Nr. 2 EinkStG., sondern hat nur den Sinn, den Unterschied zwischen dem nach den durchschnittlichen Mietpreisen der letzten zehn Jahre ermittelten Gebäudesteuernutzungswert und dem nach der Gegenwart zu bemessenden Mietwerte der eigenen Wohnung hervorzuheben, ohne jedoch den für letzteren maßgebenden Zeitraum näher zu bestimmen.

Nr. 6. Entsch. v. 20. April 1912 (OVGSt. 15 49) II a 4/12.

Ein Wohnhaus besteht als Einkommensquelle, wenn es im Baue fertiggestellt und zum Vermieten bereit gehalten oder vom Eigentümer selbst bewohnt wird. Der Wechsel zwischen dem Vermieten und dem Selbstbewohnen ist keine wesentliche Änderung der Quelle des Grundbesitzes; ebensowenig tritt sie durch teilweises Leerstehen oder durch teilweise Vermietung und Selbstbenutzung ein. Um eine solche annehmen zu können, ist erforderlich, daß der Charakter des Hauses in seiner Eigenschaft als Quelle sich wesentlich geändert hat, z. B. ein gewerblichen Zwecken dienendes Gebäude zum Wohnhaus umgebaut wird.

Nr. 7. Entsch. v. 27. April 1910 (StArch. **11** 22).

Wird ein Grundstück erst im Laufe eines Steuerjahrs zum Vermieten fertiggestellt, so kommt es bei Beginn des Steuerjahrs noch nicht als Einkommensquelle in Betracht. Deshalb müssen alle Einnahmen und die darauf verwendeten Werbungskosten außer Ansatz bleiben. Die zu zahlenden Schuldenzinsen sind jedoch, soweit die Schuldverpflichtungen schon beim Beginne des Steuerjahrs bestanden haben, vom Gesamteinkommen abzugsfähig.

Nr. 8. Entsch. v. 28. April 1911 (StArch. **11** 289) XII b 49/10.

Die Berufungskommission hat die Angaben der Steuerpflichtigen, wonach sie die Wohnung im 2. Stock und das Geschäftslokal nicht mehr vermieten werde, da sie das Haus verkaufen wolle, nicht gewürdigt. Nach dieser Absicht sollte das letztere nur noch zu einem bestimmten Teile als Einkommensquelle benutzt werden, im übrigen aber nur noch einen Vermögenswert darstellen. Damit wäre aber, die Durchführung der Absicht vorausgesetzt, eine Änderung der Quelle eingetreten, die auch bei der Minderung des Hauseinkommens um 1900 *M* (500 *M* Mietzins für den 2. Stock und 1400 *M* Mietzins für das Geschäftslokal) bei 3450 *M* gesamter Mieteinnahme wesentlich sein und die Einkommensfeststellung nach der Vergangenheit ausschließen würde. Die Berufungskommission hat das Versäumte nachzuholen und das streitige Einkommen aus dem bezeichneten Hause von neuem zu ermitteln. Wird eine wesentliche Änderung der Quelle angenommen, so ist jetzt nach dem Ablaufe des Steuerjahrs das wirklich dann aus dem Hause erzielte Einkommen zu ermitteln.

Nr. 9. Entsch. v. 11. Mai 1911 (OVG. **15** 50) XII a 50/10.

Wesentliche Quellenänderungen sollen nur dann angenommen werden, wenn entweder in der objektiven Beschaffenheit oder in den subjektiven Beteiligungsverhältnissen der Einkommensquelle Änderungen eintreten, die geeinget sind, die Höhe des Ertrags für den Steuerpflichtigen erheblich zu beeinflussen.

Wendet man diese Vorschrift auf die Einkommensquelle der Gebäudenutzung an, so können als Quellenveränderungen nur solche in Betracht kommen, die in dem Bestand und der Beschaffenheit des Hauses selbst stattgefunden haben. Dieses aber ist im vorliegenden Falle geblieben, wie es früher war. Die Errichtung oder Beseitigung der Düngergrube auf dem Nachbargrundstücke hat in seiner objektiven Beschaffenheit nichts geändert, ebensowenig wie z. B. die Anlage eines besseren, von der Gemeinde ausgeführten Zugangswegs zu dem Hause oder eine größere Freistellung desselben durch Niederreißung benachbarter Häuser daran etwas ändern würden.

Nr. 10. Entsch. v. 6. März 1912 (OVG. **15** 53) III 72/11.

Bei dem Umbau eines Hauses ist für die Frage der Quellenänderung allein der Umstand entscheidend, ob mit dem Umbau eine wesentlich andere Benutzungsart des Hauses bezweckt worden ist. So ist auch schon früher bei dem

Umbau eines bisher gewerblichen Zwecken dienenden Gebäudes zum Wohnhaus und eines für Arbeiterfamilien eingerichteten Miethauses zu einem herrschaftlichen Miethaus eine wesentliche Änderung der Quelle angenommen worden (vgl. OVGSt. **10** 105 ff., 117; **13** 151). Im vorliegenden Falle hat das Haus des Steuerpflichtigen früher im wesentlichen zu Wohnzwecken, zum Teil aber auch gewerblichen Zwecken gedient, während es nach dem Umbaue nur von einem Mieter als Weinhandlung, Restaurant und Hotel benutzt wird. Wenn die Berufungskommission in dieser veränderten Benutzungsart eine wesentliche Änderung der Quelle des Hauses gefunden hat, so kann dies nicht als rechtsirrig bezeichnet werden. Daß dies Haus vor und nach dem Umbaue vom Eigentümer vermietet wird, ist dabei nicht entscheidend, sondern ob durch die verschiedene Benutzungsart die Gleichheit der Quelle nach Gattung und Art sich geändert hat.

Nr. 11. Entsch. v. 5. Febr. 1913 (DJZ. 18 871) XIII c 81/12.

Eine wesentliche Änderung der Einkommensquelle „Gebäudebesitz" kann dadurch herbeigeführt werden, daß der Steuerpflichtige ein ihm gehöriges Gebäude, das er bisher ganz oder teilweise für seinen eigenen Gewerbebetrieb verwendete, nur noch durch Vermietung oder Selbstbewohnung nutzt.

Nr. 12. Entsch. v. 10. Febr. 1913 (DJZ. 18 1207) V C 36/12.

Bei einem Landgut tritt mit dem Erwerbe des Eigentums daran, wenn der neue Eigentümer es bisher auf Grund einer bloßen Nutzungsberechtigung bewirtschaftet hat, eine wesentliche Änderung der Einkommensquelle ein.

Nr. 13. Entsch. v. 2. Nov. 1912 (DJZ. 18 815) V A 32/12.

Veränderungen in der Stückzahl des lebenden Inventars oder in der Düngungsmethode und in dem Anbau von Früchten (Übergang zum Rübenbau) können eine wesentliche Änderung der Quelle „Landwirtschaft" nicht herbeiführen.

d) Berechnung des Einkommens aus Handel und Gewerbe.

Nr. 1. Entsch. v. 27. Sept. 1911 (StArch. 12 63).

Für die Frage der wesentlichen Quellenänderung kommt es nicht darauf an, ob der Steuersatz in den einzelnen Jahren durch die Änderung des Anteilverhältnisses des Steuerpflichtigen am Ertrage eines Gewerbes erhöht wird. Die Anteilsänderung muß vielmehr nach ihrem Einflusse auf den Ertrag im allgemeinen und mit Bezug auf den Umfang sowie die Größe des Geschäftsunternehmens wesentlich sein.

Nr. 2. Entsch. v. 27. Sept. 1911 (StArch. 11 387).

Die Berufungskommission hat die Berechnung des gewerblichen Einkommens nach dreijährigem Durchschnitte versagt, weil der erfolgte Eintritt eines vierten Teilhabers in die Firma eine Änderung in der Gewinnbeteiligung von zweien der bisherigen Teilhaber zur Folge gehabt habe und somit eine wesentliche Änderung des gewerblichen Betriebs eingetreten sei. Sie hat ferner den Einwand des Steuerpflichtigen, daß durch den Eintritt des neuen Teilhabers sein Gewinnanteil nicht berührt worden sei, für belanglos erklärt. Dies ist ein Rechtsirrtum. — Die Veränderung der Anteile von zwei anderen Teilhabern genügt nicht, um die Durchschnittsberechnung auszuschließen; es muß vielmehr die eigene Einkommensquelle des Steuerpflichtigen, seine Gewinnbeteiligung, von der Änderung betroffen sein.

Nr. 3. Entsch. v. 3. Febr. 1912 (StArch. 12 227) und **Entsch. v. 27. März 1912** (StArch. 12 323).

Durch eine Änderung in dem persönlichen Beteiligungsverhältnisse des Steuerpflichtigen infolge des Eintritts eines neuen Teilhabers in ein Geschäft kann eine wesentliche Änderung der Einkommensquelle bewirkt werden, falls die Änderung geeignet ist, den Anteil des Steuerpflichtigen am Ertrage wesentlich zu beeinflussen.

Nr. 4. Entsch. v. 15. Jan. 1913 (DJZ. 18 1143) IV a 205/12.

Ein Wechsel in der Person des Prokuristen und in dessen Bezügen (Beteiligung mit 50 % am Gewinn anstatt festen Gehalts) begründet für den Unternehmer keine wesentliche Änderung der Quelle „Handel und Gewerbe".

Nr. 5. Entsch. v. 10. Febr. 1913 (DJZ. 18 1143) III 64/12.

Ergeben sich für einen Steuerpflichtigen nach seinem Austritte aus einer offenen Handelsgesellschaft infolge Abwickelung der schwebenden Geschäfte noch Gewinne oder Verluste, so können diese bei der Einkommensberechnung nicht berücksichtigt werden, weil keine Einkommensquelle mehr besteht, als deren Ergebnis jene Gewinne oder Verluste gelten könnten.

Nr. 6. Entsch. v. 5. März 1913 (DJZ. 18 1327) IV a 346/12.

Der Gewerbebetrieb des Handelsagenten ist ein einheitlicher, so daß der Hinzutritt oder der Wegfall eines Geschäftsherrn für den Agenten keine Änderung seiner im Gewerbetriebe bestehenden Einkommensquelle herbeiführt.

Nr. 7. Entsch. v. 27. März 1912 (StArch. 12 278).

Mit Verlusten aus einer Einkommensquelle darf ebenso wie mit Gewinnen nur dann gerechnet werden, wenn die Quelle zum Beginn des Steuerjahrs noch besteht. Beim formellen Fortbestande der Firma gilt steuerrechtlich eine Einkommensquelle aus Handel und Gewerbe bei physischen Personen mit dem Zeitpunkte als erloschen, wo der auf Gewinnerzielung gerichtete Betrieb aufhört.

Nr. 8. Entsch. v. 15. Jan. 1913 (StArch. 13 338).

Für das Rechnen mit mehreren Geschäftsjahren gemäß § 9, 6 EinkStG. ist selbstverständlich Voraussetzung, daß sich die Jahre unmittelbar aneinander dergestalt anschließen, daß die Geschäftsjahre sich im Kalender mit einem fortlaufenden je zwölfmonatigen Zeitraum decken.

e) Berechnung des Einkommens aus gewinnbringender Beschäftigung.

Nr. 1. Entsch. v. 3. März 1909 (OVGSt. 15 147) VIII a 63/08.

EinkStG. §§ 9, 14.

Bei Staatsbeamten sowohl als auch bei Privatbeamten bildet das jeweilig bekleidete, besondere Amt die Einkommensquelle der gewinnbringenden Beschäftigung nach § 14 EinkStG. Eine bloße Gehaltszulage allein stellt keine wesentliche Änderung in der Einkommensquelle dar. Im vorliegenden Falle aber hat der Steuerpflichtige nicht nur eine Gehaltszulage erhalten, sondern ist zugleich zum Oberregierungsrate bei der Oberzolldirektion und ständigen Vertreter des Präsidenten befördert worden. Wenn die Berufungskommission mit Rücksicht hierauf eine wesentliche Änderung der Einkommensquelle bzw. eine neue Einkommensquelle angenommen hat, so kann hierin ein Rechtsirrtum oder ein wesentlicher Verfahrensmangel nicht gefunden werden.

Nr. 2. Entsch. v. 16. Febr. 1910 (OVGSt. **15** 142) IV a 200/09.

EinkStG. § 14.

Für einen Beamten besteht die Quelle der gewinnbringenden Beschäftigung in seinem jeweiligen Amte. Dies bezieht sich selbstverständlich nur auf besoldete Beamte. Demnach hat ein nicht besoldeter Regierungsassessor keine Einkommensquelle als Beamter. Sobald aber die Besoldung beginnt, gelangt eine solche Quelle zur Begründung, die dann in der besoldeten Staatsdienerstellung als Regierungsassessor besteht, gleichviel welche spezielle Beschäftigung ihm zu der einen oder anderen Zeit übertragen ist.

Nr. 3. Entsch. v. 21. Dez. 1912 (StArch. **13** 338).

Maßgebend für die Veranlagung der physischen Personen ist nach § 9, 1 EinkStG. der Bestand der Einkommensquellen bei Beginn des Steuerjahrs. Für einen Beamten bildet das jeweilige von ihm bekleidete besondere Amt diese Quelle und deshalb mußte der Steuerpflichtige gemäß § 9, 2 aaO. nach dem Ergebnisse seines Amtes im Kalenderjahre 1911 veranlagt werden, da dieses Amt zum Beginne des Steuerjahres noch bestand. Unerheblich ist hierbei, daß der Fortfall dieser Einkommensquelle zum 1. VII. 12 schon beim Beginne des Steuerjahrs der Veranlagungsbehörde bekannt geworden war. Denn nach § 9, 1 Abs. 2 aaO. können nur solche Änderungen im Bestande der Einkommensquellen, die bereits bis zum Beginne des Steuerjahrs eingetreten waren, berücksichtigt werden.

Nr. 4. Entsch. v. 18. April 1910 (OVGSt. **15** 143) XI a 93/09.

EinkStG. §§ 9, 14.

Der Steuerpflichtige ist seit dem 15. IV. 07 als Gerichtsassessor kommissarisch gegen Diäten von jährlich 2400 *M* bei der Verwaltung der direkten Steuern beschäftigt gewesen und am 1. I. 09 in diese Verwaltung unter Ernennung zum Regierungsassessor definitiv übernommen worden. Er bezieht seitdem eine fixierte Remuneration von jährlich 3 600 *M*. Wenn die Berufungskommission in dieser Übernahme die Begründung einer neuen Einkommensquelle gesehen und daraus den mutmaßlichen Ertrag des Steuerjahrs als steuerpflichtig angesetzt hat, so ist darin ein Verstoß nicht zu finden. Allerdings bildet für den Beamten das jeweilig von ihm bekleidete besondere Amt die Einkommensquelle. Dieses besondere Amt war aber vorliegend durch die am 1. I. 09 erfolgte definitive Übernahme in die Verwaltung der direkten Steuern und damit in ein neues Ressort mit um die Hälfte höheren Stellenbezügen in fixierter Form gegen die früheren Diäten erst geschaffen worden. Unerheblich ist unter diesen Umständen, daß die dienstliche Tätigkeit des Steuerpflichtigen die gleiche geblieben ist, wie während der kommissarischen Beschäftigung gegen Diäten.

Nr. 5. Entsch. v. 18. Juni 1910 (OVGSt. **15** 144) VIII b 27/10.

EinkStG. §§ 9, 14.

Die erste etatsmäßige Anstellung eines Regierungsrats in der Allgemeinen Staatsverwaltung ist gegenüber der bisherigen nicht etatsmäßigen die Übertragung eines neuen Amts und demgemäß ein Wechsel der Einkommensquelle.

Nr. 6. Entsch. v. 1. April 1909. (OVGSt. **15** 145) XIII. b 24/08.

EinkStG. §§ 9, 14.

Die Einkommensquelle eines Beamten ist das vom Beamten jeweilig verwaltete Amt. War der Steuerpflichtige bis zum Okt. 07 Beamter der Verwaltung der direkten Steuern und bekleidete er als solcher bis dahin das Amt des Vorsitzenden einer Veranlagungskommission, so ist er vom 1. X. 07 ab unter Zuerkennung der gesetzlich geforderten, besonderen Befähigung zum höheren Verwaltungsdienst in diesen übernommen und ihm damit eine neue Beamtenlaufbahn in einem anderen staatlichen Beamtenkörper eröffnet worden; durch die Überweisung an die Regierung zu D. zur dienstlichen Verwendung und weiter durch die Ernennung zum stellvertretenden Vorsitzenden der Berufungskommission sind ihm neue Ämter als Mitglied von Provinzialbehörden übertragen worden, die in persönlicher und sachlicher Hinsicht von dem früheren Amte verschieden und mit neuen, wenn auch in der Hauptsache gleich hohen, Diensteinkünften verknüpft sind. Danach muß eine mit dem Amtswechsel verbundene Quellenänderung bejaht werden.

Nr. 7. Entsch. v. 4. Okt. 1911 (DJZ. 17 579) XIII b 40/11.

Bei Beamten bildet das jeweilig bekleidete Amt die Einkommensquelle. Dies gilt auch für kommissarisch beschäftigte Beamten, z. B. Gerichtsassessoren. Auch für sie ist nicht etwa der ihnen erteilte Auftrag, sondern die ihnen übertragene Amtsstelle die Einkommensquelle. Wenn daher ein Steuerpflichtiger während des dem Steuerjahr unmittelbar vorangegangenen Kalenderjahrs das ganze Jahr hindurch ununterbrochen eine und dieselbe Amtsstelle bekleidet hat und auch bei Beginn des Steuerjahrs noch bekleidet, so muß nach § 9 Nr. 1 und 2 EinkStG., dessen Bestimmungen sich auf sämtliche Einkommensquellen beziehen, bei seiner Veranlagung mit dem in jenem Kalenderjahre bezogenen Diensteinkommen gerechnet werden.

Nr. 8. Entsch. v. 9. Dez. 1911 (OVGSt. 15 148) VII a 136/11.
EinkStG. §§ 9, 14.

Bei den Eisenbahndirektionen sind mehrere Oberregierungsräte und Oberbauräte als ständige Vertreter des Präsidenten vorhanden, von denen je einer zum ersten Vertreter bestellt wird. Nach § 9 Abs. 6 der VerwO. v. 25. III. 07 sind ferner die Präsidenten befugt, nicht nur die beiden ersten, sondern sämtliche ständigen Vertreter mit Genehmigung des Ministers mit ihrer Vertretung in bestimmten Angelegenheiten auch bei ihrer Anwesenheit zu beauftragen, während sie die übrigen Mitglieder nur mit der selbständigen Erledigung gewisser Geschäfte ein für allemal beauftragen können. Hiernach unterscheidet sich die amtliche Stellung nicht nur der zu ersten Vertretern, sondern der überhaupt zu Vertretern des Präsidenten bestellten Oberregierungs- und Oberbauräte sowohl hinsichtlich ihrer dienstlichen Tätigkeit als auch hinsichtlich des Diensteinkommens wesentlich von derjenigen der Regierungsräte bei den Eisenbahndirektionen. Der Steuerpflichtige ist, da er nur 1200 *M* Zulage bezieht, nicht erster Vertreter; das ist aber nach vorstehenden Darlegungen belanglos. In der Beförderung des Steuerpflichtigen zum Oberregierungsrat und dem damit verknüpften Wechsel der Dienststellung ist danach eine wesentliche Änderung der Einkommensquelle zu erblicken, weil für jeden Beamten das jeweilig von ihm bekleidete Amt die Quelle bildet.

Nr. 9. Entsch. v. 3. Juli 1909 (OVGSt. 15 150) IX 31/09.
EinkStG. §§ 9, 14.

Eine wesentliche Änderung der Einkommensquelle der gewinnbringenden Beschäftigung tritt nicht ein, wenn ein Staatsbeamter in gleicher Amtseigenschaft an einen anderen Ort versetzt wird. Die in Betracht kommende Quelle ist das von dem Steuerpflichtigen bekleidete Amt eines Regierungsrats in der direkten Steuerverwaltung. Ein Wechsel des Orts, an dem das Amt ausgeübt wird, führt eine Veränderung der Einkommensquelle daher nicht herbei.

Nr. 10. Entsch. v. 24. Jan. 1912 (Recht 16 Nr. 8) VII c 154/11.

Für jeden Beamten, auch denjenigen des Privatdienstes, ist Einkommensquelle das jeweils von ihm bekleidete Amt. Eine bloße Erhöhung oder Minderung der Bezüge ohne Änderung des Amtes selbst ist keine wesentliche, die Einkommensfeststellung nach der Vergangenheit (letztes Kalenderjahr) ausschließende Änderung der Quelle. OVGSt. **13** 74, 76 gilt auch für Beamte des Privatdienstes.

Nr. 11. Entsch. v. 15. März 1913 (StArch. **13** 180) IV a 339/12.

Die bloße Gehaltserhöhung und die Änderung des Titels bilden für sich allein keine wesentliche Änderung der Einkommensquelle eines Beamten.

Nr. 12. Entsch. v. 14. Jan. 1911 (StArch. **11** 179).

EinkStG. § 9².

Für jeden Beamten des öffentlichen oder privaten Dienstes bildet das Amt als solches die Einkommensquelle, so daß weder eine Gehaltserhöhung noch eine Versetzung des Beamten in gleicher Amtseigenschaft die Quelle selbst irgendwie verändert. Der Steuerpflichtige hat zutreffend behauptet, daß er schon seit dem 1. I. 95 ununterbrochen im Dienste der X-Vereinsbank stehe und seine Stellung in diesem ganzen Zeitraum sich, wenn er auch vom 1. VI. 06 zum stellvertretenden Direktor ernannt sei, nicht verändert habe. Deshalb muß mit einem unveränderten Bestande der in Betracht kommenden Einkommensquelle schon seit dem 1. VII. 06 gerechnet werden, und das Einkommen des Steuerpflichtigen an Gehalt und Nebenbezügen ist mit demjenigen Betrage für 09 steuerpflichtig, der im Kalenderjahr 1908 fällig wurde. Unerheblich ist es hierbei, ob diese Einkommensquelle während der ganzen Zeit in Preußen bestanden hat.

Nr. 13. Entsch. v. 14. Jan. 1911 (StArch. **11** 211).

Die Ernennung eines stellvertretenden Vorstandsmitgliedes zum ordentlichen Mitgliede einer Versicherungsanstalt unter Erhöhung des Gehalts bildet eine wesentliche Änderung der Einkommensquelle. Daß die Stellung des Direktors der Anstalt sich von derjenigen der anderen Vorstandsmitglieder wesentlich unterscheidet, geht schon aus der Bestimmung im § 19 des Statuts hervor, daß die Direktion den Gesellschaftsvorstand bildet, während der Aufsichtsrat Stellvertreter nur für Fälle des Bedürfnisses ernennen kann, und daß der Direktor vom Aufsichtsrate besonders ernannt wird, und die dem Vorsitzenden zustehenden Befugnisse durch eine vom Aufsichtsrate zu erlassende Geschäftsinstruktion zu regeln sind. Dazu kommt der erhebliche Unterschied im Gehalt des Direktors gegenüber demjenigen eines stellvertretenden Vorstandsmitgliedes.

Nr. 14. Entsch. v. 28. Sept. 1912 (DJZ. **18** 415) IV a 54/12.

Ist einem Beamten von seiner Behörde mit Rücksicht auf seine Haupttätigkeit eine besonders bezahlte Nebenbeschäftigung übertragen, so sind die Einkünfte hieraus neben der Entlohnung für die Haupttätigkeit als Ertrag einer und derselben Quelle der gewinnbringenden Beschäftigung steuerpflichtig; es kommt also nicht darauf an, daß jene Nebenbeschäftigung dauernd stattfindet und auch beim Beginn des Steuerjahrs noch bestanden hat.

Nr. 15. Entsch. v. 21. Dez. 1910 (StArch. **11** 163).

In der Ernennung eines Landgerichtssekretärs zum Kammergerichtssekretär ist eine wesentliche Änderung der Einkommensquelle zu erblicken. Durch die gedachte Ernennung des Steuerpflichtigen hat sich sein früheres Amt in seinem objektiven Charakter geändert. Diese Verschiedenheit kommt auch durch die getrennte Aufführung der Kammergerichtssekretäre im Staatshaushaltsetat zum Ausdruck. Ob eine Besoldungserhöhung damit zusammenhängt oder nicht, ist allein nicht entscheidend.

Nr. 16. Entsch. v. 21. Dez. 1910 (StArch. 11 163).

In der zum 1. IV. 10 erfolgten Versetzung des Steuerpflichtigen in gleicher Eigenschaft — als Oberpostassistent — von Berlin nach Storkow und dem damit verbundenen niedrigeren Wohnungsgeldzuschuß (statt 800 *M* nur 330 *M*) kann keine wesentliche Änderung der Einkommensquelle der gewinnbringenden Beschäftigung gefunden werden. Besteht aber beim Beginne des Steuerjahrs noch die alte Quelle, so kommt nach § 9 Nr. 2 EinkStG. das Ergebnis des dem Steuerjahr unmittelbar vorangegangenen Kalenderjahrs bei der Veranlagung in Ansatz.

Nr. 17. Entsch. v. 4. Okt. 1911 (StArch. 11 387) XIII b 47/11.

Die bei der Eingemeindung erfolgende Übernahme eines Gemeindebeamten in städtische Dienste und die damit verbundene anderweite Regelung seiner Beschäftigung und seiner Gehaltsverhältnisse bedeuten eine wesentliche Änderung der Einkommensquelle.

Nr. 18. Entsch. v. 7. Okt. 1911 (OVGSt. 15 59) VI b 102/11.

EinkStG. § 9.

Die probeweise Übertragung eines anderen Amtes bildet keine wesentliche Änderung der in dem Amte bestehenden Einkommensquelle. Eine Gehaltserhöhung allein ist kein Grund zur Annahme einer wesentlichen Änderung der Quelle der gewinnbringenden Beschäftigung, wenn sich nicht das Amt als solches seinem Charakter nach geändert hat. Der Steuerpflichtige bekleidete am 1. IX. 09 noch das Amt eines Postsekretärs, das erst durch seine Beförderung zum Postmeister am 1. II. 10 aufhörte. Die nur probeweise erfolgte Übertragung der Verwaltung des Amtes eines Postmeisters enthielt noch keine Änderung seiner früheren Amtsstellung.

Nr. 19. Entsch. v. 13. Juni 1912 (StArch. 12 262) XII b 10/12.

Bei Bemessung des mutmaßlichen Einkommens aus gewinnbringender Beschäftigung darf nur mit dem Stande der Einkommensquelle bei Beginn des Steuerjahrs und demgemäß nur mit der Zeit gerechnet werden, für die die Stellung zunächst angenommen ist. Einkommen aus einer im Laufe des Steuerjahrs neu entstandenen Einkommensquelle (eine solche ist die definitive Anstellung eines zunächst nur probeweise beschäftigten Steuerpflichtigen) kommt nicht in Betracht.

Nr. 20. Entsch. v. 25. Jan. 1911 (StArch. 11 336).

Bei einem Gemeindelehrer ist nicht die Befähigung zur Erteilung von Unterricht im allgemeinen, sondern das ihm übertragene besondere Amt als Gemeindelehrer die Einkommensquelle und nur, wenn ihm bei der Übertragung dieses Amtes die Verpflichtung zur Erteilung von Unterricht an städtischen Fortbildungsschulen übertragen wäre, könnte diese Nebenbeschäftigung als zur Hauptquelle gehörig angesehen werden. Ist das nicht der Fall, so kann es keinem Zweifel unterliegen, daß der vom Steuerpflichtigen an der Fortbildungsschule erteilte Unterricht eine besondere Einkommensquelle darstellt.

Nr. 21. Entsch. v. 25. Jan. 1911 (StArch. 11 336).

Der Steuerpflichtige ist Gemeindelehrer und hat neben seiner amtlichen Tätigkeit Privatunterricht im Französischen, Englischen und in der Mathematik erteilt, welch letzteren er aufgegeben hat. Er hat erklärt, keinen Privatunterricht mehr erteilen zu wollen und dies auch der Schuldeputation angezeigt zu haben. Diese Erteilung von Privatunterricht bildet eine besondere Einkommensquelle, da sie mit der amtlichen Tätigkeit als Gemeindelehrer nicht zusammenhängt. Die Berufungskommission hat dies wohl auch angenommen, aber mit dem Fortbestehen der Quelle beim Beginn des Steuerjahrs 1910 gerechnet, weil, wie sie sagt, die auf der Befähigung zum Unterricht beruhende Quelle „Lehrtätigkeit" neben der amtlichen Beschäftigung noch fortbestanden hat. Die Berufungskommission hat aber dabei die Behauptung des Steuerpflichtigen, daß er seinen Privatunterricht Mitte März 1910 definitiv aufgegeben habe, nicht gewürdigt. Dies war erforderlich, denn die besondere Einkommensquelle des Privatunterrichts besteht nicht allein in der Befähigung, sondern auch in dem Willen und in der Gelegenheit, seine Befähigung auszuüben. Es kann daher nach § 9 Nr. 1 EinkStG. auch ein Einkommen hieraus nicht in Ansatz gebracht werden.

Nr. 22. Entsch. v. 3. Febr. 1912 (StArch. 13 164).

Bei einem Beamten ist das ihm übertragene Amt als die Quelle des Einkommens aus gewinnbringender Beschäftigung anzusehen. Bei unmittelbaren Staatsbeamten bildet das dem Titel des Beamten entsprechende etatsmäßige Amt die Einkommensquelle und eine Versetzung in gleicher Amtseigenschaft an einen anderen Ort oder eine bloße Gehaltserhöhung enthält keine wesentliche Änderung der Einkommensquelle. Diese Grundsätze lassen sich aber auf den vorliegenden Fall nicht anwenden. Das Amt eines Gemeindeschullehrers in Berlin und in P. unterscheidet sich wesentlich voneinander. Die Aufgaben auf die Stellung eines Volksschullehrers auf dem Lande oder in einer kleinen Stadt sind in hohem Maße andere als diejenigen eines solchen in einer Großstadt, vor allem in einer derartigen Großstadt wie Berlin. Dazu kommt noch die verschiedene Höhe des Grundgehalts (1700 ℳ gegen 1400 ℳ), der Mietentschädigung (800 ℳ gegen 370 ℳ) und der Ortszulagen, die in Berlin, aber nicht in P. gezahlt werden. Diese Verschiedenheiten machen das Amt eines Gemeindeschullehrers in Berlin und in P. zu einer wesentlich verschiedenen bzw. zu einer ganz anderen Einkommensquelle.

Nr. 23. Entsch. v. 8. Jan. 1913 (StArch. 13 86) XII b 53/12.

Wenn der Steuerpflichtige seine Lehrerstelle an der Volksschule aufgegeben und an einer anderen Schule eine Mittelschullehrerstelle erlangt hat, so ist für ihn die bisherige Einkommensquelle fortgefallen und an deren Stelle eine neue getreten. Gemäß § 9 Ziff. 1 und 2 EinkStG. ist daher mit dem mutmaßlichen Erträge dieser neuen Quelle im Steuerjahre zu rechnen.

Nr. 24. Entsch. v. 25. Jan. 1913 (StArch. 13 116) XII b 50/12.

Die Berufungskommission hat die in ihrer Höhe nicht streitigen Bezüge eines Volksschullehrers aus dem Turn- und Ruderunterricht mit der Begründung als steuerpflichtiges Einkommen angerechnet, daß die Erteilung des Unterrichts beim Frauenbildungsverein und beim Ruderverein mit dem Hauptamte nichts zu tun habe, vielmehr für sich eine besondere private Tätigkeit bilde, die dem Steuerpflichtigen vermöge seiner besonderen Ausbildung bzw. Befähigung hierzu übertragen werde. Es bilde daher nicht der Einzelauftrag, sondern allgemein die private Tätigkeit die Quelle. Sie erlösche erst mit der gänzlichen Aufgabe dieser Tätigkeit. Nach Mitteilung der genannten Vereine habe Berufender auch im Jahre 1912 den Unterricht übernommen. Daraus ergebe sich, daß die Quelle noch fortbestehe. Diese Feststellung der gesamten privaten Lehrtätigkeit des Steuerpflichtigen als Einkommensquelle und ihres Fortbestehens beim Beginne des Steuerjahrs liegt wesentlich auf tatsächlichem Gebiete und läßt einen Verstoß nicht erkennen.

Nr. 25. Entsch. v. 11. Mai 1911 (StArch. **11** 240).

Maßgebend ist bezüglich des Einkommens des Steuerpflichtigen aus gewinnbringender Beschäftigung das von ihm als Bergmann im Kalenderjahre 1909 tatsächlich bezogene Einkommen. Die Annahme der Berufungskommission, daß die Einkommensquelle der gewinnbringenden Beschäftigung des als Bergmann gegen Tagelohn ständig beschäftigten Steuerpflichtigen durch seine mehr als zehnwöchige Krankheit im Jahre 1909 weggefallen sei, obwohl die Beschäftigung von ihm nach Beendigung der Krankheit wieder aufgenommen wurde, ist rechtsirrig.

Nr. 26. Entsch. v. 8. Nov. 1911 (StArch. **12** 216).

Für die Berechnung des Einkommens aus gewinnbringender Beschäftigung ist nicht der Zeitraum, für den das Einkommen gezahlt ist, maßgebend, sondern der Umstand, ob der Steuerpflichtige es in dem nach § 9² EinkStG. maßgebenden Zeitraume erhalten oder ein Recht auf die Zahlung einer bestimmten Summe erlangt hat.

Nr. 27. Entsch. v. 9. Febr. 1911 (StArch. **11** 178) XII b 36/10.

EinkStG. § 9¹

Nach § 9¹ EinkStG. ist für die Veranlagung der physischen Personen der Bestand der einzelnen Einkommensquellen bei Beginn des Steuerjahrs, für das die Veranlagung erfolgt, maßgebend. Einkommensquellen, die bei Beginn des Steuerjahrs nicht bestehen, scheiden also bei der Veranlagung aus. Der Steuerpflichtige übte bei Beginn des Steuerjahres eine gewinnbringende Beschäftigung nicht aus. Die Stellung als Koch, die er seit dem 18. III. 05 inne hatte, hat er am 30. III. 10 aufgegeben. Für die Annahme, daß es sich dabei um eine Einkommensquelle gehandelt hat, die als solche — wie z. B. bei gewöhnlichen Gewerbegehilfen und Lohnarbeitern (OVGSt. **8** 10 bis 12) — trotz der Aufgabe der Beschäftigung bei dem bisherigen Arbeitgeber fortbestand, ergeben die Akten keinen Anhalt. Vielmehr spricht die lange Dauer der bisherigen Stellung für die gegenteilige Auffassung. Denn auch bei Privatangestellten bildet der Regel nach die jeweilig bekleidete Stellung die Einkommensquelle. Für den Steuerpflichtigen war hiernach die alte Quelle erloschen und eine neue bei Beginn des Steuerjahrs nicht vorhanden.

Nr. 28. Entsch. v. 27. Febr. 1911 (StArch. **12** 97).

Das Ruhegehalt eines Privatangestellten ist steuerpflichtig, wenn es in Anerkennung einer — wenn auch nur moralischen — Verpflichtung als Entlohnung für früher geleistete Dienste gewährt wird. Die gerichtliche oder notarielle Beurkundung der Ruhegehaltszusicherung ist in diesem Falle nicht Voraussetzung für die Steuerpflicht. Eine Schenkung liegt nicht vor, denn zu den Tatbestandsmerkmalen der Schenkung gehört nach § 516 BGB.:

1. in objektiver Beziehung, daß jemand aus dem Vermögen eines anderen bereichert ist,
2. in subjektiver Beziehung die Einigung und Einigkeit des Gebers und des Empfängers der Leistung, daß die Zuwendung unentgeltlich erfolge.

Nr. 29. Entsch. v. 13. Jan. 1912 (StArch. 12 323).

Bereits in OVGSt. **13** 68 ist der Grundsatz ausgesprochen, daß bei der Einkommensquelle der gewinnbringenden Beschäftigung eine Änderung in der Art der Bezüge, z. B. wenn an Stelle von Gehalt und Tantieme künftig nur Gehalt oder nur Tantieme bezogen wird, als eine wesentliche Änderung der gedachten Quelle angesehen werden kann. Dies trifft im vorliegenden Falle zu, wo mit dem Wechsel des Arbeitgebers zugleich eine Änderung in der Art der Bezüge eingetreten ist, und wo es sich außerdem um eine Anstellung als Privatbeamter mit einem längeren Dienstvertrage und nicht um einen gewöhnlichen Gewerbegehilfen handelt.

Nr. 30. Entsch. v. 23. Okt. 1912 (DJZ. 18 647) III 65/12.

So wenig bei gewöhnlichen Gewerbegehilfen ein Wechsel des Arbeitgebers oder eine vorübergehende Arbeitslosigkeit eine wesentliche Änderung der Einkommensquelle bedeutet, so wenig kann der Übergang von der Akkordarbeit zur Zeitarbeit, wenn damit auch eine Verminderung des Arbeitsverdienstes verbunden ist, als eine wesentliche Quellenänderung angesehen werden.

Nr. 31. Entsch. v. 2. Okt. 1912 (DJZ. 18 415) VII a 34/12.

Die Einführung oder Abänderung der ortspolizeilichen Taxe für die Gebühren der gewerbsmäßigen Stellenvermittler führt für diese keine wesentliche Änderung der betreffenden Einkommensquelle herbei.

Nr. 32. Entsch. v. 10. Febr. 1913 (DJZ. 18 1143) V B 59/12.

Die Quelle der gewinnbringenden Beschäftigung besteht nur so lange, als sich Leistung und Gegenleistung gegenüberstehen. Wird deshalb ein Angestellter aus seiner Stellung entlassen, so fällt mit diesem Zeitpunkte die Quelle der gewinnbringenden Beschäftigung fort, wenn auch noch eine Zeitlang als Abfindung für die vorzeitige Lösung des Vertragsverhältnisses das Gehalt weiter gezahlt wird.

3. Einkommen der Haushaltungsangehörigen.

b) Ehefrauen.

Nr. 1. Entsch. v. 7. Dez. 1910 (StArch. 11 336).

Der Ehemann ist der Steuerträger für seine von ihm nicht dauernd getrennt lebende Ehefrau und es trifft ihn daher auch die Steuerpflicht für die seiner Ehefrau zugefallene Erbschaft.

B. Arten des Einkommens.

1. Einkommen aus Kapitalvermögen.

a) Im allgemeinen.

Nr. 1. Entsch. v. 18. Nov. 1911 (StArch. 12 343).

Das Einkommen des Aktionärs aus dem Besitze von Aktien ist unter § 11 Abs. 2 zu b EinkStG. besonders als „Zinsen oder Gewinnanteile" bezeichnet. Da ein Bezug von Aktienzinsen hier nicht in Frage kommt, so bleiben als Einkommen eines Aktionärs nur die Gewinnanteile übrig. Zu diesen, auch Dividenden genannt, gehören aber alle Beträge, die die Aktionäre von der Gesellschaft, unbeschadet des Grundkapitals und ohne Verpflichtung zur Anrechnung auf ihre Kapitaleinlage aus dem bilanzmäßigen Gewinne der Gesellschaft im letzten Geschäftsjahr oder aus den in Reservekonten angesammelten Gewinnen früherer Geschäftsjahre erhalten. Hierunter kann das Bezugsrecht von neuen Aktien und etwaige damit verbundene Vorteile nicht gerechnet werden, diese fallen vielmehr unter die außerordentlichen Einnahmen iS. des § 7 EinkStG. und sind deshalb steuerfrei.

Nr. 2. Entsch. v. 18. Nov. 1911 (StArch. 12 158).

Das Wesen der Aktie als Einnahmequelle liegt darin, daß die Aktie dem Inhaber als Ertrag einen dem mit ihr verbundenen Bezugsrecht entsprechenden Teil (Quote) derjenigen Summe abwirft, die nach dem Beschlusse der Generalversammlung für ein Geschäftsjahr als Gewinn zur Verteilung unter die Aktionäre gebracht wird. Die Höhe des Jahresertrags einer Aktie hängt demnach ab von zwei Umständen:

a) von der Art und dem Umfange des Gewinnbezugsrechts der einzelnen Aktie,
b) von der Höhe der Summe, die von der Gesellschaft zur Verteilung gebracht wird.

Die Gewinnquote eines Aktionärs bestimmt sich nach der jeweiligen Anzahl der Aktien und wird dargestellt durch einen Bruch, dessen Zähler der Nennbetrag der Aktie und dessen Nenner das an der Gewinnverteilung beteiligte Aktienkapital bildet. Erhöht sich das Aktienkapital durch die Ausgabe neuer Aktien, so verändert sich auch der die Gesamtquote des Aktionärs darstellende Bruch. Wenn z. B. eine Aktie, die ihrem Inhaber $^{1}/_{100}$ der Verteilungssumme gewährleistete, nur noch das Anrecht auf $^{1}/_{200}$ jener Summe gibt, so wird ihre Veränderung als Einkommensquelle an sich nicht in Abrede gestellt werden können. Diese würde also eine wesentliche Veränderung der Aktie als Einkommensquelle herbeiführen, wenn sie den Ertrag der Aktie auch im Ergebnisse erheblich beeinflussen müßte. Letzteres ließe sich aber nur beurteilen, wenn sich die Höhe der künftigen Verteilungssumme übersehen ließe. Das ist unmöglich. Die Höhe der Verteilungssumme deckt sich nämlich nicht mit dem wirtschaftlichen Erfolge des Aktienunternehmens, vielmehr hängt sie lediglich von dem Beschlusse der Generalversammlung ab, die bei Einstimmigkeit beliebig bestimmen kann, ob überhaupt etwas und wieviel von den verteilungsfähigen Mitteln zur Verteilung gelangen oder zurückgestellt werden soll. Hieraus ergibt sich, daß es ganz unberechenbar ist, wie die nächsten Generalversammlungen die Verteilungssumme zusammenstellen und bemessen werden, ferner, ob und inwieweit insbesondere die durch eine Kapitalerhöhung bewirkte Zuführung neuen Kapitals oder dauernde Widmung bereits vorhandenen Kapitals sowie die regelmäßig hiermit verbundene Erweiterung oder Verbesserung des Betriebs für die nächste Zeit auf die Höhe der Verteilungssumme einwirken und so für die alten Aktionäre im Ergebnis einen Ausgleich für die Verringerung des Gewinnbezugsrechts bringen werden. Bei einer gewerblichen Aktiengesellschaft ist also für die Beschaffenheit der Aktie als Einkommensquelle gerade eine wesentliche Eigentümlichkeit, daß ihr Ertrag überhaupt von unberechenbaren Umständen abhängt und deshalb weder die von der Anzahl der Aktien abhängige Gewinnquote noch die jeweiligen Betriebsverhältnisse des Aktienunternehmens von ausschlaggebender Bedeutung sind. Ist das aber der Fall, so muß auch verneint werden, daß durch eine Veränderung der Gewinnquote des Aktienärs infolge Erhöhung des Aktienkapitals eine wesentliche Änderung der Aktie als Einkommensquelle eintrete.

Nr. 3. Entsch. v. 29. Juni 1912 (OVGSt. 15 70) I c 60/12.

EinkStG. § 11.

Handelt es sich um eine Verteilung von Beträgen, die aus dem Gewinne der einzelnen Geschäftsjahre bei der Genossenschaft angesammelt sind, so ist der Begriff der Dividende bzw. des Gewinnanteils gegeben, die gemäß § 11 Abs. 2 zu b EinkStG. als Einkommen aus Kapitalvermögen bei den einzelnen Genossen steuerpflichtig sind. Gewinn der Genossen ist alles, was sie von der Genossenschaft unbeschadet des Grundkapitals und ohne Verpflichtung der Anrechnung auf ihre Kapitaleinlage erhalten, gleichviel ob die an sie verteilten Beträge aus dem bilanzmäßigen Gewinne der Genossenschaft in dem letzten Geschäftsjahr oder aus den in Reservekonten angesammelten Gewinnen aus früheren Geschäftsjahren herrühren.

Nr. 4. Entsch. v. 10. Okt. 1910 (OVG. **15** 72) XI a 38/10.

EinkStG. § 9.

Eine offene Handelsgesellschaft liegt nur da vor, wo ein Unternehmen unter gemeinschaftlicher Firma betrieben wird. Fehlt diese, so kann es sich nur um eine gewöhnliche Gesellschaft des bürgerlichen Rechts (§§ 705 ff. BGB.) handeln. Auch wenn eine der in Rede stehenden Ziegeleien von dem Steuerpflichtigen und einem anderen in einer solchen Gesellschaft betrieben würde, wäre der Steuerpflichtige Mitunternehmer. Ist er dagegen bei der Ziegelei C. wirklich nur stiller Gesellschafter, so kommt für seine Veranlagung aus dieser Beteiligung, als einer Quelle des Kapitalvermögens, nur das Ergebnis des Kalenderjahrs 1908 in Betracht (§ 9 Nr. 2 EinkStG.). Unter dieser Voraussetzung wäre der Steuerpflichtige berechtigt, einen infolge seiner Beteiligung an der Ziegelei C. in jenem Jahre erlittenen Verlust bei der Ermittelung seines für das Steuerjahr 1909 steuerpflichtigen Einkommens in Abzug zu bringen. Allerdings ist in OVGSt. **7** 174/175 der Verlust aus der Beteiligung als stiller Gesellschafter für einen nicht abzugsfähigen Kapitalverlust erklärt. Dieser Annahme ist aber der erkennende Senat bereits in dem bisher nicht zum Abdrucke gelangten Urt. v. 6. IV. 05 (XI. c 148/04) mit folgenden Ausführungen entgegengetreten:

„Schon nach der älteren Rechtsprechung gilt für die Berücksichtigung von Verlusten aus Quellen des Kapitalvermögens der allgemeine Grundsatz: ‚Ein Geschäft, das bei günstigem Verlaufe mit seinen Ergebnissen das Gesamteinkommen (nicht das Vermögen) steigert, muß bei ungünstigem Ausfalle auch das Einkommen beeinflussen und darf nicht etwa als Vermögensminderung ausgeschieden werden.' Wenn aus diesem Grundsatze die Abzugsfähigkeit eines bei Spekulationsgeschäften erlittenen Verlustes hergeleitet wird, so muß die gleiche Schlußfolgerung für die Quelle der stillen Gesellschaft gezogen werden. Ebenso wie der Gewinnanteil des stillen Gesellschafters als Einkommen gilt, muß auch ein Verlust aus dieser Quelle als Abzug vom Roheinkommen berücksichtigt werden[1]."

Nr. 5. Entsch. v. 27. Sept. 1911 (OVG. **15** 78) X b 25/11.

Ein Kapital bildet nur dann eine Einkommensquelle, wenn es zinsbar angelegt ist oder bezüglich desselben dem Besitzer ein klagbares Recht auf Verzugszinsen zusteht.

Nr. 6. Entsch. v. 3. Febr. 1912 (StArch. **12** 242).

1. Unbeitreibliche Zinsen bilden kein Einkommen, wenn die Kapitalien nebst den rückständigen Zinsen beim Beginne des Steuerjahrs unbeitreiblich und

---

[1]) Bezüglich der Feststellung des steuerpflichtigen Einkommens aus der Beteiligung als stiller Gesellschafter ist in Entsch. v. 16. III. 12 (OVGSt. **15** 74 idAnm., IV. a. 102/11) bemerkt: „Ergibt die Beweisaufnahme, daß eine stille Beteiligung vorliegt, so ist dem Steuerpflichtigen der ihm im letzten Kalenderjahre (§ 9 Nr. 2 EinkStG. Art. 5 II AAnw.) ausgezahlte oder gutgeschriebene Gewinn als Einkommen aus Kapitalvermögen anzurechnen (§ 337 Abs. 1 HGB.). Zu dem gutgeschriebenen Gewinne gehören auch die Beträge, die dazu verwendet sind, um die durch einen Verlust im Vorjahre verminderte Einlage des stillen Gesellschafters wieder zu ergänzen (§ 337 Abs. 2 HGB.)."

deshalb Zinsen nicht in Ansatz zu bringen waren. Aus der bloßen Tatsache der Rückständigkeit der Zinsen folgt deren Unbeitreiblichkeit noch nicht.

2. Der Verlust durch Diebstahl ist nicht innerhalb einer Einkommensquelle eingetreten und kann deshalb als Kapitalverlust nicht ziffernmäßig in Abzug kommen.

Nr. 7. Entsch. v. 15. Mai 1912 (OVGSt. 15 80) XII b 36/11.

Die Zinsen, die verabredetermaßen für eine Kapitalforderung zu entrichten sind, aber erst mit dem Kapitale selbst bei dessen Fälligkeit gezahlt werden sollen, sind als steuerpflichtiges Einkommen desjenigen Jahres, für das sie zu berechnen sind, und mit dem hiernach zu bestimmenden Betrag in Ansatz zu bringen.

Nr. 8. Entsch. v. 2. Nov. 1912 (StArch. 13 291).

Zinsen aus Kapitalien sind steuerpflichtiges Einkommen ohne Unterschied, ob die Kapitalien etwa aus steuerfreien oder aus steuerpflichtigen Einkünften angesammelt sind.

Nr. 9. Entsch. v. 30. Juni 1913 (Recht 17 640) IX 59/12.

Zinsen von Restkaufgeldhypotheken auf Grundstücken, die zum Zwecke des Bordellbetriebs veräußert sind, sind als Einkommen aus Kapitalvermögen anzusehen. Nach der ständigen Rechtsprechung des OVG. sind formell rechtsgültige, aber materiell nichtige Verträge, die weder von einem der Vertragsgenossen, noch einem Dritten angefochten sind, bei Beurteilung der Steuerpflichtigkeit und Anrechnung der einem der Vertragsparteien daraus zustehenden Bezüge als zu Recht bestehend anzusehen.

b) Gewinn aus Spekulationsgeschäften.

Nr. 1. Entsch. v. 8. Okt. 1910 (StArch. 11 354).

Bei der Berechnung des Einkommens aus Spekulationsgewinn sind auch die Zwischennutzungen in Ansatz zu bringen. Ihre doppelte Anrechnung einerseits als Einkommen aus Hausbesitz in den einzelnen Jahren während der Besitzzeit des Steuerpflichtigen, anderseits nach der Veräußerung des Grundstücks bei der Ermittelung des Spekulationsgewinns ist eine notwendige Folge der gesetzlichen Regelung. Mehraufwendungen im Haushalt, die durch das Spekulationsgeschäft bedingt worden sind, sind nicht abzugsfähig (§ 8 III 2 ErgStG.).

Nr. 2. Entsch. v. 28. Nov. 1912 (DJZ. 18 927) VII c 41/12.

Eine gemeinschaftliche Grundstücksspekulation in der Form einer Gesellschaft nach §§ 705 ff. BGB. kann auch in der Weise erfolgen, daß der eine Gesellschafter das Geld, der andere seine technischen und dienstlichen Erfahrungen hergibt, der dritte aber die Lasten und die Gefahr des eingetragenen Eigentümers trägt.

Nr. 3. Entsch. v. 21. Dez. 1912 (DJZ. 18 870) IV a 173/12.

Spekulationsgewinne können nicht vermutet, sondern müssen festgestellt werden. Deshalb darf mit ihnen nur gerechnet werden, wenn sie entweder vom Steuerpflichtigen zugestanden oder die tatsächlichen Unterlagen für ein bestimmtes erfolgreiches Spekulationsgeschäft ermittelt sind.

2. Einkommen aus Grundvermögen.

a) Aus nicht verpachteten landwirtschaftlichen Besitzungen.

Nr. 1. Entsch. v. 29. Sept. 1909 (Recht 17 346) IX 52/09.

„Ausgaben" nach Art. 16 I 2 a AAnw. sind nicht allein die geleisteten Zahlungen. Ebenso wie als Einnahmen nicht bloß die gegen Barzahlung, sondern auch die auf Kredit verkauften Wirtschaftserzeugnisse und Waren anzusehen sind, Art. 18 I 2, so gelten als Ausgaben nicht nur die bezahlten, sondern auch die fälligen, aber noch rückständigen Werbungskosten. Es kommt demnach bei Ausgaben für Instandhaltung — abgesehen von vorherigen Vereinbarungen — darauf an, wann sie fällig geworden, also ihrem Betrage nach feststehen und vom Verpflichteten gefordert werden konnten, nicht wann dieser die Zahlung geleistet hat.

Nr. 2. Entsch. v. 7. Dez. 1910 (OVGSt. 15 88) I a 48/10.

EinkStG. §§ 8, 9.

1. Auch Handelsbücher, die genau nach der Vorschrift des HGB. (§§ 38ff.) geführt sind, weisen nicht in allen Punkten tatsächlich feststehende Ziffern auf, vielmehr beruhen einzelne Ansätze, wie z. B. die Abschreibungen, auf Schätzung. Da der Geldwert der für den Haushalt eines Landwirts aus der Wirtschaft entnommenen Erzeugnisse und ebenso der auf den Haushalt entfallende Anteil an den Kosten der Fuhrwerkshaltung sowie endlich der Geldwert der beim Beginn und Schlusse jedes Jahres vorhandenen Wirtschaftsvorräte und Erzeugnisse der Natur der Sache nach regelmäßig nur durch Schätzung ermittelt werden kann, so würde die Berufungskommission, wenn sie daran festhielte, daß die Notwendigkeit schätzungsweiser Feststellung dieser Werte einer Buchführung den Charakter des „ausreichenden" iS. des § 9 Nr. 4 und 5 EinkStG. nähme, überhaupt keine landwirtschaftlichen Bücher für „ausreichend" erklären können, auch den ähnlichen Vorgängen bei den Handelsbüchern nicht Rechnung tragen.

Über die Menge und den Geldwert der für den Haushalt des Steuerpflichtigen entnommenen Erzeugnisse der Wirtschaft muß mit dem Steuerpflichtigen verhandelt und es muß ihm ausreichende Gelegenheit zu speziellen Angaben gegeben werden, die dann im einzelnen zu würdigen sind. Das gleiche gilt auch von der Feststellung der anteiligen auf den Privathaushalt zu rechnenden Fuhrwerkskosten (Ausgaben für Pferde, Wagen, Geschirr und Kutscher).

2. Bezüglich der Absetzungen für Abnutzung des toten Inventars ist klarzustellen, ob der Steuerpflichtige oder sein Verpächter Eigentümer ist. Im ersteren Falle sind Abzüge für Abnutzung des toten (nicht auch des lebenden) Inventars gemäß § 8 I 4 EinkStG. ohne Zweifel zulässig, soweit nicht die Kosten der Anschaffung unter den Betriebsausgaben verrechnet sind. Gleiche Abzüge werden aber auch dann zugelassen werden müssen, wenn der Steuerpflichtige das Inventar zwar nicht zu Eigentum, aber doch zur eigentumsgleichen Nutzung mit der Verpflichtung seiner einstigen Rückgewähr zu dem gleichen, wie dem übernommenen Werte, erhalten hat[1]). Denn in diesem Falle steht er wirtschaftlich dem Eigentümer gleich, indem er für den Substanzverlust des Inventars mit seinem Vermögen aufzukommen hat (§§ 586 ff. BGB.).

---

[1]) Bezüglich der Art und Weise der Ermittelung der Höhe der Abnutzungsquoten bei Gebäuden und dem toten Inventar ist in Entsch. v. 16. III. 12 (OVGSt. 15 90 idAnm., I. a. 7/12) folgendes ausgeführt: Der Steuerpflichtige kann nicht verlangen, daß die Berufungskommission jeden einzelnen der in Betracht kommenden Gegenstände in bezug auf die eingetretene Abnutzung besonders abschätzt, sondern es muß als ausreichend erachtet werden, wenn die Gegenstände nach „einzelnen Gattungen" zusammengefaßt werden.

Nr. 3. Entsch. v. 8. Nov. 1911 (OVGSt. 15 90) I c 43/11.

Einnahmen, die aus Zahlungen auf die in früheren Jahren entstandenen Forderungen eines Landwirts herrühren, dürfen den Einnahmen der späteren Jahre nicht hinzugerechnet werden.

Nr. 4. Entsch. v. 29. Okt. 1910 (OVGSt. 15 85) X c 14/10.

1. Die Zulässigkeit des Abzugs wegen Substanzverringerung ist nicht zweifelhaft, denn der Steuerpflichtige ist als Fideikommißbesitzer nach dem in der Provinz Hannover in dieser Beziehung gemäß Art. 59 EGBGB. in Geltung gebliebenen gemeinen Rechte Eigentümer des Grundstücks. Als solchem steht ihm nach dem in der Provinz Hannover geltenden Bergrechte das Eigentum an den Steinsalzen zu (Art. II Vd., betr. die Einführung des Allgemeinen BergG. in das Gebiet des vormaligen Königreichs Hannover, v. 8. V. 67 — GS. 601). Hiernach ist der Steuerpflichtige zu einem Abzuge wegen Substanzverringerung berechtigt.

2. Die Berufungskommission hat den hiernach vom Förderzinse zu bewirkenden Abzug für ein Jahr so berechnet, daß der Steuerpflichtige oder seine Rechtsnachfolger nach Ablauf einer auf 106 1/4 Jahre anzunehmenden Abbauzeit mit diesen Abzügen ein Kapital angesammelt haben könnten, das mit 4% Zins und Zinseszins vermehrt einen Zinsgenuß, auch wieder mit 4% gerechnet, ergibt, der dem Förderzinse nach dem zulässigen Abzuge gleichkäme. Diese Berechnung lehnt sich an die in OVG. 17 128 ff. für die Berechnung des Abzugs wegen Substanzverringerung unter Anwendung der Rentenformel aufgestellten Grundsätze an; es werden aber der Wert der Kalisubstanz und die zu seiner Ermittelung erforderlichen Faktoren, die dem Steuerpflichtigen als Verpächter auch nicht einmal bekannt sein dürften, nicht berücksichtigt. Diese Art der Ermittelung des Abzugs wegen Substanzverringerung erscheint im vorliegenden Falle nicht unzulässig.

Nr. 5. Entsch. v. 24. Febr. 1912 (OVGSt. 15 83) X a 17/11.

EinkStG. § 12.

Nach § 12 Abs. 1 und 4 EinkStG. und nach Art. 12 AAnw. kann es keinem Zweifel unterliegen, daß, wenn der Steuerpflichtige selbst die Gewinnung der Kohlen auf seinem Grundstücke betreiben würde, der Ertrag daraus als Einkommen aus Grundvermögen oder als Einkommen aus Gewerbebetrieb steuerpflichtig sein würde. Ebenso ist es nicht zweifelhaft, daß bei einer Verpachtung der Kohlengewinnung die jährlichen Pachtzinsraten steuerpflichtige Einnahmen darstellen, von denen ein der Verringerung der Substanz entsprechender Abzug statthaft ist. Das OVG. hat aber auch den Erlös aus dem Verkaufe von Teilen der Substanz, wie Lehm, Kies, Steinen usw., als Ertrag aus Grundvermögen angesehen und für steuerpflichtig erachtet, indem es dabei von der Erwägung ausgegangen ist, daß die im § 12 Abs. 2 ff. erwähnten Arten der Benutzung eines Grundstücks durch

---

Hierzu ist aber eine Mitwirkung des Steuerpflichtigen nötig, dessen Aufgabe es ist, der Berufungskommission auf Erfordern gruppenweise Zusammenstellungen der Gebäude und des toten Inventars als Unterlage für ihre Schätzung einzureichen. Die Gruppierung wird nach den die Abnutzung beeinflussenden Momenten, wie Bauart, Standdauer, Zweckbestimmung bei den Gebäuden und maschineller oder anderer Charakter usw. beim toten Inventar, zu erfolgen haben. Kommt der Steuerpflichtige dieser Aufforderung nicht nach, so wird er sich gefallen lassen müssen, daß die Berufungskommission die Höhe der eingetretenen Abnutzung der Baulichkeiten sowie des toten Inventars summarisch schätzt. Inwieweit die Berufungskommission einen Sachverständigen hören will, hängt allein von ihrem pflichtmäßigen Ermessen ab. Für solche Ermittelungen dürfen übrigens, was sich der Steuerpflichtige gegenwärtig halten muß, keine Anforderungen gestellt werden, die über den Rahmen des wirklich Durchführbaren und Erreichbaren hinausgehen. Eine Überspannung aus theoretischen oder prozessualen Erwägungen würde eine der wahren Sachlage entsprechende Veranlagung der landwirtschaftlichen Betriebe geradezu zur Unmöglichkeit machen.

Selbstbewirtschaftung und Verpachtung bzw. Vermietung die Bedeutung des Grundvermögens als Einkommensquelle nicht erschöpfen, da nach Abs. 1 des § 12 aaO. alle Grundstückserträge hierher gehören, vorausgesetzt, daß das Grundstück selbst als Quelle noch weiter im Besitze des Steuerpflichtigen bleibt, insbesondere beim Beginne des Steuerjahrs sich in seinem Besitze befand.

Im vorliegenden Falle hat die Berufungskommission den zwischen dem Fiskus und dem Steuerpflichtigen abgeschlossenen Vertrag mit Rücksicht auf das im ehemaligen Fürstentume Calenberg geltende Recht dahin ausgelegt, daß nicht eine selbständige Gerechtigkeit zum Abbaue von Kohlen vom Eigentum am Grundstück abgetrennt und veräußert, sondern nur ein Nutzungsrecht am fremden Grundstück in der Form einer beschränkten persönlichen Dienstbarkeit bestellt sei, deren Entgelt als Ertrag aus Grundvermögen anzusehen ist. Diese Auslegung des betreffenden Vertrags durch die Berufungskommission liegt im wesentlichen auf tatsächlichem Gebiet und entzieht sich deshalb der Nachprüfung im Beschwerdeverfahren, da ein Rechtsirrtum dabei nicht zu erkennen ist. Auch der Umstand, daß es sich hier um die Veräußerung von Teilen der Substanz handelt, nimmt der Gegenleistung nicht den Charakter eines Ertrags des Grundstücks, da das Grundstück als solches als Einkommensquelle bestehen bleibt.

b) Aus verpachteten Liegenschaften.

Nr. 1. Entsch. v. 11. Dez. 1912 (DJZ. 18 983) VI a 128/12.

Aufwendungen des Pächters eines Landguts zur Abfindung seines Vorgängers in der Pacht und für die Vermittelung der Pacht stehen nur zur Einkommensquelle, nicht aber zu dem daraus fließenden Einkommen in unmittelbarer Beziehung und dürfen deshalb vom Einkommen weder im ganzen noch in jährlichen Amortisationsraten abgezogen werden.

Nr. 2. Entsch. v. 19. Febr. 1913 (DJZ. 18 1143) III 94/12.

Ist ein Grundstückspächter verpflichtet, sämtliche auf dem gepachteten Grundstücke ruhenden Abgaben und Steuern zu tragen, so sind sie im gleichen Umfange als Werbungskosten vom Einkommen des Pächters abzugsfähig.

d) Aus Holzungen.

Nr. 1. Entsch. v. 24. Febr. 1912 (OVGSt. 15 91) VIII b 33/11.
EinkStG. § 12.

1. Handelt es sich um Einkommen aus Holzungen, so ist zunächst festzustellen, ob die Forst des Steuerpflichtigen zum Beginne des großen Abtriebs nach einem forstmäßigen Plane bewirtschaftet wurde oder nicht. Zu dem Rechtsbegriff eines forstmäßigen Planes gehört, daß der jährlich oder in längeren Perioden abzutreibende Teil des Waldes nach Menge oder Altersklasse des Holzes oder in sonst bestimmter Weise im voraus erkennbar sein muß. Der forstmäßige Plan kann jedoch sehr verschieden sein. Ein solcher ist demnach zweifellos selbst dann vorhanden, wenn er darin besteht, daß in bestimmten Zeiträumen der gesamte Holzbestand abgetrieben wird, wenn dies nur den forstmäßigen Grundsätzen entspricht. Dasselbe ist selbstverständlich der Fall bei der staatlichen Forstverwaltung, bei der unter Zugrundelegung eines auf eine bestimmte Zahl von Jahren, z. B. 80 oder 100 Jahren, sich erstreckenden Umtriebsplans idReg. bestimmt wird, welche Holzmengen, Waldteile usw. unter Festhaltung dieses Umtriebsplans innerhalb eines Zeitraums von meistens 20 Jahren abgetrieben werden sollen, bei der aber für die Art und Höhe des Abtriebs eines jeden Jahres dieser Periode ein mehr oder weniger freies Ermessen dem mit der Verwaltung betrauten Beamten überlassen wird. Je nachdem der Inhalt des Planes verschieden ist, ist entsprechend

auch dasjenige, was als steuerpflichtiges Einkommen nach den Vorschriften des § 12 EinkStG. und Art. 13 AAnw. anzusehen ist, untereinander verschieden.

2. Bei den angeführten beiden Arten von Plänen ist danach im Gegensatze zu denjenigen Holzungen, für die planmäßig für jedes Jahr etwa die Menge oder die Art des Abtriebs feststeht, in ersterem Falle der gesamte Erlös als steuerpflichtiges Einkommen anzusehen, während in dem zweiten Falle der Erlös aus dem gesamten Abhieb eines jeden Jahres steuerpflichtiges Einkommen darstellt und nur eine Überschreitung des für die gesamte 20 jährige Periode festgestellten Abhiebs als Eingriff in das Holzbestandskapital anzusehen ist.

Nr. 2. Entsch. v. 18. Okt. 1911 (OVGSt. 15 96) E I b 1/11.

EinkStG. § 12.

§ 12 Abs. 5 EinkStG. hat den Inhalt, daß es bei planlos bewirtschafteten Waldungen auf eine Unterscheidung von regelmäßigen und außergewöhnlichen, das Holzkapital angreifenden Abtrieben überhaupt nicht ankommt, vielmehr ohne Rücksicht hierauf die Abtriebsergebnisse eines Jahres insoweit für steuerpflichtig anzunehmen sind, als sie sich nicht auf mehr als den zehnten Teil des Wertes des vorhandenen Holzes erstrecken.

Zur Ermittelung des steuerpflichtigen Einkommens aus den Forsten in den drei maßgebenden Wirtschaftsjahren ist deshalb festzustellen:

1. die Höhe des Abtriebsergebnisses in jedem Wirtschaftsjahre,
2. der Wert des vorher, nämlich zum Beginne jedes Wirtschaftsjahrs, vorhanden gewesenen Holzbestandes.

Der Geldbetrag zu 1 ist dann soweit steuerpflichtig, als er nicht über den zehnten Teil des Geldwerts zu 2 hinausgeht.

Was den Faktor zu 1 anlangt, so scheint der Steuerpflichtige außer „Abtrieben" im technischen Sinne auch Verkäufe von Holz auf dem Stamme vorgenommen zu haben. Der etwa hierbei erzielte Erlös wäre völlig einem Abtriebsergebnisse gleich zu achten; denn unter Abtriebsergebnis sind die durch Holzverwertung entstandenen Einnahmen nach Abzug der dabei entstandenen Ausgaben zu verstehen. Das Kaufgeld beim Verkauf auf dem Stamme stellt aber eine solche Reineinnahme dar, weil die bei der Holznutzung vorkommenden Ausgaben in diesen Fällen bereits bei Bemessung des Kaufpreises berücksichtigt worden sind. Der Holzwert zu 2 wird sich, soweit es nicht in Verhandlung mit dem Steuerpflichtigen zu einem Einverständnisse kommen sollte, nicht anders als durch Schätzung nach Sachverständigengutachten ermitteln lassen. In der pflichtmäßigen Wahl des Sachverständigen würde die Berufungskommission nicht beschränkt sein. Soweit das Gutachten von tatsächlichen Annahmen ausgeht, muß darüber der Steuerpflichtige gehört werden. Etwaige für Wiederaufforstungen (nicht für Neuanforstungen) in jedem Jahre gemachte Aufwendungen sind als zu den allgemeinen Unkosten der Holzwirtschaft gehörig in vollem Umfang abzugsfähig.

Nr. 3. Entsch. v. 28. Nov. 1912 (DJZ. 18 983) XIII c 23/12.

Eine Neubeforstung, deren Kosten vom Einkommen aus Holzungen nicht abgezogen werden dürfen, liegt nur dann vor, wenn es sich um Besämung oder Bepflanzung einer bisher unbewaldeten Fläche behufs Erweiterung des Forstbestandes handelt. Die auf die Wiederaufforstung einer früheren Holzungsfläche verwendeten Kosten sind in vollem Umfange abzugsfähig.

f) Aus Gebäuden.

Nr. 1. Entsch. v. 27. Mai 1909 (StArch. 11 289) XI a 7/09.

Die Absetzung für Abnutzung umfaßt nur die Wertsverminderung, die das Gebäude durch seinen bestimmungsmäßigen Gebrauch im regelmäßigen

Verlauf der Dinge während des maßgebenden Kalenderjahrs erlitten hat. Außergewöhnliche Vorkommnisse, wie Beschädigung durch den Bergbau, kommen dafür nicht in Betracht, wohl aber möglicherweise für die Höhe der Reparaturkosten.

Nr. 2. Entsch. v. 7. Dez. 1910 (Recht 15 204).

Maschinenanlagen in Wohngebäuden für Zentralheizung, Warmwasserversorgung und Fahrstuhl sind Bestandteile dieser Häuser, daher ihre Abnutzung bei Abnutzung des Hauses zu berücksichtigen. Es ist aber der Einwand, daß der Wert jener Anlagen beim Feuerkassenwerte nicht zum Ausdruck komme, zu würdigen.

Nr. 3. Entsch. v. 11. Mai 1911 (OVGSt. 15 98) XIII b 173/10.

Bei der Quelle Gebäudenutzung gehören die Kosten für die Instandhaltung der Zentralheizungsanlage, selbst wenn einzelne Teile der Anlage, z. B. der Kessel, wegen Unbrauchbarwerdens neu beschafft werden müssen, zu den abzugsfähigen Werbungskosten. Die teilweise Erneuerung einer Zentralheizungsanlage infolge Unbrauchbarwerdens ist nicht anders zu beurteilen als die Erneuerung eines schadhaft oder unbrauchbar gewordenen Ofens und läßt sich mit einem Umbau oder Ausbau des Hauses nicht vergleichen. Der Kessel ist nur ein Teil der ganzen eine Einheit bildenden Zentralheizungsanlage; es handelt sich also nur um die Erneuerung eines Teiles dieser Anlage und somit nicht um die Beschaffung eines Ersatzes für die Gesamtanlage, sondern um deren Instandhaltung durch Einfügung eines neuen Teiles für einen schadhaft gewordenen Teil, mithin um eine Reparatur des Hauses, zu dessen Bestandteilen die Heizungsanlage gehört.

Nr. 4. Entsch. v. 13. Jan. 1912 (OVG.St 15 102) IV a 236/11.

EinkStG. § 8.

Beiträge eines Hauseigentümers zu den Pflasterungskosten einer öffentlichen Straße sind nicht abzugsfähig; dagegen sind sie, wenn sie für eine nicht öffentliche Straße entrichtet werden, abzugsfähig, insoweit sie Reparaturkosten bilden oder als eine dauernde Last anzusehen sind.

Nr. 5. Entsch. v. 5. Febr. 1913 (StArch. 13 180) XII b 44/12.

Die den Hausbesitzern oder Anliegern öffentlicher Straßen durch deren ihnen obliegende Reinigung (einschl. Trottoirreinigung — auch von Schnee und Eis —) entstehenden Kosten sind nach ständiger Rechtsprechung des Gerichtshofes nicht abzugsfähig.

Nr. 6. Entsch. v. 4. Juni 1913 (StArch. 13 256) XII b 4/13.

1. Die den Hausbesitzern oder Anliegern öffentlicher Straßen durch deren ihnen obliegende Reinigung entstehenden Kosten sind nicht abzugsfähig.

2. Bildet die Heizungsanlage einen Bestandteil des Hauses, so hat die Berufungskommission für diese mit Recht eine besondere Abnutzungsquote nicht zugelassen, sondern ihre Abnutzung bei der Bemessung der Abnutzungsquote für das ganze Haus mitberücksichtigt. Die Bemessung dieser Quote liegt wesentlich auf tatsächlichem Gebiete und erfolgt naturgemäß im Wege der Schätzung, sie kann daher bei der beschränkten Natur des Rechtsmittels der Beschwerde mit dieser nicht wirksam angefochten werden.

Nr. 7. Entsch. v. 24. Jan. 1912 (OVGSt. 15 100) VII a 131/11.

Zur Verwaltung eines Hauses gehört dessen Beaufsichtigung, der Verkehr mit den Mietern im Falle von Wünschen derselben behufs Abstellung von

Mängeln und Wohnungsausbesserungen und anderes mehr. Wenn der Steuerpflichtige zu diesem Zwecke Fahrten nach seinen Häusern hat machen müssen, so kann ihm der Abzug der Ausgaben hierauf ebensowenig versagt werden, wie z. B. einem Landwirte, der Fahrten von seinem Wohnsitze nach seinem Gute behufs dessen Bewirtschaftung oder Beaufsichtigung machen muß, und einem Privatbeamten oder Arbeiter, der aus wirtschaftlichen Gründen genötigt ist, in so großer Entfernung von der Arbeitsstelle zu wohnen, daß er den Weg zu dieser zu Fuß zurückzulegen nicht imstande ist.

Nr. 8. Entsch. v. 6. Nov. 1912 (DJZ. 18 815) E XI a 11/12.

Aufwendungen, um angekaufte, nicht mehr zweckentsprechend benutzte Gebäude ertragbringend zu gestalten, gehören ebensowenig wie der Kaufpreis für von vornherein brauchbare Gebäude zu den das Jahreseinkommen betreffenden Werbungskosten; sie sind eine Kapitalanlage für die Quelle und dürfen deshalb vom Einkommen nicht abgezogen werden.

Nr. 9. Entsch. v. 10. Juni 1911 (OVGSt. 15 87) XIII b 72/10.
EinkStG. § 12.

Der Ertrag, den ein Steuerpflichtiger aus seinem auf Grund eines Erbbaurechts auf fremdem Grund und Boden errichteten Gebäude erzielt, bildet für ihn steuerpflichtiges Einkommen aus Grundvermögen.

3. Einkommen aus Handel und Gewerbe einschließlich des Bergbaus.

a) Gegenstand des Einkommens aus Handel und Gewerbe.

Nr. 1. Entsch. v. 26. Sept. 1910 (OVGSt. 15 108) VII a 57/10.

Tritt an Stelle eines zum Geschäftsvermögen eines Kaufmanns gehörenden Rechts auf periodische Hebungen infolge seines Verzichts hierauf eine einmalige Entschädigung, so entsteht durch letztere für ihn kein Gewinn aus Handel und Gewerbe, wenn die Entschädigung den in die Bilanz einzustellenden Wert des aufgegebenen Rechts nicht übersteigt.

Nr. 2. Entsch. v. 28. Febr. 1912 (OVGSt. 15 105) XIII b 110/11.
EinkStG. §§ 6 ff., 14.

1. Die Beträge, die den Hinterbliebenen eines verstorbenen Teilhabers einer offenen Handelsgesellschaft als vertragsmäßige Entschädigung seitens der die Gesellschaftsgeschäfte fortbetreibenden übrigen Gesellschafter gewährt werden, ohne daß sie irgend einen Anteil an dem Geschäfte behalten, bilden kein Einkommen derselben aus Handel und Gewerbe.

2. Wird eine einmalige Abfindung aus Gründen der Zahlungserleichterung in mehreren einzelnen Raten gezahlt, so wird dadurch noch kein Recht auf periodische Hebungen begründet. Denn die einmalige, einheitlich festgestellte und nur aus Gründen der Zahlungserleichterung in halbjährlichen Teilzahlungen zu entrichtende Austrittsentschädigung ist Vermehrung des Stammvermögens und kommt für die Einkommensteuer nur insofern und insoweit in Betracht, als die Erträge des Stammvermögens vermehrt werden.

Nr. 3. Entsch. v. 14. Juni 1911 (OVGSt. 15 104) IX 16/11.

Die Teilhaber einer offenen Handelsgesellschaft, die Mitglied einer G. m. b. H. ist, gelten nur iS. des § 71 Nr. 1 EinkStG. als Mitglieder der G. m. b. H. (Art. 31 III Nr. 1 zu a AAnw. v. 25. VII. 06). Der auf den Geschäftsanteil der offenen Handelsgesellschaft an der G. m. b. G. entfallende Gewinn gehört deshalb auch iS. der §§ 6 ff. EinkStG. zu den geschäftlichen Einnahmen der offenen Handelsgesellschaft und darf nicht etwa aus diesen als Kapitaleinkommen der offenen Gesellschafter ausgesondert und besonders angesetzt werden.

Nr. 4. Entsch. v. 8. Febr. 1911 (StArch. 11 240) II a 3/11.

Die Berufungskommission hat angenommen, daß die Steuerpflichtige bei dem Verkaufe des Gutes D. einen nicht gewerblichen, gelegentlichen Spekulationsgewinn erzielt hat, und diese Annahme damit begründet, daß die Steuerpflichtige in Gemeinschaft mit der Firma und dem Kaufmann J. L. weitere Spekulationsgeschäfte nicht unternommen habe. Diese Begründung kann nicht als ausreichend erachtet werden. Denn, wenn ein Kaufmann im Rahmen seines Gewerbebetriebs auch nur einmal ein Gut an- und verkauft oder sich an einem solchen An- und Verkauf beteiligt, so erzielt er damit gewerbliches Einkommen. Von einem Einkommen aus einem gelegentlichen Spekulationsgeschäft iS. der Bestimmung des § 11 a EinkStG. kann daher nicht die Rede sein.

Nr. 5. Entsch. v. 8. Nov. 1911 (StArch. 12 157).

Auch mit ererbtem Grundbesitz kann gewerbsmäßiger Handel betrieben werden. Das ist der Fall, wenn der Steuerpflichtige mit dem ererbten Gelände Jahre hindurch gehandelt, es nach Abtretung des erforderlichen Straßenlandes in Bauparzellen geteilt, diese zum Verkauf gestellt und viele von ihnen verkauft hat. Voraussetzung für die Anrechnung des Einkommens aus Grundstückshandel ist aber, daß dieser Handel noch beim Beginne des Steuerjahrs fortbetrieben wird.

b) Berechnung des steuerpflichtigen Einkommens aus Handel und Gewerbe.

Nr. 1. Entsch. v. 20. Mai 1911 (StArch. 12 44).

Auch das Einkommen aus Handel und Gewerbe ist möglichst nach Umsatz, Bruttogewinn und Geschäftsunkosten zu ermitteln. Die Anhörung eines mit den Betriebsverhältnissen vertrauten Sachverständigen ist in Erwägung zu ziehen.

Nr. 2. Entsch. v. 1. April 1911 (StArch. 11 212) VIII b 80/10.

Eine Abschreibung auf die im Geschäftsbetriebe gebrauchten Pferde ist zulässig, falls der Steuerpflichtige Handelsbücher nach §§ 38 ff. HGB. führt (§ 13, Satz 2 und 3 aaO.). Trifft dies nicht zu, so sind nur die im letzten, dem Steuerjahre unmittelbar vorangegangenen Geschäftsjahre für die Anschaffung der Pferde verausgabten Beträge als Werbungskosten abzuziehen, soweit sie der Erhaltung und Ergänzung des vorhandenen Pferdebestandes dienten (Art. 18 II Nr. 1 AAnw.).

Nr. 3. Entsch. v. 11. Mai 1911 (OVGSt. 15 110) XI c 126/10.

Rücklagen, die seitens eines Kaufmanns behufs Versicherung seiner Fabrik gegen Feuersgefahr gemacht werden und in seinem Vermögen verbleiben, bilden nicht abzugsfähige Werbungskosten oder Lasten. Die Berufungskommission hat daher mit Recht dem gewerblichen Einkommen des Steuerpflichtigen die sog. Versicherungsprämien wieder hinzugesetzt, weil diese Beträge nicht dem N. ausgezahlt, sondern im Eigentum und zur Verfügung des Steuerpflichtigen geblieben seien, der N. vielmehr erst nach Ablauf der fünfzigjährigen Vertragsdauer die Auszahlung von 25 % der angesammelten Prämienbeträge, und zwar nur für den Fall zu beanspruchen habe, daß innerhalb der Vertragsdauer kein Brandschaden eingetreten sei, und daß danach jene Beträge keine abzugsfähigen Versicherungskosten iS. des Art. 18 II 2 AAnw. darstellen, vielmehr nicht abzugsfähige Rücklagen zur Deckung künftig etwa eintretender Verluste durch Brandschaden bilden.

Nr. 4. Entsch. v. 20. Sept. 1911 (Recht 15 813) VIIc 35/11.

Bei der Schätzung des gewerblichen Einkommens ist es unzulässig, die Rohverdienstsätze gegenüber dem Vorjahre erheblich zu erhöhen, ohne letzteres tatsächlich zu begründen und ohne den Steuerpflichtigen über die Ein- und Verkaufspreise befragt zu haben.

Nr. 5. Entsch. v. 8. Juni 1912 (StArch. 13 102).

AAnw. Art. 18.

Die Berufungskommission hat bei der Ermittelung des gewerblichen Einkommens der Steuerpflichtigen nach Roheinnahme, Bruttogewinn und Geschäftsunkosten die Verluste von der Roheinnahme gekürzt. Dies ist unrichtig. Die gewerblichen Einnahmen bestehen aus den erzielten Preisen für alle gegen Bezahlung oder auf Kredit verkauften Waren. Aus der Gegenüberstellung dieser Einnahmen, auch Umsatz genannt, und der Anschaffungs- bzw. Herstellungspreise ergibt sich der Bruttogewinn. Gehen später kreditierte Kaufpreise verloren, weil sie uneinziehbar sind, so wird dadurch nicht der Umsatz, sondern der Gewinn gemindert.

Nr. 6. Entsch. v. 7. Dez. 1912 (StArch. 13 117) VIIc 149/12.

Da der Steuerpflichtige den Umsatz, den Rohverdienst und die Betriebskosten angegeben hat, so hätte die Steuerbehörde hierzu Stellung nehmen müssen und nicht den Reinverdienst vom Umsatze unmittelbar schätzen dürfen. Daß die einzelnen Angaben des Steuerpflichtigen nur auf Schätzung beruhten, schloß die Stellungnahme dazu nicht aus.

Nr. 9. Entsch. v. 28. Okt. 1911 (OVGSt. 15 115) XIc 79/11.

In die Bilanzen, insbesondere in die Eröffnungsbilanz einer offenen Handelsgesellschaft, sind die einzelnen Posten mit demjenigen Werte einzustellen, den sie zu dem Zeitpunkte hatten, für den die Aufstellung erfolgt; die Einstellung der Werte zur Zeit der Bilanzaufstellung widerspricht den Vorschriften des HGB. Bei der Bilanzaufstellung kommt der Wert der einzelnen Bilanzposten in einem ganz bestimmten Zeitpunkt in Betracht, der nach den in diesem Zeitpunkt obwaltenden Verhältnissen zu bemessen ist, während es sich bei der Ermittelung des Ertrags des Steuerjahrs, falls diese vor dessen Ablaufe stattfindet, um die Schätzung des Ertrags in einem noch nicht vollendeten Zeitraume handelt, die nur einen Ersatz für die noch nicht mögliche Ermittelung des tatsächlichen Ertrags dieses Zeitraums bildet, und an deren Stelle nach Ablauf dieses Zeitraums naturgemäß der nunmehr feststellbare wirkliche Ertrag tritt. Bei der Bilanzaufstellung dagegen dürfen Umstände, die nach dem Zeitpunkte, für den sie aufzustellen ist, eingetreten sind, nicht berücksichtigt werden, auch wenn sie vor ihrer Aufstellung eingetreten sind.

Nr. 8. Entsch. v. 9. Dez. 1911 (OVGSt. 15 118) VIIIb 53/11.

Werden bilanzmäßige Abschreibungen seitens der Steuerbehörden für zu hoch erachtet und deshalb ermäßigt, so muß zum Zwecke einer richtigen Ermittelung des Einkommens das auf der Passivseite der Bilanz vorhandene Kapitalkonto um den nicht zugelassenen Betrag erhöht oder ein Reservekonto von gleicher Höhe eingestellt werden. — Bei Prüfung und Richtigstellung der Bilanzen späterer Jahre ist von den in dieser Weise berichtigten Ziffern auszugehen.

Nr. 9. Entsch. v. 12. Febr. 1912 (OVGSt. 15 112) XIII a 41/11.

Die Vorausleistungen eines Gewerbetreibenden zum Wegebau sind gewerbliche Werbungskosten des Jahres, in dem die Verpflichtung zu ihrer Zahlung und die Höhe der zu zahlenden Beträge — abgesehen von Vereinbarungen — durch rechtskräftige verwaltungsrichterliche Entscheidung festgestellt worden sind[1]. Dasselbe gilt für die diese Leistungen betreffenden Prozeßkosten.

Nr. 10. Entsch. v. 24. Febr. 1912 (StArch. 12 228).

Unter Werbungskosten sind nur solche Ausgaben zu verstehen, die unmittelbar zur Erwerbung, Sicherung oder Erhaltung des Ertrags aus einer bestimmten Quelle dienen. Hier ist nach dem Vertrage eine Entschädigung für die Überlassung der Firma seitens des Sozius vereinbart; diese Entschädigung betrifft also in erster Linie den Erwerb der Einkommensquelle des Steuerpflichtigen und erst mittelbar das Einkommen aus dieser Quelle. Es könnte noch in Frage kommen, ob diese Zahlung von 1200 *M* auf fünf Jahre nicht als dauernde Last anzusehen und nach § 8 II 2 EinkStG. abzugsfähig ist. Eine periodisch wiederkehrende Leistung liegt vor, und diese beruht auch auf einem Privatrechtstitel; es handelt sich aber um eine Kapitalabtragung, deren Abzugsfähigkeit nach § 8 III 1 EinkStG. ausgeschlossen ist. Denn wie die Vertragsbestimmung ergibt, ist eine Entschädigung für die ausschließliche Überlassung der Firma, also ein Kaufpreis, vereinbart, der nicht auf einmal, sondern in fünf Jahresraten à 1200 *M* gezahlt werden sollte.

Nr. 11. Entsch. v. 16. Nov. 1912 (DJZ. 18 927) XIII a 48/12.

Ein Abzug von Zinsverlusten unter dem Gesichtspunkte, daß das Kapital, wenn es nicht zum Ankauf von Waren (Wein) verwendet wäre, Zinsen brächte, ist schon deshalb unzulässig, weil entgangene Zinsen keine Ausgabe bilden. Sie gehören weder zu den Geschäftsunkosten, noch können sie als Abschreibungen in Betracht kommen, da letztere nur für Wertverminderungen der Bestände zulässig sind.

Nr. 12. Entsch. v. 4. Okt. 1911 (DJZ. 17 351) XI c 134/11.

Wenn ein Steuerpflichtiger seine großjährigen Kinder in seinem Geschäfte nicht auf Grund eines Dienstvertrags (§ 611 BGB.) beschäftigt, so kann die Zusicherung eines bestimmten Geldbetrags an die Kinder für ihre Hilfeleistung im väterlichen Geschäfte nur die Zuwendung eines Taschengeldes seitens des Hausvaters an seine Kinder bedeuten (vgl. § 1617 BGB.), nicht aber einen geschäftlichen Vorfall, der bei der Ausmittelung der geschäftlichen Betriebskosten in Betracht käme.

---

[1] Vgl. Entsch. v. 21. Dez. 11 (OVGSt. 15 114 i. d. Anm.) XIII b 93/11: Die an den Bauunternehmer N. für bauliche Herstellungen in den Wohnhäusern gezahlten Kosten werden, soweit sie die Instandhaltung und nicht etwa eine Instandsetzung oder Verbesserung dieser Häuser betreffen, zum Abzuge zuzulassen sein, wenn und soweit nicht eine Verpflichtung des Bergfiskus zu deren Erstattung von der Steuerbehörde wegen des Vorliegens unstreitiger Tatsachen und zweifelsfreier Rechtsgrundsätze ohne weiteres festgestellt werden kann. Soweit dies nicht möglich ist, aber demnächst die Erstattung dieser Kosten von seiten des Bergfiskus erfolgt oder dessen Verpflichtung hierzu rechtskräftig festgestellt wird, bildet der erstattete oder zu erstattende Kostenbetrag einen Einnahmeposten der betreffenden Einkommensquelle in demjenigen Kalender- oder Wirtschaftsjahr, in dem die Erstattung erfolgt oder der Erstattungsanspruch endgültig festgestellt wird.

Nr. 13. Entsch. v. 13. März 1912 (DJZ. 17 1303) XI c 160/11.

EinkStG. § 8 II².

Bezüge eines Kindes für die im Rahmen des § 1617 BGB. im elterlichen Geschäfte geleisteten Dienste sind keine Betriebskosten, sondern Aufwendungen, die ohne das Vorliegen eines besonderen, die Eltern verpflichtenden Privatrechtstitels zum Zwecke des Unterhalts von Angehörigen gemacht und daher nach § 8 II Nr. 2 EinkStG. nicht abzugsfähig sind.

Nr. 14. Entsch. v. 27. März 1912 (StArch. 12 278).

Ein Abzug für die im Geschäft des Steuerpflichtigen tätigen Kinder ist nur zulässig, wenn sich die Kinder in einem durch Dienstvertrag begründeten Anstellungsverhältnisse befänden.

Nr. 15. Entsch. v. 18. Dez. 1912 (Recht 17 346) VII c 146/12.

Wenn über den Wert der vom Steuerpflichtigen dem gewerblichen Personale gewährten Beköstigung Streit herrscht, so ist die Art der letzteren im einzelnen festzustellen und danach erst der Wert zu bemessen.

Nr. 16. Entsch. v. 27. April 1910 (StArch. 11 13) I a 40/10.

Betreibt eine offene Handelsgesellschaft gewerbsmäßig Grundstückshandel, so sind die Zwischennutzungen aus den diesem Zwecke dienenden Grundstücken bei der Ermittelung des Einkommens aus Handel und Gewerbe zu berücksichtigen und nicht besonders als Einkommen aus Grundbesitz in Ansatz zu bringen. Und zwar sind sie nur insoweit dem steuerpflichtigen Einkommen hinzuzurechnen, als sie in die Jahre fallen, deren Ergebnis bei der Feststellung des gewerblichen Einkommens der Firma maßgebend ist. Die Berufungskommission hat auch zu prüfen, ob die Werte der Grundstücke in der Bilanz richtig berücksichtigt sind.

Nr. 17. Entsch. v. 28. Sept. 1910 (OVGSt. 15 120) IV a 138/10.

EinkStG. §§ 8, 9.

1. Die Firma betreibt Grundstückshandel und ist auch als Bauunternehmer für Dritte tätig. Alle Aufwendungen, die sie im Interesse dieses gewerblichen Unternehmens zur Erwerbung, Sicherung und Erhaltung von Einkommen macht, sind daher Werbungskosten iS. von § 8 I Abs. 1 EinkStG. Es macht hierbei keinen Unterschied, ob die dem Grundstückshandel dienenden Grundstücke bereits zum Verkaufe fertiggestellt und ausgeboten sind oder noch nicht. Die Werbungskosten sind vom Rohertrage zur Ermittelung des steuerpflichtigen Einkommens abzuziehen soweit nicht im § 8 aaO. Ausnahmen aufgestellt sind. Hiernach mußte die Berufungskommission die Provisionen für Hypothekenbeschaffung auf die Grundstücke der Firma sowie die Ausgaben für ein gezahltes Damno und für Umsatzsteuer zum Abzuge zulassen. Die Kosten für Hypothekenbeschaffung mindern zwar das Einkommen aus Grundbesitz nicht, weil sie hier auf die Einkommensquelle Bezug haben und das Einkommen selbst nur mittelbar berühren; im vorliegenden Falle sind sie aber innerhalb der Quelle des Gewerbebetriebs selbst entstanden und daher Werbungskosten. Das Damno ferner ist ein Entgelt für Beschaffung oder Weiterbelassung einer Hypothek auf einem dem Gewerbebetriebe dienenden Grundstück und hat deshalb ebenfalls den Charakter von Werbungskosten. Die Umsatzsteuer endlich ist eine direkte Abgabe, die zu den Geschäftsunkosten gehört und daher nach § 8 I Abs. 2 Nr. 2 aaO. den Geschäftsgewinn mindert.

2. Wenn die Firma gemäß §§ 38 ff. HGB. Handelsbücher führt, so ist der Geschäftsgewinn für die nach § 9 Nr. 3 EinkStG. maßgebende Zeit nach den Grundsätzen von Inventur und Bilanz gemäß § 13 aaO. und Art. 19 AAnw. zu ermitteln.

Dabei ist zu erörtern, ob und inwieweit der Antrag des Steuerpflichtigen auf Zulassung einer Abschreibung von $^1/_2$ % für das Grundstückskonto zu bewilligen sein wird. Der Umstand, daß diese Abschreibung in der Bilanz sich nicht findet, steht ihrer Berücksichtigung an sich nicht im Wege. Stellt die Berufungskommission fest, daß die Geschäftsbücher den handelsrechtlichen Vorschriften nicht entsprechen, so ist der steuerpflichtige Gewinn nur für das Geschäftsjahr 1908 durch Gegenüberstellung der Einnahmen und Ausgaben unter Berücksichtigung der Wertveränderungen der Bestände zu ermitteln (Art. 18 AAnw.).

Nr. 18. Entsch. v. 7. Dez. 1910 (OVGSt. 15 122) IV a 173/10.

EinkStG §§ 8, 9, 13.

1. Eine im Grundstückshandel für den Verkauf eines Grundstücks erworbene Hypothekenforderung darf nur mit ihrem wirklichen Werte zur Zeit des Verkaufs in Einnahme gestellt werden.

2. Für die Berechnung des Einkommens nach § 9 Nr. 3 EinkStG. ist allein entscheidend, ob den Bestimmungen des HGB. entsprechende Abschlüsse, Inventuren und Bilanzen vorhanden sind, während die Möglichkeit derartiger Aufstellungen nicht in Betracht kommt.

Nr. 19. Entsch. v. 22. März 1911 (StArch. 11 211).

Das Einkommen aus Grundstückshandel ist nicht anders zu ermitteln, wie sonst das Einkommen aus Handel und Gewerbe, also, da Handelsbücher nicht geführt werden, nach Art. 18 AAnw. durch Gegenüberstellung der Einnahmen und Ausgaben des letzten Wirtschaftsjahrs, ohne daß es dabei auf ein Eingehen auf die einzelnen Parzellierungsfälle ankommt. Die am Schlusse des Jahres noch unverkauft gebliebenen Grundstücke sind mit ihren Verkaufswerten in Einnahme, die aus dem Vorjahre übernommenen in Ausgabe zu bringen. Die Grundstücke stellen bei solchem Gewerbe die Handelsware dar.

Nr. 20. Entsch. v. 14. Jan. 1911 (StArch. 11 322).

Bei Provisionen kommt es (ähnlich wie bei Tantiemen und Dividenden) nicht darauf an, für welchen Zeitraum sie verdient bzw. gewährt sind, sondern zu welchem Zeitpunkte der Pflichtige sie ausgezahlt oder gutgeschrieben erhalten hat.

Nr. 21. Entsch. v. 6. Nov. 1912 (DJZ. 18 927) XIII d 57/12.

Mit der Aufgabe einer Zweigniederlassung verlieren deren Außenstände nicht ihre Zugehörigkeit zum gewerblichen Anlage- und Betriebskapitale. Deshalb sind auch spätere Verluste an solchen Außenständen bei der Ermittelung des gewerblichen Einkommens zu berücksichtigen, wofern sie in dem hierfür maßgebenden Geschäftsjahre eingetreten sind.

4. Einkommen aus gewinnbringender Beschäftigung und aus Rechten auf periodische Hebungen und Vorteile irgendwelcher Art.

a) Aus gewinnbringender Beschäftigung.

α) Bei öffentlichen Beamten, Militärpersonen, Geistlichen und Lehrern.

Nr. 1. Entsch. v. 21. Dez. 1910 (OVGSt. 15 126) XII b 27/10 und **Entsch. v. 24. Jan. 1912** (OVGSt. 15 128) XII b 37/11.

EinkStG. § 14.

1. Das Amt eines Schiedsrichters bildet regelmäßig eine besondere Einkommensquelle der gewinnbringenden Beschäftigung. Mit Ein-

nahmen aus der Übernahme eines Schiedsrichteramts darf nur dann gerechnet werden, wenn die Quelle, aus der sie geflossen sind, beim Beginne des Steuerjahrs noch besteht.

2. Wird jemand mit Rücksicht auf seinen Beruf zum Schiedsrichter gewählt, so folgt daraus noch nicht, daß er das Schiedsrichteramt in Ausübung seines Berufs übernommen hat. Denn an sich steht das Amt eines Schiedsrichters mit einer wissenschaftlichen Tätigkeit in keinem unmittelbaren Zusammenhange. Schiedsrichter können auch Personen sein, die nicht wissenschaftlich, sondern nur praktisch vorgebildet und tätig sind. Die Berufungskommission hätte deshalb die besonderen Umstände dartun müssen, die die Annahme rechtfertigen, daß der Steuerpflichtige bei Ausübung einer wissenschaftlichen Beschäftigung auch die Übernahme von Schiedsrichterämtern dauernd als Erwerbsquelle hat benutzen wollen. Dies wäre um so mehr notwendig gewesen, als der Steuerpflichtige wiederholt eine berufsmäßige wissenschaftliche Tätigkeit überhaupt in Abrede gestellt und nur die gelegentliche Anfertigung von Artikeln für einzelne Zeitungen zugegeben hatte.

Nr. 2. Entsch. v. 24. Jan. 1912 (DJZ. 17 1135) XI a 55/11.

Die Mitgliedschaft der Prüfungskommission für die juristische Prüfung ist eine besondere Einkommensquelle. Die Mitglieder werden alljährlich für ein Geschäftsjahr ernannt, das mit dem 1. April beginnt. Sie bleiben jedoch über das Jahr hinaus so lange im Amte, bis die Ernennungen für das nächste Jahr erfolgen. Deshalb besteht jene Einkommensquelle regelmäßig beim Beginn des Steuerjahres.

Nr. 3. Entsch. v. 19. Jan. 1911 (OVGSt. 15 164) XIII d 13/09.

EinkStG. §§ 13, 14.

1. Dem U. des II. Sen. v. 10. XII. 07 (OVG. **51** 139) ist insoweit nicht zu folgen, als darin die Überschüsse aus dem Administrationsabschuß und der Verwertung des Wildes durch die fiskalischen Revierbeamten mit den Einnahmen eines Beamten aus dem Ersatze für dienstliche Aufwendungen, z. B. für Reisekosten, verglichen werden. Denn Vergütungen, die den öffentlichen Beamten ausdrücklich als Entschädigung für bestimmte, ihnen durch die Ausübung des Dienstes entstehende Unkosten gewährt werden, haben die Eigenschaft einer Dienstaufwandsentschädigung, die nach § 14 Abs. 3 EinkStG. überhaupt nicht zum steuerpflichtigen Einkommen gehört. Zur Bestreitung eines Dienstaufwandes sind aber die streitigen Überschüsse nicht bestimmt. Dagegen muß dem II. Senat darin beigetreten werden, daß die streitigen Überschüsse weder ein Diensteinkommen noch ein Einkommen aus Handel und Gewerbe oder aus einer besonderen, neben dem Dienste des Steuerpflichtigen bestehenden sonstigen Quelle gewinnbringender Beschäftigung sind.

2. Nach den für die Administration der fiskalischen Jagden bestehenden Bestimmungen der §§ 66 ff. der GeschAnw. für die Oberförster der preußischen Staatsforsten v. 4. VI. 70 (MBl. **71** 69 ff.) kann es keinem Zweifel unterliegen, daß die Überlassung des auf der administrierten Jagd geschossenen Wildes an den Oberförster zur Verwertung für seine Rechnung nicht erfolgt, um dem letzteren eine Vergütung für seine Administration zu verschaffen, sondern vielmehr nur zu dem Zwecke, um das geschossene Wild auf die für den Staat bequemste und günstigste Weise zu verwerten, indem der Oberförster zur Zahlung des taxmäßigen Nettowerts an die Staatskasse verpflichtet ist, ohne Rücksicht darauf, ob er durch den Verkauf des Wildes diesen Wert erzielt oder nicht. Es handelt sich mithin lediglich um einen dem Oberförster aufgezwungenen Kauf, mit dem die ihm dienstlich übertragene Tätigkeit der Administration der Jagd, d. h. ihre Ausübung im Auftrage des Fiskus, ihren Abschluß findet. Es kann deshalb nur noch fraglich sein, ob die Ver-

wertung des vom Oberförster gegen Zahlung der Wildtaxe, also durch Kauf, erworbenen Wildes für ihn eine neben seinem Amte bestehende Einkommensquelle aus einer sonstigen gewinnbringenden Beschäftigung (§ 14 EinkStG.) oder aus Handel und Gewerbe (§ 13 aaO.) bildet. Letzteres muß mit dem II. Senat ohne weiteres verneint werden. Denn selbst wenn man den die in Rede stehende dienstliche Tätigkeit abschließenden Kauf noch mitberücksichtigt, so kann bei der Verpflichtung des Oberförsters zu diesem Kaufe von einer Absicht der demnächstigen Gewinnerzielung, dem Hauptmerkmale des Gewerbebegriffs, nicht die Rede sein. Nicht so zweifelsfrei ist dagegen die Frage, ob die fortgesetzte Verwertung des gekauften Wildes seitens des Oberförsters für eigene Rechnung eine besondere Art gewinnbringender Beschäftigung neben seinem Dienste bildet. Denn die gewinnbringende Beschäftigung iS. des § 14 aaO. setzt begrifflich keineswegs voraus, daß sie von dem Steuerpflichtigen in der Absicht, Gewinn zu erzielen, unternommen ist, wenngleich diese Absicht idReg. vorhanden sein wird. Es genügt vielmehr, daß eine Tätigkeit des Steuerpflichtigen ihm tatsächlich einen Gewinn bringt. Immerhin wird aber eine Tätigkeit vorausgesetzt, die nach dem regelmäßigen Verlaufe der Dinge einen Gewinn zu bringen geeignet ist. Dies muß im vorliegenden Falle, wo die für den Ankauf des Wildes seitens des Oberförsters maßgebende Taxe nur so bemessen ist, daß keine Schädigung desselben eintreten soll, sowie mit Rücksicht darauf, daß die Erreichung der Taxe bei der Verwertung des Wildes keineswegs sicher ist, und manche Oberförster dabei mit Verlusten abschließen, verneint werden. Wo ein Gewinn aber doch erzielt wird, muß er als ein zufälliger und deshalb als zu den außerordentlichen Einnahmen gehörend angesehen werden, die nach § 7 EinkStG. nicht als steuerpflichtiges Einkommen gelten.

3. Unter den Einnahmen aus der administrierten Jagd befinden sich anscheinend nicht nur die Einnahmen aus der administrierten hohen Jagd, sondern auch die Einnahmen aus der sonst administrierten Jagd, aus der Jagd auf Füchse, Marder, Fischottern und sonstiges kleines Raubzeug, Dachse, Kaninchen, Wasserhühner, Gänse, Enten, Wachteln, Schnepfen, Bekassinen, kleine Brachvögel. Hinsichtlich dieser wird auf OVG.St. **14** 164 Bezug genommen.

Nr. 4. Entsch. v. 21. Dez. 1910 (OVGSt. **15** 167) IVa. 187/10.

EinkStG. §§ 8, 14.

Ein Abzug für Werbungskosten des freien Brennholzes eines Kgl. Oberförsters kann bei der Steuerveranlagung nicht in Betracht kommen, weil eine solche Ausgabe zur Bestreitung des Haushalts des Steuerpflichtigen gehört und deshalb gemäß § 8 III² EinkStG. nicht abzugsfähig ist.

Nr. 5. Entsch. v. 28. Febr. 1912 (OVGSt. **15** 168) VIIb. 26/11.

Die Kgl. Förster haben keinen Anspruch auf einen tarifmäßigen Wohnungsgeldzuschuß, sondern sie erhalten entweder Dienstwohnung oder eine Mietentschädigung. Die Vorschrift des Art. 21 Nr. 3 Abs. 2 und 3 AAnw. konnte deshalb nicht zur Anwendung kommen. Vielmehr war das Einkommen aus der Dienstwohnung nach ihrem ortsüblichen Mietwerte gemäß Art. 16 Nr. 2 AAnw. zu ermitteln.

Nr. 6. Entsch. v. 26. Juni 1912 (OVGSt. **15** 169) XIIb. 64/11.

EinkStG. § 14.

1. Der Steuerpflichtige (ein Kgl. Oberförster) erhält als Dienstaufwandsentschädigung einen fest bestimmten Geldbetrag von jährlich 3000 ℳ. Außerdem gilt für ihn die allgemein für die Kgl. Forstbeamten, denen Dienstländereien zur Nutzung überwiesen sind, gegebene Bestimmung, daß die Kosten des von ihm zu haltenden Dienstfuhrwerks, soweit sie aus jenem Geldbetrage nicht gedeckt

werden können, aus dem Reinertrage der Dienstländereien zu entnehmen sind. Dieser Reinertrag ist danach, soweit er zur Bestreitung der Kosten des Dienstfuhrwerks bestimmt ist, ebenfalls als Dienstaufwandsentschädigung anzusehen und deshalb in diesem Umfange gemäß § 14 Abs. 3 EinkStG. und Art. 22 Nr. 3 AAnw. bei Ermittelung des steuerpflichtigen Einkommens außer Ansatz zu lassen.

2. An dem in OVGSt. **6** 342 aufgestellten Grundsatze, daß die Kgl. Oberförster, weil von einem zur Bestreitung des Dienstaufwands bestimmten Teile ihres Diensteinkommens dienstpragmatisch nicht die Rede sein könne, der Bestimmung im § 15 (jetzt § 14) Abs. 3 EinkStG. nicht unterworfen, sondern berechtigt seien, den durch das Aversum (die fixierte Dienstaufwandsentschädigung) und den Ertrag der Dienstländereien nicht gedeckten Teil ihrer Dienstaufwandsausgaben „von dem übrigen Einkommen als abzugsfähige Ausgabe" abzusetzen, kann, nachdem die vereinigten Steuersenate in OVGSt. **12** 178 die Behandlung der Dienstaufwandskosten bei Beamten grundsätzlich geregelt haben, nicht mehr festgehalten werden. Vielmehr ergibt sich aus den über die Dienstaufwandskosten der mit Dienstländereien bedachten Kgl. Forstbeamten von zuständiger Seite getroffenen Bestimmungen, daß diese einerseits eine fixierte Dienstaufwandsentschädigung in barem Gelde erhalten, die an sich unter die Vorschriften im § 14 Abs. 3 EinkStG. und Art. 22 Nr. 1 AAnw. fällt, und daß ihnen anderseits nachgelassen ist, denjenigen Teil der Kosten ihres Dienstfuhrwerks, der aus jenem Fixum nicht mehr bestritten werden kann, aus dem Reinertrage der Dienstländereien, soweit dieser hierzu ausreicht, zu entnehmen. Danach ist also die Bestreitung der Kosten des Dienstfuhrwerks nach Erschöpfung der fixierten Dienstaufwandsentschädigung durch den sonstigen Dienstaufwand auf den Ertrag der Dienstländereien beschränkt; andere Teile des Diensteinkommens dürfen also bei Unzulänglichkeit dieses Ertrags zur Deckung jener Kosten nicht in Anspruch genommen werden, sondern es bleibt nur der Ertrag der Dienstländereien insoweit steuerfrei, als er zur Bestreitung der Dienstfuhrwerkskosten verwendet worden ist. Es sind also bei den Kgl. Forstbeamten die beiden im Art. 22 Nr. 1 und 3 aaO. vorgesehenen Fälle der Regelung der Abzugsfähigkeit der Dienstaufwandskosten, was zulässig ist, miteinander verbunden, und zwar in der Weise, daß der durch das Fixum nicht gedeckte Teil der Dienstfuhrwerkskosten nicht aus dem gesamten Diensteinkommen, sondern nur aus dem Ertrage der Dienstländereien bestritten werden und der nach dessen vollständiger Aufbrauchung für diesen Zweck etwa noch ungedeckt bleibende Teil der Dienstfuhrwerkskosten bei der Ermittelung des steuerpflichtigen Einkommens nicht irgendwie in Abzug gebracht werden darf.

3. Dagegen durfte ein Verlust, der sich bei der Bewirtschaftung der Dienstländereien ergeben hat, von dem sonstigen Einkommen nach allgemeinen Grundsätzen in Abzug gebracht werden; denn das Einkommen aus diesen Ländereien ist steuerlich ebenso zu behandeln wie dasjenige aus einer sonstigen selbständigen Quelle des Grundvermögens.

Nr. 7. Entsch. v. 26. Juni 1912 (OVGSt. 15 155) XIII b 40/12.

EinkStG. § 14.

Gehaltsvorschüsse, die einem Beamten unter dem Vorbehalte der endgültigen Abrechnung nach Bestätigung der neuen BesoldungsO. gezahlt worden sind, bilden Einnahmen desjenigen Jahres, in dem jene Bestätigung dem Beamten von zuständiger Seite mitgeteilt worden ist.

Nr. 8. Entsch. v. 13. Juni 1912 (OVGSt. 15 176) XIII d 102/11.

EinkStG. § 14.

Unter dem „baren Gehalt" iS. des § 14 Abs. 2 EinkStG. werden alle in bar gewährten Teile derjenigen Besoldung verstanden, zu deren nicht baren Bestandteilen die Dienstwohnung gehört.

Zu den dem Steuerpflichtigen in seiner Stellung als Domherr zugesicherten Besoldungsteilen gehören auch der Staatszuschuß und die Kasualien. Der Zuschuß ist ihm zwar nur für seine Person, aber in seiner Eigenschaft als Domherr bewilligt, und wenn er auch widerruflich ist, so ist er ihm doch so lange zugesichert, als ein Widerruf nicht erfolgt ist. Auf die Kasualien hat er ebenfalls nur durch seine Anstellung als Domherr ein Recht; sie gehören deshalb, wenn sie auch der Höhe nach schwanken, zu dem mit dem Amte verbundenen Stelleneinkommen. Der Ansatz der Dienstwohnung in den Voranschlägen des Domkapitelfonds ist dort unter Hinweis auf § 14 Abs. 2 EinkStG. erfolgt und beruht danach auf einer rechtsirrtümlichen Auslegung jener Gesetzesvorschrift. Eine Bedeutung für die Berechnung des steuerpflichtigen Einkommens kann deshalb jenem Rechnungsansatze nicht beigelegt werden. Daß die Kasualien für besondere Mühewaltungen gewährt werden, ist nur insofern von Bedeutung, als sie deshalb nicht zu ihrem vollen Betrage steuerpflichtiges Einkommen bilden, sondern erst nach Abzug der Ausgaben, die dem Steuerpflichtigen durch jene Verrichtungen erwachsen. Entstehen ihm also aus dem Chordienste besondere Ausgaben, z. B. für Chorkleidung, so darf er diese aus den Roheinnahmen für den Chordienst in Abzug bringen.

Nr. 9. Entsch. v. 25. Jan. 1913 (StArch. **13** 212) XIc 107/12.

AAnw. Art. 21 Abs. 2[a], Abs. 4.

Nach den Vorschriften der BesoldungsO. v. 26. V. 09 haben die Gefängnisinspektoren nur Anspruch auf eine freie Dienstwohnung oder auf eine Mietentschädigung. Demgemäß durfte dem Steuerpflichtigen der Wert der freien Dienstwohnung nur im Höchstbetrage von 15% des baren Gehalts angerechnet werden.

Nr. 10. Entsch. v. 8. Okt. 1910 (OVGSt. **15** 174) IVa 119/10.

EinkStG. § 14.

Ein Staatsbeamter, dem eine Entschädigung für Dienstaufwand weder besonders noch in seiner Besoldung gewährt wird, ist nicht berechtigt, die infolge seines Amtes ihm erwachsenden Ausgaben als Werbungskosten von seinem Einkommen abzuziehen. Ein etatsmäßiger Professor einer staatlichen Hochschule darf daher die Kosten für Informationsreisen nicht abziehen. Die Kosten, die einem Staatsbeamten infolge der Ausübung seines Amtes erwachsen, sind zwar besondere Kosten, die ihm als Privatperson nicht entstehen würden; solche Ausgaben stehen aber mit dem Erwerbe, der Sicherung oder Erhaltung seines Diensteinkommens in keinem unmittelbaren Zusammenhange, wie der Umstand zeigt, daß ein Staatsbeamter unter besonderen Verhältnissen sein Gehalt auch ohne Ausübung seines Dienstes beziehen kann.

Nr. 11. Entsch. v. 4. Okt. 1911 (StArch. **11** 387) XIIIb 47/11.

Die Beschwerderüge, daß die Kosten der Fahrkarten von der Wohnung bis zur Arbeitsstelle nicht zum Abzuge zugelassen seien, ist nicht begründet. Der Steuerpflichtige ist mittelbarer Staatsbeamter. Daß sein Diensteinkommen etwa eine besondere Entschädigung für Dienstaufwand enthalte, ist nicht behauptet, auch nicht anzunehmen. Ausgaben, die dem Steuerpflichtigen durch den Dienst entstehen, darf er deshalb nach § 14 Abs. 3 EinkStG., Art. 22 Nr. 1, 3 AAnw. keinesfalls in Abzug bringen.

Nr. 12. Entsch. v. 18. Nov. 1911 (OVGSt. **15** 140) IVa 73/11.

EinkStG. §§ 8, 14.

1. Der Steuerpflichtige ist als Staatsbeamter in B. beschäftigt, wohnt aber in A. Hier besitzt er ein Grundstück, das er landwirtschaftlich nutzt. Um seinen Dienst in

B. wahrnehmen zu können, muß er für Eisenbahnfahrten, Unterstellung eines Fahrrads und Radreparaturen jährlich 180 ℳ aufwenden. Diese Kosten stehen demnach in keinem Zusammenhange mit der Bewirtschaftung des Grundbesitzes in A. und können daher auch nicht als Werbungskosten des Einkommens aus Grundvermögen angesehen werden.

2. Ihr Betrag darf auch von der zweiten in Betracht kommenden Quelle des Einkommens aus gewinnbringender Beschäftigung nicht abgesetzt werden. Denn der Steuerpflichtige ist Staatsbeamter, sein Einkommen aus dieser Quelle besteht in dem Gehalt und dem Wohnungsgeldzuschusse. Auf dies Einkommen der Staatsbeamten mit solchen festen Bezügen findet die Vorschrift im § 8 I EinkStG. über die Werbungskosten überhaupt keine Anwendung; sie ist vielmehr durch die Sondervorschrift im § 14 Abs. 3 aaO., nach der nur der zur Bestreitung des Dienstaufwandes bestimmte Teil des Diensteinkommens abzugsfähig ist, außer Kraft gesetzt.

Nr. 13. Entsch. v. 23. Nov. 1911 (DJZ. 17 758) HC 66/11.

Den Abzug von 100 ℳ für Zehrungskosten lehnt der Vorderrichter ab, weil der Kläger nicht nachweisbar durch seine Dienstgeschäfte als Gerichtsvollzieher zu höheren Zehrungskosten gezwungen werde, als ohne die Dienstleistung entstehen würden; nur die notwendigen höheren Zehrungskosten erklärt er für abzugsfähig. Sollte damit gesagt sein, daß die Steuerbehörde und der Steuerrichter bei Prüfung der Abzugsfähigkeit von Werbungskosten auch die Notwendigkeit der gemachten Aufwendungen zu berücksichtigen habe, so würde das allerdings dem geltenden Rechte widersprechen. Die Entscheidung über die Notwendigkeit oder Zweckmäßigkeit irgendeiner geschäftlichen Aufwendung steht allein bei dem Steuerpflichtigen selbst; für die Steuerbehörde kommt nur die Tatsache der wirklichen Verwendung und dann die Gesetzesbestimmung darüber in Frage, ob Ausgaben solcher Art als abzugsfähig anzuerkennen sind. Aber bei Prüfung dieses letzten Punktes ist es nicht zu vermeiden, auf den ursächlichen Zusammenhang der Ausgabe mit der geschäftlichen Tätigkeit einzugehen; nur Aufwendungen zur Erwerbung, Sicherung und Erhaltung des Ertrags, also Aufwendungen zu diesem Zwecke, aus diesem Anlasse gemacht, sind abzugsfähig. Macht dagegen der Kläger bei Gelegenheit seiner dienstlichen Gänge für Essen und Trinken unnötige Ausgaben, so fehlt der ursächliche Zusammenhang zwischen ihnen und den Dienstverrichtungen; die Ausgaben sind dann zur Befriedigung der persönlichen Lust am Essen oder Trinken gemacht und nicht zur Erhaltung des Diensteinkommens. Aus diesem Gesichtspunkte kann man sich der Prüfung nicht entziehen, ob die vom Kläger gemachten höheren Ausgaben für Essen und Trinken außerhalb seiner Wohnung dem Zwecke dienten, den Ertrag des Dienstbetriebs zu erhalten, ob sie insofern zweckdienlich waren. So kann auch die Ausführung des Vorderrichters verstanden werden, wenn er sagt, Zehrungskosten könnten nur insoweit abgezogen werden, als die Dienstleistung notwendig höhere Zehrungsausgaben erforderlich mache, als ohne die Dienstleistung entstanden wären.

Nr. 14. Entsch. v. 24. Jan. 1912 (StArch. 12 228).

Es kommen für die Frage der Zulässigkeit von Abzügen von dem Diensteinkommen des Steuerpflichtigen die Grundsätze über Werbungskosten im § 8 I EinkStG. zur Anwendung, wonach von dem Rohertrage die Aufwendungen zur Erwerbung, Sicherung und Erhaltung des Ertrags in Abzug zu bringen sind. Dabei kommt es nicht darauf an, ob die Ausgaben unter Umständen hätten erspart werden können, sondern nur darauf, welche Ausgaben tatsächlich geleistet sind. Hat der Steuerpflichtige zur Besorgung seiner schriftlichen Arbeiten als Küster sich eines Schreibers bedient, so sind die dafür gemachten Ausgaben als Werbungskosten bei seinem Einkommen als Küster abzugsfähig.

Nr. 15. Entsch. v. 21. Dez. 1911 (OVGSt. 15 154) XI a 57/11.

EinkStG. § 14.

Durch die Überweisung des Gehalts auf das Konto des Beamten bei einer Bank hat jener es empfangen. Büßt er dann infolge des Zusammenbruchs der Bank seine Forderung an diese ein, so erleidet er einen nicht abzugsfähigen Kapitalverlust, keinen Verlust aus der Quelle der gewinnbringenden Beschäftigung.

Nr. 16. Entsch. v. 28. Febr. 1912 (OVGSt. 15 157) XII a 19/11.

1. Die von dem Ehemanne der Steuerpflichtigen (einer Offizierswitwe) zu deren Gunsten mit der Preußischen Offizierwitwenkasse abgeschlossenen Verträge stellen sich als Verträge zugunsten eines Dritten dar. Aus einem derartigen Vertrag entstehen grundsätzlich Rechte und Pflichten zunächst nur zwischen den Vertragschließenden selbst. In dieser Richtung macht es keinen Unterschied, ob für die Beurteilung des einzelnen Falles ausschließlich die Vorschriften des BGB. (§§ 328 ff.) oder die des ALR. (§§ 74 ff. Tit. 5 T. I) oder nach Art. 75 EGBGB. die Vorschriften des ALR. in Verbindung mit den dem Versicherungsrecht angehörenden Bestimmungen des BGB. maßgebend sind. Insbesondere ist es selbstverständlich, daß Verpflichtungen des Dritten ohne dessen Beitritt zu dem Vertrage nicht entstehen können. Anderseits erwirbt der Dritte die für ihn in dem Vertrage bedungenen Rechte, gleichviel, ob diese nach dem Willen der Vertragschließenden wie nach den maßgebenden gesetzlichen Bestimmungen für ihn unmittelbar mit dem Abschlusse des Vertrags oder erst durch seinen Beitritt oder unter sonstigen Voraussetzungen entstehen sollen, jedenfalls nur in der Gestalt, die ihnen durch den Vertrag gegeben ist. Daraus folgt, daß, wie im § 334 BGB. noch besonders bestimmt ist, derjenige, der in dem Vertrage die Verpflichtung zu einer Leistung an den Dritten übernommen hat, auch diesem alle Einwendungen entgegensetzen darf, die ihm aus dem Vertrage gegen den anderen vertragschließenden Teil zustehen, namentlich auch die Einrede des nicht erfüllten Vertrags. Bei einer zugunsten eines Dritten abgeschlossenen Lebensversicherung kann danach der Versicherer dem Erfüllungsanspruche des Versicherten insbesondere mit Erfolg den Einwand entgegensetzen, daß der Versicherungsnehmer die schuldigen Prämien nicht gezahlt oder eine sonstige ihm nach dem Vertrag obliegende Verpflichtung nicht erfüllt habe. In diesem Falle muß der Versicherte den Versicherungsnehmer bzw. dessen Erben zur Erfüllung veranlassen, falls er es nicht vorzieht, vorbehaltlich seines Rückgriffs an den Verpflichteten bzw. dessen Rechtsnachfolger die schuldige Leistung, soweit sie durch einen anderen statt des Schuldners bewirkt werden kann, selbst vorzunehmen. Tut er dies, so erfüllt er aber nicht eine eigene, sondern eine fremde Schuldverpflichtung und erwirbt dadurch Erstattungsansprüche gegen den Schuldner (vgl. §§ 683, 684, 812 BGB.).

2. Hiernach konnte die Berufungskommission in dem vorliegenden Falle mit einer Verpflichtung der Steuerpflichtigen zur Bezahlung der von ihrem Ehemanne bei der Pensionsanstalt hinterlegten Wechsel nur dann rechnen, wenn sie feststellte, daß die für den Ehemann der Steuerpflichtigen entstandene Verpflichtung auf letztere als dessen Erbin oder aus einem sonstigen Rechtsgrund übergegangen oder daß ihr in den Versicherungsverträgen die Verpflichtung auferlegt worden sei, die Schuld ihres Ehemannes, soweit sie bei dessen Tode noch ungetilgt sein würde, als die durch die Versicherung der Pension Begünstigte ihrerseits zu bezahlen. Eine derartige Feststellung war aber ausgeschlossen, wenn, wie die Steuerpflichtige behauptet, bei dem Abschlusse der Versicherungsverträge die Absicht der Vertragschließenden dahin ging, daß in dem Falle, wenn die Wechselschuld des Versicherungsnehmers bei seinem Tode ganz oder teilweise noch ungetilgt sein würde, dessen Ehefrau ein Recht auf Pension in dem ersten Jahre nur in Höhe von 1500 ℳ abzüglich der noch ungetilgten Wechselsumme nebst Zinsen zustehen, eine Verpflichtung zur Zahlung dieser Beträge also weder der Steuerpflichtigen als der

Pensionsberechtigten noch den Erben ihres Ehemanns auferlegt werden sollte. Die Berufungskommission hätte hiernach vor allem den Inhalt der in Frage kommenden Versicherungsverträge in dieser Richtung prüfen müssen.

β) Bei anderen Berufen.

Nr. 1. Entsch. v. 20. Mai 1911 (OVGSt. 15 130) IV a 6/11.

EinkStG. § 14.

Die Tätigkeit eines Arztes bei mehreren Ortskrankenkassen bildet zusammen mit seiner Privatpraxis eine einheitliche Einkommensquelle. Seine Stellung zu einer Kasse, die unstreitig nur einen — wenn auch großen — Teil seiner beruflichen Tätigkeit bildet, kann daher als eine besondere Einkommensquelle nicht angesehen werden. Denn diese Auffassung müßte zu dem unannehmbaren Ergebnisse führen, daß bei Ärzten eine nicht geschlossene Reihe von fortgesetzt wechselnden Einkommensquellen vorhanden wäre, und daß der Steuerpflichtige, der für vier Kassen als Arzt tätig ist und Privatpraxis ausübt, nicht weniger als fünf Einkommensquellen als Arzt hätte.

Nr. 2. Entsch. v. 20. Mai 1911 (OVGSt. 15 131) IVb 1/11.

EinkStG. §§ 8, 14.

1. Nach § 8 I 5 EinkStG. sind nur die Beiträge zu den Berufskammern als abzugsfähige Werbungskosten anzusehen. Hierzu sind für die Ärzte nur die Ärztekammern zu rechnen, denen die Ärzte eines bestimmten Bezirks kraft G. angehören, nicht aber Standesvereine, denen sie freiwillig beitreten. Wenn ein solcher Verein es sich auch zur Aufgabe gesetzt hat, die Erwerbsverhältnisse der Ärzte zu verbessern und ihnen dadurch im allgemeinen ihr Einkommen zu sichern, so hat die Tätigkeit der Vereine mit der Praxis des einzelnen Arztes unmittelbar nichts zu tun. Sie geht vielmehr nur den Beruf des Arztes als solchen an. Die Ausgaben, die der einzelne Arzt infolge seiner Angehörigkeit zu einem solchen Standesvereine macht, beziehen sich daher unmittelbar auf seinen Beruf, d. h. die Einkommensquelle selbst, und erst mittelbar auf das Einkommen aus dem Berufe. Als Werbungskosten iS. des § 8 I können aber nur die Ausgaben angesehen werden, die unmittelbar zur Erwerbung, Sicherung und Erhaltung des Ertrags der Quelle aufgewendet werden.

2. Aus dem gleichen Grunde sind auch die Ausgaben der Ärzte für Fachliteratur, zu der medizinische Bücher, Zeitschriften, Wochenschriften, Broschüren u. dgl. gehören, bei der Feststellung ihres Einkommens aus der ärztlichen Tätigkeit nicht gemäß § 8 I EinkStG. abzugsfähig. Der Umstand, daß die Wochenschriften nach einem Jahre so gut wie wertlos sind, die medizinischen Werke infolge der Neuerscheinungen schnell veralten, kann steuerlich nicht berücksichtigt werden.

Nr. 3. Entsch. v. 29. Juni 1910 (OVGSt. 15 133) VIII a 40/11.

EinkStG. §§ 8, 14.

Die Anschaffungskosten für zwei Pferde und einen Wagen sind mit Recht nicht als Werbungskosten zum Abzuge zugelassen; denn es handelt sich nicht um eine eigentliche Ersatzanschaffung (Art. 21 Nr. 4 a AAnw.), sondern um die Anschaffung einer ganz anderen Art von Fuhrwerk, nämlich zweier Pferde und eines Wagens, an Stelle eines Automobils, das nach der Erklärung des Steuerpflichtigen im Beanstandungsverfahren noch unbenutzt im Schuppen stand.

Nr. 4. Entsch. v. 21. Dez. 1910 (OVGSt. 15 134) IV a. 180/10.

EinkStG. §§ 8, 14.

Als Werbungskosten können von den Roheinnahmen nur solche Ausgaben abgezogen werden, die unmittelbar zur Erwerbung, Sicherung und Erhaltung des betreffenden Einkommens dienen. Die Ausgaben, die durch die Teilnahme an ärztlichen Fortbildungskursen entstanden sind, betreffen aber in erster Linie die Erhaltung der Einkommensquelle und erst mittelbar das Einkommen; sie sind ebenso wie die Kosten der Vorbildung zum Beruf als Kapitalanlage anzusehen und deshalb nach § 8 III 1 EinkStG. nicht abzugsfähig.

Nr. 5. Entsch. v. 21. Dez. 1910 (StArch. 11 163).

Der ortsübliche Mietwert einer freien Wohnung ist durch unmittelbare Vergleichung mit wirklichen Mieterträgen von Wohnungen gleicher Beschaffenheit zu ermitteln.

Das Verlangen in der Beschwerde, nach § 14 Abs. 2 EinkStG. höchstens 15 % des baren Gehalts in Ansatz zu bringen, ist ungerechtfertigt, da diese Gesetzesvorschrift auf Privatbeamte keine Anwendung findet. Die Wohnung des Steuerpflichtigen ist vielmehr mit dem ortsüblichen Mietwerte in Ansatz zu bringen.

Nr. 6. Entsch. v. 3. Juli 1911 (DJZ. 17 351) XI c 33/11.

Naturalgefälle sind nach den ortsüblichen Preisen in Geld anzusetzen (Art. 8 II Nr. 2 AAnw. v. 25. VII. 06). Wenn Angestellten eines gewerblichen Unternehmens dessen Erzeugnisse zu einem geringeren Preise als anderen Personen geliefert werden, so ist für erstere der ihnen vertragsmäßig oder nach bestehender Übung bewilligte niedrigere Preis als der ortsübliche anzusehen.

Nr. 7. Entsch. v. 3. Juli 1911 (OVGSt. 15 135) XI c 29/11.

EinkStG. § 8.

1. Wenn Angestellten eines gewerblichen Unternehmens dessen Erzeugnisse (z. B. Kohlen) zu einem geringeren Preise als anderen Personen geliefert werden, so ist für erstere der ihnen vertragsmäßig oder nach bestehender Übung bewilligte niedrigere Preis als der ortsübliche iS. des Art. 8 II 2 AAnw. anzusehen.

2. Was den Beitrag zur Sterbekasse des evangelischen Arbeitervereins anlangt, so ist festzustellen, ob etwa die Hinterbliebenen eines Mitglieds auf ein Sterbegeld Anspruch haben und nur dessen Höhe von dem Verbandstage bzw. dem Vorstande festgesetzt wird, oder ob dieser auch darüber zu entscheiden hat, ob im einzelnen Falle überhaupt ein Sterbegeld zu zahlen ist. Nur in dem ersteren, nicht auch in dem letzteren Falle ist der Beitrag zur Sterbekasse nach § 8 III 4 EinkStG. abzugsfähig.

Nr. 8. Entsch. v. 13. März 1912 (OVGSt. 15 136) XIII b 103/11.

EinkStG. §§ 8, 14.

Gratifikationen, die einem Angestellten in Anerkennung seiner Tätigkeit im Geschäfte von dem Geschäftsinhaber gewährt werden, bilden steuerpflichtiges Einkommen aus gewinnbringender Beschäftigung, da dieses die gesamte den Beamten und den Angestellten des Privatdienstes für ihre Tätigkeit ausdrücklich oder stillschweigend zugesicherte oder tatsächlich gewährte Gegenleistung umfaßt. Gleichgültig ist hierbei, ob die Gratifikationen dem Beamten oder Privatangestellten bar ausgezahlt oder ihm gutgeschrieben werden und ob er nach den geltenden Vorschriften oder den getroffenen Vereinbarungen vor dem Eintritt eines bestimmten Zeitpunktes oder Ereignisses nicht über sie verfügen darf. Der Umstand endlich, daß der Steuerpflichtige der ihm gutgeschriebenen Gratifikation unter gewissen Umständen, nämlich bei Verstößen gegen seine Pflicht oder gegen das Wohl der Firma oder bei dem Tode ohne Hinterlassung von Erben verlustig gehen kann, schließt die Anrechnung auch nicht aus, da diese Bestimmungen dem Erwerbe des Anspruchs auf Zahlung der Gratifikation seitens des Steuerpflichtigen nicht entgegenstehen.

Nr. 9. Entsch. v. 6. Nov. 1912 (DJZ. 18 815) VII a 83/12.

Auch bei der Quelle der gewinnbringenden Beschäftigung, z. B. der zahnärztlichen Praxis, gelangt man zu einem richtigen wirtschaftlichen Ergebnisse nur, wenn man wie bei Gewerbetreibenden den Wert der am Anfange des maßgebenden Jahres aus den Vorjahren übernommenen Bestände an Materialien ebenfalls in Ausgabe und den Wert der am Ende des Jahres noch vorhandenen Bestände in Einnahme stellt.

Nr. 10. Entsch. v. 8. Jan. 1913 (StArch. 13 86) XII b 37/12.

Zensit beschäftigt sich in seiner Eigenschaft als Ingenieur seit mehr als zehn Jahren mit Erfindungen. Die hier in Betracht kommende Erfindung liegt allerdings nicht auf dem Gebiete, auf dem Zensit bisher systematisch tätig war; sie ist aber gleichfalls ein Ergebnis seiner gesamten wissenschaftlichen Tätigkeit. Streitig ist, ob der Gewinn aus der angeblich rein zufälligen Erfindung überhaupt steuerpflichtiges Einkommen, insbesondere aus gewinnbringender Beschäftigung darstellt. Diese setzt ein positives Schaffen voraus; es genügen aber nicht einzelne Handlungen, eine „Beschäftigung" erfordert vielmehr eine Reihe von Handlungen, die das nämliche Ziel oder gleichartige Ziele verfolgen. Daß die Beschäftigung eine bestimmte Dauer hat, ist dagegen nicht erforderlich, es genügt auch eine vorübergehende. Ob also die Tätigkeit des Steuerpflichtigen, bei der die Erfindung gemacht worden ist, eine solche Beschäftigung darstellt, und die Erfindung als Ergebnis, als Ausfluß dieser Tätigkeit anzusehen ist, ist klarzustellen. War die Erfindung nicht das Ergebnis vorangehender gewinnbringender Beschäftigung, und stellt sich auch nicht etwa die Verwertung der Erfindung durch die hierbei erzielten dauernden Einnahmen, insbesondere durch Einräumung von Nutzungsrechten an der Erfindung gegen sog. Lizenzgebühren, steuerlich als Einkommensquelle dar, so wird der Erlös aus der Verwertung der Erfindung nicht als steuerpflichtig anzusehen und die Vorschrift des § 7 EinkStG. anzuwenden sein.

Nr. 11. Entsch. v. 12. Febr. 1913 (StArch. 13 149) XII b 45/12.

Wird ein Ruhegehalt einem früheren Angestellten nicht als Entlohnung, sondern, nur aus dem Beweggrunde der Anerkennung geleisteter Dienste, als Belohnung für diese unentgeltlich, also schenkungsweise gewährt, so bildet das Ruhegehalt nur dann steuerpflichtiges Einkommen des Empfängers, wenn es in rechtsgültiger Form zugesichert ist.

Nr. 12. Entsch. v. 9. Dez. 1911 (OVGSt. 15 139) IV a 287/10.
EinkStG. § 8.

Nach gesetzlicher Vorschrift bestimmt der Ehemann allein über die Wohnung, und die Ehefrau ist gezwungen, beim Manne zu wohnen. Deshalb sind die Fahrgelder einer Ehefrau zu ihrer entfernten Arbeitsstelle immer abzugsfähige Werbungskosten.

Nr. 13. Entsch. v. 13. Jan. 1912 (StArch. 12 242).

Die Beantwortung der Frage, ob Fahrgelder von der Wohnung zur entfernten Arbeitsstelle und zurück abzugsfähig sind oder nicht, hängt davon ab, ob jemand aus wirtschaftlichen Gründen genötigt ist, an einem anderen Orte oder an demselben Orte in so großer Entfernung von der Arbeitsstelle zu wohnen, daß er den Weg zu dieser zu Fuß zurückzulegen nicht imstande ist, oder ob er aus persönlichen Rücksichten seine Wohnung in so entfernter Lage gewählt hat. Im ersteren Falle sind die Fahrgelder als Werbungskosten gemäß § 8 I EinkStG. abzugsfähig, im letzteren Falle dagegen sind sie als Haushaltungskosten nach § 8 III 2 aaO. nicht abzugsfähig. Ob das eine oder das andere zutrifft, ist nach den Umständen des einzelnen Falles zu beurteilen.

Nr. 14. Entsch. v. 9. Dez. 1911 (StArch. 12 228).

1. Die Ausgaben für eine Aufwartefrau zur Verrichtung häuslicher Arbeiten an Stelle der Ehefrau des Steuerpflichtigen, die eine Erwerbstätigkeit ausübt, gehören zu den Haushaltungskosten des Steuerpflichtigen; diese sind nach § 8 III 2 EinkStG. nicht abzugsfähig. Dasselbe gilt von den Ausgaben für Kleidung der Ehefrau des Steuerpflichtigen; nur insoweit es sich um Aufwendungen für besondere, über die persönlichen Bedürfnisse hinausgehende Kleidung handelt, ist ein Abzug als Werbungskosten einer bestimmten Quelle zulässig.

2. Was endlich die Fahrkosten des Steuerpflichtigen zwischen seiner Wohnung und der entfernten Arbeitsstelle betrifft, so sind sie nur dann als Werbungskosten abzugsfähig, wenn der Steuerpflichtige aus wirtschaftlichen Gründen genötigt ist, in so weiter Entfernung seine Wohnung zu nehmen, daß er den Weg zu dieser zu Fuß zurückzulegen nicht imstande ist. Nach den Ausführungen in der Beschwerde hat der Steuerpflichtige seine Wohnung mit Rücksicht auf die niedrige Miete und auf seinen angegriffenen Gesundheitszustand gewählt; dies sind rein persönliche Rücksichten, und die dadurch bedingten Ausgaben fallen unter die Haushaltungskosten, deren Abzug unzulässig ist.

Nr. 15. Entsch. v. 13. Jan. 1912 (StArch. 12 242).

Ausgaben für ein Dienstmädchen, das zur Führung des Haushalts an Stelle der einem besonderen Gewerbe nachgehenden Ehefrau gehalten wird, sind nicht abzugsfähig. Denn die Vorschrift in § 8 I a EinkStG., wonach als Werbungskosten die Aufwendungen zur Erwerbung, Sicherung und Erhaltung des Ertrags einer Einkommensquelle anzusehen sind, findet ihre Beschränkung in der weiteren Vorschrift im § 8 III aaO., wo unter Ziff. 2 die Ausgaben für den Haushalt des Steuerpflichtigen und für den Unterhalt seiner Angehörigen als nicht abzugsfähig bezeichnet werden.

Nr. 16. Entsch. v. 27. März 1912 (StArch. 12 242).

Aufwendungen für Kleidung sind nur abzugsfähig, soweit sie über den persönlichen Bedarf hinausgehen.

γ) Dienstaufwand.

Nr. 1. Entsch. v. 6. Mai 1908 (StArch. 12 78) II b 274/07.

AAnw. Art. 22[3].

Die dem Vorstand einer Reichsbanknebenstelle gewährte Funktionszulage enthält zugleich eine ziffermäßig nicht fest begrenzte Entschädigung für Dienstaufwand und ist insoweit steuerfrei, als daraus aus dienstlichem Anlasse Aufwendungen gemacht worden sind.

Der Steuerpflichtige ist Beamter der Reichsbank. Nach § 28 BankG. v. 14. III. 75 haben die Beamten der Reichsbank die Rechte und Pflichten der Reichsbeamten. Daraus folgt, daß diejenigen Vorschriften steuerlichen Inhalts, die das EinkStG. für Reichsbeamte getroffen hat, auch auf die Reichsbankbeamten Anwendung zu finden haben. In dieser Beziehung kommt hier der § 14 Abs. 3 EinkStG. in Betracht, wonach bei Reichsbeamten der zur Bestreitung des Dienstaufwandes bestimmte Teil des Diensteinkommens außer Ansatz zu lassen ist.

Nach der Auslegung, die die Gesetzesbestimmung durch das Urteil v. 28. VI. 05 (OVGSt. **12** 178) durch die Vereinigten Steuersenate gefunden hat, sind Reichsbeamte berechtigt, für Ausgaben, die ihnen durch den Dienst entstehen, in Ansehung der Einkommensbesteuerung Abzüge von ihrem Diensteinkommen zu machen, wenn — abgesehen von dem hier nicht zutreffenden Falle eines ausdrücklich als Dienstaufwand bezeichneten und dann für die Besteuerung außer Ansatz zu lassenden ziffermäßig fest begrenzten Betrages — das Diensteinkommen nach den Etats oder Anordnungen der zuständigen Behörden zugleich eine Entschädigung für Dienstaufwand mit enthalten soll.

Wie nun aus einer anderen gleichzeitig hier zur Entscheidung gekommenen Einkommensteuerbeschwerdesache hervorgeht, hat sich der Präsident des Reichsbankdirektoriums amtlich tatsächlich über die Frage der Steuerpflichtigkeit der in Rede stehenden Funktionszulage, wie oben angegeben, ausgesprochen. Dadurch ist von zuständiger Seite klargelegt worden, daß die Funktionszulage zugleich eine ziffermäßig nicht fest begrenzte Entschädigung für Dienstaufwand enthalten soll.

Nr. 2. Entsch. v. 18. Febr. 1911 (DJZ. **16** 1223) V 29/10.

Bei Staatsbeamten bleibt der ausdrücklich und ziffermäßig als Dienstaufwand bestimmte Teil des Diensteinkommens auch dann außer Ansatz, wenn er bei der Berechnung des pensionsfähigen Einkommens mit in Anschlag gebracht wird.

Nr. 3. Entsch. v. 14. Jan. 1911 (Recht **15** 813).

Die Dienstkleidung der Straßenbahnangestellten ist dann ein nach § 14 EinkStG. steuerfreier Naturalbezug, wenn sie nur zum Zwecke des Straßenbahndienstes leihweise gewährt wird.

Nr. 4. Entsch. v. 14. Jan. 1911 (StArch. **11** 291).

Die Berufungskommission rechnet für ein Amtszimmer nur einen „anteiligen Wert des reinen Mietwerts" mit 300 ℳ vom Einkommen des Steuerpflichtigen als Pfarrer ab, ohne dabei die Ausgaben für Heizung, Reinigung und Beleuchtung in erkennbarer Weise zu berücksichtigen. Die Berufungskommission hat ferner den vollen Mietwert dieses Zimmers deshalb nicht in Abzug gebracht, weil es nicht lediglich zu Amtszwecken diene. Es kommt aber nicht darauf an, daß das Zimmer ausschließlich zu Amtszwecken benutzt wird, sondern darauf, welchen Zwecken es in der Hauptsache dient.

Nr. 5. Entsch. v. 9. Febr. 1911 (OVGSt. **15** 179) XIII b 126/10.

Die Berufungskommission hat die Steuerpflichtigkeit der freien Wohnung des Steuerpflichtigen bejaht, weil die zum Diensteinkommen gehörige freie Wohnung in der Hauptsache den persönlichen Bedürfnissen des Steuerpflichtigen dienen solle, also tatsächlich nicht zur Bestreitung des Dienstaufwandes bestimmt sei. Diese Begründung steht im Widerspruche mit dem Inhalte der Anstellungsurkunde des Steuerpflichtigen, wonach die freie Wohnung nicht zum Diensteinkommen des Steuerpflichtigen gerechnet, sondern vielmehr als Entschädigung für die Kosten, die dem Steuerpflichtigen durch die Ausübung seines Dienstes erwachsen, bestimmt ist. Soweit die Räume der freien Wohnung in Betracht kommen, die der Steuerpflichtige zu Wohnungs- und Haushaltungszwecken für sich und nicht etwa zur Repräsentation benutzt, können allerdings durch den Wert der Wohnung, da sie insoweit zur Befriedigung von Haushaltungsbedürfnissen des Steuerpflichtigen dient, Kosten, die diesem durch den Dienst erwachsen, unmittelbar nicht bestritten werden. Es kann aber die Absicht bestanden haben, den Wert der Dienstwohnung dem Steuerpflichtigen insoweit an Stelle eines diesem Wertsteile entsprechenden Geldbetrags als Entschädigung für die durch den Dienst ihm erwachsenen Kosten zu gewähren. Eine derartige Regelung der Dienstaufwandsentschädigung eines öffentlichen Beamten mag selten sein, aber unzulässig ist sie nicht.

Nr. 6. Entsch. v. 18. Febr. 1911 (StArch. 11 290).

Die den Steuererhebern in Berlin bewilligte Zulage von 500 *M* ist, obwohl sie pensionsfähig, nicht steuerpflichtig, da sie ausdrücklich von der Anstellungsbehörde als Dienstaufwand bewilligt worden ist.

Nr. 7. Entsch. v. 1. April 1911 (OVGSt. 15 181) X c 6/10.

1. Die dem Vorsitzenden einer Handwerkskammer gewährte Entschädigung ist steuerfreier Dienstaufwand iS. des Art. 22 Nr. 4 c AAnw. Sie wird nach dem Statute „für Zeitversäumnis" gezahlt. Unrichtig ist es, aus dem Ausdrucke „für Zeitversäumnis" zu folgern, daß die Entschädigung nicht „für die mit der Erfüllung staatsbürgerlicher Pflichten verbundenen Aufwendungen" gewährt werde, da es völlig willkürlich erscheint, wenn die Aufwendung von Zeit nicht zu den mit der Erfüllung staatsbürgerlicher Pflichten verbundenen Aufwendungen gerechnet wird, von denen im Art. 22 AAnw. gesprochen wird. Unter den Aufwendungen, von denen im allgemeinen der Art. 22 aaO. spricht, sind nicht allein Aufwendungen von Geld zu verstehen, sondern auch Aufwendungen von Zeit, die anderweit vorteilhaft hätte ausgenutzt werden können, und die Tagegelder, von denen Art. 22 aaO. spricht und um deren Ersatz durch ein jährliches Pauschquantum es sich handelt, sollen in den allermeisten Fällen, abgesehen von den Tagegeldern der unmittelbaren Staatsbeamten, nicht bloß den Ersatz barer Auslagen bilden, sondern auch vor allen Dingen zum Ersatze der entzogenen anderweiten Vorteile und Gewinne, die ohne die Tätigkeit im öffentlichen Dienste hätten erlangt werden können, dienen.

2. Die Kassen der Handwerkskammern sind öffentliche Kassen iS. des Art. 22 AAnw. Die Handwerkskammern sind Organisationen des öffentlichen Rechts, die einerseits dazu bestimmt sind, die Gesamtinteressen des Handwerks und die Interessen der in ihrem Bezirke vorhandenen Handwerker gegenüber der Gesetzgebung und der Verwaltung des Staats zu vertreten, anderseits aber als Selbstverwaltungsorgane ganz bestimmte, durch die Gesetzgebung übertragene, öffentlich-rechtliche Funktionen auszuüben haben. Sie haben daher dem Staate gegenüber eine ganz analoge Stellung, wie sie unter anderen auch die Handelskammern haben. Ebenso wie die Handelskammern selbst, so beruhen aber auch ihre Kassen nicht auf dem Willen von Privatpersonen, sondern auf einer staatlichen Anordnung, und die Einnahmen und Ausgaben dieser Kassen dienen nicht privaten, sondern öffentlichen Zwecken. Dies trifft auch auf die Handwerkskammern zu.

b) Aus Rechten auf periodische Hebungen und Vorteile irgendwelcher Art.

Nr. 1. Entsch. v. 7. Okt. 1911 (OVGSt. 15 126) X b 26/11.

EinkStG. § 14.

1. Ein Anteil am Reingewinn eines gewerblichen Unternehmens, der als Gegenleistung für die Überlassung von Gegenständen und Rechten vertragsmäßig auf mehrere Jahre ausbedungen wird, ist als Recht auf periodische Hebungen nach § 14 EinkStG. steuerpflichtig.

2. Der Verkauf von Patenten allein bildet, soweit er nicht in Ausübung eines Gewerbebetriebes geschieht, idReg. ebensowenig wie die Veräußerung

irgendeines anderen Vermögensgegenstandes — abgesehen von dem Spekulationsverkauf — eine Einkommensquelle.

Nr. 2. Entsch. v. 21. Dez. 1910 (StArch. 11 193).

Für die Anrechnung von Dividenden und Tantiemen ist allein der Umstand maßgebend, ob der Steuerpflichtige sie innerhalb des letzten Kalenderjahres empfangen oder auf deren Zahlung in bestimmter Höhe ein Recht erlangt hat.

Nr. 3. Entsch. v. 20. Dez. 1911 (OVGSt. 15 151) VI b 13/11.

EinkStG. § 6, 14.

Nehmen Unterstützungen auf seiten des Empfängers den Charakter von Rechten auf periodische Hebungen an, so ergibt sich ihre Steuerpflichtigkeit aus §§ 6 und 14 EinkStG., die die Einkünfte aus Rechten auf periodische Hebungen ausdrücklich als Einkommen bezeichnen, und zwar ohne Einschränkung auf den inneren Grund, der zur Konstituierung jenes Rechts Anlaß gegeben hat. Deshalb sind die jedesmal auf drei Jahre gewährten jährlichen Unterstützungen aus dem Fonds „zu Erziehungsbeihilfen an höhere Beamte in der Provinz Posen und den gemischtsprachigen Kreisen der Provinz Westpreußen" steuerpflichtig.

Nr. 4. Entsch. v. 24. Okt. 1910 (OVGSt. 15 210) XI c 85/10.

Der Vater des Steuerpflichtigen hatte sich diesem gegenüber, und zwar mittels eines Ausstattungsversprechens iS. des § 1624 BGB. zur Zahlung eines jährlichen Zuschusses zum Zwecke der Erlangung oder Erhaltung der Lebensstellung seines Sohnes verpflichtet. Ein solches Versprechen ist, insoweit es das den Umständen, insbesondere den Vermögensverhältnissen des Vaters entsprechende Maß nicht übersteigt, nicht als Schenkung anzusehen und bedarf deshalb keiner besonderen Form.

War es auch der Höhe nach ziffermäßig nicht bestimmt, so war es doch bestimmbar. Der Steuerpflichtige soll seine wirklichen Aufwendungen von seinem Vater erstattet erhalten. Damit ist bei Berücksichtigung des Standes und der Vermögensverhältnisse der Parteien gemeint, daß der Sohn dasjenige, was er neben seinem zurzeit noch geringen ärztlichen Einkommen zur Erlangung und Erhaltung seiner Lebensstellung als Augenarzt nach billigem Ermessen für sich und seine ärztliche Praxis und Stellung aufwenden darf und aufwendet (§§ 1624, 315, 316, 242 BGB.), vom Vater als Zuschuß erhalten soll. Ist hiernach der Zuschuß bestimmbar, so ist er auch klagbar.

C. Abzüge vom Gesamteinkommen.

1. Schuldenzinsen und dauernde Lasten.

Nr. 1. Entsch. v. 28. Sept. 1910 (OVGSt. 15 185) IV a 135/10.

EinkStG. § 8.

1. Der Steuerpflichtige hat von der B.er Bank ein Darlehn erhalten und hierfür außer dem üblichen Diskont $^1/_4$ % für den Monat als Provision gezahlt, ohne daß hierbei eine Verrechnung auf Unkosten, wie Stempel usw., stattfand. Dieser Provision von 3 % jährlich hat die Berufungskommission mit Unrecht die Abzugsfähigkeit versagt. Wenn die Bank auch weiter erklärt hat, daß sie hieraus zunächst ihre Geschäftsunkosten und Verluste decke, so ist hiermit der Charakter der Provision als Schuldenzinsen doch keineswegs ausgeschlossen. Denn nach OVGSt. **10** 175 ff. gilt als Zinsen eines Kapitals „der für die Hingabe und Benutzung des Kapitals vom Schuldner an den Gläubiger zu entrichtende Geldbetrag".

Auf die Bezeichnung, unter der dieses Entgelt gezahlt wird, kommt es nicht an, sondern lediglich auf seine Zweckbestimmung, eine Gegenleistung des Schuldners für die Überlassung des Darlehns zu bilden. Es sind daher zwar „Zinsen", die zur allmählichen Tilgung des Schuldkapitals bestimmungsmäßige Verwendung finden, als solche nicht abzugsfähig, weil sie insoweit rechtlich nicht die Natur von Zinsen haben; im übrigen aber gelten Leistungen des Schuldners an den Gläubiger für die Gewährung des Darlehns als Zinsen, ohne Rücksicht auf die Art ihrer Verwendung beim Gläubiger.

2. Auch für den Abzug der Schuldenzinsen vom Gesamteinkommen ist nach § 8 II Abs. 1 Nr. 1 EinkStG. der Stand beim Beginne des Steuerjahrs entscheidend, und die Zinsen kommen mit dem im letzten Kalenderjahre gezahlten Betrage nur dann in Abzug, wenn sie während dieses ganzen Jahrs zu unverändertem Zinsfuße bestanden haben.

Nr. 2. Entsch. v. 11. März 1911 (OVGSt. **15** 186) X f 23/10.

EinkStG. § 8.

Ein Beitrag des Steuerpflichtigen, der lediglich das an die Gläubigerin zu zahlende Entgelt für die Überlassung des Kapitals zur Nutzung bildet, hat den Charakter von Schuldenzinsen, die nach § 8 II 1 EinkStG. vom Einkommen abzuziehen sind. Denn nach OVGSt. **10** 175 ff. gelten als Zinsen eines Kapitals die für die Benutzung des Kapitals vom Schuldner an den Gläubiger zu entrichtenden Beträge, gleichviel unter welcher Benennung sie vereinbart sind. Im vorliegenden Falle ist nach dem glaubhaften Beschwerdevorbringen der Beitrag zur Deckung eines Teils des der Gläubigerin bei der Begebung von Obligationen der Anstalt entstehenden Kursverlustes bestimmt und bildet somit ein besonderes Entgelt für die Überlassung des Kapitals, das sich die Gläubigerin selbst erst unter Kostenaufwand beschaffen mußte.

Nr. 3. Entsch. v. 7. Dez. 1910 (Recht **15** 204).

Die Versagung des Abzugs für „Damno", d. h. für den an den Hypothekengläubiger dafür gezahlten Betrag, daß er die Hypothek nicht kündigt, sondern weiter stehen lasse, beruht auf Rechtsirrtum. Alles, was dem Gläubiger als Entgelt für weitere Nutzung des Hypothekenkapitals gezahlt wird, ist Kapitalzins, daher nach § 8 II I abzugsfähig. Abzugsfähig sind dagegen nicht Ausgaben für Vermittelung einer anderen Hypothek, ebensowenig Anwaltskosten für Umschreibung und Eintragung, da sie nicht unmittelbar die Erwerbung und Sicherung des Einkommens, sondern in erster Linie die Einkommensquelle betreffen.

Nr. 4. Entsch. v. 25. Jan. 1911 (StArch. **11** 338).

EinkStG. § 8 II[1] u. AAnw. Art. 24[2].

Zwischen einer allmählichen Tilgung und einer „vereinbarten Abzahlung" eines Schuldkapitals ist ein begrifflicher Unterschied nicht zu finden.

Nr. 5. Entsch. v. 26. Okt. 1911 (DJZ. **17** 579) HC 54/11.

Die Annahme des Vorderrichters, daß iF. des Nießbrauchs für die Anwendung des § 8 Ziff. II EinkStG. und der Entsch. des OVG. **53** 163 kein Raum sei, erscheint unzutreffend. Daß die Hypothekenzinsen innerhalb der Einkommensquelle des Nießbrauchs entstehende Ausgaben, daß sie Werbungskosten seien, läßt sich aus dem Wesen des Nießbrauchs nicht folgern. Der Umstand, daß der Nießbraucher die Hypothekenzinsen kraft G. zu zahlen hat (§ 1047 BGB.), spricht nicht für, sondern gegen die Auffassung des Vorderrichters. Denn dadurch, daß die Pflicht zur Entrichtung dieser Zinsen dem Nießbraucher unmittelbar durch das G. auferlegt worden ist, sind die Zinsen den eigenen Schuldenzinsen des Nießbrauchers gleichgestellt, der Nießbraucher unterscheidet sich in dieser Hinsicht rechtlich nicht vom Eigentümer.

Nr. 6. Entsch. v. 1. Mai 1912 (StArch. 13 132).

Provision und Talonsteuer für eine im Januar 1911 neu beschaffte Hypothek können bei der Veranlagung für 1911 nicht in Abzug gebracht werden, weil in diesem Falle die Schuldenzinsen mit dem mutmaßlichen Betrage des Steuerjahrs 1911 anzusetzen sind. Ob sie überhaupt abzugsfähig sind, hängt davon ab, ob sie eine Vergütung für die Nutzung des Darlehns darstellen oder nicht. Ist dies nicht der Fall, so sind sie an sich nicht abzugsfähig. Sind sie aber eine solche Vergütung, so sind sie nach ihrer rechtlichen Natur den Zinsen zuzuzählen und als solche gemäß § 8 II 1 EinkStG. an sich abzugsfähig.

Nr. 7. Entsch. v. 21. Dez. 1912 (StArch. 13 324).

Die Frage, ob die Aufwendungen für Löschung von Hypothekenschulden vom steuerpflichtigen Einkommen in Abzug zu bringen sind, hat die Berufungskommission mit Recht verneint. Denn sie gehören weder zu den behufs Erwerbung, Sicherung und Erhaltung des Einkommens aus Grundvermögen verwendeten Ausgaben (Werbungskosten) noch zu den im § 8 II EinkStG. aufgeführten Abzügen vom Gesamteinkommen. Sie haben vielmehr die Aufhebung der Hypothek zum Zwecke, die auf der Einkommensquelle ruht und keineswegs schon mit der Tilgung der Forderung des Hypothekengläubigers erlischt, sondern hiermit auf den Eigentümer übergeht (§§ 889, 1163 BGB.). Die Löschung einer bezahlten Hypothek hat also keine bloß formale Bedeutung, sie bringt vielmehr ein bis dahin in der Hand des Eigentümers befindliches Vermögensrecht erst zur Aufhebung, so daß alle hierauf gerichteten Maßnahmen des Steuerpflichtigen sein Vermögen betreffen und mit dem Einkommen aus dem Grundvermögen nicht in unmittelbarem Zusammenhange stehen.

Nr. 8. Entsch. v. 23. Nov. 1910 (OVGSt. 15 202) VI b 18/10.

Der nach § 8 II 5 EinkStG. zum Abzuge vom Gesamteinkommen zugelassene Beitrag zur Tilgung einer Schuld im Höchstbetrage von 1% des Kapitals ist nach dem ursprünglichen, auch noch nicht teilweise getilgten Schuldkapitale zu berechnen.

Nr. 9. Entsch. v. 9. März 1911 (StArch. 11 228).

1. Als Werbungskosten, die von dem Rohertrage der Quelle § 8 I EinkStG. in Abzug zu bringen sind, können Schuldenzinsen zwar im kaufmännischen oder sonstigen gewerblichen Verkehr und bei der Landwirtschaft in Betracht kommen, wenn sie innerhalb einer Quelle der Landwirtschaft oder des Gewerbebetriebs entstehen (Art. 24 Nr. 3 AAnw.), niemals aber im Bereiche des Kapitalvermögens. Hier bildet nicht das gesamte Kapitalvermögen eine Quelle. Kapitalvermögen iS. des § 6 Nr. 1, § 11 EinkStG. ist nur eine Gesamtbezeichnung für die einzelnen Quellen des Geldkapitals; die Quelle bildet die einzelne nutzbare Kapitalforderung oder -anlage; jede Aktie, jeder Kux ist eine besondere Quelle (s. Art. 8 II 1 AAnw.). Innerhalb der einzelnen Quellen des Kapitalvermögens aber entstehen keine Schuldenzinsen. Ihr Abzug hat daher gemäß § 8 II 1 EinkStG. vom Gesamteinkommen zu erfolgen.

2. Wie nun für die Veranlagung der physischen Personen nach § 9 Ziff. 1 aaO. der Bestand der einzelnen Einkommensquellen bei Beginn des Steuerjahrs, für das die Veranlagung erfolgt, maßgebend ist, so ist auch für die Feststellung

der vom Gesamteinkommen abzuziehenden Beträge der Stand der diesen zugrunde liegenden Verpflichtungen bei Beginn des Steuerjahrs entscheidend. Bestehen diese Verpflichtungen unverändert seit dem Anfange des dem Steuerjahre vorangegangenen Kalenderjahrs, so ist der Betrag der in diesem von dem Steuerpflichtigen bewirkten Leistungen abzuziehen; sind dagegen wesentliche Änderungen während dieses Zeitraums bis zum Beginn des Steuerjahrs eingetreten, so ist der mutmaßlich im Steuerjahre zu entrichtende Betrag in Abzang zu bringen.

3. Soweit Kosten unmittelbar durch die Verwaltung des Vermögens entstehen, können sie von den Einkünften aus dem Kapitalvermögen in Abzug gebracht werden (Art. 8 II 5 AAnw.). Insoweit also in der Provision, wie es im Bankverkehr vorkommt, eine Vergütung für die Aufbewahrung und Verwaltung der niedergelegten Papiere, z. B. für die Prüfung der Auslosung von Papieren, für die Einlösung der Zinsscheine oder die Besorgung der Zinsanweisungen, enthalten ist, und soweit die Porto- und sonstigen Spesen durch Mitteilungen usw. über Vorgänge betreffs des aufbewahrten Vermögens veranlaßt werden, sind sie von dem Einkommen aus Kapitalvermögen zu kürzen. Auch ist es nicht ausgeschlossen, daß die Provision einen Zuschlag zu dem vereinbarten Zins darstellt, in welchem Falle sie bei der Bemessung des mutmaßlichen Zinsfußes für das Steuerjahr in Betracht zu ziehen wäre.

Nr. 10. Entsch. v. 8. Nov. 1911 (StArch. 12 199).

Zinsen einer beim Beginn des Steuerjahrs nicht mehr bestehenden Kapitalschuld dürfen nicht in Abzug gebracht werden, weil auch hierfür der Stand beim Beginne des Steuerjahrs maßgebend ist.

Nr. 11. Entsch. v. 1. Mai 1912 (StArch. 13 10).

Für den Abzug der Schuldenzinsen vom Gesamteinkommen ist nach § 8 II Abs. 1 Nr. 1 EinkStG. der Stand beim Beginne des Steuerjahrs maßgebend; der Umfang der Abrechnung richtet sich nach dem Ergebnisse des dem Steuerjahre unmittelbar vorangegangenen Kalenderjahrs und, falls ein Jahresergebnis nicht vorliegt, nach dem mutmaßlichen Jahresbetrage, d. i. dem Betrage des Steuerjahrs.

Nr. 12. Entsch. v. 22. März 1911 (OVGSt. 15 198) IV a 288/10.

Ebenso wie im letzten Satze von § 8 III 2 EinkStG. kann also auch im § 8 II 2 aaO. dem Worte „Privatrechtstitel" nur der engere Sinn eines besonderen Rechtstitels (z. B. Vertrag, Verschreibung) beigelegt werden. Es muß deshalb den auf der gesetzlichen Unterhaltspflicht beruhenden Alimenten, nicht nur der ehelichen, sondern auch der unehelichen Kinder die Abzugsfähigkeit versagt bleiben, und zwar auch dann, wenn ein Vertrag vorliegt, der aber nur die bereits gesetzlich bestehende Verpflichtung wiederholt.

Nr. 13. Entsch. v. 15. Mai 1911 (OVGSt. 15 205) XII a 58/11.

EinkStG. §§ 10, 14.

Eine als Aussteuer in rechtsgültiger Form der Tochter bei ihrer Verheiratung seitens der Eltern versprochene Rente stellt ein steuerpflichtiges Recht jener auf periodische Hebungen dar und ist deshalb dem steuerpflichtigen Einkommen ihres Ehemanns hinzuzurechnen.

Als Schenkung würde das Versprechen nach § 1624 BGB. nur insoweit zu gelten haben, als sie das den Umständen, insbesondere den Vermögensverhältnissen der Eltern entsprechende Maß übersteigt. In dieser Richtung ist weder eine Behauptung aufgestellt, noch ein Beweis erbracht. Jenes schriftliche Abkommen genügt also jedenfalls, um für die Ehefrau auf das Versprochene, insbesondere auf die jährliche Rente, einen klagbaren Anspruch zu begründen (§ 761 aaO.). Das Rentenrecht der Ehefrau bildet danach einen Bestandteil ihres Vermögens, und die einzelnen Leistungen aus der Rentenpflicht stellen die Erfüllung dieser Pflicht seitens der damit belasteten Eltern dar, nicht die Erfüllung der gesetzlichen Unterhaltspflicht. Auf die Rentenbezüge hat die Ehefrau einen unbedingten Anspruch, auch wenn sie keinen gesetzlichen Anspruch auf Unterhalt erheben kann.

Nr. 14. Entsch. v. 20. Mai 1911 (OVGSt. 15 192) V b 89/10.

EinkStG. § 8.

Diejenigen Renten, die seitens eines Vaters in rechtsgültiger Form seinen minderjährigen Kindern zum freien Vermögen und nicht in Erfüllung der ihm obliegenden Unterhaltsverpflichtung überwiesen sind, sind von dem Einkommen des Vaters auch dann abzuziehen, wenn sie zur Bezahlung von Lebensversicherungsprämien für die Kinder, also zur Ansammlung von Kapitalien für dieselben dienen sollen.

Nr. 15. Entsch. v. 17. April 1912 (OVGSt. 15 188) VII b 46/11.

Zum Begriffe der Sch nkung gehört nach § 516 Abs. 1 BGB. in objektiver Beziehung eine Bereicherung des Empfängers und in subjektiver Beziehung die Einigung beider Teile darüber, daß die Zuwendung unentgeltlich erfolgt. Ein Vertrag, durch den sich ein Steuerpflichtiger seiner künftigen Ehefrau als Vormünderin ihrer Kinder erster Ehe gegenüber verpflichtet, für den standesmäßigen Unterhalt dieser Kinder zu sorgen, ist rechtlich als ein Schenkungsversprechen anzusehen. Die Vermögensvermehrung der Kinder ist darin zu finden, daß neben ihre Mutter als Schuldnerin des Unterhalts in der Person ihres Stiefvaters ein zweiter Schuldner getreten ist, so daß sie nach Übernahme der Unterhaltsverpflichtung durch diesen auch gegen ihn einen Rechtsanspruch auf Unterhaltsgewährung, also einen vermögensrechtlichen Anspruch haben, der namentlich dann von Bedeutung ist, wenn die Mutter zum Unterhalte der Kinder nicht oder nicht mehr imstande sein sollte. Der Steuerpflichtige hat auch nicht die bisherige gesetzliche Verpflichtung seiner Ehefrau ihren Kindern erster Ehe gegenüber an deren Stelle übernommen, sondern diese Verpflichtung ist bestehen geblieben, und für den Steuerpflichtigen ist neben dieser durch die bei Eingehung der Ehe getroffene Vereinbarung eine neue selbständige Verpflichtung zum Unterhalte seiner Stiefkinder entstanden. Was die Unentgeltlichkeit der vom Steuerpflichtigen übernommenen Leistungen anlangt, so mögen diese immerhin nur mit Rücksicht darauf übernommen worden sein, daß die jetzige Ehefrau des Steuerpflichtigen diesen nur unter der Voraussetzung heiratete, daß er für ihre Kinder erster Ehe sorgen würde. Selbst aber wenn man hiernach die Eingehung der Ehe seitens der Frau als eine mit Rücksicht auf die Unterhaltsgewährung an ihre Kinder übernommene Leistung ansehen könnte, so würde hierdurch der Charakter des Versprechens der Unterhaltsgewährung als eines Schenkungsversprechens nicht beseitigt werden. Denn da die Frau des Steuerpflichtigen nach seiner eigenen Angabe bei dem mit dem Steuerpflichtigen wegen des Unterhalts ihrer Kinder erster Ehe getroffenen Übereinkommen nicht im eigenen Namen, sondern als gesetzliche Vertreterin dieser Kinder gehandelt hat, so kommt die Eingehung der Ehe als Gegenleistung für die Übernahme der Unterhaltspflicht gegenüber den Kindern nicht in Betracht, weil es sich dabei um keine Leistung der letzteren handelt. Diese haben vielmehr eine Gegenleistung überhaupt nicht übernommen. Es kann sich demnach bei der hier fraglichen Übernahme der Unterhaltsverpflichtung nur um ein Schenkungsversprechen handeln, das mangels der für ein solches vorgeschriebenen gesetzlichen Form der Rechtsgültigkeit entbehrt. Deshalb ist ein Abzug wegen etwaiger Leistungen unzulässig.

Nr. 16. Entsch. v. 25. Sept. 1912 (StArch. 13 69) XI c 3/12.

Der Verzicht auf ein Nießbrauchsrecht an Grundstücken ist auch in mündlicher Form rechtsverbindlich. Ein derartiger Vertrag bedarf keiner Form, um zwischen den Vertragschließenden rechtsverbindlich zu sein. Auch ist dazu die Bewilligung der Löschung im Grundbuche nicht erforderlich.

Nr. 17. Entsch. v. 28. Sept. 1912 (DJZ. 18 295).

Bewilligt ein Steuerpflichtiger seinem wirtschaftlich unselbständigen und unterhaltsberechtigten Sohne eine Zulage, damit dieser Reserveoffizier werde, so erfüllt er damit lediglich seine gesetzliche Unterhaltspflicht. Eine solche Zulage ist keine auf einem Privatrechtstitel beruhende Last und deshalb vom Einkommen nicht abzugsfähig.

Nr. 18. Entsch. v. 16. Okt. 1912 (DJZ. 18 591) VII c 56/12.
EinkStG. § 8.

Im ehemaligen Geltungsbereiche des ALR. nimmt der Besitzer eines Fideikommisses hinsichtlich der Fideikommißsubstanzschulden nicht die Stelle des Schuldners ein, vielmehr ist Schuldnerin die als Obereigentümerin ein besonderes Rechtssubjekt bildende Familie. Besteht daher für einen solchen Fideikommißbesitzer die Verpflichtung, die landschaftliche Pfandbriefschuld, ohne einen Erstattungsanspruch gegen die Familie zu erhalten, durch gewisse Beiträge an einen nicht in seinem Eigentume stehenden Fonds zu tilgen, so handelt es sich um eine auf einem Privatrechtstitel beruhende dauernde Last; jene Beiträge sind deshalb nach § 8 II 2 EinkStG. in vollem Umfang abzugsfähig.

2. Beiträge zu Kranken-, Unfallversicherungs-, Pensions- und ähnlichen Kassen; Lebensversicherungsprämien.

Nr. 1. Entsch. v. 31. Mai 1911 (OVGSt. 15 204) VIII a 10/11.

Die Beiträge zu den im § 8 II 3 EinkStG. angeführten Kassen sind nur dann abzugsfähig, wenn der Steuerpflichtige dadurch einen klagbaren Anspruch auf die Vorteile, zu deren Erlangung sie von ihm geleistet werden, gegen die Kasse erwirbt. Ein klagbarer Anspruch liegt aber nicht allein dann vor, wenn er vor den ordentlichen Gerichten verfolgt werden kann, sondern auch dann, wenn die Entscheidung durch den Schiedsspruch eines über den Parteien stehenden Schiedsgerichts vorbehalten ist.

Nr. 2. Entsch. v. 24. Juni 1911 (StArch. 11 354).

Die Abzugsfähigkeit der Beiträge zum Krankenunterstützungsverein und zur Invalidenversicherung des Verbandes der Verwaltungsbeamten hängt davon ab, ob der Steuerpflichtige durch die Leistung dieser Beiträge derart versichert ist, daß ihm als Gegenleistung ein Rechtsanspruch auf gewisse Unterstützungen zusteht. Nicht erforderlich ist, daß dieser Anspruch durch Klage vor den ordentlichen Gerichten geltend gemacht werden kann; es genügt vielmehr, wenn er auch nur in einem schiedsrichterlichen Verfahren verfolgt und erstritten werden darf. Die Berufungskommission hat die Abzugsfähigkeit der betreffenden Beiträge nach diesen Gesichtspunkten von neuem zu prüfen. Bei den Beiträgen des Verbandes der Verwaltungsbeamten ist hierbei zu beachten, daß nach § 17 des Regulativs allerdings ein „Rechtsanspruch“ auf Gewährung einer Unterstützung „in keinem Falle“ bestehen soll, während der Steuerpflichtige behauptet hat, daß der Verband „unter das VersicherungsG. gestellt“ ist. Dies ist aber nach § 1 G. über die privaten Versicherungsunternehmungen v. 12. V. 01 nur möglich, wenn den Versicherten ein Rechtsanspruch auf Gewährung der Leistungen gegeben ist. Dieser Widerspruch ist aufzuklären.

Nr. 3. Entsch. v. 28. Febr. 1912 (OVGSt. 15 211) XIII a 26/11.

EinkStG. § 8.

1. Die seitens des Vaters für einen nicht selbständig veranlagten Sohn gezahlten Beiträge für Versicherung eines Betrags, zahlbar beim Eintritte des Sohnes in das Militär, sind abzugsfähig, falls es sich um eine Versicherung des Sohnes auf den Erlebensfall handelt.

2. Der Steuerpflichtige hat auf das Leben seines Sohnes mit der „Deutschen Militärdienst- und Lebensversicherungs-Anstalt“ in H. einen Vertrag geschlossen, wonach an ihn nach Einstellung des Sohnes beim Militär die Summe von 2000 *M* gezahlt werden sollte. Die Versicherung war genommen mit Rückgewähr der vollen gezahlten Prämien ohne Ratenzuschläge für den Fall, daß der Sohn nicht eingestellt würde oder vor endgültiger Entscheidung über seine Einstellung stürbe, gegen die Verpflichtung des Steuerpflichtigen zu einer fünfmaligen Prämienzahlung in halbjährlichen Raten von 95,20 *M* und einer einmaligen Zusatzprämie von 23,60 *M*. Die Zahlung der letzteren hatte die Wirkung, daß, im Falle der Steuerpflichtige vor vollständiger Zahlung der Prämien starb, diese vom Beginne des auf den Todestag folgenden Versicherungsjahrs ab nicht mehr zu zahlen waren.

Die Berufungskommission ließ nur den Abzug der letzteren zu, weil nur insoweit ein für das Wesen einer Versicherung nötiges Risiko der Gesellschaft vorliege, während durch die Zahlung der fünfmaligen Prämie nur eine in die Form der Versicherung gekleidete Kapitalansammlung bewirkt werde, hierbei also für keinen der beiden Vertragschließenden ein Risiko bestehe. Das OVG. war anderer Ansicht, denn es handle sich um einen Versicherungsvertrag, bei dem die Gesellschaft das Risiko in der von der Berufungskommission zugegebenen Weise übernommen hat, der Steuerpflichtige aber das Risiko, die Zinsen seiner Zahlungen, die Ratenzuschläge und die Zusatzprämie zu verlieren. Die versicherte Summe ist zu zahlen, falls der Sohn des Steuerpflichtigen die Einstellung beim Militär erlebt. Es liegt also eine Versicherung des Sohnes des Steuerpflichtigen auf den Erlebensfall vor.

Nr. 4. Entsch. v. 15. Mai 1912 (OVGSt. 15 205) XII a 58/11.

Die Vorschrift im § 8 II Abs. 1⁴ EinkStG. regelt in erschöpfender Weise den Abzug der Lebensversicherungsprämien. Diese sind daher nur in dem dort angegebenen Umfange abzugsfähig, ohne daß unterschieden wird, aus welchem Grunde und zu welchem Zwecke die Versicherungen von den Versicherungsnehmern eingegangen sind. Im vorliegenden Falle beanspruchte der Pflichtige über den gesetzlichen Abzug von 600 *M* hinaus den Abzug von zwei weiteren Beträgen als dauernden Lasten. Er hatte seiner Tochter erster Ehe bei der Auseinandersetzung über den mütterlichen Nachlaß zwei auf sein Leben zugunsten der Tochter genommene Versicherungen überwiesen, sich aller Rechte aus ihnen begeben, aber die Verpflichtung zur Prämienzahlung behalten. Diesen Anspruch lehnte das OVG. gegenüber dem eine Ausnahmebestimmung enthaltenden § 8 II Abs. 1⁴ ab.

Nr. 5. Entsch. v. 19. Juni 1912 (StArch. 13 86).

Für die Abzugsfähigkeit der Versicherungsprämien nach § 8 II 4 EinkStG. ist entscheidend, ob das Risiko der Prämienzahlung mit dem

Leben des Versicherungsnehmers verknüpft ist. Dies ist der Fall, wenn sie mit dem Tode des Versicherten aufhört. Stirbt er vor dem Tage der Fälligkeit, so erleidet die Gesellschaft einen Nachteil durch den vorzeitigen Wegfall der Prämienzahlungen; erlebt er den Tag der Fälligkeit, so hat die Gesellschaft den Vorteil der dauernden Prämienzahlung bis zur Fälligkeit der Versicherungssummen.

Nr. 6. Entsch. v. 26. Okt. 1912 (StArch. **13** 29) XIIb 19/12.

Die für eine Unfallversicherung mit Prämienrückgewähr zu zahlende Zusatzversicherungsprämie ist nicht als Lebensversicherungsprämie abzugsfähig. Denn die Unfallversicherung mit Prämienrückgewähr stellt eine Verbindung zweier Versicherungszweige dar, einer gewöhnlichen Unfallversicherung als Hauptversicherung und einer Zusatzversicherung, die die Rückgewähr der eingezahlten Prämien zum Gegenstand hat. Diese Zusatzversicherung ist keine Lebensversicherung, sie weist nur bestimmte, der Lebensversicherung eigentümliche Merkmale auf, die die sinngemäße Anwendung einzelner Vorschriften des Abschn. III des ReichsG. v. 30. V. 08 im Interesse der Versicherungsnehmer dem Aufsichtsamt für Privatversicherung angezeigt erscheinen ließ. Die Zusatzversicherung ist eine selbständige, mit der Unfallversicherung nur in losem Zusammenhange stehende und ihr keineswegs eigentümliche Versicherung. Ihre Selbständigkeit ergibt sich schon aus ihrem Zwecke, der mit den Aufgaben und Zielen der Unfallversicherung nichts zu tun hat. Der Versicherungsnehmer bezweckt mit Zahlung der erhöhten Prämie die Sicherung einer gewissen Summe für die Zeit seines Alters oder seines vorzeitigen Todes.

III.

Steuerpflicht der nichtphysischen Personen.

A. Steuerpflichtige Unternehmungen.

1. Aktiengesellschaften und Kommanditgesellschaften auf Aktien.

Nr. 1. Entsch. v. 1. Juni 1910 (OVGSt. **15** 219) V a 25/10.

Wird die Zweigniederlassung einer gewerblichen Aktiengesellschaft in eine Gesellschaft m. b. H. umgewandelt, so hört, falls die letztere nicht das Gewerbe der Aktiengesellschaft als deren Organ weiterbetreibt, der bisher durch die Zweigniederlassung ausgeübte Gewerbebetrieb seitens der Aktiengesellschaft auf. Bei Gründung einer Gesellschaft m. b. H. nach dem österr. G. v. 6. III. 06 aus einer Zweigniederlassung in Österreich seitens einer preußischen Aktiengesellschaft hört daher idReg. der Gewerbebetrieb der Aktiengesellschaft in Österreich auf. Ein der preußischen Aktiengesellschaft auf ihre Stammeinlagen bei der österreichischen Gesellschaft m. b. H. zufließender Gewinn ist deshalb nach dem zwischen Preußen und Österreich abgeschlossenen Vertrage v. 21. VI. 99 in Preußen nicht steuerfrei zu lassen, vielmehr ist dieser Gewinn als Frucht des gewerblichen Anlage- und Betriebskapitals der preußischen Aktiengesellschaft in Preußen zu besteuerndes steuerpflichtiges Einkommen dieser Gesellschaft. Denn bei einer Gesellschaft m. b. H. betreiben nicht die einzelnen Gesellschafter, sondern die Gesellschaft als selbständige juristische Person das Gewerbe. Dies ist vom Gerichtshofe bisher zwar nur nach Maßgabe der Vorschrift im § 13 ReichsG., betr. die Gesellschaften m. b. H. v. 20. IV. 92/20. V. 98 ausgesprochen (OVGSt. **10** 204). Das gleiche gilt aber auch nach § 61 österr. G. v. 6. III. 06 über die Gesellschaften m. b. H. Dies ist auch der Steuerpflichtigen nicht unbekannt geblieben, denn nach der eigenen Angabe ist die Umwandlung der früheren Zweigniederlassung in eine selbständige

Gesellschaft m. b. H. zu dem Zwecke erfolgt, um der hohen Besteuerung des Geschäftsbetriebs ausländischer Gesellschaften ist Österreich zu entgehen. Die österreichische Gesellschaft ist eine von der Steuerpflichtigen abgesonderte, selbständige Rechtspersönlichkeit, und es sind noch andere Personen außer der steuerpflichtigen Gesellschaft Mitglieder der österreichischen Gesellschaft. Hiernach fehlt es an den Unterlagen dafür, daß das in Österreich erzielte Einkommen der österreichischen Gesellschaft m. b. H. als Einkommen der steuerpflichtigen Gesellschaft aus ihrem eigenen Gewerbebetrieb in Österreich angesehen werden konnte.

Nr. 2. Entsch. v. 29. Juni 1910 (OVGSt. 15 222) V A 26/10.

Nach § 333 Abs. 3 HGB. besteht bei der Umwandlung einer Kommanditgesellschaft auf Aktien in eine Aktiengesellschaft zwar die erstere auch nach der Eintragung der Aktiengesellschaft in das Handelsregister noch fort, so daß nach Handelsrecht eine Identität dieser beiden Gesellschaften anzunehmen ist. In steuerrechtlicher Hinsicht dagegen ist allein die neue Form der Gesellschaft für die Annahme eines neuen Steuersubjekts entscheidend; es kann daher mit dem Bestande der Einkommensquelle eines früheren Steuersubjekts nicht mehr gerechnet werden.

Nr. 3. Entsch. v. 7. Dez. 1910 (OVGSt. 15 225) V A 59, 60/10.

1. Für die beschwerdeführende Aktiengesellschaft, die ihren Sitz in D. in Sachsen hat, sind in Preußen eine Reihe von Personen für die Vermittelung von Verkäufen tätig. Hinsichtlich dieser wird in der angefochtenen Berufungsentscheidung die Wirksamkeit des Prokuristen K. und des Vermittlers H. in vollem Umfang als eine solche angesehen, die gemäß § 2 b EinkStG. die Steuerpflicht der Gesellschaft bedingt. Die Entsch. geht bezüglich der Tätigkeit des K. fehl. Ist es auch von der Gesellschaft anerkannt, daß K. ihr Angestellter ist, so hat sie doch anderseits betont, daß er nur die Stellung eines Handlungsreisenden habe, der lediglich aus privaten Gründen seinen Wohnsitz von D. in Sachsen nach F. in Preußen verlegt habe und den Titel „Prokurist" nur zur Repräsentation führe, da er nur Gesamtprokura habe und zur Alleinzeichnung der Firma laut Gesellschaftsvertrags nicht befugt sei.

Es ist nicht ersichtlich, inwiefern sich die Stellung des K. von derjenigen eines von D. in Sachsen entsandten Reisenden unterscheiden und inwieweit es ihm möglich sein soll, die Gesellschaft in anderer Weise wie ein sonstiger Reisender zu „vertreten". Seine Eigenschaft als Prokurist mußte für Preußen außer Betracht bleiben, da er zur alleinigen Vertretung der Firma nicht befugt ist und nicht festgestellt worden ist, daß er zusammen mit einem anderen Prokuristen oder einem Vorstandsmitgliede von seinem Rechte, die Firma zu zeichnen, in Preußen überhaupt Gebrauch gemacht hat (§ 11 der Statuten der Aktiengesellschaft). Insoweit seine Tätigkeit als Handlungsreisender in Betracht kommt, der die preußischen Provinzen bereist und auch in einer Anzahl anderer Bundesstaaten als solcher tätig sein soll, ist eine preußische Betriebsstätte durch ihn nicht begründet.

2. Dagegen übt die Beschwerdeführerin in Preußen ein Gewerbe aus und unterliegt deshalb der Einkommensteuer insoweit, als auf den Namen und für Rechnung der Aktiengesellschaft in B. in Preußen ein Lokal gemietet ist, in dem ein Musterlager zur Entgegennahme von Bestellungen für D. in Sachsen und außerdem in kleinerem Umfang ein Lager von bestellten und von Retourwaren unterhalten wird. Es handelt sich um ein sog. Dispositionslager, für das die mit seiner Verwaltung beauftragten Personen als ein Organ der Aktiengesellschaft gelten, indem sie die Waren an die ihnen bezeichneten Personen zu den vorgeschriebenen Zeitpunkten auszuliefern haben. Ferner bildet das Geschäftslokal auch eine Verkaufsstätte hinsichtlich der Retourwaren,

deren Veräußerung für Rechnung der Firma durch den Vertreter H. selbständig erfolgt. Daß diese Einrichtung, wie es in der Beschwerde heißt, „sich aus der Bequemlichkeit der Kunden, um sich die Post- oder Bahnexpedition zu ersparen, mit der Zeit herausgebildet hat," spricht nicht gegen, sondern viel eher für einen Betrieb der Gesellschaft, in deren Interesse es liegt, die Kunden zufriedenzustellen. Ebenso ist es belanglos, ob der mit dem Verkaufe Beauftragte die Waren nach außen hin im eigenen Namen, also als Verkaufskommissionär, wie in der Beschwerde behauptet ist, oder nur als Vertreter der Gesellschaft feilbietet, weil es für die Frage, ob er hierbei als Organ der Gesellschaft handelt, insbesondere darauf ankommt, daß er sie, wie unbestritten ist, von dem eigenen Geschäftslokale der Beschwerdeführerin aus für deren Rechnung verkauft, so daß lediglich die Gesellschaft Gewinn und Verlust dabei trägt (OVGSt. **10** 207, **11** 29).

3. Da bei einer Aktiengesellschaft ein einheitlicher Betrieb anzunehmen ist, so muß das steuerpflichtige Einkommen der Beschwerdeführerin gemäß Art. 28 Nr. 7 Abs. 3 AAnw. ermittelt werden. Es ist hierbei nicht nur der Umsatz in Verkäufen vom Musterlager in B., sondern auch die Tätigkeit mit Bezug auf das Dispositionslager in Betracht zu ziehen. Bezüglich des Musterlagers steht fest, daß zwar Kunden im Geschäftslokal in B. nicht erscheinen, aber doch telephonisch Aufträge von der bekannten Kundschaft entgegengenommen werden. Auch dieser Betrieb wird, da er sich im eigenen Geschäftslokale der Beschwerdeführerin vollzieht, als ihr eigener Gewerbebetrieb zu gelten haben, soweit er von einer Mittelsperson ausgeübt wird, die in einem persönlichen Dienst- und Abhängigkeitsverhältnisse zur Beschwerdeführerin steht.

Nr. 4. Entsch. v. 18. Febr. 1911 (OVGSt. **15** 229) V A 55—57/10.

Die in Preußen eingerichteten Bureaus einer auswärtigen Hypothekenbank-Aktiengesellschaft, die nur nach den von der Direktion der Bank gegebenen Weisungen zu arbeiten haben und deren Leiter und Personal im Dienst- und Abhängigkeitsverhältnisse stehen, bilden einen stehenden Gewerbebetrieb dieser Bank in Preußen, ohne Rücksicht darauf, welche besonderen zum Geschäftskreise der Bank gehörigen Handlungen und wie weitgehende Befugnisse den im Zweigbureau tätigen Angestellten übertragen sind. Insbesondere ist es hierfür unerheblich, ob diese Angestellten auch zur rechtsgeschäftlichen Vertretung der Bank befugt sind.

Nr. 5. Entsch. v. 18. Febr. 1911 (OVGSt. **15** 231 idAnm.) V A 58/10.

Ein „Vertreter" im kaufmännischen Sinne, wie er im § 3 Abs. 2 DoppStG. v. 22. III. 09 gemeint sein muß, ist nicht mit einem Vertreter iS. von § 164 BGB. identisch, sondern umfaßt auch Beamte einer Hypothekenbank mit den Aufgaben, wie sie der Anstellungsvertrag mit den für C. und B. bestellten Vertretern der Beschwerdeführerin vorsieht. Sowohl der feste örtliche Mittelpunkt als auch die Dauer der Tätigkeit der Zweigbureaus ist vorhanden. Durch § 3 aaO. ist daher der Begriff „Betriebsstätte" nicht verändert.

Nr. 6. Entsch. v. 19. Juni 1912 (OVGSt. **15** 215) V A 109/10.

1. Das als Aktiengesellschaft gegründete Syndikat hat zum Gegenstande des Unternehmens den Ankauf und Verkauf einer bestimmten Kategorie von Fabrikerzeugnissen und der dazu gehörigen Formstücke sowie jede Maßnahme, die zur Förderung dieses Zweckes dienlich ist. Die Werke, die das Syndikat gegründet haben, haben einen besonderen Syndikatsvertrag abgeschlossen, den die Aktiengesellschaft auch für sich als bindend anerkannt hat. In diesem Vertrage haben sich die Werke verpflichtet, ihre Produktion an Syndikatsmaterial ausschließlich dem Syndikate käuflich zu überlassen. Das Syndikat kauft das Syndikatsmaterial von den Werken für seine eigene Rechnung ab Werk und nach Maß-

gabe der vom Beirat unter Zustimmung der Werkbesitzerversammlung festgesetzten Lieferungsbedingungen und **leistet den Werken monatlich** für ihre Lieferungen zunächst eine Abschlagszahlung, indem es ihnen für die Fabrikate den sogenannten, nach einem bestimmten Verfahren festzustellenden Verrechnungspreis vergütet. Die Überschüsse, die das Syndikat bei seinen Verkäufen gegenüber diesen Verrechnungspreisen nach Abzug von etwaigen Zahlungsausfällen, Skonto, Zinsen, Provisionen u. dgl., erzielt, bilden den Rest dessen, was das Syndikat den Werken für ihre Lieferungen schuldet. Das Syndikat hat diese Überschüsse am Ende des Geschäftsjahrs nachzuweisen und innerhalb 14 Tagen nach Genehmigung der Jahresabrechnung an die Werke zur Verteilung zu bringen. Ergibt die Rechnung Verlust, so haben ihn die Werke in der gleichen Frist nach Verhältnis ihrer Quoten zu decken. Die Betriebs- und Verwaltungskosten des Syndikats werden durch Umlage von den Werken erhoben.

2. Dieser Syndikatsvertrag regelt nur das Lieferungsverhältnis und charakterisiert sich deshalb als Lieferungsvertrag. Damit ist die Annahme, daß der Lieferungsvertrag als solcher ein Gesellschaftsvertrag des allgemeinen bürgerlichen Rechts sei, unvereinbar. Die einzelnen Mitglieder des Syndikats sind in dem Lieferungsvertrag überhaupt in kein weiteres Vertragsverhältnis zueinander getreten, sondern haben sich nur der Aktiengesellschaft verpflichtet. In Frage könnte nur kommen, ob das zwischen der Aktiengesellschaft einerseits und dem einzelnen Syndikatsmitglied oder der Gesamtheit der Syndikatsmitglieder anderseits Vereinbarte als ein Gesellschaftsverhältnis des allgemeinen bürgerlichen Rechts anzusehen sei, so daß entweder eine der Zahl der kontrahierenden Mitglieder entsprechende Anzahl einzelner Gesellschaftsverträge vorhanden wäre oder ein einziger solcher Vertrag vorliegen würde, bei dem auf der einen Seite die Aktiengesellschaft, auf der anderen die Gesamtheit der Mitglieder als Kontrahenten beteiligt wären. Aber auch das ist zu verneinen. Die Vertragsparteien standen sich nicht gegenüber als Personen, die nach Errichtung der Aktiengesellschaft nochmals zur Förderung eines gemeinsamen Zweckes sich vereinigten. Die Aktiengesellschaft, die einzige Vertragsgegnerin der Syndikatsmitglieder, verfolgte mit dem Vertragsabschluß überhaupt kein eigenes Interesse, sondern sie erfüllte damit nur einen der Zwecke, zu denen sie von denjenigen, die allein ihre Vertragsgegner waren, errichtet worden war. Der Lieferungsvertrag als solcher ist deshalb nicht ein neben der Aktiengesellschaft selbständig bestehender weiterer Gesellschafts- oder gesellschaftsähnlicher Vertrag, sondern sein Abschluß diente lediglich der Ausführung des bei Gründung der Aktiengesellschaft Vereinbarten.

3. Die Vereinigung der Syndikatsmitglieder ist allein in der Aktiengesellschaft erfolgt. Nach § 1 Nr. 4 EinkStG. unterliegen die Aktiengesellschaften der subjektiven Steuerpflicht als solche und so lange, wie sie bestehen. Aber auch die objektive Steuerpflicht der Beschwerdeführerin ist gegeben, weil sie einen eigenen gewerblichen Betrieb unterhält. Das Ergebnis des Betriebs, Gewinn oder Verlust, trifft zunächst unmittelbar die Gesellschaft als solche, und die Verteilung des Gewinns unter die beteiligten Mitglieder ist eine Verteilung von Geschäftsgewinn, wenngleich dieser unmittelbar nach der Genehmigung des Abschlusses durch die Generalversammlung nach Maßgabe des Syndikatsvertrags an die Mitglieder abgeführt werden muß. Dasselbe ist im allgemeinen der Fall bezüglich aller Dividenden. Ebenso sind die ersparten Umlagen zunächst ein Gewinn der Gesellschaft.

4. Bei der Feststellung der Überschüsse sind die Abmachungen in dem Syndikatsvertrage zu berücksichtigen. Die von den Syndikatsmitgliedern in diesem übernommene Lieferungspflicht dient den Zwecken, zu denen das Syndikat von ihnen gegründet ist, und stellt sich deshalb als eine gesellschaftliche Verpflichtung dar; das Entgelt für die Lieferungen hängt von dem finanziellen Ergebnisse der Gesellschaft ab. Daher sind als abzugsfähige Betriebskosten in erster Linie allein diejenigen Vergütungen anzusehen, die mit den Lieferanten vereinbart worden sind. Hat eine derartige feste Verabredung, die hier hinsichtlich der Verrechnungspreise in Betracht kommen könnte, nicht stattgefunden, so sind die

Vergütungen, die die einzelnen Syndikatsmitglieder erhalten, bis zur Höhe des Marktpreises der gelieferten Waren Betriebskosten der Gesellschaft und der Überschuß verteilter Gewinn, der bei der Gesellschaft nach § 15 EinkStG. steuerpflichtig ist.

2. Der Berggewerkschaften.

Nr. 1. Entsch. v. 16. Febr. 1910 (OVGSt. 15 283) V A 99/09.

EinkStG. § 1.

Nach § 1 EinkStG. ist jede steuerpflichtige physische und jede nichtphysische Person sowie jede steuerpflichtige Vereinigung, also auch jede Gewerkschaft, selbständig nach Maßgabe des für sie allein gemäß § 15 aaO. steuerpflichtigen Einkommens zu veranlagen. Hieran kann der Umstand nichts ändern, daß zwei Gewerkschaften eine gemeinsame Steuererklärung abgegeben haben und einen gemeinsamen Betrieb mit einheitlicher Rechnungsführung zu haben scheinen. Denn die Einkommensteuer ist eine die Person des Steuerpflichtigen belastende Steuer; die rechtliche und tatsächliche Vereinigung mehrerer Steuerpflichtigen zum gemeinsamen Gewerbebetriebe kann daher — im Gegensatze zu § 18 GewStG. — höchstens dazu führen, daß jedem einzelnen der auf ihn entfallende Anteil an dem Gesamteinkommen als Einkommen angerechnet wird.

3. Der eingetragenen Genossenschaften (einschl. der Konsumvereine).

Nr. 1. Entsch. v. 22. März 1911 (OVGSt. 15 315) V A 30/10.

EinkStG. § 1 Abs. 1^5.

Ein durch staatliche Verleihung rechtsfähig gewordener Verein, der bezweckt, den Arbeitern eines staatlichen Betriebs den Einkauf von billigen, guten Lebensmitteln gegen Bezahlung zu ermöglichen, ist nach § 1 Abs. 1^5 EinkStG. steuerpflichtig. Unerheblich ist es, ob der Verein ein Gewerbe betreibt und ob die Mitglieder des Vereins selbst als Käufer auftreten.

Vielmehr gelten als Vereine iS. des § 1^5 auch solche Vereinigungen, deren wesentlicher Geschäftszweck es ist, nicht ihren Mitgliedern, sondern bestimmten Berufskreisen in dem Bezuge von Waren Vorteile zu verschaffen.

Auch die angebliche Verwendung der Überschüsse zu gemeinnützigen Zwecken kann die subjektive Steuerpflicht nicht aufheben, sondern nur auf die nach § 15 aaO. zu bemessende Höhe der Steuer einwirken.

Nr. 2. Entsch. v. 13. Jan. 1912 (OVGSt. 15 302) V A 27/11.

EinkStG. § 1^4.

Die Berufungskommission hat das die Steuerpflicht bedingende Hinausgehen des Betriebs über den Kreis der Mitglieder darin gefunden, daß die Genossenschaft die landwirtschaftlichen Erzeugnisse zu 10% des gesamten Geschäftsverkehrs auch von Nichtmitgliedern zum Zwecke des weiteren Verkaufs annimmt oder zukauft. Nach § 2 der Satzungen bildet den Gegenstand des Unternehmens einmal der Verkauf des von den Mitgliedern selbst gebauten Getreides und der sonstigen Felderzeugnisse, sodann der gemeinschaftliche Ein- und Verkauf landwirtschaftlicher Bedarfsartikel. Im ersteren Falle enthält der Einkauf von Nichtmitgliedern, im letzteren der Verkauf an Nichtmitglieder ein Hinausgehen über den Kreis der Mitglieder. Genau läßt sich diese Grenze aber nicht einhalten; es kann vorkommen, daß die Genossenschaft den Bedarf der Mitglieder überschätzt und deshalb auch von Nichtmitgliedern einkauft sowie umgekehrt, daß nicht alle Lieferungen bei Mitgliedern abgesetzt werden können und aus diesem Grunde auch Nichtgenossen herangezogen werden müssen. Solange dieser Verkehr mit Nichtmitgliedern nicht von vornherein beabsichtigt ist und nur den Zwecken der Mitglieder dient, kann darin ein Hinausgehen des Betriebs über den Kreis der Mitglieder nicht gefunden werden.

Nr. 3. Entsch. v. 14. Juni 1911 (OVGSt. 15 303) V A 90—92/10.

EinkStG. § 1[5].

Die subjektive Steuerpflicht der Genossenschaft, einer Molkerei, hängt davon ab, ob ihr Geschäftsbetrieb über den Kreis ihrer Mitglieder hinausgeht. Dazu reicht nicht aus, daß in einem Zeitraume von etwa $1\,^3/_4$ Jahren im ganzen drei Personen, die Mitglieder der Genossenschaft werden wollten, schon kurze Zeit vorher zur Milchlieferung zugelassen worden sind. Es kann ganz dahingestellt bleiben, ob dies schon vor ihrer Zulassung zur Mitgliedschaft geschah, denn solche vereinzelten Vorgänge lassen noch keinen Schluß nach der Richtung zu, daß sie in das Wesen des Geschäftsbetriebs der Genossenschaft hineingehören. Der Begriff des Betriebs setzt eine gewisse Wiederholung und Fortdauer von Geschäften voraus, während von vereinzelten Handlungen, die eines dauernden Charakters und der Absicht einer Fortsetzung entbehren, nicht behauptet werden kann, daß sie sich in der Eigenart eines Betriebs zugetragen hätten.

Die Berufungsentscheidung kann hiernach wegen unzutreffender rechtlicher Beurteilung des Streitfalls nicht aufrecht erhalten werden (§ 49 EinkStG.).

Bei freier Beurteilung ist die Sache spruchreif.

Nach vorstehenden Ausführungen fehlt es an ausreichenden Unterlagen für die Annahme eines Hinausgehens des Genossenschaftsbetriebs über den Kreis der Genossenschaftsmitglieder. Damit entfällt die subjektive Steuerpflicht der Genossenschaft, was ihre Befreiung von der Einkommensteuer zur Folge haben muß.

Nr. 4. Entsch. v. 24. Jan. 1912 (OVGSt. 15 305) V A 39/11.

Gegenstand des Unternehmens der Genossenschaft ist nach § 3 ihrer Satzungen „der Betrieb von Bankgeschäften behufs Kreditgewährung". Ein Hinausgehen des Geschäftsbetriebs über den Kreis der Mitglieder würde demnach vorliegen, wenn die Genossenschaft Bankgeschäfte unbeschränkt oder in weiterem Umfang, als es das Kreditbedürfnis der Mitglieder erfordert, betreiben würde. Für die Gewährung von Darlehn an Nichtmitglieder kam zur Zeit des Erlasses der Berufungsentscheidung nur ein Fall in Frage. Aus dem einen Falle allein kann ein Hinausgehen des Geschäftsbetriebs über den Kreis der Mitglieder nicht gefolgert werden.

Bei der Geschäftsverbindung mit der Genossenschaftsbank in P. hätte festgestellt werden müssen, daß sie ohne Rücksicht auf das Kreditbedürfnis der Mitglieder eingegangen ist. Denn die Annahme von Darlehn auf Wechsel kann im Interesse der Mitglieder erfolgt sein. Bei der Annahme von Spareinlagen von Nichtmitgliedern kann ein Hinausgehen des Geschäftsbetriebs über den Kreis der Mitglieder aus der Anlage überflüssiger Gelder bei der Bank in P. nicht ohne weiteres gefolgert werden. Denn es ist nicht ausgeschlossen, daß es sich hierbei nur um die vorübergehende Unterbringung solcher Geldbestände gehandelt hat, die zur Befriedigung des Kreditbedürfnisses der Mitglieder angenommen waren. Ein Schluß, ob dies der Fall gewesen ist oder nicht, läßt sich nur ziehen, wenn die Höhe des Kreditbedürfnisses der Mitglieder festgestellt und geprüft wird, ob die Niederlegung von Geldern bei der Bank in P. mit diesem Kreditbedürfnis in Einklang gebracht werden kann oder nicht.

Nr. 5. Entsch. v. 27. März 1912 (OVGSt. 15 307) V A 17, 18/11.

Dem Grundsatze, daß der Geschäftsbetrieb der Genossenschaft über den Kreis der Mitglieder hinausgeht, wenn sie neben der statutarischen Absicht, ihren Mitgliedern billige Wohnungen zu verschaffen, auch den Zweck verfolge, Läden und Geschäftslokale einzurichten und zu ortsüblichen Preisen zu vermieten, ist beizustimmen. Es ist aber sehr wohl möglich, daß das Einrichten und Vermieten von Läden und Schanklokalen nicht in Ausführung eines selbständigen gewerblichen Zweckes erfolgt, sondern lediglich als Hilfsgeschäft für die Erfüllung der statutarischen Zwecke, indem sie durch das Aufkommen verhältnismäßig hoher Mieten für Läden und Lokale erst in die Lage kommt, die Wohnungen entsprechend billiger an ihre Mitglieder abgeben zu können, oder indem sie durch Vermieten jener Lokale zu Zwecken, die den gelegentlichen wirtschaftlichen Bedürfnissen der Mieter, ihrer Mitglieder, dienen, diesen die Wohnungen annehmbarer und ihrer Stellung entsprechender machen will. Ist dies der Fall, so würde ein Hinausgehen des Betriebs über den Kreis der Mitglieder nicht vorliegen.

Nr. 6. Entsch. v. 24. Febr. 1912 (OVGSt. 15 310) V A 177/10.

EinkStG. § 1 4.

1. Ist eine Person entgegen den Satzungen der Genossenschaft Mitglied derselben geworden und als solches in das Genossenschaftsregister eingetragen, so gilt sie als Mitglied, solange die Eintragung nicht durch Anfechtung beseitigt ist.

2. Die N., Gesellschaft m. b. H., durfte allerdings nicht als Mitglied aufgenommen werden, weil nach den Satzungen die Mitgliedschaft nur erwerben können Gesellschaften m. b. H., die landwirtschaftlicher Natur sind. Wenn sie trotzdem Mitglied geworden ist, so ist ihre Mitgliedschaft damit aber noch nicht rechtsungültig. Nach § 15 G., betr. die Erwerbs- und Wirtschaftsgenossenschaften, idFass. v. 20. V. 98 wird die Mitgliedschaft an den Genossenschaften erworben durch die Eintragung des Beitretenden in das Genossenschaftsregister auf Grund der eingereichten Beitrittserklärung. Der Registerrichter hat die Pflicht, zu prüfen, ob die formalen Voraussetzungen für die Eintragung, Beitrittserklärung und Einreichung, in Ordnung sind, er ist aber nicht gehalten, die Erklärung auch nach ihrer materiell-rechtlichen Seite zu prüfen. Ist die Eintragung erfolgt, so ist der Eingetragene damit Mitglied der Genossenschaft geworden. Die Eintragung kann allerdings angefochten werden; das ist jedoch im vorliegenden Falle nicht geschehen. Wenn der Gesellschaft Kredit gewährt wird, so liegt darin kein Hinausgehen des Geschäftsbetriebs über den Kreis der Mitglieder.

3. Die A., Gesellschaft m. b. H., und die B., Gesellschaft m. b. H., ferner sind unbestrittene Mitglieder der Beschwerdeführerin. Dadurch, daß diese sich mit Stammeinlagen an dem Betriebe der beiden Gesellschaften beteiligt hat, hat sie ihnen Betriebsmittel zugeführt und damit ihre Interessen gefördert. Eine solche Beteiligung schließt eine Kreditgewährung in sich und enthält daher ebenfalls keine Ausdehnung des Geschäftsbetriebs über den Kreis der Mitglieder.

4. Die bloße Tatsache, daß in bedeutender Höhe Spareinlagen von Nichtmitgliedern angenommen und zum größten Teile zur Gewährung von Darlehn an die Mitglieder benutzt sind, ist an sich nicht geeignet, auf ein Hinausgehen des Geschäftsbetriebs über den Kreis der Mitglieder zu schließen. Dies würde vielmehr nur dann zutreffen, wenn die Annahme nicht zur Befriedigung des Kreditbedürfnisses der Mitglieder, sondern zu einem anderen Zwecke erfolgt wäre.

5. Das gleiche gilt auch für den Scheckverkehr mit Nichtmitgliedern. Auch hier hätte festgestellt werden müssen, ob dieser Verkehr nur deshalb aufgenommen ist, um ebenso wie durch die Spareinlagen nur die für die Kreditgewährung an die Mitglieder benötigten Mittel zu erwerben. Wenn dies der Fall ist, würde eine Ausdehnung des Geschäftsbetriebs über den Kreis der Mitglieder nicht vorliegen. Das Gegenteil ist aber anzunehmen, wenn der Scheckverkehr mit Nichtmitgliedern völlig

unabhängig davon eingerichtet wäre oder einen solchen Umfang angenommen hätte, daß die Genossenschaft Mittel über das Kreditbedürfnis der Mitglieder hinaus heranzöge.

6. Soweit ein An- und Verkauf von Wertpapieren für Nichtmitglieder durch die Preußische Zentralgenossenschaftskasse in B. erfolgt, hatte die Beschwerdeführerin die Behauptung aufgestellt, daß dies nur „mitunter" und stets „provisionsfrei und völlig unentgeltlich" auf Wunsch einzelner Sparer erfolgt sei. Wenn dieser Tatbestand richtig ist, kann hieraus nicht ein Hinausgehen des Geschäftsbetriebs über den Kreis der Mitglieder gefolgert werden. Denn vereinzelte Gefälligkeiten können die Annahme einer solchen Ausdehnung nicht begründen.

4. Der Gesellschaften m. b. H.

Nr. 1. Entsch. v. 29. April 1911 (OVGSt. 15 320) V A 206/10.

Die Auffassung, daß die subjektive Steuerpflicht einer in Liquidation befindlichen Gesellschaft m. b. H. nicht vor Ablauf des Sperrjahrs erlöschen kann, trifft nicht zu. § 73 G., betr. die Gesellschaften m. b. H., idFass. der Bek. v. 20. V. 98 bestimmt nur, daß die Verteilung des Vermögens der Liquidationsgesellschaft nicht vor Ablauf des Sperrjahrs erfolgen darf, er sagt aber nicht, daß, wenn die Verteilung trotzdem geschieht, dies Rechtsgeschäft nichtig sei, sondern bedroht nur die Liquidatoren mit der Regreßpflicht. Eine Notwendigkeit, ohne die die Liquidation der Gesellschaft überhaupt nicht beendigt werden könnte, ist demnach der Ablauf des Sperrjahrs nicht. Aber die Beendigung der Liquidation ist anzunehmen, wenn das Vermögen ausgekehrt ist und die Geschäfte dazu abgewickelt sind. Bei Beendigung vor der Beschwerde im Laufe des Steuerjahrs würde dem Beschwerdeführer die Legitimation fehlen, wenn die Einlegung der Beschwerde nicht noch einen Liquidationsakt darstellt.

Nr. 2. Entsch. v. 10. Mai 1911 (OVGSt. 15 316) V A 82/10.

EinkStG. §§ 1[4], 9[6], 16.

1. Die beschwerdeführende Gesellschaft m. b. H. hat zum Gegenstande des Unternehmens die „Verwaltung und Verwertung des Grundbesitzes der verstorbenen Eheleute N. zu D.". Sie erstrebt Befreiung von der Einkommensteuer, weil es sich nur um die Liquidation eines vorhandenen uralten Familienbesitzes handele, und macht geltend, daß sie als reine Liquidationsgesellschaft überhaupt nicht zur Einkommensteuer herangezogen werden könne, und daß selbst in diesem Falle die im Jahre 1905 und 1906 vorgenommenen Grundstücksverkäufe von der Steuer freibleiben müßten, weil diese vor Inkrafttreten der neuen Bestimmungen abgeschlossen wären.

2. Ihre Steuerpflichtigkeit trifft aber zu. Laut § 16 EinkStG. gilt als steuerpflichtiges Einkommen einer Gesellschaft m. b. H. der erzielte, unter sinngemäßer Anwendung des § 13 aaO. zu berechnende Geschäftsgewinn. Es kann dahingestellt bleiben, ob hiermit der Betrieb einer Gesellschaft m. b. H. immer als ein gewerblicher bestimmt werden sollte; denn im vorliegenden Falle passen auf den geschilderten Gesellschaftszweck der Beschwerdeführerin, der im Endziel auf Versilberung der in die Gesellschaft eingebrachten, nicht von ihr ererbten Grundstücksmasse gerichtet ist, die Kriterien eines Grundstückshandels, wie sie bereits im OVG. 5 433 dargelegt worden sind.

3. Nach § 9[6] aaO. war das steuerpflichtige Einkommen der Gesellschaft nach dem durchschnittlichen Ergebnisse der drei dem Steuerjahr unmittelbar vorangegangenen Geschäftsjahre zu ermitteln. Die Annahme der Gesellschaft, daß Geschäftsergebnisse aus der Zeit vor der Emanation der NovEinkStG. v. 19. VI. 06 unberücksichtigt bleiben müßten, entbehrt der gesetzlichen Stütze.

4. Das Ergebnis der einzelnen Geschäftsjahre muß an der Hand der Bilanzen ermittelt werden, zu deren Aufstellung die Gesellschaft gesetzlich

verpflichtet ist. Es ist nicht angängig, daß die Gesellschaft solche Bilanzen aufmacht, sie aber zum Zwecke der Feststellung ihres steuerpflichtigen Einkommens nicht gelten lassen will.

Nr. 3. Entsch. v. 27. März 1912 (StArch. 12 243).

Bei den nichtphysischen Personen kennt das EinkStG. eine Quellenänderung nicht. Nach § 9[6] aaO. hat vielmehr die Veranlagung der nichtphysischen Personen stets ohne jede Rücksicht auf Stand und Beschaffenheit der Quellen nach dem durchschnittlichen Ergebnis der drei letzten abgeschlossenen Geschäftsjahre zu erfolgen, wenn die Person so lange bestanden hat und zwar so lange wie sie rechtlich besteht.

B. Steuerpflichtiges Einkommen.

1. Der Aktiengesellschaften und Kommanditgesellschaften auf Aktien.

a) Für die Besteuerung maßgebende Geschäftsjahre.

Nr. 1. Entsch. v. 23. Nov. 1910 (StArch. 11 337).

Nach § 9[6] EinkStG. „erfolgt" die Veranlagung der nichtphysischen Personen, insbesondere auch der im § 1[4] aaO. als subjektiv steuerpflichtig benannten Aktiengesellschaften, nach dem durchschnittlichen Ergebnisse der drei der Veranlagung unmittelbar vorangegangenen Geschäftsjahre und nach der Nr. 3 des § 9, auf die in der Nr. 6 ausdrücklich hingewiesen ist, gilt als der Veranlagung unmittelbar vorangegangen das letzte Betriebsjahr, dessen Ergebnisse zur Zeit der Veranlagung (Steuererklärung) festgestellt werden können. Hieraus ergibt sich zwingend, daß bei einer nichtphysischen deklarationspflichtigen Person das letzte Geschäftsjahr in die Durchschnittsperiode einbezogen werden muß, wenn sein Ergebnis bereits zur Zeit der Steuererklärung feststand.

Nr. 2. Entsch. v. 8. Febr. 1911 (StArch. 11·260) V A 99/10.

Das zur Zeit der Steuererklärung von der Generalversammlung einer Aktiengesellschaft noch nicht festgestellte Ergebnis eines Betriebsjahrs darf in die Durchschnittsberechnung auch dann nicht einbezogen werden, wenn die Bilanzfeststellung noch vor Beginn des Steuerjahrs stattfindet.

b) Begriff der Überschüsse und deren Berechnung.

Nr. 1. Entsch. v. 29. April 1910 (OVG. 15 237) V A 187/10.

1. Gewerbetreibende, insbesondere auch gewerbliche Gesellschaften, deren Unternehmen sich über mehrere Betriebsorte erstreckt, behandeln auch dann, wenn sich der Ertrag zweifelsfrei nur einheitlich im ganzen ermitteln läßt, dennoch buchmäßig die einzelnen Betriebe häufig als selbständige und gelangen dann durch fingierte Belastungen untereinander zu getrennten Erträgen. Für die Beurteilung der Frage, ob sich bei einem derartigen gewerblichen Unternehmen die Feststellung der Einzelerträge durch Rechnung oder Schätzung ermöglichen läßt, kann daher die von dem Unternehmer im einzelnen Falle beliebte buchmäßige Behandlung der mehreren Betriebe nicht von maßgebender Bedeutung sein; entscheidend ist vielmehr lediglich die Natur des gesamten Unternehmens, je nachdem es sich dabei um eine organische Verbindung der Einzelbetriebe zu einem einheitlichen Gesamtbetriebe handelt oder nicht.

2. Gerade bei Bank- und Kreditgeschäften ist aber mit Rücksicht auf die entscheidende Einwirkung der Zentralleitung auf die Gewinnerzielung die Ver-

bindung von Zweigniederlassungen mit dem Hauptgeschäft eine so innige, daß eine besondere Gewinnberechnung für die einzelnen Geschäfte ausgeschlossen erscheint. Hiernach hätte die Berufungskommission den auf A. entfallenden Teil der steuerpflichtigen Überschüsse gemäß Art. 28 Nr. 7 Abs. 3 AAnw. aus den gesamten steuerpflichtigen Überschüssen nach den aus den tatsächlichen Betriebsverhältnissen des geschäftlichen Unternehmens sich ergebenden Merkmalen, die für die Gewinnerzielung vornehmlich bestimmend sind, ermitteln müssen und zwar nicht nach dem durchschnittlichen Ergebnisse der maßgebenden Geschäftsjahre, sondern zunächst für jedes Durchschnittsjahr besonders und sodann durch Ermittelung des Jahresdurchschnitts durch Drittelung.

Nr. 2. Entsch. v. 25. Jan. 1911 (OVGSt. 15 235) V A 70/10.

1. Die Berufungskommission hat als Abschreibung auf das Ölquellenkonto B in der Bilanz für das Geschäftsjahr 1905 und auf das Ölquellenkonto der Erdölunternehmungen in dem Bundesstaat E. in der Bilanz für 1906 nur 50 % zugelassen, während die Gesellschaft diese Konten auf 1 *M* bzw. 2 *M* herabgeschrieben hatte. Die Berufungskommission stützt sich dabei auf das Gutachten eines Sachverständigen, der zur Begründung seiner Ansicht u. a. folgendes angeführt hatte: „Sicher sind die von den Ölwerken in P. übernommenen, schon im Betriebe stehenden, also noch ausgiebigen Bohrlöcher als ein Wertobjekt auch bezahlt worden. Ihre Abschätzung zur Zeit der Übernahme ergab die Einstellung von 276 986,72 *M* in die Bilanz von 1906, die doch gewiß unterblieben wäre, wenn diese Ölquellen als gänzlich wertlos angesehen worden wären."

In der Beschwerde hat die Gesellschaft hierzu folgendes bemerkt:

„Der Schluß, der aus dem Posten der Bilanz 1906 ‚Ölquellenkonto 276 986,72 *M*', gezogen wird, beruht auf einem völligen Mißverständnisse. Der Posten hat erstens nichts mit den Ölwerken in P. zu tun, zweitens besagt er nicht, daß Ölquellen mit dem Werte übernommen seien. Er betrifft vielmehr die während des Geschäftsjahrs 1906 für Niederbringung von Bohrungen in unseren Besitzungen im Bundesstaat E. gemachten Aufwendungen, d. h. die Unkosten, die die Bohrungen verursacht haben. Von einer Einstellung von Bohrungen mit diesem Werte bei Übernahme der Werke ist keine Rede. Die Bohrungen, die zu dem Zeitpunkte vorhanden waren, sind vielmehr, eben weil ihr Wert nicht schätzbar war, mit 1 *M* angesetzt worden."

Da hierüber mit der Gesellschaft vor Erlaß der Berufungsentscheidung nicht verhandelt ist, so kann dieses Beschwerdevorbringen nicht als verspätet erachtet werden.

2. Daß Ölquellen, die die Gesellschaft käuflich erworben oder selbst erbohrt hat, mit dem Betrage der Aufwendungen in die Bilanz eingestellt werden können, erscheint nach § 261 HGB. nicht zweifelhaft. Später eintretende Wertverminderungen sind im Wege der Abschreibung oder des richtigen Wertansatzes zum Ausdrucke zu bringen.

3. Die Auffassung der Berufungskommission, daß der ganze Betrieb der Gesellschaft, die ihren Sitz in B. in Preußen hat, auch soweit er sich auf die Unternehmungen im Staate E. bezieht, ein einheitlicher und deshalb eine gesonderte Gewinnberechnung für Preußen allein nicht angängig sei, kann nach Lage der Sache nicht als rechtsirrig bezeichnet werden, da bei Aktiengesellschaften die Einheitlichkeit des Betriebs die Regel bildet und eine Ausnahme von dieser Regel nicht dargetan ist.

4. Auch die Zuweisung eines Voraus für den Sitzstaat Preußen kann nach Lage der Sache nicht als fehlsam erachtet werden, da die von der Zentralleitung geübte Tätigkeit stets von wesentlichem Einflusse nicht nur auf die Erzielung des Gewinns des ganzen Unternehmens, sondern auch auf die Gewinnerzielung in einem besonderen Zweige ist.

5. Was die „Vereinigten Ölbergwerke" Gesellschaft m. b. H. zu St. im Staate E. betrifft, so handelt es sich hier um ein subjektives Besonderes, das in Preußen nicht steuerpflichtig ist, und die steuerpflichtige Aktiengesellschaft besitzt nach ihrer Angabe sämtliche Geschäftsanteile jener Gesellschaft. Diese Geschäftsanteile hat die Berufungskommission mit Recht als zum gewerblichen Anlage- und Be-

triebskapitale der Aktiengesellschaft gehörig angesehen. Daraus folgt, daß die auf diese Geschäftsanteile verteilte Dividende als Frucht des gewerblichen Anlage- und Betriebskapitals eine gewerbliche Einnahme der steuerpflichtigen Gesellschaft bildet.

Nr. 3. Entsch. v. 20. Mai 1911 (StArch. 12 63).

Ein Verstoß gegen § 49 EinkStG. kann nicht darin gefunden werden, daß die Berufungskommission das der Aktiengesellschaft gehörige Grundstück in Weimar als zu ihrem gewerblichen Anlagekapital gehörig angesehen und dem Antrage der Gesellschaft, den Ertrag dieses Grundstücks von den Überschüssen vorweg abzusetzen, nicht stattgegeben hat. Eine Aktiengesellschaft hat idReg. nur eine Quelle des Gewerbebetriebs, die alle ihre Vermögensgegenstände mit umfaßt. In dem Hausgrundstück in Weimar befindet sich das Geschäftslokal der Steuerpflichtigen und insoweit dient es dem Gewerbebetriebe; der Umstand, daß es zum Teil anderweit vermietet ist, läßt noch nicht den Schluß zu, daß dieser Teil nicht zum gewerblichen Anlagekapital gehört, da die Bestimmung des Gebäudes zum Geschäftslokal für die Zugehörigkeit des ganzen Grundstücks zum gewerblichen Anlagekapital spricht.

Nr. 4. Entsch. v. 31. Mai 1911 (OVGSt. 15 242) V A 3/11.

1. Die Aktiengesellschaft hat ihren Sitz in M. in Preußen, Direktionen in M. und H. im Bundesstaate B. und unterhält Betriebsstätten in Preußen und in anderen deutschen Bundesstaaten. Die Berufungskommission hat das in Preußen steuerpflichtige Einkommen derart berechnet, daß sie von dem dreijährigen Durchschnitte der Gesamtüberschüsse den gleichen Durchschnitt der nach den Büchern der Gesellschaft in den anderen Bundesstaaten erzielten Überschüsse abgesetzt hat. Von den hiernach ermittelten preußischen Überschüssen ist sodann der nach dem Verhältnisse der Gesamtüberschüsse zu den preußischen Überschüssen ermittelte Teil der $3^1/_2$% des Aktienkapitals abgezogen und für Preußen wegen der Geschäftsleitung der außerpreußischen Betriebe schließlich noch der Betrag von 10% der dort erzielten Überschüsse hinzugerechnet worden. Diese Berechnungsart verstößt gegen die Vorschriften im § 15 EinkStG. und Art. 28 Nr. 8 und 7 AAnw. Der Betrieb einer Bankaktiengesellschaft muß, selbst wenn, wie hier, die Direktion in H. selbständig arbeitet und dort eine besondere Gewinnberechnung stattfindet, schon ihrem Geschäftsbetrieb und der Natur der Sache nach eine gemeinsame Oberleitung haben und ein einheitlicher sein. Bei einem solchen einheitlichen Betriebe können aber die in Preußen steuerpflichtigen Überschüsse nicht dadurch gefunden werden, daß von den Gesamtüberschüssen die in den anderen Bundesstaaten erzielten Überschüsse rechnungsmäßig abgezogen werden. Denn wenn auch die Steuerpflichtige für die einzelnen Betriebsorte eine getrennte Buchführung und Gewinnberechnung eingeführt hat, so können die Ergebnisse dieser Buchführung doch nicht der Ermittelung der steuerpflichtigen Überschüsse zugrunde gelegt werden, weil hierbei unberücksichtigt bleibt, daß die einzelnen Betriebe miteinander verbunden und alle mehr oder weniger von der Oberleitung abhängig sind. Nach Art. 28 Nr. 8 und 7 AAnw. mußte vielmehr die Feststellung des in Preußen steuerpflichtigen Teils der Überschüsse nach den aus den tatsächlichen Betriebsverhältnissen sich ergebenden Merkmalen erfolgen, die für die Gewinnerzielung vornehmlich entscheidend gewesen sind.

Hierbei sind die nach § 15 EinkStG. steuerpflichtigen Überschüsse zunächst so zu ermitteln, als ob die Aktiengesellschaft in Preußen unbeschränkt steuerpflichtig wäre. Es sind also von den Gesamtüberschüssen auch $3^1/_2$% des gesamten Aktienkapitals abzusetzen. Die so für jedes einzelne Durchschnittsjahr gefundene Summe ist dann nach Maßgabe der für die Gewinnerzielung vornehmlich bestimmenden Merkmale, die zu ermitteln sind, für jedes Jahr zu verteilen. Es hängt von den tatsächlichen Verhältnissen und dem für die Verteilung gewählten Maßstab ab, ob daneben noch ein Vorzugsanteil für die Oberleitung auf Preußen zu rechnen ist. Wenn auch das EinkStG. nicht, wie das GewStG. im § 21, die Zuweisung von einem Zehntel des Ertrags für die in Preußen befindliche Geschäftsleitung vorsieht, so kann eine solche Zuweisung trotzdem erfolgen, weil die Geschäftsleitung eines der die Gewinnerzielung bestimmenden Merkmale bildet und deshalb nach Art. 28 Nr. 7 AAnw. bei der Gewinnverteilung berücksichtigt werden muß. Diese Bestimmung hat den Vorteil, daß der Einfluß der Geschäftsleitung nicht rein mechanisch ziffermäßig abgewogen wird, sondern je nach Lage des einzelnen Falles verschieden bewertet werden kann.

Nr. 5. Entsch. v. 13. Jan. 1912 (OVGSt. 15 245) V A 159/10.

EinkStG. §§ 2, 15.

1. Die Berufungskommission hat zu Unrecht den in Preußen steuerpflichtigen Teil der Überschüsse einer in Preußen domizilierten Versicherungsgesellschaft derart ermittelt, daß sie zunächst das durchschnittliche Ergebnis der Gesamtüberschüsse für die maßgebenden Geschäftsjahre festgestellt, hiervon $3^1/_2$% des Aktienkapitals abgezogen, die gefundene Summe nach dem Verhältnisse der Gesamtprämieneinnahmen zu den Prämieneinnahmen in Preußen geteilt und dem so ermittelten Betrage noch 10 % der Durchschnittssumme der auf die Bundesstaaten entfallenden Überschüsse hinzugerechnet hat. Da es sich um einen einheitlichen Betrieb handelt, bei dem gemäß § 9 Nr. 6, § 15 EinkStG., Art. 28 Nr. 8 und 7 AAnw. der Betrag des in Preußen steuerpflichtigen Teils der Überschüsse festgestellt werden mußte, so hätte die Berufungskommission diesen für jedes einzelne Jahr der Durchschnittsperiode berechnen müssen. Zu diesem Zwecke durfte sie die Verhältnisrechnung nicht erst am Schlusse — nach Feststellung des durchschnittlichen Betrags der Gesamtüberschüsse — vornehmen, sondern mußte sie für jedes einzelne Jahr aufmachen. Hierbei wird es sich zwar empfehlen, auf Grund der Bestimmungen in Art. 28 Nr. 8, 7 und Art. 17 I Abs. 4 AAnw. wegen Zerlegung der Gesamtüberschüsse mit den beteiligten Staaten in Verbindung zu treten. Allein es wird davon auszugehen sein, daß regelmäßig bei Versicherungsgesellschaften die Geschäftsleitung zu den vornehmlich für die Gewinnerzielung entscheidenden Merkmalen gehört und dies Merkmal ein Voraus für Preußen begründet.

2. Die Annahme, daß die Verteilung des Gesamtgewinns bei Versicherungsgesellschaften auf Grund der Bestimmung im Art. 28 Nr. 7, 8 AAnw. lediglich nach den Prämieneinnahmen erfolgen dürfe und die Berücksichtigung anderer Momente ausschließe, ist rechtsirrig. In dem genannten Artikel werden allerdings für Versicherungsgesellschaften die Prämieneinnahmen als Verteilungsmaßstab aufgeführt. Zuvor wird aber die allgemeine Regel aufgestellt, daß bei der Feststellung des steuerpflichtigen Teils der Überschüsse eines einheitlichen, sich über mehrere Staaten erstreckenden Betriebs alle gewinnbestimmenden Merkmale in Betracht gezogen werden müssen. Die Anführung der Prämieneinnahmen für die Versicherungsgesellschaften ist hiernach nur ein Beispiel, das nicht ausschließt, daß neben ihnen auch noch andere Merkmale, die für die Gewinnerzielung bestimmend sind, berücksichtigt werden.

3. In der Anrechnung eines Vorzugsanteils für Preußen kann endlich kein Verstoß gegen die Bestimmungen des DoppStG. gefunden werden. Aus dem im § 3 des G. ausgesprochenen Prinzipe folgt, daß bei einem einheitlichen Gewerbe, das in mehreren Betriebsstätten betrieben wird, jedem der beteiligten Staaten das Recht der Besteuerung insoweit zusteht, als der Betrieb des Gewerbes in seinem Gebiete stattfindet, und demnach der in seinem Gebiete

betriebene Teil der gewerblichen Tätigkeit sich als Quelle des Einkommens aus dem einheitlichen Gesamtunternehmen darstellt. Die von der Zentralstelle ausgehende geistige Leitung des Unternehmens ist ein Teil des Betriebs der Zentralstelle. Denn die Betriebsstätte ist für sie da anzunehmen, wo die hierzu erforderliche Arbeit geleistet wird, nicht aber da, wohin sie ihre Wirkungen äußert. Der Einfluß der Zentralleitung kann daher bei der Verteilung des steuerpflichtigen Einkommens nur für Preußen in Betracht kommen.

Nr. 6. Entsch. v. 13. Jan. 1912 (StArch. 12 323).

In OVGSt. **3** 392 wird allerdings bei einer Aktiengesellschaft mit einem sich über mehrere Bundesstaaten erstreckenden Gewerbebetrieb die Bemessung eines Voraus für den Sitzstaat nach einem Bruchteil des Ertrages gutgeheißen. Dabei handelt es sich aber nicht um die Veranlagung zur Einkommensteuer, sondern um die Veranlagung zur Gewerbesteuer. Das ist ein wesentlicher Unterschied. Denn die Gewerbesteuer wird nach dem Ertrage, die Einkommensteuer dagegen nach dem, gerade bei Aktiengesellschaften wesentlich davon verschiedenen Einkommen veranlagt, und als solches gelten nur die in bestimmter Weise verwendeten Überschüsse. Ist nun bei der Gewerbesteuer für die Bemessung des dem Sitzstaate zuzuerkennenden Voraus die Frage so zu stellen: wieviel von dem Ertrage ist der Zentralleitung besonders zugute zu rechnen? dann muß bei der Einkommensteuer die Frage entsprechend lauten: wieviel vom Einkommen fällt im voraus auf die Zentrale? Wenn darauf hingewiesen wird, daß die Berufungskommission selbst in ihrem Bescheide auf jenes Urteil Bezug genommen habe, so wird dabei übersehen, daß die Bezugnahme sich nur auf einen außerdem noch in dem Urteil enthaltenen, ganz anderen Gedankengang bezieht, nämlich auf den Ausspruch, daß eine unstatthafte Doppelbesteuerung begrifflich ausgeschlossen sei, solange ein Bundesstaat nur ein in seinem Gebiete betriebenes Gewerbe besteuere. Dieser Satz ist richtig und für die Einkommensteuer ebenso wie für die Gewerbesteuer zutreffend. Das an Stelle des ReichsG. v. 13. XII. 70 getretene neue DoppStG. v. 22. III. 09 hat insoweit keine sachliche Änderung gebracht.

Nr. 7. Entsch. v. 23. Nov. 1912 (StArch. **13** 67) V A 75/12.

Es handelt sich um die Berechnung des steuerpflichtigen Einkommens einer Aktiengesellschaft, die in Ausübung ihres eigenen Gewerbebetriebs im Namen und für Rechnung anderer, außerhalb Preußens domizilierter Aktiengesellschaften deren Gewerbe betreibt. Der stehende Betrieb an den drei Betriebsorten dieser Gesellschaften und die örtlichen Einrichtungen gehören aber nicht der steuerpflichtigen Gesellschaft, sondern den drei Aktiengesellschaften. Auch die Angestellten und Arbeiter dieser drei Betriebe sind nicht Organe der steuerpflichtigen Gesellschaft, durch die sie an den Betriebsorten der drei Aktiengesellschaften einen stehenden Betrieb ausübt; denn die Angestellten und Arbeiter sind in einem fremden stehenden Betriebe tätig, werden für Rechnung dieses fremden Betriebs gelohnt und treten auch nach außen hin nicht als Beauftragte der steuerpflichtigen Gesellschaft auf. Die drei fremden Aktiengesellschaften selbst können auch nicht als Organe der steuerpflichtigen Gesellschaft gelten, weil sie ihren eigenen Betrieb unterhalten und diesen nur von der steuerpflichtigen Gesellschaft ausüben lassen, die hiernach umgekehrt als Organ jener drei Aktiengesellschaften anzusehen ist. Derselbe Betrieb kann aber nicht gleichzeitig ein eigener Betrieb und ein Betrieb eines anderen sein. Hiernach können die Orte, an denen die drei auswärtigen Aktiengesellschaften ihren Betrieb haben, und ihre Betriebseinrichtungen nicht als Betriebsstätten der steuerpflichtigen Gesellschaft gelten. Es darf daher auch kein Teil ihres Einkommens wegen Ausübung eines stehenden Gewerbes in einem anderen deutschen Bundesstaate gemäß § 5 Nr. 1 EinkStG. steuerfrei gelassen werden; die Vergütungen, die die steuerpflichtige Gesellschaft für die Führung der fremden Betriebe auf deren Rechnung erhält, ist eine Einnahme der Gesellschaft aus ihrem eigenen preußischen Betriebe.

Nr. 8. Entsch. v. 28. Okt. 1911 (OVGSt. 15 254) V A 49/11.

EinkStG. § 15.

Eine Kommanditgesellschaft auf Aktien hatte den vollen Agiobetrag für neue Aktien zur Reserve abgeführt, die Emissionskosten aber in der Jahresrechnung verbucht. Die Berufungskommission hatte letztere mit der unzutreffenden Begründung für steuerpflichtig erklärt, daß durch sie der bilanzmäßige Reingewinn geschmälert sei.

Denn nach § 15 EinkStG. hat eine Erhöhung des bilanzmäßigen Reingewinns einer Kommanditgesellschaft auf Aktien noch nicht ohne weiteres eine entsprechende Erhöhung ihres steuerpflichtigen Einkommens zur Folge, vielmehr sind nicht die gesamten Jahresüberschüsse, sondern nur die zu gewissen Zwecken, nämlich zur Gewinnverteilung, zur Schulden- oder Kapitaltilgung, zur Verbesserung oder Geschäftserweiterung sowie zur Bildung von Reservefonds verwendeten Teile der Überschüsse einkommensteuerpflichtig. Nun hat aber die Gesellschaft nicht einen Agiogewinn in der gebuchten Höhe gehabt, auf ihm lasteten die Unkosten. Nur in Höhe des Unterschieds kann die Zuführung zum Reservefonds als steuerfrei gelten, wie denn auch im § 262 Nr. 2 HGB., der nach § 320 auch für Kommanditgesellschaften auf Aktien gilt, bei einer Erhöhung des Grundkapitals durch Ausgabe von Aktien für einen höheren als den Nennbetrag eine Reservestellung nur in Höhe derjenigen Summe gefordert wird, die über den Nennbetrag und über den Betrag der durch die Ausgabe der Aktien entstehenden Kosten erzielt wird, d. i. der Agioreingewinn. Was darüber hinaus in Reserve gestellt ist, ist kein Agiogewinn mehr, sondern als aus den Überschüssen zur Reservestellung verwendet anzusehen.

Nr. 9. Entsch. v. 28. Okt. 1911 (OVGSt. 15 252) V A 198/10.

Die bei der Ausgabe neuer Aktien entstandenen Kosten, gleichviel ob sie aus dem Gewinnvortrag oder aus anderen bereiten Mitteln gezahlt sind, bilden keine steuerpflichtige Verwendung, insbesondere nicht eine solche zur Verbesserung oder Geschäftserweiterung, selbst wenn das neu erlangte Kapital später zu einem solchen Zwecke verwendet wird. Denn es können hier keine mittelbaren, sondern nur unmittelbare Beziehungen der Ausgaben zu ihrem Verwendungszweck in Betracht kommen.

Nr. 10. Entsch. v. 16. April 1910 (DJZ. 15 1471) V A 91/09.

Der Gewinn, den eine Aktiengesellschaft dadurch erzielt, daß sie ihre neuen Aktien zum Nennwert ausgibt und dafür Sacheinlagen erhält, die wahrscheinlich mehr wert sind, stellt kein Agio iS. des § 262² HGB. dar; er gehört zu den steuerpflichtigen Überschüssen der Gesellschaft.

Nr. 11. Entsch. v. 8. Nov. 1911 (OVGSt. 15 256) V A 160/10.

Eine Aktiengesellschaft hat ein Kabelnetz in Ostasien gelegt und unterhält auf diesem ihren Betrieb. Verschiedene Staatsregierungen haben sich verpflichtet, der Gesellschaft auf die Dauer von 20 Jahren von der Betriebseröffnung der Linien an eine Beihilfe zu zahlen. Auf diese Beihilfen kommen aber 90 % der Einnahmen aus den auf sämtliche unterstützte Kabel entfallenden Kabelraten in Anrechnung. Nach den abgeschlossenen Verträgen bilden die Beihilfen, die die Regierungen der Steuerpflichtigen gegenüber übernommen haben, um deren Unternehmen, das ihnen eine unabhängige Kabelverbindung mit ihren Kolonien sichern soll, lebenskräftig zu machen, eine Rentabilitätsgarantie. Durch diese hat die Gesellschaft einen Anspruch darauf erworben, bei einem ungünstigen Jahresergebnisse die garantierten Zuschüsse von den Garanten zu fordern. Daß sich Telegraphengesellschaften solche Subventionen zu beschaffen suchen, gehört zu ihrem Betriebe. Die auf Grund der übernommenen Garantien bezahlten Beträge bilden daher eine in dem Betrieb erzielte, zu ihm gehörige Einnahme.

Die Berufungskommission hat daher mit Recht die gezahlten Zuschüsse als einen Teil des Geschäftsgewinns angesehen und wegen ihrer Verwendung nach § 15 EinkStG. den steuerpflichtigen Überschüssen hinzugerechnet.

Nr. 12. Entsch. v. 24. Febr. 1912 (OVGSt. 15 258) V A 199/10.

1. Zum Begriffe der Dividende iS. des § 15 EinkStG. gehört, daß der Anspruch auf Auszahlung für die Empfangsberechtigten an den Besitz der Aktien geknüpft ist und somit ein Zubehör des Aktienrechts selbst bildet.

2. Eine an bestimmte Aktionäre bei der Gründung der Gesellschaft für die Einbringung von Sachen oder Rechten aus dem Reingewinn auf eine Anzahl von Jahren zugesicherte Entschädigung ist kein Zubehör des Aktienrechts, sondern ein unabhängig neben diesem bestehender obligatorischer Anspruch der betreffenden Aktionäre gegen die Gesellschaft und darum steuerfrei.

3. Bei der Ermittelung der Überschüsse wird von dem buchmäßig erzielten Reingewinn in Preußen nicht ausgegangen werden können, denn der Betrieb der Gesellschaft ist nach den Akten als ein einheitlicher anzusehen. Bei einem solchen können aber nicht die buchmäßigen Ergebnisse in Preußen als maßgebend angesehen werden, sondern es erfolgt nach Art. 28 Nr. 7 AAnw. die Feststellung des steuerpflichtigen Teils der Überschüsse nach den aus den tatsächlichen Betriebsverhältnissen des Unternehmens sich ergebenden Merkmalen, die für die Gewinnerzielung vornehmlich bestimmend sind. Wenn das Geschäftsjahr mit dem Kalenderjahr übereinstimmt, die Gesellschaft aber erst im April gegründet ist, so kann der erste Abschluß nicht den Zeitraum von zwölf Monaten umfassen.

Nr. 13. Entsch. v. 20. Dez. 1911 (OVGSt. 15 262) V A 129/10.

Eine Aktiengesellschaft hatte auf ihre Wertpapiere abgeschrieben, obwohl diese eine Entwertung durch Kursverluste nicht erlitten hatten, die Abschreibung vielmehr erst künftigen Verlusten vorbeugen sollte. Nach gleichbleibender Rechtsprechung des Gerichtshofs darf aber im Wege der Abschreibungen nur der in dem betreffenden Jahre wirklich eingetretene Wertverlust berücksichtigt werden, während eine über dies Maß hinausgehende Abschreibung eine steuerpflichtige Reservestellung bedeutet.

Wenn die Gesellschaft darzutun versucht, daß nach § 40 HGB., der gemäß § 261 daselbst auch auf die Bilanzen von Aktiengesellschaften Anwendung findet, für die Einstellung des Bestandswerts der Staatspapiere in die Bilanz nicht der Tageskurswert, sondern ein davon abweichender, durch Schätzung zu ermittelnder objektiver Wert maßgebend sei, den die Papiere „als dauerndes Vermögensobjekt für das Geschäft" hätten, so kann dem nicht beigestimmt werden. Unter dem nach § 40 HGB. einzusetzenden Bilanzwerte ist der objektive Verkaufswert unter der Voraussetzung des Fortbestandes des Geschäfts zu verstehen. Der Verkaufswert der Papiere wird sich aber naturgemäß mit ihrem Kurswerte decken.

Nr. 14. Entsch. v. 9. Dez. 1911 (OVGSt. 15 266) V A 25/11.

1. Will eine Aktiengesellschaft die Abschreibungen auf Bankgebäude so bemessen, daß der Luxuswert der Gebäude in nicht zu langer Zeit auf den wirklichen gemeinen

Wert zurückgeführt wird, und bemerkt sie dabei, daß der beim Bankgebäudekonto eingesetzte Betrag, im Gegensatze zum Mobilienkonto, dem wirklichen Verkaufswerte der gesamten jeweils in Betracht kommenden Gebäude entspricht, so hätte die Berufungskommission für Beginn und Ende eines jeden der in Betracht kommenden Geschäftsjahre den gemeinen Wert, d. h. den objektiven Verkaufswert der Gebäude unter der Voraussetzung des Fortbestandes des Geschäfts, ermitteln und die volle Differenz als Abschreibung zulassen müssen, soweit sie nicht die in den festgestellten Bilanzen abgeschriebenen Beträge überschreitet.

2. Behufs Feststellung der zulässigen Abschreibungen auf Gebäude und Mobilien muß die Steuerpflichtige die erforderlichen, ohne ihre Mitwirkung nicht zu beschaffenden tatsächlichen Unterlagen der Berufungskommission auf Erfordern unterbreiten, namentlich die einzelnen unter dem Bankgebäude- und Mobilienkonto verzeichneten Gegenstände, die Anschaffungspreise, Dauer und Art der Benutzung und sonstige für die Bewertung wesentliche Umstände mitteilen. Insoweit die Steuerpflichtige eine höhere als die erfahrungsmäßige Wertminderung behauptet, liegt es ihr ob, die einzelnen Umstände, die sie herbeigeführt haben sollen, eingehend darzulegen. Es widerspricht den §§ 261 und 40 HGB., wenn die Steuerpflichtige auf Mobilienkonto so hohe Abschreibungen macht, daß diese Werte hinter den Verkaufswerten zurückbleiben. Auch eine bei Bankgeschäften angeblich übliche Praxis rechtfertigt eine solche Abweichung von den gesetzlichen Bilanzgrundsätzen nicht.

3. Besteht eine außerpreußische Zweigniederlassung einer in Preußen domizilierten Aktiengesellschaft erst während eines Teils der dreijährigen Durchschnittszeit, so darf der außerpreußische Gewinn auch nur insoweit den steuerpflichtigen Überschuß beeinflussen, als er in die Zeit des Bestehens der Zweigniederlassung fällt.

Nr. 15. Entsch. v. 3. Febr. 1912 (OVGSt. 15 269) V A 115/11.

1. Die Berufungskommission hat hinsichtlich der Abschreibungen nur solche Wertverminderungen berücksichtigt, die die dem Betriebe dienenden Gegenstände, wie Gebäude, Maschinen, Geräte usw., durch Verringerung oder Verschlechterung infolge natürlicher Einflüsse und des bestimmungsgemäßen Gebrauchs erfahren. Dagegen sollen durch außerordentliche Vorkommnisse bedingte Wertverminderungen, z. B. infolge von Unglücksfällen, Betriebsveränderungen usw., außer Betracht bleiben.

2. Bei einer Abschreibung auf Grund handelsrechtlicher Buchführung ist aber jede aus irgendwelchem Grunde in dem betreffenden Geschäftsjahr eingetretene Entwertung eines bilanzfähigen Vermögensgegenstandes zu berücksichtigen. Für Aktiengesellschaften besteht nur die Ausnahme, daß es ihnen nach § 261 Nr. 3 HGB. gestattet ist, bei den Betriebsgegenständen, die nicht zur Veräußerung bestimmt sind, den höheren Anschaffungspreis in die Bilanz einzustellen und davon nur einen der Abnutzung gleichkommenden Betrag abzuziehen. Hat eine Aktiengesellschaft aber von diesem Rechte keinen Gebrauch gemacht, sondern die Einstellung des wirklichen Werts gewählt, so muß sie auch die durch außerordentliche Vorkommnisse bedingten Wertverminderungen bei Aufstellung ihrer Bilanz berücksichtigen und entsprechende Abschreibungen machen, die deshalb auch steuerrechtlich abzugsfähig sind. Etwas anderes ist auch nicht etwa aus § 13 Abs. 1 Satz 3 EinkStG. zu folgern. Denn wenn hiernach nur die „regelmäßigen jährlichen Abschreibungen, die einer angemessenen Berücksichtigung der Wertverminderung entsprechen", in Betracht kommen, so ist für die Fälle, wo der wirkliche Wert, d. h. der objektive Verkaufswert, in die Bilanz eingestellt werden muß, jede Abschreibung nur insoweit steuerrechtlich für unzulässig erklärt,

als sie über die angemessene Berücksichtigung der im Laufe eines Geschäftsjahrs eingetretenen Wertverminderung hinausgeht.

3. Bei der Prüfung ist von dem nach handelsrechtlichen Grundsätzen für jeden Vermögensgegenstand in der Bilanz anzusetzenden Werte, d. h. dem objektiven Verkaufswert unter der Voraussetzung des Fortbestandes des Gewerbebetriebs, bei Beginn jedes Geschäftsjahrs auszugehen und diesem der in gleicher Weise ermittelte Wert am Schlusse dieses Geschäftsjahrs gegenüberzustellen. Die Differenz zwischen beiden bildet das Maß der zulässigen Abschreibung, und ein sie übersteigender Betrag gilt als eine außerordentliche Abschreibung, die der unmittelbaren Zuführung zu einem Reservefonds gleichsteht und für steuerpflichtig zu erachten ist. Es ist aber nicht unzulässig, daß bei der Bemessung der Wertverminderungen von bestimmten, durch Erfahrung und sachverständige Übung festgestellten Prozentsätzen der einzelnen Werte ausgegangen wird. In diesem Falle wird die Steuerpflichtige, soweit sie eine höhere als die erfahrungsmäßige Wertverminderung behauptet, die einzelnen Umstände, die sie herbeigeführt haben sollen, eingehend darzulegen und so die höhere Wertverminderung nachzuweisen haben. Hierüber ist mit der Steuerpflichtigen zu verhandeln und zu ihren Ausführungen in der Entscheidung Stellung zu nehmen.

Wird eine Bemessung der Abschreibung nach Prozenten des Werts und nicht nach der Differenz der wirklichen Werte bei Beginn und am Schlusse eines Geschäftsjahrs gewählt, so sind dabei die wirklichen Werte zu Beginn des betreffenden Geschäftsjahrs und die Buchwerte nur insoweit, als sie diesen Werten entsprechen, maßgebend. Die Anschaffungs- oder Herstellungswerte können allein da als Grundlage für die Bemessung der Abschreibung dienen, wo es sich im wesentlichen nur um Wertverminderung durch Abnutzung handelt; bei anderen Wertverminderungen ist dieser Maßstab nicht anwendbar. Jedenfalls muß die Abschreibungsquote so bemessen sein, daß sie der in dem betreffenden Geschäftsjahr eingetretenen Wertverminderung voll entspricht.

Nr. 16. Entsch. v. 18. Febr. 1911 (OVGSt. 15 272) V A 67/10.

1. Die steuerpflichtige Aktiengesellschaft hat bezüglich ihrer elektrischen Anlagen mit einer Stadt einen Konzessionsvertrag von 1908 an auf 50 Jahre abgeschlossen, nach deren Ablauf die im besten Zustande dauernd zu erhaltenden Anlagen gegen Entschädigung auf die Stadt übergehen. Mit Rücksicht auf den unentgeltlichen Übergang der Werke und Anlagen hat die Gesellschaft in ihre Bilanz für 1907 unter den Passiven ein „Kapitaltilgungskonto" aufgenommen. Anderseits hat sie ein in der Bilanz für das Geschäftsjahr 1906 unter den Passiven befindliches „Erneuerungs- (Abschreibungs-) Konto der Elektrizitätswerke", das augenscheinlich ein Bewertungskonto ist, „aufgelöst", davon einen Teil auf ein unter den Passiven neugebildetes „Erneuerungskonto" übertragen und den Rest einem gleichfalls auf der Passivseite neugebildeten „Dispositionsfondskonto" zugeführt, dem dann noch aus dem Reingewinne des Jahres 1907 weitere 350 000 M. überwiesen worden sind. Zu diesem Dispositionsfondskonto ist in dem Geschäftsberichte für 1907 wörtlich bemerkt: „über das der Aufsichtsrat nach freiem Ermessen zu verfügen berechtigt sein soll. Insbesondere soll dieses Konto zur Deckung außergewöhnlicher Aufwendungen dienen."

2. Dieses Konto ist steuerpflichtiges Einkommen. Denn wenn der Fonds der freien Verfügung des Aufsichtsrats anheimgegeben und insbesondere zur Deckung erst künftiger außergewöhnlicher Aufwendungen bestimmt war, so konnte er nur den Charakter einer Reservestellung, nicht aber den eines Bewertungskontos haben. Ein Bewertungskonto auf der Passivseite dient dazu, die gegenwärtige zu hohe Bewertung von Gegenständen der Aktivseite zum Ausgleiche zu bringen. Ein solches Konto kann daher unter keinen Umständen zur freien Verfügung gestellt werden. Anderseits fällt das, was vom Jahresgewinne für noch ungewisse künftige Zwecke reserviert wird, begrifflich unter den Ausdruck „Reservefonds" des § 15 EinkStG. idFass. v. 19. VI. 06. Als solcher Fonds ist es steuerpflichtig. Hieran wird auch nichts dadurch geändert, daß etwa künftig Mittel für Erneuerungszwecke aus

dem Fonds genommen werden; diese würden dann im Jahre ihrer Verwendung als Betriebsausgabe abzugsfähig sein.

Nr. 17. Entsch. v. 24. Febr. 1912 (OVGSt. 15 274) V A 157/10.

EinkStG. § 15.

1. Die Verwaltung einer sanierten Hypothekenaktienbank setzte in ihrer ersten Bilanz per 31. XII. 00 den Wert der zur Pfandbriefdeckung bestimmten Hypotheken unter den Aktiven mit zirka 350 000 000 M. an, stellte aber gleichzeitig in die Passivseite der Bilanz ein Hypothekendelkrederekonto von 11 000 000 M. ein, weil die Ermittelungen in betreff der Bonität des Hypothekenbestands es nötig machten, an Stelle entsprechender Abschreibungen für die Zukunft eine Hypothekenausfallreserve (Hypothekendelkrederekonto) vorzusehen. Dies Passivkonto erschien regelmäßig auch in den Bilanzen der folgenden Jahre bis zum Jahre 1908, und zwar in wechselnder Höhe und unter wechselnder Bezeichnung („Hypothekendelkrederekonto", „Hypotheken-Reservekonto", „Hypothekendelkredererereserve", „Hypothekenreserve"). In der Bilanz per 31. XII. 08 wurde ein Teil dieser Reserven mit der gesetzlichen Reserve vereinigt, der auf dem Hypothekenreservekonto noch verbleibende Restbestand aber bis auf weiteres unter Aufrechterhaltung der Zweckbestimmung des Kontos mit der Bezeichnung „Spezialreserve" weitergeführt.

Nach diesen Vorgängen hat die Veranlagungskommission bei der Veranlagung der Gesellschaft zur Einkommensteuer für das Steuerjahr 1910 beide Beträge den steuerpflichtigen Überschüssen hinzugerechnet und die Berufungskommission nur zwei Teilbeträge als nicht steuerpflichtig abgesetzt, weil diese Teilbeträge aus der Reduktion des Aktienkapitals und der Verwendung der Aktienagioreserve herrührten. Die Berufungskommission stützte im übrigen ihre Annahme der Steuerpflichtigkeit auf die Erwägung, daß das in der Bilanz per 31. XII. 00 zuerst erschienene und bis zum Jahre 1908 weitergeführte Hypothekendelkrederekonto ein Bewertungskonto zwecks richtiger Bewertung der Aktivmasse an Hypotheken darstellte, und daß nach Auflösung dieses Kontos durch Überführung der dadurch freigewordenen Überschüsse zu Reservefonds eine steuerpflichtige Verwendung dieser Überschüsse iS. des § 15 EinkStG. stattgefunden habe. Diese Auffassung bedarf der Nachprüfung.

2. Unzweideutig hatte die Gesellschaft ausgesprochen, daß von ihr die bisherige „Hypothekenausfallsreserve" (nämlich der oben erörterte Hypothekenpassivposten) steuertechnisch für kein Bewertungskonto, sondern für eine echte Reserve erachtet würde und demgemäß auch der jetzt als „Spezialreserve" bezeichnete Posten kein Bewertungskonto sein könnte, weil er die bisherige Zweckbestimmung des früheren Passivpostens fortsetze. Die Berufungskommission durfte nicht gleichzeitig die Voraussetzung als irrig nachweisen, daß das ursprüngliche Konto eine echte Reserve sei, und trotzdem die darauf basierte Erklärung der Gesellschaft als Zugeständnis gegen sie verwerten.

3. Es bleibt also zu prüfen, ob der per 31. XII. 00 zuerst mit 11 000 000 M in die Bilanz eingestellte Hypothekenposten den rechtlichen Charakter eines Bewertungskontos oder, wie die Gesellschaft beansprucht, eines Reservefonds hatte. Die bisherige Aktenlage spricht für die Annahme eines Bewertungskontos, weil Ausfälle an Hypotheken wegen unzulänglicher Bonität in jener Höhe befürchtet wurden und dafür ein gleich hoher Betrag als Passivposten in die Bilanz eingestellt wurde. Auch sollte der Passivposten an die Stelle von Abschreibungen treten.

Wäre aber der Passivposten ein wirklicher Reservefonds, so würde sich durch seine Auflösung und die Umbuchung seines Betrags auf andere Reservefonds in der Vermögenslage der Gesellschaft nichts geändert haben, dieser Vorgang mithin steuerlich ohne Bedeutung sein. Ist dagegen der Passivposten ein Bewertungskonto, so beweist seine Auflösung bei richtiger Bilanzierung, daß die Aktiven, deren Bewertung er diente, um so viel an Wert zugenommen haben müssen. Dann aber ist dieser Vorgang steuerlich nicht unerheblich, denn die Zunahme des Vermögens hat in gleichem Maße die Überschüsse vermehrt, und wenn diese Überschüsse zu Reservefonds verwendet werden, so sind sie nach § 15 EinkStG.

einkommensteuerpflichtig. Sieht also die Berufungskommission im neuen Rechtsgange den Passivposten als Bewertungskonto an, so wird der Gesellschaft aus dem Vorgange, daß sie dies Konto unstreitig in Höhe von 7 813 876,13 ℳ aufgelöst und der gesetzlichen Reserve den gleichen Betrag zugeführt hat, dieser Betrag als steuerpflichtig angerechnet werden müssen, und zwar für das Jahr, in dem sich diese Vorgänge zugetragen haben, d. i. das Jahr 1908; auch wären die 7813876,13 ℳ voll steuerpflichtig. Mit „Geldern, die durch Sanierungsmaßnahmen aufgebracht sind", hat eine solche Reservestellung aus Überschüssen des Jahres 1908 nichts gemein. Auch kann bei einem Bewertungskonto seiner rechtlichen Natur nach nicht die Rede davon sein, daß es durch eine „Sanierungsoperation" geschaffen sei.

4. Unrichtig ist die Auffassung, daß ein Passivkonto nur insoweit ein Bewertungskonto darstellen könne, als es zur Ausgleichung von Wertverminderungen des entsprechenden Aktivums in den drei letzten der Veranlagung zugrunde zu legenden Jahren bestimmt sei. Vielmehr muß, wenn sich bei einer Neubewertung der Grundstücke herausstellt, daß die im Aktivum stehende Wertziffer zu hoch war, und wenn die Ausgleichung der Differenz nicht unmittelbar durch Absetzung auf der Aktivseite der Bilanz vorgenommen wird, dann in die Passivseite ein Abschreibungskonto in ganzer Höhe der Wertdifferenz eingestellt werden ohne Rücksicht darauf, aus welcher Vorzeit die Wertdifferenz stammt. Zwar sind nach OVGSt. **13** 247 Abschreibungen nur insoweit zuzulassen, als sie der Wertverminderung in den für die Veranlagung maßgebenden Jahren entsprechen. Hieraus folgt aber keineswegs, daß die Einstellung eines Bewertungskontos, die an die Stelle einer Abschreibung tritt, insoweit eine echte Reservestellung bildet, als sie schon vor jenen Jahren tatsächlich eingetretene Entwertungen ausgleichen soll. Dieser Fall könnte nur eintreten, wenn die Bilanzen in der Vorzeit nicht richtig der Entwertung Rechnung getragen haben; solche Unrichtigkeit bleibt aber bei der Veranlagung außer Betracht, weil die Steuerpflichtigen die ordnungsmäßig festgestellten Bilanzen gegen sich gelten lassen müssen. Abschreibungen, die eine vor den maßgebenden Jahren schon eingetretene Entwertung ausgleichen, werden steuerrechtlich bloß deshalb nicht zugelassen, weil auf die geschäftlichen Ereignisse früherer Jahre bei der Veranlagung nicht zurückgegriffen werden darf, keinesfalls aber, weil sie echte Reserven sein sollen.

5. Der Rest des Ausfallkontos setzt als „Spezialreserve" dessen Bestimmung fort, falls nicht überzeugende Gründe das Gegenteil erweisen.

Nr. 18. Entsch. v. 7. Okt. 1911 (OVGSt. 15 281) V A 64/11.

Abschreibungen, die in den für die Veranlagung maßgebenden Bilanzen einer Aktiengesellschaft nicht gemacht sind, sondern erst nachträglich im Veranlagungs- und Rechtsmittelverfahren von dem Gesellschaftsvorstande geltend gemacht werden, dürfen bei der Ermittelung der steuerpflichtigen Überschüsse nicht berücksichtigt werden. Es macht hierbei keinen Unterschied, ob die Aktivposten, für die eine solche Abschreibung nachträglich beantragt wird, zu hoch oder zu niedrig in den Bilanzen stehen. Im letzteren Falle ist in dem zu niedrig bewerteten Konto allerdings eine versteckte Reserve vorhanden, durch die es ermöglicht wird, daß in späteren Jahren etwa erforderliche Abschreibungen bis zu der Höhe nicht vorgenommen werden, zu der früher zuviel abgeschrieben worden ist. Hieraus darf aber nicht gefolgert werden, daß der infolge Unterbleibens der Abschreibung entsprechend erhöhte Teil der Dividende eines späteren Jahres, weil er aus dem Reservefonds gezahlt sei, steuerfrei bleiben müsse. Denn die hier in Frage kommende versteckte Reserve tritt als solche bilanzmäßig überhaupt nicht in die Erscheinung, und ihre Höhe wird auch durch die Dividendenzahlung, die laut Gewinn- und Verlustrechnung aus dem Reingewinn erfolgt ist, nicht beeinflußt. Die sonst vom Gerichtshof anerkannte steuerfreie Verwendung eines Reservefonds liegt daher nicht vor.

Nr. 19. Entsch. v. 20. Dez. 1911 (OVGSt. 15 262) V A 129/10.

Da bei Steuerpflichtigen, die Handelsbücher führen, jede Wertverminderung zu berücksichtigen ist, so dürfen Abschreibungen auf Brunnenanlagen nicht um den die Abnutzung überschreitenden Betrag gekürzt werden, wenn die Wasserbeschaffung, also eine zeitlich beschränkte Benutzung in Frage steht.

Die Steuerpflichtige will nun die Ausgaben für die Brunnenanlage als Betriebs- und Ausbesserungskosten ansehen und diese der Aktionäre und der Besteuerung wegen auf mehrere Jahre verteilen. Das geht nicht an, weil die Brunnenanlage als ein Vermögensstück in den Bilanzen aufgeführt ist, auf das Abschreibungen gemacht werden, und deshalb die Frage, ob die jährlichen Ausgaben für die Brunnenanlage als Werbungskosten hätten zum Abzuge kommen können, hier überhaupt ausscheidet. Denn nach den für die Einkommenbesteuerung feststehenden Grundsätzen haben die Bilanzen eine bis zum Nachweise der Unrichtigkeit maßgebende Bedeutung. Außerdem ist es unzulässig, Werbungskosten, die in einem Geschäftsjahr entstehen, auf mehrere Jahre zu verteilen; sie fallen vielmehr nur demjenigen Jahre zur Last, in dem sie fällig werden.

Nr. 20. Entsch. v. 10. Mai 1911 (StArch. 12 80).

EinkStG. § 9.

Auch bei der Veranlagung der nichtphysischen Personen bilden die in Betracht kommenden Durchschnittsjahre eine Einheit, so daß der Verlust des einen Jahres von dem Verlust der andern Jahre in Abzug zu bringen ist.

Nr. 21. Entsch. v. 12. April 1911 (StArch. 12 98).

Den Verpflichtungen, die eine Aktiengesellschaft eingeht, muß sie dadurch in ihren Bilanzen Rechnung tragen, daß sie einen ihrer möglichen Inanspruchnahme entsprechenden Betrag als Passivum in die Bilanz aufnimmt, wobei es unerheblich ist, ob etwa schon zur Zeit der Bilanzaufstellung Ansprüche gegen die Gesellschaft aus der Verpflichtung in bestimmter Höhe feststehen oder schon tatsächlich geltend gemacht sind. Dieser Betrag ist steuerfrei, wenn er nur einen angemessenen Ausgleich für das durch die Garantie übernommene Risiko darstellt. Hiermit steht es nicht im Einklange, wenn die Berufungskommission den Garantiefonds deshalb nicht steuerfrei lassen will, weil Verluste bisher nicht nachgewiesen oder nachweisbar seien und eine Inanspruchnahme der Gesellschaft bisher noch nicht erfolgt sei. Die Berufungskommission hätte vielmehr die Höhe des von der Gesellschaft mit der Garantie übernommenen Risikos schätzen müssen.

Nr. 22. Entsch. v. 7. Okt. 1911 (OVGSt. 15 254 i. d. Anm.) V A 210/10.

Ist im Falle der Erhöhung des Aktienkapitals das volle Kapital ins Passivum gestellt, so ist für den noch nicht eingezahlten Betrag ein Gegenposten ins Aktivum zu stellen.

Nr. 23. Entsch. v. 20. Dez. 1911 (StArch. 12 216).

Eine durchgehende Korrektur der Bilanzen bezüglich der Abschreibungen auf einem Bilanzkonto, wie sie die Gesellschaft verlangt, kann nur da in Frage kommen, wo überhaupt Abschreibungen gemacht sind. Sind solche aber in der maßgebenden Vorzeit tatsächlich nicht gemacht, so können sie auch nicht, bloß zu steuerlichen Zwecken, nachgeholt werden, wenn die Bilanzen nach ihrer Genehmigung durch die Generalversammlung feststehen.

Nr. 24. Entsch. v. 28. Febr. 1912 (StArch. 12 198).

Nach feststehender Rechtsprechung gelten als steuerpflichtige Gewinnanteile der Aktionäre auch die Beträge, die eine Aktiengesellschaft bei Gelegenheit einer Erhöhung des Grundkapitals ihren zum Bezuge der neuen Aktien berechtigten Aktionären dadurch gewährt, daß sie den von letzteren zu zahlenden Übernahmepreis der neuen Aktien ganz oder zum Teil gegen einen entsprechenden Teil der aus ihrem Geschäftsgewinn herrührenden und zu ihrer Verfügung stehenden Beträge verrechnet. Es ist nicht verständlich, warum dieser Tatbestand nicht gegeben sein soll, wenn im vorliegenden Falle folgender Beschluß der Generalversammlung zur Ausführung gekommen ist: „Das Verfügungskonto von 1 100 000 ℳ wird aufgelöst und . . . sollen 1 000 000 ℳ den Aktionären überwiesen werden unter der Bedingung, daß dieselben ohne jede Ausnahme pro rata ihres Aktienbesitzes bis zum 31. I. 10 Zeichnungsscheine auf die vorbeschlossene Kapitalerhöhung ausstellen, und ferner mit der Maßgabe, daß der ihnen aus dem Verfügungskonto zufließende Anspruch kompensiert wird mit ihrer Einzahlungspflicht aus den Zeichnungsscheinen. Ist der vorstehende Beschluß nicht durchführbar, so wird das Verfügungskonto mit dem Betrage von einer Million Mark den Aktionären pro rata ihres Aktienbesitzes in bar überwiesen."

Die Ausschüttung des Verfügungskontos unter die Aktionäre ist eingetreten durch die Aufrechnung des dem einzelnen Aktionär zugewiesenen Betrages gegen die von ihm auf Grund jeder Einzelzeichnung nach dem G. zu zahlende Kapitaleinlage (§ 211 HGB.). Eine derartige Aufrechnung steht wirtschaftlich wie rechtlich der Barzahlung des Gewinnanteils an den einzelnen Aktionär gleich und kann deshalb steuerlich nicht anders wie diese behandelt werden. Unerheblich ist dabei auch, ob der Beschwerdeführer zur Zeichnung der neuen Aktien der Gesellschaft gegenüber verpflichtet war und im Falle der Nichtzeichnung der sämtlichen neuen Aktien durch die bisherigen Aktionäre den aufgeteilten Betrag bar erhalten hätte. Entscheidend bleibt, daß der Aktionär eine neue Aktie umsonst erhalten hat, weil die Gesellschaft für ihn den Übernahmepreis gezahlt hat. Bei einer Verteilung des Verfügungskontos in bar als Dividende und der Ausgabe der neuen Aktien gegen Barzahlung des Übernahmepreises wäre die Bilanz ebenso aufzustellen gewesen.

Nr. 25. Entsch. v. 4. Juli 1912 (DJZ. 18 470).

EinkStG. § 15.

Der Streit der Parteien dreht sich lediglich um die Rechtsfrage, ob die klagende Aktiengesellschaft, die im Jahre 1902 ein Grundstück zu einem den wirklichen Wert angeblich übersteigenden Kaufpreis erworben hat, das Recht hat, in ihrer Geschäftsbilanz für 1908 einen Teil des erzielten Bruttogewinns zu Abschreibungen auf jenes Grundstück zu verwenden. Die Revision verficht den Standpunkt, daß Abschreibungen, die bezwecken, den zu hoch angenommenen Wert eines Vermögensteils auf den richtigen Wert herabzusetzen, niemals als steuerpflichtiges Einkommen iS. des § 15 EinkStG. zu veranlagen sind. Der bekl. Magistrat hält eine solche Abschreibung für eine steuerpflichtige Zuwendung zu einem versteckten Reservefonds. Die Ausführungen des Bezirksausschusses, die den letzteren Standpunkt billigen, entsprechen dem geltenden Rechte.

Nr. 26. Entsch. v. 12. Okt. 1912 (StArch. 13 291).

1. Die Bilanzen einer Aktiengesellschaft sind, falls sie den für Aktiengesellschaften erlassenen handelsrechtlichen Vorschriften entsprechen, der Veranlagung der Gesellschaft zugrunde zu legen, vorbehaltlich einer Korrektur infolge der besonderen Vorschriften in § 15 EinkStG. und es ist selbst eine nachträgliche Abänderung der Bilanz nach erfolgter Ausführung derselben und nach Verteilung der Dividende allein zu steuerlichen Zwecken ohne jeden Wert.

Es kommt auch für die Höhe der zulässigen Abschreibung in einem bestimmten Geschäftsjahr gar nicht auf die Abschreibung in früheren Jahren an, maßgebend ist lediglich die Wertverminderung der Gegenstände eines Aktivkontos am Schlusse eines Geschäftsjahres gegenüber ihrem Werte beim Beginne dieses Geschäftsjahrs.

2. Unzutreffend ist die Auffassung, daß zu hohe Abschreibungen in einem der drei Durchschnittsjahre gegen zu niedrige Abschreibungen in den beiden anderen Jahren aufgerechnet werden können. Der Gerichtshof hat wiederholt ausgeführt, daß eine solche Ausgleichung von Abschreibungen nur innerhalb der Bilanz eines bestimmten Geschäftsjahrs erfolgen darf.

Nr. 27. Entsch. v. 2. Nov. 1912 (StArch. 12 52) V A 76/12.

Eine Aktiengesellschaft, deren Unternehmen sich u. a. auf Straßenbauten erstreckt, hatte in den Bilanzen der für die Ermittelung des steuerpflichtigen Einkommens maßgebenden Geschäftsjahre aus deren Überschüssen namhafte Summen einem Rückstellungskonto auf der Passivseite zugeführt und diese Zuführungen für steuerfrei erachtet, weil sie zur Erfüllung vertraglicher Verpflichtungen, Beseitigung von Baufehlern usw. dienen sollten. Die Berufungskommission hatte sie gleichwohl den steuerpflichtigen Überschüssen hinzugerechnet, weil die bezeichneten, der Gesellschaft aus den Werkverträgen obliegenden Ausgaben „immer erst in den folgenden Jahren" entstehen würden und es sich „sonach" nur um Rücklagen für künftige Zwecke handle, die als steuerpflichtige Reservestellung anzusehen seien. Dem ist nicht beizutreten; denn es ist für die steuerliche Beurteilung der rückgestellten Summen nach Lage des Falls durchaus nicht entscheidend, ob die der Gesellschaft obliegenden Verpflichtungen etwa im Jahre der Rückstellung oder erst später zu erfüllen waren. Vielmehr ist der Gesellschaft darin beizutreten, daß, wenn sie nach Fertigstellung von Straßenbauten und Vereinnahmung der vertraglich abgemachten Bezahlung hinterher noch Vertragspflichten zu erfüllen hat, diese Schuldverpflichtung zur Darstellung eines zutreffenden Vermögensstandes die Einstellung eines entsprechend hohen Schuldpostens in die Passiven der Bilanz nötig macht.

Nr. 28. Entsch. v. 5. März 1913 (StArch. 13 196) V A 1/13.

Bei einer gewerblichen Aktiengesellschaft sind die im § 15 EinkStG. gedachten Überschüsse gleichbedeutend mit ihrem geschäftlichen Reingewinne iS. des § 13 dieses G. Nach der ausdrücklichen Vorschrift im Abs. 1 des letzteren Paragraphen bildet aber der Zuwachs des Aktienkapitals eine bei der Ermittelung des geschäftlichen Reingewinns zu berücksichtigende Einnahme. Es kann deshalb hiernach nicht zweifelhaft sein, daß bei einer gewerblichen Aktiengesellschaft der Gewinn, den sie durch Verkauf von fabrikatorischen Einrichtungen und Inventarien gegenüber der vorschriftsmäßigen Bewertung derselben in der letzten Bilanz erzielt, zu ihrem geschäftlichen Reingewinn iS. des § 15 EinkStG. gehört. Außerdem aber gehört der Verkauf von Vermögensgegenständen, die für den Geschäftsbetrieb nicht mehr erforderlich sind, ebenso zu den gewöhnlichen Betriebsgeschäften eines Aktienunternehmens wie der Ankauf der zum Betriebe notwendigen Objekte. Wie nun durch die aus solchen Ankäufen entstehenden Verluste der Geschäftsgewinn gemindert wird, so wird er ebenso durch einen beim Verkauf erzielten Mehrbetrag erhöht.

Nr. 29. Entsch. v. 12. Juli 1913 (StArch. 13 352) V A 207/12.

Nach der auch für Aktiengesellschaften geltenden Vorschrift des § 40 Abs. 3 HGB. sind „zweifelhafte Forderungen nach ihrem wahrscheinlichen Werte" in der Bilanz anzusetzen. Ob und in welchem Grade Forderungen zweifelhaft sind, muß nach den Umständen bemessen werden, die am Schlusse des Geschäftsjahrs obwalten, für das die Bilanz aufgestellt wird. Die Zweifel in Ansehung einer Forderung können ihren rechtlichen Bestand und ihre Beitreibbarkeit, namentlich die Zahlungsfähigkeit des Schuldners betreffen.

Eine Forderung, auf die nach den am Schlusse des Geschäftsjahrs obwaltenden Umständen „voraussichtlich ein Verlust zu erwarten ist", ist „zweifelhaft" iS. des § 40 Abs. 3 HGB. Es ist nicht erforderlich, daß der Verlust bereits am Schlusse des Geschäftsjahrs feststand. Die Forderung ist daher nur mit dem wahrscheinlichen Werte in die Bilanz einzustellen. Ist sie bei Berechnung des Reingewinns mit dem vollen Nennwerte berücksichtigt, so ist eine durch die zuständigen Organe erfolgende nachträgliche Berichtigung der Bilanz durch Abschreibung der Differenz zwischen dem Nenn- und wirklichen Wert zulässig.

f) Außerhalb Preußens domizilierte Aktiengesellschaften und Kommanditgesellschaften auf Aktien.

Nr. 1. Entsch. v. 23. Nov. 1910 (OVGSt. 15 233) V A 124/10.

1. Die steuerpflichtige Aktiengesellschaft hat ihren Sitz zu L. im Bundesstaate S. und unterhält Betriebsstätten in L. und in E. in Preußen. In E. befindet sich eine Ziegelei und eine Fabrik. Die Fabrikate der Ziegelei werden von E. aus vertrieben, in der Fabrik wird Rohmaterial hergestellt und zum größten Teile zu Platten, Röhren und Stäben verarbeitet, der Rest wird in L. zu Gebrauchsgegenständen weiterverarbeitet. Von L. aus werden die gesamten Fabrikate der Gesellschaft vertrieben. Neben der Leitung des Gesamtbetriebs in L. befindet sich in E. eine technische Leitung. Für das nach L. gelieferte und dort weiterverarbeitete Rohmaterial wird die Hauptniederlassung in L. mit dem Selbstkostenpreise belastet, während ihr der ganze Gewinn aus diesen Fabrikaten gutgerechnet wird. Umgekehrt wird der Verkaufserlös des in E. fertiggestellten, aber durch L. vertriebenen Rohmaterials der Zweigniederlassung in E. unverkürzt gutgeschrieben. Die Berufungskommission hat bei diesem Tatbestande die bei der Veranlagung vorgenommene Verteilung der Gesamtüberschüsse nach Maßgabe der an den beiden Betriebsorten erzielten Einzelüberschüsse gebilligt. Bei dieser Verteilung ist unberücksichtigt geblieben, daß in den Überschüssen in L. auch der durch die Fabrikation in E. erzielte Gewinn enthalten ist und daß umgekehrt die Überschüsse in E. auch den Gewinn umfassen, der auf den Vertrieb in L. zurückzuführen ist. Endlich ist nicht zu erkennen, wie bei der vorgenommenen Verteilung der Einfluß der Geschäftsleitung gewürdigt ist.

2. Der ganze Betrieb der Aktiengesellschaft erscheint als ein einheitlicher. Die Feststellung des in Preußen steuerpflichtigen Teils der Überschüsse muß deshalb gemäß Art. 28 Nr. 7 Abs. 3 AAnw.EinkStG. nach den aus den tatsächlichen Betriebsverhältnissen des Unternehmens sich ergebenden Merkmalen erfolgen, die für die Gewinnerzielung vornehmlich bestimmend sind. Als solche kommen im vorliegenden Falle in Betracht: die Leitung, die Fabrikation und der Verkauf. Für die allgemeine Geschäftsleitung ist im voraus eine angemessene Quote der Gesamtüberschüsse in Anrechnung zu bringen. Fabrikation und Verkauf sind idReg., falls nicht besondere Umstände dabei das Vorwiegen des einen oder anderen Zweigs des Betriebs erweisen, als gleichwertig zu behandeln. In dem hiernach auf die Fabrikation entfallenden Anteil ist gleichzeitig die Bewertung des Einflusses der technischen Leitung enthalten. Da in E. die Ziegeleifabrikate und das Rohmaterial hergestellt werden, in L. die Weiterverarbeitung eines Teils des von E. gelieferten Rohmaterials stattfindet, so ist der auf die Fabrikation entfallende Anteil der Gesamtüberschüsse auf E. und L. zu verteilen. Falls hier nicht ein anderer geeigneter Zerlegungsmaßstab festgestellt werden kann, wird es sich empfehlen, die Verteilung nach dem Werte der einzelnen Fabrikate

vorzunehmen. Bezüglich des auf den Verkauf entfallenden Anteils an den Gesamtüberschüssen ist E. der Verkauf der Ziegeleifabrikate, L. der der gesamten sonstigen Produkte anzurechnen. Die Verteilung wird hier, falls nicht ein geeigneter Maßstab ermittelt werden kann, nach dem Umsatze vorzunehmen sein.

Nr. 2. Entsch. v. 25. Jan. 1911 (OVGSt. 15 239) V A 130/10.

1. Die im Bundesstaate S. zu F. angesessene Aktiengesellschaft hat u. a. eine Fabrik und ein Lager an zwei Orten in Preußen, eine Fabrik im Bundesstaate H. usw. Der Betrieb im Staate H. hat eine besondere Direktion in Oberschlesien; die Fabrik in Preußen untersteht der Direktion am Sitze. H. schickt nur am Jahresschlusse seine Abrechnungen und seinen Gewinn nach dem Sitz. Der Direktor in H. ist kaufmännisch und technisch völlig selbständig; derjenige in F. hat die kaufmännische Leitung des preußischen Betriebs, dieser ist aber sonst in Ein- und Verkauf völlig selbständig. In F. befindet sich die kaufmännische Zentrale, an die sämtliche Gewinnabrechnung am Schlusse des Geschäftsjahres gelangen und in der dann die Dividenden festgestellt werden.

2. Trotzdem hiernach namentlich dem Betrieb in H. eine gewisse Selbständigkeit eingeräumt ist und die Gewinne der einzelnen Betriebe sich gesondert berechnen lassen und gesondert berechnet werden, so erscheint der ganze Betrieb der Gesellschaft im ganzen betrachtet und mit Bezug auf die Oberleitung durch die kaufmännische Zentrale in F. doch als ein einheitlicher. Bei einem einheitlichen Betriebe muß aber eine gesonderte Gewinnberechnung in steuerlicher Beziehung zu unrichtigen Ergebnissen führen. Die buchmäßige Behandlung der einzelnen Betriebe als selbständige kann dabei nicht als ausschlaggebend angesehen werden. Nach Art. 28 Nr. 7 Abs. 3 AAnw. erfolgt in einem solchen Falle die Feststellung des in Preußen steuerpflichtigen Teils der Überschüsse nach den aus den tatsächlichen Betriebsverhältnissen des Unternehmens sich ergebenden Merkmalen, die für die Gewinnerzielung vornehmlich bestimmend sind.

3. Hierbei sind zunächst die Gesamtüberschüsse für jedes Durchschnittsjahr besonders so zu ermitteln, als ob die Gesellschaft mit ihrem ganzen Einkommen in Preußen steuerpflichtig wäre. Wegen der Höhe der zulässigen Abschreibungen sowohl auf die Gegenstände der preußischen als auch auf die der außerpreußischen Betriebe hat die Gesellschaft die dazu erforderlichen Unterlagen zu beschaffen. Bei der Bemessung der zulässigen Abschreibungen ist nach den von handelsrechtlichen Grundsätzen (§§ 40, 261 HGB.) anzusetzenden Werten der in Frage kommenden Konten beim Beginne der maßgebenden Periode auszugehen und diesen der in gleicher Weise zu ermittelnde Wert am Schlusse der Periode gegenüberzustellen. Die Differenz zwischen beiden bildet das Maß der zulässigen Abschreibungen und ein diese Differenz etwa übersteigender Betrag eine außerordentliche Abschreibung, die der unmittelbaren Zuführung zu einem Reservefonds gleichsteht und der Besteuerung unterliegt. Dem Umstande, daß in S. und Österreich die beschlossenen Abschreibungen in voller Höhe anerkannt sind und daß es nach kaufmännischem Brauche üblich ist, die Abschreibungen im allgemeinen möglichst reichlich und in guten Jahren höher zu bemessen als in schlechten, um ein allzu großes Schwanken der Dividenden zu verhüten, darf keine Rechnung getragen werden. Denn die Ermittelung der Gesamtüberschüsse hat lediglich nach dem preuß. EinkStG. zu erfolgen, wobei die in S. und Österreich geltenden Vorschriften nicht in Betracht kommen. Für Preußen können steuerlich nur die Abschreibungen zugelassen werden, die den tatsächlichen Wertverminderungen in der Durchschnittsperiode entsprechen. Es ist deshalb auch gleichgültig, ob die hohen Abschreibungen dem Staate dadurch wieder zugute kommen, daß sie die Gewinne in späteren Jahren erhöhen. Nach denselben Grundsätzen ist zu prüfen, ob und inwieweit die Zuführung von 40 000 ℳ zum Delkrederereservekonto eine die sonst auf die ausstehenden Forderungen vorgenommenen Abschreibungen ergänzende zulässige Abschreibung und nicht eine steuerpflichtige Reservestellung für zukünftig zu erwartende Ausfälle darstellt.

4. Von den sich hiernach ergebenden steuerpflichtigen Gesamtüberschüssen ist ein angemessener Vorzugsanteil für die Geschäftsleitung in S. auszusondern und aus dem Reste der preußische Anteil an den Überschüssen nach Merkmalen, die für die Gewinnerzielung im vorliegenden Falle besonders in Betracht kommen und durch Verhandlung mit der Steuerpflichtigen zu ermitteln sind, festzustellen. Fabrikation und Vertrieb sind hierbei im Zweifel als gleichwertig anzusehen.

Nr. 3. Entsch. v. 29. Nov. 1911 (OVGSt. **15** 248) V A 20/11.

EinkStG. §§ 9, 15. AAnw. Art. 28. DoppStG. v. 22. III. 09 § 3.

1. Die beschwerdeführende Aktiengesellschaft hat ihren Sitz im Bundesstaate B., daneben aber auch in Preußen eine gewerbliche Betriebsstätte, aus der sie gemäß § 2 b EinkStG. in Preußen beschränkt einkommensteuerpflichtig ist. Ihr Geschäftsbetrieb in beiden Bundesstaaten ist ein einheitlicher und es ist das in Preußen steuerpflichtige Einkommen der Gesellschaft unter Zubilligung eines Voraus von 10 % des steuerpflichtigen Einkommens für den Sitzstaat B. nach folgender Verhältnisrechnung ermittelt worden: Es verhält sich der gesamte Bruttogewinn zu dem in Preußen erzielten Bruttogewinne wie das nach § 15 aaO. ermittelte gesamte steuerpflichtige Einkommen abzüglich 10 % zu X. Hiermit war die Gesellschaft nicht einverstanden. Sie verlangte, daß zugunsten von B. nicht 10 % des nach § 15 aaO. ermittelten steuerpflichtigen Einkommens, sondern der zehnte Teil des zur Dividendenzahlung und zur Übertragung auf Reservefondskonto verwendeten Gesamtreinertrags der Gesellschaft, mindestens aber der zehnte Teil des in Preußen erzielten Reinertrags abgesetzt werde.

2. Dies Beschwerdeverlangen ist unbegründet. Allerdings wird in OVGSt. **3** 392 bei einer Aktiengesellschaft mit einem sich über mehrere Bundesstaaten erstreckenden Gewerbebetriebe die Bemessung eines Voraus für den Sitzstaat nach einem Bruchteile des Ertrags gutgeheißen. Dabei handelt es sich aber um die Veranlagung zur Gewerbesteuer. Die Gewerbesteuer wird nach dem Ertrage (§§ 6, 21 GewStG.) die Einkommensteuer dagegen nach dem, gerade bei Aktiengesellschaften wesentlich davon verschiedenen, Einkommen (§ 15 EinkStG.) veranlagt, und als solches gelten nur die in bestimmter Weise verwendeten Überschüsse. Ist nun bei der Gewerbesteuer für die Bemessung des dem Sitzstaate zuzuerkennenden Voraus die Frage zu stellen, wieviel von dem Ertrag der Zentralleitung besonders zugute zu rechnen ist, dann muß bei der Einkommensteuer die Frage entsprechend lauten: „wieviel vom Einkommen fällt im voraus auf die Zentrale?"

3. Soweit die Beschwerde mit einem im preußischen Gewerbebetrieb erzielten Reinertrage rechnen will, erscheint dies aus folgenden Gründen nicht zulässig. Bei einem, von einer Aktiengesellschaft betriebenen, sich über mehrere Staaten erstreckenden gewerblichen Unternehmen spricht die Vermutung ohne weiteres für die Einheitlichkeit des Unternehmens und gegen die Möglichkeit gesonderter Gewinnberechnung, wie denn auch die Berufungsentscheidung zutreffend darauf hinweist, daß auch die Gesellschaft den von ihr für Preußen angegebenen Reingewinn erst durch eine Verhältnisrechnung bei den Ausgaben habe berechnen müssen. Die Einheitlichkeit des Betriebs ergab sich schon daraus, daß der Vertreter der preußischen Betriebsstätte garnicht zur selbständigen Abschließung von Rechtsgeschäften für die Gesellschaft befugt ist.

2. Der Berggewerkschaften.

Nr. 1. Entsch. v. 31. Mai 1911 (OVGSt. **15** 284) V A 11/11.

EinkStG. §§ 1, 9.

Nach § 9 Nr. 6 EinkStG. erfolgt die Veranlagung der nichtphysischen Personen, darunter auch der im § 1 Nr. 4 aaO. benannten Berggewerkschaften, bei entsprechend langem Bestehen unterschiedslos nach dem durchschnittlichen Ergebnisse der drei der Veranlagung unmittelbar vorangegangenen

Geschäftsjahre. Wie es für die Entstehung und den Fortbestand einer Berggewerkschaft unerheblich ist, ob wirklich Bergbau betrieben wird, so wird auch die soeben erwähnte, für die Einkommensermittelung bestehende gesetzliche Zeitnorm nicht dadurch beeinflußt, ob während der drei Jahre ein regelmäßiger Betrieb bestanden hat oder nicht.

Nr. 2. Entsch. v. 25. Juni 1911 (OVGSt. **15** 286) V A 141/10.

Zum Ausschluß der Abschreibung wegen Substanzverringerung, weil der Substanzwert am Schlusse des Geschäftsjahrs höher gewesen sei als am Anfang, war die Feststellung nötig, daß die Gewerkschaft Handelsbücher geführt, Inventuren und Bilanzen gemacht hat. Nur für das letzte Jahr liegt eine Bilanz nach den Vorschriften des HGB. vor. Für die früheren Jahre wird die Vorlegung verweigert, weil die Bilanzen nicht der Gewerkenversammlung vorgelegen hätten. Deren Protokolle ergeben aber, daß die Jahresrechnungen den Gewerken vorher gedruckt mitgeteilt sind, dann in der Gewerkenversammlung dagegen nichts erinnert und dem Grubenvorstand Entlastung erteilt ist. Das genügt zur Feststellung der Jahresrechnung.

Nr. 3. Entsch. v. 12. April 1911 (OVGSt. **15** 287) V A 35/11.

Die Feststellung der Jahresrechnung einer Gewerkschaft kann auch in anderer Weise als durch die Gewerkenversammlung erfolgen. Die Vorschrift im § 122 BergG. v. 24. VI. 65, daß der Repräsentant oder der Grubenvorstand alljährlich der Gewerkenversammlung eine Verwaltungsrechnung vorzulegen hat, ist nur dispositiver Natur. Sie kann durch statutarische Bestimmung rechtswirksam geändert werden (§§ 124 und 94 aaO.). Gleichwohl ist die Berufungsentscheidung in ihrem Ergebnisse zutreffend. Denn einerseits läßt das bei den Akten befindliche Statut der Gewerkschaft nicht erkennen, daß dem Grubenvorstand eine weitergehende Befugnis als die der Rechnungslegung zugestanden wäre. Anderseits behält aber das Statut der Entscheidung der Gewerkenversammlung ausdrücklich „die Dechargierung der Verwaltungsrechnungen" vor, was der endgültigen Feststellung der Rechnung gleichkommt.

Nr. 4. Entsch. v. 31. Mai 1911 (OVGSt. **15** 290) V A 29/11.

Führt eine Gewerkschaft keine Geschäftsbücher nach Vorschrift der §§ 38 ff. HGB., so können auch die Bilanzgrundsätze des § 40 aaO. nicht zur Anwendung kommen. Es steht daher der Gewerkschaft frei, Abschreibungen wegen Substanzverringerung auch nach ihrem Geschäftsabschluß im Veranlagungs- und Rechtsmittelverfahren noch geltend zu machen. Für die Ermittelung dieser Abschreibung sind auch nicht die Bilanzgrundsätze des § 40 HGB., sondern die Vorschrift im § 8 I 4 EinkStG. und die in OVG. **17** 128 ff. entwickelten Grundsätze maßgebend.

Nr. 5. Entsch. v. 31. Mai 1911 (OVGSt. **15** 291) V A 34/11.

1. Eine nachträgliche Abänderung der Bilanzen nach der Verteilung der bilanzmäßigen Gewinne ohne Ausführung der neuen Bilanzen allein zu Steuerzwecken ist unzulässig (OVGSt. **14** 266 ff.). Wenn im vorliegenden Falle die Ausbeuten im Laufe des Geschäftsjahrs auf Grund von sogenannten Anschnittrechnungen verteilt werden, so stehen sie deshalb doch mit der Bilanz insofern im Zusammenhang, als die Ausbeuten über Gewinn- und Verlustkonto geführt sind und dieses wieder mit seinem Ergebnis einen Teil der Bilanz bildet. Übersteigen die verteilten Ausbeuten unter Hinzurechnung der Abschreibungen und der sonstigen Betriebskosten den Jahresgewinn, so läßt sich ein Balancieren der Aktiva

und Passiva nur in der Weise bewirken, daß der fehlende Betrag vom Kapitalkonto abgeschrieben wird. Eine Verteilung von Ausbeuten ohne Rücksicht auf den bilanzmäßigen Gewinn steht aber im Widerspruche mit den Vorschriften im IV. Tit. BergG. v. 24. VI. 65. Nach § 102 aaO. nehmen die Gewerken nach dem Verhältnis ihrer Kuxe an dem Gewinn und Verluste teil. Ein Gewinn ist aber nur vorhanden, wenn von den Einnahmen außer den sonstigen Betriebskosten auch die Abschreibungen wegen Wertverminderung in Abzug gebracht sind. Wird nun die Ausbeute an die Gewerken ohne Rücksicht auf den Gewinn verteilt, so handelt der Grubenvorstand jener Gesetzesvorschrift entgegen und haftet gemäß § 126 aaO. persönlich und solidarisch für den dadurch entstandenen Schaden.

2. Die Änderung der beiden Bilanzen für die Geschäftsjahre 1907 und 1908 muß aber auch als eine willkürliche bezeichnet werden. Die Gewerkschaft hat zwar in die erstere Bilanz den von ihr als Substanzwert am Schlusse des Jahrs 1906 ermittelten Betrag von rd. 11 761 500 ℳ eingesetzt, dann aber willkürlich einen Betrag von 3 761 500 ℳ dem Kapitalkonto auf der Passivseite zugesetzt, ohne daß das Gewinn- und Verlustkonto eine solche Erhöhung rechtfertigt. In der geänderten Bilanz für das Geschäftsjahr 1908 findet sich als Anfangswert des Grubenberechtsamekontos nicht der für den Schluß des Jahres 1907 ermittelte Substanzwert, und es ist nicht die ganze Substanzverringerung von 7 185 837 ℳ, sondern nur ein Betrag von 2 570 500 ℳ abgeschrieben, anscheinend weil sonst das Kapitalkonto behufs Deckung des Fehlbetrags zu sehr in Anspruch genommen worden wäre. Hiernach kann die nachträgliche Änderung der Bilanzen keine Berücksichtigung finden.

3. Bei Abgabe der Steuererklärung am 18. III. 10 lag bereits die Bilanz pro 1909 genehmigt vor, und die Steuererklärung umfaßt auch dieses Jahr. Es ist zwar die Fristverlängerung nur unter der Bedingung erteilt, daß die Reihenfolge der Durchschnittsjahre nicht durchbrochen werde, und die Gewerkschaft hat sich auch damit einverstanden erklärt. Eine solche Bedingung oder die Einwilligung der Steuerpflichtigen ist aber von keiner rechtlichen Bedeutung für die maßgebende Durchschnittsperiode, diese bestimmt sich vielmehr einzig und allein nach der gesetzlichen Vorschrift, daß als das letzte Jahr der Durchschnittsperiode dasjenige zu gelten hat, dessen Ergebnisse zur Zeit der Veranlagung (Steuererklärung) festgestellt werden können (§ 9 Nr. 3 Abs. 3, Nr. 6 EinkStG.)

Nr. 6. Entsch. v. 8. Febr. 1911 (OVGSt. 15 296) V A 128/10.

1. Es handelt sich im vorliegenden Falle um eine Gewerkschaft, die nach §§ 38 ff. HGB. Handelsbücher führt. Bei der Bewertung der Aktivposten in der Bilanz sind daher nicht nur alle Entwertungen, die in der maßgebenden Zeit stattgefunden haben, zu berücksichtigen, ohne daß es auf den Grund der Entwertung ankommt, sondern es sind auch die Aktivposten mit dem wirklichen Werte, den sie besitzen, in die Bilanz einzustellen. Es ist deshalb unerheblich, welchen Wert die Grundstücke für die Steuerpflichtige hatten; maßgebend ist vielmehr ihr gemeiner Wert unter Voraussetzung der Fortsetzung des Betriebs. Die Steuerpflichtige darf hiernach nicht nur Entwertungen abschreiben, die nach dem Erwerb eingetreten sind, sondern sie darf auch zu teuer gekaufte Gegenstände bis auf ihren wirklichen Wert sofort abschreiben.

2. Die Ausgaben für den Ankauf von neuen Grundstücken beziehen sich in erster Linie auf die Einkommensquelle, den Bergbaubetrieb, und nur mittelbar auf die Erwerbung, Sicherung und Erhaltung des Ertrags; als Werbungskosten sind aber nur solche Ausgaben anzusehen, die unmittelbar zur Erwerbung, Sicherung und Erhaltung des Ertrags aufgewendet sind.

3. Die Gewerkschaft führt Handelsbücher nach Vorschrift der §§ 38 ff. HGB.; es finden daher auf sie die Bilanzvorschriften des § 40 aaO. Anwendung, wonach

alle Gegenstände mit dem Werte anzusetzen sind, der ihnen in dem Zeitpunkte beizulegen ist, für den die Aufstellung stattfindet. Daraus folgt, daß, wenn dieser Wert am Schlusse eines Betriebsjahrs höher ist als am Ende des vorhergehenden Jahrs, eine Abschreibung nicht zulässig ist.

4. Es ist allerdings für die Gewerkschaft nicht angenehm, daß im Falle steigender Konjunktur der Kohlenpreise und höherer Bewertung der Substanz eine Abschreibung nicht zulässig sein soll; dies ist aber eine Folge des Ansatzes des Verkaufswerts der Gegenstände unter der Voraussetzung der Fortsetzung des Gewerbebetriebs gemäß § 40 HGB. in der Bilanz. Geht also der Wert von Gebäuden oder Maschinen infolge steigender Konjunktur in die Höhe, so ist eine Abschreibung wegen Wertverminderung unzulässig. Es ist dabei zu berücksichtigen, daß es sich hier nur um den Wert der Mineralsubstanz handelt, während die sonstigen Betriebsgegenstände und Waren besonders zu bewerten sind. Sollte einmal der Fall eintreten, daß für die Mineralsubstanz wegen fallender Konjunktur in den Preisen der Mineralien und hoher Förderkosten überhaupt kein Wert anzusetzen ist, so behält doch das Bergwerk im übrigen seinen Wert. Auch bei einer Fabrik kann der Fall eintreten, daß die Fabrikate in ihrem Werte bei fallender Konjunktur unter die Herstellungskosten einschließlich des Rohmaterials sinken, also mit Schaden verkauft werden müssen.

Nr. 7. Entsch. v. 9. Dez. 1911 (VGSt. 15 299) V A 90/11.

1. Für den Wert, mit dem die 24 eigenen Kuxe in der Bilanz in Ansatz zu bringen sind, ist im vorliegenden Falle, wo die Gewerkschaft Handelsbücher nach Vorschrift der § 38 ff. HGB. führt, gemäß § 40 aaO. der wirkliche Wert, d. i. der objektive Verkaufswert unter der Voraussetzung der Fortdauer des Unternehmens, anzusetzen, den die Kuxe zu dem Zeitpunkte haben, für den die Bilanzaufstellung erfolgt. Nur für Aktiengesellschaften und Kommanditgesellschaften auf Aktien bildet nach der besonderen Vorschrift des § 261 Nr. 1 HGB. bei Wertpapieren der Anschaffungspreis die Maximalgrenze des Wertansatzes in der Bilanz.

2. Mit Rücksicht darauf, daß die Gewerkschaft die Erwerbspreise usw. für das Grundkapital, soweit sie vor dem 1. IV. 92 aufgewendet sind, nicht nachweisen konnte, wählte sie dafür den 20 fachen Betrag der im Durchschnitte der letzten vier Jahre vor dem Inkrafttreten des EinkStG. verteilten Ausbeute unter Hinzurechnung der nach dem 1. IV. 92 hinzugekommenen und Absetzung der ausgeschiedenen Anlagen und Einrichtungen. Da die Gewerkschaft der Aufforderung des Vorsitzenden der Veranlagungskommission, diejenigen Objekte, die infolge Ausschaltung veralteter Betriebe ausgeschieden seien, sowie deren Erwerbspreise näher anzugeben, nicht nachkam, verließ die Berufungskommission diesen Weg der Ermittelung des Grundkapitals und berechnete den 3 $1/_2$ $^0/_0$ igen Abzug nach dem in der Bilanz vom 31. XII. 06 enthaltenen Betrage des Kapitalkontos. Der Gewerkschaft war vor Erlaß der Berufungsentscheidung keine Gelegenheit gegeben, ihre Einwendungen hiergegen geltend zu machen, es kann daher das entsprechende Beschwerdevorbringen nicht als verspätet erachtet werden. Die Berufungskommission durfte auch den von ihr in Übereinstimmung mit der Gewerkschaft eingeschlagenen Weg zur Ermittelung des Grundkapitals nicht verlassen, bevor sie nicht der Gewerkschaft unter gehöriger Verwarnung die Befolgung der an sie erlassenen Aufforderung zur Pflicht gemacht hatte.

Da die Gewerkschaft an Stelle der vor dem 1. IV. 92 aufgewendeten Kosten für den Erwerb, für Anlage, Einrichtung bzw. Erweiterung den 20 fachen Betrag der im Durchschnitte der letzten vier Jahre vor dem Inkrafttreten des EinkStG. verteilten Ausbeuten gewählt hat, ist zunächst hieran festzuhalten. Sodann kommen die nach dem 1. IV. 92 aufgewendeten Kosten der Anlage, Einrichtung oder Erweiterung in Betracht, von denen die für die weggefallenen Gegenstände verausgabten Kosten zu kürzen sind. Können diese Posten nicht nachgewiesen werden, so sind sie zu schätzen.

3. Der eingetragenen Genossenschaften.

Nr. 1. Entsch. v. 24. Febr. 1912 (OVGSt. 15 313) V A 99/11.

EinkStG. § 15.

1. Die Wiederergänzung der durch Verlust verminderten Geschäftsanteile der Genossen aus den Überschüssen stellt keinen nach § 15 EinkStG. steuerpflichtigen Verwendungszweck dar.

2. Die sogenannten Sicherheitseinlagen der Genossen gehören dann nicht zu den eingezahlten Geschäftsanteilen, nach welchen der dreieinhalbprozentige Abzug zu berechnen ist, wenn sie der Genossenschaft von ihren Mitgliedern als Darlehen gegeben sind.

Nr. 2. Entsch. v. 19. Juni 1912 (StArch. 12 362) V A 139/11.

Die den Mitgliedern eines Konsumvereins zufließenden Rabattguthaben bilden nur dann einen steuerfreien Kundengewinn, wenn den Mitgliedern auf Grund des Statuts ein klagbarer Anspruch auf Auszahlung zusteht.

Nr. 3. Entsch. v. 28. Sept. 1912 (StArch. 12 360) V A 66—68/12.

Wenn eine Genossenschaft subjektiv steuerpflichtig ist, unterliegt der objektiven Steuerpflicht nicht nur derjenige Teil der Überschüsse, der aus der Verwertung fremder Produkte erzielt worden ist, sondern die Gesamtheit der Überschüsse, die zu einem der im § 15 EinkStG. benannten Zwecke verwendet sind.

Den Ausführungen der Genossenschaft, daß sie, soweit sie die von ihren Mitgliedern gemachten Lieferungen verwertet habe, überhaupt keinen Gewinn erzielen könne, weil sie den Erlös wieder an die Genossen abführen müsse, kann nicht beigestimmt werden. Nach den Satzungen sind die Mitglieder verpflichtet, die Artikel, deren Verwertung die Genossenschaft übernommen hat, an diese zu liefern. Die Genossenschaft verwertet sie, und der sich aus dem Betriebe ergebende Reingewinn wird, soweit er nicht dem Reservefonds überwiesen oder zur Verzinsung der Geschäftsanteile benutzt wird, unter die Mitglieder nach dem Verhältnis ihrer Anlieferungen verteilt. Die Genossenschaft hat hiernach auch für die von den Genossen gelieferten Artikel einen eigenen Betrieb. Das Ergebnis, Gewinn oder Verlust, betrifft deshalb zunächst unmittelbar die Genossenschaft als solche. Die Verteilung des Überschusses unter die beteiligten Mitglieder ist eine Verteilung von Geschäftsgewinn und nicht Erstattung eines Kaufpreisrestes für die gelieferten Waren. Den an die Mitglieder gezahlten Kaufpreis für die Erzeugnisse bilden die vom Vorstand und Aufsichtsrat bestimmten Preise, zu denen die Genossen liefern müssen. Die späteren Nachzahlungen, die in der Beschwerde als zurückgezahlte Verwaltungsspesen bezeichnet sind, können schon um deswillen nicht mehr Teile des Kaufpreises sein, weil der Kauf einen bestimmten oder sofort bestimmbaren Preis voraussetzt, im Augenblick der Lieferung aber kein anderer Preis als der seitens der Genossenschaftsorgane für die Lieferung festgesetzte vorhanden ist und noch gar nicht ersichtlich ist, ob nach Ablauf des Geschäftsjahrs überhaupt noch weitere Zahlungen erfolgen werden.

Nr. 4. Entsch. v. 28. Sept. 1912 (StArch. 13 180).

Der steuerpflichtige Konsumverein, eine eingetragene Genossenschaft m. b. H., hat durch die Generalversammlung für die Warenabnahme einen festen Sparrabatt eingeführt, dessen Höhe vom Vorstand und Aufsichtsrat im voraus festgesetzt werden soll; diesem Beschlusse entsprechend soll der Rabatt bis auf weiteres auf 8 % bestimmt sein. Die Genossenschaft hält die Rabattguthaben nicht für steuerpflichtig, weil sie annimmt, daß ihre Mitglieder auf den Rabatt schon im Augenblick der Warenentnahme einen festen Anspruch erworben haben. Wenn diese Annahme zutrifft, würde der Rabatt allerdings einen Kundengewinn im eigentlichen Sinne darstellen, der eine Schuld der Genossenschaft ihren Mitgliedern gegenüber bildet und deshalb nicht den steuerpflichtigen Überschüssen hinzugerechnet werden kann.

Die Entscheidung der Frage hängt davon ab, ob der Beschluß der Generalversammlung, der den festen Rabatt eingeführt hat, rechtsgültig ist, und ob diesem Beschlusse entsprechend vom Vorstand und Aufsichtsrat der Rabatt im voraus auf eine bestimmte Summe festgelegt ist.

Nr. 5. Entsch. v. 22. März 1911 (StArch. 11 260).

Der § 9 Nr. 6 EinkStG. bestimmt die bei der Ermittelung des Einkommens von nichtphysischen Personen anzuwendende Zeitnorm wie folgt: „Die Veranlagung erfolgt nach dem durchschnittlichen Ergebnisse der drei der Veranlagung unmittelbar vorangegangenen Geschäftsjahre (Nr. 3)", und die hier in bezug genommene Nummer 3 desselben Paragraphen sagt im Absatz 3: „Als der Veranlagung unmittelbar vorangegangen gilt das letzte Betriebsjahr, dessen Ergebnisse zur Zeit der Veranlagung (Steuererklärung) festgestellt werden können." Danach besteht eine zwingende Gesetzesvorschrift, nach der das letzte Geschäftsjahr, wenn sein Ergebnis zur Zeit der Steuererklärung tatsächlich feststand, auch mit diesem Ergebnisse bei der Veranlagung berücksichtigt werden, das Jahr also in die Durchschnittsperiode einbezogen werden muß.

Wenn in dem oben zitierten Satze des § 9 Nr. 6 aaO. von Geschäftsjahren die Rede ist, so sind damit volle zwölfmonatliche Zeiträume gemeint. Das EinkStG. will bei einer nichtphysischen Person das steuerpflichtige Jahreseinkommen nach dem durchschnittlichen Ergebnisse eines 36 monatlichen Zeitraumes ermittelt wissen, falls sie schon eine entsprechend lange Bestandsdauer hat. Da nun im vorliegenden Falle das letzte in die Durchschnittsperiode gehörende Geschäftsjahr nur neun Monate umfaßt, so müssen, um den Durchschnitt aus 36 Monaten zu gewinnen, außer den mit den Kalenderjahren zusammenfallenden Geschäftsjahren 1908 und 1907 noch die drei letzten Monate des Geschäftsjahres 1906 herangezogen werden. Da für diese aber kein besonderer Abschluß besteht, so bleibt nur übrig, das Ergebnis dieser drei Monate auf ein Viertel des Geschäftsergebnisses vom ganzen Jahre 1906 anzunehmen. Dieses Viertel plus den Ergebnissen der Geschäftsjahre 1907, 1908 und 1909 dividiert durch 3 bildet also das steuerpflichtige Einkommen für das Steuerjahr 1910.

4. Der Gesellschaften m. b. H.

Nr. 1. Entsch. v. 25. Jan. 1911 (OVGSt. 15 322) V A 104/10.

Der am Schlusse eines Geschäftsjahrs verbleibende Überschuß, der dadurch entstanden ist, daß von den Preisen, die seitens der Gesellschaft m. b. H. durch Vermittelung von Warenverkäufen für ihre Mitglieder erzielt werden, ein bestimmter Betrag vertragsmäßig zurückbehalten worden ist und daß dieser Betrag nicht voll für die Unkosten verwendet wird, ist steuerpflichtiger Gewinn der Gesellschaft.

Nach § 13 G. betr. die Gesellschaften m. b. H. hat die Gesellschaft selbständig ihre Rechte und Pflichten. Sie bildet ein von den Gesellschaftern getrenntes Rechtssubjekt, das diesen gegenüber Rechte erwerben kann. Die Gesellschafter stehen ihr ebenso wie andere Dritte gegenüber. Die vertragsmäßig von den Gesellschaftern zu zahlenden

Beiträge von 2 % zur Deckung der Unkosten gehen mit der Zahlung in das Eigentum der Gesellschaft über; der Überschuß, der hiervon am Schlusse der Rechnungsperiode verbleibt, ist Gewinn. Der Umstand, daß der Gewinn vertragsgemäß an die Gesellschafter nach Verhältnis ihrer Lieferungen zurückfließt, ist für die Steuerpflicht bedeutungslos. Denn die betreffende Vorschrift in den Verträgen enthält nur eine dem § 29 G. über die Gesellschaften m. b. H. entsprechende Regelung der Verteilung des Reingewinns, die nach dem Gesellschaftsvertrag und nach § 46 aaO. von dem Beschlusse der Generalversammlung abhängig ist und deren freie Verfügung über den Gewinn nicht ausschließt.

Nr. 2. Entsch. v. 29. April 1911 (DJZ. 17 228) V A 92/10.

Der Geschäftsgewinn einer Gesellschaft m. b. H. ist, wie beim Einzelkaufmanne, für jedes Jahr nach den Ergebnissen dieses Jahrs besonders zu ermitteln ohne Rücksicht auf einen etwa noch aus dem Vorjahr übernommenen und nunmehr gedeckten Verlust.

Nr. 3. Entsch. v. 7. Dez. 1910 (OVGSt. 15 325) V A 34/10.

Der Kaufmann B. zu H. und der Kaufmann D. zu S. sind alleinige Gesellschafter und Geschäftsführer der steuerpflichtigen Gesellschaft m. b. H. in S. Der Geschäftsführer D. ist nur befugt, in Gemeinschaft mit B. die Gesellschaft zu verpflichten, während letzterer hierzu allein berechtigt ist.

Ihm ist die Bestätigung der von dem anderen Geschäftsführer D. erteilten Aufträge vorbehalten und ihre Regulierung für die steuerpflichtige Gesellschaft übertragen (§ 19). Diese Tätigkeit ist ihm gemäß § 3 Abs. 2 G. betr. die Gesellschaften m. b. H. idFass. v. 20. V. 98 als eine besondere gesellschaftliche Verpflichtung auferlegt, und als Entgelt hierfür ist ihm gestattet, Aufschläge von 15 % auf die von ihm für die Steuerpflichtige regulierten und mit ihr verrechneten Einkäufe zu machen.

Die Nebenbezüge, die der Gesellschafter B. durch die Aufschläge erzielt, sind also, weil sie infolge einer im Gesellschaftsvertrag übernommenen gesellschaftlichen Verpflichtung erzielt werden, Teile des von der Gesellschaft selbst erzielten Reinertrags und bei dieser steuerpflichtig.

Nr. 4. Entsch. v. 20. Mai 1911 (OVGSt. 15 328) V A 43/11.
EinkStG. §§ 13, 16.

Die in eine Gesellschaft m. b. H. neu eingelegten Sachwerte, z. B. Patente, gehören nicht zum steuerpflichtigen Geschäftsgewinne der Gesellschaft, sondern stehen zu ihm in einem begrifflichen Gegensatz. Da der Geschäftsgewinn gemäß § 16 EinkStG. in sinngemäßer Anwendung von § 13 aaO. zu berechnen ist, so kommen bei seiner Ermittelung nur solche Einnahmen in Betracht, die entweder unmittelbar durch den Betrieb des Gesellschaftsunternehmens der Gesellschaft zugeflossen oder von ihr geschaffen sind oder sich mittelbar als Früchte des in dem Unternehmen werbenden Anlage- und Betriebskapitals darstellen. Daneben bildet aber auch jeder Zuwachs des Anlagekapitals nach ausdrücklicher Vorschrift im § 13 Abs. 1 Satz 3 aaO. einen steuerpflichtigen Gewinn.

Nr. 5. Entsch. v. 23. Nov. 1910 (OVGSt. 15 329) V A 13/10.

Räumt ein Gesellschafter zum Zwecke der Deckung eines früheren Verlustes am Stammkapitale der Gesellschaft eine Forderung gegen sich in Höhe des Verlustes ein, so entsteht dadurch kein steuerpflichtiges Einkommen der Gesellschaft.

Nr. 6. Entsch. v. 12. Okt. 1912 (StArch. 13 69) V A 46/12.

EinkStG. § 8 I[1].

Die Einbringung von Grundstücken durch einen Gesellschafter m. b. H. gehört zur Konstituierung der Gesellschaft und ist kein Akt des Gewerbebetriebs. Es sind daher auch die mit der Einbringung und der Eigentumsübertragung der betreffenden Grundstücke verbundenen Ausgaben (Umsatzsteuern, Grundbuchkosten) keine eigentlichen Betriebskosten, sondern Gründungskosten, die in erster Linie die Einkommensquelle betreffen; solche Ausgaben dürfen nicht als Werbungskosten bei der Berechnung des steuerpflichtigen Einkommens in Abzug kommen.

Nr. 7. Entsch. v. 10. April 1912 (OVGSt. 15 332) V A 13/12.

Werden bei der Feststellung des sog. Marktpreises von Rüben, d. h. des Preises, den eine Zuckerfabrik hätte zahlen müssen, wenn sie ihr ganzes Rohmaterial an Rüben freihändig hätte kaufen müssen, die von anderen Fabriken gezahlten Preise herangezogen, so kommt es darauf an, wieviel diese anderen Fabriken für ihren ganzen Bedarf an Rüben im Durchschnitte pro Zentner gezahlt haben.

Zur Ermittelung des Marktpreises können nur solche Zuckerfabriken in Betracht kommen, die ihr gesamtes Material im wesentlichen durch freihändigen Ankauf von Rüben decken. Der Ankauf einer kleineren Menge von Rüben zu dem im großen und ganzen bereits durch Lieferungen der Gesellschafter gedeckten Quantum geschieht oft oder kann doch geschehen unter Bedingungen und Voraussetzungen, die eine Abweichung vom normalen Preise rechtfertigen. Von denjenigen Fabriken, die ihren ganzen Bedarf an Rüben in der betreffenden Gegend freihändig aufkaufen, hat die Berufungskommission diejenigen auszuwählen, die sie nach den wirtschaftlichen und Betriebsverhältnissen zur Feststellung des sog. Marktpreises für geeignet erachtet, und dabei die Einwendungen der Gesellschaft zu würdigen.

Nr. 8. Entsch. v. 21. Dez. 1910 (OVGSt. 15 334) V A 151/10.

1. Die Berufungskommission hatte den als abzugsfähige Betriebsausgabe zu erachtenden sog. Marktpreis der Zuckerrüben allein nach den von der Gesellschaft, die im wesentlichen ihren Bedarf an Rüben durch die Lieferungen ihrer Gesellschafter deckt, in einzelnen Fällen für Kaufrüben gezahlten Preisen bemessen, während unter dem sog. Marktpreise derjenige Preis zu verstehen ist, den die Gesellschaft würde zahlen müssen, wenn sie ihren gesamten Bedarf an Rüben von Nichtgesellschaftern hätte erwerben müssen.

2. Im zweiten Rechtsgange hatte sie die von den Fabriken in M. und B. in den maßgebenden Geschäftsjahren im Durchschnitte gezahlten Rübenkaufpreise festgestellt; sie hat ferner die für Rüben einschließlich Einmietungskosten sowie für Frachten und Fuhrlöhne an die Gesellschafter gezahlten Beträge und den Wert der zurückgewährten Schnitzel und des Schlammes pro Zentner Rüben berechnet und anderseits den von der steuerpflichtigen Gesellschaft behaupteten Zuckerverlust der Gesellschafterrüben gegenüber den Kaufrüben jener Fabriken durch spätere Lieferung der Rüben im Durchschnitt auf 0,05 ℳ pro Zentner nach Angabe der Gesellschaft berücksichtigt. Dagegen hat die Berufungskommission eine Berücksichtigung der von der Gesellschaft behaupteten Liefer- und Wirtschaftserschwernisse bei ihren Gesellschaftern zu Unrecht abgelehnt. Sie hatte vielmehr zu prüfen, ob nicht die Gesellschafter in der Tat durch die Verpflichtung zu der späten Lieferung der Rüben bis in den Monat Dezember hinein gegenüber den Kaufrübenlieferanten in höherem Maße beschwert werden. Auch zu der behaupteten ungünstigeren Lage in bezug auf die Anfuhr- und Frachtverhältnisse gegenüber den Fabriken in M. und B. hat die Berufungskommission in erkennbarer Weise Stellung zu nehmen.

3. Was ferner das Verlangen der Gesellschaft betrifft, die im Lieferungsbezirke der Gesellschaft entstehenden Produktionskosten der Rüben als ortsüblichen Marktpreis anzusehen, so ist dies nicht gerechtfertigt. Der Preis der Rüben wird erfahrungsmäßig nicht allein durch die Produktionskosten bestimmt, sondern hängt noch von anderen Faktoren, z. B. von dem Preise der Zuckerfabrikate, ab, so daß nicht selten der Kaufpreis unter dem Produktionspreise zu stehen kommt. Wenn in der Beschwerde von Anbau- und Lieferungsbedingungen der Gesellschaft gesprochen wird, so ist darauf zu bemerken, daß die Gesellschaft als solche keine Rüben anbaut und liefert. Soweit aber die rübenbauenden Gesellschafter hinsichtlich des Anbaues und der Lieferung gegenüber den nicht zur Gesellschaft gehörenden Rübenanbauern ungünstiger gestellt sind, soll dieser Umstand nach seinem Geldwerte bei der Ermittelung desjenigen Betrags, der als verteilter Gewinn anzusehen ist, Berücksichtigung finden.

Nr. 9. Entsch. v. 9. Nov. 1910 (Recht 15 341) V A 93/10.

1. Ein Gesellschafter S. hatte in notariellem Vertrage den Geschäftsanteil teils an seine Söhne, teils an seine Enkel abgetreten, sich jedoch dort einen im voraus zu gewährenden Gewinnanteil (Rente), hier die Nutznießung, Verwaltung und Vertretung des Geschäftsanteils für Lebenszeit vorbehalten. Nach Ansicht des OVG. ist S. als Gesellschafter aus der Gesellschaft m. b. H. ausgeschieden, die Rente an ihn also kein bei der Gesellschaft m. b. H zu besteuernder Gewinnanteil. Insbesondere hindere der Vorbehalt der Nutznießung usf. keineswegs den Rechtsübergang des abgetretenen Anteils an die Enkel als Zessionare; denn der Zedent könne über dieses Anteilsrecht nicht mehr durch Veräußerung, Verpfändung oder Vererbung verfügen.

2. Die dem früheren Gesellschafter S. von der Gesellschaft m. b. H. zu gewährende Rente kann nicht eine dauernde Last iS. des § 8 II 2 EinkStG. sein. Nach dem Wortlaute des § 16 und Art. 29 AAnw. ist es die Absicht des Gesetzgebers, daß bei der Gesellschaft m. b. H. nur eine Quelle, und zwar Handel und Gewerbe anzunehmen ist, die das ganze Gebahren der Gesellschaft umfaßt. Dementsprechend gibt es bei der Gesellschaft m. b. H. keine Gesamteinkommensabzüge.

3. Die Gesellschaft m. b. H. gibt an, daß für den Ankauf der Waldstücke lediglich Bergwerksinteressen bestimmend gewesen seien. Schon hiernach würden die Grundstücke zum gewerblichen Anlagekapital der Gesellschaft, die wesentlich Bergbau treibt, gehören. Auch ohne dies wäre diese Zugehörigkeit anzunehmen, weil eine Gesellschaft m. b. H. überhaupt nur eine Quelle des Gewerbebetriebs hat und nach dem (gemäß § 16 sinnentsprechend anzuwendenden) § 13 EinkStG. der Zuwachs des Anlagekapitals eine beim Reingewinn zu berücksichtigende Einnahme ist. Wenn die Gesellschaft m. b. H. angibt, der Grundstücksbuchwert der letzten Bilanz vor dem Verkaufe sei unter dem wirklichen Werte gewesen, so hat die Bilanz die Vermutung der Richtigkeit für sich; die Gesellschaft m. b. H. muß sie gegen sich gelten lassen, bis sie von den zuständigen Organen abgeändert ist.

4. Nach § 11 G., betr. die Gesellschaften m. b. H., v. 20. V. 98 besteht die Gesellschaft m. b. H. vor handelsregisterlicher Eintragung als solche nicht. Da letztere erst vom 7. IX. ab erfolgt ist und die Gesellschaft m. b. H. die ordentlichen Bilanzen am Ende des Kalenderjahrs aufstellt, so kann nach § 9⁶ EinkStG. für das Steuerjahr 1907 nur mit der Zeit vom 7. IX. bis 31. XII. 06 gerechnet werden, dessen Ertrag auf einen Jahresertrag zu erhöhen ist. Für die gedachte Zeit läßt sich aber eine genaue Bilanz nicht aufstellen, wie die Gesellschaft m. b. H. zugibt; daher bleibt nur übrig, aus der ordentlichen Bilanz für das Geschäftsjahr 1906 einen ratierlichen Teil zu nehmen und diesen auf einen Jahresertrag zu erhöhen, was dem Bilanzergebnisse des Geschäftsjahrs 1906 gleichkommt.

Nr. 10. Entsch. v. 12. Okt. 1912 (Recht 17 73) V A 133/11.

Ein Gesellschafter einer Gesellschaft m. b. H. hatte in notariellem Vertrage seinen Geschäftsanteil an seine Enkel abgetreten und sich Nutznießung, Verwaltung und Vertretung des Anteils auf Lebenszeit vorbehalten. Dieser Vorbehalt ändert nichts daran, daß der auf den Anteil entfallende Gewinnanteil zunächst als Gewinn der Gesellschaft m. b. H. anzusehen ist und deren steuerpflichtiges Einkommen bildet. Die Sache liegt ebenso, als wenn der Gewinnanteil der Enkel von diesen dem Gesellschafter in Form einer Abtretung überwiesen und die Gesellschaft auf Grund der Überweisung zur Auszahlung des Gewinnanteils an die Zessionarin verpflichtet wäre; dadurch wird der Gewinn der Gesellschaft als solcher nicht berührt.

Nr. 11. Entsch. v. 1. Mai 1912 (StArch. 13 101).

Nach § 9⁶ EinkStG. erfolgt die Veranlagung der nicht physischen Personen (darunter auch der im § 1 Nr. 6 erwähnten G. m. b. H.) nach dem durchschnittlichen Ergebnisse der drei der Veranlagung unmittelbar vorangegangenen Geschäftsjahre, und wenn das Unternehmen noch nicht solange besteht, nach dem Durchschnitte der kürzeren Zeit, für die Geschäftsabschlüsse vorliegen. Diese Vorschrift in Verbindung mit § 6, wonach als Einkommen stets „Jahreseinkünfte" zu gelten haben, ist von der Berufungskommission richtig dahin ausgelegt, daß unter dem „Durchschnitt" einer kürzeren Zeit als drei voller Geschäftsjahre ein dem Ergebnisse der kürzeren Zeit verhältnismäßig entsprechender einjähriger Betrag zu verstehen ist.

Nr. 12. Entsch. v. 1. Mai 1912 (StArch. 13 101).

Nach § 9³ EinkStG. hat als letztes in die Durchschnittsperiode einzubeziehendes Geschäftsjahr dasjenige zu gelten, dessen Ergebnisse zur Zeit der Veranlagung (Steuererklärung) festgestellt werden konnten. „Feststehend" kann eine Bilanz auch nach dem Wortbegriffe nicht genannt werden, solange nicht die Gesellschafter beschlossen haben, ob sie sie gelten lassen oder abändern wollen; vielmehr hat die Bilanz bis dahin lediglich den Charakter eines Entwurfs.

Nr. 13. Entsch. v. 29. Juni 1912 (StArch. 13 9).

Das EinkStG. macht in seinem § 9 einen wesentlichen Unterschied zwischen der Veranlagung physischer und der Veranlagung nichtphysischer Personen. Bei den ersteren, auf die sich nach der ausdrücklichen Wortfassung des G. die Nr. 1 bis 5 des § 9 beziehen, kommt es auf „den Bestand der Einkommensquellen", also ein Bestehen von solchen zum Beginne des Steuerjahrs an. Bei den nichtphysischen Personen dagegen verordnet die Nr. 6 des § 9 ihre Veranlagung ohne Rücksicht auf einen etwaigen Bestand von Quellen zum Beginn des Steuerjahrs unterschiedlos nach einem Durchschnittsergebnisse der Vergangenheit. Für die Veranlagung einer nichtphysischen Person völlig unerheblich ist, ob sie noch im Steuerjahre Gewinn erzielen konnte oder nicht, daß sie vielmehr, hiervon unabhängig, stets für die Dauer ihrer allein durch die gesellschaftliche Form gegebenen subjektiven Steuerpflicht nach dem Durchschnittsergebnisse des im § 9 Nr. 6 näher bezeichneten Zeitraums der Vergangenheit zur Einkommensteuer zu veranlagen ist. Dieser Zeitraum ist gekennzeichnet worden als die Zeit „der drei der Veranlagung unmittelbar vorangegangenen Geschäftsjahre" bzw., wenn das Unternehmen noch nicht so lange besteht, als die kürzere Zeit, für die Geschäftsabschlüsse vorliegen. Hinter den Worten: „unmittelbar vorangegangenen Geschäftsjahre" steht im Gesetz „Nr. 3". Dieser Hinweis kann sich nur auf den wie folgt lautenden Abs. 3 der Nr. 3 beziehen: „Als der Veranlagung unmittelbar vorangegangen gilt das letzte Betriebsjahr, dessen Ergebnisse zur Zeit der Veranlagung (Steuererklärung) festgestellt werden können."

Nr. 14. Entsch. v. 12. Okt. 1912 (StArch. 13 117) V A 134/11.

Die Berechnung des steuerpflichtigen Einkommens einer nichtphysischen Person ist anders, je nachdem nur mit dem ersten, nicht vollen Geschäftsjahr oder noch mit einem weiteren vollen Geschäftsjahr zu rechnen ist. Ersterenfalls ist das auf die Zeit vom 7. IX. 06, dem Zeitpunkt der registerlichen Eintragung der Gesellschaft, bis 31. XII. 06 fallende Einkommen auf einen Jahresbetrag auszudehnen, letzterenfalls das auf die Zeit vom 7. IX. 06 bis 31. XII. 07 fallende Einkommen auf ein Jahr umzurechnen.

Nr. 15. Entsch. v. 10. Febr. 1913 (StArch. 13 132) V A 192/12.

Nach § 9 Nr. 6 EinkStG. erfolgt die Veranlagung der nichtphysischen Personen, darunter auch der im § 1 Nr. 6 erwähnten Gesellschaften m. b. H., nach dem durchschnittlichen Ergebnisse der drei der Veranlagung unmittelbar vorangegangenen Geschäftsjahre und, wenn das Unternehmen noch nicht so lange besteht, nach dem Durchschnitte der kürzeren Zeit, für die Geschäftsabschlüsse vorliegen. Diese Vorschrift in Verbindung mit § 6 aaO., wonach als Einkommen stets Jahreseinkünfte zu gelten haben, ist von der Berufungskommission richtig dahin ausgelegt worden, daß unter dem Durchschnitte einer kürzeren Zeit als dreier voller Geschäftsjahre ein dem Ergebnisse der kürzeren Zeit verhältnismäßig entsprechender einjähriger Betrag zu verstehen ist. Ob die Gesellschaft in zwölf Monaten auch nicht mehr hätte verdienen können als in den neun Monaten, weil bei der Eisfabrikation und dem Handel mit Eis und Eisschränken ein wirkliches Geschäft nur in der Zeit von Mitte Mai bis Anfang Oktober jeden Jahres gemacht werde, ist gegenüber der im § 9 Nr. 6 aaO. ausdrücklich vorgeschriebenen und im Art. 27 Nr. 1 AAnw. wiederholten Berechnungsart ohne Bedeutung.

Nr. 16. Entsch. v. 15. März 1913 (StArch. 13 148) VII C 43/12.

Auch bei anderweiter Veranlagung infolge Erbanfalls ist maßgebender Zeitraum für die Anrechnung mutmaßlichen Einkommens der erste einjährige Zeitraum seit dem Erbanfall. Gewinnanteile von G. m. b. H. und Ausbeuten dürfen bei der anderweiten Veranlagung nur dann als steuerpflichtiges Einkommen angerechnet werden, wenn ihre Verteilung in diesem Zeitraum durch die zuständigen Organe beschlossen wird.

Gewinnanteile und Ausbeuten von Gesellschaften m. b. H. und Gewerkschaften gelten nach § 11 Abs. 2 b EinkStG., Art. 8 I Nr. 2 AAnw. hierzu allerdings als Kapitaleinkommen. Es entsteht, sobald ein Rechtsanspruch auf die Gewinnanteile und Ausbeuten gegeben ist. Dieser entsteht aber erst, wenn die Jahresrechnung durch die zuständige Versammlung der Gesellschafter oder Gewerken festgestellt, und über die zu verteilenden Gewinne Beschluß gefaßt ist, mit dem Zeitpunkte der Beschlußfassung.

Nr. 17. Entsch. v. 28. Sept. 1912 (StArch. 12 360) V A 33/12.

Eine „ausschließliche" Verwendung der Einkünfte zu gemeinnützigen usw. Zwecken iS. des § 1, letzter Abs., Nr. 2 EinkStG. liegt dann nicht vor, wenn auch nur eine Verzinsung der Stammeinlagen der Gesellschafter aus dem Reingewinn stattfindet.

Nr. 18. Entsch. v. 21. Dez. 1912 (StArch. 13 338).

Eine bloß mündliche Genehmigung der Gesellschafter genügt aber, falls eine Generalversammlung nicht stattgefunden hat, zur Feststellung der Bilanz nicht, vielmehr bedarf es nur dann der Abhaltung einer Generalversammlung nicht, wenn sämtliche Gesellschafter die Bilanz schriftlich genehmigen § 48 G. v. 20. V. 08., betr. die Gesellschaften m. b. H.

Nr. 19. Entsch. v. 6. März 1912 (StArch. 12 322).

Eine Gesellschaft m. b. H. muß die genehmigten Bilanzen gegen sich gelten lassen. Die Steuerpflicht einer Gesellschaft m. b. H. wird durch ihre Betriebseinstellung nicht beeinflußt, sondern dauert für die ganze Zeit ihres Bestehens fort.

Nr. 20. Entsch. v. 9. Dez. 1911 (OVGSt. 15 337) V A 172/10.
EinkStG. § 9.

Wird festgestellt, daß eine Gesellschaft m. b. H. seit ihrer rechtlichen Entstehung einen Geschäftsabschluß gemacht hat, der einen Überschuß ergibt, und daß sie deshalb gemäß § 9 Nr. 6 EinkStG. objektiv steuerpflichtig geworden ist, so ist zu prüfen, welche Geschäftsjahre als maßgebend anzusehen sind, und sodann das Einkommen der Gesellschaft für jedes maßgebende Geschäftsjahr besonders festzustellen. Kommt die Gesellschaft der unter Androhung des Rechtsnachteils der Schätzung zu erlassenden Aufforderung zur Einreichung der Geschäftsabschlüsse oder zur Vorlage der Bücher nicht nach, so ist die Berufungskommission auf den Weg der Schätzung angewiesen.

Nr. 21. Entsch. v. 9. Dez. 1911 (OVGSt. 15 339) V A 178/10.
EinkStG. § 9⁶.

Eine Gesellschaft m. b. H. ist nach einem geschätzten Einkommen von 3300 *M* veranlagt worden, weil sie trotz mehrmaliger Aufforderung die Bilanzen nicht vorgelegt hat. Sie will nur Unkosten gehabt haben; nach der mit der Beschwerde vorgelegten ersten Bilanz ist in der Tat eine erhebliche Unterbilanz vorhanden gewesen.

Die Berufungsentscheidung läßt sich schon wegen wesentlichen Verfahrensmangels nicht aufrecht erhalten, weil die Berufungskommission nicht geprüft hat, ob bereits ein Geschäftsabschluß vorlag, denn früher tritt nach § 9⁶ EinkStG. die objektive Steuerpflicht einer neu errichteten Gesellschaft nicht ein. Es darf deshalb auch eine Veranlagung nicht erfolgen. Nachdem mit der Beschwerde eine Bilanz vom 31. XII. 09 eingereicht ist, also ein Geschäftsabschluß vorliegt, könnte eine Veranlagung der Gesellschaft für das Steuerjahr 1910, ja sogar vom 1. I. 10 ab erfolgen, falls dieser erste Abschluß einen Überschuß ergäbe. Da dies nach der eingereichten Bilanz nicht zutrifft, so hat die Berufungskommission diese unter Einsicht der Geschäftsbücher und des Beschlusses der Generalversammlung auf ihre Richtigkeit hin zu prüfen. Ergibt sich durch Richtigstellung der Bilanz ein Überschuß, so ist dieser in richtiger Weise auf einen Jahresbetrag auszudehnen.

Nr. 22. Entsch. v. 9. Dez. 1911 (OVGSt. 15 341) V A 168/10.

Falls eine Feststellung des steuerpflichtigen Einkommens wegen Nichtvorlage der Geschäftsabschlüsse nicht möglich ist, darf der Gewinn geschätzt werden. Die Berufungskommission hat aber die seitens der Veranlagungskommission erfolgte Schätzung einfach aufrecht erhalten, ohne überhaupt in eine selbständige Prüfung einzutreten. Das ist unzulässig. Falls die Gesellschaft bei ihrer Weigerung zur Vorlage der Geschäftsabschlüsse beharrt, so ist der Geschäftsgewinn für jedes Geschäftsjahr besonders zu ermitteln, wobei die Anhörung eines geeigneten Sachverständigen in Erwägung zu ziehen ist.

Nr. 23. Entsch. v. 18. Febr. 1911 (OVGSt. 15 343) V A 69/10.

Rechte aus Verträgen bilden wirtschaftliche Güter, sobald für ihren Erwerb besondere Aufwendungen gemacht werden müssen, und sind dann bei Aufstellung der Bilanzen zu berücksichtigen. Ihre Wertverminderung innerhalb der für die Veranlagung maßgebenden Durchschnittsperiode muß, selbst wenn sie eine totale, also ein völliger Verlust eingetreten ist, berücksichtigt werden.

Nr. 24. Entsch. v. 12. April 1911 (OVGSt. 15 345) V A 101/10.

Eine Berichtigung der Konten, auf die zu hohe Abschreibungen stattgefunden haben, für die maßgebenden Durchschnittsjahre ist nur zum Zwecke der richtigen Bemessung der Abschreibungen zulässig; eine neue Berechnung des Reingewinns darf auf Grund der berichtigten Konten nicht erfolgen. Denn wenn einzelne Bilanzkonten in dem einen Durchschnittsjahre zu niedrig bemessen waren, so muß bei Beurteilung der Abschreibungen in den folgenden Jahren von dem den Buchwert übersteigenden wirklichen Werte dieser Konten ausgegangen werden, insoweit also eine Umrechnung stattfinden. Wenn man aber noch weiter geht und auf Grund der höheren Wertansätze einzelner Konten auch eine Umrechnung der Reingewinne vornimmt, gelangt man in den einzelnen Jahren zu einem soviel höheren Reingewinn als die in dem Vorjahre gestrichene Abschreibung betragen hat. Hierdurch werden die Streichungen doppelt als Einkommen angerechnet, einmal im Jahre der Streichung durch Hinzurechnung zu dem Gewinne dieses Jahres und sodann im folgenden Jahre, indem um ebensoviel der Wert der Aktiva und dementsprechend auch der Reingewinn erhöht wird. Das kann nicht für zulässig erachtet werden.

Nr. 25. Entsch. v. 31. Mai 1911 (OVGSt. 15 347) V A 71/11.

EinkStG. §§ 8, 13, 16.

Nach § 16 EinkStG. gilt als steuerpflichtiges Einkommen der Gesellschaften m. b. H. der erzielte, unter sinngemäßer Anwendung des § 13 aaO. zu berechnende Geschäftsgewinn. In diesem Paragraphen ist die Beachtung der Vorschriften im § 8 aaO. vorgesehen. Nach § 8 aaO. gelten aber als abzugsfähige Werbungskosten nur die Aufwendungen zur Erwerbung, Sicherung und Erhaltung des Ertrags der Einkommensquelle. Die Gründungskosten einer Gesellschaft m. b. H. werden aber aufgewendet, um diese ins Leben zu rufen, also die Steuerpflichtige selbst erst zu schaffen. Sie stehen daher mit der Erzielung des Geschäftsgewinns dieser Steuerpflichtigen in einem bestimmten Geschäftsjahr in keinem Zusammenhange und gehören auch nicht zu den Werbungskosten.

Nr. 26. Entsch. v. 14. Mai 1912 (StArch. 13 100).

Die Bezüge der zu Geschäftsführern bestellten Gesellschafter einer Gesellschaft m. b. H. sind nicht abzugsfähig, wenn die Geschäftsführung als eine gesellschaftliche Verpflichtung übernommen wurde. Allerdings darf die Tatsache, daß die Bestellung der Geschäftsführer im Gesellschaftsvertrage selbst erfolgt ist, nicht für sich allein als ausschlaggebend dafür erachtet werden, daß die Geschäftsführung den Gesellschaftsmitgliedern als gesellschaftliche Verpflichtung auferlegt ist. Das Nichtvorhandensein einer gesellschaftlichen Verpflichtung zur Geschäftsführung wird sich aber in denjenigen Fällen, wo eine Gesellschaft m. b. H. nur aus wenigen, sämtlich zu Geschäftsführern bestellten Mitgliedern besteht, nach der Natur der Sache nur dann rechtfertigen lassen, wenn sich aus den getroffenen Vereinbarungen mit voller Sicherheit ergibt, daß zwischen der Gesellschaft als solcher und den Gesellschaftern als Einzelpersonen neben dem Gesellschaftsvertrage noch besondere Dienstverträge abgeschlossen werden sollten. Hieran kann auch der Umstand nichts ändern, daß der Gesellschaftsvertrag von einer „Bestallung" der Geschäftsführer handelt. Denn eine Benennung, die der wahren Natur des Rechtsverhältnisses nicht entspricht, kann sie nicht ändern.

Nr. 27. Entsch. v. 28. Sept. 1912 (StArch. 13 292).

Die Tatsache, daß die Bestellung der Geschäftsführer im Gesellschaftsvertrage selbst erfolgt ist, darf für sich nicht allein als ausschlaggebend dafür erachtet werden, daß die Geschäftsführung den Gesellschaftsmitgliedern als gesellschaftliche Verpflichtung auferlegt ist. In einem Falle, wo die Gesellschaft nur aus wenigen, sämtlich zu Geschäftsführern bestellten Mitgliedern besteht, wird sich aber nach der Natur der Sache das Nichtvorhandensein einer gesellschaftlichen Verpflichtung nur dann rechtfertigen lassen, wenn sich aus den getroffenen Vereinbarungen mit voller Sicherheit ergibt, daß zwischen der Gesellschaft als solcher und den Gesellschaftern als Einzelpersonen neben dem Gesellschaftsvertrage noch besondere Dienstverträge abgeschlossen werden sollten.

Nr. 28. Entsch. v. 12. Okt. 1912 (StArch. 13 117) V A 113/12.

Der begehrte Abzug der Bohrungskosten einer Gesellschaft m. b. H. (Bergwerksgesellschaft) im Grubenfelde B. ist begründet. Es gehört zum Geschäftsbetriebe der Steuerpflichtigen, die u. a. auch Kohlenbergbau betreibt, an Stelle der im Abbau begriffenen Kohlenlager wieder neue zu beschaffen, um so den Betrieb aufrechtzuerhalten. Die Kosten für Bohrungen zum Zwecke der Auffindung neuer Kohlenlager und der Feststellung ihrer Mächtigkeit und Lagerung gehören daher zu den Betriebskosten und mindern als solche den steuerpflichtigen Geschäftsgewinn.

Nr. 29. Entsch. v. 12. Okt. 1912 (StArch. 13 117) V A 113/12.

In dem der Steuerpflichtigen (einer Gesellschaft m. b. H.) gehörigen Gutsbezirke O. war eine Arbeiteransiedelung entstanden, deren Eingemeindung in den angrenzenden Gemeindebezirk O. im Interesse der ersteren lag, weil sonst durch die Ansiedelung die Gutslasten vermehrt worden wären. Die Steuerpflichtige ging daher in einem Vertrage mit der Gemeinde O. die Verpflichtung ein, bestimmte im Privatbesitze der Gesellschaft befindliche Wege für den Fall der Eingemeindung auszubauen und zu kanalisieren. Die Kosten für letztere Aufwendungen hält die Berufungskommission nicht für abziehbar, weil sie nicht unmittelbar der Erwerbung, Sicherung oder Erhaltung des Einkommens dienen, sondern die Quelle selbst betreffen. Das OVG. bejaht den Abzug. Die Gesellschaft m. b. H. habe nur eine, ihr ganzes Geschäftsgebahren umfassende Quelle, d. i. diejenige des Gewerbebetriebs. Vorliegend gehört also das Gut O. zum gewerblichen Anlage- und Betriebskapital. Die vertragliche Pflicht zum Ausbau und zur Kanalisation gewisser Wege dieses Gutes sei also eine Last des Betriebs der Gesellschaft, ducch die ihr unter sinngemäßer Anwendung des § 13 EinkStG. zu berechnender Geschäftsgewinn gemindert werde.

Nr. 30. Entsch. v. 25. Jan. 1913 (DJZ. 18 871) V A 118/12.

Bei der Ermittelung des Geschäftsgewinns einer Gesellschaft m. b. H. darf die Staatseinkommensteuer nicht in Abzug gebracht werden.

V.

Veranlagungsverfahren.

A. Allgemeine Grundsätze.

Nr. 1. Entsch. v. 5. Juli 1911 (OVGSt. 15 348) VI a 153/10.

AAnw. Art. 55 I Abs. 2.

Die Veranlagung derjenigen Steuerpflichtigen, die weder zur Abgabe einer Steuererklärung verpflichtet sind, noch freiwillig eine solche abgegeben haben, nach einem Einkommen von mehr als 3000 ℳ ist gesetzlich unzulässig. In der Berufungsinstanz kann eine Steuererklärung nicht mehr nachgefordert werden.

Nr. 2. Entsch. v. 26. Okt. 1912 (DJZ. 18 647) E XIII d 7/12.

Wird eine Steuerpflichtige wegen des im letzten Monate vor Beginn des Steuerjahrs erfolgten Ablebens ihres Ehemanns noch im Laufe des Steuerjahrs selbständig zur Einkommen- und Ergänzungssteuer veranlagt, so handelt es sich um eine Nachholung der ordentlichen Veranlagung, die von der Veranlagungskommission zu bewirken ist.

Nr. 3. Entsch. v. 19. Febr. 1913 (StArch. 13 325).

Die Ermittelungsart, das Einkommen aus einer Quelle nach dem Aufwande zu schätzen, ist unzulässig.

Nr. 4. Entsch. v. 18. Nov. 1911 (OVGSt. 15 358) VII c 27/11.

Vor dem Steuerjahre war der Ehefrau des Steuerpflichtigen eine Erbschaft zu ein Sechstel zugefallen. Im Laufe des Steuerjahrs hatte sie sich durch Ausschluß eines Verschollenen auf ein Fünftel erhöht. In OVGSt. 9 315 ist ausgeführt, daß die Erbquote des Erben so lange unbestimmt sei, bis feststände, daß andere Berechtigte nicht mehr hinzukommen könnten. Anders liegt die Sache, wenn es sich, wie im vorliegenden Falle, um eine ganz bestimmte Anzahl von Personen handelt, die als Erben in Betracht kommen, und es nur fraglich ist, ob etwa eine jener Personen noch ausscheidet. Diese Frage wird z. B. immer auftauchen, solange nicht sämtliche Erben die Erbschaft angenommen haben und die sechswöchige Frist, innerhalb der die Erbschaft ausgeschlagen werden kann, noch nicht abgelaufen ist (§§ 1943, 1944 BGB.). Denn in solchen Fällen steht von Anfang an die kleinere Erbquote unbedingt fest, und es kann sich nur fragen, ob sie noch größer wird. Deshalb bestand auch hier beim Beginne der Steuerjahrs kein Hindernis für die Veranlagung nach der Erbquote von einem Sechstel.

Nr. 5. Entsch. v. 24. Okt. 1910 (OVGSt. 15 359) E VII c 3/10.

Sind die vom Testator dem Erben nur mündlich erteilten Aufträge zur Verteilung des Nachlasses im Testamente nur allgemein, nicht einzeln und dem Inhalte nach angedeutet, so sind sie mangels der vorgeschriebenen Form nichtig. Das sog. Oralfideikommiß des römischen Rechtes, d. h. ein Vermächtnis, dessen Entrichtung der Erblasser dem gegenwärtigen Erben mündlich aufgetragen hat, das auch im ALR. T. I Tit. 12 §§ 172 ff. in beschränktem Umfang anerkannt war, ist in das BGB. nicht übergegangen. Auch Vermächtnisse und sog. Auflagen an den Erben bedürfen der Testamentsform (§§ 1939, 1940, 2231 ff., 125 BGB.). Gewiß wird sich der Steuerpflichtige in seinem

Gewissen für gehalten ansehen, nach Antritt der Erbschaft den letzten Willen des Erblassers zu erfüllen und die nach dem Testament im Vertrauen auf seine Treue und Gewissenhaftigkeit getroffenen Anordnungen auszuführen. Abzugsfähige Kapitalschulden, Schuldenzinsen, Renten oder auf Privatrechtstiteln ruhende dauernde Lasten iS. des § 8¹· ² ErgStG., § 8 II¹· ² EinkStG. begründen sie jedoch nicht. Sie liegen nur vor, wenn die Erfüllung unmittelbar durch Klage erzwungen werden kann.

Nr. 6. Entsch. v. 10. Juli 1912 (OVGSt. **15** 366) E I c 11/12.

Entscheidend für die Höhe der veranlagten Steuer ist der Beschluß der Veranlagungskommission. Es ist daher ohne Einfluß darauf, wenn im Veranlagungsschreiben ein unrichtiger Steuersatz angegeben ist.

Nr. 7. Entsch. v. 28. Sept. 1912 (DJZ. **18** 239) IV a 5/12.

Die Übergabe des zuzustellenden Schriftstücks an den Hausportier bildet keine rechtswirksame Ersatzzustellung.

Nr. 8. Entsch. v. 12. Mai 1910 (Recht **16** 212) VII c 20/10.

Die Annahme der Berufungskommission, daß die vom Steuerpflichtigen beantragte Beweisführung nicht möglich sei, ist zutreffend. Weist letzterer nicht den Verkaufspreis nach — wozu er aufgefordert worden ist —, so kann der Rohgewinn durch einen beliebigen Sachverständigen nicht ziffermäßig festgestellt werden. Der Sachverständige, sollte „begutachten", daß der Steuerpflichtige die in den Rechnungen angegebenen Zigarren nicht höher verkaufe. Das kann aber nur ein Zeuge bestätigen. Hiernach bleibt nur Schätzung des Rohgewinnes übrig.

Nr. 9. Entsch. v. 21. Dez. 1910 (Recht **15** 238) IV a 224/10.

EinkStG. §§ 40, 45, 48.

Zu dem Gutachten des einen Sachverständigen, das tatsächliche Annahmen enthielt, ist der Steuerpflichtige gehört worden. Die Aussagen des anderen Sachverständigen sind im wesentlichen gutachtlicher Natur; sie brauchten deshalb jenem nicht zur Gegenäußerung mitgeteilt zu werden.

Nr. 10. Entsch. v. 10. Juni 1911 (Recht **15** 813) VII c 29/11.

Die Auswahl der Sachverständigen ist dem pflichtmäßigen Ermessen der Steuerbehörden überlassen, ohne daß diese an die Anträge der Pflichtigen gebunden sind. Über tatsächliche Annahmen, besonders die Schätzungsgrundlagen, ist letzterer zu hören.

Nr. 11. Entsch. v. 28. Sept. 1912 (DJZ. **18** 295) IVa 32/12.

Dem Steuerpflichtigen müssen allerdings vor der Entscheidung der Berufung alle für die Besteuerung als maßgebend erachteten Tatsachen, die als Unterlagen für die Entscheidung dienen sollen, mitgeteilt werden, damit er dazu Stellung nehmen kann. Es ist aber nicht notwendig, daß ihm Gelegenheit gegeben wird, mit dem Sachverständigen, dessen Auswahl der Berufungskommission freisteht, persönlich zu verhandeln, oder daß ihm Abschriften von allen Protokollen oder Gutachten übersandt werden.

Nr. 12. Entsch. v. 10. Febr. 1913 (DJZ. **18** 1207) VI C 74/12.

Die grundsätzliche Ablehnung des Sachverständigenbeweises beim Fehlen ausreichender ziffermäßiger Unterlagen für die Ermittelung eines Quellenertrags enthält einen wesentlichen Mangel des Verfahrens. Wird für die Höhe eines Quellenertrags durch Benennung von Zeugen und Bezugnahme auf Gerichtsakten Beweis angetreten, so muß dieser erhoben werden.

B. Berücksichtigung und Beanstandung der Steuererklärung.

Nr. 1. Entsch. v. 19. April 1913 (Recht 17 529).

Die Beanstandung der Steuererklärung durch einen Bureaubeamten ist rechtsunwirksam, weil hierzu nur der Vorsitzende der Veranlagungskommission selbst befugt ist. Die Nachholung der unterbliebenen Beanstandung steht nach Einlegung der Berufung nur dem Vorsitzenden der Berufungskommission und dieser selbst zu. Es bedarf daher für den Vorsitzenden der Veranlagungskommission eines besonderen, ihn zur Nachholung ermächtigenden und die zu beanstandenden Punkte bezeichnenden Auftrags der zuständigen Stelle. Allgemeine Übertragung dieses Rechts auf ihn ist nicht ausreichend und daher rechtsungültig.

C. Beweiskraft der Buchführung.

Nr. 1. Entsch. v. 27. Sept. 1911 (OVGSt. 15 350) I b 60/11.

Der Umstand, daß die Geschäftsbücher nicht den Vorschriften der §§ 38 ff. HGB. entsprechen, schließt nicht ohne weiteres ihre Beweiskraft, sondern nur die Durchschnittsrechnung gemäß § 9³ EinkStG. aus. Der gehörte Sachverständige hat sich am Schlusse seines Gutachtens sogar bereit erklärt, die Einnahmen und Ausgaben der einzelnen Geschäftsjahre auf Grund der Bücher festzustellen. Eine Ermittelung des gewerblichen Einkommens im Wege der Schätzung ist aber erst dann zulässig, wenn und soweit eine Berechnung nicht möglich ist.

Nr. 2. Entsch. v. 23. Nov. 1910 (StArch. 11 322).

Die Berufungskommission hat den vom Steuerpflichtigen vorgelegten Geschäftsbüchern lediglich deshalb keine Beweiskraft beigemessen, weil trotz Aufforderung kein Beweis dafür angetreten ist, daß die in den Aufzeichnungen angegebenen Einkaufspreise zutreffend sind. Nach feststehender Rechtsprechung durfte sie aber nicht ohne weiteres deshalb, weil die Ausgaben unbelegt geblieben sind, die Geschäftsbücher unbeachtet lassen und, wie geschehen, zur Schätzung des Bruttogewinnes schreiten. Denn der Mangel oder die Nichtvorlegung von Belegen steht mit der Beweiskraft der Bücher im allgemeinen überhaupt nicht im Zusammenhange, kann also auch nicht als Grund für die Verneinung der Beweiskraft im einzelnen Falle verwertet werden. Hierzu hätte es vielmehr der Feststellung bestimmter Tatsachen bedurft, die gegen die ordnungsmäßige Führung oder die Glaubwürdigkeit der Bücher sprechen. Daß die Bücher kaufmännisch geführt seien, ist für ihre Berücksichtigung nicht erforderlich, sondern es genügt, wenn die Buchführung von solcher Beschaffenheit ist, daß ihr Inhalt glaubwürdig erscheint und eine genügende Übersicht über Einnahmen und Ausgaben oder wenigstens geeignete Anhaltspunkte für die Ermittelung des gewerblichen Einkommens bietet.

Aufgabe der Berufungskommission wäre es gewesen, nachdem sie die gegen die Richtigkeit und Vollständigkeit der Buchungen des Steuerpflichtigen sprechenden Tatsachen im einzelnen dargelegt hatte, eine selbständige Schätzung des gewerblichen Einkommens für das nach § 9² EinkStG. maßgebende letzte Kalenderjahr vorzunehmen. Hierbei wäre zu prüfen, ob die Buchungen des Steuerpflichtigen nicht wenigstens teilweise bei der Feststellung des gewerblichen Einkommens benutzt werden könnten. Soweit die Buchungen bei der Einkommensfeststellung ausscheiden, hat Schätzung der Berufungskommission an deren Stelle zu treten, nötigenfalls nach Anhörung von Sachverständigen, deren Gutachten ihrem tatsächlichen Inhalte nach dem Steuerpflichtigen mitzuteilen sind.

Nr. 3. Entsch. v. 5. Juli 1911 (OVGSt. 15 351) VIII a 36/11.

EinkStG. §§ 1, 13.

Der Steuerpflichtige und seine Ehefrau sind die alleinigen Inhaber einer offenen Handelsgesellschaft. Eine solche gehört nicht zu den nach § 1⁴⁻⁶ EinkStG. steuerpflichtigen nichtphysischen Personen, es sind vielmehr die Inhaber als die Gewerbetreibenden anzusehen und mit ihrem Einkommen aus der Handelsgesellschaft nach § 13 aaO. zur Besteuerung heranzuziehen. Der Grund der Weigerung zur Einreichung von Abschriften der Inventuren und Bilanzen der drei letzten Geschäftsjahre, daß der Steuerpflichtige keine Handelsbücher führe, sondern nur die offene Handelsgesellschaft, ist nicht durchschlagend, da der Steuerpflichtige und seine Ehefrau die alleinigen Teilhaber der offenen Handelsgesellschaft sind. Nach § 114 HGB. sind die Gesellschafter zur Führung der Geschäfte der Gesellschaft berechtigt, und nach § 118 aaO. können sie die Handelsbücher und Papiere der Gesellschaft einsehen und sich aus ihnen eine Bilanz anfertigen. Durch seine Weigerung hat er die Berufungskommission auf den Weg der Schätzung des gewerblichen Einkommens gedrängt.

Nr. 4. Entsch. v. 25. Jan. 1911 (OVGSt. 15 352) II a 22/10

§ 40 Abs. 4 EinkStG. bestimmt, daß die Einsicht und Prüfung der Geschäftsbücher auf Antrag des Steuerpflichtigen unter Zuziehung eines von ihm vorzuschlagenden Beistandes auch dann zu erfolgen hat, wenn von der dort als Regel vorgeschriebenen Einsicht und Prüfung der Geschäftsbücher durch ein Mitglied der Kommission abgesehen wird. Diesem Antrage des Steuerpflichtigen muß in jedem Falle stattgegeben werden.

Nr. 5. Entsch. v. 1. März 1911 (OVGSt. 15 354) II b 11/11.

Die Einwendungen des Steuerpflichtigen gegen die Zuziehung eines bestimmten Sachverständigen zur Bücherprüfung sind von der Berufungskommission zu prüfen und in ihrer Entscheidung zu würdigen.

Im vorliegenden Falle hatte der Steuerpflichtige zur Wahrung des Geschäftsgeheimnisses drei Sachverständige abgelehnt, da sie Konkurrenten seien, und einen vereidigten Bücherrevisor vorgeschlagen. Das ist beachtlich. Falls nicht zunächst eine Prüfung der Bücher in Gegenwart des Steuerpflichtigen, aber ohne Zuziehung eines Sachverständigen versucht werden soll, ist über die Person des Sachverständigen tunlichst ein Einvernehmen mit dem Steuerpflichtigen anzustreben. Jedenfalls wird nach Möglichkeit darauf Bedacht zu nehmen sein, daß dem Steuerpflichtigen nicht die Preisgabe von Buchgeheimnissen an Konkurrenten zugemutet wird.

Nr. 6. Entsch. v. 20. Mai 1911 (OVGSt. 15 356) V A 75/11.

Vom Steuerpflichtigen kann nicht verlangt werden, zum Nachweise angemessener Abschreibungen auf Außenstände ein Namensverzeichnis der einzelnen Schuldner der Steuerbehörde einzureichen. Im vorliegenden Falle hat die Steuerpflichtige die Einreichung nicht schlechthin abgelehnt, sondern nur deshalb, weil sie es nicht für notwendig und gerechtfertigt hält, daß von diesem Verzeichnisse zu dem in der betreffenden Verfügung angegebenen Zwecke der Feststellung der Vermögensverhältnisse der einzelnen Schuldner durch die Gemeindebehörden Gebrauch gemacht werde. Sie hat den Vorschlag gemacht, die zur Beurteilung der Sachlage erforderlichen oder geeigneten Unterlagen einer Kommission in ihrem Geschäftslokale zu unterbreiten. Die Berufungskommission durfte dies Anerbieten nicht ablehnen, wenngleich die Steuerpflichtige nicht darauf bestehen kann, das Material in ihrem Geschäftslokale vorzulegen, sondern auf Erfordern auch bereit sein muß, die Vorlage an Amtsstelle zu bewirken. Die Feststellung der Zahlungsfähigkeit der einzelnen Schuldner durch die Gemeindebehörden erscheint überdies viel zu weitgehend und undurchführbar.

Nr. 7. Entsch. v. 10. Jan. 1912 (StArch. 12 79) VIIc 93/11.

Die Anlegung von Büchern nach Vorschrift des HGB. im Laufe des letzten Kalenderjahres schließt die Berechnung des gewerblichen Einkommens nach der Vergangenheit aus. Es ist in diesem Falle das mutmaßliche Einkommen des Steuerjahrs der Veranlagung zugrunde zu legen.

Nr. 8. Entsch. v. 30. Nov. 1912 (DJZ. 18 983) IV a 168/12.

Ordnungsmäßige geschäftliche Aufzeichnungen verlieren nicht schon dadurch ihre Beweiskraft, daß sich danach der Rohgewinn geringer stellt als der durchschnittliche Rohverdienst bei anderen gleichartigen Betrieben.

D. Ermäßigung wegen unterhaltsberechtigter Familienglieder. Begriff der Unterhaltsberechtigung.

Nr. 1. Entsch. v. 24. Mai 1911 (OVGSt. 15 65) XIIIc 68/10.
EinkStG. § 19.

Bei Feststellung der Zahl von Kindern oder anderen Familienangehörigen, denen Unterhalt gewährt wird, zum Zwecke der Ermäßigung des Steuersatzes nach § 19 Abs. 1 u. 2 EinkStG. werden nur diejenigen Personen mitgerechnet, denen der Steuerpflichtige in der Hauptsache den gesamten Lebensunterhalt gewährt. Der von dem Beschwerdeführer nach seinen Angaben zu leistende Pflegegeldbeitrag von 120 ℳ für die in der Pflegeanstalt zu A. untergebrachte Mutter kann daher als Bestreitung des Lebensunterhalts der Mutter iS. des § 19 Abs. 1 nicht angesehen werden.

Nr. 2. Entsch. v. 8. Febr. 1911 (StArch. 11 289).

Die den beiden Eltern vom Steuerpflichtigen gewährte Unterstützung von 360 ℳ jährlich kann als eine Gewährung von Unterhalt gemäß § 19 EinkStG. nicht angesehen werden, weil gar nicht behauptet ist, daß die Eltern außerstande sind, sich selbst zu unterhalten (§ 1602 BGB.), jedenfalls aber ein eigenes Einkommen der Eltern von mehr als der Hälfte des ortsüblichen Tagelohns vorliegt.

Nr. 3. Entsch. v. 28. Febr. 1912 (OVGSt. 15 67) VII a 154/11.
EinkStG. § 19.

Bei der Feststellung der für die Ermäßigung des Steuersatzes nach § 19 EinkStG. maßgebenden Personenzahl werden Kinder nicht mitgerechnet, die ein eigenes Einkommen von mehr als der Hälfte des ortsüblichen Tagelohns nach ihrer Altersklasse und ihrem Geschlechte haben. Voraussetzung hierbei ist aber, daß das Einkommen der Kinder beim Beginne des Steuerjahrs zu ihrem Unterhalte auch verwertbar ist. Das ist nicht der Fall, wenn nach testamentarischer Bestimmung die Erträge des Kindervermögens diesem zugeschlagen werden müssen.

Nr. 4. Entsch. v. 6. März 1912 (StArch. 12 160) I a 72/11.

EinkStG. § 19.

Der Steuerpflichtige hatte in seiner Steuererklärung Ermäßigung der Steuer nach § 19 EinkStG. wegen des Unterhalts von drei Kindern im Alter von 17, 14 und 12 Jahren, sämtlich Schüler ohne eigenes Vermögen, sowie wegen Unterstützung seiner 82 Jahre alten Mutter, die nicht zu seinem Haushalte gehöre, mit jährlich 480 ℳ, eine weitere Ermäßigung nach § 20 beantragt. Die Berufungskommission hat wegen des Unterhalts der drei Kinder und der Mutter, die, wenngleich sie eine besondere Wohnung hat, doch zu den Familienangehörigen nach § 19 aaO. zu zählen ist und vollständig vom Steuerpflichtigen unterhalten wird, eine Ermäßigung um zwei Stufen gewährt, dagegen eine weitere Ermäßigung aus § 20 mit Recht abgelehnt.

Nr. 5. Entsch. v. 10. Mai 1911 (StArch. 11 290).

EinkStG. § 19.

Bei der Frage, ob jemand imstande ist, sich selbst zu unterhalten, ist der Stand und die Stellung der Eltern sowie die etwaige Vorbildung des Kindes zu einem bestimmten Berufe mit in Betracht zu ziehen. Hat eine solche Vorbildung zu einem bestimmten Berufe nicht stattgefunden und kann nach dem Stande der Eltern und der Lebensstellung des Kindes diesem nicht zugemutet werden, seinen Unterhalt durch gemeine Arbeit zu erwerben, so ist die Annahme gerechtfertigt, daß das Kind nicht imstande ist, sich selbst zu unterhalten, und demnach unterhaltungsberechtigt iS. des § 1602 Abs. 1 BGB. ist. Nun bestimmt aber der Abs. 2 des § 1602 BGB. weiter: „Ein minderjähriges unverheiratetes Kind kann von seinen Eltern, auch wenn es Vermögen hat, die Gewährung des Unterhalts insoweit verlangen, als die Einkünfte seines Vermögens oder der Ertrag seiner Arbeit zum Unterhalte nicht ausreichen." Hieraus ist zu folgern, daß ein großjähriges Kind, das eigenes Vermögen hat, über das es frei verfügen kann, nicht unterhaltungsberechtigt ist, solange der Stamm des Vermögens nicht verbraucht ist, und es kommt auf die Höhe der Einkünfte aus diesem Vermögen nicht allein an.

Nr. 6. Entsch. v. 11. Mai 1911 (StArch. 11 240) XI c 147/10.

Die Berufungskommission hat bei ihrer Entscheidung über die von dem Steuerpflichtigen beantragte Anwendung des § 19 EinkStG. die Unterhaltsberechtigung der beiden großjährigen, vermögenslosen Töchter des Steuerpflichtigen verneint, weil bezüglich dieser nach den erfolgten Feststellungen keinerlei Umstände vorlägen, die sie als unterhaltungsberechtigt erscheinen lassen. Diese Begründung ist unzureichend. Unterhaltsberechtigt gegenüber seinen Eltern ist ein großjähriges Kind nach § 1602 BGB. beim Nichtvorhandensein verwertbaren eigenen Vermögens allerdings nur dann, wenn es nicht imstande ist, sich durch Arbeit seinen Unterhalt zu verdienen. Nur insoweit kann aber die Möglichkeit, sich durch Arbeit zu erhalten, einem Unterhaltsberechtigten entgegengesetzt werden, als sie seinen Kräften und seiner sozialen Stellung angemessen ist. Die Berufungskommission hätte hiernach darlegen müssen, durch die Ausübung welcher Erwerbstätigkeit nach ihrer Auffassung die Töchter des Steuerpflichtigen sich selbst erhalten konnten.

Nr. 7. Entsch. v. 9. Febr. 1911 (OVGSt. 15 63) XI b 11/10.

EinkStG. § 19.

Unterhaltsberechtigt gegenüber seinen Eltern ist ein großjähriges Kind nach § 1602 BGB. beim Nichtvorhandensein verwertbaren eigenen Vermögens allerdings nur dann, wenn es nicht imstande ist, sich durch Arbeit seinen Unterhalt zu verdienen. Nur insoweit kann aber die Möglichkeit, sich durch Arbeit zu erhalten, einem Unterhaltsberechtigten entgegengesetzt werden, als sie seinen Kräften und seiner sozialen Stellung angemessen ist.

Nr. 8. Entsch. v. 7. Okt. 1911 (OVGSt. **15** 195) VI a 58/11.

EinkStG. § 8.

Die Berufungskommission hat den Abzug von 1400 *M*, die dem studierenden Sohne des Steuerpflichtigen von seiner Mutter aus den Einkünften ihres Vermögens gewährt werden, deshalb abgelehnt, weil dieser Sohn unterhaltsberechtigt sei und jener Betrag zur Erfüllung der gesetzlichen Unterhaltspflicht gegeben werde. Es ist zuzugeben, daß ein Student, der sich in der Vorbildung zu einem Berufe befindet, idReg. unterhaltsberechtigt ist; die Berufungskommission hat aber dabei übersehen, daß es sich um einen großjährigen Sohn handelt und großjährige Kinder nur insoweit unterhaltsberechtigt sind, als sie nicht eigenes Vermögen besitzen (§ 1602 BGB.). Solange dies Vermögen nicht aufgebraucht ist, kann der großjährige Sohn nicht als unterhaltsberechtigt gelten, und es kann die Ablehnung deshalb nicht auf die gesetzliche Unterhaltspflicht aus § 8 III 2 EinkStG. gestützt werden.

Nr. 9. Entsch. v. 13. März 1912 (OVGSt. **15** 70) XII a 55/11.

EinkStG. § 19.

Ob die beiden ihrer zweijährigen Militärpflicht genügenden Söhne des Beschwerdeführers noch unterhaltsberechtigt sind, wie dieser behauptet, kann dahingestellt bleiben; denn jedenfalls haben sie als Soldaten in baren und geldwerten Bezügen ein eigenes Einkommen, wie ohne weiteres angenommen werden kann, von mehr als der Hälfte des ortsüblichen Tagelohns nach ihrer Altersklasse und ihrem Geschlechte, so daß sie bei der Feststellung der für die Ermäßigung nach § 19 EinkStG. maßgebenden Personenzahl nicht mitgerechnet werden dürfen (Abs. 3 aaO.).

E. Berücksichtigung der persönlichen Leistungsfähigkeit.

Nr. 1. Entsch. v. 21. Dez. 1910 (Recht **15** 238) IV a 218/10.

Die Berufungskommission hat für § 20 EinkStG. die Verhältnisse in dem für die Veranlagung maßgeblichen Kalenderjahr hauptsächlich entscheidend sein lassen, während sie feststellen mußte, ob bei Beginn des Steuerjahrs die wirtschaftliche Belastung bestand.

Nr. 2. Entsch. v. 11. Dez. 1912 (StArch. **13** 352).

Der Umstand, daß dem Steuerpflichtigen auch das Einkommen seiner Tochter als Fernsprechgehilfin für den Unterhalt seiner Familie zur Verfügung steht, darf bei der Entscheidung über die Anwendung des § 20 EinkStG. nicht in Berücksichtigung gezogen werden. Dieses Einkommen gehört vielmehr nach § 1651[1] BGB. zum freien Vermögen der Tochter und ist daher von der Nutznießung des Vaters ausgeschlossen.

F. Veränderungen der veranlagten Steuer im Laufe des Jahres.

Nr. 1. Entsch. v. 9. März 1911 (StArch. **11** 194) XII b 67/10.

Bei Zugangsveranlagungen ist der Bestand der Einkommensquellen in dem Zeitpunkte, von dem ab die Veranlagung stattzufinden hat, maßgebend. Sind

Privatangestellte bei Beginn der subjektiven Steuerpflicht, d. h. dem auf den Zuzug folgenden Monatsersten, stellungslos, so sind sie (mangels sonstigen Einkommens in steuerpflichtiger Höhe) steuerfrei zu veranlagen.

Nr. 2. Entsch. v. 9. Dez. 1911 (StArch. 12 79) VIII a 86/11 und **v. 12. Febr. 1913** (StArch. 13 116) E XII b 19/12.

Nach § 62 EinkStG. begründet die Vermehrung des Einkommens während des laufenden Steuerjahrs idReg. keine Veränderung in der schon erfolgten Veranlagung. Dies gilt ebenso für die nach § 2 aaO. nur beschränkt Steuerpflichtigen wie für diejenigen, die nach § 1 der unbeschränkten Einkommensteuerpflicht unterliegen. Ein Ausnahmefall ist nur dann gegeben, wenn die Vermehrung des Einkommens infolge Erb- oder Fideikommißanfalls, Vermächtnisses, Überlassungsvertrages zwischen Eltern und Kindern, Verheiratung oder Schenkung eintritt.

Nr. 3. Entsch. v. 20. April 1912 (StArch. **13** 10) VIII b 11/12.

Kinder sind nach den allgemein geltenden Grundsätzen steuerpflichtig und dürfen nicht deshalb von der Veranlagung ausgeschlossen werden, weil sie „einem besteuerten Haushalte" angehören. Sie sind vielmehr als steuerfrei in das Personenverzeichnis für das Steuerjahr aufzunehmen und können dann wegen Erwerbs eines Einkommens von mehr als 900 *M* im Laufe des Steuerjahrs nicht im Zugangswege veranlagt werden.

Nr. 4. Entsch. v. 29. Mai 1913 (StArch. **13** 276).

1. Jede Inzugangstellung stellt sich als ein Akt der Veranlagung, und zwar als eine neue Veranlagung dar, da es ein Wiederaufleben der alten Steuerpflicht nicht gibt (§ 64 EinkStG., OVGSt. **5** 119, **10** 26). Gegen jede Inzugangstellung sind daher alle ordentlichen, im EinkStG. und ErgStG. behandelten gesetzlichen Rechtsmittel gegeben. Wollte man das nicht annehmen, so würde dies dahin führen, daß unter Umständen ein Steuerpflichtiger seine Veranlagung überhaupt nicht mit den gesetzlichen Rechtsmitteln angreifen könnte.

2. Die Wiederinzugangstellung kann aber im vorliegenden Falle nicht als gerechtfertigt angesehen werden. Durch die Abgangstellung der Steuern war durch die zuständige Behörde die Veranlagung für den Rest des Steuerjahrs bzw. der Steuerperiode aufgehoben worden und zwar wegen Erlöschens der subjektiven und objektiven Steuerpflicht, der Veranlagte also von der preußischen Einkommensteuer und Ergänzungssteuer für den Rest des Steuerjahrs bzw. der Steuerperiode freigestellt worden. Da ein Wiederaufleben der erloschenen Steuerpflicht weder im EinkStG. noch im ErgStG. anerkannt ist, so ist nur bei einem neuen Eintreten in die Steuerpflicht eine neue Veranlagung zulässig.

G. Nachbesteuerung.

Nr. 1. Entsch. v. 9. Nov. 1910 (OVGSt. **15** 361) IV b 23/10.

EinkStG. §§ 5¹, 85.

1. Nach § 85 EinkStG. ist zu einer Nachsteuerveranlagung eines veranlagten Steuerpflichtigen erforderlich, daß nachträglich neue Tatsachen oder Beweise ermittelt werden, die eine höhere Veranlagung des Steuerpflichtigen begründen. Die Tatsache, daß Steuerpflichtiger pensionierter Reichsbeamter ist, war bei seiner Veranlagung aus der Steuerliste bekannt. Bei der Veranlagung galt auch noch die alte Vorschrift im § 5¹ EinkStG., wonach Pensionen, die Zivil-

beamte aus der Kasse eines anderen Bundesstaats — als solcher gilt auch das Reichsland — beziehen, von der Besteuerung in Preußen ausgeschlossen sind. Die abgeänderte Vorschrift im § 5¹ aaO., die dem neuen DoppStG. v. 22. III. 09 entspricht, beruht auf dem G. v. 26. V. 09.

2. Die Frage ist, ob eine nach rechtskräftiger Veranlagung in Kraft getretene Gesetzesvorschrift einen Grund zur höheren Veranlagung im Wege der Nachbesteuerung abgeben kann. Der Art. I der Nov. v. 26. V. 09, der die neue Vorschrift des § 5¹ enthält, soll zwar nach Art. III bereits bei der Veranlagung für das Steuerjahr 1909 zur Anwendung kommen; dies kann sich aber nur auf solche Veranlagungen beziehen, die beim Inkrafttreten noch nicht rechtskräftig waren, abgesehen von der Ausnahmevorschrift im Art. III Abs. 2, betr. die Anwendung des § 19 der Nov. Ebensowenig wie eine andere Rechtsauffassung in dem Urteil eines höchsten Gerichtshofs kann eine andere rechtliche Regelung in einem neuen G. einen Grund zur Abänderung einer rechtskräftigen Veranlagung im Wege der Nachbesteuerung geben. Das ist keine neue Tatsache iS. des § 85 EinkStG.

Nr. 2. Entsch. v. 18. Okt. 1911 (OVGSt. 15 363) E IV b 1/11.

EinkStG. § 85. ErgStG. § 47.

Nach § 85 EinkStG., der gemäß § 47 ErgStG. auch auf die Ergänzungssteuer sinngemäße Anwendung findet, ist ein veranlagter Steuerpflichtiger nur dann zur Entrichtung eines der Staatskasse entgangenen Steuerbetrags verpflichtet, wenn nachträglich neue Tatsachen oder Beweise ermittelt werden, die eine höhere Veranlagung des Steuerpflichtigen begründen. Hiernach kann weder eine von der früheren Rechtsauffassung abweichende rechtliche Beurteilung noch die Bezugnahme auf solche Tatsachen, die zu einer Zeit bekannt waren, zu der ihre Geltendmachung im Wege der ordentlichen Rechtsmittel noch möglich war, zur Begründung einer Nachveranlagung dienen. In Kenntnis dieser Rechtslage hat die Berufungskommission tatsächlich festgestellt, daß der Vorsitzende der Veranlagungskommission erst durch Schreiben der Steuerpflichtigen vom Nov. 07 von ihrem Nießbrauch am Vermögen ihrer minderjährigen Kinder etwas erfahren habe und daß hierin die nachträglich ermittelte neue Tatsache, die eine höhere Veranlagung begründe, zu finden sei. Hierbei hat die Berufungskommission jedoch den Umstand nicht gewürdigt, daß dem Vorsitzenden der Veranlagungskommission die Tatsache der Minderjährigkeit der Kinder nach seinem Berichte vom Nov. 09 schon „vor der Rechtskraft der ordentlichen Veranlagung" bekannt gewesen ist. Hieraus war gemäß §§ 1684, 1686 und 1626, 1649 ff. BGB. der Schluß zu ziehen, daß der Steuerpflichtigen als verwitweten Mutter die Nutznießung am Vermögen der minderjährigen Kinder zustand, sofern nicht eine der Ausnahmen des BGB. (z. B. § 1651 oder § 1656 aaO.) zutraf oder endlich von der Steuerpflichtigen nach § 1662 aaO. auf die Nutznießung verzichtet worden war. Die Berufungskommission hätte hiernach ermitteln müssen, ob der Vorsitzende der Veranlagungskommission durch falsche Angaben in den Irrtum versetzt war, daß der Steuerpflichtigen die Nutznießung am ererbten Vermögen ihrer Kinder entzogen sei, und ob dieser Irrtum erst zu einer Zeit beseitigt wurde, wo seine Berichtigung in dem vom Vorsitzenden der Veranlagungskommission eingeleiteten Berufungsverfahren nicht mehr möglich war.

Werden Tatsachen, die den Vorsitzenden der Veranlagungskommission in einen solchen Irrtum versetzt haben, nicht nachgewiesen, so hätte er, da er zugestandenermaßen die Minderjährigkeit der Kinder kannte, aus den gesetzlichen Vorschriften auch das Nießbrauchsrecht der Steuerpflichtigen am Vermögen der Kinder folgern müssen. Seine etwaige Rechtsunkenntnis darf jedenfalls der Steuerpflichtigen nicht zum Schaden gereichen und würde daher die Nachveranlagung nicht stützen.

Nr. 3. Entsch. v. 25. Jan. 1913 (DJZ. 18 1207) V A 125/12.

Nach § 85 EinkStG. ist ein Steuerpflichtiger zur Entrichtung des der Staatskasse entgangenen Betrags verpflichtet: 1. wenn er, entgegen den Vorschriften des G., unveranlagt geblieben ist, 2. wenn, ohne daß eine strafbare Hinterziehung der Steuer stattgefunden hätte, nachträglich neue Tatsachen oder Beweise ermittelt werden, die eine höhere Veranlagung begründen. Da das G. iF. zu 1 keinerlei Einschränkung macht, so ist diese Nachveranlagung zulässig, aus welchem Grunde auch immer die rechtzeitige Veranlagung unterblieben ist. Die Vorschrift im § 85 Abs. 3 aaO. besagt nur, daß Nachveranlagungen aus einem und demselben Verpflichtungsgrunde — Fall zu 1 oder zu 2 — in einem Verfahren erfolgen sollen.

Nr. 4. Entsch. v. 9. Dez. 1911 (StArch. 12 216).

Eine Nachbesteuerung gemäß § 85 EinkStG. ist allgemein dann zulässig, wenn nachträglich neue Tatsachen oder Beweise ermittelt werden, die eine höhere Veranlagung begründen, gleichviel, ob die neuen Tatsachen usw. sich auf eine schon bekannte oder eine erst hinterher ermittelte Einkommensquelle beziehen.

Nr. 5. Entsch. v. 20. April 1912 (StArch. 13 101).

Die Voraussetzungen für eine Nachbesteuerung sind gegeben, wenn zu der bereits bekannten Tatsache, daß Grundstücke verkauft worden sind, nachträglich neue Momente, wie das Anlegen von Straßen und Plätzen, das Aufstellen von Verkaufstafeln usw., aus denen auf gewerblichen Grundstückshandel zu schließen ist, hinzutreten.

Nr. 6. Entsch. v. 25. Sept. 1912 (StArch. 12 361).
EinkStG. § 85. ErgStG. § 47.

1. Eine anderweite Veranlagung infolge Erbanfalls kann auch nach Ablauf des Steuerjahrs erfolgen, in dem der Erbfall eingetreten ist, sofern die Höhe des Erbteils und des Einkommens daraus vorher noch nicht feststeht. Die anderweite Veranlagung hat in diesem Falle in Form einer Nachveranlagung durch die Veranlagungskommission, nicht durch deren Vorsitzenden, zu erfolgen.

2. Wenn der Steuerpflichtige nicht ausdrücklich behauptet, daß das bei der ursprünglichen Veranlagung angenommene Einkommen und Vermögen beim Eintritt des Erbanfalls nicht mehr vorhanden gewesen sei, bedarf es der Feststellung des nach Eintritt des Erbanfalls beim Erben wirklich vorhandenen Gesamteinkommens und Vermögens nach den Grundsätzen in OVGSt. **13** 341 nicht. Der anderweitigen Veranlagung können dann die bei Hinzurechnung der ererbten zum veranlagten Einkommen und Vermögen sich ergebenden Beträge zugrunde gelegt werden.

Nr. 7. Entsch. v. 15. Jan. 1913 (StArch. 13 324).

Der Veranlagung liegt die Auffassung zugrunde, daß durch die Umwandlung der offenen Handelsgesellschaft in eine Aktiengesellschaft die Einkommensquelle des Gewerbebetriebs für den Steuerpflichtigen erloschen sei, ohne daß damals Wert darauf gelegt ist, ob die Eintragung der neuen Aktiengesellschaft ins Handelsregister bereits vor Beginn des Steuerjahrs erfolgt war oder nicht. Infolge einer Erinnerung der ORK. hat dann auf Grund der Feststellung, daß die Eintragung der neuen Aktiengesellschaft ins Handelsregister erst am 13. V. 09 erfolgt sei, die Nachsteuerveranlagung nach dem gewerblichen Einkommen des Steuerpflichtigen aus der offenen Handelsgesellschaft stattgefunden.

Hiernach liegt nur eine anderweite rechtliche Beurteilung der Sache seitens der Veranlagungskommission infolge einer Erinnerung der ORK. vor, eine solche kann aber einen Grund zur Nachsteuerveranlagung gemäß § 85 EinkStG. nicht abgeben. Diese andere Rechtsauffassung ist aber auch rechtsirrtümlich; denn die Einkommensquelle des Gewerbebetriebs des Steuerpflichtigen als eines Teilhabers der offenen Handelsgesellschaft Z. u. B. ist durch den Abschluß des Gesellschaftsvertrags erloschen. Nach Abschluß des Gesellschaftsvertrags und vor der Eintragung ins Handelsregister besteht eine bürgerlich-rechtliche Gesellschaft, die als solche bereits im Rechtsverkehr auftreten und Rechtsgeschäfte abschließen kann, die dann mit der Entstehung der Aktiengesellschaft auf diese übergehen. Die neue Aktiengesellschaft entsteht allerdings erst durch die Eintragung, aber die inzwischen um die bürgerlich-rechtliche Gesellschaft stattgefundene Übertragung des Gewerbebetriebs geht nach der Entstehung der Aktiengesellschaft mit der Wirkung vom Abschluß des Gesellschaftsvertrags auf diese über.

VI.

Rechtsmittel.

A. Allgemeine Bestimmungen.

1. Allgemeine Grundsätze.

Nr. 1. Entsch. v. 14. Juni 1911 (StArch. **12** 80).

Nach § 43 EinkStG. stehen sowohl dem Steuerpflichtigen als auch dem Vorsitzenden der Veranlagungskommission gegen das Ergebnis der Veranlagung die dort angeführten Rechtsmittel zu. Unter dem Ergebnisse der Veranlagung ist die Feststellung des Steuersatzes zu verstehen; hiergegen sind die Rechtsmittel gegeben; dagegen kann der Steuerpflichtige, der den Steuersatz als richtig anerkannt, nicht beanspruchen, daß über eine im vorliegenden Falle für die Höhe des Steuersatzes unerhebliche Frage von der Berufungskommission eine Entscheidung getroffen werde.

Nr. 2. Entsch. v. 8. Nov. 1911 (OVGSt. **15** 367) X b 23/11.

Der Steuersekretär ist unter keinen Umständen befugt, in Vertretung des Vorsitzenden der Veranlagungskommission gegen die Veranlagung eines Steuerpflichtigen von den Rechtsmitteln Gebrauch zu machen. Seine Vertretung ist nur innerhalb der Grenzen des MinErl. v. 27. II. 07 (Mitt. **49** 79) zulässig.

Nr. 3. Entsch. v. 24. Jan. 1912 (OVGSt. **15** 369) VI a 90/11.

Bei Personen, deren Einkommen nicht mehr als 900 ℳ beträgt, erfolgt die Veranlagung, wenn solche zu den Beiträgen und Lasten, die kommunale und andere öffentliche (Schul-, Kirchen- usw.) Verbände nach dem Maßstabe der Einkommensteuer aufzubringen bzw. zu verteilen haben, heranzuziehen sind, durch die Voreinschätzungskommission (§ 80 EinkStG.). Die Beschlüsse der Voreinschätzungskommission unterliegen der Prüfung des Vorsitzenden der Veranlagungskommission; beanstandet er einen Beschluß, so erfolgt die Festsetzung des Steuersatzes durch die Veranlagungskommission. Unterläßt er die Beanstandung, so ist hiermit die Freilassung von der Staatssteuer endgültig erfolgt, und ein hierbei begangenes Versehen kann durch Einlegung eines Rechtsmittels seitens des Vorsitzenden der Veranlagungskommission nicht berichtigt werden.

Nr. 4. Entsch. v. 9. Dez. 1911 (OVGSt. 15 370) III 66/11.

Wenn auch im allgemeinen unter einem ordentlichen Rechtsmittel iS. des § 43 EinkStG. jeder bei der Behörde angebrachte Ausdruck der Unzufriedenheit mit dem Ergebnisse der Veranlagung verstanden wird, sofern hierbei die Absicht des Erklärenden zu erkennen ist, mit seiner Erklärung eine Abänderung der Veranlagung herbeizuführen, so kann diese Annahme doch in dem Falle nicht zutreffen, wo der Steuerpflichtige selbst sie ausdrücklich bestreitet. Die Steuerbehörde hat dann außerhalb des Rechtsmittelverfahrens zu dem Antrage auf Erstattung der Steuern Stellung zu nehmen.

Nr. 5. Entsch. v. 8. Nov. 1911 (OVGSt. 15 372) XIc 53/11.

1. Aus der dem Konkursverwalter im § 6 KonkO. beigelegten Befugnis, vom Zeitpunkte der Konkurseröffnung an das zur Konkursmasse gehörige Vermögen des Gemeinschuldners an dessen Stelle zu verwalten und über dasselbe zu verfügen, folgt mit Notwendigkeit, daß der Konkursverwalter, soweit der Konkurszweck, d. i. die Befriedigung der Konkursgläubiger, es erfordert, berechtigt ist, alle diejenigen Rechtshandlungen vorzunehmen, die, falls das Konkursverfahren nicht schwebte, der Gemeinschuldner als Eigentümer einer zur Konkursmasse gehörigen Sache oder als Schuldner einer Konkursforderung vorzunehmen befugt wäre. Diese Berechtigung konnte im vorliegenden Falle hinsichtlich des im Zeitpunkte der Konkurseröffnung noch schwebenden die Einkommensteuer betreffenden Berufungsverfahrens für den Konkursverwalter auch dadurch nicht vereitelt werden, daß nach der Konkurseröffnung der Vater des minderjährigen Gemeinschuldners als dessen gesetzlicher Vertreter die für diesen eingelegte Berufung zurückgenommen hat. Denn nach § 7 aaO. sind Rechtshandlungen, die der Gemeinschuldner bzw. sein gesetzlicher Vertreter nach der Eröffnung des Konkursverfahrens vorgenommen hat, den Konkursgläubigern gegenüber unwirksam. Insbesondere kann dem Konkursverwalter, der mit der Eröffnung des Konkursverfahrens, soweit dies der Konkurszweck bedingt, als ein zweiter Interessent neben den Gemeinschuldner tritt, durch eine solche Rechtshandlung die Befugnis nicht geschmälert werden, die Befriedigung einer Konkursforderung, die er für unbegründet erachtet, aus der Konkursmasse mit den ihm hierfür zu Gebote stehenden Mitteln zu verhindern und namentlich alle hierbei in Betracht kommenden Rechtsbehelfe selbständig geltend zu machen, wobei er natürlich ein zur Zeit der Konkurseröffnung bereits schwebendes Verfahren in der Lage hinnehmen muß, in der es sich zu diesem Zeitpunkte befand.

2. Nach Inhalt der Akten muß angenommen werden, daß im vorliegenden Falle die hier streitige Steuerforderung von der Steuerbehörde im Konkurse geltend gemacht und vom Konkursverwalter in dem bereits stattgehabten Prüfungstermine bestritten worden ist. In diesem Falle war es nach der ausdrücklichen Vorschrift im § 146, insbesondere Abs. 5 und 6 aaO., Sache des Konkursverwalters als des Widersprechenden, seinen Widerspruch zu verfolgen, denn die Steuerforderung des Staates ist nach § 68 EinkStG. trotz Einlegung der Berufung vorläufig vollstreckbar, der Veranlagungsbeschluß stellt also einen vorläufig vollstreckbaren Schuldtitel iS. des § 146 Abs. 6 KonkO. dar. Die Verfolgung des Widerspruchs gegen die diesem Titel zugrunde liegende Forderung konnte aber nur auf dem gegen die Veranlagung zur Einkommensteuer zugelassenen Rechtsmittelweg erfolgen.

3. Aber selbst dann, wenn ein Prüfungstermin im vorliegenden Falle noch nicht stattgefunden hätte, stände, zumal bei Unterstellung, daß eine Unterbrechung des Berufungsverfahrens nicht eingetreten ist, der Befugnis des Konkursverwalters zum Antrag auf Fortsetzung dieses Verfahrens nichts entgegen. Denn wenn der Konkursverwalter gesetzlich berechtigt ist, den geltend gemachten

Konkursforderungen zu widersprechen, so muß ihm selbstverständlich das G. auch die Möglichkeit gewähren, den Eintritt der Rechtskraft bezüglich einer im Streite befindlichen Konkursforderung zu verhindern. Er muß also für berechtigt erachtet werden, in das schwebende Verfahren, insbesondere durch Einlegung oder Weiterverfolgung von Rechtsmitteln, selbständig einzugreifen.

4. Hiernach kann der vom Gerichtshof aufgestellte Grundsatz, daß der Konkursverwalter zur Einlegung von Rechtsmitteln gegen die Steuerveranlagung des Gemeinschuldners überhaupt nicht befugt sei (OVGSt. **12** 385), in dieser Allgemeinheit nicht aufrecht erhalten werden.

Nr. 6. Entsch. v. 9. Nov. 1910 (StArch. 11 322).

Ein Rechtsmittel gegen die Staatssteuerveranlagung ist deshalb, weil es nicht vom Steuerpflichtigen selbst, sondern von einem anderen unterschrieben ist, noch nicht ungültig. Vielmehr kommt es für die Rechtswirksamkeit des Schriftsatzes lediglich darauf an, ob die Einlegung des Rechtsmittels durch einen anderen mit Zustimmung des Steuerpflichtigen erfolgt ist.

Gegen diesen Grundsatz hat die Berufungskommission verstoßen, wenn sie das äußerlich als Berufung der steuerpflichtigen Gesellschaft erkennbare Schreiben allein deshalb nicht als gültiges Rechtsmittel behandelt hat, weil es nur von einem Geschäftsführer unterschrieben worden ist, während zur Vertretung der Gesellschaft satzungsgemäß zwei Geschäftsführer mitwirken müssen. Die Berufungskommission hätte vielmehr das nachfolgende von zwei Geschäftsführern vollzogene Anschreiben der Gesellschaft beachten müssen, das deutlich das Einverständnis der Gesellschaft mit der Berufungsschrift zum Ausdrucke bringt und hätte danach die Berufung als wirksam erachten müssen.

Nr. 7. Entsch. v. 19. Febr. 1913 (DJZ. 18 1327) V A 24/13.

Für die Rechtswirksamkeit des Rechtsmittels ist es ohne Belang, ob das betreffende Schriftstück nur mit einem Faksimilestempel oder mit fremder, aber im Auftrage des Pflichtigen erfolgten Unterschrift oder überhaupt nicht vollzogen ist. Ist das Handelsregister hinsichtlich der Liste der Gesellschafter nicht auf dem laufenden erhalten, so kann es keine zuverlässige Unterlage für die Ermittelung der Gesellschafter bilden.

2. Wiedereinsetzung in den vorigen Stand.

Nr. 1. Entsch. v. 28. Sept. 1912 (DJZ. 18 295) IX 39/12.

Wiedereinsetzung in den vorigen Stand kann nicht eintreten, wenn eine Rechtsmittelfrist infolge falscher Adressierung des Briefes versäumt wird, weil darin weder ein Naturereignis noch ein sonstiger unabwendbarer Zufall gefunden werden kann.

3. Erstattung der Kosten des Verfahrens durch den Steuerpflichtigen.

Nr. 1. Entsch. v. 21. Dez. 1910 (Recht 15 266) IV a 199/10.

Das OVG. legt dem Beschwerdeführer, dem statt der begehrten zwei nur eine Stufe nach § 20 EinkStG. zugebilligt wird, die Hälfte der Kosten auf.

B. Besondere Bestimmungen.

1. Für die Berufungsinstanz.

b) Grundsätze für das Verfahren.

Nr. 1. Entsch. v. 9. Dez. 1911 (OVGSt. 15 376) XI c 115/11.

Hat auf das Rechtsmittel eines Steuerpflichtigen, der von einem Einkommen von mehr als 3000 ℳ veranlagt ist, entgegen der Vorschrift im § 43 I Nr. 2 EinkStG. die Veranlagungskommission im Einspruchsverfahren den Steuersatz herabgesetzt, so kann nur eine Berufung des Vorsitzenden der Veranlagungskommission zur Wiederherstellung des ursprünglichen Steuersatzes führen, nicht auch die alleinige Berufung des Steuerpflichtigen; denn dieser würde sonst schlechter gestellt werden, als wenn er die Berufung überhaupt nicht eingelegt hätte.

Nr. 2. Entsch. v. 7. Okt. 1911 (StArch. 12 112).

Im Berufungsverfahren hat die Berufungskommission das streitige Einkommen selbständig festzustellen.

Nr. 3. Entsch. v. 24. Jan. 1912 (StArch. 12 159) XII b 38/11.

Die Berufungskommission hat darüber zu befinden, wo die Beweiserhebung im Berufungsverfahren stattzufinden hat. Die Zuziehung und Auswahl von Sachverständigen ist dem Ermessen der Steuerbehörde überlassen; sie ist weder an die Anträge des Steuerpflichtigen gebunden, noch hat sie ihm die vernommenen Sachverständigen namhaft zu machen.

Nr. 4. Entsch. v. 19. Juni 1912 (StArch. 13 10).

Die Berufungskommission ist nicht verpflichtet, den Angaben des Steuerpflichtigen in der Steuererklärung unbedingt zu folgen, sondern sie darf behufs Prüfung dieser Angaben die Einsicht der Bilanzen der maßgebenden Geschäftsjahre sowie nötigenfalls auch der vollständigen Geschäftsbücher verlangen. Dies ist schon deshalb unerläßlich, weil nur auf diese Weise die volle Überzeugung zu gewinnen ist, ob bei der Buchführung auch die in steuerlicher Beziehung erheblichen Gesichtspunkte so beachtet sind, daß die Büchereregebnisse ohne weiteres der Veranlagung zugrunde gelegt werden können. Allerdings kann die Steuerpflichtige zur Vorlegung der Bilanzen und Geschäftsbücher nicht gezwungen werden, sie begibt sich aber selbst durch die Weigerung der Vorlegung des wesentlichsten Beweismittels für die Wichtigkeit ihrer Angaben. Dagegen ist die Berufungskommission nicht befugt, die Einsendung von Abschriften der Bilanzen zu fordern. Sie muß vielmehr die Bilanzen und Geschäftsbücher selbst im geordneten Beweisverfahren einsehen oder von zuständiger Seite einsehen lassen. Erst wenn die Steuerpflichtige einer Anordnung der Berufungskommission zur Vorlage der Bilanzen und Bücher keine Folge leistet, kann sie nach vorausgegangener entsprechender Verwarnung als beweisfällig angesehen werden.

Nr. 5. Entsch. v. 21. Dez. 1910 (Recht 15 205) IV 166/10.

Da der Steuerpflichtige in der Berufung ausdrücklich erklärt hatte, Belege zur Begründung der beantragten Ermäßigung aus § 20 EinkStG. nicht beibringen zu können, so bedurfte es im Berufungsverfahren keiner besonderen Aufforderung an jenen zum Nachweise.

Nr. 6. Entsch. v. 18. Nov. 1911 (StArch. 12 112).

Die Auswahl der zu vernehmenden Sachverständigen ist dem pflichtmäßigen Ermessen der Berufungskommission überlassen, die auch allein darüber zu befinden hat, ob sie von dem ihr durch § 48 Abs. 4 EinkStG. eingeräumten Recht, die Beeidigung des Gutachtens der gehörten Sachverständigen zu fordern, Gebrauch machen soll oder nicht. Ebenso hat sie selbständig zu entscheiden, welchem von mehreren ihr vorliegenden abweichenden Gutachten von Sachverständigen sie folgen will. Die Gründe, aus denen sie die Schätzung der vom Steuerpflichtigen benannten Sachverständigen nicht als zutreffend anerkannt hat, sind in ihrer Entscheidung angegeben.

Nr. 7. Entsch. v. 24. Jan. 1912 (StArch. 12 228).

Der Steuerpflichtige hatte in einer Verhandlung erklärt: „Nachdem mir eröffnet worden ist, daß die in meiner Berufungsschrift geforderten Abzüge nicht zulässig sind, erkenne ich meine Veranlagung an."

Dieses Anerkenntnis durfte die Berufungskommission nicht verwerten, da nicht erhellt, daß der Steuerpflichtige die Besteuerungsmerkmale im einzelnen gekannt hat, und jenes Anerkenntnis außerdem auf einer Rechtsbelehrung des Verhandlungsleiters beruht, die teilweise rechtsirrtümlich ist. Es trifft nicht ohne weiteres zu, daß alle geforderten Abzüge unzulässig sind, die Berufungskommission hätte vielmehr dieselben im einzelnen prüfen und ev. klarstellen müssen, ob und inwieweit es sich hierbei um Werbungskosten handelt.

Nr. 8. Entsch. v. 10. Juli 1912 (StArch. 12 278).

Im Berufungsverfahren darf von dem Gutachten eines Sachverständigen in wesentlichen Punkten nur abgewichen werden, nachdem dem Steuerpflichtigen Gelegenheit gegeben ist, sich über die beabsichtigte Abweichung zu äußern.

Nr. 9. Entsch. v. 17. Mai 1913 (StArch. 13 292) XII C 81/12.

Der Sachverständige, auf dessen Aussage die Berufungskommission ihre Schätzung des gewerblichen Einkommens stützt, hat wegen mangelnder Sachkunde nicht selbst ein Gutachten abgegeben, sondern das, was eine von ihm gehörte dritte Person angegeben hat, berichtet. Auf ein Gutachten, das nicht bei den Akten ist, aber darf eine dem Steuerpflichtigen nachteilige Entscheidung nicht gestützt werden. Auch hat die Berufungskommission den Steuerpflichtigen über die tatsächlichen Unterlagen des Gutachtens nicht gehört. Daher unterlag die Entscheidung der Aufhebung.

Nr. 10. Entsch. v. 18. Juni 1913 (StArch. 13 292).

Wenn der Sachverständige „seine Ansicht" in keiner Weise begründet bzw. durch Unterlagen gestützt hat, durfte die Berufungskommission ihm nicht ohne weiteres folgen, sondern hätte den Steuerpflichtigen ausdrücklich zum Nachweise seiner Angabe auffordern und gegebenenfalls ihrerseits Unterlagen für ihre abweichende Annahme beschaffen müssen.

2. Für die Beschwerdeinstanz.

Nr. 1. Entsch. v. 11. Mai 1911 (Recht 15 629) VII c 13/11.

Der Steuerpflichtige, der zu 52 ℳ veranlagt und dessen Einkommen im Berufungsverfahren auf 3604 ℳ unter Zubilligung zweier Stufen nach § 20 (Steuersatz gleichfalls 52 M) angenommen worden ist, hat das Rechtsmittel der Beschwerde; denn die Berufungskommission hat eben ein Einkommen von mehr als 3000 M festgestellt und außerdem einen diesem entsprechenden Satz festgesetzt; nur so war nach § 20 EinkStG. Ermäßigung auf 52 M möglich. Ihre Rechtsbelehrung, die Berufungsentscheidung sei endgültig, ist also rechtsirrtümlich.

Nr. 2. Entsch. v. 11. März 1911 (OVGSt. 15 381) E III 9/10.

1. Gegen die Entscheidung der Berufungskommission steht sowohl dem Steuerpflichtigen als auch dem Vorsitzenden der Veranlagungskommission das Rechtsmittel der Beschwerde an das OVG. zu. Hat aber einer von ihnen die Frist zur Einlegung der Berufung seinerseits unbenutzt verstreichen lassen, so kann er das Ergebnis der Berufung des anderen, da das EinkStG. eine Anschlußberufung nicht kennt, durch die Beschwerde auf Grund von § 43 III aaO. nur noch mit dem Ziele auf Wiederherstellung des veranlagten Steuersatzes anfechten. Denn dieser ist durch Ablauf der Rechtsmittelfrist ihm gegenüber rechtskräftig geworden, und er hat daher weder auf Erhöhung noch auf Herabsetzung des veranlagten Steuersatzes einen Anspruch.

Da nun aus der Beschwerdeschrift des Steuerpflichtigen nicht mit Bestimmtheit zu ersehen war, ob er eine noch weitere Erhöhung oder eine Ermäßigung der durch die Berufungsentscheidung festgesetzten Einkommensteuer und Ergänzungssteuer erstrebte, so wurde er auf Veranlassung des Gerichtshofs vom Vorsitzenden der Berufungskommission zu einer Erklärung hierüber aufgefordert.

2. Im Rechtsmittelverfahren kann die Steuerfestsetzung nur in einer bestimmten Richtung angefochten werden; es muß daher, wenn auch nur aus den begleitenden Umständen, klar ersichtlich sein, ob eine Erhöhung oder eine Verminderung des Steuersatzes erstrebt wird. Ein alternativ gestellter Antrag, die Steuer zu erhöhen oder herabzusetzen, ist unzulässig.

Im vorliegenden Falle ist es dem Steuerpflichtigen gleich, ob der Steuersatz erhöht oder herabgesetzt wird, wenn nur die Bilanz richtiggestellt wird. Das ist aber kein mit einer Beschwerde verfolgbares Interesse, die Beschwerde muß vielmehr unmittelbar gegen das Ergebnis der Veranlagung, den Steuersatz, gerichtet sein.

Nr. 3. Entsch. v. 29. Nov. 1911 (OVGSt. 15 379) IV a 103/11.

Im § 43 II EinkStG. ist bestimmt, daß auch iF. einer Veranlagung nach einem Einkommen von nicht mehr als 3000 M dem Steuerpflichtigen das Rechtsmittel der Beschwerde zusteht, sobald durch die Entscheidung der Berufungskommission das steuerpflichtige Einkommen auf mehr als 3000 M festgesetzt ist. Diese Bestimmung ist dahin auszulegen, daß der Gesetzgeber die Festsetzung eines Steuersatzes nach einem Einkommen von mehr als 3000 M gemeint hat. Demzufolge ist die Beschwerde dem Steuerpflichtigen auch dann gegeben, wenn an sich ein Steuersatz nach einem Einkommen von mehr als 3000 M hätte festgesetzt werden müssen, aber die Festsetzung eines niedrigeren Satzes lediglich auf die Anwendung des § 19 oder des § 20 des G. zurückzuführen ist.

Nr. 4. Entsch. v. 29. Juni 1912 (OVGSt. 15 378) V A 37/12.

Nach § 43 I 1 EinkStG. stehen, wenn die Veranlagung zu einem Einkommen von nicht mehr als 3000 M erfolgt ist, sowohl dem Steuerpflichtigen als auch dem Vorsitzenden der Veranlagungskommission der Einspruch an die Veranlagungskommission und gegen die auf diesen Einspruch ergehende Entscheidung der Veranlagungskommission die Berufung an die Berufungskommission zu. Nur dann, wenn durch die Entscheidung der Berufungskommission in einem solchen

Falle das steuerpflichtige Einkommen auf mehr als 3000 ℳ festgestellt und ein dementsprechender Steuersatz festgesetzt worden ist, ist nach § 43 II aaO. dagegen das weitere Rechtsmittel der Beschwerde an das OVG. zulässig.

Zweiter Abschnitt.

Ergänzungssteuer.

Literatur: Vgl. den ersten Abschnitt.

I.

Steuerpflicht.

Nr. 1. Entsch. v. 17. April 1912 (OVGSt. 15 383) E XII 9/11.

Die Ehefrau des Steuerpflichtigen ist als Vorerbin nach §§ 2100 ff. BGB. wahre Erbin, also Eigentümerin des Nachlasses und ihr Recht nur auflösend bedingt. Nicht anders ist die Rechtslage nach dem AllgBGB. für Österr. Auch hiernach ist die Ehefrau des Steuerpflichtigen Vorerbin (§ 608 aaO.), und es kommt ihr „das eingeschränkte Eigentumsrecht mit den Rechten und Verbindlichkeiten eines Fruchtnießers zu" (§ 613 ebenda). Wie nach der ähnlichen Bestimmung des ALR. § 466 Tit. 12 T. I ist auch hier das Eigentum „des eingesetzten Erben" anerkannt; nur dem „Nacherben" (§ 615 österr. BGB.) gegenüber gilt der Vorerbe in bezug auf Verwaltung und Herausgabe des Nachlasses als Nießbraucher.

Ist hiernach die Ehefrau des Steuerpflichtigen auf jeden Fall als Eigentümerin des hinterlassenen Kapitalvermögens anzusehen, so ist dieses zum vollen Werte, wie geschehen, dem Steuerpflichtigen anzurechnen.

Nr. 2. Entsch. v. 26. Okt. 1912 (DJZ. 18 535) E XII b 3/12.

Wie nach dem BGB., so ist auch nach dem bisherigen nassauischen Privatrechte der Vorerbe bis zu dem Eintritte der Nacherbfolge als Eigentümer des Nachlasses anzusehen und zu behandeln.

II.

Maßstab der Besteuerung.

A. Steuerbares Grundvermögen.

2. Wertbestimmung.

Nr. 1. Entsch. v. 13. Juni 1912 (OVGSt. 15 391) E XI a 3/11. Ebenso (größtenteils wörtlich) **Entsch. v. 28. Nov. 1912** (StArch. 13 69) E XII b 10/12.

ErgStG. § 11.

1. Bei der Bewertung land- und forstwirtschaftlicher Grundstücke nach § 11 Abs. 1 ErgStG. ist der Grundsatz, daß jede wirtschaftliche Einheit gesondert zu bewerten ist, durch die neue Fassung des § 11 Abs. 1 nicht berührt worden. Die Berufungskommission hat daher in erster Reihe klarzustellen, wie viele wirtschaftliche Einheiten in Frage stehen, und welche von ihnen dauernd land- oder forstwirtschaftlichen Zwecken zu dienen bestimmt sind.

Soweit die Voraussetzung für die Anwendung des Abs. 1 des § 11 in der neuen Fassung nicht vorliegt, hat die Bewertung des Grundvermögens nach Maßgabe der bisher in OVGSt. 9 36[3] angenommenen Grundsätze unter Zugrundelegung des gemeinen Werts zu erfolgen.

2. Für diejenigen wirtschaftlichen Einheiten, die dauernd land- oder forstwirtschaftlichen Zwecken zu dienen bestimmt sind, soll dagegen nach § 11 Abs. 1 der Ertragswert maßgebend sein und als solcher gelten

„das Fünfundzwanzigfache des Reinertrags, den die Grundstücke als solche nach ihrer wirtschaftlichen Bestimmung bei gemeinüblicher Bewirtschaftung im Durchschnitte nachhaltig gewähren können".

Nach der RundVf. v. 15. V. 10 (Mitt. **54** 118) handelt es sich bei dem sog. Normalreinertrag iS. der neuen Gesetzesvorschrift einerseits nur um den Ertrag, den ein Grundstück bei seiner Nutzung durch den Betrieb der Land- oder Forstwirtschaft abwirft, anderseits aber nicht um den Ertrag, den eine bestimmte Person, namentlich der Steuerpflichtige, in einem Wirtschaftsjahr oder im Durchschnitte mehrerer Wirtschaftsjahre wirklich erzielt hat, sondern um einen ideellen fingierten Reinertrag, nämlich um denjenigen Reinertrag, den ein Grundstück nach seiner wirtschaftlichen Bestimmung als Ganzes iF. seiner gemeinüblichen Bewirtschaftung, d. h. bei einer in der Gegend üblichen Bewirtschaftungsweise und bei einem wirtschaftlich normalen Bestande des lebenden und toten Wirtschaftsinventars und des sonstigen Anlage- und Betriebskapitals im Durchschnitte nachhaltig, also z. B. ohne Raubbau und anderseits ohne Vernachlässigung, jedem Besitzer gewähren kann.

3. Da der sog. Normalreinertrag, wie jeder Reinertrag, begrifflich den Überschuß der Roheinnahmen über die Betriebskosten darstellt, so entsteht zunächst die Frage, welche Einnahmen und Ausgaben bei seiner Ermittelung zu berücksichtigen sind. Für die Beantwortung dieser Frage bietet weder die Nov. v. 26. V. 09 noch die erwähnte Vf. einen Anhalt; sie ist daher lediglich nach dem Ertragsbegriff im wirtschaftlichen Sinne zu entscheiden. Die Vorschriften in Art. 11 und 13 AAnwEinkStG. v. 25. VII. 06 über die Ermittelung des Einkommens aus nicht verpachteten land- oder forstwirtschaftlich benutzten Grundstücken dürfen demnach hierbei nur insoweit in Betracht kommen, als sie einer gemeinüblichen Bewirtschaftung entsprechen und mit dem wirtschaftlichen Ertragsbegriff übereinstimmen; sie sind dagegen nicht zu berücksichtigen, insoweit sie mit diesem im Widerspruche stehen und auf einer ausdrücklichen Vorschrift des EinkStG. beruhen. Dies gilt z. B. bezüglich der Grund- und Gebäudesteuern, die ihrer wirtschaftlichen Natur nach Werbungskosten sind und deshalb trotz ihrer nur beschränkten Zulassung als solche im § 8 I 3 EinkStG. bei der Ermittelung des sog. Normalreinertrags in voller Höhe in Abzug kommen müssen.

4. Auch darüber, in welcher Weise der sog. Normalreinertrag im einzelnen Falle zu ermitteln ist, enthält die Nov. v. 26. V. 09 keine Vorschrift. Die Berufungskommission hat daher zu prüfen, auf welchem Wege dieser Ertrag für die in Frage kommenden Grundstücke am zuverlässigsten gefunden werden kann. Dabei wird aber im Anschluß an die Vf. v. 15. V. 10 zu II 3 folgendes zu beachten sein.

a) Diese Verfügung enthält zunächst zu II 3 a die nachstehende Bestimmung:

„Ist für eine dauernd land- oder forstwirtschaftlich genutzte Besitzung der Reinertrag iS. des § 11 Abs. 1 ziffermäßig bekannt, dann gilt als Ertragswert unmittelbar das Fünfundzwanzigfache dieses Reinertrags nach Zu- oder Abrechnung des aus dem Schätzungsbogen ersichtlichen Mehr- oder Minderwerts des beweglichen und unbeweglichen, lebenden und toten Wirtschaftsinventars gegenüber dem wirtschaftlich normalen Bestande."

Hierbei ist offenbar an die Fälle gedacht, wo der Steuerpflichtige mit der Behauptung, daß er seinen Grundbesitz in gemeinüblicher Weise bewirtschafte, eine Berechnung vorlegt, in der die in einer Reihe aufeinander folgender oder nach der Verschiedenheit der Ernten besonders ausgewählter Wirtschaftsjahre durchschnittlich erwachsenen Roheinnahmen und Bewirtschaftungskosten auf Grund einer geordneten Buchführung derartig in Ansatz gebracht sind, daß nach der Angabe des Steuerpflichtigen der Überschuß der Einnahmen über die Ausgaben den sog. Normalreinertrag unmittelbar und rechnungsmäßig ergeben soll. Zu einem derartigen rechnungsmäßigen Nachweise, der auch ganz oder teilweise die von einem Pächter erzielten Jahresergebnisse umfassen kann, hat die Berufungskommission Stellung zu nehmen und, falls sie ihn, auch unter etwaiger Berichtigung einzelner Ansätze, nicht für eine zur Ermittelung des sog. Normalreinertrags geeignete Grundlage erachtet, dies durch Darlegung der dagegen sprechenden Bedenken zu begründen. Liegen dagegen solche Bedenken nicht vor, so ist der rechnungsmäßige Überschuß als Normalreinertrag anzuerkennen und der Berechnung des Ertragswerts des zu bewertenden Grundbesitzes unmittelbar zugrunde zu legen.

In gleicher Weise ist zu verfahren, wenn der Steuerpflichtige eine in ähnlicher Weise angefertigte Taxe oder unter Berufung auf Sachverständige eine von ihm selbst unter Schätzung der einzelnen Einnahmen und Ausgaben aufgestellte Berechnung des sog. Normalreinertrags vorlegt.

b) Liegt weder Berechnung noch Taxe vor, dann ist der Normalreinertrag unmittelbar zu schätzen, d. h. er hat unmittelbar den Gegenstand der Schätzung zu bilden, und es sind hierzu geeignete Unterlagen zu suchen. Als solche Unterlage kommt in erster Reihe in Betracht der für das zu bewertende Grundstück selbst vom Steuerpflichtigen unter normalen Verhältnissen erzielte Pachtertrag.

Hierbei ist jedoch, um den Reinertrag zu ermitteln, das Pachtverhältnis im ganzen in Betracht zu ziehen. Es sind also nicht nur die dem Pächter neben dem baren Pachtpreis obliegenden Natural- und sonstigen Nebenleistungen mit ihrem Geldwerte dem Pachtpreise zuzurechnen, sondern es sind, wie dies der Begriff des Reinertrags erfordert, auch sämtliche dem Verpächter aus dem Eigentume des Grundstücks und dessen Verpachtung erwachsenden wirtschaftlichen Ausgaben, namentlich die darauf haftenden Lasten, vom Pachtpreis in Abzug zu bringen. Anderseits ist hierbei zu erwägen, daß der Pächter regelmäßig nicht bloß eine nach der Vf. v. 15. V. 10 zu I 3, II 3 b dem Pachtzinse hinzuzurechnende Verzinsung seines Betriebskapitals (des lebenden und toten Inventars), sondern daneben als Ersatz für seine und seiner Angehörigen Tätigkeit einen Unternehmergewinn erzielen will (vgl. Art. 46 II Abs. 4 und 5 AAnwEinkStG.). Es ist deshalb zu prüfen, ob nicht mit Rücksicht hierauf ein entsprechender Zuschlag zum Pachtzinse zu machen ist, um einen zur Ermittelung des Reinertrags geeigneten Anhalt zu erlangen. Mangels besonderer Einwendungen des Steuerpflichtigen wird dieser daher regelmäßig keinen Grund zur Beschwerde haben, wenn ihm entsprechend der Vf. v. 15. V. 10 nur der volle Pachtpreis und daneben eine angemessene Verzinsung des Pächterinventars angerechnet ist. Denn das ist das Mindeste, was der Pächter aus seiner Pachtung normalerweise erzielen muß und idReg. erzielen wird.

Ist das zu bewertende Grundstück nicht oder nicht unter normalen Verhältnissen verpachtet (vgl. RundVf. zu I 3 Abs. 2 und 3 und zu II 3 c), so steht nichts im Wege, den für diesen Fall in der RundVf. angegebenen Ermittelungsweg nach Pacht- und Zinseinheitssätzen einzuschlagen. Bestreitet hierbei jedoch der Steuerpflichtige die Schätzungsunterlagen, insbesondere die hierbei verwerteten gemeinen Werte, und kann hierüber eine Verständigung nicht erzielt werden, so wird, da dem Steuerpflichtigen nicht zugemutet werden kann, sich zum Zwecke der Feststellung des nach dem G. allein noch in Betracht kommenden Ertragswerts in einen Streit über den für diesen an sich nicht maßgebenden gemeinen Wert seines Grundstücks und fremder Grundstücke einzulassen, der hier vorgezeichnete Weg nicht zum Ziele führen. Muß er verlassen werden, so hat die Berufungskommission einen anderen Weg unmittelbarer Schätzung zu suchen, wobei die Zuziehung eines sachlich und über die rechtlichen Gesichtspunkte unterrichteten Sachverständigen nicht zu entbehren sein wird.

Nicht unbeachtet darf schließlich die Berufungskommission lassen, daß die Bestimmungen im Abs. 2 des § 11 ErgStG. auch neben dem Abs. 1 der neuen Fassung in Geltung geblieben sind und deshalb Mehr- oder Minderwerte des Inventars gegenüber einem wirtschaftlichen Normalbestande von dem nach Abs. 1 festzustellenden Ertragswerte, gleichviel auf welchem der oben gegebenen Wege er ermittelt ist — mit alleiniger Ausnahme der in der RundVf. v. 15. V. 10 zu II 3 c angeordneten Ermittelungsart —, in Zu- oder Abrechnung gebracht werden müssen.

Nr. 2. Entsch. v. 16. Okt. 1912 (StArch. **13** 10).

ErgStG. § 11.

Der Ertragswert von Grundstücken, die dauernd land- oder forstwirtschaftlichen Zwecken mit Einschluß des Weinbaues zu dienen bestimmt sind, ist nach § 11 Abs. 1 ErgStG. zu ermitteln. Als Ertragswert gilt danach das Fünfundzwanzigfache des Reinertrags, den die Grundstücke als solche nach ihrer wirtschaftlichen Bestimmung bei gemeinüblicher Bewirtschaftung im Durchschnitte nachhaltig gewähren können. Der zu suchende Reinertrag deckt sich nach dieser Begriffsbestimmung weder mit dem Reinertrage, den der Steuerpflichtige im letzten Wirtschafts- oder Kalenderjahre tatsächlich erzielt hat, noch mit dem Reineinkommen, das ihm bei der Veranlagung zur Einkommensteuer angerechnet ist. Er ist vielmehr ein „ideeller, fingierter" Reinertrag, den der Grundbesitz als solcher, d. h. ohne Rücksicht auf die persönlichen Eigenschaften des zeitigen Wirtschafters — nach seiner wirtschaftlichen Bestimmung, z. B. als Acker, Wiese, Wald, Weinberg, Obstgarten —, bei gemeinüblicher Bewirtschaftung, d. h. bei einer in der Gegend und bei einem normalen Bestande des lebenden und toten Inventars und des sonstigen Anlage- und Betriebskapitals üblichen Bewirtschaftungsweise, im Durchschnitte, d. h. während einer nach Lage des Einzelfalles zu wählenden Reihe von Jahren, nachhaltig, also z. B. ohne Raubbau und anderseits ohne Vernachlässigung der wirtschaftlich gebotenen Pflege des Grundstückes gewähren kann, also jedem Besitzer unter vorstehenden Voraussetzungen gewährt. Auf welchem Wege dieser Ertragswert im vorliegenden Falle zu ermitteln ist, hat die Berufungskommission zu entscheiden. Da der Steuerpflichtige weder eine den vorstehend dargelegten Normalreinertrag ziffermäßig nachweisende Aufstellung noch eine in entsprechender Weise aufgestellte Taxe eines Sachverständigen vorgelegt hat, der Grundbesitz auch nicht verpachtet ist, so steht nichts im Wege, den in der AAnw. v. 15. V. 10 — II. 6774 — zu II 3 c zum § 11 Abs. 1 ErgStG. angegebenen Weg einzuschlagen. Geschieht dies, bestreitet aber hierbei der Steuerpflichtige etwa die Schätzungsunterlagen, namentlich den als Maßstab verwendeten gemeinen Wert, und ist eine Verständigung hierüber nicht zu erzielen, so wird zu erwägen sein, ob dann dieser Weg noch gangbar ist. Muß er fallen gelassen werden, so ist ein anderer Weg unmittelbarer Schätzung des Normalreinertrags zu suchen, wobei die Zuziehung eines sachlich und über die rechtlichen Gesichtspunkte dieser Wertsschätzung unterrichteten Sachverständigen nicht zu entbehren sein wird. Soweit dagegen etwa der gemeine Wert in Betracht kommt (vgl. AAnw. v. 15. V. 10 zu I 1), so ist dieser Wert nach den in OVGSt. **5** 63 ff., **9** 363 ff. und in dort in Bezug genommenen Urteilen aufgestellten Grundsätzen zu ermitteln.

Nr. 3. Entsch. v. 16. Nov. 1912 (DJZ. **18** 1081) E XI a 9/12.

Bei der Ausmittelung des Normalreinertrags nach § 11 Abs. 1 ErgStG. darf für den Wert der Arbeitsleistung des Eigentümers als Wirtschaftsführer kein Abzug gemacht werden.

Nr. 4. Entsch. v. 16. Nov. 1912 (DJZ. **18** 1081) E VII b 5²/12.

Der Normalreinertrag, der dem nach § 11 Abs. 1 ErgStG. maßgebenden Ertragswerte zugrunde zu legen ist, hat den Ertrag der landwirtschaftlichen

Nebenbetriebe mit zu umfassen; andere Umstände kommen bei der Bewertung dieser Betriebe überhaupt nicht in Betracht. Stehen dagegen gewerbliche Betriebe nicht in unmittelbarer Verbindung mit dem landwirtschaftlichen Betriebe, stellen sie sich vielmehr als selbständige Betriebe dar, so ist der gemeine Wert der ihnen dienenden Grundstücke und Gebäude sowie des Zubehörs nach den für die Schätzung des gewerblichen Anlage- und Betriebskapitals gegebenen Vorschriften zu ermitteln und umzusetzen.

Nr. 5. Entsch. v. 5. März 1913 (DJZ. 18 1391) E Ic 1/11.

Der Umstand, daß der Pächter die Bewertung seines Inventars in einer Summe anerkannt hat, entbindet bei der Veranlagung des Verpächters, der jene Bewertung als zu hoch bemängelt, die Berufungskommission nicht von der Pflicht, den Gegenstand der Schätzung seinem Umfange nach näher zu ermitteln und bei seiner Bewertung ins einzelne zu gehen. In dem rein wirtschaftlichen Begriffe des Normalreinertrags ist kein Raum für die Berücksichtigung des Mietwerts der eigenen Wohnung des Besitzers als Wirtschaftsleiters. Das gleiche gilt für den Geldwert der von dem Wirtschaftsleiter aus der Wirtschaft entnommenen Erzeugnisse; denn es handelt sich um Naturalaufwendungen für den Wirtschaftsbetrieb, die nicht anders beurteilt werden können als der Unterhalt sonstiger Arbeitskräfte.

Nr. 6. Entsch. v. 26. Okt. 1912 (DJZ. 18 535) VII a 10/12.

ErgStG. § 11.

Hat die Bewertung land- oder forstwirtschaftlich benutzter Grundstücke nach der Vorschrift im § 11 Abs. 1 ErgStG. zu erfolgen, so ist ausschließlich der Ertragswert des Gutes maßgebend. Hierbei kann also der Umstand, daß die zu bewertende wirtschaftliche Einheit Baustellen oder Bauland mit umfaßt, keinerlei Berücksichtigung finden.

Nr. 7. Entsch. v. 15. März 1913 (DJZ. 18 1503) E IVa 35/12 und **v. 5. März 1913** E IVa 33/12.

Für die Frage, ob eine wirtschaftliche Grundstückseinheit dauernd land- oder forstwirtschaftlichen Zwecken zu dienen bestimmt ist, ist die augenblickliche Benutzung nicht entscheidend; es müssen vielmehr alle in Betracht kommenden Verhältnisse gewürdigt werden, insbesondere die örtliche Lage des Grundstücks, seine voraussichtliche künftige Verwendung und die Anschauungen des wirtschaftlichen Verkehrs. Bei einem im Mittelpunkte einer aufstrebenden, sich stetig ausdehnenden, städtisch organisierten Gemeinde gelegenen Grundstücke ist eine dauernde Bestimmung für land- oder forstwirtschaftliche Zwecke, denen der Obst- und Gartenbau nicht ohne weiteres gleichzustellen ist, nicht mehr anzunehmen. Dagegen kann der bloße Umstand, daß ein Grundstück im Gebiete eines erst projektierten Bebauungsplanes liegt, für sich allein nicht als ausschlaggebend angesehen werden.

Nr. 8. Entsch. v. 12. Febr. 1913 (DJZ. 18 1271) E VIIc 5/12.

Soweit die Bewertung des in einem Bergwerke angelegten gewerblichen Anlage- und Betriebskapitals durch Vergleichung mit den für gleichartige gewerbliche Unternehmungen wirklich gezahlten Kaufpreisen erfolgen kann, muß dieses Hilfsmittel benutzt werden. Ist dieser Weg nicht gangbar, so ist der Wert des gewerblichen Anlage- und Betriebskapitals durch unmittelbare Schätzung zu ermitteln. Der gemeine Wert des gewerblichen Anlage- und Betriebskapitals ist derselbe wie der handelsrechtliche, für Inventur und Bilanz maßgebende

Wert. Die Summe der Einzelwerte — Grubenberechtigungen, Gebäude, Schächte, Einrichtungen unter Tage, Mineral- und Materialienbestände usw. — bildet aber nicht ohne weiteres den für die Ergänzungssteuer maßgebenden Wert des Anlage- und Betriebskapitals, vielmehr ist danach erst der Verkaufswert der Gesamtheit als eines einheitlichen Steuerobjekts zu ermitteln. Bei der Einzelbewertung ist für die Bergbauberechtigung der Wert nach der bekannten Rentenformel festzustellen (OVGSt. **14** 268, 274 ff.). Mit Möglichkeiten der Zukunft darf hierbei nicht gerechnet werden, wohl aber müssen sie bei der Bewertung der ganzen wirtschaftlichen Einheit Berücksichtigung finden, sofern hiervon der Verkaufswert bereits beim Beginne des Steuerjahrs — aber immer unter der Voraussetzung des fortgesetzten Betriebs — beeinflußt worden ist. Auch die besondere Lage des Bergwerks ist hierbei zu berücksichtigen, sofern sie den Wert des Ganzen mitbedingt. Überhaupt bleibt in Betracht zu ziehen, nach welchen Rücksichten sich im Verkehre der Verkaufspreis eines Bergwerks oder Bergwerksunternehmens bemißt und inwiefern hierbei auf den Ertrag Wert gelegt wird. Daß dabei nicht bloß der Ertrag des letzten Jahres vor dem Verkaufe, sondern der Durchschnittsertrag einer Reihe von Jahren von Bedeutung ist, entspricht den Anschauungen des Verkehrs, so daß dieser Gesichtspunkt nur aus besonderen Gründen unberücksichtigt bleiben darf.

B. Selbständige Rechte und Gerechtigkeiten.

Nr. 1. Entsch. v. 18. Okt. 1911 (OVGSt. 15 404) E XII b 2/11.

Bei der Bewertung des Erbbaurechts nebst den in seiner Ausübung errichteten Gebäuden müssen wie bei der Bewertung von Grundstücken zunächst die Gesichtspunkte erforscht werden, nach welchen in den zum Vergleiche herangezogenen Verkaufsfällen die Kaufpreise sich gebildet haben. Danach ist unter vorwiegender Berücksichtigung im wesentlichen gleichartiger Fälle und nötigenfalls unter Ausgleichung unwesentlicher Verschiedenheiten der gemeine Wert des Erbbaurechts zu ermitteln.

Nr. 2. Entsch. v. 6. März 1912 (OVGSt. 15 405) E IV a 23/11.

ErgStG. § 4 I 1.

Der Geldwert der Verlagsrechte ist in erster Linie nach dem Kaufpreis festzustellen, der für die Rechte nach den bestehenden tatsächlichen Verhältnissen im freien Verkehre zu erzielen gewesen wäre. Erst wenn es an genügenden Anhaltspunkten zur Bestimmung des Kaufwerts fehlt, darf als Hilfsmittel der Schätzung der derzeitige Jahresertrag und dessen wahrscheinliche Dauer unter entsprechender Anwendung der Vorschriften im § 13 ErgStG. Nr. IV und V bzw. im Art. 18 IV und V AAnw. zugrunde gelegt werden (vgl. Art. 9 Nr. 3b AAnw.). Dabei macht es keinen Unterschied, ob ein Verlagsrecht einen selbständigen Vermögensgegenstand oder einen Teil des gewerblichen Anlage- und Betriebskapitals bildet, denn auch bei letzterem müßte das Verlagsrecht als besonderer Rechnungsfaktor angesehen und entsprechend bewertet werden.

Nr. 3. Entsch. v. 6. März 1912 (StArch. 12 160) E I a 3/11.

Nach § 15 des ErgStG. kommen noch nicht fällige Ansprüche aus Lebens-, Kapital- und Rentenversicherungen mit zwei Dritteln der Summe der eingezahlten Prämien oder Kapitalbeträge, falls aber der Betrag nachgewiesen wird, für den die Versicherungsanstalt die Police zurückkaufen würde, mit diesem Rückkaufswerte in Anrechnung. Die vom Beschwerdeführer hervorgehobenen Umstände, daß die von ihm bei der Lebensversicherungsanstalt für Armee und Marine eingegangene Lebensversicherung eine Pflichtversicherung sei und nach § 18 der Satzung, solange der Versicherte dem aktiven Dienststande angehöre, der Rückkauf ausgeschlossen sei, stehen der Anrechnung des Werts des Anspruchs aus der Lebensversicherung mit zwei Dritteln der eingezahlten Prämien nicht entgegen. Denn die angeführte Gesetzesvorschrift macht keinen Unterschied zwischen Pflichtversicherungen und freiwilligen Versicherungen, und der Ausschluß des Rückkaufs während der aktiven Dienstzeit schließt nicht aus, daß zwei Drittel der Summe der eingezahlten Prämien besteuert werden.

Nr. 4. Entsch. v. 16. Okt. 1912 (DJZ. 18 471) E VII a 6/12.

ErgStG. § 15.

Der Einkauf in eine sog. Sterbekasse begründet nur dann einen Anspruch aus einer Lebens- oder Kapitalversicherung iS. des § 15 ErgStG., wenn damit iF. des Todes des Versicherten dessen Hinterbliebenen ein Geldbetrag zugesichert wird, der die Kosten der Beerdigung nebst den sonstigen mit dem Sterbefalle verbundenen Ausgaben nach den Verhältnissen des Versicherten erheblich übersteigt, oder wenn der Versicherte nach den Versicherungsbedingungen in der Lage ist, durch Rückverkauf an die Sterbekasse, Abtretung oder Verpfändung an Dritte jederzeit die Versicherung zu Gelde zu machen und für beliebige Zwecke zu verwenden.

D. Das sonstige Kapitalvermögen.

Nr. 1. Entsch. v. 10. Jan. 1912 (OVGSt. 15 388) E XII b 4/11.

ErgStG. §§ 9, 12.

Wenn die im Besitze des Steuerpflichtigen befindlichen, auf 10 Jahre für den Verkauf gesperrten Aktien auch vor Ablauf der zehnjährigen Sperrfrist von den gegenwärtigen Inhabern nicht veräußert werden können, so besitzen sie doch einen gemeinen Wert iS. des § 9 ErgStG., der gemäß § 12 Abs. 2 aaO. mangels eines Börsenkurses im Wege der Schätzung ihres Verkaufswerts zu ermitteln ist.

Die Berufungskommission ist zu der Annahme gelangt, daß die gesperrten Aktien, weil sie genau dieselben Dividenden tragen, wie die ungesperrten, und allen entgegenstehenden Schätzungen jede sichere Unterlage fehle, für gleichwertig mit den nicht gesperrten Aktien zu erachten seien. Diese Annahme bewegt sich auf dem Gebiete der Beurteilung tatsächlicher Verhältnisse und unterliegt deshalb der Nachprüfung des OVG. nur nach der Richtung, ob sie durch einen Rechtsirrtum beeinflußt oder mit einem wesentlichen Verfahrensmangel behaftet ist. Ein derartiger Verstoß ist aber nicht erkennbar.

E. Anrechnung fremden Vermögens.

Nr. 1. Entsch. v. 12. Febr. 1912 (StArch. 12 279) E XII b 3/11.

Nach § 2177 BGB. erfolgt der Anfall eines unter Bestimmung eines Anfangstermins angeordneten Vermächtnisses abweichend von der Regel des § 2176 aaO. nicht schon mit dem Erbfalle, d. h. mit dem Tode des Erblassers (§ 1922 aaO.), sondern erst mit dem späteren Eintritte des Termins. Unter der Bestimmung eines Anfangstermins wird im § 2177 aaO., ebenso wie im § 163 aaO., nur eine solche Befristung verstanden, durch die die rechtliche Wirkung des Geschäfts und nicht nur die Geltendmachung der Wirkung hinausgeschoben wird. Beide Fälle sind trotz der Vorschrift im § 2177 BGB. auch bei der ein Vermächtnis festsetzenden Verfügung von Todes wegen möglich. Ob der Erblasser bei einer Befristung des Vermächtnisses die rechtliche Wirkung oder nur die Geltendmachung auf einen späteren Termin hat verschieben wollen, ist Tatfrage, also Sache der Auslegung der letztwilligen Verfügung. Die Berufungskommission hätte daher im vorliegenden Falle nach Einsicht des vollständigen Testaments und der sonstigen letztwilligen Verfügungen des Erblassers prüfen müssen, ob nach dessen Willen die fraglichen Vermächtnisse sofort mit seinem Tode unter bloßer Hinausschiebung des Fälligkeitstermins oder erst nach seinem Tode anfallen sollten. In der Unterlassung dieser Prüfung liegt ein wesentlicher Verfahrensmangel.

Nr. 2. Entsch. v. 27. März 1912 (OVGSt. 15 386) E XIII d 1/11.

Zwischen einer Fideikommißstiftung iS. des § 5¹ ErgStG. und einer Familienstiftung iS. des § 7 c Abs. 1 aaO. besteht ein wesentlicher Unterschied, indem die letztere eine besondere juristische Person bildet, was bei der ersteren nicht der Fall ist. Hier handelt es sich um eine Familienstiftung. Da die der Stiftung gewidmeten Gegenstände dieser schon vor dem Tode des Ehemanns der Steuerpflichtigen übereignet worden sind, letzterer also nur Besitz und Nutzung daran zustehen, so ist ihr bei ihrer Veranlagung zur Ergänzungssteuer nicht nach § 5¹ ErgStG. der Wert des Stiftungsvermögens, sondern nach §§ 7 c, 13 II der Kapitalwert ihres Rechtes auf dessen Besitz und Genuß anzurechnen.

IV.
Veranlagungsverfahren.
E. Nachbesteuerung.

Nr. 1. Entsch. v. 12. Febr. 1913 (DJZ. 18 1391) E XII b 19/12.

Auch bei beschränkter Steuerpflicht begründet die Vermehrung des Einkommens oder Vermögens während des laufenden Steuerjahrs und der laufenden Steuerperiode grundsätzlich keine Änderung in der einmal erfolgten Veranlagung. Eine Ausnahme tritt nur ein, wenn infolge Erb- oder Fideikommißanfalls, Vermächtnisses, Überlassungsvertrags zwischen Eltern und Kindern, Verheiratung oder Schenkung Einkommen oder Vermögen vermehrt wird.

Nr. 2. Entsch. v. 5. März 1913 (DJZ. 18 1503) E IVa 30/11.

Unter die „neuen Tatsachen und Beweise", die nach § 47 ErgStG. und § 85 EinkStG. eine Nachveranlagung begründen, fällt ein bloßer Rechenfehler der Steuerbehörde bei der Aufrechnung des steuerbaren Vermögens nicht; es müssen vielmehr nachträglich andere oder geänderte Steuermerkmale bekannt oder nachgewiesen werden, die, wenn sie rechtzeitig bekannt gewesen wären, eine höhere Veranlagung zur Folge gehabt haben würden.

V.
Rechtsmittel.
A. Verfahren in der Berufungsinstanz.

Nr. 1. Entsch. v. 28. Febr. 1912 (Recht 16 386) E VIIc 1/12.

Die Berufungskommission hat die Berufung und den Antrag auf Wiedereinsetzung in den vorigen Stand als verspätet zurückgewiesen. Sie hat auf Grund der Zustellungsurkunde und der Aussage des Zustellungsbeamten angenommen, daß die Zustellung der Veranlagungszuschrift an den Steuerpflichtigen persönlich erfolgt sei. Sie hätte jedoch vor Erlaß ihrer Entscheidung dem das Gegenteil behauptenden Steuerpflichtigen Gelegenheit geben müssen, sich über den Inhalt der Zustellungsurkunde und die Aussage des Zustellungsbeamten zu äußern.

Nr. 2. Entsch. v. 8. Jan. 1913 (DJZ. **18** 1081) E XII b 12/12.

Es ist gleichgültig, ob die Berufungskommission den maßgebenden Inhalt eines in Betracht kommenden Testaments durch dessen Einsicht oder auf Grund der Angaben des Steuerpflichtigen und seines Bevollmächtigten festgestellt hat. Wesentlich ist nur, daß die Berufungskommission den ganzen Inhalt gekannt und gewürdigt hat.

Nr. 3. Entsch. v. 5. März 1913 (DJZ. **18** 1446) E I a 1/11.

Die Berufungskommission darf zur schätzungsweisen Feststellung des Reinertrags erst schreiten, wenn sie darlegt, daß und aus welchen Gründen dem angebotenen Ziffernnachweise nicht gefolgt werden kann. Sind für eine Reihe von Jahren ziffermäßige Aufzeichnungen der Wirtschaftsergebnisse vorhanden, so hat die Berufungskommission die Zulänglichkeit eines solchen Nachweises nach Lage des Falles zu prüfen und ihr Augenmerk darauf zu richten, ob die Ziffern einen Anspruch auf Zuverlässigkeit und Vollständigkeit haben, und ob die Bewirtschaftung während jener Zeit, sei es durch den Pflichtigen selbst, sei es durch seine Wirtschaftsvorgänger, eine gemeinübliche gewesen ist. Wird letzteres vom Pflichtigen geltend gemacht, so muß die Berufungskommission den Sachverhalt ermitteln und, soweit sie der Ansicht des Pflichtigen nicht beitritt, ihre gegenteilige Auffassung durch Angabe von Tatsachen begründen. Wird das vorgelegte Ziffernmaterial für brauchbar befunden, so ist es nach dem Ertragsbegriffe im wirtschaftlichen Sinne zu beurteilen. Die Vorschriften über die Ermittelung des steuerpflichtigen Einkommens dürfen demnach hierbei nur insoweit in Betracht kommen, als sie mit dem wirtschaftlichen Ertragsbegriffe übereinstimmen; sie sind dagegen nicht zu berücksichtigen, insoweit sie mit diesem im Widerspruche stehen und nur auf einer ausdrücklichen Bestimmung des EinkStG. beruhen. Wird das Ziffernmaterial für unbrauchbar befunden, so ist die Berufungskommission für die Feststellung des dem Ertragswerte zugrunde zu legenden Reinertrags auf das Hilfsmittel der Schätzung angewiesen.

Dritter Abschnitt.

Gewerbesteuer.

Literatur: **Fuisting-Strutz**: GewStG.³ (Berlin 1913).

I.

Gegenstand der Besteuerung und subjektive Steuerpflicht.

A. Allgemeine Grundsätze.

Nr. 1. Entsch. v. 9. Juli 1910 (Recht **17** 529).

Für die Gewerbesteuer kommt es nicht darauf an, wer das Gewerbe betreibt, ob jeder Musiker eines Militärmusikkorps für sich oder alle oder ein Teil von ihnen gemeinsam, weil ein von mehreren Personen gemeinsam betriebenes Gewerbe gleich dem nur von einer Person betriebenen zu besteuern ist; ebenso ist es unerheblich, wenn ein Zusammenschluß der Mitglieder des Korps zu einem gemeinsamen Unternehmen und die Verteilung der Musiker auf die einzelnen Bestellungen von Privatmusik auf militärbehördliche Anordnung im Interesse der militärischen Disziplin zurückzuführen wären. Die alleinige Frage, ob ein gemeinsames Unternehmen der Mitglieder den Gegenstand eines steuerpflichtigen Gewerbes bildet, ist zu verneinen, wenn eine, auch nur stillschweigende Abrede sämtlicher Mitglieder fehlt, das private Musikmachen als einheitliches Unternehmen für gemeinsame Rechnung und Gefahr aller zu betreiben. Vielmehr ist dann jeder Musiker selbständiger Gewerbetreibender für sich der Art, daß er sich mit beliebigen anderen Mitgliedern für den Einzelfall zusammenfindet und den Reingewinn teilt.

Nr. 2. Entsch. v. 28. Febr. 1912 (OVGSt. 15 413) VI G 316/11.

Die Ausbeutung von Urheberrechten an dramatischen und musikalischen Werken ist auch dann als Gewerbe steuerpflichtig, wenn sie durch Inanspruchnahme anderer selbständiger Gewerbetreibender erfolgt.

Die Voraussetzungen des nach § 1 GewStG. steuerpflichtigen Gewerbebetriebs, eine mit der Absicht auf Gewinnerzielung unternommene selbständige, berufsmäßige Arbeitstätigkeit, die sich als Beteiligung am allgemeinen wirtschaftlichen Verkehre darstellt, sind gegeben. Insbesondere steht es nicht im Widerspruche mit dem bestehenden Rechte, wenn in der Berufungsentscheidung aus der Zahl und Art der erworbenen Theaterstücke auf die Absicht des Beschwerdeführers geschlossen wird, dramatische oder dramatisch-musikalische Werke zu erwerben nicht als einzelne, gelegentliche und für ihn als Sachkundigen besonders geeignete Kapitalsanlage, sondern mit dem Willen, solche öfter wiederholte Geschäfte zu einem berufsmäßigen, abgegrenzten Wirkungskreise zu vereinigen und zu einer dauernden und einträglichen Einnahmequelle zu gestalten.

Nr. 3. Entsch. v. 12. Juni 1912 (OVGSt. 15 407) VI G 39/12.

Der Friedhofsinspektor einer Kirchengemeinde, der den Blumenschmuck bei Begräbnissen sowie die Herstellung und Pflege der Grabhügel nach den besonderen Wünschen der Angehörigen der Beerdigten für eigene Rechnung und Gefahr übernimmt, betreibt insoweit ein steuerpflichtiges Gewerbe, denn dieses Unternehmen enthält alle Merkmale eines steuerpflichtigen Gewerbes; insbesondere ist mit dem Unternehmen die Absicht der Gewinnerzielung verbunden. Der Beschwerdeführer wendet ein, daß ihm in der Gewinnerzielung Schranken durch den Tarif gesetzt seien. Letzterer Umstand ist aber bedeutungslos, solange hiermit die Gewinnabsicht überhaupt noch vereinbar ist; in ähnlicher Weise sind z. B. auch Bahnhofs- oder Kasinowirte in ihrer Gewinnerzielung regelmäßig beschränkt.

Nicht der Gewerbesteuer unterworfen ist dagegen der Betrieb der Baumschule und der Blumenzucht, sofern es sich hierbei nicht um eine Kunst- und Handelsgärtnerei handelt, oder der Betrieb nicht gegenüber dem Hauptzwecke des Unternehmens als diesem gewidmet und deshalb auch untergeordnet erscheint.

Keinesfalls durfte aber die Regierung den angegebenen Wert der Geräte ohne weiteres im vollen Umfange der Besteuerung zugrunde legen, sondern hätte in Verhandlung mit dem Beschwerdeführer erst den auf das steuerpflichtige Unternehmen entfallenden Wertanteil feststellen müssen.

Nr. 4. Entsch. v. 21. Dez. 1911 (OVGSt. 15 409) VI G 243/11.

Ein Landwirt, der den für seinen eigenen Betrieb beschafften Dampfdreschsatz nur gelegentlich, wenn auch gegen Entgelt, einem anderen zum Gebrauch überläßt, betreibt damit noch kein steuerpflichtiges Gewerbe.

Unter Gewerbe versteht man eine mit der Absicht der Gewinnerzielung unternommene, selbständige, berufsmäßige und erlaubte Arbeitstätigkeit, die sich als Beteiligung am allgemeinen wirtschaftlichen Verkehre darstellt. Im vorliegenden Falle fehlt der Tätigkeit des Beschwerdeführers jedenfalls das Merkmal der Berufsmäßigkeit. Denn berufsmäßig ist nur eine fortgesetzte, auf die Erreichung eines Gewinnzwecks gerichtete Tätigkeit, die erkennen läßt, daß sie das Ergebnis des Entschlusses ist, dieselben Handlungen zur Gewinnerzielung in der Zukunft zu wiederholen.

Nr. 5. Entsch. v. 3. Juli 1912 (OVGSt. 15 410) VI G 122/12.

1. Ein Ruderverein betrieb eine Gastwirtschaft, die satzungsgemäß auf den Kreis der Mitglieder nicht beschränkt war. Die Steuerpflicht des Vereins ist deshalb nach § 1 GewStG. zu beurteilen, für dessen Anwendung die allgemeinen Begriffsmerkmale des Gewerbebetriebs maßgebend sind. Danach liegt aber ein steuerpflichtiges Gewerbe vor, wenn mit dem Unternehmen die Gewinnabsicht verbunden ist und die Gewinnerzielung einen Hauptzweck des Unternehmens bildet. Beide Voraussetzungen sind im vorliegenden Falle gegeben. Denn nach der Erklärung des Vorstandes soll der Wirtschaftsbetrieb die Mittel zur Verzinsung des für sportliche Zwecke aufgewendeten Kapitals liefern. Die Gastwirtschaft soll also einen Gewinn abwerfen, der für den Sport verwendet wird. Daraus folgt, daß der Betrieb der Gastwirtschaft einen wesentlichen Hauptzweck des gesellschaftlichen Unternehmens bildet. Dagegen ist es unerheblich, ob der Wirtschaftsbetrieb den erhofften Gewinn wirklich abgeworfen hat; vielmehr könnte diese Frage nur für die Höhe der Besteuerung in Betracht kommen.

2. Zum Anlage- und Betriebskapitale gehört auch der Wert der dem Gewerbebetriebe dauernd gewidmeten Grundstücks- und Gebäudeteile, ohne daß die zur Begründung, Verbesserung oder Erweiterung des Gewerbebetriebs gemachten Schulden abgezogen werden dürfen.

Nr. 6. Entsch. v. 7. Dez. 1912 (DJZ. 18 703) VI G 197/12.

Nur derjenige, der für eigene Rechnung und unter eigener Verantwortlichkeit (auf eigene Gefahr) arbeitet, ist Gewerbetreibender im steuerlichen Sinne. Dieses Merkmal ist bei dem Direktor einer Genossenschaft nicht gegeben, wenn seine Bezüge auch nach dem Ertrage des Unternehmens bemessen sind. Selbstverständlich hat jener wie jeder andere Angestellte seine Tätigkeit vor seiner Dienstherrin, der Genossenschaft, zu vertreten; in Betracht kommt aber hier die Verantwortlichkeit gegenüber den Behörden und dem Publikum, das sich auf Geschäfte mit der Genossenschaft einläßt. Diese Verantwortlichkeit trägt allein die Genossenschaft.

B. Insbesondere bei offenen Handelsgesellschaften, Aktiengesellschaften und Kommanditgesellschaften auf Aktien und Gesellschaften m. b. H.

Nr. 1. Entsch. v. 24. Jan. 1912 (OVGSt. 15 415) VI G 308/11.

Die gewerbliche Gesellschaft m. b. H. bleibt ein selbständiges Steuersubjekt, auch wenn alle ihre Geschäftsanteile von einem anderen Gewerbetreibenden allein besessen werden. Denn die Gesellschaft m. b. H. gilt als Handelsgesellschaft iS. des HGB. Sie hat selbständig Rechte und Pflichten, sie kann Eigentum und andere dingliche Rechte an Grundstücken erwerben, vor Genicht klagen und verklagt werden. Für Verbindlichkeiten der Gesellschaft haftet nur das Gesellschaftsvermögen (§ 13 G., betr. die Gesellschaften m. b. H., idFass. v. 20. V. 98). Die beschwerdeführende Gesellschaft ist hiernach ein besonderes selbständiges Rechtssubjekt neben der Gesellschaft „B., Gesellschaft m. b. H.", von der sie einen Teil des Gewerbebetriebs „übernommen" hat. § 17 GewStG. kommt danach nicht in Betracht, da es sich nicht um mehrere Betriebe derselben Person handelt. Aber auch der Fall des § 18 aaO. ist nicht gegeben, da die zwei Gesellschaften m. b. H. nicht dasselbe Gewerbe betreiben, sondern zwei verschiedene Gewerbe nebeneinander.

Nr. 2. Entsch. v. 3. Juli 1912 (DJZ. 18 359) VI G 70/12.

Der Umstand, daß bei einer Aktiengesellschaft sämtliche Betriebe an den Generalunkosten teilnehmen, macht das Unternehmen der Aktiengesellschaft noch nicht zu einem einheitlichen.

II.

Die Steuerbefreiungen; Vorliegen oder Nichtvorliegen ihrer Voraussetzungen.

A. Nach § 3 GewStG.

Nr. 1. Entsch. v. 9. Febr. 1911 (OVGSt. 15 417) VI G 345/10.

GewStG. § 3.

Nach § 3 GewStG. sind Kommunalverbände wegen gewisser von ihnen betriebener gewerblicher Unternehmungen von der Steuer befreit. Schließen sich aber mehrere Kommunalverbände zum Betriebe solcher Unternehmungen zu einer Gesellschaft m. b. H. zusammen, so können sie jene Steuerbefreiung nicht für sich in Anspruch nehmen, weil in diesem Falle das Gewerbe nicht von den Verbänden, sondern von der ein besonderes Rechtssubjekt bildenden privatrechtlichen Gesellschaft m. b. H. betrieben wird.

Nr. 2. Entsch. v. 12. Febr. 1912 (OVGSt. 15 419) VI G 332/11.

Gemeinnützige Unternehmungen unterliegen der Gewerbesteuerpflicht, wenn neben dem gemeinnützigen Hauptzwecke die Gewinnerzielung einen besonderen wesentlichen Zweck des Unternehmens bildet.

Unbestritten hat der Kreiskommunalverband im vorliegenden Falle mit der Errichtung des Elektrizitätswerkes in der Hauptsache den gemeinnützigen Zweck verfolgt, den Kreiseingesessenen möglichst billig elektrische Energie zu beschaffen und die Erträge des Werkes hauptsächlich für diesen Zweck zu verwenden. Daneben ist er aber befugt, „sobald die Erträgnisse des Werkes außer der Verzinsung und Tilgung des Anlagekapitals angemessene Rücklagen ermöglichen, weitere Überschüsse auch zu allgemeinen Zwecken zu verwenden".

Wenn die Regierung hieraus entnimmt, „daß eine Absicht des Unternehmers, überhaupt Gewinn zu erzielen, besteht", so ist bei dieser Annahme, die wesentlich auf tatsächlichem Gebiete liegt, ein Rechtsirrtum nicht zu erkennen. Ob der Kreis im einzelnen Falle von seiner Befugnis tatsächlich Gebrauch macht oder nicht, ist für die Annahme des Vorliegens der Gewinnerzielungsabsicht ohne Bedeutung. Dagegen hat die Regierung eine Prüfung des Sachverhalts in der Richtung unterlassen, ob neben dem oben angegebenen Hauptzwecke des Elektrizitätswerks, den Kreisangehörigen möglichst billig elektrische Kraft zu beschaffen, die Gewinnerzielung einen besonderen wesentlichen Zweck des Unternehmens bildete.

Nr. 3. Entsch. v. 21. Dez. 1911 (OVGSt. 15 421) VI G 247/11.

Die Gewerbesteuerpflicht der als wohltätige Vereinigung sich bezeichnenden Gesellschaft m. b. H. hängt davon ab, ob sie bei ihrer Tätigkeit die Erzielung eines Gewinns als Hauptzweck verfolgt. Das ist zu verneinen. Zweck der Gesellschaft ist: Errichtung von Kranken- und Verpflegungs- sowie sonstigen Wohltätigkeitsanstalten und Nutzbarmachung näher bezeichneter Immobilien, um diesen Zweck erreichen zu können. Wenn aber jemand Wohltätigkeitsanstalten errichten will, so erklärt er damit das gerade Gegenteil von einer Gewinnabsicht, und wenn zur Erreichung jenes Zweckes Immobilien nutzbar gemacht werden sollen, so kann hierunter nur die nicht gewerbliche Vermögensnutzung verstanden werden.

Bei der Prüfung der rein wirtschaftlichen Frage der Gewinnabsicht müssen auch sämtliche Schuldenzinsen den Einnahmen gegenübergestellt werden.

Nr. 4. Entsch. v. 17. April 1912 (OVGSt. 15 423) VI G 306/11.
GewStG. §§ 3, 5.

1. Handelt es sich um den wohltätigen Zweck eines Unternehmens, so ist zunächst zu fragen, ob damit ein selbständiger Zweck verfolgt wird oder ob der Betrieb sich im Rahmen eines anderen Unternehmens vollzieht, in welchem Falle der Zweck des Gesamtunternehmens allein in Betracht kommt. Weiter ist zu unterscheiden, ob der wohltätige Zweck darin seinen Ausdruck findet, daß der Unternehmer zwar Gewinn erzielen will, diesen aber ausschließlich einem wohltätigen Zwecke zuwendet, oder darin, daß mit dem Unternehmen überhaupt kein Gewinn erzielt werden soll. Im ersteren Fall ist an sich ein steuerpflichtiger Betrieb vorhanden, der Finanzminister kann ihm aber nach § 3 GewStG. Steuerfreiheit gewähren: steuerfrei ist ein solches Unternehmen also lediglich kraft der Verfügung des Finanzministers. Im zweiten Falle dagegen handelt es sich überhaupt um keinen Gewerbebetrieb, und deshalb ist das Unternehmen auch nicht der Gewerbesteuer unterworfen. Der Finanzminister hat hierbei nicht mitzuwirken, vielmehr ist über die Steuerfreiheit, falls sie von der Behörde nicht anerkannt wird, im geordneten Rechtsmittelverfahren zu entscheiden.

2. Die Frage, ob mit dem Unternehmen ein Gewinnzweck verfolgt wird, entzieht sich aber der Erörterung bei den im § 5 Abs. 1 GewStG. genannten Personenvereinigungen, die nur die eigenen Bedürfnisse ihrer Mitglieder an Geld, Lebensmitteln und anderen Gegenständen zu beschaffen bezwecken. Denn diese Personenvereinigungen gelten, falls sie sich als Konsumvereine mit offenem Laden darstellen, nach Abs. 2 aaO. unter allen Umständen, sonst aber dann, wenn auch nur eine der im Abs. 1 aaO. angegebenen Voraussetzungen der Steuerfreiheit fehlt, kraft G. als Gewerbetreibende. Die Steuerfreiheit können also solche Personenvereinigungen nur durch eine besondere Verfügung des Finanzministers gemäß § 3 erreichen.

3. Dem Steuerpflichtigen (Verein Katholisches Gesellenhaus) hat der Finanzminister die Steuerfreiheit nicht besonders gewährt; § 5 Abs. 1 aaO. ist auf ihn nicht anwendbar; denn sein satzungsmäßiger Zweck besteht gerade darin, Nichtmitgliedern, nämlich dem katholischen Gesellenverein und dessen Mitgliedern gewisse Bedürfnisse zu befriedigen. Hiernach bedarf es der Prüfung, ob der Verein mit seiner Gast- und Schankwirtschaft einen selbständigen Gewinnzweck verfolgt.

Nr. 5. Entsch. v. 6. Nov. 1912 (DJZ. 18 359) VI G 158/12.
GewStG. § 34a.

Die gemeinnützigen Zwecken dienenden Geld- oder Kreditanstalten bleiben nach § 34 a GewStG. auch dann von der Gewerbesteuer befreit, wenn mit ihnen zugleich gewerbliche Zwecke, insbesondere der der Gewinnerzielung, verfolgt werden.

B. Nach § 4¹ GewStG.

Nr. 1. Entsch. v. 9. Dez. 1911 (OVGSt. **15** 426) VI G 240/11.

GewStG. § 4¹.

Nach § 4¹ GewStG. unterliegen der Gewerbesteuer nicht die Landwirtschaft und die Viehzucht. Diese Bestimmung findet indessen keine Anwendung auf diejenigen, die gewerbsweise Vieh von erkauftem Futter unterhalten, um es zum Verkaufe zu mästen. Mit erkauftem Futter erfolgt der Unterhalt des Viehes, wenn hierzu hauptsächlich und überwiegend gekauftes oder auf ausschließlich zu obigem Zwecke gepachteten Ländereien gewonnenes Futter verwendet wird. Damit ist indessen erst ein Merkmal des die Steuerpflicht begründenden Tatbestandes gegeben. Die zweite Voraussetzung ist der „gewerbsweise" Betrieb. Das kann im Zusammenhange des § 4¹ nur die Bedeutung haben, daß die Tätigkeit außerhalb des Rahmens der steuerfreien Landwirtschaft fallen muß. Wenn dagegen, wie m vorliegenden Falle, der gesamte Schweinemist in der Landwirtschaft Verwendung findet, also für ihre ordnungsmäßige Fortführung notwendig ist, so ist die Viehhaltung nicht Selbstzweck, sondern es erfolgt durch sie eine Befriedigung landwirtschaftlicher Bedürfnisse. Es handelt sich dann um einen Teil der landwirtschaftlichen Tätigkeit, der aus dem steuerfreien Unternehmen der Landwirtschaft nicht herausgehoben und als selbständiger Betrieb behandelt werden darf.

Nr. 2. Entsch. v. 9. Dez. 1911 (OVGSt. **15** 428 i. d. Anm.) VI G 241/11.

Gewerbsweise wird die Viehhaltung, wenn sie die allgemeinen Begriffsmerkmale des Gewerbebetriebs aufweist, insbesondere auch das Merkmal der Selbständigkeit des Betriebs hat. Im vorliegenden Falle hätte also geprüft werden müssen, ob der Beschwerdeführer mit der Viehhaltung einen selbständigen Gewinnzweck verfolgt oder nur sein landwirtschaftliches Unternehmen fördern will. Das letztere trifft zu, wenn ein Besitzer von 47 ha zur besseren Ausnutzung der Weide 10 Kühe und zur Verwertung der Magermilch 10 Zuchtsauen mit bis 150 Ferkeln jährlich hält.

C. Nach § 4⁷ GewStG.

Nr. 1. Entsch. v. 5. Febr. 1913 (DJZ. **18** 703) VI G 342/12.

Der Ertrag aus der Ausübung der Kunst eines wissenschaftlich vorgebildeten Gartenarchitekten ist selbst dann gewerbesteuerfrei, wenn diese Tätigkeit mit dem Betriebe einer steuerpflichtigen Kunst- und Handelsgärtnerei verbunden ist. Gewöhnliche Gartenanlagen, wie sie alltäglich von wissenschaftlich nicht ausgebildeten Gartentechnikern hergestellt werden, sind aber keine Werke der Gartenkunst.

D. Nach § 5 GewStG.

Nr. 1. Entsch. v. 3. Nov. 1910 (DJZ. **16** 1279) VI G 320/09.

Absatzvereinigungen, deren Teilnehmer für ihren Einzelbetrieb keine Steuerfreiheit genießen, unterliegen nach § 5 Abs. 3 GewStG. der Steuerpflicht. Überlassen die Mitglieder ihre Erzeugnisse der Vereinigung gegen eine bestimmte Vergütung, so ist verteilter Gesellschaftsgewinn alles, was sie über jene Vergütung hinaus erhalten. Ist dagegen keine bestimmte Vergütung vereinbart, so sind die Leistungen der Vereinigung an die Mitglieder, soweit sie den örtlichen Marktpreis der Lieferungen übersteigen, eine versteckte Dividende, also verteilter Gesellschaftsgewinn.

III.
Maßstab der Besteuerung.
A. Allgemeines.

Nr. 1. Entsch. v. 12. Febr. 1912 (OVGSt. 15 429) VI G 251/11.

Auch diejenigen Betriebe, die keine ordnungsmäßige Buchführung besitzen, aber dennoch ein besonderes Wirtschaftsjahr angenommen haben, sind unter Zugrundelegung des letzteren zur Gewerbesteuer zu veranlagen. Denn die Veranlagung nach dem besonderen Wirtschaftsjahr ist offenbar nur zugelassen zur Erleichterung der Ertragsermittelung; es soll dem Steuerpflichtigen der Nachweis der für die Ertragsfeststellung maßgebenden Geschäftsvorfälle erleichtert werden. Diesen Vorteil muß auch der Steuerpflichtige genießen, der nur gewisse Vorfälle verzeichnet, z. B. den Umsatz oder die Betriebskosten, oder der in einem bestimmten Zeitpunkte seine Rechnungen zusammenstellt u. dgl.; denn auch diesem Steuerpflichtigen würde es durch ein Abweichen von seinem Wirtschaftsjahre schwer gemacht werden, der Steuerbehörde für die erforderlichen Schätzungen die vorhandenen Unterlagen zu liefern, weil diese erst auseinandergerissen und nach dem Kalenderjahr zusammengestellt werden müßten.

B. Ertrag.
1. Begriff des Ertrages.

Nr. 1. Entsch. v. 9. Febr. 1911 (OVGSt. 15 431) VI G 325/10.

GewStG. § 22.

Der Ertrag iS. des § 22 GewStG. ist der Inbegriff dessen, was innerhalb einer gewissen Zeitperiode entweder unmittelbar durch den Betrieb des Unternehmens dem Inhaber zugeflossen oder von ihm geschaffen ist oder sich mittelbar als Frucht des in dem Unternehmen werbenden Anlage- und Betriebskapitals darstellt. In dieser Beziehung besteht kein Unterschied zwischen physischen und nichtphysischen Personen; bei beiden bildet den Maßstab der Besteuerung der Ertrag im wirtschaftlichen Sinne, d. h. der Gewinn des maßgebenden Geschäftsjahrs. Demnach muß der Ertrag einer Aktiengesellschaft aus ihrer Bilanz ermittelt werden. Hierbei ist aber zu berücksichtigen, daß die Bilanz zwar der Ertragsermittelung zugrunde zu legen, der allein in Betracht kommende Jahresgewinn aber aus ihr nicht immer ohne weiteres ersichtlich ist, schon weil die Bilanzen der Aktiengesellschaften wie die der Gesellschaften m. b. H. keine reinen Vermögensbilanzen, sondern Verteilungsbilanzen sind. Es müssen also vor allem die vorgetragenen Gewinn- oder Verlustsaldi ausgeschieden werden, denn diese berühren allein den Ertrag des Jahrs, in dem sie entstanden sind.

2. Betriebskosten.

Nr. 1. Entsch. v. 21. Dez. 1910 (DJZ. 16 1279) VI G 559/10.

Auch wenn Warenanschaffungskosten bei der Eröffnung des Geschäfts entstanden sind, bilden sie abzugsfähige Betriebskosten und, falls die Waren auf Kredit entnommen sind, laufende Geschäftsschulden.

Nr. 2. Entsch. v. 4. Okt. 1911 (OVGSt. 15 442) VI G 423/10.

GewStG. § 22.

1. Zu den Betriebskosten einer Aktiengesellschaft gehören neben den Gehältern der Angestellten auch alle Ausgaben, mit denen die Gesellschaft die Bedürfnisse der Angestellten auf kirchlichem, sozialem und wirtschaftlichem Gebiete befriedigt, weil sie damit ihren eigenen Interessen dient. Um eine solche Ausgabe handelte es sich bei den bisherigen jährlichen Leistungen der Gesellschaft an Pensionen usw. für ihre Beamten; den gleichen Charakter werden die Zahlungen haben, die die Gesellschaft künftig als monatlichen Beitrag an die Kasse zu leisten haben wird.

2. Dagegen enthält die Aufwendung der der Pensionskasse überwiesenen 450000 ℳ eine nicht abzugsfähige Ausgabe zur Verbesserung iS. des § 22 GewStG. Mit der Erzielung des Ertrags eines bestimmten Geschäftsjahrs hat jene Aufwendung überhaupt nichts zu tun. Eine Ausgabe für Verbesserung iS. des § 22 setzt auch nicht etwa solche Anlagen und Einrichtungen voraus, die zum Vermögen des Gewerbetreibenden gehören. Es genügt vielmehr, daß die Betriebsverhältnisse des gewerblichen Unternehmens durch die Ausgabe irgendwie, z. B. durch dauernde Ersparnis von Betriebskosten oder durch Wohlfahrtseinrichtungen, die dem Betriebe zugute kommen, dauernd verbessert werden sollten. Die mit dieser Auffassung nicht im Einklange stehenden Ausführungen in OVGSt. **12** 440 können nicht aufrechterhalten werden. Im vorliegenden Falle wird durch die „Einrichtung" der Kasse bezweckt, daß die Gesellschaft dauernd die Beträge erspart, die sie sonst über ihre monatlichen Kassenbeiträge hinaus für die Beamten an Pensionen usw. aufwenden müßte.

Nr. 3. Entsch. v. 26. Juni 1912 (OVGSt. 15 457) VI G 84/12.

1. Daß der Kundenrabatt weder statutarisch noch vor Beginn des Geschäftsjahrs durch ein Gesellschaftsorgan festgesetzt worden ist, wäre nur dann von ausschlaggebender Bedeutung, wenn es sich um die Verteilung von Gewinn an die Gesellschafter handeln würde. Das ist aber nicht der Fall, vielmehr kommen hier in Frage Zuwendungen an Dritte, die nicht Mitglieder der Gesellschaft sind. Diese erwerben aber nach dem Vermerk auf dem Umschlage des Rabattmarkenbuchs durch die Warenentnahme keinen klagbaren Anspruch auf den Rabatt, sondern nur die rechtlich nicht geschützte Aussicht darauf. Auf seiten der Beschwerdeführerin handelt es sich also um freiwillige Zuwendungen an die Kundschaft, die sie zur Erreichung des Gesellschaftszwecks macht, nämlich einerseits ihren Kunden die zum Lebensunterhalte dienenden Gegenstände billigst zu beschaffen, anderseits aus den Arbeiterkreisen immer mehr Kundschaft heranzuziehen. Jedenfalls aus dem letzteren Gesichtspunkt erscheinen deshalb jene Ausgaben, ebenso wie z. B. Weihnachts- oder Neujahrsgeschenke an die Kundschaft oder sog. Zugaben bei den Warenverkäufen, als zur Gewinnerzielung gemacht, mithin nach § 22 GewStG. als abzugsfähige Betriebskosten.

2. Dies kann aber nur von den wirklichen Aufwendungen zu jenem Zwecke in dem maßgebenden Geschäftsjahre gelten, nicht aber, von dem Betrage, der zur gleichen Verwendung zwar bestimmt ist, aber am Jahresschlusse noch nicht verausgabt war. In dieser Höhe ist weder eine Ausgabe erfolgt, noch unter jener Voraussetzung eine Schuld erwachsen, weil die Kunden auf den Rabatt keinen Rechtsanspruch hatten. Jener Betrag gehört deshalb dann auch nicht eigentlich zu den Passiven am Jahresschlusse, sondern bildet eine Rückstellung für künftige Zwecke, die den Gewinn des abgelaufenen Jahres nicht schmälern kann; er gehört an sich zu dem Jahresgewinn und muß deshalb für die Ermittelung des steuerpflichtigen Ertrags dem bilanzmäßigen Gewinne zugerechnet werden. Dagegen sind als Betriebskosten des maßgebenden Jahres alle Rabatte abzugs-

fähig, die überhaupt in jenem Zeitraum in Waren oder in bar verausgabt worden sind, auch wenn zu ihrer Begleichung Rückstellungen aus früheren Jahren verwendet worden sind.

Nr. 4. Entsch. v. 26. Juni 1912 (OVGSt. 15 445) VI G 102/12.

GewStG. § 22.

Als Betriebskosten sind gemäß Art. 16 II 1 AAnw. v. 4. XI. 95 insbesondere abzugsfähig die Kosten der Unterhaltung der dem Betriebe gewidmeten Gebäude und sonstigen baulichen Anlagen sowie zur Unterhaltung und Ergänzung des vorhandenen lebenden und toten Betriebsinventars. Danach sind die Kosten für Neubauten selbst in dem Falle, daß es sich um Ersatzbauten handelt, nicht abzugsfähig. Die Kosten für den Neubau der Arbeiterwohnungen gehören also nicht zu den abzugsfähigen Betriebskosten, vielmehr hat die Regierung mit Recht nur die Abschreibung wegen Wertverminderung zum Abzuge zugelassen. Der Beschwerdeführerin ist allerdings zuzugeben, daß zu den Betriebskosten einer nichtphysischen Person auch zugezählt werden alle Ausgaben, mit denen sie Bedürfnisse der Angestellten und Arbeiter auf kirchlichem, sozialem oder wirtschaftlichem Gebiete befriedigt, weil sie damit ihren eigenen Interessen dient. Um solche laufende Betriebsausgaben würde es sich handeln, wenn die Beschwerdeführerin ihren Arbeitern Wohnungsgelegenheit in fremden Häusern gewährte, die sie zu diesem Zwecke gemietet hätte. Wenn sie aber selbst Arbeiterwohnhäuser baut, so hat die Aufwendung hierfür mit der Erzielung des Ertrags in einem bestimmten Geschäftsjahr überhaupt nichts mehr zu tun. Die Beschwerdeführerin hat sich zu dem Baue entschlossen, um das Wohnungsbedürfnis der Arbeiter dauernd befriedigen zu können und damit laufende Betriebsausgaben zu jenem Zwecke zu ersparen. Wenn aber die Betriebsverhältnisse eines gewerblichen Unternehmens durch dauernde Ersparnis von Betriebskosten oder durch Wohlfahrtseinrichtungen, die dem Betriebe zugute kommen, dauernd verbessert werden, so liegt auch eine Ausgabe für Verbesserung iS. des § 22 GewStG., Art. 16 IV 4 AAnw. v. 4. XI. 95 und des Art. 28² AAnwEinkStG. v. 25. VII. 06 vor. Das ist gerade für Arbeiterwohnhäuser bereits in der Rechtsprechung anerkannt.

3. Abschreibungen.

Nr. 1. Entsch. v. 17. April 1912 (OVGSt. 15 435) VI G 8/12.

GewStG. §§ 22, 23.

1. Die Annahme der Beschwerdeführerin, daß die Teilschuldverschreibungen zu ihren laufenden Geschäftsschulden gehörten, deren Zinsen vom Ertrag abzugsfähig seien, beruht auf Rechtsirrtum. Wenn auch die abgetragenen Schulden den Charakter laufender Schulden gehabt haben, so können doch die zu ihrer Abstoßung verwendeten, durch eine feste Anleihe beschafften Geldbeträge nicht diesen Charakter annehmen, da gerade durch die Aufnahme der festen Anleihe außer Zweifel gestellt ist, daß die laufenden Schulden als solche nicht bestehen bleiben konnten oder sollten, sondern getilgt werden mußten, und daß es zu diesem Behufe einer festen, den Charakter dauernder Widmung an sich tragenden Anleihe, also einer Verstärkung des Betriebskapitals (§ 23 GewStG.) bedurfte. Zinsen aber für Schulden, die zur Verstärkung des Betriebskapitals aufgenommen sind, dürfen nach § 22 GewStG. bei der Ertragsberechnung nicht abgezogen werden.

2. Rechtsirrig ist auch die Anschauung der Beschwerdeführerin, bei Aktiengesellschaften könnten wegen der besonderen für sie bestehenden Bilanzvorschriften des § 261 HGB. unter Umständen auch Wertverminderungen aus Vorjahren für die Ertragsermittelung berücksichtigt werden.

Nach jener Gesetzesvorschrift steht es den Aktiengesellschaften frei, den in früheren Bilanzen zu hoch angesetzten Wert der in Nr. 3 aaO. erwähnten Betriebsgegenstände in jeder späteren Bilanz auf den wirklichen Wert herabzuschreiben, und in OVGSt. **10** 214, 302, 303, **12** 319 ist allerdings angenommen, daß derartig vorgenommene Abschreibungen auch bei der Ermittelung der mit dem geschäftlichen Reingewinn iS. des § 13 EinkStG. gleichbedeutenden Überschüsse gewerblicher Aktiengesellschaften in vollem Umfange zugelassen werden müßten. Ob dieser Annahme beizutreten wäre, bedarf hier keiner Entscheidung. Denn die Bemessung der steuerlich zulässigen Abschreibungen bei der Ermittelung der Überschüsse der gewerblichen Aktiengesellschaften nach den besonderen Bewertungsvorschriften im § 261 HGB. beruht lediglich auf den Bestimmungen über die Ermittelung des Geschäftsgewinns der Steuerpflichtigen, die Handelsbücher nach Vorschrift der §§ 38 ff. dieses G. führen, im § 13 Abs. 1 Satz 2 und 3 EinkStG., insbesondere auf der Bestimmung, daß auch bei der Bemessung der regelmäßigen jährlichen Abschreibungen, die einer angemessenen Berücksichtigung der Wertverminderung entsprechen, die Grundsätze maßgebend sein sollen, wie solche für die Inventur und Bilanz durch das HGB. vorgeschrieben sind und sonst dem Gebrauch eines ordentlichen Kaufmanns entsprechen. Eine solche Vorschrift fehlt in dem GewStG.

3. Der Ertrag iS. des § 22 GewStG. ist der Inbegriff dessen, was innerhalb einer gewissen Zeitperiode entweder unmittelbar durch den Betrieb des Unternehmens dem Inhaber zugeflossen oder von ihm geschaffen ist oder sich mittelbar als Frucht des in dem Unternehmen werbenden Anlage- und Betriebskapitals darstellt. In dieser Beziehung besteht kein Unterschied zwischen physischen und nichtphysischen Personen; bei beiden bildet den Maßstab der Besteuerung der Ertrag im wirtschaftlichen Sinne, d. h. der Gewinn des maßgebenden Geschäftsjahrs. Demnach muß der Ertrag einer Aktiengesellschaft allerdings aus deren Bilanz ermittelt werden; diese bildet aber nur den Ausgangspunkt für die Ertragsermittelung, nicht aber, wie bei der Ermittelung der Überschüsse (§ 15 EinkStG.) für die Veranlagung zur Einkommensteuer, die maßgebende Grundlage. Weil nämlich die Bilanz einer Aktiengesellschaft wie die einer Gesellschaft m. b. H. keine reine Vermögensbilanz, sondern eine Verteilungsbilanz ist, so ist aus ihr der Jahresgewinn nicht immer ohne weiteres ersichtlich. Vielmehr müssen aus ihr alle Posten ausgeschieden werden, die zu dem maßgebenden Geschäftsjahr in keiner Beziehung stehen; deshalb dürfen auch Abschreibungen auf alle Gegenstände des Anlage- und Betriebskapitals nur soweit berücksichtigt werden, als sie der Wertverminderung entsprechen, die ihr wirklicher Wert, der gemeine Wert, d. h. der objektive Verkaufswert unter der Voraussetzung des Fortbestandes des Geschäfts, in dem für die Veranlagung maßgebenden Jahre erlitten hat.

4. Aus dem Umstande, daß in der Bilanz neben Abschreibungen schlechthin noch Extraabschreibungen und die Überweisung zu einem Erneuerungsfonds erwähnt werden, kann nicht ohne weiteres gefolgert werden, daß die Beschwerdeführerin mit ihren „Abschreibungen" der wirklichen Wertverminderung im Bilanzjahre bereits vollständig Rechnung getragen hätte. Was den Erneuerungsfonds betrifft, so kommt noch hinzu, daß er bilanzmäßig nicht aus dem Reingewinne gespeist worden ist.

5. Für die Ertragsermittelung sind die wirklichen Wertverminderungen der Anlage- und Betriebsgegenstände in dem maßgebenden Jahre ohne Rücksicht auf die Buchwerte sowie die etwaigen durch das Ausscheiden von Betriebsgegenständen gebotenen besonderen Abschreibungen nach ihrem Buchwerte festzustellen, und zwar in Verhandlung mit der Beschwerdeführerin und unter Erhebung der von ihr etwa angebotenen Beweise. An die tatsächlichen und rechtlichen Annahmen des Steuerausschusses im Veranlagungs- und Einspruchsverfahren ist die Regierung in keiner Weise gebunden; das Verbot der

sog. reformatio in pejus, d. h. der Abänderung der Vorentscheidung zuungunsten des Steuerpflichtigen, hindert sie nur an der Festsetzung eines höheren Steuersatzes.

Nr. 2. Entsch. v. 30. Mai 1912 (OVGSt. 15 433) VI G 353/11.

GewStG. § 22.

1. Die Buchwerte der aus dem Betrieb ausgeschiedenen Gegenstände dürfen in voller Höhe abgeschrieben werden.

2. Reservefonds, die vor Beginn des für die Veranlagung maßgebenden Jahres gebildet sind, dürfen in die Ertragsberechnung auch insoweit nicht einbezogen werden, als sie zum Zwecke der Verrechnung auf Abschreibungen aufgelöst und beseitigt worden sind. Dagegen sind die zulässigen Abschreibungen, die aus einem solchen Reservefonds bewirkt werden, besonders in Abzug zu bringen.

C. Anlage- und Betriebskapital.

Nr. 1. Entsch. v. 27. Febr. 1911 (DJZ. **16** 1395) VI G 436/10.

Wird das Gewerbe auf einem Grundstücke betrieben, das im Miteigentume des Unternehmers steht, so gehört der Wert der gewerblichen Räume zu dem dem Miteigentum entsprechenden Bruchteile zum gewerblichen Anlage- und Betriebskapitale.

Nr. 2. Entsch. v. 12. Febr. 1912 (OVGSt. 15 449) VI G 242/11.

1. Die Umschreibung der Steuer der in Liquidation getretenen Gesellschaft m. b. H. auf die Beschwerdeführerin hat die Regierung mit Recht abgelehnt, weil die Beschwerdeführerin den übernommenen Betrieb keinesfalls unverändert fortgesetzt hat. Das folgt schon daraus, daß die Gesellschaft in Liquidation nicht bloß ihr Stammkapital von 66 000 *M* verloren, sondern noch 134 000 *M* Schulden hatte. Die Beschwerdeführerin hat dagegen ihren Betrieb ohne Schulden und selbst, wenn die ganze Sacheinlage wertlos gewesen wäre, mit einem Vermögen von 100 000 *M*, der Geschäftseinlage des Dr. R., begonnen. Es kommen hierbei nicht bloß die eingezahlten 25 000 *M* in Betracht, sondern auch die übrigen 75 000 *M*. Denn diese stellen eine Forderung der Gesellschaft an R. dar, die die Gesellschaft weder erlassen noch stunden darf, die vielmehr auf Beschluß der Gesellschaft jederzeit einzuzahlen ist. Diese Forderung ist deshalb auch unter den Aktiven der Bilanz in Ansatz zu bringen. Letzteres ergibt sich schon daraus, daß nach § 42 G., betr. die Gesellschaften m. b. H., id. Fass. v. 20. V. 98, der ganze Betrag des im Gesellschaftsvertrage bestimmten Stammkapitals unter die Passiva aufzunehmen ist. Die noch nicht eingezahlte Stammeinlage gehört demnach als Forderung an einen Gesellschafter zum Geschäftsvermögen der Gesellschaft, d. h. zu ihrem gewerblichen Anlage- und Betriebskapital. Die in OVGSt. **11** 425 hiervon abweichenden Ausführungen können nicht aufrecht erhalten werden.

2. Bei der Bewertung einer Sacheinlage für die Berechnung des gewerblichen Anlage- und Betriebskapitals einer Gesellschaft m. b. H. darf die Wertangabe oder Wertfestsetzung im Gesellschaftsvertrage seitens der Steuerpflichtigen nicht willkürlich gekürzt werden.

Nr. 3. Entsch. v. 22. April 1913 (DJZ. **18** 1390) VIII C 24/13.

Wie das OVG. in ständiger Rechtsprechung angenommen hat, sind als dauernd einem Gewerbebetriebe gewidmete Werte iS. des § 23 GewStG. nur die im Eigentum des Gewerbetreibenden stehenden, nicht aber auch solche Gegenstände anzusehen, die gepachtet oder gemietet sind.

D. Besteuerung der nur zum Teil in Preußen steuerpflichtigen Gewerbe.

Nr. 1. Entsch. v. 28. Okt. 1911 (OVGSt. **15** 452) VI G 145/11.

1. Die Steuerpflichtige bekämpft die Bewertung des Geschäftsanteils an der Gesellschaft m. b. H. nur deshalb, weil für ihre Bilanzaufstellung neben dem § 40 HGB. noch die Vorschrift im § 261 aaO. maßgebend und deshalb jener Geschäftsanteil höchstens zu seinem Anschaffungspreis anzusetzen gewesen sei, das sei höchstens zu 1 ℳ. Den Anschaffungspreis berechnet die Steuerpflichtige in folgender Weise: Zur Erlangung ihrer Bergwerksgerechtsame im Auslande habe sie keine Aufwendungen zu machen brauchen, weshalb diese Berechtigungen auch keinen besonderen Buchwert gehabt hätten. Als daher die A.-Gesellschaft m. b. H. gegründet wurde und sie, die Steuerpflichtige, dabei gewisse Bergberechtigungen gegen Gewährung eines Gesellschaftsanteils von 2 000 000 ℳ in die Gesellschaft m. b. H. einbrachte, sei der Selbstkostenpreis dieses Geschäftsanteils genau so hoch geblieben wie der der eingebrachten Berechtigungen, nämlich höchstens 1 ℳ. Ein Verkauf der Bergberechtigungen habe nicht stattgefunden, sondern nur eine rechtliche Umformung ihres Besitzes, die nicht in Betracht komme. Denn es sei feststehender Grundsatz, daß durch juristische Umformungen von Sachen und Rechten bilanzmäßige Änderungen nicht vorgenommen werden dürfen.

2. Diese Ausführungen gehen fehl. Allerdings sind die in die A.-Gesellschaft m. b. H. eingebrachten Berechtigungen nicht verkauft worden, aber sie sind zufolge der Illation in jene Gesellschaft der Gegenstand einer Veräußerung gewesen. Diese Veräußerung hat auch wirtschaftliche Veränderungen herbeigeführt. Denn während bisher die veräußerten Berggerechtigkeiten zum Vermögen der Steuerpflichtigen gehörten, ist an ihre Stelle der neu erworbene Geschäftsanteil an der ein selbständiges Rechtssubjekt bildenden Gesellschaft m. b. H. getreten, deren Vermögen neben jenen Gerechtsamen auch die Einlage des anderen Gesellschafters und die von jener Gesellschaft m. b. H. neu geschaffenen Werte umfaßt.

3. Ferner muß als Anschaffungs- oder Herstellungspreis alles gelten, was jemand aus seinem Vermögen aufwendet, um die neuen Vermögensgegenstände sich zu verschaffen. Im vorliegenden Falle hatte die Steuerpflichtige nach dem Gesellschaftsvertrage der A.-Gesellschaft m. b. H. eine ihrem Geschäftsanteil entsprechende Stammeinlage von 2 000 000 ℳ übernommen und sich verpflichtet, auf diese Stammeinlage gewisse Bergberechtigungen in die neu gegründete Gesellschaft einzubringen. Der Geldwert, für den diese Einlage von der Gesellschaft m. b. H. angenommen wurde, mußte nach § 5 Abs. 4 HGB. in dem Gesellschaftsvertrage festgesetzt werden und ist auf 2 000 000 ℳ vereinbart worden. Das Äquivalent, das die Steuerpflichtige für ihren Geschäftsanteil an der Gesellschaft m. b. H. an diese zu leisten hatte, war hiernach eine Sacheinlage (§ 5 Abs. 4 aaO.) im Geldwerte von 2 000 000 ℳ. Hiernach kann als Anschaffungspreis des Geschäftsanteils an der A.-Gesellschaft m. b. H. nur der auf 2 000 000 ℳ vereinbarte Geldwert der in jene Gesellschaft eingebrachten Gerechtsame angesehen werden. Zu welchem Preise die Steuerpflichtige die Gerechtsame erworben hatte, oder welchen Wert die Gerechtsame zur Zeit der Erwerbung durch die Steuerpflichtige hatte, ist gleichgültig.

IV.
Veranlagungsverfahren.
A. Veranlagungsgrundsätze.

Nr. 1. Entsch. v. 11. Mai 1911 (OVGSt. **15** 461) VI G 403/10.

Beschränkt eine Aktiengesellschaft, die sich zu dem Zwecke gebildet hat, gewisse Erfindungen gewerblich auszubeuten, ihre Tätigkeit zunächst auf chemische Versuche, um die Erfindungen nach der Seite der praktischen Brauchbarkeit zu prüfen oder ein neues Verfahren zu ihrer praktischen Verwendung zu ermitteln, so hat sie damit ihren Gewerbebetrieb schon eröffnet. Denn wenn jene Vorarbeiten auch noch keinen Gewinn abwerfen, so vereinigen sich in ihnen doch schon Kapital der Aktiengesellschaft und die Arbeit ihrer Organe, um schließlich durch praktische Verwertung der nachgeprüften und verbesserten Erfindungen und des neuen Verfahrens in der Form der Herstellung und des Vertriebs der neuen Erzeugnisse sich am allgemeinen wirtschaftlichen Verkehr zu beteiligen und Gewinn für die Gesellschaft zu erzielen.

Nr. 2. Entsch. v. 12. Febr. 1912 (Recht **16** 386).

GewStG. § 24.

Der Beschwerdeführer hat ein vom 1. V. bis 30. IV. laufendes Geschäftsjahr. Das OVG. wünscht — gleichgültig ob ordnungsmäßige Buchführung vorliegt oder nicht — der Veranlagung zur Gewerbesteuer dasjenige letzte Geschäftsjahr zugrunde zu legen, dessen Ergebnis zur Zeit der Veranlagung feststellbar ist, und erklärt insoweit Art. 18 AAnw. v. 4. XI. 95 für ungültig, die bei Gewerben ohne ordentliche Buchführung das verflossene Kalenderjahr herangezogen wissen will. Nach dem OVG. fehlt für letztere Vorschrift, die die Auslegung einer materiell rechtlichen Gesetzesbestimmung sei, ein ausreichender Grund. Denn die Veranlagung nach einem besonderen Wirtschaftsjahre sei offenbar nur zur Erleichterung der Ertragsermittelung, nämlich des Nachweises der maßgebenden Geschäftsvorfälle, zugelassen. Diesen Vorteil müsse auch derjenige haben, der nur gewisse Vorfälle verzeichne (Umsatz, Betriebskosten) oder in einem bestimmten Zeitpunkte seine Rechnungen zusammenstelle usf.; denn auch diesem würde es durch Abweichung von seinem Wirtschaftsjahre schwer gemacht werden, der Behörde die für die Schätzungen vorhandenen Unterlagen zu liefern, weil diese erst auseinandergerissen und nach dem Kalenderjahre zusammengestellt werden müßten. Das besondere Wirtschaftsjahr sei also in jedem Falle maßgeblich.

Nr. 3. Entsch. v. 29. April 1912 (OVGSt. **15** 463) VI G 422/11.

In den Klassen II bis IV braucht die vom Steuerausschusse vorzunehmende Verteilung der Steuersumme auf die Mitglieder der Steuergesellschaft nicht von einem Vorsitzenden geleitet zu werden.

Nach § 15[1] GewStG. haben die Mitglieder des Steuerausschusses die Steuersumme selbständig zu verteilen. Der Vorsitzende des Steuerausschusses kann sich hierbei, regelmäßig ohne Stimmrecht, beteiligen, braucht es aber nicht zu tun. Wenn die Art. 38 Abs. 1, Art. 22[8] AAnw. v. 4. XI. 95 anordnen, daß bei Abwesenheit des Vorsitzenden des Steuerausschusses die Ausschußmitglieder aus ihrer Mitte einen Vorsitzenden zu wählen haben, so ist dies lediglich eine Ordnungsmaßregel, um die gesetzmäßige Erledigung des Geschäfts zu sichern.

B. Zu- und Abgänge.

Nr. 1. Entsch. v. 24. Mai 1911 (DJZ. 17 407) VI G 649/10.

Bei den offenen Handelsgesellschaften und einfachen Kommanditgesellschaften wird ihre Identität durch das Ausscheiden eines bisherigen oder den Eintritt eines neuen Mitglieds nicht berührt (§§ 130, 138 – 140, 161 Abs. 2 und 173 HGB.). Deshalb erfolgt in solchen Fällen auch keine Neueröffnung eines gewerblichen Betriebs, die eine Zugangsveranlagung im Laufe des Steuerjahrs oder die Umschreibung der veranlagten Steuer rechtfertigen könnte.

D. Nachbesteuerung.

Nr. 1. Entsch. v. 16. April 1913 (Recht 17 529).

Die neu gegründete steuerpflichtige Gesellschaft war am 15. XII. 10 durch den Vorsitzenden des Steuerausschusses der Klasse II zugangsweise vom 1. VII. 09 ab zum Mittelsatze dieser Klasse veranlagt worden. Auf Einspruch nach Klasse III versetzt, begehrte sie mit der Berufung Freistellung. Inzwischen war sie aber infolge der Überweisung in Klasse III zum Mittelsatze veranlagt worden. Nach dem zurückweisenden Berufungsbescheide der Regierung gab das OVG. der Beschwerde statt. Da das Steuerjahr abgelaufen war, so war die Zugangsvorschrift des § 34 GewStG. allein nicht mehr anwendbar, sondern nur Nachveranlagung nach § 78, falls dessen Voraussetzungen hier tatsächlich zutrafen, und zwar nur durch die Regierung. Die AAnw. Art. 52 Abs. 2 erwähnt zwar die Nachbesteuerung in Zugangsfällen nicht; diese Anwendung des § 78 ist aber anzunehmen, wie dies auch entsprechend für das EinkStG. durch dessen AAnw. Art. 93 Abs. 1 aE. ausdrücklich vorgesehen ist. Mit der mangels Zuständigkeit der verfügenden Stelle auszusprechenden Aufhebung der Veranlagung in Klasse II fällt auch die anderweite Veranlagung in Klasse III von selbst fort, die überhaupt nach der selbstverständlichen sinngemäßen Auslegung des Art. 43 Abs. 5 AAnw. erst nach Rechtskraft des ersten Verfahrens erfolgen durfte.

V.
Rechtsmittel.

A. Allgemeines.

Nr. 1. Entsch. v. 9. Jan. 1911 (OVGSt. 15 464) VI G 198/10.

Die Übertragung des Geschäftsvermögens eines Gewerbetreibenden zur fiduziarischen Verwaltung legitimiert den Treuhänder nicht zur selbständigen Einlegung von Rechtsmitteln wegen der Veranlagung jenes Gewerbetreibenden zur Gewerbesteuer.

VI.
Verteilung des Steuersatzes auf mehrere Kommunalbezirke.

A. Allgemeine Grundsätze.

Nr. 1. Entsch. v. 9. Dez. 1910 (DJZ. 16 1395) VI G 179/10.

Auch bei der Zerlegung des dem preußischen Staate auferlegten Gewerbesteuersatzes hat die von einer Gemeinde im Rechtsmittelverfahren erstrittene Erhöhung ihres Steuersatzanteils die Rückwirkung auf die Höhe der Steuersatzanteile der anderen Betriebsorte. — Bei fiskalischen Bergwerken gehören die Kosten der Geschäftsleitung in der Provinzial- und Zentralinstanz nur insoweit zu den gewerblichen Betriebsausgaben, als sie den Betrieb des einzelnen Bergwerks unmittelbar oder mittelbar betreffen, nicht aber auch insoweit sie sich auf die staatliche Beaufsichtigung aller Bergwerksbetriebe, seien es private oder fiskalische, vom Standpunkte des öffentlichen Interesses und allgemeinen Wohles beziehen.

B. Berechtigte Gemeinden; Begriff des Betriebsortes.

Nr. 1. Entsch. v. 20. Sept. 1911 (OVGSt. 15 468) VI G 504/10.

1. Betriebsort iS. der §§ 2, 38 GewStG. ist jeder selbständige kommunale Bezirk, wo durch Errichtung einer Zweigniederlassung, Fabrikations-, Ein- oder Verkaufsstätte oder in sonstiger Weise ein stehender Betrieb unterhalten wird, mithin jeder Ort, an dem sich Einrichtungen sachlicher oder persönlicher Art befinden, die dauernd dem Gewerbebetriebe gewidmet sind.

2. Zum Betriebsorte wird eine Gemeinde auch durch solche Veranstaltungen im gewerblichen Betriebe, deren Einrichtung und Unterhaltung im staatlichen Interesse vorgeschrieben sind und fortdauernd einer staatlichen Beaufsichtigung und Kontrolle unterliegen.

Im vorliegenden Falle ist die Errichtung der Kontrollstationen durch die Steuerpflichtige und eine andere Aktiengesellschaft erst auf deren Ersuchen vom Staate genehmigt. Beide Gesellschaften hatten durch die Grenzsperre erhebliche Einbuße an ihren Einnahmen erlitten, weil dadurch der Zug der Auswanderer von den deutschen Seehäfen ab- und ausländischen Seehäfen zugeleitet wurde. Die Genehmigung und Errichtung der Stationen sind auf Widerruf erfolgt und mit der Maßgabe, daß die Stationen von den beiden Gesellschaften errichtet und unterhalten, auch mit dem zur Wahrung der polizeilichen Anordnungen erforderlichen Personale besetzt werden. Schon diese Umstände allein sprechen gegen die Annahme, daß die Kontrollstationen staatliche Einrichtungen sind, denn solche bedürfen überhaupt keiner besonderen staatlichen Genehmigung und werden auch vom Staate selbst errichtet und unterhalten. Die strenge staatliche Aufsicht, der die Stationen unterstehen, macht sie noch keineswegs zu staatlichen polizeilichen Einrichtungen, zumal da die errichteten Baulichkeiten im Eigentume der Gesellschaft geblieben sind und deren Schiffahrtsinteressen unmittelbar dienen. Einrichtungen, die vom Staate in seinem eigenen Interesse getroffen und bei denen seine Organe im staatlichen Interesse tätig sind, dürfen bei der Entscheidung der hier streitigen Frage nicht verwechselt werden mit Veranstaltungen in einem gewerblichen Betriebe, deren Einrichtung und Unterhaltung im staatlichen Interesse vorgeschrieben sind und fortdauernd einer staatlichen Beaufsichtigung und Kontrolle unterliegen.

Ähnlich liegen die Verhältnisse bei der Registrierstation in M. Auch sie ist mit staatlicher Genehmigung von den beiden Gesellschaften eingerichtet und wird von ihnen unterhalten, auch durch einen von ihren Beauftragten geleitet.

3. Anlangend die Frage des Vorhandenseins von Einrichtungen persönlicher Art im obigen Sinne in den vier beschwerdeführenden Gemeinden, so werden die zu den maßgebenden Zeitpunkten geltend gewesenen Verträge und Vereinbarungen der Steuerpflichtigen mit den Leitern und Beauftragten der drei Kontrollstationen und der Registrierstation einzusehen und, soweit dadurch die erforderliche Klarheit nicht beschafft werden kann, die zu den betreffenden Zeitpunkten tätig gewesenen Leiter und Beauftragten selbst zu hören sein. Falls diese Personen

lediglich zur Vorbereitung oder Vermittelung des Beförderungsvertrags bestellt gewesen sind, würden sie keinen Betriebsort der steuerpflichtigen Aktiengesellschaft begründen. Anders würde die Sache liegen, wenn sie in dem Unternehmen der Aktiengesellschaft eine Tätigkeit ausgeübt hätten, die beim Fehlen ihrer Person von der Unternehmerin selbst oder ihren Angestellten hätte ausgeübt werden müssen, d. h. wenn sie über die bloße Vorbereitung und Vermittelung des Beförderungsvertrags hinaus eine solche Tätigkeit für die Steuerpflichtige ausgeübt hätten, die in den Rahmen des gewerblichen Unternehmens der letzteren gefallen wäre. Zu einer derartigen Tätigkeit würde insbesondere der Abschluß von Rechtsgeschäften mit bindender Wirkung für die Steuerpflichtige gehören, so z. B. auch der Abschluß des Beförderungsvertrags, der an sich keiner besonderen Form bedarf.

Nr. 2. Entsch. v. 20. Sept. 1911 (DIZ. 17 463) VI G 679/10.

GewStG. §§ 2, 38.

Betriebsort iS. der §§ 2, 38 GewStG. ist jeder selbständige Kommunalbezirk, in dem sich Einrichtungen sachlicher oder persönlicher Art befinden, die dauernd dem Gewerbebetriebe gewidmet sind. Für die Frage, ob es sich um staatliche oder gewerbliche Veranstaltungen handelt, sind Einrichtungen, die vom Staate in seinem eigenen Interesse getroffen und bei denen seine Organe im staatlichen Interesse tätig sind, nicht zu verwechseln mit Veranstaltungen in einem gewerblichen Betriebe, deren Einrichtung und Unterhaltung im staatlichen Interesse vorgeschrieben sind und fortdauernd einer staatlichen Beaufsichtigung unterliegen.

Nr. 3. Entsch. v. 20. Sept. 1911 (OVGSt. 15 467) VI G 197/11.

GewStG. § 38.

Betriebsort iS. des § 38 GewStG. ist jeder selbständige kommunale Bezirk, wo durch Errichtung einer Zweigniederlassung, Fabrikations-, Ein- oder Verkaufsstätte oder in sonstiger Weise ein stehender Betrieb unterhalten wird, mithin jeder Ort, an dem sich Einrichtungen sachlicher oder persönlicher Art befinden, die dauernd dem Betriebe gewidmet sind. In OVGSt. **13** 428/429 sind bei der Veranlagung eines Bezirksschornsteinfegers sämtliche zum Kehrbezirke gehörigen Gemeinden als Betriebsorte angesehen. Diese Ansicht läßt sich nicht aufrecht erhalten. Denn der dort zur Begründung der damals ausgesprochenen Ansicht angeführte Umstand, daß der Kehrbezirk amtlich bestimmt ist und einem amtlich bestellten Schornsteinfeger überwiesen war, ist nicht ausschlaggebend für die hier zu entscheidende Frage, an welchen Orten ein Bezirksschornsteinfeger sein Gewerbe als stehendes ausübt und welche Gemeinden seines Kehrbezirks deshalb als Betriebsorte seines gewerblichen Unternehmens iS. des § 38 aaO. anzusehen sind. Die von dem Steuerpflichtigen gefegten Schornsteine dürfen nicht zu den sachlichen Einrichtungen des Steuerpflichtigen in dem vorerwähnten Sinne gerechnet werden.

Nr. 4. Entsch. v. 9. Dez. 1911 (OVGSt. 15 465) VI G 262/11.

Auch ein Abschlußagent ist Handlungsbevollmächtigter (§ 54 HGB.) und deshalb unzweifelhaft rechtsgeschäftlicher Vertreter; er begründet also durch seine Tätigkeit stets die Eigenschaft eines Betriebsorts seines Auftraggebers. Besorgt er auf Grund mündlicher oder schriftlicher Vereinbarungen mit der Firma oder auch nur mit ihrem stillschweigenden Einverständnisse dauernd für sie das Inkasso, so würde auch dies eine Tätigkeit rechtsgeschäftlicher Natur sein, die unbedingt in den Rahmen des Gewerbebetriebs der Firma fällt und B. zu deren Betriebsorte machen würde.

Nr. 5. Entsch. v. 30. Mai 1912 (OVGSt. **15** 473) VI G 322/11.

Der Begriff des Betriebsorts iS. des § 38 GewStG. ist nicht gleichbedeutend mit der Betriebsstätte iS. des KommAbgG., vielmehr ein erheblich weiterer, da unter einem solchen jeder Ort zu verstehen ist, wo nach dem allgemeinen Gewerbebegriff und den besonderen Verhältnissen des einzelnen Falles das Gewerbe als stehendes betrieben wird. Es fehlt demnach jeder stichhaltige Grund, um nicht im Zerlegungsverfahren auch bei Bergbauunternehmungen als Ort der erwachsenen Ausgaben an Gehältern und Löhnen wie bei jedem anderen gewerblichen Unternehmen unterschiedslos die Gemeinde anzusehen, wo die dadurch vergütete Arbeit, gleichviel ob über oder unter der Erdoberfläche, geleistet ist. Ebensowenig liegt ein Anlaß vor, bei der Zerlegung des staatlich veranlagten Gewerbesteuersatzes die unterirdischen Betriebseinrichtungen außer Betracht zu lassen und nur die oberirdischen zu berücksichtigen.

Nr. 6. Entsch. v. 2. Okt. 1912 (DJZ. **18** 359) VI G 52/12.

Hat sich eine Berggewerkschaft der Verfügung über die in ihrem Eigentum stehenden Arbeiterwohnhäuser dadurch völlig begeben, daß sie diese an einen Dritten zur Untervermietung vermietete, so bildet die Gemeinde, in der nur jene Arbeiterwohnhäuser belegen sind, keinen Betriebsort der Gewerkschaft. Soll aber die Untervermietung nach einer Abmachung zwischen der Gewerkschaft und ihrem Mieter in der Art geschehen, daß dadurch die Ansässigmachung und Erhaltung eines festen Stammes von Arbeitern für die Gewerkschaft zur Förderung ihres gewerblichen Unternehmens herbeigeführt oder gesichert werde, so ist der Fall nicht anders zu beurteilen, als wenn die Gewerkschaft selbst die Häuser zu dem gleichen Zwecke ihren Arbeitern vermietete; die Gemeinde, in der diese Arbeiterwohnhäuser unterhalten werden, bilden dann einen Betriebsort der Gewerkschaft.

C. Maßstab und Ausführung der Verteilung.

Nr. 1. Entsch. v. 9. Dez. 1910 (DJZ. **16** 1395) VI G 179/10.

Auch bei der Zerlegung des dem preußischen Staate auferlegten Gewerbesteuersatzes hat die von einer Gemeinde im Rechtsmittelverfahren erstrittene Erhöhung ihres Steuersatzanteils die Rückwirkung auf die Höhe der Steuersatzanteile der anderen Betriebsorte. — Bei fiskalischen Bergwerken gehören die Kosten der Geschäftsleitung in der Provinzial- und Zentralinstanz nur insoweit zu den gewerblichen Betriebsausgaben, als sie den Betrieb des einzelnen Bergwerks unmittelbar oder mittelbar betreffen, nicht aber auch insoweit sie sich auf die staatliche Beaufsichtigung aller Bergwerksbetriebe, seien es private oder fiskalische, vom Standpunkte des öffentlichen Interesses und allgemeinen Wohles beziehen.

D. Rechtsmittel.

Nr. 1. Entsch. v. 30. März 1911 (OVGSt. **15** 477) VI G 372/10.

Zur Einlegung von Rechtsmitteln im Zerlegungsverfahren sind nach allgemeinen Rechtsgrundsätzen nur solche Betriebsgemeinden berechtigt, die durch die erfolgte Zerlegung geschädigt und deshalb zur Sache interessiert sind. Ein solches Interesse kann zweifellos auch eine Gemeinde haben, die, wie die Gemeinde E., besondere Gewerbesteuern erhebt. Diese hat aber ein solches Interesse hier nicht dargetan. Aus dem Inhalt ihrer oben wiedergegebenen Berufung geht vielmehr unzweideutig hervor, daß sie mit ihrem Berufungsantrage lediglich eine Doppelbesteuerung der steuerpflichtigen Aktiengesellschaft vermeiden, damit also ein fremdes Interesse ohne jede Legitimation dazu wahrnehmen wollte. Die Regierung hätte deshalb das Rechtsmittel von vornherein wegen mangelnden eigenen Interesses der Beruferin zur Sache als unzulässig zurückweisen sollen.

Nr. 2. Entsch. v. 5. Febr. 1913 (DJZ. 18 703) VI G 322/12.

Zur Einlegung von Rechtsmitteln im Zerlegungsverfahren sind nur diejenigen der bei diesem Verfahren Beteiligten berechtigt, die durch das Ergebnis der Zerlegung, d. h. durch die zahlenmäßige Verteilung des Steuersatzes geschädigt und deshalb zur Sache interessiert sind.

Vierter Abschnitt.

Warenhaussteuer.

Literatur: Wernicke: WarhsStG. (Berlin 1913).

I.

Warenhaussteuerpflicht.

Nr. 1. Entsch. v. 13. März 1912 (OVGSt. 15 480) VI W 3/11.

1. In § 1 Abs. 3 WarhsStG. ist allein eine Bestimmung darüber getroffen, unter welchen Umständen ein Handel mit mehr als einer der im § 6 aaO. unterschiedenen Warengruppen anzunehmen ist, obwohl in einzelnen Verkaufsstätten nur eine jener Warengruppen geführt wird. Für einen anders gearteten Tatbestand ist der Grundsatz der Einheitlichkeit der Besteuerung hier nicht verlassen. Da der Beschwerdeführer zugestandenermaßen in jener Verkaufsstätte mehrere Warengruppen führt, so kommt jene Bestimmung für ihn nicht in Betracht; vielmehr sind sämtliche Verkaufsstätten als ein einheitliches Unternehmen mit ihrem 400 000 ℳ übersteigenden Gesamtumsatze der Warenhaussteuer unterworfen.

2. Nach § 1 des Statuts bilden den Gegenstand des Unternehmens der gemeinschaftliche Einkauf von Lebens- und Wirtschaftsbedürfnissen im großen und der Absatz im kleinen an die Mitglieder. Solche Personenvereinigungen fallen unter die Vorschrift im § 5 Abs. 1 und 2 GewStG. und gelten danach, falls sie sich als Konsumvereine mit offenem Laden darstellen, nach Abs. 2 unter allen Umständen, sonst aber dann, wenn auch nur eine der im Abs. 1 angegebenen Voraussetzungen der Steuerfreiheit entfällt, kraft G. als Gewerbetreibende, die, falls sie ihr Gewerbe in Preußen als stehendes betreiben, der Gewerbesteuer unterliegen. Für diesen Fall sind aber die Vereine nach § 1 Abs. 4 WarhsStG. auch der Warenhaussteuer unterworfen.

3. Nach § 59 des beim Beginne des Steuerjahrs geltenden Statuts muß der nach Abzug sämtlicher Unkosten sowie der notwendigen und üblichen Abschreibungen und Überweisungen an die Reserven verbleibende Überschuß an die Mitglieder nach dem Verhältnisse der bezogenen Waren als Preisvergütung verteilt werden; eine Verteilung nach anderen Rücksichten als nach Höhe des Warenbezugs darf nicht stattfinden. Danach handelt es sich nicht um die Verteilung eines von dem Verein erzielten gewerblichen Gewinns, sondern um einen sog. Kundengewinn, der in der Jahresbilanz als Schuld erscheinen muß und den Ertrag

des Unternehmens gerade mindert. Eine Gewinnverteilung an die Mitglieder ist deshalb für die Dauer der geltenden Statuten überhaupt ausgeschlossen.

4. Ein Laden ist nur dann kein offener, sondern ein geschlossener, wenn der ungehinderte Zutritt durch Herstellung von Einrichtungen aufgehoben wird, die den Eintritt von Nichtmitgliedern unbedingt ausschließen. Eine rein tatsächliche Frage ist es dagegen, ob im einzelnen Falle Einrichtungen getroffen sind, die dazu genügen. Wenn die Ladentür verschlossen gehalten wird, der Schlüssel aber draußen hängt, mit dem jeder aufschließen kann, so ist der Laden iS. des § 5 Abs. 2 GewStG. sicher ein offener. Dasselbe gilt, wenn auf ein von außen gegebenes Klingelzeichen die Ladentür von innen beliebig geöffnet wird. In diesem Falle müssen noch andere Anordnungen hinzukommen, um dem Laden die Eigenschaft eines offenen in jenem Sinne zu nehmen, nämlich die Prüfung der Person des den Einlaß Begehrenden und die Nichtzulassung von Nichtmitgliedern. In dieser Richtung muß sich der Wille der Angestellten bewegen, wenn sie den Eintritt in den Laden gewähren.

Kommen Fälle vor, in denen auch Nichtmitgliedern der Eintritt gestattet wurde, so ist zu prüfen, ob dies nur vereinzelt — aus Irrtum oder Unaufmerksamkeit — geschehen ist, oder öfter, so daß daraus auf unzureichende Einrichtungen zu schließen ist. Daß mit Nichtmitgliedern, die Zutritt zu den Verkaufsräumen erlangt haben, keine Verkäufe abgeschlossen werden, kommt für den Tatbestand des offenen Ladens nicht in Betracht; es hätte nur Bedeutung für die Frage, ob der Beschwerdeführer den Geschäftsverkehr tatsächlich auf seine Mitglieder beschränkt.

II.

Veranlagungsverfahren.

Nr. 1. Entsch. v. 5. Febr. 1913 (DJZ. 18 1327) W 5/12.

Insoweit ein den Käufern bewilligter Rabatt eine Herabsetzung des Preises herbeiführt, bildet er keinen Teil des erzielten Kaufpreises. Dieser Fall ist freilich nur dann gegeben, wenn die Kürzung des Preises gleich bei der Zahlung erfolgt, oder wenn der Käufer auf die Rückzahlung eines bestimmten Teiles des Kaufpreises alsbald einen unbedingten Anspruch erwirbt, wenn auch die Auszahlung erst nach Ablauf des Geschäftsjahrs erfolgen soll. Dagegen mindern Rabatte in anderer Form nicht den Umsatz, sondern den Ertrag. Dies gilt insbesondere von Rabatten, die erst zahlbar werden, wenn sie eine gewisse Höhe erreicht haben.

Zeitfolgeverzeichnis der Entscheidungen.

In der ersten Spalte wiederholen sich auch bei Entscheidungen gleichen Datums die Tagesziffern. Nur einmal steht die Tagesziffer, wenn ein und dieselbe Entscheidung auf mehreren Seiten dieses Bandes (fünfte Spalte) vorkommt, zuweilen auch unter verschiedenartiger Bezeichnung des „Gegenstandes" in der zweiten Spalte, vereinzelt auch der „Fundstelle" in der dritten und vierten Spalte.

Von den auf S. 932 des ersten Hauptbandes erwähnten „besonderen Abkürzungen" kommen hier nur folgende vor:

O. = **OVG.**	S. = OVG**St.**
P. = **Pr**VerwBl.	D. = **D**JZ.

Außerdem kommen folgende neue Abkürzungen vor:

A. = **Steuer-Archiv** (bisher Zeitschrift für das gesamte Gebiet der direkten Steuern), seit Jahrgang 16)1913) mit dem Obertitel: Steuer-Archiv, Berlin (Haude und Spenersche Buchhandlung).

R. = Das **Recht**, Rundschau für den deutschen Juristenstand, Hannover (seit 1897).

Striche (— — | —) stehen in der dritten und vierten Spalte bei Entscheidungen, deren „Fundstelle" im Text dieses Bandes nicht angegeben und auch nicht anderweitig ermittelt worden ist.

Die Schrägstellung der Seitenziffern in der vierten Spalte bedeutet, daß die Entscheidung nur in einer Anmerkung des betr. Bandes vorkommt, in der fünften Spalte, daß sie auf der betr. Textseite nicht abgedruckt, sondern daselbst nur in Bezug genommen ist.

Die Ziffern in der fünften Spalte verweisen auf die Seiten des vorliegenden Bandes.

Juni 1886—März 1905.

Datum	Gegenstand	abgedruckt Band	abgedruckt Seite	Seite
1886 Juni 23.	Naturalisation	O. 13	409	*281*
1888 Dez. 19.	GemLasten	O. 17	128	*306* *360*
1893 Juni 17.	StaatsEinkSt.	S. 2	70	*269*
1894 Febr. 6.	GemEinkSt.	P. 15	310	*234*
Okt. 9.	StaatsEinkSt.	S. 3	101	*285*
25.	GewSt.	S. 3	298	*185*
Dez. 22.	VerwStreitVerf.	O. 27	195	*249*
1895 Jan. 17.	GewSt.	S. 3	392	*347*
Okt. 2.	GemLasten	O. 28	54	*206*
1896 April 20.	ErgSt.	S. 5	63	*392*
30.	"	S. 5	112	*164*
30.	StaatsEinkSt.	S. 5	119	*380*
Dez. 19.	GemEinkSt.	O. 31	72	*177*
1897 Jan. 9.	GemGrundSt.	P. 18	212	*146*
Okt. 14.	GewSt.	S. 6	394	*182*
Nov. 3.	Beitr. nach § 9 KommAbgG.	O. 32	109	*65*
Dez. 8.	GemEinkSt.	P. 19	445	*206*
1898 Febr. 19.	GemEinkSt.	P. 19	446	*206*
März 16.	GemGrundSt.	O. 34	39	*171*
18.	StaatsEinkSt.	S. 6	342	*318*
Mai 4.	GemEinkSt.	O. 33	51	*206*
Juni 4.	"	O. 33	63	*207*
29.	"	O. 33	29	*159*
Sept. 23.	ErgSt.	S. 8	311	*164*
Okt. 4.	EinkSt.	S. 7	174/5	*303*
1899 Febr. 22.	GemEinkSt.	O. 36	21	*159*
1899 Febr. 28.	StaatsEinkSt.	S. 8	10	*300*
Okt. 5.	"	S. 8	12	*300*
Dez. 1.	GemGrundSt.	O. 36	82	*146*
1900 Mai 18.	ErgSt.	S. 9	363	*389* *392*
Sept. 21.	GemGewSt.	O. 38	87	*176*
Dez. 12.	StaatsEinkSt.	S. 9	315	*373*
1901 März 9.	StaatsEinkSt.	S. 10	207	*337*
15.	GemGrundSt.	O. 39	66	*175*
April 17.	StaatsEinkSt.	S. 10	204	*335*
Juni 18.	GewSt.	O. 39	80	*188*
28.	GemGrundSt.	P. 28	787	*148*
Sept. 28.	StaatsEinkSt.	S. 10	105	*293*
Nov. 2.	"	S. 10	175	*328* *329*
19.	GemGrundSt.	P. 23	711	*172*
Dez. 21.	StaatsEinkSt.	S. 10	26	*380*
1902 Mai 31.	StaatsEinkSt.	S. 10	117	*293*
Juni 25.	"	S. 10	214	*406*
Juli 2.	"	S. 10	302/3	*406*
1903 Febr. 5.	StaatsEinkSt.	S. 11	107	*288*
April 27.	Anliegerbeiträge	O. 43	31	*97*
Mai 20.	GewSt.	S. 11	425	*407*
Nov. 21.	StaatsEinkSt.	S. 11	29	*337*
1904 April 14.	StaatsEinkSt.	S. 12	69	*289*
1905 Jan. 13.	GemGrundSt.	P. 26	884	*150*
Febr. 14.	GemEinkSt.	O. 46	33	*207*
März 23.	GewSt.	S. 12	440	*404*

April 1905—September 1910.

Datum	Gegenstand	abgedruckt Band	abgedruckt Seite	Seite
1905 April 6.	StaatsEinkSt.	—	—	303
Juni 28.	"	S. 12	178	318, 326
Okt. 12.	"	S. 12	385	385
Nov. 11.	"	S. 12	319	406
1906 Febr. 2.	GemGrundSt.	O. 48	79	146, 212
Okt. 3.	GewSt.	S. 5	433	342
Nov. 8.	"	S. 13	428/9	412
1907 März 5.	GemGewSt.	O. 50	113	184
April 16.	GemEinkSt.	O. 50	120	207
Nov. 26.	Wasserleitungsgeb.	O. 51	59	41
Dez. 5.	ErgSt.	S. 13	341	382
10.	GemEinkSt.	O. 51	139	316
21.	StaatsEinkSt.	S. 13	247	353
1908 Jan. 25.	StaatsEinkSt.	S. 13	61 ff.	287
Febr. 22.	"	S. 13	68	301
März 13.	GemGewSt.	O. 52	149	175
Mai 6.	StaatsEinkSt.	A. 12	78	325
22.	KanalGeb.	O. 53	99	50
Juni 13.	StaatsEinkSt.	S. 13	151	293
26.	GemEinkSt.	O. 52	172	269
Juli 4.	StaatsEinkSt.	S. 13	74/76	297
Sept. 22.	GemGrundSt.	O. 53	154	155
Okt. 1.	StaatsEinkSt.	S. 14	164	317
8.	Zuschüsse d. Betriebsgemeinden	O. 53	184	250
30.	KanalGeb.	O. 54	79	49
Dez. 22.	GemEinkSt.	O. 53	163	232, 329
1909 Jan. 22.	GemEinkSt.	O. 54	137	207
März 3.	StaatsEinkSt.	S. 14	266	360
			268/74	394

Datum	Gegenstand	abgedruckt Band	abgedruckt Seite	Seite
1909 März 3.	StaatsEinkSt.	S. 15	147	294
April 1.	"	S. 15	145	295
Mai 27.	"	A. 11	289	307
Juli 1.	"	S. 14	81	290
3.	"	S. 15	150	296
11.	KanalGeb.	—	—	49
Sept. 20.	Zuschüsse d. Betriebsgemeinden	O. 56	206	250
29.	StaatsEinkSt.	R. 17	346	305
Okt. 9.	"	S. 14	330	290
29.	GemEinkSt.	O. 55	157	207
Nov. 16.	"	O. 55	161	35
16.	"	O. 55	167	268
26.	Beitr. nach § 9 KommAbgG.	—	—	59
30.	GemEinkSt.	O. 55	172	232
1910 Jan. 17.	WertZuwSt.	—	—	128
21.	KreisAbg.	O. 55	17	30, 146
Febr. 16.	StaatsEinkSt.	S. 15	142	295
16.	"	S. 15	288	339
März 7.	BaupolizeiGeb.	O. 58	149	54
April 5.	GemEinkSt.	O. 57	176	226, 227
5.	"	P. 32	233	194
16.	StaatsEinkSt.	D. 15	1471	348
18.	"	S. 15	143	295
27.	"	A. 11	13	314
29.	"	S. 15	237	343
Mai 12.	"	R. 16	212	374
27.	"	A. 11	22	292
Juni 1.	"	S. 15	219	335
18.	"	S. 15	144	295
29.	"	S. 15	138	322
29.	"	S. 15	222	336
Juli 1.	GemGrundSt.	P. 32	105	146
5.	GemEinkSt.	O. 58	175	237
9.	GewSt.	R. 17	529	397
Sept. 22.	Zuschüsse d. Betriebsgemeinden	P. 33	76	244
26.	StaatsEinkSt.	S. 15	108	310

September 1910—Februar 1911.

Datum	Gegenstand	abgedruckt Band	abgedruckt Seite	Seite
1910 Sept. 28.	StaatsEinkSt.	S. 15	120	314
28.	"	S. 15	185	328
Okt. 8.	"	S. 15	174	319
8.	"	A. 11	354	304
10.	"	S. 15	72	303
16.	VerwStreitVerf.	O. 60	113	*32*
19.	StaatsEinkSt.	A. 11	354	280
24.	"	S. 15	210	328
24.	"	S. 15	359	373
29.	"	S. 15	85	306
Nov. 3.	Zuschüsse d. Betriebsgemeinden	O. 57	197	*251*
3.	GewSt.	D. 16	1279	402
9.	StaatsEinkSt.	S. 15	361	380
9.	Rechtsmittel gegen StaatsEinkSt.	A. 11	322	385
9.	StaatsEinkSt.	R. 15	341	367
10.	Zuschüsse d. Betriebsgemeinden	P. 33	131	245
14.	Anliegerbeiträge	O. 58	111	95
23.	StaatsEinkSt.	S. 15	202	330
23.	"	S. 15	233	357
23.	"	S. 15	329	365
23.	"	A. 11	322	375
23.	"	A. 11	337	343
23.	"	A. 11	338	291
24.	Anliegerbeiträge	O. 58	112	72
Dez. 7.	StaatsEinkSt.	S. 15	55	287
7.	"	S. 15	88	305
7.	"	S. 15	122	315
7.	"	S. 15	225	336
7.	"	S. 15	325	365
7.	"	A. 11	336	301
7.	"	R. 15	204	309
7.	"	R. 15	205	329
9.	GewSt.	D. 16	1395	410 413
9.	Rechtsmittel gegen StaatsEinkSt.	R. 15	205	386
21.	StaatsEinkSt.	R. 15	238	374
21.	"	R. 15	238	379
21.	Rechtsmittel gegen StaatsEinkSt.	R. 15	266	385
21.	StaatsEinkSt.	R. 15	269	280
21.	"	S. 15	30	284
21.	"	S. 15	126	315
21.	"	S. 15	134	322
21.	"	S. 15	167	317
21.	"	A. 11	163	297
21.	"	A. 11	163	298

Datum	Gegenstand	abgedruckt Band	abgedruckt Seite	Seite
1910 Dez. 21.	StaatsEinkSt.	A. 11	163	323
21.	"	A. 11	193	328
21.	"	A. 11	212	290
21.	GewSt.	D. 16	1279	403
1911 Jan. 3.	GemGewSt.	O. 58	163	174
5.	UmsatzSt.	O. 58	122	117
6.	KanalGeb.	O. 58	108	43
6.	Veranl. direkter GemSt.	O. 58	153	256
6.	Gemeindelasten	P. 32	632	34
9.	WertZuwSt.	O. 58	136	132
9.	Rechtsmittel gegen GewSt.	S. 15	464	410
10.	Rechtsmittel g. dir. GemSt.	O. 58	156	269
10.	Gemeindelasten	O. 59	136	35
14.	StaatsEinkSt.	A. 11	179	297
14.	"	A. 11	211	297
14.	"	A. 11	291	326
14.	"	A. 11	322	315
14.	"	R. 15	813	326
19.	UmsatzSt.	O. 58	127	125
19.	StaatsEinkSt.	S. 15	164	316
20.	GemGewSt.	O. 58	165	176
20.	Gemeindelasten	O. 59	153	36
25.	StaatsEinkSt.	S. 15	8	281
25.	"	S. 15	235	344
25.	"	S. 15	239	358
25.	"	S. 15	322	364
25.	"	S. 15	352	376
25.	"	A. 11	336	298
25.	"	A. 11	336	299
25.	"	A. 11	338	329
Febr. 2.	LustbarkeitsSt.	O. 58	147	101
6.	UmsatzSt.	O. 59	105	115
8.	StaatsEinkSt.	S. 15	296	361
8.	"	A. 11	240	311
8.	"	A. 11	260	343
8.	"	A. 11	289	377
9.	Anliegerbeiträge	O. 58	114	74
9.	VerwStreitVerf.	O. 58	116	275
9.	StaatsEinkSt.	S. 15	63	378
9.	"	S. 15	179	326
9.	GewSt.	S. 15	417	400
9.	"	S. 15	431	403
9.	StaatsEinkSt.	A. 11	178	300
10.	GemGewSt.	O. 58	168	184
10.	"	O. 58	172	185
14.	GemGrundSt.	O. 59	36	142
18.	StaatsEinkSt.	S. 15	229	337
18.	"	S. 15	*231*	337

Februar 1911 — Mai 1911

Datum	Gegenstand	abgedruckt Band	abgedruckt Seite	Seite
1911 Febr.				
18.	Staats-EinkSt.	S. 15	272	351
18.	"	S. 15	343	371
18.	"	A. 11	290	327
18.	"	D. 16	1223	326
20.	Zuschüsse d. Betriebsgemeinden	P. 33	333	250
21.	Beitr. nach § 9 KommAbgG.	O. 59	117	63
27.	StaatsEinkSt.	A. 12	97	300
27.	GewSt.	D. 16	1395	407
März				
1.	StaatsEinkSt.	S. 15	6	281
1.	"	S. 15	354	376
2.	UmsatzSt.	O. 58	132	113
3.	Veranl. dir. GemSt.	O. 58	176	257
7.	BaupolizeiGeb.	O. 58	149	53
7.	GemEinkSt.	D. 16	1158	213
9.	WertZuwSt.	O. 58	143	137
9.	StaatsEinkSt.	A. 11	194	379
9.	"	A. 11	228	330
10.	Anliegerbeiträge	P. 33	46	91
11.	StaatsEinkSt.	S. 15	186	329
11.	Rechtsmittel gegen StaatsEinkSt.	S. 15	381	388
13.	Anliegerbeiträge	O. 58	118	94
14.	Veranl. dir. GemSt.	O. 58	158	257
14.	GemGrundSt.	P. 32	844	149
17.	GemGewSt.	P. 33	182	186
17.	GemGrundSt.	P. 33	315	146
22.	StaatsEinkSt.	S. 15	32	285
22.	"	S. 15	34	285
22.	"	S. 15	47	291
22.	"	S. 15	198	331
22.	"	S. 15	315	339
22.	"	A. 11	211	315
22.	"	A. 11	260	364
30.	Rechtsmittel gegen GewStZerlegung	S. 15	477	413
31.	GemEinkSt.	O. 59	162	197
April				
1.	StaatsEinkSt.	S. 15	181	327
1.	"	A. 11	212	311
3.	VerbrauchsSt.	O. 59	122	*99*
3.	Zuschüsse d. Betriebsgemeinden	P. 33	405	250
6.	WertZuwSt.	P. 33	281	127
7.	Gebühren	O. 59	114	38
8.	StaatsEinkSt.	S. 15	24	284
8.	"	S. 15	39	287
10.	WertZuwSt.	P. 33	47	129
12.	StaatsEinkSt.	S. 15	287	360
1911 April				
12.	StaatsEinkSt.	S. 15	345	371
12.	"	A. 12	98	354
15.	Anliegerbeiträge	P. 34	400	98
20.	"	O. 59	99	75
21.	Veranl. dir. GemSt.	P. 33	8	258
	Rechtsmittelfristen bei dir. GemSt.			271
24.	Zuschüsse d. Betriebsgemeinden	D. 16	1278	252
27.	LustbarkeitsSt.	D. 16	1395	103
28.	GemGewSt.	O. 59	143	173
28.	GemGrundSt.	P. 33	30	168
28.	StaatsEinkSt.	A. 11	289	292
28.	"	D. 17	104	291
29.	"	S. 15	320	342
29.	"	D. 17	228	365
Mai				
1.	StaatsEinkSt.	D. 16	1451	291
2.	Nachforderungen dir. GemSt.	D. 16	1451	260
4.	HundeSt.	O. 59	107	140
5.	GemGrundSt.	O. 59	139	156
9.	GemEinkSt.	O. 59	166	202
9.	Beitr. nach § 9 KommAbgG.	P. 33	164	55
10.	StaatsEinkSt.	S. 15	316	342
10.	"	A. 11	290	378
10.	"	A. 12	80	354
11.	"	S. 15	53	292
11.	"	S. 15	98	309
11.	"	S. 15	110	311
11.	GewSt.	S. 15	461	409
11.	WertZuwSt.	P. 33	113	132
11.	StaatsEinkSt.	A. 11	240	300
11.	"	A. 11	240	378
11.	Rechtsmittel gegen StaatsEinkSt.	R. 15	629	387
12.	GemEinkSt.	O. 59	175	221
12.	"	O. 59	180	222
15.	StaatsEinkSt.	S. 15	205	331
16.	Gebühren	HMBl.	332	*40*
18.	HundeSt.	O. 59	112	140
19.	GemGrundSt.	P. 33	61	169
20.	StaatsEinkSt.	S. 15	130	322
20.	"	S. 15	131	322
20.	"	S. 15	192	332
20.	"	S. 15	328	365
20.	"	S. 15	356	376
20.	"	A. 12	44	*290*
20.	"	A. 12	44	311
20.	"	A. 12	63	345

Mai 1911 — Oktober 1911.

Datum	Gegenstand	abgedruckt Band	abgedruckt Seite	Seite
1911 Mai				
22.	Zuschüsse d. Betriebsgemeinden	P. 33	421	252
24.	StaatsEinkSt.	S. 15	65	377
24.	GewSt.	D. 17	407	410
26.	GemGrundSt.	P. 33	96	171
29.	Zuschüsse d. Betriebsgemeinden	O. 59	182	253
30.	Nachforderungen dir. GemSt.	P. 33	180	260
31.	StaatsEinkSt.	S. 15	204	333
31.	"	S. 15	242	345
31.	"	S. 15	284	359
31.	"	S. 15	290	360
31.	"	S. 15	291	360
31.	"	S. 15	347	371
31.	"	A. 12	62	291
Juni				
1.	Anliegerbeiträge	O. 59	103	96
2.	GemGrundSt.	P. 33	114	172
2.	"	P. 33	335	159
8.	VerbrauchsSt.	O. 59	125	99
9.	GemGrundSt.	O. 59	142	162
9.	"	P. 33	200	149
10.	StaatsEinkSt.	S. 15	45	289
10.	"	S. 15	87	310
10.	"	R. 15	813	374
11.	GemGrundSt.	P. 33	437	161
14.	StaatsEinkSt.	S. 15	35	285
14.	"	S. 15	104	310
14.	"	S. 15	303	340
14.	Rechtsmittel gegen StaatsEinkSt.	A. 12	80	383
16.	GemGewSt.	O. 59	148	175
16.	GemGrundSt.	P. 33	265	161
20.	Beitr. nach § 9 KommAbgG.	P. 33	234	64
22.	StaatsEinkSt.	S. 15	196	290
22.	"	S. 15	213	290
24.	"	S. 15	1	279
24.	"	A. 11	354	333
25.	"	S. 15	286	360
26.	Schankerlaubnis St.	P. 34	401	27
26.	UmsatzSt.	D. 17	286	115
26.	GemGrundSt.	D. 17	286	151
26.	Zuschüsse d. Betriebsgemeinden	D. 17	286	254
27.	GemEinkSt.	O. 59	178	223
27.	Beitr. nach § 9 KommAbgG.	P. 33	247	64
30.	GemGewSt.	O. 59	150	182
30.	GemEinkSt.	P. 33	386	233

Datum	Gegenstand	abgedruckt Band	abgedruckt Seite	Seite
1911 Juli				
3.	StaatsEinkSt.	S. 15	135	323
3.	"	D. 17	351	323
4.	GemEinkSt.	P. 33	44	214
5.	StaatsEinkSt.	S. 15	348	373
5.	"	S. 15	351	376
6.	Anliegerbeiträge [1])	D. 17	350	81
11.	GemEinkSt.	D. 17	407	223
Sept.				
18.	GemEinkSt.	O. 60	170	239
	Rechtsmittelfristen			271
18.	Zeitbegrenzung der direkten GemSt-Pflicht	O. 60	174	255
18.	Anliegerbeiträge	P. 33	404	81
19.	GemEinkSt.	P. 33	60	215
19.	Beitr. nach § 9 KommAbgG.	P. 33	332	65
20.	GewSt.	S. 15	467	412
20.	"	S. 15	468	411
20.	"	D. 17	463	412
20.	StaatsEinkSt.	R. 15	813	312
21.	VerwStreitVerf.	O. 60	111	32
22.	GemGrundSt.	P. 33	570	163
25.	GemEinkSt.	O. 60	177	235
25.	Zuschüsse der Betriebsgemeinden	O. 60	197	254
26.	GemEinkSt.	P. 33	299	223
26.	"	O. 62	363	230
27.	StaatsEinkSt.	S. 15	78	303
27.	"	S. 15	350	375
27.	"	A. 11	387	293
27.	"	A. 12	63	293
29.	KanalGeb.	P. 33	469	43
Okt.				
2.	UmsatzSt.	P. 33	218	126
2.	Anliegerbeiträge	P. 33	420	84
3.	GemGrundSt.	O. 60	154	143
3.	GemEinkSt.	O. 62	369	237
4.	GewSt.	S. 15	442	404
4.	StaatsEinkSt.	A. 11	387	298
				319
4.	"	D. 17	351	313
4.	"	D. 17	579	296
5.	UmsatzSt.	O. 60	131	126
7.	StaatsEinkSt.	S. 15	126	327
7.	"	S. 15	195	379
7.	"	S. 15	*254*	354
7.	"	S. 15	281	353
7.	Rechtsmittel gegen StaatsEinkSt.	A. 12	159	386
9.	WertZuwSt.	O. 60	141	133

[1]) Bescheid.

Oktober 1911—Dezember 1911.

Datum	Gegenstand	abgedruckt Band	abgedruckt Seite	Seite
1911 Okt.				
9.	WertZuwSt.	P. 33	218	133
10.	KanalGeb.	P. 33	403	44
10.	GemEinkSt.	P. 33	503	215
17.	"	O. 60	181	216
17.	StaatsEinkSt.	S. 15	59	298
18.	"	S. 15	61	286
18.	"	S. 15	96	308
18.	"	S. 15	363	381
18.	ErgSt.	S. 15	404	394
19.	GemGrundSt.	O. 60	134	157
19.	VerwStreitVerf.	O. 60	145	275
20.	GemGrundSt.	O. 62	291	158
24.	GemEinkSt.	O. 60	184	229
24.	GemGrundSt.	P. 33	584	163
24.	GemGewSt.	P. 33	599	176
26.	GemEinkSt.	P. 33	317	192
26.	Rechtsmittelfristen bei dir. GemSt.	P. 33	630	272
26.	StaatsEinkSt.	D. 17	579	329
27.	GemEinkSt.	P. 33	452	239
27.	Nachforderungen dir. GemSt.	D. 17	638	263
28.	StaatsEinkSt.	S. 15	115	312
28.	"	S. 15	252	348
28.	"	S. 15	254	348
28.	GewSt.	S. 15	452	408
30.	Anliegerbeiträge	O. 60	114	82
30.	"	O. 62	167	74
31.	Naturaldienste	D. 17	638	259
Nov.				
2.	Rechtsmittel geg. dir. GemSt.	O. 62	169	270
2.	UmsatzSt.	P. 33	487	107
2.	"	D. 17	694	127
8.	StaatsEinkSt.	A. 12	157	311
8.	"	A. 12	185	290
8.	"	A. 12	216	300
8.	"	S. 15	90	306
8.	"	S. 15	256	348
8.	Rechtsmittel gegen StaatsEinkSt.	S. 15	367	383
8.	"	S. 15	372	384
8.	StaatsEinkSt	A. 12	199	331
9.	WertZuwSt.	P. 33	373	128
9.	UmsatzSt.	P. 33	503	112
13.	Anliegerbeiträge	O. 60	117	87
13.	Nachforderungen dir. GemSt.	P. 33	389	264
14.	Wasserleitungs-Geb.	O. 62	124	40
14,	GemEinkSt.	O. 62	376	225
14.	"	P. 33	485	226
16.	LustbarkeitsSt.	O. 62	282	104

Datum	Gegenstand	abgedruckt Band	abgedruckt Seite	Seite
1911 Nov.				
17.	GemGrundSt.	O. 60	156	172
18.	StaatsEinkSt.	S. 15	20	283
18.	"	S. 15	140	319
18.	"	S. 15	358	373
18.	Rechtsmittel gegen StaatsEinkSt.	A. 12	112	387
18.	StaatsEinkSt.	A. 12	158	302
18.	"	A. 12	343	301
20.	UmsatzSt.	O. 60	137	120
20.	WertZuwSt.	O. 60	148	137
20.	Zuschüsse d. Betriebsgemeinden	P. 33	437	254
23.	Nachforderungen dir. GemSt.	O. 62	381	265
23.	Anliegerbeiträge	P. 33	486	75
23.	StaatsEinkSt.	D. 17	758	320
24.	GemGrundSt.	O. 60	160	164
27.	Anliegerbeiträge	O. 60	119	96
27.	"	O. 62	172	85
27.	"	P. 33	372	91
27.	WertZuwSt.	P. 33	519	132
27.	Anliegerbeiträge	P. 33	536	87
27.	WertZuwSt.	P. 33	537	139
28.	MüllabfuhrGeb.	P. 33	551	51
29.	StaatsEinkSt.	S. 15	75	289
29.	"	S. 15	248	359
29.	Rechtsmittel gegen StaatsEinkSt.	S. 15	379	388
Dez.				
1.	GemGrundSt.	O. 62	296	143
4.	VerbrauchsSt.	O. 62	289	100
8.	GemGrundSt.	P. 33	663	170
9.	StaatsEinkSt.	S. 15	118	312
9.	"	S. 15	139	324
9.	"	S. 15	148	296
9.	"	S. 15	266	349
9.	"	S. 15	299	362
9.	"	S. 15	337	370
9.	"	S. 15	339	370
9.	"	S. 15	341	370
9.	Rechtsmittel gegen StaatsEinkSt.	S. 15	370	384
9.	"	S. 15	376	386
9.	GewSt.	S. 15	426	402
9.	"	S. 15	428	402
9.	"	S. 15	465	412
9.	StaatsEinkSt.	A. 12	79	380
9.	"	A. 12	216	382
9.	"	A. 12	228	325
9.	"	D. 17	695	286
11.	Anliegerbeiträge	O. 60	121	77
11.	UmsatzSt.	O. 60	139	112
11.	"	O. 62	247	112

Dezember 1911 — Februar 1912.

Datum	Gegenstand	abgedruckt Band	abgedruckt Seite	Seite
1911 Dez.				
14.	UmsatzSt.	O. 62	249	116
14.	"	O. 62	254	123
14.	WertZuwSt.	P. 33	584	139
20.	StaatsEinkSt.	S. 15	151	328
20.	"	S. 15	262	349 354
20.	"	A. 12	216	354
21.	"	S. 15	*114*	*313*
21.	"	S. 15	154	321
21.	GewSt.	S. 15	409	398
21.	"	S. 15	421	401
21.	Anliegerbeiträge	O. 60	126	82 84
21.	GemEinkSt.	P. 33	471	190
21.	StaatsEinkSt.	D. 17	870	286
21.	Anliegerbeiträge	P. 33	769	89
22.	GemEinkSt.	P. 33	649	231
1912 Jan.				
4.	GemEinkSt.	O. 60	185	207
5.	Gemeindelasten	O. 62	164	36
5.	Zeitbegrenzung d. direkten GemSt-Pflicht[1])	P. 33	666	255
5.	Rechtsmittel geg. dir. GemSt.	P. 33	666	271
8.	GemEinkSt.	P. 33	666	204
8.	Anliegerbeiträge	D. 17	1190	85
10.	ErgSt.	S. 15	388	395
10.	StaatsEinkSt.	A. 12	79	377
11.	Anliegerbeiträge	P. 34	523	92
11.	HundeSt.	D. 17	1190	141
13.	StaatsEinkSt.	S. 15	102	309
13.	"	S. 15	245	346
13.	"	S. 15	302	339
13.	"	A. 12	242	325
13.	"	A. 12	242	324
13.	"	A. 12	323	301
13.	"	A. 12	323	347
16.	KreisAbg.	O. 62	90	21
18.	UmsatzSt.	O. 62	257	107
18.	LustbarkeitsSt.	P. 33	599	103
22.	KrUmsatzSt.	O. 62	109	24
22.	VerwStreitVerf.	O. 62	112	33
22.	UmsatzSt.	O. 62	259	114
22	Gemeindelasten	O. 62	385	35
22	Anliegerbeiträge	P. 33	822	86
23.	Beitr. nach § 9 KommAbgG.	O. 62	128	66
23.	GemGewSt.	O. 62	321	183
24.	StaatsEinkSt.	S. 15	16	282

Datum	Gegenstand	abgedruckt Band	abgedruckt Seite	Seite
1912 Jan.				
24.	StaatsEinkSt.	S. 15	100	309
24.	"	S. 15	128	315
24.	"	S. 15	305	340
24.	Rechtsmittel gegen StaatsEinkSt.	S. 15	369	383
24.	GewSt.	S. 15	415	399
24.	StaatsEinkSt.	A. 12	228	320
24.	Rechtsmittel gegen StaatsEinkSt.	A. 12	228	387
24.	"	R. 16	271	297
24.	"	D. 17	1135	316
25.	UmsatzSt.	O. 62	262	118
25.	GemEinkSt.	P. 33	521	206
25.	UmsatzSt.	P. 33	630	116
25.	WertZuwSt.	P. 33	663	132
Febr.				
1.	Anliegerbeiträge	O. 62	177	78
1.	LustbarkeitsSt.	P. 34	97	105
1.	"	P. 34	432	101
1.	GemEinkSt.	A. 12	344	224
3.	StaatsEinkSt.	S. 15	269	350
3.	"	A. 12	227	294
3.	"	A. 12	242	303
3.	"	A. 13	164	285
3.	"	A. 13	164	299
5.	UmsatzSt.	O. 62	265	120
5.	GemEinkSt.	O. 62	390	192 241
6.	Beitr. nach § 9 KommAbgG.	P. 33	714	69
8.	GemEinkSt.	O. 62	395	242
8.	Anliegerbeiträge	P. 33	860	93
8.	"	P. 33	861	75
8.	WertZuwSt.	P. 34	362	134
12.	StaatsEinkSt.	S. 15	112	313
12.	GewSt.	S. 15	419	400
12.	"	S. 15	429	403
12.	ErgSt.	A. 12	279	395
12.	GewSt.	R. 16	386	409
15.	UmsatzSt.	O. 62	268	115
16.	Beitr. nach § 9 KommAbgG.	P. 33	767	56
19.	GemEinkSt.	O. 62	397	195
19.	UmsatzSt.	P. 33	702	109
22.	VerwStreitVerf.	O. 62	*111*	33
22.	KrUmsatzSt.	O. 62	117	26
22.	UmsatzSt.	O. 62	271	122
22.	WertZuwSt.	P. 33	770	129
24.	StaatsEinkSt.	S. 15	83	306
24.	"	S. 15	91	307
24.	"	S. 15	258	349
24.	"	S. 15	274	352
24.	"	S. 15	310	341

[1]) Bescheid.

Februar 1912—April 1912.

Datum	Gegenstand	abgedruckt Band	abgedruckt Seite	Seite
1912 Febr.				
24.	StaatsEinkSt.	S. 15	313	363
24.	"	A. 12	228	313
27.	Zeitbegrenzung d. direkten GemSt-Pflicht	O. 62	307	255
27.	GemGrundSt.	P. 33	790	141
27.	RZuwSt.	D. 18	1207	18
28.	StaatsEinkSt.	S. 15	67	377
28.	"	S. 15	105	310
28.	"	S. 15	157	321
28.	"	S. 15	168	317
28.	"	S. 15	211	334
28.	GewSt.	S. 15	413	398
28.	StaatsEinkSt.	A. 12	198	355
28.	Rechtsmittel gegen ErgSt.	R. 16	386	396
29.	Einspruchsverf. geg. dir. GemSt.	P. 33	868	272
März				
1.	GemGrundSt.	P. 33	504	146
3.	RZuwSt.	O. 62	*49*	*14*
4.	LustbarkeitsSt.	O. 62	286	106
4.	WertZuwSt.	P. 33	789	130
4.	"	P. 33	805	134
4.	Anliegerbeiträge	P. 34	46	79
6.	ErgSt.	S. 15	405	394
6.	StaatsEinkSt.	A. 12	160	378
6.	ErgSt.	A. 12	160	394
6.	StaatsEinkSt.	A. 12	322	370
7.	Anliegerbeiträge	O. 62	179	83
7.	Nachforderungen dir. GemSt.	O. 62	402	266
7.	GemEinkSt.	O. 62	406	209
7.	VerwStreitVerf.	P. 34	96	275
8.	GemGrundSt.	P. 33	805	148
11.	GemEinkSt.	O. 62	410	210
11.	"	P. 33	585	198
12.	BaupolizeiGeb.	P. 34	9	53
13.	StaatsEinkSt.	S. 15	13	282
13.	"	S. 15	70	379
13.	"	S. 15	136	323
13.	WarenhsSt.	S. 15	480	414
13.	StaatsEinkSt.	D. 17	1303	314
14.	WertZuwSt.	O. 62	274	135
15.	Nachforderungen dir. GemSt.	O. 62	326	259
16.	StaatsEinkSt.	S. 15	*74*	*303*
16.	"	S. 15	*90*	*305*
18.	GemEinkSt.	O. 62	421	200
18.	WertZuwSt.	P. 34	11	131
18.	Anliegerbeiträge	P. 34	207	85
19.	Einspruchsverf. geg. dir. GemSt.	O. 62	132	273

Datum	Gegenstand	abgedruckt Band	abgedruckt Seite	Seite
1912 März				
19.	Naturaldienste	O. 62	507	259
19.	KanalGeb.	P. 33	802	46
21.	Anliegerbeiträge	O. 62	182	96
21.	GemEinkSt.	O. 62	425	229
21.	Zuschüsse d. Betriebsgemeinden	P. 34	187	254
21.	Anliegerbeiträge	P. 34	242	80
				93
25.	"	O. 62	185	76
25.	"	O. 62	187	98
25.	"	O. 62	189	88
26.	Gebühren	O. 62	243	38
26.	GemGewSt.	O. 62	331	175
27.	StaatsEinkSt.	S. 15	3	280
27.	"	S. 15	14	282
27.	"	S. 15	190	290
27.	"	S. 15	307	340
27.	ErgSt.	S. 15	386	396
27.	StaatsEinkSt.	A. 12	242	325
27.	"	A 12	243	343
27.	"	A. 12	278	294
27.	"	A. 12	278	314
27.	"	A. 12	323	294
28.	GemEinkSt.	O. 62	430	191
28.	Nachforderungen dir. GemSt.	O. 62	433	261
28.	UmsatzSt.	P. 34	61	120
28.	Anliegerbeiträge	P. 34	317	78
28.	"	D. 17	1534	90
29.	Beitr. nach § 9 KommAbgG.	P. 34	61	67
April				
1.	GemEinkSt.	O. 62	438	223
1.	RZuwSt.	O. 62	1	9
10.	StaatsEinkSt.	S. 15	332	366
11.	GemEinkSt.	O. 62	444	193
11.	VerwStreitVerf.	P. 34	361	276
15.	GemEinkSt.	O. 62	446	196
17.	StaatsEinkSt.	S. 15	188	332
17.	ErgSt.	S. 15	383	389
17.	GewSt.	S. 15	423	401
17.	"	S. 15	435	405
18.	RZuwSt.	O. 62	8	11
18.	Anliegerbeiträge	O. 62	191	97
18.	GemEinkSt.	O. 62	449	214
20.	StaatsEinkSt.	A. 13	10	380
20.	"	A. 13	101	382
22.	RZuwSt.	O. 62	12	15
22.	KrUmsatzSt.	P. 34	148	25
22.	Zuschüsse d. Betriebsgemeinden	P. 34	227	248
29.	GemEinkSt.	P. 33	685	232
30.	GemGrundSt.	P. 34	30	173

April 1912—September 1912.

Datum	Gegenstand	abgedruckt Band	abgedruckt Seite	Seite
1912 April				
30.	Wasserleitungs-Geb.	P. 34	116	41
Mai				
1.	StaatsEinkSt.	A. 13	10	331
1.	"	A. 13	101	368
1.	"	A. 13	101	368
1.	"	A. 13	132	330
2.	GemEinkSt.	P. 33	840	206
	VerwStreitVerf.			277
2.	WertZuwSt.	P. 34	46	135
3.	GemGrundSt.	P. 34	11	157
3.	BaupolizeiGeb.	P. 34	116	54
13.	Anliegerbeiträge	O. 62	195	83
13.	GemEinkSt.	P. 34	31	198
14.	StaatsEinkSt.	A. 13	100	371
15.	"	S. 15	37	285
15.	"	S. 15	80	304
15.	"	S. 15	205	334
17.	ProvAbg.	O. 62	86	19
17.	GemGewSt.	P. 34	62	179
17.	Beitr. nach § 9 KommAbgG.	P. 34	186	56
18.	UmsatzSt.	P. 34	586	124
20.	StaatsEinkSt.	S. 15	49	291
20.	GemEinkSt.	O. 62	452	239
20.	KrWertZuwSt.	P. 34	207	27
20.	Zuschüsse d. Betriebsgemeinden	P. 34	258	251
20.	GemEinkSt.	D. 18	238	216
21.	GemGrundSt.	P. 33	869	151
21.	Beiträge f. Kreisveranstaltungen	P. 34	224	23
23.	RZuwSt.	O. 62	19	2
23.	UmsatzSt.	P. 34	259	108 123
30.	GewSt.	S. 15	433	407
30.	"	S. 15	473	413
31.	KreisAbg.	O. 62	95	20
Juni				
1.	RZuwSt.	O. 62	32	3
3.	LustbarkeitsSt.	R. 17	143	102
4.	Abg. d. Amtsverbände	O. 62	121	34
4.	GemGewSt.	P. 34	80	179
4.	KreisAbg.	P. 34	206	31
6.	GemEinkSt.	R. 17	346	224
8.	StaatsEinkSt.	A. 13	102	312
10.	Nachforderungen der GemSt.	P. 33	870	267
10.	Schankerlaubnis St.	P. 34	278	28
10.	Anliegerbeiträge	P. 34	668	86
11.	GemGewSt.	O. 62	335	187

Datum	Gegenstand	abgedruckt Band	abgedruckt Seite	Seite
1912 Juni				
12.	GewSt.	S. 15	407	398
13.	StaatsEinkSt.	S. 15	176	318
13.	ErgSt.	S. 15	391	389
13.	GemEinkSt.	P. 34	49	218
13.	StaatsEinkSt.	A. 12	262	298
17.	RZuwSt.	O. 62	25	11
17.	"	O. 62	28	10
18.	KanalGeb.	O. 62	135	48
18.	GemGrundSt.	O. 62	311	162
18.	Beitr. nach § 9 KommAbgG.	P. 34	257	57
19.	StaatsEinkSt.	S. 15	215	337
19.	"	A. 12	362	363
19.	Rechtsmittel gegen StaatsEinkSt.	A. 13	10	386
19.	StaatsEinkSt.	A. 13	86	334
20.	Anliegerbeiträge	O. 62	196	72 93
25.	GemGrundSt.	P. 34	80	173
25.	GemGewSt.	P. 34	99	180
25.	Einspruchsverf. geg. dir. GemSt.	D. 18	414	273
26.	StaatsEinkSt.	S. 15	155	318
26.	"	S. 15	169	317
26.	GewSt.	S. 15	445	405
26.	"	S. 15	457	404
27.	Anliegerbeiträge	O. 62	200	73
27.	Schankerlaubnis St.	P. 34	402	27
29.	StaatsEinkSt.	S. 15	70	302
29.	Rechtsmittel gegen StaatsEinkSt.	S. 15	378	388
29.	StaatsEinkSt.	A. 13	9	368
Juli				
1.	Anliegerbeiträge	D. 18	415	84
2.	Wasserleitungs-Geb.	O. 62	137	41
2.	KanalGeb.	P. 34	349	48
3.	GewSt.	S. 15	410	399
3.	"	D. 18	359	400
4.	GemEinkSt.	O. 62	462	205
4.	StaatsEinkSt.	D. 18	470	355
9.	GemGewSt.	O. 62	343	177
10.	StaatsEinkSt.	S. 15	366	374
10.	Rechtsmittel gegen StaatsEinkSt.	A. 12	278	387
11.	RZuwSt.	O. 62	37	8
11.	"	O. 62	39	12
11.	"	O. 62	43	3
11.	UmsatzSt.	P. 34	318	124
Sept.				
16.	UmsatzSt.	P. 34	471	110
16.	"	D. 18	471	108

September 1912—November 1912.

Datum	Gegenstand	abgedruckt Band	abgedruckt Seite	Seite
1912 Sept.				
17.	Beitr. nach § 9 KommAbgG.	O. 62	147	67
19.	RZuwSt.	O. 62	46	14
19.	GemEinkSt.	O. 62	465	211
19.	RZuwSt.	D. 18	471	15
20.	GemGrundSt.	P. 34	188	152
24.	Einspruchsverf. geg. dir. GemSt.	O. 62	151	274
25.	StaatsEinkSt.	A. 12	361	382
25.	"	A. 13	69	333
26.	RZuwSt.	O 62	34	4
26.	Anliegerbeiträge	O. 62	203	94
26.	"	O. 62	205	76 98
26.	UmsatzSt.	P. 34	524	121
26.	Anliegerbeiträge	P. 34	742	90
28.	StaatsEinkSt.	A. 12	360	363
28.	"	A. 12	360	369
28.	"	A. 13	180	363
28.	"	A. 13	292	372
28.	"	D. 18	239	374
28.	"	D. 18	295	333
28.	"	D. 18	295	374
28.	Rechtsmittel gegen StaatsEinkSt.	D. 18	295	385
28.	StaatsEinkSt.	D. 18	415	297
Okt.				
2.	GewSt.	D. 18	359	413
2.	StaatsEinkSt.	D. 18	415	301
3.	Anliegerbeiträge	O. 52	209	95
3.	KrUmsatzSt.	O. 62	114	26
4.	GemGewSt.	O. 62	350	188
4.	GemGrundSt.	P. 34	295	172
8.	Beitr. nach § 9 KommAbgG.	O. 62	153	59
8.	GemGrundSt.	O. 62	315	141
8.	GemGewSt.	O. 62	356	182
8.	Beitr. nach § 9 KommAbgG.	P. 34	484	57
10.	WertZuwSt.	O. 62	277	137
11.	Einspruchsverf. geg. dir. GemSt.	O. 62	317	274
11.	Beitr. nach § 9 KommAbgG.	O. 62	157	68
11.	"	O. 62	234	60
12.	StaatsEinkSt.	A. 13	69	366
12.	"	A. 13	117	369
12.	"	A. 13	117	372
12.	"	A. 13	291	355
12.	"	R. 17	73	368
16.	ErgSt.	A. 13	10	392
16.	"	D. 18	471	395
16.	StaatsEinkSt.	D. 18	591	333

Datum	Gegenstand	abgedruckt Band	abgedruckt Seite	Seite
1912 Okt.				
17.	GemEinkSt.	O. 62	469	216
21.	RZuwSt.	O. 62	53	4
21.	"	O. 62	55	8
21.	"	O. 62	59	10
21.	"	O. 62	63	11
21.	StaatsEinkSt.	S. 15	334	366
21.	Rechtsmittel gegen dir. GemSt.	P. 34	414	270
21.	WertZuwSt.	P. 34	566	139
24.	Anliegerbeiträge	O. 62	211	75 88
24.	GemEinkSt.	O. 62	474	236
24.	"	P. 34	209	242
25.	KanalGeb.	P. 34	469	49
26.	StaatsEinkSt.	A. 13	29	335
26.	ErgSt.	D. 18	535	393
26.	"	D. 18	535	389
26.	StaatsEinkSt.	D. 18	647	373
31.	RZuwSt.	O. 62	68	8
31.	"	O. 62	70	12
31.	"	O. 62	72	12
31.	GemEinkSt.	O. 62	477	240
Nov.				
2.	StaatsEinkSt.	A. 12	52	356
2.	"	A. 13	291	304
2.	"	D. 18	647	280
2.	"	D. 18	815	293
4.	GemEinkSt.	P. 34	243	193
5.	KanalGeb.	D. 18	815	48
6.	GewSt.	D. 18	359	401
6.	StaatsEinkSt.	D. 18	815	310
6.	"	D. 18	815	324
6.	"	D. 18	927	315
7.	Nachforderungen dir. GemSt.	O. 62	481	262
7.	Gemeindelasten	P. 34	297	37
7.	WertZuwSt.	P. 34	636	138
7.	UmsatzSt.	P. 34	654	111
7.	"	P. 34	690	122
7.	"	P. 34	702	111
7.	Anliegerbeiträge	P. 35	142	78
8.	Dir. KreisSt.	O. 62	104	30
8.	GemGrundSt.	P. 34	380	165
14.	Anliegerbeiträge	O. 62	215	95
16.	StaatsEinkSt.	D 18	927	313
16.	ErgSt.	D. 18	1081	392
16.	"	D. 18	1081	392
18.	UmsatzSt.	P. 34	754	125
19.	KanalGeb.	O. 62	160	47
19.	Anliegerbeiträge	P. 34	504	73
21.	VerwStreitVerf.	O. 62	218	277
21.	LustbarkeitsSt.	R. 17	143	102
21.	"	R. 17	143	103

November 1912—Februar 1913.

Datum	Gegenstand	abgedruckt Band	abgedruckt Seite	Seite
1912 Nov.				
22.	Beitr. nach § 9 KommAbgG.	P 34	545	69
23.	StaatsEinkSt.	A. 13	67	347
28.	Anliegerbeiträge	O. 62	220	84
28.	VerbrauchsSt.	P. 34	786	100
28.	Zuschüsse der Betriebsgemeinden	P. 34	875	252
28.	StaatsEinkSt.	D. 18	927	304
28.	"	D. 18	983	307
28.	ErgSt.	A. 13	69	389
30.	StaatsEinkSt.	D. 18	983	377
Dez.				
2.	RZuwSt.	O. 62	76	16
2.	GemEinkSt.	P. 34	352	219
2.	UmsatzSt.	P. 34	823	118
2.	"	P. 34	859	116
2.	StaatsEinkSt.	A. 13	301	280
2.	RZuwSt.	D. 18	870	5
3.	GemGewSt.	O. 62	361	189
	Veranl. dir. GemSt.			258
3.	GemGrundSt.	P. 34	402	153
5.	Anliegerbeiträge	O. 62	222	89
5.	GemEinkSt.	O. 62	486	231
5.	"	O. 62	490	234
7.	StaatsEinkSt.	A. 13	117	312
7.	GewSt.	D. 18	703	399
9.	KrUmsatzSt.	P. 35	26	25
9.	UmsatzSt.	P. 35	213	127
11.	StaatsEinkSt.	A. 13	352	379
11.	"	D. 18	983	307
12.	GemEinkSt.	P. 34	417	234
16.	"	O. 62	492	226
16.	UmsatzSt.	P. 35	111	113
16.	"	P. 35	197	114
17.	BaupolizeiGeb.	P. 34	621	54
18.	StaatsEinkSt.	R. 17	346	314
19.	KreisAbg.	O. 62	98	32
19.	Anliegerbeiträge	O. 62	226	83
19.	"	O. 62	228	94
19.	GemEinkSt.	P. 34	547	243
19.	Zuschüsse d. Betriebsgemeinden	P. 35	179	249
20.	Gebühren	O. 62	241	39
20.	GemGewSt.	P. 34	486	185
20.	"	P. 34	599	180
20.	Beitr. nach § 9 KommAbgG.	P. 34	634	68
21.	StaatsEinkSt.	A. 13	324	330
21.	"	A. 13	325	286
21.	"	A. 13	338	295
21.	"	A. 13	338	370
21.	"	D. 18	870	304
1912 Dez.				
23.	StaatsEinkSt.	D. 18	647	301
1913 Jan.				
2.	RZuwSt.	O. 62	81	17
2.	"	D. 18	983	5
3.	Rechtsmittel geg. dir. GemSt.	P. 34	623	270
3.	GemGewSt.	P. 34	703	181
6.	Anliegerbeiträge	O. 62	233	81
6.	GemEinkSt.	O. 62	501	219
6.	"	P. 34	452	217
6.	"	P. 34	489	226
7.	KanalGeb.	P. 34	650	45
7.	Einspruchsverf. geg. dir. GemSt.	P. 34	754	274
8.	StaatsEinkSt.	A. 13	86	299
				324
8.	Rechtsmittel gegen ErgSt.	D. 18	1081	397
9.	GemEinkSt.	P. 34	506	213
	Einspruchsverf.			275
10.	GemGrundSt.	P. 34	525	148
10.	Beitr. nach § 9 KommAbg.G.	P. 34	688	71
15.	StaatsEinkSt.	A. 13	324	382
15.	"	A. 13	338	294
15.	"	D. 18	1143	294
16.	RZuwSt.	O. 62	82	5
17.	GemGrundSt.	P. 34	748	153
20.	GemEinkSt.	P. 35	60	238
20.	SchankerlaubnisSt.	D. 18	1080	28
24.	KanalGeb	P. 34	741	50
25.	StaatsEinkSt.	A. 13	116	299
25.	"	A. 13	212	319
25.	"	D. 18	871	372
25.	"	D. 18	1207	382
28.	KanalGeb.	P. 34	771	47
28.	ProvAbg.	P 34	806	20
30.	RZuwSt.	D. 18	1080	17
30.	GemEinkSt.	R. 17	375	220
31.	GemGrundSt.	P. 34	566	166
	Nachforderungen			263
31.	GemGrundSt.	P. 34	787	154
Febr.				
3.	GemEinkSt.	P. 34	655	227
3.	LustbarkeitsSt.	R. 17	378	107
5.	GewSt.	D. 18	703	402
5.	Rechtsmittel gegen GewStZerlegung	D. 18	703	414
5.	StaatsEinkSt.	D. 18	871	293
5.	WarenhsSt.	D. 18	1327	415

Februar 1913—Oktober 1913.

Datum	Gegenstand	abgedruckt Band	abgedruckt Seite	Seite
1913 Febr.				
5.	StaatsEinkSt.	A. 13	180	309
7.	Nachforderungen dir. GemSt.	P. 34	875	268
10.	StaatsEinkSt.	D. 18	1143	294
10.	"	D. 18	1143	301
10.	"	D. 18	1207	293
10.	"	D. 18	1207	374
10.	"	A. 13	132	369
12.	"	A. 13	116	380
12.	"	A. 13	149	324
12.	ErgSt.	D. 18	1271	393
12.	"	D. 18	1391	396
13.	GemEinkSt.	P. 34	587	214
14.	Naturaldienste	P. 34	874	259
14.	GemGrundSt.	P. 35	77	149
19.	StaatsEinkSt.	D. 18	1143	307
19.	Rechtsmittel gegen StaatsEinkSt.	D. 18	1327	385
19.	StaatsEinkSt.	A. 13	325	373
20.	GemEinkSt.	P. 34	601	199
20.	Schankerlaubnis St.	D. 18	1206	29
22.	Gebühren	R. 17	314	39
28.	GemGrundSt.	D. 18	1207	142
März				
3.	GemEinkSt. Einspruchsverf.	P. 35	62	201 275
4.	Wasserleitungs-Geb.	P. 34	914	43
5.	StaatsEinkSt.	D. 18	1327	294
5.	ErgSt.	D. 18	1391	393
5.	Rechtsmittel gegen ErgSt.	D. 18	1446	397
5.	ErgSt.	D. 18	1503	393
5.	"	D. 18	1503	396
5.	StaatsEinkSt.	A. 13	196	356
6.	GemEinkSt.	P. 34	860	241
13.	"	P. 34	704	196
15.	ErgSt.	D. 18	1503	393
15.	StaatsEinkSt.	A. 13	148	369
15.	"	A. 13	180	297
17.	Anliegerbeiträge	D. 18	1270	90
18.	RZuwSt.	D. 18	1271	6
18.	"	D. 18	1271	9
18.	KanalGeb.	P. 35	10	46
18.	KreisAbg.	P. 35	42	21
18.	GemGrundSt.	P. 35	161	158

Datum	Gegenstand	abgedruckt Band	abgedruckt Seite	Seite
1913 März				
20.	Nachforderungen dir. GemSt.	P. 34	722	268
21.	GemEinkSt.	R. 17	375	221
April				
4.	Beitr. nach § 9 KommAbgG	P. 34	892	71
8.	MüllabfuhrGeb.	P. 35	57	51
10.	GemEinkSt	P. 34	826	194
11.	Beitr. nach § 9 KommAbgG.	P. 35	178	62
15.	RZuwSt.	D. 18	1326	18
16.	GewSt.	R. 17	529	410
19.	StaatsEinkSt.	R. 17	529	375
22.	GewSt.	D. 18	1390	185 407
25.	Gebühren d. Kreise	P. 35	211	22
Mai				
5.	VerwStreitVerf.	D. 18	1390	278
5.	Gemeindelasten	D. 18	1446	35
6.	Gebühren	P. 35	142	39
9.	RZuwSt.	D. 18	1502	18
9.	LustbarkeitsSt.	R. 17	378	104
13.	GemEinkSt.	P. 33	841	232
15.	"	P. 35	113	220
15.	Nachforderungen dir. GemSt.	A. 16	292	263
17.	Rechtsmittel gegen StaatsEinkSt.	A. 13	292	387
20.	Gebühren	P. 35	28	39
20.	KanalGeb.	P. 35	142	45
29.	StaatsEinkSt.	A. 13	276	380
Juni				
4.	StaatsEinkSt.	A. 13	256	309
5.	GemEinkSt.	P. 35	130	218
30.	StaatsEinkSt.	R. 17	640	304
Juli				
4.	RZuwSt.	P. 35	44	6
7.	LustbarkeitsSt.	R. 17	609	103
12.	StaatsEinkSt.	A. 13	352	356
Okt.				
3.	LustbarkeitsSt.	R. 17	810	104
7.	GemGrundSt.	P. 34	844	155
16.	Rechtsmittelfristen bei dir. GemSt.	P. 35	181	272
21.	Schankerlaubnis St.	P. 35	212	28

Sachverzeichnis.

Das Zeichen * deutet an, daß ein Gegenstand wegen seiner Allgemeinheit oder der Häufigkeit seines Vorkommens nur in den wesentlichsten Beziehungen unter dem betr. Stichwort oder in das Sachverzeichnis überhaupt aufgenommen werden konnte. Bei manchen Stichwörtern ist der gemeinsame Gebrauch in Ein- und Mehrzahl durch Klammern ( ) angedeutet. Der Kürze halber sind die Stichwörter bei ihrer Wiederholung durch das Zeichen — ersetzt. Die fett gedruckten Ziffern geben die Seiten an, auf denen der Gegenstand ausführlich erörtert ist.

A.

Abdeckerei, s. „Kreis—".

Abfindung, s. „Pächter".

Abkömmling(e), Adoptivkinder sind hinsichtlich der Umsatzsteuerfreiheit nicht den —n gleichgestellt 24f.; Umsatzsteuerpflicht bei Grundstücksübertragung von Eltern im Wege der Schenkung unter Lebenden an — 25.

Abnutzung, zulässige Absetzungen f. — v. Gebäuden 308f.; — d. Maschinenanlagen für Zentralheizung bei Bemessung d. —squote für das ganze Haus zu berücksichtigen 309; s. a. „Inventar".

Abschlußagent, die Tätigkeit eines —en begründet die Eigenschaft eines Orts als Betriebsort des Auftraggebers iS. d. GewStPflicht 412.

Abschreibung(en) (bei der EinkSt.), — auf die im Geschäftsbetrieb gebrauchten Pferde zulässig, wenn ordnungsmäßige Handelsbücher geführt werden 311; Ermäßigung bilanzmäßiger — 312f.; Berücksichtigung auch nicht bilanzmäßiger — 315; zulässiger Umfang von — auf Wertpapiere 349; bilanzmäßige — auf Gebäude u. Mobilien auf einen unter dem objektiven Verkaufswert liegenden Wert unzulässig (auch bei Bankgeschäften) 349f.; bei — dürfen auch durch besondere Vorkommnisse (Unglücksfälle, Betriebsveränderungen) hervorgerufene Wertverminderungen berücksichtigt werden 350; — nach bestimmten Prozentsätzen des Werts von Aktivposten 351; nicht bilanzmäßige —, die erst nachträglich im Veranlagungs- und Rechtsmittelverfahren geltend gemacht werden, dürfen bei Ermittelung d. steuerpflicht. Überschüsse nicht berücksichtigt werden 353; Korrektur der Bilanzen bez. der — 354; — zur Herabsetzung des in früheren Bilanzen angeblich zu hoch angenommenen Werts e. Grundstücks 355; Höhe d. zulässigen — 356, 358; zu hohe — des einen können nicht gegen zu niedrige — der beiden anderen Durchschnittsjahre aufgerechnet werden 356; — wegen Substanzverringerung bei Berggewerkschaften 360, 361; solche sind, falls ordnungsmäßige Geschäftsbücher nicht geführt werden, auch im Veranlagungs- oder Rechtsmittelverfahren noch geltend zu machen 360; Berichtigung v. Bilanzkonten einer Gesellsch. mbH. wegen zu hoher — 371; zur Nachprüfung der Angemessenheit v. — auf Außenstände kann von der Steuerbehörde ein namentliches Verzeichnis der Schuldner nicht verlangt werden 376f.; Maß der zu berücksichtigenden — auf Betriebsgegenstände bei Ausmittelung des gewerblichen Ertrages nach § 22 GewStG. 405f.; Buchwerte der aus dem Betrieb ausgeschiedenen Gegenstände dürfen in voller Höhe abgeschrieben werden 407.

Abstufung d. GemGrStSätze nach bebauten und unbebauten Grundstücken 162, 168; eine StO., nach der die Festsetzung des —sverhältnisses f. d. Grundsteuer d. jährlichen Beschlußfassung d. Gemeindeorgane überlassen ist, ist rechtsungültig 166; — d. GewStSätze nach Maßgabe d. gesamten GewBetriebs 177, 179f.

Abtretung, fiduziarische — e. Hypothekenforderung als umsatzsteuerpflichtiger Rechtsvorgang 112; sa. „Pachtzinsen", „Gehalt".

Abtriebsergebnisse, steuerpflichtige — bei planlos bewirtschafteten Waldungen 308.

***Abzüge,** vom Veräußerungspreis iS. d. ZuwStG. 9f.; Zeitpunkt d. Antrags auf Zulassung v. —n gemäß § 22² ZuwStG. 11; — v. Gesamteinkommen 328f.

Administrationsabschuß, Einnahmen d. Oberförster aus d. administrierten hohen Jagd nicht steuerpfl. Eink. 316f.

Adoptivkinder genießen nicht die „Abkömmlingen" zustehende Umsatzsteuerfreiheit 24.

Agiogewinn, der bei der Ausgabe neuer Aktien seitens e. Kommanditgesellschaft aA. erzielte — ist nur in Höhe des Reingewinns, also nach Abzug der Emissionsunkosten, als steuerfreie Reservestellung anzusehen 348; Begriff — 348.

Akkordarbeit, Übergang e. Gewerbegehilfen von — zur Zeitarbeit keine Quellenänderung 301.

***Aktien,** —besitz e. offenen Handelsgesellschaft gehört zu deren Anlage- u. Betriebskapital 200f.; wesentliche Änderung der in — bestehenden EinkQuellen tritt durch Umwandlung e. beschränkten in ein unbeschränktes Gewinnbezugsrecht ein 289; Berechnung steuerpfl. Gewinnanteile, die den Aktionären e. —gesellschaft durch Anrechnung auf den Übernahmepreis neuer — gewährt werden 289; Bezugsrecht von neuen — gehört nicht z. steuerpfl. Gewinnanteil (Dividende) e. Aktionärs 301f.; Veränderung der Gewinnquote e. Aktionärs durch Erhöhung des —kapitals bildet keine wesentliche Veränderung der alten — als EinkQuelle 287, 302; steuerliche Behandlung der Emissionskosten neuer — 348; Ermittelung des gemeinen Werts von zeitweise für den Verkauf gesperrten — 395; sa. „—gesellschaften".

Aktiengesellschaft(en), Umsatzsteuer bei Umwandlung e. Kommanditgesellschaft in e. — mit veränderter Firma und Veränderung des Mitgliederbestandes nicht zu fordern 116f.; Gemeindeeinkommensteuerpflicht 202f.; die von einer Kohlensyndikats— an ihre Mitglieder, die zugleich Aktionäre sind, über den Marktpreis ihrer Lieferungen hinaus gemachten Zuwendungen haben den Charakter einer Dividendenverteilung 202f.; steuerpflichtiges Eink. v. — aus besonderen Einkommensquellen 202; wirtschaftlicher Sitz e. — für deren GemStPflicht maßgebend 204; Aufgabe des Eigenbetriebs gewerbl. Anlagen Änderung der Einkommensquelle? 204; für Steuerpflicht Bestand der EinkQuelle am Beginn d. Steuerjahrs maßgebend 205; Verteilung des Eink. auf mehrere Gemeinden 205; Bedeutung der Bilanzen für die GemEinkStVeranlagung v. — 205; eine EinkQuelle, die zu Beginn des Steuerjahrs, nicht aber in den drei vorhergegangenen Geschäftsjahren bestanden hat, ist bei Veranlagung d. GemEinkSt. e. — außer Betracht zu lassen 206; Voraussetzungen für die selbständige Ermittelung des steuerpfl. Eink. v. — durch die Gemeinden 262; Steuerpflicht in Preußen wohnender Aufsichtsratsmitglieder und Angestellten luxemburgischer — 282; infolge Erhöhung d. Aktienkapitals e. gewerbl. — tritt keine wesentl. Änderung der in alten Aktien bestehenden EinkQuellen ein 287f., 302; steuerpfl. Unternehmungen der — 335f.; steuerliche Behandlung des Gewinns e. preuß. — aus Beteiligung an einer österreichischen Gesellschaft mbH. 335; bei Umwandlung e. Kommanditgesellschaft auf Aktien in e. — kann mit dem Bestande d. EinkQuelle des bisherigen Steuersubjekts nicht mehr gerechnet werden 336; durch die Tätigkeit eines in Preußen wohnenden Handlungsreisenden e. außerpreußischen — wird e. Betriebsstätte in Preußen nicht begründet, wohl aber durch ein sog. Dispositionslager und den Verkauf von Retourwaren im eigenen Geschäftslokal 336f.; ein in Preußen eingerichtetes, durch im Dienst- und Abhängigkeitsverhältnis stehendes Personal verwaltetes Bureau e. auswärtigen Hypothekenbank- — bildet einen stehenden Gewerbebetrieb der Bank in Preußen 337; Begriff „Vertreter" iS. § 3 DoppStG. 337; steuerpfl. Unternehmungen e. Kohlensyndikats- — 337f.; steuerpflichtiges Einkommen 343; für die Besteuerung maßgebende Geschäftsjahre 343; Begriff der Überschüsse und deren Berechnung 343f., Berechnung der steuerpfl. Überschüsse e. einheitlichen über mehrere Betriebsorte sich erstreckenden gewerbl. Unternehmens unter Berücksichtigung der einheitlichen Oberleitung 343, 345, 346, 358f.; bei den über mehrere Betriebsorte (Bundesstaaten) sich erstreckenden — bildet die Einheitlichkeit des Betriebs die Regel 344, 359; Zuweisung eines Voraus für den Sitzstaat der Betriebsleitung 344f., 346, 358f.; besitzt eine — sämtliche Geschäftsanteile e. außerpreußischen Ges. mbH., so gehören die Geschäftsanteile zum Anlage- und Betriebskapital, die Dividenden zum steuerpfl. Eink. der — 344f.; Geschäftsgebäude e. —, auch wenn zum Teil anderweit vermietet, als Zubehör des gewerbl. Anlagekapitals 345; Bemessung des dem Sitzstaat zuzubilligenden Voraus für die

Leitung nach dem Einkommen, nicht nach dem Ertrage 347, 359; Berechnung des steuerpfl. Einkommens einer —, die in Ausübung ihres eigenen Gewerbes für außerpreußische — deren Gewerbe betreibt 347 f.; steuerliche Behandlung der bei Ausgabe neuer Aktien entstehenden Kosten 348; Begriff des Agiogewinns 348; die von e. — auf Grund vertraglicher Rentabilitätsgarantien erzielten Einnahmen bilden einen Teil des Geschäftsgewinns und, wenn iS. § 15 EinkStG. verwendet, der steuerpfl. Überschüsse 348 f.; besonderer steuerfreier obligatorischer Entschädigungsanspruch einzelner Aktionäre für die Einbringung von Sachen oder Rechten kein Zubehör des Aktienrechts 349; buchmäßiger Reingewinn in Preußen nicht Grundlage für Ermittelung der steuerpfl. Überschüsse einer über mehrere Staaten sich erstreckenden einheitlichen — 349; Abschreibungen auf Wertpapiere 349; bilanzmäßige Abschreibungen auf Gebäude und Mobilien auf einen unter dem objektiven Verkaufswert liegenden Wert unzulässig 349 f.; Abschreibungen bei Wertverminderungen durch Unglücksfälle, Betriebsveränderungen 350; Abschreibungen nach bestimmten Prozentsätzen des Werts von Aktivposten 351; ein „Dispositionsfondskonto", das zur freien Verfügung des Aufsichtsrats e. — steht und zur Deckung künftiger außergewöhnlicher Aufwendungen dienen soll, hat den Charakter e. steuerpfl. Reservestellung, nicht eines Bewertungskontos 351 f.; nichtbilanzmäßige, erst nachträglich im Veranlagungs- und Rechtsmittelverfahren geltend gemachte Abschreibungen e. — sind bei Ermittelung d. steuerpfl. Überschüsse nicht zu berücksichtigen 353; Verteilung v. Werbungskosten auf mehrere Jahre unzulässig 354; Einheit der für die Durchschnittsberechnung maßgebenden Jahre 354; steuerfreie Garantiefonds v. — 354; Behandlung der Erhöhung des Aktienkapitals in der Bilanz 354; Korrektur der Bilanzen bez. d. Abschreibungen 354; als steuerpfl. Gewinnanteile gelten auch solche Beträge, die den Aktionären durch Aufrechnung gegen den Übernahmepreis neuer Aktien aus dem Geschäftsgewinn der — gezahlt werden 355; Abschreibungen zur Herabsetzung des in früheren Bilanzen angeblich zu hoch angenommenen Werts e. Grundstücks 355; zu hohe Abschreibungen des einen können nicht gegen zu niedrige der beiden anderen Durchschnittsjahre aufgerechnet werden 356; steuerfreies Rückstellungskonto zur Erfüllung späterer vertraglicher Zwecke 356; Mehreinnahmen gegenüber dem bilanzmäßigen Wert von verkauften Fabrikationseinrichtungen und Inventarien gehören zum geschäftlichen Reingewinn e. — 356; Bewertung zweifelhafter Forderungen in den Bilanzen 357; Feststellung der in Preußen steuerpflichtigen Überschüsse einer sich über mehrere Bundesstaaten erstreckenden einheitlich betriebenen gewerblichen — unter Berücksichtigung der Leitung, der Fabrikation und des Verkaufs 357, 358 f.; Frage der Einheitlichkeit des Betriebs e. — 400; Ermittelung des gewerbesteuerpflichtigen Ertrages e. — 403; Frage d. Abzugsfähigkeit von Aufwendungen für Pensionskassen für Angestellte 404; Maß der bei Ausmittelung des gewerblichen Ertrags zu berücksichtigenden Abschreibungen 405 f.

Aktienkapital, Bedeutung der Erhöhung d. — für die Veränderung der in den alten Aktien bestehenden EinkQuellen 287 f, 302.

Akzept-, Kreditoren- und Avalekonto, ihre Bedeutung für das gewerbl. Anlage- u. Betriebskapital 189.

Alimente, auf gesetzlicher Unterhaltspflicht beruhende — nicht abzugsfähig 331.

Alleineigentum iVerh. zum Bruchteilseigentum iS. des ZuwStG. 3; sa. „Eigentum", „Miteigentum".

Altenteil, —sleistungen auf Wertzuwachs nicht anrechnungsfähig 26 f.

Amtsverbände, Abgaben der — 34; Erhebung von Baupolizeigebühren durch westfälische — 34.

Amtszimmer, steuerfreier Mietwert des —s e. Pfarrers 326.

Anatomisches Museum, s. „Museum".

Anerkenntnis, Wirkung eines auf irriger Rechtsbelehrung beruhenden —ses der Veranlagung seitens eines Steuerpflichtigen 387.

Anfechtung, s. „Vertrag".

Angestellte, s. „Pensionskassen".

***Anlage- und Betriebskapital,** Notenumlauf und Notenprivileg d. Reichsbank fallen nicht unter das — 183 f.; das fiskalische Bergwerkseigentum gehört zum —; die Bewertung der Berggerechtsame hat nicht nach dem gemeinen, sondern nach dem Gebrauchswerte zu erfolgen 184; gepachtete oder gemietete Gegenstände gehören nicht zum — 185; auch nicht Depositen im kaufmännischen Sinne 185; Verteilung des —s eines sich über mehrere GemBezirke erstreckenden GewBetriebs 185; bilanzmäßiger Wert des —s bei offenen Handelsgesellschaften nicht unbedingt maßgebend 186; Einfluß kurzfristiger Geschäftskredite auf das — 187 f.; Aktienbesitz e. offenen Handelsgesellschaft als Teil des —s 200 f.; steuerliche Behandlung d. Zinsen v. Schuldverbindlichkeiten zur Beschaffung oder Vermehrung des —s von Erwerbsgesellschaften 201f.; Ermittelung der einem einzelnen Betriebsort eines Schiffahrtsgewerbes speziell gewidmeten und der mehreren Betriebsteilen oder dem gesamten Gewerbebetrieb dienenden Werte des —s 233f.; mit der Aufgabe einer Zweigniederlassung verlieren deren Außenstände nicht die Zugehörigkeit zum gewerblichen — 315; im Besitze e. Aktiengesellschaft befindliche Geschäftsanteile e. Ges. mbH. gehören zum — 344f.; ebenso ein teilweise für andere Zwecke vermietetes Geschäftsgebäude e. Aktiengesellschaft 345; Berücksichtigung eines durch Ankauf v. Grundstücken eintretenden Zuwachses des —s als Einnahme beim Reingewinn 367; Kosten des vertraglich übernommenen Wegebaues innerhalb eines zum gewerbl. — einer Ges. mbH. gehörigen Gutsbezirks vom Geschäftsgewinn der Ges. mbH. abziehbar 372; — bei der StaatsGewStVeranlagung **407f.**; wird das Gewerbe auf einem im Miteigentum des Unternehmers stehenden Grundstück betrieben, so gehört der dem Bruchteilseigentum entsprechende Wert der gewerbl. Räume zum — 407; auch eine noch nicht eingezahlte Stammeinlage eines Gesellschafters einer Ges. mbH. gehört zum gewerblichen — 407; Einfluß d. Wertangaben im Gesellschaftsvertrage auf die Bewertung von Sacheinlagen für Berechnung des —s 407; gemietete und gepachtete Gegenstände gehören nicht zum — 407f.

Anleihe, Tilgung u. Verzinsung von —n für Gemeindeveranstaltungen durch Gebühren und Beiträge 68; Berechtigung d. Gemeinden zur Abstoßung, Tilgung oder Verzinsung einer noch nicht vollständig getilgten — unter Änderung d. ursprünglichen Absicht, Beiträge zu erheben 70; —zinsen bei Berechnung der Anliegerbeiträge zu berücksichtigen 84; Zinsen einer zur Tilgung von Schulden aufgenommenen — sind bei Ermittelung des gewerbl. Ertrags nicht abzugsfähig 405.

Anliegerbeiträge gemäß § 15 BauflG.: Begriff und Umfang der Beitragspflicht **72ff.**: Verzicht auf — 72, 73; ein solcher Verzicht bedarf im Geltungsgebiet d. RhStO. der Genehmigung des BezAussch. 72f.; Ausführung der Bürgersteigherstellung durch die Stadt an Stelle der observanzmäßig verpflichteten Anlieger 73; Zeitpunkt der Entstehung der Beitragsforderung und des Beginns der Verjährung 73; Bewertung unentgeltlich abgetretenen Straßenlandes 74; Überschuß bei Abrechnung der Straßenbaukosten 74; Haftung und Sicherheitsleistung für — 74, 75; Heranziehung zu einem geringeren Beitrag unter Vorbehalt der ev. Anforderung eines höheren Betrages unzulässig 74; Zeitpunkt der Abrechnung d. Straßenbaukosten 75; Verjährung beginnt iF. der Kostenspaltung erst, wenn die Beitragsforderung im vollen Umfange entstanden ist 75; bei Fluchtlinienfestsetzungen vor Erlaß des BauflG. ist zu prüfen, ob aus der Festsetzung der Wille der Gemeinde, die Straße anzulegen, zu entnehmen ist und ob die Anlieger mit der Anlegung rechnen mußten 75f.; Feststellung eines Fluchtlinienplans nötigt die Gemeinden nicht zur Herstellung der aufgenommenen Straße binnen einer bestimmten Frist 76; Kosten eines Dammdurchbruchs als erstattungsfähige Straßenherstellungskosten 76; Verlängerung einer in der Anlegung begriffenen Straße 77; Beitragspflicht des Eigentümers für von Dritten mit seinem Wissen und Willen errichtete Gebäude 77; Beitragspflicht wird nur durch im Zeitpunkte der Entstehung der Forderung noch vorhandene Gebäude begründet 77f.; Verjährung wird durch den Mangel der baupolizeilichen Genehmigung des die Beitragspflicht begründenden Gebäudes nicht gehemmt 78; Einwand der Verjährung nicht erst in der Revisionsinstanz zu erheben 78; Beginn der Straßenanlegung auch ohne förmliche Fluchtlinienfestsetzung aus tatsächlichen Vorgängen festzustellen 78; Entstehung der Beitragspflicht infolge Anlegung einer neuen durch ein an einer historischen Straße belegenes Grundstück hindurchgelegten Straße, an der Gebäude errichtet werden 78f.; zur Veranlagung und Verteilung der — Gemeindevorstand, nicht die Gemeindevertretung zuständig 79; Straßenherstellung der Gemeinde für Auftrag und Rechnung d. Anlieger 79f.; Heranziehung zu —n darf erst erfolgen, wenn Nachforderungen (für Straßengelände) ausgeschlossen sind, es sei denn, daß die Stadt rechtsgültig auf Nachforderungen verzichtet 80; Beitragsforderung für die von einem Dritten teils auf eigene, teils auf städtische Kosten vertragsmäßig hergestellte Straße 80f.; für Ansprüche des Erbauers e. Unternehmerstraße gegen die Gemeinde wegen ungerechtfertigter Bereicherung VerwStreit.-Verf. nicht gegeben 81; keine Beitragspflicht für ein durch ein anderes Grundstück von der Straße getrenntes Grundstück 81; keine Beitragspflicht der Mitglieder einer Gesellschaft mbH. 81; wirtschaftliche Einheit v. Grundstücken iS. d.

Anliegerbeitragspflicht 81f.; für die wirtschaftliche Einheit eines Grundstücks ist frühere Eintragung auf einem Grundbuchblatt nicht ausschlaggebend 82; Lage eines Grundstücks nur am Bruchteil e. Straße (Teil des Bürgersteigs) schließt Erhebung v. —n nicht aus 83; Bebauung eines Teils eines Grundstücks bedeutet nicht ohne weiteres Schaffung von zwei Grundstücken 83; Verbindung mehrerer Grundstücke desselben Eigentümers zu wirtschaftlicher Einheit 83; Begriff der wirtschaftlichen Einheit v. Grundstücken 83; Heranziehung eines Pflichtigen, der zur Zeit der Heranziehung nicht mehr Eigentümer des bebauten Grundstücks ist 84; Kirchhöfe nicht beitragsfrei 84; **Begriff u. Berechnung** (Freilegung, erste Einrichtung, Entwässerung) **84ff.**: Zinsen von —n nicht zu fordern 84, 87; Anleihezinsen als Teil der — 84f.; Kursverluste nicht zu berücksichtigen 84f.; Anwendung des § 812 BGB. (Vermögensvermehrung infolge Ersparung von Aufwendungen) 85; nicht anrechnungsfähige Bekanntmachungskosten 85; irrtümliche Nichtberücksichtigung erstattungsfähiger Kosten 85; verfrühte Heranziehung 85f.; Grenzen der Kostenspaltung 86; bestimmte ortsstatutarische Abgrenzung der zulässigen Kostenspaltung 86f.; Berücksichtigung von Bauleitungskosten bei d. Kostenberechnung 87, 89; Zinsverluste nicht anrechnungsfähig 87; Verhältnis eines späteren zu einem früheren Ortsstatut 87; Feststellung der Grenzen der an öffentlichen Plätzen entlang führenden Straßen 87f.; Berücksichtigung des Preises angekauften Straßengeländes bei Berechnung der — 88; Berechnung des auf Straßenbaukosten entfallenden Anteils einer für Straßen- und Grundstücksentwässerung dienenden Kanalanlage 88; Grunderwerbskosten für eine über einen Platz führende Straße 88; Grenzen der Zulässigkeit einer Änderung des Bauprogramms 89; Nichtanmeldung im Zwangsversteigerungsverfahren vor Fertigstellung der Straße bringt den Erstattungsanspruch nicht zum Erlöschen 89; Unzulässigkeit der Anwendung von die Aufwendungen übersteigenden Einheitssätzen für Teileinrichtungen 89; nachträgliche Pflasterung einer fertiggestellten Unternehmerstraße nicht beitragspflichtig 89; Unzulässigkeit der Forderung v. —n für späteren Ausbau einer „vorhandenen" Straße 90; Übernahme der observanzmäßig den Anliegern obliegenden Bürgersteiganlegung durch die Gemeinde berechtigt sie zur Forderung von —n 90; Unzulässigkeit der Beitragsforderung für Ausbau des Bürgersteigs auf einer Straßenseite 90f.; **Begriff der Straßenanlage iS. § 15 BauflG. 91ff.**: Teilausbau einer Straße u. Anspruch auf — 91; Frage der Einheitlichkeit zweier nebeneinander laufender Straßen mit nur je einer Fluchtlinie 91f.; Frage der Zulässigkeit einer Anliegerbeitragsforderung für eine im Pfännerschaftsgebiet in Halle belegene Straße 92f.; Aufnahme e. Wegezuges in den Bebauungsplan für seine Eigenschaft als „vorhandene" Ortsstraße nicht maßgebend 93; Begriff der „vorhandenen" Straßen iS. § 15 BauflG. 93, 94; für Beginn d. Anlegung e. Straße ist der den Anliegern erkennbar gewordene Wille der Gemeinde maßgebend 94; durch Sperrung einer fertiggestellten Straße wird die Forderung v. —n nicht ausgeschlossen 94; Kosten einer Stützmauer gehören zu den Straßenbaukosten 95; Einlegung von Schienen ändert nichts an dem Wesen einer Fläche als Straße 95; Inkrafttreten e. Ortsstatuts gem. § 15 BauflG. als maßgebender Zeitpunkt für die Frage, ob eine Straße als vorhanden anzusehen ist 95; **Begriff des „Gebäudes" an der Straße 95ff.**: Gebäudeeigenschaft von Bahnhofsempfangshallen 95f.; umgebaute Kelleranlage als Gebäude 96; Zugänglichkeit e. Gebäudes von der Straße kein ausnahmsloses Merkmal für seine Lage an der Straße 96; wirtschaftliche Beziehungen e. Gebäudes zur Straße 97; Errichtung von Gebäuden auf e. wirtschaftlich einheitlichen Grundstück, das zugleich an dem ausgebauten und unausgebauten Teil e. Straße liegt, iVerh. zur Lage an dem ausgebauten Straßenteil 97f.; Errichtung eines Gebäudes an der Straßenfluchtlinie maßgebend für seine Lage an der Straße 98; Umbau e. Geschäftshauses in e. Wohngebäude begründet uU. die Pflicht zu —n 98; ebenso die Veränderung e. bestehenden Gebäudes unter Inanspruchnahme bisher unbebauter Flächen 99; Zustellung einer Rechnung über den Ausbau e. Straße als Heranziehung zu —n 270; ob eine Anliegerbeitragsforderung verjährt ist, vom VerwRichter nicht von Amtswegen zu prüfen 275; Rechtsmittel gegen die Heranziehung zu —n 276; Antrag auf Freistellung und Zurückerstattung bereits gezahlter — 276; eine Anliegerbeitragsforderung darf nicht im Laufe eines Streitverfahrens auf eine neue tatsächliche und rechtliche Basis gestellt werden 277.

Anschluß, Besitz eines —ses als Merkmal der Benutzung einer Wasserleitung 41; auch die den — ermöglichenden Vorrichtungen (Seitenrohre) können als Bestandteile d.

Kanalisation iS. der Beitragserhebung erklärt werden 67; über Ansprüche d. Gemeinde für die von ihr für die Grundstückseigentümer privatrechtlich übernommene Herstellung der Hausanschlüsse findet das VerwStreitVerf. nicht statt 67.

Anschlußrevision, s. „Revision".

Anschlußzwang, polizeilicher — für eine Wasserleitung abhängig vom öffentlichrechtlichen Anschlußrecht 39; Einführung des —es für eine Kanalisation nur im Wege der PolVd. 66.

Anstellung e. Militäranwärters auf Probe als Merkmal seiner Beamteneigenschaft 214; Aushändigung e. Anstellungsurkunde als Merkmal der Kommunalbeamteneigenschaft 219; Aushändigung einer solchen Urkunde vor dem 1. IV. 09 verleiht dem Betreffenden Anrecht auf das Steuerprivileg, wenn nicht in der Anstellungsurkunde ausdrücklich ausgesprochen ist, daß Übertragung des Amts erst vom 1. IV. 09 wirksam werden soll 220f.; definitive — e. zunächst probeweise beschäftigten Beamten bedeutet Entstehung e. neuen EinkQuelle 298.

Anteilsverhältnis, s. „Miteigentümer", „Handel".

Arbeiterschlafhaus, s. „Aufenthalt".

Arbeiterwohngemeinde, s. „Betriebsgemeinde".

Arbeiterwohnungen, Kosten des Neubaus von — keine abzugsfähigen Betriebskosten e. Berggewerkschaft 405; von einer solchen errichtete — als Merkmal der Eigenschaft einer Gemeinde als Betriebsort der Gewerkschaft 413.

Armenausgaben, Zuschüsse der Betriebsgemeinden zu — 245.

Arzt, EinkStPflicht eines infolge Wohnsitzes in Preußen steuerpfl. —es (ungarischen Staatsangehörigen) aus in Ungarn erzieltem ärztlichen Eink. 282; Tätigkeit bei e. Ortskrankenkasse bildet mit der Privatpraxis einheitliche EinkQuelle 322; Beiträge zur Ärztekammer abzugsfähige Werbungskosten, nicht dagegen Ausgaben für Fachliteratur 322; auch nicht Anschaffungskosten für Pferde und Wagen an Stelle e. Automobils 322; ebensowenig Kosten der Teilnahme an Fortbildungskursen 323.

Ärztekammerbeiträge abzugsfähige Werbungskosten e. Arztes 322.

Assistenten, s. „Technische Hochschule".

***Aufenthalt**, Begriff — iVerh. zum Wohnsitz iS. d. KommAbgG. 192; Besitz eines als Sommerwohnung benutzbaren Landhauses Merkmal des —s, nicht des Wohnsitzes 192; regelmäßige Benutzung eines Arbeiterschlafhauses in der Arbeitsgemeinde als Grundlage des —sverhältnisses 194; Wohnen eines Hauskindes im Elternhause ohne dingliches oder persönliches, durch Klage geschütztes Recht begründet nur ein —sverhältnis 195; zeitweilige Entfernung v. —sort ohne Unterbrechung des —sverhältnisses 195f.; unfreiwillige Verlängerung e. —s nicht geeignet, ihm den Charakter eines vorübergehenden zu nehmen 281.

Auflassung, Zeitpunkt der — für Berechnung der ZuwSt. nicht entscheidend 11f.; auch nicht für die Entstehung d. Umsatzsteuerpflicht 123.

Aufrechnung, — e. materiell unrichtigen, aber rechtskräftigen Umsatzsteuerforderung gegen eine anderweite selbständige Steuerveranlagung unzulässig 110; — im Verfahren wegen Leistung von Zuschüssen der Betriebsgemeinden gem. § 53 KommAbgG. 254.

Aufsichtsrat, Gewinnanteile des —s e. Aktiengesellschaft als Gehälter u. Löhne iS. § 47 KommAbgG. 236f.; Tantiemen in Preußen wohnender —smitglieder luxemburgischer Aktiengesellschaften von der vollen Besteuerung ausgeschlossen 282; Unkosten, die einem Aktionär oder —smitgliede durch die e. Aktiengesellschaft ohne Verpflichtung dazu geleisteten Dienste erwachsen, sind nicht als Werbungskosten abzugsfähig 285.

Aufwand, Schätzung des Einkommens aus einer Quelle nach dem — unzulässig 373.

Aufwartefrau, Kosten einer —, die an Stelle d. erwerbstätigen Ehefrau Hausarbeiten verrichtet, nicht abzugsfähige Werbungskosten 325.

Aufwendungen, dem Erwerbspreis hinzuzurechnende — bei Teilveräußerungen (RZuwSt.) 11; — zum Zwecke des Erwerbs bei Zwangsversteigerungen neben dem Meistgebot nebst übernommenen Leistungen nach d. Berliner WertzuwachsStO. nicht zu berücksichtigen 132; Berücksichtigung von — für dauernde Verbesserungen d. Grundstücks bei Ermittelung d. Wertzuwachses 137f.; auch — für Beschaffung v. Baugeldern gehören dazu, nicht aber gelegentlich der Veräußerung gezahlte Provisionen 138.

Ausbauten, s. „Berggewerkschaften".

Auseinandersetzung, Umsatzsteuerpflicht bei Grunderwerb durch — zwischen Miteigentümern (s. d.) 122; Wertzuwachssteuerberechnung bei Eigentumserwerb infolge Erb— 132.

Außenstände, s. „Abschreibungen".

Auskunft, Erhebung einer kommunalen Gebühr für —serteilung aus den polizeilichen Melderegistern unzulässig 38f.; —spflicht über Besteuerungsmerkmale 159f.; hat ein Steuerpflichtiger gem. § 63 Komm.-AbgG. eine unbeanstandete — über Besteuerungsmerkmale gegeben, so kann er nach erfolgter Veranlagung nicht eine hinter seinen Angaben zurückbleibende Bewertung beanspruchen 161.

Ausland, zweijährige Fortdauer d. Eink.-StPflicht bei Verzug preuß. Staatsangehöriger ins — 280; Wiederaufleben d. Steuerpflicht nach —saufenthalt 280; EinkBerechnung eines im — domizilierten gewerbl. Unternehmens aus Betrieb v. Filialen in Preußen 282.

Auslegung, Voraussetzungen und Wirkungen d. — von Hebelisten 272.

Ausschlußfrist, Wahrung d. — in allen Instanzen von Amts wegen zu prüfen 275; die Frist iS. § 87 KommAbgG. ist keine — 275.

Aussteuer, s. „Rente".

Auswandererkontrollstation, s. „Betriebsort".

Automobil, s. „Pferde".

Avale-Konto, s. „Akzept".

B.

Bahneinheiten, Frage der Umsatzsteuerpflicht 113.

Bahnhof, Empfangshallen auf e. — als Gebäude iS. § 15 BauflG. 95f.

Ball, Lustbarkeitssteuerpflicht des —es e. Offizierkorps 101f.

Bankgebäude, Ermittelung des gemeinen Werts eines —s 168f.

Bankschulden, maßgebender Zeitraum für die Berechnung d. Zinsen v. — (EinkSt.) 286.

Bankunternehmen, Verteilung des Anlage- u. Betriebskapitals eines sich über mehrere Gemeindebezirke erstreckenden —s 185; Bedeutung von Depositen und Spareinlagen für die Feststellung des Anlage- u. Betriebskapitales eines —s 185f.

Baubeschränkungen, dem Erwerber auferlegte — sind bei der Wertermittelung eines Grundstücks iS. d. Umsatzsteuerpflicht nicht zu berücksichtigen 125f.

Bauerlaubnis, Unzulässigkeit der Erhebung von Baupolizeigebühren, wenn für fiskalische Bauten keine förmliche —, sondern nur eine „Erklärung" über etwaige Erinnerungen gegen den geplanten Bau im Ortsrecht vorgesehen ist 53; eine gebührenpflichtige — liegt nur vor, wenn eine umfassende, auch im Interesse des Bauenden liegende, insbesondere auch bautechnische Prüfung des Projekts in der BauO. vorgeschrieben ist 54f.; s. a. „Baugenehmigung".

Baugelder, Berücksichtigung von Aufwendungen für Beschaffung v. —n als Kosten d. dauernden Verbesserung e. Grundstücks (WertzuwachsSt.) 138.

Baugenehmigung, Mangel der — für ein die Anliegerbeitragspflicht begründendes Gebäude hemmt nicht die Verjährung 78.

Baugenossenschaften, Umsatzsteuerfreiheit gemeinnütziger — 123f.; Nichtbeachtung des statutarischen Zweckes hebt Steuerfreiheit nicht auf 124.

Baugewerbetreibender iS. § 14³ ZuwStG. 8f.

Bauland, Größe der —fläche ungeeigneter Maßstab für die Bemessung von Beiträgen nach § 9 KommAbgG. 64; bei Ermittelung des Ertragswerts e. landwirtschaftlichen Grundstücks ist die Zugehörigkeit von — oder Baustellen nicht zu berücksichtigen 393.

Bauleitungskosten, Voraussetzung deren Berücksichtigung bei Berechnung v. Anliegerbeiträgen 87, 89.

***Baupolizeigebühren**, Erhebung von — durch westfälische Amtsverbände 34; —, Voraussetzungen für die Zulässigkeit ihrer Erhebung für fiskalische Bauten 53, 54; das Recht zur Erhebung von — ist von einer umfassenden, auch im Interesse des Bauenden liegenden, insbesondere auch bautechnischen Prüfung des eingereichten Projekts abhängig 53f., 54f.

Bauprogramm, s. „Anliegerbeiträge".

Baustellen, s. „Bauland".

***Beamte**, Höchstgrenze der Heranziehung des Diensteinkommens der —n mit 125 % d. StEinkSt. ohne Einfluß auf die Festsetzung des Provinzialsteuersolls 20; GemeindeEinkStPflicht 213ff.; Zugehörigkeit zu den unmittelbaren Staatsdienern 213f.: Steuerpflicht eines gegen Kopialien beschäftigten Kanzleibeamten 213; —neigenschaft eines „auf Probe" angestellten Militäranwärter-Postbeamten 214; Beeidigung eines zum Vorbereitungsdienst für die Gerichtsschreibergehilfenprüfung zugelassenen Militäranwärters verleiht ihm —neigenschaft 214, 215; das neue eingeschränkte Steuerprivileg gilt nur für die nach dem 31. III. 09 ins Amtsverhältnis eingetretenen —n 215, 223; ein von Lübeck angestellter Schleusenmeister beim Elbe-Trave-Kanal, der gleichzeitig preußischer Staats—r ist, hat bez. seines vom Lübeckischen Staat gezahlten Diensteinkommens keinen Anspruch auf das Steuerprivileg 216; Steuerprivileg bezieht sich nur auf — oder Pensionäre des preuß. Staats, nicht auch anderer Bundesstaaten 216; Privatdozenten preuß. Landesuniversitäten haben keinen Anspruch auf das —-Steuerprivileg 217; Fortbildungsschullehrer haben Staats—eigenschaft 217;

prinzliche Hof— haben Anspruch auf das Steuerprivileg 218; Zugehörigkeit zu den mittelbaren Staatsdienern 218f.; —neigenschaft eines im Vertragsverhältnis beschäftigten nichtbeamteten Gemeindeangestellten wegen seiner Eigenschaft als stellvertr. Standes—r 218f.; Voraussetzung für die Eigenschaft eines Gemeinde— 219; auch nebenamtlich angestellte Lehrer an einer öffentlichen Fachschule haben die Eigenschaft mittelbarer Staats— 219f.; Aushändigung e. Anstellungsurkunde als Merkmal der Kommunal—neigenschaft 220; Aushändigung der Anstellungsurkunde vor dem 1. IV. 09 als Grundlage für den Anspruch auf das Steuerprivileg 220f.; —neigenschaft des Angestellten einer Landwirtschaftskammer 221; Gehaltsnachzahlungen für 1908 nicht dem Ergebnisse des Kalenderjahrs 1909 zum Zwecke d. GemBesteuerung zuzurechnen 222, 223; dasselbe gilt für die auf Grund des Reichsbesoldungsgesetzes geleisteten Nachzahlungen 223; dagegen sind Gehaltsnachzahlungen infolge anderweiter Festsetzung des Besoldungsdienstalters für die Kommunalbesteuerung dem Ergebnis des Jahres d. Nachzahlung zuzurechnen 223; eine durch Versetzung eingetretene Verminderung des Wohnungsgeldzuschusses stellt keine wesentliche Veränderung der EinkQuelle des Amts dar 224; Kirchendiener sind keine mittelbaren Staats—n 228; Notare gehören nicht zu den von Naturaldiensten befreiten —n 259; wesentliche Änderung der EinkQuellen v. —n aus gewinnbringender Beschäftigung (sd.) 294f.; EinkQuelle kommissarisch beschäftigter —n ist die ihnen übertragene Amtsstelle 296; Versetzung e. Staats—n an e. anderen Ort in gleicher Amtseigenschaft keine wesentliche EinkQuellenänderung 296; auch nicht bloße Erhöhung der Bezüge und Änderung des Titels ohne Änderung des Amts (auch bei Privat—n) 297; steuerpfl. Eink. aus gewinnbringender Beschäftigung (sd.) bei öffentlichen —n 315f.

Beamtenpensionskassen, ob Reservefonds bei gewerbl. Unternehmungen 189.

Beanstandung e. Auskunft über Besteuerungsmerkmale nach § 63 KommAbgG. 159f.; Erfordernisse e. solchen —sverfügung 258; Zuständigkeit für — d. Steuererklärung 375.

Bebauungsplan, Festsetzung eines —es als Beginn der Anlegung e. Straße iS. der Anliegerbeitragspflicht 75f.

Befreiung(en), — von der Zuwachssteuerpflicht 4, 5; maßgebendes „letztes" Jahr iS. § 1² ZuwStG. 5f.; Voraussetzungen d. Steuerfreiheit bei Teilveräußerungen 6; auf besonderem Rechtstitel beruhende — von Gemeindeabgaben 35f.; auf Statut beruhende persönliche Steuer— 36; ein GemBeschluß, durch den abweichend von den gesetzlichen Bestimmungen einzelnen Steuerpflichtigen Steuer— zugestanden werden, ist ungültig 196.

Beistand, s. „Buchführung".

***Beiträge,** Bemessung der — für Kreisveranstaltungen nach den Vorteilen d. Beitragspflichtigen 23; — nach § 9 KommAbgG. 55ff.; Ungültigkeit e. Ortsstatuts über Erhebung von —n wegen ungenügender Bekanntmachung des Genehmigungsbeschlusses 55, 58; Erhebung von —n für bereits etatsmäßig endgiltig gedeckte Kosten unzulässig 56; Geltung von Gemeindebeschlüssen über Erhebung von —n in eingemeindeten Bezirken 56; Frage d. Genehmigung von Beitragsbeschlüssen durch den Vorsitzenden des BezAusschusses an Stelle des Kollegiums 56; eine Erweiterung des Inhalts eines Beitragsbeschlusses durch den mit einer „Maßgabe" gefaßten Genehmigungsbeschluß des BezAusschusses macht das Ortsrecht rechtsunwirksam 57; Erfordernisse des Auslegungsverfahrens bei Erhebung von —n 57; Prüfung der Vorteile der Beitragspflichtigen 58; sind in demselben Ortsstatut Vorschriften für die Erhebung der Gebühren und von —n erlassen, so sind die auf die — und die auf die Gebühren bezüglichen Teile hinsichtlich der materiellen und formellen Voraussetzungen ihrer Gültigkeit als selbständige ortsrechtliche Bestimmungen anzusehen 59; allgemeine wirtschaftliche Vorteile vermögen die Erhebung von —n nicht zu rechtfertigen 61; Erfordernisse für das Zustandekommen eines rechtsgültigen Ortsrechts über die Erhebung von —n 62f.; Ermäßigung von veranlagten —n durch den GemVorsteher aus Billigkeitsgründen 63f.; Beitragsbemessung nach der Größe der Baulandfläche wegen Unklarheit des Begriffs „Baulandfläche" bedenklich 64; nur ein in den vorgeschriebenen Formen des § 9 KommAbgG. erlassenes Ortsrecht kann die Grundlage der Erhebung v. —n bilden 68f.; öffentlich-rechtliche Übernahme der Straßenreinigungspflicht durch die Gemeinde berechtigt zur Erhebung v. — 69; Erhebung v. —n zur Tilgung u. Verzinsung von Anleihen (sd.) 68, 70; keine zeitliche Begrenzung der Zulässigkeit von Beitragsbeschlüssen 70f.; Einfluß des § 15 BauflG. auf die Erhebung v. —n zu Pflasterungskosten 71; — für Übernahme der Müll- und Kehrichtabfuhr durch die Gemeinde 71f.

Bekanntmachung, Erfordernisse der — der Genehmigung von Beitragsbeschlüssen nach § 9 KommAbgG. 58, 60; eine derartige — ist nicht nur den Einspruchserhebern, sondern allen Beteiligten zuzustellen 69; —skosten bei Berechnung v. Anliegerbeiträgen 85.

Bekanntmachungskosten bei Berechnung v. Anliegerbeiträgen 85.

Beköstigung, Bemessung des Werts der dem gewerblichen Personal gewährten freien — bei der EinkErmittelung 314.

Belege, s. „Buchführung".

Bereicherung, für Geltendmachung v. Ansprüchen e. Straßenunternehmers wegen ungerechtfertigter — e. Gemeinde aus dem Unternehmerverhältnis iS. § 15 BauflG. VerwStreitVerf. nicht zugelassen 81.

Bergfiskus, s. „Bergwerkseigentum".

Berggerechtsame, Bewertung des Geschäftsanteils, den eine Erwerbsgesellschaft gegen Einbringung von —n in eine Gesellschaft mbH. empfangen hat, nach dem Geldwert, zu dem die Sacheinlage von der GmbH. angenommen ist 408.

Berggewerkschaft(en), Umsatzsteuerpflicht 114; steuerpfl. Unternehmungen d. — 339; selbständige Einzelveranlagung von zwei zu gemeinsamem Betrieb vereinigten selbständigen — 339; steuerpfl. Einkommen der — 359f.; für die Anwendung der Durchschnittsberechnung nach § 9[6] EinkStG. ist es unwesentlich, ob bei — während der 3 Jahre ein regelmäßiger Betrieb bestanden hat oder nicht 359f.; Form der Feststellung der Jahresrechnungen 360; Abschreibungen wegen Substanzverringerung sind, wenn ordnungsmäßige Geschäftsbücher nicht geführt werden, auch im Veranlagungs- und Rechtsmittelverfahren noch geltend zu machen 360; Verteilung von Ausbeuten auf Grund sog. Anschnittrechnungen ohne Rücksicht auf den bilanzmäßigen Gewinn unzulässig 360; maßgebende Durchschnittsperiode 361; zu teuer gekaufte Grundstücke können sofort bis auf ihren wirklichen Wert abgeschrieben werden 361; Ausgaben für Ankauf neuer Grundstücke bei — in der Regel keine Werbungskosten 361; Voraussetzungen für die Zulässigkeit von Abschreibungen wegen Substanzverringerung 361f.; Ermittelung des für den Abzug v. $3^1/_2\,^0/_0$ nach § 15 EinkStG. maßgebenden Grundkapitals bei — 362f.; steuerliche Behandlung von Ausbeuten d. — bei anderweiter Veranlagung eines Steuerpflichtigen wegen Erbanfalls 369; Betriebsorte i S. der GewStPflicht v. — sind die Gemeinden, wo die durch Löhne usw. vergütete Arbeit über oder unter der Erde geleistet wird 413; Arbeiterwohnhäuser e. — als Merkmal für die Betriebsorteigenschaft einer Gemeinde 413.

Bergmann, Einfluß längerer Krankheit auf den Fortbestand seiner EinkQuelle aus gewinnbringender Beschäftigung 300.

Bergwerk, Bewertung des in —en angelegten gewerbl. Anlage- u. Betriebskapitals für die ErgSt. 393f.; gewerbl. Betriebsausgaben bei fiskalischen —en 410f., 413; Betriebsorte bei —sunternehmungen 413.

Bergwerkseigentum, Umsatzsteuerpflicht bei Entstehung von — 113; das fiskalische — gehört zum Anlage- und Betriebskapital; Bewertung nach dem Gebrauchswert 184; Zerlegung des für das staatl. — veranlagten Steuersatzes auf mehrere Kommunalbezirke 410f., 413.

Berichtigung v. Bilanzkonten einer Gesellschaft m. b. H. wegen zu hoher Abschreibungen 371.

Berlin, maßgebender Betrag für Berechnung der WertzuwachsSt. bei Zwangsversteigerungen 132; Frage der Rechtsgültigkeit der WertzuwachsStO. hinsichtlich der Bestimmungen über Ermittelung des Erwerbspreises und des Veräußerungserlöses 135f.; steuerfreier Dienstaufwand der städtischen Steuererheber in — 327.

Berufungsinstanz, Besondere Vorschriften für das Rechtsmittel- (sd.) Verfahren in StaatsEinkStSachen in der — 386.

***Berufungskommission,** s. „Vorsitzender", „Beschäftigung".

***Beschäftigung** (gewinnbringende), Berechnung d. steuerpfl. Eink. physischer Personen aus gewinnbringender — **294**ff.: wesentliche Änderung d. EinkQuelle der —n — bei e. Beamten: infolge Ernennung zum Oberregierungsrat bei der Oberzolldirektion 294; infolge Gewährung e. Besoldung an e. Regierungsassessor 295; nur bis zum Beginn d. Steuerjahrs eingetretene Änderungen im Bestande der EinkQuellen bei d. Veranlagung zu berücksichtigen 295; wesentl. Quellenänderung infolge Übernahme e. Gerichtsassessors als Regierungsassessor unter Gewährung fixierter Diäten 295; desgl. infolge Anstellung als etatsmäßiger Regierungsrat 295; desgl. infolge Ernennung e. Vorsitzenden e. Veranlagungskommission zum stellvertr. Vorsitzenden der Berufungskommission 296; EinkQuelle kommissarisch beschäftigter Beamten ist die ihnen übertragene Amtsstelle 296; Beförderung zum Oberregierungsrat e. Eisenbahndirektion als wesentliche Eink.-Quellenveränderung 296; eine solche liegt nicht vor bei Versetzung e. Staatsbeamten an einen anderen Ort in gleicher Amtseigenschaft 296; ebensowenig bei bloßer Erhöhung der Bezüge u. Änderung des Titels ohne Änderung des Amts (auch bei Privatbeamten) 297; für die Frage d. Quellenänderung ist unerheblich, ob die EinkQuelle während der ganzen Zeit in Preußen bestanden hat 297; Ernennung e. stellvertretenden zum ordentlichen Vorstandsmitgliede einer Versicherungsanstalt unter Gehaltserhöhung bildet eine wesentliche Quellenänderung 297; ebenso die Ernennung e. Landgerichtssekretärs zum Kammergerichtssekretär 297; Nebenbeschäftigung e. Beamten als Zubehör der Quelle d. gewinnbringenden — 297; Versetzung e. Beamten unter Verminderung des Wohnungsgeldzuschusses bedeutet keine wesentliche Veränderung d. EinkQuelle 224, 298; wohl aber die Übernahme e. Gemeindebeamten bei e. Eingemeindung in städtische Dienste 298; dagegen nicht die vorläufig probeweise Übertragung e. anderen Amts 298; bei Bemessung des mutmaßlichen Eink. aus gewinnbringender — darf mit einer im Laufe des Steuerjahrs entstandenen neuen Quelle (definitive Anstellung e. probeweise beschäftigten Beamten) nicht gerechnet werden 298; Fortbildungsschulunterricht e. Gemeindelehrers besondere EinkQuelle, falls ihm nicht bei der Anstellung im Hauptamt die Verpflichtung zur Übernahme des Unterrichts auferlegt ist 298; Privatunterricht e. GemLehrers als besondere EinkQuelle 299; Anstellung e. Landschullehrers als Berliner Gem.-Lehrer neue EinkQuelle 299; ebenso e. Volksschullehrers als Mittelschullehrer 299; Turn- u. Ruderunterricht e. Volksschullehrers in privaten Vereinen als besondere Quelle 299f.; längere Krankheit e. gegen Tagelohn beschäftigten Bergmanns bringt nicht ohne weiteres EinkQuelle d. gewinnbringenden — in Wegfall 300; für EinkBerechnung aus gewinnbringender — maßgebend, ob Steuerpflichtiger in dem nach § 9^{2} EinkStG. maßgebenden Zeitraum das Eink. erhalten oder ein Recht auf Zahlung erlangt hat 300; EinkQuellen, die bei Beginn des Steuerjahrs nicht bestehen, scheiden bei der Veranlagung aus 300; Steuerpflichtigkeit d. Ruhegehalts v. Privatangestellten 300; Änderung in der Art der Bezüge e. Privatangestellten u. Wechsel des Arbeitgebers als wesentl. Quellenänderung 301; nicht vorliegend bei Übergang e. Gewerbegehilfen von Akkordarbeit zur Zeitarbeit 301; Änderung d. Gebührentaxe keine wesentliche Änderung d. Eink.-Quelle e. Stellenvermittlers 301; Eink.-Quelle d. gewinnbringenden — besteht nur so lange, als sich Leistung und Gegenleistung gegenüberstehen; mit der Entlassung e. Angestellten kommt sie in Wegfall 301; steuerpfl. Eink. aus gewinnbringender — bei öffentlichen Beamten 315ff.; Schiedsrichteramt 315f.; Mitgliedschaft der Prüfungskommission für die juristische Prüfung als besondere EinkQuelle 316; Einnahmen e. Oberförsters aus d. administrierten hohen Jagd nicht steuerpfl. Einkommen 316f.; Mietwert d. Dienstwohnung e. Kgl. Försters 317; steuerliche Behandlung der Dienstaufwandskosten und des zur Deckung der Dienstfuhrwerkskosten verwendeten Ertrages der Dienstländereien Kgl. Forstbeamten 317; Gehaltsvorschüsse auf Besoldungszulagen 318; steuerpfl. Bezüge eines Domherrn 318f.; 15 $^{0}/_{0}$ des baren Gehalts als anrechnungsfähiger Höchstbetrag d. Werts d. Dienstwohnungen v. Staatsbeamten 319; auf Privatbeamte nicht anwendbar 323; Kosten v. Informationsreisen eines Hochschul-Professors nicht abzugsfähige Werbungskosten 319; Fahrkosten v. Beamten zur Arbeitsstelle nicht abzugsfähige Werbungskosten 319, 320; Frage der Abzugsfähigkeit v. Zehrungskosten e. Gerichtsvollziehers 320; Kosten der von e. Küster gehaltenen Schreibhilfe abzugsfähige Werbungskosten 320; Verlust des auf das Konto eines Beamten überwiesenen Gehalts durch Zusammenbruch der Bank nicht abzugsfähiger Kapitalverlust 321; Abzug rückständiger Prämien und Eintrittsgelder d. Preuß. Offizierswitwenkasse von den reglementsmäßigen Leistungen; nur der dann verbleibende Rest ist steuerpfl. Eink. d. Witwe 321; bei anderen Berufen 322ff.: Tätigkeit e. Arztes bei Ortskrankenkassen mit der Privatpraxis einheitliche EinkQuelle 322; Beiträge z. Ärztekammer abzugsfähige Werbungskosten, nicht dagegen Aufwendungen für Fachliteratur 322; auch nicht Anschaffungskosten für Pferde u. Wagen 322; und Kosten der Teilnahme an Fortbildungskursen 323; Wert v. Naturalgefällen 323; Abzugsfähigkeit v. Beiträgen z. Sterbekassen 323; Gratifikationen als steuerpfl. Eink. aus gewinnbringender — 323f.; Berücksichtigung des Werts von Materialienbeständen in der zahnärztlichen Praxis 324; Gewinn aus Erfindungen Einkommen aus gewinnbringender — ? 324; Ruhegehalt e. früheren Angestellten nur dann steuerpfl. Eink., wenn in rechtsgültiger Form zugesichert 324; Fahrgelder e. Ehefrau zur entfernten Arbeitsstelle abzugsfähige Werbungskosten 324; Fahrgelder zur Arbeitsstelle, wann abzugsfähig? 324f., 325; Kosten e. Aufwartefrau oder

e. Dienstmädchens zur Vertretung e. erwerbstätigen Ehefrau im Haushalt nicht abzugsfähig 325; wann Kosten für besondere Kleidung abzugsfähig 325; Dienstaufwand (sd.) 325

Bescheid, ist durch e. UmsatzStO. ein schriftlicher Steuer— vorgeschrieben, so wird der Vorschrift durch einen gedruckten — entsprochen 109; Erfordernis d. Rechtsmittelbelehrung bei —en nach § 67 LVG. 275; sa. „Einspruch".

Beschlußbehörde, Bestimmung der zuständigen — im Verfahren, betr. Zuschußleistung seitens der Betriebsgemeinden 249.

***Beschwerde(n)**, Zurücknahme e. — nach erfolgter Entscheidung d. —instanz wirkungslos 55f.; Erfordernis schriftlichen —bescheids iS. § 70 KommAbgG. 271; sa. „Rechtsmittel".

Besteuerungsmerkmale, Auskunftspflicht und -recht über — gem. § 63 KommAbgG. 159f., 161.

Betriebsassistenten bei den militärischen technischen Instituten sind servisberechtigte Militärpersonen des aktiven Dienststandes 230.

Betriebseinstellung e. Ges. mbH. auf die Steuerpflicht, die für die Zeit des Bestehens fortdauert, ohne Einfluß 370.

Betriebserweiterung, Schankerlaubnissteuerpflicht bei wesentlicher — 28.

Betriebsgemeinde(n), Verpflichtung d. — zur Leistung v. Zuschüssen 244ff.: Erfordernisse des Antrags auf mündliche Verhandlung iS. § 53³ KommAbgG. 244; Anmeldung d. Anspruches nach dem ev. Höchstbetrage 244; Anhängigmachung des Zuschußanspruchs bei der Beschlußbehörde auch vor Zustellung e. ablehnenden schriftlichen Bescheids zulässig 244f.; Aufbringung v. Tilgungsbeiträgen für Schulbaudarlehn 245; Verteilung v. Armenausgaben und polizeilichen Ausgaben 245; rechtliche Natur des Zuschußanspruchs und des Antrags auf mündliche Verhandlung 246; Voraussetzungen des Zuschußanspruchs 246; ursächlicher Zusammenhang zwischen Beschäftigung und Wohnen 246, 252; Berechnung d. Mehrausgaben für Schulzwecke 246f.; Begriff d. „unbilligen Mehrbelastung" iS. § 53 KommAbgG. 247, 250; Bemessung des Zuschusses 247f.; Gesamtschulverbände nicht antragsberechtigt, sondern nur die zugehörigen Gemeinden, vorausgesetzt, daß bei jeder die Voraussetzungen des Zuschußanspruchs vorliegen 248f.; Bestimmung d. zuständigen Beschlußbehörde 249; Abmessung der „Vorteile" 250; Nachweis des ursächlichen Zusammenhanges zwischen Wohnsitznahme und auswärtiger Beschäftigung 250f., 252; auch solche „Vorteile" sind anrechnungsfähig, die der Arbeiterwohngemeinde durch den dort wohnenden Unternehmer des Betriebs erwachsen, falls das Wohnen in ursächlichem Zusammenhang mit dem Betrieb steht 251f.; Angabe der ziffernmäßigen Höhe des Zuschusses schon bei der Anmeldung nicht Erfordernis 252; Erfordernis des erheblichen Umfanges (mehr als 10%) der Mehrausgaben der Arbeiterwohngemeinde 252f.; Ablauf des Rechnungsjahres Ausschlußfrist für Geltendmachung des Anspruchs 253; Gutsherr zur Geltendmachung des „Zuschußanspruchs e. Gutsbezirks zuständig 253; Verbände oder Teile von Gutsbezirken nicht forderungsberechtigt 253; Verzicht d. Betriebsgemeinde auf Anfechtung der Berechnung der Mehrausgaben macht die verwaltungsrichterliche Nachprüfung der Berechnung im Berufungsverfahren entbehrlich 254; Erhöhung des Zuschußanspruchs im Laufe des Vorverfahrens zulässig 254; Voraussetzungen der gegenseitigen Aufrechnung der Ansprüche der Arbeiterwohn- und der Betriebsgemeinde 254; Behauptung unzweckmäßiger Finanzgebahrung d. Arbeiterwohngemeinde im VerwStreitverf. nicht zu berücksichtigen 254f.

Betriebskosten, ob Entschädigungen der im elterlichen Geschäft tätigen Kinder als — abzugsfähig 313, 314; Bohrungskosten zum Zwecke der Auffindung neuer Kohlenlager abzugsfähige — einer Ges. mbH. 372; abzugsfähige — iS. der Gewerbesteuer-Veranlagung 403f.: bei der Geschäftseröffnung entstandene Warenanschaffungskosten 403; Beiträge einer Aktiengesellschaft zu einer Pensionskasse (sd.) für Angestellte 404; Frage, inwieweit die von e. Konsumverein an Mitglieder und Nichtmitglieder gewährten Rabatte abzugsfähige — bilden 404f.; Kosten für den Neubau von Arbeiterwohnhäusern keine abzugsfähigen — 405; — bei staatlichen Bergwerken 410f.

Betriebsort und Betriebsstätte außerpreuß. Unternehmungen iVerh. z. staatl. GewStVeranlagung 178; — eines Tiefbauunternehmers 178; —e eines sich über mehrere Gemeinden erstreckenden Schiffahrtsgewerbes 233; Berechnung der steuerpfl. Überschüsse e. sich über mehrere —e (in verschiedenen Bundesstaaten) erstreckenden Aktiengesellschaft unter Berücksichtigung der in Preußen befindlichen Geschäftsleitung 343, 345, 346f., 359; Auswanderer-Kontroll- und -Registrierstation als Merkmal für die Eigenschaft einer Gemeinde als — einer Aktiengesellschaft zur Beförderung ausländischer Auswanderer 411f., 412; die zum Kehrbezirk e. Bezirksschornsteinfegers gehörigen Gemeinden sind nicht ohne weiteres als —e anzusehen 412; durch die Tätigkeit eines Abschlußagenten erhält eine Gemeinde die Eigenschaft als — des Auftraggebers 412; Unterschied zwischen — u. Betriebsstätte 413, — bei Bergbauunternehmungen 413; Arbeiterwohnhäuser als Merkmal der —eigenschaft einer Gemeinde 413.

Betriebsstätte u. Betriebsort außerpreuß. Unternehmungen iVerh. z. staatl. GewStVeranlagung 178; Begriff d. — iS. d. GemEinkBesteuerung 198; Betrieb eines Bierverlegers — der liefernden Brauerei oder eigener Gewerbebetrieb des Verlegers? 198; Betriebsstätte e. Fracht- und Schleppschiffahrtsgesellschaft 234f.; Tätigkeit e. Handlungsreisenden begründet keine preußische — e. außerpreußischen Aktiengesellschaft, wohl aber ein sog. Dispositionslager und der Verkauf von Retourwaren im eigenen Geschäftslokal 336f.; — e. auswärtigen Hypothekenbank-Aktiengesellschaft in Preußen 337; Begriff — iS. § 3 DoppStG. 337; betreibt eine Aktiengesellschaft in Ausübung ihres eigenen Gewerbebetriebs für andere außerpreußische Aktiengesellschaften deren Gewerbe, so sind die Betriebsorte der auswärtigen Gesellschaften nicht als —n der preußischen Aktiengesellschaft anzusehen 347f.; Unterschied zwischen Betriebsort und — 413.

Betriebssteuer, der Inhaber einer Konzession, der nicht selbst das Gewerbe selbständig betreibt, ist nicht —pflichtig, sondern derjenige, der die Gastwirtschaft selbständig betreibt 174; keine Inabgangstellung der in der Form von Zuschlägen zur — erhobenen Gemeindesteuer für Teile des Steuerjahrs infolge Einstellung d. Betriebs 255.

Betriebsunternehmer, s. „Unternehmer".

Betriebsveränderungen, Abschreibungen bei Wertverminderungen infolge v. — 350.

Bewertungskonto iVerh. zu einem Reservefonds 352.

***Bezirksausschuß,** Frage der Zulässigkeit der Genehmigung von Beitragsbeschlüssen gemäß § 9 KommAbgG. durch den Vorsitzenden an Stelle des —-Kollegiums 56f.; ein mit einer „Maßgabe" vom — genehmigter Beitragsbeschluß nach § 9 ist, sofern er durch den Genehmigungsbeschluß einen erweiterten Inhalt erhält, rechtsunwirksam 57; Genehmigung von Beschlüssen über Verzicht auf Anliegerbeiträge gem. RhStO. 72f.; nachträgliche Genehmigung des —es erforderlich zu einer Maßgabe, die v. Oberpräsidenten bei Zustimmung zu einer GewStO. ausgesprochen ist 176.

Bezirksschornsteinfeger, Betriebsorte eines —s 412.

Bezugsrecht von neuen Aktien (sd.) 301f.

Biersteuer, Gültigkeit besonderer Vereinbarungen mit einzelnen Steuerpflichtigen bei Änderung e. —-Ordnung 100f.

Bierverleger, s. „Brauerei".

Bilanz, —mäßiger Wert des Anl.- u. Betr.-Kapitals bei offenen Handelsgesellschaften für die GewSt. nicht unbedingt maßgebend 186; Bedeutung der —en für die Gem.-EinkSt-Veranlagung v. Aktiengesellschaften 205f.; GemEinkSt-Veranlagung e. Kommanditgesellschaft a. A. aus einer einzelnen EinkQuelle nicht auf Grund freier Ermittelung des Ergebnisses der Quelle, sondern aus den genehmigten oder berichtigten —en mittels Durchschnittsberechnung 206f., maßgebender Zeitpunkt für die Einstellung v. Werten in die — 312; Ermäßigung —mäßiger Abschreibungen 312; auch nicht —mäßige Abschreibungen zu berücksichtigen 315; nicht in den —en e. Aktiengesellschaft enthaltene, erst nachträglich im Veranlagungs- und Rechtsmittelverfahren geltend gemachte Abschreibungen sind bei Ermittelung der steuerpflichtigen Überschüsse nicht zu berücksichtigen 354; Behandlung der Erhöhung des Aktienkapitals in der — 354; Korrektur v. —en bezügl. d. Abschreibungen 354; Abschreibungen zur Herabsetzung d. angeblich in früheren —en zu hoch angenommenen Werts e. Grundstücks als versteckte Reservestellung einkstpflichtig 355; Bedeutung d. —en d. Aktiengesellschaften für ihre Veranlagung 355; Mehreinnahmen aus Verkauf von Fabrikationseinrichtungen und Inventarien gegenüber der vorschriftsmäßigen Bewertung in der letzten — gehören zum geschäftlichen Reingewinn e. Aktiengesellschaft 356; Bewertung „zweifelhafter" Forderungen in den —en 356f.; Abänderung der —en nach der Gewinnverteilung allein zu Steuerzwecken unzulässig 360; Abschreibung zu teuer gekaufter Grundstücke bis auf ihren wirklichen Wert 361; mündliche Genehmigung einer — genügt nicht zur Feststellung iS. der Durchschnittsberechnung zum Zwecke der Veranlagung nichtphysischer Personen 370; Schätzung d. Eink. v. Gesellschaften mbH. wegen Nichtvorlegung eingeforderter Geschäftsbücher und —en 370; —mäßige Berücksichtigung der von e. Ges. mbH. unter besonderen Aufwendungen erworbenen Rechte aus Verträgen 371; nach erfolgter Berichtigung einzelner —konten einer Ges. mbH. wegen zu hoher Abschreibungen darf nicht auch zum Zwecke der Veranlagung eine neue Berechnung des Reingewinns erfolgen 371; Einforderung v. —abschriften bei Erhebung des Bücherbeweises nicht berechtigt 386.

Billettsteuer als LustbarkeitsSt. 105.

Bockenheim, Geltungsbereich der —er Kanalisationsgebührenordnung 46.

Bohrungskosten e. Bergwerksgesellschaft mbH zum Zwecke der Auffindung neuer Kohlenlager als abzugsfähige Betriebskosten 372.

Bordell, Zinsen v. Restkaufgeldhypotheken auf zum —betrieb verkauften Grundstücken als steuerpfl. Eink. aus Kapitalvermögen 304.

Brauerei, ob Geschäftsbetrieb eines Bierverlegers Merkmal für eine Verkaufs- oder Betriebsstätte einer —, oder selbständiger GewBetrieb des Verlegers? 198f.

Brennholz, kein Abzug für Werbungskosten des freien —es e. Oberförsters 317.

Bruchteilseigentum iVerh. zum Alleineigentum iS. des ZuwStG. 3; sa. „Alleineigentum“, „Miteigentum“.

Brückenbau, Beiträge zu einem — nach § 9 KommAbgG. 64f.

Brüdergemeinden, deren Predigerhäuser nicht von der Gemeindegebäudesteuer frei 158f.

Bruttoeinnahmen, für die „Erzielung“ von — maßgebender Ort im Bankgewerbe iS. der Ermittelung des auf mehrere Gemeinden zu verteilenden Ertrags 185; Verteilung steuerpfl. Eink. nach Maßgabe der in den einzelnen Gemeinden erzielten — 236.

Bruttogewinn als Faktor für die EinkBerechnung aus Handel u. Gewerbe 311.

Buchführung, Buchwert gekaufter Hypotheken bei Einzelkaufleuten 133; Begriff ausreichender — e. Landwirts 305; Bedeutung getrennter — hinsichtlich der Einzelbetriebe einer sich über mehrere Bundesstaaten erstreckenden Aktiengesellschaft für die Ermittelung der in Preußen steuerpfl. Überschüsse 343f.; 345, 349, 358; Beweiskraft d. — bei der StaatsEinkSt.-Veranlagung 375f.: dadurch, daß die vorgelegten Bücher nicht den Vorschriften der §§ 38ff. HGB. entsprechen, wird die Beweiskraft nicht ohne weiteres ausgeschlossen 375; Mangel oder Nichtvorlegung v. Belegen an sich kein Anlaß für Verneinung d. Beweiskraft d. — 375f.; sind ein Steuerpflichtiger und seine Ehefrau alleinige Inhaber e. offenen Handelsgesellschaft, ist die Ablehnung der Büchervorlegung unter der Begründung, daß nicht der Steuerpflichtige, sondern nur die offene Handelsgesellschaft Handelsbücher führe, als berechtigter Weigerungsgrund nicht anzuerkennen 376; Prüfung d. — unter Zuziehung eines vom Steuerpflichtigen vorzuschlagenden Beistandes 376; Ablehnung v. Sachverständigen für die Bücherprüfung durch den Steuerpflichtigen 376; zum Nachweise der Angemessenheit von Abschreibungen auf Außenstände kann nicht ein Namensverzeichnis der einzelnen Schuldner verlangt werden 376f.; Anlegung v. Handelsbüchern im Laufe des Steuerjahrs schließt die Berechnung des gewerblichen Eink. nach der Vergangenheit aus 377; Beweiskraft ordnungsmäßiger geschäftlicher Aufzeichnungen 377; Einforderung von Bilanzabschriften im Beweisverfahren nicht berechtigt 380; auch für Betriebe ohne ordnungsmäßige — hat die GewStVeranlagung nach dem bei ihnen etwa bestehenden besonderen Wirtschaftsjahr zu erfolgen 403, 409.

Bureau e. auswärtigen Hypothekenbank-AG. als Betriebsstätte in Preußen 337.

Bureaubeamte zur Beanstandung d. Steuererklärung nicht zuständig 375.

Bürge, ist auf einen —n infolge Befriedigung d. Gläubigers dessen Forderung gegen den Schuldner übergegangen, so kann nur bei Unbeitreibbarkeit die Forderung bei Berechnung des steuerbaren Vermögens des —n abgezogen werden 284.

***Bürgerliches Gesetzbuch,** Anwendung der Bestimmungen bei Beurteilung des für die Wertzuwachssteuer maßgebenden Eigentumsübergangs 132f.

Bürgersteig(e), Übernahme der Arbeiten der erstmaligen Herstellung oder Erneuerung der — seitens der Stadt unter Aufrechterhaltung der observanzmäßigen Verpflichtung d. Anlieger rechtfertigt nicht die Erhebung v. Anliegerbeiträgen 73; Erstattung der Kosten der von der Gemeinde bewirkten Anlegung der — seitens der observanzmäßig dazu verpflichteten Anlieger 90; Forderung der Kosten für den Bürgersteigausbau auf einer Straßenseite unzulässig 90f.

C.

Cassel, Mehrbelastung einzelner Kreisteile für den Landwegebau im RegBez. — 21f.

Charlottenburg, „bewohntes“ Grundstück iS. der MüllabfuhrGebührenO. 51f.

Chausseen, Umwandlung von — in Ortsstraßen 94.

collegium Marianum, Lehrer am — genießen nicht die Gemeindeeinkommensteuerfreiheit der Geistlichen 225.

Crone, Klosterfonds in — keine milde Stiftung 153.

D.

Damm, erfordert die Anlegung e. Straße die Durchbrechung eines —es, so können zu diesen Kosten die Anlieger herangezogen werden 76.

Damno, Ausgaben für — im gewerbsmäßigen Grundstückshandel abzugsfähige Werbungskosten 314; — als zulässiger Abzug vom Gesamteinkommen 329.

Dampfdreschsatz, in dem gelegentlichen entgeltlichen Verleihen eines für den eigenen Betrieb beschafften — es liegt kein steuerpfl. GewBetrieb 398 f.

Darlehn, vereinzelte Gewährung eines —s an ein Nichtmitglied seitens e. Genossenschaftsbank kein die EinkStPflicht begründendes Hinausgehen des Geschäftsbetriebs über den Mitgliederkreis 340; sa. „Zinsen“.

Delkrederekonto, Bedeutung für das Anl.- u. BetrKapital 189.

Depositen, — im kaufmännischen Sinne gehören nicht zum Anlage- u. Betriebskapital eines Bankunternehmens 185; Bedeutung von — u. Spareinlagen für das Anlage- und Betriebskapital eines Bankunternehmens 185; Spar- und Depositengelder d. Kreditgeschäfte gehören nicht zu den Bruttoeinnahmen iS. § 47 KommAbgG. 238.

Diebstahl, Verlust durch — nicht abzugsfähiger Kapitalverlust 304.

Dienstaufwand, steuerliche Behandlung der —skosten Kgl. Forstbeamten 317 f.; Funktionszulagen v. Reichsbankbeamten bleiben insoweit steuerfrei, als sie zur Bestreitung des —es verwendet werden 325 f.; steuerfreier — d. Staatsbeamten 326; Dienstkleidung v. Straßenbahnangestellten als steuerfreier Naturalbezug 326; Mietwert e. Amtszimmers e. Pfarrers als steuerfreier — 326; Steuerfreiheit e. einem Beamten als Entschädigung für entstehenden — überwiesenen freien Wohnung 326 f.; steuerfreier — der Berliner Steuererheber 327; die dem Vorsitzenden e. Handwerkskammer gewährte Entschädigung für Zeitaufwand ist steuerfreier — 327.

Dienstfuhrwerk, s. „Oberförster“.

Dienstgehöft(e), Voraussetzungen für die Kreisabgabenfreiheit der — der Forstbeamten 30 f.

Dienstgrundstücke, Kreisabgabenfreiheit der zum öffentlichen Dienst bestimmten — der Forstbeamten 30 f.

Dienstkleidung v. Straßenbahnangestellten als steuerfreier Naturalbezug 326.

Dienstländereien, Ertrag von — der Kgl. Oberförster insoweit steuerfrei, als er zur Deckung der Dienstfuhrwerkskosten Verwendung findet 317 f.

Dienstmädchen, Kosten e. —s z. häuslichen Vertretung e. erwerbstätigen Ehefrau nicht abzugsfähig 325.

Dienstwohnung(en), allgemeine Grundsätze für die GemGrStFreiheit der unmittelbar zum öffentlichen Dienst bestimmten — v. Beamten 142 f.; GemGrStFreiheit d. — des Kastellans des Kanalamts in Kiel 146, Steuerpflicht d. — v. Postdirektoren 147; Förderung dienstlicher Interessen durch Überweisung e. — genügt nicht für Zubilligung d. RealStFreiheit, es muß unmittelbare Bestimmung zum öffentlichen Dienst vorliegen 148; GemGrSt.-Freiheit d. — des Rendanten d. Gymnasial- u. Stiftungsfonds (Köln) 152; — d. Direktoren höherer Lehranstalten iallg. nicht von d. GemGrSt. frei 157; Gem.-GrStFreiheit d. — v. Assistenten e. Instituts e. Technischen Hochschule 158, Ermittelung d. Einkommens aus d. — Kgl. Förster nach dem ortsüblichen Mietwert 317; 15% des baren Gehalts als anrechnungsfähiger Höchstbetrag für eine — e. Staatsbeamten 319; auf Privatbeamte nicht anwendbar 323.

Direktor(en), Dienstwohnungen von — höherer Lehranstalten iallg. nicht gemeindegrundsteuerfrei 157; — e. Genossenschaft nicht Gewerbetreibender im steuerlichen Sinne 399.

Dispositionsfondskonto, s. „Reservefonds“.

Dispositionslager, s. „Betriebsstätte“.

***Dividende(n),** — vom Aktienbesitz e. offenen Handelsgesellschaft als Ertrag des gewerblichen Unternehmens in den Betriebsgemeinden zu versteuern 200 f.; —verteilung e. Kohlensyndikats-Aktiengesellschaft 202 f.; Begriff d. einkstpflichtigen — 312 f.; Voraussetzungen ihrer Anrechnung auf das steuerpfl. Eink. 328; Begriff d. — iS. § 15 EinkStG. 349.

Domänen, Begriff der Staats—; Haus Bürenscher Fonds gehört nicht dazu 213.

Domherr, steuerpflichtige Bezüge (Dienstwohnung, Staatszuschuß, Kasualien) eines —n 318 f.

Doppelbesteuerung, Frage der — v. Lustbarkeiten 104; Vermeidung von — 233 f.: Verteilung des steuerpfl. Eink. aus einer über mehrere preuß. Gemeinden sich erstreckenden Gewerbe- oder Bergbauunternehmung 233: Betriebsort eines sich über mehrere Gemeinden erstreckenden Schiffahrtsgewerbes; Ermittelung der dem einzelnen Betriebsort speziell gewidmeten und der mehreren Betriebsteilen oder dem gesamten Gewerbebetrieb dienenden Werte des Anlage- und Betriebskapitals 233 f.;

wesentliche —änderung durch Eigentumserwerb an einem bisher nur auf Grund e. Nutzungsberechtigung bewirtschafteten Landgute 293; wesentliche Änderung d. — „Landwirtschaft" 293; wesentliche Änderung der — bei Änderung d. Anteilsverhältnisses am Ertrage des Gewerbes 293; desgl. bei Änderung in dem Beteiligungsverhältnis infolge Eintritts e. neuen Teilhabers 294; Wechsel in der Person und den Bezügen e. Prokuristen bedeutet keine Änderung der — „Handel u. Gewerbe" für den Unternehmer 294; nach dem Fortfall e. — sind etwa daraus sich noch ergebende Gewinne u. Verluste nicht zu berücksichtigen 294; Hinzutritt oder Fortfall e. Geschäftsherrn für einen Handelsagenten keine wesentliche Änderung der — 294; Erlöschen der — „Handel u. Gewerbe" mit Aufhören des auf Gewinnerzielung gerichteten Betriebs 294; wesentliche Änderung d. — v. Beamten usw. aus gewinnbringender Beschäftigung (sd.) 294f.; für die Frage d. Quellenänderung ist unerheblich, ob die — die ganze Zeit in Preußen bestanden hat 297; Erteilung von Fortbildungsschulunterricht durch e. Gemeindelehrer als besondere — 298; ebenso Erteilung v. Privatunterricht 299; Annahme d. Amts als Gemeindelehrer in Berlin durch einen Landschullehrer als neue — 299; ebenso die Anstellung e. Volksschullehrers als Mittelschullehrer 299; privater Turn- u. Ruderunterricht e. Volksschullehrers besondere — 299f.; durch längere Krankheit e. gegen Tagelohn beschäftigten Bergmanns kommt nicht ohne weiteres seine — der gewinnbr. Beschäftigung in Fortfall 300; bei Beginn des Steuerjahrs nicht bestehende —n scheiden bei der Veranlagung aus 300; — bei Privatangestellten idReg. die jeweilig bekleidete Stellung 300; Voraussetzungen für Steuerpflicht d. Ruhegehalts v. Privatangestellten 300; Änderung in der Art d. Bezüge e. Privatangestellten als wesentliche Änderung d. — 301; nicht vorliegend bei Übergang e. Gewerbegehilfen v. Akkordarbeit zur Zeitarbeit 301; Änderung d. Gebührentaxe bedeutet keine wesentliche —nänderung e. Stellenvermittlers 301; Entlassung e. Angestellten bringt — in Wegfall, selbst wenn Gehalt noch zeitweilig fortgezahlt wird 301; Voraussetzung für die Behandlung e. Kapitals als — 303; Schiedsrichteramt als besondere — d. gewinnbringenden Beschäftigung 315f.; desgl. Mitgliedschaft d. juristischen Prüfungskommission 316; Tätigkeit e. Arztes bei mehreren Ortskrankenkassen bildet mit der Privatpraxis e. einheitliche — 322; ob Verkauf von Patenten —? 327f.; Begriff d. — beim Kapitalvermögen 330; die Veranlagung nichtphysischer Personen erfolgt ohne Rücksicht auf Stand und Beschaffenheit d. — 343.

Einmalige Entschädigung, eine an Stelle eines zum Geschäftsvermögen e. Kaufmanns gehörigen Rechts auf periodische Hebungen tretende — bildet keinen Gewinn aus Handel u. Gewerbe, wenn die — den bilanzmäßigen Wert des aufgegebenen Rechts nicht übersteigt 310; Ratenzahlung e. —n — begründet kein Recht auf periodische Hebungen 310.

***Einspruch,** Vorsitzender des Kreisausschusses nicht berechtigt, namens des Kollegiums auf — gegen die ZuwSt Veranlagung zu entscheiden 18; Rechtsmittelbelehrung für den ZuwSt.-—sbescheid nicht vorgeschrieben 18f.; Vorsitzender des Kreisausschusses nicht zum Erlaß des —sbescheids in Umsatzsteuersachen zuständig 33; Voraussetzungen für die —serhebung gegen Heranziehung zur Lustbarkeitssteuer 104f.; Zulässigkeit des —s wegen zu niedriger Veranlagung 269; Erfordernis schriftlichen —sbescheids iS. § 70 KommAbgG. 271; Begriff des —sbescheids iS. § 70 KommAbgG. 272f.; Hinzufügung e. Rechtsmittelbelehrung in einem späteren Schreiben stellt keinen neuen —sbescheid dar 273; — gegen eine unzulängliche Heranziehungsverfügung 273; fehlende Unterschrift macht einen — rechtsunwirksam 272f.; der Gemeindevorstand kann die Beschlußfassung über den — nicht auf andere Personen übertragen 274; gegen die Veranlagung im ganzen gerichteter — 274; stillschweigende Wiedereinsetzung in den vorigen Stand nach Ablauf der —sfrist durch schlüssige Handlungen des GemVorstandes 274f.; abweisender —sbescheid als Bestätigung der vorangegangenen Heranziehung 275; Zustellung e. —sbescheids an einen Geschäftsteilhaber keine ordnungsmäßige Ersatzzustellung 275; —s- und Klagebegründung brauchen nicht übereinzustimmen 277; — und —sbescheid als Voraussetzung d. Klageanstellung 277.

Eintragung, für ZuwStBerechnung ist Zeitpunkt d. — der Rechtsänderung im Grundbuch, nicht der Auflassung maßgebend 11f.; ebenso für die Entstehung der Umsatzsteuerpflicht 123.

Eintrittspreis, Berechnung der Lustbarkeitssteuer nach der Höhe des —es 104.

Eisenbahndirektion, s. „Oberregierungsrat".

Eisenbahnkommissar, s. „Privatanschlußbahnunternehmen".

Eislieferung, Frage, ob — einer Brauerei

an einen Bierverleger zur unentgeltlichen Weitergabe an Gastwirte Merkmal einer Betriebsstätte der Brauerei 199.
Elbe-Trave-Kanal, s. „Schleusenmeister".
Elementarschullehrer, Aushändigung der Berufungsverfügung an einen zum 1. IV. 09 berufenen — schon vor diesem Zeitpunkt verleiht ihm keinen Anspruch auf Steuerfreiheit nach d. Vd. 23. IX. 67 229; nur die zur Verwaltung einer ordnungsmäßig eingerichteten Lehrerstelle berufenen —, nicht auch Hilfslehrer, die nur einzelne Unterrichtsstunden erteilen, haben Anspruch auf das Steuervorrecht nach Maßg. d. G. 26. V. 09 230.
Emissionskosten, steuerliche Behandlung der — neuer Aktien 348; sa. „Agiogewinn".
Empfangshallen v. Bahnhöfen als Gebäude iS. § 15 BauflG. 95f.
Emscher-Genossenschaft, Deckung von Beiträgen der — durch direkte Gemeindesteuern 190f.
Entlassung e. Angestellten bringt EinkQuelle der gewinnbringenden Beschäftigung in Wegfall 301.
Erbanfall, steuerliche Behandlung von Gewinnanteilen v. Ges. mbH. und Ausbeuten von Berggewerkschaften bei anderweiter Veranlagung wegen —s 369; anderweite Veranlagung wegen —s nach Ablauf des Steuerjahrs in der Form der Nachbesteuerung 382; — unter Hinausschiebung des Fälligkeitstermins des Vermächtnisses in seiner Bedeutung für die ErgSt.-Veranlagung 395f.
Erbbaurecht, Ertrag eines auf fremdem Grund und Boden auf Grund eines —s errichteten Gebäudes bildet steuerpflichtiges Eink. aus Grundvermögen 310; Bewertung des — für die ErgSt. 394.
Erben, Eintritt v. — in das Verteilungsverfahren nach §§ 71f. KommAbgG. 243f.; GemStNachforderungen gegenüber — 264f., 265f., 266f., 267f.; kein selbständiges Nachbesteuerungsrecht in Erbfällen auf Grund der §§ 83f. KommAbgG. 266f.; Steuerpflicht einer von einer Gemeinschaft von — errichteten Ges. mbH. behufs Verwertung des ererbten Grundbesitzes 342f.; EinkStVeranlagung v. — abhängig vom Feststehen der Erbquote 373; Ausführung der einem — vom Testator nur mündlich erteilten Aufträge zur Verteilung des Nachlasses findet bei der EinkStVeranlagung des — keine Berücksichtigung 373f.
Erbengemeinschaft, GemGrStPflicht d. — e. ungeteilten Nachlasses 141, 142.
Erbquote, s. „Erben".
Erbschaft, Wertzuwachssteuerberechnung bei Eigentumswechsel infolge Auseinandersetzung in Ansehung e. — 132; EinkSt.-Pflicht des Ehemanns für eine d. Ehefrau zugefallene — 301.
Erfindungen, ob Gewinn aus — steuerpfl. Eink. aus gewinnbringender Beschäftigung 324.
***Ergänzungssteuer,** Unbeitreibbarkeit einer Bürgschaftsschuld Voraussetzung für Abzug bei Berechnung des steuerbaren Vermögens des Bürgen 283; Bedeutung einer Sicherheitszession für die Eink.- und —-Veranlagung 284; Steuerpflicht 389; ist die Ehefrau eines Steuerpflichtigen als Vorerbin eines Nachlasses eingesetzt, so ist sie als Eigentümerin des Kapitalvermögens anzusehen, das dem Steuerpflichtigen zum vollen Wert anzurechnen ist 389; Maßstab der Besteuerung 389f.: steuerbares Grundvermögen: Grundsätze für die Bewertung land- und forstwirtschaftlicher Grundstücke iS. des neugefaßten § 11 Abs. 1 ErgStG. 389f., 392; bei Ermittelung des Normalreinertrages solcher Grundstücke ist ein Abzug für den Wert der Arbeitsleistung des Eigentümers nicht zulässig 392; auch der Mietwert d. eigenen Wohnung des Besitzers als Wirtschaftsleiter und der Geldwert entnommener Wirtschaftserzeugnisse sind beim Normalreinertrag nicht zu berücksichtigen 393; auch die Zugehörigkeit von Baustellen ist nicht zu berücksichtigen 393; Prüfung der Frage, ob ein Grundstück dauernd für land- oder forstwirtschaftliche Zwecke bestimmt ist 393; Bewertung des in Bergwerken angelegten gewerblichen Anlage- u. Betriebskapitals 393f.; selbständige Rechte und Gerechtigkeiten 394f.: Bewertung des Erbbaurechts 394; desgl. der Verlagsrechte 394; anrechnungsfähiger Wert einer Lebensversicherung bei der Lebensversicherungsbank für Armee und Marine 394f.; ob Einkauf in eine Sterbekasse unter die Bestimmungen des § 15 ErgStG. fällt? 395; das sonstige Kapitalvermögen 395: gemeiner Wert zeitweise für den Verkauf gesperrter Aktien im Wege der Schätzung ihres Verkaufswerts zu ermitteln 395; Anrechnung fremden Vermögens 395f.: Erbanfall unter Hinausschiebung des Fälligkeitstermins des Vermächtnisses 395f.; Anrechnung der Nutzung aus einer Familienstiftung 396; Veranlagungsverfahren 396: Nachbesteuerung (sd.) 396; Rechtsmittel (sd.) 396f.
Erlebensfall, s. „Versicherungsbeiträge".
Ermäßigung veranlagter Beiträge aus Billigkeitsgründen 63f.; für —santräge gem. §§ 44—45 GewStG. VerwStreitVerf. nicht gegeben 175f.; Wirkung u. Berechnung d. — nach § 19 EinkStG. bei der Ver-

teilung steuerpfl. Einkommens zwischen Wohnsitz- u. Forensalgemeinden 237 f.; Antrag auf Steuer-— gemäß Art. III² G. 26. V. 09 ist als Rechtsmittel iS. § 36³ KommAbgG. anzusehen 257; — der StaatsEinkSt. wegen unterhaltsberechtigter Familienglieder, Begriff d. Unterhaltsberechtigung 377 f.; Feststellung der für d. — maßgebenden Personenzahl 377; Frage der Beibringung von Belegen bei Anträgen im Berufungsverfahren auf — aus § 20 EinkStG. 386.

Ersatzzustellung, s. „Zustellung".

***Ertrag**, Ermittelung des gewerbesteuerpflichtigen —s eines über mehrere Gemeindebezirke sich erstreckenden GewBetriebs 176 f.; Begriff des gewerbesteuerpflichtigen —s einer Aktiengesellschaft 403; Maß der bei Ausmittelung des gewerblichen —s zu berücksichtigenden Abschreibungen 405 f.; sa. „Normalrein—".

Ertragswert, Bemessung von Kanalisationsgebühren nach dem — der Grundstücke 47; Ermittelung des —s land- und forstwirtschaftlicher Grundstücke 389 f., 392.

Erwerber, vertragsmäßige Übernahme d. RZuwSt. durch den — 2; vom — übernommene ZuwSt. bei Feststellung des Veräußerungspreises nicht dem vereinbarten Preise hinzuzurechnen 11.

***Erwerbspreis**, Vorhandensein eines „früheren —es" als Voraussetzung für den Abzug gemäß § 22² ZuwStG. 10; dem — hinzuzurechnende Aufwendungen bei Teilveräußerungen 11; unbestimmbare Leistungen nicht Teil des —es 12; ist Vereinbarung e. —es Voraussetzung d. Steuerpflicht, so ist ein im Wege d. Erbfolge erfolgender Eigentumserwerb nicht wertzuwachssteuerpflichtig 128; maßgebender — bei Zwangsversteigerungen 132; — oder gemeiner Wert e. Grundstücks z. Zt. des Erwerbes durch den Veräußerer als Maßstab d. Wertzuwachssteuer 134.

Erziehungsbeihilfen, die jeweils auf 3 Jahre gewährten — an höhere Beamte in der Provinz Posen als Recht auf periodische Hebungen steuerpflichtig 328.

Expeditionskontor, ob Merkmal der Betriebsstätte e. Fracht- u. Schleppschiffahrtsgesellschaft 234.

F.

Fabrikation, Berücksichtigung der Leitung, der — und des Verkaufs bei Verteilung der Gesamtüberschüsse einer einheitlichen über mehrere Bundesstaaten sich erstreckenden gewerbl. Aktiengesellschaft 357.

Fachliteratur, Aufwendungen e. Arztes für — nicht abzugsfähige Werbungskosten 322.

Fachschule, nebenamtlich angestellte Lehrer an einer öffentlichen — haben die Eigenschaft mittelbarer Staatsbeamten 219 f.

Fahrgelder e. Hausbesitzers von seiner Wohnung zu seinen Häusern zum Zwecke der Verwaltung abzugsfähige Betriebskosten 309 f.; — v. Staatsbeamten zur Arbeitsstelle nicht abzugsfähig 319, 320; — e. Ehefrau zur entfernten Arbeitsstelle abzugsfähige Werbungskosten 324; Frage d. Abzugsfähigkeit von —n zur Arbeitsstelle 324, 325.

Familienglieder, s. „Unterhalt".

Familienstiftung, Anrechnung der Nutzung aus einer — bei der ErgStVeranlagung 396.

Familienwohnungen, GemGrStFreiheit militärfiskalischer — für Unteroffiziere 148 f.

Faßbier, s. „Schankerlaubnissteuer".

Feldwebel, s. „Schloßgardekompagnie".

Fernsprechgehilfin, das Eink. einer als — tätigen Tochter kommt für die Beurteilung der wirtschaftlichen Leistungsfähigkeit des Vaters behufs Anwendung des § 20 EinkStG. nicht in Betracht 379.

Festessen, Frage der Lustbarkeitssteuerpflicht 101.

Festsetzung, Wirkung vorläufiger —en über kommunale Bezirkszugehörigkeit auf das Besteuerungsrecht der Kreise 20 f.

Feuerversicherung, s. „Werbungskosten".

Fideikommißbesitzer, Abzugsfähigkeit der von einem — ohne Erstattungsanspruch gegen die Familie geleisteten Beiträge zur Tilgung der landschaftlichen Pfandbriefschuld 333.

Fiduziarisches Eigentum 9; fiduziarische Abtretung e. Hypothekenforderung als umsatzsteuerpfl. Rechtsvorgang 112.

Fiduziarische Verwaltung bei Übertragung des Geschäftsvermögens e. GewTreibenden zur —n — Treuhänder nicht zur selbständigen Rechtsmitteleinlegung gegen die GewStVeranlagung berechtigt 410.

Filialen, Berechnung d. steuerpfl. Eink. e. einheitlichen im Auslande domizilierten Gewerbeunternehmens aus Betrieb von — in Preußen 282.

Finanzgebahrung, Behauptung einer unzweckmäßigen — d. Arbeiterwohngemeinde im VerwStreitVerf. über Zuschußansprüche gemäß § 53 KommAbgG. nicht zu berücksichtigen 254 f.

Firma, für Einheitlichkeit eines sich über mehrere Gemeinden erstreckenden Gew.-Betriebs Identität der — nicht entscheidend 179; Entschädigung für Überlassung e. — gehört nicht zu den abzugsfähigen Werbungskosten 313.

***Fiskus**, zur Vertretung des — als Grundstückeigentümers berechtigte Behörde 161 f.; Bergwerkseigentum des — gehört zum Anlage- u. Betriebskapital, Bewertung nach dem Gebrauchswert 184; steuerpfl. Eink. d. — aus Domänen 213. S. a. „Berg—", Forst—", „Domänen—".

Flaschenbier, s. „Schankerlaubnissteuer".

Fleisch, Begriff iS. § 13 ZollTfG. 99 f.; Rückvergütung der kommunalen Abgabe v. eingeführtem — bei Wiederausfuhr 100.

Fluchtlinien, Festsetzung v. — vor Erlaß des BauflG. iVerh. zur Anliegerbeitragspflicht 75 f.; auch ohne förmlichen —feststellungsbeschluß ist Beginn der Straßenanlegung aus tatsächlichen Vorgängen festzustellen 78; Bedeutung der —festsetzung für die Einheitlichkeit zweier nebeneinander laufender Straßen 91 f.; Errichtung e. Gebäudes unmittelbar an der — e. Straße maßgebend für seine Lage an der Straße iS. d. Anliegerbeitragspflicht 98.

Fluchtlinienplan, Feststellung e. —s nötigt die Gemeinde nicht zur Herstellung der aufgenommenen Straßen binnen einer bestimmten Frist 76.

Forderung, s. „Gesellschafter".

Forensalgemeinde(n), Verteilung steuerpfl. Eink. zwischen Wohnsitz- und — 237 f.; s. „Doppelbesteuerung".

Forst, Begriff d. —mäßigen Plans 307 f.

Forstbeamte, Kreisabgabenfreiheit der zum öffentlichen Dienst bestimmten Dienstgehöfte und -grundstücke der —n 30 f.

Förster, Ermittelung des steuerpfl. Eink. e. Kgl. —s aus der Dienstwohnung nach dem ortsüblichen Mietwert 317.

Forstfiskus, Voraussetzungen der Befreiung des — in Rheinland-Westfalen von der Beitragspflicht zur Unterhaltung der Gemeindewege 35 f., 37; diese Befreiung des — erstreckt sich nur auf die von den Gemeinden unmittelbar unterhaltenen Gemeindewege, nicht auch auf Kreisstraßen 36 f.

Forstwege, Unterhaltung der — in Rheinland-Westfalen durch die Gemeinden iVerh. zur Beitragspflicht des Forstfiskus zur Unterhaltung der Gemeindewege 35 f.

Fortbildungskurse, ärztliche, Teilnahmekosten nicht abzugsfähige Werbungskosten 323.

Fortbildungsschule, Schulgeld für eine von einer Gemeinde unterhaltene — als Gebühr iS. d. KommAbgG. 39 f.; Frage, ob Unterrichtserteilung e. Gemeindelehrers an d. — besondere EinkQuelle? 298.

Fortbildungsschullehrer, Staatsbeamteneigenschaft der — 217.

Frankfurt a. M., Heranziehung zur Landsteuer 268.

Freilegung (v. Straßen), Anliegerbeiträge zu den Kosten der — 84 f.

Freistellung, Form des Urteils bei — v. Straßenherstellungskosten 32.

Friedhofsinspektor, steuerpflichtiger Gewerbebetrieb durch gärtnerische Pflege v. Grabstellen 398.

Frist, Innehaltung der für Anbringung von Einwendungen vorgeschriebenen vierwöchigen Mindest— bei Beitragsbeschlüssen nach § 9 KommAbgG. Erfordernis 66; ist in einer durch Zeitungen veröffentlichten Bekanntmachung als Anfangstermin einer — „der Tag des Erscheinens der Bekanntmachung" bezeichnet, so entbehrt die —bezeichnung der nötigen Bestimmtheit 69; Feststellung eines Fluchtlinienplans nötigt nicht zur Herstellung der aufgenommenen Straßen binnen bestimmter — 76; Beginn u. Lauf der dreijährigen — gem. § 87 KommAbgG. bei der Umsatzsteuerforderung 111; — für Geltendmachung des Zuschußanspruchs der Arbeiterwohngemeinden gemäß § 53 KommAbgG. 253; die — d. § 87 KommAbgG. ist keine Ausschluß—, sondern eine Verjährungs— 275; s. „Nach—"; „Ausschluß—"; „Verjährungs—".

Frontlänge, Bemessung der Kanalisationsbeiträge nach der — 67 f.

Funktionszulagen, s. „Reichsbankbeamter".

G.

Garantiefonds, steuerfreie — v. Aktiengesellschaften 354.

Gartenarchitekt, GewStFreiheit e. wissenschaftlichen —en 402.

Gasanstalt, Rohrleitungsnetz e. — für die Bemessung d. GemGrSt. des Anstaltsgrundstücks ohne Bedeutung 171 f.

Gastwirtschaft, GewStPflicht e. Rudervereins wegen des Betriebs eigener — 399.

***Gebäude**, vorläufige Bauten (Schuppen, Stallungen, Werkstätten aus Holz) als — iS. § 15 BauflG. 77; Anliegerbeitragspflicht des Eigentümers für die von Dritten mit seinem Wissen und Willen errichteten — 77; nur für zur Zeit der Entstehung der Anliegerbeitragspflicht noch vorhandene — besteht eine Beitragspflicht 77 f.; durch den Mangel baupolizeilicher Genehmigung des die Anliegerbeitragspflicht begründenden —s tritt eine Hemmung der Verjährung nicht ein 78; Begriff des —s an der Straße iS. § 15 BauflG. 95 ff.: Bahnhofsempfangshallen als — 95 f.; umgebaute Kelleranlage als — 96; Zugänglichkeit e. —s von der Straße kein ausnahmsloses Merkmal für seine Lage an der Straße 96; für die Beurteilung der Lage eines —s an einer Straße ist eine Scheidung zwischen mittelbaren und unmittelbaren wirtschaftlichen Beziehungen zur Straße nicht zu machen 97; — auf einem zugleich an einem ausgebauten u. einem unausgebauten Straßenteil liegenden Gesamtgrundstück 97 f.; Umwandlung eines Geschäfts—es in ein Wohnhaus als Errichtung e. —s iS. § 15 BauflG. 98; Veränderung e. bestehenden —s unter Benutzung bisher unbebauter Flächen als „Errichtung" e. —s iS. § 15 BauflG. 99; wesentliche Änderung der EinkQuelle der —nutzung 291 ff.; staatseinkstpflichtiges Eink. aus —n **308 f.**: Absetzungen für Abnutzung 308 f.; für Abnutzung d. Maschinenanlagen f. Zentralheizung usw. 309; Instandhaltungskosten d. Zentralheizung als abzugsfähige Werbungskosten 309; Pflasterkostenbeiträge f. öffentl. Straßen nicht abzugsfähig 309; auch nicht Trottoirreinigungskosten 309; Fahrkosten e. Hausbesitzers von seiner Wohnung zu seinen Häusern zum Zwecke d. Beaufsichtigung u. Verwaltung sind abzugsfähige Betriebskosten 309 f.; Aufwendungen zur ertragbringenden Gestaltung angekaufter Häuser nicht abzugsfähig 310; Ertrag eines auf Grund e. Erbbaurechts errichteten —s ist steuerpfl. Eink. aus Grundvermögen 310; Grenzen d. bilanzmäßigen Abschreibungen auf — 349 f.

Gebäudenutzungswert als Kanalgebührenmaßstab 44.

Gebäudesteuerrevision, Einfluß d. — (ab 1. I. 1910) auf die GemStVeranlagung für das Steuerjahr 1909 258.

***Gebühr(en):** Pflegekosten für armenrechtlich nicht hilfsbedürftige Geisteskranke in Prov.-Anstalten als — iS. § 24 KrProvAbgG. 19; — für Benutzung e. Kreisabdeckerei 22 f.; Begriff **38 ff.**; Wirkungen einer Tarifänderung bei Hafenbenutzungs— 38; Erhebung einer — als Kommunalabgabe für Auskunftserteilung aus den polizeilichen Melderegistern unzulässig 38; Voraussetzung für Erhebung einer öffentlich-rechtlichen — für den Anschluß und die Benutzung einer Gemeindewasserleitung 39; Straßenreinigungs— 39; Schulgeld für eine höhere Lehranstalt der Gemeinde als — 39; desgl. für eine Fortbildungsschule 39 f.; — bei Wasserleitungen und Entwässerungsanlagen **40 ff.**; —bemessung nach festen Normen und Sätzen 40 f., 44; Mindestgebühr 41; —regelung durch Verbindung des Maßstabes nach dem wirklichen Verbrauch für die Wasserentnahme durch den Grundstückseigentümer und des Wahrscheinlichkeitsmaßstabes (nach dem Mietwerte) für die Inhaber angeschlossener Räume unzulässig 41 f.; Gewerbesteuer kein geeigneter Maßstab für Bemessung der Kanalisations— gewerbl. Anlagen 43, 44; Menge der abzuleitenden gewerblichen Abwässer kein geeigneter Maßstab für Bemessung einer Kanalisationsanschlußgebühr 44; — als öffentlich-rechtliche Abgaben dürfen nur für eine Benutzung kraft öffentlichen Rechts erhoben werden 44, 48; Rechtsungültigkeit einer —O. wegen Festsetzung verschiedenartiger Zeitpunkte für den Beginn der Gebührenpflicht 45; Geltungsbereich einer —O. bei Eingemeindung 46; freiwillige Kanalbenutzung u. —pflicht 48; öffentlich-rechtlicher Verzicht auf — unwirksam 48; Erhebung einer einmaligen Kanalisations— (Schöneberg) 49 f.; ein der Bebauung durch den Fluchtlinienplan entzogener Grundstücksteil bildet gegenüber der Kanalisationsanlage (Erhebung einer einmaligen — für den Anschluß) keine wirtschaftliche Einheit mit den anderen nutzbaren Grundstücksteilen 50; Erhebung einer einmaligen — für den Kanalisationsanschluß auf Grund einer aufrechterhaltenen —Ordnung älteren Rechts 50 f.; — für Abfuhr von Abfallstoffen **51 f.**; der in einem Ortsstatut über Abfuhr vorbehaltene Beschluß über die Höhe der — muß von beiden städtischen Kollegien gefaßt werden 51; Begriff des „bewohnten" Grundstücks iS. der Charlottenburger Müllabfuhr-—-Ordnung 51 f.; Baupolizei— 53 f.; Verzögerung d. —zahlung rechtfertigt nicht das Verbot der Benutzung einer öffentlich-rechtlich benutzbaren Gemeinde-Veranstaltung 61 f.

Gebührentaxe, s. „Stellenvermittler".

Gefängnis, GemGrStFreiheit e. an e. —anstalt verpachteten Grundstücks gem. § 24 h, i KommAbgG. 153.

Geflügel, Erhebung e. kommunalen Abgabe für eingeführtes — zulässig? 99 f.

Gehalt (Gehälter), — als Maßstab d. GemGewSt. 186; Gewinnanteile des Aufsichtsrats e. Aktiengesellschaft als — u. Löhne iS. § 47 KommAbgG. 236 f.; für die Veranlagung hinsichtlich des Eink. aus —n Ergebnis des abgelaufenen Kalenderjahrs maßgebend 258; Wohnungsgeldzuschuß gehört zum pensionsberechtigenden — iS. § 5[4] EinkStG. 284; zur Tilgung v. Schulden abgetretene —steile e. Angestellten bilden für ihn steuerpfl. Einnahmen 285; EinkStPflicht bez. e. aufschiebend bedingten —sabspruchs 285.

Gehaltsnachzahlungen für 1908 nicht dem Ergebnisse des Kalenderjahrs 1909 zum Zwecke der GemBesteuerung für 1910 hinzuzurechnen 222, 223; dasselbe gilt für die Nachzahlungen im Reich 223; Kommunalbesteuerung von — infolge anderweiter Festsetzung des Besoldungsdienstalters 223.

Gehaltsverlust e. Beamten infolge Überweisung auf sein Guthaben bei einer Bank, die in Konkurs gerät, nicht abzugsfähiger Kapitalverlust 321.

Gehaltsvorschüsse, EinkStPflicht der auf Besoldungsaufbesserungen gewährten — 318.

Geisteskranke, Pflegekosten für Unterbringung v. —n in Provinzialanstalten als Gebühren iS. § 24 KrProvAbgG. 19.

Geistliche, Voraussetzungen für die Gem.-EinkStFreiheit der als Lehrer an Anstalten wirkenden —n 225.

Geldbetrag, zwingende Forderung e. —es an Stelle von Naturaldienste unzulässig 259.

Gelegenheitsspekulation, Eink. aus — 290.

*__Gemeinde(n)__, Umsatzsteuerfreiheit der — 26; Umfang der Vertretung der — nach außen durch den Bürgermeister 72.

Gemeindebeamte, Voraussetzung für den Erwerb der Eigenschaft eines —n 219.

*__Gemeindebeschlüsse__, Genehmigung von —n über den Satz der nur nach der Höchstgrenze festgesetzten Wasserleitungsgebühren 41; desgl. von Beschlüssen über den als Kanalisationsgebühr jeweilig zu erhebenden Prozentsatz des Gebäudenutzungswerts 44 f.; desgl. über die zu gleichem Zweck zu erhebenden Zuschlagsprozente der GrGebSt. 45; — über die Quote der nach der Zahl der zum Aufenthalt von Menschen geeigneten Räume bemessenen Kanalisationsgebühr 45 f.; alljährliche Festsetzung des Prozentsatzes für die Erhebung der nach dem Ertragswerte zu berechnenden Kanalisationsgebühr bedarf des Beschlusses beider städtischen Kollegien 47; ebenso eine Festsetzung der Höhe der Müllabfuhrgebühren 51; desgl. über die Höhe des zu erhebenden Einheitssatzes für entnommenes Leitungswasser 62; Bekanntmachung d. Genehmigung von —n 53; — über Verzicht auf Anliegerbeiträge bedürfen der Genehmigung d. BezAussch. 72 f.

*__Gemeindeeinkommensteuer__, Einräumung des Vorrechts geringerer — an die Einwohner — nicht auch an die Forensen — eines neueingemeindeten Stadtteils 35; — **190 ff.**: *Steuerpflicht* 190 f.; Deckung von Beiträgen der Emscher-Genossenschaft durch direkte Gemeindesteuern 190 f.; im Falle d. selbständigen Ermittelung des steuerpfl. Einkommens durch die Gemeinde ist eine Herabsetzung d. Staatssteuer ohne Einfluß auf die — 191; Begriff des Aufenthalts iVerh. zum Wohnsitz 192; Innehaben eines als Sommerwohnung benutzbaren Landhauses nicht Merkmal des Wohnsitzes, sondern nur des Aufenthalts 192; besteht dagegen die Möglichkeit der Benutzung auch im Winter, so liegt Wohnsitz in steuerlichem Sinne vor 193; die Möglichkeit, eine Wohnung als Allein- oder Mitnutzer zu beziehen, genügt nicht zur Begründung eines Wohnsitzverhältnisses, wenn ein rechtlich geschütztes Anrecht darauf fehlt 194, 195; Entfernung v. Aufenthaltsort mit dem Willen, trotzdem regelmäßig dort zu verweilen, führt eine Unterbrechung des Aufenthalts nicht herbei 195; Ungültigkeit e. GemBeschlusses, durch den abweichend von den gesetzlichen Bestimmungen einzelnen Steuerpflichtigen Steuerbefreiungen zugestanden werden 196; Einkommen aus *Kapitalvermögen* (sd.) **196 f.**; aus Grundvermögen (sd.) **197 f.**; desgl. aus *Handel* (sd.) u. *Gewerbe* **198 f.**; *Aktiengesellschaften* (sd.) und *Kommanditgesellschaften* (sd.) auf Aktien **202 f.**; *Juristische Personen* (sd.) **207**; desgl. des *Fiskus* (sd.) aus *Domänen usw.* **213**; *Steuerpflicht der Beamten* (sd.) **213 ff.**; desgl. d. *Geistlichen* (sd.) und *Kirchendiener* (sd.) **225 f.**; desgl. d. *Elementarschullehrer* (sd.) **229**; desgl. d. *Militärpersonen* (sd.) **230**; *Vermeidung v. Doppelbesteuerung* (sd.) **233 f.**

*__Gemeindegewerbesteuer(n)__, *Allgemeines* **173 f.**: Gewerbesteuerpflicht iVerh. z. gewerbl. Konzessionspflicht 173 f.; *besondere* — **174 f.**: die für die staatliche GewSt. geltenden Grundsätze wegen der Zulässigkeit von Rechtsmitteln nach erfolgter *Umschreibung* d. Steuer auf den neuen Inhaber e. GewBetriebs gelten auch für die — 174 f.; Scheidung der einer besonderen — und der der Zuschlagssteuer unterliegenden GewBetriebe nach objektiven Merkmalen erforderlich 175, 180; für Ermäßigungsanträge nach §§ 44, 45 GewStG., zu deren Prüfung u. Entscheidung Gemeinde zuständig, VerwStr.-Verf. nicht gegeben 175 f.; ist der Genehmigung e. StO. durch den BezAussch. vom Oberpräsidenten mit e. Maßgabe zugestimmt, so muß d. BezAussch. zu der Maßgabe nachträglich seine Genehmigung erteilen 176; Ermittelung des gewerbesteuerpflichtigen Ertrags eines über mehrere Gemeinden sich erstreckenden GewBetriebs 176 f.; Abstufung d. Steuersätze nach Maßgabe des gesamten GewBetriebs 177; nur staatlich veranlagte oder zu veranlagende GewBetriebe unterliegen d. — 177 f.; staatliche Veranlagung f. Zwecke d. kommunalen Besteuerung auch für solche Gew.-Betriebe zulässig, die der staatlichen Besteuerung nicht unterworfen werden dürfen 178; Einfluß v. Betriebsorten und Betriebsstätten auf die Veranlagung außerpreußischer Betriebe zur GewSt. 178; Betriebsort eines Tiefbauunternehmers 178; erhöhte Besteuerung der sich über mehrere Gemeindebezirke erstreckenden einheitlichen GewBetriebe 179; Begriff d. besonderen — 179; der staatl. Veranlagung zugrunde gelegtes Eink. aus Handel u. Gewerbe als objektives Merkmal für Abstufung d. GewStSätze 180; Reichsbank, weil nicht zur StaatsEinkSt. veranlagt, nicht zur — zu veranlagen, wenn d. Jahreseinkommen aus Handel u. Gewerbe den Maßstab d. Besteuerung bildet 180; Besteuerung eines sich über mehrere Gem.-Bezirke erstreckenden einheitlichen Wasserwerks 180; Betriebsort einer Hypothekenbank 181; Patentverwertung als steuerpflichtiger GewBetrieb 181 f.; Nichtigkeitserklärung einer Ges. mbH. auf ihre subjektive Steuerpflicht ohne Einfluß 181 f.; gewerbesteuerfreie Viehhaltung zum Zwecke des Milchhandels 182; Bemessung der Steuer nach der Zahl der geleisteten Tagewerke 182 f.; Anlage- und Betriebskapital der Reichsbank 183 f.; fiskalisches Bergwerkseigentum als Anlage- und Betriebskapital 184; gemietete und gepachtete Gegenstände gehören nicht zum Anlage- u. Betriebskapital 185; Depositen im kaufmännischen Sinne gehören nicht zum Anlage- u. Betriebskapital 185; Bedeutung der Zerlegung des staatlichen Steuersatzes für die — 185; für die „Erzielung" von Bruttoeinnahmen im Bankgewerbe maßgebender Ort 185; Verteilung des Anlage- und Betriebskapitals eines sich über mehrere Gemeindebezirke erstreckenden Gewerbebetriebs 185; Depositen und Spareinlagen im Bankbetrieb 185 f.; Bemessung d. — nach den im Betriebe aufgewendeten Gehältern und Löhnen zulässig 186; bilanzmäßiger Wert des Anl.- u. Betriebskapitals bei offenen Handelsgesellschaften nicht unbedingt maßgebend 186; Einfluß kurzfristiger Geschäftskredite auf das Anl.- u. Betriebskapital 187 f.; Frage der Abzugsfähigkeit von Geschäftsschulden vom Aktivvermögen 188; Bedeutung eines Delkrederekontos für die Bewertung des Anl.- und Betriebskapitals 189; Frage d. Reservefondseigenschaft v. Beamtenpensionskassen gewerbl. Unternehmungen 189; Spezialreservefonds als Teil des Betriebskapitals 189 f.

Gemeindelast(en), Begriff iS. d. Komm.-AbgG. 34; Verpflichtung zu — 35; Heranziehung zu — nach Aufhören der Gemeindezugehörigkeit (s. das.) unzulässig 35; auf besonderem Rechtstitel beruhende Befreiungen 35 f.

Gemeindelehrer, s. „Lehrer".

Direkte Gemeindesteuern (s. InhVerz.) 141 ff.; Realsteuern (sd.) 141; Veranlagung und Erhebung —r — 256 f.

Indirekte Gemeindesteuer(n) (s. InhVerz.) 99 ff.

Gemeindevorstand, Zuständigkeit zur Veranlagung und Verteilung d. Anliegerbeiträge 79; Zuständigkeit zur Nachsteuerfestsetzung gem. § 83[3] KommAbgG. 260; — nur selbst für einen Einspruchsbeschluß gem. § 70 aaO. zuständig 274.

Gemeindewege, Voraussetzungen der Befreiung des Forstfiskus in Rheinland-Westfalen von der Beitragspflicht zur Unterhaltung der — 35 f., 37; diese Befreiung erstreckt sich nicht auf die Beiträge für Kreisstraßen 36 f.

Gemeindezugehörigkeit, Heranziehung zu GemAbgaben nach Aufhören der durch Wohnsitz, Aufenthalt, Grundbesitz oder Gewerbebetrieb begründeten — unzulässig 35.

Gemeiner Wert, s. „Wert".

Gemeingebrauch am Meeresufer 144 f.

Gemeinnützigkeit, bildet neben dem Hauptzweck der — einer Ges. mbH. noch die Gewinnerzielung einen wesentlichen besonderen Zweck des Unternehmens, so unterliegt es d. GewStPflicht 400; GewStFreiheit gemeinnütziger Geld- u. Kreditanstalten 401; sa. „Ges. mbH.".

Gendarmen sind servisberechtigte Militärpersonen des aktiven Dienststandes 231.

Genehmigung von Gemeindebeschlüssen über die alljährlich zu erhebenden Sätze von Wasser- u. Kanalisationsgebühren, deren Höhe in der GebührenO. nicht ein für allemal festgesetzt ist 41, 44, 45, 46, 47 f.; Ungültigkeit eines GemBeschlusses über Erhebung v. Beiträgen wegen ungenügender Bekanntmachung des —sbeschlusses an die Beteiligten 55, 58; ein GemBeschluß über Verzicht auf Anliegerbeiträge bedarf im Gebiet d. RhStO. der — des Bez.-Aussch. 72 f.

Eingetragene Genossenschaften, einkstpflichtige Unternehmungen d. —n — (einschl. Konsumvereine) (sd.) 339 f.; steuerpfl. Verein iS. § 1[5] EinkStG. 339; Hinausgehen des Geschäftsbetriebs über den Mitgliederkreis 339 f.; vereinzelte Geschäfte mit Nichtmitgliedern keine Unterlage dafür 340; auch nicht vereinzelte Gewährung e. Darlehns an ein Nichtmitglied seitens e. Genossenschaftsbank 340; Vermietung v. Läden u. Geschäftslokalen seitens einer Wohnungsbaugenossenschaft keine Geschäftsausdehnung über den Mitgliederkreis, falls es sich nur um Hilfsgeschäfte zur Erfüllung der statutarischen Zwecke handelt 340f.; eine entgegen den Satzungen erlangte Mitgliedschaft e. —n — dauert solange, bis die Eintragung im Genossenschaftsregister durch Anfechtung beseitigt ist 341; Annahme v. Spargeldern von Nichtmitgliedern und Scheckverkehr mit solchen ist, falls zur Befriedigung des Kreditbedürfnisses der Mitglieder erfolgt, keine Ausdehnung des Geschäftsbetriebs über den Mitgliederkreis 341; steuerpflichtiges Einkommen der —n — 363f.; die zur Wiederergänzung der durch Verlust verminderten Geschäftsanteile verwendeten Beträge sind nicht steuerpflichtig 363; bei subjektiver Steuerpflicht e. Genossenschaft unterliegt die Gesamtheit der iS. § 15 EinkStG. verwendeten Überschüsse der objektiven Steuerpflicht 363; für die Durchschnittsberechnung maßgebende Geschäftsjahre 364.

Genossenschaftsbank, s. „Darlehn".

Gerechtigkeiten, § 1[2] ZuwStG. auf — nicht anwendbar 5; sa. „Kohlenabbau—".

Gerichtsassessor, s. „Kommissorium", „Beschäftigung".

Gerichtsschreibergehilfen, Beamteneigenschaft erhalten die zur Vorbereitung für die —prüfung zugelassenen Anwärter durch die Vereidigung 214, 215.

Gerichtsvollzieher, ob Zehrungskosten abzugsfähig 320.

Gesamteinkommen, Abzug von Schuldenzinsen juristischer Personen bei d. Gem.-Besteuerung v. — 209; bei den nicht staatssteuerpflichtigen juristischen Personen ist bei der Gemeindebesteuerung von einem — nicht auszugehen 210f.; Zinsen von Schulden, die zu einer EinkQuelle in wirtschaftlichen Beziehungen stehen, sind auch für die GemEinkBesteuerung servisberechtigter Militärpersonen vom — abzuziehen 232; Abzüge vom — 328f.: Schuldenzinsen und dauernde Lasten 328; für Beschaffung e. Darlehns an e. Bank gezahlte Provision als Schuldenzinsen abzugsfähig 328f.; Entgelt für Überlassung e. Kapitals zur Nutzung trägt den Charakter von Schuldenzinsen 329; Damno als zulässiger Abzug v. — 329; Tilgung einer Kapitalschuld 329, 330; die von einem Nießbraucher zu zahlenden Hypothekenzinsen sind dessen eigenen Schuldenzinsen gleichzustellen 329f.; ob Provision und Talonsteuer für Hypothekenbeschaffung abzugsfähig 330; Aufwendungen für Löschung v. Hypothekenschulden nicht abzugsfähig 330; Berechnung des zulässigen Höchstbetrags zur Schuldentilgung 330; Schuldenzinsen im Bereiche des Kapitalvermögens nicht Werbungskosten, daher v. — abzuziehen 330; Abzüge v. — nach dem Stande bei Beginn des Steuerjahrs 330f., 331; Zinsen einer bei Beginn des Steuerjahrs nicht mehr bestehenden Kapitalschuld nicht abzugsfähig 331; vertragliche auf der gesetzlichen Unterhaltspflicht beruhende Alimente nicht abzugsfähig 331; eine als Aussteuer einer Tochter von den Eltern versprochene Rente als steuerpflicht. Eink. des Ehemanns 331f.; an minderjährige Kinder (in der Form der Zahlung von Lebensversicherungsprämien) gewährte Renten vom Eink. des Vaters abzugsfähig 332; fehlt einem Schenkungsversprechen mangels der vorgeschriebenen gesetzlichen Form die Rechtsgültigkeit, so ist Abzug etwaiger Leistungen unzulässig 332f.; Verzicht auf Nießbrauchsrecht an e. Grundstück auch mündlich rechtsgültig 333; Zulage für e. Reserveoffizier nicht abzugsfähig 333; Abzugsfähigkeit der von einem Fideikommißbesitzer ohne Erstattungsanspruch gegen die Familie geleisteten Raten zur Tilgung d. landschaftlichen Pfandbriefschuld 333; Beiträge zu Kranken- usw. Kassen, Lebensversicherungsprämien 333f.: derartige Beiträge nur abzugsfähig, wenn klagbarer oder im schiedsrichterlichen Verfahren verfolgbarer Anspruch auf die Kassenleistungen besteht 333f.; Beiträge für eine Militärdienstversicherung nur dann abzugsfähig, wenn es sich um eine auf den Erlebensfall des Versicherten abgeschlossene Versicherung handelt 334; Grenze d. Abzugsfähigkeit v. Lebensversicherungsprämien 334; Zusatzprämien einer Unfallversicherung mit Prämienrückgewähr nicht abzugsfähig 335.

Gesamtgrundstück, Begriff — iS. § 20 ZuwStG. 2, 3f., 5.

Gesamtschuldner, Haftung der Miterben als — bei Veräußerung e. einer Erbengemeinschaft gehörenden Grundstücks 137.

Gesamtschulverbände zur Forderung v. Zuschüssen seitens der Betriebsgemeinden nicht berechtigt 248f.

Geschäftsabschluß, Vorliegen eines —es Voraussetzung für den Eintritt der objektiven Steuerpflicht einer neuerrichteten Ges. mbH. 370.

Geschäftsanteile, Frage der EinkStPflicht bei Wiederergänzung der durch Verlust verminderten — e. eingetragenen Genossenschaft 363; steuerliche Behandlung v. —n einer Ges. mbH., die von e. Gesellschafter unter Vorbehalt der Nutznießung, der Verwaltung und Vertretung an Abkömmlinge abgetreten sind 367, 368.

Geschäftseröffnung, s. „Warenanschaffungskosten".

Geschäftsführer, steuerliche Behandlung der den auf Grund gesellschaftlicher Verpflichtung zu —n bestellten Gesellschaftern e. Ges. mbH. zufließenden Bezüge 365, 371, 372; Unterschrift eines Rechtsmittels durch nur einen — schließt die Rechtswirksamkeit nicht aus, wenn das Einverständnis der Gesellschaft mit dem Rechtsmittel feststeht 385.

Geschäftsgewinn, Ermittelung des —s bei Ges. mbH. 365; neu eingelegte Sachwerte (Patente) gehören nicht dazu 365.

***Geschäftsjahr(e)**, Begriff der für die Durchschnittsberechnung maßgebenden mehreren — 294; für die Besteuerung nichtphysischer Personen maßgebende — 343; desgl. bei Berggewerkschaften 361; desgl. bei eingetragenen Genossenschaften 364; letztes für die Durchschnittsberechnung nach § 9³ EinkStG. maßgebendes — 368; auch bei GewBetrieben ohne ordnungsmäßige Buchführung ist das etwa angenommene besondere — der GewStVeranlagung zugrunde zu legen 403, 409.

Geschäftslokale, s. „Wohnungsbaugenossenschaft".

Geschäftsräume e. Krankenkasse gehören nicht zu den dem öffentlichen Dienst oder Gebrauch bestimmten Grundstücken iS. § 24c KommAbgG. 211f.

Geschäftsschulden, Frage ihrer Abzugsfähigkeit vom Aktivvermögen 188.

Geschäftsunkosten, Berücksichtigung bei Berechnung d. Eink. aus Handel u. Gewerbe 311.

Gesellenhospitium, ob als Wohltätigkeitsanstalt iS. § 24h KommAbgG. steuerfrei 149f.

***Gesellschaft(en)** mbH., keine Anliegerbeitragspflicht d. Mitglieder für die im Gesellschaftseigentum befindlichen Grundstücke 81; Umsatzsteuerpflicht bei Wechsel im Personenbestande von — 117f.; Vollziehungsort des Rechtsgeschäfts bei Umsatz von Gesellschaftsanteilen richtet sich nicht nach der Belegenheit des Grundbesitzes der — 118, 119; rechtskräftig ausgesprochene Nichtigkeit einer — auf die subjektive Steuerpflicht ohne Einfluß 181f.; steuerberechtigte Betriebsgemeinden einer an einer — beteiligten offenen Handelsgesellschaft iS. §§ 33, 71ff. KommAbgG. 242; einkSteuerliche Behandlung des einer an einer — beteiligten offenen Handelsgesellschaft zufließenden Gewinns 310f.; Beendigung der Liquidation e. — auch vor Ablauf des Sperrjahrs möglich 342; Steuerpflicht einer zur Verwaltung u. Verwertung ererbten Grundbesitzes errichteten — aus Grundstückshandel 342f.; Veranlagung nach dem Durchschnittsergebnis der drei letzten abgeschlossenen Geschäftsjahre 343; steuerpfl. Einkommen der — 364f.: wird von den Gesellschaftern einer — für die von ihr bewirkten Warenverkäufe ein prozentualer Unkostenbeitrag gewährt, so ist der nicht für Unkosten verwendete, an die Gesellschafter zurückfließende Betrag steuerpflichtiger Gewinn der — 364f.; Ermittelung des Geschäftsgewinns 365; Bezüge e. Gesellschafters infolge Erfüllung vertraglich übernommener gesellschaftlicher Verpflichtung sind als Teil des von der — erzielten Reinertrags bei dieser steuerpflichtig 365; neu eingelegte Sachwerte (Patente) gehören nicht zum steuerpfl. Geschäftsgewinn der — 365; die von e. Gesellschafter zur Deckung e. Verlusts am Stammkapital der — gegen sich eingeräumte Forderung ist kein steuerpfl. Eink. d. — 365; die durch Einbringung von Grundstücken in e. — entstehenden Ausgaben (Umsatzsteuern, Grundbuchkosten) sind keine abzugsfähigen Werbungskosten 366; Feststellung des Marktpreises von Rüben für die EinkSt.-Veranlagung v. Zuckerfabriken 366f.; steuerliche Behandlung der von e. Gesellschafter einer — an Söhne und Enkel abgetretenen Geschäftsanteile 367, 368; die e. früheren Gesellschafter von e. — zu gewährende Rente ist keine dauernde Last iS. § 8 II 2 EinkStG. 367; Grundstücke als Zubehör d. Anlage- u. Betriebskapitals e. — 367; Ermittelung des Jahresertrages bei einer noch nicht ein volles Jahr bestehenden — 367, 369; Durchschnittsberechnung bei noch nicht volle drei Jahre bestehenden — 368, 369; Begriff des seinen Ergebnissen nach festgestellten letzten für die Durchschnittsberechnung maßgebenden Geschäftsjahres bei — 368f.; steuerliche Behandlung von Gewinnanteilen einer — bei anderweiter Veranlagung eines Steuerpflichtigen wegen Erbanfalls 369; „ausschließliche" Verwendung der Einkünfte zu gemeinnützigen Zwecken liegt nicht vor, wenn aus dem Reingewinn eine Verzinsung der Stammeinlagen der Gesellschafter stattfindet 369; mündliche Genehmigung der Bilanz genügt nicht zur Feststellung iS. der Durchschnittsberechnung behufs Veranlagung v. — 370; Betriebseinstellung e. fortbestehenden — auf die Steuerpflicht ohne Einfluß 370; bei Schätzung des Eink. v. — wegen Nichtvorlage von eingeforderten Geschäftsabschlüssen und -büchern hat die Schätzung für jedes einzelne maßgebende Geschäftsjahr besonders zu erfolgen 370; die objektive Steuerpflicht e. neuerrichteten — tritt erst ein, wenn der erste Geschäftsabschluß vorliegt 370; Heranziehung v. Sachverständigen bei der Schätzung d. Eink. v. — 370; bilanzmäßige Berücksichtigung der von e. — unter besonderen Aufwendungen erworbenen Rechte aus Verträgen 371; wird im Rechtsmittelverfahren die Berichtigung einzelner Bilanzkonten wegen zu hoher Abschreibungen vorgenommen, so darf eine anderweite Berechnung des Reingewinns auf Grund der berichtigten Konten nicht erfolgen 371; Gründungskosten d. — gehören nicht zu den abzugsfähigen Werbungskosten 371; Bezüge der auf Grund gesellschaftlicher Pflicht als Geschäftsführer tätigen Gesellschafter e. — von deren Geschäftsgewinn nicht abzugsfähig 371 f., 372; Bohrungskosten einer — zum Zwecke der Auffindung neuer Kohlenlager als abzugsfähige Betriebskosten 372; die Kosten eines von einer — vertraglich übernommenen Ausbaues usw. von Wegen eines zum gewerbl. Anlage- u. Betriebskapital der — gehörenden Gutes sind vom Geschäftsgewinn abziehbar 372; StaatsEinkSteuer nicht davon abziehbar 372; GewStPflicht einer —, deren sämtliche Geschäftsanteile im Besitz eines anderen Gewerbetreibenden sind 399 f.; eine von mehreren Kommunalverbänden betriebene — genießt nicht die nach § 3 GewStG. den Kommunalverbänden zustehende Steuerfreiheit 400; auch eine noch nicht eingezahlte Stammeinlage gehört zum gewerbl. Anlage- u. Betriebskapital e. — 407.

Gesellschafter, Haftung der ehemaligen — e. aufgelösten offenen Handelsgesellschaft für die UmsatzSt. 116; Umsatzsteuerpflicht neueintretender — einer Ges. mbH. beim Erwerb v. Geschäftsanteilen 117 f.; bei Berechnung des steuerpfl. Eink. e. —s sind die von ihm an die Ges. mbH. gezahlten Zubußen und Nachschüsse nicht abzugsfähig 290; Verlust aus e. Beteiligung als stiller — vom Roheink. abzuziehen 303; die einem — einer Ges. mbH. infolge Erfüllung vertraglich übernommener gesellschaftlicher Verpflichtung zufließenden Bezüge sind als Teil des von der Gesellschaft erzielten Reinertrages bei dieser steuerpflichtig 365; die von e. — zur Deckung eines Verlustes am Stammkapital e. Ges. mbH. gegen sich eingeräumte Forderung ist kein steuerpfl. Eink. der Gesellschaft 365; Abtretung von Geschäftsanteilen seitens e. —s e. Ges. mbH. an Abkömmlinge unter Vorbehalt der Nutznießung, Verwaltung u. Vertretung 367, 368; Bezüge der auf Grund gesellschaftl. Verpflichtung als Geschäftsführer tätigen — vom Geschäftsgewinn nicht abzugsfähig 371 f., 372.

Gesellschaftsvertrag, der im — angegebene Wert v. Sacheinlagen darf nicht für die Bewertung des Anlage- und Betriebskapitals vom Steuerpflichtigen willkürlich gekürzt werden 407.

***Gewerbe,** Besteuerung der nur zum Teil in Preußen steuerpflichtigen — **408**: Bewertung des Geschäftsanteils, den eine gewerbl. Erwerbsgesellschaft gegen Einbringung von im Auslande belegenen Berggerechtsamen in eine Ges. mbH. erworben hat nach dem Geldwert, für den die Sacheinlage von der Ges. mbH. angenommen ist 408; Eink. aus Handel u. —, s. „Handel".

***Gewerbebetrieb,** Voraussetzungen f. die staatl. GewStVeranlagung außerpreußischer —e nach dem DoppStG. 178; erhöhte Besteuerung einheitlicher über mehrere GemBezirke sich erstreckender —e 179; Patentverwertung als steuerpflichtiger — 181 f.

Gewerbegehilfen, Änderung d. EinkQuelle (sd.) 301.

Gewinnanteil(e), — des Aufsichtsrats einer Aktiengesellschaft gehören zu den Gehältern und Löhnen iS. § 47 KommAbgG. 236; Berechnung steuerpfl. —, die den Aktionären e. Aktiengesellschaft in der Form der Anrechnung auf den Übernahmepreis neuer Aktien gewährt werden 289 f.; Bezugsrechte v. neuen Aktien gehören nicht z. steuerpfl. — e. Aktionärs 301 f.; Veränderungen d. Gewinnquote e. Aktionärs infolge Erhöhung d. Aktienkapitals keine wesentliche Quellenänderung d. alten Aktien 287, 302; steuerliche Behandlung des —s e. offenen Handelsgesellschaft aus Beteiligung an einer Ges. mbH. 310; die den Aktionären e. Aktiengesellschaft aus dem Geschäftsgewinn durch Aufrechnung gegen den Übernahmepreis neuer Aktien gewährten Beträge gelten als steuerpflichtige — 355.

Gewinnbezugsrecht, s. „Aktien".

Gewinnbringende Beschäftigung, s. „Beschäftigung".

Gewinnerzielung, keine GewStFreiheit gemeinnütziger Unternehmungen, wenn —sabsicht wesentlich mit vorliegt 400; Prüfung der —sabsicht iS. d. GewStPflicht 401.

Gratifikationen als steuerpfl. Eink. aus gewinnbringender Beschäftigung 323.

Grundbuch, Zeitpunkt der Eintragung einer Rechtsänderung im — für Berechnung d. ZuwSt. maßgebend 11 f.; Übertragung eines Grundstücksteils auf ein besonderes —blatt hindert nicht die Annahme d. wirtschaftl. Einheit des Gesamtgrundstücks 50; für Annahme e. wirtschaftlich einheitlichen Grundstücks ist es nicht maßgebend, daß es z. Zt. der Errichtung e. Hauses (vor Entstehung der Anliegerbeitragsforderung) auf einem —blatt eingetragen war 82f.; Zeitpunkt des Eigentumserwerbs iS. d. Umsatzsteuerpflicht bestimmt sich nach der Eintragung im — 123; Eintritt d. Wertzuwachssteuerpflicht mit dem Tage d. Eigentumseintragung im — 131.

Grundbuchkosten für eingebrachte Grundstücke keine abzugsfähigen Werbungskosten e. Ges. mbH. 366.

Grund- und Gebäudesteuer als zulässiger Maßstab für die Kanalisationsgebühren-Bemessung 45; Einfluß d. Gebäudesteuerrevision (vom 1. I. 10 ab) auf die GemGebStVeranlagung des Steuerjahrs 1909, 258; sa. „Realsteuern".

Grundkapital, Berechnung des für den Abzug der $3^1/_2$ % nach § 15 EinkStG. maßgebenden —s bei Berggewerkschaften 362f.

Grundschuldzinsen, Zahlung an den Miteigentümer eines Grundstücks 196f.; sa. „Hypotheken".

Grundstück(e), Voraussetzungen für die Annahme der wirtschaftlichen Einheit d. Grundbesitzes iS. des ZuwStG. 2, 3f.; ZuwStPflicht bei Veräußerung von Miteigentum an einem — nach Bruchteilen 4; unerhoben bleibender Steuerbetrag bei Veräußerung mehrerer — 8; Bemessung der Kanalisationsgebühren nach der Frontlänge wirtschaftlich selbständiger — 46; ein durch einen Fluchtlinienplan der Bebauung entzogener —steil bildet gegenüber der Kanalisationsanlage keine wirtschaftliche Einheit mit den übrigen nutzbaren Teilen des —s 50; Begriff „bewohntes —" iS. der Charlottenburger Müllabfuhr-GebührenO. 51f.; Kanalisationsbeiträge für die —sentwässerung iVerh. zu Straßenentwässerungsbeiträgen nach § 15 BauflG. 64; ein durch ein anderes — von der Straße getrenntes — begründet keine Anliegerbeitragspflicht 81; wirtschaftliche Einheit iS. d. Anliegerbeitragspflicht 81f.; äußerliche Trennung v. —n gegeneinander nicht immer Merkmal der wirtschaftlichen Trennung 82; frühere Eintragung auf einem Grundbuchblatt nicht Merkmal für die Annahme eines wirtschaftlich einheitlichen —s 82; Lage eines Grundstücks nur am Bruchteil e. Straße (Teil des Bürgersteigs) kein Befreiungsgrund von Anliegerbeiträgen 83; durch Bebauung eines Teils eines —s werden nicht ohne weiteres zwei — geschaffen 83; Ausdehnung der Anliegerbeitragspflicht durch Verbindung mehrerer — zu einer wirtschaftlichen Einheit 83; Begriff d. wirtschaftlichen Einheit v. —n iS. der Anliegerbeitragspflicht 83; die zur Forderung d. UmsatzSt. berechtigte Gemeinde bestimmt sich nach der Lage des —s 110; Umsatzsteuerpflicht bei Eigentumswechsel an —szubehörstücken 114f.; Vollziehungsort eines umsatzsteuerpflichtigen Rechtsgeschäfts nach der Lage des —s zu beurteilen 119; Erwerb v. —n als Eigentum zur gesamten Hand 120; Verhältnis des für mehrere — gezahlten Gesamtkaufpreises zum gemeinen Wert der Einzelgrundstücke iS. der Umsatzsteuerpflicht 126; Umsatzsteuerberechnung bei Erwerb ideeller —santeile durch den Eigentümer zu verschiedenen Zeiten 130; verschiedene Abstufung der Sätze einer besonderen GemGrSt. nach bebauten und unbebauten —n 162; Feststellung der Normen für das Abstufungsverhältnis kann nur durch SteuerO., nicht durch die jährlichen Beschlüsse über die Verteilung des Steuerbedarfs erfolgen 162; gemeiner Wert v. — als Maßstab f. d. GemGrSt. 163f.; Vermietung eines angekauften —s als Zwischennutzung im gewerbsmäßigen —shandel 199; Ermittelung des Normalreinertrages land- und forstwirtschaftlicher — iS. d. ErgStG. 389f.; sa. „Gesamt—".

Grundstückshandel, Betriebsstätte im gewerbsmäßigen — 199f.; gewerbsmäßiger — auch mit ererbtem Grundbesitz möglich 311; Zwischennutzungen im gewerbsmäßigen — e. offenen Handelsgesellschaft als Eink. aus Handel u. Gewerbe 314; Werbungskosten im gewerbsmäßigen — 314f.; Wertfeststellung einer im — erworbenen Hypothek 315; Ermittelung des Eink. aus — 315; EinkStPflicht e. zur Verwertung ererbten Grundbesitzes errichteten Ges. mbH. wegen —s 342.

Gründungskosten, die durch Einbringung von Grundstücken entstehenden Ausgaben (Umsatzsteuer, Grundbuchkosten) gehören zu den — einer Ges. mbH. 366; — e. Ges. mbH. keine abzugsfähigen Werbungskosten 371.

***Grundvermögen,** Gemeindebesteuerung des Eink. aus — **197f.**: Hypothekenzinsen von dem gesamten (preußischen wie außerpreußischen) Eink. abzuziehen 197f.; ein zu Beginn des Steuerjahrs mit einem Nießbrauch beschwertes Grundstück bildet für den Eigentümer keine EinkQuelle aus — 198; Berechnung staatssteuerpflichtigen Eink. aus — **291f.**: Errichtung e. Quergebäudes u. eines Seitenflügels wesentliche Änderung eines Hausgrundstücks als EinkQuelle 291; Änderung in dem Anteilsverhältnis d. Miteigentümers als wesentl. Änderung der Quelle d. —s

291; — für die Eigenschaft e. Hausgrundstücks als einzigen wirtschaftlichen und steuerrechtlichen Quelle ist die Art der Nutzung (Vermietung oder ganze oder teilweise Selbstnutzung) ohne Einfluß 291; bei der EinkErmittelung ist, falls ein Jahresergebnis noch nicht vorliegt, nur das Ergebnis der EinkQuelle zu berücksichtigen, solange sie dem Steuerpflichtigen gehört 291; Bemessung des Mietwerts der eigenen Wohnung 291; Wechsel zwischen dem Vermieten und dem Selbstbewohnen keine wesentliche Änderung der Quelle des Grundbesitzes 291 f.; EinkBerechnung für ein erst im Laufe des Steuerjahrs zum Vermieten fertiggestelltes Grundstück 292; teilweise Einstellung der Nutzung e. Hauses durch Vermieten als wesentliche Quellenänderung 292; Voraussetzungen für wesentliche Quellenänderung bei der Gebäudenutzung 292; Quellenänderung durch Umbau e. Hauses, wenn wesentlich andere Benutzungsart bezweckt wird 292; desgl. bei Nutzung e. bisher gewerbl. Zwecken dienenden Hauses als Wohnhaus 293; wesentliche Änderung der EinkQuelle durch Eigentumserwerb an einem bisher nur auf Grund einer Nutzungsberechtigung bewirtschafteten Landgut 293; wesentliche Änderung der EinkQuelle „Landwirtschaft" 293; staatseinkstpflichtiges Eink. aus nicht verpachteten landwirtschaftlichen Besitzungen 305: Abzugsfähigkeit rückständiger Werbungskosten 305; Begriff ausreichender Buchführung e. Landwirts 305; Berechtigung des Pächters zum Abzuge von Abnutzungsquoten beim toten Inventar 305; Einnahmen auf früher entstandene Forderungen den Einnahmen späterer Jahre nicht hinzuzurechnen 306; Abzug wegen Substanzverringerung bei Verpachtung der Kalisalzgewinnung 306; die durch Verpachtung d. Kohlengewinnung einkommenden Pachtraten bilden steuerpfl. Eink. des Grundbesitzers 306 f.; staatseinkst.-pflichtiges Eink. aus verpachteten Liegenschaften 307: Aufwendungen e. Pächters für Abfindung seines Pachtvorgängers nicht abzugsfähig 307; Abzugsfähigkeit der v. Pächter zu tragenden Abgaben u. Steuern für das gepachtete Grundstück 307; Eink. aus Holzungen (sd.) 307; Ertrag eines auf fremdem Grund und Boden auf Grund e. Erbbaurechts errichteten Gebäudes bildet steuerpfl. Eink. aus — 310.

Gutachten, s. „Sachverständige".

Gütergemeinschaft, keine Umsatzsteuerpflicht bei Eigentumserwerb durch — 115; Auseinandersetzung zwischen Miterben anläßlich der Aufhebung e. fortgesetzten — 122.

Gutsbezirk, Einfluß e. vorläufigen Festsetzung über die Eigenschaft e. Gutes als — auf das Besteuerungsrecht des Kreises 20 f.; Freistellung von d. EinkSt. im Rechtsmittelverfahren als Anfechtungsgrund gegen die Kreisabgaben-Unterverteilung in —en 31; Gutsherr zur Geltendmachung v. Zuschußansprüchen gem. § 53 KommAbgG. für einen — zuständig 253; Verbände oder Teile von —en nicht forderungsberechtigt 253; Anfechtung der Verteilung d. Schulunterhaltungskosten in e. — nicht auf zu niedrige Festsetzung d. Prinzipalsteuersatzes zu stützen 127.

Gutsherr zur Geltendmachung von Zuschußansprüchen gem. § 53 KommAbgG. für e. Gutsbezirk zuständig 253.

Gymnasial- u. Stiftungsfonds in Köln, GemGrStFreiheit d. Dienstwohnung d. Rendanten 152.

H.

Hafengeld, Wirkungen der Tarifänderung eines kommunalen —-Tarifs 38.

Haftung für Anliegerbeiträge 74, 75; solidarische — des Veräußerers u. des Erwerbers für die Umsatzsteuer 123.

Halle, Anliegerbeitragsforderung für eine im Gebiet der Pfännerschaft belegene Straße 92 f.

Hamburger Arbeiterkolonie, ob milde Stiftung und ob die von d. Stiftung ins Leben gerufene Heimatkolonie Schäferhof realsteuerpflichtig 154 f.

***Handel**, Gemeindeeinkommenbesteuerung aus — und Gewerbe **198 ff.**: Begriff der Betriebs-, Verkaufsstätte, Zweigniederlassung usw. **198**: ob ein an einen Bierverleger überlassenes Kellereigrundstück Verkaufs- oder Betriebsstätte einer Brauerei 198 f.; Vermietung eines Grundstücks als Zwischennutzung im gewerbsmäßigen Grundstückshandel; Halten eines Portiers in dem vermieteten Objekt nicht ohne weiteres Merkmal einer Betriebsstätte des Grundstücksspekulationsgeschäfts 199 f.; Einkommensberechnung **200 f.**: Aktienbesitz e. offenen Handelsgesellschaft als Teil des Anlage- u. Betriebskapitals, Dividenden in den Betriebsgemeinden als Ertrag des gewerbl. Unternehmens steuerpflichtig 200 f.; Zinsen von Schuldverbindlichkeiten, die zur Beschaffung oder Vermehrung gesellschaftlichen Anlage- u. Betriebskapitals aufgenommen sind, nicht vom Gesamteinkommen d. Teilhaber e. offenen Handelsgesellschaft, Kommanditgesellschaft usw. abzuziehen, wohl aber von dem Gesamteink. eines stillen Gesellschafters 201 f.; Berechnung des staatseinkstpflichtigen Eink. aus — und Gewerbe 293 f.: Frage der wesentlichen Quellenänderung durch Änderung des Anteilsverhältnisses am Ertrage eines Gewerbes 293; nur Änderung der eigenen EinkQuelle e. Steuerpflichtigen durch Eintritt eines neuen Teilhabers schließt die EinkBerechnung nach dreijährigem Durchschnitt aus 293, 294; Wechsel in der Person des Prokuristen und seiner Bezüge begründet für den Unternehmer keine wesentliche Änderung der EinkQuelle „— u. Gewerbe" 294; nach dem Austritt aus einer offenen Handelsgesellschaft noch sich ergebende Gewinne oder Verluste daraus wegen Nichtbestehens e. EinkQuelle nicht zu berücksichtigen 294; Erlöschen d. Eink.-Quelle „— u. Gewerbe" mit Aufhören des Betriebs 294; nur unmittelbar aneinander anschließende, je einen fortlaufenden zwölfmonatigen Zeitraum ausmachende Geschäftsjahre sind für das Rechnen mit mehreren Geschäftsjahren gem. § 9[6] Eink.-StG. maßgebend 294; Gegenstand des staatseinkstpfl. Eink. aus — u. Gewerbe 310: einmalige Entschädigung an Stelle e. Rechts auf periodische Hebungen nicht Gewinn aus — u. Gewerbe, wenn die Entschädigung den bilanzmäßigen Wert des aufgegebenen Rechts nicht übersteigt 310; vertragsmäßige Entschädigung an die Hinterbliebenen eines verstorbenen Teilhabers e. offenen Handelsgesellschaft, ob Eink. aus — u. Gewerbe 310; steuerliche Behandlung des e. offenen Handelsgesellschaft aus der Mitgliedschaft in einer GmbH. zufließenden Gewinns 310; Eink. aus Spekulationsgeschäft 311; auch mit ererbtem Grundbesitz kann gewerbsmäßiger — getrieben werden 311; Berechnung d. staatseinkstpflichtigen Eink. aus — 311: Ermittelung möglichst nach Umsatz, Bruttogewinn u. Geschäftsunkosten 311; Abschreibungen auf Pferde 311; im Vermögen des Steuerpfl. verbleibende Rücklagen behufs Feuerversicherung e. Fabrikgebäudes nicht abzugsfähige Werbungskosten 311; Schätzung gewerbl. Eink. 312; Verluste bei kreditierten Kaufpreisen nicht zu berücksichtigen 312; Stellungsnahme d. Steuerbehörde zu schätzungsweisen Angaben des Steuerpflichtigen über die Höhe gewerblichen Eink. 312; für die Einstellung von Werten in die Bilanz maßgebender Zeitpunkt 312; Ermäßigung bilanzmäßiger Abschreibungen 312 f.; Wegebauvorausleistungen als gewerbliche Werbungskosten 313; Entschädigung für Überlassung e. Firma nicht Werbungskosten 313; Zinsverluste nicht abzugsfähig 313; Frage d. Abzugsfähigkeit der Kindern für ihre Tätigkeit im elterlichen Geschäft gezahlten Entschädigungen 313, 314; Wert der dem gewerbl. Personal gewährten Beköstigung 314; Zwischennutzungen beim gewerbsmäßigen Grundstückshandel als Eink. aus — und Gewerbe 314; Werbungskosten im gewerbsmäßigen Grundstückshandel 314 f.; Wertfeststellung einer im Grundstückshandel erworbenen Hypothek 315; Berücksichtigung auch nicht bilanzmäßiger Abschreibungen 315; Ermittelung des Eink. aus Grundstückshandel 315; für die steuerliche Behandlung v. Provisionen kommt es auf den Zeitpunkt der Auszahlung oder Gutschrift an 315; Verluste an Außenständen e. aufgegebenen Zweigniederlassung bei Ermittelung des gewerbl. Eink. zu berücksichtigen 315.

Handelsbücher, s. „Buchführung".

***Offene Handelsgesellschaft**, Haftung ehemaliger Gesellschafter e. —n — für die Umsatzsteuer über die Auflösung hinaus 116; Steuerpflicht bei Umwandlung e. —n — in e. Kommanditgesellschaft 116; bilanzmäßiger Wert des Anl.- und Betr.-Kapitals für die GewSt. nicht unbedingt maßgebend 186; Aktienbesitz e. —n — als Teil des Anl.- u. Betriebskapitals 200 f.; steuerliche Behandlung d. Zinsen von Schuldverbindlichkeiten zur Beschaffung oder Vermehrung des Anl.- und Betriebskapitals e. — 201 f.; Betriebsgemeinden einer an e. G. m. b. H. beteiligten —n — iS. d. Verteilungsverfahrens nach §§ 71 ff. KommAbgG. 242; nach Austritt e. Steuerpflichtigen aus e. —n — sich noch ergebende Gewinne oder Verluste bei d. EinkBerechnung nicht zu berücksichtigen, da eine EinkQuelle nicht mehr besteht 294; vertragl. Entschädigung d. Hinterbliebenen des Teilhabers e. —n —, die keinen Anteil am Geschäft behalten, bildet für sie kein Eink. aus Handel u. Gewerbe 310; steuerliche Behandlung des Gewinnanteils e. —n —, die Mitglied einer G. m. b. H. ist 310; Mitgliederwechsel bei e. —n — ohne Einfluß auf die GewStVeranlagung 410.

Handfertigkeitsunterricht, Vergütung eines Lehrers für Erteilung von — als Einkommen aus seinem Hauptamt als Volksschullehrer 223 f.

Handlungsagent, Begriff des selbständigen —en iS. § 84 HGB. 234; ob Geschäftsräume e. —en Betriebsstätte e. Schiffahrtsunternehmens 235; Provision e. selbständigen —en gehört nicht zu den anzurechnenden Gehältern u. Löhnen iS. § 47 b KommAbgG. 235; wesentl. Änderung d. EinkQuelle e. —en wird durch Hinzutritt oder Fortfall e. Geschäftsherrn nicht hervorgerufen 294.

Handlungsreisende(r), Tätigkeit e. in Preußen wohnenden —n e. außerpreußischen Aktiengesellschaft kein Merkmal für Betriebsstätte in Preußen 336.

Handwerkskammer, die dem Vorsitzenden e. — gewährte Entschädigung für Zeitaufwand ist steuerfreier Dienstaufwand 327; Kassen d. —n öffentliche Kassen iS. Art. 22 AAnwEinkStG. 327.

Hausanschlüsse, Ansprüche d. Gemeinde aus der von ihr privatrechtlich übernommenen Ausführung d. Kanalisations— sind nicht im Wege d. VerwStreitVerf. zu verfolgen 67.

Haus Bürenscher Fonds hat nicht die Eigenschaft e. Staatsdomäne 213.

Hausgrundstück, wesentliche Änderung e. —s als EinkQuelle durch Anbau e. Quergebäudes u. e. Seitenflügels 291; Änderung d. Anteilsverhältnisses des Miteigentümers e. —s als wesentliche Änderung d. Quelle des Grundvermögens 291; — als EinkQuelle 291; EinkBerechnung für ein erst im Laufe des Steuerjahrs zum Vermieten fertiggestelltes — 292; teilweise Einstellung der Nutzung e. —s durch Vermieten als wesentliche Quellenänderung 292; desgl. Nutzung eines bisher gewerblichen Zwecken dienenden —s als Wohnhaus 293.

Haushaltungsangehörige, staatseinksteuerliche Behandlung d. Eink. der —n 301. s. „Ehefrau".

Hauskind, s. „Aufenthalt".

Hausportier, s. „Zustellung".

Hauswart, GemGrSt.Freiheit der Dienstwohnung e. —s 147.

Hebelisten, Auslegung von — 272.

Heimatstaat, Begriff — iS. § 2 DoppStG. 280.

Hemmung der Verjährung v. Anliegerbeiträgen 78.

Heranziehungsverfügung, Erfordernisse einer ordnungsmäßigen — über Kanalisationsgebühren 46f.; Erfordernisse d. — zu Naturaldiensten 259; Einspruch gegen eine unzulängliche — 273; zurückweisender Einspruchsbescheid als Bestätigung d. vorangegangenen — 275.

Hilfsrichter, s. „Kommissorium".

Hinterbliebene, EinkFeststellung d. —n e. Teilhabers e. offenen Handelsgesellschaft, die ohne Anteil am Geschäft zu haben, eine vertragsmäßige Entschädigung beziehen 310.

Hochschule, s. „Professor".

Hofbeamte, Besetzung der Stellen; auch prinzliche — haben Anspruch auf das Steuervorrecht 218.

Höhere Lehranstalt, Schulgeld für eine von einer Gemeinde unterhaltene — als Gebühr iS. d. KommAbgG. 39; Direktorendienstwohnungen iallg. nicht von d. Gem.-GrSt. befreit 157f.

Holzbestand e. Grundstücks bei Ermittelung d. gemeinen Werts iS. d. GemGrSt.-Pflicht mitzuberücksichtigen 164f.

Holzungen, staatseinkstpflichtiges Eink. aus — 307: Begriff forstmäßiger Plan 307f.; bei planlos bewirtschafteten Waldungen ist der Verkauf des Holzes auf dem Stamm dem Abtriebe gleichzuachten 308; Begriff der Neubeforstung 308; steuerliche Behandlung der Kosten von Neubeforstungen und Wiederaufforstungen 308.

Hundesteuer(n) 140f.: Heranziehung 140; Begriff „Halten" e. Hundes 140; Berücksichtigung der bereits an e. anderen Orte entrichteten Steuer 140f.; eine unterlassene Abmeldung e. Hundes kann durch Ordnungsstrafen geahndet werden, dagegen ist eine Bestimmung, wonach die Steuerpflicht für den abgeschafften Hund bis nach dessen Abmeldung fortdauert, ungültig 140f.; Begriff „Gehöft" iS. e. —Ordnung 141.

***Hypothek(en),** fiduziarische Abtretung e. —forderung als umsatzsteuerpflichtiger Rechtsvorgang 112; Berechnung des für die Wertzuwachssteuer maßgebenden Erwerbspreises bei Zwangsversteigerungen unter Berücksichtigung ausgefallener, nicht anderweit gedeckter —forderungen 132f.; für Buchung e. gekauften — ist für e. Einzelkaufmann idReg. der objektive Geschäftswert, nicht ohne weiteres d. Kaufpreis, maßgebend 133; keine Anrechnung ausgefallener — bei Erwerb im Wege d. Zwangsversteigerung, wenn der gemeine Wert für die WertzuwachsSt. maßgebend 133; —zinsen vom Gesamteinkommen (preußischem wie außerpreußischem) abzuziehen 197f.; Provisionen für —beschaffung im gewerbsmäßigen Grundstückshandel abzugsfähige Werbungskosten 314f.; Wertfeststellung einer im Grundstückshandel erworbenen — 315; nicht abzugsfähige Ausgaben für —vermittelung 329; Provision u. Talonsteuer f. —beschaffung abzugsfähig? 330; Aufwendungen für Löschung von —schulden nicht abzugsfähig 330; Betriebsstätte e. auswärtigen —bank-Aktiengesellschaft in Preußen 337.

Hypothekenbank, Betriebsorte v. —en in gewerbesteuerlichem Sinne und Veranl. zur GemGewSt. 181.

J.

Jagd, s. „Oberförster".

Jahr, maßgebendes „letztes" — iS. § 1[2] ZuwStG. 5f.; ein — als Mindestdauer des für die Steuerberechnung maßgebenden Zeitraums iS. § 22² ZuwStG. 9f.

Jahresergebnis, für die EinkBesteuerung maßgebendes — beim Ruhen oder bei Einschränkung eines Betriebs 286.

Jahresertrag, Berechnung des —es iS. § 22² ZuwStG 9f.; Ermittelung des —es bei einer noch nicht ein volles Jahr bestehenden Gesellschaft m. b. H. 367, 369.

Informationsreisen, Kosten der — e. Hochschulprofessors nicht abzugsfähige Werbungskosten 319.

Inhaberpapiere, EinkBerechnung bei Nießbrauchsbestellungen an —n 290.

Intendantur, Vertretungsberechtigte für den Reichsfiskus als Eigentümer e. Unteroffizierschule 270.

Inventar, Pächter zum Abzuge v. Abnutzungsquoten beim toten — berechtigt 305; Mehreinnahmen gegenüber dem bilanzmäßigen Wert verkaufter Fabrikationseinrichtungen und —ien e. Aktiengesellschaft gehören zu deren geschäftlichen Reingewinn 356; Bewertung des —s für die ErgStVeranlagung 393.

Juden, GemGrStFreiheit der für den Kultus der — erforderlichen Räume 156f.

Jünglingsverein, Lustbarkeitssteuerfreiheit e. Feier religiösen Charakters e. —s 107.

***Juristische Personen,** Befreiungsvorschrift des § 1² ZuwStG. bezieht sich nicht auf — 4; GemEinkBesteuerung —r — 207; der an das Reich zu zahlende Gewinnanteil der Reichsbank (§ 24, 3 BankG.) gehört zu den vom Rohertrage d. Eink.-Quelle abzugsfähigen Werbungskosten 207f.; Schuldenzinsen der —n — auch bei d. GemBesteuerung vom Gesamteinkommen in Abzug zu bringen 209; zum steuerpfl. Einkommen einer —n — gehört der Mietwert der von ihr unentgeltlich an Beamte und Angestellte überwiesenen „Dienstwohnungen" nicht 210f.; Diensträume einer Krankenkasse fallen nicht unter die Befreiungsvorschriften des § 24c KommAbgG. 211ff.; Haus Bürenscher Fonds keine — 213; Steuerheranziehungsverfügungen für — an deren Vertretungsberechtigte zu richten 270.

K.

Kabinettsorder, Beschränkungen d. Gem.-GrStFreiheit durch die — vom 8. VI. 34, 153; Frage der Rechtswirksamkeit einer —, durch die der Genehmigung eines Eingemeindungsvertrages rheinischer Gemeinden rückwirkende Kraft beigelegt wird 255f.

Kalisalze, Abzüge wegen Substanzverringerung bei Verpachtung d. Gewinnung v. —n 306.

Kammergerichtssekretär, Ernennung e. Landgerichtssekretärs zum — wesentliche EinkQuellenänderung 297.

Kanalamt, GemGrStFreiheit d. Dienstwohnung des Kastellans 146.

Kanalisation, eine der Gemeinde gegenüber freiwillige Benutzung einer — liegt nicht vor, wenn die Gemeinde durch Ortssatzung die Aufhebung der Kanalanschlüsse sich selbst vorbehalten hat 48; Benutzung einer — seitens eines Mieters liegt schon vor, wenn die gemietete Wohnung an den Kanal angeschlossen ist 48f.; für privatrechtliche Benutzung einer — Erhebung öffentlich-rechtlicher Gebühren unzulässig 51; bei einer einheitlichen systematischen — darf die Höhe der Beiträge nicht von der Höhe der —skosten der einzelnen Straßen abhängig gemacht werden 65f.; Seitenrohre als Bestandteile e. — iS. d. Beitragserhebung 67.

Kanalisationsbeiträge n. § 9 KommAbgG., Geltung von Ortsstatuten über — in eingemeindeten Bezirken nur bei förmlicher Ausdehnung durch GemBeschluß 56; Festsetzung von laufenden jährlichen —n ein für allemal durch einheitlichen Beschluß 60; Bemessung der — nach der Grundstücksgröße 63; Ermäßigung von —n aus Billigkeitsgründen durch den GemVorsteher 63f.; Befreiung von —n für die Grundstücksentwässerung wegen erfolgter Beitragsleistung nach § 15 BauflG. für die Straßenentwässerung unzulässig 64; bei einer systematischen einheitlichen Kanalisation darf die Höhe der — nicht von der Höhe der Kanalisationskosten der einzelnen Straßen abhängig gemacht werden 65f.; gemeiner Wert v. Grundstücken als Maßstab für Erhebung laufender — nicht unbedenklich 66; Erhebung von —n für als Bestandteile d. Kanalisation erklärte Anschluß-Einrichtungen (Seitenrohre) 67; Voraussetzungen d. Zulässigkeit der Erhebung von —n nach dem Maßstabe der Frontlänge der Grundstücke an d. kanalisierten Straßen 67f.; Erhebung von —n für einen eingemeindeten Stadtbezirk unzulässig, wenn sich Plan u. Kostennachweis d. Veranstaltung nur auf das frühere Stadtgebiet erstreckt hat 68; Erhebung von —n zur Verzinsung u. Tilgung einer Anleihe 68.

Kanalisationsgebühr(en), Mietwert angeschlossener Räume als Maßstab für die Gebührenbemessung 42; staatlich veranlagte GewSt. kein geeigneter Maßstab für Bemessung der — gewerbl. Anlagen 43, 44; Verletzung des Grundsatzes der Gebührenbestimmung nach festen Normen u. Sätzen 43f.; die „Menge der abzuleitenden gewerblichen Abwässer" ist kein Maßstab für die Bemessung einer Anschlußgebühr 44; — für die Benutzung der Kanalisation dürfen nur bei öffentlich-rechtlicher Nutzungsbefugnis erhoben werden 44; bei alljährlicher Festsetzung des als — zu erhebenden Prozentsatzes des Gebäudenutzungswerts besteht die Gebührenpflicht nur für eine nach Genehmigung des betr. Gemeindebeschlusses stattfindende Benutzung 44 f.; Grund- und Gebäudesteuer als zulässiger —Maßstab 44; Rechtsungültigkeit einer —O. wegen Bestimmung verschiedenartiger Zeitpunkte für den Beginn der —pflicht 45; Bemessung der — nach der Zahl der zum Aufenthalt von Menschen geeigneten Räume 45 f.; Geltungsbereich der Bockenheimer —O. 46; eine ordnungsmäßige Heranziehungsverf. zu — muß Grund und Betrag der Forderung enthalten 46 f.; Beschlußfassung beider städtischen Kollegien über den jeweilig zu erhebenden Prozentsatz des Ertragswerts 47; Verzicht auf — 48; Erhebung einer einmaligen — 49 f.; eine solche Gebühr gehört nicht zu den Straßenbaukosten 49 f.; wirtschaftliche Einheit von Grundstücken iVerh. zur Verpflichtung zu einmaligen — 50; Erhebung von — auf Grund einer aufrecht erhaltenen GebührenO. älteren Rechts 50 f.

Kanzleibeamte, GemEinkStPflicht eines gegen Kopialien beschäftigten —n 213.

Kapital, Voraussetzungen für Behandlung eines —s als EinkQuelle 303.

Kapitalisierung, s. „Rente".

Kapitalschuld(en), Voraussetzung der Abzugsfähigkeit 284; Zinsen e. bei Beginn des Steuerjahrs nicht mehr bestehenden — nicht abzugsfähig 331; s. a. „Tilgung".

Kapitalverlust, nicht gezahlte Zinsen aus Kapitalvermögen bilden einen nicht abzugsfähigen — 290.

***Kapitalvermögen,** Gemeindebesteuerung des Eink. aus — **196** f.; der Miteigentümer eines Grundstücks kann sich Grundschuldzinsen von der Gemeinschaft zahlen lassen, der er selbst angehört 196 f. Berechnung staatseinkstpflichtigen Eink. aus — 287; für die Berechnung d. steuerpfl. Eink. eines persönlich haftenden Gesellschafters e. KommanditGesellsch. a. A. maßgebender Zeitraum 287; die Veränderung der Gewinnquote e. Aktionärs infolge Erhöhung des Aktienkapitals bildet keine wesentliche Veränderung der alten Aktie als EinkQuelle 287 f., 302; Änderung e. beschränkten in e. unbeschränktes Gewinn-Bezugsrecht als wesentl. EinkQuellenänderung bei Aktienbesitz 289; Berechnung der Gewinnanteile der Aktionäre, die in der Form der Verrechnung auf den Übernahmepreis neuer Aktien anläßlich e. Kapitalserhöhung d. Aktiengesellschaft gewährt werden 289 f.; Zinsen von Inhaberpapieren, an welchen durch Einräumung des Mitbesitzes ein Nießbrauch bestellt ist, bilden kein steuerpfl. Eink. für den Besteller des Nießbrauchs 290; Zubußen und Nachschüsse bei d. Berechnung des steuerpfl. Einkommens nicht abzugsfähig 290; Eink. aus Gelegenheitsspekulation 290; mit dem Vorhandensein von — u. Eink. daraus darf nur bei eigenem Zugeständnis des Steuerpfl. oder beim Vorliegen tatsächlicher Unterlagen gerechnet werden 290; nicht gezahlte Zinsen aus — bilden einen nicht abzugsfähigen Kapitalverlust 290; staatseinkstpflichtiges Eink. aus — im allgemeinen **301**: Bezugsrechte auf neue Aktien keine steuerpfl. Gewinnanteile v. Aktionären 301; Begriff d. Dividende 302 f.; Verlust aus d. Beteiligung als stiller Gesellschafter vom Roheink. abzuziehen 303; Kapital als EinkQuelle 303; unbeitreibliche Zinsen bilden kein Einkommen, wenn Kapital bei Beginn d. Steuerjahrs unbeitreiblich 303 f.; Verlust durch Diebstahl nicht abzugsfähiger Kapitalverlust 304; Anrechnung von Zinsen, die erst bei Fälligkeit des Kapitals mit diesem gezahlt werden sollen, als steuerpfl. Eink. des Jahres, für das sie zu berechnen sind 304; Kapitalzinsen als steuerpflichtiges Eink. ohne Unterschied, ob das Kapital aus steuerpfl. oder steuerfreien Einkünften angesammelt ist 304; auch Zinsen von Restkaufgeldhypotheken auf zum Bordellbetrieb verkauften Grundstücken bilden Eink. aus — 304; Kosten d. Vermögensverwaltung im Bankverkehr vom Eink. aus — abzuziehen 331.

Kartensteuer, Nebeneinandererhebung mit e. Pauschalsteuer keine unzulässige Doppelbesteuerung einer Lustbarkeit 104; — als zulässige Steuer auch für andere Veranstaltungen, als Lustbarkeiten 104.

Karussell, Lustbarkeitssteuer 106 ff.

Kassen d. Handwerkskammern öffentliche — iS. Art. 22 EinkStAAnw. 327.

Kastellan, Realsteuerfreiheit d. Dienstwohnung e. —s 146; desgl. der dem — e. Wohltätigkeitsanstalt überwiesenen Wohnung 150 f.

Kasualien, s. „Domherr".

Kaufpreis, gemeiner Wert e. Grundstücks iVerh. zu dem unter gemeingewöhnlichen Verhältnissen erzielbaren — 170.

Keller, umgebaute —anlage als Gebäude iS. § 15 BauflG. 96.

Kellereigrundstück, ob ein an einen Bierverleger überlassenes — Betriebs- oder Verkaufsstätte e. Brauerei 198 f.

Kinder, Frage d. Abzugsfähigkeit der den im elterlichen Geschäft tätigen —n gewährten Entschädigungen (Taschengeld) 313, 314; Ermäßigung des EinkStSatzes nach § 19 EinkStG. wegen Gewährung von Unterhalt (sd.) an Kinder usw. 377; Umfang des Unterhaltsanspruchs v. —n mit eigenem Vermögen 378; liegt nicht vor, solange der Stamm des eigenen Vermögens nicht verbraucht ist 378, 379.

Kirchendiener, — im Geltungsbereich d. WestfLGemO. nicht gemeindesteuerfrei 226; untere — in der Provinz Pommern nicht kommunalsteuerfrei 226; auch nicht die katholischen Küster in Bln.-Schöneberg 226; auch nicht die unteren Kirchendiener in der Provinz Posen 227 f.; — sind keine mittelbaren Staatsbeamten 228.

Kirchensteuer, Begriff des Wohnsitzes iS. d. — abweichend von dem der GemEinkSt. 193.

Kirchhof, —sgrundstücke nicht anliegerbeitragsfrei 84.

***Klage,** Mangel eines bestimmten —antrages als Abweisungsgrund 30; Bewilligung e. Nachfrist bei befristeter — unzulässig 30; Zulässigkeit der — vom Revisionsrichter frei zu beurteilen 276; objektive —nhäufung 276; Zulässigkeit d. Aussetzung d. Verfahrens bei subjektiver —nhäufung 278; sa. „Rechtsmittel".

Klavierspiel in e. Schanklokal als steuerpflichtige Lustbarkeit 103.

Kleidung, Frage d. Abzugsfähigkeit von Kosten für besondere — e. erwerbstätigen Ehefrau 325; nur Kosten e. über den persönlichen Bedarf hinausgehenden — abzugsfähig 325.

Knappschaftsvereine nicht kommunale Verbände iS. § 24c KommAbgG. 149.

Kohlenabbaurecht, Übertragung des —s an e. Dritten als zuwachssteuerpfl. Rechtsvorgang 6 f.

Kohlengewinnung, steuerpfl. Eink. e. Grundbesitzers aus Verpachtung des Rechts zur — 307.

Kohlenlager, s. „Bohrungskosten".

Kohlensyndikatsaktiengesellschaft, Dividendenverteilung an ihre Aktionäre 202 f.; einkstpflichtige Unternehmungen e. — 337 f.

Kommanditgesellschaft(en), keine Umsatzsteuerpflicht bei Umwandlung e. offenen Handelsgesellschaft in e. — unter Wahrung der Identität 116; desgl. bei Umwandlung e. — in e. Aktiengesellschaft unter Änderung der Firma 116 f.; steuerliche Behandlung der Zinsen v. Schuldverbindlichkeiten zur Beschaffung oder Vermehrung des Anl.- u. Betriebskapitals v. — 201 f.; Gemeindeeinkommensteuerpflicht 202 f.: Ermittelung des gemeindesteuerpfl. Eink. e. — aus einer einzelnen EinkQuelle aus den genehmigten oder evtl. berichtigten Bilanzen iWege d. Durchschnittsberechnung 206 f.; maßgebender Zeitraum für die Berechnung des steuerpfl. Eink. e. persönlich haftenden Gesellschafters e. — 287; bei Umwandlung e. — aA. in e. Aktiengesellschaft kann mit dem Bestande d. EinkQuelle der früheren Gesellschaftsform nicht mehr gerechnet werden 336; der bei einer — durch Ausgabe neuer Aktien erzielte Agiogewinn ist nur in der nach Abzug der Emissionsunkosten sich ergebenden Höhe als steuerfreie Reservestellung anzusehen 348; Mitgliederwechsel bei — ohne Einfluß auf die Gew.-StVeranlagung 410.

Kommissorium, bei Verlängerung des —s e. Gerichtsassessors als Hilfsrichter tritt Änderung d. EinkQuelle nicht ein 224 f.

***Kommunalabgabengesetz,** Begriff d. Gemeindelasten iS. des —es 34.

Kommunalsteuer(n), RZuwSt. hinsichtlich des Rechtsmittelverfahrens als — zu behandeln 15.

Kommunalverbände, keine GewStFreiheit einer von mehreren —n gemeinsam betriebenen Ges. mbH. 400.

Kompensationseinrede, Frage der Zulässigkeit im Verfahren gemäß § 53 KommAbgG. 254.

Königsberg, Vorsteuer für den von Rayonbeschränkungen befreiten Grundbesitz 166 f.

Konkurs, Verwaltung eines Geschäfts für dritte Rechnung durch den im — befindlichen früheren Firmeninhaber 242 f.

Konkursverwalter, Aufnahme eines z.Zt. der Konkurseröffnung schwebenden Steuer-Rechtsstreits durch Revisionseinlegung seitens des —s 270; Befugnis des —s zur Rechtsmitteleinlegung im Steuerveranlagungsverfahren 384.

Konsumverein, ob die den Mitgliedern eines —s zufließenden Rabattguthaben steuerfreier Kundengewinn 363, 363 f.; Frage, inwieweit die von e. — an Mitglieder und Nichtmitglieder gewährten Rabatte abzugsfähige Betriebskosten iS. d. GewSt.-Veranlagung darstellen 404 f.; steuerfreier Kundengewinn 414; Begriff offener Laden 414 f.

Konzession, betreibt jemand ein Gewerbe, ohne die erforderliche — erhalten zu haben, so ist er gleichwohl gewerbesteuerpflichtig 174; der Inhaber einer — ist nicht betriebssteuerpflichtig, wenn er nicht das Gewerbe selbständig betreibt 174.

Kopialien, s. „Kanzleibeamte".

Kosten, abzugsfähige — iS. § 22[1] ZuwStG. 10 f.; Entscheidung über die — im Verw.-StreitVerf. 84; anrechnungsfähige — der Veräußerung bei der WertzuwachsSt. 131;

wird einem Steuerpflichtigen anstelle der beantragten zwei nur eine Stufe Steuerermäßigung gewährt, so hat er die Hälfte der — des Verfahrens zu tragen 385.

Kostennachweis, Offenlegung des Plans u. —es der Veranstaltung bei Beitragsbeschlüssen gemäß § 9 KommAbgG. 57, 58, 60; Erfordernisse des —es 60, 66 f., 69; wiederholte Offenlegung d. —es 67; Wechsel des Plans u. —es nach Abschluß des Verfahrens macht die Beitragserhebung unzulässig 68; Aufnahme v. Besoldungen für Beamte der allgemeinen Gemeindeverwaltung in den — unzulässig 72.

Kostenspaltung, s. „Anliegerbeiträge".

Krankenhaus, Begriff des öffentlichen —es iS. § 24 h KommAbgG. 151; Voraussetzungen für d. Steuerfreiheit e. von einer milden Stiftung errichteten —es 151.

Krankenkassen, deren Geschäftsräume fallen nicht unter die Befreiungsvorschrift des § 24 c KommAbgG. 211 f.

Krankheit, Bedeutung e. längeren — e. gegen Tagelohn beschäftigten Bergmanns für Wegfall seiner EinkQuelle 300.

Kredit, Einfluß kurzfristiger Geschäfts—e auf das Anl.- u. BetrKapital 187; GewSt.-Freiheit der gemeinnützigen Zwecken dienenden —anstalten 401 f.

Kreditgeschäft, Spar- und Depositengelder e. —s gehören nicht zu den für die Verteilung steuerpflichtigen Eink. auf die einzelnen Gemeinden maßgebenden Bruttoeinnahmen 235 f.

Kreditoren-Konto, s. „Akzept".

Kreisabdeckerei, Gebührenerhebung für Benutzung einer — 22 f.

***Kreisabgaben,** Allgemeines; Mehr- u. Minderbelastung **20 ff.**; Wirkungen vorläufiger Festsetzungen über die kommunale Zugehörigkeit eines Bezirks für das Besteuerungsrecht des Kreises 20 f.; Erfordernisse der Mehrbelastungsbeschlüsse 21; Mehrbelastung von Kreisteilen im RegBez. Cassel für den Landwegebau 21 f.; Voraussetzungen der —freiheit der Dienstgehöfte und Dienstgrundstücke der Forstbeamten 30 f.; Anfechtung der —-Unterverteilung in e. Gutsbezirk wegen Freistellung von der StEinkSt. im Rechtsmittelverfahren 31; Berücksichtigung erfolgreicher Reklamationen bei der —-Unterverteilung in Gutsbezirken 32.

Kreis- u. Provinzialabgaben-Gesetz, Irrenpflegekosten als Gebühren iS. § 24 —es 19.

***Kreisausschuß,** Vorsitzender nicht zum Erlaß e. ZuwStEinspruchsbeschlusses namens des —es berechtigt 18; dasselbe gilt vom Einspruchsbescheid in Umsatzsteuersachen 33; Zuständigkeit im Verteilungsverfahren gemäß §§ 71 ff. KommAbgG. 240 f.

Direkte Kreissteuern 30 ff.

Indirekte Kreissteuern 24 ff.; sa. „Umsatzsteuern"; „Wertzuwachssteuern"; „Schankerlaubnissteuern".

Kreisstraßen, Befreiung des Forstfiskus von Kommunalbeiträgen für die öffentl. Gemeindewege in den Staatswaldungen in Rheinland-Westfalen erstreckt sich nicht auf — 36 f.

Kundengewinn, s. „Konsumvereine".

Kundenrabatt, s. „Rabatt".

Kurhessen, statutarisch begründete persönliche Steuerbefreiung gem. § 5 KurhGemO. 36.

Kursverluste infolge Verkaufs von als Darlehen für Straßenbaukosten empfangenen Wertpapieren bei Berechnung der Anliegerbeiträge nicht zu berücksichtigen 84 f.

Küster, katholische — in Bln.-Schöneberg nicht kommunalsteuerfrei 226 f.; Kosten der von e. — gehaltenen Schreibhilfe abzugsfähige Werbungskosten 320.

Kuxe, Umsatzsteuerpflicht bei Erwerb v. —n 114; bilanzmäßiger Wert v. —n 362.

L.

Laden, Begriff d. offenen —s bei Konsumvereinen 414 f.; sa. „Wohnungsbaugenossenschaft".

Landgerichtssekretär, Ernennung e. —s zum Kammergerichtssekretär wesentliche Eink.-Quellenänderung 297.

Landgut, wesentliche EinkQuellenänderung durch Eigentumserwerb an e. bisher nur auf Grund einer Nutzungsberechtigung bewirtschafteten — 293.

Landhaus, s. „Aufenthalt".

Landsteuer, unzulässige Nachforderung iS. § 84 KommAbgG. durch nachträgliche Heranziehung eines zur GemGrSt. herangezogenen Grundstücks zur — (besondere GemGrSt.) in Frankfurt a. M. 268.

Landwege, Verhältnis des G. betr. die — im RegBez. Cassel zur Mehrbelastung einzelner Kreisteile gemäß § 10 KrProvAbgG. 21 f.

Landwirt, Begriff ausreichender Buchführung eines —s 305; Einnahmen auf früher entstandene Forderungen e. —s den Einnahmen späterer Jahre nicht hinzuzurechnen 306.

Landwirtschaft, Änderungen d. EinkQuelle aus — 293.

Landwirtschaftliche Grundstücke, deren gemeiner Wert iS. § 25 KommAbgG. 170 f.; Ermittelung des Normalreinertrages — iS. d. ErgStG. 389 f.; Prüfung der Frage ob ein Grundstück dauernd für landwirtschaftliche Zwecke bestimmt ist 393.

Landwirtschaftskammer(n) sind nicht kom-

munale Verbände iS. § 24c KommAbgG. 149; mittelbare Staatsbeamteneigenschaft der Angestellten e. — 221.
*Last(en), Altenteil keine gemeine — 27.
Lebensmittel, steuerpfl. Verein zum Einkauf usw. v. Lebensmitteln iS. § 1[5] EinkStG. 339.
Lebensstellung, s. „Rente".
Lebensversicherungsbank für Armee und Marine, anrechnungsfähiger Wert einer Lebensversicherung bei der — iS. des ErgStG. 394f.
Lebensversicherungsprämien, an minderjährige Kinder durch Zahlung von — gewährte Renten vom Eink. des Vaters abzugsfähig 332; Grenzen der Abzugsfähigkeit von — 334; Voraussetzung der Abzugsfähigkeit ist, daß das Risiko der Prämienzahlung mit dem Leben des Versicherten verknüpft ist 334f.
Lehrer, nebenamtlich angestellte — an e. öffentl. Fachschule haben die Eigenschaft mittelbarer Staatsdiener 219f.; — am collegium Marianum genießen nicht die Steuerfreiheit d. Geistlichen 225; Fortbildungsschulunterricht e. Gemeinde—s als besondere EinkQuelle 298; ebenso Privatunterricht 299; Anstellung eines Landschullehrers als Berliner Gemeinde— neue EinkQuelle 299; desgl. e. Volksschul—s als Mittelschul— 299; Turn- u. Ruderunterricht in privaten Vereinen besondere EinkQuelle e. Volksschul—s 299f.; sa. „Elementar—".
Leistung(en), unbestimmbare — nicht Teil des Erwerbspreises für die Berechnung der ZuwSt. 12; Sicherungshypothek für Straßenbau- u. Kanalisationskosten nicht als vom Erwerber übernommene — iS. des § 8 ZuwStG. anzusehen 12f.; Begriff der übernommenen — im Zwangsversteigerungsverfahren 16; Bewertung übernommener — bei Berechnung d. UmsatzSt. 126f.; desgl. bei der Wertzuwachssteuer 139.
Leistungsfähigkeit, Berücksichtigung der persönlichen — nach § 20 EinkStG. 379; wirtschaftliche Belastung bei Beginn des Steuerjahrs maßgebend 379; Eink. einer als Fernsprechgehilfin tätigen Tochter kommt bei Beurteilung der — des Vaters nicht in Betracht 379.
Leitung, Zuweisung eines Voraus an den Sitzstaat e. über mehrere Staaten sich erstreckenden Aktiengesellschaft wegen der Tätigkeit der — des Unternehmens 344, 346, 359; Berechnung d. steuerpflichtigen Überschüsse von über mehrere Betriebsorte (Bundesstaaten) sich erstreckenden Aktiengesellschaften unter Berücksichtigung des Einflusses der einheitlichen — 343, 345, 346f., 357, 358f.; Bemessung des dem Sitzstaat zuzuweisenden Voraus für die — nach dem Einkommen 347.
Liquidation e. Ges. mbH. auch vor Ablauf des Sperrjahrs möglich 342.
Lizenzgebühren, steuerpfl. Einkommen aus Verwertung von Erfindungen gegen — 324.
Löhne als Maßstab der GemGewSt. 186; Gewinnanteile des Aufsichtsrats e. Aktiengesellschaft sind zu den Gehältern u. —n iS. § 47 KommAbgG. zu rechnen 236f.
Löschung, s. „Hypotheken".
Lustbarkeitssteuer(n), die herkömmlichen Festessen anläßlich des Geburtstages des Landesherrn unterliegen nicht der — 101; Ballfest eines Offizierkorps steuerpflichtig 101f.; Hergabe des Lokals (Duldung des Tanzens) durch e. Wirt als Begründung der Steuerpflicht 102; Tanzstunde 102f.; öffentliche Tanzlustbarkeit 103f.; Klavierspiel v. Angehörigen des Wirts zur Unterhaltung u. Ergötzung der Gäste als steuerpflichtige Lustbarkeit 103; eine solche liegt nicht vor beim Aufstellen e. anatomischen Museums 103; Nebeneinandererhebung e. Karten- u. e. Pauschalsteuer fällt nicht unter die unzulässige Doppelbesteuerung 104; Erhebung e. Kartensteuer für andere Veranstaltungen als Lustbarkeiten 104; bei Berechnung der — nach der Höhe des Eintrittspreises darf Betrag der Steuer nicht abgezogen werden 104; Parteifähigkeit des Vorstandes e. nicht rechtsfähigen Vereins im VerwStreitVerf. wegen — 104; Veranstaltungen zur Förderung des Reit- u. Fahrsports nicht steuerpflichtig 105; Billetsteuer als zulässige Form der — 105; Pferderennen keine steuerpflichtigen — 106; Karussel auf e. Jahrmarkt fällt nicht unter den abgabenfreien „Marktverkehr" iS. § 68 GewO. 106; religiös erbauende Feier eines Jünglingsbundes steuerfrei 107.
Luxemburg, Tantiemen usw. der in Preußen wohnenden Aufsichtsratsmitglieder —ischer Aktiengesellschaften von der vollen Besteuerung ausgeschlossen, derartige Bezüge von Angestellten steuerpflichtig 282.

M.

Magistrat, — in der Rolle des Beklagten in RZuwachsStSachen 18; ein beim — eingelegtes Rechtsmittel kann nicht als bei der städtischen Polizeiverwaltung eingelegt gelten 272.
Marktpreis, s. „Rüben".
Maschinen, Abnutzung d. —anlagen f. Zentralheizung bei d. Gebäudeabnutzung zu berücksichtigen 309.

Mästung, s. „Vieh".
Materialienbestände, s. „Zahnarzt".
Meeresufer, Begriff 143f.
Mehrausgaben der Arbeiterwohngemeinden, s. „Betriebsgemeinden".
Mehrbelastung einzelner Kreisteile mit Kreisabgaben 21f.: —sbeschluß ist für ein bestimmtes Jahr zu fassen 21; Begriff der „unbilligen" — iS. § 53 KommAbgG. 247, 250.
Melderegister, für Auskunftserteilung aus den polizeilichen —n darf eine Gebühr als Kommunalabgabe nicht erhoben werden 38f.
Miete, gemietete Gegenstände gehören nicht zum gewerbl. Anlage- u. Betriebskapital 407f.
Mieter, Benutzung einer Kanalisation durch einen — schon vorliegend, wenn die gemietete Wohnung an den Kanal angeschlossen ist 48f.
Mietwert, Bemessung von Wasserleitungs- und Kanalisationsgebühren nach dem — der angeschlossenen Wohnungen 41f.; der — der von einer juristischen Person unentgeltlich an Beamte und Angestellte überlassenen Wohnungen gehört nicht zum gemeindesteuerpflichtigen Einkommen d. Gesellschaft 210f.; Bemessung des Mietwerts d. eigenen Wohnung für die Eink.-Besteuerung 291; — d. freien Wohnung bei Staatsbeamten mit höchstens 15% des baren Gehalts anzusetzen 319; für Privatbeamte nicht anwendbar 323; — der eigenen Wohnung des Besitzers als Wirtschaftsleiters bei Ermittelung des Normalreinertrages landwirtschaftl. Grundstücke nach § 11 ErgStG. nicht zu berücksichtigen 393.
Milch, gewsteuerfreie Viehhaltung zum Zwecke des —handels 182.
Militäranwärter, s. „Beamte".
Militärdienstversicherung, Frage der Abzugsfähigkeit der Beiträge 334.
Militärmusiker, Frage der GewStPflichtigkeit des privaten Musikmachens der Mitglieder v. Militärkapellen 397f.
Militärpensionen, überhobene, zurückzuzahlende — nicht einkstpflichtig 285.
Militärpersonen, GemSteuerpflicht der — 230f.: Betriebsassistenten d. militärischen technischen Institute gehören zu den servisberechtigten — des aktiven Dienststandes 230; ebenso Gendarmen 231; ebenso Feldwebel der Schloßgardekompagnie 231f.; Zinsen von Schulden (Hypotheken), die zu einer Einkommensquelle (Grundbesitz) in wirtschaftlicher Beziehung stehen, sind bei d. GemEinkBesteuerung d. servisberechtigten — vom Gesamteinkommen in Abzug zu bringen 232f.; Rechtsmittel bei d. GemEinkStVeranlagung aktiver — 232.
Mindestgebühr für Benutzung einer Wasserleitung 41.
Miteigentum, Ermittelung des Wertzuwachses bei Veräußerung von — zu Bruchteilen 4; Umsatzsteuerpflicht bei Grunderwerb infolge Auseinandersetzung unter Miterben 122; wird ein Gewerbe auf einem im — des Unternehmers stehenden Grundstück betrieben, so gehört der dem Bruchteilseigentum entsprechende Wert der gewerbl. Räume zum Anlage- und Betriebskapital 407.
Miteigentümer, Zahlung von Grundschuldzinsen an den — e. Grundstücks 196f.; Änderung d. Anteilsverhältnisses des —s e. Hausgrundstücks als wesentliche Quellenänderung 291.
Miterben, Umsatzsteuerpflicht bei Grundstücksumsatz unter — zum Zwecke der Nachlaßteilung 122; desgl. bei Auseinandersetzung zwischen — infolge Aufhebung einer fortgesetzten Gütergemeinschaft 122; Haftung d. — als Gesamtschuldner bei Veräußerung eines e. Erbengemeinschaft gehörenden Grundstücks 137; Gemeindegrundsteuerpflicht der — e. ungeteilten Nachlasses 141.
Mitglied(er), Hinausgehen einer Genossenschaft über den Kreis ihrer — 339f., 340; ist jemand entgegen den Satzungen — e. Genossenschaft geworden, dauert die Mitgliedschaft bis zur Beseitigung d. Eintragung im Genossenschaftsregister durch Anfechtung 341.
Mittelschullehrer, s. „Lehrer".
Mobilien, Grenze der bilanzmäßigen Abschreibungen auf — 349f.
Müllabfuhr, Begriff des „bewohnten Grundstücks" iS. der Charlottenburger —-GebührenO. 51f.; Erhebung v. Beiträgen für Übernahme der — durch die Gemeinde 71f.
Mündliche Verhandlung, Erfordernisse des Antrags auf — iS. § 53 Abs. 5 Komm.-AbgG. 244.
Museum, Aufstellen eines anatomischen —s begründet keine Lustbarkeitssteuerpflicht 103.

N.

***Nachbesteuerung**, bei der EinkSt.: eine — infolge Änderung des bei der Veranlagung maßgebenden Gesetzes ist unzulässig 380f.; ebenso, wenn die Veranl.-Kommission aus Rechtsunkenntnis nicht mit dem Nießbrauch eines Steuerpflichtigen am Vermögen minderjähriger Kinder gerechnet hat 381; — unveranlagt gebliebener Steuerpflichtiger 382; nachträgliche Ermittelung neuer Tatsachen und

Beweise als Voraussetzung der — 382; diese Voraussetzung liegt vor, wenn aus neuen Momenten zu schließen ist, daß gewerbsmäßiger Grundstückshandel betrieben wird 382; anderweite Veranlagung wegen Erbanfalls nach Ablauf des Steuerjahrs in der Form der — 382; anderweite rechtliche Beurteilung e. Sache auf Grund einer Rechnungserinnerung der ORK. kein Grund zur — 382 f.; bei der ErgSt. 396; Voraussetzungen der Änderung der Veranlagung bei beschränkter Steuerpflicht 396; Bekanntwerden eines Rechenfehlers der Steuerbehörde begründet keine — 396; — in Zugangsfällen bei der StaatsGewSt. 410.

***Nachforderung(en)** in Kommunalabgabensachen 259 ff.: Unabhängigkeit des Nachsteuerverfahrens vom Strafverfahren wegen Steuerhinterziehung 259 f.; GemVorstand für Festsetzung der Nachsteuer zuständig 260; — auf Grund zu geringer Veranlagung ausgeschlossen 260; Heranziehung zu einer Nachtragsumlage keine unzulässige — 260; neben dem Titel des Wohnsitzes kann in der Wohnsitzgemeinde ein anderer Steuertitel nicht rechtswirksam werden 260 f.; Voraussetzungen d. kommunalen Nachveranlagungen 261 f.; Voraussetzungen für die selbständige Ermittelung des steuerpflichtigen Einkommens v. Aktiengesellschaften durch die Gemeinden 262; als „zuständige Stelle" iS. § 79 KommAbgG. (unrichtige oder unvollständige Angaben auf Fragen oder bei Begründung eines Einspruchs) ist die kommunale Veranlagungsbehörde anzusehen 262; eine Veranlagung nach Ablauf des Steuerjahrs ist, abgesehen von den Fällen des § 83 KommAbgG. unzulässig 263; Nachveranlagung bei Steuerhinterziehung 263; Heranziehung des Ehemanns unter Aufhebung der unberechtigten Veranlagung der Ehefrau 264; Voraussetzungen für Nachforderungen gegenüber Erben 264 f., 265 f., 266; für eine Veranlagung v. Erben ist deren Wohnsitz im GemBezirk nicht Erfordernis 265, 267; durch §§ 83 f. KommAbgG. wird den Gemeinden ein selbständiges Nachbesteuerungsrecht in Erbfällen nicht gewährt 266 f.; das für die Begründung d. GemSteuerpflicht maßgebende Erfordernis des Bandes zwischen der Person des Pflichtigen und der Gemeinde steht der Heranziehung v. Erben wegen der Steuerpflicht eines Verstorbenen nicht entgegen 267 f.; Begriff der unzulässigen — 268; Heranziehung zur Landsteuer (Frankfurt a. M.) neben d. GemGrSt. unzulässige — 268; Voraussetzungen für die Zulässigkeit einer nicht unter den Begriff der unzulässigen Nachbesteuerung fallenden zweiten Heranziehung für dasselbe Steuerjahr 268 f.

Nachfrist, Bewilligung einer — zur Klagebegründung bei befristeten Klagen unzulässig 30 f.

Nachlaß, Umsatzsteuerpflicht b. Grunderwerb aus gemeinsamem — 122: Umsatz unter Miterben zum Zwecke der —teilung 122; GemGrundsteuerpflicht d. Erbengemeinschaft e. ungeteilten —ses 141, 142.

Nachschüsse, s. „Zubußen".

Nachsteuer, s. „Nachforderungen".

Nachteile, bei Offenlegung eines Plans nach § 9 KommAbgG. sind auch etwaige — der Beteiligten erkennbar zu machen 64 f.

Nachtragsumlage, Heranziehung zur Gem.-EinkSt. auf Grund e. — keine unzulässige Nachforderung 260.

Naturaldienste, Erfordernisse e. Verfügung bezgl. der Heranziehung zu —n 259; Forderung e. Geldbetrages anstelle der — unzulässig 259; Notare gehören nicht zu den von —n befreiten Beamten 259.

Naturalgefälle, einkstpflichtiger Wert v. —n 323.

Naturalisation, Voraussetzungen einer formell rechtsgültigen — 281.

Nebenbeschäftigung, Einfluß d. — e. Beamten auf die EinkBerechnung aus der Quelle d. gewinnbringenden Beschäftigung 297.

Nebenbetriebe, Berücksichtigung landwirtschaftlicher — bei Ausmittelung des Normalreinertrags landwirtsch. Grundstücke 392 f.

Neubeforstung, Begriff 308.

Nichtigkeit, s. „Gesellschaft mbH."

Nießbrauch, ein zu Beginn des Steuerjahrs mit einem — beschwertes Grundstück bildet für den Eigentümer keine EinkQuelle 198; EinkBerechnung bei Bestellung e. —s an Inhaberpapieren 290; auch mündlicher Verzicht auf das —srecht an e. Grundstück rechtsgültig 333; hat d. Veranlagungskommission aus Rechtsunkenntnis nicht mit dem — eines Steuerpflichtigen am Vermögen seiner minderjährigen Kinder gerechnet, so ist eine Nachbesteuerung aus diesem Anlaß unzulässig 381.

Nießbraucher hat nicht ohne weiteres Einspruchsrecht geg. GemGrundSt. anstelle des Eigentümers 141 f.; Abzugsfähigkeit d. Hypothekenzinsen des —s 329.

Norderney, Frage der GemGrundsteuerpflicht der fiskalischen Seebadeanstalt — 143 f.

Normalreinertrag, Begriff und Ermittelung des —es land- und forstwirtschaftlicher Grundstücke 398 f.; Wert der Arbeitsleistung des Eigentümers dabei nicht abzugsfähig 392; Mitberücksichtigung landwirtschaftlicher Nebenbetriebe beim — 392 f.; Mietwert der eigenen Wohnung des Besitzers als Wirtschaftsleiters und Geldwert entnommener Wirtschaftserzeugnisse bei der Ausmittelung des —es nicht zu berücksichtigen 393.

Notare gehören nicht zu den von Naturaldiensten befreiten Beamten 259.

Notenumlauf und Notenprivileg der Reichsbank fallen nicht unter das Anlage- und Betriebskapital 183 f.

Nutzungswert, Feststellung des —s e. Gebäudes s. Veranlagung z. besonderen GemGrSt. 160.

O.

Oberförster, Einnahmen aus d. administrierten hohen Jagd nicht steuerpfl. Einkommen 316 f.; steuerliche Behandlung der Dienstaufwandskosten und des zur Deckung der Dienstfuhrwerkskosten verwendeten Ertrages der Dienstländereien Kgl. — 317 f.

Oberlehrer, Veranlagung hinsichtlich des Eink. aus Gehalt nach dem Ergebnis des abgelaufenen Kalenderjahres 258.

Oberpräsident, ist der Genehmigung einer GewStO. durch den BezAussch. v. —en mit e. Maßgabe zugestimmt, so bedarf die Maßgabe der nachträgl. Genehmigung des BezAussch. 176.

Oberrechnungskammer, s. „Nachbesteuerung"

Oberregierungsrat, wesentliche EinkQuellenänderung durch Beförderung eines Beamten zum — bei d. Oberzolldirektion 294; desgl. bei der Eisenbahndirektion 296.

Oberzolldirektion, s. „Oberregierungsrat".

***Observanz,** Erhebung von Anliegerbeiträgen unzulässig, wenn unter Aufrechterhaltung der auf — beruhenden Verpflichtung d. Anlieger die Ausführung der Bürgersteig-Herstellungsarbeiten durch die Stadt übernommen wird 73; Erstattung d. Kosten der von d. Gemeinde anstelle der —mäßig Verpflichteten bewirkten Bürgersteiganlegung 90.

Offenlegung, Mängel des —sverfahrens bei Kreisstraßen-Pflasterungsbeiträgen 24; Erfordernisse des —sverfahrens bei Erhebung v. Beiträgen 57; wird die Feststellung d. Beitragshöhe späteren GemBeschlüssen vorbehalten, ist zu deren Wirksamkeit wiederholte — d. Plans und Kostennachweises erforderlich 67.

Offizierkorps, Frage der Lustbarkeitssteuerpflicht des Ballfestes e. — 101 f.

Offizierwitwenkasse, steuerpflichtige Bezüge e. Witwe aus der — (Abzug rückständiger Prämien und Eintrittsgelder) 321.

Ortskrankenkasse, Tätigkeit e. Arztes bei —n bildet mit der Privatpraxis einheitl. Eink.-Quelle 322.

***Ortsstatut,** die Vorschriften eines die Erhebung von Beiträgen und von Gebühren regelnden —s gelten bezüglich der materiellen und formellen Voraussetzungen ihrer Gültigkeit als selbständige ortsrechtliche Bestimmungen 59; verwaltungsrichterliche Prüfung von —en von Amtswegen 60; ein nicht unter Beachtung der im § 9 KommAbgG. vorgeschriebenen Formen zustande gekommenes — bildet keine rechtsgültige Grundlage für die Heranziehung zu Beiträgen 62 f., 68 f.; maßgebendes — bei Entstehung der Anliegerbeitragsforderung 77; Verhältnis eines späteren zu einem früheren — iS. der Anliegerbeitragspflicht 87; Inkrafttreten e. —s nach § 15 maßgebender Zeitpunkt für die Beurteilung, ob e. Straße die Eigenschaft e. „vorhandenen" hat 95.

Osnabrück, Frage d. GemGrStPflicht des kathol. Gesellenhospitiums in — 150.

P.

Pacht, gepachtete Gegenstände gehören nicht zum gewerbl. Anlage- u. Betriebskapital 407 f.

Pachtzinsen, die von einem Verpächter zur Sicherstellung und Tilgung e. Forderung an einen Gläubiger abgetretenen und an diesen gezahlten — sind steuerpfl. Eink. des Zedenten 284.

Pächter zum Abzuge von Abnutzungsquoten beim toten Inventar berechtigt 305; Aufwendungen e. —s für Abfindung seines Pachtvorgängers nicht abzugsfähig 307; die v. — zu tragenden Abgaben und Steuern für das gepachtete Grundstück als Werbungskosten v. Eink. d. —s abzugsfähig 307.

Patente, ob Verkauf v. —n EinkQuelle 327 f.; als Sachwerte neu eingelegte — gehören nicht zum steuerpfl. Geschäftsgewinne e. Ges. mbH. 365.

Patentverwertung als steuerpflichtiger Gewerbebetrieb 181 f.

Pauschquantum beim VerwStreitVerf. in Zuwachssteuersachen nicht gemäß § 107[1] LVG. außer Ansatz zu lassen 15.

Pensionserhöhungen auf Grund § 1 UnfallfürsorgeG. sind von der Besteuerung gem. § 5[5] EinkStG. ausgeschlossen 285.

Pensionskasse, laufende Beiträge e. Aktiengesellschaft zu einer selbständigen — für Angestellte als abzugsfähige Betriebskosten, dagegen sind einmalige Aufwendungen zur Begründung solcher Kassen nicht abzugsfähige Ausgaben zur Verbesserung iS. § 22 GewStG. 404.

***Periodische Hebungen**, steuerpfl. Eink. aus Rechten auf — 327f.: ein vertragsmäßig auf mehrere Jahre für Überlassung von Gegenständen und Rechten ausbedungener Anteil am Reingewinn e. gewerbl. Unternehmens als Recht auf — steuerpflichtig 327; Voraussetzungen für Anrechnung von Dividenden u. Tantiemen 328; Erziehungsbeihilfen an höhere Beamte in d. Prov. Posen als Recht auf — steuerpflichtig 328; die von e. Vater seinem Sohne zugesicherte Rente zur Erlangung oder Erhaltung d. Lebensstellung als Recht auf — steuerpflichtig 328; eine in rechtsgültiger Form einer Tochter von den Eltern als Aussteuer versprochene Rente als steuerpfl. Recht auf — dem Eink. des Ehemanns hinzurechnen 331f.

Pfandbriefschuld, s. „Fideikommißbesitzer" 333.

Pfännerschaft, Anliegerbeitragsforderung für e. im —sgebiet in Halle belegene Straße 92f.

Pfarrer, steuerfreier Mietwert des Amtszimmers e. —s 326.

Pferde, Voraussetzungen für die Zulässigkeit von Abschreibungen auf im Gewerbebetrieb benutzte — 311; Anschaffungskosten für — u. Wagen anstelle e. Automobils nicht abzugsfähige Werbungskosten e. Arztes 322.

Pflasterung, Beiträge nach § 9 KommAbgG. zur Tilgung u. Verzinsung einer für e. — aufgenommenen Anleihe 70f.; Pflasterkostenbeiträge nach § 9 KommAbgG. iVerh. zu § 15 BauflG. 71; nachträgliche — einer fertiggestellten Unternehmerstraße berechtigt die Gemeinde nicht zur Forderung v. AnlBeitr. 89f.; Beiträge zu den —skosten öffentlicher Straßen v. Eink. d. zahlungspflichtigen Hauseigentümer nicht abzuziehen 309.

Plan, Offenlegung des —s und Kostennachweises der Veranstaltung bei Beitragsbeschlüssen nach § 9 KommAbgG. 57, 58, 60, 64; auch etwaige durch eine Veranstaltung den Anliegern erwachsende Nachteile sind durch den — erkennbar zu machen 64f.; wiederholte Offenlegung des —s 67; Wechsel des —s und Kostennachweises während oder nach Abschluß des Verfahrens macht eine Beitragserhebung unzulässig 68; Begriff forstmäßiger — 308; steuerpflichtige Abtriebsergebnisse —los bewirtschafteter Waldungen 308.

Plätze, Anliegerbeitragspflicht für an öffentlichen —n liegende Straßen 87f.; Grunderwerbskosten bei einer über einen Platz führenden Straße 88.

Polizei-Verordnung, Einführung des Kanalisationsanschlußzwanges nur im Wege der — 66.

Polizeiverwaltung, ein beim Magistrat eingelegtes Rechtsmittel kann nicht als bei der städtischen — eingelegt gelten 272.

Pommern, untere Kirchendiener in — nicht kommunalsteuerfrei 226.

Portier, Bestellung eines —s für ein durch Vermietung genutztes (Zwischennutzung) Grundstück nicht ohne weiteres Grundlage für Annahme einer Betriebsstätte eines gewerbsm. Grundstücksspekulanten 199; s. „Zustellung".

Posen, untere Kirchendiener in d. Prov. — nicht kommunalsteuerfrei 227f.; die an höhere Beamte in der Prov. — usw. jeweilig auf 3 Jahre bewilligten Erziehungsbeihilfen als Recht auf periodische Hebungen steuerpflichtig 328.

Postdirektoren, deren Dienstwohnungen d. GemGrSt. unterworfen 147.

Prämien, s. „Offizierwitwenkasse".

Prämieneinnahmen, s. „Versicherungsgesellschaft".

Prämienrückgewähr, s. „Versicherungsbeiträge".

Predigerhäuser d. Brüdergemeinden genießen keine GemGebStFreiheit 158f.

Privatangestellte, EinkQuelle v. —n 300; Steuerpflichtigkeit d. Ruhegehalts 300; Änderung in der Art der Bezüge als wesentliche Quellenänderung 301; einkstpfl. Mietwert freier Wohnung bei —n 323; s. „Zugangsveranlagung".

Privatdozenten an preuß. Landesuniversitäten haben keine Beamteneigenschaft iS. d. Steuerprivilegs 216f.

Privateisenbahnunternehmen, eine durch Einspruch nicht angefochtene Veranlagung e. —s gemäß § 46 KommAbgG. kann nicht wegen irrtümlicher Feststellung des Eisenbahnkommissars auf Grund der berichtigten Feststellung durch eine anderweite Heranziehung ersetzt werden 268f.

Privatunterricht, Erteilung v. — durch e. Gemeindelehrer als besondere EinkQuelle 299.

Probe, Anstellung auf — verleiht einem Militäranwärter Beamteneigenschaft 214; Übertragung e. anderen Amts auf — bedeutet noch keine Änderung d. EinkQuelle 298; definitive Anstellung e. zunächst nur auf — beschäftigten Beamten bringt e. neue EinkQuelle zur Entstehung 298.

Produktionskosten, s. „Rüben".

Professor, Kosten von Informationsreisen e. —s an einer Hochschule nicht abzugsfähige Werbungskosten 319.

Prokurist, Wechsel in der Person u. den Bezügen e. —en keine wesentliche Änderung d. EinkQuelle „Handel u. Gewerbe" für den Unternehmer 294.

Prostituierte, Benutzung e. Hauses zur Vermietung an — für Feststellung des Nutzungswerts z. Zwecke d. GemGrStVeranlagung nicht entscheidend 160.

Protokollführer, Nichtunterzeichnung des Protokolls durch d. — des BezAussch. wesentlicher Verfahrensverstoß 150.

Provinzialabgaben, Pflegekosten für armenrechtlich nicht hilfsbedürftige Geisteskranke als Gebühren iS. § 24 KrProvAbgG. 19; Einfluß des Kommunalsteuerprivilegs der Beamten auf die Feststellung des —solls 20.

Provisionen, gelegentlich der Veräußerung e. Grundstücks gezahlte — nicht vom Veräußerungserlös abzuziehen (WertzuwachsSt.) 138; — für Hypothekenbeschaffung abzugsfähige Werbungskosten beim gewerbsmäßigen Grundstückshandel 314; für die steuerliche Behandlung v. — kommt es auf den Zeitpunkt d. Auszahlung oder Gutschrift an 315; — für Darlehnsbeschaffung als v. Gesamteinkommen abzugsfähige Schuldenzinsen 328f.; — für Hypothekenbeschaffung abzugsfähig? 330; — für Vermögensverwaltung im Bankverkehr vom Eink. aus Kapitalvermögen abzuziehen 331.

Prozeßkosten, inwieweit bei d. EinkBesteuerung abzugsfähig 286, 313.

Prüfungskommission, Mitgliedschaft in d. juristischen — als besondere EinkQuelle d. gewinnbringenden Beschäftigung 316.

Q.

Quartbeschluß, s. „Doppelbesteuerung".

Quergebäude, s. „Hausgrundstück".

R.

Rabatt, Gewährung von sog. — für Entnahme größerer Wassermengen 62; Frage, inwieweit die von einem Konsumverein gewährten —e abzugsfähige Betriebskosten darstellen (GewStVeranl.) 404f.

Rabattguthaben s. „Konsumverein".

Ratenzahlung, s. „Entschädigung".

***Realsteuern**, **141f.**: vom Grundbesitz **141ff.**: Steuerpflicht d. Erbengemeinschaft e. ungeteilten Nachlasses 141, 142; Nießbraucher ohne besondere Vollmacht nicht berechtigt, in Vertretung des Eigentümers gegen dessen Heranziehung zur Gem.-GrundSt. Einspruch zu erheben 141f.; Befreiungen **142f.**: nach § 24 c, d KommAbgG. **142f.**: allgemeine Voraussetzungen für die Steuerfreiheit d. Dienstwohnungen v. Beamten 142f.; Steuerfreiheit bei Überweisung e. zum öffentlichen Dienst bestimmten und deshalb steuerfreien Fläche an e. anderen Zweig des öffentl. Dienstes 143; Frage d. Steuerpflichtigkeit d. Anlagen der fiskalischen Seebadeanstalt Norderney 143ff.; GemGrStFreiheit d. Dienstwohnung des Kastellans des Kanalamts in Kiel 146; Frage, ob Postfiskus f. Dienstwohnungen v. Postdirektoren z. GemGrSt. heranzuziehen 147f.; Überweisung e. Dienstwohnung zur Förderung dienstlicher Interessen genügt nicht für Zubilligung d. GemGrStFreiheit, es muß unmittelbare Bestimmung zum öffentlichen Dienst erfolgen 148; GemGrStFreiheit e. Gebäudes in dem v. Militärfiskus Familienwohnungen f. Unteroffiziere eingerichtet sind 148f.; Knappschaftsvereine besitzen nicht die rechtliche Eigenschaft kommunaler Verbände iS. § 24c KommAbgG. 149; ebensowenig Landwirtschaftskammern 149; **Begriff d. Wohltätigkeitsanstalten iS. § 24h**, KommAbgG. 149f.; Institute d. Armenpflege als Versorgungsanstalten iS. d. ErbschaftsStG. 151; Voraussetzungen für die Steuerfreiheit eines von e. milden Stiftung errichteten Krankenhauses 151; GemGrStFreiheit e. an e. Strafanstalt verpachteten Grundstücks gem. § 24h, i KommAbgG. 153; Fortfall der aus d. KabO. v. 8. VI. 34 sich ergebenden Beschränkungen d. GemGrStFreiheit bei wesentlicher Veränderung der örtlichen Grundsteuerverfassung 153f.; dient ein Grundstück unmittelbar nacheinander verschiedenen der im § 24[1] KommAbgG. genannten steuerbefreienden Zwecke, so kommt es für die Entstehung des Steuervorrechts auf die Zeit der ersten Widmung an 154; Begriff d. milden Stiftung iS. § 24[1] KommAbgG. 155, 156; GemGrStFreiheit des Johannisstifts in Spandau 155f.; GrStFreiheit der für Zwecke der jüdischen Religionsgesellschaft dienenden Räume 156f.; GemGrStFreiheit v. Religionsgesellschaften 157; Dienstwohnung d. Direktoren höherer Lehranstalten iallg. nicht gemeindegrundsteuerfrei 157; Gem.-GrStFreiheit v. Dienstwohnungen d. Assistenten an einem Institut e. Technischen Hochschule 158; Predigerhäuser d. Brüdergemeinden genießen keine GemGebSt.-Freiheit 158f.; Besondere direkte Steuer v. Grundbesitz; Bestimmung des gemeinen Werts **159ff.**: Beanstandung e. Auskunft über Besteuerungsmerkmale nach § 63 KommAbgG. 159f.; für Feststellung d. Nutzungswerts e. Gebäudes sind unerlaubte usw. Zwecke (Vermietung an Prostituierte) nicht ausschlaggebend 160; Bindung des Steuerpflichtigen an eine von ihm gemäß § 63 Komm.-AbgG. gegebene unbeanstandete Auskunft über Besteuerungsmerkmale 161; zur Vertretung des Fiskus als Grundstückseigentümers berechtigte Behörde 161 f.; ist Abstufung der Steuersätze nach bebauten und unbebauten Grundstücken vorgesehen, so hat die Gemeinde das Recht, den Gattungsbegriff der einzelnen Grundstücksarten in steuerlichem Sinne selbständig abzugrenzen 162; Feststellung der Normen für das Abstufungsverhältnis kann nur durch SteuerO., nicht durch die jährlichen Beschlüsse über Verteilung des Steuerbedarfs erfolgen 162 f., 163; 166; Veranlagung nach dem gemeinen Wert d. Grundstücke 163 f.; Holzbestand als Rechnungsfaktor für die Ermittelung des gemeinen (d. h. Verkaufs-) Werts von Waldgrundstücken 164 f.; Erhebung e. „Vorsteuer" von den v. Rayonbeschränkungen befreiten Grundstücken e. Festungsgebiets zulässig 166 f.; Ermittelung des gemeinen Werts eines Bankgebäudes, das für andere Zwecke nur nach einem Umbau verwendbar sein würde 168 f.; der gemeine Wert eines Grundstücks deckt sich idReg. mit dem unter gemeingewöhnlichen Verhältnissen erzielbaren Kaufpreise 170; Ermittelung d. gemeinen Werts landwirtschaftlicher Grundstücke für Zwecke der Kommunalbesteuerung nach Maßgabe des Verkaufswerts 170 f.; Rohrleitungsnetz e. Gasanstalt kommt für Bemessung d. GemGrSt. des Gasanstaltsgrundstücks nicht in Betracht 171 f.; gemeiner Wert eines Straßenbahnhofsgrundstücks 172; Voraussetzungen für die Neu(zugangs-)veranlagung e. Grundstücks bei wesentlicher Veränderung des gemeinen Werts iLaufe der Veranlagungsperiode 172; selbständige Neuveranlagung von Bestandteilen e. wirtschaftlichen Einheit iLaufe d. Veranlagungsperiode unzulässig 172; Zulässigkeit d. Einwandes d. Steuerbefreiung innerhalb einer mehrjährigen Veranlagungsperiode e. Grundstücks nach dem gemeinen Wert 172; kein Anfechtungsrecht des für einen mehrjährigen Zeitraum unanfechtbar festgesetzten gemeinen Werts eines Grundstücks bei eintretendem Eigentumswechsel 173; keine Abänderung des unanfechtbar festgestellten gemeinen Werts e. Grundstücks zu ungunsten des Steuerpflichtigen innerhalb e. mehrjährigen Veranlagungsperiode 173; — v. Gewerbebetriebe 173 ff. (s. „GemGewerbeSt."); Heranziehung zur GemGrundSt. v. eingemeindeten Grundstücken 256.

Rechenfehler, Bekanntwerden eines —s der Steuerbehörde begründet keine Nachveranlagung zur ErgSt. 396.

Rechte Aufgabe von —n der Gemeinden 72.

Rechtsbelehrung, ein auf irriger — beruhendes Anerkenntnis der Veranlagung durch einen Steuerpflichtigen ist unwirksam 387.

Rechtsfähiger Verein, EinkStPflicht e. —n —s zum Einkauf v. Lebensmitteln usw. 339.

Rechtsgeschäft, Übertragung des Kohlenabbaurechts als zuwachssteuerpfl. — 6 f.; Verkaufsantrag kein — iS. § 5¹⁻⁵ Zuw.-StG. 8.

Rechtsirrtum begründet keine Wiedereinsetzung in den vorigen Stand wegen unabweisbaren Zufalls 273.

***Rechtsmittel,** Zuständigkeit zur Einlegung der — bei vertragsmäßiger Übernahme der RZuwSt. durch den Erwerber 2; Reichszuwachs St. gilt hinsichtl. des —verfahrens im wesentlichen einer Kommunalsteuer gleich 15; —verfahren in RZuwachssteuersachen 18; Magistrat als Beklagter 18; Vorsitzender des Kreisausschusses nicht zum Erlaß des Einspruchsbeschlusses in ZuwStsachen an Stelle des Kollegiums berechtigt 18; Umfang der —belehrung im ZuwStBescheid 18 f.; — gegen Heranziehung zu direkten Kreissteuern 32 f.: Unzulässigkeit von Teilurteilen 32; — gegen einen unzuständigerweise vom Vorsitzenden des Kreisausschusses an Stelle des Kollegiums erlassenen Einspruchsbescheid in Umsatzsteuersachen 33; Erfordernis der Angabe der zulässigen Rechtsbehelfe in den Bescheiden und Bekanntmachungen über Genehmigung von Beitragsbeschlüssen der Gemeinden 57; — bei Veranlagung aktiver Militärpersonen zur GemEinkSt. 232; Erfordernisse des Antrags auf mündliche Verhandlung iS. § 53⁵ KommAbgG. 244; Begriff — iS. § 36³ KommAbgG. 257; — in Kommunalabgabensachen 269 f.: Einspruch wegen zu niedriger Veranlagung zulässig 269; Vertretungsberechtigter für den Reichsmilitärfiskus als Eigentümer e. Unteroffizierschule ist die Intendantur 270; Aufnahme eines z. Zt. der Konkurseröffnung schwebenden Rechtsstreits durch den Konkursverwalter durch Einlegung d. Revision 270; ein Steuerermäßigungsantrag kann nicht darauf gestützt werden, daß ein behufs Verteilung d. Schulunterhaltungskosten in e. Gutsbezirk festgesetzter Prinzipalsteuersatz e. anderen Steuerpflichtigen zu niedrig festgesetzt sei 270 f.; Erfordernis e. schriftlichen Beschwerdebescheids iS. § 70 KommAbgG. 271; Einlegung e. Rechtsmittels beim Magistrat kann nicht als Einlegung bei der städtischen Polizeiverwaltung gelten 272; Einspruchsverfahren in KommunalAbgSachen 272 f.; — gegen die Zugangsveranlagung zur StaatsEinkSt. im Laufe des Steuerjahrs 380; — in StaatsEinkStSachen 383f.; Allgemeines: hat ein Steuerpflichtiger den Steuersatz als richtig anerkannt, kann er nicht in einer für die Höhe des Steuersatzes unerheblichen Frage Entscheidung verlangen 383; Steuersekretär nicht befugt, in Vertretung des Vorsitzenden d. Veranl.-Kommission gegen die Veranlagung eines Steuerpflichtigen von dem — Gebrauch zu machen 383; gegen die auf die Kommunalbesteuerung bezüglichen Beschlüsse d. Voreinschätzungskommission steht dem Vorsitzenden der Veranlagungskommission ein — nicht zu 383; bestreitet ein Steuerpflichtiger, mit seinem Antrage ein — einlegen zu wollen, so darf darüber auch nicht im —verfahren entschieden werden 384; Befugnis des Konkursverwalters zur Einlegung v. —n im Veranlagungsverfahren 384f.; Bedeutung der Unterschrift einer Rechtsmittelschrift für deren Rechtswirksamkeit 385; Versäumnis e. Frist wegen falscher Adressierung eines Briefs kein Grund zur Wiedereinsetzung in den vorigen Stand 385; Erstattung der Kosten des Verfahrens durch den Steuerpflichtigen 385; besondere Bestimmungen für die Berufungsinstanz 386: auf alleinige Berufung darf nicht eine Erhöhung des veranlagten Steuersatzes erfolgen 386; im Berufungsverfahren hat die Berufungskommission das streitige Einkommen selbständig festzustellen 386; Ort der Beweiserhebung und Zuziehung und Auswahl von Sachverständigen dem Ermessen der Steuerbehörde überlassen 386, 387; bei Erhebung des Bücherbeweises Forderung von Bilanzabschriften nicht berechtigt 386; Frage d. Beibringung v. Belegen bei Anträgen im Berufungsverfahren auf Ermäßigung gemäß § 20 Eink.-StG. 386; Anerkenntnis einer Veranlagung durch den Steuerpflichtigen auf Grund einer irrigen Rechtsbelehrung im Berufungsverfahren nicht zu verwerten 387; bei Abweichung vom Sachverständigengutachten in wesentlichen Punkten ist dem Steuerpflichtigen Gelegenheit zur Außerung zu geben 387; nicht vom Sachverständigen selbst erstattete oder nicht begründete Gutachten nicht verwertbar 387; besondere Bestimmungen für die Beschwerdeinstanz 387f.: Beschwerde auch dann zulässig, wenn an sich ein Steuersatz nach einem Eink. von mehr als 3000 M. hätte festgesetzt werden müssen, aber Festsetzung eines niedrigeren Satzes lediglich gemäß §§ 19, 20 EinkStG. erfolgt ist 387f., 388; bei Einlegung der Berufung nur durch den Vorsitzenden der Veranlagungskommission oder den Steuerpflichtigen kann sich die Beschwerde des anderen Teils nur auf Erhaltung des ihm gegenüber rechtskräftig gewordenen ursprünglich veranlagten Steuersatzes richten 388; ein Antrag, die Steuer zu erhöhen oder herabzusetzen ist unzulässig, da die Anfechtung der Steuerfestsetzung nur in einer Richtung erfolgen darf 388; Voraussetzungen der Beschwerde nach § 43II EinkStG. 388f.; — gegen die ErgStVeranlagung 396f.: Verfahren in der Berufungsinstanz: Prüfung der ordnungsmäßigen Zustellung 396f.; Form der Kenntnisnahme und Würdigung eines Testaments durch die Berufungskommission 397; Feststellung des Ertragswerts im Wege der Schätzung, wenn ein angebotener ziffernmäßiger Nachweis nicht ausreicht 397; — bei der GewStVeranlagung **410**: bei Übertragung des Geschäftsvermögens zur fiduziarischen Verwaltung ist der Treuhänder zur Einlegung von —n gegen die GewStVeranlagung nicht berechtigt 410; — im GewStZerlegungsverfahren **413**f.: nur interessierte Gemeinden zur —einlegung berechtigt 413f.; sa. „Klage", „Beschwerde", „Einspruch".

Rechtsmittelbelehrung, Ergänzung e. Einspruchsbescheids durch Hinzufügung e. —mittels nachträgl. Schreibens kein neuer Einspruchsbescheid 273; Erfordernis der — bei Bescheiden nach § 67 LVG. 275.

Rechtsmittelfristen in KommunalAbg.-Sachen **271**f.: eine ohne Behändigungsschein erfolgte Zustellung setzt nicht die Klagefrist gem. § 70² KommAbgG. in Lauf 271; die durch e. Beschlußbehörde gewährte oder versagte Wiedereinsetzung in den vorigen Stand kann in e. anschließenden VerwStreitVerf. nicht gewährt oder versagt werden 271f.; Voraussetzung für Gewährung der Wiedereinsetzung in den vorigen Stand 272; § 69 Abs. 2¹ Komm.-AbgG. bei Heranziehung zur regulären GemEinkSt. nicht anwendbar 272.

Rechtstitel, gem. § 5 KurhGemO. statutarisch begründete persönliche Steuerfreiheit als besonderer — iS. § 21 KommAbgG. 36.

Regierungsassessor, EinkQuellenänderung infolge Gewährung v. Gehalt 295; desgl. infolge Übernahme e. Gerichtsassessors als — unter Remunerationsgewährung 295.

Regierungsrat, wesentliche EinkQuellenänderung infolge etatsmäßiger Anstellung als — 295.

Regulativ, — 17. XI. 41 wegen Unterhaltung der durch die Staatswaldungen in der Provinz Westfalen und in der Rheinprovinz führenden öffentlichen Wege 35, 36f., 37.

Reichsbank, weil nicht zur StaatsEinkSt. veranlagt, nicht zur besonderen GemGewSt.

zu veranlagen, wenn die StO. als Maßstab d. Besteuerung das Jahreseinkommen aus Handel und Gewerbe vorschreibt 180; Notenumlauf d. — kein dauernd dem Betriebe gewidmeter Wert 183; Gewinnanteil des Reichs (§ 24, 3 BankG.) gehört zu den v. Rohertrage d. Einkommensquelle abzugsfähigen Werbungskosten 207f.; steuerfreier Dienstaufwand von —beamten 325f.

Reichsbankbeamte, Steuerfreiheit der zur Bestreitung von Dienstaufwandskosten verwendeten Teile v. Funktionszulagen der —n 325f.

Reichsfiskus, Umsatzsteuerfreiheit 125; beim — als Eigentümer e. Unteroffizierschule ist Vertretungsberechtigter die Intendantur 270.

Reichskanzler, Aufrechterhaltung bestehender Gemeinde-ZuwachsStOrdnungen durch den — nach Inkrafttreten d. ReichsZuw.-StG. 15f.

***Reichszuwachssteuer,** Steuerpflicht 2ff.: Übernahme der — durch den Erwerber 2; wirtschaftl. Einheit des Grundbesitzes 2, 3f.; Veräußerung v. Miteigentum nach Bruchteilen 4; Befreiungsvorschrift des § 1[2] ZuwStG. nur für physische Personen gültig 4; maßgebendes „letztes Jahr" iS. § 1[2] ZuwStG. 5f.; Voraussetzungen d. Steuerfreiheit bei Teilveräußerungen 6; Steuerpflicht bei Übertragung v. Kohlenabbaugerechtigkeiten 6f.; unerhoben bleibender Steuerbetrag 8; Berechnung des Wertzuwachses 9ff.: vom Veräußerungspreis abzugsfähige Kosten 10f.; vom Erwerber übernommene ZuwSt. bei Feststellung des Veräußerungspreises dem vereinbarten Preise nicht zuzurechnen 11; für die Steuerberechnung maßgebender Zeitpunkt 11f.; unbestimmbare Leistungen nicht bei der Preisbestimmung zu berücksichtigen 12; maßgebende Höhe des Veräußerungspreises 12; Einreichung einer vor dem 1. I. 1911 errichteten Urkunde bei einer beteiligten Behörde 14f., 17; Behandlung d. — hinsichtl. des Rechtsmittelverfahrens als Kommunalsteuer 15; Verhältnis der — zum früheren Recht 15ff.; Aufrechterhaltung älterer ZuwSt.-Ordnungen d. Gemeinden 15f.; Steuerpflicht auf Grund örtlicher ZuwStOrdnungen gemäß § 72[2] —gesetzes 16f.; Veranlagungsverfahren 17; Zurücknahme d. Veranlagung 17; Rechtsmittelverfahren 18f.

Religionsgesellschaften, GemGrStFreiheit 156f.

Rendant, Voraussetzungen für die GemGrSt.-Freiheit d. Dienstwohnung des —en e. milden Stiftung 152.

Renntierfleisch, Erhebung e. kommunalen Abgabe für — 99f.

Rentabilitätsgarantie, die von einer Aktiengesellschaft auf Grund einer — erzielten Einnahmen gehören im Falle ihrer Verwendung nach § 15 EinkStG. zu den steuerpfl. Überschüssen 348f.

Rente, Kapitalisierung einer im Veräußerungsvertrag übernommenen — 139; Einwirkung des Fortfalls einer —npflicht infolge Todes des Erblassers auf die Steuerpflicht 283; die von e. Vater seinem Sohne gezahlte — zur Erlangung oder Erhaltung einer Lebensstellung stellt ein steuerpfl. Recht auf periodische Hebungen dar 328; ebenso eine als Aussteuer einer Tochter von deren Eltern rechtsgültig versprochene — 331f.; die von einem Vater seinen minderjährigen Kindern außerhalb der gesetzl. Unterhaltspflicht gewährten —n vom Einkommen des Vaters abzugsfähig, auch wenn sie zur Bezahlung von Lebensversicherungsprämien für die Kinder dienen 332.

***Reservefonds,** Frage der Eigenschaft v. Beamtenpensionskassen gewerbl. Unternehmungen als — 189; Spezial— gehören zum Betriebskapital 189f.; der infolge Ausgabe neuer Aktien erzielte und dem — zugeführte Agiogewinn ist nur in Höhe des Reingewinns, also nach Abzug der Emissionsunkosten, einkstfrei 348; ein zur Verfügung des Aufsichtsrats e. Aktiengesellschaft stehendes, zur Deckung künftiger außergewöhnlicher Aufwendungen bestimmtes Dispositionsfondskonto ist ein steuerpfl. — iS. § 15 EinkStG. 351f.; Begriff des Bewertungskontos iVerh. zum — 352; Behandlung von — bei Ausmittelung des gewerbl. Ertrages 407.

Reserveoffizier, Zulage e. Vaters für seinen wirtschaftlich unselbständigen Sohn als — nicht v. Eink. abzugsfähig 333.

Restkaufgeldhypotheken, Zinsen v. — auf zum Bordellbetrieb verkauften Grundstücken steuerpfl. Eink. aus Kapitalvermögen 304.

Retourwaren, s. „Betriebsstätte".

***Revision,** Zurückweisung e. Anschluß— 129; Umfang der Beweiserhebung im —sverfahren 275; sa. „Rechtsmittel".

Rheinprovinz, Befreiung des Forstfiskus in der — von Kommunalbeiträgen für die durch Kgl. Forsten führenden Gemeindewege 35, 36f., 37; Genehmigung des Verzichts auf Anliegerbeiträge seitens e. Stadt durch den BezAussch. 72f.; Fluchtlinienfestsetzung nach französischem Recht u. Anliegerbeitragspflicht 76; auch in der linksrheinischen — erfordert die Feststellung e. Fluchtlinienplanes nicht die Herstellung der aufgenommenen Straßen binnen bestimmter Frist 76; Allerhöchste Genehmigung von Eingemeindungsverträgen mit rückwirkender Kraft zulässig 255 f.

Risiko, s. „Lebensversicherungsprämien".

Rohrleitungen, s. „Gasanstalt".

Rüben, Feststellung des Marktpreises für —lieferung an Zuckerfabriken 366 f.; Produktionskosten der — für die Festsetzung des Marktpreises nicht verwertbar 367.

Ruderunterricht, s. „Lehrer".

Ruderverein, GewStPflicht infolge Betriebs einer eigenen Gastwirtschaft 399.

Ruhegehalt, Steuerpflichtigkeit des —s v. Privatangestellten 300; — e. früheren Angestellten nur dann steuerpfl. Eink., wenn in rechtsgültiger Form zugesichert 324.

Rücklagen für Feuerversicherung, s. „Werbungskosten".

Rückstellungskonto, steuerfreies — zur Erfüllung späterer vertraglicher Zwecke e. Aktiengesellschaft 356.

Rückwirkende Kraft, Eingemeindungsverträgen rheinischer Gemeinden kann nicht durch KabO. eine für das Besteuerungsrecht maßgebende — beigelegt werden 255 f.

S.

Sacheinlage, s. „Berggerechtsame".

Sachverständige, Ermittelung der vom Steuerpflichtigen nicht nachgewiesenen als Aufwendungen z. dauernden Verbesserung d. Grundstücks geltenden Kosten durch —ngutachten (WertzuwachsSt.) 138 f.; Heranziehung v. —n bei Schätzung des Eink. von Ges. mbH. 370; ist Beweisführung, wie vom Steuerpflichtigen beantragt, nicht durch Sachverständige, sondern nur durch e. Zeugen möglich, so tritt Schätzung des Rohgewinns ein 374; Anhörung des Steuerpfl. über tatsächliche Annahmen in —ngutachten 374; Auswahl der —n dem pflichtm. Ermessen der Steuerbehörde überlassen 374, 386; Mitteilung des Gutachtens an den Steuerpflichtigen nicht Erfordernis 374; grundsätzliche Ablehnung des —nbeweises wesentlicher Verfahrensmangel 374 f.; Ablehnung v. —n für die Bücherprüfung durch den Steuerpflichtigen 376; Anhörung des Steuerpflichtigen bei Abweichung vom —ngutachten im Berufungsverfahren 387; vom —n nicht selbst erstattete oder nicht begründete Gutachten nicht verwertbar 387.

Sanierung, ein Bewertungskonto steht seiner rechtlichen Natur nach mit e. —soperation in keinem unmittelbaren Zusammenhang 353.

Schadensersatzansprüche im VerwStreitVerf. gegenüber einer öffentlich-rechtlichen Forderung nicht zu berücksichtigen 49.

Schäferhof, Frage der Realsteuerpflicht d. Wohltätigkeitsunternehmens „Heimatkolonie —" 155.

Schankerlaubnissteuer, Verlegung eines Wirtschaftsbetriebes nicht ohne weiteres identisch mit der Begründung einer neuen Wirtschaft iS. der —pflicht 28; Gewerbesteuerveranlagung als Grundlage der — 28; Übergang vom Flaschenbier- zum Faßbierausschank als wesentliche Betriebserweiterung steuerpflichtig 28; Ungültigkeit einer Heranziehung zur — vor erfolgter GewerbeStVeranlagung 29; rechtliche Natur der —-Ermäßigung 29.

Schätzung des Eink. v. Ges. mbH. bei Nichtvorlage eingeforderter Geschäftsbücher u. Bilanzen 370; — des Eink. aus einer Quelle nach dem Aufwande unzulässig 373; — des Rohgewinns, wenn die v. Steuerpflichtigen beantragte Beweisführung nicht möglich 374; Feststellung des für die ErgSt. maßgebenden Reinertrags 397.

Scheckverkehr mit Nichtmitgliedern oder Annahme von Spargeldern von solchen nicht immer Ausdehnung des Geschäftsbetriebs e. Kreditgenossenschaft über den Mitgliederkreis 341.

Schenkung unter Lebenden, Umsatzsteuerpflicht bei Grundstücksübertragung von Eltern im Wege der — an Abkömmlinge 25; Grundstücksübereignung gegen Übernahme der Lasten und Schulden als — oder als entgeltliches Rechtsgeschäft? 111 f.; ein in nicht rechtsgültiger Form erfolgtes —sversprechen begründet nicht einen Abzug etwaiger Leistungen 332 f.

Schiffahrtsgewerbe, Betriebsorte eines sich über mehrere Gemeinden erstreckenden —s 233.

Schiffsanlegestelle, ob Betriebsstätte e. Schiffahrtsunternehmens 235.

Schiedsgericht, nur solche Kranken- usw. -Kassenbeiträge abzugsfähig, denen ein klagbarer oder in einem —sverfahren verfolgbarer Anspruch auf die Kassenleistungen gegenübersteht 333 f.

Schiedsrichter, Amt als — EinkQuelle aus gewinnbringender Beschäftigung 315 f.

Schienen, Einlegung v. — ändert nichts an dem Wesen einer Fläche als Straße 95.

Schleusenmeister, ein für den Elbe-Trave-Kanal von Lübeck angestellter —, der preuß. Staatsbeamteneigenschaft besitzt, hat keinen Anspruch auf das Steuerprivileg 216.

Schloßgardekompagnie, Feldwebel d. — servisberechtigte aktive Militärpersonen, auch Eink. eines solchen aus einer außerhalb des öffentlichen Beamtenverhältnisses geleisteten Tätigkeit (gewinnbringende Beschäftigung) steuerfrei 231f.

Schöneberg, Erhebung einer einmaligen Kanalisationsgebühr 49f.; katholische Küster in Bln.-Schöneberg nicht kommunalsteuerfrei 226f.

Schreibhilfe, s. „Küster".

Schulangelegenheiten, Umsatzsteuerfreiheit d. Gemeinden in — 26.

Schulbaudarlehn, s. „Tilgung".

***Schuld(en),** die Verpfändung e. in Preußen steuerpfl. EinkQuelle für irgendeine, wenn auch aus außerpreußischen Beziehungen herrührende — genügt nicht zur Herstellung wirtschaftlicher Beziehungen zu der preuß. EinkQuelle 283.

Schuldenzinsen, s. „Zinsen".

Schulgeld für eine höhere von d. Gemeinde unterhaltene Lehranstalt als Gebühr iS. d. KommAbgG. 39; ebenso das — für eine Fortbildungsschule 39f.

Schutztruppe, Art. 39 Nr. 2 AAnw. 25. VII. 06 (Wohnsitzverlegung bei längerem Kommando) findet auf Angehörige d. südwestafrikanischen — keine Anwendung 280.

Seitenflügel, s. „Hausgrundstück".

Seitenrohre, Beitragserhebung für als Bestandteile d. Kanalisationsveranstaltung erklärte, den Anschluß ermöglichende — 67.

Servisklasse, Ermittelung d. gemstpflichtigen Eink. eines nach einem Ort mit niedrigerer — versetzten Beamten 224.

Sitz, wirtschaftlicher — e. Aktiengesellschaft für deren GemStPflicht maßgebend 204.

Sitzstaat, s. „Aktiengesellschaften".

Sicherheitseinlagen der Mitglieder eingetragener Genossenschaften 363.

Sicherheitsleistung s. Anliegerbeiträge 74, 75.

Sicherungszession, Bedeutung e. — für die Eink.- u. ErgStVeranlagung 284.

Sicherheitshypothek, Frage der Bewertung einer v. Käufer übernommenen — für Straßenbau- und Kanalisationskosten als „übernommene Leistung" iS. § 8 ZuwStG. 12f.; Umsatzsteuerpflicht des Besitzers e. — 121f.

Sommerwohnung, wenn nur im Sommer benutzbar, Merkmal des Aufenthalts (i. steuerl. Sinne) 192f.; wenn Möglichkeit der Benutzung auch im Winter besteht, Grundlage des Wohnsitzes 193.

Spareinlagen, s. „Bankunternehmen", „Depositen", „Scheckverkehr".

Spekulationsgeschäfte, Gewinn aus —n 304: Zwischennutzungen sind dabei zu berücksichtigen 304; gemeinschaftliche Grundstücksspekulation 304; Gewinne aus —n müssen festgestellt, dürfen nicht nur vermutet werden 304; gewerbl. — 311.

Sperrjahr, Liquidation e. Ges. mbH. auch vor Ablauf des —s möglich 342.

Spezialreservefonds als Teil des gewerbl. Betriebskapitals 189f.

Staatsangehörigkeit, Einfluß mehrfacher — auf die EinkStPflicht 280; zweijährige Fortdauer d. EinkStPflicht bei Verzug preuß. Staatsangehöriger ins Ausland 280; Voraussetzungen einer formell rechtsgültigen Naturalisation 281.

Staatsbauten, eine Erhebung von Baupolizeigebühren für — dann unzulässig, wenn die BauO. keine wirkliche Bauerlaubnis, sondern nur eine Erklärung d. PolBehörde über etwaige Erinnerungen gegen den Bau vorsieht 53, 54.

Staatsbeamte, s. „Beamte".

***Staatseinkommensteuer,** Freistellung von der — im Rechtsmittelverfahren als Anfechtungsgrund gegen die Kreisabgaben-Unterverteilung in e. Gutsbezirk 31; Herabsetzung der — ohne Einfluß auf die GemEinkSt., wenn die Gemeinde zur selbständigen Ermittelung des steuerpflichtigen Einkommens berechtigt ist 191; unbeschränkte subjektive Steuerpflicht physischer Personen 279ff.: ein Deutscher, der in Preußen und einem anderen Bundesstaat Staatsangehörigkeit und Wohnsitz besitzt, ist in Preußen subjektiv einkstpflichtig 279f.; Begriff Heimatstaat iS. § 2 DoppStG. 280; dienstlicher Wohnsitz in e. anderen Bundesstaat oder in e. deutschen Schutzgebiet schließt EinkSt.-Pflicht in Preußen aus 280; zweijährige Fortdauer der Steuerpflicht bei Verzug preuß. Staatsangehöriger ins Ausland 280; Wiederaufleben d. Steuerpflicht nach Auslandsaufenthalt 280; Wahlrecht des Veranlagungsorts seitens eines Steuerpflichtigen mit Doppelwohnsitz bis zum Beginn d. Voreinschätzung auszuüben 280; Begriff des Wohnsitzes iS. d. —pflicht 280f., 281; unfreiwillige Verlängerung eines vorübergehenden Aufenthalts nicht geeignet, ihm den Charakter eines vorübergehenden zu nehmen 281; Voraussetzungen einer formell rechtsgültigen Naturalisation 281f.; Tantiemen usw. in Preußen wohnender Aufsichtsratsmitglieder luxemburgischer Aktiengesellschaften von der vollen Besteuerung ausgeschlossen, solche Bezüge von Angestellten derartiger Gesellschaften steuerpflichtig 282; das in Ungarn erzielte ärztliche Eink. eines infolge Wohnsitzes in Preußen steuerpflichtigen ungarischen Staatsangehörigen unterliegt in Preußen d. —pflicht 282; beschränkte subjektive Steuerpflicht 282f.: Ermittelung des steuerpfl. Eink. eines einheitlichen im Ausland domizilierten gewerbl. Unternehmens aus in Preußen betriebenen Filialen 282; Verpfändung einer in Preußen steuerpflicht. EinkQuelle für irgendeine, auch aus außerpreuß. Beziehungen herrührende Schuld genügt nicht zur Herstellung wirtschaftlicher Beziehungen zu der preuß. EinkQuelle 283; steuerpfl. Einkommen physischer Personen 284f.: Bedeutung v. Sicherheitszessionen für die —veranlagung 284; die von e. Verpächter zur Sicherstellung und Tilgung einer Forderung abgetretenen, an den Gläubiger gezahlten Pachtzinsen sind steuerpfl. Einnahmen des Zedenten 284; Wohnungsgeldzuschuß als Teil des pensionsberechtigenden Gehalts iS. § 5⁴ EinkStG. 284f.; überhobene Militärpensionen nicht steuerpflichtig 285; abgetretene Gehaltsteile eines Angestellten zur Schuldentilgung usw. gehören zu seinen steuerpfl. Einnahmen 285; Pensionserhöhungen auf Grund des UnfallfürsorgeG. von der Besteuerung ausgeschlossen 285; ist ein Gehaltsanspruch ein aufschiebend bedingter, so darf mit ihm als Eink. noch nicht gerechnet werden 285; Abzug v. Kosten als Werbungskosten unzulässig, wenn eine EinkQuelle, innerhalb der sie entstanden sind, nicht vorhanden ist 285; Berechnungsart 286f.: Allgemeines: für Berechnung der Zinsen von Bankschulden maßgebender Zeitraum 286; Berechnung des Jahresergebnisses nach § 9² EinkStG. bei Ruhen oder Einschränkung d. Betriebs 286; Abzugsfähigkeit v. Prozeßkosten 286; Werbungskosten nur vom Rohertrage d. EinkQuellen abzugsfähig 286; Berechnung d. Eink. aus Kapitalvermögen (sd.) 287f.; desgl. aus Grundvermögen (sd.) 291f.; desgl. aus Handel (sd.) und Gewerbe 293f.; desgl. aus gewinnbringender Beschäftigung (sd.) 294; Eink. d. Haushaltungsangehörigen (sd.) 301; Arten des Einkommens 301ff.: aus Kapitalvermögen (sd.) 301f.; Gewinn aus Spekulationsgeschäften (sd.) 304f.; Eink. aus Grundvermögen (sd.) 305f.; Gebäuden (sd.) 308f.; aus Handel (sd.) u. Gewerbe einschließlich des Bergbaues 310f.; gewinnbringender Beschäftigung (sd.) und aus Rechten auf periodische (sd.) Hebungen und Vorteile irgendwelcher Art 315ff.; Abzüge v. Gesamteinkommen 328f.; Steuerpflicht der nichtphysischen Personen: Steuerpfl. Unternehmungen der Aktiengesellschaften (sd.) und Kommanditgesellschaften (sd.) aA. 335f.; der Berggewerkschaften 339; eingetragene Genossenschaften (einschl. der Konsumvereine) 339f.; der Ges. mbH. (sd.) 342; steuerpflichtiges Einkommen: d. Aktiengesellschaften (sd.) u. Kommanditgesellschaften aA. 343f.; der Berggewerkschaften 359f.; der eingetragenen Genossenschaften 363f.; der Ges. mbH. 364f.; — bei Ermittelung des Geschäftsgewinns v. Ges. mbH. nicht abzugsfähig 372; Veranlagungsverfahren 373f.; Rechtsmittel 383f.

***Staatsgewerbesteuer,** —veranlagung als Grundlage der Schankerlaubnissteuer 28; Ungültigkeit einer Heranziehung zur Schankerlaubnissteuer vor erfolgter —veranlagung 29; — kein geeigneter Maßstab für die Kanalisationsgebühren gewerbl. Anlagen 43, 44; Gegenstand der Besteuerung und subjektive Steuerpflicht 397f.: Frage der GewStPflichtigkeit des privaten Musikmachens d. Mitglieder v. Militärkapellen 397f.; GewStPflicht bei Ausbeutung des Urheberrechts an dramatischen und musikalischen Werken 398; Blumenhandel und gärtnerische Pflege der Grabstellen als steuerpfl. GewBetrieb des Friedhofsinspektors einer Kirchengemeinde 398; gelegentliches entgeltliches Verleihen e. Dreschmaschine durch einen Landwirt kein steuerpflichtiges Gewerbe 398f.; GewSt.-Pflicht eines Rudervereins mit eigener Gastwirtschaft in seinem Bootshause 399; Direktor einer Genossenschaft nicht Gewerbetreibender im steuerlichen Sinne 399; Gegenstand der Besteuerung und Steuerpflicht bei nichtphysischen Personen 399f.: eine gewerbliche Ges. mbH. bleibt ein selbständiges Steuersubjekt, auch wenn alle ihre Geschäftsanteile von einem anderen GewTreibenden allein besessen werden 399f.; der Umstand, daß bei einer Aktiengesellschaft sämtliche Betriebe an den Generalunkosten teilnehmen, macht das Unternehmen noch nicht zu einem einheitlichen 400; Befreiungen nach § 3 GewStG. 400f.: eine von mehreren Kommunalverbänden betriebene Ges. mbH. ist nicht steuerfrei 400; Steuerpflicht gemeinnütziger Unternehmungen, wenn neben dem gemeinnützigen Hauptzweck die Gewinnerzielung einen besonderen wesentlichen Zweck bildet 400; bei Prüfung der Gewinnabsicht einer wohltätigen Vereinigung müssen alle Schuldenzinsen den Einnahmen gegenübergestellt werden 401; nach § 4¹ GewStG. Frage des Vorliegens e. gewerbsweisen Viehhaltung 402; nach § 4⁷ GewStG.: gewstfreie Kunstausübung e. wissenschaftlichen Gartenarchitekten 402; nach § 5 GewStG.: steuerpflichtige Absatzvereinigung; Ausmittelung des Gesellschaftsgewinns 402f.; Maßstab der Besteuerung 403: Veranlagung auch solcher Betriebe, die keine ordnungsmäßige Buchführung besitzen, unter Zugrundelegung des etwa bei ihnen bestehenden besonderen Geschäftsjahrs 403; Ermittelung des gewstpflichtigen Ertrags (sd.) **403f.**; Betriebskosten (sd.) **403f.**; Abschreibungen (sd.) **405f.**; Anlage- u. Betriebskapital (sd.) **407f.**; Besteuerung der nur zum Teil in Preußen steuerpflichtigen Gewerbe (sd.) **408**; Veranlagungsverfahren **409f.**; Verteilung (sd.) des Steuersatzes auf mehrere Kommunalbezirke **410f.**

Stadtverordnetenversammlung, Mitwirkung bei e. Verzicht auf Anliegerbeiträge 72, 80.

Stammeinlage, eine noch nicht eingezahlte — eines Gesellschafters gehört zum gewerbl. Anlage- u. Betriebskapital einer Ges. mbH. 407.

Stammkapital, sa. „Gesellschaft mbH.".

Standesbeamter, Beamteneigenschaft eines als stellvertretender — fungierenden Gemeindeangestellten 218f.

Stellenvermittler, Änderung der Gebührentaxe keine wesentl. Änderung d. EinkQuelle e. —s 301.

Stempelsteuer, landesgesetzliche —freiheit iVerh. zur Umsatzsteuerbefreiung 25f.

Sterbekasse, ob Einkauf in e. — unter § 15 ErgStG. fällt 395.

Sterbekassenbeiträge, Abzugsfähigkeit (Eink.-St.) 323.

Steuerbefreiung, auf Statut beruhende persönliche — in Kurhessen 36.

Steuerbetrag, unerhoben bleibender Zuwachs— 8.

Steuererheber, steuerfreier Dienstaufwand der Berliner — 327.

Steuererklärung, Steuerpflichtige, die weder zur Abgabe einer — verpflichtet sind, noch freiwillig eine solche abgegeben haben, dürfen nicht zu einem Eink. von mehr als 3000 M. veranlagt werden 373; Zuständigkeit für Beanstandung d. — 375.

Steuerhinterziehung, sa. „Strafverfahren", „Nachforderungen".

Steuerkraft iS. § 53 Abs. 1 KommAbgG. kommt im Steueraufkommen zum Ausdruck 255.

Steuern u. Lasten, Abzugsfähigkeit der vom Pächter e. Grundstücks übernommenen — 307.

***Steuerordnung(en),** Aufrechterhaltung bestehender Gemeinde-Zuwachs— nach Inkrafttreten d. RZuwStG. 15f.; Heranziehung zur ZuwSt. auf Grund örtlicher — gemäß § 72² RZuwStG. 16f.; Zustandekommen u. rechtliche Wirksamkeit von Umsatz— **107f.**; maßgebende — 107; Formalitäten für rechtsgültiges Zustandekommen e. Umsatz— 108; eine —, die jeden abgeleiteten Eigentumserwerb oder Besitzerwerb der Steuer unterwirft, ist ungültig 108; Ungültigkeit e. Wertzuwachs— wegen Unklarheit d. Bestimmungen 129; Erfordernis der Festsetzung v. Normen für Abstufung der GemGrStSätze für bebaute und für unbebaute Grundstücke durch — 162f., 163, 166; Veranlagung mehrerer in einer Hand vereinigter wirtschaftlich selbständiger Grundstücke 163; Frage d. Rechtsungültigkeit e. GemGrStO. wegen rechtsungültiger Vorschriften hinsichtlich der Feststellung des Abstufungsverhältnisses zwischen bebauten u. unbebauten Grundstücken 163f., 165f.; Zustimmung d. Oberpräsidenten zu e. Gew— mit einer Maßgabe bedarf hinsichtlich der letzteren d. nachträgl. Genehmigung des BezAusſch. 176.

***Steuerpflicht,** zeitliche Begrenzung der — **255f.**: Steuerpflicht d. Ehefrau bei Grundstückserwerb aus dem vorbehaltenen Vermögen 255; keine Inabgangstellung der in der Form von Zuschlägen zur Betriebssteuer erhobenen Gemeindesteuer im Laufe des Steuerjahrs wegen Einstellung des Betriebs 255; eine KabO., durch die einem Eingemeindungsvertrage rheinischer Gemeinden rückwirkende Kraft beigelegt wird, ist für das Besteuerungsrecht unwirksam 255f.; Heranziehung zur GemGrSt. von eingemeindeten Grundstücken 256; Vorliegen eines Geschäftsabschlusses Voraussetzung für Eintritt d. objektiven — e. neuerrichteten Ges. mbH. 370; kein Wiederaufleben einer erloschenen — 380.

Steuerobjekt u. Steuerquelle bei d. UmsatzSt. 111; Vermögen d. Ges. mbH. nicht — bei d. UmsatzSt. 119.

Steuerprivileg, das neue eingeschränkte — hat nur für die nach dem 31. III. 09 ins Amtsverhältnis eingetretenen Beamten Wirksamkeit, für alle vorher schon mit Beamteneigenschaft beschäftigten Personen gelten die bisherigen Vorschriften 215, 223; Frage der Anwendbarkeit des —s auf einen vom lübeckischen Staat für den Elbe-Trave-Kanal angestellten Schleusenmeister, der zugleich preuß. Staatsdienereigenschaft hat 216; — nur anwendbar für die aus dem Staatsdienerverhältnis zum Preuß. Staat oder zum Reich herrührenden Bezüge 216; — steht Privatdozenten an preuß. Landesuniversitäten nicht zu 217; prinzliche Hofbeamte haben Anspruch auf das — 218; Aushändigung einer Anstellungsurkunde an einen Kommunalbeamten vor dem 1. IV. 09 als Grundlage des Anspruchs auf das — 220f.; wird dem Beamten e. Landwirtschaftskammer die

Anstellungsurkunde erst nach dem 1. IV. 09 ausgehändigt, so steht ihm das — nicht mehr zu 221.

Steuerquelle u. Steuerobjekt bei der Umsatz-St. 111; Vermögen d. Ges. mbH. nicht — iS. d. Umsatzsteuerpflicht 119.

Steuersatz, für die Höhe d. veranlagten Steuer ist Beschluß d. Veranlagungskommission maßgebend, unrichtige Angabe des —es im Veranlagungsschreiben daher bedeutungslos 374; Ermäßigung (sd.) des —es iS. § 19 EinkStG. 377 f.

Steuersekretär nicht zur Einlegung v. Rechtsmitteln gegen die Veranlagung von Steuerpflichtigen befugt 383.

Milde Stiftung(en), Voraussetzungen für die Steuerfreiheit eines v. e. —n — errichteten Krankenhauses 151; d. Begriff d. —n — iS. § 24h KommAbgG. umfaßt alle Veranstaltungen mit juristischer Persönlichkeit, die wohltätige Zwecke im weitesten Sinne verfolgen 152; 155, Croner Klosterfonds keine — iS. § 24 KommAbgG. 153; Hamburger Arbeiterkolonie eine —? 155; GemGrStFreiheit der —n — „Johannesstift" bei Spandau 155 f.

Stille Gesellschaften, steuerliche Behandlung d. Zinsen von Schulden, die zur Beschaffung oder Vermehrung des Anl.- u. Betriebskapitals aufgenommen werden 201 f.

Strafverfahren, Unabhängigkeit des —s wegen Steuerhinterziehung vom Nachsteuerverfahren 259 f.

Straße(n), Mängel des Plan-Auslegungsverfahrens als Ungültigkeitsgrund für eine Ordnung für Erhebung von —pflasterungsbeiträgen durch einen Kreis 24; Form des Urteils bei Freistellung von —herstellungskosten 32; —reinigungsgebühren 39; unter —baukosten ist eine einmalige Kanalisationsgebühr für das Nehmen eines Anschlusses nicht zu rechnen 49 f.; Erhebung von Beiträgen für —unterhaltungsarbeiten 57; Kanalisationsbeiträge für die Grundstücksentwässerung iVerh. zu —entwässerungsbeiträgen nach § 15 BauflG. 64; Übernahme der —reinigung durch die Gemeinde 69; Abrechnung der durch Anliegerbeiträge aufzubringenden —baukosten 74, 75; Erhebung v. Anliegerbeiträgen für die Durchbrechung eines eine anzulegende — schneidenden Dammes 76; Verlängerung einer in der Anlegung begriffenen — als neue — iS. d. Anliegerbeitragspflicht 77; Beginn der —anlegung auch ohne förmlichen Fluchtlinienfeststellungsbeschluß aus tatsächlichen Vorgängen festzustellen 78; Entstehung der Anliegerbeitragspflicht infolge Anlegung einer neuen durch ein Grundstück hindurchgelegten —, an der Gebäude errichtet werden, ungeachtet der bisherigen Lage des von der neuen — durchschnittenen Grundstücks an einer historischen — 78 f.; Herstellung einer — durch einen Dritten infolge vertraglicher Vereinbarung mit der Stadt teils auf eigene, teils auf städtische Kosten 80 f.; Ansprüche seitens des Erbauers e. Unternehmer— gegen die Gemeinde wegen ungerechtfertigter Bereicherung nicht im VerwStreitVerf. verfolgbar 81; Feststellung der Grenzen von an öffentlichen Plätzen liegenden — iS. d. Anliegerbeitragspflicht 87 f.; Berücksichtigung des Kaufpreises für —gelände bei der Berechnung der Anliegerbeiträge 88; —entwässerungskosten iVerh. zu Anliegerbeiträgen 88; Grunderwerbskosten für eine über einen Platz führende Straße 88; nachträgliche Pflasterung einer fertiggestellten Unternehmer— iVerh. zur Anliegerbeitragspflicht 89 f.; Beitragsforderung für späteren Ausbau „vorhandener" — unzulässig 90; Begriff der —anlage iS. § 15 BauflG. 91 ff.; Teilausbau e. — u. Anliegerbeitragsforderung 91; Begriff der „vorhandenen" — iVerh. zur programmäßig ausgebauten — 91; Fluchtlinienfestsetzung für die Einheitlichkeit von zwei nebeneinanderlaufenden — nicht maßgebend 91 f.; Aufnahme e. — in den Bebauungsplan für ihre Eigenschaft als „vorhandene" — nicht ausschlaggebend 93; Voraussetzung für das Bestehen e. „vorhandenen" — 93, 94; Beginn der —anlegung von dem erkennbar gewordenen Willen d. Gemeinde abhängig 94; Umwandlung v. Chausseen in Orts— 94; Sperrung e. fertiggestellten — iVerh. zur Forderung v. AnlBeiträgen 94 f.; Einlegung von Schienen ändert nichts an dem Wesen einer Fläche als — 95; maßgebender Zeitpunkt für die Frage, ob eine — als „vorhandene" anzusehen, ist Inkrafttreten e. Ortsstatuts nach § 15 BauflG. 95; Begriff des Gebäudes an der — 95 ff.; Zugänglichkeit e. Gebäudes von der — kein ausnahmsloses Merkmal für seine Lage an der — 96; für Beurteilung der Lage e. Gebäudes an der — ist eine Scheidung zwischen mittelbaren und unmittelbaren wirtschaftlichen Beziehungen zur — nicht zu machen 97; Gebäude auf e. zugleich an einem ausgebauten u. einem unausgebauten —teil liegenden Gesamtgrundstück 97 f.; Errichtung e. Gebäudes an der Fluchtlinie e. — entspricht der Errichtung an der — iS. § 15 BauflG. 98; ebenso uU. die Umwandlung e. Geschäftshauses in e. Wohngebäude 98; desgl. die Veränderung e. bestehenden Gebäudes unter Benutzung bisher unbebauter Flächen 99.

Straßenbahnangestellte, sa. „Dienstkleidung".

Straßenbahnhof, gemeiner Wert e. —sgrundstücks iS. d. Realsteuerpflicht 172.

Straßenland, Bewertung unentgeltlich abgetretenen —es zwecks Anrechnung auf die Anliegerbeiträge 73f.

Straßenreinigung, Gebührenerhebung für Benutzung einer städtischen —seinrichtung 39; Übernahme d. — durch die Gemeinde ohne öffentlich-rechtliche Übernahme der Reinigungspflicht als eigene begründet kein Recht auf Beiträge nach § 9 Komm.-AbgG. 69; —skosten öffentl. Straßen nicht vom Eink. der Hausbesitzer abzuziehen 309.

Straßenteile, Ausbau v. —n iVerh. zur Anliegerbeitragsforderung 91.

Streitgegenstand, Festsetzung des Werts des —es bei gemeinsamer Klage mehrerer Kläger 84.

Stützmauer, Kosten einer — gehören zu den Straßenbaukosten iS. d. Anliegerbeiträge 95.

Substanzverringerung, Abzug wegen — bei Verpachtung d. Kalisalzgewinnung 306; sa. „Abschreibungen".

T.

Tagewerke, Bemessung der GemGewSt. nach der Zahl der durchschnittlich geleisteten — 182f.

Talonsteuer, ob — für Hypothek abzugsfähig 330.

Tantieme, Voraussetzung für ihre Anrechnung auf das steuerpfl. Eink. 328; sa. „Aufsichtsrat".

Tanzlustbarkeit, Steuerpflicht des Wirts wegen Hergabe des Lokals zu e. — 102; — iVerh. zur Tanzstunde 102f.; Begriff der öffentlichen — 103.

Tanzstunde, Lustbarkeitssteuerpflicht 102f.

Tarif, Änderung eines städtischen Hafengeld—s durch die Ministerialinstanz 38.

Täuschung, Anfechtung e. Vertrages wegen arglistiger — kein Beschwerdegrund aus § 18 ZustG. 112f.

Technische Hochschule, GemGrStFreiheit d. Dienstwohnungen v. Assistenten an den Instituten e. —n — 158.

Teilurteile, Unzulässigkeit von —n im VerwStreitVerf. 32.

Teilveräußerung, Begriff der — iS. des ZuwStG. 3; Voraussetzungen d. Steuerfreiheit bei —en 6; anrechnungsfähige Aufwendungen bei —en 11.

Testament, sa. „Ergänzungssteuer".

Testator, sa. „Erben".

Tiefbauunternehmer, Betriebsstätte e. —s iS. d. GemGewStPflicht 178f.

Tilgung, Beitragserhebung zur — von Anleihen 68, 70; Zuschüsse d. Betriebsgemeinden zur Deckung v. Tilgungsbeiträgen für Schulbaudarlehn 245; Begriff der — von Kapitalschulden 329; Berechnung des zulässigen Höchstbetrages der — v. Kapitalschulden 330.

Treuhänder zur Einlegung von Rechtsmitteln gegen die GewStVeranl. nicht berechtigt 410.

Turnunterricht, sa. „Lehrer".

U.

Überhebungen von Militärpension, die zurückgezahlt werden müssen, nicht einkst.-pflichtig 285.

Übernahme, vertragsmäßige — d. RZuwSt. durch d. Erwerber 2.

Überschuß(schüsse), bei Abrechnung der Straßenbaukosten gemäß § 15 BauflG. 74; sa. „Aktiengesellschaften".

Umsatz, Bedeutung für die Berechnung d. Eink. aus Handel u. Gewerbe 311.

***Umsatzsteuer(n)** **107ff.;** Zustandekommen und rechtliche Wirksamkeit d. StO. (sd.) **107f.:** maßgebend für die Besteuerung ist die StO., die beim Eintritt des der Steuer unterworfenen Ereignisses in Geltung ist 107; Verhältnis von — zur WertzuwachsSt. 107f.; Formalitäten für rechtsgültiges Zustandekommen e. —ordnung 107; eine StO., die jeden abgeleiteten Eigentums- oder Besitzerwerb der Steuer unterwirft, ist ungültig 108; Entstehung der Steuerpflicht **109f.:** durch einen gedruckten Bescheid wird dem Erfordernis eines schriftl. Bescheides entsprochen 109; Besteuerung bestimmter „vorbereitender" und „vermittelnder" Rechtsgeschäfte 109f.; mehrfache Besteuerungsmöglichkeit 110; zuständige Gemeinde nach der Lage des Grundstücks zu bestimmen 110; eine materiell unrichtige, aber rechtskräftig gewordene Steuerforderung kann nicht gegenüber einer anderweiten und an sich selbständigen Steuerveranlagung aufgerechnet werden 110; Unkenntnis des Steuergläubigers von seinem im Einzelfalle entstandenen Steueranspruch hemmt nicht den Lauf der dreijährigen Frist gem. § 87 KommAbgG. 111; Steuerquelle und Steuerobjekt 111; Übereignung e. Grundstücks gegen Übernahme der Lasten und Schulden als Schenkung oder als entgeltliches Rechtsgeschäft 111f.; Zusammenfassung mehrerer selbständiger Vertragsobjekte zu einem dem Werte nach einheitlichen Steuerobjekt nicht zulässig 112; fiduziarische Abtretung einer Hypothekenforderung als steuerpflichtiger Rechtsvorgang 112; Anfechtung e. Vertrages wegen arglistiger Täuschung kein Beschwerdegrund aus § 18 ZustG. 112 f.; Frage der Steuerpflicht bei Bahneinheiten 113; Steuerpflicht bei Entstehung von Bergwerkseigentum 113 f.; desgl. bei Erwerb v. Kuxen durch eine Berggewerkschaft älteren Rechts 114; desgl. bei Eigentumswechsel an Grundstückszubehörstücken 114 f.; Eigentumserwerb durch Gütergemeinschaft nicht steuerpflichtig 115; Begriff „lästiger Vertrag" 115 f.; Haftung der ehemaligen Gesellschafter e. offenen Handelsgesellschaft über die Auflösung hinaus für die — 116; Umwandlung e. offenen Handelsgesellschaft unter Wahrung ihrer Identität in e. Kommanditgesellschaft nicht steuerpflichtig 116; auch nicht die Umwandlung e. Kommanditgesellschaft in e. Aktiengesellschaft unter Veränderung des Mitgliederbestandes 116 f.; Steuerpflicht bei Umsatz von Geschäftsanteilen e. Ges. mbH. 117 f.; bei Übertragung von Gesellschaftsanteilen wird ein das Besteuerungsrecht d. Gemeinde schaffender Vollziehungsort des Rechtsgeschäfts nicht schon durch Vorhandensein gesellschaftlichen Grundbesitzes im Gemeindebezirk begründet 118; Voraussetzungen für das Bestehen von Eigentum zur gesamten Hand 120; Steuerpflicht bei Zwangsversteigerungen 120 ff.: Befreiungsvorschrift nicht anwendbar, wenn d. Hypothekengläubiger nach Einleitung des Zw.-VerstVerfahrens das Grundstück auf Grund eines Kaufvertrages erworben hat 120; originärer steuerpflichtiger Eigentumserwerb vorliegend, wenn der bisherige Eigentümer den Zuschlag erhält 120 f.; Steuerpflicht des Besitzers e. Sicherungshypothek 121 f.; Steuerpflicht b. Erwerbe von Grundstücken aus gemeinsamem Nachlaß (sd.) und durch Auseinandersetzung zwischen Miteigentümern 122: Umsatz unter Miterben zum Zwecke d. Nachlaßteilung 122; Steuerfreiheit bei Auseinandersetzung zwischen dem überlebenden Ehegatten u. den Kindern des verstorbenen Ehegatten anläßlich Aufhebung einer fortgesetzten Gütergemeinschaft 122 f.; solidarische Haftung 123; nicht die Auflassung, sondern die Grundbucheintragung bewirkt den Eigentumserwerb 123; Befreiungen 123 ff.: Steuerfreiheit gemeinnütziger Beamtenbaugenossenschaften 123 f.; Nichtbeachtung des statutarischen Zwecks hebt die Steuerfreiheit nicht auf 124; Frage der Schenkung unter Ehegatten 124 f.; Steuerfreiheit des Reichsfiskus u. Zahlung der Gesamtsteuer durch den Käufer (Berlin) 125; Wertermittelung 125 f.: keine Berücksichtigung dem Erwerber auferlegter Baubeschränkungen bei der Wertermittelung 125 f.; Gesamtkaufpreis mehrerer Grundstücke iVerh. zum gemeinen Wert der Einzelgrundstücke 126; Bewertung übernommener Leistungen (Verpflichtung nicht an e. Konkurrenzfirma des Mieters zu vermieten) 126 f.; Frage, ob es sich zur Zeit des Eigentumswechsels um ein bebautes oder unbebautes Grundstück gehandelt hat, nach dem Inhalte des rechtsgültigen obligatorischen Veräußerungsvertrags zu entscheiden 127; Verteilung e. für ein Grundstück nebst Gebäuden und Mineralquelle und für den Betrieb eines Handelsgeschäfts vereinbarten Gesamtpreises auf die einzelnen verkauften Gegenstände 127; — im gewerbsmäßigen Grundstückshandel abzugsfähige Werbungskosten 314; — für eingebrachte Grundstücke keine abzugsfähigen Werbungskosten einer Ges. mbH. 366.

(Kreis-)Umsatzsteuer(n) 24 ff.: Adoptivkinder nicht „Abkömmlinge" iS. der Steuerbefreiungsvorschriften 24 f.; Steuerpflicht bei Grundstücksübertragung von Eltern im Wege der Schenkung unter Lebenden an Abkömmlinge 25; —freiheit und landesgesetzliche Stempelbefreiung 25 f.; —freiheit der Gemeinden in Schulangelegenheiten 26; sa. „Wertzuwachssteuer".

Umschreibung, zulässige Rechtsmittel nach erfolgter — der GemGewSt. auf den neuen Inhaber eines GewBetriebs 174 f.; — d. GewSt. bei Mitgliederwechsel in offenen Handelsgesellschaften oder Kommanditgesellschaften nicht gerechtfertigt 410.

Unfallfürsorge, s. „Pensionserhöhungen".

Unfallversicherung, sa. „Versicherungsbeiträge".

Ungarn, EinkStPflicht eines in Preußen durch Wohnsitz steuerpfl. ungarischen Staatsangehörigen aus in — erzieltem ärztlichen Einkommen 282.

Unglücksfälle, Abschreibungen bei Wertverminderungen durch — 350.

Unterhalt, Ermäßigung des StaatsEinkSt.-Satzes wegen —sgewährung an Familienglieder iS. § 19 EinkStG. 377 f.; Begriff d. —sgewährung 377; Feststellung der für die Ermäßigung maßgebenden Personenzahl 377; Innehaben e. besonderen Wohnung schließt Zugehörigkeit zu den —sberechtigten Familiengliedern nicht aus 378; Umfang des —anspruchs v. Kindern mit eigenem Vermögen 378; Begriff u. Umfang der —sberechtigung 378 f.; Söhne, die ihrer zweijährigen Dienstpflicht genügen, fallen nicht unter die Zahl der —sberechtigten Familienangehörigen 379.

Unternehmer, Identität des —s für Annahme e. einheitlichen sich über mehrere Gem.-Bezirke erstreckenden GewBetriebs maßgebend 179; bei Zuschußansprüchen der Arbeiterwohngemeinden sind auch „Vorteile" anrechnungsfähig, die durch das Wohnen des —s des Betriebes in der Gemeinde erwachsen 251 f.

Unternehmerstraße, sa. „Straße"; „Anliegerbeiträge".

Unteroffiziere, GemGrStFreiheit militärfiskalischer Familienwohnungen f. — 148 f.

Unteroffizierschule, sa. „Intendantur".

Unterschrift, mangelnde — macht e. Einspruch unwirksam 273 f.

Unterverteilung, Anfechtung der Kreisabgaben— in Gutsbezirken wegen EinkSt.-Freistellung im Rechtsmittelverfahren 31; Berücksichtigung erfolgreicher Reklamationen bei der Kreisabgaben— in Gutsbezirken 32.

Urheberrecht, gewstpflichtige Ausbeutung des —s an dramatischen und musikalischen Werken 398.

Urkunde(n), Anwendbarkeit § 63 ZuwStG. durch „Einreichung" einer vor dem 1. I. 11 errichteten — bei einer am Vertrage selbst beteiligten Behörde nicht ausgeschlossen 14 f., 17.

Ursächliche(r) Zusammenhang, Nachweis des —n —es zwischen Wohnsitznahme und auswärtiger Beschäftigung bei Zuschußanträgen der Arbeiterwohngemeinden 250 f., 251 f., 252.

V.

Veränderung der veranlagten Steuer im Laufe des Jahres 379 f.

***Veranlagung,** — zur ZuwachsSt.: Zurücknahme d. — 17; keine Abänderung einer unanfechtbaren — zu ungunsten des Steuerpflichtigen innerhalb der —speriode 173; nur staatlich veranlagte oder zu veranlagende GewBetriebe unterliegen der besonderen GemGewSt. 177 f.; staatliche — für Zwecke d. kommunalen Besteuerung auch für nicht der staatlichen Besteuerung unterworfene Betriebe zulässig 178; — und Erhebung direkter Gemeindesteuern **256 ff.:** Antrag auf Steuerermäßigung iS. Art. III Abs. 2 G. 26. V. 09 ist als Rechtsmittel iS. § 36 Abs. 2 KommAbgG. anzusehen 257; Bedeutung des Nichtzustandekommens eines örtlichen Steuerrechts für die Rechtswirksamkeit der erfolgten —en 257; Einfluß d. Gebäudesteuerrevision (vom 1. I. 10 ab) auf die GemGebSt.— des Steuerjahrs 1909 258; für die — hinsichtlich des Einkommens aus Gehalt das Ergebnis des abgelaufenen Kalenderjahrs maßgebend 258; Erfordernisse e. Beanstandungsverfügung gemäß § 63 KommAbgG. 258; die selbständige Ermittelung des gemsteuerpflichtigen Eink. v. Aktiengesellschaften ist während des Schwebens des staatl. —sverfahrens unzulässig 262; „zuständige Stelle" iS. § 79 KommAbgG. ist die kommunale —sbehörde 262; eine GemSteuer— nach Ablauf des Steuerjahrs, abgesehen von den Fällen des § 83 KommAbgG., ist unzulässig 263; zur Erhebung einer Steuerforderung durch den GemVorstand bedarf es keiner förmlichen —, es genügt zur Heranziehung, daß v. GemVorstand e. bestimmter Steuerbetrag gefordert wird 264; eine durch Einspruch nicht angefochtene — gemäß § 46 KommAbgG. kann nicht wegen Berichtigung der irrtümlichen Feststellung des Eisenbahnkommissars durch eine andere ersetzt werden 268 f.; Einspruch wegen zu niedriger — zulässig 269; im Zweifelsfalle ist der Einspruch als gegen die — im ganzen gerichtet anzusehen 274; der Richter, der an Stelle d. Gemeinde die — ausspricht, hat die Sachlage z. Zt. des Urteils zugrunde zu legen 277; bei der EinkSt— nichtphysischer Personen findet eine Berücksichtigung etwaiger Quellenänderungen nicht statt 343; Unterschiede der — physischer und nichtphysischer Personen 368 f.; steuerliche Behandlung von Gewinnanteilen v. Ges. mbH. bei anderweiter Veranlagung e. Steuerpflichtigen wegen Erbanfalls 369; —sverfahren bei der StaatsEinkSt. 373 f.: — von Steuerpflichtigen, die weder zur Abgabe einer Steuererklärung verpflichtet sind, noch freiwillig solche abgegeben haben, zu einem Eink. von mehr als 3000 M. unzulässig 373; Nachholung der von der —skommission vorzunehmenden ordentlichen — liegt vor, wenn eine Steuerpflichtige wegen des unmittelbar vor Beginn des Steuerjahrs erfolgten Ablebens ihres Ehemanns noch im Laufe des Steuerjahrs selbständig veranlagt wird 373; Schätzung des Einkommens aus einer Quelle nach dem Aufwande unzulässig 373; — v. Erben bei noch nicht endgültig feststehender Höhe der Erbquote 373; die einem Erben von dem Testator nur mündlich erteilten Aufträge zur Verteilung des Nachlasses sind nichtig 373 f.; für die Höhe der Steuer, die sich nach dem Beschluß d. —skommission richtet, ist ein im —sschreiben angegebener unrichtiger Steuersatz ohne Einfluß 374; Zustellung des —sschreibens an einen Hausportier keine ordnungsmäßige Ersatzzustellung 374;

ein durch Sachverständigen-Gutachten zu erbringender Beweis kann nicht durch e. Zeugen erbracht werden 374; über tatsächliche Annahmen in Sachverständigen-Gutachten ist der Steuerpflichtige zu hören 374; Mitteilung d. Gutachtens an d. Steuerpflichtigen nicht Erfordernis 374; grundsätzliche Ablehnung des Sachverständigenbeweises wesentlicher Verfahrensmangel 374; Erhebung des Zeugenbeweises 375; Berücksichtigung und Beanstandung der Steuererklärung (sd.) 375; Beweiskraft der Buchführung (sd.) 375 f.; Ermäßigung des Steuersatzes wegen Gewährung von Unterhalt (sd.) an Familienglieder Begriff der Unterhaltsberechtigung 377 f.; Berücksichtigung der persönlichen Leistungsfähigkeit (sd.) 379; Veränderungen der veranlagten Steuer im Laufe des Jahres 379 f.; Zugangsveranlagung nach erfolgtem Zuzug 379 f.; Voraussetzungen für Veränderung der — bei Einkommensvermehrung während des Steuerjahrs 380; keine Zugangs— von steuerfrei veranlagten Kindern wegen Erwerbs eines Eink. von mehr als 900 M. im Laufe des Steuerjahrs 380; Rechtsmittel gegen Inzugangstellung 380; Verfahren bei der Staats-GewSt.—409 f.: Eröffnung des Gewerbebetriebs mit dem Beginn von Vorarbeiten zur Erreichung des gewerblichen Zwecks (chemische Versuche) 409; auch bei Gewerben ohne ordentliche Buchführung Ergebnis des letzten besonderen Wirtschafts-(Geschäfts-) Jahres für die — maßgebend 409; Verteilung der Steuersumme in GewStKlassen II bis IV braucht nicht von einem Vorsitzenden geleitet zu werden 409; bei offenen Handelsgesellschaften und Kommanditgesellschaften hat bei Mitgliederwechsel Zugangsveranlagung oder Umschreibung der veranlagten Steuer nicht zu erfolgen 410; Nachbesteuerung in Zugangsfällen 410; —sverfahren bei der Warenhaussteuer 415.

Veranlagungskommission, für die Höhe der veranlagten Steuer ist der Beschluß der — maßgebend, Angabe eines unrichtigen Steuersatzes in dem Veranlagungsschreiben daher bedeutungslos 374; sa. „Vorsitzender".

Veranlagungsschreiben, Erfordernisse eines —s zur Begründung e. konkreten Abgabenforderung 273; Irrtum im — ohne Einfluß auf die durch Beschluß der Veranlagungskommission festgesetzte Höhe der Steuer 374.

Verteilung des gemgewsteuerpflichtigen Ertrags auf mehrere Betriebsgemeinden 176 f.; — d. steuerpflichtigen Einkommens e. Aktiengesellschaft auf mehrere Gemeinden 205; — des steuerpflichtigen Einkommens aus einer über mehrere preuß. Gemeinden sich erstreckenden Gewerbe- oder Bergbauunternehmung 233; — des steuerpfl. Einkommens eines sich über mehrere Gemeinden erstreckenden gewerbsm. Schiffahrtsgewerbes 233 f., 234 f.; — steuerpfl. Einkommens zwischen Wohnsitz und Forensalgemeinden 237 f.; —sverfahren gemäß §§ 71 ff. KommAbgG. 239 f.; — des Gewerbesteuersatzes auf mehrere Kommunalbezirke 410 f.; Zerlegung des dem preußischen Staat (Bergfiskus) auferlegten GewStSatzes; Begriff der gewerbl. Betriebsausgaben bei staatlichen Bergwerken 410 f., 413; berechtigte Gemeinden; Begriff des Betriebsorts 411 f.; durch Einrichtung einer Auswandererkontroll- (Registrier-) Station wird e. Gemeinde zum Betriebsort der betr. Gesellschaft 411 f.; Betriebsorte e. Bezirksschornsteinfegers 412; kommen als Zerlegungsmaßstab die Betriebseinrichtungen in Betracht, so sind bei Berggewerkschaften die oberirdischen und die unterirdischen Einrichtungen zu berücksichtigen 413; Maßstab u. Ausführung der — 413; Rechtsmittel (sd.) 413 f.; sa. „Doppelbesteuerung".

Veräußerungspreis, Ermittelung des für die ZuwSt. maßgebenden —ses bei Abtretung von Miteigentum nach Bruchteilen 4; Abzüge am — 9 f.; vom Erwerber übernommene ZuwSt. bei Feststellung des —es nicht dem vereinbarten Preise hinzuzurechnen 11; für Höhe des —es ziffernmäßig getroffene Vereinbarung d. Vertragschließenden maßgebend 12; Beträge v. Sicherungshypotheken für Anliegerbeiträge dem — nicht hinzuzurechnen 12 f.; — oder gemeiner Wert e. Grundstücks z. Zt. der Veräußerung als Maßstab d. Wertzuwachssteuer 134, 135.

Verbesserung(en), Berücksichtigung von Aufwendungen für dauernde — des veräußerten Grundstücks bei Feststellung des Wertzuwachses 137 f.; Nachweis solcher Aufwendungen liegt dem Steuerpflichtigen ob 137; Aufwendungen e. Aktiengesellschaft zur Begründung e. Pensionskasse für Angestellte nicht abzugsfähige Ausgabe zur — iS. § 22 GewStG. 404; desgl. Kosten des Neubaus von Arbeiterwohnhäusern 405.

Verbrauch, Maßstab des tatsächlichen —s von Wasser als Grundlage der Bemessung von Wasserleitungsgebühren 41.

Verbrauchssteuern 99 ff.: Erhebung e. kommunalen Abgabe für Wild- (Renntier-) Fleisch gemäß § 13 ZollTfG. nicht zulässig 99 f.

Vereidigung als Merkmal d. Beamteneigenschaft 214, 215.
Vereinbarungen, Vorbehalt v. — mit gewissen Benutzern einer Wasserleitung über die Höhe der öffentlich-rechtlichen Gebühren macht die GebO. ungültig 40f.; Rechtsgültigkeit besonderer — gemäß § 13² KommAbgG. bei Änderung des örtlichen Steuerrechts 100f.
Verjährung, deren Beginn bei Anliegerbeitragsforderungen 73, 75; keine Hemmung der — wegen Mangels baupolizeilicher Genehmigung des die Anliegerbeitragspflicht begründenden Gebäudes 78; Einwand der — darf bei Forderung v. Anliegerbeiträgen nicht erst in der Revisionsinstanz erhoben werden 78.
Verjährungsfrist, die Frist des § 87 Komm.-AbgG. ist keine Ausschluß-, sondern eine — 275.
Verkaufsantrag keine Urkunde über ein Veräußerungsgeschäft iS. § 63 ZuwStG. 8.
Verkaufsstätte, Begriff der — iS. d. Gem.-EinkBesteuerung 198; Bierverlag — einer Brauerei? 198f.
Verkaufswert, maßgebend auch für d. gemeinen Wert landwirtschaftlicher Grundstücke iS. d. Kommunalsteuerpflicht 170f.; Abschreibungen auf Gebäude u. Mobilien auf einen unter dem objektiven — liegenden Wert unzulässig 349f.
Verlagsrecht, Bewertung des —s für die ErgSt. 394.
Verlängerung einer in der Anlegung begriffenen Straße über das ursprüngliche Programm hinaus ist rechtlich Anlegung einer neuen Straße iS. d. Anliegerbeitragspflicht 77.
Verlust aus Beteiligung als stiller Gesellschafter v. Roheink. abzuziehen 303; — durch Diebstahl nicht abzugsfähiger Kapital— 304; — an kreditierten Kaufpreisen bei Ermittelung gewerbl. Eink. nicht zu berücksichtigen 312; sa. „Gesellschafter".
Vermietung, sa. „Hausgrundstück" 292.
Vermögensverwaltung, Kosten d. — im Bankverkehr vom Eink. aus Kapitalvermögen abzuziehen 331.
Verpachtung d. Kalisalzgewinnung (Abzüge wegen Substanzverringerung) 306; steuerpflicht. Eink. bei — d. Kohlengewinnung 306f.
Verpfändung e. Sicherheitszession ist für die Eink.- u. ErgStVeranlagung als — der Forderung zu behandeln 284; sa. „Schulden".
Versetzung e. Beamten an e. Ort mit niedrigerer Servisklasse stellt keine wesentliche Veränderung d. EinkQuelle dar 224, 298; auch nicht eine Versetzung in gleicher Amtseigenschaft bei unveränderten Bezügen 296.
Versicherungsanstalt, sa. „Vorstandsmitglied".
Versicherungsbeiträge (prämien), nur solche Kassenbeiträge abzugsfähig, denen ein klagbarer oder im schiedsgerichtlichen Verfahren verfolgbarer Anspruch auf die Kassenleistungen gegenübersteht 333f.; Voraussetzung für Abzugsfähigkeit der — für eine Militärdienstversicherung ist, daß es sich um eine Versicherung auf den Erlebensfall handelt 334; Zusatzprämie einer Unfallversicherung mit Prämienrückgewähr nicht abzugsfähig 335.
Versicherungsgesellschaft, Berücksichtigung d. Prämieneinnahmen bei Verteilung des Gesamtgewinns e. einheitlichen über mehrere Staaten sich erstreckenden — 346.
Versorgungsanstalten, Begriffsbestimmung iS. d. ErbschaftsStG. 151.
Vertrag, Anfechtung e. —es wegen arglistiger Täuschung kein Beschwerdegrund aus § 18 ZustG. 112f.; Begriff des lästigen —es iS. d. Umsatzsteuerpflicht 115f.; bilanzmäßige Berücksichtigung der auf — beruhenden Rechte einer Ges. mbH. 371.
Vertreter im kaufmännischen Sinne (§ 3 DoppStG.) iVerh. zum — gem. § 164 BGB. 337.
Vertretungsberechtigter, sa. „Juristische Personen".
Verwaltungsrichter, Prüfung der Rechtsgültigkeit von Ortsstatuten von Amts wegen durch den — 60; Umfang seiner Nachprüfung in d. Frage der Bestimmung v. Dienstwohnungen f. d. öffentlichen Dienst 146f., 152.
***Verwaltungsstreitverfahren,** eine lediglich zulässige Ermäßigung d. Schankerlaubnis-St. kann von dem Steuerschuldner nicht im — erzwungen werden 29; — wegen des Schulgeldes für eine von der Gemeinde unterhaltene Fortbildungsschule zulässig 40; Schadensersatzansprüche sind im — gegenüber öffentlich-rechtlichen Forderungen nicht zu berücksichtigen 49; eine Prüfung der besonderen wirtschaftlichen Vorteile iS. des § 9 KommAbgG. findet lediglich im Beschlußverfahren, nicht im — statt 65; für Ansprüche e. Gemeinde aus der privatrechtlich von ihr für die Grundstückseigentümer übernommenen Herstellung der Hausanschlüsse an die Kanalisation findet das — nicht statt 67; — für Ansprüche e. Straßenunternehmers gegen die Gemeinde wegen ungerechtfertigter Bereicherung nicht gegeben 81; Festsetzung des Wertes des Streitgegenstandes bei gemeinsamer Klage mehrerer Kläger 84; Nichtunterzeichnung des Protokolls durch den Protokollführer wesentlicher Verfahrensverstoß 150; für Ermäßigungsanträge nach §§ 44, 45 GewStG. — nicht gegeben 175f.; Ein-

heitlichkeit des an den Verteilungsbescheid gemäß §§ 71ff. anschließenden —s 241; Aufhebung des Steuerrechts e. Gemeinde durch den Revisionsrichter nach Aufhebung einer den Steueranspruch anerkennenden Vorentscheidung wegen eines die Gemeinde belastenden Fehlers 241f.; Frage der Wiedereinsetzung in den vorigen Stand im — 271f.; — in KommAbgSachen 275f.: Wahrung d. Ausschlußfristen in allen Instanzen von Amts wegen zu prüfen 275; Umfang der Beweiserhebung im Revisionsverfahren 275; Zulässigkeit der Klage vom Revisionsrichter frei zu prüfen 276; bei einem Antrage auf Freistellung von AnlBeiträgen bedarf es eines besonderen Antrags und eines entsprechenden Ausspruchs in der Entscheidung wegen Zurückerstattung bereits gezahlter Beiträge 276; Einspruch und Einspruchsbescheid als Voraussetzung der Klageanstellung gegen die Heranziehung zu GemLasten 277; der Richter, der an Stelle d. Gemeinde die Veranlagung ausspricht, hat die Sachlage z. Zt. des Urteils zugrunde zu legen 277; Frage d. Aussetzung des Verfahrens bei subjektiver Klagenhäufung 278.

Verzicht auf Recht, Gebühren für öffentl.-rechtliche Benutzung e. Veranstaltung zu erheben, unwirksam 48; — auf Anliegerbeiträge 72, 80; Beschlüsse über einen solchen — bedürfen der Genehmigung des BezAusch. 72f.; vertraglicher Verzicht auf e. GemAbgabe unzulässig, deren Forderung z. Zt. des Vertragsschlusses in dem Ortsrecht der Gemeinde noch gar nicht begründet ist 73; Zeitpunkt des —s auf Anliegerbeiträge unterliegt dem freien Ermessen d. Gemeinde 73; — auf Nachforderungen bei Anliegerbeiträgen 80.

Verzinsung, Beitragserhebung zur — u. Tilgung von Anleihen 68, 70.

Vieh, gewsteuerfreies Halten von — zum Zwecke d. Mästung oder z. Handel mit Milch 182, 402.

Volksschullehrer, Vergütung eines —s für Erteilung des Handfertigkeitsunterrichts als Einkommen aus dem Hauptamt als — 223f.

Vollziehungsort des umsatzsteuerpflichtigen Rechtsgeschäfts bei Übertragung von Gesellschaftsanteilen richtet sich nicht nach der Belegenheit des gesellschaftlichen Grundbesitzes 118, 119.

Voraus, sa. „Leitung".

Vorausleistung(en) einzelner Kreisteile in Prozenten der den direkten Kreissteuern zugrunde liegenden Steuerarten auszudrücken 21; sa. „Wegebau".

Voreinschätzung, Wahlrecht bezügl. des Veranlagungsorts besteht für einen Steuerpflichtigen mit Doppelwohnsitz nur bis zum Beginn der — 280; kein Rechtsmittel des Vorsitzenden der Veranlagungskommission gegen Beschlüsse der —skommission hinsichtlich der Kommunalbesteuerung 383.

Vorerben sind nach deutschem und österreichischem Recht, wie nach früherem nassauischem Privatrecht bis zum Eintritt der Nacherbfolge als Eigentümer des Nachlasses anzusehen 389.

Vorsitzende(r), Ernennung e. —n d. Veranlagungskommission zum stellvertr. —n d. Berufungskommission als wesentliche EinkQuellenänderung 295f.; die Verteilung der Steuersumme in den Gew.-StKlassen II bis IV braucht nicht von dem —n eines Ausschusses geleitet zu werden 409; sa. „Kreisausschuß"; „Bezirksausschuß".

Vorstandsmitglied, Ernennung eines stellvertretenden zum ordentlichen — e. Versicherungsanstalt unter Gehaltserhöhung bildet eine wesentliche EinkQuellenänderung 297.

Vorsteuer, Erhebung einer — für den von Rayonbeschränkungen befreiten Grundbesitz in Königsberg zulässig 166f.; ebenso Normierung feststehender Promillesätze für diese — 168.

Vorteile, Bemessung von Beiträgen nach § 5 KrProvAbgG. nach den —n d. Beitragspflichtigen 23; Prüfung d. — durch die Beschlußbehörden 24; Prüfung d. — einzelner Pflichtigen bei Erhebung von Beiträgen nach § 9 KommAbgG. 58, 65; allgemeine wirtschaftliche — vermögen die Beitragserhebung nicht zu rechtfertigen 61; die durch eine Veranstaltung erwachsenden — kommen dem jeweiligen Grundstückseigentümer zugute 71; Abmessung der — d. Wohngemeinden bei Zuschußleistungen der Betriebsgemeinden iS. § 53 KommAbgG. 249f.

W.

Wahrscheinlichkeitsmaßstab bei Bemessung von Wasserleitungsgebühren 41.

Waldgrundstücke, gemeiner Wert iS. d. GemGrStPflicht 164f.

Warenanschaffungskosten, bei der Geschäftseröffnung entstandene — bilden bei der GewStVeranl. abzugsfähige Betriebskosten 403.

***Warenhaussteuer,** Steuerpflicht **414f.:** Einheitlichkeit des Unternehmens bei mehreren Verkaufsstätten mit je mehreren Warengruppen 414; steuerfreier Kundengewinn (Rabatt) 414f.; Veranlagungsverfahren 415.

Wasserleitung, Zulässigkeit der Freigabe

einer — teils zur Benutzung kraft öffentlichen Rechts, teils auf Grund privatrechtlichen Vertrags 41; eine solche Regelung ist unzulässig, wenn der öffentlichrechtlich Nutzungsberechtigte mit seinem Recht von dem auf Grund privaten Vertrags die — Benutzenden abhängen würde 41; Festsetzung laufender jährlicher —s-beiträge ein für allemal durch einheitlichen Beschluß 60; Ausdehnung der Beitragspflicht auf an die — nicht anschließbare Grundstücke macht das Ortsrecht ungültig 60f.; Verbot d. Benutzung einer kraft öffentl. Rechts benutzbaren — wegen verzögerter Gebührenzahlung unzulässig 61.

Wasserleitungsgebühr(en), polizeilicher Anschlußzwang iVerh. zu öffentl.-rechtlichen — 39; Ungültigkeit einer GebührenO. wegen Vorbehalts besonderer Vereinbarungen mit gewissen Benutzern einer Wasserleitung über die Höhe der — 40f.; Genehmigung der Beschlüsse über den Satz der nur nach der Höchstgrenze festgesetzten — 41; Zulässigkeit der Erhebung einer vom Verbrauch unabhängigen Mindestgebühr 41; Verbindung des Wahrscheinlichkeitsmaßstabes (Mietwert) für die Wohnungsinhaber und des Maßstabes des wirklichen Verbrauchs, durch Wasserentnahme für den Grundstückseigentümer unzulässig 41f.; Abänderung der Gebührensätze bei Mehrverbrauch über ein bestimmtes Quantum hinaus 43; Rückstand mit — rechtfertigt nicht die Schließung des kraft öffentlichen Rechts benutzten Anschlusses 61.

Wasserwerk, Heranziehung eines über mehrere Gemeindebezirke sich erstreckenden einheitlichen —s 180.

Wegebau, Vorausleistungen zum — als gewerbliche Werbungskosten 313; steuerliche Behandlung der von einer Ges. mbH. infolge vertraglicher Verpflichtung zu leistenden —kosten in einem zu ihrem Anlage- u. Betriebskapital gehörigen Gutsbezirk 372.

***Werbungskosten**, abzugsfähige — d. Reichsbank 207f.; nicht zu den — gehörige Schuldenzinsen juristischer Personen bei d. GemBesteuerung v. Gesamteinkommen abzuziehen 209; Abzug v. Beträgen als — unzulässig, wenn keine EinkQuelle vorhanden, innerhalb welcher sie entstanden sind 285; — nur v. Rohertrage d. Eink.-Quelle abzuziehen 286; Abzugsfähigkeit rückständiger — 305; Instandhaltungskosten d. Zentralheizungsanlage als abzugsfähige — d. Quelle Gebäudenutzung 309; Rücklagen behufs Feuerversicherung, die im Vermögen des Steuerpflichtigen verbleiben, nicht abzugsfähige — 311; Wegebauvorausleistungen als gewerbliche — 313; Entschädigung für Überlassung e. Firma gehört nicht zu den — 313; — im gewerblichen Grundstückshandel 314; Abzug d. — freien Brennholzes vom Eink. e. Oberförsters 317; Kosten von Informationsreisen e. Hochschulprofessors nicht abzugsfähige — 319; auch nicht Fahrkosten von Staatsbeamten zur Arbeitsstelle 319, 320; dagegen Kosten der von einem Küster gehaltenen Schreibhülfe 320; Ärztekammerbeiträge abzugsfähige — 322; Fahrgelder e. Ehefrau zur entfernten Arbeitsstelle abzugsfähige — 324; wann Fahrgelder zur entfernten Arbeitsstelle abzugsfähige — 324f., 325; Kosten für Annahme e. Aufwartefrau oder e. Dienstmädchens an Stelle e. erwerbstätigen Ehefrau keine abzugsfähigen — 325; nur Kosten e. über den persönlichen Bedarf hinausgehenden Kleidung abzugsfähige — 325; Verteilung v. — auf mehrere Jahre unzulässig 354; Ausgaben e. Gewerkschaft für Ankauf neuer Grundstücke bilden in der Regel keine — 361; die durch Einbringung v. Grundstücken in e. Ges. mbH. entstehenden Ausgaben (UmsatzSt., Grundbuchkosten) sind keine abzugsfähigen — 366; ebensowenig Gründungskosten von Ges. mbH. 371.

***Gemeiner Wert** angeschlossener Räume als Hilfsmaßstab für die Bemessung von Kanalisationsgebühren 42f.; — v. Grundstücken als Maßstab für die Erhebung laufender Kanalisationsbeiträge nicht unbedenklich 66; — als Grundlage d. Umsatzsteuerberechnung 126, 127; desgl. bei der Wertzuwachsermittelung 133, 134, 135; — als Maßstab für die Veranlagung z. besonderen GemGrSt. 163f.; — v. Waldgrundstücken iS. d. GemGrStPflicht 164f.; Ermittelung des —n —s eines Bankgebäudes, das für sonstige Zwecke nur nach Umbau nutzbar sein würde 168f.; Berücksichtigung d. Kaufpreise bei Ermittelung d. —n —s 170; — v. Grundstücken identisch mit dem Verkaufswert, auch bei landwirtschaftlichen Grundstücken 170f.; — e. Straßenbahnhofsgrundstücks 172; Veränderungen des —n —s i. Laufe d. Veranlagungsperiode 172; Voraussetzungen f. die Zulässigkeit d. Einwandes der Steuerbefreiung innerhalb d. mehrjährigen Veranlagungsperiode e. Grundstücks nach d. —n — 172f.; e. für einen mehrjährigen Zeitraum erfolgte unanfechtbar gewordene Festsetzung des —n —s e. Grundstücks kann bei einem Eigentumswechsel weder v. Pflichtigen angegriffen noch vom Steuergläubiger abgeändert werden, falls nicht Veränderungen im Bestande eingetreten sind 173; Abänderung e. für mehrjährigen Zeitraum erfolgten Feststellung des —n —s zu ungunsten des Steuerpflichtigen innerhalb d. Veranl.-Periode unzulässig 173; Bewertung des Grundvermögens unter Zugrundelegung des —n —s 389, 392; — zeitweise für den Verkauf gesperrter Aktien 395.

Wertermittelung, s. „UmsatzSt.".

Wertpapiere, Abschreibungen auf — 349.

Wertverminderungen, s. „Abschreibungen".

Wertzuwachs, Ermittelung bei Veräußerung von Miteigentum nach Bruchteilen 4; Berechnung des —ses iS. d. RZuwStG 9ff.: Abzüge v. Veräußerungspreis und Mindestdauer des für die Steuerberechnung maßgebenden Zeitraums iS. § 22² ZuwStG. 9f.; Bedeutung des „ohne Zutun des Eigentümers" entstandenen —ses iS. § 1 ZuwStG. 14.

***Wertzuwachssteuer,** Altenteilsleistungen auf Wertzuwachs nicht anrechnungsfähig 26f.; Ungültigkeit einer —ordnung wegen widerspruchsvoller Bestimmungen 27; Verhältnis d. UmsatzSt. zur — 107f.; — **127ff.**: Berechnung des Wertzuwachses und Höhe des Steuersatzes 127f.; ist die —erhebung von Vereinbarung e. Erwerbspreises abhängig, so ist Erhebung der Steuer nicht zulässig, wenn der Herangezogene vor dem Inkrafttreten d. SteuerO. im Wege der Erbfolge Eigentümer des Grundstücks geworden ist 128; Ungültigkeit e. SteuerO. wegen Unklarheit d. Bestimmungen 129; Berechnung des Wertzuwachses, wenn dem steuerpflichtigen Erwerbsfall unter der Herrschaft d. SteuerO. ein steuerfreier Eigentumserwerb vorangegangen ist 129f.; Berechnung der —, wenn ein Grundstück in ideellen Anteilen zu verschiedenen Zeiten vom Eigentümer erworben ist 130; Eintritt d. Steuerpflicht mit dem Tage d. Eigentumseintragung im Grundbuche 131; Berechnung d. — beim Vorliegen mehrerer aufeinanderfolgender Veräußerungsverträge 131; anrechnungsfähige Kosten der Veräußerung 131; ein durch Auseinandersetzung in Ansehung einer Erbschaft erfolgter Eigentumserwerb ist ein entgeltlicher, auf e. lästigen Vertrage beruhend 132; Bestimmung in d. —O. erforderlich, was als „Erwerbspreis" in der Zwangsversteigerung zu gelten hat 132; keine Berücksichtigung von Aufwendungen zum Zwecke des Erwerbs neben dem Meistgebot nebst übernommenen Leistungen (Berlin) 132; Nichtanrechnung gedeckter Verluste des Hypothekengläubigers bei Hypothekenausfall bei Zwangsversteigerungen 132f.; wird der gemeine Wert e. Grundstücks der — zugrunde gelegt, so findet bei Erwerb im Wege d. Zwangsversteigerung eine Hinzurechnung ausgefallener Hypotheken nicht statt 133; der auf dem Gebiete des Privatrechts liegende Eigentumsübergang ist nach den Bestimmungen des BGB. zu beurteilen 133f.; gemeiner Wert e. Grundstücks z. Zt. d. Veräußerung als Maßstab d. — 134; desgl. z. Zt. des Erwerbes durch den Veräußerer 134f.; Wertberechnung eines von einer wirtschaftlichen Einheit abveräußerten Grundstücksteils 135; Frage der Gültigkeit der Bestimmungen der Berliner —Ordnung über Ermittelung des Erwerbspreises und Veräußerungserlöses 135f.; bei Veräußerung eines e. Erbengemeinschaft gehörigen Grundstücks haften die Miterben für die Steuer als Gesamtschuldner 137; Berücksichtigung von Aufwendungen für Verbesserungen 137f.; deren Nachweis liegt dem Steuerpflichtigen ob 137; Kosten für Beschaffung von Baugeldern als solche Aufwendungen anrechnungsfähig, nicht dagegen Provisionen anläßlich d. Veräußerung 138; Nachweis der Ausgaben für Bauten durch Sachverständigen-Gutachten 138f.; dem Erwerbspreise hinzuzurechnender Wert übernommener Leistungen 139; Wert eigener Tätigkeit des Veräußerers gehört nicht zu den anrechnungsfähigen Kosten 139; Kapitalisierung e. nach dem Veräußerungsvertrage übernommenen Rente 139.

Westfalen, Baupolizeigebühren-Erhebung der Amtsverbände 34; Befreiung des Forstfiskus in — von Kommunalbeiträgen für die öffentlichen Gemeindewege 35, 36, 37; Kirchendiener im Gebiet d. WestfLGemO. nicht gemeindesteuerfrei 226.

Widerruf, der — der Bestellung einer Beschlußbehörde im Verteilungsverfahren nach §§ 71ff. ist dann unzulässig, wenn der Antragsteller und die bestimmte Behörde benachrichtigt sind und das Verfahren durch Anstellung v. Ermittelungen eingeleitet ist 239f.

Wiederaufforstung, Kosten e. — v. Eink. aus Holzungen abzugsfähig 308.

Wiederaufleben, kein — einer erloschenen Steuerpflicht 380.

Wiedereinsetzung in den vorigen Stand, die durch e. Beschlußbehörde gewährte oder versagte — kann in einem anschließenden VerwStreitVerf. vom Verw.-Richter nicht gewährt oder versagt werden 271f.; Voraussetzung für die — 272; Rechtsirrtum begründet keine — wegen unabweisbaren Zufalls 273; stillschweigende — durch schlüssige Handlungen 274f.; falsche Adressierung eines Briefes und dadurch verursachte Fristversäumnis kein Grund zur — 385.

Wiederergänzung, steuerliche Behandlung der zur — durch Verlust verminderter Geschäftsanteile einer eingetragenen Genossenschaft verwendeten Beiträge 363.

Wild, Erhebung einer kommunalen Abgabe für —-(Renntier)fleisch 99.

Wirt, Lustbarkeitssteuerpflicht bei Duldung von Tanzlustbarkeiten 102.

Wirtschaft, s. „Schankerlaubnissteuer."

Wirtschaftliche Beziehungen v. Gebäuden zu einer Straße nach § 15 BauflG. 97; Verpfändung e. preuß. EinkQuelle für eine, wenn auch aus außerpreußischen Beziehungen herrührende Schuld begründet keine — zur preußischen EinkQuelle 283.

***Wirtschaftliche Einheit**, Voraussetzungen der Annahme der —n — des Grundbesitzes iS. des ZuwStG. 2, 3 f.; Übertragung eines Grundstücksteils auf ein besonderes Grundbuchblatt hindert nicht die Annahme der —n — des gesamten Grundstücks 50; — v. Grundstücken iS. d. Anliegerbeitragspflicht 81 f.; äußerliche Abgrenzung v. Grundstücken gegeneinander nicht immer Merkmal der Aufhebung der —n — 82; Verbindung mehrerer Grundstücke desselben Eigentümers zu einer —n — 83; Voraussetzungen für Annahme der —n — iS. der Anliegerbeitragspflicht 83; Berechnung des Werts eines von einer —n — abveräußerten Grundstücksteils für die Wertzuwachssteuer 135; Veranlagung mehrerer in einer Hand vereinigter wirtschaftlich selbständiger Grundstücke z. GemGrSt. 163; selbständige Veranlagung von Teilen e. —n — z. GemGrSt. im Laufe d. Veranlagungsperiode unzulässig 172.

Wohltätigkeitsanstalten, Begriffsbestimmung iS. § 24h KommAbgG. 149.

Wohltätigkeitsunternehmen, Prüfung der Gewinnabsicht iS. der GewStPflicht 400; Voraussetzungen für die GewSt.-Freiheit e. —s 401.

***Wohnsitz**, Begriff, Aufenthalt iVerh. zum — iS. d. KommAbgG. 192; Innehaben eines lediglich als Sommerwohnung benutzbaren Landhauses als Merkmal des Aufenthalts, nicht des —es 192; besteht die Möglichkeit, eine derartige Sommerwohnung auch im Winter zu benutzen und wird nur aus persönlichen Gründen davon abgesehen, so liegt — vor 193; Begriff des —es auf dem Gebiete der GemEinkSt. ein anderer als auf dem der KirchSt. 193; die Möglichkeit, eine Wohnung als Allein- oder Mitnutzer zu beziehen, genügt nicht zur Annahme des —es, wenn ein rechtlich geschütztes Anrecht darauf fehlt 194; neben dem Titel des —es kann in der —gemeinde ein anderer Steuertitel nicht rechtswirksam werden 260 f.; GemStNachforderung von Erben nicht von dem — in d. Gemeinde abhängig 265 f.; Wahl des Veranlagungsorts durch den Steuerpflichtigen bei Doppel— 280; Begriff des —es iS. d. StaatsEinkStPflicht 280.

Wohnsitzgemeinde, Verteilung steuerpflichtigen Einkommens zwischen Wohnsitz- u. Forensalgemeinden 237 f.; ein berechtigter, nicht geltend gemachter Steueranspruch der Aufenthaltsgemeinde beschränkt das Steuerrecht der — 241.

Wohnung, die Möglichkeit, eine — als Mit- oder Alleinnutzer zu beziehen, genügt nicht zur Annahme des (steuerlichen) Wohnsitzes, wenn ein rechtlich geschütztes Anrecht darauf fehlt 194; Berechnung des Mietwerts der eigenen — 291; Ermittelung des Eink. Kgl. Forstbeamten aus freier — 317; Höchstbetrag d. anrechnungsfähigen Mietwerts e. freien — bei Staatsbeamten beträgt 15% des baren Gehalts 319; dieser Satz ist bei Privatbeamten nicht anwendbar, ortsüblicher Mietwert maßgebend 323; Steuerfreiheit e. an Stelle v. Dienstaufwand gewährten freien — 326 f.; Innehaben einer besonderen — schließt Zugehörigkeit zu den unterhaltsberechtigten Familienangehörigen iS. § 19 EinkStG. nicht aus 378; Mietwert d. eigenen — des Besitzers eines landwirtschaftl. Grundstücks bei Ermittelung des Normalreinertrags iS. d. ErgStVeranlagung nicht zu berücksichtigen 393.

Wohnungsbaugenossenschaft, Vermietung von Läden u. Geschäftslokalen, falls es sich um Hilfsgeschäfte zur Erfüllung der statutarischen Zwecke handelt, keine Geschäftsausdehnung über den Mitgliederkreis 340 f.

Wohnungsgeldzuschuß, Versetzung eines Beamten unter Verminderung d. —sses stellt keine wesentliche EinkQuellenänderung dar 224; — als Zubehör des pensionsberechtigenden Gehalts iS. § 5⁴ EinkStG. 284 f.

Z.

Zahnarzt, steuerliche Berücksichtigung des Werts von Materialienbeständen e. —es 324.

Zehrungskosten e. Gerichtsvollziehers, ob abzugsfähig 320.

Zeitarbeit, s. „Akkordarbeit."

Zeitaufwand sa. „Dienstaufwand."

Zentralheizung, Berücksichtigung d. Abnutzung von Maschinenanlagen für —

bei d. Einkfeststellung aus Gebäudenutzung 309; Instandhaltungskosten d. — als abzugsfähige Werbungskosten 309.
Zerlegung, Bedeutung der — des staatl. GewStSatzes für die Gemeindegewerbesteuer 185.
Zession, Bedeutung e. Sicherheits— für die Eink.- u. ErgStVeranlagung 284.
Zeugen, s. „Sachverständige."
***Zinsen** von Anliegerbeiträgen können nicht gefordert werden 84; Anleihe— bei Berechnung v. Anliegerbeiträgen 84; keine Berücksichtigung von Zinsverlusten 87; Abzugsfähigkeit v. Hypotheken— vom Gesamteinkommen 197 f.; steuerliche Behandlung v. — der zur Beschaffung oder Vermehrung des Anlage- u. Betriebskapitals aufgenommenen Schulden von offenen Handelsgesellschaften, Kommanditgesellschaften, stillen Gesellschaften usw. 201; die nicht Werbungskosten darstellenden Schulden— der zu einem Staatssteuersatz nicht veranlagten, an sich aber staatssteuerpflichtigen juristischen Personen sind bei der GemBesteuerung vom Gesamteinkommen in Abzug zu bringen 209; Schulden—, die zu einer EinkQuelle in wirtschaftlichen Beziehungen stehen, sind bei d. GemEinkBesteuerung aktiver Militärpersonen vom Gesamteinkommen abzuziehen 232; Schulden— u. Renten nur unter der Voraussetzung d. Werbungskosten oder der sonstigen wirtschaftl. Beziehungen zu den Eink.-Quellen abzugsfähig 284; für die Berechnung d. — v. Bankschulden maßgebender Zeitraum iS. d. EinkStPflicht 286; nicht gezahlte — aus Kapitalvermögen bei Berechnung d. steuerpflicht. Eink. nicht abzugsfähig 290; unbeitreibliche — bilden kein Eink. aus Kapitalvermögen, wenn das Kapital beim Beginn d. Steuerjahrs unbeitreiblich ist 303 f.; Anrechnung v. —, die erst bei Fälligkeit des Kapitals gezahlt werden sollen, als steuerpfl. Eink. des Jahres, für das sie zu berechnen sind 304; — v. Kapitalien sind steuerpfl. Eink. ohne Unterschied, ob das Kapital aus steuerfreien oder steuerpfl. Einkünften angesammelt 304; — von Restkaufgeldhypotheken auf zum Zwecke des Bordellbetriebs verkauften Grundstücken Eink. aus Kapitalvermögen 304; Abzüge vom Gesamteinkommen für Schulden— u. dauernde Lasten 328 f.; Provision für Darlehnsbeschaffung als Schulden— 328; Entgelt für Überlassung e. Kapitals zur Nutzung hat den Charakter von Schulden— 329; Begriff d. Tilgung v. Kapitalschulden 329; Hypotheken— des Nießbrauchers abzugsfähige Schulden— 329 f.; Schulden— im Bereiche des Kapitalvermögens nicht Werbungskosten, sondern vom Gesamteink. abzuziehen 330; — einer beim Beginn des Steuerjahrs nicht mehr bestehenden Kapitalschuld nicht abzugsfähig 331; für Abzug v. Schulden— Stand bei Beginn des Steuerjahrs maßgebend 331; bei Prüfung der Gewinnabsicht gemeinnütziger Unternehmen sind alle Schulden— den Einnahmen gegenüberzustellen 401; — einer von einer Aktiengesellschaft zur Schuldentilgung aufgenommenen Anleihe gehören nicht zu den abzugsfähigen Betriebskosten 405.
Zinsverluste nicht v. gewerbl. Eink. abzugsfähig 313.
Zolltarif, Begriff „Fleisch" iS. § 13 — G. 99 f.
Zubehör, Umsatzsteuer von Grundstücks— 114 f.
Zubußen u. Nachschüsse eines Gesellschafters an die Gesellschaft mbH. bei Berechnung des steuerpfl. Eink. des Gesellschafters nicht abzugsfähig 290.
Zuckerfabrik, Feststellung des Marktpreises für Rüben 366 f.
Zufall, unabweisbarer, s. „Wiedereinsetzung."
Zugangsveranlagung, steuerfreie Veranlagung eines bei Beginn der subjektiven Steuerpflicht (nach erfolgtem Zuzug) stellungslosen Privatangestellten 379 f.; keine — steuerfrei veranlagter Kinder wegen Erwerbs eines Eink. von mehr als 900 M. im Laufe des Steuerjahrs 380; Rechtsmittel gegen die — 380; bei Mitgliederwechsel in offenen Handels- oder Kommanditgesellschaften hat für die GewSt. weder — noch Umschreibung der Steuer zu erfolgen 410.
Zurücknahme d. Zuwachssteuerveranlagung 17.
Zuschlagsprozente, Höhe der festgesetzten — bei der Unterverteilung von Kreisabgaben in Gutsbezirken bleibt auch bei erfolgreichen Reklamationen einzelner Steuerpflichtiger unverändert 32.
Zuschüsse d. Betriebsgemeinden haben nicht die rechtliche Natur e. Kommunal-Abg. 244; — sa. „Betriebsgemeinden."
Zustellung e. Einspruchsbescheides ohne Behändigungsschein setzt nicht die Klagefrist gem. § 70² KommAbgG. in Lauf 271; — e. Einspruchsbescheids an einen Geschäftsteilhaber keine ordnungsmäßige Ersatz— 275; ebensowenig die — eines Veranlagungsschreibens an den Hausportier 374; Prüfung der ordnungsmäßigen — im ErgStBerufungsverfahren 397.

Zuwachssteuer, s a. „Reichs—."

Zwangsversteigerung(en), außerhalb des gerichtl. Verfahrens vollzogene Vereinbarungen für die Zuwachssteuerpflicht unerheblich 15; als übernommene Leistungen iS. § 9 ZuwStG. sind nur die im —sverfahren mit als Gegenleistung für den Zuschlag übernommenen anzusehen 16; Anmeldung von Anliegerbeiträgen im —sverfahren 89; Umsatzsteuerpflicht bei — **120ff.**; originärer Eigentumserwerb auch dann vorliegend, wenn d. bisherige Eigentümer den Zuschlag erhält 120f.; Steuerpflicht des Besitzers e. Sicherungshypothek 121f.; in den WertzuwachsStO. ist Bestimmung zu treffen, was als „Erwerbspreis" bei — zu gelten hat 132; Hinzurechnung ausgefallener Hypothekenforderungen des Veräußerers bei —, soweit nicht anderweite Deckung des Verlustes vorliegt 132f.; wird der WertzuwachsSt. der gemeine Wert zugrunde gelegt, so findet bei Erwerb im Wege der — eine Hinzurechnung der ausgefallenen Hypotheken nicht statt 133.

Zwecksteuer, eine vor dem Inkrafttreten des KommAbgG. zu Recht bestehende — kann nicht unter der Herrschaft des Gesetzes auf einen neuen Ortsteil ausgedehnt werden 34; —, eine den von Rayonbeschränkungen befreiten Grundbesitz belastende „Vorsteuer" (Königsberg) hat nicht die rechtliche Eigenschaft einer unzulässigen — 166.

Zweigniederlassung als objektives Merkmal für die Scheidung der der besonderen GemGewSt. und der der prozentualen ZuschlagsSt. unterliegenden Gewerbebetriebe 175; Begriff d. — iS. d. Gem.-EinkBesteuerung 198; Verluste an Außenständen einer aufgegebenen — bei Ermittelung des gewerblichen Eink. zu berücksichtigen 315; Umwandlung d. österreichischen — e. preuß. Aktiengesellschaft in eine G. mbH. u. deren steuerliche Wirkungen 335f.

Zwischennutzung(en), Vermietung eines angekauften Grundstücks als — im gewerbl. Grundstückshandel 199; — bei Berechnung d. Eink. aus Spekulationsgewinn zu berücksichtigen 304; — e. gewerblichen Grundstückshandel betreibenden offenen Handelsgesellschaft Eink. aus Handel u. Gewerbe 314.

Zwischenurteile im VerwStreitVerf. 32.

Druck von A. W. Hayn's Erben (Curt Gerber), Potsdam.

Ein
unentbehrliches
Nachschlagebuch für die
Verwaltungs-
praxis

Kolibri 360 GmbH
Ferdinand-Jühlke-Straße 7
99095 Erfurt, Deutschland
produktsicherheit@kolibri360.de